Formulaire

Les statistiques - Si on note $x_1, x_2, \dots x_k$ les valeurs du caractère et $n_1, n_2, \dots n_k$ les effectifs associés :

Moyenne notée $\bar{x}$	Variance notée V	
$\bar{x} = \dfrac{n_1x_1 + n_2x_2 + \dots + n_kx_k}{n_1 + n_2 + \dots + n_k}$	$V = \dfrac{n_1x_1^2 + n_2x_2^2 + \dots + n_kx_k^2}{n_1 + n_2 + \dots + n_k} - \bar{x}^2$	

Géométrie plane - Deux vecteurs $\vec{u}\begin{pmatrix}x\\y\end{pmatrix}$ et $\vec{v}\begin{pmatrix}x'\\y'\end{pmatrix}$ sont **colinéaires** si, et seulement si, $xy' - x'y = 0$.

Toute droite du plan admet une **équation cartésienne** de la forme $ax + by + c = 0$ où a, b, c sont des réels et a et b ne sont pas simultanément nuls. Un vecteur directeur a pour coordonnées $\begin{pmatrix}-b\\a\end{pmatrix}$.

Trigonométrie

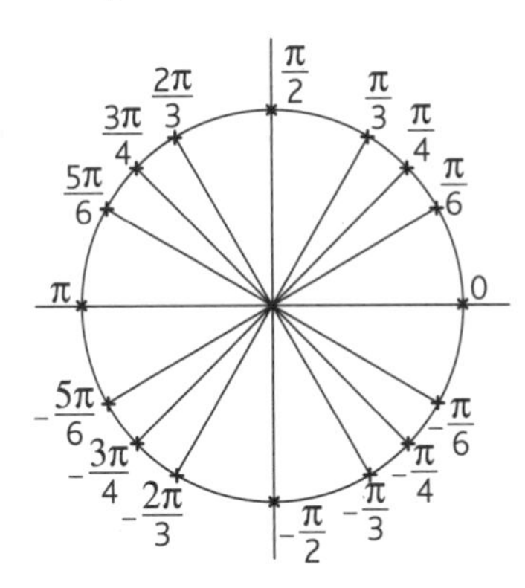

La **mesure principale** d'un angle orienté est l'unique mesure dans l'intervalle $]-\pi;\pi]$. Pour la déterminer, on ajoute un multiple de 2π afin d'obtenir une mesure dans l'intervalle $]-\pi;\pi]$.

$(k\vec{u}; k'\vec{v}) = (\vec{u}; \vec{v})$ si k et k' sont des entiers relatifs de même signe.

$(k\vec{u}; k'\vec{v}) = (\vec{u}; \vec{v}) + \pi$ si k et k' sont des entiers relatifs de signes contraires.

Résolution d'équation trigonométrique - Soit k un entier relatif,

$$\cos a = \cos b \Leftrightarrow \begin{cases} a = b + 2k\pi \\ ou \\ a = -b + 2k\pi \end{cases} \qquad \sin a = \sin b \Leftrightarrow \begin{cases} a = b + 2k\pi \\ ou \\ a = \pi - b + 2k\pi \end{cases}$$

Le produit scalaire - O, A, B et C sont des points et $\vec{u}$ et $\vec{v}$ sont des vecteurs.

Projection orthogonale : $\overrightarrow{OA} \cdot \overrightarrow{OB} = \overrightarrow{OA} \cdot \overrightarrow{OH}$ où H est le projeté orthogonal du point B sur la droite (OA).

Analytiquement : Si $\vec{u}\begin{pmatrix}x\\y\end{pmatrix}$ et $\vec{v}\begin{pmatrix}x'\\y'\end{pmatrix}$ dans $(O; \vec{i}, \vec{j})$ orthonormé alors $\vec{u} \cdot \vec{v} = xx' + yy'$.

Avec l'aide d'un angle : $\vec{u} \cdot \vec{v} = \|\vec{u}\| \|\vec{v}\| \cos(\vec{u}; \vec{v})$

Avec l'aide des normes : $\overrightarrow{AB} \cdot \overrightarrow{AC} = \frac{1}{2}(AB^2 + AC^2 - BC^2)$.

Deux vecteurs $\vec{u}$ et $\vec{v}$ sont **orthogonaux** si et seulement si $\vec{u} \cdot \vec{v} = 0$.

Équations

	Éléments caractéristiques	Équation de la forme
Droites	$\vec{n}(a;b)$ est vecteur normal	$ax + by + c = 0$
Cercles	Centre $\Omega(a;b)$ et de rayon R	$(x-a)^2 + (y-b)^2 = R^2$

Formules de duplication -

$\cos(a+b) = \cos a \cos b - \sin a \sin b$ $\quad$ $\sin(a+b) = \sin a \cos b + \cos a \sin b$

$\cos(a-b) = \cos a \cos b + \sin a \sin b$ $\quad$ $\sin(a-b) = \sin a \cos b - \cos a \sin b$

Formules d'Al-Kashi - ABC est un triangle non aplati, on note $AB = c$; $AC = b$; $BC = a$. On a :

$$a^2 = b^2 + c^2 - 2bc\cos\widehat{A}; \quad b^2 = a^2 + c^2 - 2ac\cos\widehat{B}; \quad c^2 = a^2 + b^2 - 2ab\cos\widehat{C}.$$

Formules du sinus - Avec les mêmes notations, on a $\dfrac{a}{\sin\widehat{A}} = \dfrac{b}{\sin\widehat{B}} = \dfrac{c}{\sin\widehat{C}}$.

XCAS : mode d'emploi

Algèbre

Développer une expression :
expand(...) ou **developper(...)**

```
1 expand((2x+1)^3)
```
$8 \cdot x^3 + 12 \cdot x^2 + 6 \cdot x + 1$

Factoriser une expression :
factor(...) ou **factoriser(...)**

```
1 factor(x^2-4x+3)
```
$(x-3) \cdot (x-1)$

Résoudre une équation ou une inéquation : solve(...) ou **resoudre(...)**
Par défaut l'inconnue est x ; si l'inconnue est représentée par une autre lettre, il faut le préciser.
[ ] signifie que l'(in)équation n'admet aucune solution, **[x]** signifie que tous les réels sont solutions.

```
1 solve(3x^2-2x-2=0)
```
$\left[\left(\frac{1}{3}\right) \cdot (1-\sqrt{7}), \left(\frac{1}{3}\right) \cdot (1+\sqrt{7})\right]$

```
1 solve(4t^2-t-3<0,t)
```
$\left[(t > \left(\frac{-3}{4}\right)) \&\& (t < 1)\right]$

Résoudre un système d'équations linéaires :
linsolve([...,...],[x,y]) ou
resoudre_systeme_lineaire([...,...],[x,y])

```
1 linsolve([2x+3y=5,3x-y=1],[x,y])
```
$\left[\frac{8}{11}, \frac{13}{11}\right]$

Fonctions

Définir une fonction et calculer la valeur exacte de l'image d'un nombre par cette fonction :
Affecter une expression à une fonction se fait à l'aide du symbole :=

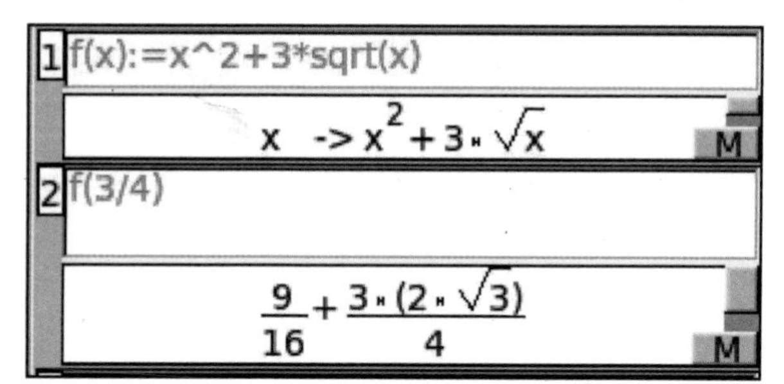

On peut aussi directement dériver une expression en utilisant **diff(...)** ou **deriver(...)** mais dans ce cas on obtient une nouvelle expression, pas une fonction utilisable par la suite.
simplify(...) ou **simplifier(...)** permet de simplifier une expression numérique ou algébrique.
ans() renvoie le résultat obtenu à la ligne précédente.

Déterminer la fonction dérivée :
function_diff(...) ou **fonction_derivee(...)**
Ceci permet de définir g comme la fonction dérivée de f et ainsi, par exemple, de calculer une image par g, ou de résoudre $g(x) > 0$ ...
Attention, l'expression de g n'est pas simplifiée.

```
3 g:=function_diff(f)
// Success
```
$`x` \to 2 \cdot `x` + 3 \cdot \left(\frac{1}{2}\right) \cdot \left(\frac{1}{`x`}\right) \cdot \sqrt{`x`}$

```
1 diff((x^3)/(x+1))
```
$\frac{3 \cdot x^2}{x+1} + \frac{x^3 \cdot (-1)}{(x+1)^2}$

```
2 simplify(ans())
```
$\frac{2 \cdot x^3 + 3 \cdot x^2}{x^2 + 2 \cdot x + 1}$

1re S maths repères

À la découverte des algorithmes et de la calculatrice

Qu'est-ce qu'un algorithme ?

Un algorithme est un enchaînement d'étapes ou d'instructions à effectuer dans un certain ordre et dont la réalisation permet la résolution d'un problème donné.

Quelques exemples d'algorithme

1. Les Babyloniens ont utilisé un algorithme très performant pour trouver une valeur approchée de la racine carrée d'un nombre.

Voici leur méthode pour trouver une valeur approchée a de $\sqrt{7}$:

étape 1 : On part de $a = 1$; on divise 7 par a et on lui ajoute a ; on obtient donc $1 + \frac{7}{1}$ qui donne 8 ; on divise le résultat précédent par 2 ; on obtient 4.

étape 2 : On recommence l'*étape 1* en prenant pour a le résultat obtenu (c'est-à-dire $a = 4$) : $4 + \frac{7}{4}$ donne $\frac{23}{4}$; on divise par 2 ; on obtient $\frac{23}{8}$.

étape 3 : On procède de même en repartant du résultat de l'*étape 2* : $\frac{23}{8} + \frac{7}{\frac{23}{8}} = \frac{977}{184}$; on divise par 2 ; on obtient $\frac{977}{368}$ soit 2,65 ; or $\sqrt{7} \approx$ **2,646** ... On peut poursuivre cet algorithme pour obtenir une précision plus grande.

2. *Euclide*, dans son *Livre 7*, donne un algorithme qui permet de calculer le *pgcd* de deux entiers a et b.

Prenons par exemple $a = 220$ et $b = 64$:

On effectue la division euclidienne de a par b, on obtient $220 = 64 \times 3 + 28$;

on remplace a par b et b par le reste de la division euclidienne, on obtient $64 = 28 \times 2 + 8$;

on recommence jusqu'à trouver un reste nul, on obtient $28 = 8 \times 3 + 4$ puis $8 = \boxed{4} \times 2 + \mathbf{0}$.

Le *pgcd* est le reste qui précède ce reste nul : Le *pgcd* de 220 et 64 est donc $\boxed{4}$.

3. Voici l'algorithme utilisé par *César* pour coder ses messages.

On associe à A, B, ..., Z les valeurs respectives 0, 1, ..., 25.

Soit x le nombre associé à la lettre à coder ; on calcule $x + 7$ et on prend le reste de la division euclidienne par 26; la lettre associée à ce nombre est la lettre codée :

Par exemple, au mot MATH sont associés les nombres **14-1-20-8** ;

$3 \times \mathbf{14} + 8 = 50$ et $50 = 26 \times 1 + 24$ qui est associé au **Y**

$3 \times \mathbf{1} + 8 = 11$ et $11 = 26 \times 0 + 11$ qui est associé au **J**

$3 \times \mathbf{20} + 8 = 68$ et $68 = 26 \times 2 + 14$ qui est associé au **M**

$3 \times \mathbf{8} + 8 = 32$ et $32 = 26 \times 1 + 6$ qui est associé au **F**

Le mot MATH est donc codé par le mot **YJMF**.

Pour décoder un message on applique le même procédé en utilisant l'opération $9x + 6$.

De nos jours, les algorithmes commandent...

... le téléchargement d'un fichier, la compression des données, les jeux vidéo, les feux tricolores, les fontaines, les lumières de la tour Eiffel, les éclairages automatiques de Roissy, le pilotage automatique des avions, la recherche du plus court chemin entre deux villes...

La recherche d'algorithme s'avère parfois très difficile...

Il arrive aux mathématiciens de douter de l'existence d'algorithme pour résoudre certains problèmes.

En 1900, le célèbre mathématicien *Hilbert* énuméra son 10e problème :

Trouver un algorithme qui permet de déterminer si une équation diophantienne admet, ou non, des solutions.

Une équation diophantienne est du type $5a^2 + 3b^2 = 16c^2 - d$ (équation formée de variables et de coefficients entiers).

Youri Matiyasévitch travailla près de 20 ans pour démontrer, en 1970, qu'un tel algorithme n'existe pas !

Entrées – Sorties

1. Partons du quotidien

Dans certains magasins, en période de soldes, le prix figurant sur un article, correspond au prix sans la remise et une étiquette précise *– 20 %, – 30 %, ...*
Pour déterminer le montant de la remise ainsi que le prix à payer, il faut :

- ✓ **Saisir** le prix avant la remise ;
- ✓ **Saisir** le pourcentage de réduction ;
- ✓ Calculer le montant de la remise ;
- ✓ Calculer le prix à payer ;
- ✓ **Afficher** le montant de la remise ;
- ✓ **Afficher** le prix à payer.

> Ces éléments sont les **entrées** de l'algorithme.

> Ces éléments sont les **sorties** de l'algorithme.

Durant l'exécution de l'algorithme on devra stocker :

Le prix avant remise (noté **A**),
le pourcentage de réduction (noté **P**),
le montant de la remise (noté **M**) et
le prix à payer (noté **B**)

> Ces éléments sont les **variables** de l'algorithme.

2. Mise en application

Analyse du processus

On définit tout d'abord les variables utilisées dans l'algorithme :
Saisir une donnée permet à l'utilisateur d'attribuer une valeur à une variable (c'est ce qu'on appelle les entrées) ;
Affecter une donnée permet à l'algorithme d'attribuer une valeur à une variable (on peut aussi utiliser le symbole ⟶) ;
Afficher permet à l'utilisateur de voir un texte (entre guillemets) ou la valeur d'une variable à l'écran.

Variables :
A, B, M, P des nombres réels.
Début
Saisir A
Saisir P
Affecter à M la valeur $A \times \frac{P}{100}$
$A - M \rightarrow B$
Afficher « Montant de la remise M »,
Afficher « Prix à payer », B
Fin

Algorithmes et programmes

```
▼ VARIABLES
  ├ A EST_DU_TYPE NOMBRE
  ├ P EST_DU_TYPE NOMBRE
  ├ M EST_DU_TYPE NOMBRE
  └ B EST_DU_TYPE NOMBRE
▼ DEBUT_ALGORITHME
  ├ LIRE A
  ├ LIRE P
  ├ M PREND_LA_VALEUR A*P/100
  ├ B PREND_LA_VALEUR A-M
  ├ AFFICHER "Montant de la remise "
  ├ AFFICHER M
  ├ AFFICHER "Prix à payer "
  └ AFFICHER B
FIN_ALGORITHME
```

TI

```
PROGRAM:SOLDES
:Prompt A,P
:A*P/100→M
:A-M→B
:Disp "MONTANT D
E LA REMISE",M
:Disp "PRIX A PA
YER",B
```

Casio

```
======SOLDES   ======
?→A↵
?→P↵
A×P÷100→M↵
A-M→B↵
"Montant de la remise"◢
M◢
"Prix à payer"◢
B◢
COM CTL JUMP ? ◢ ▷
```

Si... alors... Sinon

1. Partons du quotidien

Lorsqu'on choisit un abonnement téléphonique, le coût mensuel dépend du temps total de communication ainsi que du type d'abonnement. On suppose dans ce cas qu'il n'y a que 2 types d'abonnements possibles :
Le *forfait A* qui propose un temps de communication illimité pour un montant mensuel de 80 € ;
Le *forfait B* qui propose un coût de 12 € par heure de communication.
À la fin du mois, l'ordinateur calcule le montant de la facture en effectuant les opérations suivantes :

- ✓ Demander le type de forfait ;
- ✓ Demander le temps de communication du mois ;
- ✓ Si le forfait est A alors afficher un montant à payer de 80 € ;
- ✓ Sinon afficher un montant à payer du nombre d'heures de communication × 12.

Avec un schéma

Si *Condition*
  Alors
  Instructions
  Sinon
  Instruction
FinSi

2. Mise en application

Écrire un algorithme qui demande de saisir les réels a, b et c (avec $a \neq 0$) et qui renvoie le type d'extremum de la fonction f définie sur $\mathbb{R}$ par $f(x) = ax^2 + bx + c$. L'algorithme devra, selon les cas, afficher « maximum », « minimum » ou « pas d'extremum » et le cas échéant afficher la valeur de cet extremum.

Analyse du processus

On a $f(x) = ax^2 + bx + c = a\left(x + \frac{b}{2a}\right)^2 + c - \frac{b^2}{4a}$.

Si $a < 0$

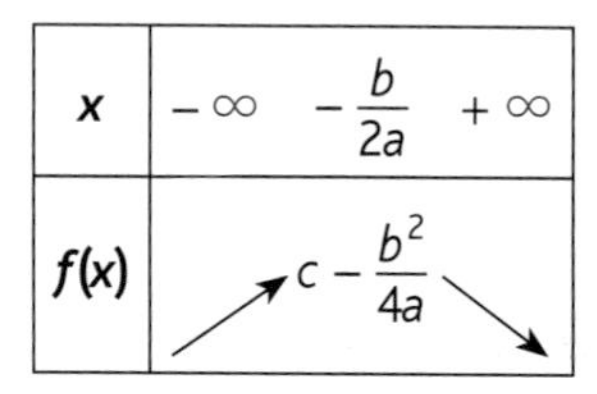

x	$-\infty$	$-\frac{b}{2a}$	$+\infty$
$f(x)$	↗	$c - \frac{b^2}{4a}$	↘

Si $a > 0$

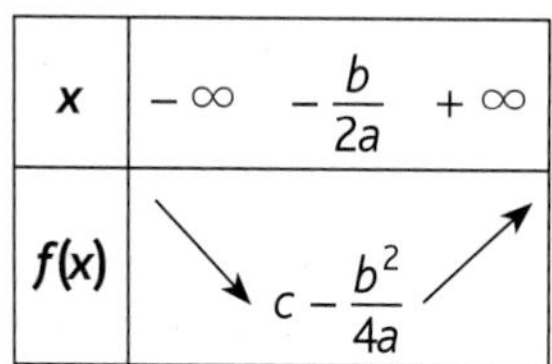

x	$-\infty$	$-\frac{b}{2a}$	$+\infty$
$f(x)$	↘	$c - \frac{b^2}{4a}$	↗

On va donc demander de :

- ✓ Saisir les valeurs de a, b et c ;
- ✓ Si $a > 0$ alors la fonction f admet un minimum sur $\mathbb{R}$ et il a pour valeur $c - \frac{b^2}{4a}$;
- ✓ Sinon la fonction f admet un maximum sur $\mathbb{R}$ et il vaut $c - \frac{b^2}{4a}$;
- ✓ FinSi.

Variables :
a, b, et c, trois nombres réels ;
Début
Saisir a, b et c.
Si $a > 0$
  Alors
  Afficher « minimum »
Sinon
  Afficher « maximum »
FinSi
  Afficher « qui a pour valeur », $c - \frac{b^2}{4a}$
Fin

Algorithme et programmes

TI

```
PROGRAM:EXTREMUM
:Prompt A,B,C
:If A>0
:Then
:Disp "MINIMUM"
:Else
:Disp "MAXIMUM"
:End
:Disp "VALEUR",C
-B²/(4A)
```

Casio

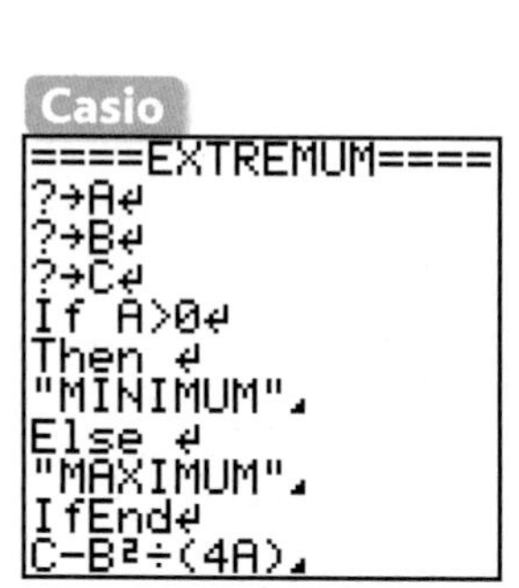

```
====EXTREMUM====
?→A↵
?→B↵
?→C↵
If A>0↵
Then ↵
"MINIMUM"◢
Else ↵
"MAXIMUM"◢
IfEnd↵
C-B²÷(4A)◢
```

Boucle Pour

1. Partons du quotidien

Lorsqu'on fait des courses dans un magasin, on passe à la caisse pour régler ses achats. Le caissier doit réaliser les étapes suivantes :

✓ Prendre un article ;
✓ Le scanner, pour enregistrer le prix ;
✓ Déposer cet article de l'autre côté de la caisse.

Ensuite, on peut effectuer le paiement.

Autrement dit, on peut écrire ce processus ainsi :

Pour chaque article, du **premier** au **dernier** :
└On **répète** l'enchaînement de ces étapes : *prendre l'article, le scanner, le déposer.*

Lorsque l'on répète un même ensemble d'étapes et qu'on connaît le nombre de répétitions, en langage algorithmique, cela se traduit par une « boucle Pour ».

Avec un schéma

Pour *Variable* **allant de** *Valeurdébut* **à** *Valeurfin* **de** *Pas* **en** *Pas* **faire :**
| *Instructions*
Fin Pour

2. Mise en application

Écrire un algorithme qui demande de saisir une fonction f, un nombre entier $n \geqslant 2$, deux réels a et b $(a < b)$ et qui renvoie les $(n + 1)$ images : $f(a), f\left(a + \frac{b-a}{n}\right), f\left(a + 2 \times \frac{b-a}{n}\right), \ldots, f(b)$.

Analyse du processus

On demande de donner les images par la fonction f de $(n + 1)$ réels, équirépartis dans l'intervalle $[a ; b]$. On va donc demander de :

✓ Saisir l'expression de la fonction ;
✓ Saisir l'entier n ;
✓ Saisir les nombres réels a et b ;
✓ Pour un entier k variant de 0 à n :

on affiche l'image de $\left(a + k \times \frac{b-a}{n}\right)$ par la fonction f.

Variables :
Saisir a, b, n et f :
n et k deux entiers.
Début
Saisir a, b et n.
Pour k allant de 0 à n
Afficher $f\left(a + k \times \frac{b-a}{n}\right)$
Fin Pour
Fin

Algorithme et programmes

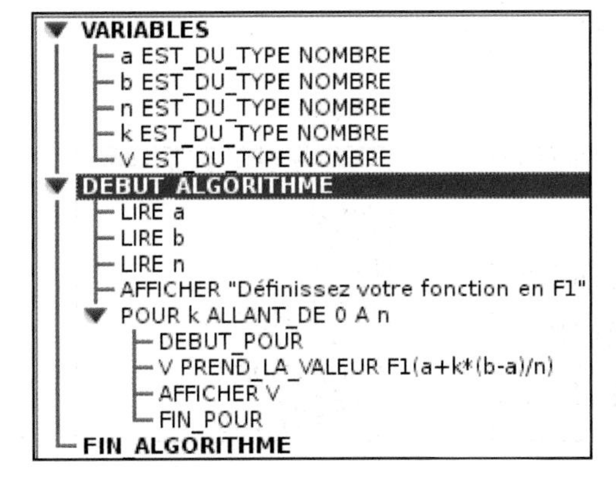

TI

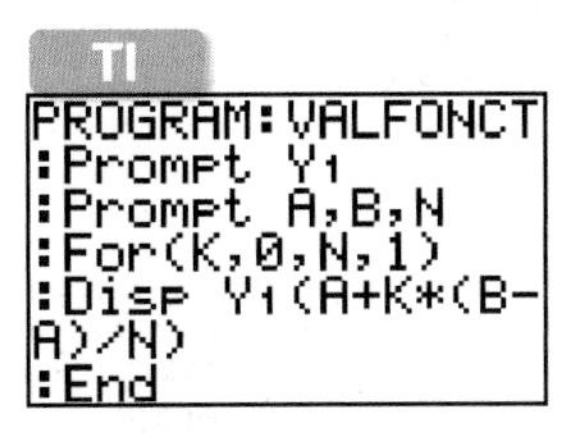

Casio

Boucle Tant que

1. Partons du quotidien

Le *« forfait bloqué »* d'un téléphone portable permet à l'utilisateur de téléphoner tant que la durée totale des communications est inférieure ou égale à la durée indiquée par le forfait. Pour un forfait bloqué d'une heure, on peut résumer la gestion du forfait ainsi :

Tant que la durée totale des communications est inférieure ou égale à une heure :
- On communique sur son forfait.
- Chaque minute supplémentaire de communication est ajoutée au temps de communication total.

Lorsqu'on répète un même ensemble d'étapes tant qu'un ensemble de conditions est respecté, en langage algorithmique, cela peut se traduire par une « boucle Tant que ».

Avec un schéma

Tant que *Condition* **est vraie faire :**
| *Instructions*
Fin Tant que

2. Mise en application

Écrire un algorithme qui calcule le quartile Q_1 d'une liste des valeurs du caractère.

Analyse du processus

On se donne deux listes de valeurs ayant même taille (disons L_1 et L_2).
L_1 la liste des valeurs du caractère ;
L_2 la liste des fréquences cumulées croissantes.
Alors : On initialise i à 1 (1er élément de liste) puis :
Tant que $L_2(i)$ (i-ème valeur de la liste L_2) est inférieur strict à 25 %, on incrémente la valeur de i (i devient $i + 1$) ; et dès que $L_2(i)$ est supérieur ou égal à 25 %, on affiche $L_1(i)$, car il s'agit justement de Q_1.

Variables :
L_1, L_2 deux listes de nombres réels ;
i un nombre entier.
Début
i prend la valeur 1.
Tant que $L_2(i) < 0{,}25$
  i prend la valeur $i + 1$.
Fin Tant que
Afficher « Q_1 = », $L_1(i)$.
Fin

Algorithme et programmes

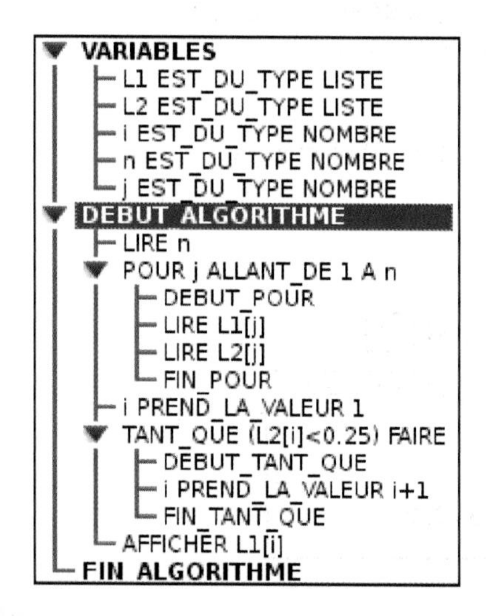

```
VARIABLES
  L1 EST_DU_TYPE LISTE
  L2 EST_DU_TYPE LISTE
  i EST_DU_TYPE NOMBRE
  n EST_DU_TYPE NOMBRE
  j EST_DU_TYPE NOMBRE
DEBUT_ALGORITHME
  LIRE n
  POUR j ALLANT_DE 1 A n
    DEBUT_POUR
    LIRE L1[j]
    LIRE L2[j]
    FIN_POUR
  i PREND_LA_VALEUR 1
  TANT_QUE (L2[i]<0.25) FAIRE
    DEBUT_TANT_QUE
    i PREND_LA_VALEUR i+1
    FIN_TANT_QUE
  AFFICHER L1[i]
FIN_ALGORITHME
```

TI

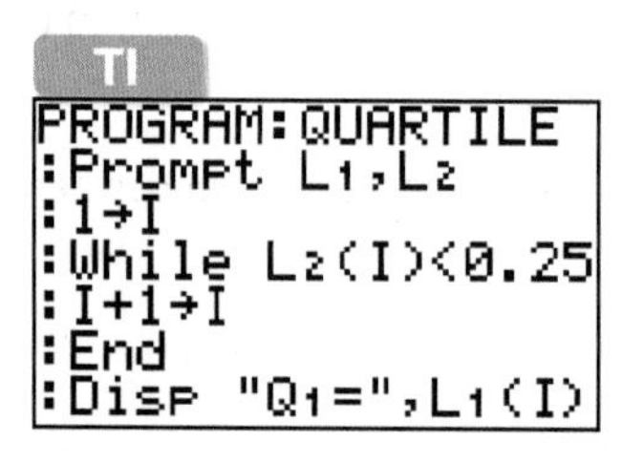

```
PROGRAM:QUARTILE
:Prompt L1,L2
:1→I
:While L2(I)<0.25
:I+1→I
:End
:Disp "Q1=",L1(I)
```

Casio

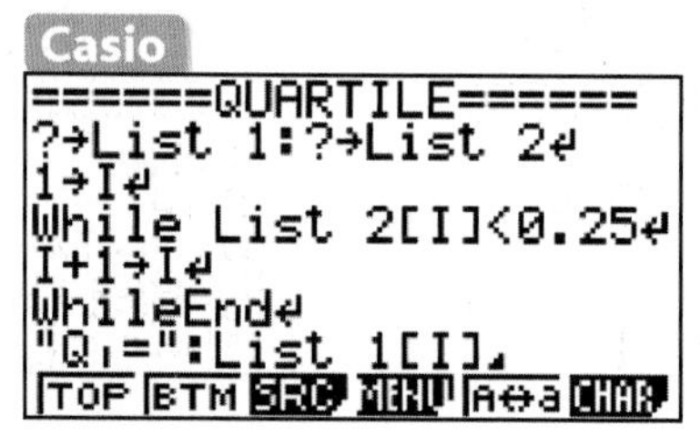

```
======QUARTILE======
?→List 1:?→List 2↵
1→I↵
While List 2[I]<0.25↵
I+1→I↵
WhileEnd↵
"Q1=":List 1[I]◢
TOP BTM SRC MENU A↔a CHAR
```

Boucle Répète

1. Partons du quotidien

Un enfant commence à faire du vélo avec des petites roulettes avant de trouver son équilibre sur 2 roues. Cela se résume ainsi :

On **Répète** :
| l'essai du vélo avec les roulettes.
Jusqu'à ce que l'enfant trouve lui-même l'équilibre.

Lorsque l'on répète un même ensemble d'étapes jusqu'à ce qu'un ensemble de conditions soit respecté, en langage algorithmique, cela peut se traduire par une « boucle Répète ».

Attention : Contrairement à la « Boucle Tant Que », la condition est ici testée en **fin de boucle**.

Avec un schéma

Répète :
| *Instructions*
Jusqu'à *Condition* **est vraie**

2. Mise en application

Écrire un algorithme qui cherche un éventuel entier naturel $n \geqslant 1$ tel que : $1 \times 2 \times 3 \times \ldots \times n \geqslant 5^n$.
Le nombre entier $1 \times 2 \times 3 \times \ldots \times n$ se note $n!$ et se lit « factorielle n »

Analyse du processus

Puisque pour des petites valeurs de n on n'a pas $n! \geqslant 5^n$. On incrémente la variable n en testant jusqu'à avoir $n! \geqslant 5^n$

Remarque : la fonction « factorielle d'un entier » étant pré programmée sur les calculatrices, il n'est pas nécessaire d'utiliser une « boucle Pour » dans le but de la programmer.

Variables :
n un nombre entier.
Début
n prend la valeur 1.
Répète
  n prend la valeur $i + 1$.
Jusqu'à $n! \geqslant 5^n$
Afficher « $n =$ », n.
Fin

Remarques

• On peut toujours remplacer une « boucle Répète » par une « boucle Tant que », c'est pourquoi le logiciel *AlgoBox* n'est pas équipé de cette boucle.
• Sur les calculatrices, il s'agit d'une structure « Répète...Tant que » et non « Répète... Jusqu'à ».
Donc il faut faire attention lors de l'écriture de la condition (testée en fin de boucle).

Algorithme et programmes

Voici pour chacun des modèles une séquence de touches permettant d'obtenir la factorielle.

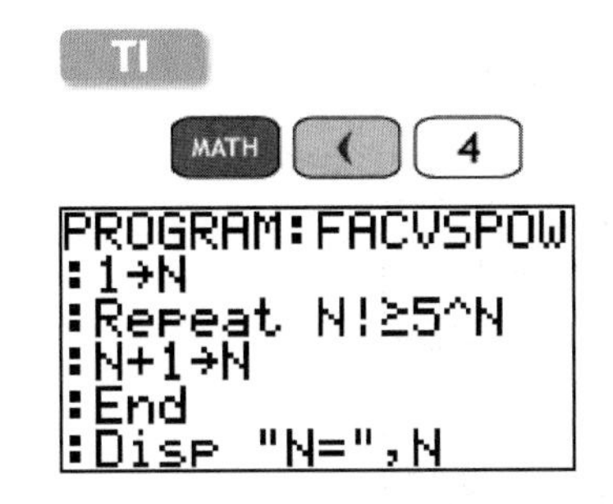

Casio

OPTN F6 F3 F1

```
======FACVSPOW======
1→N↵
Do↵
N+1→N↵
LpWhile N!≤5^N↵
"N=":N◢
```

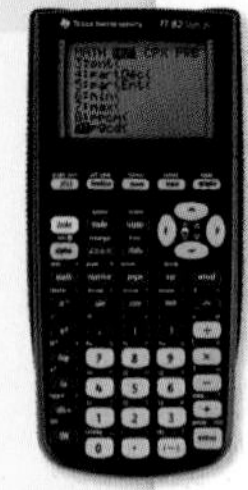

TI : Fonctions

Touche « *f*(*x*) » *f(x)*

Permet **d'entrer les expressions des fonctions.**

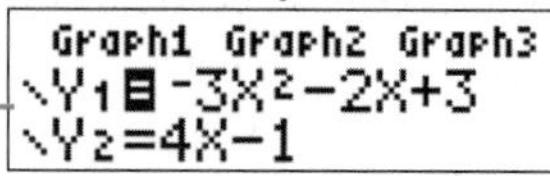

permet d'afficher la courbe en gras, ou en pointillés.

■ signifie que la courbe de la fonction **Y1** sera tracée et = que la courbe de la fonction **Y2** ne sera pas tracée.

Pour le modifier, il suffit de se placer avec le curseur sur = et d'appuyer sur entrer.

Touche « fenêtre » fenêtre

Permet de **définir la fenêtre d'affichage** des représentations graphiques.

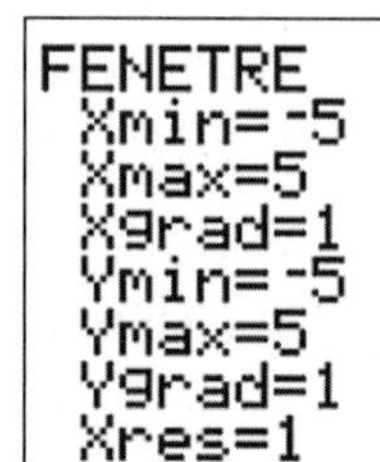

Xmin et **Xmax** sont les valeurs extrêmes de l'axe des abscisses.

Ymin et **Ymax** sont celles de l'axe des ordonnées.

Xgrad et **Ygrad** renseignent sur l'écart entre deux graduations.

Touche « graphe » 

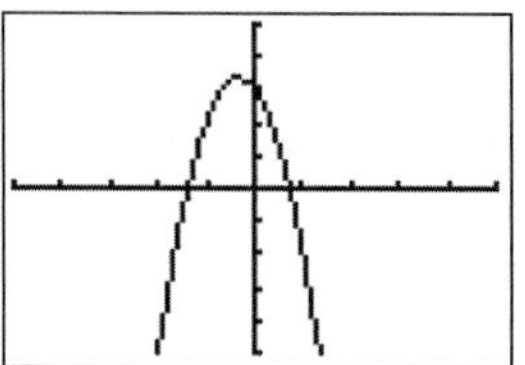

Permet de **tracer les représentations graphiques** (de fonctions, des graphes statistiques, etc.).

Touche « calculs » 2nde trace

```
CALCULS
1:valeur
2:zéro
3:minimum
4:maximum
5:intersect
```

Permet de **déterminer graphiquement des extremums, des intersections** entre courbes et avec l'axe des abscisses (zéros), etc.

Touche « déf table » 2nde fenêtre

```
DEFINIR TABLE
 DébTbl=-3
 Pas=1
Valeurs:Auto Dem
Calculs:Auto Dem
```

Permet de **définir la première valeur et le pas** du tableau de valeurs.

Touche « table » 2nde graphe

Permet d'**afficher le tableau de valeurs** de la fonction.

X	Y1
-3	-18
-2	-5
-1	2
0	3
1	-2
2	-13

X=-3

On peut avoir plus de valeurs à l'aide des flèches  et

Touche « zoom » zoom

Permet de **sélectionner différents zooms** de la fenêtre graphique.

```
ZOOM MEMOIRE
1:Zboîte
2:Zoom +
3:Zoom -
4:ZDécimal
5:ZOrthonormal
6:ZStandard
7:ZTrig
8:ZEntier
9:ZoomStat
0:ZMinMax
```

1. Définit un zoom rectangle

2. Zoome autour du curseur

3. Dézoome autour du curseur

4. **Xmin=-4,7 Xmax=4,7 Ymin=-3,1 Ymax=3,1** (pour avoir un pas de 0,1 par pixel).

5. Ajuste **Xmin** et **Xmax** pour que le repère soit orthonormé.

6. **Xmin=-10 Xmax=10 Ymin=-10 Ymax=10**

9. Ajuste la fenêtre pour visualiser un graphique statistique.

Touche « format » 2nde zoom

Permet de **définir des paramètres d'affichage** de la fenêtre graphique.

Aff : Signifie « affiché » ;

NAff : « non affiché ».

Quad : Correspond au quadrillage.

Casio : Fonctions Icône 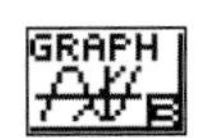

C'est l'icône du menu qui donne **l'accès aux fonctions graphiques** de la calculatrice.

Cette icône donne accès au menu d'édition ci dessous :

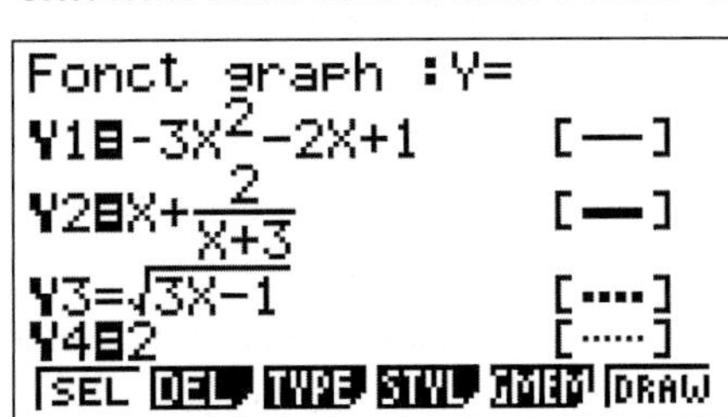

SEL : Permet de sélectionner ou désélectionner une courbe lors du tracé

TYPE : Permet de changer le type d'équation.

Une forme utile pour l'équation de droite : **X=3**.

STYL : Permet d'afficher la courbe en gras, pointillés, etc. :

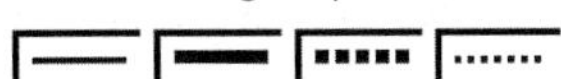

DRAW : Affiche la ou les représentations graphiques sélectionnées (ici **Y1**, **Y2** et **Y4**).

Accès aux paramètres de la fenêtre graphique  et V-Window

On obtient la fenêtre suivante :

Fen-V
Xmin :-6.3
max :6.3
scale:1
dot :0.1
Ymin :-3.1
max :3.1
scale:1
INIT TRIG STD STO RCL

Nombre de pixels sur l'écran : 126 × 62.

Ces valeurs, permettent de fixer les valeurs extrêmes des axes (abscisse et ordonnée).

scale : Renseigne sur l'écart entre deux graduations de l'axe considéré.

dot : Renseigne sur le pas de variation, par rapport aux pixels, automatiquement calculé avec **scale**.

INIT : Fournit les paramètres ci-contre, permettant au repère d'être **orthonormé**.

STD : Fournit des paramètres plus larges :

Xmin=-10 Xmax=10 Ymin=-10 Ymax=10

Les outils de la zone graphique  et G-Solv

Ces outils sont utiles pour les recherches de maximum/minimum, des intersections de courbes avec les axes, etc.

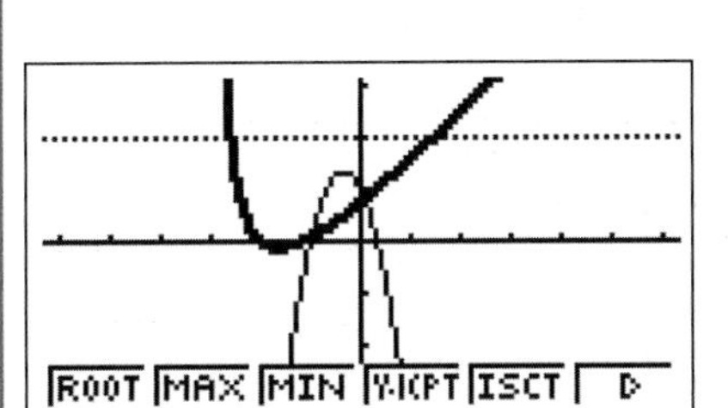

ROOT : Détermine le(s) intersection(s) avec l'axe des abscisses (racines d'une fonction).

MAX : Calcule le maximum d'une fonction.

Y-ICPT : Détermine l'intersection avec l'axe des ordonnées.

ISCT : Détermine l'intersection entre deux courbes.

Y-CAL : Calcule une image (accessible par ▷).

X-CAL : Recherche les éventuels antécédents.

Les zooms de la zone graphique  et Zoom

Ces outils sont utiles pour changer de point de vue et zoomer.

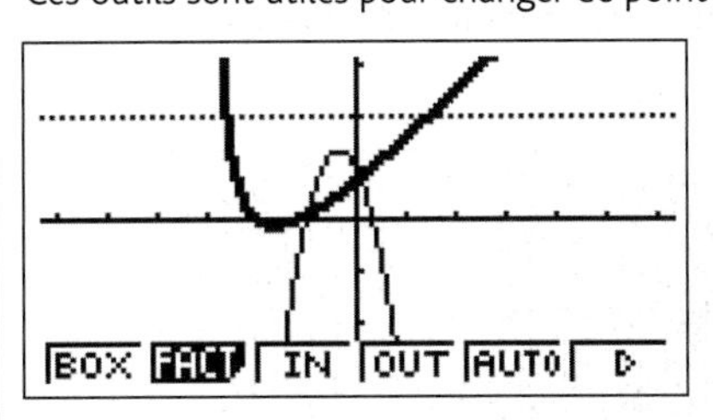

BOX : Définit un zoom rectangle (une boîte).

IN/OUT : Zoome/dézoome autour du curseur.

AUTO : Ajuste la fenêtre graphique sur la première courbe.

SQR : Ajuste la fenêtre en maintenant un repère orthonormé.

INTG : Ajuste l'échelle autour du curseur où chaque pixel correspond à une unité graphique.

Le tableau des valeurs (X,Y(X))

Ce tableau s'obtient en retournant au menu et en sélectionnant :

On retrouve alors le même menu d'édition.

La fonction **SET** permet de définir ces paramètres.

On choisit la valeur de départ, de fin, puis le pas :

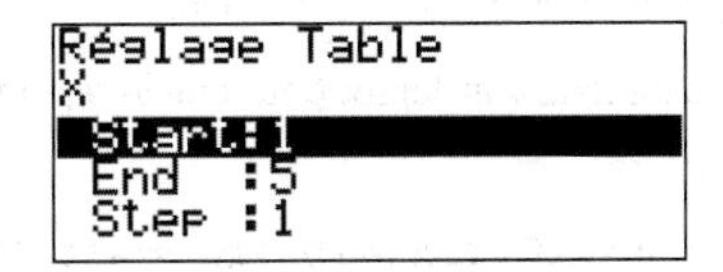

TI : Calcul

Touche « math » math

▯**Frac** donne l'accès à l'écriture sous forme de fractions, partie entière et décimale, nombres aléatoires, etc.

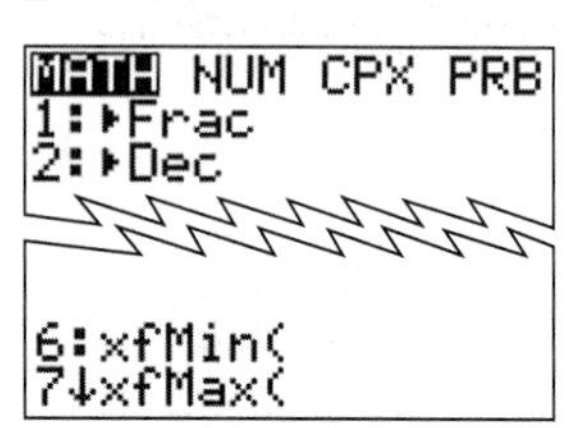

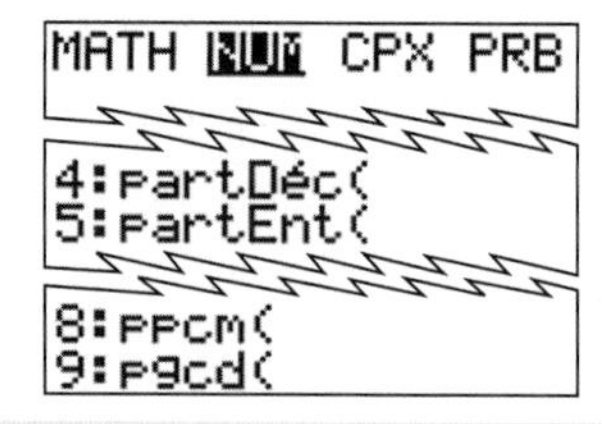

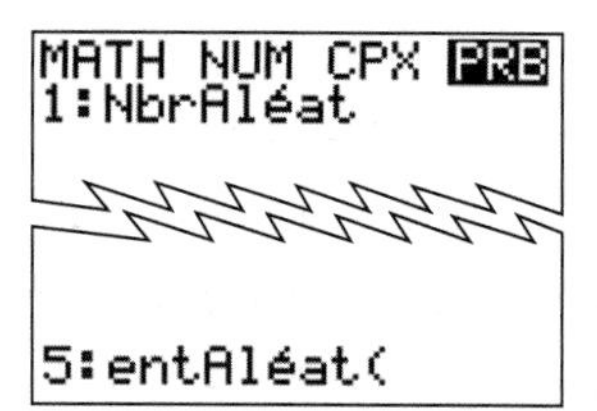

Astuce : 2nde entrer : Permet d'afficher le dernier calcul. On peut l'utiliser plusieurs fois de suite pour remonter dans les calculs.

Pour afficher un rationnel sous la forme d'une fraction, utiliser math ▶ **Frac**.

Exemple : $\frac{3}{4}-\frac{2}{7}$ donne un résultat sous forme décimale :

```
3/4-2/7
          .4642857143
```

math ▶ **Frac** donne l'affiche suivant :

```
Rep▸Frac
                13/28
```

TI : Statistiques

Touche « stats » stats

Permet d'avoir **accès aux fonctions statistiques** : édition des données, calculs, etc.

```
EDIT CALC TESTS
1:Edite…
2:Tricroi(
3:TriDécroi(
4:EffListe
5:ListesDéfaut
```

Stat 1-Var L1,L2 : Calcule les moyenne, médiane et quartiles d'une série statistique dont les **valeurs du caractère** sont dans **L1** et les effectifs dans **L2**.

Touche « graph stats » 2nde f(x)

Permet de **définir le type de graphique statistique** (on peut afficher jusqu'à trois graphiques sur une fenêtre).

```
GRAPH STATS
1:Graph1…NAff
    L1    L3
2:Graph2…NAff
    L2    1
3:Graph3…NAff
    L3    L2
4↓GraphNAff
```

Touche « listes » 2nde stats

```
NOMS OPS MATH
1:L1
2:L2
3:L3
4:L4
5:L5
```

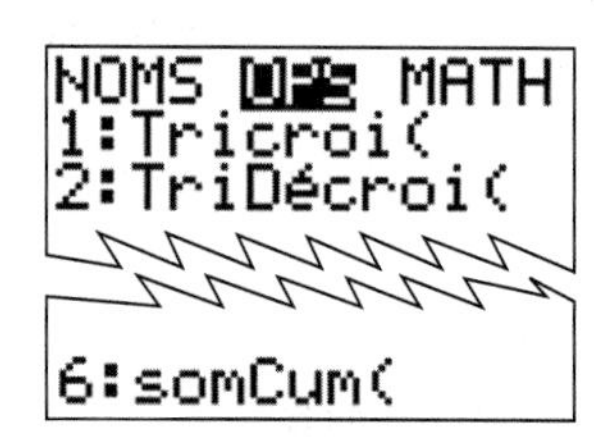


```
NOMS OPS MATH
1:min(
2:max(
3:moyenne(
4:médiane(
5:somme(
6:prod(
7↓ecart-type(
```

somCum : Définit une liste contenant les sommes cumulées croissantes.

dim : Renvoie le nombre d'éléments d'une liste.

Casio : Calcul Icône

C'est l'icône du menu qui donne **l'accès à la page courante de tous les types de calculs.**

Astuce : À tout moment, le **set up** permet d'avoir recours à la personnalisation des affichages tels que :
– l'affichage **Maths 2D** qui affiche « $\frac{35}{78}$ » au lieu de « 35 ÷ 78 » et qui permet de remonter toutes les lignes ;
– le type d'affichage de calcul de fraction : $\frac{d}{c}$ ou $a+\frac{b}{c}$;
– le type d'affichage de la zone graphique (axes, grille, etc.).

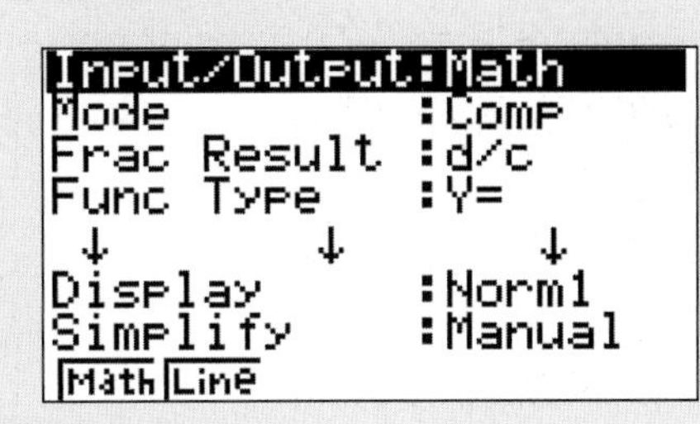

La touche **OPTN** permet l'accès à d'autres fonctions sur les thèmes suivants :

À l'intérieur de chacun de ces sous-menus, on accède à un ensemble de fonctions associées.

→ dans **NUM**, on a les fonctions suivantes :

GCD : Donne le plus grand diviseur commun de deux entiers,

LCM : Le plus petit multiple commun.

MOD(a,b) : Fournit le reste de la division euclidienne de **a** par **b**

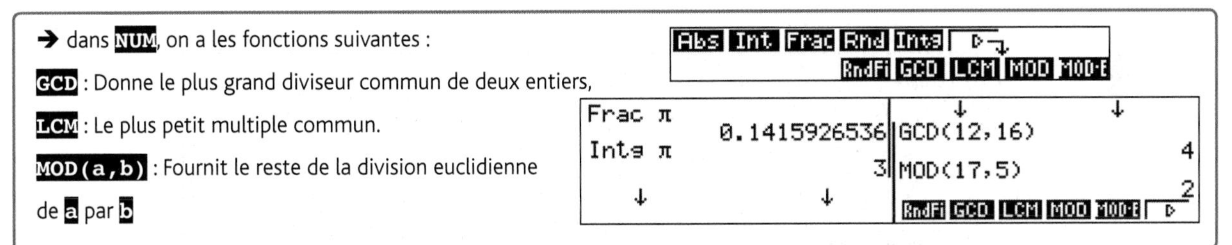

→ dans **PROB**, on a les fonctions suivantes :

RAND Sous-menu qui donne accès aux fonctions aléatoires de la machine.

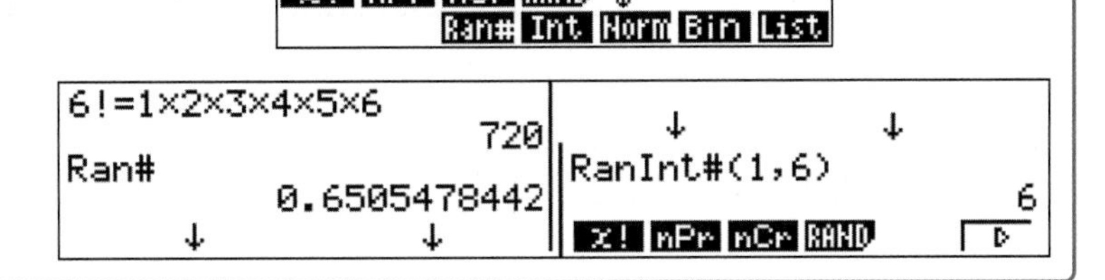

Casio : Statistiques Icône

Ce menu permet d'éditer et d'effectuer des calculs statistiques sur des listes.

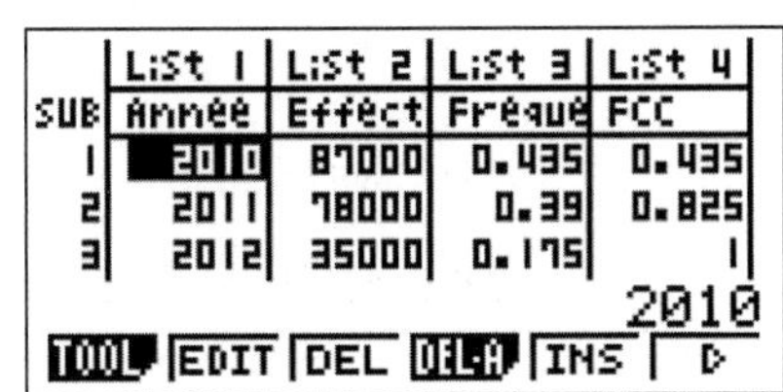

GRPH : Donne accès au menu de différents types de graphiques (nuage, histogramme, diagramme en boite, ligne brisée, etc.).

LIST : Permet d'avoir accès au nom d'une liste (**List1**, **List2**, etc.).

Mean : Calcule la moyenne d'une liste de nombres.

Cuml : Calcule les sommes cumulées croissantes d'une liste de nombres.

CALC : Donne accès aux résumés statistiques d'une ou deux variables statistiques (moyenne, médiane, quartile, etc.).

Pour avoir accès aux fonctions statistiques, dans le menu **Run Mat**, appuyer sur **OPTN**, puis sur **LIST**.

SET : Permet de définir le type de graphique statistique (jusqu'à trois graphiques).

On sélectionne le type de graphique, les listes et le type de marquage.

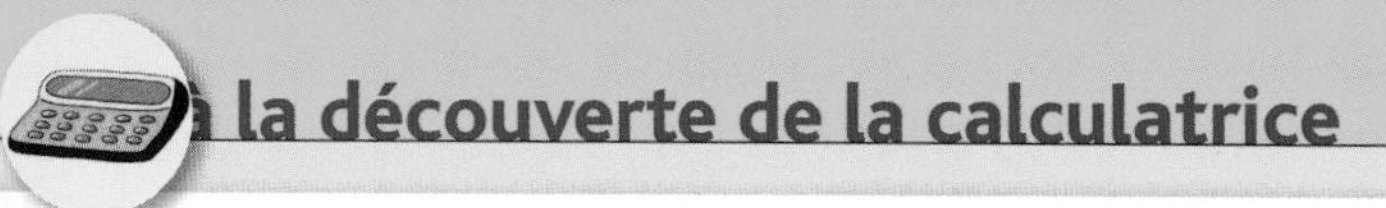

TI : Programmation

Touche « prgm » [prgm]

Permet d'entrer dans le menu programme.

```
EXEC EDIT NOUV
1:AGE
2:BAC
```

EXEC : Exécute le programme sélectionné.

EDIT : Entre dans le programme pour le modifier.

NOUV : Permet d'écrire un nouveau programme.

AGE, **BAC** sont ici les noms des programmes présents dans la calculatrice.

Une fois dans un programme, cette touche permet d'accéder aux fonctions de programmation.

Touche « dessin » [2nde] 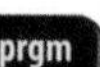

Permet d'**effacer la fenêtre graphique et de dessiner** des segments, des cercles, etc.

Après avoir choisi sa fonction (ligne, par exemple) on clique dans la zone graphique pour définir les deux points passant par cette ligne pour la tracer.

Touche « tests »  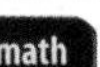

Permet d'**avoir accès aux fonctions logiques**.

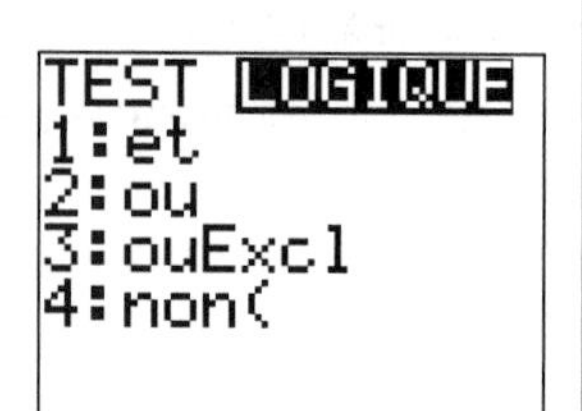

Touche « var » [var]

Permet d'avoir accès à tous les paramètres comme **Xmin**, **Xmax**, ou encore le nom des fonctions, afin, par exemple, de les utiliser dans d'un programme.

Les erreurs les plus fréquentes

1. Il ne faut pas confondre le signe [(–)] de l'opposé d'un nombre avec le signe [–] de la soustraction.

```
Graph1 Graph2 Graph3
\Y1■-X²-2X+3
\Y2=
\Y3=
```

Erreur

Message d'erreur

```
ERR:SYNTAXE
1:Quitter
2:Voir
```

Il fallait mettre ici le signe [(–)] de l'opposé.

```
2→X            2
X-2           -4
X-2            0
```

On obtient des résultats différents selon que l'on mette [(–)] ou [–].

La calculatrice effectue des opérations différentes : $X \times (-2)$ ou $X - 2$...

2. Erreur lors de la représentation graphique

```
Graph1 Graph2 Graph3
\Y1■-X²-2X+3
\Y2=
```

Message d'erreur

```
ERR:DIM INVALIDE
1:Quitter
```

Il faut désactiver **Graph1** en le sélectionnant et en appuyant sur [entrer].

```
FENETRE
 Xmin=5
 Xmax=-3
 Xgrad=1
 Ymin=-10
 Ymax=10
 Ygrad=1
 Xres=1
```

Message d'erreur

```
ERR:VAL FENETRE
1:Quitter
```

On doit toujours avoir **Xmin** < **Xmax** et **Ymin** < **Ymax**.

Casio : Programmation Icône PRGM

C'est l'icône du menu qui donne **l'accès au menu de programmation.**

Cette icône donne l'accès au menu d'édition ci dessous :

```
Liste programmes
 AGE          :    92
 BAC          :    32
EXE EDIT NEW DEL DEL·A ▷
```

EXEC : Exécute le programme sélectionné.

EDIT : Entre dans le programme pour le modifier.

NEW : Permet d'écrire un nouveau programme.

AGE, **BAC** sont ici les noms des programmes présents dans la calculatrice.

Une fois dans un programme, on accède aux fonctions de programmation par la touche PRGM (SHIFT et VARS).

On obtient alors la structure des sous-menus suivante :

COM : **If, Then, Else, I-End** (Si…, alors … Sinon … Fin Si).

For, To, Step, Next (Pour 0 → K à 10 avec un pas de 2).

While, Wend (Tant que *condition* … Fin Tant que).

Do, Lpw (Répète … Tant que *condition*).

? : Instruction pour saisir une donnée. Elle est suivie de → pour stocker la valeur saisie.

Exemple : **?→A** demande de saisir un nombre qui sera stocké dans la variable A.

◢ : Instruction pour afficher un texte, une variable, etc.

Exemple : **A◢** affiche le contenu de la variable A ; **"A"** affiche à l'écran la lettre A.

: : Permet de séparer deux instructions (on peut également revenir à la ligne).

Exemple : **"Entrer un nombre" :?→A** sépare dans cet exemple un affichage et une saisie.

CLR : Permet d'effacer la fenêtre texte, la fenêtre graphique, une liste, etc.

DISP : **Stat** : Affiche un graphe statistique.

Grph : Affiche la représentation graphique d'une fonction.

REL : Donne accès aux symboles suivants : **=** **≠** **>** **<** **≥** **≤**.

Touche CHAR

Permet d'avoir accès à tous les symboles de la calculatrice, lors de l'écriture d'un programme, et notamment pour **l'affichage de texte que l'on peut faire en lettres minuscules**. Plus précisément :

MATH

Sélection Caractère

MATH SYBL ABΓ αβγ ABC

SYBL

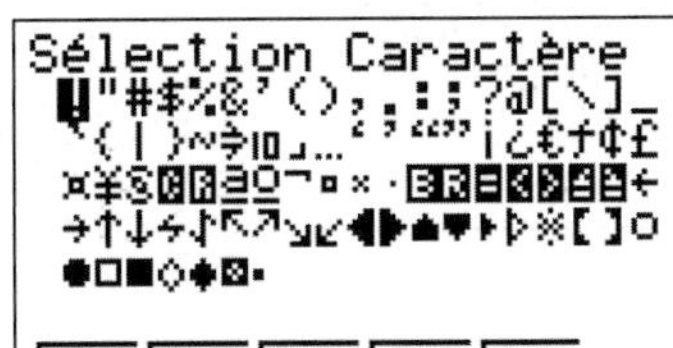

ABΓ

Sélection Caractère

MATH SYBL ABΓ αβγ ABC

αβγ

Sélection Caractère

MATH SYBL ABΓ αβγ ABC

programme

(extraits) Bulletin Officiel n° 9 du 30 septembre 2010.

1. Analyse

Le programme s'inscrit, comme celui de la classe de seconde, dans le cadre de la résolution de problèmes. Un des objectifs est donc de doter les élèves d'outils mathématiques permettant de traiter des problèmes relavant de la modélisation de phénomènes continus ou discrets.

- Ainsi on consolide l'ensemble des fonctions mobilisables, enrichies de deux nouvelles fonctions de référence, les fonctions *racine carrée* et *valeur absolue*.
- On introduit un nouvel outil : la dérivation. Le calcul des dérivées dans des cas simples est un attendu du programme ; dans le cas de situations plus complexes, on sollicite les logiciels de calcul formel.
- L'étude de phénomènes discrets fournit un moyen d'introduire les suites et leur génération en s'appuyant sur des registres différents (algébrique, graphique, numérique et géométrique) et en faisant largement appel à des logiciels. L'étude des suites se prête tout particulièrement à la mise en place d'activités algorithmiques.

Contenus	Chapitres	Capacités attendues
Second degré Forme canonique d'une fonction polynôme de degré deux. Équation du second degré, discriminant. Signe du trinôme.	1	• Déterminer et utiliser la forme la plus adéquate d'une fonction polynôme de degré deux en vue de la résolution d'un problème : développée, factorisée, canonique.
Étude de fonctions Fonctions de référence $x \mapsto \sqrt{x}$ et $x \mapsto \|x\|$. Sens de variation des fonctions $u + k$, λu, $\sqrt{u}$ et $\frac{1}{u}$, la fonction u étant connue, k étant une fonction constante et λ un réel.	1	• Connaître les variations de ces deux fonctions et leur représentation graphique. – Démontrer que la fonction racine carrée est croissante sur $[0 ; +\infty[$. – Justifier les positions relatives des courbes représentatives des fonctions $x \mapsto x$, $x \mapsto x^2$ et $x \mapsto \sqrt{x}$. • Exploiter ces propriétés pour déterminer le sens de variation de fonctions simples.
Dérivation Nombre dérivé d'une fonction en un point. Tangente à la courbe représentative d'une fonction dérivable en un point. Fonction dérivée. Dérivée des fonctions usuelles : $x \mapsto \sqrt{x}$, $x \mapsto \frac{1}{x}$ et $x \mapsto x^n$ (n entier naturel non nul). Dérivée d'une somme, d'un produit et d'un quotient. Lien entre signe de la dérivée et sens de variation. Extremum d'une fonction.	2	• Tracer une tangente connaissant le nombre dérivé. • Calculer la dérivée de fonctions. • Exploiter le sens de variation pour l'obtention d'inégalités.
Suites Modes de génération d'une suite numérique. Suites arithmétiques et suites géométriques. Sens de variation d'une suite numérique. Approche de la notion de limite à partir d'exemples.	3	• Modéliser et étudier une situation à l'aide de suites. – Mettre en œuvre des algorithmes permettant : → d'obtenir une liste de termes d'une suite ; → de calculer un terme de rang donné. – Établir et connaître les formules donnant $1 + 2 + \ldots + n$ et $1 + q + \ldots + q^n$. • Exploiter une représentation graphique des termes d'une suite.

2. Statistiques et probabilités

L'étude et la comparaison de séries statistiques vues en 2de se poursuivent avec la mise en place de nouveaux outils d'analyse de données.

- La notion de loi de probabilité d'une variable aléatoire permet de modéliser des situations aléatoires.
- L'utilisation des arbres pondérés permet de modéliser la répétition d'expériences identiques et indépendantes.
- Dans le cas particulier d'expériences identiques et indépendantes à deux issues, on introduit la loi binomiale. En s'appuyant sur cette loi, on poursuit la formation des élèves dans le domaine de l'échantillonnage.

Contenus	Chapitres	Capacités attendues
Statistique descriptive, analyse de données Caractéristiques de dispersion : variance, écart type. Diagramme en boîte.	4	• Utiliser de façon appropriée les deux couples usuels qui permettent de résumer une série statistique : (moyenne, écart type) et (médiane, écart interquartile). • Étudier une série statistique ou mener une comparaison pertinente de deux séries statistiques à l'aide d'un logiciel ou d'une calculatrice.

Contenus	Chapitres	Capacités attendues
Probabilités Variable aléatoire discrète et loi de probabilité. Espérance, variance et écart type. Modèle de la répétition d'expériences identiques et indépendantes à deux ou trois issues. Épreuve de Bernoulli, loi de Bernoulli. Schéma de Bernoulli, loi binomiale (loi du nombre de succès). Coefficients binomiaux, triangle de Pascal. Espérance, variance et écart type de la loi binomiale.	5 6	• Déterminer et exploiter la loi d'une variable aléatoire. • Interpréter l'espérance comme valeur moyenne dans le cas d'un grand nombre de répétitions. • Représenter la répétition d'expériences identiques et indépendantes par un arbre pondéré. • Utiliser cette représentation pour déterminer la loi d'une variable aléatoire associée à une telle situation. • Reconnaître des situations relevant de la loi binomiale. • Calculer une probabilité dans le cadre de la loi binomiale. Démontrer que $\binom{n}{k} + \binom{n}{k+1} = \binom{n+1}{k+1}$. • Représenter graphiquement la loi binomiale. • Exploiter l'espérance d'une loi binomiale dans des contextes variés.
Échantillonnage Utilisation de la loi binomiale pour une prise de décision à partir d'une fréquence.	6	• Exploiter un intervalle de fluctuation déterminé à l'aide de la loi binomiale pour rejeter ou non une hypothèse sur une proportion.

3. Géométrie

L'objectif est de renforcer la capacité des élèves à étudier des problèmes dont la résolution repose sur des calculs de distances et d'angles, la démonstration d'alignement, de parallélisme ou d'orthogonalité.

- L'outil nouveau est le produit scalaire. L'élève doit savoir choisir la forme la mieux adaptée au problème. L'introduction de cette notion implique un travail sur le calcul vectoriel et la trigonométrie.
- La géométrie dans l'espace est source de situations permettant de mettre en œuvre de nouveaux outils de l'analyse ou de la géométrie plane, notamment dans des problèmes d'optimisation.

Contenus	Chapitres	Capacités attendues
Géométrie plane Condition de colinéarité de deux vecteurs : $xy' - yx' = 0$. Vecteur directeur d'une droite. Équation cartésienne d'une droite. Expression d'un vecteur du plan en fonction de deux	7 8	• Utiliser la condition de colinéarité pour obtenir une équation cartésienne de droite. • Déterminer une équation cartésienne de droite connaissant un vecteur directeur et un point. • Déterminer un vecteur directeur d'une droite définie par une équation cartésienne. • Choisir une décomposition pertinente dans le cadre de la résolution de problèmes.
Trigonométrie Cercle trigonométrique. Radian. Mesure d'un angle orienté, mesure principale.	7	• Utiliser le cercle trigonométrique, notamment pour : – déterminer les cosinus et sinus d'angles associés ; – résoudre dans $\mathbb{R}$ les équations d'inconnue x : $\cos x = \cos a$ et $\sin x = \sin a$.
Produit scalaire dans le plan Définition, propriétés. Vecteur normal à une droite. Applications du produit scalaire : – calculs d'angles et de longueurs ; – formules d'addition et de duplication des cosinus et sinus.	9	• Calculer le produit scalaire de deux vecteurs par différentes méthodes : – projection orthogonale ; – analytiquement ; – à l'aide des normes et d'un angle ; – à l'aide des normes. • Choisir la méthode la plus adaptée en vue de la résolution d'un problème. • Déterminer une équation cartésienne de droite connaissant un point et un vecteur normal. • Déterminer un vecteur normal à une droite définie par une équation cartésienne. • Déterminer une équation de cercle défini par son centre et son rayon ou par son diamètre. • Démontrer, dans le cas où $0 \leqslant b \leqslant a \leqslant \frac{\pi}{2}$, que : $\cos(a - b) = \cos a \cos b + \sin a \sin b$

Crédits photographiques

Couverture, I et 1 : N. Piroux ; **II (g) :** © tungtopgun – shutterstock ; **II (m) :** © cozaar – shutterstock ; **II (m) :** ©Oleksiy Mark – shutterstock ; **VII :** ©michaeljung – shutterstock ; **X :** *La marque du Chat,* Philippe Geluck © Casterman ; **6(h) :** © C.Pétillon – Fotolia.com et © Amy Johansson – shutterstock ; **6(m) :** © Jurgen Ziewe – shutterstock ; **6(b)** ***a*** **:** © NMaverick – Fotolia.com ; ***b*** **:** © Windowseat – Fotolia.com ; ***c*** **:** © Frontpage – shutterstock ; ***d*** **:** © we11ington – Fotolia.com ; **41 :** Jean-Louis Goussé ; **44 :** © Lein de Leon – shutterstock ; **48 :** © tfazevedo – Fotolia.com ; **49(hg) :** ©: Bianda Ahmad Hisham – shutterstock ; **49(mg) :** ©:Adem Demir – shutterstock ; **49(bg) :** © elsar – shutterstock ; **49(d) :** © Coka – Fotolia.com; **50(hg) :** © Sebastian Kaulitzki – Fotolia.com ; **50(mg) :** © luxpainter – Fotolia.com ; **50(bg) :** © Digitalpress – Fotolia.com; **50(d) :** www.maelor-humanities.org.uk ; **76 :** © MP/Leemage ; **84 :** © Pixel & Création – Fotolia.com ; **88 :** © Rue des Archives/The Granger Collection NYC ; **89(g) :** © bisougue – Fotolia.com ; **89(d) :** Philippe Boeuf ; **90 :** © Fred – Fotolia.com; **96 :** ©Michal Duriník – shutterstock ; **97(h) a :** © Jacek Chabraszewski – Fotolia.com ; ***b*** **:** © Pshenichka – Fotolia.com ; ***c*** **:** ©: Galyna Andrushko – shutterstock ; ***d*** **:** © HD Connelly – Fotolia.com ; **97(mg) :** © James Steidl – Fotolia.com ; **97(md) :** © Dainis Derics – shutterstock ; **98 :** *La mathématique du chat, Philippe Geluck* © Casterman ; **101(h) :** © Fototeca/Leemage; **101(b) :** aaa production/ Jacques Rouxel ; **131 :** © lamax – Fotolia.com ; **141 :** *La mathématique du chat,* Philippe Geluck © Casterman ; **143(g) :** © allerim – shutterstock ; **143(dh) :** © Jo Chambers – Fotolia.com ; **143(db) :** © matka_Wariatka – shutterstock ; **144(bg) :** © QUALIA studio – Fotolia.com ; **144(bd) :** © picsfive – Fotolia.com ; **156 :** © Eduard Titov – shutterstock ; **162 :** © Marcel Jancovic – shutterstock ; **163 :** © Isabella Pfenninger – shutterstock; **165 :** © Rafa Irusta – shutterstock ; **167 :** © Roman Rvachov – shutterstock ; **170 :** © Yobidaba – shutterstock; **171 :** © LoopAll – shutterstock; **177 :** © Chepko Danil Vitalevich – shutterstock ; **178(h) :** La mathématique du Chat, Philippe Geluck © Casterman ; **178(bg)** ***a*** **:** © thomaspajot79 – Fotolia.com ; ***b*** **:** © Dario Bajurin – Fotolia.com ; **178(bd)** ***a*** **:** © Olivier Le Moal – Fotolia.com ; ***b*** **:** © Orlando Florin Rosu – Fotolia.com ; **181 :** © Valerii Zan – Fotolia.com ; **200 :** © Anastasija Popova – shutterstock; **201 :** © corbisrfsomos – Fotolia.com ; **202(g) :** © atm2003 – Fotolia.com ; **202(d) :** © Vaclav Zilvar – shutterstock ; **203 :** © contrastwerkstatt – Fotolia.com ; **205 :** © diego cervo – Fotolia.com ; **208 :** © baurka – Fotolia.com ; **213 :** © INFINITY – Fotolia.com ; **215 :** © endostock – Fotolia.com ; **216(g) :** © karl51 – Fotolia.com ; **216(d) :** © rnl – Fotolia.com ; **243 :** Mychele Daniau / Afp ; **244 :** © Monkey Business Images – shutterstock ; **246 :** © lakov Kalinin – shutterstock; **251(g) :** © Gergely Bényi – Fotolia.com ; **251(d) :** © Alhovik – shutterstock ; **254(h) :** © Shawn Hempel – shutterstock ; **254(b) :** © V. Yakobchuk – Fotolia.com ; **256(g) :** © Janice Lim – Fotolia.com ; **256(d) :** © Nicolas BEAUMONT – Fotolia.com ; **260 :** © paris pao – Fotolia.com ; **261 :** © Benjaminet – Fotolia.com ; **263(g) :** © herreneck – Fotolia.com ; **263(d) :** © Annie Desaulniers – Fotolia.com ; **264 :** © romantiche – Fotolia.com ; **303(g) :** © Dmitry Kalinovsky – shutterstock ; **303(dh) :** © alarich – shutterstock; **303(db) :** EugeneF – shutterstock ; **304 (m) :** © Barmaliejus – Fotolia.com ; **304 (m) :** La mathématique du Chat, Philippe Geluck © Casterman ; **329 :** © The Bridgeman Art Library ; **336 :** © Albachiaraa – Fotolia.com ; **345(g) :** © tiero – Fotolia.com; **345(dh) :** © photogl – Fotolia.com ; **345(dm) :** © mearicon – Fotolia.com ; **345(db) :** © angelo.gi – Fotolia.com ; **346(h)** ***a*** **:** © Alexander Gatsenko – shutterstock ; **346(h)** ***b*** **:** © Dja65 – shutterstock ; **346(h)** ***c*** **:** © dyoma – shutterstock ; **346(b) :** © The Sam Loyd Company http://samloyd.com ; **384 :** © Dmitry Kalinovsky – shutterstock ; **386 :** © EcoPrint – shutterstock; **388(hg) :** © Master3D – shutterstock ; **388(hd) :** © Gregor Kervina – shutterstock ; **388(b) :** © Francis Pierron ; **395 (hg) :** © valzan – shutterstock; **395 (bg) :** © Jackiso – shutterstock ; **395 (d) :** © Alex Kosev – shutterstock.

Nous remercions vivement les enseignants qui ont accepté de participer à la relecture critique du manuscrit : Estelle Daeschner, Marie-Hélène Lafitte, Isabelle Le Maître, Séverine Lestaevel et Olivier Véziant.

Maquette intérieure et couverture : Nicolas Piroux
Composition et schémas : APS-Chromostyle
Illustrations humoristiques : Pascal Baltzer
Portraits des mathématiciens : Julie Fliniaux
Recherche iconographique : Katia Davidoff

Cet ouvrage est imprimé sur du papier composé de fibres naturelles, renouvelables, recyclables, et fabriqué à partir de bois issu de forêts gérées de façon durable conformément à l'article 206 de la loi n° 2010-788 du 12 juillet 2010.

www.hachette-education.com

ISBN : 978-2-01-135536-2

1re S

Nouveau programme

maths repères

Fabienne Bruneau
professeur à l'Externat des Enfants Nantais de Nantes (44)

Agnès Choquer-Raoult
professeur au lycée Léopold-Sédar-Senghor de Magnanville (78)

Maxime Cocault
professeur au lycée René-Descartes de Rennes (35)

Boris Hanouch
professeur au lycée Condorcet de Limay (78)

Thierry Joffrédo
professeur détaché au Rectorat de Rennes auprès du département de développement des usages des TICE (35)

hachette
ÉDUCATION

sommaire

Cahier « À la découverte... »

Pages *logique et notations*

Pages *métiers*

Pages *TP informatiques*

Points *histoire des sciences*

Fonctions

Statistiques et probabilités

Géométrie

Double page d'ouverture

Un **pêle-mêle** pluridisciplinaire sur le thème du chapitre pour éveiller la curiosité.

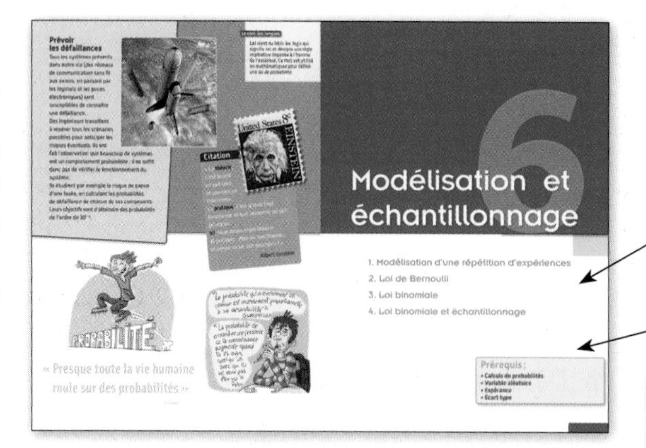

Les titres des paragraphes du cours.

La liste des prérequis.

Double page de découverte

Trois **activités** de découverte pour aborder la problématique du chapitre à l'aide des TICE et « à la main ».

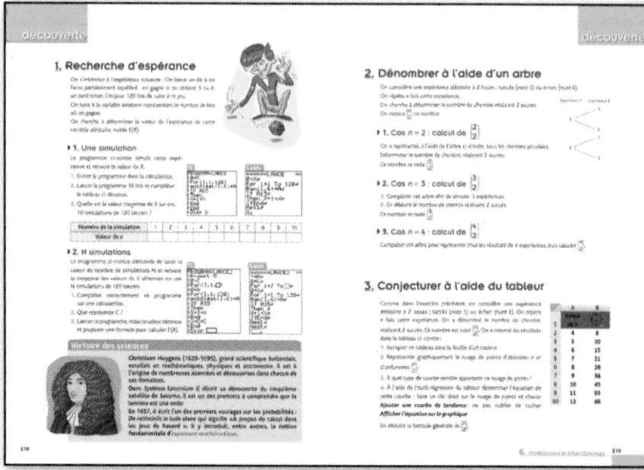

Doubles pages de cours / applications

À gauche, un **cours** clair et synthétique...

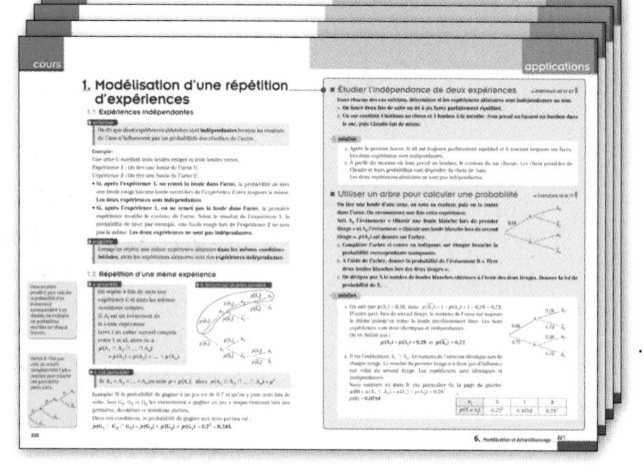

... à droite, ses **applications** directes en regard, pour donner du sens.

Page de logique et de notations
Une approche, en contexte, des notions de base de la **logique**.

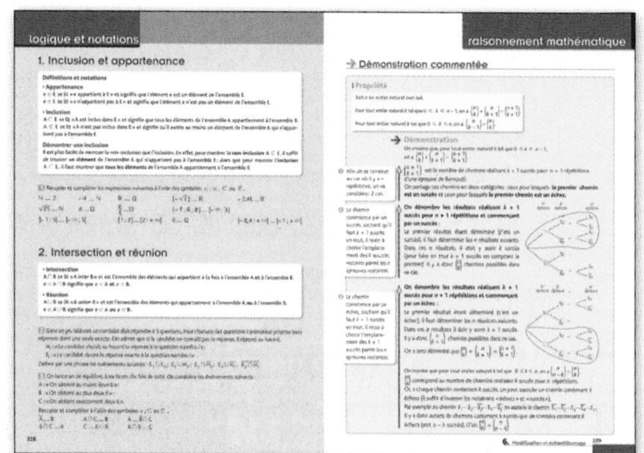

Plusieurs pages de raisonnement mathématiques
De nombreuses **démonstrations** (commentées ou non) dont les démonstrations exigibles au programme.

les pictos

Ces pictos, présents dans les TP, les activités ou les exercices, indiquent la démarche mathématique mise en œuvre ou l'outil utilisé.

 **Algorithme**

 **Logique**

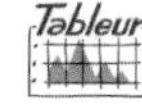 **Tableur**

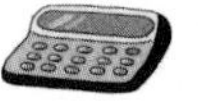 **Démonstration**

 **Calculatrice**

 **Logiciel de géométrie dynamique**

 **Logiciel de calcul formel**

95. corrigé Ce picto indique que cet exercice est **corrigé** en fin de manuel.

un chapitre

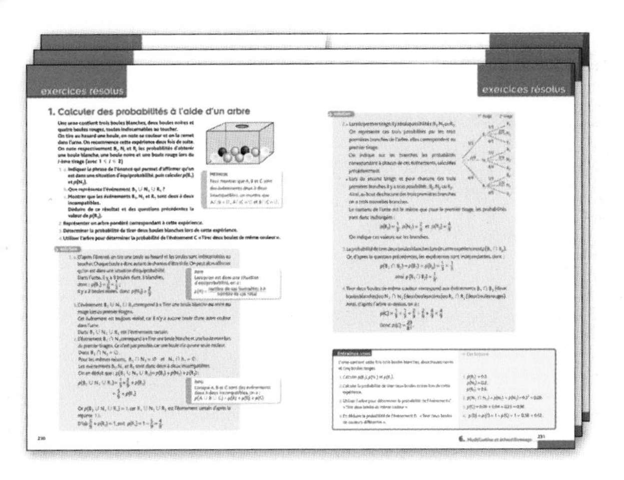

Exercices résolus

Les exercices incontournables, leur solution détaillée, commentée et de nombreux points « méthode ».

Double page de tests

Des **QCM**, ***vrai ou faux*** et ***à compléter*** corrigés en fin de manuel pour une utilisation en autonomie

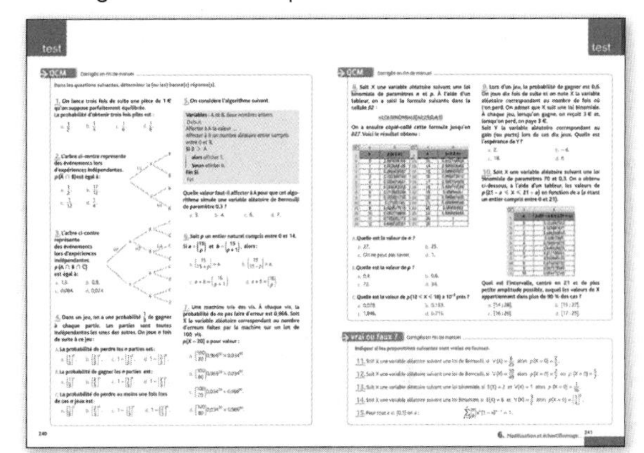

Exercices

Des exercices, nombreux et variés, classés par rubrique et par ordre de difficulté ;
Des pictos indiquent s'ils sont corrigés en fin de manuel et quels outils sont utilisés.

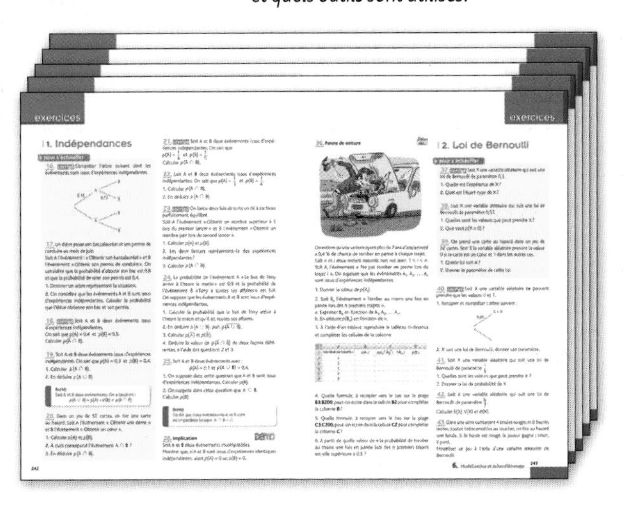

Double page d'exercice du Bac

Des **ROC**, des ***vrai ou faux***, des **QCM** et des **problèmes** pour s'entraîner dès maintenant aux épreuves

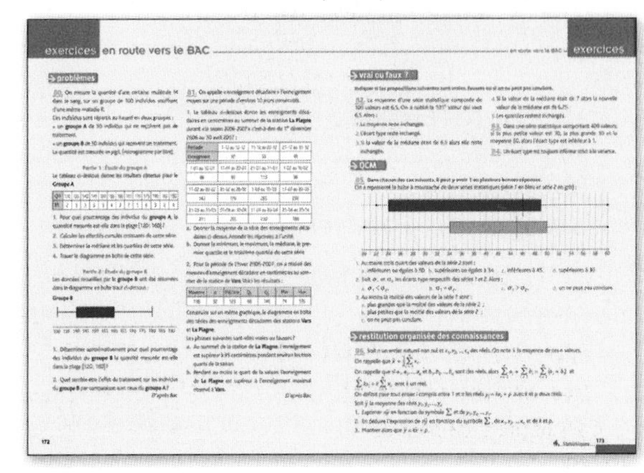

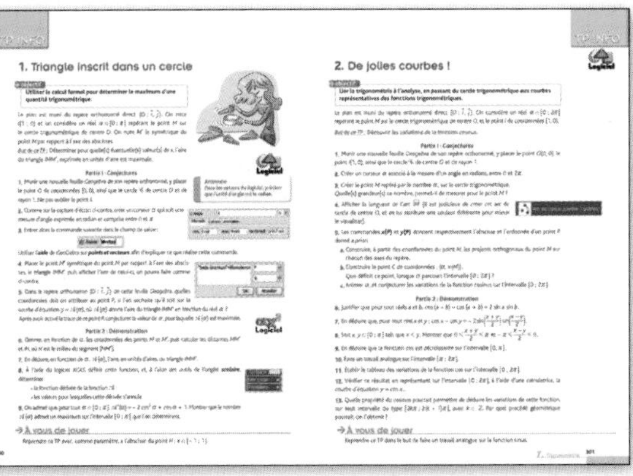

Double page de TP Informatiques

Deux TP utilisant les outils incontournables (logiciels de géométrie et de calcul formel ; tableurs et calculatrices).

Activité de recherche

Pour aller plus loin, rechercher, discuter et communiquer.

Page métiers

Pour découvrir les métiers liés aux sciences.

Parabole dans les jardins du château de Versailles

Un détail

> **Le coin des langues**
>
> Parabole : n. f. Court récit allégorique, symbolique, de caractère familier, sous lequel se cache un enseignement moral ou religieux.

Mathématiques et Astronomie

Les courbes d'équations $y = ax^2 + bx + c$ sont des paraboles et appartiennent à la famille des coniques (cercles, ellipses, paraboles et hyperboles). Elles ont été découvertes dans l'Antiquité par ***Appolonius de Perga*** qui étudiait les sections planes d'un cône.

18 siècles plus tard :

- ***Johannes Kepler*** a démontré que les trajectoires des planètes de notre système solaire sont des ellipses ;
- ***Isaac Newton*** a énoncé les lois du mouvement, dont la seconde, appelée « *Principe Fondamental de la Dynamique (PFD)* », permet de démontrer que seulement soumis à son poids la trajectoire d'un corps dans le plan est une parabole.

Le fameux *nombre d'Or*

Définition par Euclide :

« Une droite est dite coupée en extrême et moyenne raison quand, comme elle est toute entière relativement au plus grand segment, ainsi est le plus grand relativement au plus petit. »

Signification géométrique :

Le **nombre d'or** est la proportion, définie initialement en **géométrie**, comme l'unique rapport entre deux longueurs telles que le rapport de la somme des deux longueurs *a+b* sur la plus grande *a* soit égal à celui de la plus grande *a* sur la plus petite *b*, c'est-à-dire lorsque $\frac{a+b}{a} = \frac{a}{b}$.

On désigne ce nombre par la lettre ϕ (phi) en l'honneur du sculpteur Phidias qui l'aurait utilisé pour concevoir le **Parthénon.**

$$\phi = \frac{a+b}{a} = \frac{a}{b}$$

$$\underbrace{\overset{a}{\longrightarrow}\overset{b}{\longrightarrow}}_{a+b}$$

Signification algébrique :

ϕ est l'unique nombre réel positif vérifiant $\phi^2 = \phi + 1$.

$$\phi = \frac{1+\sqrt{5}}{a} = \frac{a}{b}$$

Tout autour de nous...

- Les proportions de nombreuses constructions depuis l'Antiquité sont calculées grâce au nombre d'or : les pyramides d'Égypte, le Parthénon, le Pentagone aux États-Unis...
- Il en est de même pour les proportions des peintures et des sculptures.

1

Les fonctions de référence

Prérequis :

- **Variation, signe et extremum d'une fonction**
- **Définition d'une fonction polynôme de degré 2**
- **Identités remarquables**

1. Garder la forme

On donne ci-dessous quatre courbes représentatives de fonctions polynômes de degré 2.

> **objectif**
> **Associer une courbe représentative d'une fonction à son expression et dégager des propriétés.**

On note f, g, h et k les quatre fonctions associées aux courbes ci-dessous :

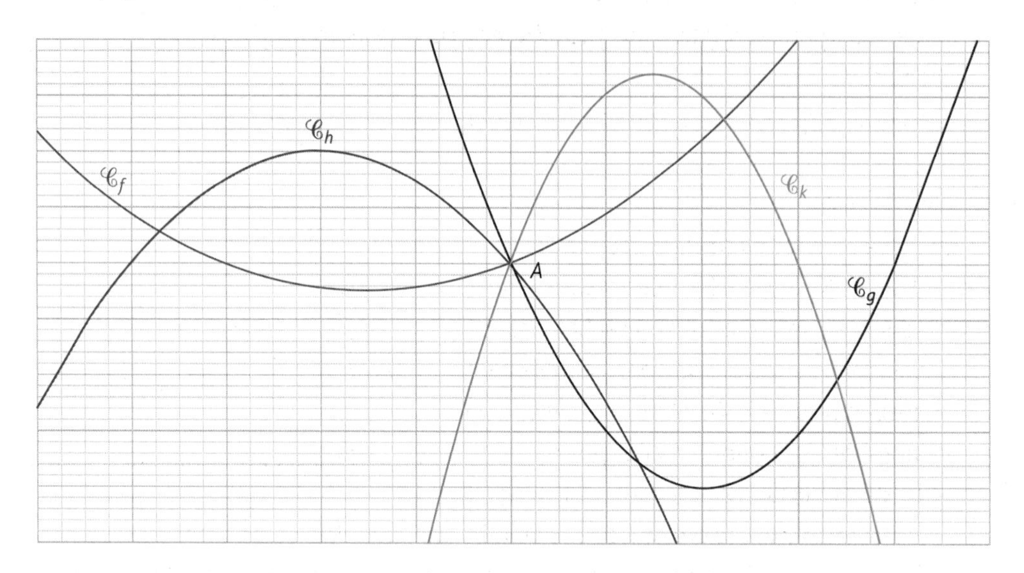

1. a. Rappeler l'expression algébrique d'une fonction polynôme de degré 2.

b. Les quatre courbes se coupent en un point A. Donner les coordonnées de ce point A. Que peut-on en déduire sur les expressions des fonctions représentées ?

2. Voici quatre expressions de fonctions : $p_1(x) = -\frac{1}{2}(x+2)^2 + 3$; $p_2(x) = \frac{2}{9}\left(x+\frac{3}{2}\right)^2 + \frac{1}{2}$;

$p_3(x) = -\frac{3}{2}\left(x-\frac{3}{2}\right)^2 + \frac{35}{8}$; $p_4(x) = (x-2)^2 - 3$.

a. Vérifier qu'il s'agit bien de fonctions polynômes de degré 2.

b. Ces expressions vérifient-elles la condition énoncée à la question **1. b.** ?

c. Déterminer, suivant les cas, le minimum ou le maximum sur $\mathbb{R}$ de chacune de ces fonctions.

d. Pour quelle(s) condition(s) sur ses coefficients dirait-on qu'une fonction polynôme de degré 2 admet un maximum ? admet un minimum ?

e. Sachant que les fonctions p_1, p_2, p_3 et p_4 correspondent aux fonctions f, g, h et k, associer chacune d'elle à sa courbe représentative.

3. a. En remarquant que certaines des expressions de fonctions p_1, p_2, p_3 et p_4 sont sous la forme d'une différence de deux carrés, déterminer, lorsqu'elles existent, les abscisses des points d'intersection des paraboles et de l'axe des abscisses.

b. À l'aide d'un **raisonnement par l'absurde**, expliquer pourquoi l'une des quatre expressions algébriques, $p_1(x)$, $p_2(x)$, $p_3(x)$ et $p_4(x)$, ne peut se mettre sous forme factorisée $p_{...}(x) = a \times (x - x_1) \times (x - x_2)$, a, x_1, x_2 étant trois nombres réels.

4. On appelle **« forme canonique »** la forme algébrique : $a \times ((x-\alpha)^2 \pm m)$.
Quel renseignement cette forme fournit-elle concernant la fonction associée ?

5. Sauriez-vous retrouver les formes canoniques des fonctions $p_1(x)$, $p_2(x)$, $p_3(x)$ et $p_4(x)$ à partir des courbes représentatives ?

2. Prendre racine et rester dynamique 

1. Résultats préliminaires

Soit C un point du demi-cercle de diamètre $[AB]$ et H le point de la droite (AB) tel que (CH) et (AB) soient perpendiculaires.

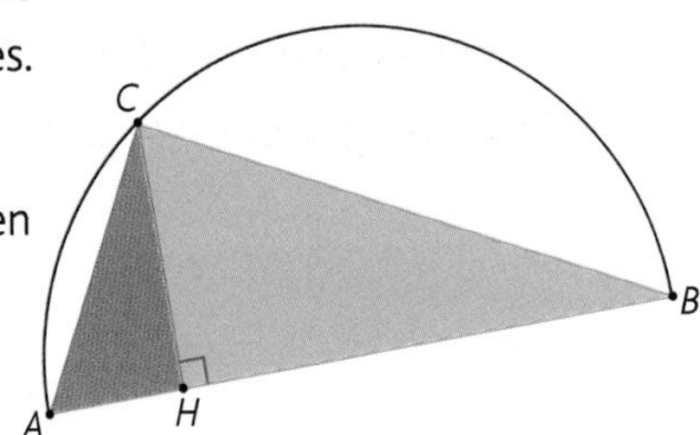

On note $AH = a$, $BH = b$ et $CH = h$.

a. Quelle(s) grandeur(s) les triangles AHC et CHB ont-ils en commun ?

b. En déduire que l'on a la relation $h = \sqrt{ab}$.

2. Activité

On munit le plan d'un repère orthonormé.

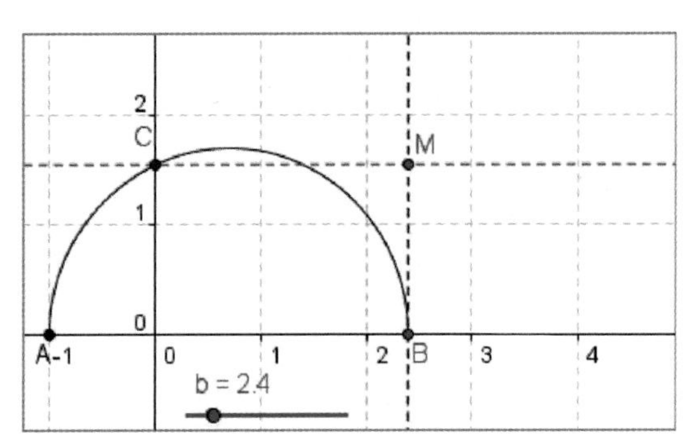

a. À l'aide d'un logiciel de géométrie dynamique, reproduire ce dessin sachant que :
- les points A et B ont pour coordonnées respectives $(-1 ; 0)$ et $(b ; 0)$, avec b un nombre quelconque réel et positif ;
- le demi-cercle est de diamètre $[AB]$ et intercepte l'axe des ordonnées au point C ;
- le point M a même abscisse que le point B et même ordonnée que le point C.

b. Créer une animation du curseur en activant la trace du point M.

c. Écrire les coordonnées du point M en fonction de b.

d. Donner l'équation de la courbe décrite par le point M, pour b parcourant l'intervalle $[0 ; +\infty[$.

e. Qu'a-t-on construit comme représentation graphique ?

3. Soif d'absolu

Les écrans ci-dessous présentent le programme d'un algorithme :

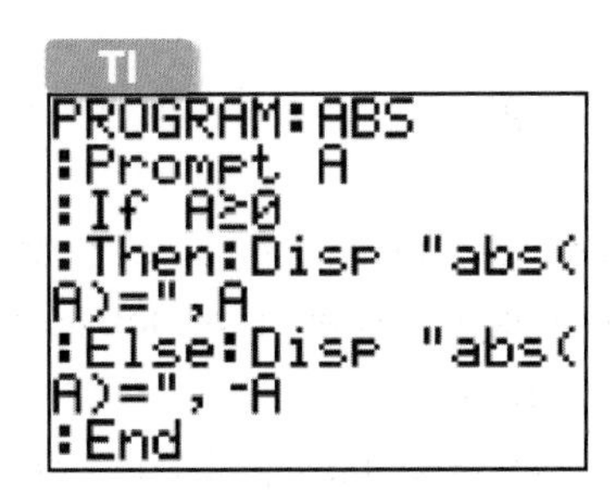

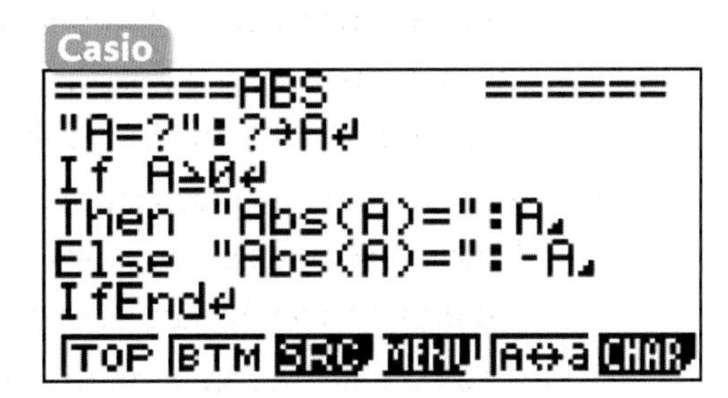

1. Reproduire ce programme sur une calculatrice.
2. Écrire l'algorithme associé à ce programme, puis décrire ce qu'il exécute.
3. On définit la fonction *Abs* qui, à tout nombre réel x, associe l'image de x par cet algorithme. On note cette image $|x|$.

   a. Définir, en langage mathématique, cette nouvelle fonction.

   b. Représenter sa courbe associée dans un repère orthonormé.

COURS

1. Fonctions polynômes de degré 2

On parle aussi de **fonction trinôme** ou plus simplement de trinôme.

1.1 Forme canonique

proposition

a, b et c sont trois nombres réels avec $a \neq 0$. Alors pour tout $x \in \mathbb{R}$, on a :

$$ax^2 + bx + c = a\left(\left(x + \frac{b}{2a}\right)^2 - \frac{b^2 - 4ac}{4a^2}\right).$$

Cette forme est appelée **forme canonique du trinôme.**

Un nombre réel x est dit racine d'une fonction f lorsque : $f(x) = 0$.

définition

On appelle **discriminant du trinôme** le nombre Δ défini par $\Delta = b^2 - 4ac$.

Le nombre $\frac{b^2 - 4ac}{4a^2}$ est du signe de son numérateur : $b^2 - 4ac$.

1.2 Représentation graphique et sens de variation

théorème

Le sens de variation de la fonction polynôme f, définie par $f(x) = ax^2 + bx + c$, dépend du signe de a. Soit $(O; \vec{i}, \vec{j})$, un repère orthogonal du plan; la courbe représentative de f est une **parabole** d'axe de symétrie vertical, ayant pour sommet le point $S\left(-\frac{b}{2a} ; f\left(-\frac{b}{2a}\right)\right)$. On a alors :

- Si $a > 0$

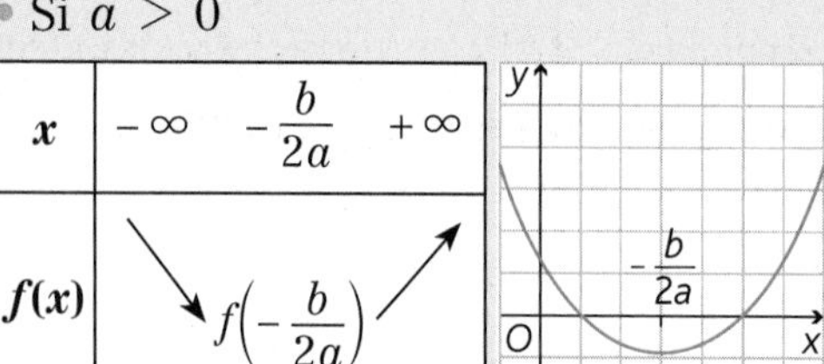

x	$-\infty$	$-\frac{b}{2a}$	$+\infty$
$f(x)$	↘	$f\left(-\frac{b}{2a}\right)$	↗

f admet un **minimum réalisé en** $x = -\frac{b}{2a}$.

- Si $a < 0$

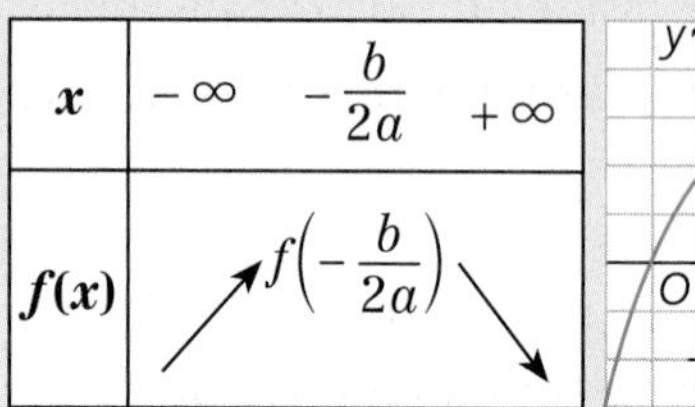

x	$-\infty$	$-\frac{b}{2a}$	$+\infty$
$f(x)$	↗	$f\left(-\frac{b}{2a}\right)$	↘

f admet un **maximum réalisé en** $x = -\frac{b}{2a}$.

1.3 Racines et signes

Un problème qui se modélise par une fonction polynôme de degré 2 est appelé problème du second degré.

Le théorème est démontré page 21.

théorème

Notons (E) l'équation $ax^2 + bx + c = 0$ et f la fonction associée ; alors :

- **Si** $\Delta > 0$, (E) admet deux solutions **distinctes**

$$x_1 = \frac{-b - \sqrt{\Delta}}{2a} \quad \text{et} \quad x_2 = \frac{-b + \sqrt{\Delta}}{2a}$$

$$\forall x \in \mathbb{R}, f(x) = x_1(x - x_1)(x - x_2)$$

x	$-\infty$		x_1		x_2		$+\infty$
$f(x)$		Signe de a	0	Signe de $-a$	0	Signe de a	

- **Si** $\Delta = 0$, (E) admet une solution **(double)**

$$x_0 = -\frac{b}{2a}$$

$$\forall x \in \mathbb{R}, f(x) = a(x - x_0)^2$$

x	$-\infty$		x_0		$+\infty$
$f(x)$		Signe de a	0	Signe de a	

- **Si** $\Delta < 0$, (E) n'admet **aucune** solution réelle.

Pas de factorisation possible sur $\mathbb{R}$.

x	$-\infty$		$+\infty$
$f(x)$		Signe de a	

Écrire des trinômes sous forme canonique

→ Exercices 42 à 46

Voici, sur un exemple, une méthode permettant d'écrire la forme canonique d'un trinôme :

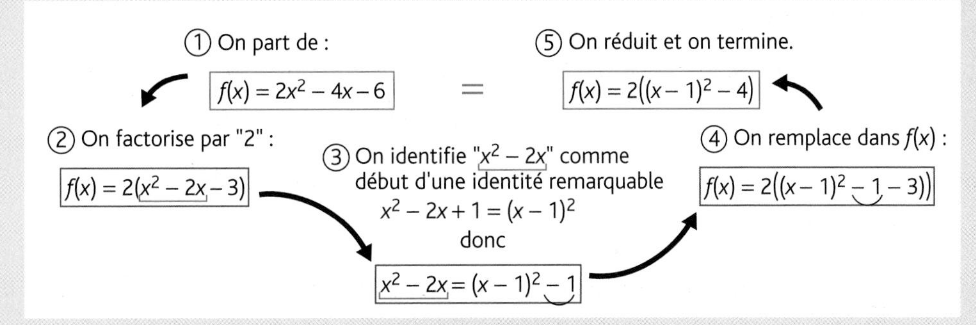

Écrire sous forme canonique les deux trinômes suivants :

$$f(x) = x^2 - 4x + 3\,; \qquad g(x) = -2x^2 + x + 1.$$

solution

Soit $x \in \mathbb{R}$, $f(x) = (x^2 - 4x) + 3 = ((x-2)^2 - 4) + 3 = (x-2)^2 - 4 + 3 = (x-2)^2 - 1$.

Soit $x \in \mathbb{R}$, $g(x) = -2\left(x^2 - \frac{1}{2}x - \frac{1}{2}\right) = -2\left(\left(x - \frac{1}{4}\right)^2 - \frac{1}{16} - \frac{1}{2}\right) = -2\left(\left(x - \frac{1}{4}\right)^2 - \frac{9}{16}\right)$.

Déterminer l'extremum d'un trinôme

→ Exercices 51 à 57

À partir de la forme canonique des fonctions *f* et *g* de l'exercice précédent, déduire que la fonction *f* admet un minimum sur $\mathbb{R}$ et que la fonction *g* admet un maximum sur $\mathbb{R}$.

solution

- Pour tout $x \in \mathbb{R}$, $f(x) = (x-2)^2 - 1$.
  Un carré est toujours positif, donc $(x-2)^2 \geqslant 0$, c'est-à-dire $f(x) \geqslant -1$.
  De plus, $f(x) = -1$ si, et seulement si, $x = 2$; donc ***f* admet –1 comme minimum** qu'elle atteint en $x = 2$.
- Pour tout $x \in \mathbb{R}$, $g(x) = -2\left(\left(x + \frac{1}{2}\right)^2 - \frac{9}{16}\right)$, soit encore $g(x) = -2\left(x - \frac{1}{4}\right)^2 + \frac{9}{8}$.
  Un carré est toujours positif, donc $\left(x - \frac{1}{4}\right)^2 \geqslant 0$; d'où $-2\left(x - \frac{1}{4}\right)^2 \leqslant 0$, c'est-à-dire $g(x) \leqslant \frac{9}{8}$.
  De plus, $g(x) = \frac{9}{8}$ si, et seulement si, $x = \frac{1}{4}$; donc ***g* admet $\frac{9}{8}$ comme maximum** qu'elle atteint en $x = \frac{1}{4}$.

Résoudre une inéquation du second degré

→ Exercices 47 à 51

Résoudre dans $\mathbb{R}$ l'inéquation $-2x^2 + 3x - 1 \geqslant 0$.

solution

On identifie $a = -2$, $b = 3$ et $c = -1$,
donc $\Delta = (3)^2 - 4 \times (-2) \times (-1) = 9 - 8 = 1$.
$\Delta > 0$, donc le trinôme $-2x^2 + 3x - 1$ possède deux racines :

$$\alpha = \frac{-3 + \sqrt{1}}{2 \times (-2)} = \frac{-2}{-4} = \frac{1}{2} \text{ et } \beta = \frac{-3 - \sqrt{1}}{2 \times (-2)} = \frac{-4}{-4} = 1.$$

Alors, comme $a < 0$, on a :

x	$-\infty$		$\frac{1}{2}$		1		$+\infty$
$-2x^2 + 3x - 1$		$-$	0	$+$	0	$-$	

Conclusion : $-2x^2 + 3x - 1 \geqslant 0$ pour $x \in \left[\frac{1}{2}\,;\,1\right]$.

2. Le second degré : Résumé

Soit une fonction trinôme f, définie par $\boldsymbol{f(x) = ax^2 + bx + c}$, $\boldsymbol{a \neq 0}$ et de discriminant Δ.

2.1 Résumé graphique

Les signes de a et de Δ suffisent à avoir une idée du type de parabole.

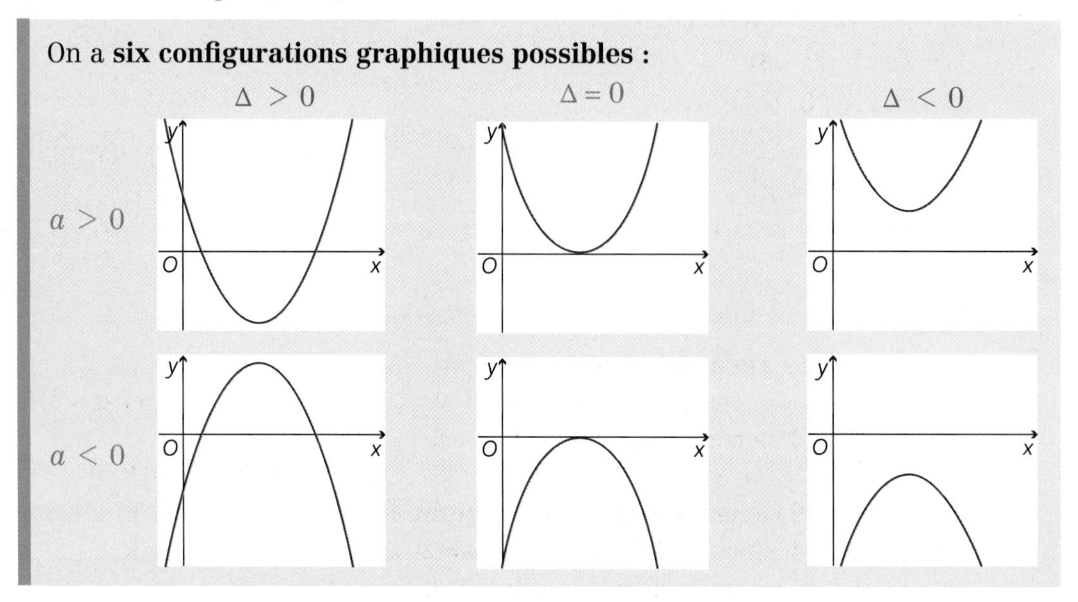

2.2 Résumé algorithmique

L'étude d'une fonction trinôme du second degré se prête particulièrement bien à un traitement algorithmique :

Algorithme en langage codé

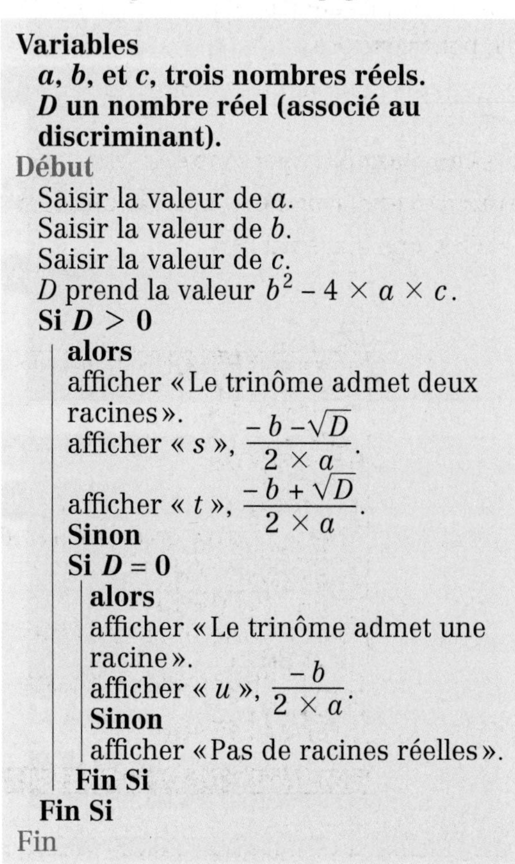

Variables
  a, b, et c, **trois nombres réels.**
  D **un nombre réel (associé au discriminant).**
Début
  Saisir la valeur de a.
  Saisir la valeur de b.
  Saisir la valeur de c.
  D prend la valeur $b^2 - 4 \times a \times c$.
  Si $D > 0$
    alors
    afficher « Le trinôme admet deux racines ».
    afficher « s », $\dfrac{-b-\sqrt{D}}{2 \times a}$.
    afficher « t », $\dfrac{-b+\sqrt{D}}{2 \times a}$.
    Sinon
    Si $D = 0$
      alors
      afficher « Le trinôme admet une racine ».
      afficher « u », $\dfrac{-b}{2 \times a}$.
      Sinon
      afficher « Pas de racines réelles ».
    Fin Si
  Fin Si
Fin

Algorithme avec *Algobox*

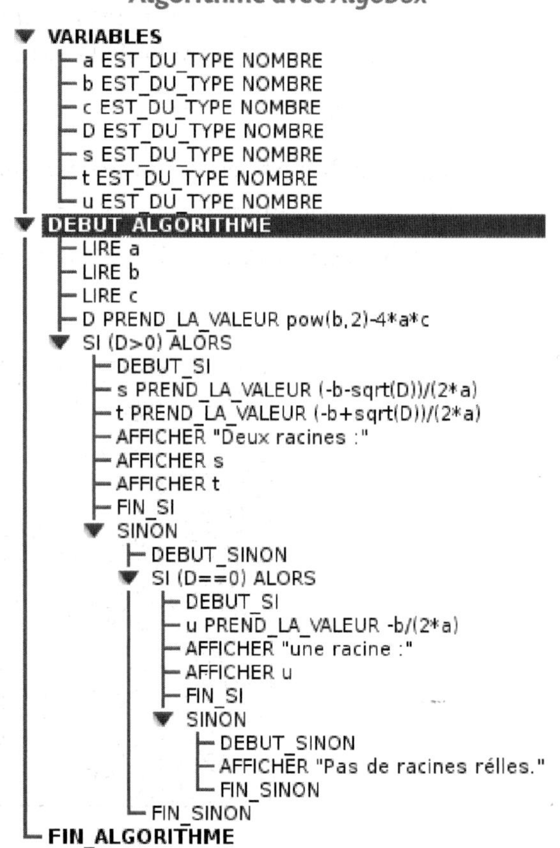

```
VARIABLES
  a EST_DU_TYPE NOMBRE
  b EST_DU_TYPE NOMBRE
  c EST_DU_TYPE NOMBRE
  D EST_DU_TYPE NOMBRE
  s EST_DU_TYPE NOMBRE
  t EST_DU_TYPE NOMBRE
  u EST_DU_TYPE NOMBRE
DEBUT_ALGORITHME
  LIRE a
  LIRE b
  LIRE c
  D PREND_LA_VALEUR pow(b,2)-4*a*c
  SI (D>0) ALORS
    DEBUT_SI
    s PREND_LA_VALEUR (-b-sqrt(D))/(2*a)
    t PREND_LA_VALEUR (-b+sqrt(D))/(2*a)
    AFFICHER "Deux racines :"
    AFFICHER s
    AFFICHER t
    FIN_SI
    SINON
      DEBUT_SINON
      SI (D==0) ALORS
        DEBUT_SI
        u PREND_LA_VALEUR -b/(2*a)
        AFFICHER "une racine :"
        AFFICHER u
        FIN_SI
        SINON
          DEBUT_SINON
          AFFICHER "Pas de racines rélles."
          FIN_SINON
      FIN_SINON
FIN_ALGORITHME
```

Associer une parabole à une expression

→ Exercices 51 à 58

Sur le graphique ci-contre, on a tracé cinq paraboles.
À l'aide des signes de Δ et de a, attribuer à chacune de ces courbes l'équation qui lui correspond.

a. $y = -x^2 + 2x - 3$.
b. $y = x^2 + x + 3$.
c. $y = 2x^2 - 5x + 3$.
d. $y = -2x^2 - 5x + 3$.
e. $y = x^2 + x + \frac{1}{4}$.

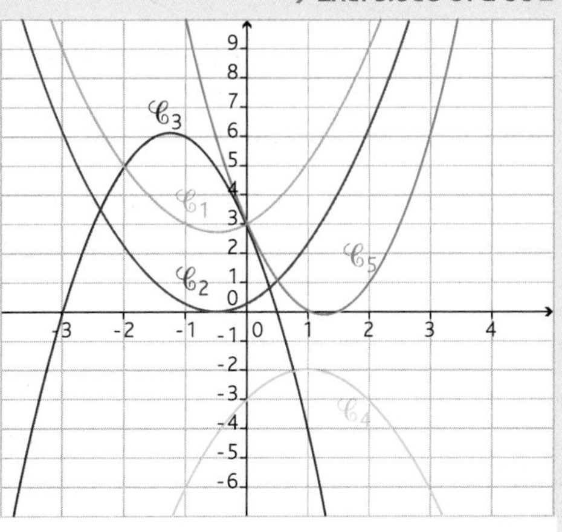

solution

On détermine les signes de Δ et de a :

a. $\Delta = (2)^2 - 4 \times (-1) \times (-3) = 4 - 12 = -8$ et $a = -1$. On a : $\Delta < 0$ et $a < 0$.
Conclusion : Il ne peut s'agir que de la courbe $\mathscr{C}_4$.

b. $\Delta = (1)^2 - 4 \times 1 \times 3 = 1 - 12 = -11$ et $a = 1$. On a : $\Delta < 0$ et $a > 0$.
Conclusion : Il ne peut s'agir que de la courbe $\mathscr{C}_1$.

c. $\Delta = (-5)^2 - 4 \times 2 \times 3 = 25 - 24 = 1$ et $a = 2$. On a : $\Delta > 0$ et $a > 0$.
Conclusion : Il ne peut s'agir que de la courbe $\mathscr{C}_5$.

d. $\Delta = (-5)^2 - 4 \times (-2) \times 3 = 25 + 24 = 49$ et $a = -2$. On a : $\Delta > 0$ et $a < 0$.
Conclusion : Il ne peut s'agir que de la courbe $\mathscr{C}_3$.

e. $\Delta = (1)^2 - 4 \times 1 \times \left(\frac{1}{4}\right) = 1 - 1 = 0$ et $a = 1$. On a : $\Delta = 0$ et $a > 0$.
Conclusion : Il ne peut s'agir que de la courbe $\mathscr{C}_2$.

Remarque : Lorsque les signes de a et de Δ ne suffisent pas, il peut être utile de déterminer les coordonnées du sommet de la parabole pour conclure.

Créer un programme sur le second degré

→ Exercices 107 à 110

Sur une calculatrice, créer un programme répondant à l'algorithme de la page ci-contre.
Ce programme demande de saisir les valeurs a, b et c, calcule et affiche la valeur de Δ, puis affiche le nombre de racines éventuelles du trinôme ainsi que leurs valeurs.

solution

TI

```
PROGRAM:TRINOME
:Prompt A,B,C
:B²-4AC→D
:Disp "DELTA=",D
:Pause
:If D>0
:Then
:Disp "DEUX RACI
NES:",(-B-√(D))/
(2A)▸Frac,(-B+√(
D))/(2A)▸Frac
:Else:If D=0
:Then
:Disp "UNE RACIN
E:",-B/(2A)▸Frac
:Else
:Disp "AUCUNE RA
CINE REELLE."
:End:End
```

Casio

```
======TRINOME ======
"a=":?→A↵
"b=":?→B↵
"c=":?→C↵
B²-4AC→D↵
"Δ=":D◢
If D>0↵
Then "Deux racines:"↵
(-B-√D)⌟(2A)◢
(-B+√D)⌟(2A)◢
Else If D=0↵
Then "Une racine:"↵
-B⌟(2A)◢
Else "Auncune racine
réelle."↵
IfEnd:IfEnd↵
TOP BTM SRC MENU A⇔a CHAR
```

3. Deux fonctions de référence

Le plan est muni d'un repère orthonormé $(O; \vec{i}, \vec{j})$.

3.1 La fonction « racine carrée »

Pour tout $a \geqslant 0$, $\sqrt{a}$ est l'unique solution **positive** de l'équation : $x^2 = a$.

définition

La **fonction racine carrée** est la fonction f définie sur l'intervalle $[0\ ;+\infty[$ par : $\forall x \in [0\ ;+\infty[,\ f(x) = \sqrt{x}$.

Cette propriété est démontrée page 19.

propriété

La fonction racine carrée :

$$f : x \mapsto \sqrt{x},$$

est strictement croissante sur l'intervalle $[0\ ;+\infty[$.

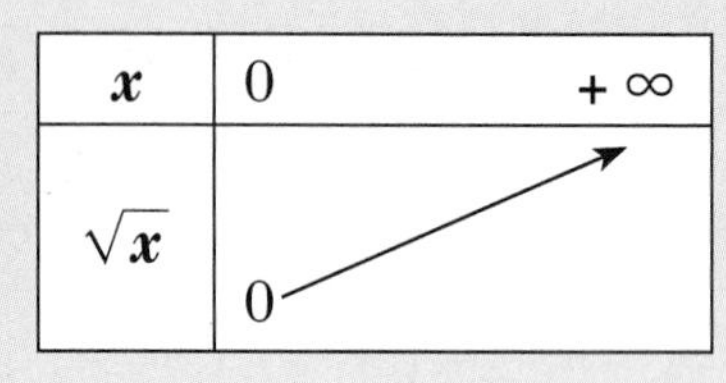

x	0	$+\infty$
$\sqrt{x}$	0 ↗	

représentation graphique

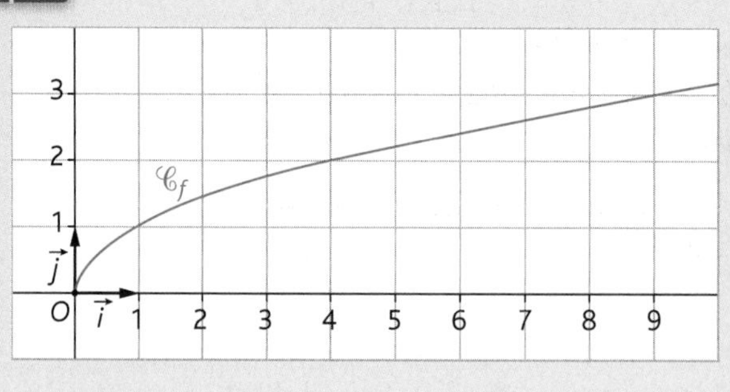

3.2 La fonction « valeur absolue »

définition

La **fonction valeur absolue** est la fonction f définie sur $\mathbb{R}$ par :

$$\forall x \in \mathbb{R},\ f(x) = \begin{cases} x, \text{ si } x \geqslant 0 \\ -x, \text{ si } x < 0 \end{cases}.$$

Notation : La valeur absolue d'un nombre réel x se note $|x|$.

Sur $]-\infty\ ;0[$, $y = -x$.
Sur $[0\ ;+\infty[$, $y = x$.

propriété

La fonction valeur absolue, $f : x \mapsto |x|$, est strictement décroissante sur l'intervalle $]-\infty\ ;0]$; strictement croissante sur l'intervalle $[0\ ;+\infty[$.

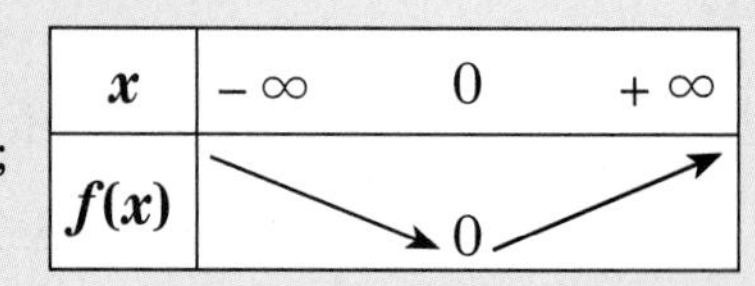

x	$-\infty$	0	$+\infty$
$f(x)$	↘	0	↗

représentation graphique

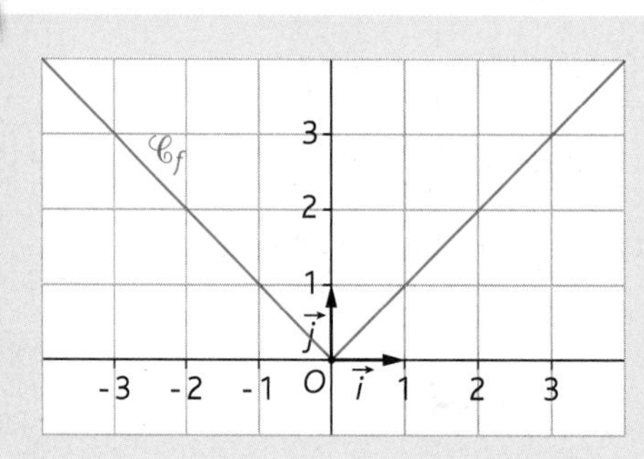

Déterminer le sens de variation d'une fonction racine carrée

→ Exercices 84 à 86

On considère la fonction f définie sur l'intervalle $[-4\,;+\infty[$ par $f(x)=\sqrt{x+4}$.

Montrer que la fonction f est strictement croissante sur son intervalle de définition.

solution

Soit a et b deux nombres réels de l'intervalle $[-4\,;+\infty[$ tels que $a<b$.

Alors : $f(a)-f(b)=\sqrt{a+4}-\sqrt{b+4}$.

Ici $A=\sqrt{a+4}$ et $B=\sqrt{b+4}$, d'où :

$$f(a)-f(b)=\frac{(\sqrt{a+4})^2-(\sqrt{b+4})^2}{\sqrt{a+4}+\sqrt{b+4}},$$

soit encore $f(a)-f(b)=\dfrac{a+4-(b+4)}{\sqrt{a+4}+\sqrt{b+4}}$.

Et, finalement $f(a)-f(b)=\dfrac{a-b}{\sqrt{a+4}+\sqrt{b+4}}$.

Par hypothèse, $a<b$ donc $a-b<0$.

$a\geqslant -4$ et $b>-4$, donc $\sqrt{a+4}+\sqrt{b+4}>0$.

D'où $f(a)-f(b)<0$.

La fonction f **est strictement croissante** sur l'intervalle $[-4\,;+\infty[$.

MÉTHODE

Pour supprimer les racines carrées, on utilise l'outil « expression conjuguée ». L'expression conjuguée de $A-B$ est $A+B$. D'où :

$$A-B=\frac{(A-B)\times(A+B)}{A+B}=\frac{A^2-B^2}{A+B}$$

(à condition que $A+B\neq 0$).

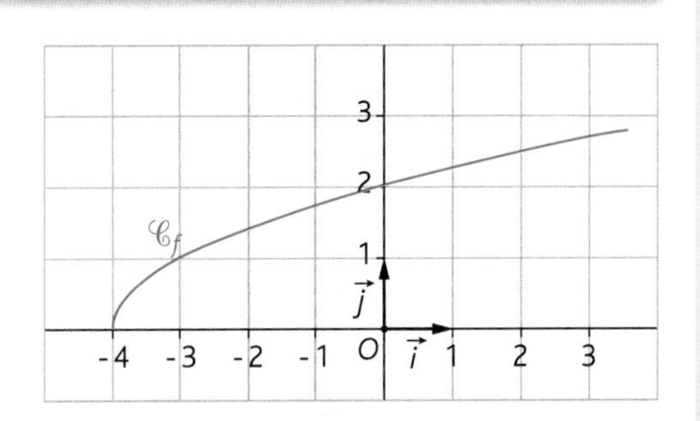

Représenter une fonction utilisant la valeur absolue

→ Exercices 84 à 86

On considère la fonction f définie sur $\mathbb{R}$ par $f(x)=|2x-3|$.

a. **Écrire, pour tout $x\in\mathbb{R}$, la fonction $f(x)$ sans valeur absolue.**

b. **Représenter graphiquement cette fonction dans un repère orthonormé $(O;\vec{i},\vec{j})$.**

solution

a. Soit $x\in\mathbb{R}$. Par définition de la valeur absolue d'un nombre réel,

on a $f(x)=\begin{cases}2x-3, & \text{si } 2x-3\geqslant 0\\ -(2x-3), & \text{si } 2x-3<0\end{cases}$; or le signe sur $\mathbb{R}$ de $2x-3$ est :

x	$-\infty$ $\frac{3}{2}$ $+\infty$
$f(x)$	$-$ 0 $+$

donc $f(x)=\begin{cases}2x-3, & \text{si } x\geqslant\frac{3}{2}\\ -2x+3, & \text{si } x<\frac{3}{2}\end{cases}$; soit finalement $f(x)=\begin{cases}2x-3, & \text{si } x\in\left[\frac{3}{2}\,;+\infty\right[\\ -2x+3, & \text{si } x\in\left]\frac{3}{2}:+\infty\right]\end{cases}$.

b. $\mathscr{C}_f$ est donc la réunion des deux demi-droites d'équation :

$y=-2x+3$, sur l'intervalle $\left]-\infty\,;\frac{3}{2}\right[$,

et $y=2x-3$, sur l'intervalle $\left[\frac{3}{2}\,;+\infty\right[$.

D'où la représentation graphique $\mathscr{C}_f$ ci-contre :

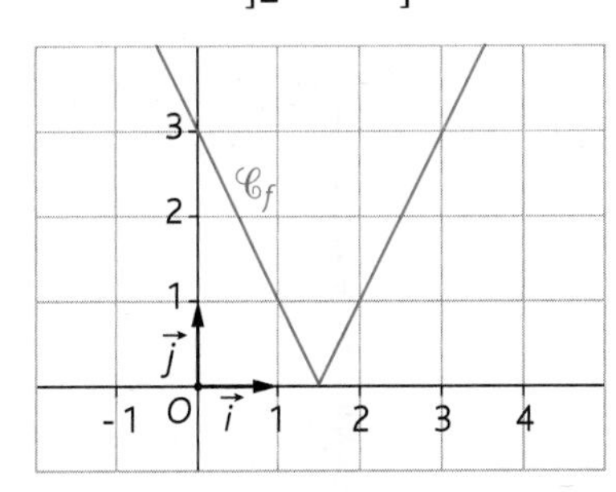

4. Étude des variations

4.1 Croissances comparées

Le plan est muni d'un repère orthonormé $(O\ ;\ \vec{i}, \vec{j})$. $\mathscr{C}_f$, $\mathscr{C}_g$ et $\mathscr{C}_h$ sont les courbes associées aux fonctions $f : x \mapsto x^2$, $g : x \mapsto x$ et $h : x \mapsto \sqrt{x}$, toutes les trois strictement croissantes sur l'intervalle $[0\ ;+\infty[$.

proposition

- Les points de coordonnées $(0;0)$ et $(1;1)$ sont communs aux trois courbes $\mathscr{C}_f$, $\mathscr{C}_g$ et $\mathscr{C}_h$.
- Sur l'intervalle $]0\ ;1[$:
  La courbe $\mathscr{C}_f$ est **en dessous** de la courbe $\mathscr{C}_g$, elle même **en dessous** de la courbe $\mathscr{C}_h$.
- Sur l'intervalle $]1\ ;+\infty[$:
  La courbe $\mathscr{C}_f$ est **au-dessus** de la courbe $\mathscr{C}_g$, elle même **au-dessus** de la courbe $\mathscr{C}_h$.

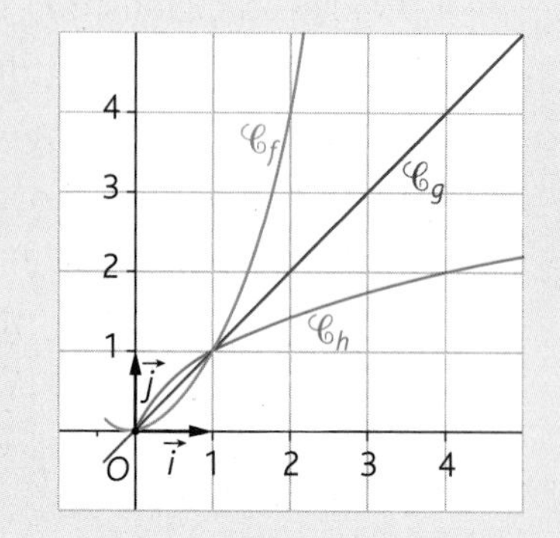

démonstration

Déterminer les positions relatives des courbes $\mathscr{C}_f$ et $\mathscr{C}_g$ sur l'intervalle $[0\ ;+\infty[$ revient à comparer $f(x)$ et $g(x)$ et donc revient à étudier le signe de : $\boldsymbol{f(x) - g(x) = x^2 - x}$. Or on a le tableau suivant:

x	0		1	$+\infty$
$x^2 - x$	0	$-$	0	$+$

On en déduit bien que:

- $\mathscr{C}_f$ et $\mathscr{C}_g$ se croisent aux points $(0;\ 0)$ et $(1;\ 1)$;
- sur l'intervalle $]0\ ;1]$, $\mathscr{C}_f$ est en dessous de $\mathscr{C}_g$;
- sur l'intervalle $]1\ ;+\infty[$, $\mathscr{C}_f$ est au-dessus de la courbe $\mathscr{C}_g$.

On rappelle que le signe de $x^2 - x$ s'obtient en remarquant que $x^2 - x = x(x-1)$ pour tout réel x.

On procède de même pour établir les autres positions relatives. Voir page 20.

4.2 Outils de variations

théorème

Soit I un intervalle de $\mathbb{R}$ sur lequel une fonction u est définie, **monotone** et dont la courbe associée est «continue». Soit k et λ deux nombres réels.

- Sur I, les fonctions $u : x \mapsto u(x)$ et $v : x \mapsto u(x) + k$ ont les mêmes variations.
- Si $\lambda > 0$ (resp. < 0), les fonctions $u : x \mapsto u(x)$ et $v : x \mapsto \lambda\, u(x)$ ont les mêmes variations (resp. des variations contraires) sur I.
- Soit J un intervalle de I sur lequel la fonction u est positive ou nulle.
  Sur J, les fonctions $u : x \mapsto u(x)$ et $v : x \mapsto \sqrt{u(x)}$ ont les mêmes variations.
- Soit K un intervalle de I sur lequel la fonction u ne s'annule pas. Sur K, les fonctions $u : x \mapsto u(x)$ et $v : x \mapsto \dfrac{1}{u(x)}$ ont des variations contraires.

Rappel : une fonction ***monotone*** est une fonction toujours croissante ou toujours décroissante.

Attention : Si u et v sont deux fonctions monotones, $u + v$ n'est pas nécessairement une fonction monotone.

Ordonner des nombres réels

Ranger dans l'ordre croissant les deux séries de nombres suivantes :

a. π^2, π et $\sqrt{\pi}$;   b. $\dfrac{\pi^2}{16}$, $\dfrac{\pi}{4}$ et $\dfrac{\sqrt{\pi}}{2}$.

solution

a. Il s'agit d'ordonner les images du nombre π par les trois fonctions :
$f : x \mapsto x^2$, $g : x \mapsto x$ et $h : x \mapsto \sqrt{x}$, sachant que $\pi > 1$.
D'après la proposition précisant les positions relatives entre $\mathscr{C}_f$, $\mathscr{C}_g$ et $\mathscr{C}_h$, les trois courbes associées à ces fonctions, on a : $\pi^2 > \pi > \sqrt{\pi}$.

b. On peut remarquer que $\dfrac{\pi^2}{16} = \left(\dfrac{\pi}{4}\right)^2$ et $\dfrac{\sqrt{\pi}}{2} = \sqrt{\dfrac{\pi}{4}}$.
Il s'agit, cette fois, d'ordonner les images du nombre $\dfrac{\pi}{4}$ par les trois fonctions :
$f : x \mapsto x^2$, $g : x \mapsto x$ et $h : x \mapsto \sqrt{x}$, sachant que $3 < \pi < 4 \Rightarrow 0 < \dfrac{\pi}{4} < 1$.
On en déduit : $\dfrac{\sqrt{\pi}}{2} > \dfrac{\pi}{4} > \dfrac{\pi^2}{16}$.

Lier positions relatives de courbes avec signe de fonction

→ Exercices 72 à 83

Donner le signe de la fonction ϕ définie sur l'intervalle $[0\ ;+\infty[$ par $\phi(x) = \sqrt{x} - x^2$.

solution

> **MÉTHODE**
> Étudier la différence entre deux fonctions h et f revient à s'interroger sur la position de la courbe $\mathscr{C}_h$ par rapport à la courbe $\mathscr{C}_f$.

On peut écrire, pour tout $x \in [0\ ;+\infty[$: $\phi(x) = h(x) - f(x)$, avec h la fonction **racine carrée** et f la fonction **carré**.

- $h(0) = f(0)$ et $h(1) = f(1)$.
- $\forall x \in\ ]0\ ;1[$, $h(x) > f(x)$.
- $\forall x \in]1\ ;+\infty[$, $h(x) < f(x)$.

On en déduit le signe de $\phi(x)$ sur $[0\ ;+\infty[$.
On peut aussi le vérifier sur la représentation graphique de la fonction ϕ :

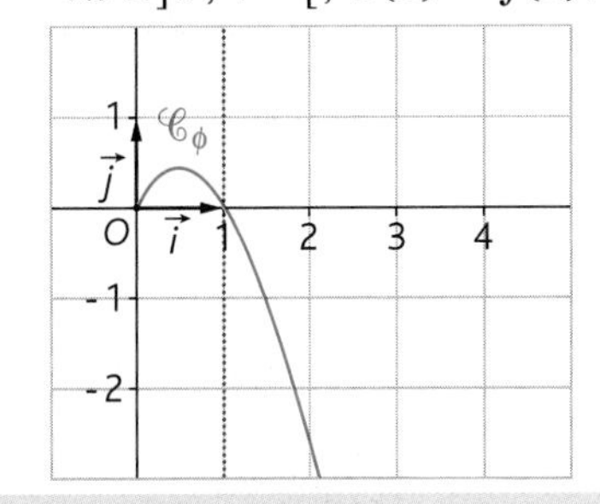

x	0	1	$+\infty$
$\phi(x) = h(x) - f(x)$	0 +	0	−

Déterminer les variations de fonctions associées

→ Exercices 84 à 98

Donner les variations de la fonction ψ définie sur $\mathbb{R}$ par $\psi(x) = \dfrac{1}{x^2+1}$.

solution

Pour tout $x \in \mathbb{R}$, on pose $u(x) = x^2 + 1$. La fonction u ne s'annule pas sur $\mathbb{R}$, de plus sur tout intervalle de $\mathbb{R}$, la fonction u a les mêmes variations que la fonction carré.
Aussi :

- sur l'intervalle $]-\infty\ ;0]$, la fonction ψ est croissante, car la fonction u est décroissante ;
- sur l'intervalle $[0\ ;+\infty[$, la fonction ψ est décroissante, car la fonction u est croissante.

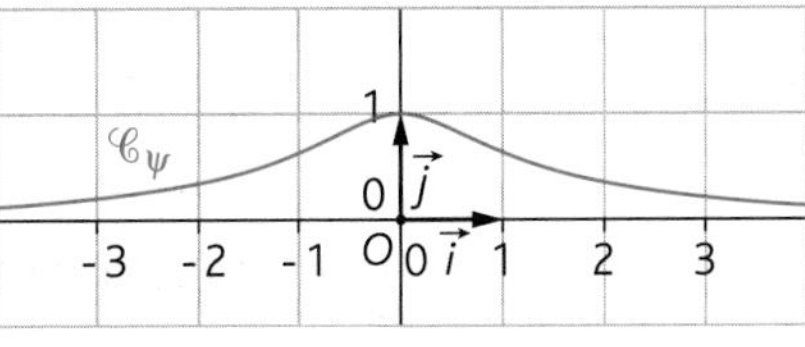

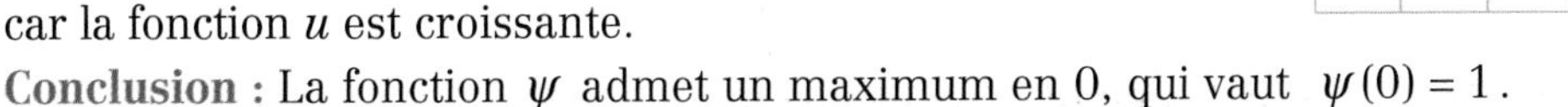

Conclusion : La fonction ψ admet un maximum en 0, qui vaut $\psi(0) = 1$.

Les quantificateurs « ∃ et ∀ »

Soit $\mathcal{P}(x)$ une proposition dépendant d'un élément x d'un ensemble E. La **valeur de vérité** de $\mathcal{P}(x)$ peut dépendre de x. Elle peut être vraie pour au moins un x, pour un x et un seul, pour tout x...

Le quantificateur existentiel

• Définition

Le symbole ∃ est appelé le **quantificateur existentiel** et signifie **« il existe au moins un(e) »**.

• Exemple : « Il existe un nombre x réel tel que : $x^2 - 4x + 3 = 0$ », se traduit en langage formel par :

$$\exists x \in \mathbb{R},\ x^2 - 4x + 3 = 0.$$

• Remarque

La proposition est vraie car si $x = 1$, alors $x^2 - 4x + 3 = 0$.

La proposition est aussi vraie pour $x = 3$. Le quantificateur ∃ n'implique pas l'unicité !

• Démontrer « il existe... »

Soit $\mathcal{P}(x)$ une propriété dépendant d'un nombre x. Pour montrer **qu' « il existe un réel x tel que $\mathcal{P}(x)$ est vraie »**, il suffit de trouver un exemple de valeur de x qui vérifie la propriété.

Le quantificateur universel

• Définition

Le symbole ∀ est appelé le quantificateur universel et signifie **« pour tout »**.

• Exemple :

« Pour tout nombre réel x de l'intervalle $[3\ ;+\infty[$, on a $x^2 - 4x + 3 \geqslant 0$ » se traduit en langage formel par :

$$\forall x \in [3\ ;+\infty[,\ x^2 - 4x + 3 \geqslant 0.$$

• Remarque

La proposition traduit la propriété : si $x \geqslant 3$, alors $x^2 - 4x + 3 \geqslant 0$.

On peut donc avoir $x < 3$ et $x^2 - 4x + 3 \geqslant 0$. Il ne s'agit pas d'un « si et seulement si ».

• Démontrer « pour tout... »

Soit $\mathcal{P}(x)$ une propriété dépendant d'un nombre x. Montrer que « **pour tout** réel x, $\mathcal{P}(x)$ est vraie » **nécessite un raisonnement** qui établira qu'en remplaçant x par n'importe quel nombre réel la propriété $\mathcal{P}$ sera toujours vraie.

∃ ou ∀ ?

• Exemple

L'égalité « $x^2 + 2x - 3 = (x + 1)^2 - 4$ » est-elle vraie pour un réel x au moins ou pour tout réel x ?

1. L'égalité se vérifie pour $x = 2$ par exemple (en effet $2^2 + 2 \times 2 - 3 = \mathbf{5}$ et $(2 + 1)^2 + 4 = \mathbf{5}$).
On peut donc écrire : $\exists x \in \mathbb{R},\ x^2 + 2x - 3 = (x + 1)^2 - 4$.

2. Soit x un nombre réel quelconque, développons le membre de droite :

$$(x + 1)^2 - 4 = x^2 + 2x + 1 - 4 = x^2 + 2x - 3.$$

On peut donc écrire : $\forall x \in \mathbb{R},\ x^2 + 2x - 3 = (x + 1)^2 - 4$.

→ À vous de jouer

1. Traduire en langage courant les propositions mathématiques suivantes :

a. $\forall x \in \mathbb{R},\ x^2 + 2x - 3 = (x + 1)^2 - 4$.

b. $\exists x \in \mathbb{R},\ x \neq 2,\ \dfrac{3}{x - 2} = 5$.

c. $\forall \varepsilon > 0,\ \exists x > 0,\ \dfrac{1}{x} < \varepsilon$.

d. $\exists M \in \mathbb{R},\ \forall x \in [3\ ;+\infty[,\ -2x^2 + 6x + 1 \geqslant M$.

2. Ajouter devant chaque proposition, un quantificateur possible en justifiant.

a. ..., $|x - 3| = 2$.

b. ..., $|x - 3| > 2$.

c. ..., $\dfrac{1 - 6x}{2x + 5} = -3$.

d. ..., $4\sqrt{2x + 7} > x + 11$.

Démonstration commentée

Propriété

La fonction racine carrée, $f : x \mapsto \sqrt{x}$, est strictement croissante sur l'intervalle $[0\,;+\infty[$.

Démonstration

1 Une fonction f est strictement croissante sur un intervalle I si : $\forall a, b \in I : a < b \Rightarrow f(a) < f(b)$.
Pour montrer cette implication **pour tout** $a, b \in [0\,;+\infty[$, on prend deux réels a et b **arbitraires** de l'intervalle $[0\,;+\infty[$.

1 Soit a et b deux réels (arbitraires) de l'intervalle $[0\,;+\infty[$, tels que $a < b$.

$$f(a) < f(b) \Leftrightarrow f(a) - f(b) < 0$$

Étudions le signe de l'expression $f(a) - f(b)$:

$$f(a) - f(b) = \sqrt{a} - \sqrt{b}.$$

2

$$A - B = \frac{(A-B)(A+B)}{A+B} = \frac{A^2 - B^2}{A+B}$$

avec $A = \sqrt{a}$ et $B = \sqrt{b}$.

On peut ainsi supprimer la racine carrée « $\sqrt{\ }$ » au numérateur (car $(\sqrt{a})^2 = a$) et avoir un dénominateur strictement positif.

2

$$f(a) - f(b) = \frac{(\sqrt{a}-\sqrt{b})(\sqrt{a}+\sqrt{b})}{\sqrt{a}+\sqrt{b}} = \frac{(\sqrt{a})^2 - (\sqrt{b})^2}{\sqrt{a}+\sqrt{b}} = \frac{a-b}{\sqrt{a}+\sqrt{b}}.$$

On étudie le signe du numérateur et du dénominateur :

$a < b \Rightarrow a - b < 0.$

$a, b \in [0\,;+\infty[$ et $a < b \Rightarrow \sqrt{a} + \sqrt{b} > 0.$

On en déduit le signe du quotient :

$$a - b < 0 \text{ et } \sqrt{a} + \sqrt{b} > 0 \Rightarrow \frac{a-b}{\sqrt{a}+\sqrt{b}} < 0.$$

Conclusion : On a montré que :

$\forall a, b \in [0\,;+\infty[,\ a < b \Rightarrow f(a) - f(b) < 0.$

La fonction racine est donc strictement croissante sur l'intervalle $[0\,;+\infty[$.

Remarques :

- Sur l'intervalle $[0\,;+\infty[$, f est strictement croissante et $f(0) = 0$. Donc la fonction racine carrée admet un minimum qui vaut 0 et atteint en $x = 0$.
- Elle n'admet cependant pas de maximum sur ce même intervalle, car on peut montrer que, quel que soit le réel M, aussi grand que l'on veut, il existe toujours un réel A tel que $A \geqslant 0$ dont la racine carrée soit supérieure (strictement) au réel M.

À vous de jouer

En appliquant la même méthode, démonter que les fonctions suivantes sont monotones :

1. $f : x \mapsto \sqrt{2x+5}$, sur $\left[-\frac{5}{2}\,;+\infty\right[$.

2. $g : x \mapsto \sqrt{5-x}$, sur $]-\infty\,;5]$.

3. $k : x \mapsto \sqrt{\frac{x+1}{x+2}}$, sur $]-\infty\,;-2]$; puis sur $[-2\,;+\infty[$.

Démonstration commentée

Propriété

Soit g la fonction identité et h la fonction racine carrée :

$$g : x \mapsto x \text{ et } h : x \mapsto \sqrt{x}.$$

On note $\mathscr{C}_g$ et $\mathscr{C}_h$ les courbes respectivement associées aux fonctions g et h.

Sur l'intervalle $]0 ; 1[$, la courbe $\mathscr{C}_g$ est en dessous de la courbe $\mathscr{C}_h$.

Sur l'intervalle $]1 ; +\infty[$, la courbe $\mathscr{C}_g$ est au-dessus de la courbe $\mathscr{C}_h$.

Démonstration

On sait que sur l'intervalle I : $\mathscr{C}_g$ est au-dessus de $\mathscr{C}_h$

équivaut à : $\forall x \in I, g(x) > h(x)$

équivaut à : $\forall x \in I, g(x) - h(x) > 0$.

1 Soit $x \in [0 ; +\infty[: g(x) - h(x) = x - \sqrt{x}$.

> ① Déterminer les positions relatives des courbes $\mathscr{C}_g$ et $\mathscr{C}_h$ sur l'intervalle I, revient, pour tout $x \in I$, **à comparer $g(x)$ et $h(x)$**, et donc revient, pour tout $x \in I$, à **étudier le signe** de $g(x) - h(x)$.

2 On a alors $g(x) - h(x) = \dfrac{(x - \sqrt{x})(x + \sqrt{x})}{x + \sqrt{x}} = \dfrac{x^2 - x}{x + \sqrt{x}}$ à condition que $x > 0$.

> ② On utilise l'**astuce** suivante :
> $A - B = \dfrac{(A - B)(A + B)}{A + B} = \dfrac{A^2 - B^2}{A + B}$,
> avec $A = x$ et $B = \sqrt{x}$.

3 Si $x = 0$, alors $g(x) = h(x)$. $(0 ; 0)$ est donc un point commun de $\mathscr{C}_g$ et $\mathscr{C}_h$, et on peut supposer $x > 0$ dans l'étude de cette nouvelle expression de $g(x) - h(x)$.

Si $x > 0$, alors $x + \sqrt{x} > 0$, et donc :

$g(x) - h(x)$ est du signe de son numérateur $x^2 - x$.

> ③ Le cas de $x = 0$ doit être traité différemment de cette méthode, car il annule le dénominateur de l'expression algébrique.

4 On peut remarquer que : $\forall x \in \mathbb{R}, x^2 - x = x(x - 1)$;

0 et 1 sont donc les racines du trinôme $x^2 - x$.

On en déduit le signe de ce trinôme sur l'intervalle $[0 ; +\infty[$:

x	0		1		$+\infty$
$x^2 - x$	0	$-$	0	$+$	

> ④ Pour déterminer le signe d'un trinôme, on commence par déterminer ses éventuelles racines. Ici $a > 0$ et $\Delta > 0$, on en déduit le tableau ci-contre.
> On retrouve ici le tableau de signes des positions relatives des courbes d'équations « $y = x^2$ » et « $y = x$ », grâce à l'astuce précédente.

5 **Conclusion :** On en déduit donc bien que :

- $\mathscr{C}_g$ et $\mathscr{C}_h$ se coupent aux points de coordonnées : $(0 ; 0)$ et $(1 ; 1)$.
- Sur l'intervalle $[0 ; 1]$, $\mathscr{C}_g$ est en dessous de $\mathscr{C}_h$.

Sur l'intervalle $]1 ; +\infty[$, $\mathscr{C}_g$ est au-dessus de $\mathscr{C}_h$.

> ⑤ Se souvenir qu'un tableau de signes peut fournir bien plus que le signe d'une expression algébrique : il peut aussi fournir les positions relatives de deux courbes.

Démonstrations

Propriété

Soit a, b et c trois nombres réels, avec $a \neq 0$. Alors pour tout $x \in \mathbb{R}$:

$$ax^2 + bx + c = a\left(\left(x + \frac{b}{2a}\right)^2 - \frac{b^2 - 4ac}{4a^2}\right).$$

Démonstration

Soit $x \in \mathbb{R}$; puisque $a \neq 0$, on a $ax^2 + bx + c = a\left(x^2 + \frac{b}{a}x + \frac{c}{a}\right)$.

Or : $\left(x + \frac{b}{2a}\right)^2 = x^2 + \frac{b}{a}x + \frac{b^2}{4a^2}$, d'où : $x^2 + \frac{b}{a}x = \left(x + \frac{b}{2a}\right)^2 - \frac{b^2}{4a^2}$.

Ce qui permet de déduire que : $f(x) = a\left(\left(x + \frac{b}{2a}\right)^2 - \frac{b^2}{4a^2} + \frac{c}{a}\right) = a\left(\left(x + \frac{b}{2a}\right)^2 - \frac{b^2 - 4ac}{4a^2}\right)$.

On a ainsi montré que $\forall x \in \mathbb{R}$, $f(x) = a\left(\left(x + \frac{b}{2a}\right)^2 - \frac{b^2 - 4ac}{4a^2}\right)$.

Propriété

Soit (E) l'équation $ax^2 + bx + c = 0$ $(a \neq 0)$ et f la fonction trinôme associée pour tout $x \in \mathbb{R}$.

- Si $\Delta > 0$, (E) admet deux solutions distinctes.
- Si $\Delta = 0$, (E) admet une solution.
- Si $\Delta < 0$, (E) n'admet aucune solution.

Démonstration

- Soit $x \in \mathbb{R}$; si $\Delta > 0$, alors $\Delta = b^2 - 4ac = (\sqrt{\Delta})^2$ et $f(x) = a\left(\left(x + \frac{b}{2a}\right)^2 - \left(\frac{\sqrt{\Delta}}{2a}\right)^2\right)$;

ainsi : $f(x) = a\left(x + \frac{b}{2a} - \frac{\sqrt{\Delta}}{2a}\right)\left(x + \frac{b}{2a} + \frac{\sqrt{\Delta}}{2a}\right) = a\left(x - \frac{-b + \sqrt{\Delta}}{2a}\right)\left(x - \frac{-b - \sqrt{\Delta}}{2a}\right)$.

En posant $x_1 = \frac{-b + \sqrt{\Delta}}{2a}$ et $x_2 = \frac{-b - \sqrt{\Delta}}{2a}$. On obtient x_1 et x_2 les solutions distinctes sur $\mathbb{R}$ de l'équation (E), ainsi que : $\forall x \in \mathbb{R}$, $f(x) = a(x - x_1)(x - x_2)$.

- Soit $x \in \mathbb{R}$; si $\Delta = 0$, alors $f(x) = a\left(x + \frac{b}{2a}\right)^2$. En posant $x_0 = -\frac{b}{2a}$, on obtient x_0 l'unique solution réelle de l'équation (E), ainsi que : $\forall x \in \mathbb{R}$, $f(x) = a(x - x_0)^2$.

- Soit $x \in \mathbb{R}$; si $\Delta < 0$, alors pour tout x de $\mathbb{R}$, on a : $\left(x + \frac{b}{2a}\right)^2 - \frac{\Delta}{4a^2} > 0$ (*).

L'équation (E) n'admet donc aucune solution sur $\mathbb{R}$, sinon l'expression de $f(x)$ s'annulerait en un réel x (au moins) ; ce qui est absurde à la lumière de la proposition (*).

À vous de jouer

1. Mettre sous forme canonique les trinômes.

$f(x) = -2x^2 + 8x + 6$; $g(x) = 14 - 7x^2$; $h(x) = -3(x - 2)(x + 4)$.

2. Soit $m \in \mathbb{R}$; on considère f la fonction carré et g_m la fonction définie sur $\mathbb{R}$ par $g_m(x) = 2mx + m^2$.

Résoudre l'équation $f(x) = g(x)$. Que nous apporte la forme canonique de la fonction $f - g_m$?

1. Utiliser le calcul formel dans les problèmes d'extremum

1. **Une suite de commandes a été exécutée sur deux modèles de calculatrices équipées d'un module de calcul formel. Lister et expliquer chaque commande.**
2. **Vérifier les réponses de ces deux calculatrices et expliquer la dernière ligne de commande.**

TI *nspire*

1.1

Define $f(x)=-3\cdot x^2+4\cdot x+1$	*Terminé*
fMax$(f(x),x)$	$x=\frac{2}{3}$
$f\left(\frac{2}{3}\right)$	$\frac{7}{3}$
factor$\left(\frac{7}{3}-f(x)\right)$	$\frac{(3\cdot x-2)^2}{3}$

6/99

Casio *ClassPad*

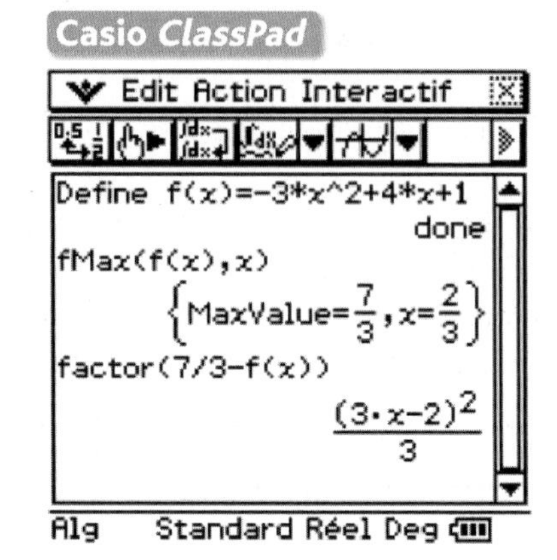

solution

1. Les commandes utilisées sont les suivantes :

Define $f(x)$ =	Permet d'entrer une fonction dans la machine.
fMax $(f(x), x)$	Renvoie, s'il existe, au maximum de la fonction f sur son ensemble de définition. *Attention :* la machine peut donner un résultat aberrant si la fonction n'admet pas de maximum.
$f\left(\frac{2}{3}\right)$	Calcule l'image, par f, de $\frac{2}{3}$ nécessaire sur la TI *nSpire*.
factor $\left(\frac{7}{3}-f(x)\right)$	Factorise l'expression $\frac{7}{3}-f(x)$.

2. • f est une fonction trinôme dont le coefficient en x^2 est de signe strictement négatif.
f admet donc un maximum, réalisé en $\alpha=-\frac{4}{2\times(-3)}=\frac{4}{6}=\frac{2}{3}$;

on calcule $f\left(\frac{2}{3}\right)=-3\times\left(\frac{2}{3}\right)+4\times\left(\frac{2}{3}\right)+1=\frac{7}{3}$.

La fonction f admet donc $\frac{7}{3}$ comme maximum, atteint en $x=\frac{2}{3}$.

• Pour tout $x\in\mathbb{R}$, $\frac{7}{3}-f(x)=\frac{7}{3}+3x^2-4x-1=3x^2-4x+\frac{4}{3}=3\left(x^2-\frac{4}{3}x+\frac{4}{9}\right)$

$$=3\left(x-\frac{2}{3}\right)^2.$$

La calculatrice affiche $\frac{7}{3}-f(x)=\frac{(3x-2)^2}{3}$.

Vérifions qu'il y a égalité :

$$\frac{(3x-2)^2}{3}=\frac{\left(3\times\left(x-\frac{2}{3}\right)\right)^2}{3}=\frac{3^2\times\left(x-\frac{2}{3}\right)^2}{3}=3\left(x-\frac{2}{3}\right)^2.$$

Pour tout $x \in \mathbb{R}$, $\frac{7}{3} - f(x) = 3\left(x - \frac{2}{3}\right)^2$, donc $\frac{7}{3} - f(x) \geqslant 0$
et $\frac{7}{3} - f(x) = 0 \Leftrightarrow x = \frac{2}{3}$.

Ce qui prouve que f admet $\frac{7}{3}$ comme maximum qu'elle atteint en $x = \frac{2}{3}$.

Ceci se retrouve en passant par la forme canonique. En effet, soit $x \in \mathbb{R}$:

$f(x) = -3x^2 + 4x + 1 = 3\left(\left(x - \frac{2}{3}\right)^2 - \frac{7}{9}\right) = -3\left(x - \frac{2}{3}\right)^2 + \frac{7}{3}$,

ce qui équivaut à $\frac{7}{3} - f(x) = 3\left(x - \frac{2}{3}\right)^2$.

Entraînez-vous

En utilisant un outil de calcul formel, déterminer le maximum ou le minimum des fonctions trinômes suivantes, définies sur $\mathbb{R}$ par :

1. $f(x) = 5x^2 - 4x + 2$. 2. $g(x) = -6x^2 + 8x + 3$.

→ On trouve

1. Un **minimum** de $\frac{6}{5}$ atteint en $x = \frac{2}{5}$.
2. Un **maximum** de $\frac{7}{3}$ atteint en $x = \frac{2}{3}$.

2. Résoudre une équation irrationnelle

Résoudre dans $\mathbb{R}$ l'équation $\sqrt{x^2 + 2x - 3} + 2 = x$.

→ solution

- Déterminons l'ensemble de définition des solutions de cette équation.
L'équation est définie si, et seulement si, $x^2 + 2x - 3 \geqslant 0$.
On calcule le discriminant de ce trinôme : $\Delta = 2^2 - 4 \times 1 \times (-3) = 16$.
$\Delta > 0$, donc ce trinôme admet deux racines, -3 et 1, et son signe est donné par :

x	$-\infty$		-3		1		$+\infty$
$x^2 + 2x - 3$		+	0	−	0	+	

L'ensemble de définition de l'équation est donc $\mathcal{D} =]-\infty\,; -3] \cup [1\,; +\infty[$.

- Résolvons alors l'équation sur $\mathcal{D}$.
$\sqrt{x^2 + 2x - 3} + 2 = x$ équivaut à $x^2 + 2x - 3 = (x - 2)^2$ et $x - 2 \geqslant 0$.

Ce qui équivaut à $6x = 7$ et $x \geqslant 2$ qui équivaut à $x = \frac{7}{6}$ et $x \geqslant 2$.

$\frac{7}{6} < 2$, donc la proposition « $x = \frac{7}{6}$ » **et** « $x \geqslant 2$ » est fausse.

Conclusion : $\mathcal{S} = \varnothing$.

Remarque
$\sqrt{A} = B \Leftrightarrow A = B^2$ et $B \geqslant 0$.

Entraînez-vous

1. Résoudre dans $\mathbb{R}$ l'équation $\sqrt{1 - 4x} + x = 1$.
2. Résoudre dans $\mathbb{R}$ l'équation $8\sqrt{3x + 1} = 3x + 17$.

→ On trouve

1. $\mathcal{S} = \{-2\,; 0\}$.
2. $\mathcal{S} = \{5\}$.

3. Résoudre un problème du type « $f(x) = g(x)$ »

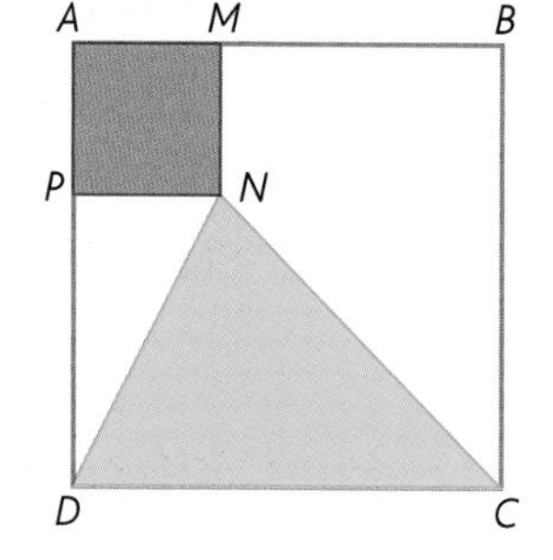

$ABCD$ est un carré de côté 20 cm.
Soit M un point du segment $[AB]$ et N et P les points tels que $AMNP$ soit un carré, P appartenant au segment $[AD]$.
On note $x = AM$, $f(x)$ l'aire du carré $AMNP$ et $g(x)$ celle du triangle CDN.

1. **Exprimer $f(x)$ et $g(x)$ en fonction de x.**
2. **Existe-t-il une ou plusieurs valeurs de x dans l'intervalle $[0 ; 20]$ pour lesquelles l'aire du carré $AMNP$ est égale à celle du triangle CDN ?**
   Vérifier graphiquement la réponse.
3. **En déduire, à l'aide du graphique, les valeurs de x de l'intervalle $[0 ; 20]$, pour lesquelles l'aire du triangle est supérieure ou égale à l'aire du carré.**

solution

1. • $x = AM$, donc $AMNP$ est un carré de côté x ; son aire est alors $f(x) = x \times x = x^2$ pour tout $x \in [0 ; 20]$.
   • $PD = 20 - x$, donc CDN est un triangle de base 20 et de hauteur $20 - x$; son aire est alors $g(x) = \dfrac{20 \times (20 - x)}{2} = 10(20 - x) = -10x + 200$ pour tout $x \in [0 ; 20]$.
2. • On cherche $x \in [0 ; 20]$ tel que $f(x) = g(x)$, donc tel que $x^2 = -10x + 200$.
   On doit alors résoudre l'équation $x^2 + 10x - 200 = 0$ dans l'intervalle $[0 ; 20]$.
   Le discriminant de cette équation est :
   $\Delta = 10^2 - 4 \times 1 \times (-200) = 100 + 800 = 900 = 30^2$.
   L'équation admet donc deux solutions distinctes :
   $$\frac{-10 - 30}{2 \times 1} = -20 \quad \text{et} \quad \frac{-10 + 30}{2 \times 1} = 10.$$
   Seule la solution $x = 10$ appartient à l'intervalle $[0 ; 20]$; il existe donc une unique valeur de x pour laquelle le carré $AMNP$ et le triangle CDN ont même aire.

REMARQUE
Ce problème appartient à la famille des problèmes du type « $f(x) = g(x)$ » ou (ce qui est équivalent) du type « $h(x) = 0$ ».

   • Vérifions graphiquement la réponse.
   Résoudre graphiquement l'équation $f(x) = g(x)$ c'est déterminer, dans l'ensemble de définition de l'équation, les abscisses des points d'intersection des courbes $\mathscr{C}_f$ et $\mathscr{C}_g$.
   On voit sur ce graphique un unique point d'intersection dans l'intervalle $[0 ; 20]$, le point de coordonnées $(10 ; 100)$.

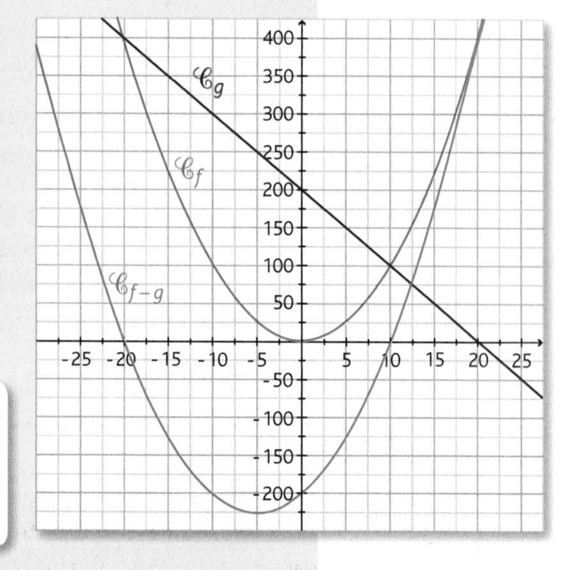

REMARQUE
On aurait pu également ne tracer que la parabole d'équation $f(x) - g(x) = x^2 + 10x - 200$ et s'intéresser à son intersection avec l'axe des abscisses dans l'ensemble de définition.

3. Cela revient à comparer les valeurs de $f(x)$ et $g(x)$ sur l'intervalle $[0 ; 20]$. Et d'après la représentation graphique, on peut vérifier que :
– sur l'intervalle $[0 ; 10]$, $\mathscr{C}_g$ est au-dessus de $\mathscr{C}_f$, donc :
$$\text{pour tout } x \in [0 ; 10],\ g(x) \geqslant f(x) ;$$
– sur l'intervalle $[10 ; 20]$, $\mathscr{C}_g$ est en dessous de $\mathscr{C}_f$, donc :
$$\text{pour tout } x \in [10 ; 20],\ g(x) \leqslant f(x).$$

Entraînez-vous

Reprendre l'énoncé précédent.
Existe-t-il une ou plusieurs valeurs de x pour laquelle la somme des aires du carré $AMNP$ et du triangle CDN vaut 150 ?

→ On trouve

Il n'existe aucune valeur de x.

On peut chercher le minimum ou le maximum.

4. Utiliser la monotonie des fonctions associées

Donner, sur $[0 ; +\infty[$, les variations de la fonction f définie par $f(x) = 1 - \dfrac{3}{\sqrt{x^2+5}}$.

→ solution

La fonction f est définie sur $\mathbb{R}$, car : $\forall x \in \mathbb{R}$, $x^2 + 5 \geqslant 5 > 0$.
La fonction $x \mapsto x^2 + 5$, étant monotone sur chacun des intervalles $]-\infty ; 0]$ et $[0 ; +\infty[$, on doit raisonner **par disjonction des cas.**

- Sur l'intervalle $[0 ; +\infty[$ on a :
$(u : x \mapsto x^2 + 5$ est croissante$) \Rightarrow (\sqrt{u} : x \mapsto \sqrt{x^2+5}$ est croissante$)$.
En effet, d'après le cours, u et $\sqrt{u}$ ont les mêmes variations.
- Ensuite $(u : x \mapsto \sqrt{x^2+5}$ est croissante$) \Rightarrow \left(\dfrac{1}{u} : x \mapsto \dfrac{1}{\sqrt{x^2+5}} \text{ est décroissante}\right)$
car, d'après le cours, u et $\dfrac{1}{u}$ ont des variations contraires, avec $u \neq 0$.
- Puis $\left(u : x \mapsto \dfrac{1}{\sqrt{x^2+5}} \text{ est décroissante}\right) \Rightarrow \left(-3u : x \mapsto \dfrac{-3}{\sqrt{x^2+5}} \text{ est croissante}\right)$
car pour $\lambda < 0$, u et λu ont des variations contraires, ici $\lambda = -3$.
- Enfin $\left(u : x \mapsto \dfrac{-3}{\sqrt{x^2+5}} \text{ est croissante}\right) \Rightarrow \left(u + 1 : x \mapsto 1 + \dfrac{-3}{\sqrt{x^2+5}} \text{ est décroissante}\right)$
car, quel que soit $k \in \mathbb{R}$, u et $u + k$ ont les mêmes variations.

Conclusion : La fonction f est croissante sur l'intervalle $[0 ; +\infty[$.

Entraînez-vous

Établir que cette même fonction f est monotone sur l'intervalle $]-\infty ; 0]$, en précisant si elle est **croissante** ou **décroissante**.
Conclure en dressant son tableau de variations sur $\mathbb{R}$.

→ On trouve

f est décroissante sur $]-\infty ; 0]$.

5. Expliciter une fonction valeur absolue

Soit f la fonction définie sur $\mathbb{R}$ par $f(x) = |x - 2| - \left|-\frac{3}{2}x + 1\right|$.

On désigne par $\mathscr{C}_f$ la courbe représentative de la fonction f dans le repère orthonormé $(O ; \vec{i}, \vec{j})$.

1. **Pour $x \in \mathbb{R}$, exprimer $f(x)$ sans valeur absolue, puis représenter graphiquement $\mathscr{C}_f$.**
2. **Résoudre l'équation $f(x) = 12$.**

solution

1. D'après la définition de la valeur absolue, on peut écrire :

$|x-2| = \begin{cases} x-2 & \text{si } x-2 \geqslant 0 \\ -(x-2) & \text{si } x-2 < 0 \end{cases}$, ce qui équivaut à $|x-2| = \begin{cases} x-2 & \text{si } x \geqslant 2 \\ 2-x & \text{si } x < 2 \end{cases}$.

De même, on peut écrire :

$$\left|-\frac{3}{2}x+1\right| = \begin{cases} -\frac{3}{2}x+1, & \text{si } -\frac{3}{2}x+1 \geqslant 0 \\ -\frac{3}{2}x+1, & \text{si } -\frac{3}{2}x+1 < 0 \end{cases} = \begin{cases} -\frac{3}{2}x+1, & \text{si } x \geqslant \frac{2}{3} \\ \frac{3}{2}x-1, & \text{si } x < \frac{2}{3} \end{cases}.$$

On doit donc procéder par disjonction des cas, sur les trois intervalles suivants :

$\left]-\infty ; \frac{2}{3}\right[$, $\left[\frac{2}{3} ; 2\right[$ et $[2 ; +\infty[$

x	$-\infty$ … $\frac{2}{3}$	… 2	… $+\infty$
$\lvert x-2 \rvert$	$2-x$	$2-x$	$x-2$
$\left\lvert -\frac{3}{2}x+1 \right\rvert$	$-\frac{3}{2}x+1$	$\frac{3}{2}x-1$	$\frac{3}{2}x-1$
$-\left\lvert -\frac{2}{3}x+1 \right\rvert$	$\frac{3}{2}x-1$	$-\frac{3}{2}x+1$	$-\frac{3}{2}x+1$
$f(x) = \lvert x-2 \rvert - \left\lvert \frac{3}{2}x+1 \right\rvert$	$\frac{1}{2}x+1$	$-\frac{5}{2}x+3$	$-\frac{1}{2}x-1$

$f\left(\frac{2}{3}\right)$ $f(2)$

MÉTHODE
Une façon simple et visuelle est de résumer les résultats sous forme de tableau.

On calcule $f\left(\frac{2}{3}\right) = \left|\frac{2}{3} - 2\right| - \left|-\frac{3}{2} \times \frac{2}{3} + 1\right| = \left|-\frac{4}{3}\right| - |0| = \frac{4}{3} - 0 = \frac{4}{3}$

et $f(2) = |2-2| - \left|-\frac{3}{2} \times 2 + 1\right| = |0| - 2 = 0 - 2 = -2.$

REMARQUE
$f\left(\frac{2}{3}\right)$ aurait pu s'obtenir par la formule « $\frac{1}{2}x + 1$ » ou bien par la formule « $-\frac{5}{2}x + 3$ ».

Conclusion :

$$f(x) = \begin{cases} \frac{1}{2}x+1, & x \in \left]-\infty ; \frac{2}{3}\right[\\ -\frac{5}{2}x+3, & x \in \left[\frac{2}{3} ; 2\right[\\ -\frac{1}{2}x-1, & x \in [2 ; +\infty[\end{cases}$$

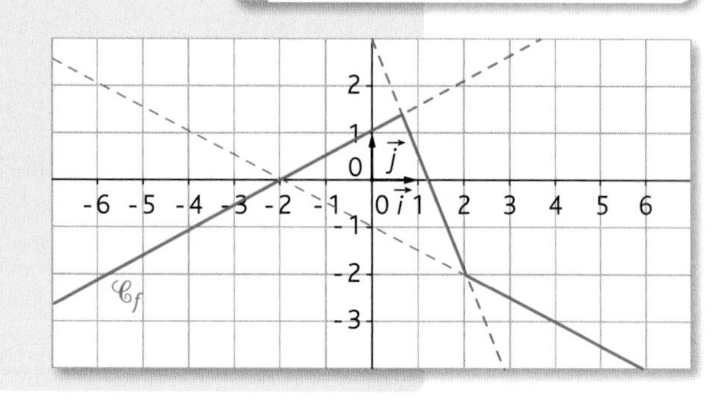

$\mathscr{C}_f$ est la réunion de trois portions de droites.

Entraînez-vous

Mêmes questions avec :

$f : x \mapsto |2x-1| + |x+3|$ et $g : x \mapsto |2x-1| + 2|x+3|$.

→ **On trouve**

On utilise la même méthode.

6. Programmer, conjecturer et démontrer

1. **Écrire un algorithme qui demande la saisie d'un entier naturel n et qui renvoie la somme des entiers naturels de 0 à n, c'est-à-dire le nombre $S(n) = \sum_{i=0}^{n} i = 0 + 1 + \ldots + n$.**

Aide

On peut schématiser la construction du nombre $S(n)$ comme ci-dessous $S(0) = 0$.

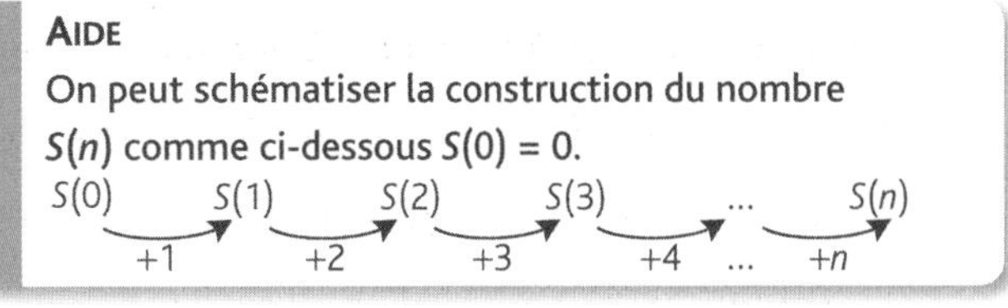

2. **Programmer cet algorithme sur une calculatrice et donner la valeur de $S(100)$.**

3. **Soit σ la fonction trinôme définie sur $[0\,;+\infty[$ par $\sigma(x) = \dfrac{x(x+1)}{2}$. Montrer que :**

$$\forall x \in [0\,;+\infty[,\ \sigma(x+1) - \sigma(x) = x + 1 \quad (\mathcal{R}).$$

4. **Soit $n \in \mathbb{N}$. Écrire la relation $(\mathcal{R})$ pour $x = 0, 1, 2, 3, \cdots, n$ et en déduire $S(n)$ en fonction de n.**

solution

1.

Variables :
N, S et I trois nombres entiers naturels.
Début
Saisir la valeur de N.
S prend la valeur 0.
Pour I allant de 0 à N de 1 en 1 :
| S prend la valeur $S + I$
Fin Pour
Afficher S
Fin

Remarque

Cet algorithme doit comprendre :

- une variable N pour stocker la valeur de l'entier naturel n demandée ;
- une variable S qui stocke à chaque nouvelle étape le résultat de cette somme partielle. Cette variable devra être initialisée à 0 ;
- une boucle *Pour*, car on va répéter un enchaînement d'étapes et que l'on connaît ce nombre d'étapes : n.

2. Voici un programme associé à cet algorithme. On obtient $\boldsymbol{S(100) = 5050}$.

TI

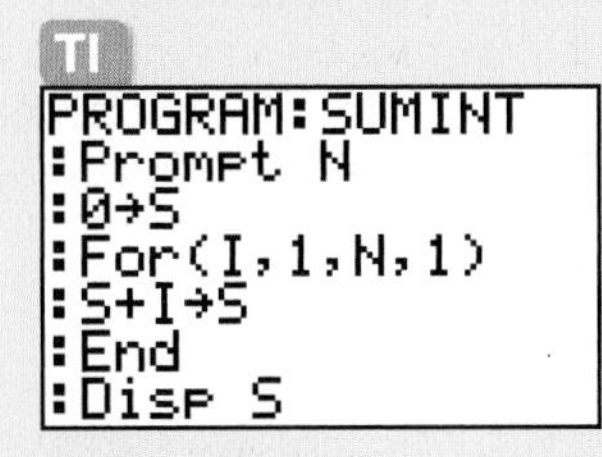

Casio

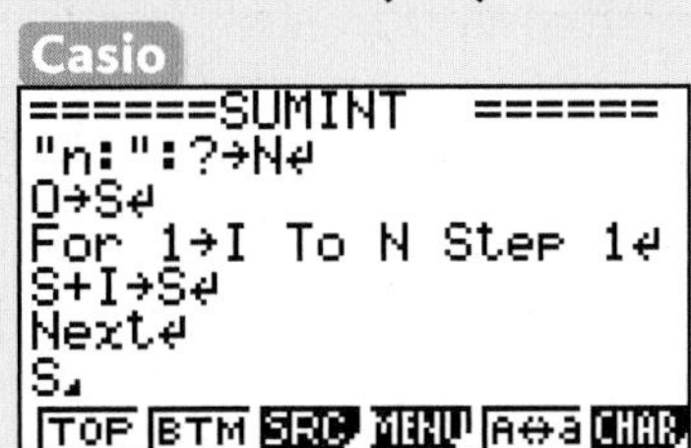

3. Soit $x \in [0\,;+\infty[$, alors :

$$\sigma(x+1) - \sigma(x) = \frac{(x+1)[(x+1)+1]}{2} - \frac{x(x+1)}{2} = \frac{\mathbf{(x+1)}(x+2) - \mathbf{(x+1)}x}{2}$$

$$= \frac{(x+1)\times 2}{2} = x + 1.$$

4. Pour $x = 1$, $\sigma(1) - \sigma(0) = 1$
Pour $x = 2$, $\sigma(2) - \sigma(1) = 2$
Pour $x = 3$, $\sigma(3) - \sigma(2) = 3$
...
Pour $x = n$, $\sigma(n) - \sigma(n-1) = n$

En effectuant la somme terme à terme de ces n lignes :

$$\sigma(1) - \sigma(0) + \sigma(2) - \sigma(1) + \sigma(3) - \sigma(2) + \cdots + \sigma(n) - \sigma(n-1) = 1 + 2 + 3 + \cdots + n.$$

En simplifiant, on obtient : $-\sigma(0) + \sigma(n) = 1 + 2 + 3 + \cdots + n$,

soit : $-\sigma(0) + \sigma(n) = S(n)$.

Or $\sigma(0) = 0$ et $\sigma(n) = \dfrac{n(n+1)}{2}$, donc $\boldsymbol{S(n) = \dfrac{n(n+1)}{2}}$.

test

à compléter

Corrigés en fin de manuel

Recopier et compléter les phrases suivantes.

1. $M(-1\,;4) \in \mathscr{C}_f : y = ax^2 + bx + c \Leftrightarrow ...$

2. Les fonctions $f : x \mapsto \sqrt{3-4x}$,
$g : x \mapsto \sqrt{\dfrac{2x}{x^2+4}}$ et $h : \mapsto \dfrac{1}{\sqrt{7x+2}}$ définies sur leur intervalle de définition sont des fonctions ...

3. Une fonction trinôme $f : x \mapsto ax^2 + bx + c$ admet un ... atteint en $x = ...$

4. Les représentations graphiques des fonctions trinômes sont des ... d'axe de symétrie ...

5. Le nombre, noté Δ, associé au trinôme $ax^2 + bx + c$ est appelé ... Il est égal à ...

6. Soit le trinôme $-2x^2 + 3$. Sa courbe coupe l'axe des abscisse en ... et ...

7. La parabole d'équation $y = -2x^2 + 8x - 3$ a pour sommet le point de coordonnées : ...

8. Un trinôme de discriminant strictement négatif est de signe ... sur $\mathbb{R}$.

9. Les fonctions $x \mapsto |x|$ et $x \mapsto |x| - 4$ ont des variations ... sur l'intervalle $]-\infty\,;0]$.

10. Les fonctions $x \mapsto x^2 + 2x$ et $x \mapsto -3x^2 - 6x$ ont des variations ... sur chacun des intervalles $]-\infty\,;...]$ et $[...\,;+\infty[$.

11. Compléter par $<$ ou $>$:
$0{,}987\,654\,321\,0^2 \ldots \sqrt{0{,}987\,654\,321\,0}$.

12. Soit f une fonction croissante sur l'intervalle $[0\,;1]$. Alors la fonction g définie sur l'intervalle $[0\,;1]$ par $g(x) = -3f(x) - 100$ est ... sur l'intervalle $[0\,;1]$.

vrai ou faux ?

Corrigés en fin de manuel

Indiquer si les propositions suivantes sont vraies ou fausses.

13. Le trinôme « $-x^2 + 2x$ » admet comme discriminant : $\Delta = 2^2 - 4 \times (-1) = 8$.

14. Soit l'équation (E) : $ax^2 + bx + c = 0$. Si $a > 0$, alors (E) admet deux solutions distinctes.

15. Les paraboles d'équations $y = ax^2 + c$ admettent l'axe des ordonnées comme axe de symétrie.

16. $\forall x \in \mathbb{R},\ 2x^2 + 2x - 1 = 0 \Leftrightarrow x \in \{-1-\sqrt{3}\,;-1+\sqrt{3}\}$.

17. $\forall x \in \mathbb{R},\ -x^2 + 3x - 2 = (1-x)(2-x)$.

18. $\exists x \in \mathbb{R}$, tel que $x^2 + 2x + 4 = (x+2)^2$.

19. $\forall x \in \mathbb{R},\ -9x^2 - 15x + 1 < 0$.

20. $\forall x \in \mathbb{R},\ (x \geqslant 1 \Rightarrow 5x^2 - 17x + 12 \geqslant 0)$.

21. $\forall x \in \mathbb{R},\ (5x^2 - 17x + 12 \geqslant 0 \Rightarrow x \geqslant 1)$.

22. $\exists x \in \mathbb{R}$, tel que $4x^2 + 36x + 81 > 0$.

23. $\exists x \in \mathbb{R}$, tel que $4x^2 + 36x + 81 \leqslant 0$.

24. Dans le plan, deux paraboles d'axe de symétrie vertical s'interceptent toujours en au moins un point.

25. Pour tout $m \in \mathbb{R}$, la parabole d'équation $y = x^2$ et la droite d'équation $y = mx$ se coupent en deux points distincts.

QCM

Corrigés en fin de manuel

Dans les questions suivantes, déterminer la (ou les) bonne(s) réponse(s).
On se place dans un plan muni d'un repère orthonormé $(O\ ;\ \vec{i},\ \vec{j})$.

26. **La forme canonique du trinôme T défini par $T(x) = 4x^2 - 6x + 5$ est :**

a. $4\left(\left(x - \frac{3}{4}\right)^2 + \frac{25}{16}\right)$; b. $4\left(\left(x - \frac{3}{4}\right)^2 + \frac{11}{16}\right)$;

c. $4\left(\left(x + \frac{3}{4}\right)^2 - \frac{25}{16}\right)$; d. $4\left(\left(x - \frac{3}{2}\right)^2 + \frac{5}{4}\right)$.

27. **La factorisation sur $\mathbb{R}$ du trinôme T défini par $T(x) = -3x^2 + 5x - 2$ est :**

a. impossible ; b. $-3(x+1)\left(x + \frac{3}{2}\right)$;

c. $(x-1)\left(x - \frac{2}{3}\right)$; d. $-3(x-1)\left(x - \frac{2}{3}\right)$.

28. **L'ensemble des solutions sur $\mathbb{R}$ de l'équation $2x^2 + 3x - 2 = 0$ est :**

a. $\varnothing$; b. $\left\{-2\ ;\ \frac{1}{2}\right\}$; c. $\left\{\frac{1}{2}\right\}$; d. $\left\{-\frac{1}{2}\ ;\ 2\right\}$.

Dans les exercices 29 et 30, f est une fonction trinôme dont la courbe représentative est donnée ci-dessous.

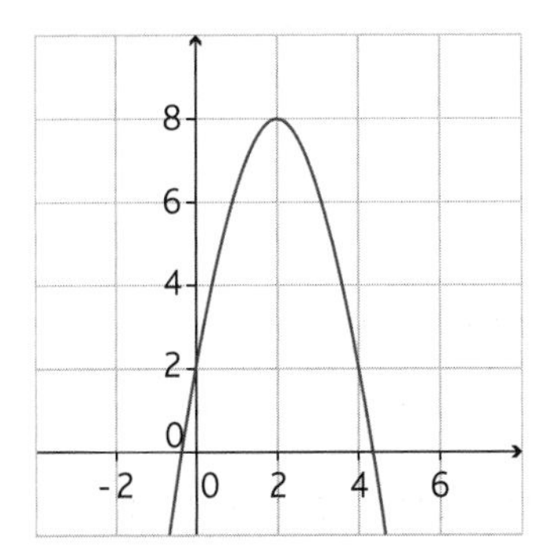

29. **On pose $f(x) = ax^2 + bx + c$. Alors :**

a. $a > 0$ et $\Delta > 0$. b. $a < 0$ et $\Delta > 0$.

c. $a < 0$ et $\Delta < 0$. d. $a > 0$ et $\Delta < 0$.

30. **Pour tout réel x :**

a. $f(x) = \frac{3}{2}x^2 - 3x + 2$. b. $f(x) = -\frac{3}{2}x^2 + x - 2$.

c. $f(x) = -\frac{3}{2}x^2 + 6x + 2$. d. $f(x) = -\frac{3}{2}x^2 + 2$.

31. **L'ensemble des solutions sur $\mathbb{R}$ de l'inéquation $-2x^2 + x + 3 \leqslant 0$ est :**

a. $\left]-\infty\ ;\ -\frac{3}{2}\right] \cup [1\ ;\ +\infty[$; b. $\left[-\frac{3}{2}\ ;\ 1\right]$;

c. $]-\infty\ ;\ -1] \cup \left[\frac{3}{2}\ ;\ +\infty\right[$; d. $\left[-1\ ;\ \frac{3}{2}\right]$.

32. **$\mathcal{P}$ est la parabole d'équation $y = -2x^2 - 5x + 1$ et $(\mathcal{D})$ la droite d'équation $y = 2x - 3$; alors :**

a. $\mathcal{P}$ et $(\mathcal{D})$ possèdent deux points d'intersection ;

b. $\mathcal{P}$ et $(\mathcal{D})$ n'ont aucun point d'intersection ;

c. $\mathcal{P}$ se situe toujours au-dessus de $(\mathcal{D})$;

d. $\mathcal{P}$ se situe en dessous de $(\mathcal{D})$ sur chacun des intervalles $]-\infty\ ;\ -4]$ et $\left]\frac{1}{2}\ ;\ +\infty\right[$.

33. **La courbe représentative de la fonction $x \mapsto \frac{3}{2}x^2 - \frac{7}{2}x + 1$ est du type :**

a.

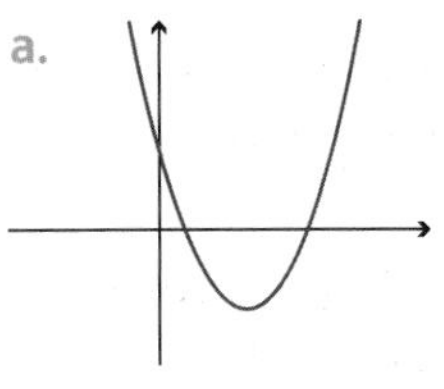

b.

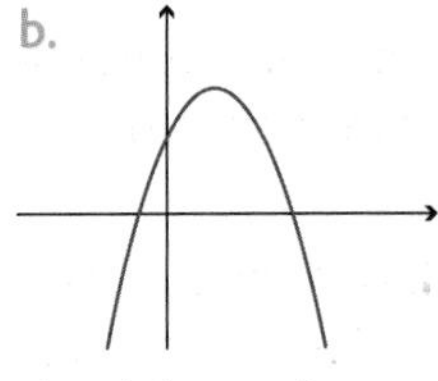

c.

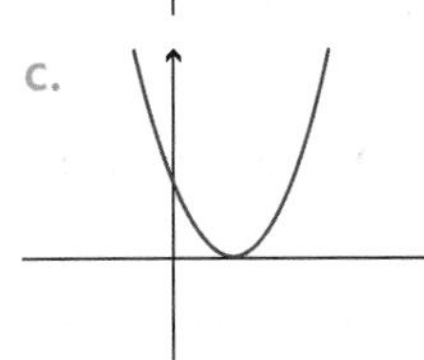

d.

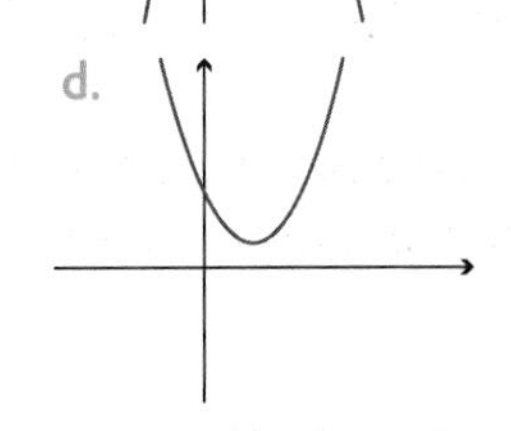

34. **En calcul formel, la commande utilisée sur un logiciel, pour développer une expression algébrique est :**

a. *expand* ; b. *factor* ; c. *f*Min ; d. *simplify*.

35. **Sans l'aide de la calculatrice, reconnaître la courbe représentative de la fonction :**

$$x \mapsto 2 - |x + 1|.$$

a.

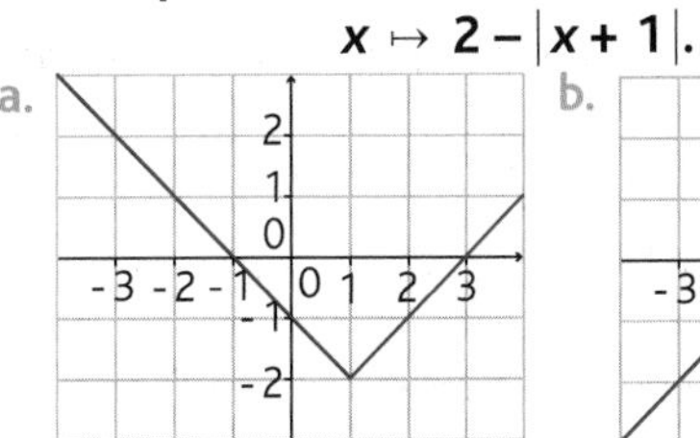

b.

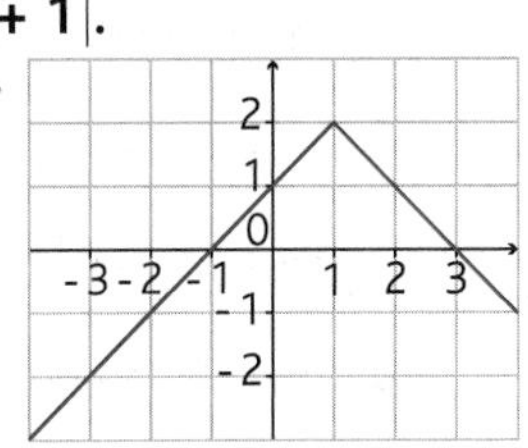

c.

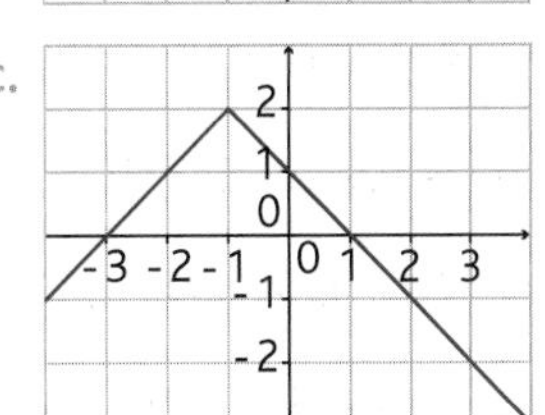

d.

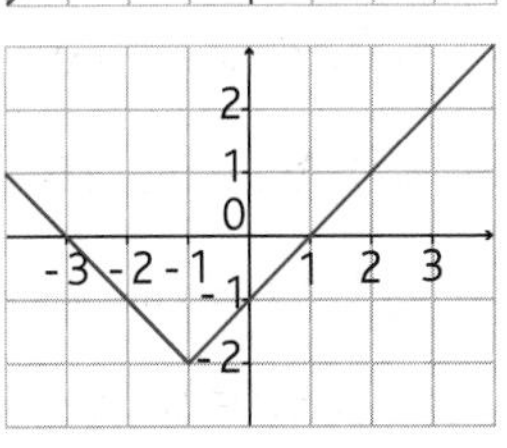

36. **On a :**

a. $\forall x \in \mathbb{R},\ \sqrt{x^2} = x$; b. $\forall x \in \mathbb{R},\ \sqrt{x^2} = |x|$;

c. $\forall x \in [0\ ;\ +\infty[,\ \sqrt{x^2} = x$;

d. $\forall x \in\ ]-\infty\ ;\ 0],\ \sqrt{x^2} = -x$.

exercices

1. Trinômes - Équations

pour s'échauffer

***Pour les exercices** 37 **à** 41, calculer le plus simplement possible la valeur du discriminant associé au trinôme donné.*

37. corrigé

1. $x^2 + 2x + 3$. 2. $3x^2 - x + 1$.
3. $-2x^2 + 3x - 4$.

38.

1. $\frac{1}{2}x^2 - x + \frac{1}{2}$. 2. $-\frac{2}{9}x^2 + \frac{1}{3}x + 3$.
3. $\frac{9}{25}x^2 - \frac{12x}{35} + \frac{4}{49}$.

39. corrigé

1. $3 - 4x^2$. 2. $2x(x - 4)$.
3. $x^2 + 1$.

40.

1. $(x - 3)^2$. 2. $\frac{2}{5}((x - 3)^2 + 1)$.
3. $\frac{2}{5}(x - 3)^2 + 4$.

41. corrigé Chacune des représentations graphiques suivantes est celle d'une fonction trinôme. Préciser pour chacune d'elles :

a. le signe de son coefficient de degré 2 ;
b. le signe de son discriminant.

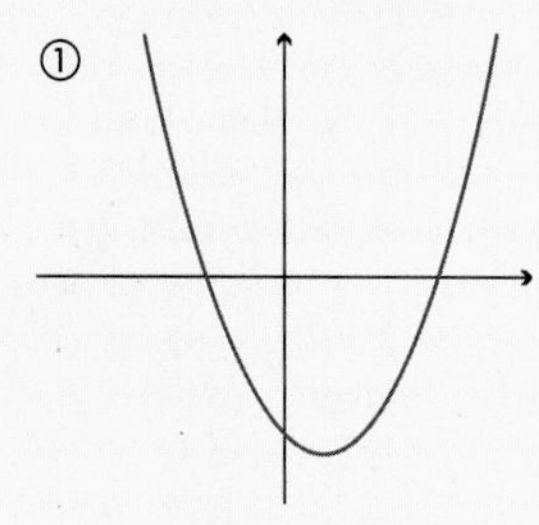

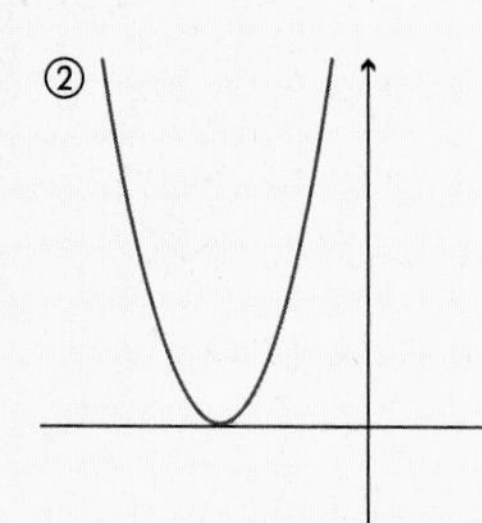

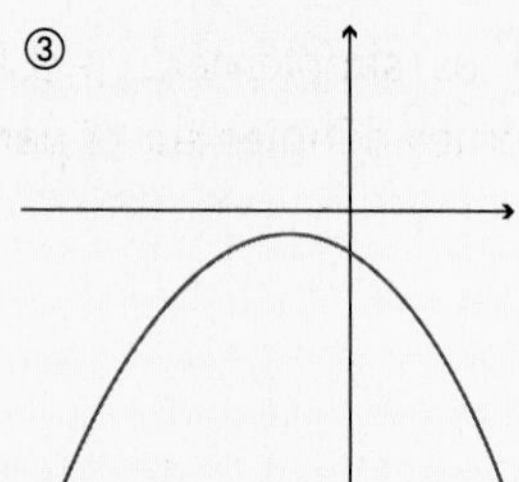

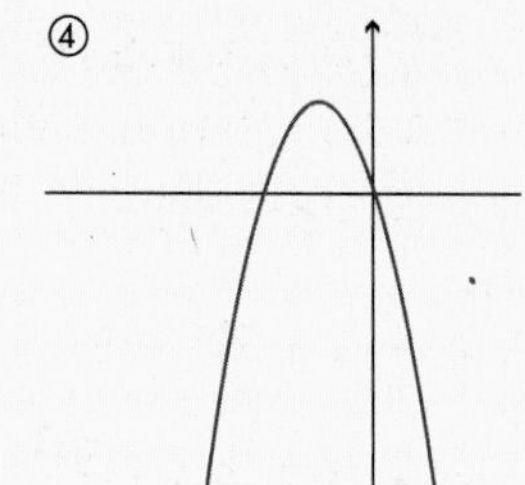

***Pour les exercices** 42 **à** 46 :*

*a. Mettre sous **forme canonique** chacun des trinômes donnés.*

*b. **Factoriser** le trinôme (en produit de deux facteurs du premier degré) dès que cela est possible.*

*c. Donner les éventuelles **racines** réelles du trinôme.*

42.

1. $x^2 - 2x - 8$. 2. $x^2 + 18x + 77$.
3. $x^2 + 4x + 18$. 4. $x^2 + 22x + 121$.

43.

1. $x^2 + 3x - 10$. 2. $x^2 + 7x + 11$.
3. $-3x^2 + 10x + 8$. 4. $30x^2 + 19x - 5$.

44.

1. $x^2 - 3$. 2. $x^2 - x - 1$.
3. $2x^2 - 12x + 13$. 4. $-x^2 + x + \frac{15}{4}$.

45.

1. $6x(2x - 1)$. 2. $49x^2 - 56x + 16$.
3. $-\frac{x^2}{4} + \frac{1}{3}$. 4. $x^2 + \frac{4}{3}x + \frac{1}{3}$.

46.

1. $\frac{5}{2}x(3 - 2x)$. 2. $-x^2 + x + \frac{11}{4}$.
3. $-\frac{1}{3}x^2 - \frac{7}{60}x + \frac{1}{10}$. 4. $-10x^2 - 3x + 27$.

47. corrigé En utilisant le calcul du discriminant, résoudre dans $\mathbb{R}$ les équations suivantes :

1. $x^2 - 2x - 4 = 0$. 2. $x^2 + 4x - 1 = 0$.
3. $x^2 + 6x + 10 = 0$. 4. $3x^2 + 6x - 21 = 0$.
5. $2x^2 + 2x + 5 = 0$. 6. $25x^2 - 80x + 64 = 0$.

48. Soit le trinôme $T(x) = ax^2 + bx + c$. Demo

1. Traduire en langage courant l'implication suivante :

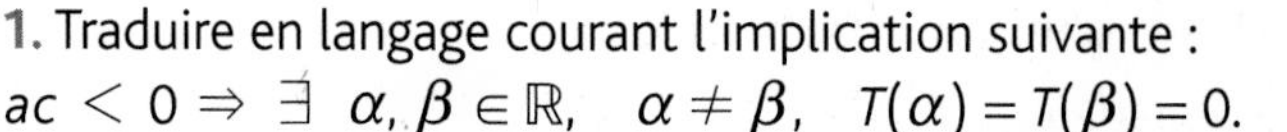

$ac < 0 \Rightarrow \exists\ \alpha, \beta \in \mathbb{R},\quad \alpha \neq \beta,\quad T(\alpha) = T(\beta) = 0.$

2. Démontrer l'implication.

3. La réciproque est-elle vraie ?

49. Soit $m \in \mathbb{R}$. On considère l'équation suivante :

$$(m-1)x^2 - 4mx + 4m - 1 = 0.$$

1. Pour quelles valeurs de m cette équation est-elle du second degré ?

2. On suppose $m \neq 1$. Pour quelles valeurs de m l'équation d'inconnue x admet-elle :

a. une unique solution ?

b. deux solutions distinctes ?

50. 1. Déterminer le réel m pour que l'équation définie sur $\mathbb{R}$ par $mx^2 - 2(m-1)x + 3m + 2 = 0$ admette -1 pour solution.

Que peut-on alors dire de cette équation ?

2. Faire de même pour que cette équation admette 1 pour solution. Déterminer alors l'autre solution.

51. corrigé **Qui est qui ?**

On a représenté dans un repère orthonormé les courbes représentatives $\mathscr{C}_f$, $\mathscr{C}_g$, $\mathscr{C}_h$ et $\mathscr{C}_k$ de quatre fonctions trinômes.

En justifiant ses choix, associer, parmi les propositions présentées ci-après, à chacune de ces quatre fonctions trinômes :

son expression développée ; son expression factorisée ; sa forme canonique ; son tableau de signes.

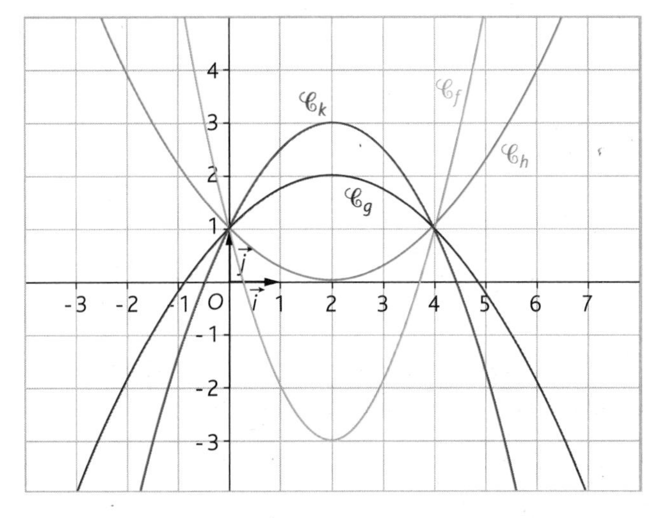

• **Les expressions développées :**

a. $-\frac{1}{4}x^2 + x + 1$;

b. $-\frac{1}{2}x^2 + 2x + 1$;

c. $x^2 - 4x + 1$;

d. $\frac{1}{4}x^2 - x + 1$.

• **Les expressions factorisées :**

A. $(x - 2 + \sqrt{3})(x - 2 - \sqrt{3})$;

B. $-\frac{(x - 2 + \sqrt{6})(x - 2 - \sqrt{6})}{2}$;

C. $\left(\frac{1}{2}x - 1\right)^2$;

D. $-\frac{(x + 2\sqrt{2} - 2)(x - 2\sqrt{2} - 2)}{4}$.

• **Les formes canoniques :**

i. $\frac{1}{4}(x-2)^2$;

ii. $-\frac{1}{4}(x-2)^2 + 2$;

iii. $-\frac{1}{2}(x-2)^2 + 3$;

iv. $(x-2)^2 - 3$.

• **Les tableaux de signes :**

I.

x	$-\infty$		2		$+\infty$
?(x)		+	0	+	

II.

x	$-\infty$		$2-\sqrt{6}$		$2+\sqrt{6}$		$+\infty$
?(x)		−	0	+	0	−	

III.

x	$-\infty$		$2-2\sqrt{2}$		$2+2\sqrt{2}$		$+\infty$
?(x)		−	0	+	0	−	

IV.

x	$-\infty$		$2-\sqrt{3}$		$2+\sqrt{3}$		$+\infty$
?(x)		+	0	−	0	+	

52. Déterminer, par la méthode de votre choix, l'extremum des fonctions trinômes définies sur $\mathbb{R}$ par :

1. $f_1 : x \mapsto 5x^2 - 4$.

2. $f_2 : x \mapsto -5x^2 + 3x$.

3. $f_3 : x \mapsto x^2 - 12x + 15$.

4. $f_4 : x \mapsto -3x^2 + 7x + 2$.

53. corrigé Déterminer, le plus simplement possible, l'extremum des fonctions trinômes définies sur $\mathbb{R}$ par :

1. $f_1 : x \mapsto -3x^2 + 1$.

2. $f_2 : x \mapsto (x+2)^2 + 5$.

3. $f_3 : x \mapsto 10 - \frac{1}{2}\left(x + \frac{3}{4}\right)^2$.

4. $f_4 : x \mapsto -3\left(\left(x - \frac{5}{2}\right)^2 + \frac{4}{3}\right)$.

Pour les exercices** 54 **et** 55 **:

À partir de la représentation graphique, déterminer la forme la plus adaptée pour écrire l'expression de f(x) pour tout x réel.

> **MÉTHODE**
> Déterminer la forme algébrique la plus adaptée aux données graphiques, puis en déduire la forme demandée.

54.

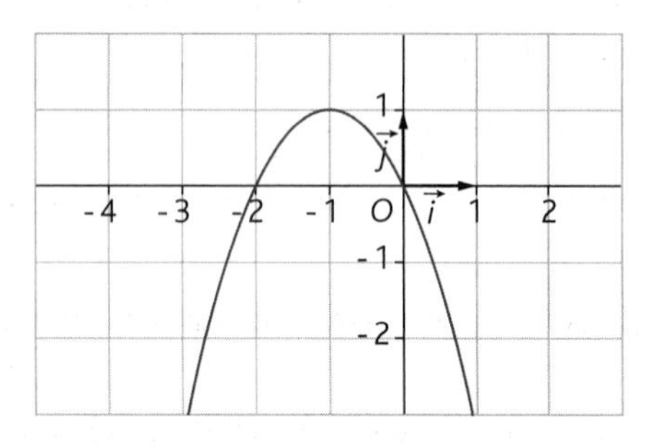

55.

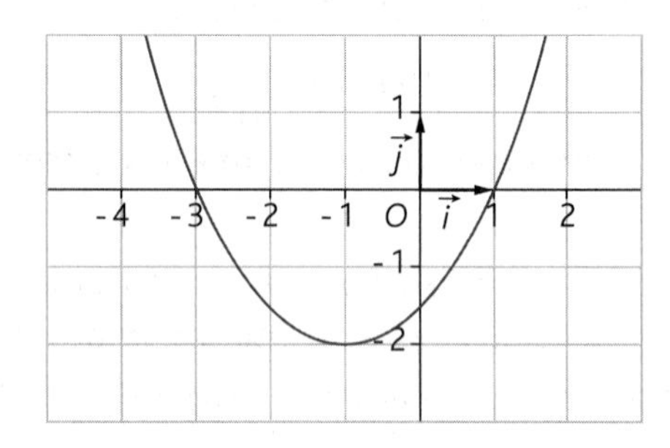

56. **1.** Déterminer une expression de la fonction trinôme f représentée dans un repère orthonormé par la parabole ci-dessous :

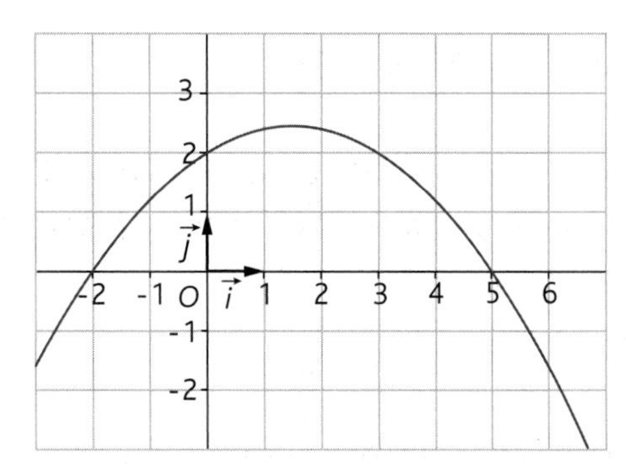

> **AIDE**
> Quelle forme de $f(x)$ est-il plus facile de déterminer d'après le graphique, sachant que l'on connaît $f(0)$ et les racines de f ?

2. Est-il nécessaire de connaître la forme canonique de $f(x)$ pour déterminer le maximum de la fonction f sur $\mathbb{R}$?

3. Donner la valeur exacte du maximum de f sur $\mathbb{R}$.

57. **corrigé** **1.** Déterminer l'expression développée de la fonction trinôme f représentée dans un repère orthonormé par la parabole ci-dessous :

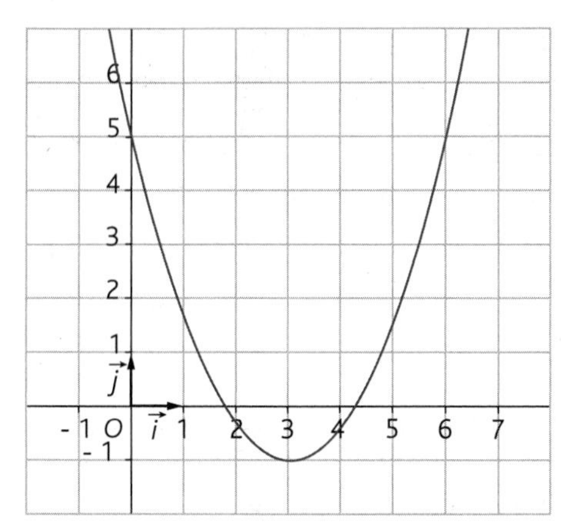

> **AIDE**
> Cette fois, on connaît le minimum de la fonction f, il est donc plus judicieux de s'intéresser à la forme .... de $f(x)$.

2. En déduire les racines de $f(x)$, puis sa forme factorisée.

58. R, S et T sont trois trinômes. Déterminer une expression de $R(x)$, $S(x)$ et $T(x)$.

1. $R(0) = 7$, $R(1) = 3$ et $R(-1) = 13$.
2. $S(0) = 2$, $S(1) = 4$ et $S(-1) = -6$.
3. $T(0) = \frac{5}{2}$, $T(1) = 0$ et $T(-1) = 6$.

59. Soit (E) l'équation $2x^2 - 3x + c = 0$ d'inconnue x. Déterminer, si elles existent, les valeurs du réel c pour que :

1. 1 soit solution de (E) ;
2. -2 soit solution de (E) ;
3. (E) ait une unique solution ;
4. (E) n'ait aucune solution réelle.

60. **1.** Donner le signe sur $\mathbb{R}$ de $x^2 - 16$.

2. Soit (E) l'équation $2x^2 - cx + 2 = 0$ d'inconnue x. Déterminer les éventuelles valeurs du réel c pour que 1 soit solution de (E).

3. Existe-t-il d'autres valeurs de c pour lesquelle (E) admette une unique solution ?

61. Soit la fonction trinôme f définie sur $\mathbb{R}$ par $f(x) = 3x^2 + 12x - 1$.

On note $\mathscr{C}_f$ sa courbe associée dans le repère orthonormé $(O ; \vec{i}, \vec{j})$.

1. Traduire à l'aide de quantificateurs le résultat associé à la seconde ligne de commande de ce calcul formel réalisé avec *ClassPad*.

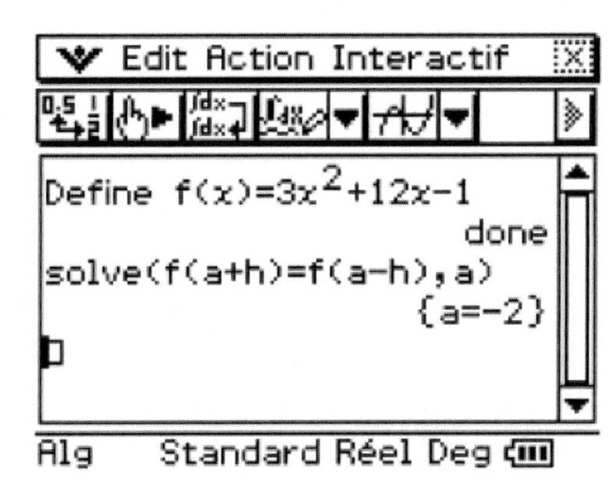

2. Qu'ont de remarquables les points de coordonnées $(-2-h\,;f(-2-h))$ et $(-2+h\,;f(-2+h))$, quelque soit $h \in \mathbb{R}$?
Quelle propriété géométrique cela traduit-il pour $\mathscr{C}_f$?

Le saviez-vous ?
L'outil de calcul formel permet de généraliser le résultat de l'exercice 61 à toute fonction trinôme. L'exercice 62 en présente une démonstration.

62. À l'aide du module de calcul formel de la *TI*nspire, on a obtenu la capture d'écran suivante : **Demo**

Commande	Résultat
Define $f(x)=a\cdot x^2+b\cdot x+c$	*Terminé*
solve$(f(m+h)=f(m-h),m)$	$m=\dfrac{-b}{2\cdot a}$
$f\left(\dfrac{-b}{2\cdot a}\right)$	$c-\dfrac{b^2}{4\cdot a}$
factor$\left(f(x)-f\left(\dfrac{-b}{2\cdot a}\right)\right)$	$\dfrac{(2\cdot a\cdot x+b)^2}{4\cdot a}$
$\dfrac{(2\cdot a\cdot x+b)^2}{4\cdot a}=a\cdot\left(x+\dfrac{b}{2\cdot a}\right)^2$	true

5/99

1. Que commence-t-on par faire sur la calculatrice ?
2. a. Traduire en langage courant la seconde commande à l'écran.
b. De quelle nature est h ?
Quelle contrainte a-t-on *a priori* sur h ?
c. Qu'ont de remarquables les points de coordonnées
$$\left(-\frac{b}{2a}-h\ ;\ f\left(-\frac{b}{2a}-h\right)\right) \text{ et } \left(-\frac{b}{2a}+h\ ;\ f\left(-\frac{b}{2a}+h\right)\right),$$
quelque soit $h \in \mathbb{R}$?
d. Quelle propriété, liée aux fonctions trinômes, le résultat de cette commande démontre-t-il ?
e. Quelle propriété graphique, liée à la courbe représentative de la fonction f, cherche-t-on à mettre en évidence en exécutant cette seconde commande ?
3. a. Montrer que $f\left(-\dfrac{b}{2a}\right)=-\dfrac{\Delta}{4a}$.
b. Quelle commande aurait permis de visualiser ce résultat ?
4. Que démontre la cinquième et dernière ligne de commande ?
Énoncer et démontrer algébriquement ce résultat.
5. a. Compléter alors l'identité suivante :
$$\forall x \in \mathbb{R},\ f(x)-f\left(-\frac{b}{2a}\right)=\ldots$$
b. Quel théorème de cours cela permet-il de démontrer ?

63. **corrigé** Choisir la méthode la plus efficace pour déterminer le **maximum** ou le **minimum** des fonctions suivantes sur $\mathbb{R}$. On expliquera ce qui a motivé telle ou telle méthode.
1. $f_1 : x \mapsto 5x^2-4$.
2. $f_2 : x \mapsto -2x^2+12x+1$.
3. $f_3 : x \mapsto -2(x+5)(x-4)$.
4. $f_4 : x \mapsto (3-2x)(5x+15)$.

64. x_1 et x_2 sont deux réels distincts ayant la même image par la fonction trinôme f, définie sur $\mathbb{R}$ par $f(x)=ax^2+bx+c$. **Demo**
1. Montrer que $\dfrac{x_1+x_2}{2}=-\dfrac{b}{2a}$.
2. Démontrer alors que $f\left(\dfrac{x_1+x_2}{2}\right)=-\dfrac{\Delta}{4a}$.
3. En déduire que, suivant le signe de a, la fonction f admet soit un maximum, soit un minimum, atteint en $x_0=\dfrac{x_1+x_2}{2}$.

Aide
On pourra s'intéresser à $f(x)-f(x_0)$.

65. On peut lire, sur les deux captures d'écran suivantes, des valeurs d'une fonction trinôme en fonction de valeurs de x prises entre – 3 et 0 :

X	Y1	
-3	8	
-2.5	.75	
-2	-4	
-1.5	-6.25	
-1	-6	
-.5	-3.25	
0	2	
X=-3		

X	Y1	
-3	8	
-2.6	2	
-2.2	-2.4	
-1.8	-5.2	
-1.4	-6.4	
-1	-6	
-.6	-4	
X=-3		

1. À la lecture de ces captures, préciser en quelle valeur l'extremum de la fonction est atteint.

2. a. S'agit-il d'un maximum ou d'un minimum ?
b. Quelle majoration ou minoration peut-on faire de cet extremum, à partir des données de la calculatrice ?

> **LE SAVIEZ-VOUS ?**
> Soit f une fonction définie sur $\mathbb{R}$ vérifiant :
> $$\exists a \in \mathbb{R}, \forall h \in \mathbb{R}, f(a-h) = f(a+h),$$
> alors $\mathscr{C}_f$, la courbe représentative de la fonction f dans un repère orthogonal $(O\,;\vec{i},\vec{j})$, admet un axe de symétrie vertical d'équation $x = a$.

66. Soit T le trinôme $T(x) = ax^2 + bx + c$. Demo

Interpréter en langage courant, puis démontrer les équivalences suivantes.

1. $T(0) = 0 \Leftrightarrow c = 0$.

2. $T(1) = 0 \Leftrightarrow a + b + c = 0$.

3. $T(-1) = 0 \Leftrightarrow b = a + c$.

67. corrigé Résoudre dans $\mathbb{R}$ les équations suivantes.

1. $\sqrt{x^2 - 3x - 1} = 2 - x$.

2. $\sqrt{-x^2 + 2x + 1} = x$.

3. $\sqrt{2x^2 + 2x - 3} - 2 = x$.

> **AIDE**
> On utilise la même méthodologie que dans l'exercice résolu 2, page 23.

68. **1.** ***Théorème***

Soit x_1 et x_2 les deux racines éventuellement confondues du trinôme $T(x) = ax^2 + bx + c$.

Démontrer que :

$$x_1 + x_2 = -\frac{b}{a}\,;$$
$$x_1 \times x_2 = \frac{c}{a}.$$

> **AIDE**
> x_1 est racine de T équivaut à $T(x_1) = 0$.

2. ***Applications***

Après avoir recherché (éventuellement à l'aide de la calculatrice) une racine « évidente » de chacun des trinômes suivants, déterminer l'autre racine du trinôme à partir de l'une des formules précédentes :

a. $5x^2 - 4x - 1$; **b.** $-3x^2 + 2x + 5$;
c. $6x^2 - 11x - 2$; **d.** $-5x^2 - 8x + 4$;
e. $12x^2 - 23x + 11$; **f.** $11x^2 + 8x - 3$;
g. $3x^2 - 10x + 8$; **h.** $7x^2 + 9x - 10$.

69. Soit m un réel distinct de 2. On considère l'équation du second degré d'inconnue x :

$$(m-2)x^2 + 5x + 7 - m = 0.$$

1. Démontrer que – 1 est solution de l'équation pour tout m.

2. Déterminer l'autre racine sans calculer le discriminant.

> **AIDE**
> On pourra utiliser la somme ou le produit de racines de l'exercice 68.

3. Déterminer m pour que cette autre racine soit 10.

70. L'équation $2x^2 + 3x - 1 = 0$ admet deux solutions distinctes, que l'on décide de noter x_1 et x_2.

1. Calculer la valeur de $x_1 + x_2$ et de x_1x_2.

2. En déduire alors la valeur de :

a. $x_1^2 + x_2^2$; **b.** $(x_1 - x_2)^2$;
c. $\frac{1}{x^1} + \frac{1}{x_2}$; **d.** $\frac{1}{x_1 - 1} + \frac{1}{x_2 - 1}$.

> **AIDE**
> On pourra exprimer algébriquement chacune de ces quatre expressions uniquement en fonction de $x_1 + x_2$ et de x_1x_2.

71. S et P sont deux nombres réels donnés.
On se demande s'il existe (au moins) deux réels u et v vérifiant la condition (∗) :

$$(*)\begin{cases} u + v = S \\ uv = P \end{cases}.$$

1. Soit $\mathcal{P}$ la proposition :

$$\mathcal{P} : \exists u,\ v \in \mathbb{R},\ \begin{cases} u + v = S \\ uv = P \end{cases}.$$

a. Traduire $\mathcal{P}$ en langage courant.

b. On suppose $\mathcal{P}$ vraie. Démontrer que les réels u et v satisfont alors l'équation :

$$X^2 - SX + P = 0.$$

2. Réciproquement, montrer que, si l'équation $X^2 - SX + P = 0$ admet deux solutions u et v (éventuellement identiques), alors le couple $(u ; v)$ est solution du système (∗).

3. En déduire une condition nécessaire et suffisante pour que le système (∗) admette au moins un couple solution.

4. *Application*

Soit deux résistors de résistances respectives R_1 et R_2. Lorsque les résistors sont montés en série *(figure 1)*, ils ont une résistance équivalente $R = R_1 + R_2$. Lorsqu'ils sont montés en parallèle *(figure 2)* ils ont une résistance équivalente R' telle que $\frac{1}{R'} = \frac{1}{R_1} + \frac{1}{R_2}$.

Peut-on choisir R_1 et R_2 pour que :

$$R = 2{,}5\ \Omega \text{ et } R' = 0{,}4\ \Omega \ ?$$

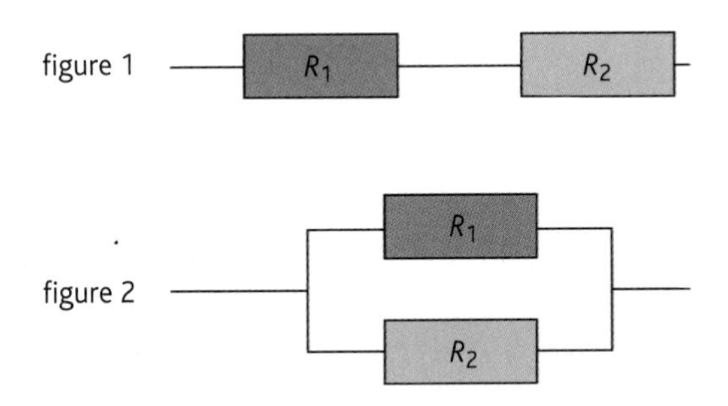

2. Signes de fonctions Positions relatives de courbes

pour s'échauffer

72. corrigé Donner le signe sur $\mathbb{R}$ de chacun des trinômes suivants :

1. $9 - x^2$; **2.** $(9 - x)^2$; **3.** $-2x(x + 9)$;

4. $-4(x + 3)(x - 7)$; **5.** $x^2 - 3x - 10$.

73. corrigé On donne les courbes et les tableaux de signes associés à quatre fonctions f_1, f_2, f_3 et f_4 sur l'intervalle $[-2 ; 1]$.

Associer chaque tableau à la courbe correspondante.

• Les courbes représentatives :

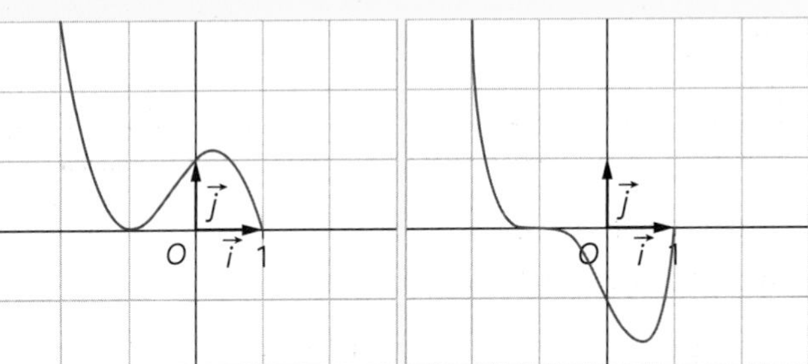

Courbe de f_1 — Courbe de f_2

Courbe de f_3 — Courbe de f_4

• Les tableaux de signes :

x	-2		-1		1
Signe de la fonction		$-$	0	$+$	0

Tableau ***a***

x	-2		-1		1
Signe de la fonction		$+$	0	$+$	0

Tableau ***b***

x	-2		-1		1
Signe de la fonction		$-$	0	$-$	0

Tableau ***c***

x	-2		-1		1
Signe de la fonction		$+$	0	$-$	0

Tableau ***d***

74. On donne les représentations graphiques de quatre fonctions trinômes sur l'intervalle $[0 ; 4]$. Établir le tableau de signes associé à chacun de ces fonctions.

①

②

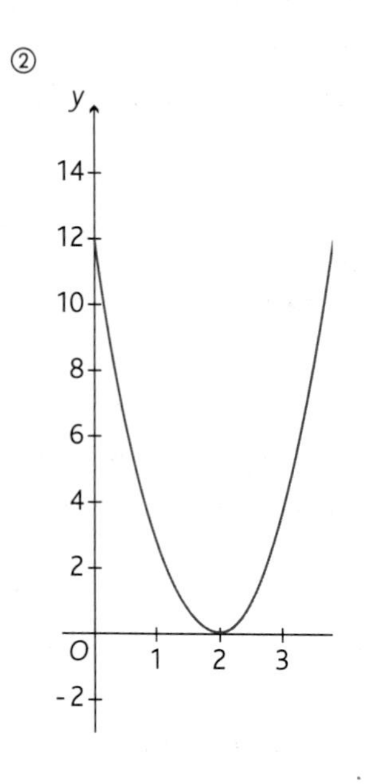

③

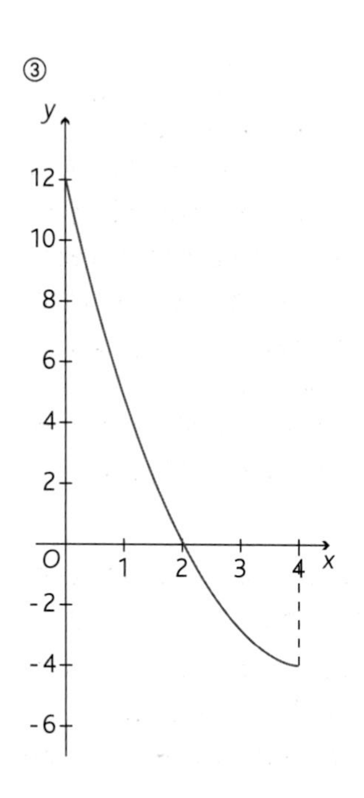

④

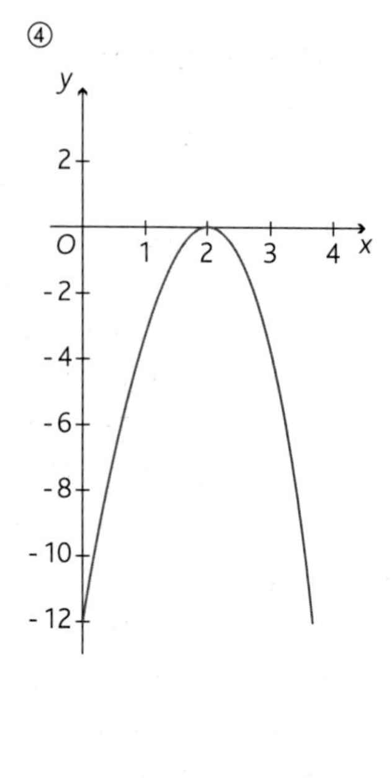

75. Donner le signe de chacun des trinômes définis sur $\mathbb{R}$ par :

1. $x^2 - 8x + 16$;

2. $-6x^2 - 5x - 21$;

3. $-81x^2 + 90x - 25$;

4. $31x^2 - x + 1$;

5. $-3x^2 + 4x - 10$.

Pour les exercices 76 à 79 :

Les courbes $\mathscr{C}_f$ et $\mathscr{C}_g$ représentatives des fonctions f *et* g *dans un repère orthonormé, sont tracées sur un intervalle précisé.*

Donner, sous forme de tableau :

– la position de $\mathscr{C}_f$ par rapport à $\mathscr{C}_g$;

– le signe de $f(x) - g(x)$.

76. corrigé Intervalle $\mathbb{R}$.

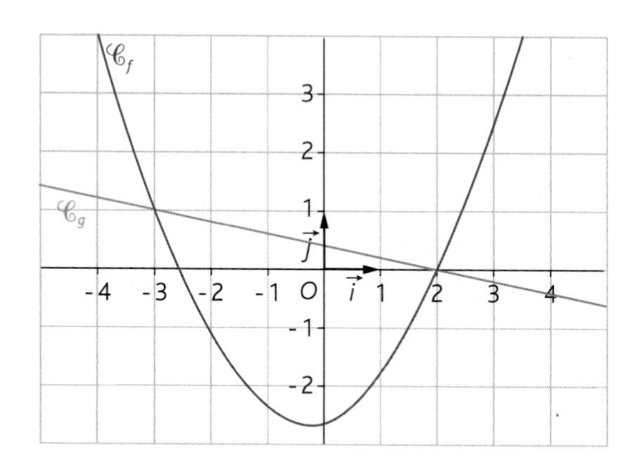

77. Intervalle $\mathbb{R}$.

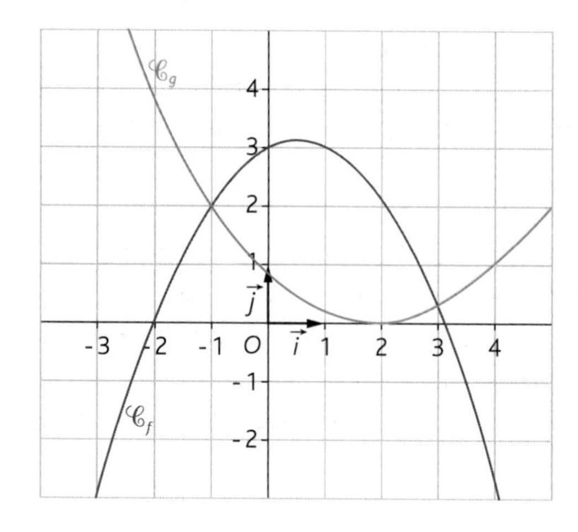

78. Intervalle $[-3 ; +\infty[$.

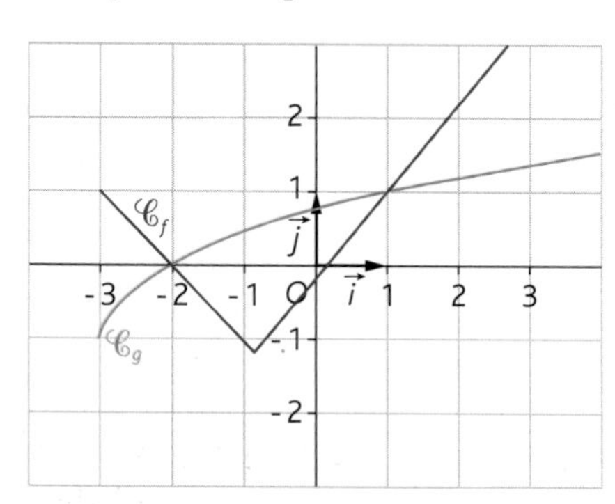

79. Intervalle $\mathbb{R}$.

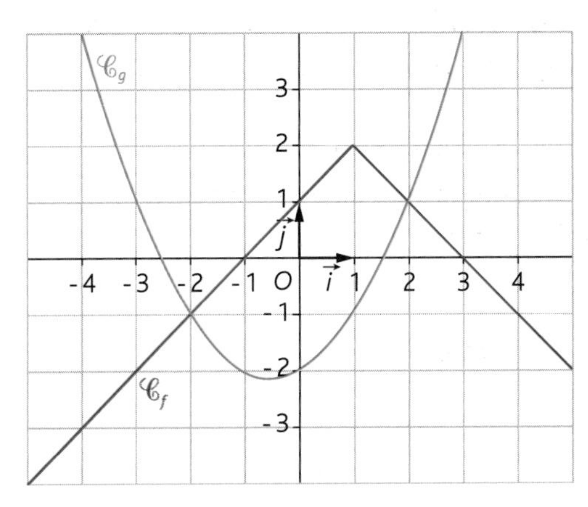

80. Dans chacun des cas suivants :

- préciser les abscisses des éventuels points d'intersection des courbes $\mathscr{C}_1$ et $\mathscr{C}_2$;
- établir les positions de ces deux courbes l'une par rapport à l'autre.

1. $\mathscr{C}_1 : y = x^2 - 3x + 2$; $\mathscr{C}_2 : y = -x^2 + 4x - 3$.
2. $\mathscr{C}_1 : y = \frac{2}{x}$; $\mathscr{C}_2 : y = 2x + 3$.
3. $\mathscr{C}_1 : y = \frac{x+19}{2}$; $\mathscr{C}_2 : y = 4\sqrt{x+3}$.
4. $\mathscr{C}_1 : y = -x^2 + 2x + 2$; $\mathscr{C}_2 : y = |x+2| - 2$.

81. Qui offre, qui demande ?

Une étude de marché s'intéresse à l'offre et à la demande d'un produit en fonction de son prix unitaire, exprimé en euros (€).

Pour x compris entre 2 et 30 :

- la demande (nombre de produits demandés) est modélisée par $f(x) = 0{,}05x^2 - 4x + 80{,}8$;
- l'offre (nombre de produits offerts) est modélisée par $g(x) = 2x + 16$.

Les courbes $\mathscr{C}_f$ et $\mathscr{C}_g$ ci-dessous, représentent respectivement les fonctions f et g.

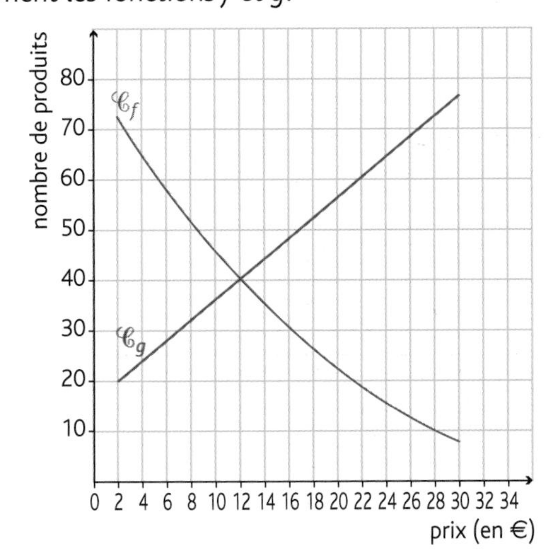

À partir du graphique :

1. Déterminer, lorsque le prix unitaire est de 18 €, le nombre de produits offerts et le nombre de produits demandés.
2. Déterminer le prix d'équilibre de ce produit.

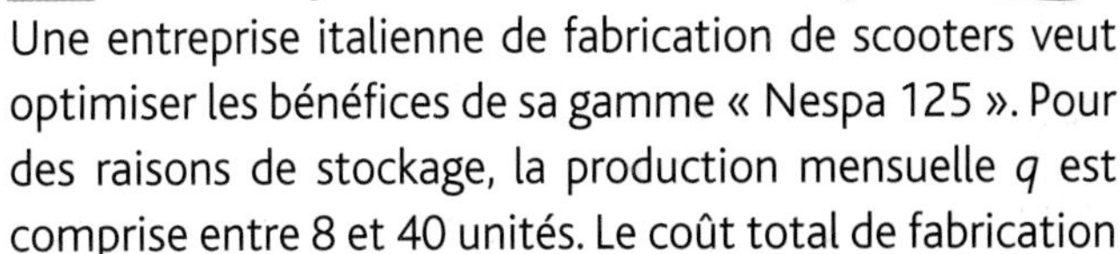
AIDE
On appelle prix d'équilibre d'un produit le prix (unitaire) pour lequel l'offre et la demande sont égales.

3. Au prix d'équilibre, quel est le nombre de produits offerts (et donc demandés) ?
Quel est alors le chiffre d'affaire réalisé ?

Avec les outils algébriques :

4. Faire une interprétation économique du signe de :
$$f(x) - g(x).$$
5. Retrouver par le calcul le prix d'équilibre.

82. Scout toujours ! 

Une entreprise italienne de fabrication de scooters veut optimiser les bénéfices de sa gamme « Nespa 125 ». Pour des raisons de stockage, la production mensuelle q est comprise entre 8 et 40 unités. Le coût total de fabrication mensuel, exprimé en dizaine de milliers d'euros, est donné par la fonction C, définie sur l'intervalle $[8 ; 40]$ par :
$$C(q) = 0{,}1q^2 - 1{,}5q + 8.$$
Les recettes, exprimées en dizaine de milliers d'euros, sont données par la fonction R définie $[8 ; 40]$ par :
$$R(q) = 2{,}4q - 19.$$

1. Calculer le coût et les recettes pour une production de 8 scooters, 10 scooters et 35 scooters.
2. Écrire un algorithme qui, pour les valeurs entières comprises entre 8 et 40, allant de 1 en 1, renvoie :
– « BENEFICE » si l'entreprise est bénéficiaire, ainsi que la valeur du bénéfice (en $M€$) ;
– « DEFICIT » sinon.
3. Coder ce programme sur la calculatrice.
4. D'après ce programme, pour quelles valeurs de q l'entreprise réalise-t-elle un bénéfice ?
Retrouver ce résultat par l'algèbre.
5. D'après ce programme, le bénéfice maximum de l'entreprise semble atteint en deux valeurs de g. Est-ce bien le cas ? Justifier.
Retrouver algébriquement ce résultat.

83. **Tout est bon dans le melon**

Un maraîcher charentais désire optimiser la production de son unité de tri de melons. Ce tri consiste à écarter les melons avariés de l'ensemble des melons.

On désigne par x le nombre de centaines de melons triés par heure. On suppose que le nombre de melons avariés non écartés à l'issu du tri est une fonction de x, notée f, telle que :

$$\forall x \in [42 ; 50], f(x) = x^2 - 84x + 1\,872.$$

1. Établir le signe de $f(x)$. Expliquer ce que cela signifie dans le contexte.

2. Établir le tableau de variations de la fonction f, puis représenter sa courbe dans le repère orthogonal $(O ; \vec{i}, \vec{j})$ en prenant 1 cm pour 100 melons en abscisses et 1 cm pour 10 melons en ordonnées à partir de 42 melons.

3. Le maraîcher estime que le tri est satisfaisant si la part des melons avariés parmi ceux acceptés lors du tri n'excède pas 3 %.
Justifier que $\forall x \in [42 ; 50], f(x) \leqslant 3x$.

4. Tracer, dans le repère $(O ; \vec{i}, \vec{j})$, la droite $(\mathscr{D})$ d'équation $y = 3x$.

5. Lire sur le graphique le nombre de melons à trier pour que le tri soit satisfaisant et confirmer cette valeur algébriquement.

3. Étude de fonctions Problèmes

pour s'échauffer

Pour les exercices 84 à 86, préciser les variations de la fonction sur l'intervalle considéré.

84. corrigé
1. $f : x \mapsto 3 - \sqrt{x}$ sur $I = [0 ; +\infty[$.
2. $f : x \mapsto 5 - 2x^2$ sur $I =]-\infty ; 0]$.
3. $f : x \mapsto 2|x| - 6$ sur $I = [0 ; +\infty[$.
4. $f : x \mapsto 6 - 2|x|$ sur $I =]-\infty ; 0]$.

85.
1. $f : x \mapsto \sqrt{x-3}$ sur $I = [3 ; +\infty[$.
2. $f : x \mapsto (x-7)^2$ sur $I =]-\infty ; 7]$.
3. $f : x \mapsto |x+2|$ sur $I = [-2 ; +\infty[$.
4. $f : x \mapsto |x+2|$ sur $I =]-\infty ; -2]$.

86.
1. $f : x \mapsto 1 - 2\sqrt{x-3}$ sur $I = [3 ; +\infty[$.
2. $f : x \mapsto 4 - 3(x-7)^2$ sur $I =]-\infty ; 7]$.
3. $f : x \mapsto 4 - \frac{3}{2}|x+6|$ sur $I = [-6 ; +\infty[$.
4. $f : x \mapsto -4 - \frac{3}{2}|x+6|$ sur $I =]-\infty ; -6]$.

Pour les exercices 87 à 90, écrire sans valeur absolue puis représenter la fonction f.

87. f est définie sur $\mathbb{R} - \{0\}$ par :
$$f(x) = \frac{1}{|x|}.$$

88. f est définie sur $\mathbb{R}$ par $f(x) = x|x|$.

89. f est définie sur $\mathbb{R} - \{0\}$ par :
$$f(x) = \frac{x}{|x|}.$$

90. f est définie sur $\mathbb{R}$ par $f(x) = \sqrt{x^2}$.

91. 

1. Soit I un intervalle de $\mathbb{R}$.
Montrer que la somme de deux fonctions croissantes (respectivement décroissantes) sur I est une fonction croissante (respectivement décroissante) sur I.

2. Qu'en est-il de la somme de deux fonctions monotones ? Qu'en est-il du produit de deux fonctions croissantes ? de deux fonctions décroissantes ?

92. Représenter graphiquement, sans outil informatique, les fonctions suivantes. Expliquer la méthode utilisée.
1. $f : x \mapsto ||x| + 2|$.
2. $g : x \mapsto ||x| - 2|$.
3. $h : x \mapsto |1 - x^2|$.
4. $i : x \mapsto |x^2 - 2x - 3|$.
5. $j : x \mapsto \sqrt{|x|}$.
6. $k : x \mapsto \sqrt{|x-2|}$.

93. Soit a, b et c trois réels avec $a \neq 0$ et f la fonction définie sur $\mathbb{R}$ par $f(x) = |ax^2 + bx + c|$.
Justifier qu'il n'existe que trois types de courbes possibles pour représenter cette fonction, puis les décrire.

94. On considère sur $\mathbb{R}$ la fonction f définie par :

$$f(x) = |x - 4| + |x + 6|.$$

1. Écrire $|x - 4|$ et $|x + 6|$ sans valeur absolue.

2. Écrire $f(x)$ sans valeur absolue.

> **AIDE**
> On pourra s'aider des exercices résolus, puis reproduire et compléter le tableau suivant :

x	$-\infty$ -6	4	$+\infty$
$\|x-4\|$			
$\|x+6\|$			
$f(x)$			

3. Représenter graphiquement la fonction f dans un repère orthogonal $(O ; \vec{i}, \vec{j})$.

4. Combien d'antécédents 12 admet-il par la fonction f ? *On pourra s'aider du graphique, mais on justifiera algébriquement la réponse.*

95. On considère f la fonction définie sur l'intervalle $]-\infty ; 3[\cup]3 ; +\infty[$ par $f(x) = \dfrac{1}{x-3}$ et g la fonction inverse. $\mathscr{C}_f$ et $\mathscr{C}_g$ sont les courbes représentatives respectives des fonctions f et g dans le repère orthonormé $(O ; \vec{i}, \vec{j})$. On note $\vec{u}\begin{pmatrix}-3\\0\end{pmatrix}$ et $t_{\vec{u}}$ la translation de vecteur $\vec{u}$.

1. Soit $M \in \mathscr{C}_f$ d'abscisse $x (x \neq 3)$. Quelles sont les coordonnées du point M', image du point M par la translation $t_{\vec{u}}$?

2. Montrer alors que $M' \in \mathscr{C}_g$.

3. Soit $M' \in \mathscr{C}_g$ d'abscisse $x' (x' \neq 0)$. Montrer que son image par la translation $t_{-\vec{u}}$ appartient à la courbe $\mathscr{C}_f$.

4. Quel lien en déduit-on entre $\mathscr{C}_f$ et $\mathscr{C}_g$?

5. Établir le tableau de variations de la fonction f.

6. Expliquer comment obtenir $\mathscr{C}_f$ à partir de $\mathscr{C}_g$.

96. On considère f la fonction définie sur l'intervalle $[-2 ; +\infty[$ par $f(x) = \sqrt{x+2}$ et g la fonction racine carrée. $\mathscr{C}_f$ et $\mathscr{C}_g$ sont les courbes représentatives respectives des fonctions des fonctions f et g dans le repère orthonormé $(O ; \vec{i}, \vec{j})$. On note $\vec{u}\begin{pmatrix}2\\0\end{pmatrix}$ et $t_{\vec{u}}$ la translation de vecteur $\vec{u}$.

1. Soit $M \in \mathscr{C}_f$ d'abscisse $x (x \geqslant -2)$. Quelles sont les coordonnées du point M', image du point M par la translation $t_{\vec{u}}$?

2. Montrer alors que $M' \in \mathscr{C}_g$.

3. Soit $M' \in \mathscr{C}_g$ d'abscisse $x' (x' \geqslant 0)$. Montrer que son image par la translation $t_{-\vec{u}}$ appartient à la courbe $\mathscr{C}_f$.

4. Quel lien en déduit-on entre $\mathscr{C}_f$ et $\mathscr{C}_g$?

5. Établir le tableau de variations de la fonction f.

6. Expliquer comment obtenir $\mathscr{C}_f$ à partir de $\mathscr{C}_g$.

97. ***Théorie :***

Soit f une fonction définie sur $\mathbb{R}$ et k un nombre réel. $\mathscr{C}_f$ est la courbe représentative de la fonction f dans un repère $(O ; \vec{i}, \vec{j})$.

On définit alors sur $\mathbb{R}$ les fonctions g et h par :

$$g(x) = f(x + k) \quad \text{et} \quad h(x) = f(x) + k.$$

Démontrer que $\mathscr{C}_g$ et $\mathscr{C}_h$ s'obtiennent à partir d'une translation de $\mathscr{C}_f$ dont on déterminera les coordonnées du vecteur.

Application :

Représenter graphiquement les fonctions suivantes :

$f_1 : x \mapsto (x-3)^2$; $f_2 : x \mapsto \sqrt{x} - 4$;

$f_3 : x \mapsto \dfrac{1}{x+2}$; $f_4 : x \mapsto |x| + 1$.

> **INFO**
> Lorsque l'on parle de fonctions usuelles en classe de Première, on sous-entend :
> $f_1 : x \mapsto ax + b$; $f_2 : x \mapsto x^2$;
> $f_3 : x \mapsto \dfrac{1}{x}$; $f_4 : x \mapsto \sqrt{x}$; $f_5 : x \mapsto |x|$.

98. Soit h la fonction homographique définie sur :

$$]-\infty ; -2[\cup]-2 ; +\infty[\text{ par } h(x) = \frac{x+1}{x+2}.$$

1. Montrer que :

$$\forall x \in]-\infty ; -2[\cup]-2 ; +\infty[, \quad h(x) = 1 - \frac{1}{x+2}.$$

2. Expliquer comment obtenir la courbe associée à la fonction h à partir de l'hyperbole d'équation $y = \dfrac{1}{x}$.

3. Représenter cette courbe.

99. Soit la fonction f définie sur $\mathbb{R}$ par :

$$f(x) = \sqrt{x^2 + 4x + 5}.$$

1. Justifier que la fonction f est définie sur $\mathbb{R}$.

2. Établir le tableau de variations de la fonction trinôme :

$$u : x \mapsto x^2 + 4x + 5.$$

3. En déduire que la fonction f admet un minimum à préciser.

100. On considère f et g les deux fonctions polynômes de degré 2, respectivement définies par DEMO

$$f(x) = ax^2 \quad \text{et} \quad g(x) = a(x-\alpha)^2 + m,$$

avec $a \in \mathbb{R} (a \neq 0)$, $\alpha \in \mathbb{R}$, $m \in \mathbb{R}$.

$\mathscr{C}_f$ et $\mathscr{C}_g$ sont les courbes associées respectivement aux fonctions f et g dans le repère orthonormé $(O ; \vec{i}, \vec{j})$. On note $\vec{u}\begin{pmatrix}\alpha \\ m\end{pmatrix}$ et $t_{\vec{u}}$ la translation de vecteur $\vec{u}$.

1. Montrer que $t_{\vec{u}}$ transforme $\mathscr{C}_f$ en $\mathscr{C}_g$, puis montrer que $t_{-\vec{u}}$ transforme $\mathscr{C}_g$ en $\mathscr{C}_f$.

2. Sachant que les courbes d'équation $y = f(x)$ sont des paraboles d'axe de symétrie l'axe des ordonnées et qu'elles ont pour sommet le point $O(0 ; 0)$, que peut-on déduire sur les courbes d'équation $y = g(x)$?

3. Quel résultat de cours sur les fonctions trinômes cet exercice permet-il de démontrer ?

AIDE

Indice à la page 16.

4. ***Applications :***

Sans utiliser le discriminant, dresser le tableau de variations des fonctions suivantes :

$g_1 : x \mapsto (x-3)^2 + 1$; $g_2 : x \mapsto 2(x+1)^2 - 3$;

$g_3 : x \mapsto 4 - x^2$; $g_4 : x \mapsto 3 - 2(x-7)^2$.

101. Soit g la fonction définie sur $[0 ; +\infty[$ par :

$$g(x) = x - 4\sqrt{x} + 4.$$

1. « g est la somme de fonctions monotones sur l'intervalle $[0 ; +\infty[$, elle est donc monotone sur cet intervalle. » Que penser de cette affirmation ?

2. Montrer que :

$$\forall x \in [0 ; +\infty[, g(x) = (\sqrt{x} - 2)^2.$$

3. En déduire les variations de la fonction g sur son ensemble de définition.

AIDE

On pourra utiliser les variations de f en raisonnant par disjonction des cas. D'abord sur l'intervalle $[0 ; 4]$, puis sur l'intervalle $]4 ; +\infty[$.

4. La fonction g admet-elle un minimum ?
Si oui lequel ?

5. Traduire en langage courant la proposition :

$$\forall M \geqslant 0, \exists x \in [0 ; +\infty[, f(x) \geqslant M.$$

Démontrer cette proposition.

6. Quelle nouvelle information, relative au tableau de variations de la fonction f, cette proposition apporte-t-elle ?

102. À tout vouloir comprendre !

Soit f la fonction définie sur $\mathbb{R}$ par :

$$f(x) = \sqrt{x^2 - 6x + 10}.$$

1. Écrire le trinôme $x^2 - 6x + 10$ sous forme canonique.

2. Soit $h \in \mathbb{R}$, comparer $f(3-h)$ et $f(3+h)$.

3. Lorsque h parcourt $\mathbb{R}$, quelle propriété géométrique les points de coordonnées $(h ; f(3-h))$ et $(h ; f(3+h))$. vérifient-ils ?

4. Qu'en déduit-on sur la courbe représentative de la fonction f ?

5. Montrer que la fonction f est décroissante, puis croissante sur des intervalles que l'on précisera.

6. f admet-elle un minimum ?

7. Soit $M \in \mathbb{R}$, $M \geqslant 1$.

a. Justifier que $4M^2 - 4 \geqslant 0$.

b. En déduire que l'équation $f(x) = M$ admet une ou deux solutions.

c. Interpréter en langage courant la proposition :

$$\forall M \geqslant 1, \exists x \in \mathbb{R}, f(x) \geqslant M \ (*),$$

puis la démontrer.

d. Quelle nouvelle information, relative au tableau de variations de la fonction f, cette proposition apporte-t-elle ?

8. Montrer que :

$$\forall x \in \mathbb{R}, f(x) + x - 3 = \frac{1}{f(x) + x + 3}.$$

AIDE

L'astuce est utilisée dans les pages « Applications » et « Démonstrations ».

9. En déduire que l'affirmation « Le nombre (positif) "$f(x) - (x-3)$" peut être rendu aussi petit que l'on veut à condition que x positif soit suffisamment grand » est vraie.

10. Justifier alors les différents éléments graphiques de la représentation graphique ci-dessous sachant que la courbe est tracée en bleue :

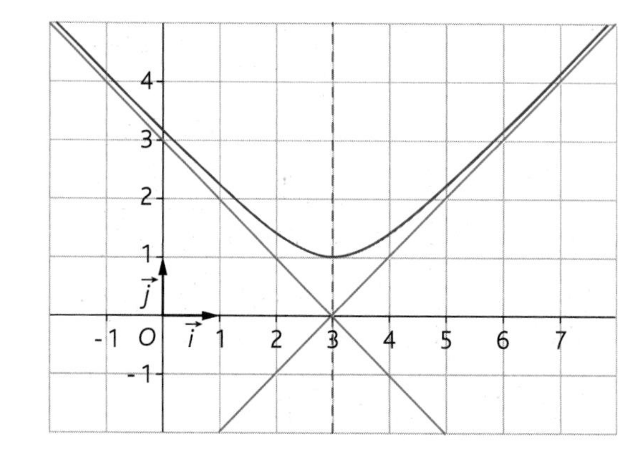

103. Soit ϕ la fonction définie sur $\mathbb{R}$ par $\phi(x) = \dfrac{x^2}{x^2+1}$.

1. Pourquoi le théorème sur les variations de fonctions sur $\mathbb{R}$ ne permet pas de connaître les variations de la fonction ϕ telle qu'elle est donnée ?

2. Montrer que :

$$\forall x \in \mathbb{R},\ \phi(x) = 1 - \frac{1}{x^2+1}.$$

3. Établir les variations de la fonction trinôme $u : x \mapsto x^2 + 1$ sur $\mathbb{R}$. En déduire les variations de la fonction ϕ sur $\mathbb{R}$.

4. Soit $h \in \mathbb{R}$. Comparer $\phi(h)$ et $\phi(-h)$.
Quelle en est la conséquence graphique pour les points de coordonnées $(h\ ;\ \phi(h))$ et $(h\ ;\ \phi(-h))$?

5. Qu'en déduit-on sur la courbe représentative de la fonction ϕ ?

6. La proposition « $\forall x \in \mathbb{R},\ 0 \leqslant \phi(x) < 1$ » est-elle vraie ou fausse ? La démontrer si elle est vraie.

7. Traduire en langage courant la proposition :
$\forall m \in]0\ ;\ 1[,\ \exists x_1\ ;\ x_2 \in \mathbb{R},\ x_2 = -x_1,$

$$\phi(x_1) = \phi(x_2) = m.$$

Démontrer que cette proposition est vraie.

8. Les assertions suivantes :

- 0 est le minimum de la fonction ϕ sur $\mathbb{R}$,
- 1 est le maximum de la fonction ϕ sur $\mathbb{R}$,

sont-elles vraies ou fausses ? Expliquer pourquoi.

> **DÉFINTION**
> On appelle **majorant** de la fonction f sur un intervalle I, un nombre M tel que :
> $\forall x \in I,\ f(x) \leqslant M.$

104. Chez Maxime

Le patron du restaurant *Chez Maxime* a réalisé une étude de marché. Ce tableau représente le nombre N de repas qu'il servirait, en fonction du prix p (en €), auquel il proposerait son repas :

p (prix du repas)	6	6,5	7	...	20,5	21
N (nombre de couverts)	200	195	190	...	55	50

1. Sachant que le coût d'un repas est de 5,30 €, déterminer, à l'aide d'un tableur, la valeur de p pour laquelle le bénéfice maximum du restaurant est atteint.

> **ASTUCE**
> Bénéfice = Recettes – Coût total.

2. On souhaite modéliser par une fonction le bénéfice de ce restaurant en fonction du prix du repas (p).

a. Justifier qu'il existe une fonction affine f qui, au prix du repas, associe le nombre de couverts correspondants du tableau :

$$f : p \mapsto f(p) = N.$$

b. Exprimer $f(p)$ pour $p \in [6\ ;\ 21]$.

c. En déduire $R(p)$, la recette (en €) du patron.

d. On admet que le prix de revient d'un repas pour le patron est de 5,30 €. Exprimer $C(p)$, le coût total (en €) du patron pour un prix de repas de p €.

e. En déduire $B(p)$ le bénéfice du patron pour un prix de repas p.

f. Déterminer alors le prix p (à 5 centimes près) pour lequel le bénéfice du patron de *Chez Maxime* est maximum.

105. **1.** Soit A la fonction affine définie sur $\mathbb{R}$ par :

$$A(x) = ax + b.$$

Montrer que x_1 est racine de A si, et seulement si, $A(x)$ se factorise par $(x - x_1)$.

2. a. Soit T le trinôme $T(x) = ax^2 + bx + c$.
Montrer que x_1 est racine de T si, et seulement si, $T(x)$ se factorise par $(x - x_1)$.

> **ASTUCE**
> Si x_1 est racine de T, alors $T(x_1) = 0$; on peut donc écrire :
> $\forall x \in \mathbb{R},\ T(x) = T(x) - T(x_1).$

b. En déduire que x_1 et x_2 sont deux racines, éventuellement confondues, de T si, et seulement si :

$$T(x) = a(x - x_1)(x - x_2).$$

On précisera le lien existant alors entre x_1 et x_2.

106. Soit T un trinôme ; déterminer une expression de $T(x)$ dans chacun des cas suivants, sachant que :

1. $T(1) = T(-1) = 0$ et $T(0) = 2$.
2. $T(2) = T(-1) = 0$ et $T(0) = -1$.
3. $T\left(\frac{5}{2}\right) = T(3) = 0$ et $T(0) = 3$.
4. $T(-4) = T\left(\frac{1}{2}\right) = 0$ et $T(0) = 1$.

107. On munit le plan du repère orthonormé $(O ; \vec{i}, \vec{j})$. Soit $\mathcal{P}$ la parabole d'équation $y = x^2$ dans ce repère.
Dans cet exercice, on considère :
- les points dits « entiers positifs d'abscisse m de $\mathcal{P}$ » de coordonnées $(m ; m^2)$;
- les points dits « entiers négatifs d'abscisse n de $\mathcal{P}$ » de coordonnées $(-n ; n^2)$;
- (D_{mn}) la droite joignant un point entier positif de $\mathcal{P}$ et un point négatif de $\mathcal{P}$;

avec m et n deux entiers naturels supérieurs ou égaux à 2.
On considère l'algorithme suivant :

```
Variables
  M, N, I et J quatre entiers naturels
Début
  Tracer la parabole 𝒫
  Saisir une valeur pour M
  Saisir une valeur pour N
  Pour I allant de 0 à M de 1 en 1
      Pour J allant de 0 à N de 1 à 1
          | Tracer le point entier positif I
          | Tracer le point entier négatif J
          | Tracer la droite D_IJ
      FindePour
  FindePour
Fin
```

1. Pour $M = 4$ et $N = 5$, appliquer cet algorithme « à la main ».

> **AIDE**
> « À la main » signifie que l'on exécute cet algorithme sur une feuille de papier à l'aide d'un crayon et d'une règle.

2. Quelle propriété arithmétique semblent vérifier les ordonnées à l'origine des droites tracées ?

> **AIDE**
> L'ordonnée à l'origine d'une droite est un nombre spécifique de son équation réduite.

3. Formuler une conjecture à propos de l'utilité de cet algorithme.

4. Programmer cette algorithme sur une calculatrice, puis tester ce programme avec des petites valeurs pour M et N.
La conjecture émise se vérifie-t-elle toujours ?

5. Soit M et N deux entiers naturels supérieurs ou égaux à 2. Déterminer l'ordonnée à l'origine de la droite (D_{mn}).

6. En déduire la preuve de la conjecture émise précédemment.

108. **1.** Écrire un algorithme qui   demande la saisie d'un entier naturel n et qui renvoie la somme des carrés des entiers naturels de 0 à n, c'est-à-dire le nombre $S(n)$ suivant :

$$S(n) = \sum_{i=0}^{n} i^2 = 0^2 + 1^2 + \ldots + n^2.$$

2. Programmer cet algorithme sur une calculatrice et donner la valeur de $S(100)$.

3. Soit σ la fonction trinôme définie sur $[0 ; +\infty[$ par :

$$\sigma(x) = \frac{x(x+1)(2x+1)}{6}.$$

Montrer que :

$$\forall x \in [0 ; +\infty[, \ \sigma(x+1) - \sigma(x) = (x+1)^2 \quad (\mathcal{R}).$$

4. Soit $n \in \mathbb{N}$. Écrire $(\mathcal{R})$ pour $x = 0, 1, 2, 3, \ldots, n$, puis en déduire l'expression de $S(n)$ en fonction de n.

Le saviez-vous ?

On peut aussi démontrer que la somme des cubes des entiers de 0 à n, pour $n \in \mathbb{N}$, est égale au carré de la somme des entiers naturels de 0 à n. C'est-à-dire :

$$\forall n \in \mathbb{N}, \ 0^3 + \ldots + n^3 = (0 + \ldots + n)^2.$$

Il est tout à fait possible de démontrer dès maintenant ce résultat, mais la connaissance de la démonstration par récurrence ou du binôme de *Newton*, qui seront vus en classe de Terminale, faciliteront la démonstration ainsi que la compréhension de son origine.

109. **1.** Ces écrans de calculatrices présentent un même programme.  

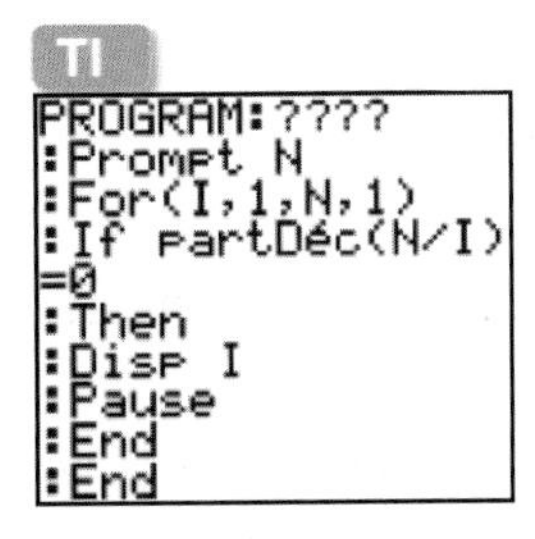

Casio

```
======????    ======
"N="↵
?→N↵
For 1→I To N Step 1↵
If Frac (N÷I)=0↵
Then I◢
IfEnd↵
Next↵
For To Step Next
```

Expliquer ce programme, puis le saisir sur une calculatrice.

2. On considère la fonction f définie sur $\mathbb{R}$ par :

$$f(x) = 2x^2 + 29.$$

a. À l'aide du tableau de valeurs de votre calculatrice, afficher les valeurs de $f(x)$ pour x entier de 0 à 5. Appliquer le programme du **1.** à ces six entiers.

b. Quelle propriété arithmétique commune présentent ces six entiers ? Notons $\mathcal{P}$ cette proposition.

c. Conjecturer l'entier naturel n à partir duquel la propriété $\mathcal{P}$ n'est plus vérifiée pour l'entier $f(n)$.

d. Expliquer simplement pourquoi $f(29)$ ne peut vérifier la propriété $\mathcal{P}$ et conclure.

110. Soit la fonction R définie sur $\mathbb{R}$ par : 

$$R(x) = |36x^2 - 810x + 2\,753|.$$

1. Quel est le plus grand entier inférieur ou égal à $\sqrt{2\,753}$? Soit N cet entier naturel que l'on nomme **partie entière de $\sqrt{2\,753}$** et que l'on note $E(\sqrt{2\,753})$.

2. Soit $d \in \mathbb{N}$ $(d > 1)$ le plus petit des diviseurs de $R(0) = 2\,753$. Voici une liste d'entiers naturels :

2	3	5	7
11	13	17	19
23	29	31	37
41	43	47	

a. Quelle propriété arithmétique ces entiers vérifient-ils ?

b. Vérifier qu'aucun de ces entiers ne divise pas 2 753.

c. En déduire que $d \geqslant 53$.

d. À l'aide d'un raisonnement par l'absurde, démontrer qu'il ne peut exister d'entier d, strictement supérieur à 1 et strictement inférieur à 2 753 qui soit un diviseur de 2753.

e. Quelle conclusion peut-on faire au sujet de 2 753 ?

3. Établir un raisonnement analogue pour $R(1)$. Conclure sur la nature de ce nombre.

4. Écrire sur une calculatrice un algorithme qui :
- demande la saisie d'un entier naturel n supérieur ou égal à 2 ;
- teste, pour i allant de 2 à $E(\sqrt{n})$ de 1 en 1, si i divise n et renvoie *true* si l'entier n est premier et *false* sinon.

5. Coder sur une calculatrice un algorithme qui :
- demande la saisie d'un entier naturel m ;
- renvoie, pour j allant de 0 à m de 1 en 1, la réponse du test de primalité (établi à la question précédente) de l'entier $R(j)$.

En déduire combien d'entiers premiers successifs, la fonction R génère lorsque x prend les valeurs 0, 1, 2, 3, 4...

Histoire des sciences

- En 1772, *Leonhard* ***Euler*** proposa la formule :
$$E(n) = n^2 + n + 41$$
qui donne des nombres premiers pour n allant de 0 à 39.

- En 1798, le mathématicien français *Adrien-Marie Legendre* proposa le polynôme du second degré suivant : $L(n) = 2n^2 + 29$, qui produit des nombres premiers pour n allant de 0 à 28.

- Aujourd'hui, le record est détenu par *Russel Ruby* qui proposa en 1987 l'expression :
$$R(n) = 36n^2 - 810n + 2\,753.$$

L'expression $|R(n)|$ fournit le plus grand nombre consécutifs de nombres premiers.

vrai ou faux ?

Dans les questions suivantes, des affirmations sont proposées. Pour chacune d'elle dire si elle est vraie ou fausse et justifier la réponse.

111. Le carré d'un nombre réel positif est toujours supérieur ou égal à ce nombre.

112. Soit t un nombre réel positif. Augmenter deux fois de suite une valeur v du pourcentage t %, augmente cette valeur v strictement plus de $2t$ %.

113. Si une évolution globale sur deux ans est de 69 %, alors son évolution annuelle moyenne est de 30 %.

114. Soit le trinôme du second degré :

$$T(x) = 2x^2 - 4x + 1.$$

La forme canonique de $T(x)$ est :

$$T(x) = 2\left((x - \sqrt{2})^2 - \frac{3}{2}\right).$$

115. Pour tout $m \in \mathbb{R}$:

$$\left\{\frac{m + 3 - |m - 5|}{2} ; \frac{m + 3 + |m - 5|}{2}\right\} = \{4 ; m - 1\}.$$

Soit $m \in \mathbb{R}$, $\mathcal{P}$ la parabole d'équation $y = x^2 - 3x + 3$ et $(\mathcal{D}_m)$ la droite d'équation $y = mx - m + 1$.

Alors, quelle que soit la valeur du nombre réel m, la droite $(\mathcal{D}_m)$ et la parabole $\mathcal{P}$ ont toujours au moins un point en commun.

Objets libres
- $c : y = x^2 - 3x + 3$
- $m = 0,7$

Objets dépendants
- $a : y = 0,7x + 0,3$

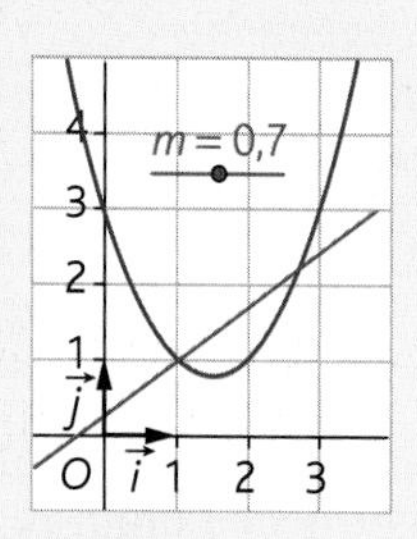

116. On coupe une ficelle d'une longueur de 1 m pour entourer deux surfaces : un carré et un domino (rectangle deux fois plus long que large). Alors en coupant la ficelle à 47 cm, la somme des aires est minimale.

117. Pour se rendre de Bordeaux à Saint-Jean-de-Luz (distance approximative : 195 km), deux cyclistes partent en même temps. L'un d'eux, dont la vitesse moyenne sur ce parcours est supérieure de 4 km/h à celle de l'autre, arrive 1 heure plus tôt.

On peut alors affirmer que v la plus petite de ces deux vitesses moyenne vérifie la relation :

$$v^2 + 4v - 780 = 0.$$

118. Sur la figure ci-dessus, $ABCD$ est un rectangle de dimensions données :

$$AB = 3 \text{ cm} \quad \text{et} \quad BC = 5 \text{ cm}.$$

Les points $M \in [AB]$, $N \in [BC]$, $P \in [CD]$ et $Q \in [AD]$ sont tels que $AM = BN = CP = DQ$.

Alors le périmètre du quadrilatère $MNPQ$ atteint son minimum lorsque $x = 1,875$ cm.

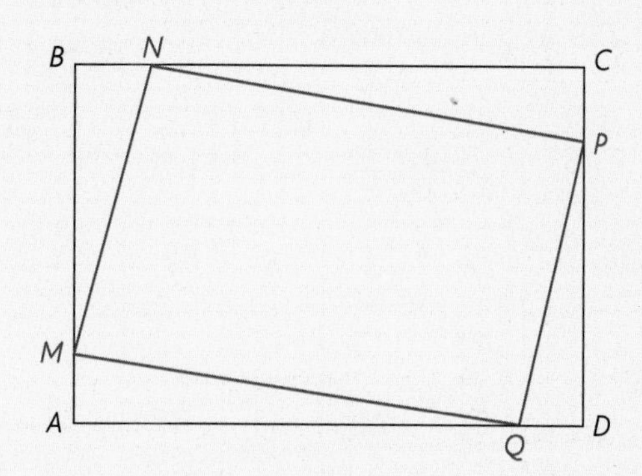

119. Un prix a subi deux mêmes hausses successives qui équivalent à une hausse globale de 44 %. Ces hausses étaient chacune de :

a. 11 % ; **b.** 12 % ;
c. 22 % ; **d.** 44 %.

120. **La factorisation, sur $\mathbb{R}$, du trinôme T défini par $T(x) = 2x^2 - 4x + 1$ est :**

a. $T(x) = 2\left(x + \frac{\sqrt{2}}{2} - 1\right)\left(x - \frac{\sqrt{2}}{2} - 1\right)$.

b. $T(x) = (2x + \sqrt{2} - 2)(2x - \sqrt{2} - 2)$.

c. $T(x) = \left(x - \frac{\sqrt{2}}{2} + 1\right)(2x - \sqrt{2} - 2)$.

d. $T(x) = 2\left(x - \frac{\sqrt{2}}{2} + 1\right)\left(x - \frac{\sqrt{2}}{2} - 1\right)$.

121. **Soit $m \in \mathbb{R}$.**
On considère l'équation d'inconnue x :

$$x^2 - (m + 3)x + 4m - 4 = 0.$$

a. Le discriminant de cette équation est :

$$\Delta = m^2 - 22m + 25.$$

b. L'équation admet deux solutions :

$$\frac{m + 3 - |m - 5|}{2} \quad \text{et} \quad \frac{m + 3 + |m - 5|}{2}.$$

c. L'équation admet deux solutions 4 et $m - 1$.

d. L'équation admet une solution double si, et seulement si, $m = 5$.

122. **Soit $m \in \mathbb{R}$, $\mathscr{P}$ la parabole d'équation :**

$$y = x^2 - 3x + 3$$

et $(\mathscr{D}_m)$ la droite d'équation $y = mx - m + 1$.

a. $\mathscr{P}$ et $(\mathscr{D}_m)$ ont toujours au moins un point en commun.

b. $\forall\, m \in \mathbb{R}$:

$$(m + 1)^2 \geqslant 0 \Rightarrow \sqrt{(m + 1)^2} = m + 1.$$

c. $\frac{m + 3 + |m + 1|}{2} = m + 2$ et $\frac{m + 3 - |m + 1|}{2} = 1$

d. $\mathscr{P}$ est en dessous de $\mathscr{D}_m$ sur, et seulement, sur l'intervalle $[m + 2\,;\, 1]$.

123. **Un prix a subi une hausse d'un certain pourcentage strictement compris entre 0 % et 100 %, puis une baisse du même pourcentage.**

a. Si cette variation globale est une baisse de 4 %, alors le pourcentage cherché est 20 %.

b. La variation globale est nécessairement une hausse.

c. La variation globale est nécessairement une baisse.

d. La variation globale est peut être une hausse ou une baisse.

124. **Soit $\mathscr{P}$ la parabole d'équation $y = x^2 - 4x + 3$.**
La représentation de la courbe d'équation $y = |x^2 - 4x + 3|$ est :

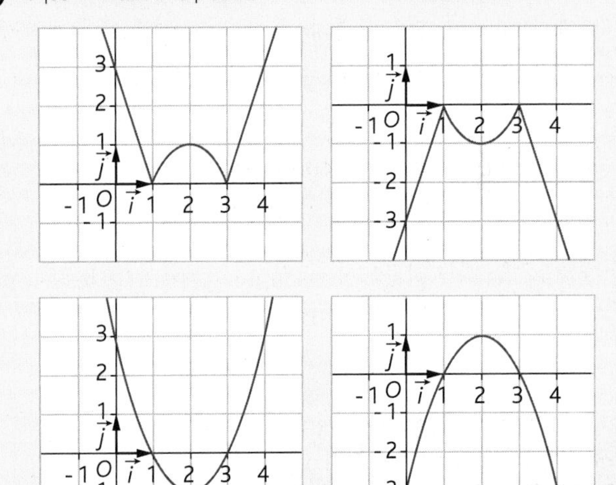

125. **La fonction $f : x \mapsto \sqrt{x^2 - 1}$ est :**

a. définie sur la réunion d'intervalle :

$$]-\infty\,;\,-1[\,\cup\,]1\,;\,+\infty[;$$

b. la fonction f est croissante sur l'intervalle $]1\,;\,+\infty[$;

c. la fonction f n'admet pas de minimum sur son ensemble de définition.

restitution organisée des connaissances

126. On munit l'espace d'un repère $(O\,;\,\vec{i}, \vec{j}, \vec{k})$. Dans le plan vertical $(O\,;\,\vec{i}, \vec{k})$ en O un projectile avec une vitesse initiale v_0 (non nulle) formant avec l'horizontale $(O\,;\,\vec{i})$ un angle de mesure θ comprise strictement entre 0 et 90°.
La trajectoire de ce projectile a pour équation :

$$z = -\frac{gx^2}{2v_0\cos^2\theta} + \frac{x\sin\theta}{\cos\theta}.$$

1. Soit a et b deux réels. Rappeler les différents types de paraboles associédes à l'équation :

$$z = ax^2 + bx.$$

Où cette courbe d'équation $z = ax^2 + bx$ coupe-t-elle l'axe $(O\,;\,\vec{i})$?

2. En déduire, en fonction des valeurs v_0 et θ, l'altitude maximale atteinte par le projectile et l'endroit où celui-ci retombe.

Application numérique :

Déterminer l'altitude maximale dans le cas où :

$$\theta = 32°,\ g = 10\ \text{m} \cdot \text{s}^{-2},\ v_0 = 40\ \text{m} \cdot \text{s}^{-1}.$$

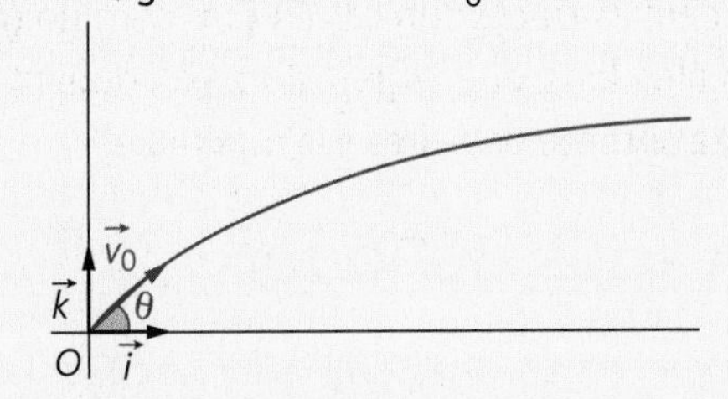

TP INFO

1. Positions relatives de deux courbes

→ objectif

Faire le lien entre résolution d'inéquation et positions relatives de courbes, et manipuler des valeurs absolues.

m est un nombre réel quelconque, f désigne la fonction carrée, $\mathscr{C}_f$ la parabole associée dans le repère orthonormé $(O\,;\,\vec{i},\,\vec{j})$, $\mathscr{D}_m$ la droite d'équation $y = mx - (m-1)$ et g_m la fonction affine associée.

TI nspire

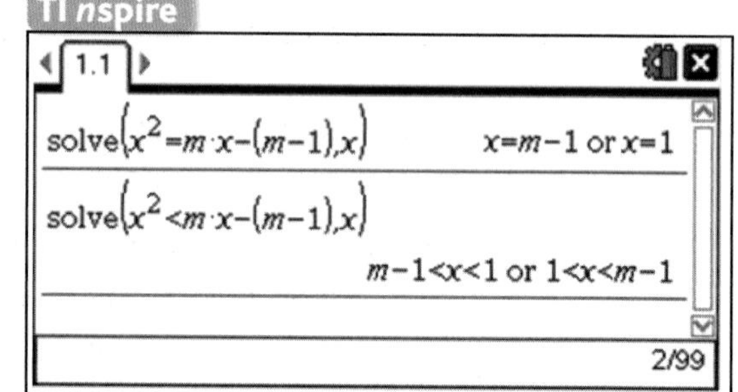

On cherche à :

- déterminer les coordonnées des points d'intersections des deux courbes $\mathscr{C}_f$ et $\mathscr{D}_m$ et les positions relatives de ces deux courbes en fonction du réel m ;
- justifier les résultats présentés ci-contre.

Partie I – Conjectures

1. À l'aide du logiciel *Geogebra*, après avoir créé un curseur m variant de – 20 à 20 de 0,1 en 0,1 et une fenêtre graphique adaptée, construire les courbes $\mathscr{C}_f$ et $\mathscr{D}_m$.

2. À l'aide de [Intersection entre deux objets] faire apparaître les éventuels points d'intersection des courbes $\mathscr{C}_f$ et $\mathscr{D}_m$.

3. En faisant varier le curseur m, expliquer les résultats obtenus avec le logiciel de calcul formel, notamment la conjonction « or ».

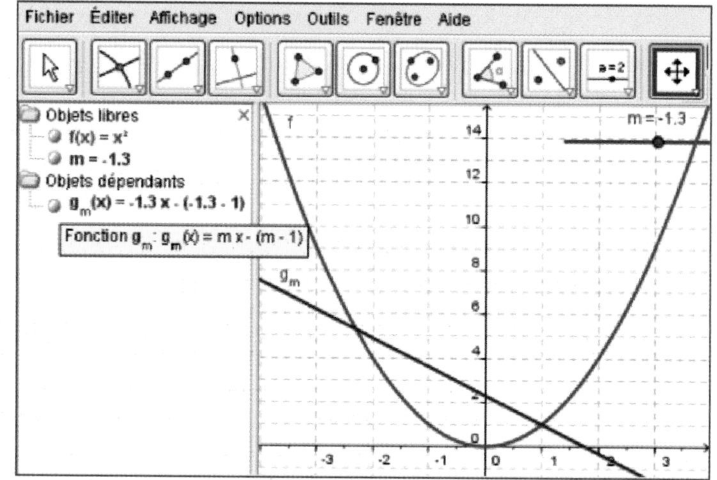

Partie II – Démonstration

1. Soit (E_m) l'équation du second degré définie par $x^2 - mx + (m-1) = 0$.

a. Justifier que rechercher les abscisses des points d'intersections des courbes $\mathscr{C}_f$ et $\mathscr{D}_m$ revient à résoudre l'équation (E_m).

b. Calculer Δ_m le discriminant de l'équation (E_m).

c. Justifier que, pour tout $m \in \mathbb{R}$, $\Delta_m \geqslant 0$ et $\sqrt{\Delta_m} = |m-2|$.

d. En déduire les solutions de l'équation (E_m).

2. En quoi la valeur $m = 2$ est une valeur particulière du point de vue graphique ?

3. Donner le signe du trinôme $x^2 - mx + (m-1)$ en fonction de la valeur m.

4. Conclure sur la position relative des deux courbes $\mathscr{C}_f$ et $\mathscr{D}_m$, ainsi que sur les résultats de l'inéquation fournie par le logiciel de calcul formel.

→ À vous de jouer

Reprendre ce TP avec $f(x) = x^2 - 4x + 1$ et $g_m(x) = mx - m$.

2. Équations du troisième degré

objectif

Utiliser la méthode de Cardan pour résoudre une équation du troisième degré, en faisant appel à un logiciel de calcul formel pour parcourir les différentes étapes de cette méthode.

On souhaite déterminer les éventuelles solutions de l'équation (E) de degré 3 : $(E)\ x^3 + 3x^2 + 15x - 99 = 0$.

Pour cela, on va appliquer à cette équation une méthode décrite par Cardan dans son livre *Ars Magna* publié en 1545 :

Étape 1 : Déterminer trois réels a, p et q tels que, pour tout x :

$$x^3 + 3x^2 + 15x - 99 = (x + a)^3 + p(x + a) + q.$$

Étape 2 : On définit une nouvelle équation : $(E_1)\ X^3 + pX + q = 0$.

- En posant $X = u + v$, déduire que :

$$X^3 + pX + q = u^3 + v^3 + (3uv + p)(u + v) + q.$$

- On impose alors la condition supplémentaire suivante : $3uv = -p$. Montrer que résoudre l'équation (E_1) revient à résoudre le système suivant d'inconnues u et v :

$$(S)\begin{cases} u^3 + v^3 = -q \\ u^3v^3 = -\dfrac{p^3}{27} \end{cases}.$$

- Résoudre le système d'inconnues (U, V), où $U = u^3$ et $V = v^3$.
- En déduire les solutions de l'équation (E_1), puis celles de l'équation (E).

1. Recopier sur une nouvelle session du logiciel *XCAS* les étapes suivantes. Les exécuter une à une, puis expliquer leur lien avec la méthode précédemment décrite.

```
? Sauver    Config TP2.xws : exact real RAD 12 xcas 13.188M    STOP  Kbd
1 P(x):=x^3+3*x^2+15*x-99
2 simplify(P(x-a))
3 solve(coeff(P(x-a),x,2)=0,a)
4 simplify(Q(x):=P(x-1))
5 factor(Q(u+v)+112-u^3-v^3)
6 solve([u^3+v^3=112,(u^3)*(v^3)=-64],[u,v])
7 solve([U+V=112,U*V=-64],[U,V])
8 simplify(solve([u^3=sqrt(2)*40+56,v^3=-sqrt(2)*40+56],[u,v]))
```

2. À l'aide des résultats du logiciel, conclure sur les éventuelles solutions de l'équation (E).

À vous de jouer

Reprendre ce TP avec chacune des équations suivantes :

a. $x^3 + 6x^2 - 52x + 120 = 0$.

b. $x^3 + x^2 - 7x - 3 = 0$.

Les fractions continues

Exemple

L'équation « $x^2 - x - 1 = 0$ » admet deux solutions, dont l'une (strictement positive) est :

$$\phi = \frac{1+\sqrt{5}}{2}.$$

On sait montrer que le nombre ϕ n'est pas un nombre rationnel, c'est-à-dire qu'il ne peut pas s'écrire sous la forme d'une fraction de deux entiers.

Pourtant $\phi^2 - \phi - 1 = 0$ équivaut à $\phi = 1 + \frac{1}{\phi}$.

Donc on peut écrire :

$$\phi = 1 + \frac{1}{\phi}$$
$$= 1 + \frac{1}{1+\frac{1}{\phi}} = 1 + \frac{1}{1+\frac{1}{1+\frac{1}{\phi}}} = \cdots.$$

Cette écriture du nombre ϕ s'appelle *Développement en Fractions Continues* (DFC) de ϕ.
On le note $\phi = [1, 1, 1, 1, \cdots]$ ou encore $\phi = [\mathit{1}]$.

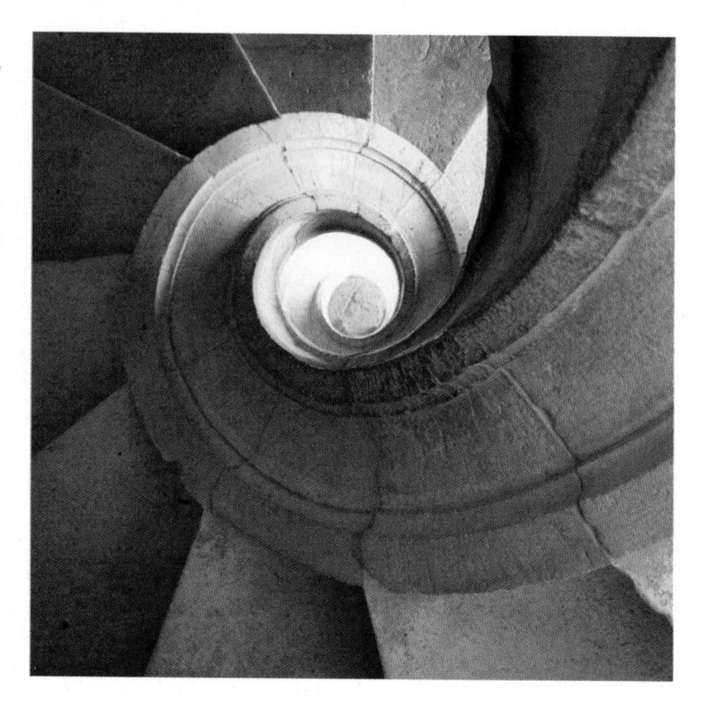

Vérifier ce résultat à l'aide du logiciel *XCAS* en utilisant la commande :

```
1 dfc((1+sqrt(5))/2)
```

→ Problème

On s'intéresse aux fractions continues de la forme :

$$F = a_0 + \frac{1}{a_1 + \frac{1}{a_2 + \cdots}},$$

avec a_0, a_1, a_2, ... entiers strictement positifs.

En supposant qu'un développement en fraction continue représente toujours un nombre réel, on s'intéresse à certains d'entre eux pour lesquels on se demande quels réels ces développements représentent-ils ?

Questions

1. À l'aide de la commande *dfc( )* du logiciel *XCAS*, lister les DFC des nombres suivants :

$$\sqrt{2}, \sqrt{3}, \sqrt{4}, \sqrt{5}, \cdots, \sqrt{30}.$$

Qu'ont de semblables les développements en fractions continues des nombres $\sqrt{3}$, $\sqrt{6}$, $\sqrt{11}$, $\sqrt{18}$ et $\sqrt{27}$.
Conjecturer la forme générale des DFC de ces cinq nombres.

2. On s'intéresse à la famille d'entiers suivantes : 3, 6, 11, 18, 27. À l'aide d'un tableur, représenter un graphique en plaçant ces 5 entiers en ordonnée et en abscisse leur rang dans la famille. Ces points ne semblent-ils être placés sur une parabole ? Laquelle ?

3. Vérifier pour d'autres entiers de cette famille, que leurs DFC correspond bien à la conjecture faite en question **1**.

4. Démontrer que ces DFC sont seulement ceux de cette famille de nombres.

› Designer automobile

Un métier

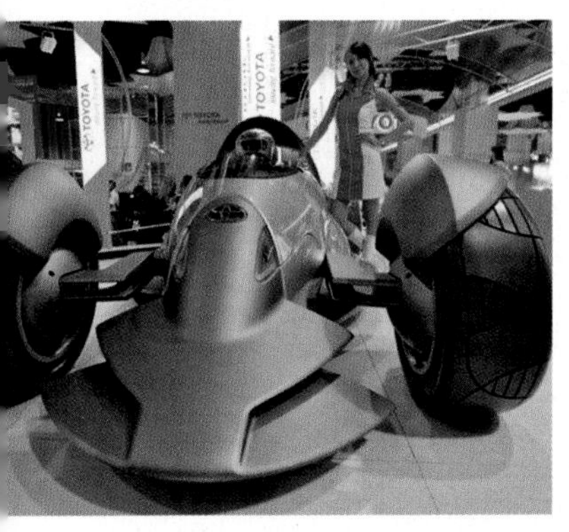

Le designer automobile est un véritable « styliste » : c'est lui qui dessine les futures voitures.

Il doit tenir compte de beaucoup de contraintes (techniques, esthétiques, ergonomiques, écologiques...) liées à la fabrication, au fonctionnement ou à l'utilisation de ces voitures.

Le designer doit évidemment posséder un sens esthétique marqué et un don pour le dessin, mais il doit aussi avoir une parfaite connaissance des matériaux et des procédés industriels utilisés.

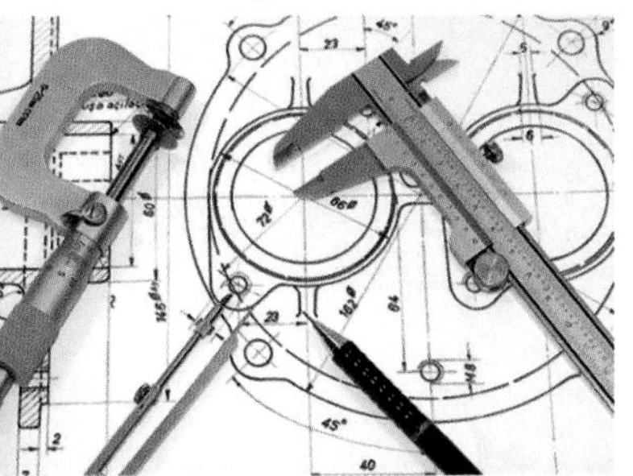

Le designer travaille beaucoup sur ordinateur, il utilise les différents logiciels de design industriel existant.

Un témoignage

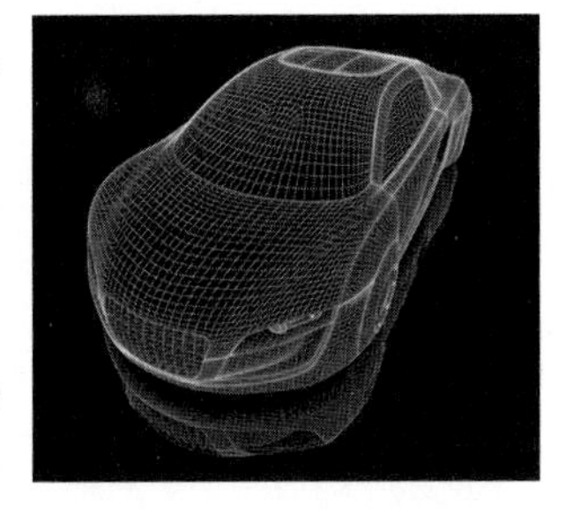

« Aujourd'hui, je suis designer automobile chez Audi. Après avoir obtenu un bac littéraire à Paris, j'ai fait l'École des Beaux-Arts de Rennes. En sortant de cette école, je n'ai trouvé que des emplois précaires, j'ai alors décidé de reprendre mes études et me suis inscrite à l'UTC (Université Technologique de Compiègne) où j'ai obtenu le diplôme d'ingénieur industriel. J'ai très vite trouvé un poste chez Mazda, puis 3 ans plus tard, j'ai été embauchée à la création des nouveaux prototypes chez Audi. »

Aurélie J.

Un personnage... Battista Farina

Battista est né à Turin (Italie) en 1893, il est le fondateur de la *Pininfarina* célèbre société italienne de carrosserie et de design automobile.

Autodidacte, il se forma en tant qu'apprenti dans le garage de son frère Giovanni (dont le fils Giuseppe deviendra le premier champion du monde de *Formule 1*) qui est fréquenté par des personnages du milieu de l'automobile.

Alors qu'il n'a que 19 ans, ses connaissances impressionnent G. Agnelli (fondateur de Fiat) qui décide de le faire travailler dans son usine. Battista y crée sa première voiture : la *Fiat Torpedo*.

Il part alors aux États-Unis où il travaille chez Ford.

À l'âge de 37 ans, il crée sa propre entreprise : la *Carrozeria Pinin* et se lance ainsi dans le design automobile.

En 1936, il présente la nouvelle *Lancia Aprilia* (ci-contre), très aérodynamique et qui aura un très grand succès.

De nombreuses marques de constructeurs automobiles travaillent aujourd'hui encore avec cette prestigieuse entreprise.

La formation

Bac conseillé S ou STI *arts appliqués*

↓

Écoles

- *Une dizaine d'écoles propose des formations spécialisées - Les plus cotées :*
  ENSCI (École nationale supérieure de création industrielle) à Paris
  ENSAD (École nationale supérieure des arts décoratifs) à Paris
- *Certaines écoles d'ingénieur assurent une option* design *– Les plus connues :*
  UTC (Université technologique de Compiègne)
  INSA (Institut national des sciences appliquées) à Lyon

(5 ans)

↓

BTS *Arts appliqués* ou certains autres Bac+2 **(2 ans)**

↓

DSAA (Diplôme supérieur en arts appliqués) option créateur-concepteur **(2 ans)**

Modéliser des phénomènes continus

L'évolution d'une population de bactéries, la diffusion d'une maladie, les variations de l'intensité dans un circuit électrique ou encore la désintégration d'un noyau radioactif, sont des phénomènes qui peuvent être modélisés par des fonctions continues dont la variable est le temps.

Pour étudier ces phénomènes, on utilise des modèles qui, à partir d'hypothèses raisonnables, permettent d'écrire une relation entre la fonction à étudier et ses dérivées successives.

Ces relations sont connues en mathématiques sous le nom d'**équations différentielles**. La résolution de ces équations est souvent difficile et il est rare de pouvoir en donner une solution explicite : on fait alors appel à des ordinateurs pour obtenir des approximations de ces solutions.

Le coin des langues

La tangente (du latin *tangere*, qui signifie toucher) désigne en géométrie une droite qui « touche » une courb en un seul de ses points. Les mathématiciens français du XVIIe siècle parlaient d'ailleurs de « touchante ».

Citation

« À l'automne 1972 le président Nixon a annoncé que le taux d'augmentation de l'inflation a diminué. C'était la première fois qu'un président en exercice utilisait la dérivée tierce pour assurer sa réélection. »

Hugo Rossi, mathématicien, à propos d'une intervention télévisée du président américain Nixon

« Bien que cela semble être un paradoxe, toute science exacte est dominée par l'idée d'approximation. »

Bertrand Russell, logicien et philosophe

2 Dérivation

1. Nombre dérivé, tangente
2. Fonction dérivée
3. Fonction dérivée et variations
4. Fonction dérivée et extrema

Prérequis :

- **Fonctions : courbe représentative, variations**
- **Signe d'une fonction affine et d'une fonction trinôme du second degré**
- **Coefficient directeur d'une droite**

1. Prendre la tangente !

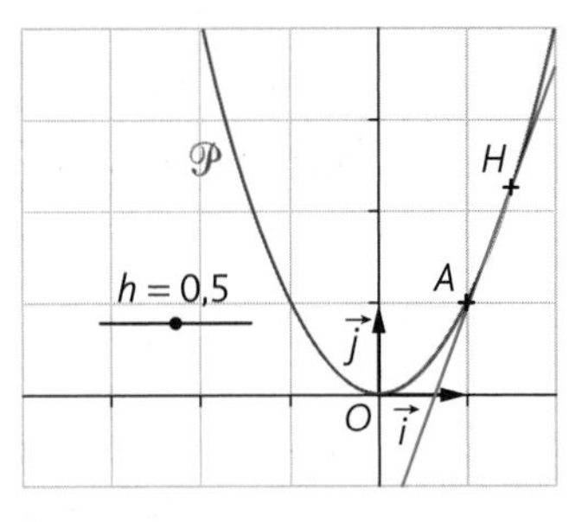

Soit 𝒫 la parabole représentant la fonction $f(x) = x^2$ dans un repère orthonormé et A le point de 𝒫 d'abscisse 1.

On note H le point de 𝒫 d'abscisse $1 + h$, avec $h \neq 0$.

1. Quelles sont les coordonnées du point H ?
2. Ouvrir une nouvelle figure *Geogebra* et tracer cette parabole.
   Définir alors un curseur h compris entre 0 et 1, avec un pas de 0,01. Puis tracer la droite (AH) et faire afficher son coefficient directeur pour $h = 0{,}5$; $h = 0{,}1$; $h = 0{,}05$ et $h = 0{,}01$.
3. De quelle valeur le coefficient directeur de la droite (AH) semble-t-il se rapprocher au fur et à mesure que h se rapproche de 0 ?
   De quelle position la droite (AH) semble-t-elle se rapprocher lorsque h se rapproche de 0 ?
4. Utiliser la commande ***Tangente* [1,*f*]** dans la zone de saisie pour tracer la tangente à la courbe au point A et valider ainsi les réponses à la question 3.

2. Chute libre

On lâche une bille, sans vitesse initiale, d'une hauteur de 80 mètres. Si l'on néglige les forces de frottement de l'air, la distance, en mètres, parcourue par cette bille après t secondes s'exprime par $d(t) = \frac{1}{2}gt^2$. On prendra $g = 9{,}8 \text{ m.s}^{-2}$.

1. Vitesse instantanée

1. À l'aide d'une calculatrice, dresser le tableau de valeurs de la fonction d pour t compris entre 0 et 5 (avec un pas de 0,1).
2. Calculer la vitesse moyenne de la bille (en m.s^{-1}) entre les instants $t = 1$ et $t = 3$.
3. Soit M_1 le point de la parabole 𝒫 d'abscisse 1 et M_3 celui d'abscisse 3.
   Quelle interprétation graphique peut-on donner du calcul donnant la vitesse moyenne entre les instants $t = 1$ et $t = 3$?
4. On cherche à déterminer la vitesse instantanée de la bille à l'instant $t = 1$. Pour cela, on évalue la vitesse moyenne de la bille entre les instants $t = 1$ et $t = 1 + h$ où h prend des valeurs positives de plus en plus proches de 0.
   Simplifier l'expression $a(h) = \dfrac{d(1+h) - d(1)}{(1+h) - 1}$, puis reproduire et compléter le tableau suivant :

h	2	1	0,1	0,01	0,001
a(h)					

   $a(h)$ représente la vitesse moyenne de la bille entre les instants $t = 1$ et $t = 1 + h$.
   Que penser des valeurs prises par $a(h)$ lorsque h se rapproche de 0 ?

À retenir :
Cette valeur « limite » est appelée *vitesse instantanée* de la bille à l'instant $t = 1$.

2. Algorithme de calcul ALGO

1. Voici un algorithme écrit avec le logiciel *Algobox* (la fonction F1 est définie par F1(x)=4.9*pow(x,2) dans l'onglet ***Définir une fonction numérique***).

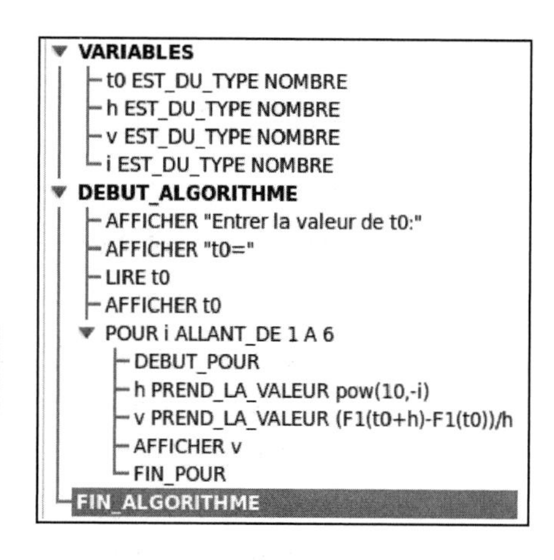

```
▼ VARIABLES
  t0 EST_DU_TYPE NOMBRE
  h EST_DU_TYPE NOMBRE
  v EST_DU_TYPE NOMBRE
  i EST_DU_TYPE NOMBRE
▼ DEBUT_ALGORITHME
  AFFICHER "Entrer la valeur de t0:"
  AFFICHER "t0="
  LIRE t0
  AFFICHER t0
  ▼ POUR i ALLANT_DE 1 A 6
    DEBUT_POUR
    h PREND_LA_VALEUR pow(10,-i)
    v PREND_LA_VALEUR (F1(t0+h)-F1(t0))/h
    AFFICHER v
    FIN_POUR
FIN_ALGORITHME
```

INFO

Dans Algobox la n-ième puissance de x se note *pow(x,n)*.

Reproduire cet algorithme ou le programmer sur une calculatrice afin d'estimer la vitesse instantanée de la bille aux instants $t = 2$ et $t = 3{,}5$.

2. La vitesse instantanée de la bille au moment t_0 est la **limite** du quotient $\dfrac{d(t_0 + h) - d(t_0)}{h}$ **lorsque le nombre h se rapproche de 0.** Simplifier le quotient $\dfrac{d(t_0 + h) - d(t_0)}{(t_0 + h) - t_0}$ et démontrer que la vitesse instantanée au moment t_0 est donnée par la formule $v(t_0) = 9{,}8\, t_0$.

La loi de la chute libre des corps a été énoncée par **Galilée** dans son *Discours concernant deux sciences nouvelles* (1638) :
« Si un mobile, partant du repos, tombe avec un mouvement accéléré, les espaces parcourus en des temps quelconques par ce même mobile sont entre eux en raison double des temps, c'est-à-dire comme les carrés de ces mêmes temps. »
Une légende tenace veut que Galilée ait testé son hypothèse en lâchant des objets pesants depuis le sommet de la tour de Pise : en fait, il l'a vérifiée en faisant rouler des boules sur des plans inclinés.

3. Fonction dérivée

1. Ouvrir une nouvelle figure *Geogebra*, en faisant apparaître les axes et la grille. Tracer la courbe représentative de la fonction $f : x \mapsto x^2$ en écrivant f(x)=x^2 dans la zone de saisie.
2. Créer un curseur a de type nombre compris entre – 5 et 5 avec un pas de 0,1 ; puis créer le point M de coordonnées (a ; $f(a)$) en écrivant M=(a,f(a)) dans la zone de saisie.
3. Toujours dans la zone de saisie, écrire T=Tangente[a,f] pour tracer la tangente T à la courbe au point d'abscisse a.
4. Créer le point N de coordonnées (a ; Pente(T)), lui attribuer la couleur rouge et activer sa trace. Animer le curseur a (clic droit sur le curseur et cocher « Animer »). Quel est le lieu géométrique du point N ? En déduire l'expression de $f'(a)$ en fonction de a, pour tout $a \in \mathbb{R}$.
5. Vérifier le résultat de 4. en écrivant Dérivée[f] dans la zone de saisie et en lisant son expression dans la fenêtre Algèbre.

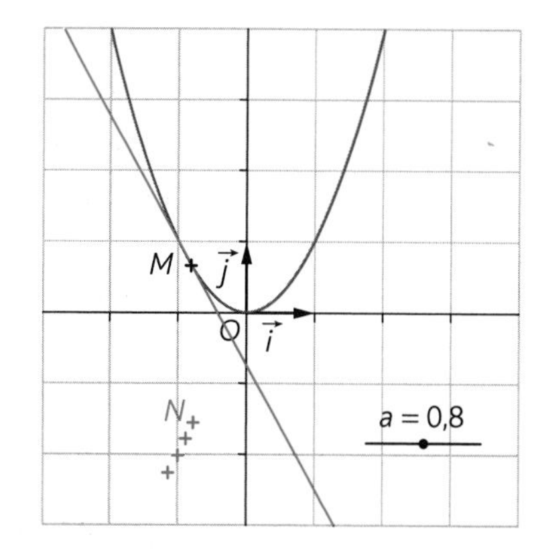

On définit ainsi une fonction sur $\mathbb{R}$, associant à chaque réel a le nombre dérivé de la fonction f en a : cette fonction, notée f', est appelée fonction dérivée de la fonction f.

1. Nombre dérivé, tangente

Dans tout ce qui suit :

I est un intervalle ouvert inclus dans l'ensemble de définition de la fonction f ;

a est un réel appartenant à l'intervalle I ;

$\mathscr{C}_f$ est la courbe représentative de la fonction f dans un repère orthogonal.

1.1 Nombre dérivé d'une fonction en un point

Pour bien comprendre : la notation $\lim\limits_{h \to 0} t(h) = l$, se prononce « limite quand h tend vers 0 de $t(h)$ égale l ». Elle signifie que, lorsque le nombre h devient très proche de 0, l'expression $t(h)$ prend des valeurs très voisines de l (aussi voisines que l'on veut).

→ définitions

Soit h un réel non nul tel que $a + h \in I$.

- Le **taux d'accroissement** de f entre a et $a + h$ est le rapport $t(h) = \dfrac{f(a+h) - f(a)}{h}$.
- On dit que la fonction f est **dérivable en a** lorsque le taux d'accroissement $t(h)$ devient aussi proche que l'on veut d'un nombre réel l lorsque h est suffisamment proche de 0.
- Le nombre l est alors appelé **nombre dérivé de la fonction f en a** et on note :

$$l = f'(a) = \lim_{h \to 0} \frac{f(a+h) - f(a)}{h}.$$

Pour obtenir la valeur, éventuellement approchée, du nombre dérivé d'une fonction en un point (s'il existe) sur une calculatrice :

Casio		TI	
OPTN F4 (CALC) F2 (d/dx)	d/dx(X², 3) 6 Solve d/dx d²/dx² ∫dx ▷	math 8:nbreDérivé	nbreDérivé(X², X, 3) 6

1.2 Interprétation graphique, tangente à la courbe

Soit f une fonction dérivable en a.

Soit $h \neq 0$ tel que $a + h \in I$; les points $A(a\,; f(a))$ et $M(a+h\,; f(a+h))$ sont deux points distincts de la courbe $\mathscr{C}_f$.

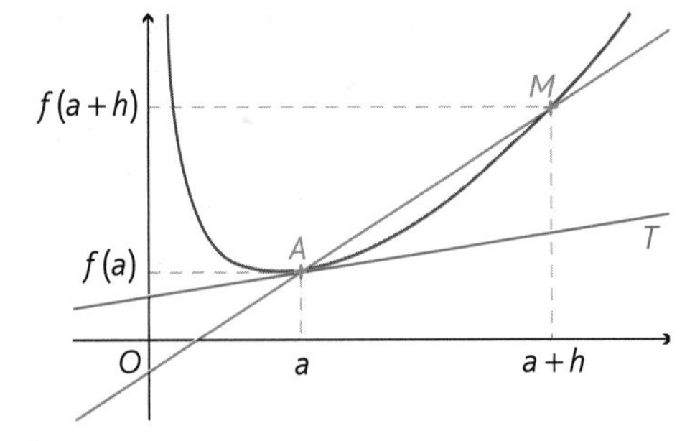

Le taux d'accroissement :

$$t(h) = \frac{f(a+h) - f(a)}{(a+h) - a} = \frac{f(a+h) - f(a)}{h}$$

est le coefficient directeur de la droite (AM).

Lorsque h tend vers 0, le point M se rapproche du point A, et la droite (AM) se rapproche de la tangente en A à la courbe $\mathscr{C}_f$.

Le coefficient directeur de cette tangente est donné par la valeur limite de $t(h)$ lorsque h tend vers 0, c'est-à-dire le nombre dérivé $f'(a)$.

→ définition et théorème

Ce théorème est démontré page 64.

Soit f une fonction dérivable en a et $A(a\,; f(a))$ le point d'abscisse a de la courbe $\mathscr{C}_f$. La **tangente** à la courbe $\mathscr{C}_f$ au point A est la droite passant par A de coefficient directeur $f'(a)$.

L'équation réduite de cette tangente est donnée par $y = f'(a)(x - a) + f(a)$.

■ Calculer le nombre dérivé d'une fonction en un point

→ Exercices 37 à 39

Soit f la fonction définie sur $\mathbb{R}$ par $f(x) = 1 - x^2$.
Démontrer que f est dérivable en $a = 2$ et calculer $f'(2)$.

→ solution

Soit h un réel non nul. $t(h) = \dfrac{f(2+h) - f(2)}{h} = \dfrac{[1-(2+h)^2] - (1-2^2)}{h} = \dfrac{(-h^2 - 4h - 3) - (-3)}{h}$.

Comme $h \neq 0$, on a $t(h) = \dfrac{-h^2 - 4h}{h} = \dfrac{h(-h-4)}{h} = -h - 4$.
L'expression $t(h)$ devient aussi proche que l'on veut de -4 lorsque h est suffisamment proche de 0.
Ceci se note $\lim\limits_{h \to 0} t(h) = -4$.
La fonction f est donc dérivable en $a = 2$ et $f'(2) = -4$.

Remarque
On peut aisément vérifier ce résultat à la calculatrice :

```
nbreDérivé(1-X²,
X,2)
                -4
```

■ Déterminer l'équation d'une tangente

→ Exercices 49 et 50

Soit g la fonction définie sur $]0\,;+\infty[$ par $g(x) = \dfrac{3}{x}$ et $\mathscr{C}$ sa courbe représentative dans un repère orthogonal. Démontrer que g est dérivable en $a = 1$; tracer la tangente à la courbe $\mathscr{C}$ au point d'abscisse 1, puis en donner une équation.

→ solution

Soit h un réel non nul, $t(h) = \dfrac{g(1+h) - g(1)}{h} = \dfrac{\dfrac{3}{1+h} - \dfrac{3}{1}}{h} = \dfrac{1}{h} \times \left(\dfrac{3}{1+h} - \dfrac{3(1+h)}{1+h}\right) = \dfrac{1}{h} \times \dfrac{-3h}{1+h} = \dfrac{-3}{1+h}$.

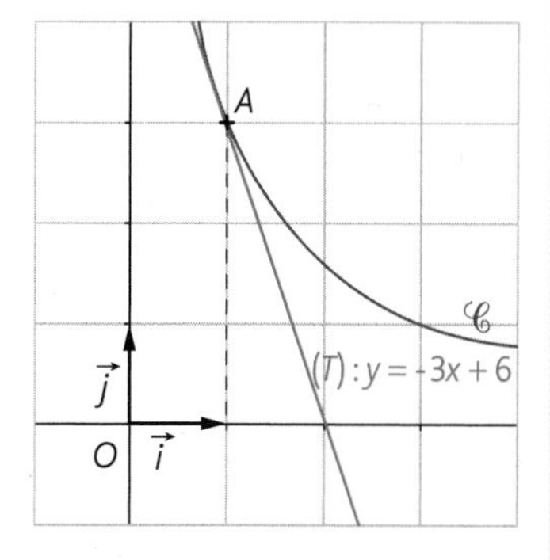

Lorsque h tend vers 0, $t(h)$ tend vers -3 : la fonction g est donc dérivable en $a = 1$ et $g'(1) = -3$.
Le coefficient directeur de la tangente (T) à la courbe $\mathscr{C}$ au point A est -3.
Cette tangente passe par A et par le point de coordonnées $(1+1\,;\,3-3)$, c'est-à-dire $(2\,;\,0)$, ce qui permet de la tracer.
L'équation cartésienne de la droite (T) est donnée par :

$$y = g'(1)(x-1) + g(1).$$

Or $g'(1) = -3$ et $g(1) = \dfrac{3}{1} = 3$, donc cette équation est $y = -3(x-1) + 3$, c'est-à-dire $y = -3x + 6$.

■ Lire graphiquement un nombre dérivé

→ Exercices 41 et 42

Soit h une fonction dont la représentation graphique est donnée ci-contre. La droite (T) est la tangente à la courbe au point d'abscisse 2. Déterminer graphiquement $h'(2)$.

→ solution

La courbe représentative de la fonction h admet une tangente au point P d'abscisse 2, donc h est dérivable en 2. $h'(2)$ est le coefficient directeur de cette tangente.

Ici, le coefficient directeur m de la droite (T) est $m = \dfrac{y_Q - y_P}{x_Q - x_P} = \dfrac{7-2}{6-2} = \dfrac{5}{4}$. On a donc $h'(2) = \dfrac{5}{4}$.

2. Fonction dérivée

2.1 Définition et exemples

définitions

- On dit que la fonction f est **dérivable sur I** lorsqu'elle est dérivable pour tout réel a de I.
- La fonction qui, à tout réel x de I, associe le nombre dérivé de f en x, est appelée **fonction dérivée** de f et est notée f'. On a ainsi $f' : x \mapsto f'(x)$.

Certains de ces résultats sont démontrés par ailleurs. Le résultat pour la fonction $x \mapsto x^n$ est admis.

Attention, la fonction racine carrée n'est pas dérivable en 0 (voir *À vous de jouer* page 64).

Fonctions dérivées des fonctions usuelles

Fonction f définie par $f(x) =$	Dérivable sur	$f'(x) =$
k, avec $k \in \mathbb{R}$	$\mathbb{R}$	0
x	$\mathbb{R}$	1
x^2	$\mathbb{R}$	$2x$
x^n, avec $n \in \mathbb{N}^*$	$\mathbb{R}$	nx^{n-1}
$\frac{1}{x}$	$]-\infty ; 0[\cup]0 ; +\infty[$	$-\frac{1}{x^2}$
$\sqrt{x}$	$]0 ; +\infty[$	$\frac{1}{2\sqrt{x}}$

2.2 Opérations sur les fonctions dérivées

Le recours à un logiciel de calcul formel pourra se révéler adapté lorsque le calcul de la dérivée est délicat (voir exercice 64 page 77).

La formule $(uv)' = u'v + uv'$ est démontrée page 63.

Soit u et v deux fonctions dérivables sur I dont les fonctions dérivées respectives sont u' et v'.

Fonction f	Dérivable sur	f'
ku avec $k \in \mathbb{R}$	I	ku'
$u + v$	I	$u' + v'$
uv	I	$u'v + uv'$
$\frac{1}{v}$	pour tout x de I tel que $v(x) \neq 0$	$-\frac{v'}{v^2}$
$\frac{u}{v}$	pour tout x de I tel que $v(x) \neq 0$	$\frac{u'v - uv'}{v^2}$

conséquences

Les fonctions **affines et polynômes** sont dérivables sur $\mathbb{R}$.
Les fonctions **homographiques** et **rationnelles** sont dérivables sur leur ensemble de définition.

Une fonction **rationnelle** est un quotient de polynômes.

Appliquer les formules du cours pour calculer une dérivée

→ Exercices 56 à 63

Dériver les fonctions suivantes, après avoir précisé sur quel ensemble elles sont dérivables :

a. **la fonction f définie sur $\mathbb{R}$ par $f(x) = -2x^3 + \frac{5}{2}x^2 - x - 12$;**

b. **la fonction g définie sur $\left]-\infty ; \frac{1}{2}\right[\cup \left]\frac{1}{2} ; +\infty\right[$ par $g(x) = \frac{5x}{4x-2}$;**

c. **la fonction h définie sur $\mathbb{R}_+$ par $h(x) = x\sqrt{x}$.**

solution

a. La fonction f est une fonction polynôme ; elle est donc dérivable sur $\mathbb{R}$.

La dérivée d'une somme de fonctions est la somme des dérivées de ces fonctions. Pour tout $x \in \mathbb{R}$:

- la dérivée de la fonction $x \mapsto -2x^3$ est $x \mapsto -2 \times 3x^2 = -6x^2$;
- la dérivée de la fonction $x \mapsto \frac{5}{2}x^2$ est $x \mapsto \frac{5}{2} \times 2x = 5x$;
- la dérivée de la fonction $x \mapsto -x$ est $x \mapsto -1$;
- la dérivée de la fonction constante $x \mapsto -12$ est $x \mapsto 0$.

On en déduit que, pour tout $x \in \mathbb{R}$, on a $f'(x) = -6x^2 + 5x - 1$.

b. La fonction g est une fonction homographique ; elle est donc dérivable sur son ensemble de définition. Elle est de la forme $\frac{u}{v}$, où $u(x) = 5x$ pour tout $x \in \mathbb{R}$ et $v(x) = 4x - 2$ pour tout $x \neq \frac{1}{2}$.

On a alors pour tout $x \neq \frac{1}{2}$: $g'(x) = \frac{u'(x)v(x) - u(x)v'(x)}{v(x)^2} = \frac{5(4x-2) - 5x \times 4}{(4x-2)^2} = \frac{-10}{(4x-2)^2}$.

c. La fonction h est le produit des deux fonctions u et v définies par $u(x) = x$ pour tout $x \in \mathbb{R}$ et $v(x) = \sqrt{x}$ pour tout $x \in \mathbb{R}_+$. D'une part, la fonction u est dérivable sur $\mathbb{R}$ et d'autre part, la fonction v est dérivable sur $]0 ; +\infty[$.

La fonction h est donc dérivable sur $]0 ; +\infty[$ et, pour tout $x > 0$, on a :

$$h'(x) = u'(x)v(x) + u(x)v'(x) = 1 \times \sqrt{x} + x \times \frac{1}{2\sqrt{x}} = \frac{3}{2}\sqrt{x} \text{ après simplification.}$$

Utiliser un logiciel de calcul formel

→ Exercice 64

Soit f la fonction définie sur $]1 ; +\infty[$ par $f(x) = \frac{x^2 - 5x}{1 - x}$. Utiliser un logiciel de calcul formel pour déterminer la dérivée de f.

solution

La fonction f est une fonction rationnelle, elle est donc dérivable sur son ensemble de définition.

La commande diff(f) permet de calculer la dérivée de la fonction f précédemment définie par la commande f:=...

La commande simplify(ans()) permet de simplifier l'expression obtenue au calcul précédent. On aurait pu combiner les deux commandes en simplify(diff(f)) pour obtenir directement ce résultat.

XCAS donne le dénominateur sous forme développée, ce que l'on ne recherche pas en général dans un calcul à la main.

```
1  f:=(x^2-5*x)/(1-x)
```

$$\frac{x^2-5\cdot x}{1-x}$$

```
2  diff(f)
```

$$\frac{2\cdot x-5}{1-x}+\frac{(x^2-5\cdot x)\cdot 1}{(1-x)^2}$$

```
3  simplify(ans())
```

$$\frac{-x^2+2\cdot x-5}{x^2-2\cdot x+1}$$

3. Fonction dérivée et variations

théorème

Soit f une fonction dérivable sur un intervalle I.

- Si f **est croissante** sur I, alors pour tout $x \in I$ on a $f'(x) \geqslant 0$.
- Si f **est décroissante** sur I, alors pour tout $x \in I$ on a $f'(x) \leqslant 0$.
- Si f **est constante** sur I, alors pour tout $x \in I$ on a $f'(x) = 0$.

Le théorème est démontré page 64.

On peut donner une interprétation graphique de ce théorème en disant que :

- Si f est croissante sur I alors, pour tout $x \in I$, le coefficient directeur de la tangente au point d'abscisse x est positif.
- Si f est décroissante sur I alors, pour tout $x \in I$, le coefficient directeur de la tangente au point d'abscisse x est négatif.

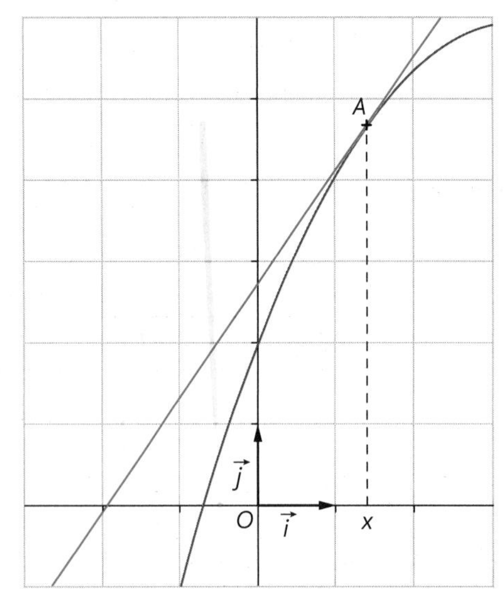

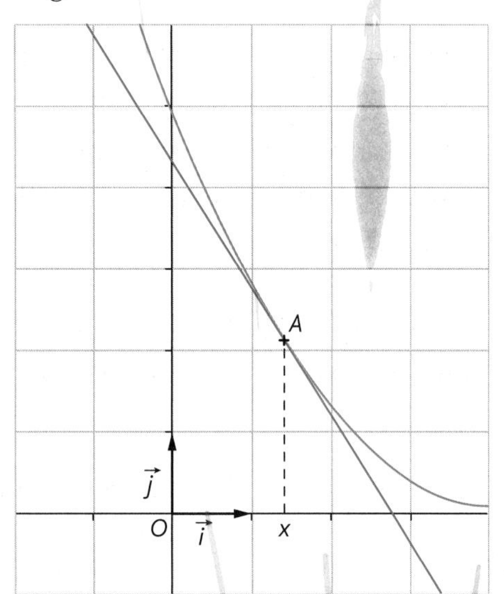

Se souvenir que, pour $x \in I$, $f'(x)$ est le coefficient directeur de la tangente à la courbe représentative de f au point d'abscisse x.

La réciproque est très utile lorsqu'il s'agit d'étudier les variations d'une fonction.

théorème réciproque (admis)

Soit f une fonction dérivable sur un intervalle I.

- Si pour tout $x \in I$ on a $f'(x) > 0$ (sauf en un nombre fini de points pour lesquels $f'(x) = 0$), alors f **est strictement croissante** sur I.
- Si pour tout $x \in I$ on a $f'(x) < 0$ (sauf en un nombre fini de points pour lesquels $f'(x) = 0$), alors f **est strictement décroissante** sur I.
- Si pour tout $x \in I$ on a $f'(x) = 0$, alors f **est constante** sur I.

Ainsi, connaître le signe de la dérivée, c'est connaître les variations de la fonction :

- sur les intervalles où la fonction dérivée f' est **négative** (éventuellement nulle en un nombre fini de points), la fonction f est strictement **décroissante** ;
- sur les intervalles où la fonction dérivée f' est **positive** (éventuellement nulle en un nombre fini de points), la fonction f est strictement **croissante**.

Remarque : Si la dérivée est un outil très efficace, dans certains cas d'autres moyens plus simples permettent d'étudier les variations d'une fonction.

Déterminer le signe de la dérivée à partir des variations de la fonction

→ Exercices 76 à 78

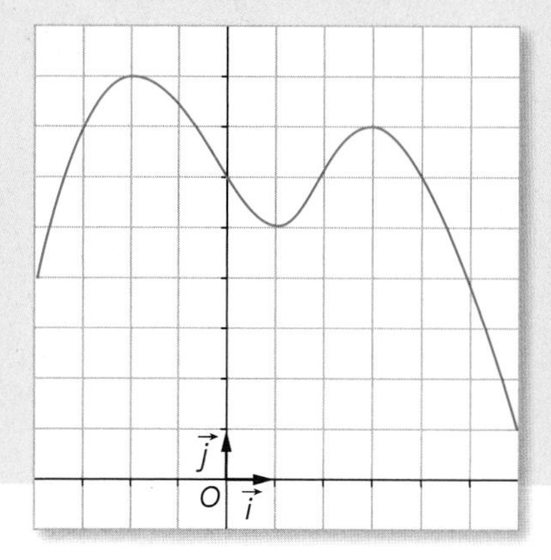

Soit f une fonction dérivable sur $\mathbb{R}$ dont la courbe représentative est donnée ci-contre.
Donner le signe de la fonction dérivée de f selon les valeurs de x.

solution

Sur les intervalles où la fonction f est croissante (resp. décroissante), la fonction dérivée est positive (resp. négative).

- La fonction f est strictement croissante sur $]-\infty\ ;-2]$; sa fonction dérivée f' est donc positive sur $]-\infty\ ;-2]$.
- La fonction f est strictement décroissante sur $[-2\ ;\ 1]$; sa dérivée f' est donc négative sur $[-2\ ;\ 1]$.
- La fonction f est strictement croissante sur $[1\ ;\ 3]$; sa dérivée f' est donc positive sur $[1\ ;\ 3]$.
- La fonction f est strictement décroissante sur $[3\ ;+\infty[$; sa dérivée f' est donc négative sur $[3\ ;+\infty[$.

On peut résumer ces résultats dans un tableau.

x	$-\infty$		-2		1		3		$+\infty$
$f(x)$		↗	8	↘	5	↗	7	↘	
$f'(x)$		+	0	−	0	+	0	−	

Déterminer les variations d'une fonction à partir du signe de sa dérivée

→ Exercices 80 et 81

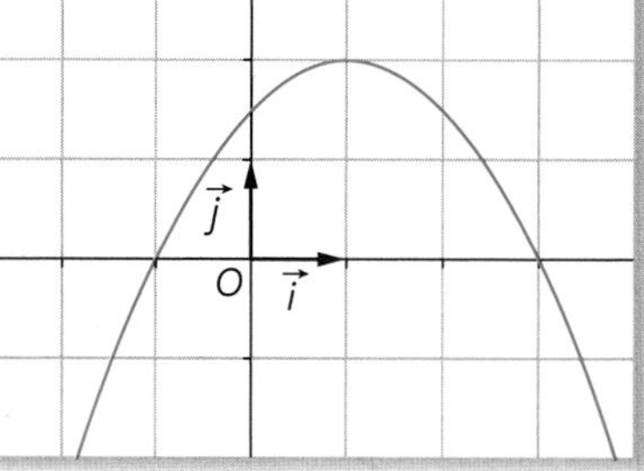

On donne ci-contre la courbe représentative de la dérivée d'une fonction f.
À la lecture de ce graphique, donner les variations de la fonction f sur $\mathbb{R}$.

solution

Sur les intervalles où la dérivée est positive (resp. négative), la fonction f est croissante (resp. décroissante).

- La dérivée est strictement négative sur $]-\infty\ ;-1[$, nulle en -1 : la fonction f est donc strictement décroissante sur $]-\infty\ ;-1]$.
- La dérivée est strictement positive sur $]-1\ ;\ 3[$, nulle en -1 et en 3 : la fonction f est donc strictement croissante sur $[-1\ ;\ 3]$.
- La dérivée est strictement négative sur $]3\ ;+\infty[$, nulle en 3 : la fonction f est donc strictement décroissante sur $[3\ ;+\infty[$.

On peut résumer ces résultats dans un tableau.

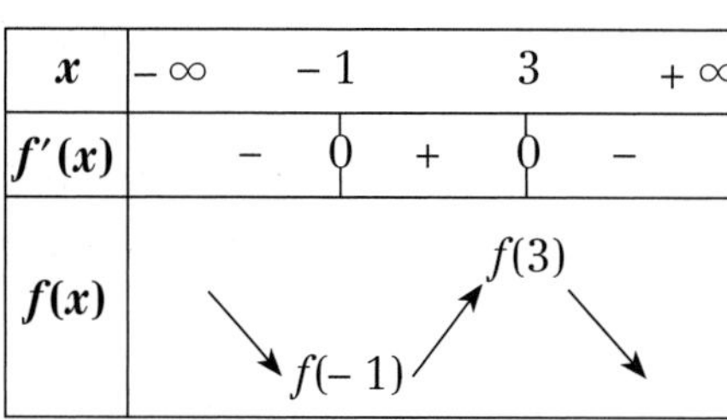

x	$-\infty$		-1		3		$+\infty$
$f'(x)$		−	0	+	0	−	
$f(x)$		↘	$f(-1)$	↗	$f(3)$	↘	

4. Fonction dérivée et extrema

Le mot *extremum* désigne soit un maximum, soit un minimum de la fonction.

définition

Soit f une fonction définie sur un intervalle I.
On dira que f admet un **maximum local** (resp. **minimum local**) en $x_0 \in I$ s'il existe un intervalle ouvert J inclus dans I et contenant x_0 tel que, pour tout $x \in J$, on ait $f(x) \leqslant f(x_0)$ (resp. $f(x) \geqslant f(x_0)$).

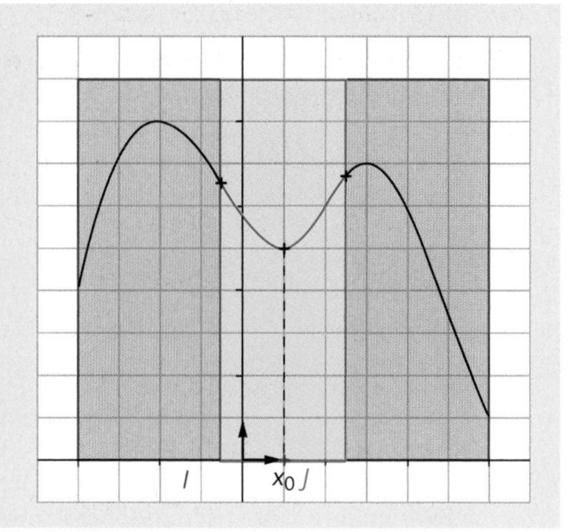

Ceci signifie que « localement », au voisinage de x_0, la fonction f ne prend que des valeurs inférieures (resp. supérieures) à $f(x_0)$.

définition

Par opposition, on dit que f admet un **maximum absolu** (resp. **minimum absolu**) en $x_0 \in I$ lorsque, **pour tout** $\boldsymbol{x \in I}$, on a $f(x) \leqslant f(x_0)$ (resp. $f(x) \geqslant f(x_0)$).

Exemple : sur l'intervalle $[-4 ; 6]$ la fonction représentée ci-dessus admet un minimum **local** en 1 (qui vaut 5) et un minimum **absolu** en 6 (qui vaut 1).

Ceci est une condition **nécessaire**, mais pas **suffisante**, pour que la fonction f admette un extremum en x_0 (voir le contre-exemple de la fonction cube page 62).

théorème

Soit f une fonction dérivable sur un intervalle I.
Si f admet un extremum local en $x_0 \in I$, alors on a $f'(x_0) = 0$.

conséquence

Si f est dérivable en x_0 et admet un extremum local en x_0, alors la courbe représentative de f admet une tangente horizontale au point d'abscisse x_0.

La réciproque du théorème précédent n'est pas vraie, il faut ajouter une hypothèse.

théorème

Soit f une fonction dérivable sur un intervalle ouvert I. Soit $x_0 \in I$.
Si $f'(x_0) = 0$ **et si $\boldsymbol{f'}$ change de signe en $\boldsymbol{x_0}$**,
alors f admet un extremum local en x_0.

La fonction f admet donc un extremum local en x_0 lorsque, au voisinage de x_0, la fonction dérivée présente un de ces deux tableaux de signes :

maximum local en x_0

x		x_0	
$f'(x)$	+	0	−

minimum local en x_0

x		x_0	
$f'(x)$	−	0	+

■ Déterminer les extrema d'une fonction (1)

→ Exercices 82 et 83

Soit f une fonction définie sur $\mathbb{R}$ par $f(x) = -x^2 + 4x + 5$. La fonction f admet-elle un extremum sur $\mathbb{R}$? Si oui, préciser la valeur de cet extremum et la valeur de x pour laquelle il est atteint.

solution

La fonction f est une fonction polynôme du second degré, donc dérivable sur $\mathbb{R}$.

D'après les formules du cours, pour tout $x \in \mathbb{R}$, on a $f'(x) = -2x + 4$.

La dérivée est une fonction affine. On détermine le signe de cette fonction sur $\mathbb{R}$:

- pour tout $x < 2$, on a $-2x + 4 > 0$, soit $f'(x) > 0$;
- pour $x = 2$, on a $f'(x) = -2 \times 2 + 4 = 0$;
- pour tout $x > 2$, on a $-2x + 4 < 0$, soit $f'(x) < 0$.

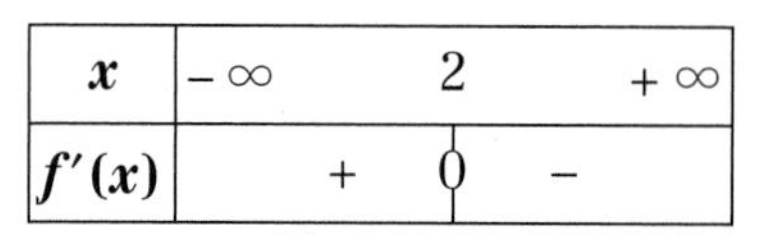

x	$-\infty$		2		$+\infty$
$f'(x)$		+	0	−	

On constate que $f'(2) = 0$ et que f' change de signe en 2.

La fonction f admet donc un minimum, atteint en $x = 2$, qui vaut $f(2) = -2^2 + 4 \times 2 + 5 = 9$.

C'est un minimum absolu sur $\mathbb{R}$ car, pour tout $x \in \mathbb{R}$, on peut démontrer que $f(x) \geqslant f(2)$.

Remarque
On aurait pu aussi utiliser les résultats établis sur les fonctions polynômes du second degré vues au chapitre 1.

■ Déterminer les extrema d'une fonction (2)

→ Exercices 28 et 29

On donne ci-contre la représentation graphique de la dérivée d'une fonction f définie sur $\mathbb{R}$.
La fonction f admet-elle des extrema sur $\mathbb{R}$?
Si oui, préciser les valeurs de x pour lesquelles ils sont atteints.

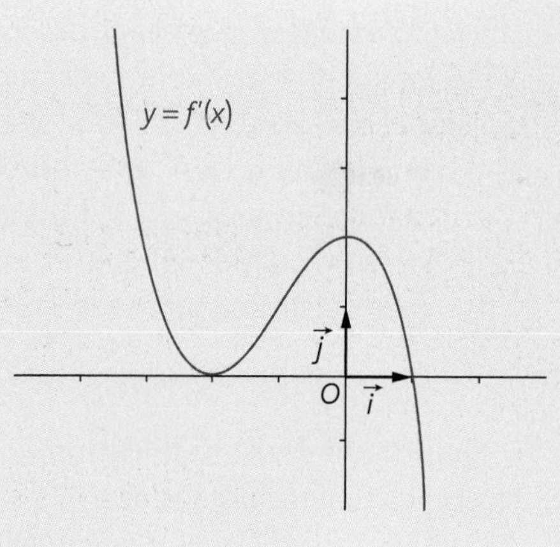

solution

On résout graphiquement l'équation $f'(x) = 0$: les solutions de cette équation sont -2 et 1.

Si la fonction f admet des extrema, ceux-ci sont donc à chercher parmi ces deux possibilités.

On dresse le tableau de signes de la fonction f' :

x	$-\infty$		-2		1		$+\infty$
$f'(x)$		+	0	+	0	−	

- f' s'annule en -2, mais sans changer de signe : elle reste positive. La fonction f est donc strictement croissante sur $]-\infty ; 1]$ et n'admet pas d'extremum en $x = -2$.
- En revanche f' s'annule en 1 en changeant de signe : la fonction f admet donc un extremum en $x = 1$. Cet extremum est un maximum absolu sur $\mathbb{R}$, car f est croissante sur $]-\infty ; 1]$, puis décroissante sur $[1 ; +\infty[$. On a donc, pour tout $x \in \mathbb{R}$, $f(x) \leqslant f(1)$.

Remarque : Nous n'avons aucun moyen de calculer $f(1)$.

Implication et réciproque

Implication

La proposition « $A \Rightarrow B$ » est une **implication**. Elle signifie que **si** A est vraie, **alors** B est vraie. On l'écrit souvent sous la forme « **Si** A**, alors** B ».

A représente les **hypothèses**, B la **conclusion** et le symbole $\Rightarrow$ signifie ***entraîne, implique***.

Une implication peut être vraie ou fausse.

• Démontrer qu'une implication est vraie

Pour démontrer que « $A \Rightarrow B$ » est vraie, on suppose que A est vraie et on montre qu'alors B est vraie.

Dans la pratique, on utilise souvent des implications successives : $A \Rightarrow A1 \Rightarrow A2 \Rightarrow \cdots \Rightarrow B$.

• Exemple

Pour démontrer que « $k > 0$ et u est une fonction croissante sur $I \Rightarrow$ la fonction ku est croissante sur I », on peut procéder ainsi :

1. on suppose que k est un réel positif et u une fonction croissante sur I ;
2. cela implique que $u'(x) \geqslant 0$ pour tout $x \in I$;
3. ce qui implique (puisque k est supposé strictement positif), que $ku'(x) \geqslant 0$ pour tout $x \in I$;
4. enfin, cette dernière affirmation implique que la fonction ku est croissante sur I (car $(ku)' = ku'$).

• Démontrer qu'une implication est fausse

Pour démontrer que « $A \Rightarrow B$ » est fausse, on montre qu'on peut avoir à la fois A vraie et B fausse en exhibant **un contre-exemple.**

• Exemple

On veut démontrer que l'implication :

« Les fonctions u et v sont croissantes sur $I \Rightarrow$ la fonction produit uv est croissante sur I » est fausse. Pour cela, il suffit d'exhiber un contre-exemple :

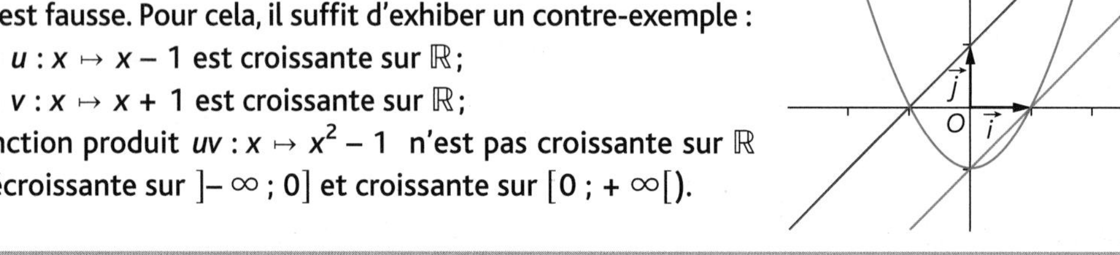

la fonction $u : x \mapsto x - 1$ est croissante sur $\mathbb{R}$;
la fonction $v : x \mapsto x + 1$ est croissante sur $\mathbb{R}$;
mais la fonction produit $uv : x \mapsto x^2 - 1$ n'est pas croissante sur $\mathbb{R}$ (elle est décroissante sur $]-\infty ; 0]$ et croissante sur $[0 ; +\infty[$).

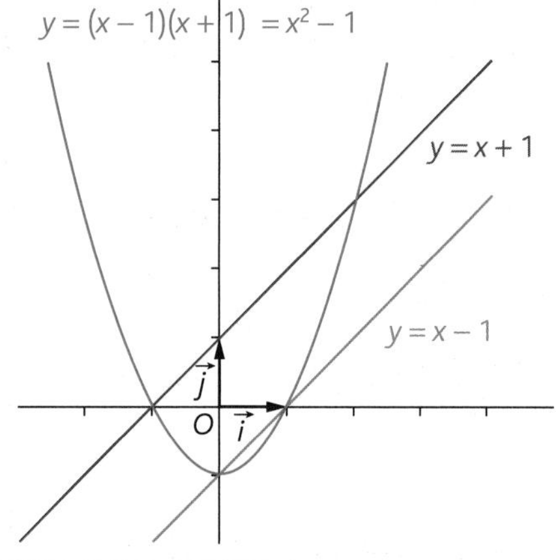

• Réciproque d'une implication

La proposition réciproque de « $A \Rightarrow B$ » est « $B \Rightarrow A$ ».

Attention : La réciproque d'une implication **vraie** peut être **vraie ou fausse.**

• Exemple

Soit f une fonction dérivable sur un intervalle ouvert I et soit $x_0 \in I$.

L'implication « f admet un extremum local en $x_0 \Rightarrow f'(x_0) = 0$ » est vraie.

Sa réciproque « $f'(x_0) = 0 \Rightarrow f$ admet un extremum local en x_0 » est fausse.

Le **contre-exemple** suivant en est une illustration :

La fonction cube $x \mapsto x^3$ est strictement croissante sur $\mathbb{R}$ et n'admet aucun extremum local sur $\mathbb{R}$. Pourtant, on a bien $f'(0) = 3 \times 0^2 = 0$.

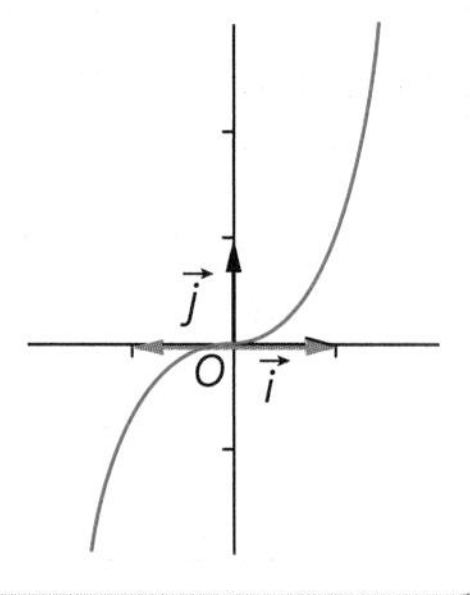

À vous de jouer

Les implications suivantes sont-elles vraies ou fausses ?

Soit f une fonction dérivable sur un intervalle I.

1. f est strictement croissante sur $I \Rightarrow f'$ est strictement positive sur I.

2. f est croissante et strictement positive sur $I \Rightarrow \dfrac{1}{f}$ est décroissante sur I.

Démonstration commentée

Propriété

Si u et v sont deux fonctions dérivables sur un intervalle I, alors la fonction $f = uv$ est dérivable sur I et on a $f' = u'v + uv'$.

Démonstration

1 Soit $a \in I$ et h un réel non nul tel que $a + h \in I$.

Calculons le taux d'accroissement de la fonction f entre a et $a + h$:

$$t(h) = \frac{f(a+h) - f(a)}{h} = \frac{u(a+h)\,v(a+h) - u(a)v(a)}{h}.$$

> **1** On calcule le taux d'accroissement de f pour utiliser la définition de dérivabilité d'une fonction f en un point $a \in I$ (voir page 54).

2 On peut écrire :

$$t(h) = \frac{u(a+h)v(a+h) - u(a)v(a+h) + u(a)v(a+h) - u(a)v(a)}{h}.$$

> **2** On utilise ici une astuce de calcul : comme on a : $-u(a)v(a+h) + u(a)v(a+h) = 0$ on peut ajouter ces deux termes au numérateur (en rouge) sans en changer la valeur.

3 On factorise partiellement le numérateur :

$$t(h) = \frac{[u(a+h) - u(a)]v(a+h) + u(a)[v(a+h) - v(a)]}{h}.$$

On « coupe » la fraction :

$$t(h) = \frac{u(a+h) - u(a)}{h}\,v(a+h) + u(a)\,\frac{v(a+h) - v(a)}{h}.$$

> **3** La factorisation vise à faire apparaître les quotients $\frac{u(a+h) - u(a)}{h}$ et $\frac{v(a+h) - v(a)}{h}$ qui vont être utiles.

4 On sait que u est dérivable sur I, donc :

$$\lim_{h \to 0} \frac{u(a+h) - u(a)}{h} = u'(a).$$

De même, v est dérivable sur I, donc :

$$\lim_{h \to 0} \frac{v(a+h) - v(a)}{h} = v'(a).$$

> **4** On utilise l'hypothèse de départ sur la dérivabilité des fonctions u et v.

5 De plus, lorsque h tend vers 0, $v(a+h)$ se rapproche de $v(a)$, ce qui s'écrit $\lim_{h \to 0} v(a+h) = v(a)$.

On en déduit que $\lim_{h \to 0} t(h) = u'(a)v(a) + u(a)v'(a)$.

Ainsi on a démontré que $f = uv$ est dérivable sur I, et que, pour tout $a \in I$, on a $f'(a) = (uv)'(a) = u'(a)v(a) + u(a)v'(a)$.

Autrement dit, $(uv)' = u'v + uv'$.

> **5** Ce résultat est ici admis ; c'est la « régularité » (en Terminale, on parlera de « continuité ») de la fonction v qui nous assure de ce résultat.

À vous de jouer

Sur le même modèle, démontrer les propriétés suivantes.

1. Soit u et v deux fonctions dérivables sur un intervalle I.
La fonction $g = u + v$ est dérivable sur I et on a $g' = (u + v)' = u' + v'$.

2. Soit v une fonction dérivable sur un intervalle I. Supposons que v ne s'annule pas sur l'intervalle I.
Alors la fonction $h = \frac{1}{v}$ est dérivable sur I et on a $h' = \left(\frac{1}{v}\right)' = \frac{-v'}{v^2}$.

Remarque : pas besoin d'astuce de calcul ici.

Démonstration

Propriété

Soit f une fonction dérivable en a et $A(a\ ;\ f(a))$ le point d'abscisse a de la courbe $\mathscr{C}_f$.
La tangente à la courbe $\mathscr{C}_f$ au point A admet pour équation réduite $y = f'(a)(x - a) + f(a)$.

Démonstration

La fonction f est dérivable en A ; on sait donc que le coefficient directeur de la tangente au point A est $f'(a)$.
Cette tangente admet donc une équation de la forme $y = f'(a)x + b$ $\quad (E)$
où l'ordonnée à l'origine b est un nombre réel à déterminer.
Or cette tangente passe par le point $A\ (a\ ;f(a))$; les coordonnées de A vérifient donc l'équation de la tangente : $\quad f(a) = f'(a) \times a + b$

soit $\quad b = f(a) - af'(a)$.

On remplace dans l'équation (E) et on obtient l'équation réduite de la tangente à la courbe $\mathscr{C}_f$ au point A : $\quad y = f'(a)x + (f(a) - af'(a))$

soit, en factorisant par $f'(a)$: $\quad y = f'(a)(x - a) + f(a)$.

Propriété

Soit f une fonction dérivable sur un intervalle I.
Si f est croissante sur I, alors $f'(x) \geqslant 0$ pour tout $x \in I$.

Démonstration

Le raisonnement par disjonction des cas est expliqué page 360.

Soit $x_0 \in I$ et h un nombre réel non nul tel que $x_0 + h \in I$.
On raisonne par disjonction de cas.

- **Si $h > 0$**, alors $x_0 + h > x_0$.
Comme f est supposée croissante sur I, on a $f(x_0 + h) \geqslant f(x_0)$; soit $f(x_0 + h) - f(x_0) \geqslant 0$.
Ainsi, le quotient $t(h) = \dfrac{f(x_0 + h) - f(x_0)}{h}$ est positif (comme quotient de deux nombres positifs).
- **Si $h < 0$**, alors $x_0 + h < x_0$.
Comme f est supposée croissante sur I, on a $f(x_0 + h) \leqslant f(x_0)$; soit $f(x_0 + h) - f(x_0) \leqslant 0$.
Ainsi, le quotient $t(h) = \dfrac{f(x_0 + h) - f(x_0)}{h}$ est positif (comme quotient de deux nombres négatifs).
- On a donc $t(h) \geqslant 0$ pour tout $h \neq 0$. Comme f est dérivable, $\lim\limits_{h \to 0} t(h)$ existe et on a donc, par passage à la limite, $f'(x_0) \geqslant 0$.

On a démontré que, pour tout $x_0 \in I$, on a bien $f'(x_0) \geqslant 0$.

À vous de jouer

Démontrer que la fonction racine carrée est dérivable sur $]0\ ;+\infty[$ mais pas en 0 et que la dérivée de $x \mapsto \sqrt{x}$ est la fonction $x \mapsto \dfrac{1}{2\sqrt{x}}$.

Indication : utiliser la définition du nombre dérivé d'une fonction en un point.

1. Utiliser une méthode adaptée pour étudier les variations d'une fonction

1. **Soit u et v deux fonctions dérivables et croissantes (resp. décroissantes) sur un intervalle I. Démontrer que la fonction somme $u + v$ est également croissante (resp. décroissante) sur I.**

2. **Étudier le sens de variation de la fonction f sur $]0\,;+\infty[$ dans chacun des cas suivants, en choisissant la méthode la plus appropriée :**

a. $f : x \mapsto \dfrac{2}{x} - 2x - 3$; b. $f : x \mapsto \dfrac{2}{x} + 2x - 3$.

solution

1. Soit u' et v' les fonctions dérivées respectives des fonctions u et v. Supposons u et v croissantes sur I. Les fonctions dérivées u' et v' sont donc positives sur I : pour tout $x \in I$, on a $u'(x) \geqslant 0$ et $v'(x) \geqslant 0$.
Or la dérivée de la somme $u + v$ est la somme des dérivées : $(u + v)' = u' + v'$.
Comme, pour tout $x \in I$, on a $u'(x) \geqslant 0$ et $v'(x) \geqslant 0$ et que la somme de deux nombres positifs est positive, on peut affirmer que pour tout $x \in I$, on a $u'(x) + v'(x) \geqslant 0$.
On en déduit que la fonction $u + v$ est croissante sur I.

> REMARQUE
> On démontre de la même façon que, si u et v sont décroissantes sur I, alors $u + v$ est décroissante sur I.

2. a. La fonction f est la somme des deux fonctions :

$$u : x \mapsto \frac{2}{x} \text{ et } v : x \mapsto -2x - 3.$$

- On sait que la fonction inverse $x \mapsto \dfrac{1}{x}$ est décroissante sur $]0\,;+\infty[$. Comme $2 > 0$, on peut affirmer que la fonction $u : x \mapsto \dfrac{2}{x}$ est également décroissante sur $]0\,;+\infty[$.
- Par ailleurs, la fonction v est une fonction affine : $v(x) = -2x - 3$ de coefficient négatif -2. La fonction v est donc décroissante sur $]0\,;+\infty[$.
- D'après le résultat démontré dans la question 1., la fonction f étant la somme de deux fonctions décroissantes sur $]0\,;+\infty[$: on en déduit qu'elle est **décroissante sur $]0\,;+\infty[$**.

> MÉTHODE
> Il existe plusieurs moyens pour étudier les variations d'une fonction. Malgré son efficacité, la dérivation n'est pas toujours l'outil le plus facile à utiliser.

b. Calculons la dérivée de f et étudions son signe pour connaître ses variations sur I.
Pour tout $x > 0$, $f'(x) = u'(x) + v'(x)$, soit :

$$f'(x) = -\frac{2}{x^2} + 2 = \frac{-2 + 2x^2}{x^2} = \frac{2(x+1)(x-1)}{x^2}.$$

Pour $x > 0$, on a $x^2 > 0$ et $2(x+1) > 0$.
Le signe de $f'(x)$ sur $]0\,;+\infty[$ est donc le même que celui de l'expression $x - 1$. Par conséquent, la fonction f est **décroissante sur $]0\,;1]$ et croissante sur $[1\,;+\infty[$**.

> REMARQUE
> La fonction f est la somme des deux fonctions $u : x \mapsto \dfrac{2}{x}$ et $v : x \mapsto 2x - 3$.
> La fonction u est décroissante sur $]0\,;+\infty[$ et la fonction affine v, de coefficient positif 2, est croissante sur $]0\,;+\infty[$.
> On ne peut donc pas appliquer le résultat démontré dans la question précédente.

Entraînez-vous

Déterminer le sens de variation de la fonction f sur l'intervalle I en utilisant la méthode la plus adaptée.

a. $f(x) = x - \dfrac{1}{\sqrt{x}}$ sur $I =]0\,;+\infty[$. b. $f(x) = x^3 - 12x$ sur $I = \mathbb{R}$.

→ **On trouve**

a. f est croissante sur $]0\,;+\infty[$.

b. f est croissante sur $]-\infty\,;-2]$ et sur $[2\,;+\infty[$, mais décroissante sur $[-2\,;2]$.

2. Étudier une fonction polynôme de degré 3

Dresser le tableau des variations de la fonction f définie sur $\mathbb{R}$ par $f(x) = \frac{1}{8}(x^3 - 3x^2 - 9x + 3)$.

Déterminer l'équation de la tangente (T_1) à la courbe au point d'abscisse – 3, puis de la tangente (T_2) au point de la courbe d'abscisse 1. Dans un repère orthonormé *(unité : 2 cm)*, tracer soigneusement les droites (T_1) et (T_2) ainsi que la courbe représentative de f.

solution

Étape 1. **Dérivabilité et calcul de la dérivée**

La fonction f est une fonction polynôme de degré 3, elle est donc dérivable pour tout x dans $\mathbb{R}$ et on a $f'(x) = \frac{1}{8}(3x^2 - 3 \times 2x - 9) = \frac{1}{8}(3x^2 - 6x - 9) = \frac{3}{8}(x^2 - 2x - 3)$.

Étape 2. **Signe de la dérivée et variations de la fonction**

$f'(x)$ est du même signe que le trinôme $x^2 - 2x - 3$ dont le discriminant est :

$$\Delta = (-2)^2 - 4 \times 1 \times (-3) = 16.$$

Ce trinôme admet donc deux racines distinctes : $x_1 = \frac{2-4}{2} = -1$ et $x_2 = \frac{2+4}{2} = 3$.

Comme le coefficient du terme en x^2 est positif, on peut affirmer que la fonction dérivée f′ est positive sur $]-\infty\,;-1] \cup [3\,;+\infty[$ et négative sur $[-1\,;3]$.

La fonction f est donc croissante sur $]-\infty\,;-1]$, décroissante sur $[-1\,;3]$, puis croissante sur $[3\,;+\infty[$.

Étape 3. **Extrema locaux de f et tableau de variations**

On a un maximum local en $x_1 = -1$ (car la dérivée s'annule en changeant de signe) qui vaut $f(-1) = 1$ et un minimum local en $x_2 = 3$ qui vaut $f(3) = -3$.

Le tableau de variations de la fonction f est donné ci-contre.

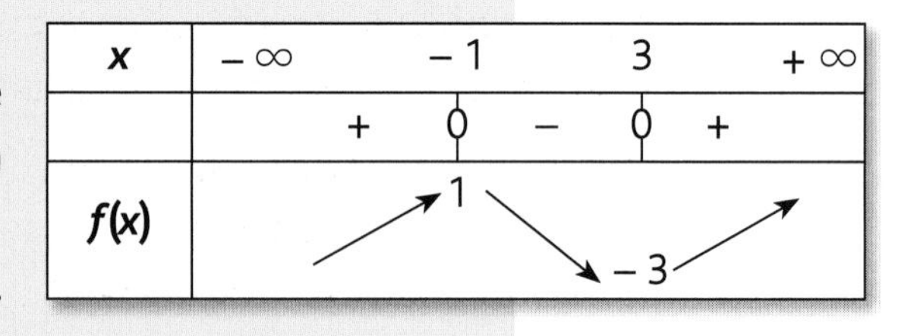

x	$-\infty$		-1		3		$+\infty$
		+	0	–	0	+	
$f(x)$		↗	1	↘	-3	↗	

Étape 4. **Équations des deux tangentes**

(T_1) a pour équation $y = f'(-3)(x - (-3)) + f(-3) = \frac{9}{2}(x + 3) + (-3)$,

ou encore, sous forme réduite : $y = \frac{9}{2}x + \frac{21}{2}$.

De même, on démontre que (T_2) admet pour équation réduite $y = -\frac{3}{2}x + \frac{1}{2}$.

Étape 5. **Tracés des tangentes et de la représentation graphique de la fonction f**

- La tangente (T_1) passe par le point A de coordonnées $(-3\,; f(-3))$, c'est-à-dire $(-3\,;-3)$. Elle passe également par le point de coordonnées $(-1\,; 6)$: en effet, si on remplace x par -1 dans l'équation de (T_1), il vient $y = \frac{9}{2} \times (-1) + \frac{21}{2} = \frac{12}{2} = 6$.
  Cette tangente permet de préciser le tracé de la courbe au voisinage du point A.
- La tangente (T_2) passe par le point B de coordonnées $(1\,; f(1))$, c'est-à-dire $(1\,;-1)$, et par le point de coordonnées $(-1\,; 2)$.
- La fonction admet des extrema locaux en $x_1 = -1$ et en $x_2 = 3$.
  La courbe représentative de f admet donc une tangente horizontale en chacun de ces deux points.
- Ceci nous permet de tracer soigneusement la courbe représentative de la fonction f.

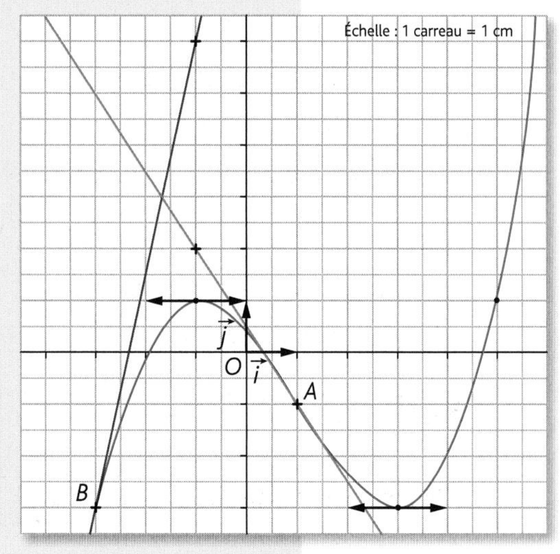

3. Étudier une fonction rationnelle et démontrer une inégalité

Soit a un nombre réel strictement positif.

Soit g_a la fonction rationnelle définie sur $]0\ ;+\infty[$ par $g_a(x) = \frac{1}{2}\left(x + \frac{a}{x}\right)$.

On veut démontrer que, pour tout $x > 0$, on a $g_a(x) \geqslant \sqrt{a}$.

1. **À l'aide d'un logiciel de géométrie dynamique, afficher pour plusieurs valeurs de a, la courbe représentative de la fonction g_a afin de constater l'inégalité à prouver.**
2. **Étudier les variations de la fonction g_a sur $]0\ ;+\infty[$, préciser son minimum et conclure.**

solution

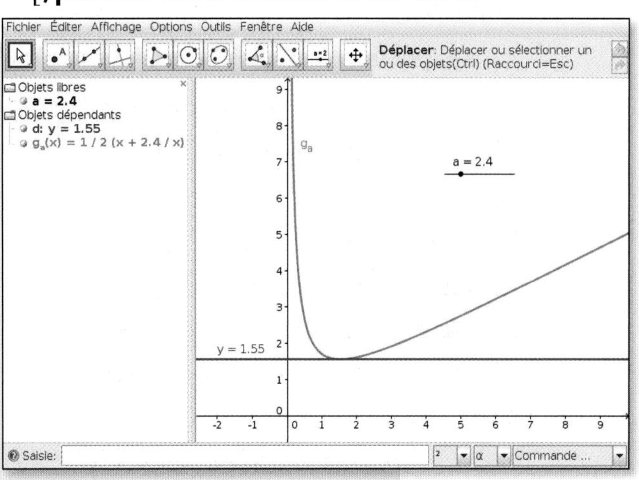

1. **Avec *Geogebra***

Ouvrir une nouvelle figure *Geogebra*.

Créer un curseur a compris entre 0,1 et 10.

Créer, dans la zone de saisie, la fonction g_a :

```
Saisie: g_a(x)=1/2*(x+a/x)
```

puis la droite (d) d'équation $y = \sqrt{a}$.

Faire varier la valeur du curseur a. On constate ainsi que pour tout $a > 0$, la courbe représentative de g_a est toujours située au-dessus de la droite (d), ce qui se traduit par $g_a(x) \geqslant \sqrt{a}$ pour tout $x > 0$.

2. **Étude des variations de g_a sur $]0\ ;+\infty[$**

Pour tout $a > 0$, la fonction g_a est une fonction rationnelle dont le dénominateur s'annule en 0. Cette fonction est donc dérivable sur $]0\ ;+\infty[$ et on a, pour tout $x > 0$: $g'_a(x) = \frac{1}{2}\left(1 - \frac{a}{x^2}\right) = \frac{x^2 - a}{2x^2}$.

> **MÉTHODE**
> Pour établir une inégalité, on peut étudier les variations et déterminer les extrema d'une fonction bien choisie sur un intervalle donné.

Pour $x > 0$, on a $2x^2 > 0$; cette fonction dérivée est donc du signe de $x^2 - a$.

Or, sur $]0\ ;+\infty[$, on a :

- $x^2 - a > 0$ pour $x > \sqrt{a}$;
- $x^2 - a < 0$ pour $x < \sqrt{a}$;
- $x^2 - a = 0$ pour $x = \sqrt{a}$.

x	0	$\sqrt{a}$	$+\infty$
$g_a(x)$	$-$	0	$+$
$g'_a(x)$	↘	$g_a(\sqrt{a}) = \sqrt{a}$	↗

On obtient le tableau des variations de g_a sur $]0\ ;+\infty[$ (voir ci-dessus).

On constate que, pour tout $a > 0$, la fonction g_a atteint un minimum en $x = \sqrt{a}$ sur $]0\ ;+\infty[$ et que ce minimum vaut :

$$g_a(\sqrt{a}) = \frac{1}{2}\left(\sqrt{a} + \frac{a}{\sqrt{a}}\right) = \frac{1}{2}(2\sqrt{a}) = \sqrt{a}.$$

On en déduit que, pour tous $a > 0$ et $x > 0$, on a $g_a(x) \geqslant \sqrt{a}$ et que l'égalité est réalisée pour $x = \sqrt{a}$.

Entraînez-vous

Démontrer que, pour tout $x > \frac{2}{3}$, on a $\frac{x^3}{3x-2} \geqslant 1$.

→ Indice

Poser $f(x) = \frac{x^3}{3x-2}$ et étudier les variations de f sur $\left]\frac{2}{3}\ ;+\infty\right[$.

4. Déterminer l'expression d'une fonction

Soit f une fonction définie sur $\mathbb{R}$ par $f(x) = ax^3 + bx + c$ où a, b et c sont trois nombres à déterminer.
On a représenté ci-contre une partie de la courbe représentative de f, ainsi que ses tangentes aux points A et B.
Utiliser les informations disponibles sur ce graphique pour déterminer l'expression de la fonction f.

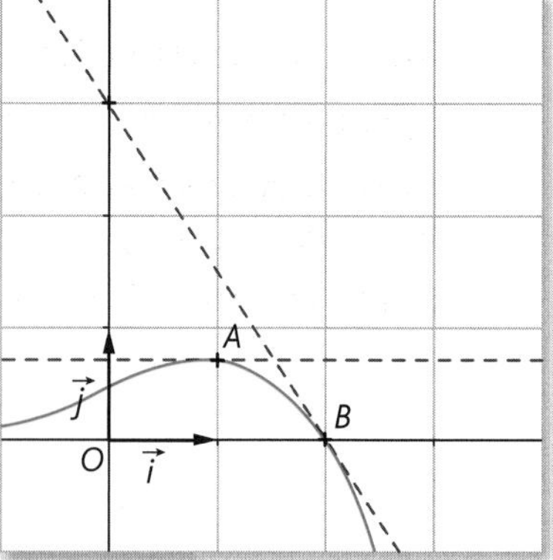

solution

On exploite les informations données par ce graphique.

- Le point B de coordonnées $(2 ; 0)$ appartient à la courbe, on a donc $f(2) = 0$.
  En remplaçant x par 2 dans l'expression de f, on obtient $\mathbf{8a + 2b + c = 0}$.
- La tangente au point B passe par les points de coordonnées $(2 ; 0)$ et $(0 ; 3)$.
  Son coefficient directeur est donc égal à $\dfrac{3-0}{0-2} = -\dfrac{3}{2}$.
  Or le coefficient directeur de cette tangente est $f'(2)$. Donc $f'(2) = -\dfrac{3}{2}$.
  Pour tout $x \in \mathbb{R}$, $f'(x) = 3ax^2 + b$. En remplaçant x par 2 dans l'expression de f' on obtient : $\mathbf{12a + b = -\dfrac{3}{2}}$.
- La tangente au point A est horizontale, son coefficient directeur est donc nul.
  Or le coefficient directeur de cette tangente est $f'(1)$. On a donc $f'(1) = 0$.
  Soit, en remplaçant x par 1 dans l'expression de f', $\mathbf{3a + b = 0}$.

→ Les nombres a, b et c vérifient donc simultanément ces trois équations ; ils sont solutions du système $(\mathcal{S})$:

$$(\mathcal{S})\begin{cases} 8a + 2b + c = 0 \\ 12a + b = -\dfrac{3}{2} \\ 3a + b = 0 \end{cases}.$$

On peut résoudre ce système à la main en commençant, par exemple, par résoudre le sous-système linéaire à deux équations et deux inconnues $\begin{cases} 12a + b = -\dfrac{3}{2} \\ 3a + b = 0 \end{cases}$.

Mais il est également possible de faire appel à un logiciel de calcul formel ; on utilise pour cela la commande linsolve([équation1,équation2,équation3],[a,b,c]) (ou son équivalent francisé resoudre_systeme_lineaire) dans *XCAS*.

On en conclut donc que $a = -\dfrac{1}{6}$, $b = \dfrac{1}{2}$ et $c = \dfrac{1}{3}$.

Ainsi, pour tout $x \in \mathbb{R}$, on a $f(x) = -\dfrac{1}{6}x^3 + \dfrac{1}{2}x + \dfrac{1}{3}$.

```
1 linsolve([8*a+2*b+c=0, 12*a+b=-3/2, 3*a+b=0], [a,b,c])
```

$$\left[\frac{-1}{6}, \frac{1}{2}, \frac{1}{3}\right]$$

Entraînez-vous

Soit g une fonction trinôme du second degré définie, pour tout $x \in \mathbb{R}$, par $g(x) = ax^2 + bx + c$.

On sait que $g(-1) = 2$, $g'(-1) - \frac{4}{3}$ et $g(2) = 0$.

Déterminer les valeurs des trois réels a, b et c.

→ **On trouve**

$a = \frac{2}{9}$, $b = -\frac{8}{9}$ et $c = \frac{8}{9}$.

5. Dresser le portrait-robot d'une fonction

Soit f une fonction définie et dérivable sur $\mathbb{R}$ telle que :

- **f est monotone sur chacun des intervalles $]-\infty ; -3]$, $[-3 ; 2]$ et $[2 ; +\infty[$;**
- **les fonctions f et f' vérifient les conditions ci-contre.**

Tracer, dans un repère orthonormé, une représentation graphique possible de la fonction f.

x	-7	-3	0	3	5
$f(x)$	-6	1	-2	-3	0
$f'(x)$	4	0	-1	0	3

solution

- **Variations de f**

La fonction f est supposée monotone sur $]-\infty ; -3]$. Sa fonction dérivée f' est donc de signe constant sur $]-\infty ; -3]$. Or on sait que $f'(-7) = 4$, qui est positif ; on en déduit que f' est positive sur $]-\infty ; -3]$.

La fonction f est donc croissante sur $]-\infty ; -3]$.

De la même manière, on démontre que :

f est décroissante sur $[-3 ; 2]$ et croissante sur $[2 ; +\infty[$.

- **Construction du premier point et de la tangente à la courbe en ce point**

$f(-7) = -6$, donc la courbe représentative de f passe par le point $A(-7 ; -6)$.

$f'(-7) = 4$, donc la tangente à la courbe au point A a pour coefficient directeur 4.

Ces deux informations nous permettent de placer le point A et de tracer la tangente (T_A) dans le repère.

- **Construction du second point et de la tangente à la courbe en ce point**

$f(-3) = 1$, donc la courbe représentative de f passe par le point $B(-3 ; 1)$.

$f'(-3) = 0$: la courbe admet au point B une tangente horizontale.

Ces deux informations nous permettent de placer le point B et de tracer la tangente (T_B) dans le repère.

> REMARQUE
> La fonction f admet un maximum local en ce point.

- **Construction des trois autres points et des tangentes à la courbe en ces points**

On procède de même pour les trois autres points : $C(0 ; -2)$, $D(3 ; -3)$ et $E(5 ; 0)$. La tangente (T_C) au point C a pour coefficient directeur -1, la tangente (T_D) est horizontale et la tangente (T_E) a pour coefficient directeur 3.

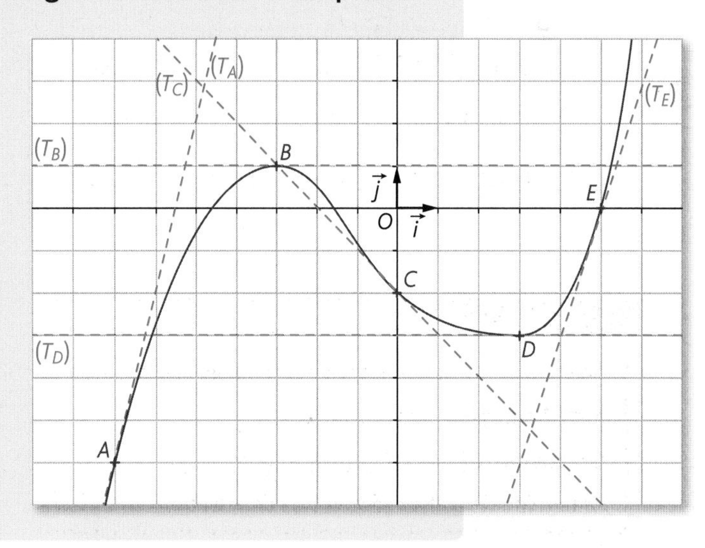

- **Construction d'une représentation graphique possible de la fonction f**

On trace une courbe passant par les cinq points A, B, C, D et E en prenant bien soin de respecter la direction donnée par les tangentes.

exercices résolus

6. Obtenir un encadrement grâce à l'étude des variations

Démontrer que, pour tout réel $x \in [0 ; 2]$, on a $-\frac{1}{2} \leqslant \frac{x^3 - 2x^2}{x^2 + 1} \leqslant 0$.

solution

Soit f la fonction définie sur $\mathbb{R}$ par $f(x) = \frac{x^3 - 2x^2}{x^2 + 1}$.

Étape 1. **Dérivabilité de la fonction f et calcul de la dérivée**

f est une fonction rationnelle, elle est donc dérivable sur son ensemble de définition. Le dénominateur ne s'annule jamais car, pour tout $x \in \mathbb{R}$, on a $x^2 + 1 > 0$.

L'ensemble de définition de f est donc $\mathbb{R}$.

Utilisons le logiciel de calcul formel *XCAS* pour calculer la dérivée de la fonction f :

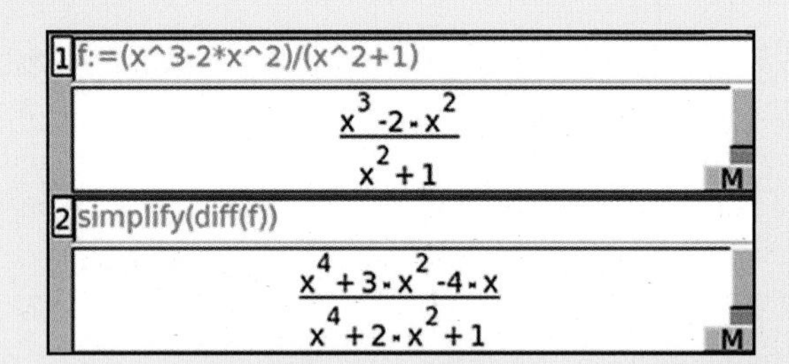

MÉTHODE

Pour établir une inégalité ou un encadrement, on peut :
- étudier les variations d'une fonction bien choisie sur un intervalle I donné ;
- déterminer les extrema de cette fonction sur l'intervalle I ;
- utiliser la définition d'un extremum pour en tirer l'inégalité ou l'encadrement recherché.

Étape 2. **Étude du signe de la dérivée, variations, extrema**

On peut également, grâce à *XCAS*, déterminer le signe de cette dérivée et les points où elle s'annule, en résolvant les équations et inéquations suivantes :

```
3 solve(diff(f)=0)
      [0, 1 ]
4 solve(diff(f)>0)
      [x<0, x>1 ]
5 solve(diff(f)<0)
      [(x>0) && (x<1) ]
```

Ceci permet de dresser le tableau des variations de la fonction f sur $\mathbb{R}$:

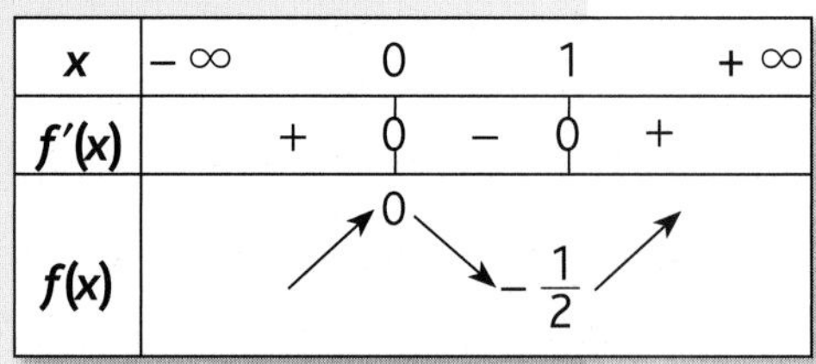

x	$-\infty$		0		1		$+\infty$
$f'(x)$		$+$	0	$-$	0	$+$	
$f(x)$		↗	0	↘	$-\frac{1}{2}$	↗	

Étape 3. **Encadrement**

On restreint l'étude des variations à l'intervalle $[0 ; 2]$.

Comme $f(2) = 0$, on constate que l'on a bien :

pour tout $x \in [0 ; 2]$, $-\frac{1}{2} \leqslant f(x) \leqslant 0$.

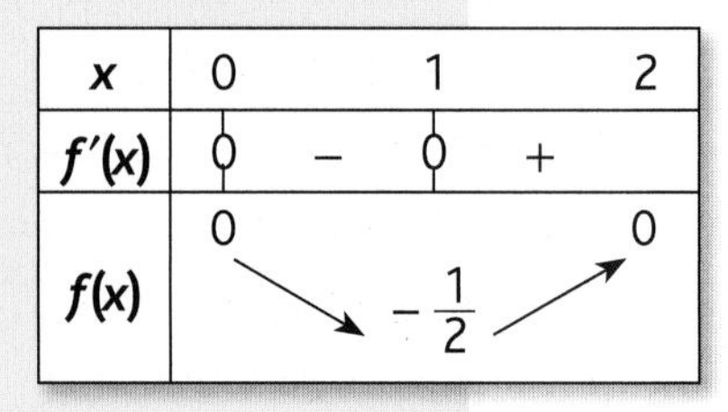

x	0		1		2
$f'(x)$	0	$-$	0	$+$	
$f(x)$	0	↘	$-\frac{1}{2}$	↗	0

Entraînez-vous

Démontrer que, pour tout $x \in [0 ; +\infty[$, on a $0 \leqslant \frac{x+1}{x^2+3} \leqslant \frac{1}{2}$.

→ **On trouve**

Poser $f(x) = \frac{x+1}{x^2+3}$ et étudier les variations de f sur $\mathbb{R}_+$.

7. Résoudre un problème d'optimisation

Dans une plaque de carton carrée de 1,20 mètre de côté, on découpe des carrés aux quatre coins afin de construire une boîte sans couvercle. Comment faire pour obtenir une boîte de volume maximal ?

MÉTHODE

Pour répondre à un problème d'optimisation (c'est-à-dire la recherche d'un maximum ou d'un minimum pour une quantité donnée), on peut suivre la méthode suivante :

1) tracer une figure ou un schéma qui reprenne les données du problème ;
2) choisir une variable et déterminer l'intervalle I dans lequel doit se situer cette variable ;
3) exprimer toutes les grandeurs utiles à l'aide de cette variable ;
4) déterminer l'expression de la fonction à optimiser ;
5) étudier les variations de cette fonction sur l'intervalle I et déterminer ses extrema éventuels.

solution

1)

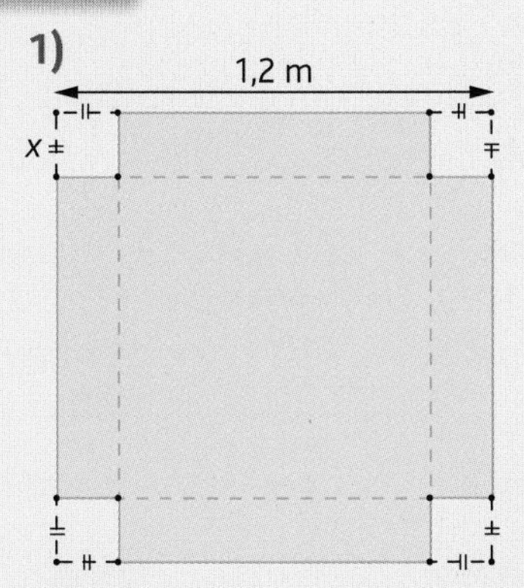

2) Soit x la longueur, en mètres, du côté du carré à enlever à chaque coin de la plaque de carton. On doit avoir $x \in [0 ; 0,6]$.

3) La « base » de la boîte est alors un carré de côté $1,2 - 2x$ et sa hauteur est x.

4) Le volume, en m^3, de la boîte est donc donné par :
$V(x) = x(1,2 - 2x)^2 = 4x^3 - 4,8x^2 + 1,44x$.

5) Il reste à étudier les variations de V sur $[0 ; 0,6]$.
La fonction V est une fonction polynôme de degré 3.
V est donc dérivable sur son ensemble de définition.
Soit $x \in \mathbb{R}$, on a :
$V'(x) = 4 \times 3x^2 - 4,8 \times 2x + 1,44 = 12x^2 - 9,6x + 1,44$.
Le discriminant de ce trinôme du second degré est :
$\Delta = (-9,6)^2 - 4 \times 12 \times 1,44 = 92,16 - 69,12 = 23,04 = 4,8^2$.
V' admet donc deux racines distinctes, qui sont :
$x_1 = \dfrac{9,6 - 4,8}{24} = 0,2$ et $x_2 = \dfrac{9,6 + 4,8}{24} = 0,6$.
On peut dresser ci-contre le tableau des variations de la fonction V sur $[0 ; 0,6]$.

REMARQUE
On vérifie bien que ce volume est nul lorsque $x = 0$ (hauteur nulle) et lorsque $x = 0,6$ (base réduite à un point).

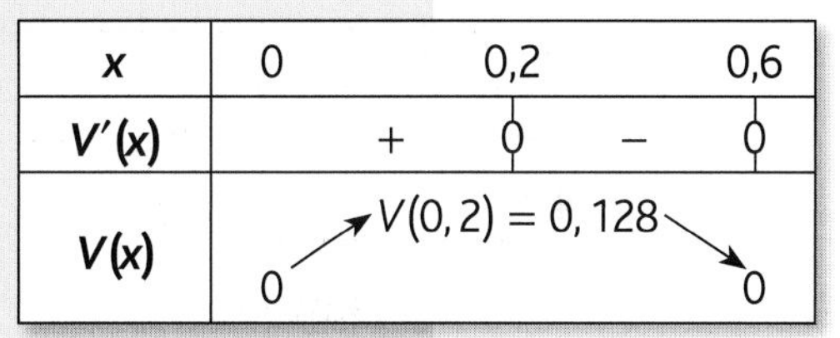

x	0		0,2		0,6
$V'(x)$		+	0	−	0
$V(x)$	0	↗	$V(0,2) = 0,128$	↘	0

On constate que la fonction admet un maximum en $x_0 = 0,2$ et que ce maximum vaut 0,128 (en m^3). Il faut donc couper la plaque de carton à 20 cm de chaque sommet pour obtenir une boîte de volume maximal.
Ce volume est de 128 cm^3.

Entraînez-vous

Parmi tous les rectangles de périmètre donné $\mathcal{P}$, démontrer que celui qui a la plus grande aire est le carré de côté $\dfrac{\mathcal{P}}{4}$.

→ **Indice**

On note L la longueur du rectangle et l sa largeur, puis on exprime l'aire du rectangle en fonction de $\mathcal{P}$ et de L par exemple.

test

QCM

Corrigés en fin de manuel

Dans les questions suivantes, déterminer la (ou les) bonne(s) réponse(s). Plusieurs bonnes réponses sont possibles.

1. **Soit $h \neq 0$. Le taux d'accroissement de la fonction définie sur $\mathbb{R}$ par $f(x) = 2x^2$ entre 1 et $1 + h$ est égal à :**

a. 4. b. $4 + h$. c. $4 + 2h$. d. $2 + 2h$.

2. **La limite, quand h tend vers 0, de l'expression $t(h) = \dfrac{1}{2(1+h)}$ est :**

a. $\dfrac{1}{2}$. b. 2. c. 0. d. elle n'existe pas.

3. **La limite, quand h tend vers 0, de l'expression $t(h) = \dfrac{h^2 - 2h}{h}$ est :**

a. -2. b. 3. c. 0. d. elle n'existe pas.

4. **Le nombre dérivé de la fonction inverse $x \mapsto \dfrac{1}{x}$ en $a = 1$ est égal à :**

a. 1. b. 2. c. -1. d. 0.

5. **La tangente à la parabole d'équation $y = x^2$ au point $A(-1 ; 1)$ a pour coefficient directeur :**

a. -1. b. -2. c. 0. d. 4.

6. **L'ordonnée à l'origine de la tangente à la parabole d'équation $y = x^2$ au point a est :**

a. a^2. b. $-a$. c. $-a^2$. d. a.

7. **La fonction dérivée d'une fonction affine est :**

a. nulle. b. constante.

c. croissante. d. positive.

8. **La fonction dérivée de la fonction $x \mapsto \dfrac{x^3 - 1}{3}$ définie sur $\mathbb{R}$ est la fonction :**

a. $x \mapsto \dfrac{x^2 - 1}{3}$. b. $x \mapsto x^2$.

c. $x \mapsto 3x^2 - \dfrac{1}{3}$. d. $x \mapsto x^2 - \dfrac{1}{3}$.

9. **La fonction dérivée de la fonction $x \mapsto x(2 - x)$ définie sur $\mathbb{R}$ est la fonction :**

a. $x \mapsto -1$. b. $x \mapsto -2x + 2$.

c. $x \mapsto 2(1 - x)$. d. $x \mapsto 2$.

10. **La fonction dérivée de la fonction $x \mapsto \dfrac{x^2}{1 - x}$ définie sur $\mathbb{R}\setminus\{1\}$ est la fonction :**

a. $x \mapsto -2x$. b. $x \mapsto \dfrac{2x}{(1 - x)^2}$.

c. $x \mapsto \dfrac{2x - x^2}{(1 - x)^2}$. d. $x \mapsto \dfrac{x(2 - x)}{1 - x^2}$.

11. **La fonction $x \mapsto 3x^2 - 1$ est la dérivée de :**

a. la fonction $x \mapsto 6x$.

b. la fonction $x \mapsto x^3 - x$.

c. la fonction $x \mapsto 6x - 1$.

d. la fonction $x \mapsto x^3 - x + 2$.

12. **L'outil de dérivation est utile lorsqu'il s'agit de :**

a. Dresser un tableau de valeurs d'une fonction.

b. Tracer la tangente à la courbe représentative d'une fonction.

c. Déterminer le maximum d'une fonction.

d. Faire l'étude des variations d'une fonction.

***Pour les exercices 13 à 15**, f est une fonction définie et dérivable sur $\mathbb{R}$. On donne ci-dessous la représentation graphique de sa fonction dérivée f'.*

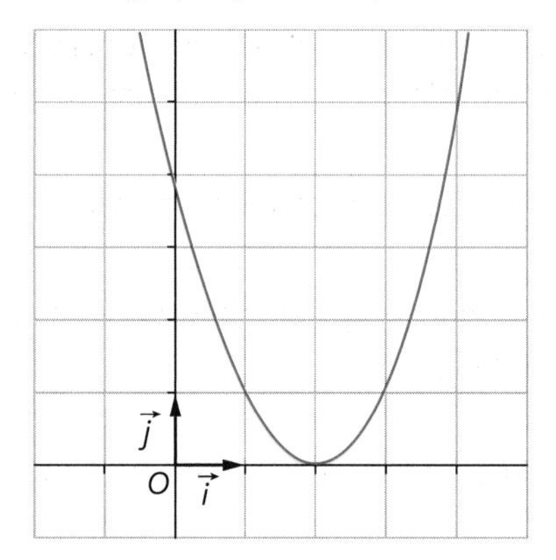

13. **La fonction f est nécessairement :**

a. positive sur $\mathbb{R}$.

b. croissante sur $\mathbb{R}$.

c. croissante sur $[2 ; +\infty[$.

d. décroissante sur $]-\infty ; 2]$.

14. **La tangente à la courbe représentative de la fonction f au point d'abscisse 0 a pour coefficient directeur :**

a. 0. b. -2. c. -4. d. 4.

15. **La fonction f (n')admet :**

a. un minimum en $x_0 = 2$.

b. un maximum en $x_0 = 2$.

c. un extremum en $x_0 = 2$.

d. aucun extremum sur $\mathbb{R}$.

vrai ou faux ? Corrigés en fin de manuel

Indiquer si les propositions suivantes sont vraies ou fausses.

16. En tout point de l'hyperbole d'équation $y = \frac{1}{x}$, la pente de la tangente est strictement négative.

17. En tout point de la courbe d'équation $y = \sqrt{x}$ d'abscisse strictement positive, la pente de la tangente est inférieure à 1.

18. Il est possible de trouver deux points distincts de la parabole d'équation $y = x^2$ en lesquels les tangentes sont strictement parallèles.

19. En tout point d'abscisse a de la courbe d'équation $y = x^3$, l'équation de la tangente est $y = 3a^2x - 2a^3$.

20. Toute fonction est dérivable sur son ensemble de définition.

21. La dérivée d'une fonction trinôme du second degré est une fonction affine.

22. La dérivée d'une fonction homographique est une fonction homographique.

23. Si une fonction admet une dérivée strictement négative sur son ensemble de définition, alors cette fonction est strictement décroissante sur son ensemble de définition.

24. Le produit de deux fonctions décroissantes sur un intervalle I est une fonction décroissante sur cet intervalle.

25. Une fonction f dérivable sur un intervalle I admet un minimum en $x_0 \in I$ si, et seulement si, la dérivée de f s'annule en x_0.

26. Si une fonction f est définie et dérivable sur $\mathbb{R}$ et admet un minimum en $x_0 \in \mathbb{R}$, alors on a $f'(x_0) = 0$.

***Pour les exercices 27 à 32**, f est une fonction dérivable sur $\mathbb{R}$ dont on donne ci-dessous la représentation graphique de sa fonction dérivée f'.*

27. $f(3) < f(4)$.

28. La fonction f admet un maximum au point d'abscisse 2.

29. La fonction f admet un maximum au point d'abscisse 6.

30. La fonction f est décroissante sur $[2 ; +\infty[$.

31. $f(x) \geqslant f(-2)$ pour tout $x \leqslant 6$.

32. La courbe représentative de f admet une unique tangente parallèle à la droite d'équation $y = x$.

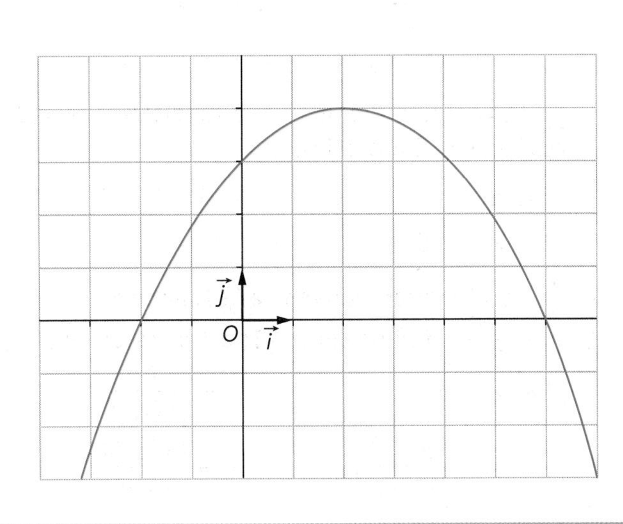

1. Nombre dérivé Tangente

pour s'échauffer

33. corrigé Déterminer, si elle existe, la limite de chacune de ces expressions lorsque h tend vers 0.

1. $t(h) = -h + 3$.
2. $t(h) = \dfrac{-1}{h+1}$.
3. $t(h) = \dfrac{h+3}{h}$.
4. $t(h) = h^2 - 6h + 3$.

34. corrigé Même consigne qu'à l'exercice 33.

1. $t(h) = h(h-2)$.
2. $t(h) = -4h + \dfrac{2}{h}$.
3. $t(h) = \dfrac{h^2 - 2h}{h}$.
4. $t(h) = \dfrac{1}{\sqrt{1+h}+1}$.

35. corrigé Déterminer, par lecture graphique, les coefficients directeurs de chacune des trois droites tracées ci-dessous :

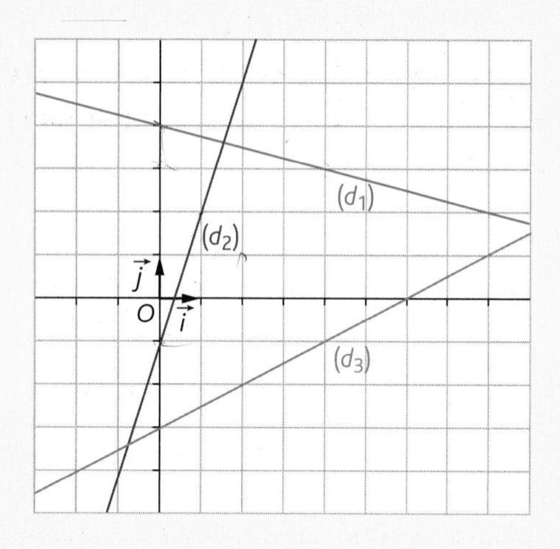

36. Même consigne qu'à l'exercice 35.

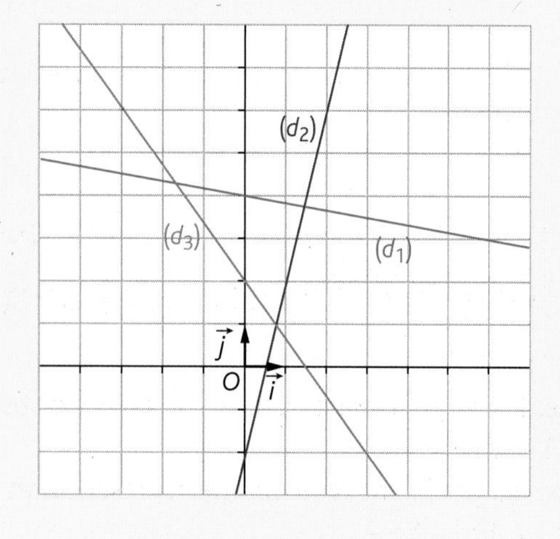

37. corrigé Dans chacun des cas suivants, écrire le taux d'accroissement de la fonction f entre 1 et $1 + h$ (avec $h \neq 0$), puis calculer le nombre dérivé de la fonction f en $a = 1$, noté $f'(1)$:

1. $f(x) = 3x + 2$.
2. $f(x) = -5x^2$.
3. $f(x) = \dfrac{-3}{x}$.
4. $f(x) = 2x^3$.

38. Même consigne qu'à l'exercice 37.

1. $f(x) = (x-1)^2$.
2. $f(x) = x^2 - 5x$.
3. $f(x) = 4 - x^2$.
4. $f(x) = \dfrac{1}{x+1}$.

39. Soit f la fonction définie sur $[0\,;+\infty[$ par :

$$f(x) = 2\sqrt{x} - 1.$$

1. Soit h un nombre réel non nul. Écrire le taux d'accroissement $t(h)$ de la fonction f entre 4 et $4 + h$.

2. Démontrer que, pour tout $h \neq 0$, $t(h) = \dfrac{4}{2\sqrt{4+h}+4}$.

> MÉTHODE
> **Penser à utiliser l'expression conjuguée du numérateur.**

3. En déduire la valeur de $f'(4)$, nombre dérivé de la fonction f en $a = 4$.

40. Dans chacun des cas suivants, déterminer à l'aide d'une calculatrice une valeur approchée du nombre dérivé de la fonction g en a, puis calculer, en utilisant le taux d'accroissement, la valeur exacte de $g'(a)$.

1. $g(x) = -\dfrac{2}{3}x + 7$ et $a = -1$.
2. $g(x) = -x^2 + 2x$ et $a = \dfrac{2}{3}$.
3. $g(x) = \dfrac{2}{x+3}$ et $a = 0$.
4. $g(x) = 3 - \sqrt{x}$ et $a = 2$.

41. corrigé On donne la représentation graphique d'une fonction f définie sur $\mathbb{R}$ et de deux de ses tangentes.

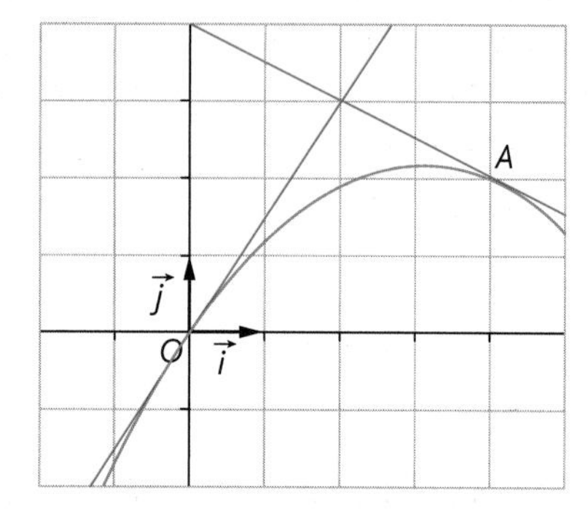

Par lecture graphique, donner les valeurs de $f(0)$, $f'(0)$, $f(4)$ et $f'(4)$.

42. On donne la représentation graphique d'une fonction g définie sur $\mathbb{R}$, et de deux de ses tangentes.

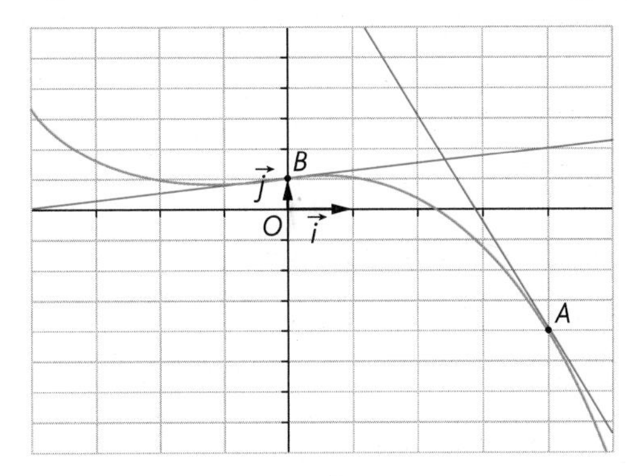

Par lecture graphique, donner les valeurs de $g(0)$, $g'(0)$, $g(4)$ et $g'(4)$.

Histoire des sciences

Augustin-Louis ***Cauchy*** (1789-1857) est un mathématicien français qui passe pour être le fondateur de l'analyse moderne, notamment par la rigueur de ses définitions et de ses démonstrations. En 1821, dans son *Cours d'Analyse de l'École Royale Polytechnique*, il définit le concept de limite : « *Lorsque les valeurs successivement attribuées à une même variable s'approchent indéfiniment d'une valeur fixe, de manière à finir par en différer aussi peu que l'on voudra, cette dernière est appelée limite de tous les autres* ». On lui doit également la définition du nombre dérivé d'une fonction en un point telle qu'elle est toujours enseignée aujourd'hui (y compris dans ces pages).

43. Portrait-robot

Dans un repère orthonormé d'unité 2 cm, tracer deux courbes représentatives possibles d'une fonction f définie sur $[-2 ; 5]$ obéissant aux contraintes suivantes : $f(-2) = 4$, $f(0) = 1$, $f(3) = -1$, $f(5) = 0$, $f'(0) = -2$ et $f'(3) = 0$.

CONSEIL

Voir exercice résolu 5, page 69.

44. Dans un repère orthonormé d'unité 2 cm, tracer deux courbes représentatives possibles d'une fonction g définie sur $[-5 ; 1]$, obéissant aux contraintes suivantes :

$g(-5) = 0$, $g(-2) = 3$, $g(0) = 3$, $g(1) = -2$, $g'(-2) = \frac{3}{2}$ et $g'(0) = 1$.

45. Soit u la fonction définie sur $\mathbb{R}$ par $u(x) = x^2 - 6x$.

1. Recopier et compléter ce tableau de valeurs.

x	1	2	3	4	5	6
$u(x)$						

2. Calculer $u'(2)$, $u'(3)$ et $u'(5)$.

3. Dans un repère orthogonal d'unité 2 cm en abscisse et 1 cm en ordonnée, placer les points de la courbe représentative de la fonction u ayant pour abscisses 1, 2, 3, 4, 5 et 6.

4. Tracer les tangentes à la courbe aux points d'abscisses 2, 3 et 5.

5. Tracer soigneusement la courbe représentative de la fonction u sur $[1 ; 6]$.

46. Soit f la fonction définie sur $]0 ; +\infty[$ par :

$$f(x) = 2 - \frac{1}{x}.$$

1. Dans un repère orthonormé d'unité 2 cm, placer les points de la courbe représentative de la fonction f ayant pour abscisses $\frac{1}{2}$, 1, 2, 3, 4, 5 et 6.

2. Calculer $f'\left(\frac{1}{2}\right)$, $f'(1)$ et $f'(3)$.

3. Tracer les tangentes à la courbe aux points d'abscisses $\frac{1}{2}$, 1 et 3.

4. Tracer avec soin la courbe représentative de f.

47. Soit v la fonction définie sur $\mathbb{R}$ par :

$$v(x) = x^3 + 3x^2 - 9x.$$

1. Dans un repère orthogonal d'unité 4 cm en abscisse et 1 cm en ordonnée, placer les points de la courbe représentative de la fonction v d'abscisses -1, $-\frac{1}{2}$, 0, $\frac{1}{2}$, 1, $\frac{3}{2}$ et 2.

2. Déterminer à l'aide d'une calculatrice les valeurs de $v'(-1)$, $v'(0)$, $v'(1)$ et $v'(2)$.

AIDE

Utiliser la commande **nbreDérivé** (TI) ou **d/dx** (Casio)

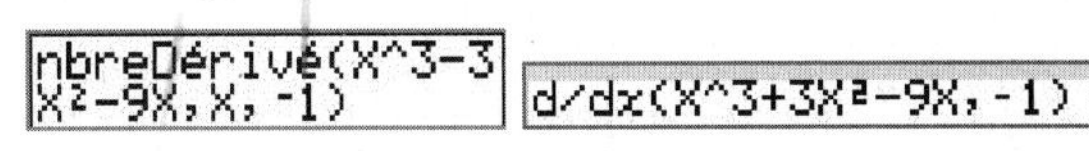

3. Tracer les tangentes à la courbe aux points d'abscisses -1, 0, 1 et 2.

4. Tracer soigneusement la courbe représentative de la fonction v sur $[-1 ; 2]$.

48. Démontrer que la fonction valeur absolue $x \mapsto |x|$ n'est pas dérivable en 0.

MÉTHODE
Distinguer les cas $h > 0$ et $h < 0$.

49. Soit $\mathscr{C}$ la courbe représentative de la fonction f définie sur $\mathbb{R}$ par $f(x) = x(x - 1)$.

1. Calculer $f'(0)$ et $f'(2)$.

2. Déterminer les équations des tangentes à la courbe $\mathscr{C}$ aux points d'abscisses 0 et 2.

50. Soit $\mathscr{C}$ la courbe représentative de la fonction g définie sur $]-\infty\,;\,3[$ par $g(x) = \dfrac{1}{x-3}$.

1. Calculer $g'(-1)$ et $g'(2)$.

2. Déterminer les équations des tangentes à la courbe $\mathscr{C}$ aux points d'abscisses -1 et 2.

51. Voici un programme écrit sur calculatrice, sachant que l'utilisateur a au préalable entré une fonction dans Y1.

```
PROGRAM:TANGENTE
:Prompt A
:nbreDérivé(Y1,X
,A)→M
:Y1(A)-nbreDériv
é(Y1,X,A)*A→P
:Disp "M:",M
:Disp "P:",P
```

Qu'exécute ce programme ? Entrer ce programme dans une calculatrice, et l'utiliser pour vérifier les résultats des deux exercices précédents.

Remarque : Attention à l'imprécision due au mode de calcul du nombre dérivé par la calculatrice !

52. Méthode de Torricelli

Soit $\mathscr{P}$ la parabole d'équation $y = x^2$ et soit A un point de $\mathscr{P}$ d'abscisse a.

1. Déterminer le nombre dérivé de la fonction carré en a, puis l'équation de la tangente (T) à la parabole $\mathscr{P}$ au point A.

2. Soit H le projeté orthogonal de A sur l'axe des ordonnées, et I le point d'intersection de la droite (T) avec l'axe des ordonnées. Déterminer les coordonnées des points H et I en fonction de a.

Que peut-on dire de ces deux points ?

3. En déduire une méthode de construction géométrique de la tangente en un point quelconque de la parabole $\mathscr{P}$.

4. Peut-on trouver une méthode similaire pour tracer la tangente en un point quelconque de la courbe représentative de la fonction inverse ? de la fonction cube ?

Histoire des sciences

*Evangelista **Torricelli*** (1608-1647), mathématicien et physicien italien, proche de Galilée (il a travaillé auprès de lui comme secrétaire pendant quelques mois en 1642), est surtout connu pour ses expériences sur la pression atmosphérique et l'invention du baromètre à tube de mercure.

53. Tangentes passant par un point donné

1. En utilisant le résultat trouvé dans la question **1.** de l'exercice 52, peut-on dire si la parabole $\mathscr{P}$ d'équation $y = x^2$ admet une (ou plusieurs) tangentes passant par le point de coordonnées $(-5\,;\,9)$? Si oui, en quel(s) point(s) ? Et quelles sont les équations de ces tangentes ?

2. Même question avec le point de coordonnées $(-1\,;\,3)$.

3. Soit M un point de coordonnées $(\alpha\,;\,\beta)$. À quelle condition sur α et β existe-t-il au moins une tangente à la parabole $\mathscr{P}$ passant par le point M ?

2. Fonction dérivée

→ pour s'échauffer

54. Associer à chacune des fonctions de la colonne de gauche sa fonction dérivée dans la colonne de droite.

$x \mapsto 3x$	$x \mapsto -\dfrac{3}{x^2}$
$x \mapsto x^3$	$x \mapsto 3$
$x \mapsto \dfrac{3}{x}$	$x \mapsto 1$
$x \mapsto x + 3$	$x \mapsto 3x^2$

55. Même consigne qu'à l'exercice 54.

$x \mapsto -5x + 2$	$x \mapsto \dfrac{2}{5x^2}$
$x \mapsto -5x^2$	$x \mapsto -5$
$x \mapsto \dfrac{-5x}{2}$	$x \mapsto -10x$
$x \mapsto -\dfrac{2}{5x}$	$x \mapsto -\dfrac{5}{2}$

***Pour les exercices** 56 **à** 63, donner l'ensemble de dérivabilité de la fonction f et déterminer sa fonction dérivée :*

56. 1. $f : x \mapsto -2x + 5$. 2. $f : x \mapsto 3x^2 - 2x + 1$.
3. $f : x \mapsto -x^3 + 5x^2 - 2$. 4. $f : x \mapsto \frac{5}{3}x^2 - \frac{3}{4}x + \frac{1}{6}$.
5. $f : x \mapsto x^2\sqrt{2} - x\sqrt{5}$. 6. $f : x \mapsto \frac{2x^3}{3} - \frac{3x^2}{4} + \frac{x}{6}$.

57. 1. $f : x \mapsto \frac{1}{x} + 5x$. 2. $f : x \mapsto \frac{4}{x}$.
3. $f : x \mapsto \frac{3}{2x}$. 4. $f : x \mapsto \frac{1}{2x} - \frac{1}{2}x$.
5. $f : x \mapsto \frac{5 + x}{x}$. 6. $f : x \mapsto \frac{1}{3x} - \frac{2}{x}$.

58. 1. $f : x \mapsto 3\sqrt{x} - 1$.
2. $f : x \mapsto 5x - 2\sqrt{x}$.
3. $f : x \mapsto \frac{3\sqrt{x}}{2} - 1$.
4. $f : x \mapsto x^2 - \frac{\sqrt{x}}{4}$.
5. $f : x \mapsto \frac{5 + \sqrt{x}}{2}$.
6. $f : x \mapsto (\sqrt{x} - 1)\sqrt{x}$.

59. 1. $f : x \mapsto (2x + 3)\sqrt{x}$.
2. $f : x \mapsto (-x + 3)(1 - \sqrt{x})$.
3. $f : x \mapsto (3\sqrt{x} + 1)^2$.
4. $f : x \mapsto (5\sqrt{x} - 4) \times \frac{1}{x}$.
5. $f : x \mapsto \left(-\frac{2}{x} + 1\right)(x^2 + 3)$.
6. $f : x \mapsto (5\sqrt{x} - 1)(x^2 + 1)\sqrt{x}$.

60. 1. $f : x \mapsto \frac{1}{-3x + 1}$.
2. $f : x \mapsto \frac{1}{2x} + \frac{1}{x^2}$.
3. $f : x \mapsto \frac{1}{x^2 + 9}$.
4. $f : x \mapsto \frac{1}{9} - \frac{1}{x^3}$.
5. $f : x \mapsto \frac{1}{4\sqrt{x}}$.
6. $f : x \mapsto \frac{1}{3 + 2\sqrt{x}}$.

61. 1. $f : x \mapsto \frac{-x + 2}{2x + 5}$. 2. $f : x \mapsto \frac{x^2 + 5x - 2}{x^2 - 4}$.
3. $f : x \mapsto \frac{3x + 1}{x^2 + 2}$. 4. $f : x \mapsto \frac{2 - 3x}{x^2 - 5x + 4}$.
5. $f : x \mapsto \frac{x^2}{\sqrt{x} - 1}$. 6. $f : x \mapsto \frac{\sqrt{x}}{2x + 5}$.

62. 1. $f : x \mapsto \frac{-1}{(x - 1)\sqrt{x}}$.
2. $f : x \mapsto \left(\frac{3}{x} + 5\right)^2$.
3. $f : x \mapsto 3\sqrt{x}(4 - x)$.
4. $f : x \mapsto (2\sqrt{x} + 1)^2$.
5. $f : x \mapsto \frac{3x - \sqrt{x}}{x + 1}$.
6. $f : x \mapsto \frac{x\sqrt{x}}{x^2 + 3}$.

63. 1. $f : x \mapsto 2x^3(x^2 - 3)$.
2. $f : x \mapsto \frac{x^2 - x + 7}{5}$.
3. $f : x \mapsto 6x^2 - (5 - 2x)(2 - 3x)$.
4. $f : x \mapsto (x^2 - 3x) \times \frac{1}{x}$.

> **Conseil**
> Ne pas se jeter tête baissée dans l'application des formules du cours concernant les dérivées de fonctions produit ou quotient...

64. À l'aide d'un logiciel de calcul formel

Déterminer l'ensemble de dérivabilité, puis calculer les dérivées des fonctions suivantes à l'aide du logiciel de calcul formel *XCAS*, en utilisant les formules **diff(expression)** et **simplify(ans( ))**.

1. $f : x \mapsto \frac{3}{x^3 + 2}$. 2. $f : x \mapsto \frac{x + 1}{1 + \sqrt{x}}$.
3. $f : x \mapsto (5 - \sqrt{x})^3$. 4. $f : x \mapsto \frac{1 + 2x}{(x + 3)\sqrt{x}}$.

> **Attention**
> La « simplification » faite par le logiciel donne parfois une expression différente de celle obtenue par un calcul à la main. Notamment, le dénominateur est développé et ne contient aucun radical.

65. **Qui suis-je ?**

Je suis une fonction trinôme du second degré, dont l'expression est $f(x) = ax^2 + bx + c$, avec $a \neq 0$. Voici ma courbe représentative et une de ses tangentes :

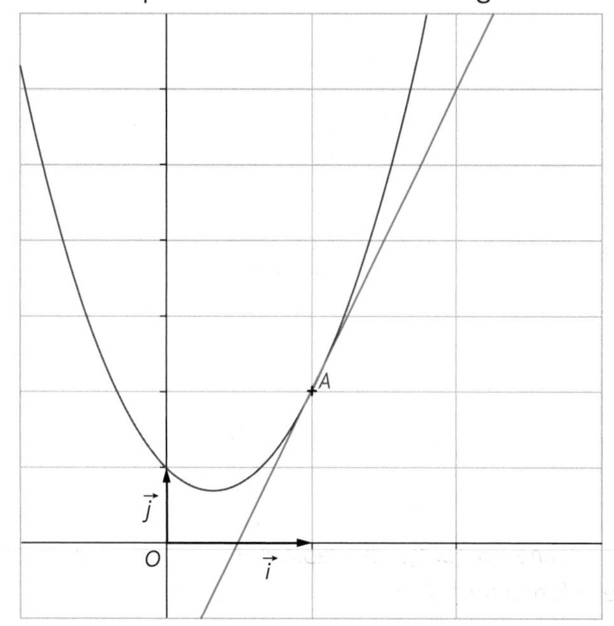

1. Déterminer l'expression de la fonction dérivée de f en fonction des réels a et b.

2. Par lecture graphique, déterminer les valeurs de $f(0)$, $f(1)$ et $f'(1)$.

3. En déduire les valeurs des réels a, b et c, puis écrire l'expression de $f(x)$.

> CONSEIL
> Voir l'exercice résolu 4, page 68.

66. **Qui suis-je ?**

Je suis une fonction homographique, dont l'expression est $f(x) = \dfrac{1}{ax + b}$, avec $a \neq 0$.

Voici ma courbe représentative et une de ses tangentes :

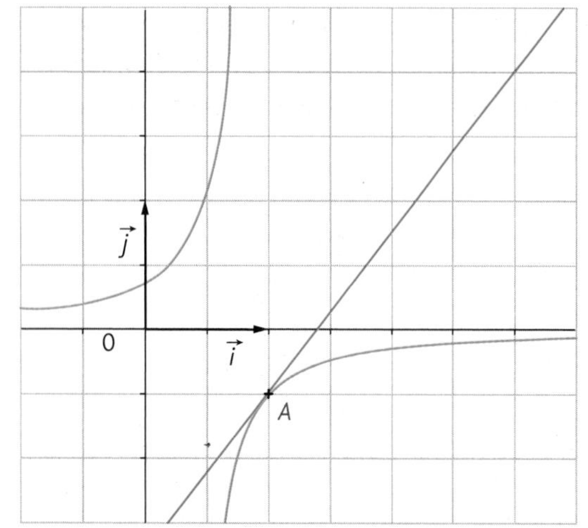

1. Déterminer l'expression de la fonction dérivée de f en fonction des réels a et b.

2. Par lecture graphique, déterminer les valeurs de $f(1)$ et $f'(1)$.

3. En déduire les valeurs des réels a et b, puis écrire l'expression de $f(x)$.

67. **Tangentes de direction donnée**

Soit f la fonction trinôme du second degré définie sur $\mathbb{R}$ par $f(x) = 2x^2 - 5x - 2$, dont la représentation graphique est une parabole $\mathscr{P}$.

1. Tracer la parabole $\mathscr{P}$ sur une calculatrice graphique.

2. Soit A un point de $\mathscr{P}$ d'abscisse $a \in \mathbb{R}$. Déterminer le coefficient directeur de la tangente à $\mathscr{P}$ au point A en fonction de a.

3. Existe-t-il un (ou plusieurs) point(s) de la parabole $\mathscr{P}$ pour le(s)quel(s) la tangente est parallèle à la droite $(\mathscr{D}_1)$ d'équation $y = x$? Si oui, quelle est alors l'équation de cette (ou ces) tangente(s) ?

4. Soit m un nombre réel quelconque. Soit $(\mathscr{D}_m)$ la droite d'équation $y = mx$. Discuter, en fonction de m, du nombre de points de la parabole $\mathscr{P}$ pour lesquels la tangente est parallèle à la droite $(\mathscr{D}_m)$.

68. Soit h la fonction homographique définie sur $\mathbb{R} \setminus \{2\}$ par $h(x) = \dfrac{-2x}{x-2}$, dont la représentation graphique est une hyperbole $\mathscr{H}$.

1. Tracer l'hyperbole $\mathscr{H}$ sur une calculatrice graphique.

2. Soit A un point de $\mathscr{H}$ d'abscisse $a \in \mathbb{R} \setminus \{2\}$.
Déterminer le coefficient directeur de la tangente à $\mathscr{H}$ au point A en fonction de a.

3. Existe-t-il un (ou plusieurs) point(s) de l'hyperbole $\mathscr{H}$ pour le(s)quel(s) la tangente est parallèle à la droite $(\mathscr{D}_1)$ d'équation $y = x$? Si oui, quelle est alors l'équation de cette (ou ces) tangente(s) ?

4. Soit m un nombre réel quelconque et $(\mathscr{D}_m)$ la droite d'équation $y = mx$. Discuter, en fonction de m, du nombre de points de l'hyperbole $\mathscr{H}$ pour lesquels la tangente est parallèle à la droite $(\mathscr{D}_m)$.

69. Soit f_1 la fonction définie sur $\mathbb{R}$ par :

$$f_1(x) = x^2 - x - 1 \;;$$

et f_2 la fonction définie sur $\mathbb{R}$ par :

$$f_2(x) = -2x^2 + 5x - 4.$$

1. Démontrer que les paraboles $\mathcal{P}_1$ et $\mathcal{P}_2$, représentant respectivement les fonctions f_1 et f_2, admettent une tangente commune en leur unique point commun.
2. Donner une équation de cette tangente.

70. Soit g_1 la fonction définie sur $\mathbb{R}\setminus\{-2\}$ par :

$$g_1(x) = \frac{-1}{x+2};$$

et g_2 la fonction définie sur $\mathbb{R}$ par :

$$g_2(x) = x^2 + 3x + 1.$$

1. Dans un repère orthonormé, tracer les courbes représentatives $\mathcal{H}$ et $\mathcal{P}$ de ces deux fonctions.
2. Démontrer l'identité suivante :

$$x^3 + 5x^2 + 7x + 3 = (x+1)^2(x+3).$$

3. Démonter que les courbes $\mathcal{H}$ et $\mathcal{P}$ admettent une tangente commune en un de leurs points d'intersection. Tracer cette tangente et en donner une équation.

71. Tangentes passant par un point donné

1. Soit f la fonction définie sur $\mathbb{R}$ par $f(x) = -x^2 + 5x$. Démontrer qu'il existe deux tangentes à la courbe représentative de f passant par le point $A(1 ; 5)$, et donner les équations de ces tangentes.
2. Démontrer qu'il n'existe aucune tangente à la courbe d'équation $y = \frac{x}{1-x}$ passant par le point de coordonnées $(-2 ; 1)$.
3. Soit u la fonction définie sur $[0 ; +\infty[$ par :

$$u(x) = x + 2\sqrt{x}.$$

Existe-t-il une tangente à la courbe représentative de u passant par le point de coordonnées $(0 ; 2)$?

72. 

1. Quelle est l'équation de la tangente à la parabole $\mathcal{P}$ d'équation $y = x^2$ au point $A(a ; a^2)$?
2. Ouvrir une nouvelle figure *Geogebra*. Définir un curseur a compris entre -5 et 5 (avec un pas de 0,1), puis créer la droite d'équation $y = 2ax - a^2$ dans la zone de saisie. Activer la trace de cette droite, puis animer le curseur. Que voyez-vous se dessiner ?

> **DÉFINITION**
> On dit que la parabole $\mathcal{P}$ est l'enveloppe de la famille de droites d'équations $y = 2ax - a^2$, avec $a \in \mathbb{R}$.

3. Quelle courbe bien connue est l'enveloppe de la famille de droites d'équations $y = 3a^2x - 2a^3$, avec $a \in \mathbb{R}$?

73.

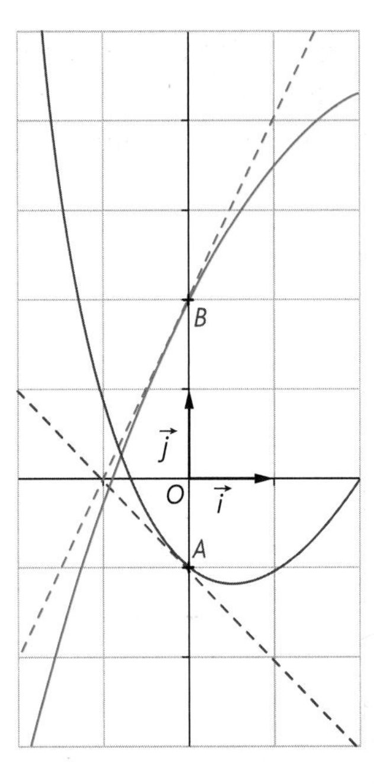

On donne un aperçu des représentations graphiques de deux fonctions f (en rouge) et g (en bleu).

1. Lire graphiquement les valeurs de $f(0)$, $f'(0)$, $g(0)$ et $g'(0)$.
2. On donne les fonctions $u = f \times g$ et $v = \frac{f}{g}$. Calculer $u(0)$, $u'(0)$, $v(0)$ et $v'(0)$.

74. Soit $\mathcal{P}$ la parabole d'équation :

$$y = -0{,}25x^2 + 2x + 4.$$

1. Tracer $\mathcal{P}$ dans un repère orthonormé d'unité 1 cm. Quelles sont les coordonnées du sommet de cette parabole ?
2. Déterminer les équations des deux tangentes à $\mathcal{P}$ passant par le point $A(4 ; 9)$.
3. On imagine un observateur, représenté en vert, debout au sommet de cette parabole, ses yeux se situant en A. Déterminer quel est l'ensemble des abscisses (en bleu sur la figure ci-dessus) que cet observateur peut voir.

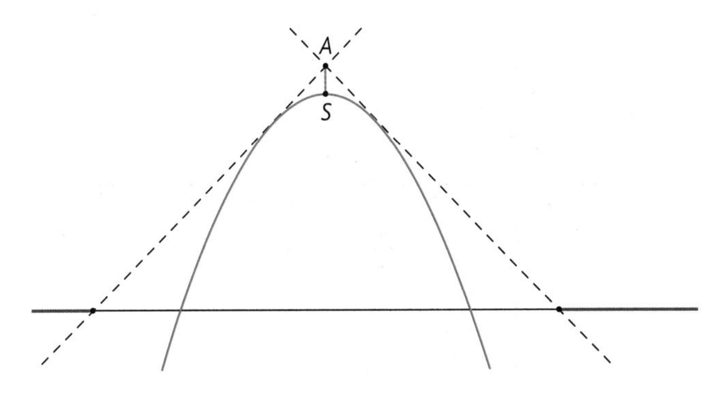

3. Variations et extrema

pour s'échauffer

75. corrigé Associer la courbe représentative de chacune des fonctions au tableau de signes de sa fonction dérivée.

1. 2.

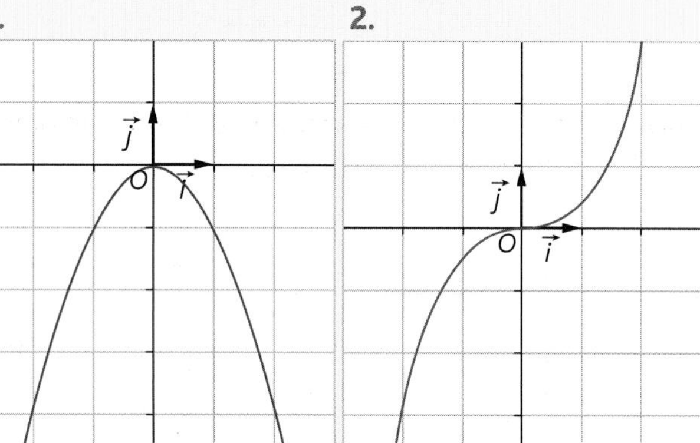

3. 4.

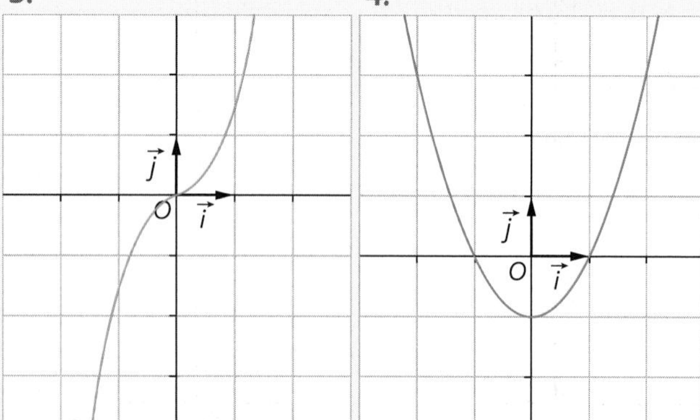

A.

x	$-\infty$		0		$+\infty$
$f'(x)$		+	0	+	

B.

x	$-\infty$		0		$+\infty$
$f'(x)$		+	0	–	

C.

x	$-\infty$		0		$+\infty$
$f'(x)$		–	0	+	

D.

x	$-\infty$		0		$+\infty$
$f'(x)$		+		+	

76. corrigé Voici la courbe représentative d'une fonction f définie sur $[-4 ; 6]$.
Donner le signe de sa fonction dérivée f' selon les valeurs de x.

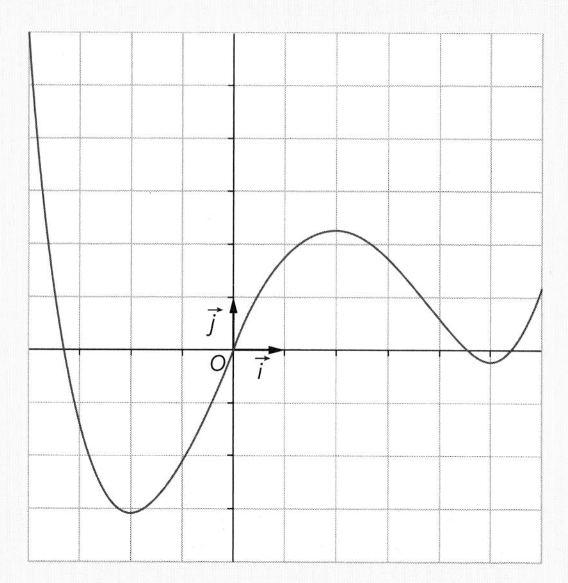

77. Soit f la fonction définie sur $[-2 ; 8]$ dont la représentation graphique est donnée ci-dessous.

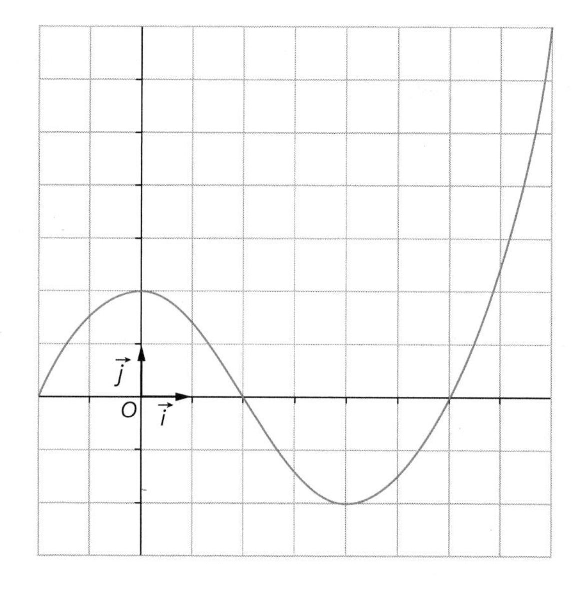

1. Résoudre graphiquement sur $[-2 ; 8]$ les équations $f(x) = 0$ et $f'(x) = 0$.

2. Résoudre graphiquement sur $[-2 ; 8]$ les inéquations $f(x) \geqslant 0$ et $f'(x) \geqslant 0$.

78. Même consigne qu'à l'exercice 77.

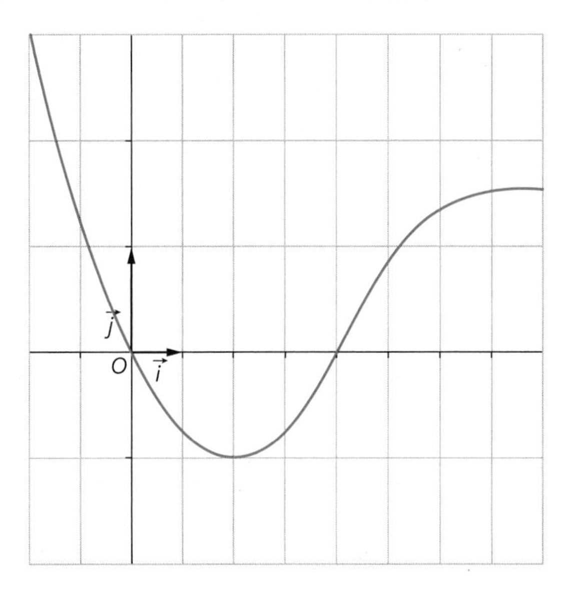

79. Soit f la fonction définie sur $[-5\,;\,2]$ dont la représentation graphique est donnée ci-dessous :

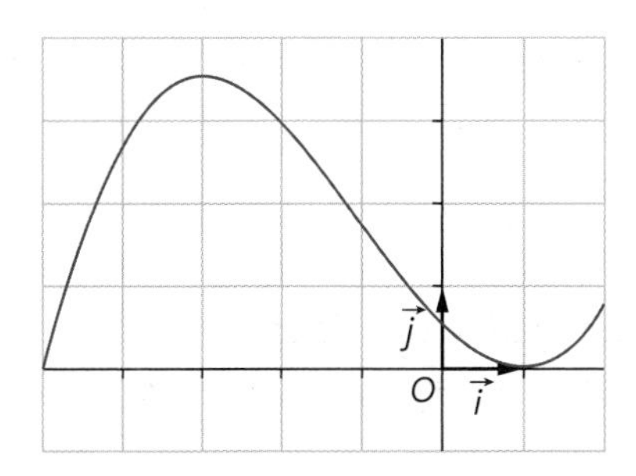

Associer à cette fonction la représentation graphique de sa fonction dérivée.

1.

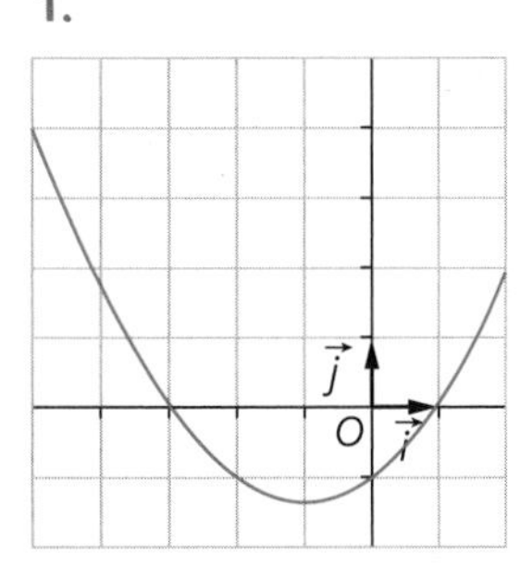

2.

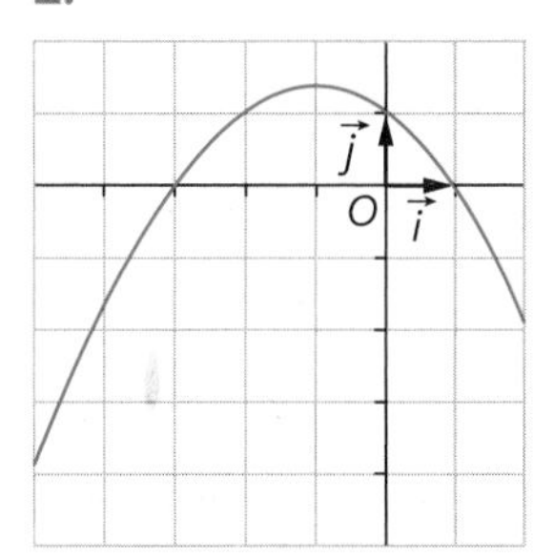

3.

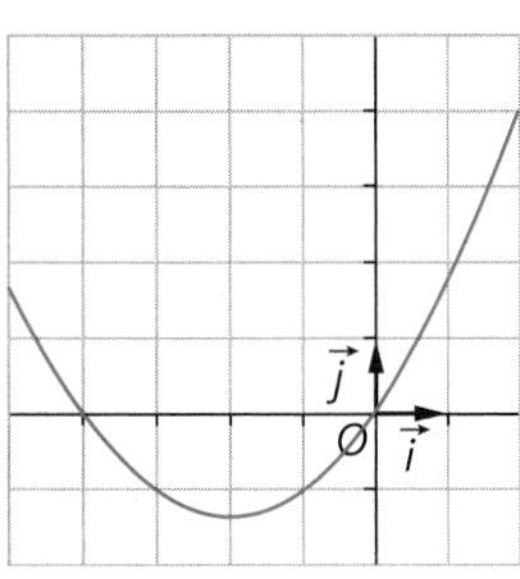

4.

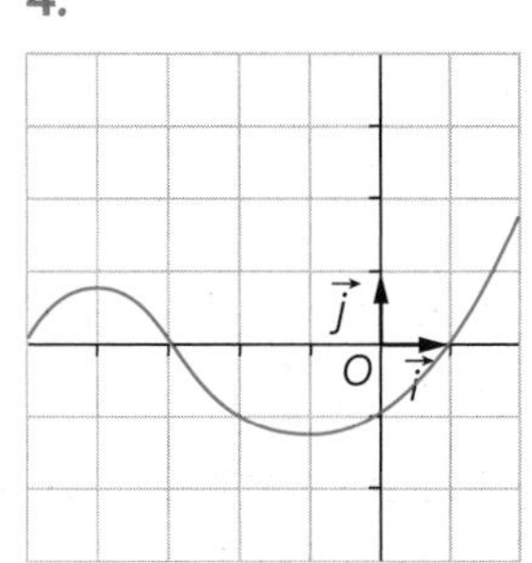

80. Soit f une fonction définie sur $[-4\,;\,4]$ dont la représentation graphique est donnée ci-dessous.

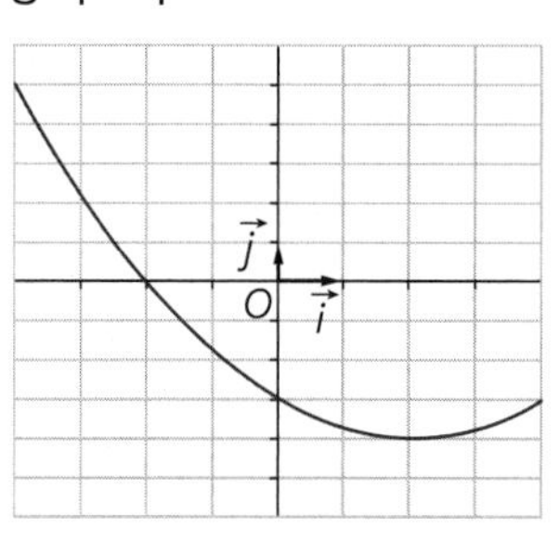

Associer à cette fonction la représentation graphique de la fonction dont elle est la dérivée :

1.

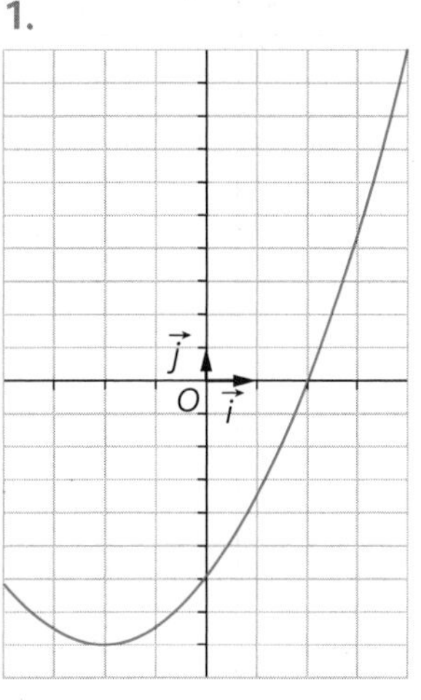

2.

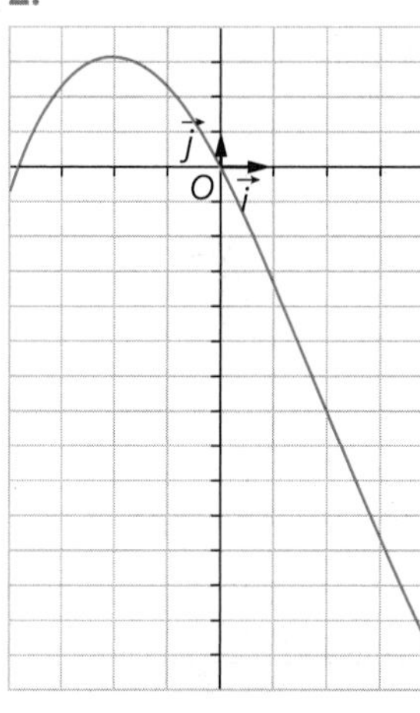

3.

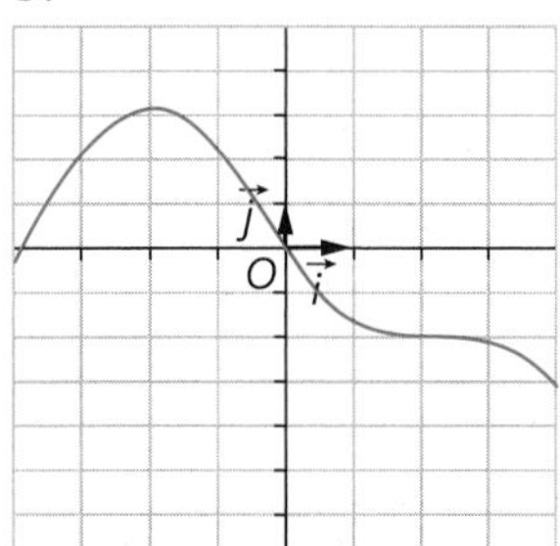

4.

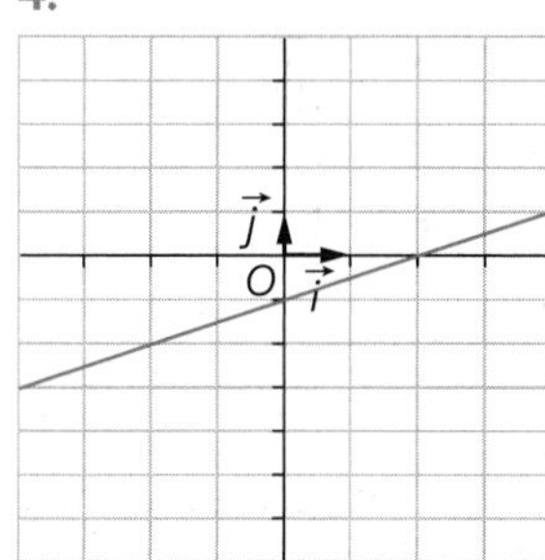

Histoire des sciences

Joseph-Louis ***Lagrange*** (1736-1813) est né à Turin, dans l'actuelle Italie. Largement autodidacte, il contribue très fortement aux mathématiques de son époque, et sera élu membre des prestigieuses académies de Berlin et de Paris. Dans un ouvrage paru en 1797, intitulé *Théorie des fonctions analytiques*, il propose une nouvelle notation pour les dérivées d'une fonction f, qui demeure aujourd'hui : *« Pour plus de simplicité et d'uniformité, on dénote par $f'x$ la première fonction dérivée de fx, par $f''x$ la première fonction dérivée de $f'x$, [...] et ainsi de suite. »*

81. Soit f une fonction définie et dérivable sur $[0 ; 4]$, $\mathscr{C}_1$ sa courbe représentative et $\mathscr{C}_2$ la courbe représentative de sa dérivée.

Dans chacun des deux cas suivants, identifier les courbes $\mathscr{C}_1$ et $\mathscr{C}_2$.

1.

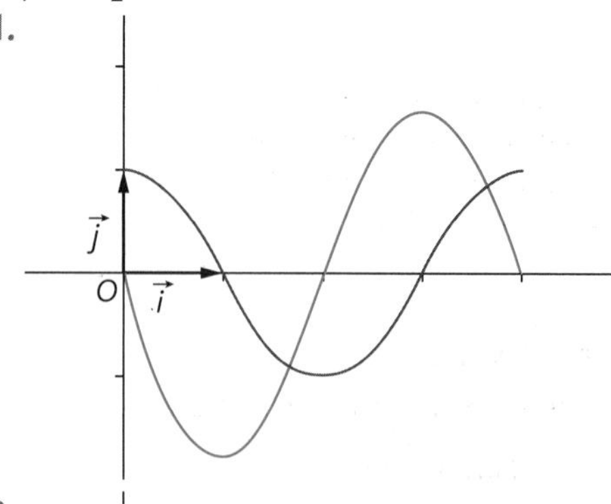

2.

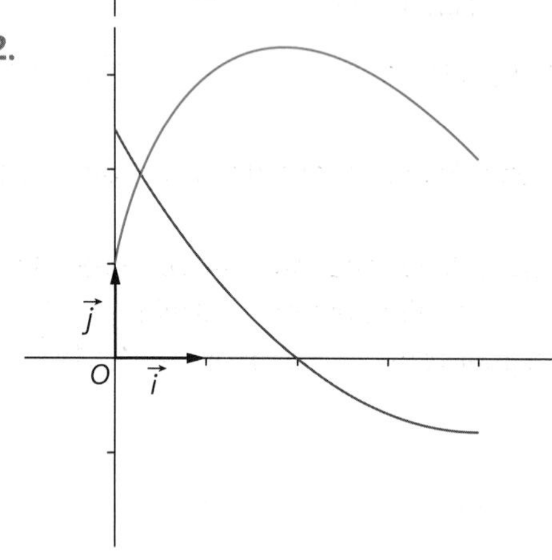

82. Étudier les variations, sur $\mathbb{R}$, de chacune de ces fonctions trinômes de degré 2 en utilisant successivement les deux outils suivants :

- les résultats de cours sur le second degré ;
- le calcul et l'étude du signe de la dérivée.

1. $f(x) = 3x^2 - 6x + 1$.

2. $g(x) = -2x^2 + 2x$.

3. $h(x) = \frac{x^2}{3} - \frac{x}{6} + 2$.

83. Étudier les variations sur $\mathbb{R}$ de chacune des fonctions polynômes de degré 3 suivantes :

1. $f(x) = 3x^3 - 4x$.

2. $g(x) = -x^3 + 3x^2 + 1$.

3. $h(x) = \frac{x^3}{3} - 2x^2 + 4x - 1$.

4. $u(x) = x^3 - x^2 - x - 1$.

5. $v(x) = -2x^3 - 2x^2 + x - 5$.

6. $w(x) = \frac{x^3}{2} + \frac{x^2}{3} + \frac{x}{6}$.

> **CONSEIL**
> Voir exercice résolu 2, page 66.

84. Soit f la fonction définie sur $\mathbb{R}$ par :

$$f(x) = \frac{x^4}{4} - \frac{3}{2}x^2 + 2x + 1.$$

1. Démontrer que, pour tout $x \in \mathbb{R}$, on a :

$$x^3 - 3x + 2 = (x-1)^2(x+2).$$

2. Calculer la dérivée de la fonction f puis dresser son tableau des variations sur $\mathbb{R}$.

3. Quelle est l'équation de la tangente à la courbe représentative de f au point d'abscisse 0 ?

4. Dans un repère orthonormé d'unité 2 cm, tracer soigneusement la courbe représentative de la fonction f sur l'intervalle $[-3 ; 2]$ ainsi que sa tangente au point d'abscisse 0.

85. Soit f la fonction définie sur $\mathbb{R}$ par :

$$f(x) = 3x^5 - 10x^3 - 45x + 3.$$

1. Factoriser l'expression $x^4 - 2x^2 - 3$.

> **MÉTHODE**
> On posera $X = x^2$.

2. Calculer la dérivée de la fonction f.

3. Déduire de la question **1.** le signe de cette dérivée, puis dresser le tableau des variations de la fonction f sur $\mathbb{R}$.

86. Soit h la fonction définie sur $\mathbb{R}$ par :

$$h(x) = x^4 + 6x^3 - 11x^2 - 60x + 65.$$

1. Calculer la dérivée de la fonction h.

2. Grâce à un logiciel de calcul formel, factoriser $h'(x)$.

> **MÉTHODE**
> Dans *XCAS*, utiliser la commande **factor(expression)**.

3. En déduire le signe de cette dérivée, puis dresser le tableau des variations de la fonction h sur $\mathbb{R}$.

87. Soit f la fonction définie sur $\mathbb{R} \setminus \left\{-\frac{d}{c}\right\}$ par :

$$f(x) = \frac{ax+b}{cx+d} \text{ avec } ad - bc \neq 0.$$

1. Démontrer que, pour tout $x \neq -\frac{d}{c}$, on a :

$$f'(x) = \frac{ad - bc}{(cx+d)^2}.$$

2. Que peut-on en déduire à propos du sens de variation de la fonction f ?

3. Dire très rapidement si ces fonctions homographiques sont croissantes ou décroissantes sur l'intervalle I :

a. $f(x) = \frac{x-1}{3x+1}$ sur $I = \left]-\frac{1}{3} ; +\infty\right[$.

b. $g(x) = \frac{-3x+2}{x-3}$ sur $I =]-\infty ; -3[$.

c. $h(x) = \frac{2x+5}{x+1}$ sur $I =]-1 ; +\infty[$.

88. Étudier les variations de chacune des fonctions rationnelles données après avoir déterminé leur ensemble de dérivabilité.

1. $f(x) = \dfrac{x+4}{1-x}$.
2. $g(x) = \dfrac{x^2+3x}{x^2+1}$.
3. $h(x) = \dfrac{1-x}{x^2+6x+5}$.
4. $u(x) = \dfrac{2x^2-1}{5x-3}$.

CONSEIL
Voir exercice résolu 3, page 67.

89. Soit f la fonction définie sur $\mathbb{R}_+$ par :

$$f(x) = (x-4)\sqrt{x} + 2x.$$

1. Démontrer que la fonction f est dérivable sur $]0 ; +\infty[$ et calculer sa dérivée.

2. Soit u la fonction définie sur $]0 ; +\infty[$ par $u(x) = 3x + 4\sqrt{x} - 4$. Factoriser $u(x)$.
En déduire le signe de u, puis celui de f' sur $]0 ; +\infty[$.

MÉTHODE
On posera $X = \sqrt{x}$.

3. Déduire de la question précédente le sens de variation de la fonction f sur $\mathbb{R}_+$ et préciser le minimum de f sur $\mathbb{R}_+$.

90. Utiliser une fonction auxiliaire
Soit f la fonction définie sur $I =]-4 ; +\infty[$ par :

$$f(x) = \frac{x^3-2}{x+4}.$$

1. Démontrer que la fonction f est dérivable sur I et calculer sa dérivée.

2. Soit g la fonction définie sur I par :

$$g(x) = 2x^3 + 12x^2 + 2.$$

Étudier les variations de g sur l'intervalle I.
En déduire que, pour tout $x \in I$, on a $g(x) > 0$.

3. Déduire de la question précédente le signe de la fonction dérivée de f sur l'intervalle I, puis le sens de variation de la fonction f sur I.

91. DEMO **1.** Démontrer à l'aide de la dérivation que le produit de deux fonctions positives et croissantes sur un intervalle I est une fonction croissante sur I.

2. Démontrer à l'aide de la dérivation que l'inverse d'une fonction croissante (et qui ne s'annule pas) sur un intervalle I est une fonction décroissante sur I.

92. Dans chacun des cas suivants, étudier les variations de la fonction f sur l'intervalle I en choisissant la méthode qui vous semble la plus adaptée.

1. $f(x) = \dfrac{1}{x^2+5}$ sur $I = [0 ; +\infty[$.
2. $f(x) = \dfrac{-4+6x}{x}$ sur $I =]-\infty ; 0[$.
3. $f(x) = 2\sqrt{x} + 2x^2$ sur $I = [0 ; +\infty[$.

CONSEIL
Il est parfois plus rapide d'invoquer des résultats concernant les fonctions de référence (voir chapitre 1) que d'utiliser la dérivée.
Voir exercice résolu 1, page 65.

93. Obtenir une inégalité
Soit f la fonction définie sur $I =]3 ; +\infty[$ par :

$$f(x) = \frac{x^2+7}{x-3}.$$

1. Démontrer que f est dérivable sur I et calculer sa dérivée.

2. Dresser le tableau des variations de la fonction f sur l'intervalle I.
Quel est le minimum de la fonction f sur cet intervalle ?
En quelle valeur de x ce minimum est-il atteint ?

3. En déduire que, pour tout $x > 3$, on a $f(x) \geqslant 14$.

CONSEIL
Voir exercice résolu 3, page 67.

94. Soit g la fonction définie sur $\mathbb{R}$ par :

$$g(x) = \frac{x^4}{4} - x + \frac{3}{4}.$$

1. Démontrer que, pour tout réel x, on a :

$$x^3 - 1 = (x-1)(x^2+x+1).$$

2. Dresser le tableau des variations de g sur $\mathbb{R}$ et démontrer que $g(x) \geqslant 0$ pour tout x réel.

95. Soit f la fonction définie sur $\mathbb{R}$ par :

$$f(x) = \frac{-3x^2+2x-3}{x^2+1}.$$

Démontrer que, pour tout $x \in [-7 ; 7]$, on a :

$$-4 \leqslant f(x) \leqslant -2.$$

CONSEIL
Voir exercice résolu 6, page 70.

96. Soit g la fonction définie sur $I = [0 ; +\infty[$ par $g(x) = \dfrac{4\sqrt{x}}{x+1}$. Démontrer que, pour tout $x \geqslant 0$, on a:

$$0 \leqslant g(x) \leqslant 2.$$

97. On cherche à étudier la fonction définie sur $[0\,;+\infty[$ par $f(x)=\dfrac{x-2\sqrt{x}}{2x+1}$. Voici le résultat de différentes commandes utilisées avec le logiciel *XCAS* :

```
1 f:=(x-2*sqrt(x))/(2*x+1)
```
$$\frac{x-2\cdot\sqrt{x}}{2\cdot x+1}$$
```
2 df:=diff(f)
```
$$\frac{1-2\cdot\left(\frac{1}{2}\right)\cdot\left(\frac{1}{x}\right)\cdot\sqrt{x}}{2\cdot x+1}+\frac{(x-2\cdot\sqrt{x})\cdot(-2)}{(2\cdot x+1)^2}$$
```
3 simplify(ans())
```
$$\frac{2\cdot x\cdot\sqrt{x}+x-\sqrt{x}}{4\cdot x^3+4\cdot x^2+x}$$
```
4 solve(df=0)
```
$$\left[\frac{1}{4}\right]$$
```
5 solve(df>0)
```
$$\left[x>\left(\frac{1}{4}\right)\right]$$
```
6 solve(df<0)
```
$$\left[(x>0)\ \&\&\ \left(x<\left(\frac{1}{4}\right)\right)\right]$$

Déduire de ces résultats :

1. les variations de la fonction f sur $[0\,;+\infty[$;

2. la valeur pour laquelle le minimum de f sur $[0\,;+\infty[$ est atteint, puis la valeur de ce minimum.

98. En vous aidant d'un logiciel de calcul formel comme dans l'exercice précédent, dresser le tableau de variations de la fonction f définie sur $\mathbb{R}$ par $f(x)=\dfrac{x^3-7x^2}{x^2+1}$, puis préciser ses extrema locaux.

99. Soit f et g deux fonctions dérivables sur $[0\,;+\infty[$ telles que $f(0)=g(0)$ et, pour tout $x\geqslant 0$:

$$f'(x)\geqslant g'(x).$$

Démontrer que, pour tout $x\geqslant 0$, on a $f(x)\geqslant g(x)$.

> MÉTHODE
> On considèrera la fonction $h=f-g$.

Histoire des sciences

Une violente querelle a opposé, à la fin du XVIIIe siècle, le britannique *Isaac* **Newton** (1643-1727) et l'allemand *Gottfried Wilhelm von* **Leibniz** (1646-1716) à propos de la paternité du calcul infinitésimal. Nous savons aujourd'hui qu'ils ont tous les deux opéré de manière indépendante.

4. Optimisation

100. corrigé Soit ABC un triangle équilatéral de côté 1 et $MNPQ$ un rectangle inscrit dans ce triangle équilatéral. Soit H le pied de la hauteur issue de C dans le triangle ABC. On note x la distance HM avec $x\in[0\,;0,5]$.

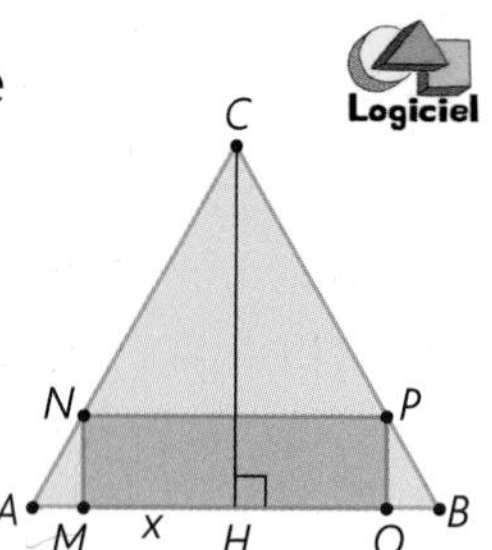

1. Réaliser la figure à l'aide du logiciel *Geogebra* et émettre une conjecture quant à la valeur maximale de l'aire du rectangle $MNPQ$.

2. Calculer la hauteur CH, puis exprimer MQ et MN en fonction de x.

3. Exprimer l'aire $\mathcal{A}$ du rectangle $MNPQ$ en fonction de x. Étudier les variations de la fonction $x\mapsto\mathcal{A}(x)$ sur l'intervalle $[0\,;0,5]$.

4. Pour quelle valeur de x l'aire du rectangle $MNPQ$ est-elle maximale ? Quelle est la valeur exacte de cette aire ?

101. Un fabricant de produits alimentaires veut utiliser des boîtes de conserve pour conditionner ses produits. On suppose qu'une boîte de conserve est un cylindre parfait de contenance 1 litre.

Le fabricant cherche donc à déterminer les dimensions de la boîte de conserve afin que :
– le volume contenu soit de 1 litre exactement ;
– la quantité de métal (supposée proportionnelle à l'aire totale du cylindre) utilisée pour la fabriquer soit minimale.

1. Soit r le rayon de la base du cylindre et h sa hauteur. Exprimer h en fonction de r.

2. Établir que l'aire totale du cylindre est donnée par :

$$\mathcal{A}(r)=2\pi r^2+\frac{2}{r}.$$

3. Étudier la dérivabilité puis calculer la dérivée de la fonction $\mathcal{A}$ sur l'intervalle $]0\,;+\infty[$.

4. En déduire les variations de la fonction $\mathcal{A}$ sur $]0\,;+\infty[$. Pour quelle valeur de r cette aire latérale est-elle minimale ? Montrer que, dans ce cas, on a $h=2r$.

5. Quelles doivent être, au millimètre près, les dimensions de la boîte de conserve (rayon de la base et hauteur) pour répondre aux contraintes fixées par le fabricant ?

102. **Cylindre inscrit dans une sphère**

But de l'exercice : connaître le volume maximal d'un cylindre inscrit dans une sphère de rayon 1.

Partie A - Avec *Geospace*

Logiciel

1. Ouvrir une nouvelle figure de l'espace. Créer un point libre O puis la sphère S de centre O et de rayon 1.

Créer un point A libre sur la sphère S puis le point B symétrique de A par rapport à O. Enfin créer le segment $[AB]$. Rendre la sphère opaque et passer en affichage *« parties cachées en pointillé »*.

2. Créer un point M libre sur $[AO]$ puis le point N symétrique de M par rapport à O. Créer les plans $p1$ et $p2$, perpendiculaires à (AB) respectivement en M et N puis créer les cercles $c1$ et $c2$ intersections respectives de la sphère S avec les plans $p1$ et $p2$.

3. Créer un point C libre sur $c1$ puis créer le cylindre d'axe $[MN]$ et de rayon MC. Hachurer ce cylindre en rouge.

4. Créer un premier affichage (Menu **Créer > Affichage**) donnant la longueur du segment $[OM]$ avec 4 décimales. Créer le calcul géométrique donnant le volume du cylindre (Menu **Créer > Calcul géométrique > Volume d'un solide**) et faire afficher ce volume avec 4 décimales.

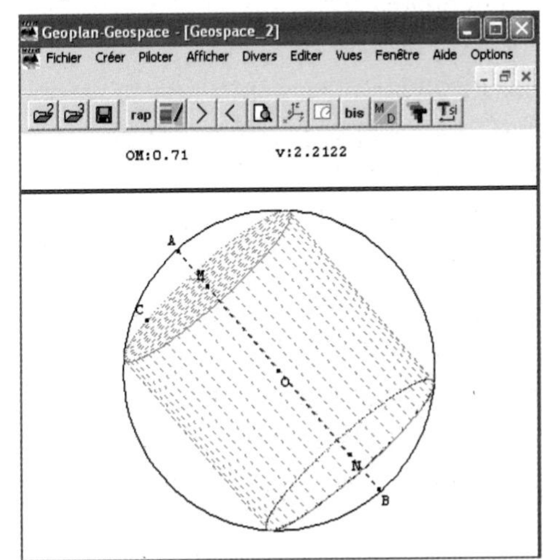

5. Piloter le point M au clavier afin de faire varier les dimensions du cylindre et donner une valeur approchée de la longueur OM pour laquelle le volume du cylindre est maximal.

Partie B - Par le calcul

1. On pose $x = OM$, avec $x \in [0\ ;\ 1]$. Exprimer, en fonction de x, le rayon R de la base du cylindre puis le volume $\mathcal{V}$ du cylindre.

2. Dresser le tableau des variations de la fonction $x \mapsto \mathcal{V}(x)$ sur l'intervalle $[0\ ;\ 1]$.

3. Pour quelle valeur (exacte) le volume du cylindre est-il maximal ? Quel est ce volume ?

103. Dans un repère orthonormé $\mathcal{P}$ est la parabole d'équation $y = x^2$, A le point de coordonnées $(3\ ;\ 0)$ et M un point quelconque de $\mathcal{P}$ de coordonnées $(x\ ;\ x^2)$. Logiciel

But de l'exercice : déterminer la position du point M *de* $\mathcal{P}$ *telle que la distance* d(A, M) soit minimale.

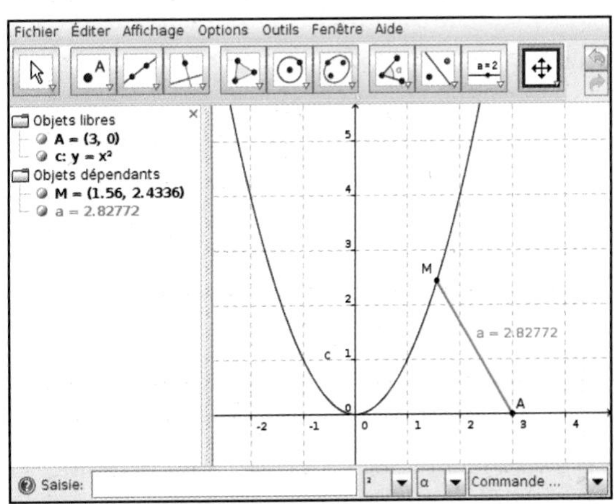

1. Réaliser la figure avec *Geogebra* afin d'émettre une conjecture.

2. Établir que $d(A, M)$ est minimale si, et seulement si, $d(A, M)^2$ est minimale.

3. Soit f la fonction $x \mapsto d(A, M)^2$.

Démontrer que $f(x) = x^4 + x^2 - 6x + 9$.

4. Calculer la dérivée de la fonction f.

Démontrer que $f'(x) = (x - 1)(4x^2 + 4x + 6)$.

5. En déduire les variations de la fonction f sur $\mathbb{R}$.

6. Pour quelle valeur de x, le carré de la distance $d(A, M)$ est-il minimal ? Répondre au problème posé.

104. **Fonctions de coût**

Une entreprise souhaite fabriquer, puis commercialiser un produit A. Elle estime que le coût total de fabrication (en milliers d'euros) de q produits (en milliers d'unités) peut être modélisé par la fonction :

$$C(q) = 0{,}05q^2 + 0{,}2q + 20$$

où q varie entre 5 et 30.

1. Bénéfice maximal

Cette entreprise envisage de vendre ce produit au prix unitaire de 2,30 €.

a. Exprimer en fonction de q la recette $R(q)$ issue de la vente de q unités.

b. Démontrer que le bénéfice (algébrique) réalisé par l'entreprise est alors exprimé par :

$$B(q) = -0{,}05q^2 + 2{,}1q - 20.$$

Dans quel intervalle doit se situer la production de cette entreprise pour être rentable, c'est-à-dire pour que ce bénéfice soit positif ? *Arrondir à la dizaine.*

c. Pour quelle production ce bénéfice est-il maximal ?

2. Coût moyen

On définit le coût moyen d'une unité comme le coût de production par unité produite : $C_M(q) = \dfrac{C(q)}{q}$.

a. Exprimer $C_M(q)$ en fonction de q.

b. Étudier les variations de la fonction C_M pour $q \in [5 ; 30]$.

c. Pour quelle production q_0 ce coût moyen est-il minimal ?

3. Coût marginal

On définit maintenant le coût marginal comme le coût occasionné par la production d'une unité supplémentaire :

$$C_m(q) = C(q+1) - C(q).$$

a. Calculer $C_m(25)$ et comparer le résultat trouvé avec $C'(25)$, où C' est la fonction dérivée de C.

Le saviez-vous ?

En pratique, on assimile le coût marginal C_m à la fonction dérivée du coût total C.
En effet :

$$C_m(q) = C(q+1) - C(q) = \frac{C(q+1) - C(q)}{(q+1) - q}$$

peut être interprété comme le coefficient directeur de la sécante passant par les points d'abscisses q et $q+1$. Si l'on considère ces deux points comme très proches, alors la position de cette sécante est très proche de celle de la tangente au point d'abscisse q : il est donc naturel d'assimiler C_m à C'.

b. Soit q_0 l'abscisse du minimum de la fonction coût moyen C_M trouvé à la question **2c.** Démontrer que $C_m(q_0) = C_M(q_0)$ puis que la tangente à la courbe représentative de la fonction coût total C au point d'abscisse q_0 passe par l'origine du repère.

105. Une propriété du minimum de la fonction coût moyen

On veut démontrer que le résultat énoncé dans la question **3b.** de l'exercice précédent est vraie quelle que soit la fonction coût total C de départ.

Soit $q \mapsto C(q)$ la fonction coût total définie et dérivable sur un intervalle I.

Soit $q \mapsto C_M(q) = \dfrac{C(q)}{q}$ la fonction coût moyen.

On assimile la fonction coût marginal C_m à la dérivée de la fonction coût total C.

1. On suppose que la fonction coût moyen C_M admet un minimum en q_0. Démontrer alors que :

$$C(q_0) = q_0 C'(q_0).$$

2. En déduire que $C_M(q_0) = C'(q_0)$ et en donner une interprétation graphique.

3. Démontrer que la tangente à la courbe représentative de la fonction coût total C au point d'abscisse q_0 passe par l'origine du repère.

5. Approximation affine

106. Zoom sur le point de tangence

Logiciel

Partie A

1. Ouvrir une nouvelle figure *Geogebra*. Tracer en bleu la courbe représentative de la fonction f définie sur $\mathbb{R}$ par $f(x) = x^2$:

Placer le point A de coordonnées $(1 ; 1)$ puis tracer en rouge la tangente à la courbe au point A :

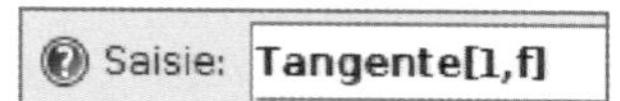

2. En maintenant le clic droit de la souris enfoncé, délimiter une zone autour du point A et relâcher pour zoomer, jusqu'à ce que la fenêtre ait une largeur de 0,1 unité environ. Que peut-on dire de la courbe et de sa tangente à cette échelle ?

3. En déduire qu'une valeur approchée du nombre $0{,}998^2$ est $2 \times 0{,}998 = 1{,}996$.

À SAVOIR

Le fait que la courbe représentative d'une fonction et sa tangente soient très proches lorsqu'on zoome sur le point A se traduit par la propriété suivante :
Pour une fonction f dérivable en $a \in I$,
si x est voisin de a (c'est-à-dire très proche de a), alors $f(x)$ est voisin de $f'(a)(x-a) + f(a)$.
On note $f(x) \approxeq f'(a)(x+a) + f(a)$ et on dit que la fonction $x \mapsto f'(a)(x-a) + f(a)$ est une approximation affine de la fonction f au voisinage de a.

Partie B

1. À l'aide de l'encadré ci-dessus, donner une approximation affine des fonctions suivantes au voisinage de a :

a. $f(x) = x^3$ en $a = 2$.

b. $f(x) = \sqrt{x}$ en $a = 3$.

c. $f(x) = \dfrac{1}{x^2}$ en $a = 1$.

2. En utilisant les résultats de la question **1.**, donner une valeur approchée des nombres $1{,}999^3$; $\sqrt{3{,}02}$ et $\dfrac{1}{1{,}001^2}$.
Comparer avec les valeurs obtenues à l'aide d'une calculatrice.

107. Méthode d'Euler

But de l'exercice : Trouver des fonctions f définies et dérivables sur $]0 ; +\infty[$ qui vérifient les deux conditions

$$\begin{cases} f(1) = 0 \\ f'(x) = \dfrac{1}{x} \end{cases}.$$

On démontrera en classe de Terminale l'existence et l'unicité d'une telle fonction.

REMARQUES ET MÉTHODES
La lecture inverse du tableau des dérivées ne nous est d'aucune aide ici, aucune fonction usuelle ne semblant convenir. Nous allons voir comment construire point par point une approximation de la courbe représentative de cette fonction f sur l'intervalle $[1 ; 3]$, en considérant que, sur de tous petits intervalles, la courbe et sa tangente sont pratiquement confondues.

1. Quelques caractéristiques de la fonction recherchée

a. Démontrer que la fonction f est strictement croissante sur $]0 ; +\infty[$.

b. De la condition $f(1) = 0$, déduire le signe de la fonction f sur $]0 ; +\infty[$.

2. Initialisation

On se place au voisinage de 1, dont on connaît l'image par f puisque $f(1) = 0$.

a. Démontrer qu'une approximation affine de f au voisinage de 1 est $f(x) \approx f'(1)(x - 1) + f(1)$.
En déduire qu'une valeur approchée de $f(1{,}1)$ est 0,1.

b. Démontrer qu'une approximation affine de f au voisinage de 1,1 est $f(x) \approx f'(1{,}1)(x - 1{,}1) + f(1{,}1)$.
En déduire qu'une valeur approchée de $f(1{,}2)$ est donnée par $f(1{,}2) \approx f'(1{,}1) \times 0{,}1 + f(1{,}1)$ et calculer cette valeur approchée.

c. Réitérer ce raisonnement afin d'établir que :

$$f(1{,}3) \approx f'(1{,}2) \times 0{,}1 + f(1{,}2)$$

et calculer cette valeur approchée de $f(1{,}3)$.

3. Utilisation d'un tableur

Tableur

On vient d'établir que, pour tout $n \geqslant 0$ et en posant $x_0 = 1$, on peut trouver une valeur approchée de $f(x_{n+1})$ à partir de celle de $f(x_n)$:

$$f(x_{n+1}) = f(x_n + 0{,}1) \approx f'(x_n) \times 0{,}1 + f(x_n).$$

On a également calculé les coordonnées de trois points de la courbe représentative de f.

On peut poursuivre en itérant cette tâche grâce à un tableur.

a. Reproduire cette feuille de calcul :

	A	B
1	pas	0,1
2		
3	x	f(x)
4	1	0
5	1,1	0,1

en rentrant la formule = $A4 + \$B\$1$ dans la cellule **A5**. Quelle formule faut-il entrer dans la cellule **B5** ?

b. Sélectionner les deux cellules **A5** et **B5** et tirer vers le bas pour recopier la formule jusqu'à la ligne **24**.

c. Sélectionner la plage de cellules **A4:B24** et construire la courbe reliant les valeurs de la colonne **A** à celles de la colonne **B**.

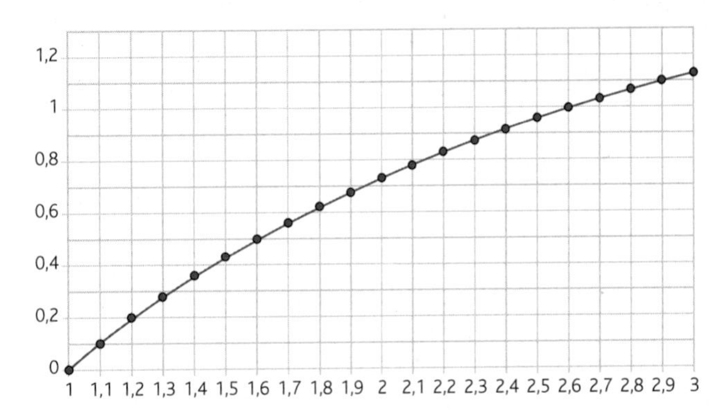

On a tracé, point par point et avec un pas de 0,1, la courbe recherchée sur l'intervalle [1 ; 3]. Cette fonction, qui ne s'exprime pas grâce aux fonctions usuelles, s'appelle logarithme népérien et sera étudiée en classe de Terminale.

d. Pour comparer les valeurs obtenues avec les valeurs réelles, entrer la formule = *LN (A4)* dans la cellule **C4**, la recopier jusqu'en bas du tableau puis intégrer la courbe reliant les valeurs de la colonne **A** à celles de la colonne **C** (ici en rouge) au graphique précédent :

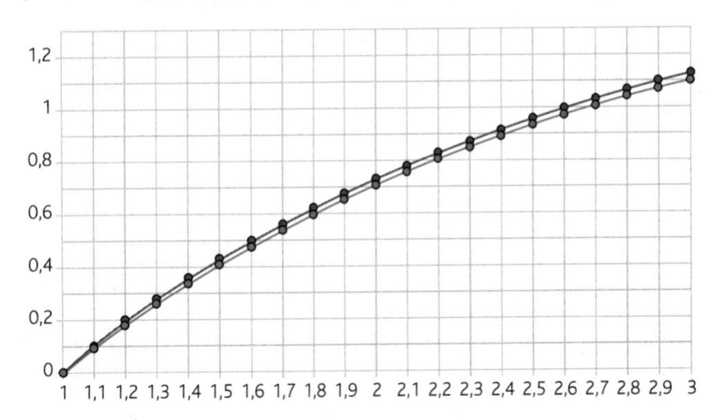

Il est possible d'augmenter la précision en changeant le pas de la procédure (par exemple en prenant 0,01).

Le saviez-vous ?

Les fonctions logarithmes (et parmi elles la fonction logarithme népérien du nom de son « inventeur » le Britannique *John* **Neper**) ont été introduites dans le but de simplifier des calculs de produits ou de quotients particulièrement ardus, notamment en astronomie. La fonction logarithme népérien, notée *ln*, fera l'objet d'une attention toute particulière en classe de Terminale.

108. On veut tracer, point par point, avec un pas de 0,1 et sur l'intervalle [0 ; 3], une approximation de la courbe représentative de la fonction qui vérifie les deux conditions $\begin{cases} f(0) = 0 \\ f'(x) = \dfrac{1}{1+x^2} \end{cases}$.

algo

On va appliquer la **méthode d'Euler** vue à l'exercice 107. Pour cela, on a conçu l'algorithme suivant avec *Algobox* :

```
▼ VARIABLES
  h EST_DU_TYPE NOMBRE
  x_0 EST_DU_TYPE NOMBRE
  y_0 EST_DU_TYPE NOMBRE
  c EST_DU_TYPE NOMBRE
▼ DEBUT_ALGORITHME
  AFFICHER "Quel pas ?"
  LIRE h
  AFFICHER "x0 ?"
  LIRE x_0
  AFFICHER "y0?"
  LIRE y_0
  AFFICHER "Borne supérieure de l'intervalle ? "
  LIRE c
  TRACER_POINT (x_0,y_0)
  ▼ TANT_QUE (x_0<=c) FAIRE
      DEBUT_TANT_QUE
      x_0 PREND_LA_VALEUR
      y_0 PREND_LA_VALEUR
      AFFICHER x_0
      AFFICHER ";"
      AFFICHER y_0
      TRACER_POINT (x_0,y_0)
      FIN_TANT_QUE
FIN_ALGORITHME
```

Reproduire cet algorithme après avoir complété les lignes floutées et l'exécuter après avoir saisi dans l'onglet ***Utiliser une fonction numérique*** la fonction $F1(x) = \dfrac{1}{1+x^2}$, et réglé la fenêtre à $Xmin = 0$, $Ymin = 0$ et $Ymax = 2$ dans l'onglet ***Dessiner dans un repère***.

Histoire des sciences

Leonhard **Euler** (1707-1783) est considéré comme l'un des plus importants mathématiciens : il a grandement contribué à tous les domaines des mathématiques.

Par exemple, dans le cadre de la résolution de problèmes physiques concrets (balistique, mécanique céleste), Euler inventa la méthode qui porte son nom et qui lui permit d'obtenir des solutions approchées aux équations différentielles (c'est-à-dire des équations lianture fonction à ses dérivées) qu'il ne pouvait pas résoudre par des moyens calculatoires. Il publia cette méthode dans un traité intitulé *Institutionum Calculi Integralis* en 1768.

109. Appliquer la méthode d'Euler pour tracer point par point, avec un pas de 0,1 et sur l'intervalle [0 ; 3], une approximation de la courbe représentative de la fonction qui vérifie les deux conditions :

$$\begin{cases} f(0) = 1 \\ f'(x) = f(x) \end{cases}.$$

On pourra utiliser le tableur, *Algobox* ou une calculatrice.

Le saviez-vous ?

La fonction solution de cette équation différentielle est appelée **exponentielle** ; elle est très fortement liée à la fonction logarithme népérien et est primordiale en mathématiques et dans les autres sciences. Elle intervient dans les modélisations de très nombreux phénomènes (électricité, biologie, radioactivité, etc). Elle fera elle aussi l'objet d'une étude approfondie en classe de Terminale.

6. Problèmes

À SAVOIR

La **vitesse instantanée** d'un mobile est la valeur que prend la vitesse moyenne entre deux moments très voisins.

Autrement dit, si $t \mapsto x(t)$ est l'équation horaire du mouvement de ce mobile, la vitesse instantanée à l'instant t_0 est donnée par la limite, lorsque h tend vers 0, du quotient :

$$\frac{x(t_0+h) - x(t_0)}{h}.$$

La vitesse instantanée est donc le nombre dérivé de la fonction x au point t_0 : $v(t_0) = x'(t_0)$.

110. Un objet tombe d'une hauteur de 80 mètres avec une vitesse initiale nulle.
On néglige les effets des frottements de l'air.
L'équation horaire du mouvement de ce mobile est donnée par :

$$x(t) = -4,9t^2 + 80$$

où t est le temps (en secondes) et $x(t)$ est l'altitude du solide à l'instant t (en mètres).

À quel instant le mobile va-t-il toucher le sol ? Quelle sera la vitesse de l'objet au moment de l'impact ? (On donnera des valeurs approchées au dixième.)

111. Le mobile autoporteur
Un mobile autoporteur se déplace sur une table plane horizontale en suivant un mouvement rectiligne. On enregistre à des intervalles de temps réguliers ($\tau = 20$ ms) la position du projeté du centre d'inertie du mobile. Au bout d'un certain temps, on coupe la turbine qui éjecte l'air.
Voici l'enregistrement obtenu :

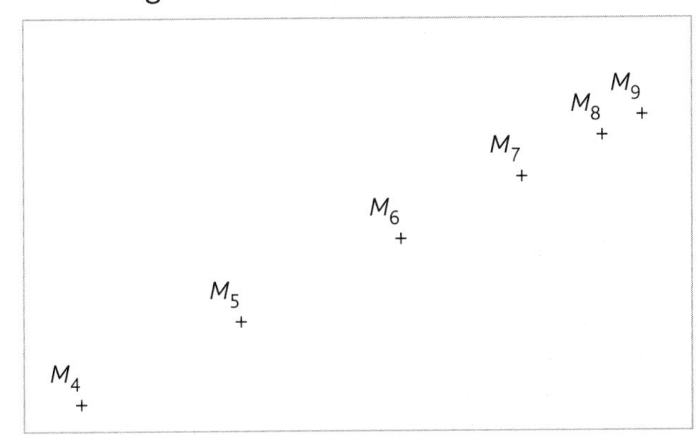

1. Déterminer la vitesse instantanée (en $m.s^{-1}$) du mobile à l'instant t_5, en l'assimilant à la vitesse moyenne du mobile entre les instants t_4 et t_6 :

$$v_5 = \frac{M_4M_6}{2\tau}.$$

2. De la même manière, évaluer la vitesse instantanée du mobile à l'instant t_8.

3. *D'une manière plus générale : cette méthode permet d'évaluer la vitesse instantanée du mobile en un instant* t *en calculant, pour* τ *petit, le quotient :*

$$\frac{x(t+\tau) - x(t-\tau)}{2\tau}$$

où $x(t)$ *est la position du mobile sur l'axe du déplacement à l'instant* t.

Si ce quotient admet une limite lorsqu'on fait tendre τ *vers 0, on dit que la fonction* $t \mapsto x(t)$ *admet une* ***dérivée symétrique*** *en* t.
Il existe un lien entre cette dérivée symétrique et le nombre dérivé tel qu'on l'a vu dans le cours :

Démontrer que, si la fonction $t \mapsto x(t)$ est dérivable, alors sa dérivée symétrique en t et son nombre dérivé sont égaux.

112. Le cœur et la casserole
Mais que vient faire ce cœur au fond de ma casserole ?

Cette figure est obtenue par réflexion des rayons lumineux sur les bords du récipient. Nous allons recréer cette situation grâce à *Geogebra*, en nous plaçant dans le cas où les rayons lumineux proviennent du soleil et sont donc considérés comme parallèles.

Modélisation mathématique

On se place dans un repère orthonormé de centre O.
Soit $\mathscr{C}$ un cercle de centre O et de rayon 5 et soit d la droite d'équation $x = 10$. Soit M un point mobile sur la droite d, dont l'ordonnée t est comprise entre -5 et 5.
Un rayon lumineux part du point M parallèlement à l'axe des abscisses. Il vient frapper le cercle en un point A. Le rayon réfléchi est déterminé comme étant le symétrique du rayon incident par rapport à la normale au cercle $\mathscr{C}$ au point A (la normale étant la droite perpendiculaire à la tangente au cercle). Réaliser la figure correspondante avec *Geogebra*.

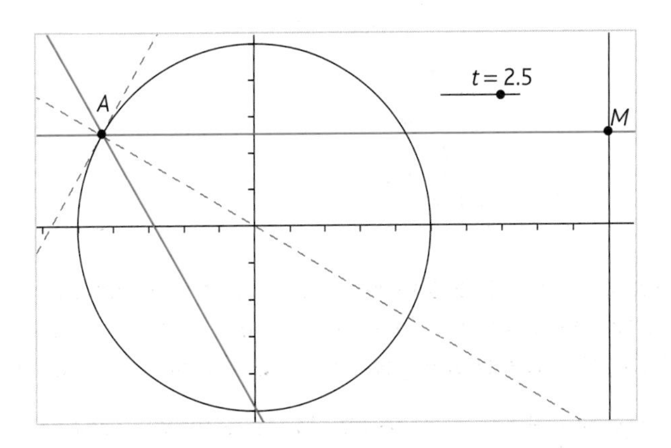

Activer la trace de la droite représentant le rayon réfléchi, puis animer le curseur t afin de constater le phénomène.

113. Une voiture roule sur une autoroute, son conducteur aperçoit un obstacle et commence à freiner. L'équation horaire du mouvement de cette voiture à partir de l'instant où il commence à freiner, est donnée par $x(t) = -5t^2 + 40t$, où x s'exprime en mètres et t en secondes.

1. Calculer la vitesse de la voiture avant que son conducteur ne commence à freiner, en $m.s^{-1}$ puis en $km.h^{-1}$.

2. Calculer la vitesse de la voiture après une seconde de freinage, en $m.s^{-1}$ puis en $km.h^{-1}$.

3. Au bout de combien de temps la voiture s'arrête-t-elle ? Quelle distance a-t-elle parcouru avant l'arrêt ?

114. Les miroirs paraboliques

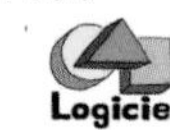

Les miroirs paraboliques ont une propriété intéressante que nous allons découvrir grâce à une modélisation avec *Geogebra* puis démontrer par le calcul.

Partie I - Modélisation mathématique

Soit $\mathcal{P}$ la restriction de la parabole d'équation $y = x^2$ à l'intervalle $[-1 ; 1]$. Soit d la droite d'équation $y = 2$ et M un point mobile sur la droite d, dont l'abscisse t est comprise entre -1 et 1. Un rayon lumineux part de M parallèlement à l'axe des ordonnées ; il rencontre la parabole en un point A. Le rayon réfléchi est déterminé comme étant le symétrique du rayon incident par rapport à la normale à la parabole au point A.

> **Rappel**
> La normale en A est la droite perpendiculaire à la tangente à la parabole au point A.

Réaliser la figure suivante avec *Geogebra*.

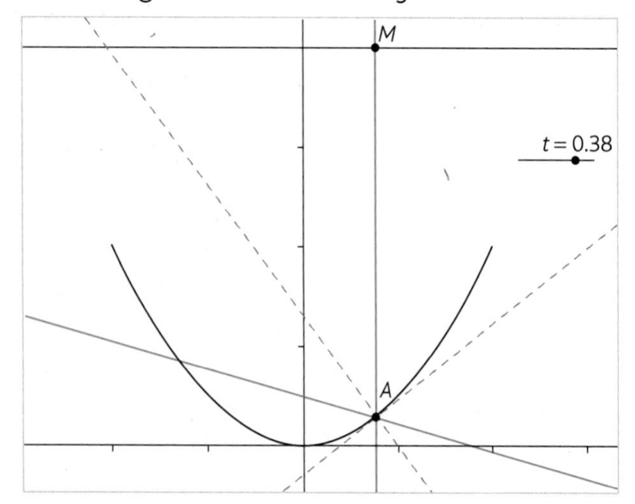

Activer la trace de la droite représentant le rayon réfléchi, puis animer le curseur t. Que constate-t-on ?

Partie II - Démonstration

Soit M le point de coordonnées $(t ; 2)$, à l'origine du rayon incident représenté par la droite (MA).

Nous allons calculer les coordonnées du point M', symétrique de M par rapport à la normale $(\mathcal{N})$ puis déterminer l'équation de la droite (AM') représentant le rayon réfléchi. Nous pourrons alors conclure.

1. Calculer l'équation de la tangente $(\mathcal{T})$.

2. Démontrer que l'équation de la normale $(\mathcal{N})$ est donnée par $y = -\frac{1}{2a}x + a^2 + \frac{1}{2}$.

> **Conseil**
> Utiliser la propriété qui dit que si deux droites, non parallèles aux axes, sont perpendiculaires, alors le produit de leurs coefficients directeurs est égal à -1.

3. Déterminer l'équation de la droite $(\mathcal{D})$ perpendiculaire à la normale $(\mathcal{N})$ (donc parallèle à la tangente $(\mathcal{T})$ et passant par le point M.

4. Démontrer que les coordonnées du point H, intersection des droites $(\mathcal{N})$ et $(\mathcal{D})$, sont données par :

$$\left(\frac{6a^3 - 3a}{4a^2 + 1} ; \frac{4a^4 + 2}{4a^2 + 1}\right).$$

5. En utilisant l'égalité vectorielle $\overrightarrow{MM'} = \overrightarrow{2MH}$, démontrer que les coordonnées du point M' sont :

$$\left(\frac{8a^3 - 7a}{4a^2 + 1} ; \frac{8a^4 - 8a^2 + 2}{4a^2 + 1}\right).$$

6. En déduire que l'équation de la droite (AM') est donnée par $y = \frac{4a^2 - 1}{4a}x + \frac{1}{4}$.

7. Démontrer que, pour toute valeur de a, la droite (AM') passe par le point F de coordonnées $\left(0 ; \frac{1}{4}\right)$.

Le saviez-vous ?

Le point F est appelé **foyer de la parabole.** C'est en ce point que se concentrent tous les rayons réfléchis dont la direction est parallèle à l'axe de la parabole.

C'est pour cette raison que les antennes placées sur les toits sont appelées « paraboles » : leur forme permet aux ondes de se réfléchir en se concentrant au foyer de la parabole, où se trouve un capteur qui en fait le traitement.

Vice-versa : si une source lumineuse est placée en F, tous les rayons réfléchis seront parallèles à l'axe de la parabole.

Ce principe est utilisé pour les phares de voiture : une ampoule est placée au foyer d'une parabole réfléchissante, de telle manière que les rayons lumineux sont tous réfléchis dans la même direction.

115. Tangente commune

Soit $\mathcal{P}_1$ et $\mathcal{P}_2$ les paraboles représentant les fonctions f_1 et f_2 respectivement définies sur $\mathbb{R}$ par :

$$f_1(x) = x^2 + 2x + 3 \quad \text{et} \quad f_2(x) = -\frac{1}{2}x^2 + 1.$$

On cherche à savoir s'il existe une ou plusieurs tangentes communes à ces deux courbes, c'est-à-dire un ou plusieurs couples (a, b) de nombre réels tels que la tangente à $\mathcal{P}_1$ au point $A(a ; f_1(a))$ et la tangente à $\mathcal{P}_2$ au point $B(b ; f_2(b))$ soient confondues.

1. Tracer ces deux paraboles dans un repère orthonormé d'unité 1 cm.

2. Déterminer, en fonction de a, l'équation de la tangente à $\mathcal{P}_1$ au point A puis, en fonction de b, l'équation de la tangente à $\mathcal{P}_2$ au point B.

3. Établir que, si ces deux tangentes sont confondues, alors nécessairement a et b sont solutions du système :

$$\begin{cases} 2a + b = -2 \\ a^2 + \frac{1}{2}b^2 - 2 = 0 \end{cases}.$$

4. Résoudre ce système par substitution, sans oublier de vérifier que les couples de solutions trouvés conviennent.

5. En déduire qu'il existe deux tangentes communes aux deux paraboles $\mathcal{P}_1$ et $\mathcal{P}_2$ et tracer ces deux tangentes.

116. Raccordement de courbes

La courbe $\mathcal{C}$ ci-dessous est formée de deux arcs de parabole qui se raccordent au point I.

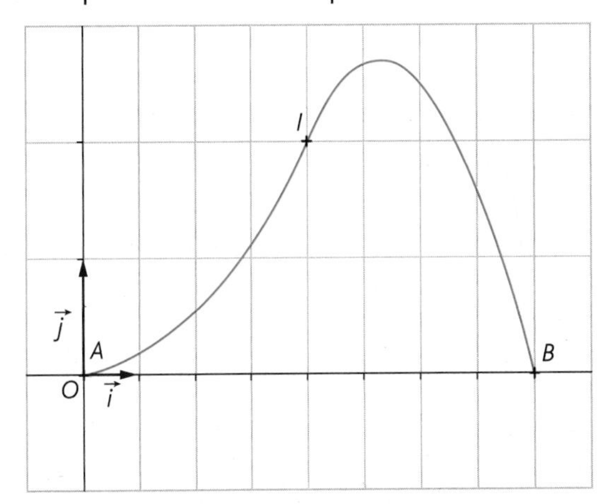

La courbe $\mathcal{C}$ est tangente à l'axe des abscisses au point A et, pour que le raccordement entre les deux arcs de paraboles soit bien « lisse », les pentes des deux demi-tangentes au point I sont égales à 1.

Déterminer les équations des deux paraboles dont les arcs ainsi raccordés forment la courbe $\mathcal{C}$.

117. Fonctions convexes

> **DÉFINITIONS**
> La dérivée **seconde** de f, notée f'', est la dérivée de la fonction f' ; autrement dit $f'' = (f')'$.
> Une fonction f deux fois dérivable sur un intervalle I est dite **convexe** si sa dérivée seconde est positive sur I.

1. Démontrer que la fonction f est convexe sur I si, et seulement si, la fonction f' est croissante sur I.

2. Soit f une fonction convexe et soit $a \in I$. Posons, pour tout réel x de I : $\varphi_a(x) = f(x) - [f'(a)(x - a) + f(a)]$.

a. Quelle interprétation graphique peut-on faire de la fonction φ_a ?

b. Étudier les variations de la fonction φ_a sur I et démontrer que la fonction φ_a admet un minimum en a qui vaut 0.

c. Que peut-on dire à propos de la position relative de la courbe d'une fonction convexe et de ses tangentes ?

> **DÉFINITIONS**
> On dira d'une fonction f qu'elle est **concave** si son opposée $-f$ est convexe.

3. a. Démontrer qu'une fonction trinôme du second degré $x \mapsto ax^2 + bx + c$ est soit convexe, soit concave sur $\mathbb{R}$. À quelle condition est-elle convexe ? concave ?

b. Démontrer que la fonction racine carrée est concave sur $]0 ; +\infty[$.

c. De la même façon, étudier la convexité d'une fonction homographique $x \mapsto \dfrac{ax + b}{cx + d}$ (avec $c > 0$) sur chacun des deux intervalles $\left]-\infty ; -\frac{d}{c}\right[$ et $\left]-\frac{d}{c} ; +\infty\right[$.

Le saviez-vous ?

« La découverte du calcul infinitésimal, que Newton a faite, a donné lieu de dire au savant Halley* qu'il n'est pas permis à un mortel d'atteindre de plus près la divinité »

Voltaire, *Le siècle de Louis XIV*, 1751

**Edmund Halley* (1656 – 1742) était un astronome britannique, qui a donné son nom à la célèbre comète.

QCM

Dans les questions suivantes, déterminer la (ou les) bonne(s) réponse(s). Plusieurs bonnes réponses sont possibles.

118. **Soit f la fonction définie sur $\mathbb{R}$ par $f(x) = \dfrac{-x^3 - 3x^2 + 1}{3}$ et soit $\mathscr{C}_f$ sa courbe représentative dans un repère orthogonal.**
En combien de points de cette courbe la tangente est-elle parallèle à la droite d'équation $y = x$?

a. en 3 points. b. en 2 points.
c. en 1 point. d. en aucun point.

119. **Soit A le point de coordonnées $(-5 ; 6)$ et $\mathscr{P}$ la parabole d'équation $y = x^2$. Combien existe-t-il de tangentes à $\mathscr{P}$ passant par le point A ?**

a. une seule tangente. b. deux tangentes.
c. trois tangentes. d. aucune tangente.

120. **La fonction g définie sur $\mathbb{R}_+$ par $g(x) = x - 2\sqrt{x}$ est :**

a. croissante sur $[1 ; +\infty[$. b. croissante sur $\mathbb{R}_+$.
c. décroissante sur $[0 ; 2]$. d. monotone sur $\mathbb{R}_+$.

121. **Soit u une fonction définie, dérivable et ne s'an-nulant pas sur un intervalle I. La dérivée de la fonction $\dfrac{1}{u^2}$ est :**

a. $\dfrac{1}{2u}$. b. $\dfrac{-u'}{2u}$. c. $\dfrac{-2u'}{u^3}$. d. $\dfrac{1}{2uu'}$.

122. **Soit a et b deux nombres réels positifs tels que $a + b = 1$. La valeur maximale du produit ab est :**

a. 1. b. $\dfrac{1}{4}$. c. 2. d. $\dfrac{1}{2}$.

123. **On donne ci-dessous la représentation graphique de la dérivée de la fonction f.**

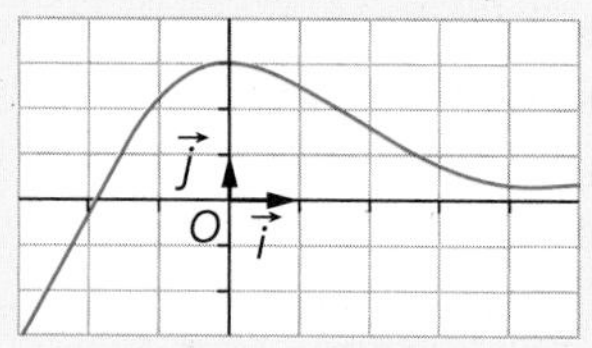

a. La fonction f est croissante sur $]-\infty, 0]$.
b. La fonction f admet un minimum absolu en $x = -1$.
c. La fonction f admet un maximum absolu en $x = 0$.
d. $f(4) < f(2)$.

vrai ou faux ?

Dans chaque cas, indiquer si la proposition est vraie ou fausse et justifier votre choix.

124. En tout point de l'hyperbole d'équation $y = -\dfrac{1}{x}$, la pente de la tangente est strictement inférieure à 1.

125. La droite d'équation $y = 5x - 1$ est tangente à la courbe d'équation $y = x^3 - x^2 - 4$.

126. Soit f une fonction trinôme du second degré.
Pour tout $x_0 \in \mathbb{R}$ et tout $h \in \mathbb{R}^*$, on a :

$$f'(x_0) = \frac{f(x_0 + h) - f(x_0 - h)}{2h}.$$

127. La fonction définie par $f(x) = x^3 + ax^2 + bx + c$ est strictement croissante sur $\mathbb{R}$ si, et seulement si, $b < \dfrac{a^2}{3}$.

128. Si une fonction f définie et dérivable sur un intervalle I est strictement croissante sur I, alors on a $f'(x) > 0$ pour tout $x \in I$.

129. Soit f une fonction strictement croissante et dérivable sur un intervalle I.
La fonction $x \mapsto f(x)^2$ est également strictement croissante sur I.

130. Soit f la fonction définie sur $\mathbb{R}$ par $f(x) = 2x + 3$. Il existe une unique fonction F définie et dérivable sur $\mathbb{R}$ dont la dérivée est la fonction f.

restitution organisée des connaissances

131. **1.** Soit f une fonction dérivable en $a \in \mathbb{R}$. On rappelle que la tangente à la courbe représentative de f au point $A(a\ ;f(a))$ est la droite passant par A et de coefficient directeur $f'(a)$. Démontrer que l'équation réduite de cette tangente est donnée par $y=f'(a)(x-a)+f(a)$.

2. On considère la fonction définie sur $\mathbb{R}$ par :

$$f(x)=x^2-3x-1.$$

a. Démontrer que l'équation réduite de la tangente à la courbe représentative de f au point $A(a\ ;f(a))$ est donnée par $y=(2a-3)x-a^2-1$.

b. Existe-t-il un point pour lequel la tangente est parallèle à la droite d'équation $y=x$?

c. Existe-t-il un point pour lequel la tangente passe par l'origine du repère ?

132. **1.** Soit v une fonction dérivable sur un intervalle I, ne s'annulant pas sur I.
Démontrer (à l'aide des taux d'accroissement) que la fonction $\frac{1}{v}$ est dérivable sur I et que l'on a, pour tout $x \in I$, $\left(\frac{1}{v}\right)'(x)=\frac{-v'(x)}{v(x)^2}$.

2. On donne ci-dessous la courbe représentative d'une fonction f dérivable sur $\mathbb{R}$. Les points A, B et C sont des points de la courbe, les droites (T_A), (T_B) et (T_C) sont les trangentes à la courbe aux points A, B et C respectivement.

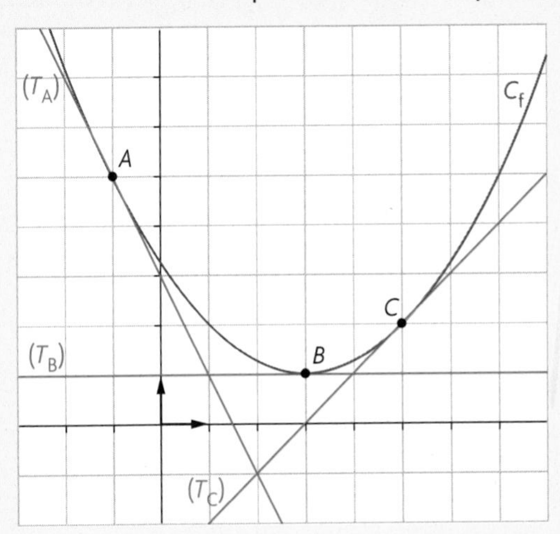

a. Soit $g=\frac{1}{f}$.
Quel est l'ensemble de dérivabilité de la fonction g ?
Déduire des variations de la fonction f, les variations de la fonction g sur $\mathbb{R}$.

b. En vous appuyant sur le graphique, donner les valeurs de $f(-1)$, $f(3)$, $f(5)$, puis de $f'(-1)$, $f'(3)$ et $f'(5)$.

c. En déduire les valeurs de $g(-1)$, $g(3)$, $g(5)$, $g'(-1)$, $g'(3)$ et $g'(5)$.

d. Utiliser les résultats de la question précédente pour tracer la courbe représentative de la fonction g dans un repère orthonormé.

133. **A. Partie I**

On suppose connus les résultats suivants.

(1) Si u et v sont deux fonctions dérivables sur un intervalle I, alors la fonction produit (uv) est dérivable sur I et on a, pour tout $x \in I$:

$$(uv)'(x)=u'(x)v(x)+u(x)v'(x) \quad .$$

(2) Si v est une fonction dérivable sur un intervalle I ne s'annulant pas sur I, alors la fonction $\frac{1}{v}$ est dérivable sur I et on a, pour tout $x \in I$, $\left(\frac{1}{v}\right)'(x)=\frac{-v'(x)}{v(x)^2}$.

Démontrer que si u et v sont deux fonctions dérivables sur un intervalle I et si v ne s'annule pas sur u, alors la fonction quotient $\left(\frac{u}{v}\right)$ est dérivable sur I et, pour tout $x \in I$, $\left(\frac{u}{v}\right)'(x)=\frac{u'(x)v(x)-u(x)v'(x)}{v(x)^2}$.

B. Partie II

Soit f la fonction définie sur $I=]-1\ ;+\infty]$ par :

$$f(x)=\frac{x^3-2}{x+1}.$$

1. Démontrer que f est dérivable sur I et calculer $f'(x)$ pour tout $x>-1$.

2. Soit g la fonction définie sur I par :

$$g(x)=2x^3+3x^2+2.$$

a. Démontrer que g est dérivable sur I et calculer $g'(x)$ pour tout $x>-1$.

b. Étudier le signe de $g'(x)$ pour $x \in I$, et en déduire les variations de la fonction g sur I.

c. Démontrer que $g(x)>0$ pour tout $x>-1$.

3. En déduire que $f'(x)>0$ pour tout $x>-1$ puis que la fonction f est strictement croissante sur I.

1. Algorithme de Newton-Raphson

objectif

Trouver des valeurs approchées de la racine d'une équation que l'on ne sait pas résoudre algébriquement.

On cherche à trouver une valeur approchée de l'unique solution de l'équation :

$$x^3 - 3x + 1 = 0.$$

Pour cela, on considère la fonction définie sur $\mathbb{R}$ par $f(x) = x^3 - 3x + 1$.

Nous allons voir comment Isaac Newton abordait ce problème au XVIIe siècle, selon une méthode toujours utilisée actuellement par certains modèles de calculatrices pour la résolution approchée des équations.

1. Mise en place et figure initiale

a. Ouvrir une nouvelle figure *Geogebra*.
Choisir d'afficher les nombres décimaux avec 15 décimales.
Ouvrir la fenêtre ***Tableur*** et fermer la fenêtre ***Algèbre***.

> MÉTHODE
> À voir dans les menus ***Options*** et ***Affichage***.

b. Créer la fonction définie par $f(x) = x^3 - 3x + 1$ et tracer sa courbe représentative en rouge.

c. Créer le point A de coordonnées $(2\ ;\ 0)$ puis le point A' de coordonnées $(x(A)\ ;\ f(x(A)))$.

d. Créer la tangente à la courbe passant par A'.

e. Créer le point B intersection de cette tangente avec l'axe des abscisses.

> MÉTHODE
> Utiliser la zone de saisie pour créer la fonction, les points et les tangentes grâce aux commandes
> ***A = (2,0) A'=(x(A),f(x(A)))]***
> ***Tangente [A',2]***

2. Itération

Répéter la phase précédente pour créer les points B', C', D' et E' sur la courbe, et les points C, D et E sur l'axe des abscisses.

Faire des zooms successifs sur les points B, C, D et E pour bien distinguer la courbe de ses tangentes et lire précisément les abscisses de ces points.

> MÉTHODE
> Pour faire un zoom, faire un clic droit et laisser le bouton de la souris enfoncé pour délimiter la zone à agrandir.

3. Utiliser le tableur de *Geogebra*

a. Démontrer que la tangente à la courbe représentative de f au point de coordonnées $(a\ ;\ f(a))$ (avec $f'(a) \neq 0$) coupe l'axe des abscisses au point $\left(a - \dfrac{f(a)}{f'(a)}\ ;\ 0\right)$.

b. Créer la fonction f' dérivée de la fonction f.

> MÉTHODE
> Dans la zone de saisie, écrire **f'=Dérivée[f]**.

c. Dans la fenêtre tableur :

- Entrer $=x(A)$ dans la cellule **A1**, puis la formule $=A1 - f(A1)/f'(A1)$ dans la cellule **B1**.
- Entrer $=B1$ dans la cellule **A2**, et copier dans la cellule **B2** la formule écrite dans la cellule **B1**.
- Sélectionner les cellules **A2** et **B2**, et tirer les formules sur quelques lignes.

La colonne **B** donne des valeurs de plus en plus proches de la valeur de la racine recherchée.

À vous de jouer

De la même manière, déterminer des valeurs approchées les plus précises possibles des racines des équations :

a. $x^3 - 2 = 0$; **b.** $x^3 + x + 1 = 0$.

2. Les chemins de traverse

objectif

Étudier une fonction irrationnelle grâce à un logiciel de calcul formel.

Une personne court le long d'un champ de longueur 100 m, il part de A et doit se rendre le plus rapidement possible en B en coupant à travers le champ à partir d'un point M (voir ci-dessous). Sachant qu'il court à la vitesse de 6 m.s^{-1} sur la route mais seulement à 4 m.s^{-1} dans le champ, déterminer la position du point M permettant de réaliser ce parcours en un temps minimal.

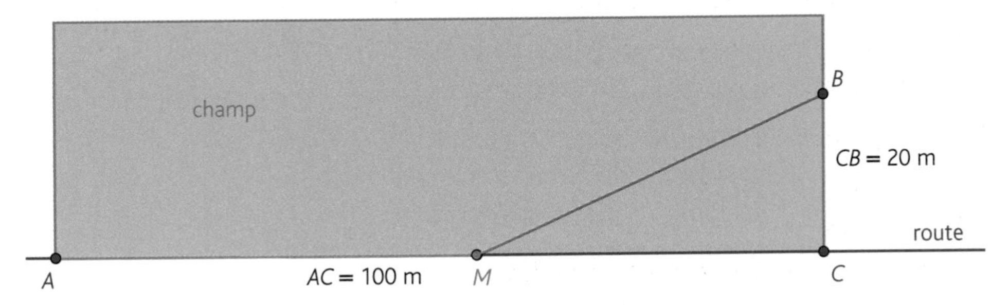

1. Modéliser le problème par une fonction

On pose $x = AM$, avec $x \in [0\ ;\ 100]$. Déterminer, en fonction de x, le temps de parcours (en secondes) sur le trajet $[AM]$ puis celui sur le trajet $[MB]$, et enfin le temps de parcours sur le trajet complet.

Est-il possible, en l'état de vos connaissances, d'étudier de façon simple les variations de la fonction f obtenue ?

> REMARQUE
> On nommera f cette fonction définie sur $[0\ ;\ 100]$.

2. Traitement de la situation par un logiciel de calcul formel

a. Ouvrir une nouvelle session *XCAS*.

b. Définir la fonction f en précisant son intervalle de définition.

c. Faire calculer la dérivée de f par le logiciel.

d. Résoudre, grâce au logiciel, les inéquations $f'(x) > 0$ et $f'(x) < 0$. Dresser le tableau des variations de f sur $[0\ ;\ 100]$.

e. Déterminer la valeur exacte et une valeur approchée du nombre x_0 qui minimise la fonction f.

f. Tracer la courbe représentative de la fonction f sur $[0\ ;\ 100]$.

> MÉTHODE
> Pour définir l'expression d'une fonction f définie sur $[a\ ;\ b]$ écrire :
> `assume ((x>= a) and (x<=b)) ; f(x) :=expression`
> puis taper sur Entrée.
> Attention à la syntaxe !

> MÉTHODE
> Utiliser les commandes diff(f(x)), solve (f(x)>0), fMin(f(x)), simplify, evalf, et plotfunc (voir la garde-avant)

3. Répondre au problème posé

À quelle distance exacte du point A cette personne doit-elle quitter la route pour couper à travers le champ pour effectuer le trajet de A à B voulu en un minimum de temps ?

À vous de jouer

Dans un repère orthonormé, on donne les points $O(0;0)$, $A(0;3)$, $B(5;1)$ et $P(5;0)$. Soit M un point du segment $[OP]$. Déterminer la position du point M sur $[OP]$ pour laquelle la longueur du trajet AMB est minimale.

Conseil : Réaliser d'abord la figure avec Geogebra pour conjecturer le résultat, puis utiliser XCAS pour étudier la fonction donnant la longueur du trajet AMB en fonction de l'abscisse du point M.

activité de recherche Rechercher, discuter

Rayon de courbure

Énoncé

Connaître la droite tangente à une courbe en un point A fournit des informations sur l'aspect local de cette courbe (notamment sa « direction » sur une très petite échelle).
Il est possible d'encore mieux approcher le comportement local de la courbe au voisinage du point A : en utilisant un cercle plutôt qu'une droite. On définit ainsi le **cercle osculateur** (du latin *osculare* qui signifie embrasser) de la courbe au point A comme le cercle qui « épouse » le mieux la courbe au voisinage de A.
Pour être plus précis, le cercle osculateur de la courbe au point A est le cercle qui passe par A, qui partage la même tangente que la courbe au point A, et dont le centre est la position limite du point d'intersection de la normale au point A et de la normale en un point M de la courbe qui se rapproche indéfiniment du point A. (On rappelle que la **normale** à une courbe au point A n'est autre que le droite perpendiculaire en A à la tangente.)

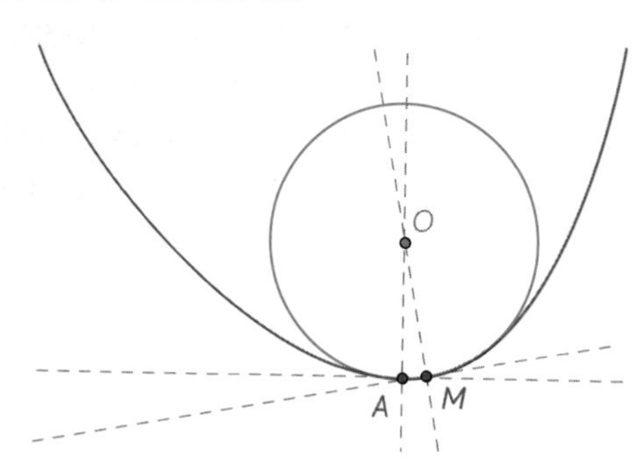

Enfin, on définit le **rayon de courbure** d'une courbe au point A comme le rayon du cercle osculateur de cette courbe au point A, quand ce cercle existe.

→ Problème

Soit $\mathcal{P}$ la parabole d'équation $y = x^2$, $\mathcal{H}$ l'hyperbole d'équation $y = \frac{1}{x}$ et $\mathcal{R}$ la courbe d'équation $y = \sqrt{x}$.
Déterminer, aussi précisément que possible, les rayons de courbure suivants :

- de la parabole $\mathcal{P}$ au point de coordonnées $(0 ; 0)$;
- de l'hyperbole $\mathcal{H}$ au point de coordonnées $(1 ; 1)$;
- de la courbe $\mathcal{R}$ au point de coordonnées $(1 ; 1)$.

S'organiser, communiquer

Commencer par discuter collectivement de la mise au point d'une ou de plusieurs méthodes (utilisation d'un logiciel de géométrie dynamique, d'un logiciel de calcul formel, utilisation des formules du cours, dessins aux instruments...) susceptibles de donner ou d'approcher les résultats demandés.
Selon les méthodes envisagées, répartir la classe en trois groupes, chaque groupe travaillant sur une des questions de l'énoncé.

Rendre compte

Mettre en commun et commenter les résultats trouvés, en faisant exposer oralement par le rapporteur de chaque groupe la démarche mise en œuvre et les calculs ou actions ayant permis d'aboutir à un résultat.

Analyser, critiquer et conclure

Quelle méthode s'est révélée être la plus efficace ? Celle donnant les résultats les plus précis ? Dans quel(s) domaine(s) pourrait-on imaginer que la notion de rayon de courbure puisse trouver des applications ?

Pour aller plus loin...

Est-il possible de trouver une formule donnant le rayon de courbure de la parabole $\mathcal{P}$ ou de l'hyperbole $\mathcal{H}$ en un point quelconque d'abscisse a ?

› Technicien supérieur de la météorologie

Mathématiques et météorologie

La météorologie est une science rendue très complexe par le nombre et la variabilité des paramètres à prendre en compte pour l'étude du climat et la prévision des phénomènes atmosphériques. Elle requiert des outils mathématiques très poussés : pour obtenir des prévisions fiables, il faut déterminer puis résoudre des équations décrivant l'évolution des conditions climatiques. Ces équations sont des **équations differentielles**, qui font intervenir des fonctions (pression, température, vitesse de l'air...) et leurs dérivées par rapport au temps ou aux différentes coordonnées spatiales : on obtient ainsi ce que l'on appelle un système d'équations aux dérivées partielles (EDP).
Ces systèmes d'équations sont souvent impossibles à résoudre « à la main » : on utilise alors des ordinateurs très puissants pour les résoudre de manière approchée.

Un témoignage

« J'ai obtenu un bac S et je suis entrée à l'ENM (École Nationale de Météorologie) à Toulouse après avoir été reçue au concours de technicien supérieur. Après deux ans d'études j'ai été affectée dans un CDM (Centre Départemental Météo) sur le site d'un aéroport en Normandie, où j'occupe un poste de prévisionniste, en relation étroite avec les opérateurs de la tour de contrôle. Ils ont besoin de moi pour transmettre aux pilotes des avions en approche, les conditions météo exactes au niveau des pistes. »

Nathalie J.

Filières et évolution

Les techniciens supérieurs en météorologie - **filière exploitation** - ont des missions en prévision opérationnelle.
Les techniciens supérieurs en météorologie - **filière instruments et installations** - interviennent dans la mise en œuvre des systèmes de mesure.
Il est possible d'**évoluer vers un poste d'ingénieur des travaux de la météorologie**, accessible après un concours interne. Un concours de recrutement d'élèves ingénieurs météorologues est ouvert aux candidats issus d'une classe préparatoire aux grandes écoles (CPGE).

CHIFFRES CLÉS

Environ 3600 agents travaillent à Météo France (établissement public), dont la moitié sont des techniciens supérieurs de la météorologie.

Une dizaine de postes sont proposés chaque année.

La formation

Bac scientifique (option physique conseillée)

▼

Concours externe Épreuves de Mathématiques, Physique, Français et Langues Vivantes

▼

École Nationale de Météorologie (2 ans)

Les paradoxes de Zénon d'Elée (ve siècle avant J.-C.)

Ces paradoxes ont été écrits pour illustrer l'idée selon laquelle toute évidence des sens est fausse...

En voici un :

> *« Achille tire une flèche d'un point A en visant une cible placée en un point B. Cette flèche parcourt la distance $[AA_1]$ où A_1 est le milieu du segment $[AB]$, puis elle parcourt la distance $[A_1A_2]$ où A_2 est le milieu du segment $[A_1B]$, puis elle parcourt la distance $[A_2A_3]$ où A_3 est le milieu du segment $[A_2C]$ et ainsi de suite. »*

Zénon conclut que la flèche devra parcourir une infinité d'étapes pour arriver jusqu'à la cible, ce qui est impossible donc la flèche n'atteindrait jamais sa cible !

Le coin des langues

- ***Suite***, nom féminin ; du latin ***secte*** : ceux qui suivent, ceux qui vont après. *On laissa passer les trois premiers et on ferma la porte à toute la suite*
- En ***Mathématiques***, suite se dit de termes qui se succèdent suivant une loi quelconque. Suite arithmétique : Suite de nombres dont chacun surpasse de la même quantité celui qui précède.
- En ***Musique*** : la suite est une forme musicale à plusieurs mouvements, à l'origine série de différentes danses écrites dans la même tonalité et pour le même instrument ou ensemble instrumental.

« Les machines les plus compliquées et les symphonies de Beethoven se meuvent d'après les mêmes lois, progressent arithmétiquement. »

Moravagine

3

Les suites

1. Définitions
2. Représentation graphique d'une suite
3. Suites arithmétiques
4. Suites géométriques

1. Population mondiale

Tableur

On estime à 1,14 % le taux d'accroissement de la population mondiale.

En 2010, la population mondiale était de 6,793 milliards d'habitants.

On veut estimer la population mondiale de 2011 à 2050, on propose d'utiliser un tableur.

	A	B
1	Année	Population mondiale
2	2010	6,793
3	2011	
4	2012	
5	2013	
6	2014	
7	2015	

1. Reproduire le tableau ci-contre à l'aide d'un tableur.
2. Quelle formule faut-il écrire en **B3**, pour obtenir une estimation de la population mondiale en 2011 ? Recopier cette formule jusqu'en **B20**.
3. On note a_1 la population mondiale en 2010, a_2 celle en 2011, a_3 celle en 2012 et ainsi de suite jusqu'en 2050.
   a. À quelle année a_{10} correspond-il ?
   b. Quelle est la valeur de a_{20} ?
   c. À combien peut-on estimer la population mondiale en 2050 grâce à ce modèle ?
   d. Quelle relation existe-t-il entre a_{n+1} et a_n ?

Vocabulaire : la suite des termes a_1, a_2, a_3, ... ainsi construite est appelée **suite géométrique.**

2. Algorithme et suite

On considère l'algorithme ci-contre.

On note u_N le résultat qu'il renvoie.

1. Programmer cet algorithme sur une calculatrice puis l'exécuter pour compléter le tableau ci-dessous.

```
Variables : S, I et N des entiers.
Début
Saisir N
S prend la valeur 0
Pour I allant de 1 à N
    S prend la valeur S + I
Fin Pour
Afficher S
Fin
```

Valeur de N	1	2	3	4	5	6	7	8	9	10
Valeur de u_N										

2. Quelle relation existe-t-il entre u_{N+1} et u_N ?
3. Calculer, à l'aide de ce programme, la valeur de u_{20}.
   En déduire la valeur de u_{21}, sans utiliser le programme.
4. Représenter graphiquement le nuage de points (N, u_N) pour $1 \leqslant N \leqslant 10$.
5. À quel type de courbe peut-on associer la forme de ce nuage de points ?
6. Conjecturer l'expression de u_N en fonction de N.

3. Les moines copistes

Au Moyen-âge, avant l'apparition de l'imprimerie, les moines copistes étaient chargés de reproduire des manuscrits.

Le *Père Jean* supervisait ce travail dans l'*abbaye de Fontenay*.

En octobre 1321 les moines de Fontenay ont reproduits 231 manuscrits.

Afin d'augmenter les cadences, le *Père Jean* recrutaient régulièrement d'autres moines de telle sorte que chaque mois sa production augmentait de 17 manuscrits.

On note u_1 le nombre de manuscrit reproduit en octobre 1321, u_2 en novembre 1321, u_3 en décembre 1321, u_4 en janvier 1322 et ainsi de suite.

1. Déterminer la valeur de u_1, u_2, u_3 et u_4.
2. Soit n un entier naturel quelconque, quelle relation existe-t-il entre u_{n+1} et u_n ?

Vocabulaire : la suite des termes u_1, u_2, u_3, ... ainsi construite est appelée **suite arithmétique.**

3. Soit p l'entier naturel tel que u_p représente la production de manuscrits au mois de janvier 1323. Déterminer la valeur de p puis celle de u_p.
4. Exprimer en fonction des termes u_4, u_5, ... l'expression de la production totale de manuscrits dans l'abbaye de Fontenay en l'an 1322 ?
5. En déduire la production totale de manuscrits dans l'abbaye de Fontenay en l'an 1322.

4. Suite logique

On considère la suite de nombres suivante : $v_0 = 2$; $v_1 = 3$; $v_2 = 5$; $v_3 = 9$; $v_4 = 17$.

1. Observer cette suite et proposer une valeur pour v_5 ?
2. De même pour les valeurs de v_6, v_7 et v_8.
3. Soit n un entier naturel, établir la relation entre v_{n+1} et v_n.
4. Déterminer l'expression de la fonction f vérifiant : pour tout $n \in \mathbb{N}$, $v_{n+1} = f(v_n)$.
5. Quelle conjecture peut-on proposer pour l'expression de v_n en fonction de n ?
6. En déduire l'expression de la fonction g vérifiant : pour tout $n \in \mathbb{N}$, $v_{n+1} = g(n)$.

cours

1. Définitions

Il est plus pratique de noter u_n plutôt que $u(n)$.

Lorsqu'on parle de la suite (u_n), on sous-entend qu'elle est définie pour tout n de $\mathbb{N}$.

Lorsqu'une suite est définie de façon explicite, on peut directement calculer u_n.

Lorsqu'une suite est définie par récurrence, pour calculer u_n il faut calculer tous les termes précédents.

définition

Soit n_0 un entier naturel. Une **suite *u*** est une fonction associant à tout entier naturel $n \geqslant n_0$ un réel $\boldsymbol{u(n)}$ que l'on note $\boldsymbol{u_n}$.

Notations : La suite u est parfois aussi notée $(\boldsymbol{u_n})$ ou $(\boldsymbol{u_n})_{n \geqslant n_0}$.

Vocabulaire : Le réel u_n est appelé **terme d'indice *n*** de la suite.

Remarques : • Si la suite (u_n) est définie sur $\mathbb{N}$, alors :

le 1er terme de la suite, c'est-à-dire le terme de rang 1, est u_0,

le 2nd terme de la suite, c'est-à-dire le terme de rang 2, est u_1, ...

et de façon générale, le terme de rang n est u_{n-1}.

• Si la suite est définie sur $\mathbb{N}^*$, alors rang et indice sont confondus.

définition explicite

Soit n_0 un entier naturel. Une suite $(u_n)_{n \geqslant n_0}$ est **définie de façon explicite** lorsqu'il existe une fonction f définie sur $[n_0 ; +\infty[$ telle que :

pour tout entier naturel $n \geqslant n_0$, on a $\boldsymbol{u_n = f(n)}$.

Exemple : Soit (u_n) la suite définie pour $n \in \mathbb{N}$, et $n \geqslant 6$ par $u_n = \sqrt{n-6}$.
Alors (u_n) est **définie de façon explicite** et la fonction associée est $\boldsymbol{f(x) = \sqrt{x-6}}$ pour $x \in [6 ; +\infty[$.

définition par récurrence

Soit n_0 un entier naturel. Une suite $(u_n)_{n \geqslant n_0}$ est **définie par récurrence** lorsque le premier terme u_{n_0} est donné et qu'il existe une fonction f telle que :
pour tout entier naturel $n \geqslant n_0$, on a $\boldsymbol{u_{n+1} = f(u_n)}$.

Exemple : Soit (u_n) la suite définie pour $n \in \mathbb{N}$ par $u_{n+1} = 2u_n + 5$ et $u_0 = 3$.
Dans ce cas (u_n) est **définie par récurrence** et la fonction associée est $\boldsymbol{f(x) = 2x + 5}$ pour $x \in \mathbb{R}$.

définition à l'aide d'un algorithme

Un algorithme définit une suite dès qu'il renvoie un réel à partir de la saisie d'un entier naturel.

Exemple : On considère la suite (u_n) définie sur $\mathbb{N}$ par le résultat de l'algorithme ci-dessous :

```
Variables : S, I et N des entiers.
Début
Saisir N.
Si N est divisible par 2
   | Alors
   | Afficher N/2
   | Sinon
   | Afficher 3N+1
Fin Si
Fin
```

Voici les premières valeurs de la suite obtenue avec cet algorithme :

N	0	1	2	3	4	5	6	7
u_N	0	4	1	10	2	16	3	22

■ Calculer des termes d'une suite définie explicitement

→ Exercice 26

Dans chacun des cas suivants, donner les 5 premiers termes de la suite à l'aide de la calculatrice et identifier le terme de rang 3 : $u_n = n^2 - 5n + 1$ pour tout $n \in \mathbb{N}$ et $v_n = \sqrt{n-2}$ pour tout entier $n \geqslant 2$.

solution

Par défaut la calculatrice est en mode *fonction*, il faut passer en mode *suite* en appuyant sur mode puis mettre SUITE en surbrillance.

Pour entrer l'expression de la suite (u_n), on appuie sur f(x) et on entre comme suit :

```
Graph1 Graph2 Graph3
nMin=0
·u(n)■n²-5n+1
```

n est obtenu par la touche X,T,θ,n ; nMin correspond au premier indice de la suite (ici 0 car (u_n) est définie sur $\mathbb{N}$).

Le tableau de valeurs est obtenu en appuyant sur  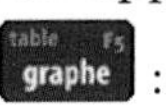 :

n	u(n)
0	1
1	-3
2	-5
3	-5
4	-3

Le terme de rang 3 est $u_2 = -5$.

Casio

Dans le menu RECUR on choisit TYPE puis **F1** (pour avoir a_n en fonction de n).

```
Recursion
an=√n-2
```

On entre l'expression de la suite (v_n) :

n est obtenu en appuyant sur n (**F1**)

Puis on appuie sur SET :

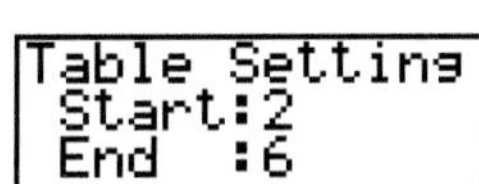

Le premier terme calculé est celui d'indice Start (ici 2) et le dernier celui d'indice End (ici 6). On appuie sur EXE puis sur TABL et on obtient :

n	an
2	0
3	1
4	1.4142
5	1.732
6	2

Le terme de rang 3 est $v_4 = \sqrt{2} \approx 1{,}4142$.

■ Calculer des termes d'une suite définie par récurrence

→ Exercice 27

Dans chacun des cas suivants, donner les 5 premiers termes de la suite à l'aide de la calculatrice et identifier le terme de rang 2.

$u_{n+1} = 3u_n + 1$ pour tout entier $n \geqslant 1$ et $u_1 = 2$; $v_{n+1} = (1 - v_n)^2$ pour tout $n \in \mathbb{N}$ et $v_0 = 3$.

solution

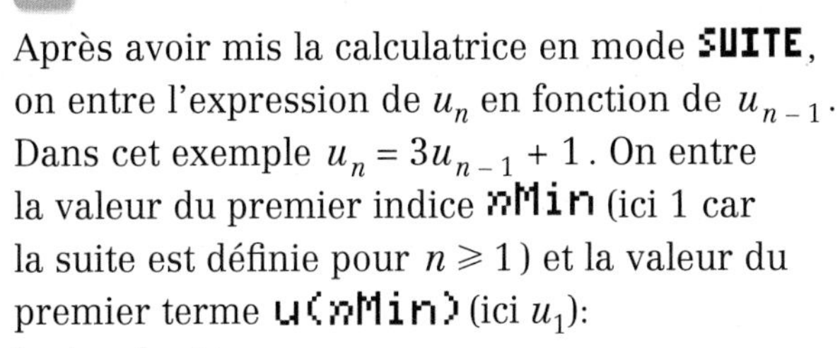

Après avoir mis la calculatrice en mode SUITE, on entre l'expression de u_n en fonction de u_{n-1}. Dans cet exemple $u_n = 3u_{n-1} + 1$. On entre la valeur du premier indice nMin (ici 1 car la suite est définie pour $n \geqslant 1$) et la valeur du premier terme u(nMin) (ici u_1):

La touche u est obtenue en appuyant sur .

```
Graph1 Graph2 Graph3
nMin=1
·u(n)■3u(n-1)+1
 u(nMin)■2
```

Puis on affiche le tableau de valeurs :

n	u(n)
1	2
2	7
3	22
4	67
5	202

Le terme de rang 2 est $u_2 = 7$.

Casio

Dans le menu RECUR on choisit TYPE puis **F2** (pour avoir a_{n+1} en fonction de a_n).

On entre l'expression de la suite v_n :

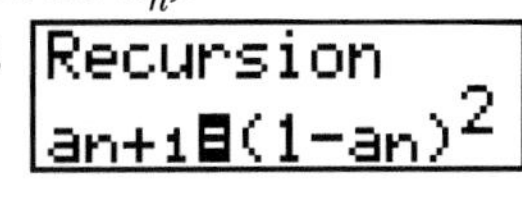

Puis on appuie sur SET :

```
Table Setting
Start:0
End  :5
a0   :3
```

a_0 correspond à la valeur du premier terme de la suite (ici v_0).

Le premier terme calculé est celui d'indice Start (ici 0) et le dernier celui d'indice End (ici 5). On appuie sur EXE puis sur TABL et on obtient :

n+1	an+1
0	3
1	4
2	9
3	64
4	3969
5	1.57E7

Le terme de rang 2 est $v_1 = 4$.

2. Représentation graphique d'une suite

2.1 Suite définie de façon explicite

Soit f une fonction définie sur $[0\,;+\infty[$ et (u_n) la suite définie sur $\mathbb{N}$ par $u_n = f(n)$.

Représenter graphiquement la suite (u_n) consiste à placer les points de coordonnées $(n\,;u_n)$, dans un repère.

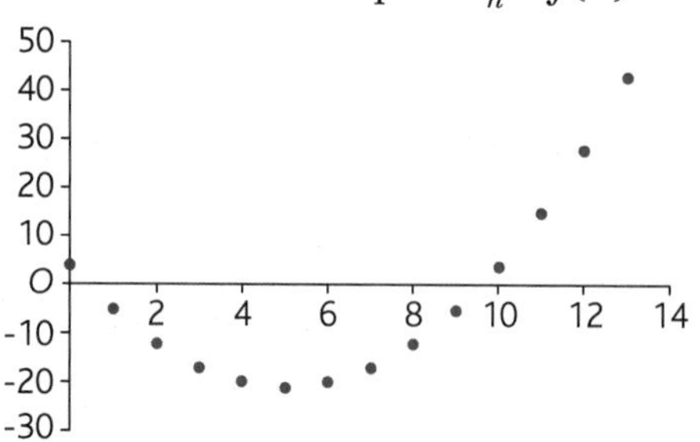

Exemple : Pour représenter la suite définie sur $\mathbb{N}$ par $\boldsymbol{u_n = n^2 - 10n + 4}$, on place les points de coordonnées $(0\,;4)$, $(1\,;-5)$, $(2\,;-12)$...

2.2 Suite définie par récurrence

On commence par tracer (D) la droite d'équation $y = x$ et $\mathscr{C}_f$ la courbe représentative de la fonction f.

Soit $\mathscr{C}_f$ la courbe représentative d'une fonction f. Soit (u_n) la suite définie par :

pour tout $n \in \mathbb{N}$, $u_{n+1} = f(u_n)$; u_0 étant donné.

Représenter graphiquement la suite (u_n) consiste à placer les points de coordonnées $(u_n\,;0)$ de la façon suivante, dans un repère :

1. On place le point $M_0(u_0\,;0)$, puis le point A_0 de $\mathscr{C}_f$ d'abscisse u_0.
   Ainsi A_0 a pour coordonnées $(u_0\,;f(u_0))$ ou $(u_0\,;u_1)$.
2. On place le point B_0 sur la droite (D) ayant la même ordonnée que A_0.
   Ainsi B_0 a pour coordonnées $(u_1\,;u_1)$.
3. On projette le point B_0 sur l'axe des abscisses pour obtenir le point M_1 de coordonnées $(u_1\,;0)$.

On répète ces trois étapes autant de fois qu'on souhaite représenter de valeurs de la suite : On remplace M_0 par M_1 pour obtenir M_2, M_1 par M_2 pour obtenir M_3 et ainsi de suite.

Exemple :

Soit f la fonction définie sur $\mathbb{R}$ par
$$f(x) = \frac{3}{50}x^2 - \frac{3}{40}x + 2.$$
Soit (u_n) la suite définie par $u_{n+1} = f(u_n)$ pour tout $n \in \mathbb{N}$ et $u_0 = 13$.

On a représenté ci-contre sur l'axe des abscisses, les 6 premiers termes de la suite (u_n).

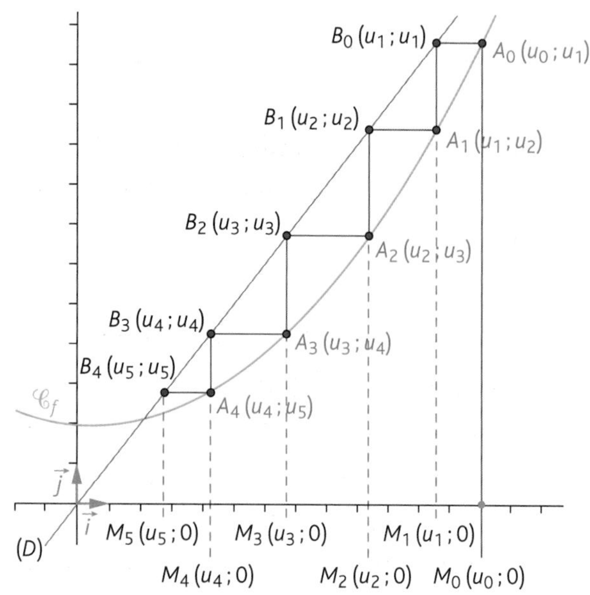

2.3 Variations d'une suite

Étudier la monotonie d'une suite, c'est déterminer si la suite est croissante ou décroissante.

→ définition

Soit n_0 un entier naturel. Soit $(u_n)_{n \geqslant n_0}$ une suite de réels.

On dit que la suite $(u_n)_{n \geqslant n_0}$ est **croissante** lorsque pour tout entier naturel $n \geqslant n_0$, $u_{n+1} \geqslant u_n$.

On dit que la suite $(u_n)_{n \geqslant n_0}$ est **décroissante** lorsque pour tout entier naturel $n \geqslant n_0$, $u_{n+1} \leqslant u_n$.

On dit qu'une suite est **monotone** lorsqu'elle est croissante ou décroissante.

■ Représenter graphiquement la suite $u_n = 3 - \frac{10}{n+1}$

Exercices 35 et 36

Soit (u_n) la suite définie par $u_n = 3 - \frac{10}{n+1}$, pour tout $n \in \mathbb{N}^*$.

Réprésenter graphiquement, à l'aide d'une calculatrice, les premiers termes de la suite (u_n).

solution

TI

On vérifie qu'on est bien en mode *suite* dans [mode].

On entre l'expression de (u_n) en appuyant sur [f(x)].

```
Graph1 Graph2 Graph3
nMin=1
·.u(n)■3-10/(n+1)
```

Afin d'ajuster la fenêtre automatiquement, on appuie sur [zoom] et on choisit ZMinMax. On obtient alors :

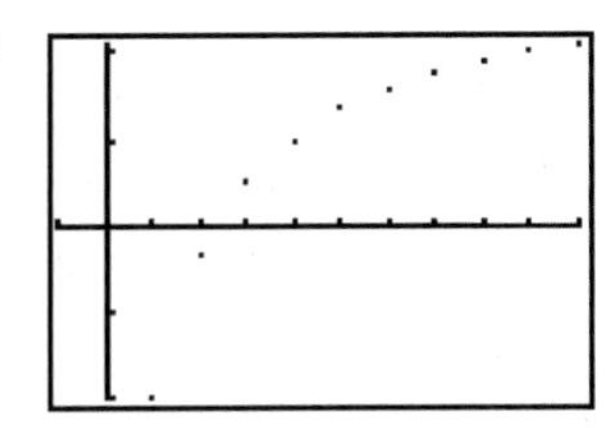

Casio

Dans le menu RECUR on choisit TYPE puis F1 (pour avoir a_n en fonction de n).
On entre l'expression de u_n :

```
Recursion
an■3- 10/(n+1)
```

Puis dans SET, on entre le premier indice dans Start (ici 1) et le dernier indice dans End (ici 8). On appuie sur [EXE] puis sur TABL et G·PLT pour avoir la représentation graphique.
Afin d'ajuster la fenêtre, on appuie sur [F2] puis AUTO

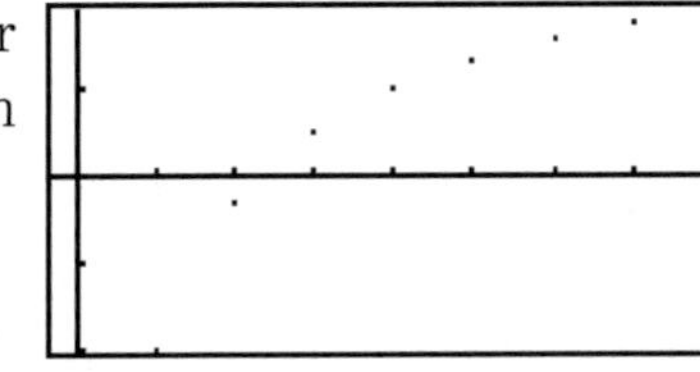

■ Représenter graphiquement la suite $u_{n+1} = \sqrt{\frac{1+u_n}{2}}$

→ Exercices 37 et 38

Soit (u_n) la suite définie par $u_0 = -0{,}9$ et pour tout $n \in \mathbb{N}$, $u_{n+1} = \sqrt{\frac{1+u_n}{2}}$.

Réprésenter graphiquement, à l'aide d'une calculatrice les premiers termes de la suite (u_n).

solution

TI

On entre l'expression de u_n en fonction de u_{n-1} en appuyant sur [f(x)].
Pour avoir une représentation graphique du type « en escalier » on appuie sur [2nde] [zoom] et on sélectionne Esc
Pour afficher la représentation graphique on appuie sur [graphe] et pour faire apparaître les termes de la suite, on appuie sur [trace] puis plusieurs fois sur la flèche [▶]

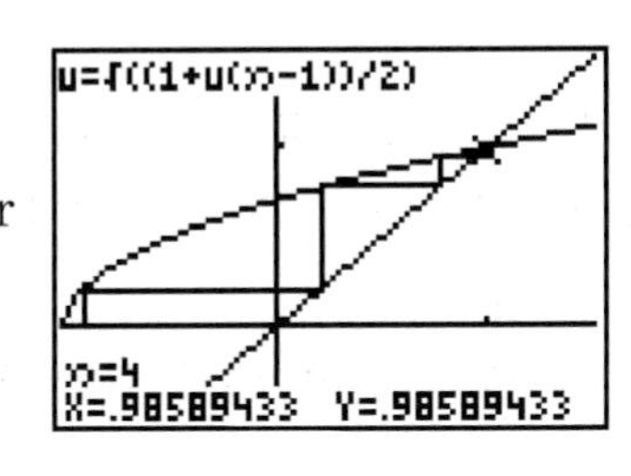

Casio

Dans le menu RECUR on choisit TYPE puis F2 (pour avoir a_{n+1} en fonction de a_n).
On entre l'expression de u_{n+1} en fonction de u_n :

```
Recursion
an+1■√((1+an)/2)
```

Puis on appuie sur SET : a_0 correspond à la valeur du premier terme de la suite (ici – 0,9)

```
Table Setting
 Start:0
 End  :10
 a0   :-0.9
```

Le premier terme calculé est celui d'indice Start (ici 0) et le dernier celui d'indice End (ici 10). On appuie sur [EXE], puis sur TABL puis sur WEB et enfin sur [EXE] pour faire apparaître les termes de la suite.

3. Suites arithmétiques

3.1 Définition

u_n est la moyenne arithmétique du terme qui le précède et qui le succède : $u_n = \dfrac{u_{n-1} + u_{n+1}}{2}$.

définition

Soit (u_n) une suite de réels et r un réel. La suite (u_n) est dite **arithmétique** de **raison** r lorsqu'elle vérifie :

$$\text{pour tout entier naturel } n,\ u_{n+1} = u_n + r.$$

Remarque : Pour passer d'un terme d'une suite arithmétique au suivant, on lui ajoute la raison r.

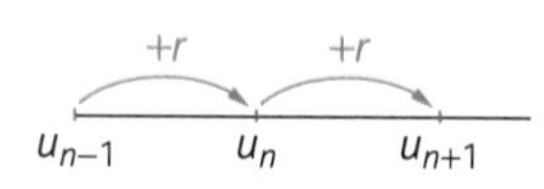

3.2 Propriétés

Ce théorème est admis.

théorème : forme explicite d'une suite arithmétique

Soit r un réel et (u_n) une suite arithmétique de raison r.

Pour tout entier naturel n, $u_n = u_0 + nr$.

Plus généralement si p est un entier naturel, alors $u_n = u_p + (n - p)r$.

Ce théorème est démontré page 111.

théorème : variations d'une suite arithmétique

Soit r un réel et (u_n) une suite arithmétique de raison r.

- Si $r > 0$ alors la suite (u_n) est croissante.
- Si $r = 0$ alors la suite (u_n) est constante.
- Si $r < 0$ alors la suite (u_n) est décroissante.

3.3 Somme des premiers termes d'une suite arithmétique

Ces théorèmes sont démontrés page 111.

théorème

Soit n un entier naturel non nul, on a :

$$1 + 2 + 3 + \ldots + n = \frac{n(n+1)}{2}.$$

Exemple : Somme des 100 premiers entiers

$$1 + 2 + 3 + \ldots + 100 = \frac{100 \times 101}{2} = 50 \times 101 = 5\,050.$$

théorème

Soit r un réel et (u_n) une suite arithmétique de raison r.

Soit n un entier naturel, alors :

$$\underbrace{u_0 + u_1 + u_2 + \ldots + u_n}_{n+1 \text{ termes}} = (n+1) \times \frac{u_0 + u_n}{2}$$

nombre de termes dans la somme ; *premier terme dans la somme* ; *dernier terme dans la somme*

Exemple : Si $u_0 = -10$ et $r = 4$ alors $u_0 + u_1 + \ldots + u_{20} = 21 \times \dfrac{u_0 + u_{20}}{2}$.

On calcule $u_{20} = u_0 + 20r = -10 + 20 \times 4 = 70$ d'où

$$u_0 + u_1 + \ldots + u_{20} = 21 \times \frac{-10 + 70}{2} = 630.$$

Déterminer l'expression explicite d'une suite arithmétique

→ Exercices 50, 51 et 55

Soit (u_n) une suite arithmétique de raison 4 et de premier terme $u_0 = -431$.

1. **Déterminer l'expression de u_n en fonction de n pout tout entier naturel n.**
2. **En déduire la valeur de u_{2012}.**
3. **Déterminer la plus petite valeur de n telle que $u_n \geqslant 10\,000$.**

solution

1. (u_n) est une suite arithmétique, donc pour tout entier naturel n, $u_n = u_0 + nr$ ainsi $u_n = -431 + 4n$.
2. On a $u_{2\,012} = -431 + 4 \times 2\,012 = 7\,617$.
3. Résolvons l'inéquation $u_n \geqslant 10\,000$ avec $n \in \mathbb{N}$.

$$u_n \geqslant 10\,000 \Leftrightarrow -431 + 4n \geqslant 10\,000 \Leftrightarrow 4n \geqslant 10\,431 \Leftrightarrow n \geqslant \frac{10\,431}{4}.$$

Or $\frac{10\,431}{4} = 2\,607{,}75$ la plus petite valeur de n telle que $u_n \geqslant 10\,000$ est donc $n = 2\,608$.

Montrer qu'une suite est arithmétique

→ Exercices 48 et 53

Soit (v_n) la suite définie par $v_n = 17 - 2n$, pour tout entier naturel non nul n.

1. **Déterminer l'expression de v_{n+1} en fonction de n pour tout entier naturel non nul n.**
2. **En déduire que $(v_n)_{n \in \mathbb{N}^*}$ est une suite arithmétique dont on précisera la raison et le premier terme.**

solution

1. Pour tout entier non nul n, on a $v_n = 17 - 2n$ ainsi $v_{n+1} = 17 - 2(n+1) = 17 - 2n - 2$ donc $v_{n+1} = 15 - 2n$.
2. D'après la question précédente, pour tout entier n non nul n, on a $v_{n+1} = 15 - 2n$ or $v_n = 17 - 2n$ ainsi

$$v_{n+1} - v_n = 15 - 2n - (17 - 2n) = 15 - 2n - 17 + 2n = -2.$$

La suite $(v_n)_{n \in \mathbb{N}^*}$ est arithmétique de raison -2 et de premier terme $v_1 = 17 - 2 \times 1 = 15$.

MÉTHODE
Pour montrer qu'une suite est arithmétique, on peut montrer que la différence entre de deux termes consécutifs est constante.

Calculer la somme des premiers termes d'une suite arithmétique

→ Exercices 49 et 54

Soit (w_n) la suite arithmétique de premier terme $w_0 = 17$ et de raison 3.

1. **Déterminer l'expression de w_n en fonction de n pout tout entier naturel n.**
2. **En déduire la valeur de w_{20} et w_{50}.**
3. **Calculer les sommes $\sum_{k=0}^{20} w_k$ et $\sum_{k=0}^{50} w_k$.**

solution

1. Pour tout entier naturel n, $w_n = w_0 + nr$ donc $w_n = 17 + 3n$.
2. On en déduit que $w_{20} = 17 + 3 \times 20 = 77$ et $w_{50} = 17 + 3 \times 50 = 167$.
3. $\sum_{k=0}^{20} w_k = (20+1) \times \frac{w_0 + w_{20}}{2} = 21 \times \frac{17 + 77}{2} = 987.$

$\sum_{k=0}^{50} w_k = (50+1) \times \frac{w_0 + w_{50}}{2} = 51 \times \frac{17 + 167}{2} = 4\,692.$

4. Suites géométriques

4.1 Définition

Si (v_n) est une suite géométrique positive, alors v_n est la moyenne géométrique du terme qui le précède et qui le succède :

$v_n = \sqrt{v_{n-1} \times v_{n+1}}$.

v_n

v_{n-1} v_{n+1}

définition

Soit (v_n) une suite de réels et q un réel non nul. La suite (v_n) est dite **géométrique** de **raison** q lorsqu'elle vérifie :

pour tout entier naturel n, $v_{n+1} = qv_n$.

Remarque : Pour passer d'un terme d'une suite géométrique au suivant, on le multiplie par la raison q.

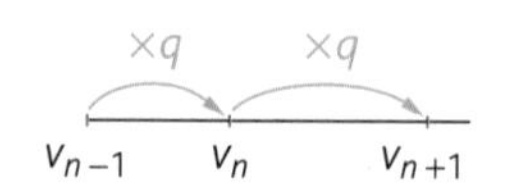

4.2 Propriétés

Ce théorème est admis.

théorème : forme explicite d'une suite géométrique

Soit q un réel et (v_n) une suite géométrique de raison q.

Pour tout entier naturel n, $v_n = v_0 \times q^n$.

Plus généralement si p est un entier naturel, alors $v_n = v_p \times q^{n-p}$.

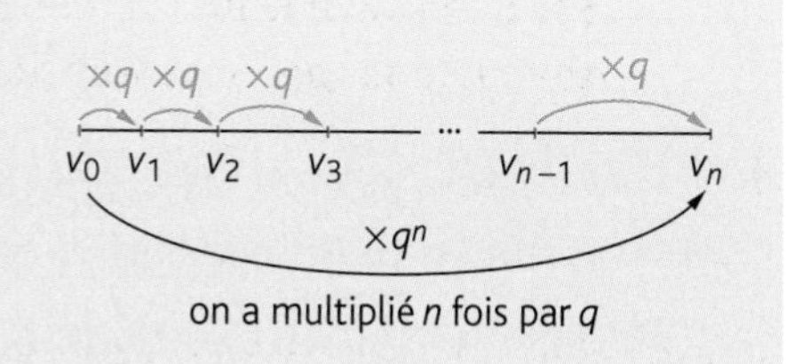

Ce théorème est démontré page 112.

théorème : variations d'une suite géométrique

Soit q un réel et (v_n) une suite géométrique de raison q.

- Si $q > 1$ alors la suite (v_n) est croissante si $v_0 > 0$ et décroissante si $v_0 < 0$.
- Si $0 < q < 1$ alors la suite (v_n) est décroissante si $v_0 > 0$ et croissante si $v_0 < 0$.

4.3 Somme des premiers termes d'une suite géométrique

Ces théorèmes sont démontrés page 112.

théorème

Soit n un entier naturel non nul et q un réel différent de 1, on a :

$$1 + q + q^2 + q^3 + \ldots + q^n = \frac{1 - q^{n+1}}{1 - q}.$$

Exemple : $1 + 2 + 2^2 + 2^3 + \ldots + 2^n = \frac{1 - 2^{n+1}}{1 - 2} = \frac{1 - 2^{n+1}}{-1} = 2^{n+1} - 1$.

théorème

Soit q un réel non nul différent de 1 et (v_n) une suite géométrique de raison q. Soit n un entier naturel, alors :

$$\underbrace{v_0 + v_1 + v_2 + \ldots + v_n}_{n+1 \text{ termes}} = v_0 \times \frac{1 - q^{n+1}}{1 - q}$$

premier terme dans la somme (v_0) ; *nombre de termes dans la somme* ($n+1$) ; *raison de la suite* (q)

Exemple : Si $v_0 = 3$ et $q = \frac{3}{2}$ alors $v_0 + v_1 + \ldots + v_{12} = 3 \times \frac{1 - \left(\frac{3}{2}\right)^{13}}{1 - \frac{3}{2}} = 6\left(\left(\frac{3}{2}\right)^{13} - 1\right)$.

Déterminer l'expression explicite d'une suite géométrique

→ Exercice 74

Soit (u_n) une suite géométrique de raison 1,4 et de premier terme $u_0 = 10$.

1. **Déterminer l'expression de u_n en fonction de n pout tout entier naturel n.**
2. **En déduire la valeur de u_{10} arrondie à l'entier.**
3. **Déterminer, à l'aide du tableau de valeurs de la calculatrice, la plus petite valeur de n telle que $u_n \geqslant 9\,000$.**

solution

1. (u_n) est une suite géométrique, donc pour tout entier naturel n, $u_n = u_0 \times q^n$ ainsi $u_n = 10 \times 1{,}4^n$.
2. On a $u_{10} = 10 \times 1{,}4^{10} \approx 289$.
3. Sur une calculatrice, on obtient le tableau des valeurs de u_n ci-contre : Ainsi la plus petite valeur de n telle que $u_n \geqslant 9\,000$ est $n = 21$.

n	u(n)	
17	3049.1	
18	4268.8	
19	5976.3	
20	8366.8	
21	11714	
22	16399	
23	22959	

u(n)=11713.55576

Montrer qu'une suite est géométrique

→ Exercices 76 et 79

Soit (v_n) la suite définie par $v_n = 7 \times 2^{n+2}$, pour tout entier naturel n.

1. **Déterminer l'expression de v_{n+1} en fonction de n pout tout entier naturel n.**
2. **En déduire que (v_n) est une suite géométrique dont on précisera la raison et le premier terme.**

solution

1. Pour tout entier naturel n, on a $v_{n+1} = 7 \times 2^{n+3}$.
2. D'après la question précédente, pour tout $n \in \mathbb{N}$, on a $v_{n+1} = 7 \times 2^{n+3} = 7 \times 2^{n+2} \times 2 = 2v_n$ ainsi $v_{n+1} = 2v_n$. La suite (v_n) est géométrique de raison 2 et de premier terme $v_0 = 7 \times 2^{0+2} = 28$.

Calculer la somme de termes d'une suite géométrique

→ Exercice 90

Soit (w_n) la suite géométrique de premier terme $w_0 = 100$ et de raison 0,9.

1. **Calculer une valeur approchée à 10^{-1} près de la somme $\sum_{k=0}^{10} w_k$.**
2. **Déterminer l'expression de w_{40} puis calculer le nombre de termes de la somme $\sum_{k=40}^{62} w_k$.**
3. **En déduire une valeur approchée à 10^{-1} près de la somme $\sum_{k=40}^{62} w_k$.**

solution

1. $\sum_{k=0}^{10} w_k = w_0 \times \frac{1 - q^{10+1}}{1 - q} = 100 \times \frac{1 - 0{,}9^{11}}{1 - 0{,}9} = 1\,000(1 - 0{,}9^{11}) \approx 686{,}2$ à 10^{-1} près.
2. On a $w_{40} = w_0 \times q^{40} = 100 \times 0{,}9^{40}$. Dans la somme $\sum_{k=40}^{62} w_k$, il y a $(62 - 40 + 1)$ termes, soit 23.
3. $\sum_{k=40}^{62} w_k = w_{40} \times \frac{1 - q^{23}}{1 - q} = 100 \times 0{,}9^{40} \times \frac{1 - 0{,}9^{23}}{1 - 0{,}9} \approx 13{,}5$ à 10^{-1} près.

Utiliser un symbole : le signe somme

La notation symbolique $\sum_{k=0}^{20} w_k$ désigne la somme $w_0 + w_1 + \ldots + w_n$.

À vous de jouer

1. Expliciter et calculer les sommes :

a. $\sum_{k=2}^{5} 2k$. b. $\sum_{i=-1}^{3} i^2$. c. $\sum_{j=4}^{5} (j+2)$.

2. Expliciter et calculer les sommes en fonction de n :

a. $\sum_{k=1}^{n} 1$. b. $\sum_{i=1}^{n} 1$. c. $\sum_{j=1}^{n-2} 1$.

3. Expliciter les sommes en fonction de n :

a. $\sum_{k=0}^{n} 2^k$. b. $\sum_{k=1}^{n} \frac{2^k}{k}$. c. $\sum_{k=1}^{n} \frac{2^k}{3^{k-1}}$.

4. Sommes de carrés

a. Exprimer $\sum_{k=0}^{n} (k+1)^2$ en fonction de $\sum_{k=0}^{n} k^2$.

b. Exprimer $\sum_{k=4}^{n-3} (k+5)^2$ en fonction de $\sum_{k=0}^{n} k^2$.

c. Exprimer $\sum_{k=2}^{n+1} (k-1)^2$ en fonction de $\sum_{k=0}^{n} k^2$.

5. Comparaisons de sommes

a. Comparer $\sum_{k=3}^{7} \frac{k+2}{k-2}$ et $\sum_{j=1}^{4} \frac{j+4}{j}$.

b. Comparer $\sum_{k=2}^{5} (k-1)(2k+1)$ et $\sum_{j=1}^{4} j(2k+3)$.

c. Comparer $\sum_{k=5}^{n} \frac{2^{k-1}}{3^{k+1}}$ et $\sum_{j=4}^{n-1} \frac{2^j}{3^{j+2}}$.

6. Exprimer les sommes suivantes en fonction de n :

a. $\sum_{k=0}^{n} (-1)^k 2^k$. b. $\sum_{k=0}^{n} (-1)^k 2^{2k}$.

c. $\sum_{k=0}^{n} (-1)^k (2k-1) 3^k$.

7. Sommes géométriques

a. Exprimer la somme $\sum_{k=0}^{n} q^k$ en fonction de n.

b. Calculer $(1-q)\sum_{k=0}^{n} q^k$.

c. En déduire que pour $q \neq 1$, $\sum_{k=0}^{n} q^k = \frac{1-q^{n+1}}{1-q}$.

8. Pour tout entier $k \geqslant 2$:

a. $\frac{1}{k(k-1)} = \frac{1}{k-1} - \frac{1}{k}$.

b. En déduire que $\sum_{k=2}^{n} \frac{1}{k(k-1)} = 1 - \frac{1}{n}$.

9. Méthode des rectangles

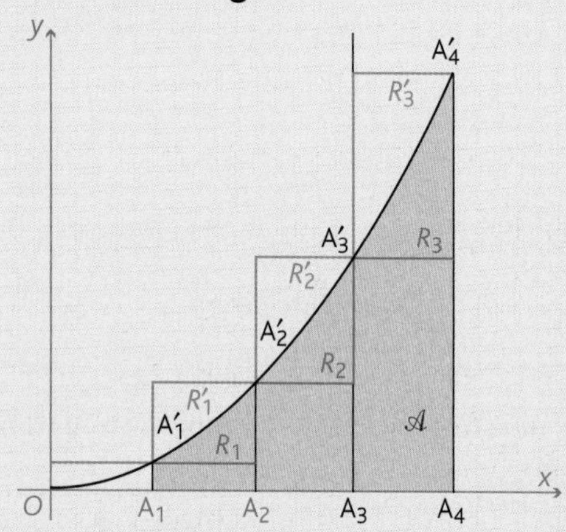

Dans un repère orthonormal, on considère la courbe représentative de la fonction carrée définie et croissante sur $[0\ ;\ 1]$.

On désire encadrer l'aire $\mathscr{A}$ de la surface délimitée par la courbe, l'axe des abscisses et la droite d'équation $x = 1$.

On divise l'intervalle $[0\ ;\ 1]$ en n intervalles de même longueur. On construit les rectangles $R_0 ; R_1 ; \ldots ; R_{n-1}$ et $R'_0 ; R'_1 ; \ldots ; R'_{n-1}$ comme sur la figure.

a. Calculons l'aire de chacun des rectangles R_i et R'_i avec $0 \leqslant i \leqslant n-1$.

b. En déduire l'aire totale $\mathscr{A}_n = \sum_{i=0}^{n-1} \mathscr{A}(R_i)$ et $\mathscr{A}'_n = \sum_{i=0}^{n-1} \mathscr{A}(R'_i)$.

c. En déduire un encadrement de $\mathscr{A}$.

d. Pour $n = 4$ donner un encadrement de $\mathscr{A}$.

10. Expliciter les sommes en fonction de n :

a. $E(X) = \sum_{i=1}^{i=n} x_i p_i$. b. $\sum_{i=1}^{i=n} x_i^2 p_i$.

c. $V(X) = \sum_{i=1}^{i=n} x_i^2 p_i - (E(X))^2$. d. $\sum_{i=1}^{i=n} (ax_i + b) p_i$.

Démonstrations

Théorème : Variations d'une suite arithmétique

Soit r un réel et (u_n) une suite arithmétique de raison r.
- Si $r > 0$ alors la suite (u_n) est croissante.
- Si $r = 0$ alors la suite (u_n) est constante.
- Si $r < 0$ alors la suite (u_n) est décroissante.

Démonstration

La suite (u_n) est arithmétique de raison r alors pour tout entier naturel n, on a $u_{n+1} = u_n + r$ soit $u_{n+1} - u_n = r$. On raisonne par disjonction des cas :

1er cas : **si $r < 0$** on a $u_{n+1} - u_n < 0$ ainsi la suite (u_n) est décroissante ;
2e cas : **si $r = 0$** on a $u_{n+1} - u_n = 0$ ainsi la suite (u_n) est constante ;
3e cas : **si $r > 0$** alors $u_{n+1} - u_n > 0$ ainsi la suite (u_n) est croissante.

Théorème

Soit n un entier naturel non nul, on a : $1 + 2 + 3 + \ldots + n = \frac{n(n+1)}{2}$.

Démonstration

Soit $n \in \mathbb{N}^*$, on pose $S_n = 1 + 2 + 3 + \ldots + n$. On écrit S_n de deux façons différentes :

$$S_n = 1 + 2 + 3 + \ldots + n-2 + n-1 + n$$
$$S_n = n + n-1 + n-2 + \ldots + 3 + 2 + 1$$

En additionnant par colonne on obtient :

$$2S_n = \underbrace{n+1 + n+1 + n+1 + \ldots + n+1 + n+1 + n+1}_{\text{On additionne } n \text{ fois le nombre } (n+1)}$$

Ainsi $2S_n = n \times (n+1)$ ce qui prouve que $S_n = \frac{n(n+1)}{2}$.

Théorème

Soit r un réel et (u_n) une suite arithmétique de raison r. Soit n un entier naturel, alors :

$$u_0 + u_1 + u_2 + \ldots + u_n = (n+1) \times \frac{u_0 + u_n}{2}.$$

Démonstration

(u_n) est une suite arithmétique de raison r donc pour tout entier n, $u_n = u_0 + nr$.

On pose $S_n = u_0 + u_1 + u_2 + \ldots + u_{n-2} + u_{n-1} + u_n$.

Ainsi $S_n = u_0 + u_0 + r + u_0 + 2r + \ldots + u_0 + (n-2)r + u_0 + (n-1)r + u_0 + nr$.

En regroupant ensemble les u_0 on obtient :

$$S_n = \underbrace{u_0 + u_0 + u_0 + \ldots + u_0 + u_0 + u_0}_{(n+1) \text{ fois } u_0} + r + 2r + \ldots + (n-2)r + (n-1)r + nr.$$

$S_n = (n+1)u_0 + r(1 + 2 + \ldots + n - 2 + n - 1 + n)$ en mettant r en facteur.

D'après le théorème précédent on a $1 + 2 + \ldots + n - 2 + n - 1 + n = \frac{n(n+1)}{2}$.

D'où $S_n = (n+1)u_0 + r \times \frac{n(n+1)}{2} = (n+1)\left(u_0 + \frac{nr}{2}\right) = (n+1)\left(\frac{2u_0 + nr}{2}\right)$.

Ainsi $S_n = (n+1)\left(\frac{u_0 + u_0 + nr}{2}\right) = (n+1)\left(\frac{u_0 + u_n}{2}\right)$.

Théorème : Variations d'une suite géométrique

Soit q un réel non nul et (v_n) une suite géométrique de raison q.

- Si $q > 1$ alors la suite (v_n) est croissante si $v_0 > 0$ et décroissante si $v_0 < 0$.
- Si $0 < q < 1$ alors la suite (v_n) est décroissante si $v_0 > 0$ et croissante si $v_0 < 0$.

Démonstration

La suite (v_n) est géométrique de raison q, alors pour tout entier naturel n, on a $v_n = v_0 \times q^n$.
$v_{n+1} - v_n = v_0q^{n+1} - v_0q^n = v_0q^n(q-1)$ en factorisant v_0q^n. On étudie le signe de cette expression. On raisonne par disjonction des cas :

1er cas : **si $q > 1$** alors $q^n > 0$ et $q - 1 > 0$. Ainsi $v_{n+1} - v_n$ est du signe de v_0, d'où :
si $v_0 > 0$ alors $v_{n+1} - v_n > 0$ donc (v_n) est croissante ;
si $v_0 < 0$ alors $v_{n+1} - v_n < 0$ donc (v_n) est décroissante.

2e cas : **si $0 < q < 1$** alors $q^n > 0$ et $q - 1 < 0$ donc $q^n(q-1) < 0$. La différence $v_{n+1} - v_n$ est donc de signe opposé au signe de v_0, d'où :
si $v_0 < 0$ alors $v_{n+1} - v_n > 0$ donc (v_n) est croissante ;
si $v_0 > 0$ alors $v_{n+1} - v_n < 0$ donc (v_n) est décroissante.

Théorème

Soit n un entier naturel non nul et q un réel différent de 1, on a : $1 + q + q^2 + q^3 + \ldots + q^n = \dfrac{1-q^{n+1}}{1-q}$.

Démonstration

On pose $S_n = 1 + q + q^2 + q^3 + \ldots + q^{n-1} + q^n$ **(1)**, on multiplie les deux membres par q :
$qS_n = q + q^2 + q^3 + q^4 + \ldots + q^n + q^{n+1}$ **(2)**.
Par différence **(1)** – **(2)**, on a $S_n - qS_n = 1 - q^{n+1}$.
D'où $S_n(1-q) = 1 - q^{n+1}$ donc $S_n = \dfrac{1-q^{n+1}}{1-q}$ (car $q \neq 1$).

Théorème

Soit q un réel non nul différent de 1 et (v_n) une suite géométrique de raison q.

Soit n un entier naturel, alors :

$$v_0 + v_1 + v_2 + \ldots + v_n = v_0 \times \frac{1-q^{n+1}}{1-q}.$$

Démonstration

On pose $S_n = v_0 + v_1 + v_2 + \ldots + v_{n-2} + v_{n-1} + v_n$.
(v_n) est une suite géométrique de raison q donc, pour tout entier naturel n, $v_n = v_0q^n$.
Ainsi $S_n = v_0 + v_0q + v_0q^2 + \ldots + v_0q^{n-2} + v_0q^{n-1} + v_0q^n$
$= v_0(1 + q + q^2 + \ldots + q^{n-2} + q^{n-1} + q^n)$
$= v_0 \times \dfrac{1-q^{n+1}}{1-q}$ en utilisant le théorème précédent ($q \neq 1$).

1. Calculer les termes d'une suite et étudier sa monotonie

Calculer les trois premiers termes et déterminer la monotonie de chacune des suites données pour tout entier naturel n.

1. $\begin{cases} U_0 = 0 \\ U_{n+1} = -2U_n^2 + 9U_n - 8 \end{cases}$

2. $U_n = 3^n - 5$.

3. $U_n = \dfrac{n-4}{n+5}$.

Rappel

	Définition explicite d'une suite	Définition par récurrence d'une suite
Mode de génération	$U_n = f(n)$ où f est une fonction définie sur un intervalle $[A\ ;+\infty[$	$\begin{cases} U_0 \\ U_{n+1} = f(U_n) \end{cases}$ pour $n > 1$.
Sens de variation	On étudie la fonction f lorsque l'on peut pour donner ses variations.	On étudie le signe de $U_{n+1} - U_n$.

solution

1. $U_0 = 0$;
$U_{0+1} = -2U_0^2 + 9U_0 - 8$ soit $U_1 = -8$;
$U_2 = -2U_1^2 + 9U_1 - 8 = -2(-8)^2 + 9 \times (-8) - 8$ soit $U_2 = -208$.
La suite (U_n) est définie par récurrence donc pour déterminer sa monotonie, on étudie le signe de la différence $U_{n+1} - U_n$.
$U_{n+1} - U_n = -2U_n^2 + 9U_n - 8 - U_n = -2U_n^2 + 8U_n - 8$.
$U_{n+1} - U_n = -2(U_n^2 - 4U_n + 4) = -2(U_n - 2)^2$.
Pour tout entier naturel n, $U_{n+1} - U_n < 0$ donc la suite (U_n) est décroissante.

Méthode
Pour étudier la monotonie de cette suite, on étudie le signe de la différence $U_{n+1} - U_n$ (on ne sait pas dériver la fonction $x \mapsto 3^x - 5$ en classe de 1ère S).

2. $U_0 = 3^0 - 5 = 1 - 5 = -4$; $U_1 = 3^1 - 5 = -2$ et $U_2 = 3^2 - 5 = 4$.
$U_{n+1} - U_n = 3^{n+1} - 5 - (3^n - 5) = 3^{n+1} - 3^n = 3^n(3-1) = 2 \times 3^n$ qui est positif.
Pour tout entier naturel n, $U_{n+1} - U_n > 0$, donc la suite (U_n) est croissante.

3. $U_0 = -\dfrac{4}{5}$; $U_1 = -\dfrac{1}{2}$; $U_2 = -\dfrac{2}{7}$.
Pour tout $n \geqslant 0$, $U_n = \dfrac{n-4}{n+5}$ est une définition explicite.
$U_n = f(n)$ avec f définie sur $[0\ ;+\infty[$ par $f(x) = \dfrac{x-4}{x+5}$.
f est dérivable sur $[0\ ;+\infty[$ et $f'(x) = \dfrac{9}{(x+5)^2}$. Pour tout $x \geqslant 0$, $f'(x) \geqslant 0$.
D'où f est croissante sur $[0\ ;+\infty[$. Par suite (U_n) est croissante sur $\mathbb{N}$.

Entraînez-vous

Répondre aux mêmes questions pour :

$$U_n = \left(\frac{1}{2}\right)^n - n \quad \text{et} \quad V_n = \frac{2n-3}{n+1} \text{ pour tout } n \in \mathbb{N}.$$

→ On trouve

(U_n) est décroissante.

(V_n) est croissante.

2. Déterminer la raison et le premier terme d'une suite arithmétique

Soit (u_n) une suite arithmétique. On sait que $u_{20} = 27$ et $u_{32} = 31$.

1. **Déterminer la raison et le premier terme de la suite (u_n).**
2. **Étudier la monotonie de la suite (u_n).**
3. **Écrire un algorithme qui permet de calculer u_n à partir de la valeur de n.**
4. **Programmer cet algorithme sur une calculatrice pour vérifier les valeurs de u_{20} et u_{32}.**

solution

1. Soit r la raison de la suite arithmétique (u_n).
(u_n) est une suite arithmétique donc pour tout n et p entiers, on a $u_n = u_p + (n-p)r$.
D'où $u_{32} = u_{20} + (32 - 20)r$
$31 = 27 + 12r$
soit $r = \frac{4}{12} = \frac{1}{3}$.
On a aussi pour tout n, $u_n = u_0 + nr$, soit : $u_{20} = u_0 + 20 \times \frac{1}{3}$;
donc $27 = u_0 + \frac{20}{3}$;
soit $u_0 = 27 - \frac{20}{3} = \frac{61}{3}$.

> **Méthode**
> Lorsqu'on connait des relations ou des valeurs de termes d'une suite arithmétique, on peut partir de l'expression explicite : $u_n = u_0 + nr$ avec $n \in \mathbb{N}$, pour déterminer les valeurs de r et de u_0.

2. La suite (u_n) est arithmétique de raison $\frac{1}{3}$, donc pour tout $n \in \mathbb{N}$,
on a $u_{n+1} = u_n + \frac{1}{3}$ soit $u_{n+1} - u_n = \frac{1}{3}$ ainsi $u_{n+1} - u_n \geqslant 0$ ce qui prouve que la suite est croissante.

3.

Variables :
U un nombre réel ;
N un entier naturel.
Début
Saisir N.
61/3+N/3→U.
Afficher U
Fin

4.

TI

```
PROGRAM:ARIT
:Prompt N
:61/3+N/3→U
:Disp U
```

Casio

```
======ARIT
?→N↵
61÷3+N÷3→U↵
U◢
```

On lance le programme et on obtient :

```
prgmARIT
N=?20
                27
              Fait
```

```
prgmARIT
N=?32
                31
              Fait
```

Entraînez-vous

Reprendre l'exercice avec $u_{41} = 87$ et $u_{81} = 37$.

→ On trouve

1. $u_0 = \frac{553}{4}$ et $r = -\frac{5}{4}$.
2. $u_{n+1} - u_n = -\frac{5}{4}$ ainsi $u_{n+1} - u_n < 0$, la suite (u_n) est décroissante.

3. Somme des termes d'une suite arithmétique

Un imprimeur fabrique des livres. Au mois de juillet 2011 il a imprimé 2 341 livres. Il décide d'augmenter sa production de 123 livres par mois.

On note u_1 la production en juillet 2011, u_2 la production en août 2011, u_3 la production septembre 2011 et ainsi de suite.

1. **Donner les valeurs de u_1, u_2 et u_3. Quelle est la nature de la suite (u_n) ?**

2. a. **Déterminer l'expression de u_n en fonction de n.**
   b. **Quelle est le nombre de livres fabriqués en janvier 2012 ? Même question pour décembre 2012 ?**

3. **Compléter cette somme afin d'obtenir la production de livres durant l'année 2012 : $\sum_{p=\dots}^{p=\dots} u_p$**

4. **En déduire la production totale de livres en 2012.**

solution

1. • D'après l'énoncé la production en juillet 2011 est de 2 341 livres, donc $u_1 = 2\,341$.
La production augmente de 123 livres par mois, donc en aout 2011 elle sera de 2 341 + 123 donc $u_2 = 2\,464$.
De même on calcule $u_3 = 2\,464 + 123 = 2\,587$.
• Si u_n est la production d'un mois donné, la production du mois suivant est u_{n+1}.
Or par hypothèse, d'un mois au suivant, la production augmente de 123 livres ainsi $u_{n+1} = u_n + 123$. La suite est donc arithmétique de raison 123.

2. a. D'après le cours, pour tout entier naturel n non nul, $u_n = u_1 + (n-1) \times 123$ donc $u_n = 2\,341 + 123n - 123$ soit $u_n = 2\,218 + 123n$.
b. La production en janvier 2012 correspond à u_7 qui se calcule grâce à l'égalité établie au a. : $u_7 = 2\,218 + 123 \times 7 = 3\,079$.
La production en décembre 2012 correspond à u_{18} qui se calcule de même : $u_{18} = 2\,218 + 123 \times 18 = 4\,432$.

3. La production de livres en 2012 est la somme des productions des 12 mois de cette année : $u_7 + u_8 + u_9 + \dots + u_{18}$ soit $\sum_{p=7}^{p=18} u_p$.

4. Cette somme de 12 termes, se calcule d'après le cours :
$$\sum_{p=7}^{p=18} u_p = 12 \times \frac{u_7 + u_{18}}{2} = 12 \times \frac{3\,079 + 4\,432}{2} = 45\,066.$$
La production totale en 2012 est donc de 45 066 livres.

Entraînez-vous

Reprendre l'exercice avec une production de 6 128 livres en mars 2011 et une production mensuelle qui augmente de 540 livres.

→ On trouve

1. $u_1 = 6\,128$; $u_2 = 6\,668$; $u_3 = 7\,208$. La suite (u_n) est arithmétique de raison 540.
2. a. $u_n = 5\,588 + 540n$.
   b. En janvier 2012 : $u_{11} = 11\,528$; en décembre 2012 : $u_{22} = 17\,468$.
3. La production de livres en 2012 est $\sum_{p=11}^{p=22} u_p$.
4. La production en 2012 est $12 \times \frac{u_{11} + u_{22}}{2} = 173\,976$ livres.

4. Somme des termes d'une suite géométrique

Chaque année, afin de fabriquer des processeurs, la société *Process* achète 500 kg d'alliage de différents métaux. En 2010 le prix du kilogramme de cet alliage est de 2 200 €. On considère que le prix de l'alliage augmente chaque année de 9,6 % en moyenne.

Soit v_0 le prix, en millions d'euros, de 500 kg d'alliage en 2010.

Soit v_n le prix, en millions d'euros, de 500 kg d'alliage l'année 2010 + n.

Tous les résultats seront donnés avec 3 décimales de précision.

1. **Déterminer les valeurs de v_0, v_1 et v_2.**
2. **Quelle est la nature de la suite (v_n) ? Donner ses éléments caractéristiques.**
3. a. **Déterminer l'expression de v_n en fonction de n.**
   b. **Quel sera le prix des 500 kg d'alliage en 2020 ?**
4. **Compléter le symbole $\sum$ ci-dessous afin d'obtenir le prix de la quantité d'alliage de 2010 à 2020, puis calculer cette somme :**

$$\sum_{p=\ldots}^{p=\ldots} v_p$$

5. a. **Reproduire la feuille de calcul ci-contre à l'aide d'un tableur.**
   b. **Quelle formule faut-il écrire en C3 ? Recopier cette formule jusqu'en C12.**
   c. **Retrouver les résultats du 1. et 3. b..**
   d. **Quelle formule faut-il écrire en D2 pour obtenir le prix total de la quantité d'alliage de 2010 à 2020 ?**
6. **Déterminer à l'aide du tableur l'année à partir de laquelle, le prix des 500 kg d'alliage dépassera 10 millions d'euros.**

	A	B	C
1	Indice de la suite	Année	Prix d'achat en M€
2	0	2010	1,1
3	1	2011	
4	2	2012	
5	3	2013	
6	4	2014	
7	5	2015	

solution

1. **En 2010** le prix de l'alliage est 2 200 € le kilogramme donc le prix de 500 kg est $2\,200 \times 500 = 1\,100\,000$. Donc $v_0 = 1{,}1$.
   En 2011 le prix a augmenté de 9,6 % par rapport au prix de 2010 ainsi
   $v_1 = 1{,}1 \times \left(1 + \frac{9{,}6}{100}\right) \approx 1{,}206$.
   En 2012 le prix a augmenté de 9,6 % par rapport au prix de 2012 donc le prix d'achat en 2012 est $v_2 = v_1 \times \left(1 + \frac{9{,}6}{100}\right) \approx 1{,}321$.
2. D'une année à la suivante le prix augmente de 9,6 %. Si v_n est le prix donné d'une année, le prix l'année suivante est v_{n+1}.
   Or d'après l'énoncé, d'une année à la suivante le prix augmente de 9,6 %.
   $v_{n+1} = v_n \times \left(1 + \frac{9{,}6}{100}\right) = v_n \times 1{,}096$.
   La suite (v_n) est donc géométrique de raison 1,096 et de premier terme $v_0 = 1{,}1$.
3. a. D'après le cours, pour tout entier naturel n, $v_n = v_0 \times q^n$ donc $v_n = 1{,}1 \times 1{,}096^n$.
   b. v_{10} correspond au prix de l'année 2010 + 10 soit 2020.
   Or $v_{10} = 1{,}1 \times 1{,}096^{10} \approx 2{,}751$.
   Ainsi le prix en 2020 est 2,751 millions d'euros environ.

4. Le prix de l'alliage acheté de 2010 à 2020 est la somme des prix des 11 années concernées :

$$v_0 + v_1 + v_2 + \ldots v_{10} = \sum_{p=0}^{p=10} v_p.$$

Cette somme contient 11 termes, ainsi d'après le cours :

$$\sum_{p=0}^{p=10} v_p = v_0 \times \frac{1-q^{11}}{1-q} = 1,1 \times \frac{1-1,906^{11}}{1-1,096} \approx 19,949.$$

Le coût total de 2010 à 2020 est 19,949 millions d'euros.

5. b. On écrit en **C3** la formule suivante : =C2*1,096. On recopie jusqu'en **C12** et on obtient le tableau ci-contre.

	A	B	C
1	Indice de la suite	Année	Prix d'achat en M€
2	0	2010	1,1
3	1	2011	1,206
4	2	2012	1,321
5	3	2013	1,448
6	4	2014	1,587
7	5	2015	1,740
8	6	2016	1,907
9	7	2017	2,090
10	8	2018	2,290
11	9	2019	2,510
12	10	2020	2,751

c. On retrouve bien les valeurs de v_1 et v_2 respectivement dans les cellules **C3** et **C4**.

D'autre part, en 2020 le prix est 2,751 millions d'euros, on retrouve les résutlats du 1. et du 3. b..

d. Pour obtenir le prix total de 2010 à 2020 on entre en **D2** : =somme(C2:C12). On obtient :

	A	B	C	D
1	Indice de la suite	Année	Prix d'achat en M€	
2	0	2010	1,1	**19,949**

6. On lit sur le tableur qu'à partir de 2035 le prix d'achat dépassera 10 millions d'euros.

	A	B	C
1	Indice de la suite	Année	Prix d'achat en M€
2	0	2010	1,1
3	1	2011	1,206
26	24	2034	9,928
27	25	2035	10,881
28	26	2036	11,925

Entraînez-vous

Reprendre l'exercice avec 4 300 € le kg en 2010 et une augmentation de 4,5 % par an.

→ **On trouve**

1. $v_0 = 2,15$; $v_1 = 2,247$; $v_2 = 2,348$.
2. $v_{n+1} = v_n \times \left(1 + \frac{4,5}{100}\right) = u_n \times 1,045$.
   La suite (v_n) est géométrique de raison 1,045 et de premier terme $v_0 = 2,15$.
3. a. $v_n = 2,15 \times 1,045^n$.
   b. En 2020 le prix est $v_{10} = 3,339$.
4. Le coût total de 2010 à 2020 est 29,759 millions d'euros.
5. On lit sur le tableur qu'à partir de 2045 le prix d'achat aura dépassé 10 millions d'euros.

5. Représentations graphiques de suites

Soit (t_n) la suite définie par $t_{n+1} = -\frac{1}{3}t_n + 4$, (u_n) une suite arithmétique, (v_n) une suite géométrique et (w_n) une suite vérifiant : pour tout entier naturel n, $w_{n+1} = \frac{1}{2}w_n + 3$.

1. **Associer à chacune des représentations graphiques ci-dessous l'une des suites (t_n), (u_n), (v_n) ou (w_n).**

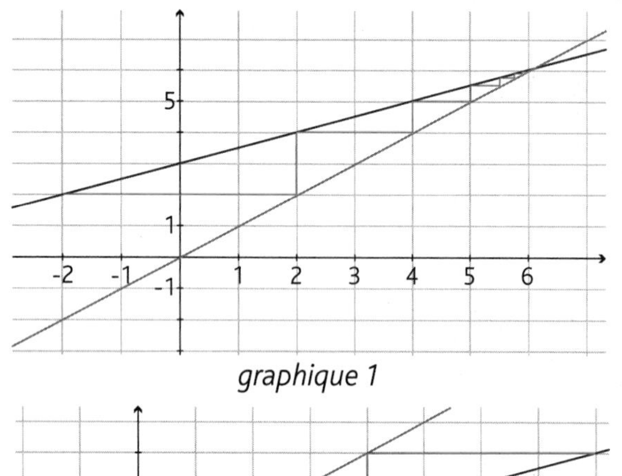

graphique 1

graphique 2

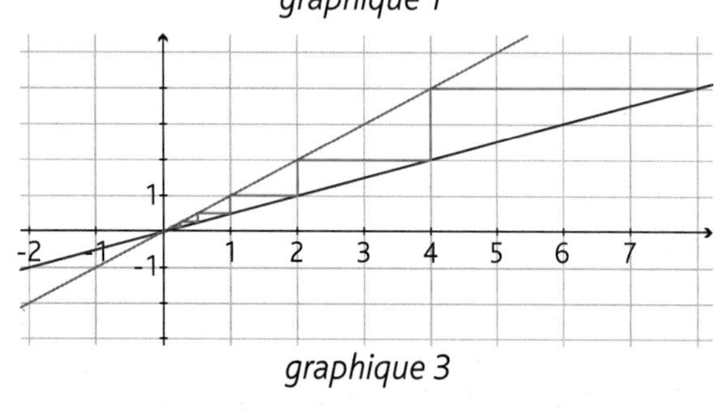

graphique 3

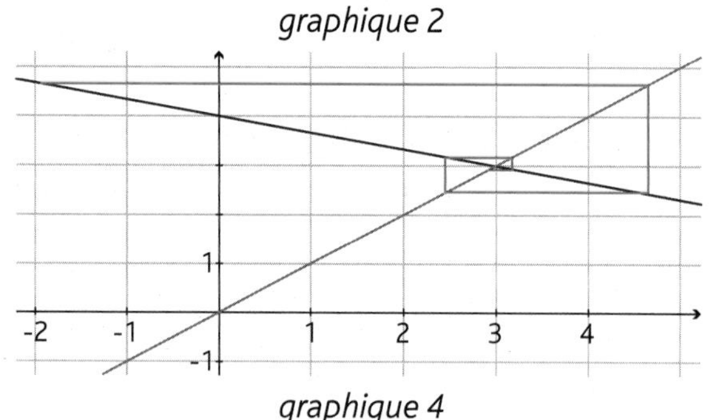

graphique 4

2. **Déterminer les raisons des suites (u_n) et (v_n).**
3. **Déterminer, à l'aide des graphiques, les valeurs t_0, u_0, v_0 et w_0.**

solution

1. • La suite (t_n) est du type $t_{n+1} = f(t_n)$ avec f la fonction définie sur $\mathbb{R}$ par $f(x) = -\frac{1}{3}x + 4$. Le *graphique 4* est donc associé à la suite (t_n).
   • La suite (u_n) est une suite géométrique de raison $q \in \mathbb{R}$. On a donc pour tout entier naturel n, $u_{n+1} = qu_n$. La suite (u_n) est donc du type $u_{n+1} = f(u_n)$ avec f la fonction définie pour tout x réel, par $f(x) = qx$. La fonction f est linéaire, le *graphique 3* est associé à la suite (u_n).
   • La suite (v_n) est une suite arithmétique de raison $r \in \mathbb{R}$. On a donc pour tout entier naturel n, $v_{n+1} = v_n + r$. La suite (v_n) est donc du type $v_{n+1} = f(v_n)$ avec f la fonction définie pour tout x réel, par $f(x) = x + r$. La représentation graphique de f est une droite admettant un coefficient directeur de 1. Le *graphique 2* est associé à la suite (v_n).
   • La suite (w_n) est du type $w_{n+1} = f(w_n)$ avec f la fonction définie pour tout x réel, par $f(x) = \frac{1}{2}x + 3$. Le *graphique 1* est donc associé à la suite (w_n).
2. • On a vu précédemment que le graphique associé à la suite (u_n) était le *graphique 3*. On peut lire que $f(x) = \frac{1}{2}x$, la suite (u_n) est donc de raison $\frac{1}{2}$.
   • Le graphique associé à la suite (v_n) est le *graphique 2*. On peut lire que $f(x) = x + 2$, la suite (v_n) est donc de raison 2.
3. On lit $t_0 = -2$; $u_0 = 8$; $v_0 = -1$ et $w_0 = -2$.

6. Notion de limites à l'aide du tableur

On considère les cinq suites suivantes :

$u_n = n^2$; $v_n = \frac{1}{n}$; $w_n = (-1)^n$; $s_n = 2^n$ et $t_n = \left(\frac{1}{2}\right)^n$, $n \in \mathbb{N}^*$.

1. **Compléter, à l'aide de la calculatrice ou du tableur, le tableau ci-contre.**

	A	B	C	D	E	F
1	n	u_n	v_n	w_n	s_n	t_n
2	1					
3	2					
4	3					
5	4					
6	5					
7	10					
8	50					
9	100					
10	500					
11	1000					
12	10000					
13	50000					
14	100000					

2. **Vers quelle quantité semble se rapprocher chacune de ces suites lorsque *n* tend vers $+\infty$?**

3. Lorsque u_n se rapproche d'un réel l quand n tend vers $+\infty$, on dit que la limite de u_n vaut l et on note :

$$\lim_{n \to +\infty} u_n = l.$$

Lorsque u_n devient de plus en plus grand quand n tend vers $+\infty$ on dit que la limite de u_n vaut $+\infty$ et on note :

$$\lim_{n \to +\infty} u_n = +\infty.$$

Parfois les valeurs de u_n ne suivent aucune tendance quand n tend vers $+\infty$, dans ce cas, on dit que (u_n) n'admet pas de limite.

Pour chacune des suites de la question 1. indiquer la limite quand *n* tend vers $+\infty$ si elle existe. *On utilisera les notations introduites ci-dessus.*

solution

1. On entre les formules suivantes dans le tableur :

	A	B	C	D	E	F
1	n	u_n	v_n	w_n	s_n	t_n
2	1	=A2^2	=1/A2	=(-1)^A2	=2^A2	=(1/2)^A2

On les recopie vers le bas et on obtient :

	A	B	C	D	E	F
1	n	u_n	v_n	w_n	s_n	t_n
2	1	1	1	-1	2	0,5
3	2	4	0,5	1	4	0,25
4	3	9	0,33333333	-1	8	0,125
5	4	16	0,25	1	16	0,0625
6	5	25	0,2	-1	32	0,03125
7	10	100	0,1	1	1024	0,00097656
8	50	2500	0,02	1	1,1259E+15	8,8818E-16
9	100	10000	0,01	1	1,2677E+30	7,8886E-31
10	500	250000	0,002	1	3,273E+150	3,055E-151
11	1000	1000000	0,001	1	1,072E+301	9,333E-302
12	10000	100000000	0,0001	1	#NOMBRE!	0
13	50000	2500000000	0,00002	1	#NOMBRE!	0
14	100000	1E+10	0,00001	1	#NOMBRE!	0

2. Quand n tend vers $+\infty$:
u_n semble se rapprocher de $+\infty$;
v_n semble se rapprocher de 0 ;
w_n oscille en prenant les valeurs -1 ou 1 ;
s_n semble se rapprocher de $+\infty$;
t_n semble se rapprocher de 0.

3. Au regard des tendances déterminées en 2., on peut écrire :

$$\lim_{n \to +\infty} u_n = +\infty ; \quad \lim_{n \to +\infty} v_n = 0 ;$$
$$\lim_{n \to +\infty} s_n = +\infty ; \quad \lim_{n \to +\infty} t_n = 0.$$

La suite (w_n) ne semble pas avoir de limite : elle oscille.

Entraînez-vous

Reprendre l'exercice avec
$u_n = \frac{1}{n^2}$; $v_n = \left(\frac{3}{4}\right)^n$; $w_n = -n^2 + n$;
$s_n = \frac{4n+1}{3n+5}$; $v_n = \left(\frac{5}{4}\right)^n$.

→ On trouve

$\lim_{n \to +\infty} u_n = 0$; $\lim_{n \to +\infty} v_n = 0$; $\lim_{n \to +\infty} w_n = -\infty$;
$\lim_{n \to +\infty} s_n = \frac{4}{3}$; $\lim_{n \to +\infty} t_n = +\infty$.

QCM

Corrigés en fin de manuel

Dans les questions suivantes, déterminer la (ou les) bonne(s) réponse(s).

1. **Soit (u_n) la suite définie sur $\mathbb{N}$ par :**

$$u_0 = 5 \text{ et } u_{n+1} = 4u_n - 3.$$

a. La suite (u_n) est définie de façon explicite.

b. La suite (u_n) est définie de façon récurrente.

c. Pour tout $n \in \mathbb{N}$, $u_{n+2} = 16u_n + 9$.

d. Pour tout $n \in \mathbb{N}$, $u_{n+2} = 16u_n - 15$.

2. **Soit (u_n) la suite définie sur $\mathbb{N}$ par $u_n = \dfrac{1}{n^2+1}$.**
La suite (u_n) est :

a. croissante. b. décroissante.

c. définie de façon explicite.

d. définie de façon récurrente.

3. **Soit (u_n) la suite définie sur $\mathbb{N}$ par :**

$$u_{n+1} = \left(u_n + \frac{1}{2}\right)^2 \text{ et } u_0 = 2.$$

La suite (u_n) est :

a. croissante. b. décroissante.

c. définie de façon explicite.

d. définie de façon récurrente.

4. **Soit (u_n) la suite définie sur $\mathbb{N}$ par $u_n = 2 \times 3^{-n}$.**
La suite (u_n) est :

a. arithmétique. b. géométrique.

c. ni arithmétique, ni géométrique.

5. **Soit (v_n) la suite définie sur $\mathbb{N}$ par $v_n = 4 - 5n$.**
La suite (v_n) est :

a. arithmétique. b. géométrique.

c. ni arithmétique, ni géométrique.

6. **Soit $(w_n)_{n \in \mathbb{N}^*}$ la suite définie sur $\mathbb{N}^*$ par :**

$$w_{n+1} = nw_n \text{ et } w_1 = 1.$$

La suite (w_n) est :

a. arithmétique. b. géométrique.

c. ni arithmétique, ni géométrique.

d. $w_3 = 6$. e. $w_4 = 6$.

7. **Soit $(u_n)_{n \geqslant 1}$ une suite géométrique de raison $q \in \mathbb{R}$ tel que $-1 < q < 0$ et de premier terme $u_1 = 2$.**

a. (u_n) est croissante. b. (u_n) décroissante.

c. pour tout $n \in \mathbb{N}$, $u_n > 0$.

d. il existe $n \in \mathbb{N}$ tel que $u_n < 0$.

8. **On considère l'algorithme suivant :**

```
Variables : A,B et I des nombres entiers.
Début
Affecter à A la valeur 1
Saisir B.
Pour I allant de 1 à B
| A + 2 → A
FinPour
Afficher A
Fin
```

Si on saisit 5 pour valeur de B, l'algorithme renvoie :

a. le second terme d'une suite arithmétique de raison 5.

b. le cinquième terme d'une suite arithmétique de raison 2.

c. la valeur 9. d. la valeur 11.

9. **Soit (u_n) la suite définie sur $\mathbb{N}$ par $u_{n+1} = 2u_n + n$ et $u_0 = 0$. À l'aide d'un tableur, on calcule les premiers termes. On a :**

	A	B
1	n	(Un)
2	0	0
3	1	0
4	2	1

a. B3=2*B2+A2. b. B3 =2*B2+A3.

c. $u_{10} = 759$. d. $\sum_{p=1}^{10} u_p = 6073$.

10. **Ce graphique représente une suite (u_n).**

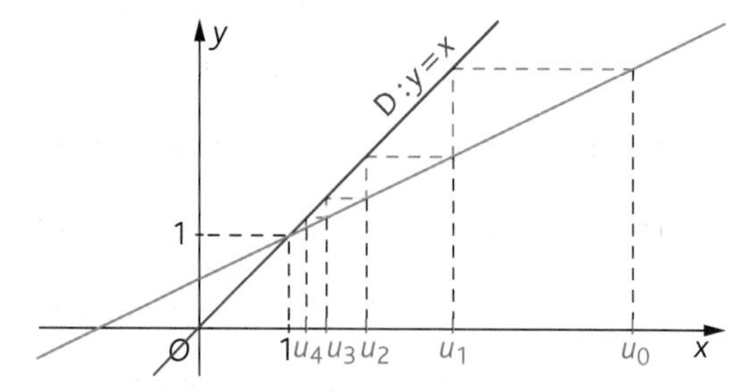

(u_n) est une suite :

a. arithmétique de raison négative.

b. géométrique de raison inférieure à 1.

c. ni arithmétique, ni géométrique.

11. **$\sum_{k=1}^{n} (1 + 2k)$ est égal à :**

a. $1 + \dfrac{n(n+1)}{2}$. b. $n + n(n+1)$.

c. $(n+1)(n+2)$. d. $n^2 + 2n$.

QCM Corrigés en fin de manuel

12. Soit (u_n) une suite géométrique dont la représentation graphique des premiers termes est la suivante :

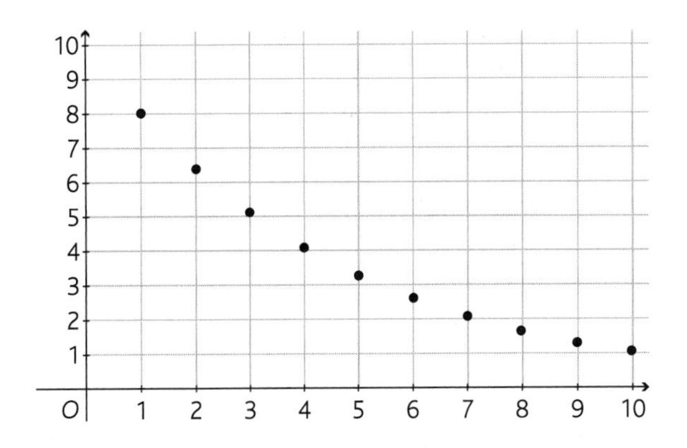

a. (u_n) est décroissante.

b. Pour tout $n \in \mathbb{N}$, $u_n \geqslant 1$.

c. Pour tout $n \in \mathbb{N}$, $u_n > 0$.

d. La raison de la suite est inférieure à 1.

e. La raison de la suite est négative.

13. Soit (u_n) une suite arithmétique de raison r. Si $u_4 = \frac{1}{4}$ et $u_5 = \frac{1}{5}$ alors :

a. $r < 0$.

b. $u_6 = \frac{1}{6}$.

c. $u_0 = \frac{1}{20}$.

d. (u_n) est décroissante.

e. Pour tout $n \in \mathbb{N}$, $u_n = \frac{1}{4} - \frac{n}{20}$.

f. Il existe $n \in \mathbb{N}$ tel que $u_n < 0$.

14. La somme $\sum_{k=0}^{n} \frac{1}{3^k}$ ...

a. contient n termes.

b. est une somme de termes d'une suite géométrique.

c. a pour valeur $\frac{3}{2} - \frac{1}{2} \times \frac{1}{3^n}$.

d. est toujours inférieure à 2 quelque soit l'entier n.

15. La somme $\sum_{p=2}^{n} \frac{p-1}{2}$ ...

a. contient $n - 2$ termes.

b. est une somme de termes d'une suite arithmétique.

c. a pour valeur $\frac{n-1}{4}$.

d. est positive quelque soit l'entier n supérieur à 2.

vrai ou faux ? Corrigés en fin de manuel

16. Soit (u_n) la suite définie sur $\mathbb{N}$ par $u_n = 3^{n-1} + 3^{n+1}$. Alors la suite (u_n) est géométrique de raison 3.

17. Soit (u_n) la suite définie sur $\mathbb{N}$ par $u_n = 5 \times 2^{-n}$. Alors la suite (u_n) est géométrique de raison 2.

18. Soit (u_n) la suite définie sur $\mathbb{N}$ par $u_n = 7n + 3$. Alors la suite (u_n) est arithmétique de raison 7.

19. La somme de deux suites arithmétiques est une suite arithmétique.

20. La somme de deux suites géométriques est une suite géométrique.

21. Le produit de deux suites arithmétiques est une suite arithmétique.

22. Le produit de deux suites géométriques est une suite géométrique.

23. Soit (u_n) une suite, alors pour tout entier naturel n, on a :

$$\sum_{p=0}^{n+1} u_p - \sum_{p=1}^{n} u_p = u_n.$$

24. Soit (u_n) une suite géométrique de raison 5, alors pour tout entier naturel n, on a :

$$\sum_{p=10}^{20} u_p = \frac{1}{4} u_{10}(5^{10} - 1).$$

25. Soit (u_n) une suite arithmétique de raison – 2, alors pour tout entier naturel n, on a :

$$\sum_{p=10}^{20} u_p = 11u_{10} - 110.$$

1. Mode de génération de suites

pour s'échauffer

26. corrigé Soit (u_n) la suite définie sur $\mathbb{N}$ par
$$u_n = n^2 - 4n - 3.$$
Calculer u_0, u_1, u_2 et u_3.

27. corrigé Soit (u_n) la suite définie sur $\mathbb{N}$ par
$$u_{n+1} = u_n - 4 \text{ et } u_0 = 7.$$
Calculer u_1, u_2, u_3 et u_4.

28. Soit (u_n) la suite définie sur $\mathbb{N}$ par
$$u_{n+1} = 2u_n + n - 4 \text{ et } u_0 = -2.$$
Calculer u_1, u_2, u_3 et u_4.

29. Tableur On a entré dans la cellule **A1** la valeur -17, qu'on notera a_1.
Dans la cellule **A2** on a entré la formule indiquée ci-contre. On notera a_2 la valeur de la cellule **A2**.
On recopie la formule de **A2** jusqu'en **A20**.

	A
1	-17
2	=2*A1+5
3	
4	
5	
6	

1. Exprimer a_2 en fonction de a_1, puis a_3 en fonction de a_2.

2. Soit n un entier naturel non nul, quelle relation y a-t-il entre a_{n+1} et a_n ?

3. Quelle est la valeur de a_{20} ?

30. Tableur On a entré dans la cellule **A1** la valeur 4, qu'on notera a_1 et dans la cellule **A2** la valeur 7, qu'on notera a_2. On sélectionne les cellules **A1:A2** et on « glisse la sélection » jusqu'en **A20**.
Quelle est la valeur de a_3 ?
Quelle est la valeur de a_{20} ?

	A
1	4
2	7
3	
4	
5	
6	

31. Soit (V_n) la suite définie sur $\mathbb{N}$ par :
$$\begin{cases} V_0 = 8 \ \ et \ \ V_1 = 4 \\ V_{n+1} = \dfrac{V_{n+2} - V_n}{2} \end{cases}$$
Calculer V_2, V_3, V_4 et V_5.

32. Suite en algorithme

On considère l'algorithme suivant :

Variables
A, N, deux entiers naturels
B un nombre réel.
Début
Saisir A
$-4 \rightarrow$ B
$0 \rightarrow$ N
TantQue N < A
$\frac{3}{2}$B + 1 $\rightarrow$ B
N + 1 $\rightarrow$ N
Fin TantQue
Afficher B
Fin

1. Recopier et compléter le tableau ci-dessous :

A	1	2	3	4	5
B	−5				

2. Soit n un entier naturel et u_n la valeur affichée par l'algorithme lorsqu'on saisit n. Quelle relation existe-t-il entre u_{n+1} et u_n ?

33. Parmi les définitions des suites suivantes, calculer u_1 et u_2 puis déterminer celles qui sont données sous forme explicite :

1. Pour tout $n \in \mathbb{N}$, $u_n = \dfrac{1}{2n+1}$.

2. Pour tout $n \in \mathbb{N}$, $u_{n+1} = u_n + 6$, $u_0 = 1$.

3. Pour tout $n \in \mathbb{N}$, $u_n = (-1)^n$.

4. Pour tout $n \in \mathbb{N}$, $u_{n+1} = \dfrac{u_n}{2n+1}$, $u_0 = -1$.

34. La dernière réponse

On entre − 2 dans la calculatrice (on notera u_0 ce nombre) ; on valide puis on entre **Rep^2 – Rep** (pour *TI* ; on remplace **Rep** par **Ans** pour *Casio*) et on valide.
On notera u_1 la valeur obtenue.
En validant à nouveau, la machine affiche une nouvelle valeur (notée u_2 puis u_3, u_4,...) comme l'indique l'écran ci-dessous :

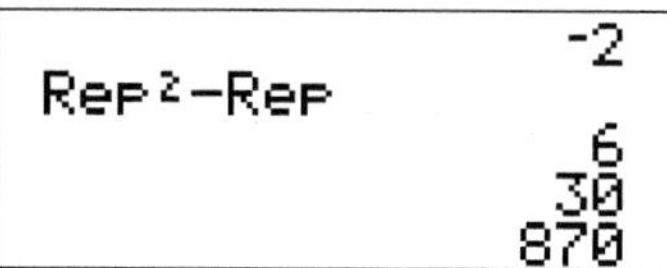

1. Donner la valeur de u_4.

2. Soit $n \in \mathbb{N}$, quelle relation y a-t-il entre u_{n+1} et u_n ?

3. La suite (u_n) est-elle définie explicitement ou par récurrence ?

2. Représentations graphiques

35. Représenter graphiquement le nuage de points (n, u_n) pour $0 \leqslant n \leqslant 7$ dans chacun des cas suivants :

1. $u_n = 2n - 1$.
2. $u_n = n^2 - 4n - 5$.
3. $u_n = (-1)^n$.

36. Représenter graphiquement le nuage de points (n, u_n) pour $0 \leqslant n \leqslant 7$ dans chacun des cas suivants :

1. $u_n = \left(\frac{5}{6}\right)^n$.
2. $u_n = \left(\frac{6}{5}\right)^n$.
3. $u_n = \sin(n)$. *Dans ce cas on représentera auparavant le courbe représentant la fonction sinus sur l'intervalle $[0\,;7]$.*

37. Soit (u_n) la suite définie sur $\mathbb{N}$ par $u_0 = 0$ et $u_{n+1} = \sqrt{3u_n + 4}$.

1. Donner l'expression de la fonction f vérifiant :
$$\text{Pour tout } n \in \mathbb{N},\ u_{n+1} = f(u_n).$$
2. Représenter graphiquement la fonction f sur l'intervalle $[-1\,;5]$. *On pourra prendre 1 unité pour 3 cm.*
3. Représenter graphiquement les cinq premiers termes de la suite (u_n).
4. Quelle conjecture peut-on émettre sur la monotonie de la suite (u_n) ?

38. Soit (u_n) la suite définie sur $\mathbb{N}$ par $u_0 = \frac{1}{2}$ et $u_{n+1} = \frac{1 + u_n}{u_n}$.

1. Donner l'expression de la fonction f vérifiant :
$$\text{Pour tout } n \in \mathbb{N},\ u_{n+1} = f(u_n).$$
2. Représenter graphiquement la fonction f sur l'intervalle $]0\,;4]$. *On pourra prendre 1 unité pour 3 cm.*
3. Représenter graphiquement les cinq premiers termes de la suite (u_n).
4. La suite (u_n) est-elle croissante ? décroissante ?

39. On considère les quatre suites définies sur $\mathbb{N}$ par :

$t_n = \left(\frac{3}{4}\right)^n + 2$; $u_n = -n^2 + 6n - 2$;

$v_{n+1} = \frac{4}{5}v_n + 1$ et $v_0 = 2$; $w_{n+1} = \sqrt{w_n + 5}$ et $w_0 = 2$.

Associer à chacune des suites sa représentation graphique :

1.

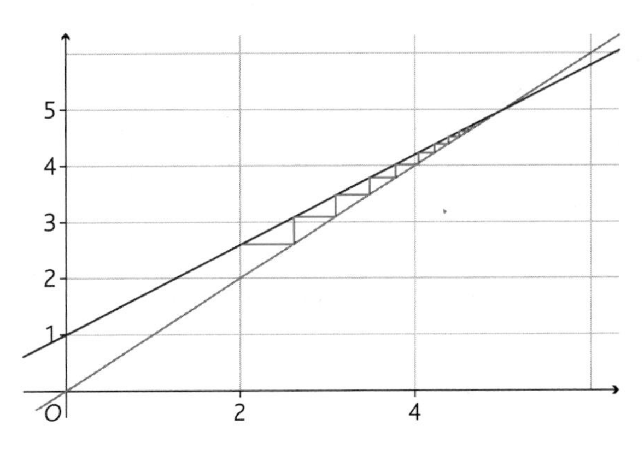

2.

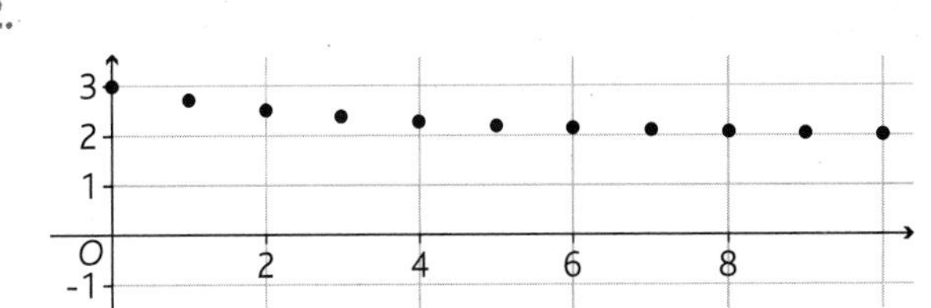

3.

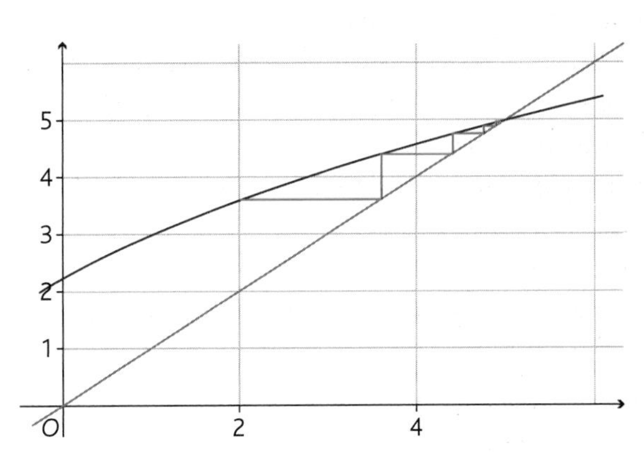

4.

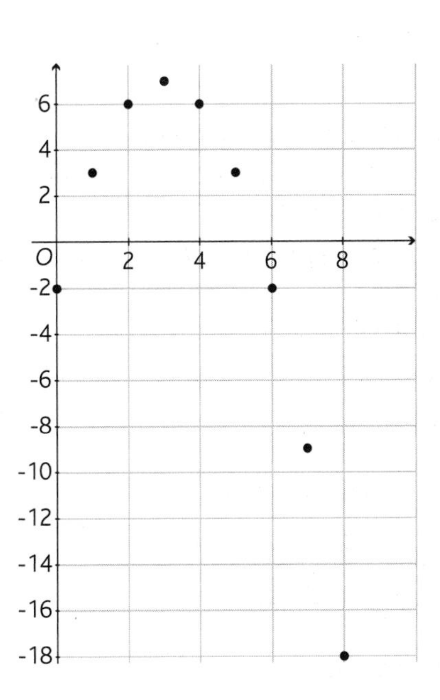

3. Travail sur les indices

40. corrigé Soit (u_n) la suite définie sur $\mathbb{N}$ par : $u_n = -3n + 4$.

1. Exprimer u_{n+1} en fonction de n.
2. Exprimer u_{n+1} en fonction de u_n.

41. Soit (v_n) la suite définie sur $\mathbb{N}$ par $v_n = (n+1)^2$.

1. Exprimer v_{n+1} en fonction de n.
2. Exprimer v_{n+1} en fonction de v_n.

42. Soit (w_n) et (S_n) les suites définies sur $\mathbb{N}$ par : $w_n = -n^2 + 2n$ et $S_n = w_{n+1} - w_n$.

1. Exprimer w_{n+1} en fonction de n.
2. En déduire l'expression de S_n en fonction de n.
3. Exprimer S_{n+1} en fonction de n.
4. En déduire que $S_{n+1} - S_n = -2$.

43. Dans chaque cas, exprimer u_n en fonction de u_{n-1} :

1. $u_{n+1} = -3u_n + n + 1$.
2. $u_{n+2} = nu_{n+1} + 1$.

44. Soit (u_n) la suite définie sur $\mathbb{N}$ par :

$$u_n = \sin\left(\frac{n\pi}{2}\right).$$

1. Calculer les quatre premiers termes de cette suite.
2. Soit n un entier naturel, exprimer u_{n+4} en fonction de u_n.

> **INFO**
> Lorsqu'une suite (u_n) vérifie la propriété
> « pour tout $n \in \mathbb{Z}$, $u_{n+4} = u_n$ »
> on dit qu'elle est **périodique de période 4**.

3. En déduire les valeurs de $u_{2\,012}$, $u_{2\,013}$, $u_{2\,014}$ et $u_{2\,015}$.

4. Suites arithmétiques

pour s'échauffer

45. corrigé Soit (u_n) une suite arithmétique de premier terme $u_0 = 4$ et de raison $r = 3$.
Calculer u_1, u_2, u_3, u_4 et u_{30}.

46. Soit (u_n) une suite arithmétique de premier terme $u_0 = 763$ et de raison $r = -2$.
Calculer u_{10}, u_{42} et $u_{2\,012}$.

47. corrigé Soit (u_n) une suite arithmétique. On sait que $u_3 = 7$ et $u_7 = 19$. Déterminer la raison r et le premier terme u_0 de cette suite.

48. Dans chacun des cas suivants, déterminer si la suite (u_n) définie sur $\mathbb{N}$, est arithmétique ou non :

1. $u_0 = 8$ et $u_{n+1} = -u_n + 2$.
2. $u_0 = -7$ et $u_{n+1} = u_n - 5$.
3. $u_n = \frac{7}{2}n - 3$.
4. $u_n = n^2 + 7n$.

49. Soit (u_n) une suite arithmétique de premier terme $u_0 = 3$ et de raison 2.
Calculer $u_0 + u_1 + u_2 + \ldots + u_{22}$.

50. Soit (u_n) une suite arithmétique de premier terme $u_0 = -17$ et de raison $r = \frac{5}{2}$.
Calculer u_1, u_2, u_3, u_4 et u_{41}.

51. Soit (u_n) une suite arithmétique de premier terme $u_0 = 3$ et de raison $r = -\frac{1}{3}$.
Calculer u_{10}, u_{41} et $u_{2\,013}$.

52. Soit (u_n) une suite arithmétique . On sait que $u_{102} = 47$ et $u_{157} = 25$. Déterminer la raison r, le premier terme u_0 et calculer $u_{3\,000}$.

53. Dans chacun des cas suivants, déterminer si la suite (u_n) définie sur $\mathbb{N}$ est arithmétique ou non :

1. $u_0 = -2$ et $u_{n+1} = u_n - 3$.
2. $u_0 = 4$ et $u_{n+1} = \frac{1}{2}u_n - 5$.
3. $u_n = 5 - \frac{6}{n}$.
4. $u_n = (n+2)^2 - n^2$.

54. Soit (u_n) et (v_n) deux suites arithmétiques de raisons respectives $-\frac{3}{2}$ et $\frac{1}{3}$. On sait que $u_0 = 653$ et $v_0 = -540$.

1. Calculer u_{871} et $v_{3\,240}$.
2. En déduire la valeur des sommes :
$u_0 + u_1 + u_2 + \ldots + u_{871}$ et $v_1 + v_2 + \ldots + u_{3\,240}$.

55. Soit $(w_n)_{n \in \mathbb{N}^*}$ une suite arithmétique de raison $\frac{5}{4}$ et de premier terme $w_1 = 2$.

1. Exprimer w_n en fonction de n.

2. Que vaut w_{40} ?

3. Existe-t-il une valeur de l'entier naturel n telle que $w_n = 772$?

56. Sans utiliser la calculatrice, comparer les nombres A et B.

$A = 2012(1 + 2 + 3 + \ldots + 2011)$;

$B = 2011(1 + 2 + 3 + \ldots + 2012)$.

57. Soit (u_n) une suite arithmétique de raison négative. On sait que la somme des trois premiers termes vaut 81 et que leur produit vaut 18 360.

1. On note r la raison de cette suite. Exprimer u_0 et u_2 en fonction de u_1 et r.

2. Montrer qu'on a le système suivant :

$$\begin{cases} 3u_1 = 81 \\ u_1^3 - r^2 u_1 = 18\,360 \end{cases}$$

3. En déduire la valeur de r et u_1.

4. Déterminer u_{40}.

58. Soit (u_n) une suite arithmétique de raison positive. On sait que la somme des trois premiers termes vaut 60 et que la somme de leur carré vaut 1 218.
Déterminer la raison et le premier terme de cette suite.

Indication
On pourra s'inspirer de la méthode de l'exercice 57.

59. Problème 64 du Papyrus de Rhind
Voici un problème inscrit sur le Papyrus de Rhind :

On souhaite répartir 10 héqat de blé pour 10 hommes en part inégales de telle sorte que la différence entre un homme et son voisin se monte à 1/8 de héqat de blé

On notera u_1, u_2, …, u_{10}, u_2 la part reçu respectivement par le premier homme, le second, …, le 10e homme.

1. Quelle est la nature de la suite (u_n) ?

2. Déterminer la raison de la suite.

3. En déduire la valeur de chacun des termes $u_1, u_2, \ldots, u_{10}$.

Papyrus de Rhind

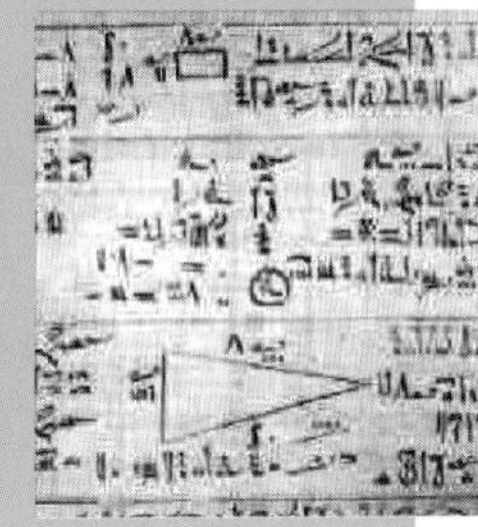

Ce célèbre Papyrus écrit par le scribe *Ahmès* en 1650 av. J.-C., est découvert à Thèbes. Il est acheté en 1858 par l'écossais Henry Rhind qui lui donna son nom.

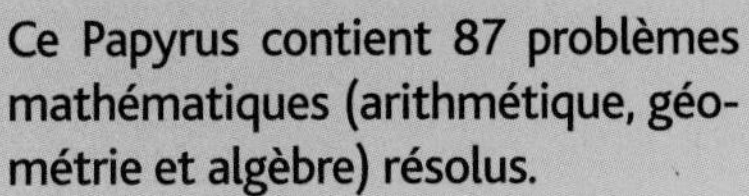

Ce Papyrus contient 87 problèmes mathématiques (arithmétique, géométrie et algèbre) résolus.

60. Soit (u_n) une suite définie sur $\mathbb{N}$ par $u_0 = 1$ et $u_{n+1} = \dfrac{2u_n}{2 + 3u_n}$.

1. Calculer u_2 et u_3.

2. La suite (u_n) est-elle arithmétique ?

3. On suppose que pour tout entier naturel n, $u_n \neq 0$ et on définit la suite (v_n) par $v_n = \dfrac{1}{u_n}$.

a. Montrer que la suite (v_n) est arithmétique et donner ses éléments caractéristiques.

b. Donner l'expression de v_n en fonction de n.

c. En déduire l'expression de u_n en fonction de n.

4. Étudier la monotonie de la suite (u_n).

5. Montrer que pour tout n de $\mathbb{N}$, $0 < u_n \leqslant 1$.

61. Une usine fabrique des jouets en bois. Durant le mois de septembre 2010 elle en a fabriqué 12 300. Le directeur décide de diminuer sa production de 145 jouets tous les mois.

On notera u_0 le nombre de jouets fabriqués en septembre 2010, u_1 le nombre de jouets fabriqués en octobre 2010, u_2 le nombre de jouets fabriqués en novembre 2010 et ainsi de suite.

1. Quelle est la nature de la suite (u_n) ?

2. Donner l'expression de u_n en fonction de n.

3. Déterminer la plus petite valeur de n telle que $u_n \leqslant 0$.

4. En déduire le dernier mois de production. Quelle est le nombre de jouets fabriqués ce dernier mois ?

62. Soit (u_n) une suite arithmétique de premier terme u_0 et de raison r, tous deux réels. ALGO

1. L'algorithme ci-dessous détermine, à partir du premier terme de la suite, de sa raison, et de la valeur d'un entier N, la valeur u_N. Recopier et compléter cet algorithme.

```
Variables
A, N, deux entiers naturels
B un nombre réel
Début
Saisir U0, R, N
Afficher.........
Fin
```

2. Dans quel cas (u_n) est-elle croissante ? décroissante ?

3. Compléter cet algorithme afin qu'il affiche « (u_n) croissante » ou bien « (u_n) décroissante ».

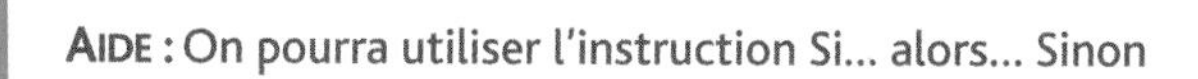
AIDE : On pourra utiliser l'instruction Si... alors... Sinon

4. Programmer cet algorithme sur une calculatrice et l'exécuter avec les suites suivantes :

a. $u_0 = 4$; $r = 2$ et $n = 10$.

b. $u_0 = 1$; $r = -3$ et $n = 12$.

c. $u_0 = 7$; $r = -\frac{1}{2}$ et $n = 16$.

63. Soit (u_n) une suite définie sur $\mathbb{N}$ par $u_0 = -1$ et $u_{n+1} = \sqrt{u_n^2 + 3}$.

1. Montrer que la suite définie sur $\mathbb{N}$ par $v_n = u_n^2$ est une suite arithmétique.

2. Donner l'expression de v_n en fonction de n.

3. En déduire l'expression de u_n en fonction de n.

4. Trouver la plus petite valeur de n telle que $u_n \geqslant 50$.

5. Suites géométriques

pour s'échauffer

64. corrigé Soit (u_n) une suite géométrique de raison q. Calculer u_1, u_2 et u_3 dans chacun des cas suivants :

1. $u_0 = \frac{3}{2}$ et $q = 2$. **2.** $u_0 = 12$ et $q = \frac{1}{3}$.

3. $u_0 = 4$ et $q = -\frac{1}{2}$. **4.** $u_0 = 6$ et $q = -\frac{1}{2}$.

65. Soit (u_n) une suite géométrique de raison q. Calculer u_1, u_2 et u_3 dans chacun des cas suivants :

1. $u_0 = -\frac{4}{9}$ et $q = 3$. **2.** $u_0 = -24$ et $q = \frac{1}{2}$.

3. $u_0 = -9$ et $q = -\frac{1}{3}$. **4.** $u_0 = -18$ et $q = \frac{2}{3}$.

66. Soit (u_n) une suite géométrique de premier terme $u_0 = 81$ et de raison $q = -\frac{1}{3}$.

1. Calculer u_1, u_2 et u_3.

2. Donner l'expression de u_n en fonction de n.

3. Donner une valeur approchée de $u_{2\,012}$.
Comment interpréter ce résultat ?

67. corrigé Soit (v_n) une suite géométrique de raison $q \in \mathbb{R}_+^*$. On sait que $v_4 = 12$ et $v_6 = 48$.

1. Déterminer q.

2. En déduire v_7 et v_0.

68. Soit (t_n) la suite définie pour tout entier naturel n par $t_n = 3 \times 4^n$.
Montrer que (t_n) est une suite géométrique et donner sa raison ainsi que son premier terme t_0.

69. Dans chacun des cas suivants, déterminer le sens de variation de la suite géométrique (v_n) de raison q et de premier terme v_0 :

1. $v_0 = -16$ et $q = 4$. **2.** $v_0 = 11$ et $q = 5$.

3. $v_0 = 1$ et $q = \frac{1}{3}$. **4.** $v_0 = -4$ et $q = -\frac{1}{2}$.

70. Soit (v_n) une suite géométrique de raison q. Tableur
À l'aide d'un tableur, calculer les 20 premiers termes de la suite dans chacun des cas suivants :

1. $v_0 = 7$ et $q = 1{,}6$. **2.** $v_0 = 50$ et $q = 0{,}7$.

3. $v_0 = -40$ et $q = -0{,}6$. **4.** $v_0 = 100$ et $q = -2{,}6$.

71. Soit (u_n) et (v_n) deux suites géométriques de raisons respectives 1,4 et 0,8.
Associer à chacune des suites sa représentation graphique et donner la valeur de son premier terme.

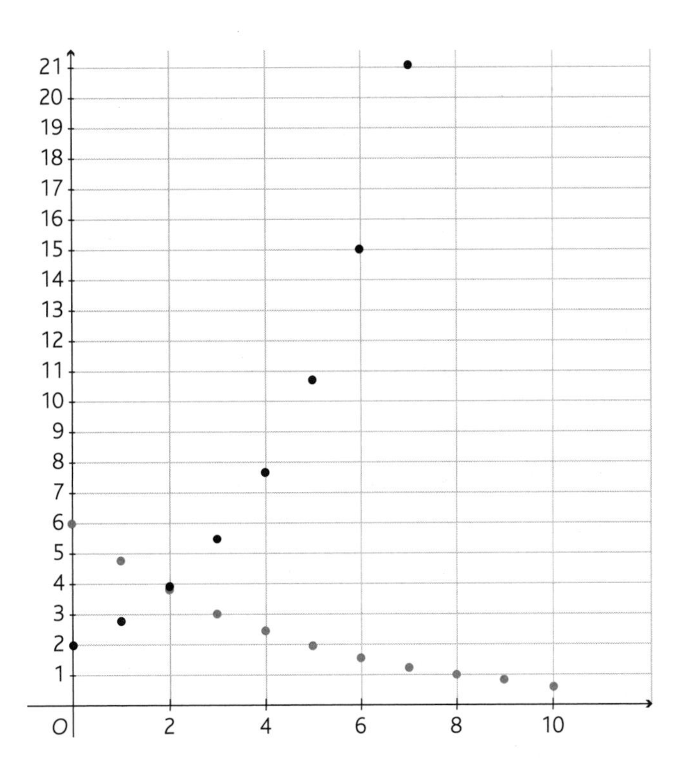

72. Soit (u_n) la suite dont la valeur u_N est le résultat affiché par l'algorithme ci-dessous (avec N un entier naturel) :

```
Variables
N un entier naturel
U un réel
Début
Saisir N
7 → U
| Pour I allant de 1 à N :
| 0,9 × U → N
| FinPour
Afficher U
Fin
```

1. Donner la valeur de u_0, u_1, et u_2.
2. Quelle est la nature de la suite (u_n) ?
3. Étudier la monotonie de la suite (u_n) ?

73. Soit (v_n) une suite géométrique de premier terme $v_0 = 1\,536$ et de raison $q = \frac{1}{2}$.

1. Calculer v_1, v_2, v_3 et v_4.
2. Donner l'expression de v_n en fonction de n.
3. Calculer $v_{2\,012}$ à l'aide de la calculatrice. Comment interpréter ce résultat ?

74. Soit (u_n) et (v_n) deux suites géométriques de raisons respectives q et q' dont on a tracé la représentation graphique ci dessous :

Représentation graphique de (u_n)

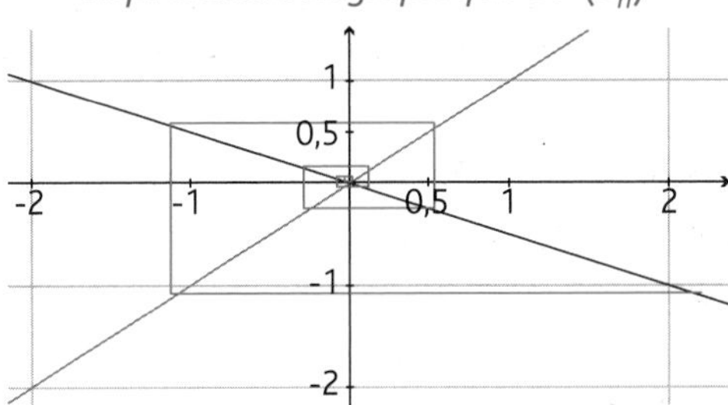

Représentation graphique de (v_n)

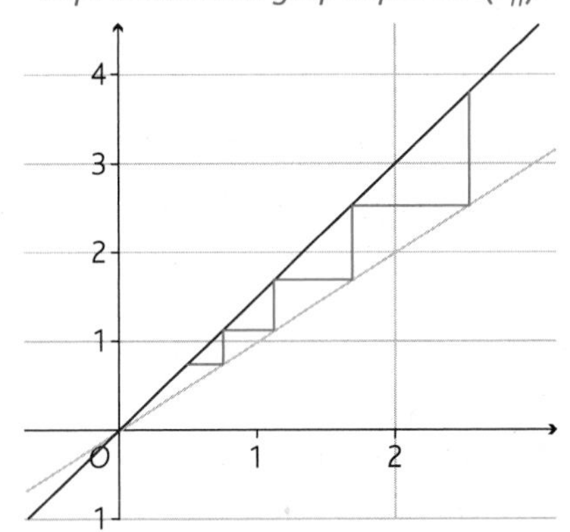

1. Donner la valeur de u_0, u_1, v_0 et v_1.
2. En déduire les valeurs de q et q'.

75. Soit (v_n) une suite géométrique de raison réelle q. On sait que $v_3 = 12$ et $v_6 = 324$.

1. Déterminer q.
2. En déduire v_4, v_7 et v_0.

76. Soit (v_n) la suite définie sur $\mathbb{N}$ par $v_n = -7 \times 3^{n-1}$. Montrer que (v_n) est une suite géométrique et donner sa raison ainsi que son premier terme v_0.

77. Soit (v_n) la suite géométrique de premier terme $v_1 = 480$ et de raison $\frac{1}{2}$.

1. Calculer v_2, v_3 et v_4.
2. Pour tout entier naturel n, donner l'expression de v_n en fonction de n.
3. Étudier le sens de variation de la suite (v_n).

78. Dans chacun des cas suivants, déterminer le sens de variation de la suite géométrique (v_n) de raison q et de premier terme v_0 :

1. $v_0 = 5$ et $q = 2$.
2. $v_0 = -2$ et $q = \frac{1}{5}$.
3. $v_0 = 6$ et $q = 7{,}2$.
4. $v_0 = 3$ et $q = \frac{8}{9}$.

79. Soit (u_n) la suite définie pour tout entier $n > 0$ par :

$$u_n = \frac{(-2)^{n+1}}{3}.$$

1. Montrer que la suite $(u_n)_{n \geqslant 1}$ est géométrique et donner sa raison.

2. En déduire son premier terme.

3. La suite est-elle décroissante ? croissante ?

80. Soit (u_n) la suite définie pour tout entier naturel n par : $u_0 = 0$, $u_1 = 1$ et $u_{n+2} = 5u_{n+1} - 6u_n$.

1. Soit (r_n) la suite définie sur $\mathbb{N}$ par $r_n = u_{n+1} - 3u_n$. Montrer que la suite (r_n) est géométrique et déterminer sa raison et son premier terme.

2. En déduire l'expression de r_n en fonction de n.

3. Soit (s_n) la suite définie sur $\mathbb{N}$ par $s_n = u_{n+1} - 2u_n$. Montrer que la suite (s_n) est géométrique et déterminer sa raison et son premier terme.

4. En déduire l'expression de s_n en fonction de n.

5. Montrer en utilisant les réponses aux questions **2.** et **4.** que « pour tout entier naturel n, $u_n = 3^n - 2^n$ ».

81. Soit (u_n) la suite définie sur $\mathbb{N}$ par $u_0 = \frac{7}{6}$; $u_1 = \frac{11}{6}$ et $u_{n+2} = 4u_{n+1} + 5u_n$.

1. Calculer u_2 et u_3.

2. Soit a un entier naturel et (v_n) la suite définie pour tout entier naturel n par :

$$v_n = u_{n+1} + au_n.$$

a. Démonter que pour tout entier n,

$$v_{n+1} = (4 + a)u_{n+1} + 5u_n.$$

b. Montrer que le tableau ci-contre est un tableau de proportionnalité si, et seulement si, a est solution de l'équation (E) : $a^2 + 4a = 5$.

$4 + a$	5
1	a

c. Résoudre l'équation (E).

d. Montrer que si a est une solution de (E), alors la suite (v_n) est géométrique (on donnera ses éléments caractéristiques).

3. Déduire de **2.** que pour tout entier naturel n,

$$\begin{cases} u_{n+1} - u_n = \frac{2}{3}(-1)^n \\ u_{n+1} - 5u_n = -4 \times 5^n \end{cases}.$$

4. En déduire l'expression de u_n en fonction de n.

82. Soit (u_n) une suite géométrique de raison négative. On sait que : $\begin{cases} u_3 + u_4 = 8 \\ u_4 - 2u_5 = -16 \end{cases}.$

1. Calculer la raison et le premier terme de la suite $(u_n)_{n \geqslant 0}$.

2. En déduire l'expression de u_n en fonction de n.

83. Les économies de Johanna

Le 1er février 2011, Johanna place 650 € sur un « livret jeune » qui lui rapporte 3,2 % par an. Les intérêts sont calculés le 1er février de chaque année et sont ajoutés au compte.

On note v_n le montant du compte « livret jeune » de Johanna le 1er février 2011 + n (avec n un entier naturel).

1. Calculer la valeur de v_0, v_1 et v_2.

2. Quelle est la nature de la suite (v_n) ? Donner ses éléments caractéristiques.

3. À l'aide d'un tableur, de la calculatrice ou d'un programme, déterminer à partir de quelle année Johanna possédera plus de 3 000 € ?

4. Vincent a trouvé un placement à 4,9 % d'intérêt annuel. Si Vincent place 650 €, au bout de combien de temps possédera-t-il plus de 3 000 € ?

84. Datation au *carbone 14*

Les organismes vivants contiennent naturellement l'élément radioactif *carbone 14* (provenant des rayonnements cosmiques). Lorsqu'ils sont vivants, tous les organismes possèdent la même proportion de *carbone 14* et lorsqu'ils meurent, le taux de *carbone 14* diminue de 1,21 % par siècle.

Soit N_0 la quantité de *carbone 14* d'un organisme au moment de sa mort. Soit N_p la quantité de *carbone 14* de cet organisme après p siècles.

1. Trouver une relation entre N_{p+1} et N_p.

2. En déduire la nature de la suite (N_p) ainsi que ses éléments caractéristiques.

3. Exprimer N_p en fonction de p et N_0.

4. On a retrouvé un organisme ne contenant que 43,17 % de *carbone 14*. À quand remonte la mort de cet organisme ?

5. Quel pourcentage de *carbone 14* reste-t-il dans un organisme dont la mort remonte à 10 000 ans ?

85. Le tableau suivant donne l'évolution du nombre d'habitants d'un village entre les années 2004 et 2009 *(les relevés de population sont effectués chaque année au 1er janvier)*.

Année	2004	2005	2006	2007	2008	2009
Nombre d'habitants	873	1025	1010	1 121	1 289	1 456

On suppose que la population du village après 2009 n'augmente que de 6 % par an jusqu'en 2016.

Soit (u_n) la suite telle que u_n (arrondi à l'entier près) représente le nombre d'habitants de ce village en 2009 + n, on a $u_0 = 1\,456$.

1. Justifier pourquoi (u_n) est une suite géométrique de raison 1,06.
2. Exprimer u_{n+1} en fonction de u_n, puis u_n en fonction de n.
3. Calculer un arrondi à l'entier près de u_4. Que représente ce nombre ?
4. Calculer le nombre estimé d'habitants dans ce village en 2015.
5. À l'aide d'un logiciel de type tableur, on réalise la feuille de calcul suivante :

	A	B	C
1	Année	n	u_n
2	2009	0	1456
3	2010	1	
4	2011	2	
5	2012	3	
6	2013	4	
7	2014	5	
8	2015	6	
9	2016	7	

Quelle formule faut-il entrer dans la cellule **C3** afin d'obtenir, en recopiant vers le bas, les termes de la suite (u_n) jusqu'au rang 8 ?

86. En 2004, le nombre de clients de l'entreprise *BONVOYAGE* était égal à 1 700.

Depuis, on estime que le nombre de clients augmente de 2 % par an.

On note u_0 le nombre de clients de l'entreprise en 2004 et u_n le nombre de clients pour l'année 2004 + n.

1. Donner la nature de la suite (u_n) ?
2. Exprimer u_n en fonction de n.
3. Calculer le nombre de clients de l'entreprise en 2010.
4. Le document ci-dessous est un extrait d'une feuille de calcul dans laquelle on veut faire afficher, selon ce modèle, le nombre de clients attendus à partir de 2004.

Nombre de clients de l'entreprise *BONVOYAGE* depuis 2004

	A	B	C	D
1	Année	Rang n de l'année	Nombre de clients u_n	Taux d'augmentation
2	2004	0	1 700	2 %
3	2005	1		
4	2006	2		
5	2007	3		
6	2008	4		
7	2009	5		
8	2010	6		

La plage **C2:C8** est au format *nombre à zéro décimale*.
la cellule **D2** est au format *pourcentage à zéro décimale*.

D'après Bac

On cherche une formule qui, entrée dans la cellule **C3** puis recopiée vers le bas, permet d'obtenir le contenu des cellules de la plage **C3:C8**.

Parmi ces propositions, lesquelles peuvent convenir ?
On ne demande pas de justification.

=C2*D$2	=C2*1+D2	=C2*(1+D$2)
=C2*(1,02)	C2*(1+$D2)	C2*1,02^B3

5. Déterminer, selon ce modèle, à partir de quelle année le nombre de clients sera supérieur à 2 000.

D'après Bac

6. Travail sur le symbole Σ

pour s'échauffer

87. corrigé Calculer les sommes suivantes :

$$\sum_{i=3}^{16} i\ ;\ \sum_{j=0}^{18} (2j)\ ;\ \sum_{k=0}^{26} (2k+1).$$

88. Calculer les sommes suivantes :

$$\sum_{i=1}^{4} \frac{i+1}{2i-1}\ ;\ \sum_{j=2}^{5} ((3+j)^2 - j)\ ;\ \sum_{i=0}^{4} (i-3).$$

89. Soit (u_n) une suite arithmétique de premier terme $u_0 = 3$ et de raison 2. Calculer la somme :

$$\sum_{p=0}^{22} u_p.$$

90. Soit (v_n) une suite arithmétique de premier terme $v_0 = 3$ et de raison 2. Montrer que :

$$\sum_{p=0}^{19} v_p = 3 \times (2^{20} - 1).$$

91. Montrer que pour tout entier n :

$$\sum_{k=0}^{n} (3k - 1) = \frac{(n+1)(3n-2)}{2}.$$

92. Écrire, sans chercher à les calculer, les sommes données, à l'aide du symbole Σ.

$A = 8 + 9 + 10 + 11 + 12 + 13 + 14 + 15 + 16$;

$B = 4 + 6 + 8 + 10 + 12 + 14 + 16 + 18$;

$C = 1 + 3 + 5 + 7 + 9 + 11 + 13$;

$D = 1 + \frac{1}{4} + \frac{1}{9} + \frac{1}{16} + \frac{1}{25} + \frac{1}{36} + \frac{1}{49}$.

93. Calculer les sommes suivantes :

$$\sum_{k=15}^{17} \frac{2k-1}{3} ; \sum_{j=1}^{4} (3j - 1) ; \sum_{p=0}^{2} (3p + 2)^2.$$

94. Soit n un entier naturel non nul, montrer que :

$$\sum_{k=1}^{n} 2k = n(n+1) ; \sum_{k=1}^{n} \left(\frac{1}{3}\right)^k = \frac{1}{2} - \frac{1}{2} \times 3^{-n}.$$

95. Soit (u_n) une suite arithmétique de raison $\frac{3}{2}$ et de premier terme -5.

1. Soit n un entier, déterminer l'expression de u_n en fonction de n.

2. En déduire, en fonction de n, l'expression de la somme :

$$\sum_{p=0}^{n} u_p.$$

3. En déduire, en fonction de n, la valeur de la somme :

$$\sum_{k=0}^{n} (3k - 10).$$

96. Soit n un entier, on admet que :

$$\sum_{p=1}^{n} p^2 = \frac{n(n+1)(2n+1)}{6}.$$

On note :

$$A = \sum_{p=0}^{n-1} (2p+1)^2 ; B = \sum_{p=0}^{n} (2p)^2.$$

1. Montrer que $A + B = \frac{n(4n+1)(2n+1)}{3}$.

2. Montrer que $B = \frac{n(2n+2)(2n+1)}{3}$.

3. En déduire la valeur de A.

97. Montrer que pour tout entier naturel n :

$$\sum_{k=0}^{n} \frac{1-3k}{2} = -\frac{1}{4}(3n^2 + n - 2).$$

98. L'algorithme ci-dessous demande d'entrer la valeur de N puis il calcule la somme $\sum_{k=0}^{N} k^2$.

```
Variables
N, K, S, des entiers naturels.
Début
Lire N
S prend la valeur 0
Pour K allant de 0 à N
S prend la valeur S + K²
FinPour
Afficher S
Fin
```

1. Programmer cet algorithme sur une calculatrice.

2. En déduire la valeur des sommes :

$$\sum_{k=0}^{17} k^2 ; \sum_{k=0}^{29} k^2 ; \sum_{k=18}^{29} k^2.$$

99. Calculer les sommes suivantes :

$$S_1 = \sum_{i=1}^{2010} i ; S_2 = \sum_{i=2011}^{2500} i.$$

100. Calculer les sommes suivantes :

$$S_1 = \sum_{p=1}^{51} (2p+1) ; S_2 = \sum_{i=37}^{76} \left(-\frac{1}{3}i + 42\right) ; S_3 = \sum_{i=0}^{10} \frac{3^i}{270}.$$

101. Calculer les sommes A et B :

$$A = 1 + 6 + 11 + 16 + \ldots + 2346$$

$$B = 9 + 27 + 81 + 243 + \ldots + 4\,782\,969.$$

102. Calculer la somme S :

$$S = 1^2 - 2^2 + 3^2 - 4^2 + \ldots + 2011^2 - 2012^2.$$

7. Problèmes de suites arithmétiques et géométriques

pour s'échauffer

103. corrigé Soit (u_n) et (v_n) les suites définies sur $\mathbb{N}$ par :

$$u_n = -4n + 3 \text{ et } v_n = \frac{3}{2^n}.$$

Déterminer la nature de ces suites et donner leurs éléments caractéristiques.

104. Soit (u_n), (v_n) et (w_n) les suites définies sur $\mathbb{N}$ par $u_n = \frac{n-5}{6}$; $v_n = \cos(n\pi)$ et $w_n = 4^{-n}$.

Déterminer la nature de ces suites et donner leurs éléments caractéristiques.

105. Soit (u_n) et (v_n) deux suites dont on a représenté graphiquement les premiers termes ci-dessous (respectivement en rouge et en bleu).

Déterminer laquelle est arithmétique et laquelle est géométrique.

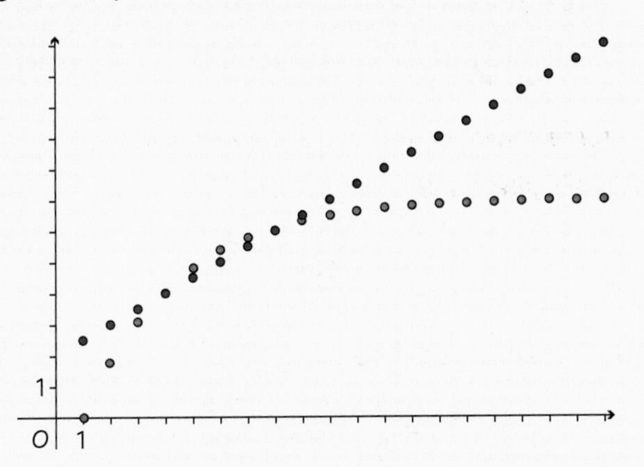

106. Soit f une fonction définie sur $\mathbb{R}$ et (u_n) la suite définie sur $\mathbb{N}$ par $u_{n+1} = f(u_n)$.

Déterminer dans chacun des cas si (u_n) est arithmétique, géométrique ou ni l'un ni l'autre.

1. Pour tout x réel, $f(x) = 2x$.

2. Pour tout x réel, $f(x) = \frac{1}{2}x + 4$.

3. Pour tout x réel, $f(x) = x - 3$.

107. corrigé Soit (u_n) et (v_n) les suites définies sur $\mathbb{N}$ par :

$$u_n = \frac{3^{n-1}}{4} \text{ et } v_n = 7n + 3.$$

1. Déterminer la nature de ces suites et donner leurs éléments caractéristiques.

2. Étudier la monotonie de ces deux suites.

108. Soit (u_n), (v_n) et (w_n) les suites définies sur $\mathbb{N}$ par :

$$u_n = 3(-2)^n \text{ ; } v_n = \frac{3n^2 - 3}{2n + 2} + 1 \text{ et } w_n = \frac{5}{2^{-n}}.$$

1. Déterminer la nature de ces suites et donner leurs éléments caractéristiques.

2. Étudier la monotonie de ces trois suites.

109. Soit (u_n) et (v_n) deux suites représentées graphiquement ci-dessous.

Déterminer laquelle est arithmétique et laquelle est géométrique et donner leurs éléments caractéristiques.

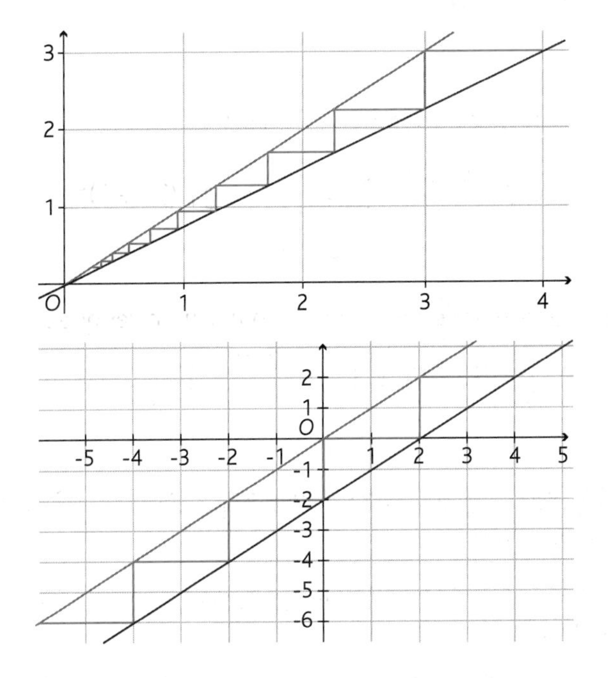

110. **Extrait du Papyrus de Rhind**

Soient 7 maisons. Dans chaque maison il y a 7 chats. Chaque chat tue 7 souris. Chaque souris aurait mangé 7 sacs de grains. Chaque sac contient 7 grains.

1. Montrer que les objets énumérés suivent une progression géométrique dont on donnera la raison et le premier terme.

2. Combien y a-t-il de grains en tout ?

111. **L'Oudjat**

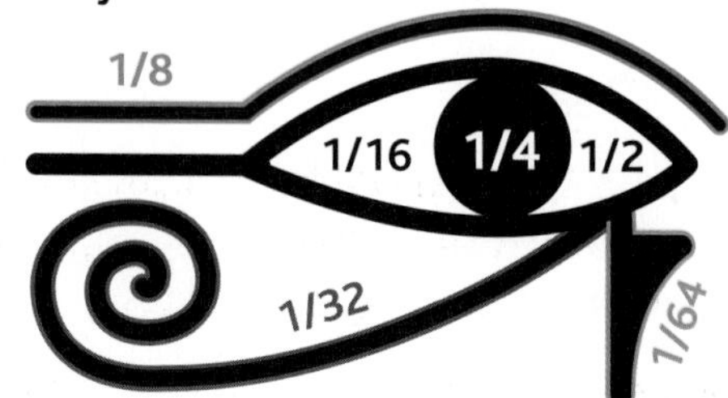

D'après la légende, au cours d'un combat contre son oncle Seth, Horus (le fils d'Isis et Osiris) perdit un œil. Seth le coupa en morceaux et le jeta dans le Nil. Thot récupéra tous les morceaux sauf un.

1. Que vaut la somme des fractions représentées sur l'Oudjat dessiné ci-dessus ?

2. La fraction manquante pour atteindre l'unité est le lien magique ajouté par Thot pour permettre à Horus de recouvrer complètement son œil. Quelle est la valeur de cette fraction ?

3. Les égyptiens décomposaient toutes les fractions $\frac{a}{b}$ (avec a et b deux entiers naturels non nuls) en somme d'inverses d'entiers. Par exemple :

$$\frac{5}{12}=\frac{4+1}{12}=\frac{4}{12}+\frac{1}{12}=\frac{1}{3}+\frac{1}{12}.$$

a. Selon ce modèle, décomposer $\frac{15}{16}$ en somme d'inverses d'entiers.

b. À l'aide de sommes des termes d'une suite géométrique, calculer $\frac{1}{2}+\frac{1}{2^2}=\frac{1}{2^3}+\ldots+\frac{1}{2^n}$.
avec n un entier naturel non nul.

c. En déduire l'écriture « égyptienne », c'est-à-dire sous forme d'inverses d'entiers, du nombre $\frac{2^n-1}{2^n}$.

> **INFO**
> Cette méthode était utilisée par Taton en 2000 av. J.-C.

112. Au « *Chamboule tout* », il s'agit de lancer une balle sur des boîtes de conserves empilées, pour en faire tomber un maximum.

Paul affirme : « Mon record est d'avoir fait tomber toutes les boîtes, c'est-à-dire 1 032 boîtes en un seul lancer ».
Marie affirme : « Moi j'ai fait tomber toutes les boîtes, soit 2 016 en un seul lancer ».
Jessica répond « J'ai la preuve qu'au moins l'un de vous deux ment ».
En essayant de déterminer le nombre d'étages qu'il a fallu pour atteindre ces records, déterminer lequel des deux ne dit pas la vérité.

113. Soit (u_n) une suite arithmétique de raison $r \in \mathbb{R}$. Pour tout entier naturel n, on définit la somme :

$$S_n=\sum_{k=0}^{n}\frac{1}{\sqrt{u_k}+\sqrt{u_{k+1}}}.$$

1. Écrire S_n sans utiliser le symbole Σ (écrire la somme avec des pointillés).

2. Démontrer que pour tout entier naturel n,

$$S_n=\frac{n+1}{\sqrt{u_0}+\sqrt{u_{n+1}}}.$$

114. **L'île aux enfants**

On a tracé une suite de demi-cercles C_n passant tous par le point O. Soit u_n l'aire située entre 2 demi-cercles successifs. Ainsi u_1 correspond à l'aire en jaune, u_2 à l'aire en orange clair, u_3 à l'aire en orange, u_4 à l'aire en violet, ...

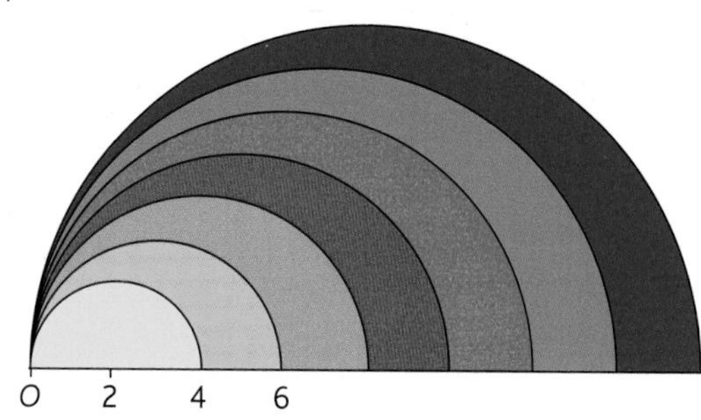

1. Quelle est la nature de la suite $(u_n)_{n \geqslant 2}$? Donner ses éléments caractéristiques.

2. Donner l'expression de u_n en fonction de l'entier naturel n.

115. **Les triangles « géométriques »**

Dans ce problème, on cherche à déterminer tous les triangles dont les longueurs des cotés suivent une progression géométrique de raison $q \geqslant 1$.

1. Quelle condition doit remplir les réels positifs a, b et c pour représenter les longueurs d'un triangle ?

2. Soit a, b et c les longueurs des cotés d'un triangle avec $a \leqslant b \leqslant c$. On suppose que a, b et c suivent une progression géométrique de raison q.
Montrer que a, b et c représentent les longueurs d'un triangle si, et seulement si, $q^2 < q+1$.

3. En déduire que les cotés d'un triangle forment une progression géométrique de raison $q \geqslant 1$ si, et seulement si,

$$1 \leqslant q < \frac{1+\sqrt{5}}{2}.$$

116. Soit $(O ; \vec{i}, \vec{j})$ un repère orthonormé, les droites $(\mathscr{D}) : y = x$ et $(\Delta) : y = -x$.
Soit le point $A_0(2 ; 0)$ et A_1 le point tel que le triangle OA_0A_1 soit rectangle isocèle direct en A_1.
Soit A_2 le point tel que le triangle OA_1A_2 soit rectangle isocèle direct en A_2, et de façon général A_{n+1} est le point tel que le triangle OA_nA_{n+1} soit rectangle isocèle direct en A_{n+1}.

> **RAPPEL**
> Un triangle ABC est dit « direct » lorsque le sens ABC suit le sens trigonométrique, c'est-à-dire le sens inverse des aiguilles d'une montre.

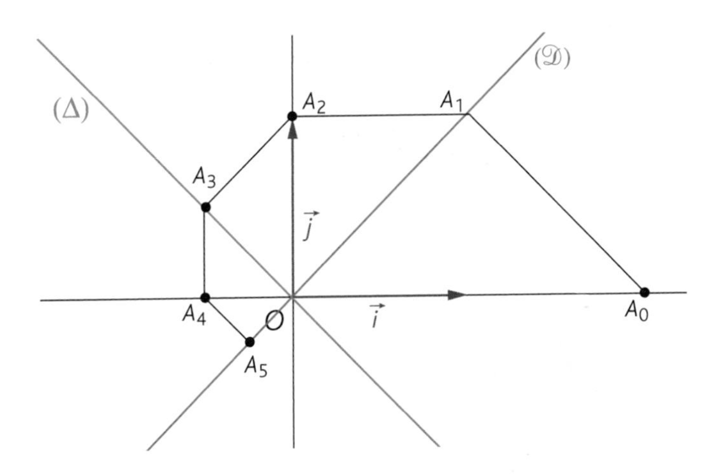

1. Calculer les longueurs OA_0 ; OA_1 ; OA_2.

2. Exprimer OA_{n+1} en fonction de OA_n.

3. Soit n un entier naturel et $a_n = OA_n$.
En déduire la nature de la suite (a_n).

4. Donner l'expression de a_n en fonction de n, avec n un entier naturel.

5. Soit n un entier naturel non nul et $b_n = A_{n-1}A_n$.
a. Calculer b_0, b_1 et b_2.
b. Exprimer b_n en fonction de a_n.
c. En déduire la nature de la suite $(b_n)_{n \geqslant 1}$ puis exprimer b_n en fonction de n.
d. Soit S_n la longueur de la spirale $A_0A_1A_2A_3 \ldots A_n$.
Exprimer S_n en fonction des termes de la suite (b_n).
e. En déduire l'expression de S_n en fonction de l'entier naturel n.
f. À l'aide de la calculatrice, déterminer vers quelle valeur la suite (S_n) semble se rapprocher lorsque n tend vers $+\infty$.

8. Limites

pour s'échauffer

117. corrigé **1.** À l'aide de la calculatrice, afficher le tableau de valeurs des suites (u_n) et (v_n) définies pour tout $n > 0$ par $u_n = \dfrac{1}{n^2}$ et $v_n = n^3$.

2. Vers quelle valeur semble se rapprocher u_n lorsque n tend vers $+\infty$?
On écrira $\lim\limits_{n \to +\infty} u_n = \ldots$

3. Vers quelle valeur semble se rapprocher v_n lorsque n tend vers $+\infty$?
On écrira $\lim\limits_{n \to +\infty} v_n = \ldots$

118. Soit (u_n) et (v_n) les suites définies pour tout entier naturel n par $u_n = \left(\dfrac{1}{2}\right)^n$ et $v_n = 1{,}3^n$.
On a calculé les premiers termes de la suite dans une page de tableur comme ci-dessous :

	A	B	C
1	n	u_n	v_n
2	0	1	1
3	1	0,5	1,3
4	2	0,25	1,69
5	3	0,125	2,197
6	4	0,063	2,856
7	5	0,031	3,713

1. Quelle formule faut-il écrire dans **B2** pour que, recopiée vers le bas, on obtienne le calcul des valeurs de u_n ?

2. Même question avec v_n pour la cellule **C2**.

3. Afficher les valeurs des deux suites jusqu'à $n = 50$.

4. Quelles semblent être les valeurs de
$\lim\limits_{n \to +\infty} u_n$ et $\lim\limits_{n \to +\infty} v_n$?

119. On a représenté graphiquement les premiers termes de la suite (u_n).

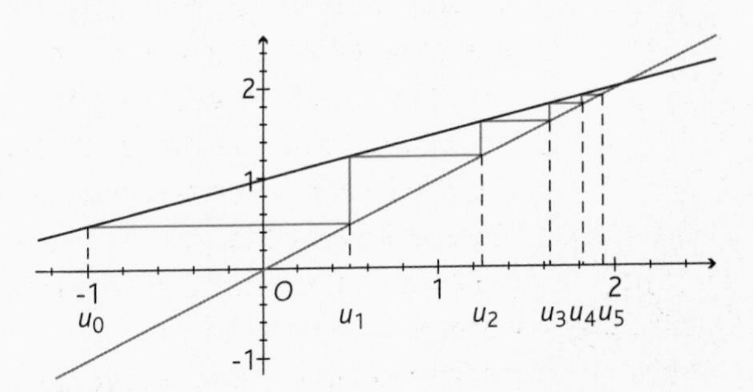

À l'aide du graphique, dire quelle semble être la valeur de $\lim\limits_{n \to +\infty} u_n = \ldots$

120. On a représenté graphiquement les premiers termes de la suite (u_n).

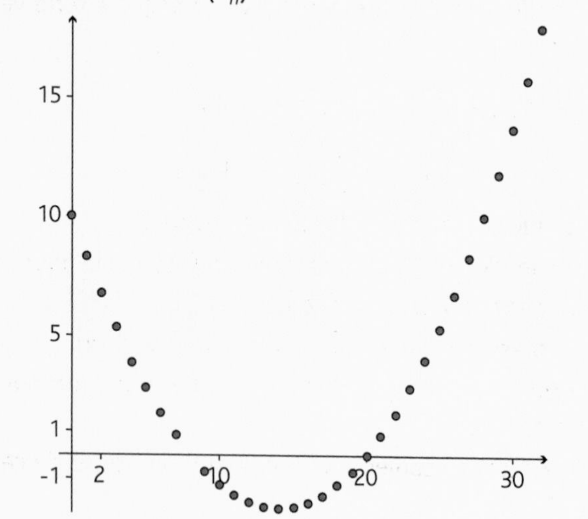

À l'aide du graphique, dire quelle semble être la valeur de $\lim\limits_{n \to +\infty} u_n$.

121. **1.** À l'aide d'une calculatrice, afficher le tableau de valeurs des suites (u_n) et (v_n) définie sur $\mathbb{N}^*$ par $u_n = \sqrt{n}$ et $v_n = \dfrac{1}{\sqrt{n}}$.

2. Vers quelle valeur semble se rapprocher u_n lorsque n tend vers $+\infty$?

On écrira $\lim\limits_{n \to +\infty} u_n = \ldots$

3. Vers quelle valeur semble se rapprocher v_n lorsque n tend vers $+\infty$?

On écrira $\lim\limits_{n \to +\infty} v_n = \ldots$

122. Soit (u_n) et (v_n) les suites définie sur $\mathbb{N}$ par :

$$u_{n+1} = 2u_n - 5 \text{ et } u_0 = 3 ;$$

$$v_{n+1} = \frac{3}{4}v_n - 5 \text{ et } v_0 = 2.$$

On a calculé les premiers termes de la suite dans une page de tableur comme ci-dessous :

	A	B	C
1	n	u_n	v_n
2	0	3	2
3	1	1	-3,5
4	2	-3	-7,625
5	3	-11	-10,719
6	4	-27	-13,039
7	5	-59	-14,779
8	6	-123	-16,084

1. Quelle formule faut-il écrire dans **B3** pour que, recopiée vers le bas, on obtienne le calcul des valeurs de u_n ?

2. Même question avec v_n pour la cellule **C3**.

3. Afficher les valeurs des deux suites jusqu'à $n = 50$.

4. Quelles semblent être les valeurs de :

$$\lim_{n \to +\infty} u_n \text{ et } \lim_{n \to +\infty} v_n.$$

123. On a représenté graphiquement les premiers termes de la suite (u_n).

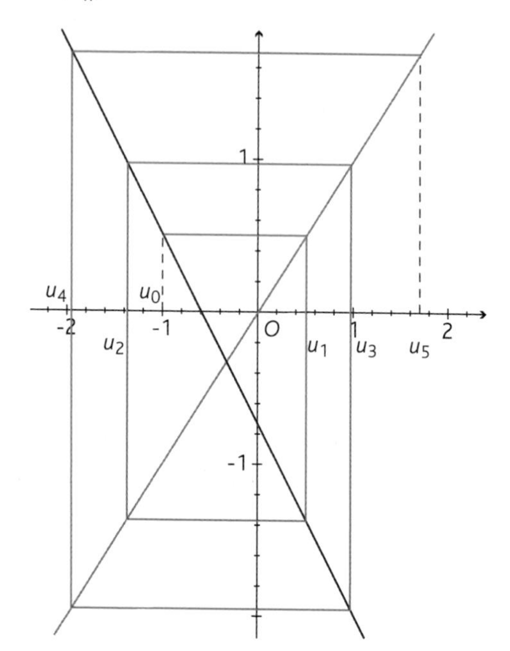

D'après le graphique, que peut-on dire sur les valeurs de u_n lorsque n tend vers $+\infty$?

124. On a représenté graphiquement les premiers termes de la suite (u_n).

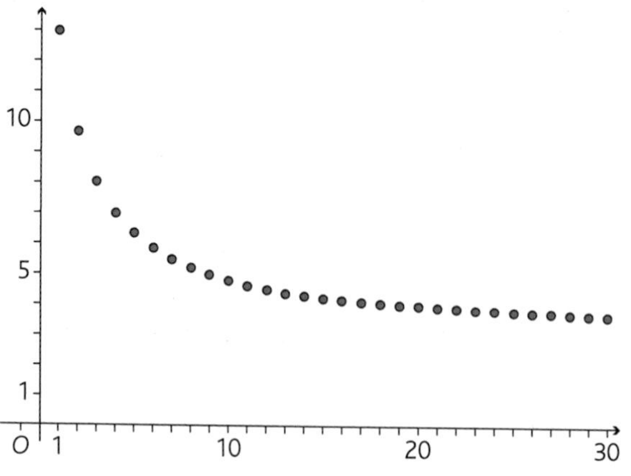

À l'aide du graphique, dire vers quelle valeur semble se rapprocher u_n lorsque n tend vers $+\infty$.

125. **1.** À l'aide de la calculatrice ou d'un tableur, déterminer la limite des suites lorsque n tend vers $+\infty$.

$$u_n = \frac{1}{n} ; \; v_n = \frac{1}{n^2} ; \; w_n = \frac{1}{n^2}, \quad n \in \mathbb{N}^*.$$

2. À l'aide du **1.**, compléter les limites suivantes :

$$\lim_{n \to +\infty} u_n = \ldots ; \lim_{n \to +\infty} v_n = \ldots ; \lim_{n \to +\infty} w_n = \ldots$$

3. En déduire la limite des suites définies sur $\mathbb{N}^*$ par :

$$r_n = 3 + \frac{1}{n^2} \text{ et } s_n = \frac{2}{n^2} - \frac{1}{n^2}.$$

126. **1.** À l'aide de la calculatrice ou d'un tableur, déterminer la limite des suites définies sur $\mathbb{N}$ lorsque n tend vers $+\infty$ par $u_n = n$; $v_n = n^2$ et $w_n = (-n)^3$.

2. À l'aide du **1.**, compléter les limites suivantes :

$$\lim_{n \to +\infty} u_n = \ldots \ ; \ \lim_{n \to +\infty} v_n = \ldots \ ; \ \lim_{n \to +\infty} w_n = \ldots$$

3. En déduire la limite des suites définies sur $\mathbb{N}$ par :

$$r_n = -n^2 \ ; \ s_n = n^3 - 100 \text{ et } t_n = n^2 + n.$$

127. À l'aide de la calculatrice ou d'un tableur, déterminer la limite éventuelle des suites définies sur $\mathbb{N}^*$ lorsque n tend vers $+\infty$.

$$u_n = (-1)^n \ ; \ v_n = \frac{(-1)^n}{n} \ ; \ w_n = 3 + (-1)^n.$$

128. **1.** Soit (u_n) une suite arithmétique de raison 2 et de premier terme 4. Vers quelle valeur se rapproche u_n lorsque n tend vers $+\infty$?

2. Soit (v_n) une suite arithmétique de raison -2 et de premier terme 4. Vers quelle valeur se rapproche u_n lorsque n tend vers $+\infty$?

129. Soit (u_n) une suite arithmétique de raison r et de premier terme 4.

1. Si $r > 0$ vers quelle valeur se rapproche u_n lorsque n tend vers $+\infty$?

2. Si $r < 0$ vers quelle valeur se rapproche u_n lorsque n tend vers $+\infty$?

9. Problèmes

130. On conserve dans une enceinte une population d'êtres unicellulaires qui peuvent se trouver dans deux états physiologiques désignés par A et B. On désigne par a_n et b_n les effectifs – exprimés en milliers d'individus – des deux populations à l'instant n. Des observations menées sur une assez longue période permettent d'estimer que :

$$a_{n+1} = 0{,}95a_n + 0{,}2b_n \quad \text{et} \quad b_{n+1} = 0{,}05a_n + 0{,}8b_n.$$

1. La population à l'instant 0 satisfait $a_0 = 375$. Faire le calcul des effectifs a_n et b_n pour $n \leqslant 50$. Peut-on faire une conjecture sur le comportement asymptotique des suites (a_n) et (b_n) ?

2. Effectuer de nouveaux essais en modifiant les valeurs a_0 et b_0. On pourra par exemple prendre $a_0 = 0$, puis $a_0 = 125$, 250, 400 et enfin 500. Observe-t-on une dépendance par rapport à la distribution initiale ?

3. Montrer que la suite de terme général $a_n - 400$ est géométrique.

4. À l'aide du tableur, déterminer vers quelle valeur semble se rapprocher $\left(\frac{3}{4}\right)^n$ lorsque n tend vers $+\infty$.

5. Vers quelle valeur se rapproche a_n lorsque n tend vers $+\infty$?

D'après Bac

131. Soit (u_n) une suite définie par

$$u_{n+1} = \frac{3u_n + 4}{u_n + 3} \quad \text{et} \quad u_0 = -1.$$

1. De quelle façon est définie la suite (u_n) ?

2. Donner l'expression de la fonction f telle que, pour tout entier naturel n, $u_{n+1} = f(u_n)$.

3. Représenter graphiquement la fonction f, puis représenter les cinq premiers termes de la suite sur ce graphique.

4. Que peut-on conjecturer quant aux variations de cette suite ?

5. Soit (v_n) la suite définie pour tout entier n, par $v_n = \frac{u_n + 2}{u_n - 2}$.

Montrer que (v_n) est une suite géométrique.

6. En déduire v_n en fonction de n puis u_n en fonction de n.

132. **La suite de Syracuse**

Soit (u_n) la suite définie par récurrence de la façon suivante :

Si u_n est pair alors $u_{n+1} = \frac{u_n}{2}$ et

si u_n est impair alors $u_{n+1} = 3u_n + 1$.

Exemples : Si $u_0 = 5$ alors $u_1 = 3 \times 5 + 1 = 16$; $u_2 = \frac{16}{2} = 8$; $u_3 = \frac{8}{2} = 4$; $u_4 = \frac{4}{2} = 2$; $u_5 = \frac{2}{2} = 1$; $u_6 = 3 \times 1 + 1 = 4$; $u_7 = \frac{4}{2} = 2$; $u_8 = \frac{2}{2} = 1$, ... la suite devient périodique.

1. L'algorithme suivant permet d'afficher les différentes valeurs de la suite à partir de la saisie de u_0 :

```
Variables
A un réel
Début
Saisir A
Tant que A ≠ 1
  Si partie décimale de A/2=0
  Alors
  A/2 → A
  Sinon
  3A + 1 → A
  FinSi
  Afficher A
FinTant que
Fin
```

Programmer cet algorithme sur une calculatrice.

2. À l'aide du programme précédent et pour les valeurs de u_0 suivantes, afficher tous les termes de la suite (on s'arrêtera lorsqu'on obtiendra 1) : $u_0 = 3$; $u_0 = 7$; $u_0 = 11$; $u_0 = 13$; $u_0 = 19$.

3. On appelle *altitude* de la valeur k la plus grande valeur de u_n obtenue en prenant $u_0 = k$. Ainsi dans l'exemple de début de l'énoncé on obtient que 5 a une altitude de 16.
Donner l'altitude pour les valeurs $u_0 = 13$ et $u_0 = 19$.

4. Modifier cet algorithme pour qu'il affiche seulement l'altitude pour une valeur de u_0 saisie. Programmer ce nouvel algorithme sur une calculatrice et le vérifier à l'aide des résultats du **4.**

5. On appelle *temps de vol* de la valeur k la première valeur de n telle que $u_n = 1$. Ainsi dans l'exemple de début de l'énoncé on obtient que 5 a un temps de vol de 5.
Donner le temps de vol pour les valeurs $u_0 = 13$ et $u_0 = 19$.

6. Modifier l'algorithme du **1.** pour qu'il affiche seulement le temps de vol pour une valeur de u_0 saisie. Programmer ce nouvel algorithme sur une calculatrice et le vérifier à l'aide des résultats du **6.**

133. La suite de Fibonacci

Soit (u_n) la suite définie par $u_0 = 0$, $u_1 = 1$ et, pour tout entier naturel n, $u_{n+2} = u_{n+1} + u_n$ **(1)**.

1. Calculer u_2, u_3, u_4 et u_5.

2. Soit α et β les deux racines réelles de l'équation : $x^2 - x - 1 = 0$.
Donner les valeurs exactes de α et β (on notera α la plus petite valeur).

3. Montrer que la suite définie pour tout entier naturel n, par $v_n = \lambda\alpha^n + \mu\beta^n$ est solution de **(1)**.

4. Déterminer les réels λ et μ telles que $v_0 = u_0$ et $v_1 = u_1$.
On admet désormais que, pour tout $n \in \mathbb{N}$, $u_n = v_n$.

5. Soit $S_n = u_0 + u_1 + u_2 + \ldots + u_n$, $n \in \mathbb{N}$.
Déduire des questions précédentes l'expression de S_n en fonction de n.

134. Mensualité d'un prêt

Le but de cet exercice est de calculer la mensualité M d'un prêt que Jeanne a fait le 1er janvier 2011. Son montant est de 10 000 € et le taux mensuel est de 0,5 %.

La banque procède comme suit pour le calcul des intérêts :
Le 1er février 2011 Jeanne doit $10\,000 \times \dfrac{0{,}5}{100} = 50$ euros d'intérêts, le capital restant dû est donc : 10 050 €. Jeanne rembourse sa mensualité M, le capital restant dû est donc : 10 050 – M.

1. Montrer que le 1er mars 2011 Jeanne doit, après versement de sa mensualité, 10 100,25 – 2,005M.

2. Soit u_n le capital restant dû n mois après le 1er janvier 2011. Montrer que $u_{n+1} = 1{,}005u_n - \text{M}$.

3. Soit (v_n) la suite définie sur $\mathbb{N}$ par $v_n = u_n - \dfrac{\text{M}}{0{,}005}$.
Montrer que la suite (v_n) est géométrique et donner ses éléments caractéristiques.

4. Donner l'expression de v_n en fonction de n.

5. En déduire l'expression de u_n en fonction de n.

6. Si la durée du prêt est de 60 mois, alors le capital restant dû après ces 60 mois est 0. Ainsi $u_{60} = 0$, en déduire la valeur de M.

135. Partage d'un cercle

Soit $\mathscr{C}$ un cercle. Pour un entier naturel n donné, on cherche à placer n points sur ce cercle, de telle sorte qu'en reliant ces n points entre eux on partage le cercle en un maximum de régions. On notera u_n ce nombre.
Voici une figure pour $n = 4$.

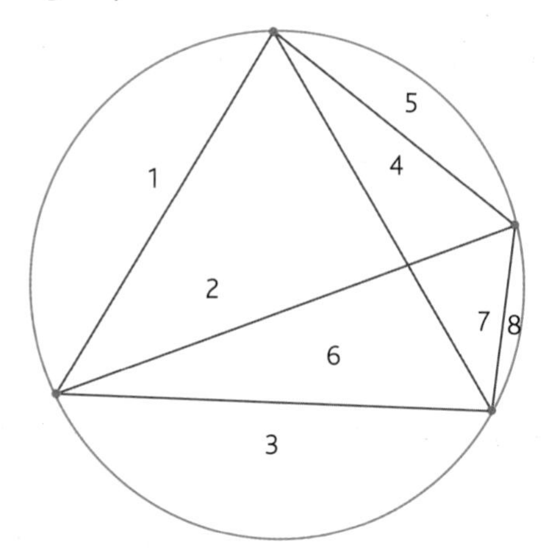

1. Déterminer la valeur de u_1, u_2, u_3, u_4, u_5.

2. De quel type semble être la suite (u_n) ? Que peut-on conjecturer pour la valeur de u_6 ?

3. Construire une figure pour vérifier cette conjecture.

4. On va établir, dans cette question, une relation entre u_{n+1} et u_n.

a. On considère n points partageant le cercle en u_n régions. À l'aide des combinaisons, calculer le nombre de régions supplémentaires engendrées par un point supplémentaire.

b. À l'aide d'un logiciel de calcul formel donner l'expression de u_n en fonction de n.

136. Flux migratoire

On étudie l'évolution de deux fourmilières A et B. Chaque mois 20 % des fourmis de la population A passent en B et 30 % des fourmis de la population B passent en A.

On notera u_n et v_n le nombre total de milliers de fourmis le mois n respectivement dans les fourmilières A et B.

Le nombre initial de fourmis est $u_0 = 320$ milliers et $v_0 = 180$ milliers.

1. Montrer que, pour tout entier naturel n, on a :

$$\begin{cases} u_{n+1} = \frac{4}{5}u_n + \frac{3}{10}v_n \\ v_{n+1} = \frac{1}{5}u_n + \frac{7}{10}v_n \end{cases}$$

2. On pose $s_n = u_n + v_n$ et $t_n = -2u_n + 3v_n$ pour tout entier n.

a. Montrer que la suite (s_n) est une suite constante et donner la valeur de cette constante.

b. Montrer que la suite (t_n) est une suite géométrique dont on donnera les éléments caractéristiques.

3. En déduire une expression de u_n et de v_n en fonction de n.

4. À l'aide d'une calculatrice afficher les 30 premières valeurs de la suite $w_n = \left(\frac{1}{2}\right)^n$ pour tout entier naturel n puis conjecturer la valeur de $\lim\limits_{n \to +\infty} \left(\frac{1}{2}\right)^n$.

5. En déduire $\lim\limits_{n \to +\infty} u_n$ et $\lim\limits_{n \to +\infty} v_n$

137. Le 1er janvier 2012, Jean ouvre un compte en banque et dépose 150 €. Il décide de verser 150 € tous les 1er du mois.

Son compte est rémunéré à 0,2 % par mois et on calcule les intérêts tous les mois.

On note u_0 le montant sur son compte le 1er janvier 2012 et u_n le montant dont il dispose l'année $2012 + n$.

1. Calculer u_1, u_2 et u_3 au centime près.

2. Montrer que, pour tout entier naturel n :

$$u_{n+1} = 1{,}002u_n + 150.$$

3. Soit α un réel et (v_n) la suite définie pour tout entier naturel n par $v_n = u_n + a$. Déterminer la valeur de α pour que la suite (v_n) soit géométrique.

4. En déduire l'expression de v_n en fonction de n, puis celle de u_n en fonction de n.

5. De quelle somme disposera Jean le 1er janvier 2022 ? Quel est le montant total des intérêts perçus par Jean depuis l'ouverture de son compte ?

138. On considère la suite $(u_n)_{n \in \mathbb{N}}$ définie pour tout entier naturel n par $u_0 = 1$ et $u_{n+1} = \frac{1}{3}u_n + n - 2$.

1. Calculer u_1, u_2 et u_3.

2. On définit la suite $(v_n)_{n \in \mathbb{N}}$ par $v_n = u_n - \frac{3}{2}n + \frac{21}{4}$ pour tout entier naturel n.

a. Démontrer que la suite (v_n) est une suite géométrique dont on donnera la raison et le premier terme.

b. En déduire que $u_n = \frac{25}{4}\left(\frac{1}{3}\right)^n + \frac{3}{2}n - \frac{21}{4}$ pour tout entier naturel n.

c. Soit la somme S_n définie pour tout entier naturel n par $S_n = \sum\limits_{k=0}^{n} u_k$.

Déterminer l'expression de S_n en fonction de n.

139. 1. On considère le nombre B dont l'écriture décimale illimitée est 0,375 375 375... où 375 est répété indéfiniment. Le nombre B est-il rationnel ? Justifier sa réponse.

2. On considère la suite (u_n) définie par son premier terme $u_1 = 0{,}375$ et $u_{n+1} = 10^{-3}u_n$ pour tout entier n.

a. Quelle est la nature de la suite (u_n) ?

b. On considère, pour tout nombre entier naturel n, la somme S_n des n premiers termes de la suite (u_n). On a donc $S_n = u_1 + u_1 + \dots u_n$.

Exprimer S_n en fonction de n.

3. Conjecturer la valeur de $\lim\limits_{n \to +\infty} 10^{-3n}$.

4. En déduire $\lim\limits_{n \to +\infty} S_n$.

Que représente ce nombre par rapport à B ?

140. Soit (u_n) la suite définie pour tout nombre entier naturel n par :

$$\begin{cases} u_{n+1} = 0{,}9u_n + 90 \\ u_0 = 1000. \end{cases}$$

1. Calculer u_1 et u_2.

2. On considère la suite (v_n) définie pour tout nombre entier naturel n par $v_n = u_n - 900$.

a. Calculer v_0 et v_1.

b. Montrer que pour tout entier naturel n, $v_{n+1} = 0{,}9v_n$.

c. Quelle est la nature de la suite (v_n) ?

Écrire v_n en fonction de n.

3. En déduire pour tout nombre entier naturel n, $u_n = 100 \times (0{,}9)^n + 900$.

4. Déterminer, à l'aide de la calculatrice, la valeur pour laquelle u_n se rapproche lorsque n tend vers $+\infty$.

5. À partir de quel nombre entier n a-t-on $u_n \leqslant 901$?

problèmes

141. Pour limiter la hausse des températures moyennes de la planète, une diminution des émissions de gaz à effet de serre s'avère nécessaire. Dans ce but, le gouvernement français s'est donné comme objectif de diviser par quatre les émissions de gaz à effet de serre en France de 2006 à 2050.

En 2006, les émissions de gaz à effet de serre en France s'élevaient à 547 millions de tonnes d'équivalent CO_2 (dioxyde de carbone).

(Source : CITEPA)

Les parties A et B sont indépendantes.

Partie A : Étude d'un premier modèle

Dans cette partie, on suppose que les émissions de gaz à effet de serre en France baisseront chaque année de 9,3 millions de tonnes à partir de l'année 2006.

Soit n un entier naturel. On note u_n les émissions de gaz à effet de serre en France au cours de l'année 2006 + n, en millions de tonnes d'équivalent CO_2. Ainsi, $u_0 = 547$.

1. Quelle est la nature de la suite (u_n) ? Préciser sa raison.
2. Exprimer u_n en fonction de n.
3. Déterminer, selon ce modèle, à partir de quelle année les émissions de gaz à effet de serre en France deviendront inférieures à cent millions de tonnes si la tendance se poursuit au-delà de 2050.

Partie B : Étude d'un second modèle

Dans cette question, on suppose que le taux d'évolution annuel sera constant et que les émissions de gaz à effet de serre en France diminueront de 3,1 % par an à partir de l'année 2006.

Soit n un entier naturel, on note v_n les émissions de gaz à effet de serre en France au cours de l'année 2006 + n, en milllions de tonnes d'équivalent CO_2. Ainsi, $v_0 = 547$.

1. Déterminer la nature et les éléments caractéristique de la suite (v_n).
2. Démontrer que pour tout entier naturel n,
$$v_n = 547 \times 0{,}969^n.$$
Déterminer, selon ce modèle, à partir de quelle année les émissions de gaz à effet de serre deviendront inférieures à cent millions de tonnes.

D'après BAC

142. Soit la suite U de terme général U_n définie par $U_0 = 0$ et, pour tout entier naturel n, par :
$$U_{n+1} = U_n + 2(n+1).$$

1. Montrer que $U_1 = 2$ et que $U_2 = 6$. Calculer U_3.
2. Chacune des trois propositions suivantes est-elle vraie ou fausse ? Justifier les réponses.
Proposition 1 : « La suite U est arithmétique. »
Proposition 2 : « Il existe au moins une valeur de n pour laquelle $U_n = n^2 + 1$. »
Proposition 3 : « Pour toutes les valeurs de n, on a $U_n = n^2 + 1$. »
3. On considère l'algorithme suivant :

Variables : N, K, P des entiers naturels.
Début
Saisir N.
P prend la valeur 0
Pour K allant de 0 à N
  Affecter à P la valeur P+K
  Afficher P
Fin Pour
Fin

a. Faire fonctionner cet algorithme avec N = 3. Obtient-on à l'affichage les valeurs des quatre premiers termes de la suite U ?
b. Modifier cet algorithme de manière à obtenir à l'affichage les valeurs des N premiers termes de la suite U.

D'après BAC

vrai ou faux ?

143. Soit (u_n) la suite définie par $u_0 = 1$ et pour tout $n \in \mathbb{N}$, $u_{n+1} = u_n + 2n + 3$.
Déterminer si chacune des propositions suivantes est vraie ou fausse :

1. $u_1 = 2$.
2. $u_2 = 9$.
3. Pour tout n de $\mathbb{N}$, $u_n = (n+1)^2$.
4. Il existe $n \in \mathbb{N}$ tel que $u_n = n^2 + 1$.
5. La suite (u_n) est croissante.

QCM

144. Soit (u_n) une suite, on note pour tout $n \in \mathbb{N}$, $S_n = u_0 + u_1 + u_2 + \ldots + u_n$.

1. $S_{n+1} - S_n$ a pour valeur :
   a. u_{n-1}. b. u_n. c. u_{n+1}. d. $u_{n+1} - u_0$.
2. Si pour tout $n \in \mathbb{N}$, $S_n = (n+1)^2$ alors la suite (u_n) est :
   a. arithmétique. b. géométrique. c. ni arithmétique ni géométrique.
3. Si pour tout $n \in \mathbb{N}$, $u_n < 0$, alors la suite (S_n) est :
   a. positive. b. négative. c. croissante. d. décroissante.
4. Si la suite (S_n) est croissante alors pour tout $n \in \mathbb{N}$:
   a. $u_n \geqslant 0$. b. $u_n \leqslant 0$. c. (u_n) est croissante. d. (u_n) est décroissante.

restitution organisée des connaissances

145.

1. Rappeler la définition d'une suite géométrique.
2. ***Prérequis :*** On dit qu'une suite (u_n) est croissante lorsque, pour tout $n \in \mathbb{N}$, $u_{n+1} \geqslant u_n$.
   a. Rappeler la définition d'une suite décroissante.
   b. Soit (u_n) une suite géométrique de raison $q > 1$ et de premier terme $u_0 = 4$.
   Démontrer que (u_n) est croissante.
   c. Soit (u_n) une suite géométrique de raison $0 < q < 1$ et de premier terme $u_0 = 17$.
   Démontrer que (u_n) est décroissante.

146.

Prérequis : Soit $n \in \mathbb{N}^*$, alors $\sum_{i=1}^{n} i = \frac{n(n+1)}{2}$.

1. Écrire l'égalité précédente sans le symbole $\sum$.
2. Soit (u_n) une suite arithmétique de raison 3 et de premier terme u_0. Quelle relation y a-t-il entre u_{n+1} et u_n ?
3. Soit $n \in \mathbb{N}^*$, exprimer u_n en fonction de u_0 et n.
4. Soit $n \in \mathbb{N}^*$ on pose $S_n = u_0 + u_1 + \ldots + u_n$.
   Montrer que
   $$S_n = (n+1)u_0 + 3(1 + 2 + 3 + \ldots + n).$$
5. En déduire que $S_n = (n+1)u_0 + \frac{3}{2} \times n(n+1)$ puis que $S_n = \frac{n+1}{2}(2u_0 + 3n)$.
6. Calculer S_{30} avec $u_0 = -20$.

TP INFO

Tableur

1. Carrés et suites arithmétiques

objectif

Rechercher des carrés parfaits dans des suites arithmétiques.

Soit a un entier naturel non nul et b un entier naturel. On se propose de chercher si la suite définie pour tout $n \in \mathbb{N}$ par $u_n = an + b$ contient des carrés parfaits et si oui en quelle quantité ?

Partie 1 : Étude d'un cas particulier et conjecture

Dans cette partie on prendra $a = 3$ et $b = 1$.

Ainsi la suite (u_n) est définie par $u_n = 3n + 1$.

1. Dans une page de tableur entrer les valeurs de n de 0 à 1000 dans la colonne **A** et les valeurs de u_n dans la colonne **B**.

	A	B
1	n	u_n
2	0	2
3	1	4

2. a. La fonction ***ENT*** permet d'extraire la partie entière d'un entier naturel.
Recopier et compléter la phrase suivante :
Soit x un entier, x est un carré parfait si, et seulement si, $ENT(\sqrt{x}) = \ldots$

b. En utilisant la fonction ***SI***, quelle formule faut-il écrire en **C2** qui renvoie « carré » si **B2** est un carré parfait et ne renvoie rien sinon.

AIDE
La syntaxe de l'instruction *SI* est la suivante :
SI(condition ; résultat affiché si condition vérifiée ; résultat affiché sinon)

c. Recopier la formule de la cellule **C2** sur toute la colonne **C**.

d. Quelle conjecture peut-on effectuer sur le nombre de carrés parfaits contenus dans les termes de la suite (u_n) ?

AIDE
On pourra en **C1** utiliser la fonction ***NB.SI*** pour compter le nombre de fois ou « carré » est apparu dans la plage **C2:C1000**. NB.SI(plage ou s'applique cette fonction ; valeur recherchée)

3. Reprendre la question **2.** avec les suites suivantes : $u_n = 3n + b$ avec $2 \leqslant b \leqslant 10$.

4. Émettre une conjecture sur les valeurs de b pour lesquels la suite $u_n = 3n + b$ contient une infinité de carrés parfaits.

Partie 2 : Démonstration

On se propose dans cette partie de démontrer les conjectures précédentes.

1. Soit $p \in \mathbb{N}$, monter que $(3p + 1)^2 = 3(3p^2 + 2p) + 1$.

2. En déduire la démonstration de la conjecture du **2. d.**

3. Soit p et q deux entiers naturels. Monter que $(3p + 1)^2 = 3(3p^2 + 2p - q) + 3q + 1$.
En déduire la démonstration de la conjecture du **4.**

4. Généraliser en montrant que la suite $u_n = an + b$ (avec $a \in \mathbb{N}^*$ et $b \in \mathbb{N}$) contient une infinité de carrés parfaits si, et seulement si, elle en contient au moins un.

À vous de jouer

Reprendre l'exercice en déterminant pour quelles valeurs des entiers naturels a et b la suite $u_n = an + b$ contient une infinité de cubes parfaits.

2. Suite définie par une récurrence à deux niveaux 

objectif

Rechercher l'expression explicite d'une suite définie par récurrence (à deux niveaux).

On considère la suite (u_n) définie sur $\mathbb{N}$ par $u_{n+2} = 5u_{n+1} - 4u_n$, $u_0 = -6$ et $u_1 = -1$.

1. L'algorithme ci-contre permet de calculer la valeur de u_N pour un entier naturel $N \geqslant 2$:

a. Programmer cet algorithme sur une calculatrice

b. Exécuter ce programme afin de compléter le tableau ci-dessous :

N	2	3	4	5	6	7	8
u_N							

Variables : N, K, C, trois entiers naturels.
P,A deux nombres réels.
Début
Lire N
  – 6 → A
  – 1 → B
Pour J allant de 2 à N
  5 B – 4A → C
  B → A
  C → B
FinPour
Afficher B
Fin

2. On considère la suite (v_n) définie sur $\mathbb{N}$ par $v_n = u_{n+1} - u_n$.

a. Modifier l'algorithme précédent pour qu'il affiche la valeur de v_N pour un entier naturel $N \geqslant 1$ donné.

b. Programmer cet algorithme sur une calculatrice

c. Exécuter cet programme afin de compléter le tableau ci-dessous :

N	2	3	4	5	8	9	10
v_N							

d. Émettre une conjecture sur la suite (v_n).

3. Soit (S_n) la suite définie par :

$$\text{pour tout } n \in \mathbb{N},\ S_n = u_0 + \sum_{k=0}^{k=n} v_k$$

a. Modifier l'algorithme du **2.** pour qu'il affiche la valeur de S_N pour un entier naturel N donné.

b. Programmer cet algorithme sur une calculatrice.

c. Exécuter ce programme afin de compléter le tableau ci-dessous :

N	2	3	4	5	8	9	10
S_N							

d. Émettre une conjecture sur la suite (S_n).

4. Démontrer la conjecture du **2. d.**

5. En écrivant $v_0 = u_1 - u_0$

$v_1 = u_2 - u_1$

$v_1 = u_2 - u_1$

…………

$v_{n-1} = u_n - u_{n-1}$

$v_n = u_{n+1} - u_n$

> **INFO**
> L'addition des termes à gauche et à droite de l'égalité permet de faire une simplification appelée « somme télescopique »

et en additionnant les termes à gauche de l'égalité et à droite de l'égalité, démontrer la conjecture du **3. d.**

6. En déduire l'expression de u_n en fonction de n.

À vous de jouer

Reprendre l'exercice avec (u_n) la suite définie par : $u_{n+2} = 3u_{n+1} - 2u_n$ et $u_0 = 0$; $u_1 = 2$.

activité de recherche

Rechercher, discuter

Éléments d'algèbre d'EULER

Énoncé

Au XVIIIe siècle, *Leonhard Euler* publia, en deux tomes, ses « Éléments d'algèbre » dans lesquels il mit à jours de nombreuses techniques algébriques.
On se propose d'étudier un des paragraphes de cet ouvrage.

S'informer

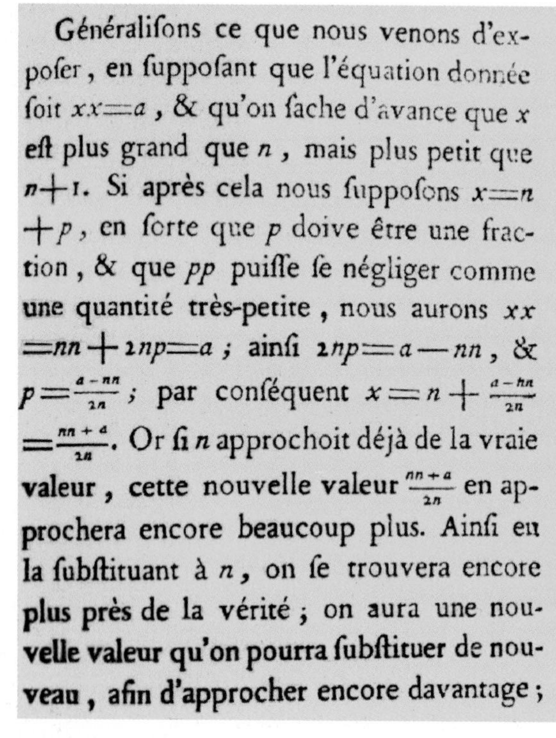

Généraliſons ce que nous venons d'expoſer, en ſuppoſant que l'équation donnée ſoit $xx = a$, & qu'on ſache d'avance que x eſt plus grand que n, mais plus petit que $n + 1$. Si après cela nous ſuppoſons $x = n + p$, en ſorte que p doive être une fraction, & que pp puiſſe ſe négliger comme une quantité très-petite, nous aurons $xx = nn + 2np = a$; ainſi $2np = a - nn$, & $p = \frac{a - nn}{2n}$; par conſéquent $x = n + \frac{a - nn}{2n} = \frac{nn + a}{2n}$. Or ſi n approchoit déjà de la vraie valeur, cette nouvelle valeur $\frac{nn + a}{2n}$ en approchera encore beaucoup plus. Ainſi en la ſubſtituant à n, on ſe trouvera encore plus près de la vérité ; on aura une nouvelle valeur qu'on pourra ſubſtituer de nouveau, afin d'approcher encore davantage ; & on pourra continuer le même procédé auſſi loin qu'on voudra.

Soit, par exemple, $a = 2$, c'eſt-à-dire qu'on demande la racine quarrée de 2 ; ſi on connoît déjà une valeur aſſez approchante, & qu'on l'exprime par n, on aura une valeur de la racine encore plus approchante, exprimée par $\frac{nn + 2}{2n}$. Soit donc

I.) $n = 1$, on aura $x = \frac{3}{2}$,

II.) $n = \frac{3}{2}$, on aura $x = \frac{17}{12}$,

III.) $n = \frac{17}{12}$, on aura $x = \frac{577}{408}$;

& cette derniere valeur approche ſi fort de $\sqrt{2}$, que ſon quarré $\frac{332929}{166464}$ ne differe du nombre 2 que de la petite quantité $\frac{1}{166464}$, dont il le ſurpaſſe.

S'organiser, communiquer

- Lire et réécrire le texte en utilisant les notations utilisées au lycée.
- Un premier groupe utilisera le tableur pour effectuer les calculs.
- Un second groupe utilisera un algorithme (qu'il faudra programmer sur une calculatrice) pour effectuer N étapes du calcul proposé dans cet article (avec N une valeur à saisir lors de l'exécution de l'algorithme).

Analyser, critiquer et conclure

- Si on note $u_0 = 1$; $u_1 = \frac{3}{2}$; $u_2 = \frac{17}{12}$; $u_3 = \frac{577}{408}$; … on définit les termes d'une suite.
  Écrire la relation de récurrence qui permet de passer d'un terme à l'autre.
- À l'aide du texte, définir une suite (v_n) dont le terme se rapproche de $\sqrt{7}$ lorsque n devient de plus en plus grand.

Rendre compte

- Chaque groupe exposera les résultats obtenus avec le tableur et un algorithme.

Pour aller plus loin…

Montrer que, pour tout entier naturel n, on a $u_{n+1} - \sqrt{2} = \frac{(u_n - \sqrt{2})^2}{2u_n}$ puis en déduire que $u_n > \sqrt{2}$ et enfin étudier la monotonie de la suite (u_n).

› Démographe

En quoi un démographe fait des mathématiques ?

- Le démographe est un **statisticien** des populations : Il conçoit des questionnaires et des enquêtes (en suivant une méthodologie scientifique très rigoureuse) pour collecter des données qualitatives et quantitatives sur les populations.

- Pour faire des prévisions sur les populations, il a recourt à des **modèles discrets** qui utilisent des **suites numériques** ou des **modèles continues** qui utilisent des **équations différentielles**.

Un témoignage

« Je travaille pour un regroupement de plusieurs communes, afin de prévoir leurs besoins en infrastructures : écoles, crèches, transports en commun, ... Les mairies et d'autres administrations ont besoin de connaitre les évolutions démographiques à plus ou moins longs termes. D'autre part lorsqu'on délivre des permis de construire de lotissements ou d'HLM, il y a un impact important sur la population. Si la ville attire, par sa politique, une population jeune, il faut prévoir une augmentation des demandes pour les crèches et les maternelles. Une bonne gestion se fait avec l'aide d'un démographe qui pourra informer les politiques des besoins futurs en fonctions des décisions prises par les politiques. »

Angelina S.

Des secteurs variés

Un démographe peut travailler dans des secteurs très variés du <u>secteur public</u> : **sociologie**, **santé**, **géographie économique** et **humaine**, ...
mais aussi dans le <u>privé</u> : **service des ressources humaines**, **banque**, **assurance**, **bureau d'études**, ...

La formation

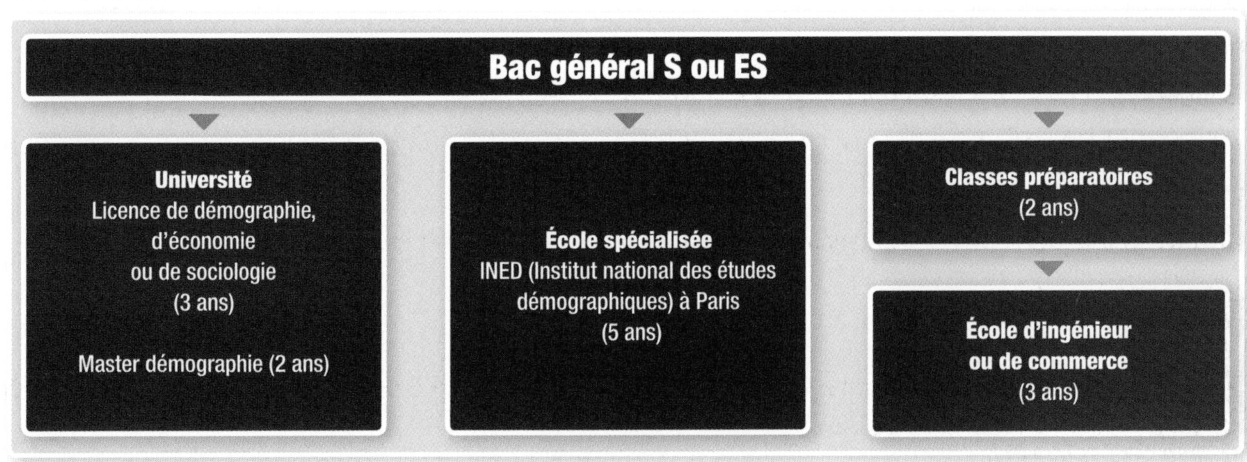

Paradoxe

Dans une entreprise A, les ouvriers gagnent en moyenne moins que ceux de l'entreprise B. Il en est de même pour les ingénieurs de ces entreprises. Pourtant quand on regroupe ouvrier et ingénieur le salaire moyen est plus élevé dans l'entreprise A !
Ceci est un **effet de structure**.

Le coin des langues

ATTENTION : ne pas confondre Statistiques et Statistique

LES STATISTIQUES ont pour objet de **collecter des données**. Historiquement les États ont été les premiers à utiliser les statistiques. Par exemple, on trouve des statistiques datant de plus de 2000 ans avant J.-C. sur les productions agricoles.

LA STATISTIQUE est étroitement liée aux **probabilités** et concerne la **méthodologie d'analyse** de donnée.

« Les vies humaines ne semblent pas avoir une valeur inestimable pour les hommes de pouvoir. Ce ne sont finalement que des statistiques. »

Christiane Villon

Les statistiques au service de la politique

« Les tacticiens politiques ne sont pas à la recherche de la pure vérité ou même de la simple exactitude. Ils sont à la recherche de munitions pour les guerres d'information. Les données, l'information et les connaissances n'ont pas besoin d'être vraies pour anéantir un adversaire. »

Alvin Toffler

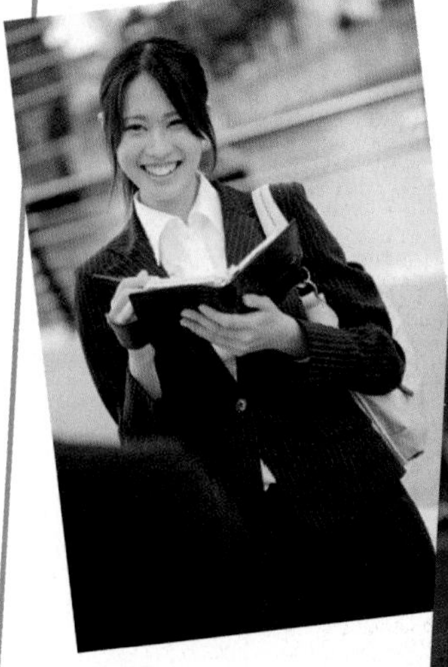

Exemple : Lors d'un sondage sur un échantillon de 1002 personnes, un homme politique obtient 52,5% d'intentions de vote. Lors d'un débat télévisé, il affirme que si les élections se faisaient aujourd'hui il serait élu.

FAUX ! On ne peut pas généraliser aussi facilement le résultat d'un sondage au niveau national ! On montre même que dans la plupart des cas ce candidat aura entre 49,4% et 55,6% de l'ensemble des voies… Il n'est donc pas certains qu'il soit élu, mais sa version est EVIDEMMENT plus percutante lors d'un débat télévisé.

4 Statistiques

1. Moyenne, variance et écart type
2. Médiane et quartiles

Prérequis :

- **Représentation graphique d'une série statistique**
- **Calcul de moyenne, médiane et quartiles**
- **Diagramme en boîte**

1. Les différentes mesures de la régularité

Faby et Christelle ont présenté leur dossier pour entrer en école d'ingénieur. Ci-dessous le diagramme en bâtons de leurs notes en sciences pendant l'année scolaire.

Pour être admis il faut avoir une bonne moyenne et des résultats réguliers.

<u>But de l'exercice :</u> On cherche un bon indicateur pour mesurer la régularité des notes de Faby et Christelle.

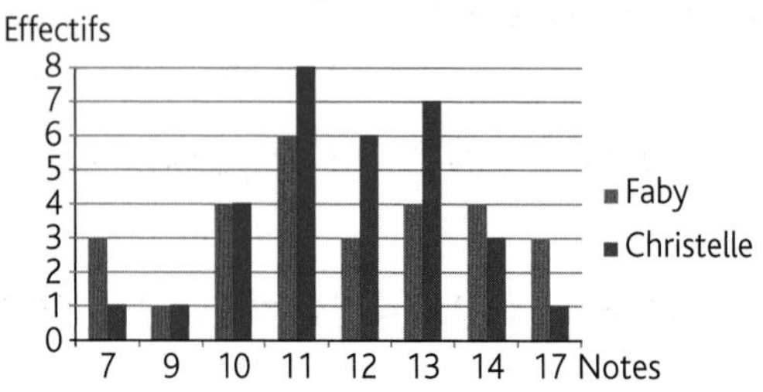

1. À l'aide de l'étendue

1. Calculer l'étendue de chacune des deux séries statistiques.
2. Les résultats précédents nous permettent-ils de déterminer l'élève le plus régulier ?

Rappel
L'étendue est la différence entre la plus grande et la plus petite valeur d'une série.

2. À l'aide de l'écart interquartile

On a représenté ci-contre les diagrammes en boîte des notes de Faby et Christelle.

1. Déterminer lequel correspondant aux notes de Faby et lequel correspond à celles de Christelle.
2. Déterminer, par lecture de ces graphiques, l'écart interquartile pour chaque série de notes.
3. D'après les résultats précédents, quel candidat a les résultats les plus réguliers ?

Min Q1 Me Q3 Max

7 8 9 10 11 12 13 14 15 16 17

Rappel
L'écart interquartile ($Q_3 - Q_1$) est un indicateur de dispersion.

3. À l'aide de l'écart absolu moyen

1. Calculer la moyenne m_1 des notes de Faby.
2. Les 2 premières colonnes de ce tableau présentent la série de notes de Faby, compléter les colonnes vides.
3. En déduire l'écart absolu moyen des notes de Faby qui correspond à la somme de la dernière colonne du tableau, divisée par l'effectif total.

Notes x_i	Effectifs n_i	$x_i - m_1$	$\lvert x_i - m_1 \rvert$	$n_i \lvert x_i - m_1 \rvert$
7	3			
9	1			
10	4			
11	6			
12	3			
13	4			
14	4			
17	3			

$$\textit{Écart absolu moyen} = \frac{1}{\textit{effectif total}} \sum_{i=1}^{8} n_i |x_i - m_1|.$$

4. Reprendre la méthode précédente pour calculer l'écart absolu moyen des notes de Christelle. Quel candidat a les résultats les plus réguliers ?

Info
L'écart absolu moyen est la distance moyenne des notes par rapport à la note moyenne.

2. Une nouvelle mesure de la régularité

En cherchant à quantifier des erreurs, *Gauss* (mathématicien allemand du XVIIIe siècle) introduisit « l'erreur moyenne à craindre » qui est ce qu'on appelle aujourd'hui l'écart type. Il permet aussi de mesurer la régularité.
On se propose de le calculer pour chacune des séries statistiques de l'activité 1.

	A	B	C	D
1	Notes x_i	Effectifs n_i	$n_i x_i$	$n_i(x_i - m_1)^2$
2	7	3		
3	9	1		
4	10	4		
5	11	6		
6	12	3		
7	13	4		
8	14	4		
9	17	3		
10				
11	effectif total	moyenne	variance	écart type

1. Ce tableur présente la série de notes de Faby. Reproduire cette page de tableur.
2. Quelle formule faut-il saisir en **A12** pour calculer l'effectif total ?
3. Quelle formule faut-il saisir en **C2** pour calculer le produit de l'effectif par la note correspondante ? Copier-coller cette formule jusqu'en **C9**.
4. En déduire la formule à saisir en **B12** pour calculer la moyenne des notes de Faby.
5. a. Quelle formule faut-il saisir en **D2** pour calculer $n_1(x_1 - m_1)^2$?
   b. Copier-coller cette formule jusqu'en **D9**, en déduire la formule qu'il faut écrire en **C12** pour calculer la variance V.
6. On définit l'écart type comme le réel $\sigma = \sqrt{V}$.
   Entrer en **D12** la formule =RACINE(C12) afin de calculer l'écart type σ des notes de Faby.
7. Modifier les valeurs de la plage **B2:B9** avec les effectifs correspondant à la série de notes de Christelle, puis noter la valeur de l'écart type alors obtenu.
8. ***Interprétation :*** Plus l'écart type est faible, plus les notes sont concentrées autour de la moyenne. Plus l'écart type est grand plus les notes sont dispersées autour de la moyenne.
   Selon ce critère, quel est l'élève ayant les résultats les plus réguliers.

INFO
Si m est la moyenne, on définit la **variance** comme le réel V vérifiant

$$V = \frac{1}{\textit{effectif total}} \sum_{i=1}^{p} n_i(x_i - m)^2.$$

INFO
σ correspond à la lettre s minuscule grecque et se lit « sigma ».

3. Interpréter des indicateurs statistiques

Sabrina a deux propositions d'embauche. Afin de choisir, elle décide d'analyser les salaires des deux entreprises :
- Elle calcule que le salaire mensuel brut moyen des employés ayant son niveau de qualification est 2 550 € pour l'entreprise violette et 2 600 € pour l'entreprise verte ;
- Elle dresse les diagrammes en boîte des salaires de ces deux entreprises.

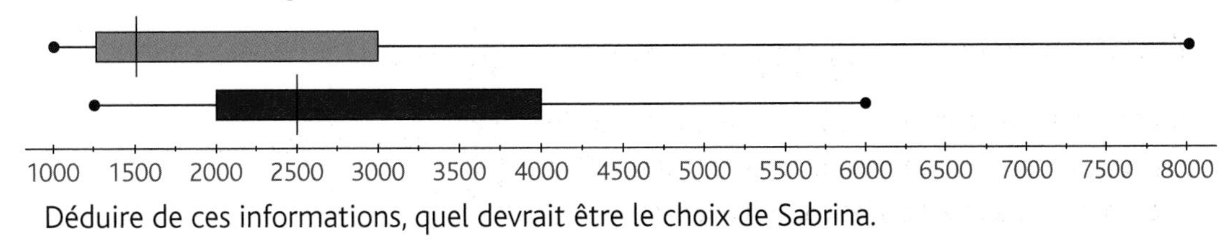

Déduire de ces informations, quel devrait être le choix de Sabrina.

COURS

1. Moyenne, variance et écart type

1.1 Moyenne

Lorsque le caractère est quantitatif continu, les x_i représentent les centres des classes.

définition

Soit $x_1, x_2, ..., x_k$ les valeurs du caractère d'une série statistique et $n_1, n_2, ..., n_k$ les effectifs associés.

Alors la **moyenne** de la série statistique est notée $\overline{x}$ et a pour valeur :

$$\overline{x} = \frac{n_1x_1 + n_2x_2 + ... + n_kx_k}{n_1 + n_2 + ... + n_k} = \frac{\sum_{i=1}^{k} n_ix_i}{\sum_{i=1}^{k} n_i}.$$

$f_i = \frac{n_i}{N}$ avec N l'effectif total.

propriété

Soit $x_1, x_2, ..., x_k$ les valeurs du caractère d'une série statistique et $f_1, f_2, ..., f_k$ les fréquences associées.

Alors la moyenne de la série statistique est :

$$\overline{x} = \sum_{i=1}^{k} f_ix_i.$$

1.2 Variance

La moyenne donne la tendance centrale. L'écart type est une mesure de dispersion (ou d'étalement) des valeurs de la série autour de la moyenne.

définition

Soit $x_1, x_2, ..., x_k$ les valeurs du caractère d'une série statistique et $n_1, n_2, ..., n_k$ les effectifs associés.

La **variance** de cette série statistique, notée V, a pour valeur :

$$V = \frac{n_1(x_1 - \overline{x})^2 + n_2(x_2 - \overline{x})^2 + ... + n_k(x_k - \overline{x})^2}{n_1 + n_2 + ... + n_k} = \frac{\sum_{i=1}^{k} n_i(x_i - \overline{x})^2}{\sum_{i=1}^{k} n_i}.$$

1.3 Écart type

définition

On considère une série statistique de variance V.

L'**écart type** de cette série statistique est le réel noté σ tel que $\sigma = \sqrt{V}$.

L'écart type sert à mesurer la dispersion des valeurs de la série statistique autour de sa moyenne. Plus l'écart type est faible, plus la population est homogène ; plus il est élevé, plus la population est hétérogène.

■ Calculer la moyenne et l'écart type

→ Exercices 16 et 17

Pendant des parties de Tarot, Christelle a relevé le nombre de points de chaque distribution qu'elle a eu en main. Voici les résultats obtenus : 2 - 23 - 19 - 5 - 10 - 21 - 12 - 15 - 13 - 23 - 27 - 3 - 12 - 10 - 6 - 7 - 2 - 36 – 12 - 19 - 30 - 25 - 22 - 14 - 24 - 10 - 21 - 3 - 17 - 25.

Entrer ces données dans une calculatrice puis calculer la moyenne et l'écart type de cette série.

solution

TI

On entre les 30 valeurs de cette série dans la colonne **L1** que l'on obtient en appuyant sur listes stats puis **EDIT**.

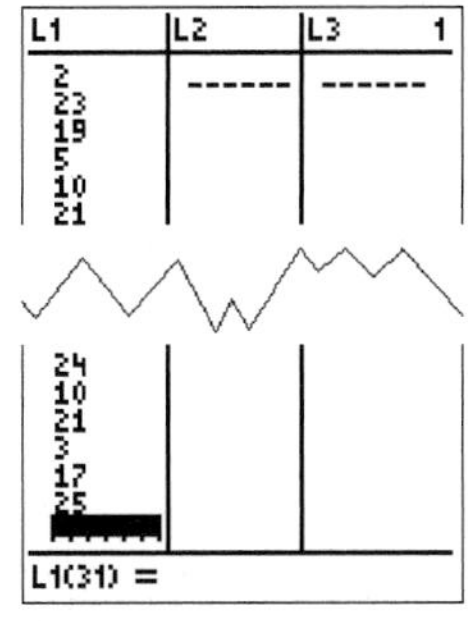

Pour calculer la moyenne et l'écart type de cette série on appuie sur listes stats **CALC** puis on choisit **Stats 1-Var** et on indique que les calculs doivent se faire sur la liste **L1** : Stats 1-Var L1

On obtient les résultats suivants :

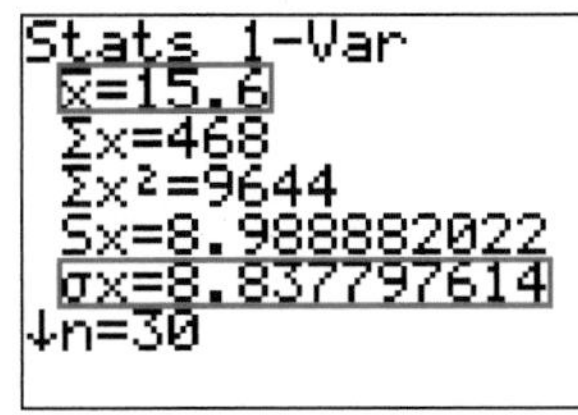
Stats 1-Var
x̄=15.6
Σx=468
Σx²=9644
Sx=8.988882022
σx=8.837797614
↓n=30

x̄ correspond à la moyenne ;
Σx correspond à la somme de toutes les valeurs de la série (ici la somme totale de points) ;
σx correspond à l'écart type
n est l'effectif total.

Casio

On entre les 30 valeurs de cette série dans la **List 1** que l'on obtient en appuyant sur **MENU STAT.**

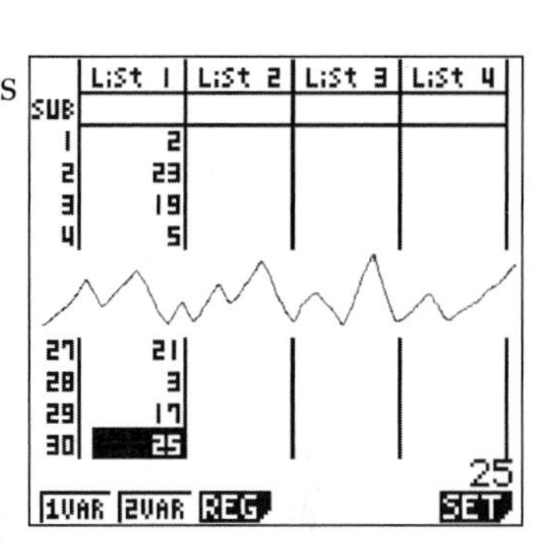

Pour calculer la moyenne et l'écart type de cette série on appuie sur CALC puis SET.

Il faut indiquer à la calculatrice que les valeurs sont entrées dans la **List 1** et que l'effectif associé à chaque valeur est 1 : 1Var XList

On appuie enfin sur 1VAR

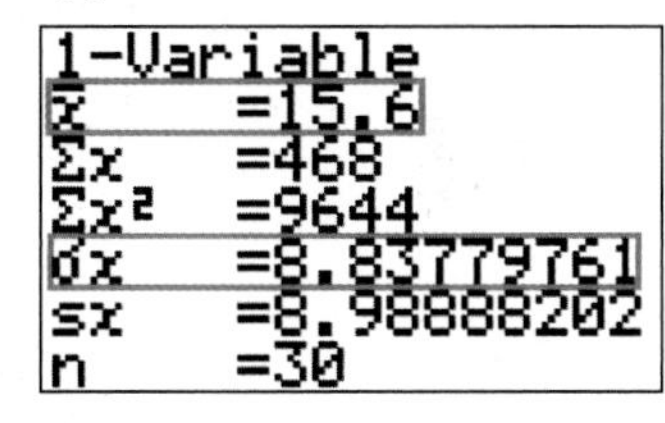
1-Variable
x̄ =15.6
Σx =468
Σx² =9644
σx =8.83779761
sx =8.98888202
n =30

■ Interpréter le couple (moyenne, écart type)

→ Exercices 28 à 32

Une usine fabrique des escargots en chocolat.
À chaque lot de 100 escargots fabriqués par une machine, on relève le nombre d'escargots ne satisfaisant pas aux normes de qualités. Ci-contre les résultats obtenus pour 200 lots par 2 machines différentes *A* et *B*.
Sans faire de calcul, déterminer la machine qui semble avoir le plus grand écart type.

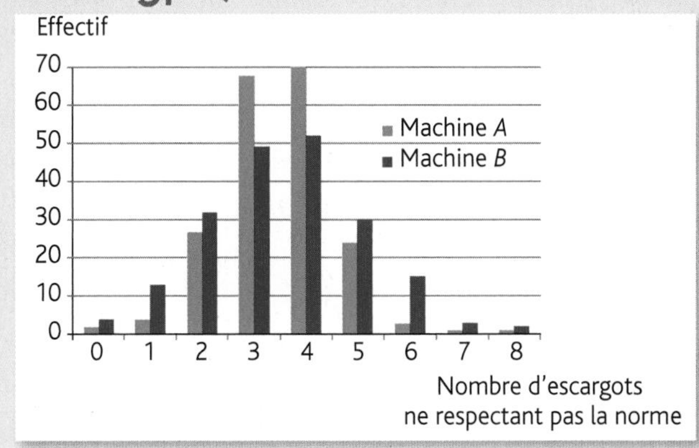

solution

L'écart type mesure la dispersion entre la moyenne et les valeurs de la série. Pour les deux machines, la moyenne semble être entre 3 et 4. On distingue que les valeurs bleues sont plus étalées autour cette moyenne que les valeurs vertes. La machine *A* semble avoir le plus petit écart type.

2. Médiane et quartiles

Pour un caractère quantitatif discret, on peut calculer la **médiane** de 2 façons :

- On ordonne les valeurs de la série par ordre croissant, si la série est de taille $2p + 1$, **Me** est la valeur du terme de rang $p + 1$, si la série est de taille $2p$, **Me** est la demi-somme des valeurs des termes de rangs p et $p + 1$.
- La médiane est la plus petite valeur dont la fréquence cumulée croissante dépasse 0,5.

Pour un caractère quantitatif continue, la **médiane** est l'abscisse su point de la courbe des fréquences cumulées croissantes d'ordonnée 0,5.

Quartile : du latin *quartus* (quatre) : Désigne chacune des 3 valeurs partageant une série ordonnée en quatre groupes d'effectifs (presque) égaux.

2.1 Médiane

définition

La **médiane Me** d'une série statistique est telle que :
50 % au moins des individus ont une valeur du caractère inférieure ou égale à **Me** et 50 % au moins des individus ont une valeur supérieure ou égale à **Me**.

Interprétation : La médiane est un indicateur de position. Elle partage la série en deux parties qui ont (presque) le même effectif.

Exemple : Dans une classe, si la médiane des notes du bac blanc est 9, alors les élèves qui ont plus de 9 sont dans la première moitié de la classe et ceux qui ont moins de 9 sont dans le seconde moitié.

Remarques :

1. La médiane, comme la moyenne, est une *mesure de tendance centrale.*
2. Contrairement à la moyenne, la médiane n'est pas influencée par les valeurs extrêmes.

2.2 Quartiles

définition

Le **premier quartile** d'une série statistique, noté $\mathbf{Q_1}$, correspond au plus petit nombre de la série tel qu'au moins 25 % des données soient inférieures ou égales à ce nombre.
Le **troisième quartile** d'une série statistique, noté $\mathbf{Q_3}$, correspond au plus petit nombre de la série tel qu'au moins 75 % des données soient inférieures ou égales à ce nombre.

Remarque

Les quartiles sont des *indicateurs de position.* Quartiles et médiane partagent la série statistique en 4 groupes de (presque) même taille.

définition

$[\mathbf{Q_1} ; \mathbf{Q_3}]$ est l'intervalle interquartile ; $\mathbf{Q_3} - \mathbf{Q_1}$ est l'**écart interquartile**.

Remarque : L'écart interquartile est un *paramètre de dispersion.* Il permet de connaître l'amplitude entre Q_1 et Q_3.

2.3 Diagramme en boîte

Le diagramme en boîte est aussi appelé *boîte à moustache* ou encore *diagramme de Tuckey* (mathématicien qui a beaucoup travaillé sur les statistiques).

Le diagramme en boîte représente graphiquement une série statistique avec ses principaux indicateurs de positions.

Il présente :

son minimum **min**,
son premier quartile $\mathbf{Q_1}$,
sa médiane **Me**,
son troisième quartile $\mathbf{Q_3}$ et
son maximum **max**.

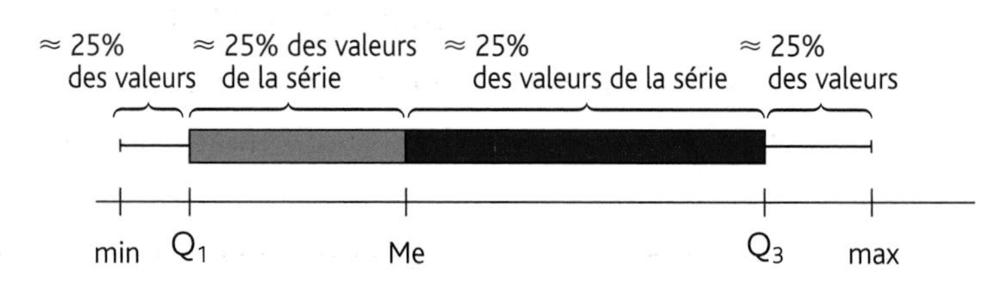

■ Calculer médiane et quartile

→ Exercices 51 à 54

Le centre météorologique de Brest effectue chaque jour un relevé pluviométrique.

Pluviométrie en mm	0	1	2	3	4	5	6	7	8	9	10	15	20	25	30
Nombre de jours en 2008	207	14	8	13	14	21	19	17	9	10	14	8	4	5	3
Nombre de jours en 2009	219	4	5	15	12	22	18	18	8	9	15	7	5	4	4

1. **À l'aide d'une calculatrice, déterminer l'effectif total, la médiane, le premier et le troisième quartile.**
2. **On entend souvent « il pleut plus de la moitié de l'année en Bretagne ».**
   Quel indicateur utiliser pour confirmer ou infirmer cette proposition ?
3. **La proposition « Il pleut au moins 1 cm d'eau par jour le quart de l'année » est-elle vraie pour chacune des années présentées ?**

solution

1. En 2008 l'effectif total est 366 (année bissextile) et en 2009 il est de 365.

TI

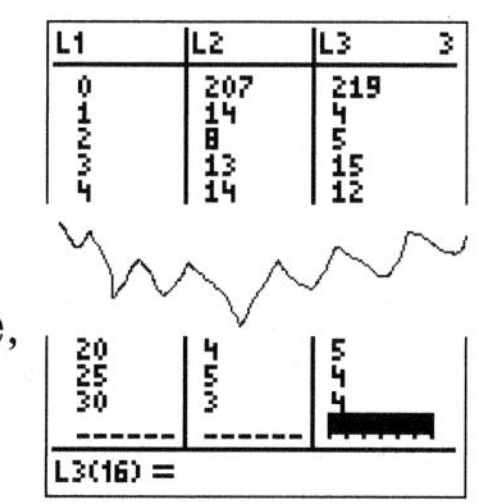

On entre les données en appuyant sur [listes stats] puis **EDIT**.
On entre les hauteurs de pluie dans la première liste, les effectifs de 2008 dans la deuxième et ceux de 2009 dans la troisième liste.
Pour afficher les indicateurs statistiques de 2008, on appuie sur [listes stats] **CALC** puis on choisit **Stats 1-Var** et on indique que les calculs doivent se faire sur la liste **L1** pour les valeurs du caractère et sur **L2** pour les effectifs : `Stats 1-Var L1,L2`

On obtient les résultats suivants :

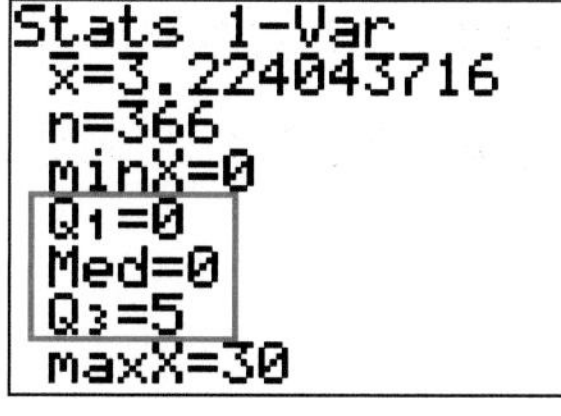

`Med` correspond à la médiane.
`Q1` et `Q3` correspondent respectivement au premier et troisième quartile.

Casio

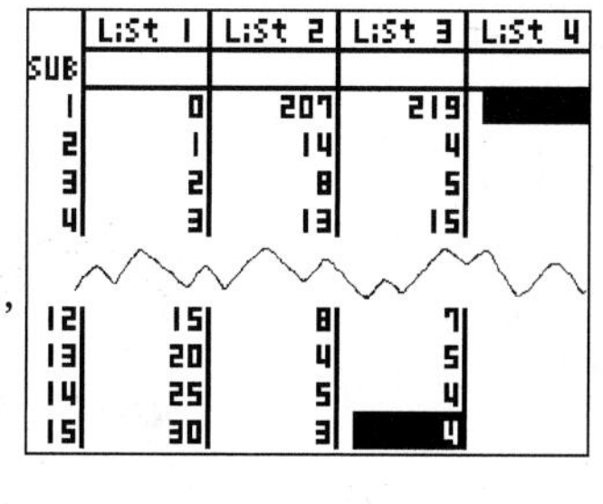

On entre les données en appuyant sur **MENU STAT**.
On entre les hauteurs de pluie dans **List 1**, les effectifs de 2008 dans **List 2** et ceux de 2009 dans **List 3**.
Pour afficher les indicateurs statistiques de 2009, on appuie sur **CALC** puis **SET**.
Il faut indiquer à la calculatrice que les valeurs sont entrées dans la **List 1** et que les effectifs associés sont dans la **List 3**.

```
1Var XList  :List1
1Var Freq   :List3
```

On appuie enfin sur **1VAR**

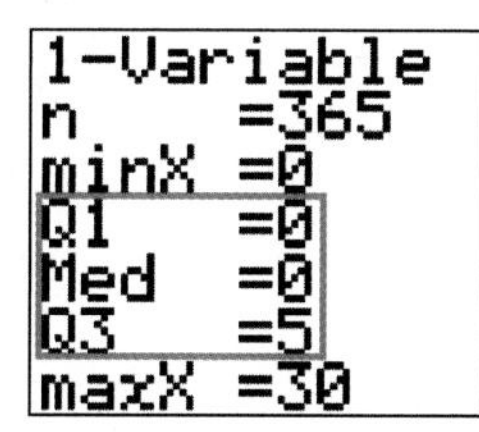

2. En 2008 la médiane vaut 0, ce qui signifie qu'au moins la moitié de l'année il y a eu une hauteur de pluie inférieure ou égal à 0 mm, c'est-à-dire qu'il n'a pas plu. Ainsi la proposition « il pleut plus de la moitié de l'année en Bretagne » est fausse.
   On obtient le même résultat pour 2009.
3. $Q_3 = 5$ en 2008 et en 2009, donc le quart des jours de l'année il pleut 5 mm d'eau ou plus. La proposition « Il pleut au moins 1 cm d'eau par jour le quart de l'année » est fausse en 2008 et en 2009.

Propriétés sur les sommes

Propriétés

Soit n un entier naturel non nul, $a_1, a_2, ..., a_{n-1}$ et a_n, n nombres réels et $b_1, b_2, ..., b_{n-1}$ et b_n, n nombres réels. Alors :

Propriété 1 : $\left(\sum_{i=1}^{n} a_i\right) + \left(\sum_{i=1}^{n} b_i\right) = \sum_{i=1}^{n} (a_i + b_i)$

Propriété 2 : $\sum_{i=1}^{n} (ka_i) = k\left(\sum_{i=1}^{n} a_i\right)$ avec k un réel. Cette propriété correspond à factoriser par k.

Propriété 3 : $\sum_{i=1}^{n} k = kn$ avec k un réel. Cette propriété veut dire que lorsqu'on ajoute n termes constants égaux à k, la somme vaut kn.

Exemple

On note $x = \sum_{i=1}^{2011} \frac{1}{i}$. Exprimer $\sum_{i=1}^{2011} \left(\frac{3}{i} + 2\right)$ en fonction de x.

$\sum_{i=1}^{2011} \left(\frac{3}{i} + 2\right) = \sum_{i=1}^{2011} \frac{3}{i} + \sum_{i=1}^{2011} 2$ d'après la *propriété 1*,

or $\sum_{i=1}^{2011} \frac{3}{i} = 3\sum_{i=1}^{2011} \frac{1}{i}$ d'après la *propriété 2*, donc $\sum_{i=1}^{2011} \frac{3}{i} = 3x$.

De plus $\sum_{i=1}^{2011} 2 = 2 \times 2011 = 4022$ d'après la *propriété 3*. Conclusion : $\sum_{i=1}^{2011} \left(\frac{3}{i} + 2\right) = 3x + 4022$.

À vous de jouer

1. Soit n un entier naturel non nul. Calculer les sommes suivantes :

a. $\sum_{i=1}^{n} 7$. b. $\sum_{i=1}^{n} x$. c. $\sum_{i=1}^{n} (-3)$. d. $\sum_{i=1}^{n} 2$.

2. Soit n un entier naturel non nul. On suppose que

$$\sum_{i=1}^{n} a_i = 14.$$

Calculer les sommes suivantes :

a. $\sum_{i=1}^{n} 2a_i$. b. $\sum_{i=1}^{n} (a_i + 2)$. c. $\sum_{i=1}^{n} (-2a_i + 1)$.

3. Soit n un entier naturel non nul. On admet que

$$\sum_{i=1}^{n} a_i = \frac{1}{2}n + 1 \text{ et } \sum_{i=1}^{n} b_i = -\frac{1}{3}n + 2.$$

Calculer les sommes suivantes :

a. $\sum_{i=1}^{n} (a_i + b_i)$. b. $\sum_{i=1}^{n} (2a_i + b_i)$. c. $\sum_{i=1}^{n} (4a_i + 6b_i)$.

4. Soit n un entier naturel non nul. On note

$$\alpha = \sum_{i=1}^{n} a_i^2 \ ; \quad \beta = \sum_{i=1}^{n} a_i b_i \ ; \quad \gamma = \sum_{i=1}^{n} b_i^2.$$

Calculer les sommes suivantes en fonction de α, β et γ :

a. $\sum_{i=1}^{n} (a_i + b_i)^2$. b. $\sum_{i=1}^{n} (2a_i + b_i)^2$. c. $\sum_{i=1}^{n} (a_i^2 - b_i^2)$.

5. Soit n un entier naturel non nul. On note $x = \sum_{i=1}^{n} \frac{1}{i}$.

Calculer les sommes suivantes en fonction de x :

a. $\sum_{i=3}^{n} \frac{2}{i}$. b. $\sum_{j=2}^{n+3} \left(2 - \frac{1}{j}\right)$. c. $\sum_{i=1}^{n} \frac{1}{i+1}$. d. $\sum_{k=1}^{n} \frac{k+3}{k}$.

6. Soit n un entier naturel non nul. On rappelle que

$$\sum_{i=1}^{n} i = \frac{n(n+1)}{2} \quad \text{et} \quad \sum_{i=1}^{n} i^2 = \frac{n(n+1)(2n+1)}{6}.$$

Calculer les sommes suivantes en fonction de n :

a. $\sum_{i=1}^{n} (i-1)^2$. b. $\sum_{i=1}^{n} (2i+3)^2$. c. $\sum_{i=1}^{n} (ni-1)^2$.

7. Soit n un entier naturel non nul. On note

$$a = \sum_{i=1}^{n} x_i^2 \quad \text{et} \quad \bar{x} = \frac{1}{n}\sum_{i=1}^{n} x_i.$$

1. Montrer que $\sum_{i=1}^{n} (x_i - \bar{x})^2 = a - n\bar{x}^2$.

2. En déduire que si $V = \frac{1}{n}\sum_{i=1}^{n} (x_i - \bar{x})^2$, alors $V = \frac{a}{n} - \bar{x}^2$.

1. Caractère quantitatif continu : moyenne, écart type

Tableur

Chaque année une grande marque de cosmétique fait le bilan du chiffre d'affaire (CA) de ses 1 591 magasins. Les résultats seront donné à 10^{-2} près.

CA en millions d'euros	[5 ; 7[	[7 ; 10[	[10 ; 15[	[15 ; 20[	[20 ; 25]
Effectif en Europe	289	75	96	46	139
Effectif en Asie	63	451	244	110	78

1. **On se propose dans cette question de calculer le CA moyen et son écart type, à l'aide d'un tableur.**
   a. **Saisir le tableau ci-contre dans un tableur.**
   b. **Quelle formule faut-il saisir en** C2 **pour obtenir le centre de la classe [5 ; 7[? Recopier la sur la plage** C3:C6.
   c. **Compléter la plage** D2:D6.
   d. **Quelle formule faut-il saisir en** E2 **pour obtenir le produit $n_1 \times x_1$? Recopier sur la plage** E3:E6.
   e. **En déduire les formules à saisir en** A9, B9 **et** C9.
   f. **Quelle formule faut-il saisir en** F2 **pour calculer $n_1(x_1 - \bar{x})^2$? Recopier sur la plage** F3:F6.
2. a. **Déterminer la formule à saisir en** D9 **pour obtenir l'écart type.**
   b. **Noter les résultats des cellules** A9 **à** D9 **puis entrer les effectifs de la zone *Asie* pour effectuer les calculs par le tableur.**
   c. **Quel continent réalise le CA total le plus important ? les CA les plus réguliers ?**

	A	B	C	D	E	F
1	Chiffre d'affaire		Centre des classes (x_i)	Effectif (n_i)	$n_i x_i$	$n_i(x_i - \bar{x})^2$
2	5	7				
3	7	10				
4	10	15				
5	15	20				
6	20	25				
7						
8	Effectif total	CA total	moyenne	écart type		
9						

solution

	A	B	C	D	E	F
1	Chiffre d'affaire		Centre des classes (xi)	Effectif (ni)	ni*xi	ni*(xi-x)²
2	5	7	6	289	1734	
3	7	10	8,5	75	637,5	
4	10	15	12,5	96	1200	
5	15	20	17,5	46	805	
6	20	25	22,5	139	3127,5	
7						
8	Effectif total	CA total	moyenne	écart type		
9	=SOMME(D2:D6)	=SOMME(E2:E6)	=B9/A9			

1. b. En **C2** on saisit =(A2+B2+)/2. On recopie cette formule sur la plage **C3:C6**.
   d. En **E2** on saisit =C2*D2 . On recopie cette formule sur la plage **E3:E6**.
   e. • L'effectif total est obtenu en ajoutant tous les effectifs n_i. On saisit donc en **A9** =SOMME(D2:D6).
   • Le CA total correspond à la somme de tous les $n_i x_i$. Ainsi en **B9** on saisit =SOMME(E2:E6).
   • Le CA moyen correspond au CA total divisé par l'effectif total. Ainsi en **C9** on saisit =B9/A9.
   f. On saisit en **F2** =D2 (C2*C9)^2. On recopie cette formule sur la plage **F3:F6**.

AIDE
Pour calculer une somme, on clique sur le symbole $\sum$ puis on sélectionne la plage de cellules dont on souhaite faire la somme.

AIDE
Pour calculer 17^2 dans un tableur on entre 17^2.

2. a. En **D9**, on saisit =RACINE(SOMME(F2:F6)/A9).

RAPPEL
L'écart type est donné par $\sigma = \sqrt{\sum_{i=1}^{n} n_i (x_i - \bar{x})^2}$.

   b. On obtient pour la zone Europe

Effectif total	CA total	moyenne	écart type
645	7504	11,63	6,59

Pour la zone Asie

Effectif total	CA total	moyenne	écart type
946	10941,5	11,57	4,55

   c. L'Asie réalise le CA total le plus important (10 941,5 millions d'euros).
   L'Asie possède le CA le plus régulier car son écart type est le plus petit.

2. Comparaison de deux séries

Après le bac Français, on compare les notes des élèves de 2 lycées. On obtient les résultats suivants :

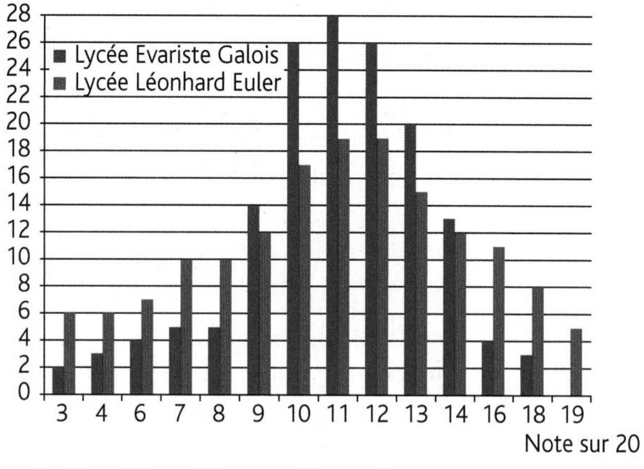

1. **Entrer dans la calculatrice, toutes les notes dans la liste 1, les effectifs correspondant aux résultats du lycée Evariste Galois dans la liste 2 puis ceux du lycée Léonhard Euler dans la liste 3.**

2. a. **Déterminer, à l'aide de la calculatrice, la moyenne et l'écart type (à 10^{-1} près) des notes de ces deux lycées.**

   b. **Comment interpréter ces résultats ?**

3. **Calculer le pourcentage des notes dans l'intervalle $[\bar{x} - 1 ; \bar{x} + 1]$ et $[\bar{x} - \sigma ; \bar{x} + \sigma]$ pour chaque lycée.**

solution

TI

1. Dans le menu listes stats, on choisit **EDIT** et **1:Edite** puis on entre les données comme suit :

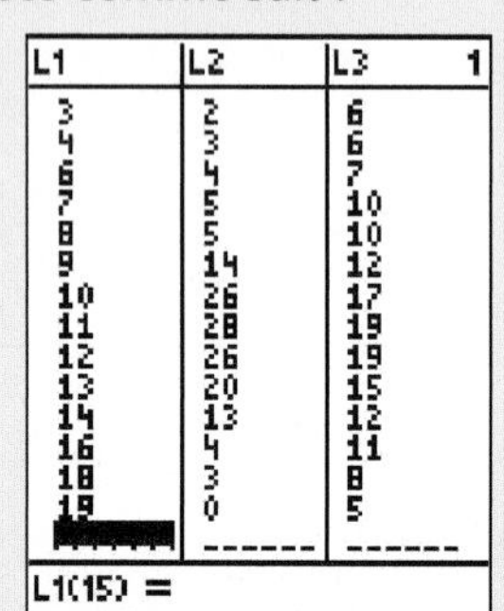

L1	L2	L3
3	2	6
4	3	6
6	4	7
7	5	10
8	5	10
9	14	12
10	26	17
11	28	19
12	26	19
13	20	15
14	13	12
16	4	11
18	3	8
19	0	5

L1(15) =

2. a. Pour calculer moyenne et écart type, on appuie sur listes stats, puis **CALC** et **1 :Stats 1-Var** puis on entre **L1** et **L2** pour indiquer que les valeurs du caractère sont dans la liste **L1** et les effectifs correspondant aux résultats du lycée Evariste Galois dans la liste **L2** :

Stats 1-Var L1,L2

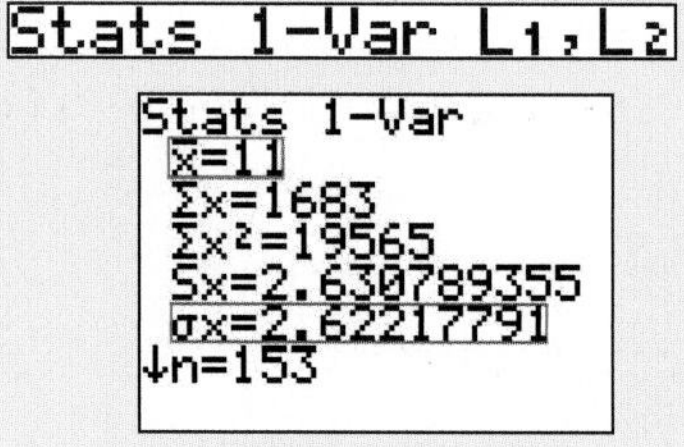

Casio

Dans le menu **STAT**, on entre les valeurs dans List 1, List 2 et List 3 :

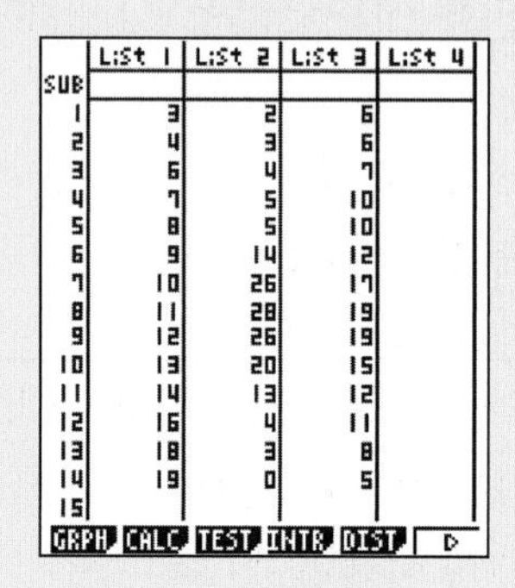

SUB	List 1	List 2	List 3	List 4
1	3	2	6	
2	4	3	6	
3	6	4	7	
4	7	5	10	
5	8	5	10	
6	9	14	12	
7	10	26	17	
8	11	28	19	
9	12	26	19	
10	13	20	15	
11	14	13	12	
12	16	4	11	
13	18	3	8	
14	19	0	5	
15				

GRPH CALC TEST INTR DIST ▷

Pour calculer la moyenne et l'écart type, on appuie sur CALC puis sur SET et on indique que les valeurs du caractère sont dans la *liste 1* et les effectifs (*Freq* en anglais) du lycée Evariste Galois dans la *liste 2* :

1Var XList :List1
1Var Freq :List2

On appuie sur EXIT puis sur 1VAR :

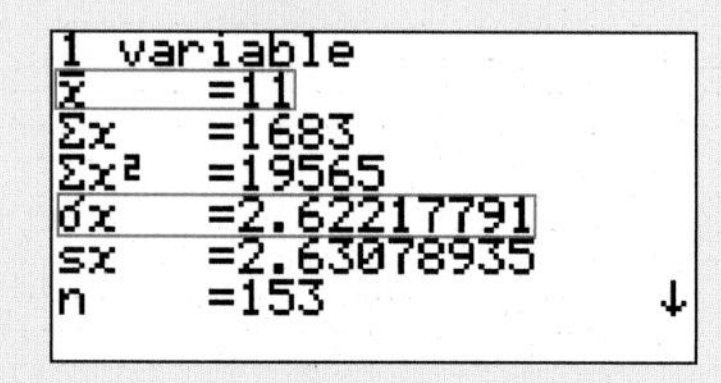

Ainsi la moyenne est 11 et l'écart type est 2,6 à 10^{-1} près.

Pour le lycée Leonhard Euler on entre :

`Stats 1-Var L1,L3`

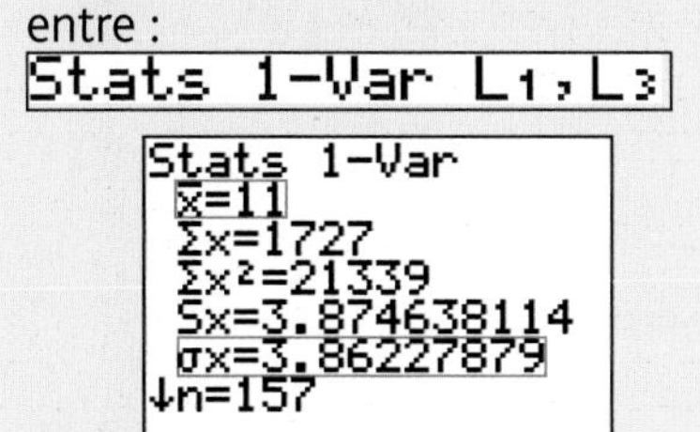

Ainsi la moyenne est 11 et l'écart type est 3,9 à 10^{-1} près.

Ainsi la moyenne est 11 et l'écart type est 2,6 à 10^{-1} près.

Pour le lycée Leonhard Euler on appuie sur EXIT puis sur SET pour indiquer que les calculs portent sur les effectifs de ce lycée :

`1Var XList :List1`
`1Var Freq :List3`

On appuie sur 1VAR et on obtient ainsi :

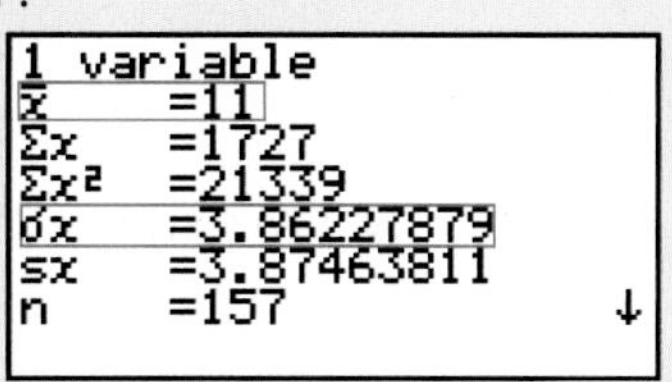

Ainsi la moyenne est 11 et l'écart type est 3,9 à 10^{-1} près.

b. Les deux lycées ont la même moyenne, mais ils ont un écart type différent. Les notes du lycée Evariste Galois ont un écart type de 2,6 ; les notes sont donc plus concentrées autour de la moyenne que celle du lycée Léonhard Euler (qui ont un écart type de 3,9 supérieur à 2,6).

3. Pour le lycée Evariste Galois,

52,3 % des notes appartiennent à l'intervalle [10; 12] et

71,5 % des notes à l'intervalle $[\bar{x} - \sigma ; \bar{x} + \sigma]$ soit [8,3; 13,6]

Pour le lycée Léonardt Euler,

35 % des notes appartiennent à l'intervalle [10; 12] et

66 % des notes à l'intervalle $[\bar{x} - \sigma ; \bar{x} + \sigma]$ soit [7,1; 14,9].

Ceci traduit un plus grand étalement des notes autour de la moyenne que celle du lycée Evariste Galois.

Entraînez-vous

Reprendre l'exercice avec la répartition des notes suivante :

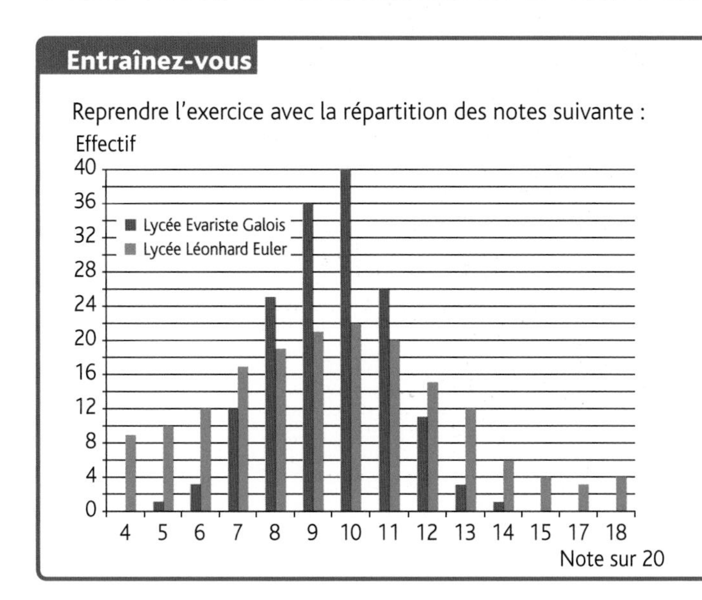

→ **On trouve.**

2. a. $\bar{x} = 9,5$ pour les deux lycées et les écarts types valent respectivement 1,6 et 3,5.

b. même conclusion.

3. Dans l'intervalle [8,5 ; 10,5] il y a respectivement 48,1 % et 24,7 % des notes.
Dans l'intervalle $[\bar{x} - \sigma ; \bar{x} + \sigma]$ il y a respectivement 80,4 % et 79,3 % des notes.

3. Caractère quantitatif continu : médiane, quartiles

Un opérateur téléphonique fait une étude sur le nombre de kilooctets (ko) envoyés par SMS par les lycéens chaque jour. Voici les résultats obtenus sur un échantillon :

Nombre de ko	[0 ; 10[	[10 ; 20[	[20 ; 30[	[30 ; 50[	[50 ; 80]	[80 ; 120]
Effectif	57	85	101	142	84	31

1. a. **Calculer les fréquences et les fréquences cumulées croissantes associées à chaque classe.**
   b. **Tracer le graphique des fréquences cumulées croissantes.**
   c. **Déterminer, à l'aide du graphique, les valeurs de Q_1, Q_3 et Me.**
   d. **Déterminer, à l'aide de la calcualtrice, la moyenne $\bar{x}$ et l'écart type σ à 10^{-2} près, puis calculer $\bar{x} - \sigma$ et $\bar{x} + \sigma$ (arrondir à l'unité) pour déterminer le pourcentage des élèves qui ont envoyés un nombre de ko appartenant à l'intervalle $[\bar{x} - \sigma ; \bar{x} + \sigma]$.**
2. **Recopier et compléter les phrases suivantes. Arrondir les résultats à l'unité.**
   a. **« La moitié des élèves envoie plus de .... ko par jour » ;**
   b. **« Au moins un quart des élèves envoie plus de .... ko par jour » ;**
   c. **« Les trois-quarts des élèves envoie plus de .... ko par jour » ;**
   d. **« Le quart des élèves envoie moins de .... ko par jour » ;**
   e. **« Environ .... % des élèves envoie entre $\bar{x} - \sigma$ et $\bar{x} + \sigma$ ko par jour ».**

solution

1. a. La fréquence correspondant à la classe [0 ; 10] est $\frac{57}{500}$ soit 0,114.

Rappel
La fréquence associée à une classe d'effectif n_i est
$$f_i = \frac{n_i}{\textit{effectif total}}$$

On complète ainsi le tableau :

Nombre de ko	[0 ; 10[	[10 ; 20[	[20 ; 30[	[30 ; 50[	[50 ; 80]	[80 ; 120]
Fréquence	0,114	0,17	0,202	0,284	0,168	0,062
Fréquence cumulée croissante	0,114	0,284	0,486	0,77	0,938	1

b. c.

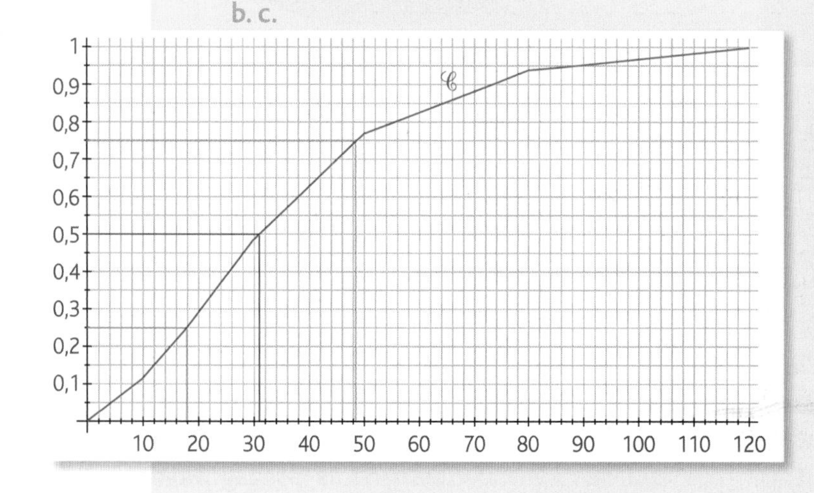

Rappel
Soit 𝒞 la courbe des fréquences cumulées croissantes. Alors :
- Q_1 est l'abscisse du point de 𝒞 d'ordonnée 0,25.
- Me est l'abscisse du point de 𝒞 d'ordonnée 0,5.
- Q_3 est l'abscisse du point de 𝒞 d'ordonnée 0,75.

On lit $Q_1 = 18$
Me = 31 et $Q_3 = 48{,}5$.

d. On entre le centre des classes et les effectifs respectivement dans les listes $\mathbf{L_1}$ et $\mathbf{L_2}$:

Sur *TI*, on appuie sur [listes stats] puis dans l'onglet [CALC] on choisit [Stats 1-Var L1,L2].

Sur Casio, on appuie sur [CALC] puis sur [SET], on vérifie qu'on a bien [1Var XList :List1 / 1Var Freq :List2] et on appuie sur [1VAR].

On obtient les écrans ci-contre :

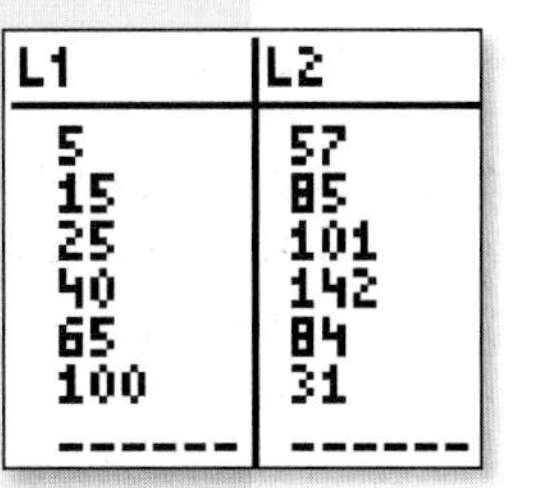


```
Stats 1-Var
x̄=36.65
Σx=18325
Σx²=975775
Sx=24.68899741
σx=24.66429606
↓n=500
```

On obtient $\bar{x} = 36{,}65$ et $\sigma \approx 24{,}66$ à 10^{-2} près.

Donc $\bar{x} - \sigma \approx 12$ et $\bar{x} + \sigma \approx 61$ arrondi à l'unité.

On lit graphiquement que l'intervalle [12 ; 61] correspond aux fréquences cumulées croissantes [0,15 ; 0,83] soit une amplitude de 0,68 ce qui correspond à 68 %.

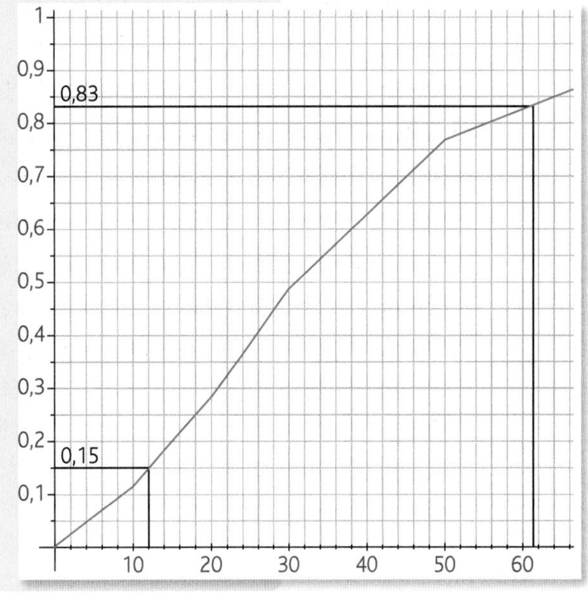

2. a. La médiane vaut 31, ainsi « La moitié des élèves envoie plus de 31 ko par jour » ;

b. Le troisième quartile vaut 48,5, ainsi « Moins d'un quart des élèves envoie plus de 49 ko par jour » ;

c. Le premier quartile vaut 18, ainsi « Les trois-quarts des élèves envoient plus de 18 ko par jour » ;

d. Le premier quartile vaut 18, ainsi « Le quart des élèves envoie moins de 18 ko par jour » ;

e. D'après la question 1.d. « Environ 68 % des élèves envoient entre 12 et 61 ko par jour ».

Entraînez-vous

Reprendre l'exercice avec les résultats du nombre de ko envoyés par MMS.

Nombre de ko	[0 ; 100[	[100 ; 200[	[200 ; 300[	[300 ; 400[	[400 ; 500]
Effectif	240	125	25	60	50

nt

→ On trouve

1. a.

Nombre de ko	[0 ; 100[	[100 ; 200[	[200 ; 300[	[300 ; 400[	[400 ; 500]
Fréquence	0,48	0,25	0,25	0,12	0,1
Fréquence cumulée croissante	0,48	0,73	0,78	0,9	1

b. c. On trouve $Q_1 = 50$ $Me = 105$ et $Q_3 = 240$.

d. $\bar{x} = 16{,}1$ et $\sigma \approx 13{,}78$ donc $[\bar{x} - \sigma ; \bar{x} + \sigma] = [2 ; 30]$ correspond aux fréquences cumulées croissantes [0,1 ; 0,78] soit une amplitude de 0,68 ce qui correspond à 68 %.

2. a. « Environ la moitié des élèves envoie plus de 100 ko ».

b. « Environ moins d'un quart des élèves envoie plus de 240 ko ».

c. « Environ les trois-quarts des élèves envoient plus de 50 ko ».

d. « Environ le quart des élèves envoie moins de 240 ko ».

e. « Environ 68 % des élèves envoient entre 20 et 300 ko ».

QCM

Corrigés en fin de manuel

Dans les questions suivantes, déterminer la (ou les) bonne(s) réponse(s).

1. **Dans un petit village d'Océanie, on a répertorié le nombre d'enfants par couple. Sur la calculatrice, on obtient les indicateurs statistiques suivants :**

```
x̄=3.224043716
Σx=1180
Σx²=14440
Sx=5.398028157
σx=5.390648758
n=366
minX=0
Q1=0
Med=0
Q3=5
maxX=30
```

1. **Le nombre de couples dans ce village est :**
   a. 3,22. b. 1 180. c. 14 440. d. 366.
2. **Le nombre total d'enfants répertoriés est :**
   a. 3,22. b. 1180. c. 14 440. d. 366.
3. **Le nombre moyen d'enfants par couple est :**
   a. 3,22. b. $\frac{1\,180}{366}$. c. 14 440. d. $\frac{590}{183}$.
4. **L'écart type est d'environ :**
   a. 3,22. b. 5,398. c. 5,391. d. 3,224.

2. **On considère la série statistique suivante :**

Valeurs	37	38	40	42	43	45
Fréquences cumulées croissantes	0,12	0,24	0,38	0,67	0,78	1

1. **Le premier quartile de cette série statistique est :**
   a. 38. b. 40. c. 42. d. 43.
2. **Le troisième quartile de cette série statistique est :**
   a. 38. b. 40. c. 42. d. 43.
3. **Le pourcentage de valeurs du caractère de la série valant 40 est :**
   a. 38 %. b. 14 %. c. 16,7 %. d. 24 %.
4. **À 10^{-3} près l'écart type vaut :**
   a. 2,701. b. 2,687. c. 41,41. d. 43.

3. **Dans une salle de cinéma la direction a relevé les âges des spectateurs des films *Harry Potter et les reliques de la mort* (diagramme en boîte orange) et *Le monde de Narnia chapitre 3* (diagramme en boîte bleu)**

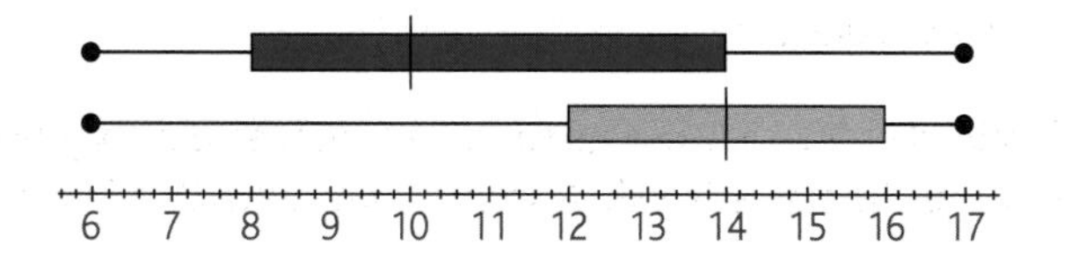

1. **La moitié des spectateurs *d'Harry Potter* a un âge supérieur :**
   a. au quart. b. à la moitié. c. aux trois-quarts.
   de ceux du *Monde de Narnia*.
2. **La moitié des spectateurs du *Monde de Narnia* ont un âge inférieur :**
   a. au quart. b. à la moitié. c. aux trois-quarts.
   de ceux d'*Harry Potter*.

4. **On connaît le prix du sapin de 105 cm de hauteur dans 400 pépiniéristes. Ce graphique donne les fréquences cumulées croissantes :**

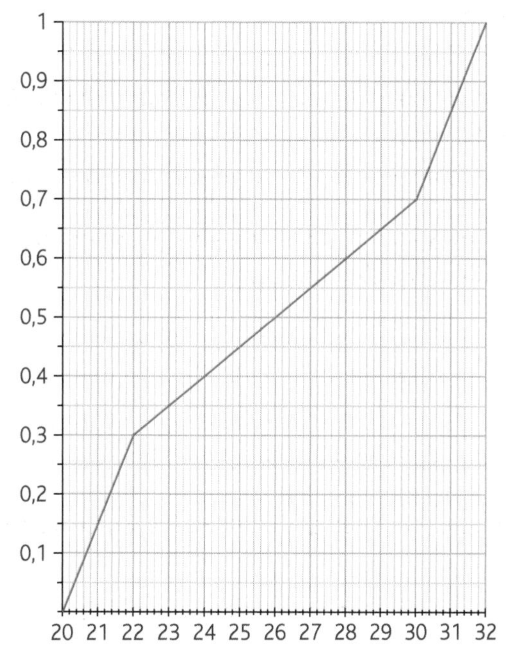

1. **La valeur de la médiane est :**
   a. 22. b. 26. c. 28. d. 0,5.
2. **La valeur du premier quartile est :**
   a. 21. b. 0,25. c. 21,6. d. 22.
3. **Le pourcentage de valeurs supérieures à 30 est :**
   a. 30 %. b. 50 %. c. 60 %. d. 70 %.
4. **Le pourcentage de valeurs comprises entre 22 et 24 est :**
   a. 10 %. b. 20 %. c. 30 %. d. 40 %.
5. **La moyenne est :**
   a. 24. b. 25. c. 26. d. 27.
6. **L'écart interquartile est :**
   a. 9. b. 8. c. 0,4. d. 8,8.

QCM

Corrigés en fin de manuel

5. **On considère l'algorithme suivant :**

Variables : A,B,C,D,E quatre réels
Début
Lire A,B,C
(A+B+C)/3 → D
$(A-D)^2 + (B-D)$^2 $+ (C-D)^2 \rightarrow E$
$\sqrt{\frac{E}{3}} \rightarrow E$
Afficher D
Afficher E
Fin

1. **Pour les valeurs A, B et C, la variable D représente :**
   a. la moyenne. b. la variance. c. l'écart type.
2. **Pour les valeurs A, B et C, la variable E représente :**
   a. la moyenne. b. la variance. c. l'écart type.

6. **On a représenté une série statistique sous la forme d'un histogramme :**

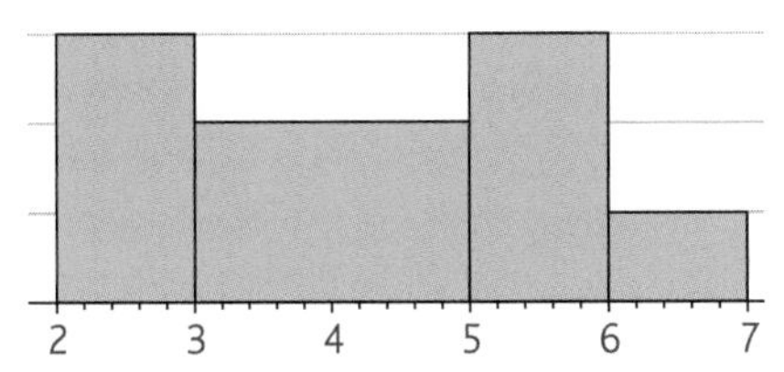

On sait que l'effectif associé à l'intervalle [2 ; 3[est 3.

1. **L'effectif associé à l'intervalle [3 ; 5[est :**
   a. 2. b. 3. c. 4. d. 6.
2. **La valeur de la médiane est :**
   a. 4. b. 4,25. c. 4,5. d. 5.
3. **La valeur du troisième quartile est :**
   a. $\frac{65}{12}$. b. 5,625. c. $\frac{45}{8}$. d. $\frac{3}{4}$.
4. **La moyenne est :**
   a. $\frac{46,5}{11}$. b. 4,23. c. $\frac{93}{22}$. d. 4.

7. **On considère la série statistique représentée sous forme de diagramme en bâtons ci-dessous :**

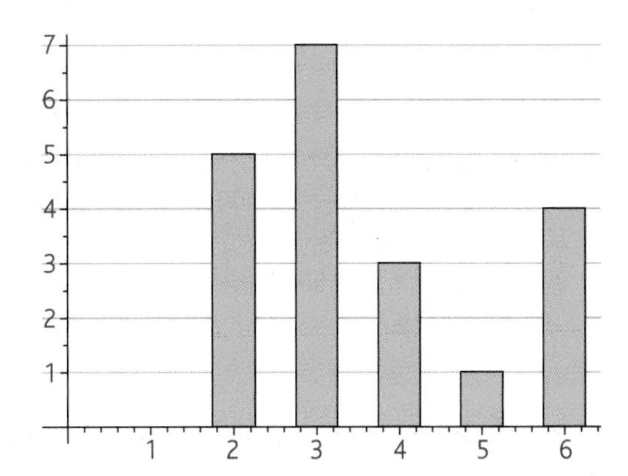

1. **L'effectif total vaut :**
   a. 5. b. 7. c. 16. d. 20.
2. **La valeur de la médiane est :**
   a. 2,5. b. 3. c. 3,5. d. 3,6.
3. **L'écart inter quartile est :**
   a. 1,5. b. 2. c. 2,5. d. 5.
4. **La moyenne est :**
   a. 3,6. b. 4. c. $\frac{18}{5}$. d. 5.

vrai ou faux ?

Corrigés en fin de manuel

Indiquer si les propositions suivantes sont vraies ou fausses.

8. Dans une série statistique, il y a exactement 25 % des valeurs inférieures ou égales au premier quartile.

9. L'écart type est toujours inférieur à la variance.

10. Si on supprime la plus grande valeur et la plus petite valeur d'une série statistique, la médiane reste inchangée.

11. Si l'écart type est nul alors toutes les valeurs de la série statistique sont nulles.

12. Dans la ville A l'âge moyen des mineurs est inférieur à celui d'une ville B. D'autre part l'âge moyen des majeurs de la ville A est inférieur à celui de la ville B. On en déduit que les habitants de la ville A sont en moyenne plus jeune que ceux de la ville B.

1. Moyenne, variance et écart type

pour s'échauffer

13. Donner, sans calculatrice, la moyenne et l'écart type de la série suivante :

5 - 5 - 5 - 5 - 7 - 7 - 7 - 7.

14. En **1re A** tous les élèves ont eu 10 sur 20 au contrôle. En **1re B**, la moitié des élèves a eu 0 et l'autre moitié a eu 20.

Calculer la moyenne et l'écart type pour chacune de ces deux classes. Interpréter ces résultats.

15. On considère la série statistique dont les valeurs du caractère sont x_1, x_2, x_3, x_4 et les effectifs associés n_1, n_2, n_3, n_4. On sait que :

$$\sum_{i=1}^{4} n_i = 20 \; ; \; \sum_{i=1}^{4} n_i x_i = 420 \; ; \; \sum_{i=1}^{4} n_i (x_i - \bar{x})^2 = 1000.$$

1. Calculer l'effectif total de cette série statistique.
2. Calculer la moyenne de cette série statistique.
3. Calculer la valeur de la variance de cette série statistique.
4. Calculer l'écart type de cette série statistique.

16. corrigé Déterminer la moyenne et l'écart type de la série statistique suivante :

Valeur du caractère x_i	25	30	35
Effectif	10	10	10

17. corrigé À l'aide de la calculatrice, on trouve :

```
Stats 1-Var
 x̄=5
 Σx=20
 Σx²=146
 Sx=3.915780041
 σx=3.391164992
↓n=4
```

1. Quel est l'effectif total de la série statistique ?
2. Quelle est la moyenne de cette série statistique ?
3. Que vaut l'écart type de cette série statistique ? *On donnera le résultat à 10^{-2} près.*

18. On considère la feuille de calcul ci-dessous :

	A	B
1	7	27
2	9	29
3	12	33
4	18	35
5	23	54
6		
7		
8	247	
9	202,9	

1. Dans la cellule **A8** on a entré la formule : =SOMME(A1 :B5). En déduire la moyenne des valeurs de la plage **A1:B5**.
2. Dans la cellule **A9** on a entré la formule : =VAR(A1 :B5). En déduire la variance et l'écart type des valeurs de la plage **A1:B5**.

19. À l'aide de la calculatrice, déterminer la moyenne et l'écart type de la série statistique suivante :

8 - 7 - 3 - 11 - 15 - 4 - 8 - 5 - 13 - 14 - 7 - 9 - 10.

20. On considère la série statistique suivante :

Valeur du caractère x_i	[0 ; 2[	[2 ; 4[	[4 ; 10[	[10 ; 20[	[20 ; 30[
Centre des classes					
Effectif	9	8	13	5	1

Déterminer le centre des classes, puis à l'aide de la calculatrice, déterminer la moyenne, la variance et l'écart type de cette série statistique.

21. On considère la série statistique suivante :

Valeur du caractère x_i	1,2	1,5	2	2,5	3	4	5	6	6,5	7
Effectif	11	18	56	84	43	31	29	35	7	2

Calculer la moyenne, la variance et l'écart type de cette série statistique à 10^{-2} près.

22. On considère la série statistique suivante :

Valeur du caractère x_i	17 500	18 000	18 500	19 000	20 000	21 000	22 000	24 000
Effectif	47	121	175	268	458	542	489	321

Calculer la moyenne, la variance et l'écart type de cette série statistique. *Arrondir à l'unité.*

23. Moyenne à la volée 

Paul décide d'écrire un algorithme lui permettant de calculer la moyenne de la classe à un devoir, lors de l'annonce des notes.

Il utilise la boucle « TantQue » pour entrer les notes une à une.

Il décide que lorsqu'il entrera « 100 » le programme s'arrêtera, ne tiendra pas compte de cette note et affichera la moyenne des notes entrées jusqu'alors.

Voici le début du programme de Paul :

```
Variables :
S et N deux réels.
C un entier naturel.
Début
Saisir N.
    S prend la valeur 0
    C prend la valeur 0
TantQue ...........
    S prend la valeur S+N.
    C prend la valeur C+1
    Saisir N
Fin TantQue
Afficher S/C
Fin
```

1. Quelle condition Paul doit-il écrire après TantQue ?
2. Programmer cet algorithme sur une calculatrice.
3. Utiliser cet algorithme pour calculer la moyenne de cette liste de notes :

8 - 10 - 13 - 14 - 15 - 2 - 9 - 7 - 8 - 11.

24. Paul souhaite compléter l'algorithme qu'il a écrit dans l'exercice précédent. Il voudrait que cet algorithme calcule la variance et l'écart type de la série de notes de la classe.

Il utilise la formule suivante pour calculer la variance : $V = \dfrac{x_1^2 + x_2^2 + \dots + x_n^2}{n} - \bar{x}^2$ avec x_1, x_2, ..., x_n les valeurs de la série de notes et $\bar{x}$ la moyenne.

1. Modifier l'algorithme de l'exercice précédent afin de calculer $\dfrac{x_1^2 + x_2^2 + \dots + x_n^2}{n}$ à l'aide de la boucle « TantQue », en même temps que la moyenne.
2. Modifier l'affichage de la fin de l'algorithme afin de faire apparaître la valeur de la variance puis de l'écart type.
3. Utiliser cet algorithme pour calculer la moyenne et la variance de cette liste de notes à 10^{-1} près :

12 - 15 - 16 - 7 - 5 - 8 - 14 - 9 - 10 - 13 - 12 - 11 - 10 - 18 - 10.

4. Vérifier le résultat à l'aide des outils de statistiques de la calculatrice. *Utiliser les listes.*

25. On considère la série statistique suivante :

Valeur du caractère x_i	[4 ; 5[	[5 ; 6[	[6 ; 8[	[8 ; 10[	[10 ; 14[
Effectif	117	489	1 521	952	412

Calculer la moyenne, la variance et l'écart type de cette série statistique à 10^{-2} près.

26. La répartition des primes de fin d'année dans une entreprise est la suivante :

Prime	[400 ; 600[	[600 ; 900[	[900 ; 1 200[	[1 200 ; 2 000[	[2 000 ; 4 000[
Eff.	17	48	52	15	4

Calculer la moyenne, la variance et l'écart type de cette série statistique. *Arrondir à l'unité.*

27. Les retards du TGV Tableur

Un journal local relève les retards du TGV à la gare de Dijon. Voici les résultats en minutes :

5 - 3 - 15 - 17 - 28 - 4 - 7 - 58 - 21 - 14 - 2 - 3 - 4 - 8 - 38 - 5 - 1 - 5 - 11 - 5 - 4 - 3 - 2 - 8 - 21 - 36 - 2 - 0 - 1 - 2 - 0 - 0 - 1 - 2 - 3 - 7 - 4 - 5 - 2 - 1 - 4 - 75 - 6 - 12 - 8 - 7 - 0 - 4 - 3 - 2 - 6 - 5 - 48.

1. Entrer ces valeurs dans la colonne **A** d'une feuille vierge d'un tableur.

	A	B	C
1	Retards (en minutes)	Moyenne	Ecart type
2	5		
3	3		
4	15		
5	17		
6	28		

2. Dans la cellule **B2**, calculer le retard moyen. *On pourra utiliser la fonction* ***MOYENNE***.
3. Dans la cellule **C2**, calculer l'écart type des retards. *On pourra utiliser la fonction* ***ECARTYPE***.
4. Une erreur s'est glissée dans le relevé précédent. L'avant dernière valeur n'est pas 5 minutes mais 5 heures. Donner la valeur de la nouvelle moyenne et du nouvel écart type.

28. Au service des impôts, le responsable souhaite que tous les courriers des contribuables concernant le calcul des impôts soient traités par son service en moyenne dans les 3 jours. Il souhaite aussi que l'écart type du temps de traitement soit inférieur à 2 jours.

Voici le bilan statistique du nombre de jours d'attente des réponses dans son service :

Nombre de jour d'attente	0	1	2	3	4	5	6	7
Effectif	17	42	25	38	57	13	19	7

Les critères qu'il s'était fixés sont-ils respectés ?

29. Un vendeur de calculatrices *TI* fait chaque semaine le bilan de ses ventes afin de déterminer son chiffre d'affaire moyen et l'écart type de celui-ci.

Tableur

1. Recopier ce tableau dans une feuille d'un tableur.

	A	B	C
1	Calculatrice	Prix de vente (xi)	Effectif (ni)
2	TI 76	42 €	452
3	TI 82.stat.fr	52 €	1254
4	TI83 plus	80 €	145
5	TI 84 silver	105 €	39
6	TI 89	140 €	45
7	Tinspire	125 €	260
8	TInspireCAS	115 €	549

2. Dans la cellule **D1** écrire : « Produit $n_i x_i$ » puis, à l'aide d'une formule, compléter la plage **D2:D8**.
3. Calculer en **C9** l'effectif total.
4. Calculer en **D9** le chiffre d'affaire.
5. Dans la cellule **A9** écrire « Moyenne ». Quelle formule faut-il saisir en **A10** pour calculer le prix de vente moyen d'un article ?
6. Dans la cellule **E1** écrire « $n_i(x_i - \bar{x})^2$ » puis, à l'aide d'une formule, compléter la plage **E2:E8**.
7. Dans la cellule **E9** calculer la somme des valeurs de la plage **E2:E8**.
8. Dans la cellule **A11** écrire « Variance ». Quelle formule faut-il saisir en **A12** pour calculer la variance de cette série statistique ?
9. Dans la cellule **A13** écrire « Écart type ». Quelle formule faut-il saisir en **A14** pour calculer l'écart type de cette série statistique ?
10. La semaine d'après, les résultats des ventes sont les suivants :

Calc.	TI 76	TI 82.stat.fr	TI83 plus	TI 84 silver	TI 89	Tinspire	TInspireCAS
Eff.	485	1250	211	168	58	95	196

Modifier la feuille de calcul pour donner la moyenne et l'écart type de ces nouvelles valeurs.

30. Un entrepreneur souhaite fabriquer des chaussures pour hommes. Il fait une étude statistique pour connaître la répartition des pointures. Voici les résultats de l'étude :

Taille	37	38	39	40	41	42	43	44	45	46	47
Effectif	2	4	7	17	31	56	85	50	33	12	5

1. Calculer la moyenne et l'écart type de cette série statistique à 10^{-1} près.
2. L'entrepreneur décide de ne produire que les tailles de l'intervalle $[\bar{x} - 2\sigma ; \bar{x} + 2\sigma]$. Quelles sont les tailles qu'il va fabriquer ? Quel pourcentage de l'étude cela représente-t-il ?

31. Voici la longueur des étapes du Tour de France à vélo en 2008 et 2009.

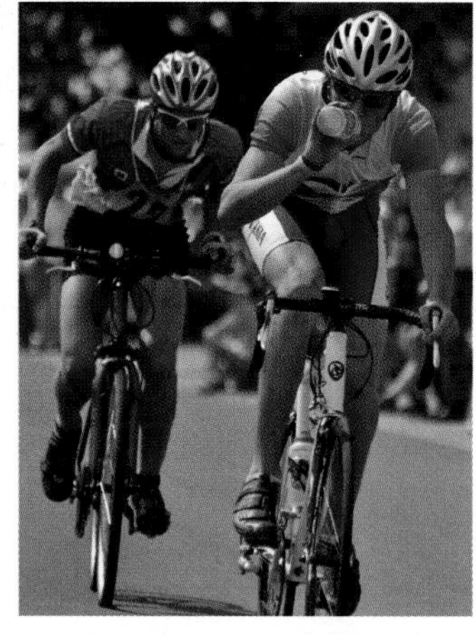

Le tour 2008 : 164,5 km - 208 km - 29,5 km - 232 km - 195,5 km - 159 km - 172,5 km - 167,5 km - 168,5 km - 182 km - 194,5 km - 183 km - 157km - 210,5 km - 196,5 km - 165,5 km - 53 km - 143 km.

Le tour 2009 : 187 km - 196,5 km - 39 km - 196,5 km - 181,5 km - 224 km - 176,5 km - 160,5 km - 194,5 km - 192 km - 211,5 km - 200 km - 199 km - 207,5 km - 159 km - 169,5 km - 40,5 km - 178 km - 167 km - 164 km.

Comparer la moyenne et l'écart type de ces deux éditions du tour de France.

32. Durée de vie d'un disque dur

Une étude porte sur la durée de vie des disques durs proposés par deux fournisseurs.

Société EastDigit :

Durée de vie (en années)	[0 ; 1[	[1 ; 2[	[2 ; 3[	[3 ; 4[	[4 ; 5[	[5 ; 7[	[7 ; 10[
Effectif	23	67	256	621	213	64	32

Société SiGait :

Durée de vie (en années)	[0 ; 2[	[2 ; 3[	[3 ; 4[	[4 ; 6[	[6 ; 8[	[8 ; 10[	[10 ; 15[
Effectif	389	642	562	146	232	323	185

1. Calculer la moyenne et l'écart type de chacune de ces séries statistiques.
2. Du point de vue de la moyenne, quelle est la société qui vend les disques durs de durée de vie la plus longue ?
3. Quelle information apporte l'écart type par rapport à la réponse du 2. ?

33. On considère la série statistique : $4x$ - 5 - 9 – 13, avec x un nombre réel appartenant à l'intervalle [1 ; 4].

1. Soit m la fonction définie sur [1 ; 4] correspondant à la moyenne de la série statistique ci-dessus. Donner l'expression de $m(x)$ en fonction de x.
2. Soit $V(x)$ la variance de cette série. Étudier les variations de la fonction V.
3. Déterminer les extrema de la fonction V.

34. **Cholestérol et fastfood**

1. On a relevé le taux de cholestérol dans le sang des employés d'un fastfood qui se nourrissent tous les jours des produits qu'ils vendent. Voici les résultats :

Taux	[0,8 ; 1,2[	[1,2 ; 1,6[	[1,6 ; 2[	[2 ; 2,4[	[2,4 ; 2,8[	[2,8 ; 3,2[	[3,2 ; 3,6[
Effectifs	1	1	9	7	8	8	6

Calculer le taux de cholestérol moyen de ces employés ainsi que l'écart type.

2. On a relevé le taux de cholestérol dans le sang des employés d'un restaurant gastronomique qui se nourrissent tous les jours du *plat du jour* qu'ils proposent. Voici les résultats :

Taux	[0,8 ; 1,2[	[1,2 ; 1,6[	[1,6 ; 2[	[2 ; 2,4[	[2,4 ; 2,8[	[2,8 ; 3,2[	[3,2 ; 3,6[
Effectifs	3	2	12	6	2	3	0

Calculer le taux de cholestérol moyen de ces employés ainsi que l'écart type.

3. Comparer les couples (moyenne ; écart type) de ces deux séries statistiques.

35. **corrigé** La société *Gringo* fabrique des machines à expresso. Voici la durée de vie de ces machines sur un échantillon de 14244 machines fabriquées :

Durée de vie (en années)	[0 ; 1[	[1 ; 2[	[2 ; 3[	[3 ; 4[	[4; 5[	[5 ; 7[	[7 ; 10[
Effectifs	326	821	3845	5842	2670	481	259

1. Calculer la durée de vie moyenne et l'écart type des machines à café de cet échantillon.

2. Estimer le nombre de machines de cet échantillon dont la durée de vie est située dans l'intervalle : $[\bar{x} - 2\sigma ; \bar{x} + 2\sigma]$.

INDICATION
Pour estimer l'effectif des valeurs appartenant à $[a ; b] \subset [4 ; 5[$ on calculera $\frac{b-a}{5-4} \times 2670$ ou 2670 est l'effectif correspondant à l'intervalle $[4 ; 5[$.

3. La production est dite *stable* si plus de 88 % des valeurs de la série statistique appartient à l'intervalle $[\bar{x} - 2\sigma ; \bar{x} + 2\sigma]$. La production est-elle stable ?

36. **Le boulanger tire les ficelles**

Le poids théorique d'une ficelle est 125 grammes.

Voici la production du jour d'un boulanger :

Poids (en grammes)	122	123	124	125	126	127	128	129	130	131	132
Effectif	3	5	11	28	42	32	28	17	4	2	1

1. Calculer la moyenne $\bar{x}$ et l'écart type σ de cette série statistique.

2. Selon la charte de qualité de cette boulangerie, les ficelles dont le poids est à l'extérieur de l'intervalle $[\bar{x} - 2\sigma ; \bar{x} + 2\sigma]$ ne seront pas vendues. Quel pourcentage de la production cela représente-t-il ?

37. Une machine industrielle découpe des plaques en acier. On a mesuré la longueur des plaques découpées. Les résultats sont résumés dans le tableau suivant :

Longueur (en mm)	[124 ; 126[	[126 ; 128[	[128 ; 132[	[132 ; 134[	[134 ; 138[	[138 ; 140[
Effectifs	50	49	50	68	67	29

1. Calculer la longueur moyenne des plaques en millimètres à 10^{-2} près.

2. Calculer l'écart type σ de cette série statistique.

3. Recopier et compléter la phrase suivante :

« Environ ....% des plaques ont une longueur appartenant à l'intervalle $[\bar{x} - \sigma ; \bar{x} + \sigma]$ ».

38. **Algorithme de calcul de moyenne, variance et écart type** 

On suppose qu'on a entré dans la liste $\mathbf{L_1}$ les valeurs du caractère et dans la liste $\mathbf{L_2}$ les effectifs associés.

On considère l'algorithme suivant :

Variables : C, I, N, trois entiers naturels ; T, un nombre réel.
Début
C et T prennent la valeur 0
N prend la valeur de la longueur de la liste L_1
Pour I variant de 1 à N
$L_1(I) \times L_2(I) + T \to T$.
$L_2(I) + C \to C$.
Fin Pour
Afficher $\frac{T}{C}$
Fin

1. Que fait cet algorithme ?

2. Compléter cet algorithme afin de calculer la variance puis l'écart type.

3. Vérifier cet algorithme en calculant la moyenne, la variance et l'écart type de la série statistique suivante :

Note	5	8	9	10	11	12	15
Effectif	1	3	4	5	9	6	3

39. Moyenne mobile

1. Recopier le tableau ci-dessous dans une page de calcul d'un tableur.

Indice des prix à la consommation (IPC) *Ensemble des ménages français*

Période	Valeur
Décembre 2010	122,08
Novembre 2010	121,53
Octobre 2010	121,39
Septembre 2010	121,23
Août 2010	121,32
Juillet 2010	121,04
Juin 2010	121,38
Mai 2010	121,39
Avril 2010	121,26
Mars 2010	120,94
Février 2010	120,36
Janvier 2010	119,69
Décembre 2009	119,96
Novembre 2009	119,64
Octobre 2009	119,48
Septembre 2009	119,37
Août 2009	119,66
Juillet 2009	119,05
Juin 2009	119,58
Mai 2009	119,43
Avril 2009	119,25
Mars 2009	119,06
Février 2009	118,84
Janvier 2009	118,39
Décembre 2008	118,88
Novembre 2008	119,17
Octobre 2008	119,73
Septembre 2008	119,8
Août 2008	119,88
Juillet 2008	119,92
Juin 2008	120,17
Mai 2008	119,73
Avril 2008	119,1
Mars 2008	118,7
Février 2008	117,81
Janvier 2008	117,56
Décembre 2007	117,7
Novembre 2007	117,26
Octobre 2007	116,62
Septembre 2007	116,33
Août 2007	116,2
Juillet 2007	115,74
Juin 2007	116,03
Mai 2007	115,89
Avril 2007	115,6
Mars 2007	115,04
Février 2007	114,55
Janvier 2007	114,34
Décembre 2006	114,73
Novembre 2006	114,47
Octobre 2006	114,34
Septembre 2006	114,59
Août 2006	114,85
Juillet 2006	114,46
Juin 2006	114,65
Mai 2006	114,66

2. On souhaite calculer dans la colonne **C** la moyenne mobile sur 1 an, c'est-à-dire la moyenne pour les 12 derniers mois. Par exemple : en **C2** on aura la moyenne des indices de janvier 2010 à décembre 2010.
Saisir la formule qui convient dans la cellule **C2** puis la recopier dans la colonne **C**.

3. Représenter sur un même graphique le nuage de points (mois ; valeur de l'indice) ainsi que le nuage de points (mois ; moyenne mobile).

4. Quelle information apporte la moyenne mobile sur le graphique ?

40. Moyenne géométrique

Lors d'un exposé des résultats de son entreprise, Monsieur Charcot annonce :
« Le chiffre d'affaire en 2010 était de 650 000 €, il a augmenté de 40 % en 2011 puis de 60 % en 2012, il a donc augmenté de 100 % en 2 ans et augmenté chaque année en moyenne de 50 %. »

1. Calculer le chiffre d'affaire de l'entreprise de Monsieur Charcot en 2011 puis en 2012.

2. En déduire le pourcentage d'augmentation global sur la période 2010-2012.

3. À l'aide du 2. relever une première erreur dans le discours de Monsieur Charcot.

4. Soit t un nombre réel tel que, si le chiffre d'affaire de 2010 augmente de t % deux fois de suite, on obtienne le chiffre d'affaire de 2012.

a. Calculer la valeur de t.

b. t est appelé le pourcentage d'augmentation moyen (sur les 2 périodes). En déduire une deuxième erreur dans le discours de Monsieur Charcot.

DÉFINITION
Soit x et y deux réels positifs stricts.
La moyenne géométrique de x et y est $\sqrt{xy}$.

41.

Soit x un réel positif. On considère la série statistique :

$$1 - 2 - 8 - x.$$

Soit $m(x)$ la moyenne de cette série statistique.

1. Exprimer $m(x)$ en fonction de x.

2. Soit $V(x)$ la variance de cette série statistique. Exprimer $V(x)$ en fonction de x.

3. Étudier les variations de la fonction V.

4. En déduire la valeur de x pour laquelle V est minimale. Que vaut alors la moyenne de cette série statistique ?

42.

Soit x un réel positif. On considère la série statistique :

$$2 - 6 - 18 - 2x.$$

1. Soit $m(x)$ la moyenne de cette série statistique. Exprimer $m(x)$ en fonction de x.

2. Soit $\sigma(x)$ l'écart type de cette série statistique. Exprimer $\sigma(x)$ en fonction de x.

3. Montrer qu'il n'existe pas de valeur positive de x telle que la moyenne et l'écart type de cette série statistique soient égales.

INDICATION
On pourra faire un raisonnement par l'absurde.

43. On considère la série statistique : 5 - 9 - x avec $x \in \mathbb{R}$.
Soit $m(x)$ et $\sigma(x)$ respectivement la moyenne et l'écart type de cette série statistique.

1. Exprimer $m(x)$ en fonction de x.
2. Exprimer $\sigma(x)$ en fonction de x.
3. Quelle est la plus petite valeur entière et positive de x vérifiant $\sigma(x) \geqslant 3$.

44. Pour qu'un produit laitier puisse faire figurer sur ses produits « 20 % de matières grasses », il faut :

- au moins 90 % des pourcentages de matières grasses appartiennent à l'intervalle $[\bar{x} - 2\sigma ; \bar{x} + 2\sigma]$ où σ est l'écart type;
- $\sigma < 1{,}6$;
- $19{,}5 \leqslant \bar{x} \leqslant 20.5$.

On relève les pourcentages de matières grasses suivants lors de la vérification d'un échantillon de 517 produits :

Pourcentage	[16 ; 17[	[17 ; 18[	[18 ; 19[	[19 ; 20[	[20 ; 21[	[21 ; 22[	[22 ; 23[
Effectif	21	41	96	198	69	85	7

1. Déterminer le pourcentage moyen de matières grasses de l'échantillon.
2. Donner l'écart type de cette série statistique.
3. Le pourcentage de valeurs dans l'intervalle $[\bar{x} - 2\sigma ; \bar{x} + 2\sigma]$ est-il supérieur à 90 ?
4. Les critères pour faire figurer « 20 % de matières grasses » sont-ils respectés ?

45. Sabrine et Kléber sont en finale du concours de fléchettes. Voici les statistiques des scores pour l'ensemble de leurs tirs :

Résultats de Kléber

Points	0	5	10	20	30	50	100
Effectif	4	8	7	17	41	25	11

Résultats de Sabrina

Points	0	5	10	20	30	50	100
Effectif	12	9	6	15	22	31	18

1. Calculer le couple (moyenne ; écart type) pour chacun de ces joueurs.
2. Recopier et compléter les phrases suivantes :
« .... est le meilleur des deux joueurs car sa moyenne de points est la plus .... »
« .... est le joueur le plus régulier car son écart type est le plus .... »

46. Encadrement de l'écart type

Soit p un entier naturel non nul.
Soit $x_1, x_2, ..., x_p$ les valeurs d'une série statistique. On suppose que pour tout entier i compris entre 1 et p on a $9 \leqslant x_i \leqslant 11$.

1. Montrer que la moyenne $\bar{x}$ est comprise entre 9 et 11.
2. Montrer que pour tout entier i compris entre 1 et p on a : $-2 \leqslant x_i - \bar{x} \leqslant 2$.
3. En déduire que la variance V de cette série statistique vérifie $V \leqslant 4$.
4. En déduire que l'écart type n'est jamais plus grand que 2 pour cette série statistique.

47. Étendue et écart type

Soit p un entier naturel non nul.
Soit $x_1, x_2, ..., x_p$ les valeurs d'une série statistique rangées dans l'ordre croissant. On note e l'étendue de cette série statistique.

> **Rappel**
> **L'étendue d'une série statistique est la différence entre la plus grande valeur et la plus petite valeur de cette série statistique.**

1. Montrer que $e = x_p - x_1$.
2. Montrer que pour tout entier i compris entre 1 et p on a :
$$-e \leqslant x_i - \bar{x} \leqslant e.$$
3. En déduire un encadrement de $(x_i - \bar{x})^2$.
4. En déduire que $V \leqslant e^2$.
5. Soit σ l'écart type de cette série statistique. Montrer que $\sigma \leqslant e$.

48. Vitesse moyenne et moyenne harmonique

Une voiture roule à une vitesse moyenne de $v_1 = 75$ km.h^{-1} entre Paris et Rennes (distance : 350 km). Au retour elle roule à la vitesse moyenne de $v_2 = 60$ km.h^{-1}.
Soit v la vitesse moyenne de la voiture pour le trajet du retour.
Exprimer v en fonction de v_1 et v_2 puis calculer v.

> **À savoir**
> **Soit x et y deux réels positifs stricts.**
> **La moyenne harmonique de x et y est $\dfrac{2}{\frac{1}{x} + \frac{1}{y}}$.**

49. **Un cas particulier de l'inégalité de *Bienaymé-Tchébitchev***

Soit n un entier naturel non nul.

Soit $x_1, x_2, ..., x_n$ les valeurs d'une série statistique.

On note $\overline{x}$ sa moyenne et σ son écart type.

Soit k le nombre de valeurs de la série statistique vérifiant $|x_i - \overline{x}| < 2\sigma$. On suppose $\sigma > 0$.

1. Montrer que $\sum_{i=1}^{n} (x_i - \overline{x})^2 \geqslant 4(n-k)\sigma^2$.

2. En déduire que $k \geqslant \frac{3}{4}n$.

3. Recopier et compléter la phrase suivante :

« Au moins ....% des valeurs d'une série statistique appartiennent à l'intervalle $[\overline{x} - 2\sigma ; \overline{x} + 2\sigma]$ ».

4. En vous inspirant des questions précédentes, montrer qu'au moins 88 % des valeurs d'une série statistique appartiennent à l'intervalle $[\overline{x} - 3\sigma ; \overline{x} + 3\sigma]$.

2. Médiane et quartiles

pour s'échauffer

50. corrigé Calculer la médiane, le premier et le troisième quartile des séries statistiques suivantes :

1. 3 - 4 - 5 - 7 - 8 - 9 - 10 - 200.

2. 5 - 8 - 2 - 1 - 10 - 9 - 9 - 2 - 3 - 6 - 5.

51. Calculer la médiane, le premier et le troisième quartile de la série statistique suivante.

Valeur du caractère	40	45	50	52	57	60	70
Fréquences cumulées croissantes	0,12	0,24	0,28	0,41	0,64	0,83	1

52. Déterminer la médiane, le premier et le troisième quartile de la série statistique dont on a tracé le graphique des fréquences cumulées croissantes ci dessous :

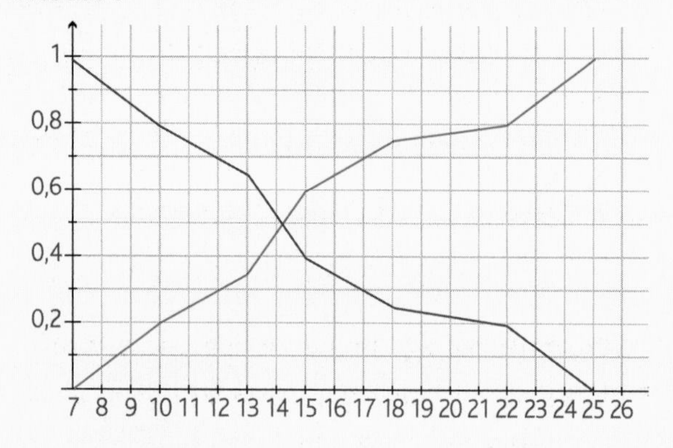

53. corrigé Déterminer la médiane, le premier quartile, le troisième quartile et l'étendue de la série statistique suivante :

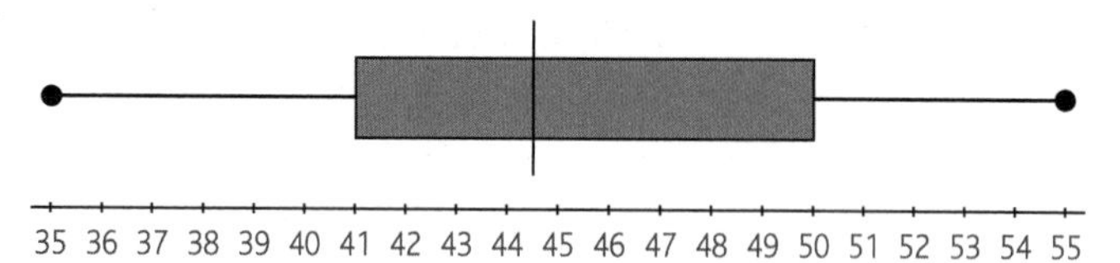

54. corrigé Pour chacune des séries suivantes, calculer le couple (médiane ; intervalle interquartile) :

1. 4 - 5 - 6 - 7 - 8 - 10 - 12 - 13 - 14 - 15.

2. 7 - 8 - 10 - 13 - 15 - 18 - 18 – 18 - 19 - 25 - 32.

3. 4 - 4 - 6 - 7 - 7 - 9 - 10 - 13 - 14 - 16 - 16 - 17 - 18 - 21 - 27.

4.

Valeur	5	7	11	13	14	16	18
Effectif	3	5	9	11	8	4	10

55. Pour chacune des séries suivantes, représenter le diagramme en boîte :

1. 5 - 7 - 5 - 3 - 5 - 9 - 8 - 6 - 3 - 4 - 1 - 8 - 5 - 7 - 7 - 1 - 2 - 5 - 6 - 7 - 8 - 2 - 2 - 3 - 4 - 5 - 3 - 7 - 7 - 9.

2. 65 - 75 - 45 - 38 - 95 - 91 - 78 - 26 - 37 - 41 - 60 - 68 - 50 - 72 - 74 - 11 - 24 - 54 - 69 - 71 - 83 - 12 - 92 - 43 - 24 - 85.

3. 4 - 5 - 6 - 7 - 8 - 10 - 12 - 13 - 14 - 15.

4.

Valeur	65	66	67	68	70	71	72	74	75	78
Effectif	6	2	9	21	19	8	14	11	78	49

56. **Espérance de vie dans le monde**

Voici une statique de l'espérance de vie dans 20 pays industrialisés :

74,6	71,5	75,1	79,2	76,3
78,3	71,5	76,3	72,3	79,5
73,9	79,2	76,4	77,3	75,9
77,1	73,1	78,8	74,2	79

Ci-dessous figure une statistique de l'espérance de vie dans 20 pays d'Afrique :

57,2	50,5	48	56,6	58,3
49,2	56,4	50,7	49,5	53,1
50,5	47,5	55,7	56,1	47,1
49,7	56,4	47,5	55,1	46,5

Représenter sur le même graphique le diagramme en boîte de ces deux séries statistiques, puis commentez-les.

57. Mathilda estime avoir été trop sévèrement notée par M. Vincent à son bac blanc. Elle relève alors toutes les notes et représente le diagramme en boîte des notes de M. Vincent (en haut) et Mme Paulette :

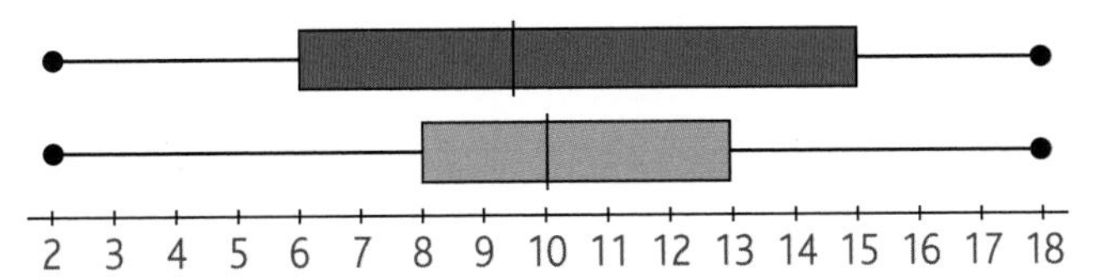

1. Lire Me, Q_1 et Q_3 sur le graphique de M. Vincent.

2. Par qui, un élève faible, a-t-il intérêt à se faire corriger ?

3. Même question pour un bon élève.

4. Est-il plus probable que Mathilda soit une bonne élève ?

5. Marc est généralement un bon élève, mais il estime avoir été corrigé sévèrement. Par qui a-t-il probablement été corrigé ?

6. M. Vincent décide de changer toutes ses notes de la façon suivante : Soit x une note donnée par M. Vincent, elle est remplacée par $y = ax + b$, où a et b sont deux réels qu'on va déterminer.

a. Soit Me′, Q_1' et Q_3' respectivement la nouvelle médiane, le nouveau premier quartile et le nouveau troisième quartile. Exprimer Me′, Q_1' et Q_3' en fonction de Me, Q_1 et Q_3.

b. Quelle valeur de a faut-il choisir pour que M. Vincent et Mme Paulette aient le même écart interquartile ?

c. En déduire la valeur de b pour que M. Vincent et Mme Paulette aient la même médiane.

d. Initialement M. Vincent avait mis 7 et 14,5 respectivement à Karim et Guillaume.
Quelles sont leurs nouvelles notes ?

58. On étudie le nombre d'heures de pluie journalier de trois villes A, B et C pendant une année.
Voici les diagrammes en boîte résumant ces données
(De haut en bas : A, B puis C).

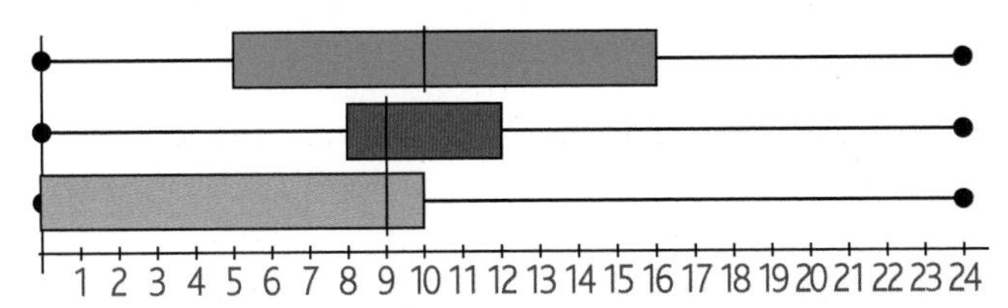

1. Dans quelle ville faut-il habiter si l'on souhaite qu'il pleuve le plus rarement possible ?

2. Dans quelle ville faut-il habiter si l'on souhaite qu'il pleuve le plus souvent possible ?

59. On souhaite dresser les statistiques des primes versées à la fin de l'année 2011 dans une entreprise.

Prime (en k€)	[0,3 ; 0,7[	[0,7 ; 1,7[	[1,2 ; 2[	[2 ; 2,5[	[2,5 ; 3[	[3 ; 4[	[4 ; 6]
Effectif	21	41	96	198	69	85	7

1. Calculer les fréquences puis les fréquences cumulées croissantes de cette série statistique.

2. Dresser le graphique des fréquences cumulées croissantes.

3. Déduire, à l'aide du graphique précédent, la valeur de la médiane, du premier, puis du troisième quartile.

60. Dans le département du Gers, le recensement de 2007 compte 193615 habitants pour 463 communes. Dans l'ensemble de ces 463 communes, le nombre d'habitants médian est 142.

1. Déterminer $\overline{x}$ la population moyenne par ville du Gers.

2. Comment peut-on expliquer la grande différence entre médiane et moyenne ?

61. Algorithme et calcul de médiane 

Cynthia a écrit un algorithme pour calculer la médiane d'une série statistique contenant N valeurs rangées dans la liste $\mathbf{L_1}$. Son algorithme est incomplet.

1. Compléter l'algorithme de Cynthia.

Variables : I, N, deux entiers naturels ;
L_1 une liste de valeurs de dimension N contenant des réels.
Début
Pour I variant de 1 à N
Lire L_1(I)
FinPour
Trier dans l'ordre L_1
Afficher « la médiane vaut »
Si partie décimale de N/2 égale à 0
Alors
Afficher ....
Sinon
Afficher ....
Fin

2. Programmer cet algorithme sur une calculatrice.

3. Tester cet algorithme sur les deux séries suivantes :
4 - 9 - 6 - 1 et 9 - 1 - 2 - 7 - 11.

62. 1. Calculer le premier et le troisième quartile de la série statistique suivante :

Valeur	7	8	9	10	11	12	13	14	15	16
Effectifs	3	16	39	91	128	102	80	54	21	7

2. Le programme ci-dessous permet de calculer le premier quartile d'une série statistique dont les valeurs sont rangées dans la liste $\mathbf{L_1}$ et les effectifs associés dans la liste $\mathbf{L_2}$:

Casio

```
======QUARTILE======
Dim (List 1)→N↵
Sum (List 2)→S↵
S÷4→E↵
If Frac (E)≠0↵
Then ↵
Int (E)+1→E↵
IfEnd↵
Cuml (List 2)→List 3↵
1→I↵
While List 3[I]<E↵
I+1→I↵
WhileEnd↵
"Q1="◢
List 1[I]◢
```

TI

```
PROGRAM:QUARTILE
:dim(L₁)→N
:somme(L₂)→S
:S/4→E
:If partDéc(E)≠0
:Then
:partEnt(E)+1→E
:End
:somCum(L₂)→L₃
:1→I
:While L₃(I)<E
:I+1→I
:End
:Disp "Q1=",L₁(I)
```

Entrer ce programme dans une calculatrice.

3. Utiliser ce programme pour calculer la médiane de la série statistique du 1.

4. Que faut-il modifier dans le programme précédent pour calculer le troisième quartile ?

63. On s'intéresse à la part en pourcentage de la population âgée de 60 ans ou plus parmi la totalité de la population dans différents pays européens. Voici les résultats en 2010. Les populations sont exprimées en milliers d'habitants.

Pays	Population totale	Personnes de 60 ans ou plus	Pourcentage
Albanie	3 614	397	11,0%
Allemagne	82 457	16 821	20,4%
Andorre	81	16	19,8%
Arménie	3 451	552	16,0%
Autriche	8 315	1 935	23,3%
Azerbaijan	8 127	963	11,8%
Belarus	9 703	1 320	13,6%
Belgique	10 734	2 524	23,5%
Bosnie-Herzégovine	4 652	777	16,7%
Bulgarie	7 648	1 856	24,3%
Chypre	815	142	17,4%
Danemark	5 546	1 289	23,2%
Espagne	45 815	9 657	21,1%
Estonie	1 341	298	22,2%
Finlande	5 302	1 234	23,3%
France	64 315	14 001	21,8%
Georgie	4 674	590	12,6%
Grèce	11 241	2 745	24,4%
Hongrie	10 420	2 234	21,4%
Irlande	4 513	898	19,9%
Italie	60 461	16 023	26,5%
Lettonie	2 346	545	23,2%
Liechtenstein	34	7	20,6%
Lituanie	3 312	725	21,9%
Luxembourg	514	89	17,3%
Malte	416	79	19,0%
Moldavie	4 315	587	13,6%
Monaco	34	7	20,6%
Monténégro	645	120	18,6%
Norvège	4 768	964	20,2%
Pays-Bas	16 405	3 312	20,2%
Pologne	38 133	6 754	17,7%
Portugal	10 602	2 526	23,8%
République tchèque	10 544	2 301	21,8%
Roumanie	21 543	4 312	20,0%
Royaume-Uni	61 735	13 451	21,8%
Russie	140 468	25 642	18,3%
Saint-Marin	36	7	19,4%
Serbie	7 485	1 178	15,7%
Slovaquie	5 411	902	16,7%
Slovénie	2 377	421	17,7%
Suède	9 214	2 235	24,3%
Suisse	7 646	1 801	23,6%
Ukraine	45 705	9 865	21,6%
Vatican	1	0	0,0%
Total	746 914	154 102	

1. Calculer la médiane de cette série statistique.

2. Calculer le premier et le troisième quartile, puis interpréter ces résultats.

3. Une étude statistique de la part en pourcentage de la population âgée de 60 ans ou plus parmi la totalité de la population dans 50 pays d'Asie donne les résultats ci-dessous :

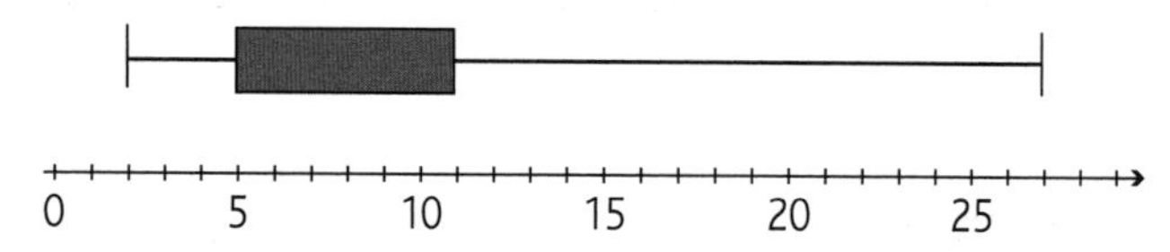

a. Recopier ce diagramme en boîte et construire celui de la série statistique des pays européens.

b. L'affirmation suivante est-elle vraie ou fausse ?
« Dans au moins 25 pays asiatiques, la part en pourcentage des personnes âgées de 60 ans ou plus est inférieure ou égale à 6 % ».

c. Dans l'ordre croissant des parts en pourcentage des personnes âgées de 60 ans ou plus, le Bangladesh est classé 18e pays d'Asie. Donner, en justifiant, un encadrement le plus précis possible de la part en pourcentage des personnes de 60 ans ou plus dans ce pays en 2010.

D'après Bac

64. On considère la série statistique suivante :

Valeur du caractère	[0 ; 5[	[5 ; 10[	[10 ; 20[	[20 ; 30[
Effectif n_i	10	25	15	5

1. Calculer les fréquences et les fréquences cumulées croissantes.

2. Représenter le graphique des fréquences cumulées croissantes.

3. Déterminer, par lecture graphique, les valeurs de Q_1, Me et Q_3 puis l'écart interquartile.

65. Les valeurs aberrantes

Un appareil contrôle la longueur des vis fabriquées par une machine. Il a relevé les longueurs suivantes en mm : 79,9 - 79,8 - 80,1 - 80 - 80,2 - 80 - 79,9 - 79,9 - 79,7 - 80,3 - 80,2 - 79,9 - 80,1 - 80,3 - 79,7 - 79,6 - 80,3 - 80,2 - 79,8 - 79,4 - 80,7 - 79,6 - 79,5 - 79,8 - 80,9 - 80,7 - 80,1 - 80,2 - 79,6 - 79,7 - 80,1 - 84 - 79,8 - 80,4 - 79,2 - 79,9 - 79,2 - 80,4 - 80,3 - 81 - 79,2 - 79,1 - 79,6.

1. Calculer la médiane, le premier et le troisième quartile de cette série statistique.

2. Le statisticien *J.-W. Tukey* qualifiait d'*aberrantes* les valeurs d'une série statistique qui se situaient à l'extérieur de l'intervalle :

$$\left[Q_1 - \frac{3}{2}(Q_3 - Q_1) \; ; \; Q_3 + \frac{3}{2}(Q_3 - Q_1)\right].$$

Calculer les bornes de cet intervalle pour la série considérée.

3. En déduire les valeurs aberrantes de cette série statistique.

66. Tachycardie

Un médecin effectue des recherches sur l'efficacité d'un nouveau bêta-bloquant. Cette famille de médicaments est destinée à diminuer le rythme cardiaque des malades atteints de tachycardie (pouls supérieur à 60 battements par minute).

Il a donc séparé les malades en 2 groupes : le groupe A reçoit le traitement du nouveau médicament et le groupe B reçoit un placebo. Voici les résultats :

Groupe A

74 - 91 - 91 - 84 - 95 - 93 - 95 - 95 - 102 - 81 - 116 - 88 - 95 - 74 - 88 - 95 - 109 - 83 - 114 - 88 - 89 - 95 - 88 - 89 - 95 - 96.

Groupe B

94 - 95 - 113 - 95 - 104 - 113 - 94 - 144 - 105 - 153 - 79 - 153 - 123 - 108 - 114 - 92 - 110 - 123 - 84 - 93 - 83 - 123 - 123 - 114 - 96 - 104 - 94 - 97 - 93 - 82 - 98 - 82 - 83 - 105 - 83 - 105 - 93 - 94 - 84 - 93.

1. Construire la boîte à moustache de ces 2 séries.

2. L'effet du médicament semble-t-il satisfaisant ?

3. Problèmes

67. Le Paradoxe de Simpson

Un laboratoire pharmaceutique étudie l'efficacité de deux médicaments contre le Cancer.

Voici les résultats du Professeur Loriet :

	Succès	Échec	Total
Médicament A	90	10	100
Médicament B	321	40	361

1. Calculer $f_1(A)$ et $f_1(B)$ les fréquences de succès respectives des médicaments A et B.

Le Professeur Bas a fait de son côté une autre étude et il publie les résultats suivants :

	Succès	Échec	Total
Médicament A	200	60	260
Médicament B	51	23	74

2. Calculer $f_2(A)$ et $f_2(B)$ les fréquences de succès respectives des médicaments A et B.

3. Quel médicament semble le plus efficace ?

4. Les professeurs Lauriet et Bas décident de publier leurs résultats en unissant leur test. Recopier et compléter le tableau ci-dessous :

	Succès	Échec	Total
Médicament A			360
Médicament B			435

5. Calculer $f(A)$ et $f(B)$ les fréquences de succès respectives des médicaments A et B de l'ensemble de l'étude.

6. Les résultats du **3.** sont-ils confirmés ?

68.

Dans une entreprise, on a dénombré 59 femmes et 130 hommes fumeurs. L'entreprise souhaite proposer à ses employés plusieurs méthodes pour diminuer, voire arrêter, leur consommation de cigarettes. Une enquête est menée parmi les fumeurs, femmes et hommes, pour déterminer la quantité approximative de cigarettes fumées en une journée.
Elle permet de dresser les deux tableaux suivants :

Pour les femmes fumeuses

Nombre de cigarettes fumées par jour	5	10	15	20	25	30	35	40
Nombre de femmes	10	18	12	8	5	3	2	1

Pour les hommes fumeurs

Nombre de cigarettes fumées par jour	5	10	15	20	25	30	35	40
Nombre de femmes	15	18	25	35	12	10	10	5

1. Représenter le diagramme en boîte de la série du nombre de cigarettes fumées par les femmes.

2. Représenter, sur le même graphique, le diagramme en boîte de la série du nombre de cigarettes fumées par les hommes.

3. Calculer le nombre moyen de cigarettes fumées par jour par les femmes fumeuses puis par les hommes fumeurs (arrondir à l'unité).

4. Chacune des phrases suivantes est-elle vraie ou fausse ? Justifier votre réponse.

Dans cette entreprise :

a. Parmi les fumeurs, au moins la moitié des hommes fument au plus 20 cigarettes par jour.

b. Parmi les fumeurs, environ la moitié des femmes fument entre 10 et 20 cigarettes par jour.

c. Parmi les fumeurs, les femmes fument en moyenne plus que les hommes.

69. Deux lots, chacun de 1 000 pellicules commercialisées avec la mention ISO400, l'un par le ***fabricant K***, l'autre par le ***fabricant F***, ont été prélevés afin d'apprécier la fiabilité de l'indication de sensibilité déclarée par le fabricant.
Voici les résultats :

Fabricant K

Sensibilité constatée	340	350	360	370	380	390	400	410	420	430	440	450	460
Effectifs	3	8	12	41	99	195	285	193	98	43	12	9	2

Fabricant F

Sensibilité constatée	350	360	370	380	390	400	410	420	430	440	450	460	470	480	490	500
Effectifs cumulés	1	11	26	101	281	501	671	791	887	933	958	976	986	995	998	1000

1. Pour chacune de ces séries, calculer la moyenne, l'écart type, le premier et le troisième quartile puis la médiane.

2. $\bar{x}$ désignant la moyenne et σ l'écart type, quel pourcentage de films du lot K appartient à l'intervalle $[\bar{x} - 2\sigma \,;\, \bar{x} + 2\sigma]$?

3. Même question pour le lot F.

4. On estime que l'indication n'est pas fiable si l'intervalle $[\bar{x} - 2\sigma \,;\, \bar{x} + 2\sigma]$ contient moins de 95 % des valeurs. Déterminer si les lots sont fiables.

70. Le paradoxe des salaires

On considère deux entreprises A et B dont la répartition des employés et des salaires est la suivante :

Entreprise A

	Ouvriers	Cadres
Salaire (en €)	1400	2800
Effectif	αN	$(1-\alpha)N$

Entreprise B

	Ouvriers	Cadres
Salaire (en €)	1500	3000
Effectif	βN	$(1-\beta)N$

α et β étant deux réels de l'intervalle $]0\,;\,1[$.

1. Déterminer le salaire moyen de l'entreprise A, on le notera $\overline{x_A}$.

2. Déterminer le salaire moyen de l'entreprise B, on le notera $\overline{x_B}$.

3. Montrer que $\overline{x_A} > \overline{x_B}$ équivaut à $\beta > \frac{14}{15}\alpha + \frac{2}{15}$.

4. Il y a 82 % d'ouvriers dans l'entreprise A. À partir de quel pourcentage d'ouvriers dans l'entreprise B le salaire moyen des employés de l'entreprise A est-il supérieur à celui de l'entreprise B ?

71. Série à 2 valeurs

On considère une série statistique contenant seulement deux valeurs x_1 et x_2.

1. Exprimer la moyenne $\overline{x}$ en fonction de x_1 et x_2.
2. Exprimer l'écart type σ en fonction de x_1 et x_2.
3. En déduire que l'étendu de cette série statistique est égale à deux fois son écart type.

72. Optimisation

Partie A : Étude d'un cas particulier

Soit f la fonction définie sur $\mathbb{R}$ par :

$$f(x) = (x + 2)^2 + (x - 3)^2 + (x - 5)^2.$$

1. Calculer $f'(x)$.
2. Déterminer x_0 la valeur pour laquelle f atteint son minimum sur $\mathbb{R}$.
3. Que représente x_0 pour la série de nombres – 2, 3, 5 ?

Partie B : Un cas plus général

Soit x_1, x_2 et x_3 trois réels. Soit g la fonction définie sur $\mathbb{R}$ par :

$g(x) = (x - x_1)^2 + (x - x_2)^2 + (x - x_3)^2$.

1. Calculer $g'(x)$.
2. Déterminer x_0 la valeur pour laquelle g atteint son minimum sur $\mathbb{R}$.
3. Que représente x_0 pour la série de nombres x_1, x_2, x_3 ?

Partie C : Généralisation

Soit n un entier naturel non nul. Soit $x_1, x_2, ..., x_n$ des nombres réels. Soit h la fonction définie sur $\mathbb{R}$ par :

$$h(x) \sum_{i=1}^{n} (x - x_i)^2$$

1. Montrer que pour tout $x \in \mathbb{R}$, $h'(x) = 2n(x - \overline{x})$ avec $\overline{x}$ la moyenne de la série statistique $x_1, x_2, ..., x_n$.
2. En déduire x_0 la valeur pour laquelle h atteint son minimum sur $\mathbb{R}$.
3. Montrer que $h(\overline{x}) = n\mathrm{V}$ avec V la variance de la série statistique $x_1, x_2, ..., x_n$.

73. Ni chaud ni froid

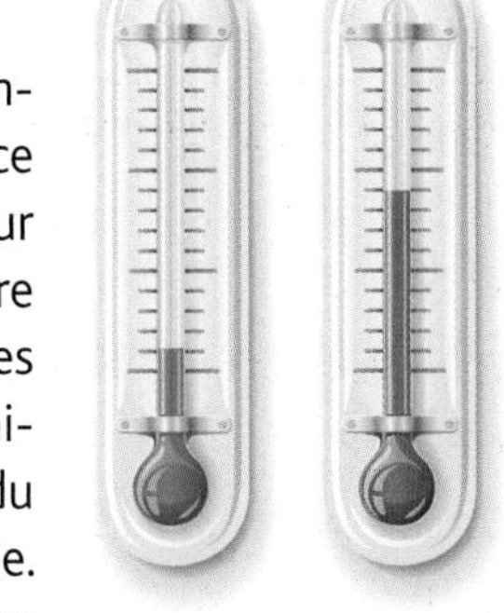

On étudie l'évolution de la température « moyenne » en France métropolitaine depuis 1900. Pour une année donnée, la température « moyenne » est la moyenne des températures maximales et minimales, relevées dans 22 stations du territoire pendant toute l'année. La température « normale » est une moyenne calculée sur une longue période de référence. Les températures sont données par leur écart par rapport à la température « normale ».

Exemple
- un écart égal à – 0,5 °C signifie que la température « moyenne » relevée est inférieure de 0,5 °C à la température normale.
- un écart égal à 0,8 °C signifie que la température « moyenne » relevée est supérieure de 0,8 °C à la température « normale ».

Ce tableau recueille les données de la période 1987-2007

Année	Écart à la normale en °C	Année	Écart à la normale en °C	Année	Écart à la normale en °C
1987	– 0,5	1994	1,2	2001	0,6
1988	0,3	1995	0,7	2002	1,0
1989	0,8	1996	– 0,3	2003	1,3
1990	0,9	1997	1,0	2004	0,5
1991	– 0,1	1998	0,4	2005	0,5
1992	0,2	1999	0,9	2006	1,1
1993	– 0,1	2000	1,0	207	0,8

1. a. Déterminer la moyenne (arrondie à 0,1 °C) de la série statistique des écarts à la normale.
b. Sachant que la température normale est 11,7 °C, quelle a été la température moyenne (arrondie à 0,1 °C) en France métropolitaine au cours de cette période ?

2. Recopier puis compléter le tableau ci-dessous :

Période 1987-2007 - Tableau d'effectifs

Écart à la normale en °C	–0,5	–0,3	–0,1	0,2	0,3	0,4	0,5	0,6	0,7	0,8	0,9	1,0	1,1	1,2	1,3
Nbre d'années (période 1987-2007)															
Eff. cumulés croissants															

3. Déterminer, en justifiant, la médiane et les quartiles de la série statistique des écarts à la normale.
Recopier puis tracer le diagramme en boîte de la série statistique dans le repère ci-dessous :

Écart à la normale - Diagramme en boîte

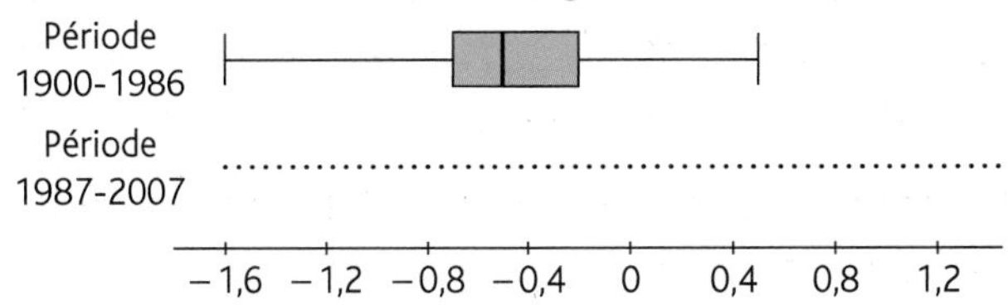

Justifier les affirmations suivantes :

a. Depuis 1987, plus de 50 % des années ont été plus chaudes que l'année la plus chaude de la période 1900-1986.

b. Au moins 50 % des années de la période 1900-1986 ont été plus froides ou aussi froides que l'année la plus froide de la période 1987-2007.

D'après Bac

problèmes

74. On mesure la quantité d'une certaine molécule M dans le sang, sur un groupe de 100 individus souffrant d'une même maladie P.

Ces individus sont répartis au hasard en deux groupes :

- un **groupe A** de 50 individus qui ne reçoivent pas de traitement,
- un **groupe B** de 50 individus qui reçoivent un traitement.

La quantité est mesurée en μg/L (microgramme par litre).

Partie 1 : Étude du groupe A

Le tableau ci-dessous donne les résultats obtenus pour le **groupe A** :

Qté	130	135	140	145	150	155	160	165	170	175	180	185	190
Eff.	2	3	3	5	3	4	3	7	5	6	3	2	4

1. Pour quel pourcentage des individus du **groupe A**, la quantitié mesurée est-elle dans la plage [120 ; 160] ?

2. Calculer les effectifs cumulés croissants de cette série.

3. Déterminer la médiane et les quartiles de cette série.

4. Tracer le diagramme en boîte de cette série.

Partie 2 : Étude du groupe B

Les données recueillies par le **groupe B** ont été résumées dans le diagramme en boîte tracé ci-dessous :

Groupe B

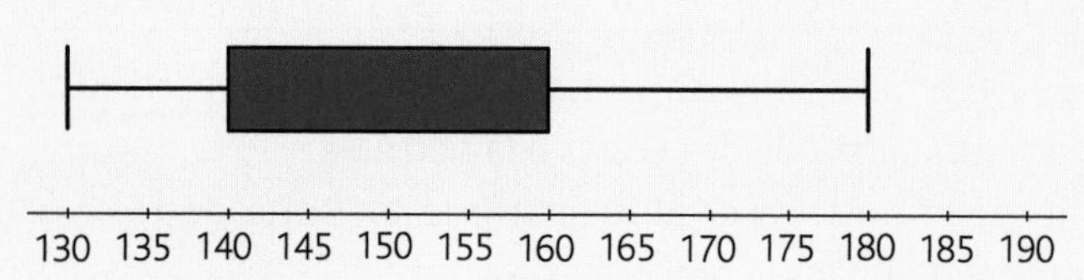

1. Déterminer aproximativement pour quel pourcentage des individus du **groupe B** la quantité mesurée est-elle dans la plage [120 ; 160] ?

2. Quel semble être l'effet du traitement sur les individus du **groupe B** par comparaison avec ceux du **groupe A** ?

D'après Bac

75. On appelle « enneigement décadaire » l'enneigement moyen sur une période d'environ 10 jours consécutifs.

1. Le tableau ci-dessous donne les enneigments décadaires en centimètres au sommet de la station **La Plagne** durant « la saison 2006-2007 » c'est-à-dire du 1er décembre 2006 au 30 avril 2007 :

Période	1-12 au 10-12	11-12 au 20-12	21-12 au 31-12
Enneigement	50	55	48

1-01 au 10-01	11-01 au 20-01	21-01 au 31-01	1-02 au 10-02
86	89	113	98

11-02 au 20-02	21-02 au 28-02	1-03 au 10-03	11-03 au 20-03
143	178	265	258

21-03 au 31-03	01-04 au 10-04	11-04 au 20-04	21-04 au 30-04
271	255	230	188

a. Donner la moyenne de la série des enneigments décadaires ci-dessus. *Arrondir les réponses à l'unité.*

b. Donner le minimum, le maximum, la médiane, le premier quartile et le troisième quartile de cette série.

2. Pour la période de l'hiver 2006-2007, on a réalisé des mesures d'enneigement décadaire en centimètres au sommet de la station de **Vars**. Voici les résultats :

Moyenne	σ	Médiane	Q_1	Q_3	Min	Max
138	32	123	88	146	74	176

Construire sur un même graphique, le diagramme en boîte des séries des enneigements décadaires des stations **Vars** et **La Plagne**.

Les phrases suivantes sont-elles vraies ou fausses ?

a. Au sommet de la station de **La Plagne**, l'enneigement est supéreur à 95 centimètres pendant environ les trois quarts de la saison.

b. Pendant au moins le quart de la saison, l'enneigement de **La Plagne** est supéreur à l'enneigement maximal observé à **Vars.**

D'après Bac

vrai ou faux ?

Indiquer si les propositions suivantes sont vraies, fausses ou si on ne peut pas conclure.

76. La moyenne d'une série statistique composée de 100 valeurs est 6,5. On a oublié la 101e valeur qui vaut 6,5. Alors :

1. La moyenne reste inchangée.
2. L'écart type reste inchangé.
3. Si la valeur de la médiane était de 6,5 alors elle reste inchangée.
3. Si la valeur de la médiane était de 7 alors la nouvelle valeur de la médiane est 6,75.
4. Les quartiles restent inchangés.

77. Dans une série statistique comportant 400 valeurs, si la plus petite valeur est 30, la plus grande 50 et la moyenne 50, alors l'écart type est inférieur à 1.

78. Un écart type est toujours inférieur strict à la variance.

QCM

79. Dans chacun des cas suivants, il peut y avoir une ou plusieurs bonnes réponses.
On a représenté la boîte à moustache de deux séries statistiques (*série 1* en bleu et *série 2* en gris) :

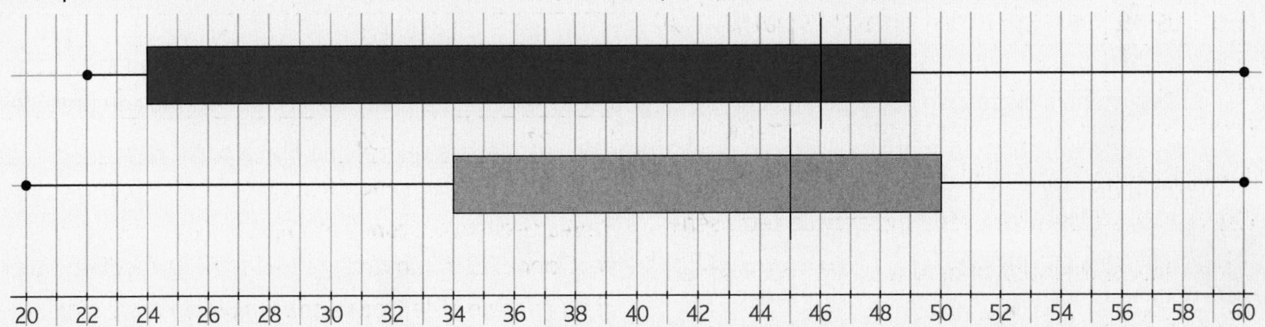

1. Au moins trois quarts des valeurs de la *série 2* sont :
   a. inférieures ou égales à 50. b. supérieures ou égales à 34. c. inférieures à 45. d. supérieures à 30.
2. Soit σ_1 et σ_2 les écarts types respectifs des *séries 1 et 2*. Alors :
   a. $\sigma_1 < \sigma_2$. b. $\sigma_1 = \sigma_2$. c. $\sigma_1 > \sigma_2$. d. on ne peut pas conclure.
3. Au moins la moitié des valeurs de la *série 1* sont :
   a. plus grandes que la moitié des valeurs de la *série 2* ;
   b. plus petites que la moitié des valeurs de la *série 2* ;
   c. on ne peut pas conclure.

restitution organisée des connaissances

80. Soit n un entier naturel non nul et $x_1, x_2, ..., x_n$ des réels. On note $\bar{x}$ la moyenne de ces n valeurs.

On rappelle que $\bar{x} = \frac{1}{2}\sum_{i=1}^{n} x_i$.

On rappelle que si $a_1, a_2, ..., a_n$ et $b_1, b_2, ..., b_n$ sont des réels, alors $\sum_{i=1}^{n} a_i + \sum_{i=1}^{n} b_i = \sum_{i=1}^{n} (a_i + b_i)$ et $\sum_{i=1}^{n} kx_i = k\sum_{i=1}^{n} x_i$ avec k un réel.

On définit pour tout entier i compris entre 1 et n les réels $y_i = kx_i + p$ avec k et p deux réels.

Soit $\bar{y}$ la moyenne des réels $y_1, y_2, ..., y_n$.

1. Exprimer $n\bar{y}$ en fonction du symbole $\sum$ et de $y_1, y_2, ..., y_n$.
2. En déduire l'expression de $n\bar{y}$ en fonction du symbole $\sum$, de $x_1, x_2, ..., x_n$ et de k et p.
3. Montrer alors que $\bar{y} = k\bar{x} + p$.

1. Fonction de répartition et fonction quartile

objectif

Déterminer l'expression d'une fonction qui permet de calculer médiane, quartile, décile...

Un opérateur téléphonique a réalisé une étude sur la taille des fichiers téléchargés par les utilisateurs d'un *smartphone* (relevé sur un échantillon de 500 000 fichiers téléchargés). Voici les résultats :

Taille des fichiers en Mo	[0 ; 1[	[1 ; 5[	[5 ; 20[	[20 ; 50[	[50 ; 150]
Effectifs en milliers de fichiers	114	156	103	78	49

1. Calculer les fréquences puis les fréquences cumulées croissantes associées à cette série statistique.

2. On note $\mathscr{C}$ la courbe des fréquences cumulées croissantes et on note F la fonction définie sur $[0 ; 150]$ qui admet $\mathscr{C}$ comme représentation graphique.

a. Donner les valeurs de $F(0)$ et de $F(1)$.

b. En remarquant que F est linéaire sur l'intervalle $[0 ; 1]$, en déduire l'expression de $F(x)$ en fonction de x, pour $x \in [0 ; 1]$.

c. En remarquant que F est affine sur $[1 ; 5]$, déterminer l'expression de $F(x)$ en fonction de x pour $x \in [1 ; 5]$.

d. Déterminer l'expression de $F(x)$ en fonction de x pour x appartenant à chaque intervalle du tableau précédent.

3. Dans cette question on souhaite écrire un programme de calculatrice qui calcule $F(x)$ à partir de x.
Voici le début de ce programme :

TI

```
PROGRAM:FCTREP
:Prompt X
:If X≥0 et X<1
:Then
:Disp 0.228X
:Else
:If X≥1 et X<5
:Then
```

Casio

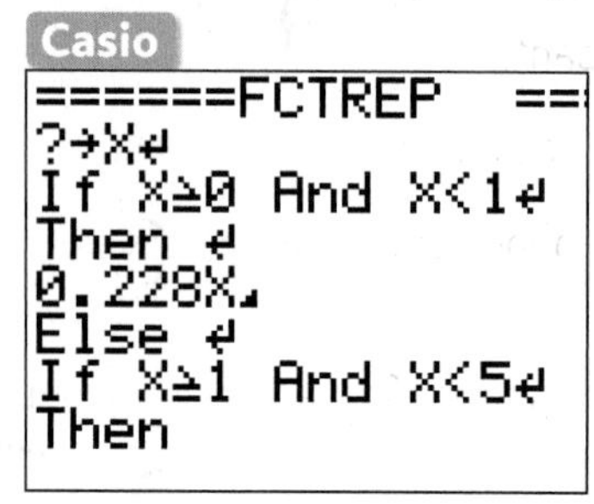

```
======FCTREP ==
?→X↵
If X≥0 And X<1↵
Then ↵
0.228X◢
Else ↵
If X≥1 And X<5↵
Then
```

AIDE
TI : Les symboles $<, \leqslant, >$ et $\geqslant$ sont accessibles dans 2nde tests math.
Casio : Le mot et, se trouve dans l'onglet logique.

Compléter ce programme, puis le tester pour les valeurs connues de F ($F(0), F(1), F(5)$, ...)

4. Soit $u \in [0 ; 1]$, on définit $Q(u)$ l'antécédent de u par la fonction F.

a. Montrer que, si $u \in [0 ; 0{,}228]$, alors $Q(u) = \dfrac{u}{0{,}228}$.

b. Déterminer l'expression de $Q(u)$ en fonction de u (en distinguant des cas comme dans la question précédente).

c. Écrire le programme de calculatrice qui calcule $Q(u)$ à partir de u.

AIDE
On pourra s'inspirer du programme écrit dans la question 3..

5. Recopier et compléter les phrases suivantes :
« Plus de la moitié des fichiers transférés ont une taille inférieure à .... »
« 70 % des fichiers ont une taille inférieure à .... Mo »
« ..... % des fichiers ont une taille inférieure à 100 Mo »

À vous de jouer

Déterminer la fonction F et la fonction Q puis écrire les programmes décrits ci-dessus avec les données suivantes :

Notes	[0 ; 6[	[6 ; 8[	[8 ; 10[	[10 ; 12[	[12 ; 14]
Effectifs	13	36	45	71	35

2. Régression linéaire

objectif

Déterminer l'équation d'une droite approximant un nuage de points d'allure affine.

Philippe est un jeune chef d'entreprise dynamique. Son chiffre d'affaire croît rapidement, mais il doit faire face à un problème. Si son chiffre d'affaire dépasse 2 000 000 € il devra embaucher des collaborateurs et stocker plus de marchandises, donc il faudra qu'il change de locaux.

Afin de s'organiser correctement Philippe veut déterminer l'année où son chiffre d'affaire dépassera 2 M€ à partir du chiffre d'affaire des années précédentes présentées dans ce tableau.

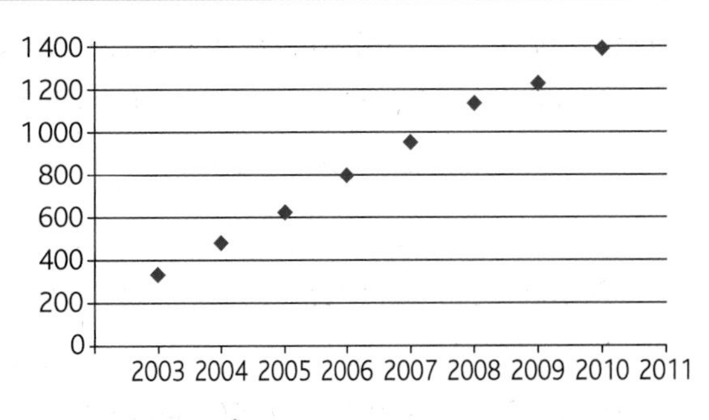

Année (x_i)	2003	2004	2005	2006	2007	2008	2009	2010
CA en k€ (y_i)	333	486	627	802	961	1 145	1 230	1 399

Le nuage de points représentant les chiffres d'affaires en fonction des années, semble être une droite. On va rechercher, à l'aide d'un logiciel de calcul formel, une droite (D) : $y = ax + b$ telle que la somme d soit la plus petite possible : $d = \sum_{i=1}^{8} (y_i - (ax_i + b))^2$.

Méthode
Pour entrer les valeurs de xi dans le logiciel de calcul formel on tape :
xi := [2003, 2004, 2005, 2006, 2007, 2008, 2009, 2010].

1. Entrer dans la liste x_i, les valeurs des différentes années et dans la liste y_i, la liste des CA correspondants.

2. Exprimer d en fonction de a et b à l'aide du logiciel *XCAS*.

Méthode
Pour calculer la somme on pourra écrire :
$\text{sum}\,(yi[k] - (a \times xi[k] + b))^2, k, 0, 7)$

3. Utiliser les commandes ***expand*** pour développer puis ***simplify*** pour simplifier l'expression.

4. a. Soit f la fonction telle que $f(a)$ est égale à l'expression obtenue en **3.** Calculer $f'(a)$.

Méthode
Pour calculer $f'(a)$ on entrera *diff(f(a),a)*

b. Justifier que la valeur de f qui annule $f'(a)$ correspond à un minimum pour f.

c. Montrer que la condition $f'(a) = 0$ est $64\,416\,760a + 32\,104b - 28\,035\,674 = 0$.

5. a. Soit g la fonction telle que $g(b)$ est égale à l'expression obtenue en **3.**. Calculer $g'(b)$.

b. Justifier que la valeur de b qui annule $g'(b)$ correspond à un minimum pour g.

c. Montrer que la condition $g'(b) = 0$ est $32\,104a + 16b - 13\,966 = 0$.

6. Résoudre $\begin{cases} 64\,416\,760a + 32\,104b - 28\,035\,674 = 0 \\ 32\,104a + 16b - 13\,966 = 0 \end{cases}$

Méthode
Pour résoudre un système d'équations on utilise l'instruction *solve* :
Solve([équation1,équation2],[inconnue1,inconnue2])

7. Montrer alors que la droite (D) a pour équation :

$$y = \frac{12\,895}{85x} - \frac{6\,450\,124}{21}$$

8. Écrire l'inéquation correspondant à la condition : *le CA est supérieur à 2 M€*, et la résoudre en utilisant ***solve***.

9. À partir de quelle année le CA va-t-il dépasser 2 M€ ?

À vous de jouer

Reprendre l'exercice avec le tableau ci-dessous, on cherchera l'année à partir de laquelle le CA dépassera 2,5 M€.

Année (x_i)	2004	2005	2006	2007	2008	2009	2010	2011
CA en M€ (y_i)	1 245	1 356	1 489	1 521	1 687	1 720	1 840	1 995

activité de recherche

Rechercher, discuter

Les calculs financiers de Jac Ozaman (1778)

Énoncé

En 1778, Jac Ozaman publia son premier tome de « Récréations mathématiques et physiques » dans lequel il utilise les statistiques et les probabilités à des fins de prévisions diverses. On se propose d'étudier et de comprendre quelques passages de son livre.

NB : Son livre est consultable dans la base des livres numérisés gallica.bnf.fr *et de* google books.google.fr.

→ Problème

Voici un extrait de « Récréations-mathématiques et physiques » de Jac Ozaman

2. *Un homme âgé de 20 ans emprunte 1000 livres, à condition de payer ſeulement capital & intérêts lorſqu'il aura 25 ans ; & dans le cas où il viendroit à mourir avant ce temps, la dette eſt perdue. Quelle ſomme doit-il s'engager à payer s'il atteint les 25 ans ?*

Il eſt évident que s'il y avoit aſſurance qu'il ne mourût pas avant 25 ans, la ſomme à rendre ſeroit le capital accru de ſes intérêts pendant 5 années : (nous ſuppoſons l'intérêt ſimple) ; ainſi ce ſeroient 1250 livres qu'il devroit s'engager à payer à ce terme. Mais cette ſomme doit être augmentée à raiſon du danger qu'il y a que le débiteur meure dans ces cinq ans, ou en raiſon inverſe de la probabilité qu'il y a qu'il ſoit en vie. Or cette probabilité eſt exprimée par la fraction $\frac{10259}{10909}$; c'eſt pourquoi il faut multiplier la ſomme ci-deſſus par cette fraction renverſée, ou par $\frac{10909}{10259}$; ce qui donne 1329 liv. 3 ſ. 1 denier, c'eſt-à-dire 79 liv. 3 ſ. 1 d. pour le riſque de perdre la dette, ce qui, je crois, ne ſeroit pas réputé uſuraire.

il s'en enſuit que de 24000 enfants nés, il en arrive ſeulement

à la 2e année	17540,
3e	15162,
4e	14177,
5e	13477,
6e	12968,
7e	12562,
8e	12255,
9e	12015,
à la 10e année	11861,
15e	11405,
20e	10909,
25e	10259,
30e	9544,
35e	8770,
40e	7929,
45e	7008,
50e	6197,
55e	5375,
60e	4564,
65e	3450,
70e	2544,
75e	1507,
80e	807,
85e	291,
90e	103,
91e	71,
92e	63,
93e	47,
94e	40,
95e	33,
96e	23,
97e	18,
98e	16,
99e	8,
100e	6 ou 7.

S'organiser, communiquer

On constitue plusieurs groupes qui vont étudier ce texte.

Analyser, critiquer et conclure

Traduire le texte en expliquant les règles utilisées pour faire les calculs.

Rendre compte

Selon les calculs de Jac Ozanam,

1. Quelle est la probabilité de vivre jusqu'à 70 ans lorsqu'on a 60 ans ?

2. Quelle somme doit-on rembourser à 70 ans si on emprunte 2 000 livres à 60 ans à 5 % d'intérêts simples ?

› Physicien statisticien

En quoi un physicien fait des statistiques ?

Un physicien utilise constamment les statistiques pour ***prévoir*** et ***décrire*** le comportement de la matière.

*Grace à ces **méthodes statistiques**, quelque soit le système étudié, on met en évidence des constantes qui permettent une description précise de ce système.*

Un témoignage

« Je ne me suis jamais dit *Tiens, plus tard, je serai physicien statisticien !*
J'ai fait des études à l'université de Paris 7 (Jussieu) et me suis rapidement spécialisé en physique. Après avoir passé mon diplôme d'étude approfondie (DEA ce qui correspond à Bac+5) j'ai choisi de poursuivre en faisant un doctorat en physique statistique. Je pense que pour arriver au bout de toutes ces années d'études il faut être plus passionné que doué ! »

Jérémy B.

CHIFFE CLÉ

Le secteur statistique public français emploie environ 10 000 personnes.

Des statistiques pour quoi faire ?

Un verre d'eau contient environ **10^{29} molécules d'eau.** Pour décrire les paramètres d'état de ce verre d'eau (pression, température, volume ou entropie*), on devrait considérer les états de chacune des 10^{29} molécules. Cela est irréalisable dans la pratique. On utilise donc des lois expérimentales issues de la statistique **pour minimiser le nombre de mesures** à effectuer pour décrire l'état de ce verre.
Au XIXe siècle, le grand physicien autrichien Boltzmann a découvert que l'entropie d'un verre d'eau se calcule en fonction du nombre de molécules. Il a déterminé l'expression de cette fonction grâce aux statistiques.

L'entropie** est une fonction d'état qui quantifie le désordre moléculaire.*

D'autres métiers autour des statistiques

Les grosses entreprises emploient des **statisticiens** issus d'une licence pro ou d'un master (spécialisé dans les études statistiques et les sondages marketings) ou d'une grande école comme l'ENSAE, l'ENSAI ou l'ISUP.
L'État recrute également ce genre de profil pour son célèbre **institut de sondage** : l'INSEE et pour **certains ministères.**

La formation

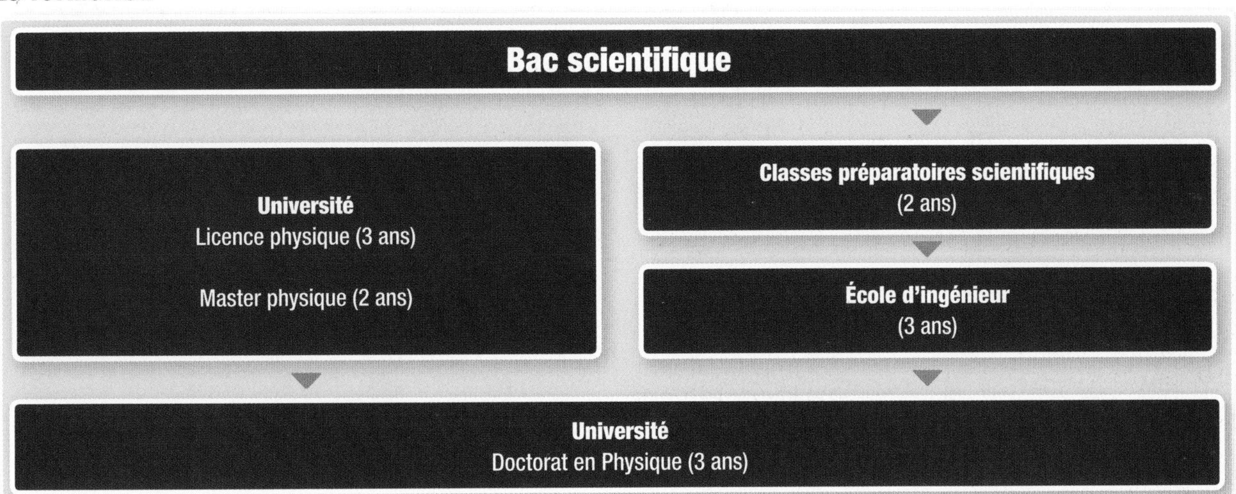

Des probabilités pour décider

Les probabilités sont utilisées dans de nombreux domaines, pour évaluer les risques avant de prendre des décisions : *sûreté de fonctionnement* d'appareil de fabrication, fluctuation de la *bourse*, gestion des *contrats d'assurance* etc.

Par exemple, **l'explosion de la navette spatiale *Challenger*** en 1986, aurait pu être évitée si nous avions eu alors les connaissances actuelles sur les probabilités.

En **médecine**, l'utilisation des probabilités s'est amplifiée ces dernières années. En effet pour la gestion des protocoles de guérison, des effets secondaires et pour une comparaison des traitements on fait appel aux probabilités.

Le coin des langues

E provient de *expected* qui signifie attendu.

Hasard et probabilité

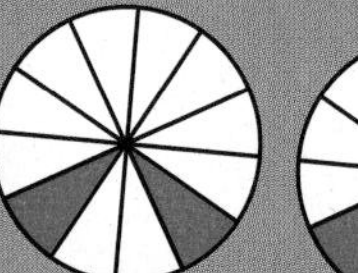

Mise 1,5 €
Gain 8 €

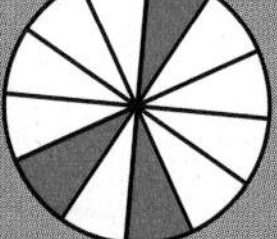

Mise 1 €
Gain 4 €

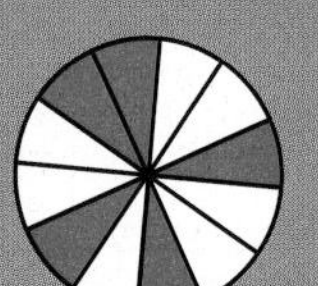

Mise 1 €
Gain 2 €

On gagne si la roue s'arrête sur le rouge.
Quelle roue choisir ?

Les jeux de hasard

On peut calculer la probabilité de gagner aux jeux de hasard.
On peut aussi calculer la moyenne du gain (ou de perte) d'un joueur

Les chefs d'entreprise peuvent avoir recours à des calculs de probabilité pour émettre des stratégies.

5

Probabilités

1. Variable aléatoire
2. Paramètres d'une loi de probabilité

Prérequis :

- **Univers, événements**
- **Réunion et intersection d'événements**
- **Représentation d'une situation par un arbre, tableau ou diagramme**
- **Probabilité d'un événement**

1. Test de confiance

Lors d'une épidémie, 2 % de la population d'un pays est atteint par un virus. On met en place un test biologique qui devrait être négatif si la personne n'est pas contaminée.

On a observé les résultats suivants :

- Quand la personne est contaminée par le virus, le test est positif dans 99,6 % des cas.
- Quand la personne n'est pas contaminée par le virus, le test est négatif dans 97,4 % des cas.

On considère les événements suivants : A : « La personne est contaminée par le virus » ;
B : « La personne a un test positif ».

1. On considère une population de 100 000 personnes.
Recopier et compléter le tableau suivant :

	Personnes contaminées	Personnes non contaminées	Total
Test positif			
Test négatif			
Total			100 000

2. Calculer p(A) et p(B) puis décrire les événements $\overline{A}$; $\overline{B}$; $A \cap B$; $A \cap \overline{B}$; $\overline{A} \cap \overline{B}$ et $A \cup B$.
3. Calculer $p(A \cap B)$; $p(A \cap \overline{B})$; $p(\overline{A} \cap \overline{B})$ puis $p(A \cup B)$.
4. Calculer la probabilité p que le test donne un résultat faux.

2. Avec une carte bancaire

Une personne possède une carte bancaire dont le paiement se déclenche après avoir saisi un code à quatre chiffres. Elle ne se souvient plus de son code mais elle se souvient que :

- Les quatre chiffres sont pris parmi 0, 1, 2, 3 et 4 ;
- Les quatre chiffres sont différents ;
- Les deux derniers chiffres sont 3 et 1 ou 1 et 3.

On peut schématiser de la façon suivante : | ? | ? | 3 | 1 | ou | ? | ? | 1 | 3 |

1. Combien y a-t-il de codes possibles ? Écrire la liste de tous ces codes.
2. On sait que le bon code est : | 4 | 0 | 3 | 1 |
Déterminer les probabilités des événements suivants :
A : « Le code saisi est correct » ; B : « le code saisi a exactement trois chiffres bien placés » ;
C : « Le code saisi a exactement deux chiffres bien placés » ;
D : « Le code saisi a exactement un chiffre bien placé » ;
E : « Le code saisi n'a aucun chiffre bien placé ».
3. Recopier et compléter le tableau suivant.
En moyenne, combien y a-t-il de chiffres bien placés ?

Nombre de chiffres bien placés	0	1	2	3	4
Probabilité					

En probabilité, cette moyenne représente **l'espérance mathématique**, c'est-à-dire ce que l'on peut **espérer** obtenir en moyenne sur un grand nombre de réalisations de l'expérience.

Histoire des sciences

C'est *Christiaan* **Huyghens** (1629-1695) qui introduit la notion d'espérance. En 1655, lors de son séjour en France, il se pencha sur les problèmes traités par *Fermat* et *Pascal*. Il a défini et utilisé la notion d'espérance dans son œuvre « De Ratiocinius in Lodo Aleae ».

3. Le Yam's

Le *Yam's* est un jeu qui consiste à lancer simultanément cinq dés équilibrés. *Yam's* est le nom de la figure réalisée lorsqu'on obtient le même chiffre sur les cinq dés.

1. Partie expérimentale

Tableur

1. En utilisant cinq colonnes d'un tableur (de **A** à **E**), simuler le lancer de cinq dés équilibrés.

MÉTHODE
Utiliser la fonction Alea.

2. Pour approcher la probabilité d'obtenir un Yam's, on considère la fréquence associée à la somme des 5 faces. On s'intéresse tout particulièrement au *Yam's* de 1 qui conduit à une somme de 5. En effet la somme de 5 ne peut être obtenue que lors de l'obtention du *Yam's* de 1. Créer une sixième colonne **F** pour faire apparaître la somme des cinq faces. Quelle formule saisit-on dans la cellule **F1** ?
3. Dans la septième colonne : **G**, on veut compter le nombre de fois où la somme 5 est obtenue. Quelle formule saisit-on dans la cellule **G1** ?
4. Recopier et compléter le tableau ci-dessous, par la probabilité d'avoir un *Yam's* de 1 lors de la simulation :

CONSEIL
Penser à la fonction NB.SI(plage ; critère) pour compter le nombre de 5.

Nbre de lancers	Sim. 1	Sim. 2	Sim. 3	Sim. 4	Sim. 5	Sim. 6	Sim. 7	Sim. 8	Sim. 9	Sim. 10
1 000										
10 000										
50 000										

MÉTHODE
Penser à la touche **F9** pour créer une nouvelle simulation.

5. Combien y a-t-il de *Yam's* possibles ? Dans chaque simulation, quelle est la fréquence d'obtenir un *Yam's* ?
6. Dans ce jeu il existe une case « CHANCE » qui suit la règle ci-contre :
   Que représente S ? Comment utilise-t-on cette case CHANCE ?
7. Créer une huitième colonne donnant le chiffre 1 si la somme est supérieure ou égale à 25 et 0 sinon. Quelle semble être la probabilité d'avoir une somme d'au moins 25 lors d'une simulation de 50 000 parties ?

Variable S est un entier entre 5 et 30.
Début
Si S $\geqslant$ 25 **alors** afficher « on peut marquer la somme des dés dans la case CHANCE »
Sinon afficher « on ne peut pas utiliser la case CHANCE »
Fin du si

MÉTHODE
Penser à la fonction SI(test ; V ; F)

2. Partie mathématique

1. Combien y a t-il d'issues pour le lancer d'un dé ? En déduire le nombre d'issues pour le lancer de cinq dés.
2. Quelle est la probabilité d'obtenir un *Yam's* de 1 ? En déduire la probabilité d'obtenir un *Yam's*.

→ À vous de jouer

Compléter la *partie expérimentale* pour évaluer la probabilité d'utiliser la case « Moins de 11 points » que l'on renseigne par la somme des cinq faces lorsque celle-ci est inférieure à 11.

COURS

1. Variables aléatoires

1.1 Variable aléatoire

Une variable aléatoire est souvent notée par une lettre majuscule X, Y, Z.

définition

Lorsqu'à chaque événement élémentaire d'une expérience aléatoire on associe un nombre réel, on dit que l'on définit une **variable aléatoire**.

Exemple : Lancers d'une pièce équilibrée

On lance deux fois une pièce parfaitement équilibrée et on s'intéresse aux deux faces visibles obtenues : on note P pour *pile* et F pour *face*. On considère Ω l'univers de cette expérience. Ainsi $\Omega = \{PP ; PF ; FP ; FF\}$.

Si à chaque issue de cette expérience, on associe le nombre de *face* obtenu, alors on définit une variable aléatoire X sur Ω, elle prend les valeurs 0, 1, 2.

On note $X(\Omega) = \{0 ; 1 ; 2\}$.

Pour la même expérience, on peut définir plusieurs variables aléatoires.

Si à chaque issue de cette expérience, on gagne deux euros pour « *face* obtenu au premier lancer » et on gagne un euro pour « *face* obtenu lors du second lancer » alors on définit une variable aléatoire Y donnant le gain du joueur, elle prend les valeurs 0, 1, 2, 3.

On note $Y(\Omega) = \{0 ; 1 ; 2 ; 3\}$.

1.2 Loi de probabilité d'une variable aléatoire

Soit X une variable aléatoire prenant les valeurs $x_1 ; x_2 ; \dots ; x_n$.

L'événement « X prend la valeur x_i » est noté $(X = x_i)$ avec $1 \leqslant i \leqslant n$.

définition

Lorsqu'à chaque valeur x_i (avec $1 \leqslant i \leqslant n$) prise par une variable aléatoire X, on associe la probabilité p_i de l'événement $(X = x_i)$, on dit que l'on définit une **loi de probabilité.**

Exemple : Lancers d'une pièce équilibrée (situation décrite ci-dessus)

$(X = 2)$ est l'événement « Obtenir deux fois *face* » d'où $p(X = 2) = \frac{1}{4}$.

$(X = 1)$ est l'événement « Obtenir un fois *face* » d'où $p(X = 1) = \frac{2}{4} = \frac{1}{2}$.

$(X = 0)$ est l'événement « Ne pas obtenir *face* » d'où $p(X = 0) = \frac{1}{4}$.

On peut résumer les résultats de la loi de probabilité dans un tableau.

On résume la loi de probabilité dans un tableau :

x_i	0	1	2
$p(X = x_i)$	$\frac{1}{4}$	$\frac{1}{2}$	$\frac{1}{4}$

Remarque

La somme des probabilités p_i, pour i allant de 1 à n, est égale à 1.

On écrit $\sum_{i=1}^{n} p_i = 1$ ou encore $\sum_{i=1}^{n} p(X = x_i) = 1$.

Définir une variable aléatoire

→ Exercices 31 à 35

Un sac contient 3 boules noires, 2 boules rouges et 1 boule jaune. L'expérience consiste à choisir au hasard, successivement et sans remise, 2 boules dans le sac. Le joueur gagne 100 € par boule jaune, 30 € par boule rouge et perd 50 € par boule noire.
On définit la variable aléatoire, notée X, donnant le gain (positif ou négatif) du joueur.

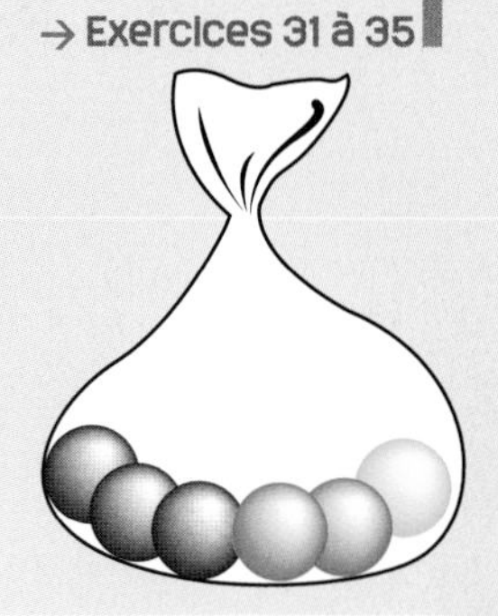

→ solution

Événement	Tirer 1 boule jaune et 1 boule rouge	Tirer 1 boule jaune et 1 boule noire	Tirer 1 boule rouge et 1 boule noire	Tirer 2 boules rouges	Tirer 2 boules noires
Gain	+ 130 €	+ 50 €	– 20 €	+ 60 €	– 100 €

L'ensemble des valeurs prises par la variable aléatoire est {– 100 ; – 20 ; 50 ; 60 ; 130}.

Définir une loi de probabilité

Déterminer la loi de probabilité de la variable aléatoire X définie ci-dessus.

→ Exercices 36 à 42

→ solution

Notons *noire 1*, *noire 2* et *noire 3* les trois boules noires du sac ; *rouge 1* et *rouge 2* les boules rouges et *jaune* la boule jaune.
Cette expérience peut être modélisée dans un tableau (les valeurs indiquées sont en euros) :

Rappel
Définir la **loi de probabilité**, c'est associer à chaque valeur de la **variable aléatoire**, la probabilité correspondante.

2e tirage \ 1er tirage	*noire 1*	*noire 2*	*noire 3*	*rouge 1*	*rouge 2*	*jaune*
noire 1		– 100	– 100	– 20	– 20	50
noire 2	– 100		– 100	– 20	– 20	50
noire 3	– 100	– 100		– 20	– 20	50
rouge 1	– 20	– 20	– 20		60	130
rouge 2	– 20	– 20	– 20	60		130
jaune	50	50	50	130	130	

L'univers est composé de 30 issues équiprobables.
L'événement (X = – 100) est constitué de 6 issues donc $p(\text{X} = -100) = \frac{6}{30} = \frac{1}{5}$.
On calcule de même pour les événements (X = – 20), (X = 50), (X = 60) et (X = 130).
On résume les résultats dans ce tableau :

$\text{X} = x_i$	– 100	– 20	50	60	130
$p_i = p(\text{X} = x_i)$	$\frac{1}{5}$	$\frac{2}{5}$	$\frac{1}{5}$	$\frac{1}{15}$	$\frac{2}{15}$

On remarque que $\frac{1}{5} + \frac{2}{5} + \frac{1}{5} + \frac{1}{15} + \frac{2}{15} = 1$.

2. Paramètres d'une loi de probabilité

En utilisant les notations du paragraphe 1. du cours.

> définition

Soit X une variable aléatoire.

L'**espérance mathématique** de X est le nombre réel noté **E(X)**, défini par :

$$E(X) = \sum_{i=1}^{n} x_i p_i = x_1 p_1 + x_2 p_2 + \ldots + x_n p_n \; ;$$

La **variance** de X est le nombre réel noté **V(X)**, défini par :

$$V(X) = \sum_{i=1}^{n} (x_i - E(X))^2 \, p_i \; ;$$

L'**écart type** de X est le nombre réel noté **σ(X)**, défini par :

$$\sigma(X) = \sqrt{V(X)}.$$

On a toujours $V(X) \geqslant 0$ et $\sigma(X) \geqslant 0$.

Exemple : Reprenons l'exemple de deux lancers successifs d'une pièce équilibrée, on a la loi de probabilité suivante (déterminée au paragraphe 1.).

x_i	0	1	2
$p(X = x_i)$	$\frac{1}{4}$	$\frac{1}{2}$	$\frac{1}{4}$

$E(X) = 0 \times \frac{1}{4} + 1 \times \frac{1}{2} + 2 \times \frac{1}{4} = 1$;

$V(X) = (0-1)^2 \times \frac{1}{4} + (1-1)^2 \times \frac{1}{2} + (2-1)^2 \times \frac{1}{4}$ d'où $V(X) = \frac{1}{4} + \frac{1}{4} = \frac{1}{2}$;

$\sigma(X) = \sqrt{\frac{1}{2}} = \frac{\sqrt{2}}{2}$.

Remarque : Lorsque les valeurs prises par X représentent les gains (ou les pertes) à un jeu, alors E(X) représente le gain moyen par partie.
Si $E(X) > 0$ alors le jeu est **favorable** au joueur ;
si $E(X) < 0$ alors le jeu est **défavorable ;**
et si $E(X) = 0$ alors le jeu est **équitable**.

> propriété

La variance est également donnée par $V(X) = \sum_{i=1}^{n} x_i^2 p_i - (E(X))^2$

Cette propriété est démontrée page 187.

Remarque : On écrit aussi $V(X) = E(X^2) - (E(X))^2$

Cette formule est la formule de *König-Huyghens*.

Exemple : En reprenant l'exemple précédent :

$V(X) = 0^2 \times \frac{1}{4} + 1^2 \times \frac{1}{2} + 2^2 \times \frac{1}{4} - 1^2$ d'où $V(X) = \frac{1}{2} + 1 - 1 = \frac{1}{2}$.

> propriété

Soit a et b deux réels, on a :

$$E(aX + b) = aE(X) + b \qquad \text{et} \qquad V(aX + b) = a^2 V(X).$$

Cette propriété est démontrée page 187.

Déterminer les paramètres d'une loi de probabilité

→ Exercices 46 et 47

On considère $\Omega = \{-2 ; 0 ; 1 ; 3 ; 5 ; 6\}$ et on définit la loi de probabilité suivante sur Ω :

1. **Déterminer la valeur de a.**
2. **Calculer l'espérance, la variance puis l'écart type de cette loi.**

X	−2	0	1	3	5	6
$p_i = p(X = x_i)$	$\frac{2}{15}$	$\frac{1}{4}$	$\frac{2}{15}$	a	$\frac{1}{5}$	$\frac{4}{15}$

solution

1. Comme on doit avoir $\frac{2}{15} + \frac{1}{4} + \frac{2}{15} + a + \frac{1}{5} + \frac{4}{15} = 1$

alors $a = 1 - \frac{59}{60}$ soit $a = \frac{1}{60}$.

2. $E(X) = (-2) \times \frac{2}{15} + 0 \times \frac{1}{4} + 1 \times \frac{2}{15} + 3 \times \frac{1}{60} + 5 \times \frac{1}{5} + 6 \times \frac{4}{15}$

donc $E(X) = \frac{151}{60} \approx 2{,}52$.

$V(X) = (-2)^2 \times \frac{2}{15} + 0^2 \times \frac{1}{4} + 1^2 \times \frac{2}{15} + 3^2 \times \frac{1}{60} + 5^2 \times \frac{1}{5} + 6^2 \times \frac{4}{15} - \left(\frac{151}{60}\right)^2$

donc $V(X) = \frac{32\,699}{3\,600} \approx 9{,}08$ ainsi $\sigma(X) = \sqrt{V(X)} = \sqrt{\frac{32\,699}{3\,600}} = \frac{\sqrt{32\,699}}{60} \approx 3$.

Rappel
La somme des probabilités p_i pour i allant de 1 à n est égale à 1.

Utiliser la calculatrice pour calculer les paramètres

→ Exercices 55-57 et 61

Déterminer, à l'aide d'une calculatrice, les paramètres de la loi de probabilité décrite dans l'exercice précédent.

solution

Casio

Utiliser le menu STAT.
Entrer les valeurs de X dans la liste 1 et les valeurs des probabilités associées dans la liste 2.

SUB	List 1	List 2
3	1	0.1333
4	3	0.0166
5	5	0.2
6	6	0.2666

Bien vérifier dans CALC puis SET que les paramètres sont : 1Var XList :List1 1Var Freq :List2
Sélectionner CALC puis 1VAR, on obtient :

```
1-Variable
x̄    =2.51666666
Σx   =2.51666666
Σx²  =15.4166666
xσn  =3.0138108
```

On retrouve $E(X) \approx 2{,}52$ et $\sigma(X) \approx 3$.

TI

Appuyer sur la touche stats puis choisir **1. Edit.**
Entrer les valeurs de X dans la liste 1 et les valeurs des probabilités associées dans la liste 2.

Pour afficher l'espérance et l'écart type appuyer sur stats **CALC** puis choisir **1 :Stats 1-Var**. Entrer **L1** afin que la calculatrice fasse les calculs sur la liste1 : Stats 1-Var L1.

Les résultats sont :

```
Stats 1-Var
x̄=2.516666667
Σx=2.516666667
Σx²=15.4166667
σx=3.013810803
```

La démonstration par l'absurde

Pour démontrer qu'une propriété (ou un résultat) est vraie on peut utiliser un **raisonnement par l'absurde.**

Étape 1 - On suppose que le résultat que l'on veut démontrer est faux (c'est-à-dire que le contraire est vrai).

Étape 2 - On utilise cette hypothèse : on effectue un raisonnement ou un calcul. On aboutit à **une absurdité**.

Étape 3 - On conclut : La propriété est **vraie**.

Principe : L'hypothèse faite à l'étape 2 conduit à une absurdité (une contradiction ou une impossibilité) donc cette hypothèse est **fausse**.

Exemples

Application concrète :

Mon professeur nous a dit qu'il ferait peut-être un contrôle lundi.
Malheureusement j'ai été malade ce jour-là et n'ai pas pu aller en cours.
En revenant mardi mes camarades m'ont dit ne pas avoir eu le contrôle.

Montrer que le professeur n'a pas fait son contrôle lundi.

Application mathématique :

Montrer que pour tout $x \neq -5$ on a $\frac{2x-1}{x+5} \neq 2$.

Application concrète	Méthode	Application mathématique
Le professeur a fait son contrôle lundi.	On suppose que la conclusion est fausse.	Il existe un réel $x \neq -5$ tel que $\frac{2x-1}{x+5} = 2$.
Alors mes camarades me diraient l'avoir fait, ce qui est contradictoire.	On obtient une absurdité.	Alors $2x - 1 = 2(x + 5)$ soit $2x - 1 = 2x + 10$ d'où $-1 = 10$ ce qui est impossible.
Le professeur n'a pas fait son contrôle lundi.	On conclut.	Pour tout un réel $x \neq -5$ on a $\frac{2x-1}{x+5} \neq 2$.

À vous de jouer

1. a. En utilisant une calculatrice, donner une valeur approchée de $\frac{941\,664}{665\,857}$ et de $\frac{1\,414\,213\,562}{10^9}$.

b. En utilisant une raisonnement par l'absurde, démontrer que $\frac{941\,664}{665\,857} \neq \frac{1\,414\,213\,562}{10^9}$.

2. a. Montrer que si n est pair alors n^2 est pair.

b. Montrer, en utilisant un raisonnement par l'absurde, que si n^2 est pair alors n est pair.

c. Énoncer l'équivalence démontrée.

3. Montrer que $\sqrt{2}$ n'est pas un rationnel. Pour cela, on utilisera une démonstration par l'absurde en partant de l'hypothèse : $\sqrt{2} = \frac{p}{q}$ où p et q ($q \neq 0$) sont premiers entre eux, et on s'aidera du résultat de l'exercice **2**.

4. En utilisant la figure ci-contre, dire si le point D est l'image du point C par la translation de vecteur $\overrightarrow{AB}$.

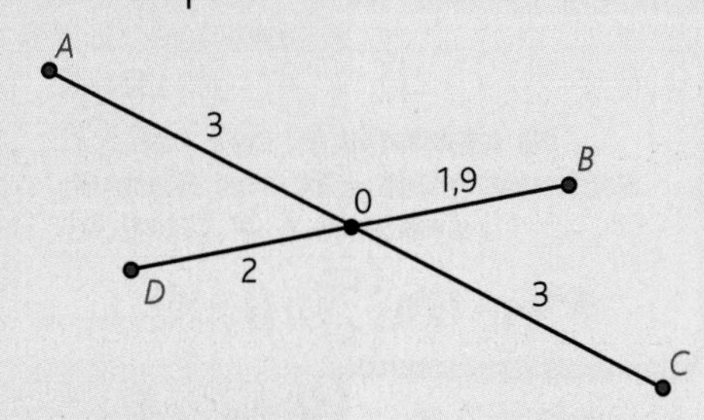

Démonstration commentée

Propriété de König-Huyghens

La variance est donnée par $V(X) = \sum_{i=1}^{n} x_i^2 p_i - (E(X))^2$.

Démonstration

Par définition on a $V(X) = \sum_{i=1}^{n} (x_i - E(X))^2 p_i$.

1. On utilise l'identité remarquable $(a+b)^2 = a^2 + 2ab + b^2$ appliquée à $(x_i - E(X))^2$.

$$V(X) = \sum_{i=1}^{n} [x_i^2 - 2x_i E(X) + (E(X))^2] p_i$$

2. On décompose la somme, puis on développe les produits.

$$V(X) = [x_1^2 - 2x_1 E(X) + (E(X))^2] p_1 + [x_2^2 - 2x_2 E(X) + (E(X))^2] p_2 + \ldots + [x_n^2 - 2x_n E(X) + (E(X))^2] p_n$$

$$V(X) = x_1^2 p_1 - 2x_1 E(X) p_1 + (E(X))^2 p_1 + x_2^2 p_2 - 2x_2 E(X) p_2 + (E(X))^2 p_2 + \ldots + x_n^2 p_n - 2x_n E(X) p_n + (E(X))^2 p_n$$

$$V(X) = (x_1^2 p_1 + x_2^2 p_2 + \ldots + x_n^2 p_n) - 2E(X)(x_1 p_1 + x_2 p_2 + \ldots + x_n p_n) + (E(X))^2 (p_1 + p_2 + \ldots + p_n)$$

3. On sait que $p_1 + p_2 + \ldots + p_n = 1$; et par définition $E(X) = x_1 p_1 + x_2 p_2 + \ldots + x_n p_n$

$$V(X) = (x_1^2 p_1 + x_2^2 p_2 + \ldots + x_n^2 p_n) - 2E(X) \times E(X) + (E(X))^2 \times 1$$

$$V(X) = (x_1^2 p_1 + x_2^2 p_2 + \ldots + x_n^2 p_n) - 2(E(X))^2 + (E(X))^2$$

d'où $V(X) = \sum_{i=1}^{n} x_i^2 p_i - (E(X))^2$.

Propriété

Soit a et b deux réels, on a $E(aX + b) = aE(X) + b$ et $V(aX + b) = a^2 V(X)$.

Démonstration

1. On écrit la définition puis on développe les sommes.

$$E(aX + b) = \sum_{i=1}^{n} (ax_i + b) p_i = \sum_{i=1}^{n} (ax_i p_i + bp_i)$$

$$E(aX + b) = ax_1 p_1 + bp_1 + ax_2 p_2 + bp_2 + \ldots + ax_n p_n + bp_n$$

2. On factorise par a puis par b.

$$E(aX + b) = a(x_1 p_1 + x_2 p_2 + \ldots + x_n p_n) + b(p_1 + p_2 + \ldots + p_n)$$

d'où $E(aX + b) = aE(X) + b$.

3. On écrit la définition puis on développe l'identité remarquable $(aX + b)^2 = a^2 X^2 + 2abX + b^2$

$$V(aX + b) = E\left((aX + b)^2\right) - (E(aX + b))^2$$

4. On utilise la propriété $E(aX + b) = aE(X) + b$.

$$V(aX + b) = E(a^2 X^2 + 2abX + b^2) - (aE(X) + b)^2$$

$$V(aX + b) = a^2 E(X^2) + 2abE(X) + b^2 - \left(a^2 (E(X))^2 + 2abE(X) + b^2\right)$$

$$V(aX + b) = a^2\left(E(X^2) - (E(X))^2\right) = a^2 V(X).$$

À vous de jouer

1. Montrer que $E(X - E(X)) = 0$ et $E(X + k) = E(X) + k$.

2. Montrer que $\sigma(aX + b) = |a|\sigma(X)$.

1. Calculer les paramètres d'une loi

Soit X une variable aléatoire prenant les valeurs 2 ; 5 ; 7 et 9. Soit a un réel appartenant à l'intervalle [0 ; 1]. La loi de probabilité de X est résumée dans le tableau ci-dessous :

x_i	2	5	7	9
$p(X = x_i)$	$\frac{1}{5}$	$\frac{3}{10}$	$\frac{1}{10}$	a

1. **Déterminer *a*.**
2. **En utilisant une calculatrice, donner l'espérance et l'écart type de X.**

solution

1. Comme $p(X = 2) + p(X = 5) + p(X = 7) + p(X = 9) = 1$
alors $\frac{1}{5} + \frac{3}{10} + \frac{1}{10} + a = 1$ d'où $a = \frac{2}{5}$.

2.

Casio

Utiliser le menu STAT.
Entrer les valeurs de X dans la liste 1 et les valeurs des probabilités associées dans la liste 2.
Appuyer sur l'icône CALC puis SET et vérifier les paramètres :

```
1Var XList :List1
1Var Freq  :List2
```

Sélectionner CALC suivi 1VAR pour obtenir les paramètres souhaités.

```
    List 1  List 2
SUB
1       2     0.2
2       5     0.3
3       7     0.1
4       9     0.4
```

```
1-Variable
x̄     =6.2
Σx    =6.2
Σx²   =45.6
xσn   =2.67581763
xσn-1 =
n     =1
```

TI

Appuyer sur la touche listes stats puis choisir **1.Edit.**
Entrer les valeurs de X dans la liste 1 et les valeurs des probabilités associées dans la liste 2. Pour afficher l'espérance et l'écart type, appuyer sur listes stats **CALC** puis choisir
1 :Stats 1-Var. Entrer **L1** afin que la calculatrice fasse les calculs sur la liste1 :
Stats 1-Var L1.
On obtient :

```
Stats 1-Var
x̄=6.2
Σx=6.2
Σx²=45.6
σx=2.675817632
```

On obtient $E(X) = 6{,}2$ et $\sigma(X) \approx 2{,}68$.

Entraînez-vous

Reprendre cet exercice pour la loi de probabilité de X résumée dans le tableau ci-dessous :

x_i	– 6	– 5	4	7	8
$p(X = x_i)$	0,15	a	0,05	0,45	0,1

→ **On trouve**

$E(X) = 2$ et $\sigma(X) \approx 6{,}07$.

Histoire des sciences

Girolamo **Cardano** (1501-1576)
À la fin du Moyen-âge, l'arithmétique est bien développée.
C'est à cette époque que *Cardano*, médecin, mathématicien et joueur italien, a publié une première étude théorique des probabilités : « De ludo aleae » rédigées en 1525 et publiée en 1663. Il doit la reconnaissance de son travail à *Pascal* et à *Fermat* qui ont beaucoup apporté à la théorie des probabilités plus d'un siècle plus tard.

2. Déterminer les paramètres d'une loi de probabilité

Une urne contient 3 boules blanches, 4 boules rouges et 10 boules noires indiscernables au toucher. On tire au hasard une boule et on gagne 1 euro si on a tiré une boule noire, 3 euros si on a tiré une boule rouge et 10 euros si on a tiré une boule blanche.

On définit la variable aléatoire X comme étant le gain réalisé en jouant une fois à ce jeu.

1. **Déterminer les valeurs possibles de X.**
2. **Déterminer la loi de probabilité de X.**
3. **Calculer l'espérance de X. Que représente-t-elle ?**
4. **Calculer l'écart type de X.**

solution

1. Les valeurs possibles de X sont 1 ; 3 et 10. On écrit $X(\Omega) = \{1 ; 3 ; 10\}$.

2. On est dans un cas d'équiprobabilité car les boules sont indiscernables au toucher.
   - L'événement $X = 1$ correspond à l'événement « Tirer une boule noire ».
     Il y a 10 boules noires pour un total de 17 boules donc $p(X = 1) = \frac{10}{17}$.
   - L'événement $X = 3$ correspond à l'événement « Tirer une boule rouge ».
     Il y a 4 boules rouges donc $p(X = 3) = \frac{4}{17}$.
   - L'événement $X = 10$ correspond à l'événement « Tirer une boule blanche ».
     Il y a 3 boules blanches donc $p(X = 10) = \frac{3}{17}$.

x_i	1	3	10
$p(X = x_i)$	$\frac{10}{17}$	$\frac{4}{17}$	$\frac{3}{17}$

3. $E(X) = 1 \times p(X = 1) + 3 \times p(X = 3) + 10 \times p(X = 10)$

$$= \frac{10}{17} + 3 \times \frac{4}{17} + 10 \times \frac{3}{17} = \frac{52}{17}$$

$E(X) \approx 3{,}06$.

L'espérance de X représente le gain moyen à ce jeu.

4. Pour calculer l'écart type, on peut commencer par calculer la variance.

$$V(X) = 1^2 \times p(X = 1) + 3^2 \times p(X = 3) + 10^2 \times p(X = 10) - [E(X)]^2$$

$$V(X) = \frac{10}{17} + 9 \times \frac{4}{17} + 100 \times \frac{3}{17} - \left[\frac{52}{17}\right]^2 = \frac{3\,178}{289}$$

$\sigma(X) = \sqrt{V(X)}$ d'où $\sigma(X) = \frac{\sqrt{3\,178}}{17} \approx 3{,}2$

RAPPEL
On définit ainsi une **variable aléatoire X.**

RAPPEL
À chaque valeur x_i d'une variable aléatoire, on associe la probabilité $p_i = p(X = x_i)$, on définit ainsi la **loi de probabilité** de X.

RAPPEL
Espérance mathématique :

$$E(X) = \sum_{i=1}^{n} x_i p_i$$

RAPPEL
Variance :

$$V(X) = \sum_{i=1}^{n} x_i^2 p_i - [E(X)]^2$$

Écart type :

$$\sigma(X) = \sqrt{V(X)}$$

Entraînez-vous

Reprendre cet exercice avec une urne contenant : 2 boules blanches, 5 boules rouges et 7 boules noires indiscernables au toucher. On tire au hasard une boule et on gagne 1 euro si on a tiré une boule noire, 2 euros pour une boule rouge et 5 euros si on a tiré une boule blanche.

→ On trouve

$E(X) = \frac{27}{14}$.

$\sigma(X) \approx 1{,}33$.

3. Utiliser un arbre pondéré

Un grand magasin propose un jeu permettant de gagner un bon d'achat de 15 €. Il s'agit de :

- **lancer un dé à 6 faces, parfaitement équilibré, dont 1 face est jaune, 2 faces sont bleues et 3 faces sont rouges; puis**
- **faire tourner une roue divisée en 3 secteurs : un secteur jaune de 150°, un bleu de 100° et le secteur restant rouge.**

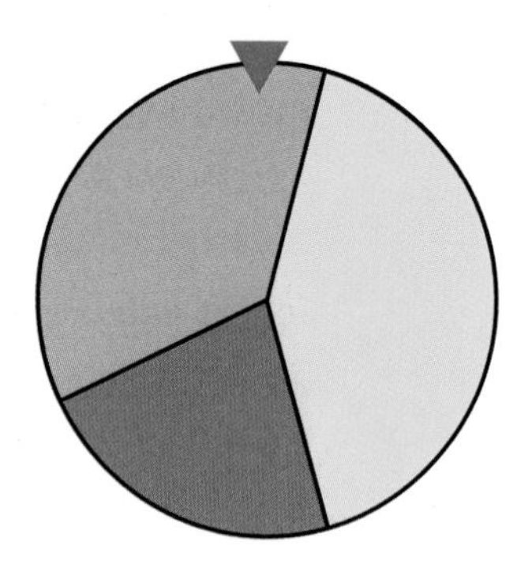

Le joueur gagne lorsque les deux couleurs obtenues sont identiques.

1. **Soit J_1, B_1 et R_1 les événements : « Obtenir *jaune* avec le dé », « Obtenir *bleu* avec le dé » et « Obtenir *rouge* avec le dé ».**
Calculer la probabilité des événements J_1, B_1 et R_1.
2. **Soit J_2, B_2 et R_2 les événements : « Obtenir *jaune* avec la roue », « obtenir *bleu* avec la roue » et « Obtenir *rouge* avec la roue ».**
Calculer la probabilité des événements J_2, B_2 et R_2.
3. **Compléter l'arbre pondéré ci-contre et calculer la probabilité d'obtenir deux fois la couleur *jaune*, puis calculer la probabilité d'obtenir deux fois *bleu*, et enfin d'obtenir deux fois *rouge*.**
4. **Soit G l'événement « Le joueur gagne un bon d'achat ».**
Déduire de la question précédente p (G).
5. **On définit X la variable aléatoire donnant le montant du gain du joueur.**
Quel est le gain moyen du joueur ?

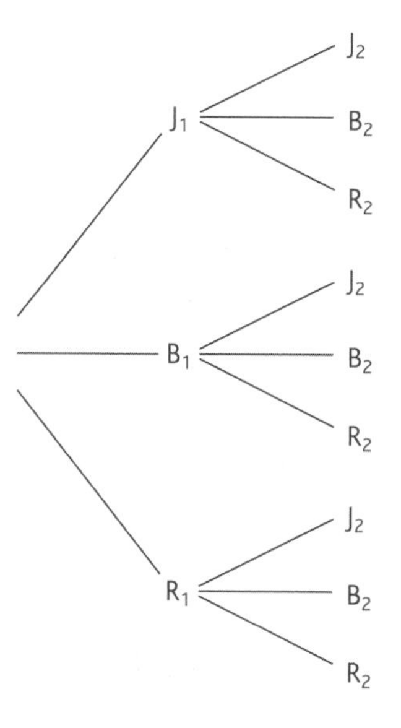

solution

1. Le dé possède 6 faces ;
l'univers Ω est donc l'ensemble des couleurs affichées par les 6 faces.
$\Omega = \{$*jaune ; bleu (A) ; bleu (B) ; rouge (A) ; rouge (B) ; rouge (C)*$\}$.
Le dé est parfaitement équilibré, on est donc dans une situation d'équiprobabilité.
Les événements auxquels on s'intéresse ne sont pas tous des événements élémentaires.
En effet l'événement J_1 est constitué d'une issue *(jaune)*,
J_2 en possède deux *(bleu (A) et bleu (B))* et
J_3 en possède trois *(rouge (A) ; rouge (B) ; rouge (C))*.
On a donc $p(J_1) = \frac{1}{6}$,
$p(B_1) = \frac{2}{6} = \frac{1}{3}$,
$p(R_1) = \frac{3}{6} = \frac{1}{2}$.

2. L'aire du secteur jaune est 150, donc $p(J_2) = \frac{150}{360} = \frac{5}{12}$.

De la même manière, on calcule $p(B_2) = \frac{100}{360} = \frac{5}{18}$

et $p(R_2) = \frac{110}{360} = \frac{11}{36}$.

Aide
Probabilité et roue :
La probabilité d'obtenir un secteur de la roue est égale à la mesure de l'angle divisé par 360.

3. Probabilité d'obtenir deux fois jaune :

$\frac{1}{6} \times \frac{5}{12} = \frac{5}{72}$;

Probabilité d'obtenir deux fois bleu :

$\frac{1}{3} \times \frac{5}{18} = \frac{5}{54}$;

Probabilité d'obtenir deux fois rouge :

$\frac{1}{2} \times \frac{11}{36} = \frac{11}{72}$.

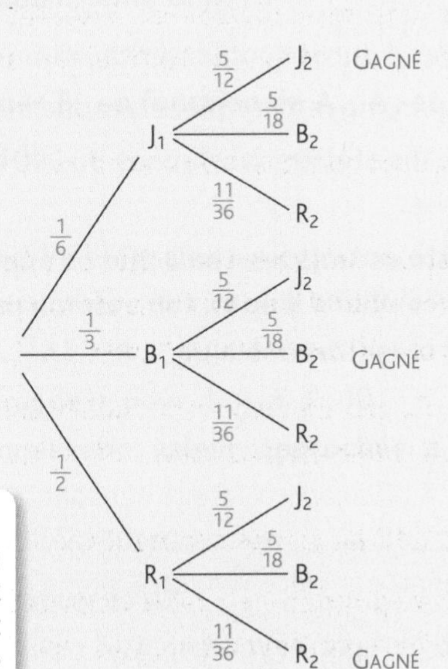

Propriétés
- Une situation peut être représentée par un arbre pondéré : la probabilité d'un événement correspondant à un chemin est égal au produit des probabilités inscrites sur chaque branche de ce chemin.
- La somme des probabilités affectées aux branches d'un même nœud est égale à 1.

4. Pour que le joueur gagne un bon d'achat, il doit obtenir deux fois la même couleur. La probabilité que le joueur gagne un bon d'achat est donc :

$$p(G) = \frac{5}{72} + \frac{5}{54} + \frac{11}{72} = \frac{153}{486} = \frac{17}{54}.$$

5. X prend les valeurs 0 et 15.
D'où la loi de probabilité résumée dans le tableau ci-contre.

X	0	15
$p(X = x_i)$	$\frac{37}{54}$	$\frac{17}{54}$

Par suite $E(X) = 0 \times \frac{37}{54} + 15 \times \frac{17}{54}$ d'où $E(X) = \frac{85}{18}$ soit $E(X) \approx 4,7$.

Ce résultat signifie que le joueur gagne en moyenne 4,7 euros par tentative.

Entraînez-vous

Reprendre cet exercice avec une roue divisée en 3 secteurs : un secteur jaune de 200°, un bleu de 110° et un rouge.

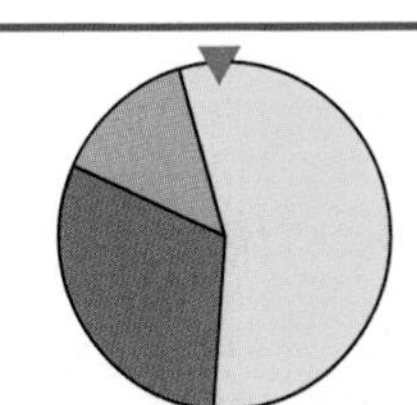

→ **On trouve**

$p(G) = \frac{19}{72}$.

$E(X) = \frac{95}{24}$.

4. Utiliser les paramètres pour établir une stratégie

Une usine produit des pièces électroniques.
L'ensemble de la production est vendue.
On sait que :
- **chaque pièce coûte 7 euros à produire et à tester;**
- **il faut compter 4 euros supplémentaires pour réparer une pièce.**

Pièces défectueuses	Pièces non défectueuses	Total
45	1 755	1 800

1. a. **Calculer le gain moyen par pièce vendue sachant que chaque pièce est vendue 15 euros.**
   b. **Sachant que les ateliers fabriquent 30 000 pièces par an, estimer le gain annuel en euros de l'entreprise.**
2. **Le PDG de cette entreprise envisage d'éliminer les pièces défectueuses sans les réparer et de vendre 20 € les pièces non défectueuses. Cette stratégie est-elle rentable pour l'entreprise ?**

solution

1. a. On note X la variable aléatoire donnant le gain par pièce vendue. Le coût d'une pièce est de 7 ou 11 euros. Chaque pièce étant vendue 15 euros, le gain est de 4 ou 8 euros par pièce vendue. X prend donc les valeurs 4 et 8.
$p(X = 4) = \frac{45}{1\,800} = \frac{1}{40}$ et $p(X = 8) = \frac{1\,755}{1\,800} = \frac{39}{40}$
On résume la loi de probabilité dans le tableau ci-contre :

X	4	8
$p(X = x_i)$	0,025	0,975

$E(X) = 4 \times 0{,}025 + 8 \times 0{,}975$
d'où $E(X) = 7{,}9$.
Le gain moyen est donné par $E(X)$. En moyenne, l'entreprise gagne 7,9 euros par pièce.
b. Pour 30 000 pièces vendues, le gain annuel est alors de $7{,}9 \times 30\,000$ soit 237 000 euros.

2. On note Y la variable aléatoire donnant le gain par pièce vendue dans la seconde situation.
Le coût d'une pièce est de 7 euros. Chaque pièce étant vendue 20 euros, on a soit un gain de 13 euros, soit une perte de 7 euros.
On résume la loi de probabilité dans le tableau ci-contre :
$E(Y) = -7 \times 0{,}025 + 13 \times 0{,}975$ d'où
$E(Y) = 12{,}5$.
$E(Y) > E(X)$ donc cette stratégie est rentable pour l'entreprise.

Y	− 7	13
$p(Y = y_i)$	0,025	0,975

Entraînez-vous

Reprendre cet exercice avec les données de ce tableau :

Pièces défectueuses	Pièces non défectueuses	Total
150	1 650	1 800

→ On trouve
$E(X) = \frac{23}{3}$ et $E(Y) = \frac{34}{3}$.

5. Utiliser les paramètres d'une loi de probabilité

On tire simultanément deux boules. On suppose que les tirages sont équiprobables.

1. Une urne U_1 contient deux boules numérotées 1 et trois boules numérotées 2.

a. Déterminer les probabilités des événements suivants :

A : « Tirer deux boules numérotées 1 » ;

B : « Tirer deux boules numérotées 2 » ;

C : « Tirer une boule numérotée 1 et une boule numérotée 2 ».

b. Le total des valeurs des deux boules définit une variable aléatoire X. Déterminer la loi de probabilité de X. Calculer l'espérance de X.

2. Une urne U_2 contient deux boules numérotées 3 et trois boules numérotées 4. Le total des valeurs des deux boules définit une variable aléatoire Y. En utilisant la question 1. déterminer E(Y).

3. Une urne U_3 contient deux boules numérotées 4 et trois boules numérotées 7. Le total des valeurs des deux boules définit une variable aléatoire Z. Déterminer les entiers a et b tels que $Z = aX + b$ et en déduire E(Z).

solution

1. a. Décrivons l'univers des possibilités.

	1	1	2	2	2
1		(1 ; 1)	(1 ; 2)	(1 ; 2)	(1 ; 2)
1			(1 ; 2)	(1 ; 2)	(1 ; 2)
2				(2 ; 2)	(2 ; 2)
2					(2 ; 2)
2					

$p(A) = \frac{1}{10}$; $p(B) = \frac{3}{10}$ et $p(C) = \frac{6}{10} = \frac{3}{5}$.

b. Les valeurs que peut prendre X sont 2 ; 3 et 4. On écrit $X(\Omega) = \{2 ; 3 ; 4\}$.

La loi de probabilité est résumée dans ce tableau :

X	2	3	4
$p(X = x_i)$	$\frac{1}{10}$	$\frac{3}{5}$	$\frac{3}{10}$

$E(X) = 2 \times \frac{1}{10} + 3 \times \frac{3}{5} + 4 \times \frac{3}{10} = 0{,}2 + 1{,}8 + 1{,}2 = 3{,}2.$

2. On remarque que $Y = X + 2$

donc $E(Y) = E(X) + 2$ d'où $E(Y) = 5{,}2$.

Rappel
$E(aX + b) = aE(X) + b$.

3. On remarque que $Z = 3X + 1$

donc $E(Z) = 3E(X) + 1$ d'où $E(Z) = 3 \times 3{,}2 + 1 = 10{,}6$.

Entraînez-vous

Reprendre cet exercice en tirant successivement et avec remise deux boules de l'urne U_1.

L'urne U_2 contient deux boules numérotées 4 et trois boules numérotées 8.

L'urne U_3 contient deux boules numérotées 5 et trois boules numérotées 6.

→ On trouve

X	2	3	4
$p(X = x_i)$	$\frac{4}{25}$	$\frac{12}{25}$	$\frac{9}{25}$

$E(X) = 3{,}2$; $E(Y) = 12{,}8$ et $E(Z) = 7{,}2$.

QCM

Corrigés en fin de manuel

Dans les questions suivantes, déterminer la (ou les) bonne(s) réponse(s).

1. Soit a un nombre réel et X une variable aléatoire ayant pour loi de probabilité :

x_i	-2	1	3
P_i	$\frac{1}{4}$	$\frac{1}{3}$	a

Alors a est égal à :

a. $\frac{1}{2}$. b. $\frac{7}{12}$. c. $\frac{5}{12}$. d. $\frac{1}{4}$.

2. Une variable aléatoire X a pour loi de probabilité :

X	1	2	3	4	5	6
$p(X = ...)$	a	$2a$	$3a$	$4a$	$5a$	$6a$

1. La probabilité d'obtenir 4 est :

a. $\frac{1}{4}$. b. $\frac{4}{6}$. c. $\frac{91}{21}$. d. $\frac{4}{21}$.

2. L'espérance de X est :

a. $\frac{1}{4}$. b. $\frac{4}{6}$. c. $\frac{91}{21}$. d. $\frac{4}{21}$.

3. Une variable aléatoire X a pour loi de probabilité :

x_i	1	2	4
P_i	$\frac{1}{2}$	$\frac{1}{4}$	$\frac{1}{4}$

L'écart type de X est égal à :

a. $\sigma = \frac{3}{2}$. b. $\sigma = \sqrt{\frac{3}{2}}$. c. $\sigma = 2$.

4. On lance un dé équilibré à 6 faces et on note X la variable aléatoire donnant le chiffre inscrit sur la face supérieure, alors E(X) est égal à :

a. $\frac{1}{6}$. b. 3. c. 3,5. d. 21.

5. On lance un dé équilibré à 6 faces et on note X la variable aléatoire donnant le carré du chiffre inscrit sur la face supérieure, alors E(X) est égal à :

a. 9. b. 12,25. c. $\frac{91}{6}$. d. 91.

6. On prend une carte au hasard parmi 30 cartes numérotées de 1 à 30. On gagne 2 euros si le nombre est premier, on perd 1 euro sinon. Alors E(X) est égal à :

a. 0. b. $\frac{1}{3}$.
c. $\frac{2}{3}$. d. 1.

7. Dans une entreprise on fabrique des pièces dont le diamètre doit être de 3,5 mm. On sélectionne des pièces à la sortie et on révèle les résultats suivants :

Diamètre en mm	3,45	3,5	3,55	3,6
Nombre de pièces	14	357	25	4

Soit X la variable aléatoire qui, à chaque pièce mesurée, associe l'écart par rapport à la dimension souhaitée. E(X) est égal à :

a. 0,2375. b. 2,375.
c. 0,002375. d. 0,005875.

8. Une urne contient 100 boules indiscernables au toucher portant un numéro de 1 à 5.

Numéro inscrit	1	2	3	4	5
Nombre de boules	20	12	23	32	13

On prend une boule au hasard et on désigne par X la variable aléatoire égale au numéro inscrit sur la boule.

1. E(X) est égal à :

a. 306. b. 30,6. c. 3,06. d. 3.

On gagne 10 € par numéro pair et on perd 7 euros par numéro impair. On note Y la variable aléatoire égale au gain obtenu.

2. E(X) est égal à :

a. 48. b. 8.32.
c. 0,48. d. 0.

vrai ou faux ? Corrigés en fin de manuel

Indiquer si les propositions suivantes sont vraies ou fausses.

9. On donne une variable aléatoire X admettant pour loi de probabilité :

x_i	1	2	3	4
p_i	0,2	0,4	0,1	0,3

Alors $E(X) = 2{,}5$ et $V(X) = \frac{5}{4}$.

10. Une expérience aléatoire consiste à lancer un dé cubique pipé. On définit par X la valeur affichée par la face supérieure. On sait que les probabilités d'obtention des numéros pairs (respectivement impairs) sont égales entre elles et que $p(X = 2) = \frac{1}{2} p(X = 1)$.

1. $p(X = 1) = \frac{1}{9}$.
2. $E(X) = \frac{30}{9}$.
3. $V(X) = \frac{126}{9}$.

11. Une expérience aléatoire consiste à lancer un dé cubique pipé. On définit par X la valeur affichée par la face supérieure. On sait que les probabilités d'obtention du 1, 2, 3, 4 et 5 sont égales entre elles et $p(X = 6) = \frac{1}{4}$.

1. $p(X = 1) = \frac{1}{5}$.
2. $E(X) = 3{,}5$.
3. $\sigma(X) = 5$.

12. Soit X une variable aléatoire, il est possible d'avoir $\sigma(X) = 0$.

13. Soit X une variable aléatoire ne prenant que les valeurs 1, 2, 3, 4 et 5. Alors on a toujours $p(X \leqslant 3) \geqslant p(X \geqslant 4)$.

14. Un jeu est équitable si la probabilité de gagner à ce jeu est égale à la probabilité de perdre.

15. Un jeu équitable est un jeu dont l'espérance mathématique est nulle.

16. Dans un jeu, un billet sur deux est gagnant. On est certain de gagner en achetant deux billets.

17. Soit X une variable aléatoire prenant des valeurs réelles. On a toujours $\sigma(X) \leqslant V(X)$.

18. Soit X une variable aléatoire prenant les valeurs 1, 2, 3, 4 et 5. On a toujours :

1. $p(X \leqslant 4) \geqslant p(X = 5)$.
2. $p(X \leqslant 4) = p(X = 5)$.
3. $p(X = 5) = 1 - p(X \leqslant 4)$.

1. Probabilités

pour s'échauffer

19. On tire au hasard une carte d'un jeu de 32 cartes.

1. Quelle est la probabilité d'obtenir le roi de cœur ?

2. Quelle est la probabilité d'obtenir un cœur ?

3. Quelle est la probabilité d'obtenir un as ?

4. En déduire la probabilité d'obtenir un roi ou un cœur.

20. corrigé Un jeu de société pour enfant contient :

- 7 jetons rouges numérotés de 1 à 7 ;
- 13 jetons bleus numérotés de 1 à 13 ;
- 4 jetons jaunes numérotés de 1 à 4.

Ces jetons sont placés dans un sac, l'enfant tire au hasard un jeton du sac.

1. Déterminer les probabilités des événements suivants :

A : « L'enfant a tiré un jeton rouge » ;

B : « L'enfant a tiré un numéro impair ».

2. Définir l'événement $A \cap B$ puis calculer $p(A \cap B)$.

3. Définir l'événement $A \cup B$ puis calculer $p(A \cup B)$.

21. On choisit au hasard un nombre entier compris entre 1 et 100.

1. Soit A l'événement : « Le nombre choisi contient au moins un 3 ».

a. Quels sont les événements élémentaires qui composent A ?

b. Déterminer $p(A)$ en déduire $p(\overline{A})$.

2. Soit B l'événement : « Le nombre choisi est supérieur ou égal à 80 ». Déterminer $p(B)$.

3. Déterminer $p(A \cap B)$.

4. En déduire $p(A \cup B)$.

22. Dans un sac, on met les quatre lettres T, O, U et R. On tire au hasard successivement et sans remise les 4 lettres du sac et on les dispose au fur et à mesure de gauche à droite. On forme ainsi un mot de quatre lettres (qui n'a pas forcement une signification).

1. À l'aide d'un arbre, donner toutes les issues possibles.

2. Quelle est la probabilité d'obtenir le mot « TROU » ?

3. Quelle est la probabilité d'obtenir un mot du dictionnaire français ?

4. Soit A l'événement « Obtenir un mot commençant par R » et B l'événement « Obtenir un mot commençant par une voyelle ». Déterminer $p(A)$ et $p(B)$.

23. Romain possède un disque dur externe sur lequel il a sauvegardé 200 fichiers :

9 *tableurs* numérotés de 1 à 9 ;
39 fichiers *photos* numérotés de 10 à 48 ;
122 fichiers *audios* numérotés de 49 à 170 et
30 fichiers *textes* numérotés de 171 à 200.

Il choisit un fichier au hasard sur son disque dur.

On considère les événements A et B :

A : « Le fichier est un fichier *audio* » ;

B : « Le fichier est un fichier *texte* ».

1. Déterminer la probabilité de l'événement A.

2. Déterminer la probabilité de l'événement B et en déduire $p(\overline{B})$.

3. Romain choisit au hasard un fichier jusqu'à l'obtention d'un type précis de fichier.

On considère l'algorithme suivant :

```
Variable : N est un entier
Début
Affecter à K la valeur 0
Affecter à N un nombre entier aléatoire entre 1
et 200
    Tant que N ⩾ 49 alors
    Affecter à K la valeur K + 1
    Fin du tant que
Afficher N.
Afficher K.
Fin
```

a. Quel type de fichier souhaite Romain ?

b. Dans cet algorithme, que représente K ?

c. Programmer une calculatrice. Exécuter deux fois cet algorithme.

24. LOGIQUE Soit A et B deux ensembles distincts non vides, tels que $A \cap B \neq \varnothing$; $A \not\subset B$ et $B \not\subset A$.

Recopier et compléter à l'aide des symboles $=$; $\in$; $\notin$; $\subset$; $\not\subset$. *On pourra s'aider d'un schéma.*

$A \ldots A \cap B$; $A \cap B \ldots A \cup B$; $A \cap B \ldots B \cap A$; $A \ldots A \cup B$; $A \cap B \ldots B$; $\overline{A} \cap B \ldots B$; $\overline{A} \cup \overline{B} \ldots A \cap B$.

25. Le trèfle à quatre feuilles est considéré par certaines personnes comme un porte-bonheur. Il est très rare de trouver ce type de trèfle, le plus commun étant le trèfle à trois feuilles. On peut considérer qu'il y a en moyenne un trèfle à quatre feuilles pour 10 000 trèfles.

1. Perrine part à la chasse au trèfle à quatre feuilles. Quelle est la probabilité que Perrine trouve un trèfle à quatre feuilles ?

2. Le père de Perrine lui indique un champ de trèfles dans lequel il a trouvé plusieurs trèfles à quatre feuilles. Il considère que la probabilité d'y trouver un trèfle à quatre feuilles est de 3/100. Il y a environ 1 500 trèfles dans ce pré. Combien devrait-il y avoir de trèfles à quatre feuilles si le père de Perrine a raison ?

Le saviez-vous ?

Dans la classification utilisée en botanique, les trèfles sont des plantes appartenant au genre *Trifolium*. L'espèce la plus commune est le trèfle blanc *(Trifolium repens)* que l'on trouve souvent dans les pelouses. Les trèfles blancs ont généralement trois feuilles.
En mathématiques, le terme *trifolium* désigne une courbe d'équation :
$(x^2 + y^2)(y^2 + x(x + a)) = 4axy^2$
dont la représentation graphique a cette forme :

Trifolium

26. Pas le temps de chanter

Une fourmi part du point A pour rejoindre le point B. À chaque étape elle avance d'un carreau à droite ou d'un carreau en haut.

Le trajet : *droite - haut - droite - haut - droite - droite* sera représenté par le 6-uplet : $(\vec{i}, \vec{j}, \vec{i}, \vec{j}, \vec{i}, \vec{i})$.

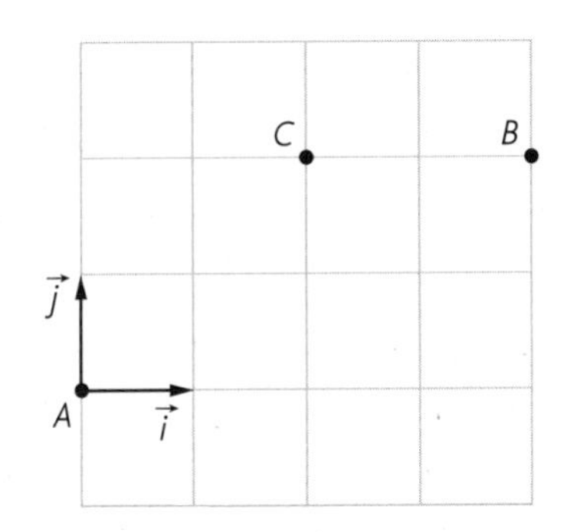

1. À l'aide d'un arbre, déterminer tous les trajets possibles. Combien y en a-t-il ?

> AIDE
> **En observant le schéma, on comprend que les 6-uplets doivent contenir exactement $4\vec{i}$ et $2\vec{j}$.**

2. Quelle est la probabilité que la fourmi passe par C ?

27. On lance des fléchettes sur une cible carrée de côté 1.

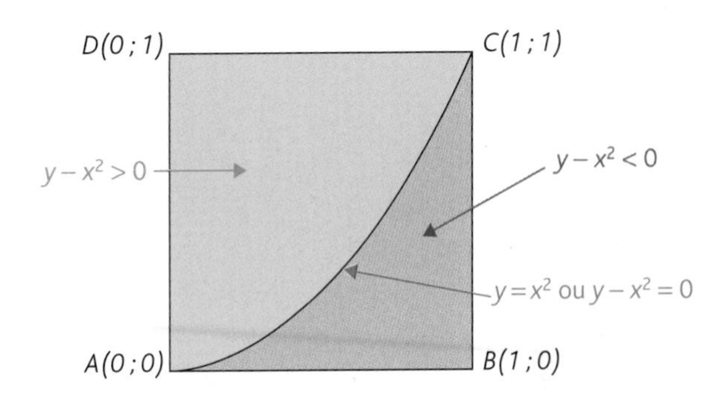

On admet que la probabilité d'atteindre la zone est proportionnelle à l'aire de cette zone et que le tireur atteint toujours sa cible (c'est-à-dire le carré de côté 1). Malheureusement on ne sait pas calculer l'aire sous la parabole.

1. On considère l'algorithme simulant le lancer de fléchettes :

> **Variables :** A, K, N sont des entiers naturels
> X et Y sont des réels compris entre 0 et 1
> **Début**
> Affecter à A la valeur 0
> Affecter à K la valeur 1
> Saisir N
> Pour K allant de 1 à N
> Affecter à X une valeur aléatoire entre 0 et 1
> Affecter à Y une valeur aléatoire entre 0 et 1
> Si $Y - X^2 < 0$ alors affecter à A la valeur A + 1
> Sinon affecter à K la valeur K + 1
> Afficher $\frac{A}{N}$
> **Fin**

Que représentent N et A ? Que donne l'affichage ?

2. En utilisant une calculatrice ou un ordinateur, simuler 500 lancers.

3. Simuler 1 000 lancers et en déduire une valeur approchée de l'aire sous la parabole.

28. Pour une soirée, Florian et Nassera ont apporté des CD.

Au total, ils ont 80 CD dont 30 sont à Florian. Florian possède 15 CD de R'nB et 10 CD de variété française. Nassera n'a pas de CD de R'nB mais possède 30 CD de variété française. Les autres CD sont des disques de variété étrangère. Les CD sont indiscernables au toucher.

1. Florian prend au hasard un CD. Quelle est la probabilité que ce CD ne soit pas l'un des siens ?

2. Florian prend un second CD, sans remettre le premier. Les deux tirages sont indépendants.

a. Quelle est la probabilité que le premier CD soit un album de R'nB et le second CD un album de variété française ?

b. Quelle est la probabilité que les deux CD soient des albums de Florian de variété étrangère ?

3. Florian remet les 2 CD puis Nassera retire 5 de ses CD de variété étrangère. Florian prend de nouveau un CD au hasard.

a. Quelle est la probabilité que ce CD soit l'un de ses albums ?

b. Quelle est la probabilité que ce CD soit un album de R'nB ?

c. On sait que Florian a pris l'un de ses albums. Quelle est la probabilité qu'il s'agisse d'un album de R'nB ?

29. Lors d'une certaine partie de poker, on décide de considérer que les individus de même sexe ont la même chance de gagner mais les femmes ont deux fois plus de chances de gagner que les hommes.
Calculer la probabilité pour qu'une femme gagne face à un homme.

30. À l'entrée d'un immeuble il y a un digicode, algo
il faut taper un code de quatre chiffres pour déclencher l'ouverture.
Ce code est un nombre dont les quatre chiffres sont choisis dans la liste $\{0 ; 1 ; 2 ; 3 ; 4 ; 5 ; 6 ; 7 ; 8 ; 9\}$, chaque chiffre pouvant être répété.

1. a. Combien de codes différents peut-on ainsi former ?

b. Combien de codes comportent au moins un zéro ?

c. En déduire la probabilité qu'un code, pris au hasard, comporte au moins un zéro.

2. Un second code déclenche l'arrivée de l'ascenseur. Ce code change en fonction de l'étage N à atteindre, il est défini par l'algorithme suivant.

```
Variables : N, P, U, K, S, C sont des entiers
Début
  | Saisir N.
  | Affecter à P la valeur de (N + 5)².
  | Affecter à S la valeur 0.
  | Affecter à K la valeur 1.
  | Tant que K ⩽ 4
Affecter à U le chiffre des unités de P ;
Affecter à S la valeur de S + P ;
Affecter à K la valeur K + 1.
Affecter à P le reste de la division de S par 10 ;
Fin du tant que
Affecter à C la valeur de S – 2U.
  | Afficher C.
Fin
```

a. Quel est le code de l'ascenseur pour atteindre le 3e étage ?

b. L'immeuble comporte quatre étages peut-on avoir deux fois le même code ?

2. Variable aléatoire

pour s'échauffer

31. corrigé On choisit au hasard une famille de 3 enfants et on désigne par X la variable aléatoire donnant le nombre de filles de cette famille.
Quelles sont les valeurs prises par X ?

32. Ce tableau présente la loi de probabilité associée à une variable aléatoire X.

X	– 1	0	1	2
$p(X = x_i)$	0,4	0,3	p	0,2

1. Quelles sont les valeurs prises par X ?

2. Déterminer p.

33. Ce tableau présente la loi de probabilité associée à une variable aléatoire X.

X	– 11	– 5	4	10	2
$p(X = x_i)$	0,1	0,2	0,15	p	0,45

1. Quelles sont les valeurs prises par X ?
2. Déterminer p.

34. Ce tableau présente la loi de probabilité associée à une variable aléatoire X.

X	–1	2	3	4	5
$p(X = x_i)$	0,25	0,18	p_3	0,17	p_5

1. Quelles sont les valeurs prises par X ?
2. Déterminer p_3 et p_5 sachant que les événements $X = 3$ et $X = 4$ sont équiprobables.
3. Calculer $p(X < 4)$

35. Ce tableau présente la loi de probabilité associée à une variable aléatoire X.

X	– 2	0	3	5	10
$p(X = x_i)$	0,14	p_0	0,47	p_5	0,05

1. Quelles sont les valeurs prises par X ?
2. Déterminer p_0 et p_5 sachant que les événements $X = -2$ et $X = 5$ sont équiprobables.
3. Calculer $p(X \leqslant 4)$.

36. Annie a acheté 4 bonbons : un bonbon à la menthe (M), un bonbon à la fraise (F) et deux bonbons au coca (C_1 et C_2). Elle les met dans un sac. Chaque jour elle en pioche un, au hasard, et le mange.

1. Donner une représentation de la situation.
2. Combien y a-t-il d'issues ?
3. Quelle est la probabilité qu'elle mange le bonbon à la menthe le premier jour ?
4. On désigne par X la variable aléatoire donnant le rang du premier bonbon au coca mangé. Donner la loi de probabilité de X.

37. Un dé cubique est truqué de telle sorte que $p(X = k) = ka$ avec $1 \leqslant k \leqslant 6$ et a étant un réel fixe. Soit X la variable aléatoire donnant le numéro obtenu.
Donner la loi de probabilité de X.

38. corrigé On prend, au hasard successivement et sans remise, deux jetons d'une urne contenant 10 jetons numérotés de 1 à 10. On note X la variable aléatoire égale à la valeur absolue de la différence des numéros obtenus.

1. Quelles sont les valeurs prises par X ?
2. Donner la loi de probabilité de X.

39. On lance simultanément deux dés équilibrés. On définit par X la variable aléatoire donnant la somme des chiffres inscrits sur les 2 faces obtenues et Y la variable aléatoire donnant le plus grand des 2 chiffres obtenus.

1. À l'aide d'un tableau, donner l'ensemble des issues possibles de cette expérience.
2. Quelles sont les valeurs prises par X ?
Même question pour Y.
3. Déterminer la loi de probabilité de X.
4. Déterminer la loi de probabilité de Y.

40. Trigonométrie
On considère deux dés cubiques équilibrés identiques, dont les faces sont marquées :

$$0\,;0\,;-\frac{\pi}{2}\,;-\frac{\pi}{3}\,;\frac{\pi}{6} \text{ et } \frac{\pi}{3}.$$

On lance simultanément les deux dés, et on lit les résultats α et β de leurs faces supérieures. Soit X la variable aléatoire qui, à chaque lancer, associe la valeur $\sin(\alpha + \beta)$.

1. Quelles sont les valeurs prises par X ?
2. Déterminer la loi de probabilité de X.

41. On tire avec remise deux cartes d'un jeu de 32 cartes. Soit X la variable aléatoire donnant le nombre d'as obtenus.
Donner la loi de probabilité de X.

42. On organise une compétition de tennis entre Roger et Raphaël. Le premier qui gagne deux parties remporte le prix. On considère que Raphaël a deux fois plus de chances de gagner une partie.

1. Quelle est la probabilité p que Roger gagne une partie.
2. Donner une représentation de la situation.
3. On définit par X la variable aléatoire donnant le nombre de parties jouées pour déterminer le vainqueur du prix.
Donner la loi de probabilité de X.

43. Soit X une variable aléatoire qui admet pour loi de probabilité :

X	– 2	– 1	0	1	2	3
$p(X = x)$	$\frac{1}{6}$	α	$\frac{1}{5}$	α	$\frac{1}{4}$	$\frac{1}{3}$

1. Déterminer la valeur de α.
2. Déterminer l'espérance mathématique de cette loi.
3. Calculer V (X).

> **Une chose n'est pas juste qu'elle est loi ; mais elle doit être loi parce qu'elle est juste.**
>
> *Montesquieu*

44. Une école de chevaux entraîne 30 chevaux.
Il y a trois entraîneurs : 20 % des chevaux sont entraînés par Sandra, un tiers est entraîné par Laure et le reste par Fabien. Un cheval n'est admis en compétition que s'il est capable d'exécuter le parcours en moins de cinq minutes.

Fabien amène les 5/7e de ses chevaux à la compétition, Sandra réussit pour 50 % de ses chevaux, tandis que Laure y parvient pour 40 %.
On choisit au hasard un cheval. On s'intéresse aux événements suivants :

F : « Le cheval est entraîné par Fabien » ;
L : « Le cheval est entraîné par Laure » ;
S : « Le cheval est entraîné par Sandra » ;
C : « Le cheval est capable de faire de la compétition ».

1. Donner une représentation de la situation.
2. Calculer $p(F)$.
3. Déterminer $p(\overline{F} \cap C)$ et $p(\overline{F} \cap \overline{C})$.
4. Un cheval qui est capable de faire de la compétition est vendu 5 000 €, tandis que les autres sont cédés à 3 000 €. On définit par X la variable aléatoire donnant le prix de revente de l'animal. Donner la loi de probabilité de X.

45. On choisit au hasard un nombre entre 0 et 39. Soit X la variable aléatoire correspondant au chiffre des unités et Y la variable aléatoire correspondant au chiffre des dizaines.

1. Déterminer la loi de probabilité de X et de Y.
2. Calculer $p(X = Y)$.
3. Calculer $p(XY > 15)$.
4. Calculer $p(X + 2Y = 10)$.

3. Espérance et écart type

pour s'échauffer

46. Ce tableau présente la loi de probabilité associée à une variable aléatoire X.

X	– 5	– 1	0	1	5
$p(X = x_i)$	0,2	0,1	0,4	0,1	0,2

Quelle est la valeur de E (X) ?

47. **corrigé** Ce tableau présente la loi de probabilité associée à une variable aléatoire X.

X	– 5	– 4	0	10	20
$p(X = x_i)$	$\frac{1}{5}$	$\frac{1}{4}$	$\frac{1}{10}$	$\frac{1}{5}$	$\frac{1}{4}$

1. Quelle est la valeur de E (X) ?
2. Quelle est la valeur de V (X) ?

48. On dispose de trois roues comportant 12 secteurs angulaires de même aire.

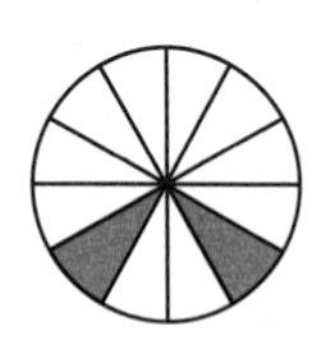

Mise 1,5 €
Gain 8 €

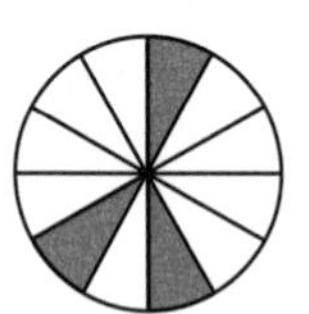

Mise 1 €
Gain 4 €

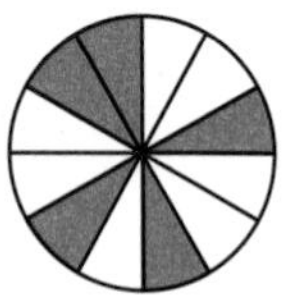

Mise 1 €
Gain 2 €

On gagne si la roue s'arrête sur le rouge.
Quelle roue choisir ?

49. **corrigé** On propose deux jeux.
Au **Jeu 1** le gain est certain, il est de 1 000 000 €.
Au **Jeu 2** on a 10 % de chance de gagner 2 500 000 €, 89 % de chance de gagner 1 000 000 € et 1 % de chance de ne rien gagner.
Quel est le meilleur choix ?

50. On propose deux jeux.
Au **Jeu 1** on a 11 % de chance de gagner 1 000 000 € et 89 % de ne rien gagner.
Au **Jeu 2** on a 10 % de chance de gagner 2 500 000 € et 90 % de chance de ne rien gagner.
Quel est le meilleur choix ?

51. Deux joueurs **A** et **B** lancent chacun une pièce de monnaie parfaitement équilibrée, on s'intéresse à la face apparente.
Si on obtient 2 *pile*, alors le **joueur B** doit 4 euros au **joueur A**, sinon le **joueur** A doit 2 euros au **joueur B**.

1. Le jeu est-il équitable ?
2. Combien devrait gagner le **joueur A** pour 2 *pile* pour que le jeu soit équitable ?

52. Au bowling il y a des boules de 3 masses différentes.
Sur le rail il y a :

5 boules de 4,080 kg ;
4 boules de 2,8 kg et
2 boules de 7,258 kg.

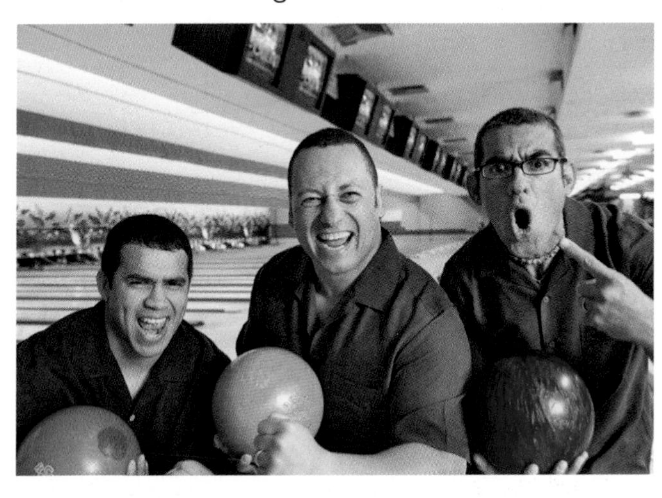

On prend au hasard une boule sur le rail et on note X sa masse en kilogramme.

1. Donner la loi de probabilité de X.
2. Calculer le poids moyen des boules à 10^{-3} près.

Le saviez-vous ?

Les origines de ce jeu remontent à 5 200 avant J.-C. Au cours du temps il a évolué. On trouve les premières traces en Égypte avec des petits vases en albâtre et des billes de porphyre. Il faut attendre le Moyen-âge pour voir apparaître le jeu de quille en France

53. On choisit au hasard une famille de 3 enfants et on désigne par X la variable aléatoire donnant le nombre de filles de la famille. On se place dans l'hypothèse où la probabilité d'avoir une fille est égale à celle d'avoir un garçon.

1. Donner une représentation de la situation.
2. Déterminer la loi de probabilité de X. Calculer E(X) et V(X) en donnant l'expression littérale. En déduire σ(X).

54. On prend au hasard successivement et sans remise deux jetons d'une urne contenant 6 jetons numérotés de 1 à 6. On note X la variable aléatoire égale à la somme des numéros obtenus.

1. Donner la loi de probabilité de X.
2. Calculer E (X) et σ (X).

55. Proverbe

Chacun des mots de l'expression « rien ne sert de courir il faut partir à point » est écrit sur un carton et ces cartons sont placés dans une urne. On tire au hasard l'un des cartons de cette urne et on considère la variable aléatoire qui donne le nombre de voyelles du mot tiré.

1. Donner la loi de probabilité de X.
2. À l'aide de la calculatrice, calculer E (X) et σ (X).

56. Soit X une variable aléatoire qui peut prendre les valeurs – 8, 3, 4, 7 et 9. On note
$u_1 = p(X = -8)$, $u_2 = p(X = 3)$, $u_3 = p(X = 4)$,
$u_4 = p(X = 7)$ et $u_5 = p(X = 9)$.

1. Sachant que $u_1, u_2, \dots, u_5$ sont les termes consécutifs d'un suite géométrique de raison $\frac{1}{2}$, déterminer la loi de probabilité de X.
2. Déterminer l'espérance de X.
3. Déterminer l'écart type de X.

57. Un sac contient 5 boules blanches et 2 boules rouges. On tire les boules de l'urne les unes après les autres sans remise jusqu'à ce que le sac soit vide. On désigne par X la variable aléatoire égale au rang d'apparition de la première boule rouge.

1. Déterminer la loi de probabilité de X.
2. À l'aide de la calculatrice, calculer E (X) et σ (X).

58. La documentaliste a constaté la répartition suivante : lorsqu'un lycéen emprunte un livre, dans 25 % des cas il s'agit d'un livre scolaire, deux cinquièmes empruntent un roman et les autres choisissent un BD.
De plus, un livre scolaire est gardé 4 jours, une bande dessinée est gardée 2 jours et un roman est gardé 15 jours On appelle X la variable aléatoire donnant le temps de sortie des livres empruntés.

1. Donner la loi de probabilité de X.
2. Calculer E (X) et σ (X).
3. Que représente E (X) ?

59. Questions d'implications 

> **Rappel**
> *On peut se reporter à la page 62.*
> **La proposition « Si A alors B » est une implication.**
> **On dit aussi que « A implique B » et on le note « A ⇒ B ».**
> **A représente l'hypothèse et B la conclusion.**
> **Si « A ⇒ B » et si « B ⇒ A » alors on dit que A et B sont équivalentes et on écrit « A ⇔ B ».**

Dans chacun des quatre cas suivants, dire s'il existe de tels liens logiques.

1. A : « La variable aléatoire X prend les valeurs 2, 3, 5 » ;
   B : « E (X) ⩾ 2 ».
2. A : « La variable aléatoire X prend des valeurs positives » ;
   B : « E (X) ⩾ 0 ».
3. A : « V (X) ⩾ 0 » ; B : « E (X) ⩾ 0 ».
4. A : « V (X) ⩾ 1 » ; B : « σ (X) ⩾ 1 ».

60. Dans un bac il y a :
95 cravates en soie à 20 €,
70 cravates en polyester à 15 € et
50 cravates dégriffées à 10 €.

On choisit une cravate au hasard dans le bac et on désigne par X la variable aléatoire égale au prix de vente de l'article tiré.

1. Quelle est la probabilité d'obtenir une cravate non dégriffée ?
2. Donner la loi de probabilité de X.
3. Calculer E (X) et σ (X). Arrondir à l'unité.
4. On choisit maintenant successivement et sans remise deux cravates et on désigne par Y la variable aléatoire prenant pour valeur la somme des prix des deux cravates.
   a. Donner la loi de probabilité de Y.
   b. Calculer E (Y) et σ (Y).

Le saviez-vous ?

La cravate est apparue en France sous le règne de Louis XIII mais c'est à la cour de Louis XIV que la cravate devient synonyme d'élégance.

61. Somme de variables aléatoires 

On définit les deux variables aléatoires X et Y par leurs lois de probabilités données dans les tableaux suivants :

x_i	− 2	− 1	0	1	2
$p(X = x_i)$	0,25	0,35	0,20	0,10	0,10

y_i	− 3	− 2	0	2	3
$p(Y = y_i)$	0,15	0,30	0,25	0,15	0,15

1. En utilisant la calculatrice, déterminer l'espérance de X et l'espérance de Y.
2. On définit la variable aléatoire Z par Z = X + Y.
Quelles sont les valeurs prises par Z ?

62. L'organisateur d'une loterie annonce qu'il y aura 1 billet gagnant 5 000 euros, 5 billets gagnant 1 000 euros et 50 billets gagnant 50 euros sur un total de N billets. On note P le prix de l'achat d'un billet.
Axelle achète un billet. On note X la variable aléatoire représentant le gain d'Axelle (montant du lot gagné moins le prix d'achat du billet).

1. Déterminer en fonction de P, les valeurs possibles de X.
2. Déterminer en fonction de P et N, la loi de probabilité de X.
3. Déterminer l'espérance de X.
4. L'organisateur souhaite faire un bénéfice de 2 000 euros. Sachant que P = 5 €, déterminer N.
5. En déduire alors la valeur exacte de E (X).

63. Un boulanger gagne 15 € par gâteau vendu et perd 10 € par invendu.

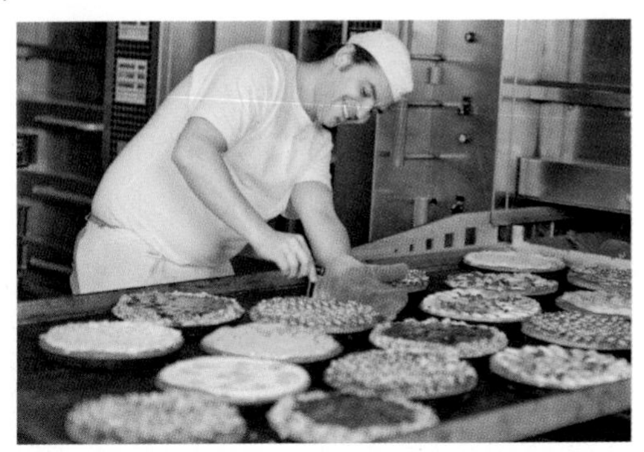

Les statistiques établies sur les périodes précédentes ont donné la loi de probabilité suivante :

n	0	1	2	3	4	5
$p(X = n)$	0,1	0,15	0,35	0,2	0,1	0,1

Où n désigne le nombre de gâteaux vendus.

1. Le boulanger fabrique 5 gâteaux. Déterminer l'espérance du gain.
2. Le boulanger fabrique 4 gâteaux. Déterminer l'espérance du gain. *On considère alors que* $p(X = 4) = 0.2$.
3. Que peut-on conseiller à ce boulanger ?

64. Une petite compagnie d'assurance fait un bilan du coût de ses assurés par tranche de 500 €.
On note C la variable aléatoire donnant le montant du coût des assurés en euro (€).

C (en €)	0	500	2 000	2 500	4 000	6 000	10 000	25 000
Nombre d'assurés concernés	154	34	54	75	35	15	4	4

1. Combien y a t il d'assurés dans cette compagnie ?
2. Donner la loi de probabilité de C.
3. Calculer $E(C)$ et $\sigma(C)$.
4. À combien cette compagnie d'assurance doit-elle fixer sa cotisation pour équilibrer ses comptes ?
5. À combien doit-elle fixer sa cotisation pour réaliser un bénéfice de 50 € par assuré ?

Le saviez-vous ?

C'est en 1662 que *John Graunt* utilise pour la première fois les probabilités dans un but autre que les jeux. Il a analysé les enregistrements de décès pour évaluer le risque de mortalité. Il a ainsi créé les origines des assurances-vie.

65. corrigé Une roulette est composée de 16 cases :

9 cases rouges numérotées de 1 à 9 ;

6 cases vertes numérotées de 10 à 15 ;

1 case noire numérotée 0.

On peut miser sur la couleur rouge ou verte pour gagner deux fois sa mise si *rouge* est obtenu et trois fois sa mise si *vert* est obtenu, ou bien miser sur le numéro pour gagner 10 fois sa mise en cas d'obtention du 0. On notera x la mise initiale.

On désigne par X la variable aléatoire donnant le gain si on choisit de miser sur une couleur.

On désigne par Y la variable aléatoire donnant le gain si on choisit de miser sur un numéro.

1. Déterminer la loi de probabilité de X.
2. Déterminer la loi de probabilité de Y.
3. Calculer $E(X)$ et $E(Y)$.

66. Besoin d'espace

Un concessionnaire automobile vend deux versions de voitures pour une marque : des *monospace* et des *crossovers*.

Pour chaque version, il existe deux motorisations : *essence* ou *diesel*.

On choisit au hasard une fiche d'un client ayant acheté une voiture. On s'intéresse aux événements suivants :

M : « La voiture est un monospace » ;

C : « La voiture est un crossover » ;

D : « La voiture est un diesel ».

On sait que :

60 % ont acheté un *crossover* ;

80 % des *crossovers* ont un motorisation *diesel* ;

30 % des *monospace* ont une motorisation *essence*.

1. Donner une représentation de la situation.
2. Calculer $p(M)$; $p(M \cap D)$ et $p(C \cap \overline{D})$.
3. Dans le tableau ci-dessous on donne les prix pratiqués :

Version	*Monoplace*		*Crossover*	
Motorisation	*Essence*	*Diesel*	*Essence*	*Diesel*
Prix de vente en K€	23	27	20	25

On définit la variable aléatoire X donnant le prix de la voiture. Donner la loi de probabilité de X.
Calculer $E(X)$.

67. Maxime et Boris décident de jouer à un jeu en observant les règles suivantes :

Pour décider qui commence la partie, Maxime et Boris lancent un dé. Maxime commence si le numéro de son dé est supérieur ou égal à celui de Boris.

Si Maxime commence, il choisit au hasard une boule dans un sac contenant une boule bleue, une boule blanche et une boule rouge. Si la boule est rouge alors Maxime a gagné sinon il la remet dans le sac et Boris choisit à son tour au hasard une boule; s'il obtient la bleue ou la blanche alors Boris gagne sinon c'est Maxime qui est déclaré vainqueur.

Si Boris commence et s'il obtient la bleue ou la blanche alors Boris gagne sinon c'est Maxime qui est déclaré vainqueur sans avoir besoin de choisir une boule.

1. Quelle est la probabilité que Maxime commence ?
2. Quelle est la probabilité que Maxime gagne ?
3. Est-il équitable que les mises des joueurs soient égales ?

68. Dans un lycée il y a 60 % de filles. 35 % des filles et 2,5 % des garçons ont une taille de pieds inférieure ou égale à 36 ; 10 % des garçons ont une pointure supérieure ou égale à 45 et aucune fille ne chausse plus de 45. Les professeurs de sport souhaitent mettre en place une activité roller mais leur fournisseur les informe que pour une pointure standard (du 37 au 44) le prix est de 40 € en revanche pour des pointures plus rares (inférieures ou égales à 36 ou supérieures ou égales à 45) le prix est de 60 €. On désigne par X la variable aléatoire donnant le prix d'une paire de rollers.

1. Quelles sont les valeurs prises par la variable aléatoire ?
2. Donner la loi de probabilité de X.
3. Calculer $E(X)$ et $\sigma(X)$.
4. En utilisant $E(X)$, calculer le montant de l'investissement à faire pour avoir un lot de 100 paires de rollers.

69. Le loto

Le 14 janvier 2011, Pauline décide de jouer au loto. Elle mise 0,3 euro sur une grille de 6 chiffres. Soit X la variable aléatoire représentant le gain de Pauline (différence entre la somme gagnée et la mise). Voici les résultats des gains :

Nombre de bons numéros	Rapport par grille gagnante pour 0,3 €	Probabilité de gagner
6	199 505,00 €	$\frac{1}{13\,983\,816}$
5 + *complémentaire*	2 817,70 €	$\frac{6}{13\,983\,816}$
5	270,20 €	$\frac{252}{13\,983\,816}$
4 + *complémentaire*	18,20 €	$\frac{630}{13\,983\,816}$
4	9,10 €	$\frac{13545}{13\,983\,816}$
3 + *complémentaire*	2,60 €	$\frac{17220}{13\,983\,816}$
3	1,30 €	$\frac{246820}{13\,983\,816}$

1. Déterminer les différentes valeurs possibles de X.
2. Déterminer la loi de probabilité de X.
3. Déterminer l'espérance de X. Le jeu est-il équitable ?
4. Déterminer la probabilité de perdre : $p(X < 0)$

Que penser de ce résultat ?

70. On s'intéresse à la répartition mensuelle des salaires de deux entreprises situées sur un même site. On note X la variable aléatoire donnant les salaires nets de l'entreprise A et Y la variable aléatoire donnant les salaires de l'entreprise B. Les salaires sont donnés au millier le plus proche.

Les lois sont présentées dans les tableaux suivants :

Entreprise A :

X	1 000	2 000	3 000	4 000
Effectif	15	7	3	2

Entreprise B :

Y	1 000	2 000	3 000	4 000	5 000
Effectif	30	11	5	8	1

On rencontre au hasard un salarié à la sortie du site.

1. Quelle est la probabilité que le salaire arrondi au millier le plus proche de ce salarié soit de 1 000 € ?
2. Quelle est la probabilité que le salaire arrondi au millier le plus proche de ce salarié soit au moins de 3 000 € ?
3. En utilisant une calculatrice, calculer à 10^{-2} près l'espérance et l'écart type de chacune des variables aléatoires X et Y. Utiliser les résultats pour donner une interprétation sur les deux usines.

71. Dans un magasin, on a relevé le moyen de paiement et le montant M de 200 tickets de caisse.

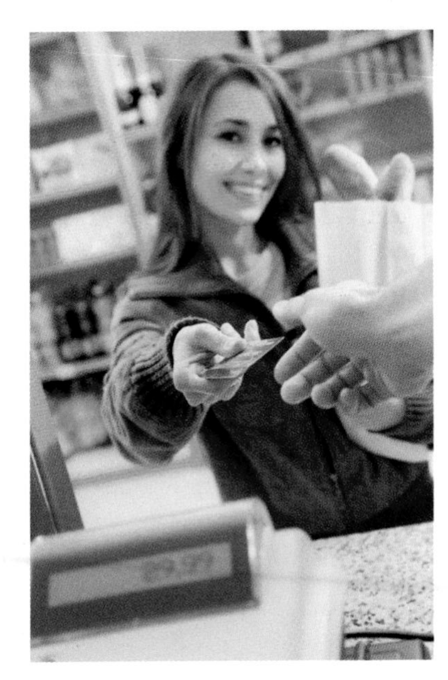

On a constaté que :

- Si $M < 10$ les achats sont payés en espèce et représentent 7,5 % des ventes.
- Si $10 \leqslant M \leqslant 15$ la moitié des achats sont payés par carte bancaire.
- 20 % des achats sont payés par chèque et 16 % des achats se font en espèce.
- Les achats de plus de 15 euros payés par carte bancaire représentent la moitié des ventes.
- Il y a autant de paiement en espèce pour les montants strictement inférieurs à 10 euros que ceux compris entre 10 et 15 euros.
- Le montant maximum est 135 €.
- La banque prélève 2 euros de frais pour les paiements par carte bancaire d'un montant inférieur à 15 euros.

On désigne par X la variable aléatoire donnant le montant des tickets de caisse (on prendra le centre de la classe pour la valeur de X par exemple pour $10 \leqslant M \leqslant 15$ on prendra $X = 12,5$).

1. Déterminer la loi de probabilité de X.
2. En utilisant la calculatrice déterminer, à 10^{-2} près, $E(X)$ et $\sigma(X)$.

72. Une urne contient 10 boules blanches et n boules noires ($n \geqslant 2$). Toutes les boules ont la même probabilité d'être tirées. Pour chaque boule blanche obtenue on gagne 2 euros et pour une boule noire on perd 3 euros. On désigne par X la variable aléatoire correspondant au gain algébrique obtenu par le joueur.

Partie A

Le joueur tire une boule.

1. Quelles sont les valeurs prises par X ?
2. Donner la loi de probabilité de X.
3. Exprimer $E(X)$ en fonction de n.
4. Déterminer les valeurs de n pour lesquelles le jeu est défavorable.

Partie B

Le joueur tire deux boules successivement et sans remise.

5. Quelles sont les valeurs prises par X ?
6. Donner la loi de probabilité de X.
7. Exprimer $E(X)$ en fonction de n.
8. Déterminer les valeurs de n pour lesquelles le jeu est défavorable.

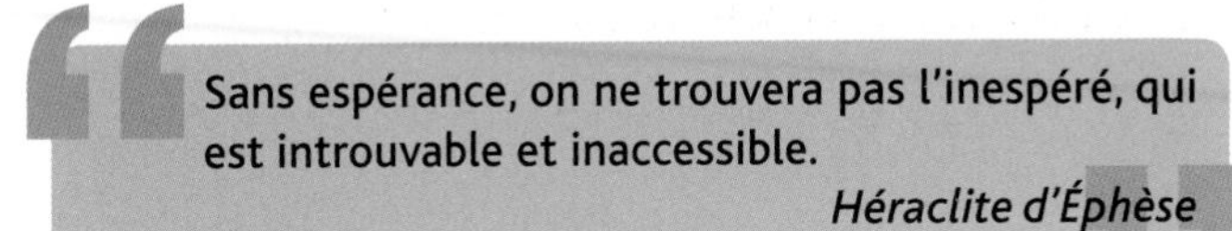

73. Dans le mille

Isabelle joue aux fléchettes. Voici sa cible :

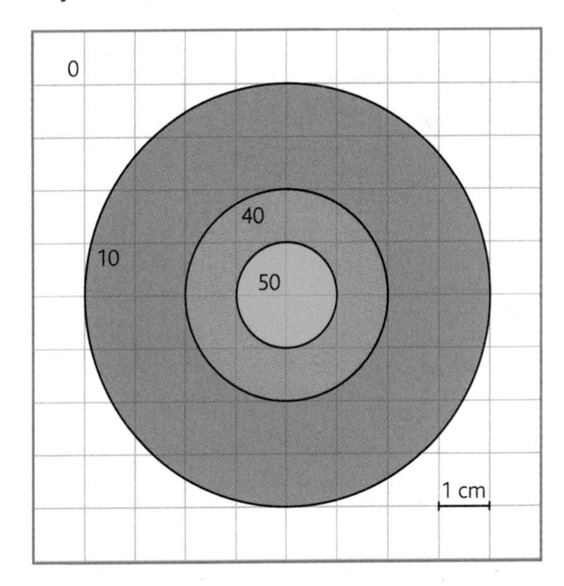

On admet que la flèche est toujours placée dans le carré rouge et que la probabilité de placer une flèche dans une zone quelconque du carré est proportionnelle à l'aire de cette zone.

Isabelle lance une flèche. Soit X la variable aléatoire représentant le nombre de points obtenus.

1. Déterminer la loi de probabilité de X.
2. Déterminer l'espérance et l'écart type de X.

74. Un joueur lance une pièce parfaitement équilibrée trois fois de suite. *algo*

1. Donner une représentation de la situation.
2. On considère l'algorithme suivant :

```
Variables
A et B sont des entiers naturels ;
Début
Affecter à A un entier aléatoire compris entre 1 et 2.
Affecter à B un entier aléatoire compris entre 1 et 2.
Si A ≠ B alors afficher : « Perte de 20 € »
Sinon
Affecter à C un entier aléatoire compris entre 1 et 2.
   Si A ≠ C alors afficher : « Perte de 20 € »
   Sinon afficher : « Gain de 30 € »
   Fin du Si
Fin du Si
Fin
```

On appelle X la variable aléatoire donnant le gain (positif ou négatif) du joueur.

a. Expliquer les règles du jeu.
b. Donner la loi de probabilité de X.
c. Calculer l'espérance mathématique de cette loi.
Le jeu est-il équitable ?
d. Combien le joueur devrait-il perdre pour que le jeu soit équitable.

75. *Tableur*

Rappel
- La fonction ALEA() donne un nombre aléatoire compris entre 0 et 1. En multipliant par un entier *n* on obtient un nombre aléatoire compris entre 0 et *n*.
- La fonction ENT associe à un nombre réel *x* sa partie entière. Par exemple *ENT*(2,3)=2.
- La fonction NB.SI compte le nombre de fois où le résultat choisi apparaît sur l'ensemble des nombres sélectionnés. Par exemple NB.SI(A1:A100;3) donnera le nombre de fois où le nombre 3 a été obtenu dans la zone définie de **A1** à **A100** et NB.SI(A:A;3) donnera le nombre de fois où le nombre 3 a été obtenu dans la colonne **A**.

Dans une urne, il y a 12 boules indiscernables au toucher, numérotées de 0 à 11. On choisit successivement et avec remise deux boules de l'urne. On s'intéresse à la somme S des deux chiffres obtenus.

1. Quelles sont les sommes possibles ?
2. Que représente la formule « = *ENT*(*ALEA* () × 12) » ?
3. Dans la colonne **A**, créer la simulation du tirage de la première boule.
Dans la colonne **B**, créer la simulation du tirage de la seconde boule.
Dans la colonne **C** faire afficher la somme des deux nombres précédents.
4. À l'aide du tableur, on se propose de simuler 500 sommes.
Établir la loi de probabilité de S.
5. Faire les modifications nécessaires pour simuler 10 000 lancers.

4. Utilisation des propriétés

pour s'échauffer

76. corrigé Soit X une variable aléatoire telle que $E(X) = 3$ et $V(X) = 4$.
Calculer $E(4 - X)$ et $V(3X - 4)$.

77. Soit X une variable aléatoire telle que $E(X) = -1$ et $\sigma(X) = 3$.
Calculer $E(1 - 2X)$ et $V(2X + 9)$.

78. corrigé Soit X une variable aléatoire telle que $E(X) = 0$ et $\sigma(X) = \frac{2}{3}$.
Calculer $E(2X - 5)$ et $V(2X - 5)$.

79. On s'intéresse au coût de l'électricité en fonction de son origine.
En 2008 on avait le tableau suivant :

Origine	Production en TW/h	Coût de production (en euro) du KWh
Nucléaire	420	0,03
Énergie renouvelable	57	0,045
Thermique	74	0,5

D'après Insee

1. Quel est le prix moyen de revient du KWh ?
2. Sachant que le KWh est revendu au prix moyen de 0,08 €. Quel est le bénéfice moyen d'un KWh pour EDF ?
3. EDF souhaite augmenter de 50 % la production d'énergie renouvelable sans changer son bénéfice.
Quel devra être le prix moyen de revente ?

80. On choisit au hasard un nombre entre 1 et 50. Soit X la variable aléatoire correspondant à la somme des chiffres de ce nombre.

1. Déterminer la loi de probabilité de X.
2. Déterminer l'espérance et l'écart type de X.
3. Déterminer $p(X \leqslant 5)$ et $p(X \geqslant 10)$.
4. Une machine demande 13 euros pour donner un nombre aléatoire compris entre 1 et 50, on gagne la somme des chiffres.
Écrire un algorithme affichant le gain à ce jeu.
5. Ce jeu est-il favorable ?

81. Équivalence

Les affirmations A et B sont-elles équivalentes ?

1. A : « $E(X) \leqslant -2$ » et B : « $E(-2X) \geqslant 0$ ».
2. A : « $E(X) > -4$ » et B : « $E(2X + 8) > 0$ ».
3. A : « $V(3X + 4) \geqslant 4$ » et B : « $\sigma(X) \geqslant 4$ ».
4. A : « $V(X - 11) \leqslant 4$ » et B : « $\sigma(X) \leqslant 4$ ».

82. Une urne contient $n + 5$ boules : cinq boules blanches et n boules noires ($n \geqslant 3$). Tous les tirages sont supposés équiprobables.
Un joueur tire des boules de l'urne. Pour chaque boule noire tirée il perd un euro, et pour chaque boule blanche tirée il gagne deux euros.

1. Dans cette question, le joueur effectue deux tirages successifs avec remise. On définit par X la variable aléatoire égale au gain.
a. Quelles sont les valeurs prises par X ?
b. Déterminer la loi de probabilité de X.
c. Calculer, en fonction de n, l'espérance mathématique de gain du joueur. Y a-t-il une valeur de n pour laquelle le jeu est équitable ? Si oui, laquelle ?
2. Dans cette question, le joueur effectue deux tirages sans remise. On définit par Y la variable aléatoire donnant le gain.
a. Quelles sont les valeurs prises par Y ?
b. Déterminer la loi de probabilité de Y.
c. Calculer, en fonction de n, l'espérance mathématique du gain du joueur. Y a-t-il une valeur de n pour laquelle le jeu est équitable ? Si oui, laquelle ?
d. Cynthia déclare qu'elle ne joue que si $n \leqslant 10$. Expliquer pourquoi.
3. Pour pouvoir jouer on doit donner 2 euros.
a. Dans les deux cas quelle est la nouvelle espérance ?
b. Cynthia ne souhaite pas jouer. Expliquer pourquoi ?

83. Dans une soirée, Lorie ne connaît personne, elle fait connaissance avec les 12 personnes invitées.

DEMO

Elle engage la conversation. Elle sait qu'en trois minutes il y a une chance sur deux pour qu'elle se désintéresse de la personne et qu'elle cesse la conversation. Sinon il lui faut deux minutes de plus pour rejeter 3 personnes sur 4 et elle discute pendant 1 heure avec les restants.

1. On désigne par X la variable aléatoire donnant le temps de conversation (en minutes) passé avec chaque personne. Déterminer la loi de probabilité de X.
2. Quel est le temps moyen d'une conservation ? Combien de temps passe-t-elle au cours de la soirée à parler ?
3. Elle décide d'accorder 1 minute de plus à chaque conversation.
a. Démontrer que $E(X + 1) = E(X) + 1$
b. Quel est alors le temps moyen du dialogue ?
4. Elle décide d'accorder le double de temps à chaque dialogue, quel est alors le temps moyen du dialogue ?

Le saviez-vous ?

C'est au cours de sa thèse, que *Peter Backus* a mené des calculs très sérieux, s'inspirant des formules astrophysiques, pour déterminer que l'on a 1 chance sur 285 000 de trouver le grand amour.

84. Un forain a construit un appareil de jeu contenant quatre boules blanches (B_1, B_2, B_3 et B_4) et trois boules rouges (R_1, R_2 et R_3).
Lorsqu'on introduit un jeton dans l'appareil, trois boules tombent dans un panier. Toutes les boules ont la même probabilité de tomber dans le panier. Si les trois boules obtenues sont rouges, le joueur gagne un lot de 100 euros. Si deux des boules obtenues sont rouges, le joueur gagne un lot de 15 euros. Si une des trois boules est rouge, le joueur gagne un lot de 5 euros. Si les trois boules sont blanches, le joueur ne gagne rien. Le prix du jeton est fixé à 10 euros.

1. Donner toutes les issues de cette expérience.
2. La variable aléatoire X désignant la valeur du lot gagné par le joueur, déterminer la loi de probabilité de X. Calculer l'espérance mathématique de X.
3. L'appareil ne s'avérant pas suffisamment rentable, le forain envisage deux solutions : augmenter de 1 euro le prix du jeton ou ajouter une boule blanche à l'intérieur de l'appareil. Quelle est la solution la plus rentable pour le forain ?

D'après bac

5. Problèmes

85. Contrats

Une compagnie d'assurance fait un bilan de ses ventes de contrats.

- 311 foyers ont souscrits une assurance « habitation »;
- 352 foyers ont souscrits une assurance « voiture »;
- 84 foyers ont souscrits une assurance « risque de la vie »;
- 52 foyers ont souscrits une assurance « habitation et risque de la vie»;
- 18 foyers ont souscrits une assurance « voiture et risque de la vie »;
- 243 foyers ont souscrits une assurance « habitation et voiture »;
- 16 foyers ont souscrits les trois assurances.

1. Donner une représentation de la situation.

La compagnie décide d'attribuer à ses fiches une couleur. Il y a :

- 16 fiches vertes;
- 265 fiches bleues;
- 169 fiches rouges.

Comment les couleurs ont-elles été attribuées ?

2. On considère l'algorithme suivant :

> **Variables**
> N, K sont des entiers naturels
> **Début**
> Affecter à N un entier aléatoire entre 1 et 450.
> Affecter à K la valeur 0
> Si $1 \leqslant N \leqslant 16$ alors affecter à K la valeur $K + 3$. Fin du Si.
> Si $17 \leqslant N \leqslant 281$ alors affecter à K la valeur $K + 2$. Fin du Si.
> Si $282 \leqslant N \leqslant 450$ alors affecter à K la valeur $K + 1$. Fin du Si
> Afficher K.
> **Fin**

Que représente la valeur de K obtenue par cet algorithme ? Que représente N ?

3. Delphine veut faire une étude portant sur au moins 10 contrats mais elle se demande combien de fiches lui seront nécessaires pour réaliser sa tache Pour cela elle utilise l'algorithme suivant :

> **Variables**
> N, K et P sont des entiers naturels
> **Début**
> Affecter à N un entier aléatoire entre 1 et 450.
> Affecter à K et à P la valeur 0
> Tant que $K \leqslant 10$
> Si $1 \leqslant N \leqslant 16$ alors affecter à K la valeur $K + 3$. Affecter à P la valeur de $P + 1$.
> Fin du Si.
> Si $17 \leqslant N \leqslant 281$ alors affecter à K la valeur $K + 2$
> Affecter à P la valeur de $P + 1$. Fin du Si.
> Si $282 \leqslant N \leqslant 450$ alors affecter à K la valeur $K + 1$
> Affecter à P la valeur de $P + 1$. Fin du Si
> Afficher P.
> **Fin**

Expliquer cet algorithme. Que représente P ?

4. Un contrat d'habitation coûte 160 euros par an ; un contrat de voiture coûte 700 euros par an (en moyenne); un contrat de risque de la vie coûte 100 euros par an et on désigne par X la variable aléatoire donnant le montant à payer par an pour un foyer.

Donner la loi de probabilité de X et calculer E(X), V(X) et σ(X).

5. Pour la première année la compagnie décide de proposer une remise de 50 euros. On désigne par Y la variable aléatoire donnant le nouveau montant à payer. Calculer E(Y), V(Y) et σ(Y).

86. À la télévision

Dans un jeu télévisé, quatre personnes s'affrontent. Les candidats sont de force égale et se placent aux quatre angles d'un carré. Le curseur C est placé au centre. Le jeu s'arrête dès que le curseur arrive sur un coté. Si le curseur est sur le segment alors les deux candidats formant le segment s'affrontent en finale et si le curseur arrive sur le candidat il est le gagnant du jeu.

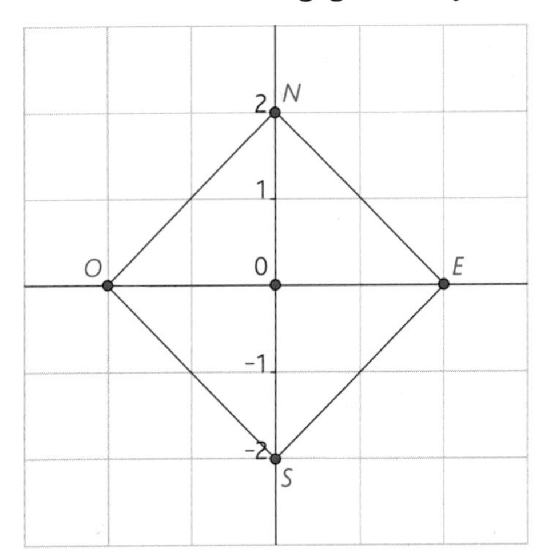

On associe au Nord la valeur 1, à l'Ouest la valeur 2, au Sud la valeur 3 et à l'Est la valeur 4

1. On considère l'algorithme suivant :

> **Variables**
> A, I, J et K sont des entiers naturels
> **Début**
> Affecter à K la valeur 0.
> Affecter à A un nombre aléatoire entre 1 et 4.
> Tant que $I + J < 2$ ou $I - J < 2$ ou $I + J > -2$ ou $J - I < 2$ faire
> Si $A = 1$ alors affecter à J la valeur $J + 1$
> Fin du Si.
> Si $A = 2$ alors affecter à I la valeur $I - 1$.
> Fin du Si.
> Si $A = 3$ alors affecter à J la valeur $J - 1$.
> Fin du Si.
> Si $A = 4$ alors affecter à I la valeur $I + 1$.
> Fin du Si.
> Affecter à K la valeur $K + 1$.
> Fin du tant que
> Afficher K.
> **Fin**

a. Expliquer la condition « Tant que $I + J < 2$ ou $I - J < 2$ ou $I + J > -2$ ou $J - I < 2$ faire »

b. Que représente le nombre K ?

2. Dans chacun des cas, dire si le résultat est possible. Si oui donner la position du curseur et dire si le jeu n'est pas fini, si le jeu a une finale ou si le jeu a un gagnant.

a. On obtient le résultat (3 ; 4 ; 2).

b. On obtient le résultat (1 ; 3 ; 3 ; 4).

c. On obtient le résultat (2 ; 1 ; 4 ; 2).

d. On obtient le résultat (2 ; 4).

e. On obtient le résultat (2 ; 4 ; 2 ; 3).

3. On sait que la seconde question est répondue juste par le Sud ; que s'il y a une troisième question alors c'est l'Est qui répond juste et qu'à partir de la cinquième question le Sud et l'Est ne donnent plus de réponses justes.

a. Quelle est la probabilité que le Sud gagne ?

b. Quelle est la probabilité que le Sud dispute une finale ?

c. On définit par X la variable aléatoire donnant le nombre de coup nécessaire pour obtenir un gagnant ou une finale. Déterminer la loi de probabilité de X et calculer E(X).

87. Optimisation de frais

Une association propose à ses adhérents une sortie payante. Les adhérents peuvent choisir d'apporter leur pique nique ou de payer à l'association un supplément pour le repas. Le tableau ci-dessous donne les différents tarifs suivant l'âge des adhérents.

Catégorie	A : Adulte *(plus de 18 ans)*	B : Jeunes *(de 10 à 18 ans)*	C : Enfants *(moins de 10 ans)*
Prix de la sortie	20 €	15 €	8 €
Prix du repas	6 €	5 €	3 €

L'association a inscrit 87 participants pour cette sortie, dont 58 adultes et 12 enfants de moins de 10 ans. La moitié des adultes, un quart des enfants et 10 jeunes ont apporté leur pique nique. On choisit un participant au hasard et on s'intéresse aux événements suivants :

A : « le participant fait partie de la catégorie A » ;
B : « le participant fait partie de la catégorie B » ;
C : « le participant fait partie de la catégorie C » ;
R : « le participant choisit le repas proposé par l'association ».

1. Représenter la situation à l'aide d'un arbre pondéré, qui sera complété au fur et à mesure.

2. a. Calculer la probabilité de l'évènement B.

b. Calculer la probabilité de l'évènement $R \cap A$.

3. Montrer que $p(R) = \dfrac{15}{29}$.

4. On note X la variable aléatoire donnant le prix payé à l'association par participant.

a. Déterminer les différentes valeurs que peut prendre le prix X.

b. Établir la loi de probabilité et calculer le prix moyen par participant.

Asie Juin 2009

QCM

Dans les questions suivantes, déterminer la (ou les) bonne(s) réponse(s)

88. Pour son ouverture, un magasin d'électroménager fait un envoi massif de bons cadeaux de 20 €, sans obligation d'achat, valables 1 semaine.
Pendant cette semaine, 500 personnes se présentent :
• 85 % des personnes sont munies de leur bon d'achat et parmi ces personnes 20 % achètent un appareil.
• Parmi les personnes qui n'ont pas de bon, 60 % n'achètent rien.
Le magasin réalise 100 € de bénéfice en moyenne par vente.
On note X la variable aléatoire donnant le gain du magasin.
1. La probabilité de l'évènement $X = 0$ est :
a. 0,09 b. 0,03 c. 8,5 d. 0,8
2. L'espérance de X est :
a. 0 b. 7,2 c. 6 d. 40
3. Le gérant souhaite faire un bénéfice moyen de 10,25 €. À combien faut-il mettre le montant du bon d'achat ?
a. 10 b. 19 c. 21 d. 15

restitution organisée des connaissances

***Dans les exercices 89 à 91**, on appelle X une variable aléatoire réelle. On note $x_1, x_2, \ldots, x_n$ les valeurs prises par X (avec $x_1 < x_2 < \ldots < x_n$).*

89. 1. Montrer que $E(2X + 3) = 2E(X) + 3$.
2. Montrer que $V(-4X + 1) = 16V(X)$.

90. Montrer que $E(X - E(X)) = 0$.

91. Montrer que $x_1 \leqslant E(X) \leqslant x_n$ et que $\sigma(X) \leqslant x_n - x_1$.

problèmes

92. Autour de la table
10 personnes sont assises autour d'une table ronde. 10 jetons portant les numéros de 1 à 10 sont distribués au hasard à ces 10 personnes.
Chaque personne gagne une somme égale, en euros, au total de la somme du numéro de son propre jeton, de celui de son voisin de gauche et de celui de son voisin de droite.
1. À l'aide d'un procédé aléatoire à déterminer, donner un exemple de répartition des jetons.
Sur cet exemple, indiquer le gain de chaque personne et la moyenne de ses dix gains.
2. Prouver que, quelle que soit la répartition des jetons, au moins une des dix personnes aura un gain supérieur ou égal à 17 €.
3. Donner un exemple où tous les gains sont inférieurs ou égaux à 18 €.
4. Peut-on, dans la deuxième question, remplacer 17 par 18 ?
Olympiades de mathématiques

93. Avec des fonctions
Une urne composée de 50 jetons contient des jetons bleus, des jetons blancs et des jetons rouges. 10 % des jetons sont bleus et il y a trois fois plus de jetons blancs que de jetons bleus. Un joueur prend un jeton au hasard.
S'il est rouge, il remporte sa mise.
S'il est blanc, il remporte le carré de sa mise.
S'il est bleu, il perd le cube de sa mise.
On note X le gain à ce jeu.
1. Le joueur mise 2 euros. Déterminer la loi de probabilité de X. Quel est le gain moyen de ce jeu ?
2. On cherche à déterminer la valeur de mise g_0 telle que le gain moyen réalisé sur un grand nombre de tirages soit maximal. Le résultat sera arrondi au centime d'euro. Soit x le gain en euros.
a. Montrer que le problème posé revient à étudier les éventuels extremums de la fonction f définie sur $[0\,;+\infty[$ par :
$$f(x) = -0{,}1x^3 + 0{,}3x^2 + 0{,}6x.$$
b. Étudier le sens de variation de f sur $[0\,;+\infty[$.
c. Répondre au problème.
D'après Bac

94. Un sac contient 100 boules. ALGO

Sur chacune de ces boules est inscrit l'un des numéros 0, 1, 2, 3 ou 4. Le tableau ci-dessous donne la répartition de ces boules suivant leur numéro.

Numéro inscrit	0	1	2	3	4
Nombre de boules	30	25	20	15	10

Un joueur tire au hasard une boule de ce sac. On note p_n la probabilité que ce joueur tire une boule portant le numéro n.

1. Déterminer p_n pour $0 \leqslant n \leqslant 4$.

2. Quelle est la nature de la suite $(p_n)_{0 \leqslant n \leqslant 4}$?

3. La règle du jeu suit l'algorithme suivant :

```
Variables : n est un entier entre 0 et 4.
G est un entier
Début
Affecter à n un nombre aléatoire compris
entre 0 et 4
Si n est pair alors G = n
Sinon G = – n
| Fin du si
| Afficher G
Fin
```

On désigne par X la variable aléatoire qui, à chaque numéro de boule tirée, associe le gain du joueur.

a. Quelles sont les valeurs prises par X ?

b. Déterminer la loi de probabilité de X. Calculer l'espérance E(X).

95. Un carré de côté 20 cm de centre O est partagé selon les zones suivantes :

• un disque D de centre O et de rayon 1 cm ;

• 8 secteurs S_1, S_2, … , S_8 de même aire, délimités par les frontières du disque D et du disque D′ de même centre et de rayon 9 cm.

• une zone R entre le disque D′ et le bord du carré.

On place un point aléatoirement dans le carré. La probabilité de placer le point dans une zone quelconque du carré est proportionnelle à l'aire de cette zone.

1. a. Déterminer la probabilité $p(D)$ pour que le point soit placé dans le disque D.

b. Déterminer la probabilité $p(S_1)$ pour que le point soit placé dans le secteur S_1.

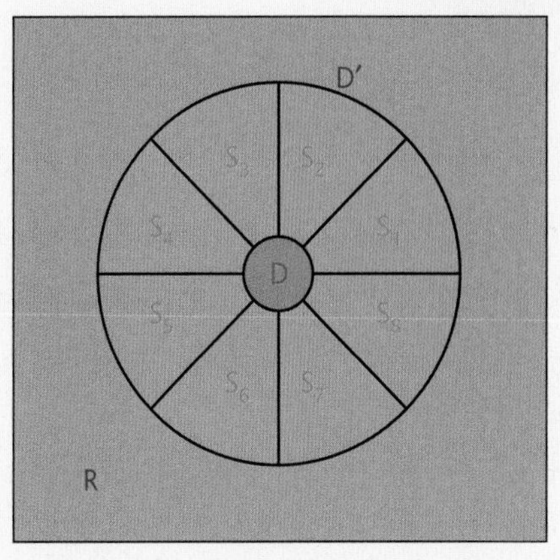

2. Pour cette question on utilisera les valeurs approchées suivantes : $p(D) = 0{,}008$ et pour tout $k \in \{1, 2, 3, 4, 5, 6, 7, 8\}$, $p(S_k) = 0{,}0785$.

À cette situation aléatoire est associé le jeu suivant :

• un point placé dans le disque D fait gagner 10 €.

• un point placé dans le secteur S_k fait gagner k € pour tout k appartenant à $\{1, 2, 3, 4, 5, 6, 7, 8\}$;

• un point placé dans la zone R fait perdre 4 €.

On note X la variable aléatoire égale au gain algébrique obtenu.

Calculer la probabilité $p(R)$ pour que le point soit placé dans la zone R. Calculer l'espérance de X.

D'après de Bac S.

96. Un sac contient trois boules numérotées respectivement 0,1 et 2, indiscernables au toucher. On tire une boule du sac, on note son numéro x et on la remet dans le sac ; puis on tire une seconde boule, on note son numéro y et on la remet dans le sac. Toutes les boules ont la même probabilité d'être tirées. À chaque tirage de deux boules, on associe dans le plan, muni d'un repère orthonormal $(O ; \vec{i}, \vec{j})$, le point M de coordonnées $(x ; y)$. On désigne par D le disque de centre O et de rayon 1,7. Les résultats seront donnés sous forme de fraction irréductible.

1. Placer dans le plan muni du repère $(O ; \vec{i}, \vec{j})$ les points correspondant aux différents résultats possibles.

2. Calculer la probabilité de chacun des événements suivants :

A : « Le point M est sur l'axe des abscisses » ;

B : « Le point M appartient au cercle de centre O et de rayon 1 ».

3. Soit X la variable aléatoire qui, à chaque tirage de deux boules, associe la somme $x^2 + y^2$.

a. Déterminer la loi de probabilité de la variable aléatoire X. Calculer son espérance mathématique E(X).

b. Montrer que la probabilité de l'événement « le point M appartient au disque D » est égale à $\frac{4}{9}$.

D'après Amérique du sud.

TP INFO

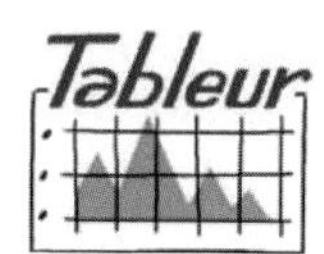

1. Simulation de tirages au hasard

objectif

Évaluer une probabilité.

On considère deux urnes composées de boules rouges et de boules vertes indiscernables au toucher. Dans l'*urne 1*, il y a 5 boules rouges et 1 boule verte et dans *l'urne 2*, il y a 3 boules rouges et 2 boules vertes.

On prend une boule dans l'*urne 1* et une boule dans l'*urne 2*.

Partie expérimentale

On attribue le numéro 1 à la boule verte de l'*urne 1* et les numéros 1 et 2 aux boules vertes de l'*urne 2*.

1. Entrer les données dans un tableur, en présentant de la façon suivante :

B7 =SI(ENT(6*ALEA()+1)<2;1;0)

	A	B	C	D	E	F	G	H
1								
2			Urne 1				Urne 2	
3		Rouges	Vertes	Total		Rouges	Vertes	Total
4		5	1	6		3	2	5
5	Jeu N°	Boule verte	Boule verte	Nombre de				
6		dans l'urne 1	dans l'urne 2	boules vertes				
7	1	0						
8	2							
9	3							
10	4							
11	5							

Remarques

- Choisir la première boule revient à choisir un nombre aléatoire compris entre 1 et 6.
- Choisir la seconde boule revient à choisir un nombre aléatoire compris entre 1 et 5.

Expliquer la formule entrée dans la zone de saisie.

2. Compléter le tableau pour calculer le nombre de boules vertes obtenues. Simuler alors 10 parties. Quel est le nombre moyen de boules vertes obtenues ?

3. On désigne par X la variable aléatoire donnant le nombre de boules vertes obtenues lors d'un jeu. Donner la loi de probabilité de X.

Partie mathématique

1. Recopier et compléter le tableau suivant :

Urne 1 / Urne 2	V	R_1	R_2	R_3	R_4	R_5
V_1	$(V;V_1)$					
V_2						
R_1						
R_2						
R_3						
R_4						

2. Quelles sont les valeurs prises par X ?

3. Donner la loi de probabilité de X et calculer son espérance. Est-ce conforme à la conjecture déterminée dans la partie expérimentale ?

À vous de jouer

Reprendre l'exercice avec l'*urne 1* contenant 4 boules rouges et 2 boules vertes et l'*urne 2* contenant 2 boules rouges et 1 boule verte.

2. Simulation d'un lancer de deux dés

objectif

Évaluer une espérance.

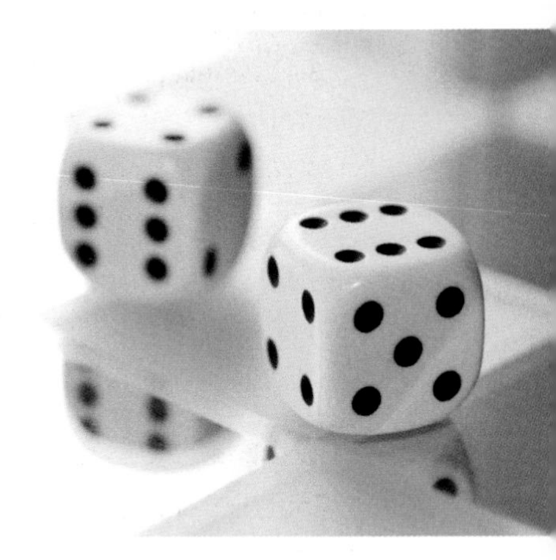

On lance deux dés cubiques parfaitement équilibrés, dont les faces sont numérotées de 1 à 6.

On s'intéresse à la différence positive des points obtenus.

1. Le gain (ou la perte) en euros à ce jeu suit l'algorithme ci-contre : Expliquer les règles de ce jeu et donner les gains (ou les pertes) obtenus en fonction des lancers.

> **Variable** D est un entier entre 1 et 6.
> G est un entier.
> **Début** : Affecter à D un entier aléatoire compris entre et 1 et 6.
> **Si** $D \geqslant 4$ **alors** $G = 2$
> Sinon $G = -1$.
> **Fin du si**
> Afficher G.
> **Fin**

Partie expérimentale

2. On cherche à savoir si ce jeu est équitable. On simule 100 parties. Que doit-on saisir dans les cellules **A1** et **B1** ?

> **MÉTHODE**
> Utiliser la fonction ALEA

3. Dans la cellule **C1** on souhaite effectuer la différence positive entre les deux nombres obtenus ; quelle formule doit-on saisir ?

> **MÉTHODE**
> Penser à la fonction SI(test ; V ; F) : si la condition du test est vérifiée alors la fonction donne à la cellule la valeur V sinon elle affiche la valeur F.

4. Dans la cellule **D1**, on cherche à associer le gain (ou la perte) de la partie. Quelle formule doit-on saisir ?

5. Recopier ces quatre cellules pour effectuer une simulation de 100 parties .

6. En utilisant la fonction NB.SI , indiquer dans la cellule **F1** le nombre de fois où le gain 2 € est obtenu et dans la cellule **F2** le nombre de fois où la perte de 1 € est obtenue.

> **MÉTHODE**
> Utiliser NB.SI(D : D; 2) donnera le nombre de fois où le nombre 2 a été obtenu dans la colonne D.

7. Dans la cellule **F3** on souhaite calculer le gain moyen des 100 parties, quelle formule doit-on saisir ?

8. Modifier le tableur pour obtenir 1 000 parties. Quelle conjecture peut-on émettre sur la valeur du gain moyen ? Donner un encadrement entre la plus petite et la plus grande valeur sur un ensemble de 10 simulations différentes. Ce jeu semble-t-il équitable ?

> **MÉTHODE**
> En utilisant la touche F9 du clavier, vous obtiendrez de nouvelles simulations.

Partie mathématique

9. Construire un tableau présentant tous les résultats possibles de ce jeu. En déduire la probabilité de gagner 2 € et de perdre 1 €.

10. Combien gagne-t-on par partie ?

11. Combien faudrait-il gagner pour que le jeu soit équitable ?

Les petits problèmes de Huyghens

Venu en France en 1655, *Christiaan Huyghens* a étudié des problèmes traités et proposés par *Fermat* et *Pascal*.

→ **Problème**

Énoncé du problème 1 :
Le jeu se joue à deux joueurs, avec 2 dés. Pour gagner, le joueur J_1 doit obtenir un 6 et le joueur J_2 doit obtenir un 7.
J_1 lance les dés une fois, J_2 les lance deux fois, puis chacun à son tour les lance deux fois. Le jeu s'arrête dès que l'un des joueurs a obtenu la bonne valeur fixée.

Huyghens veut connaître le rapport entre les chances de J_1 et J_2.

Énoncé du problème 2 :
On a un jeu de 40 cartes contenant 10 cartes de 4 couleurs différentes. On tire 4 cartes de ce jeu.

Huyghens veut connaître la chance d'avoir tiré une carte de chaque couleur.

Énoncé du problème 3 :
On possède12 jetons : 4 blancs et 8 noirs. Trois joueurs J_1, J_2 et J_3 piochent au hasard, chacun leur tour, toujours dans l'ordre J_1, J_2 puis J_3, 1 jeton et recommencent jusqu'à ce que l'un d'entre eux tire un blanc et gagne.

Huyghens veut connaître les chances de chacun.

Énoncé du problème 4 :
On possède 12 jetons : 4 blancs et 8 noirs. 2 joueurs parient sur la possibilité de piocher 3 jetons blancs parmi 7 tirés.

Huyghens veut connaître la chance de gain de chacun des joueurs.

S'organiser, communiquer
Former des groupes et se répartir les quatre problèmes.

Analyser, critiquer
Utiliser l'outil informatique pour simuler l'expérience.

Émettre une conjecture
Quelles semblent être les chances de chaque problème.

Rendre compte et conclure
Discuter de vos solutions avec les autres groupes.

Pour aller plus loin...

Problème des parties
Il s'agit de trouver le partage du prix d'un jeu s'il est interrompu avant qu'un participant ait obtenu un certain nombre de points pour gagner.
Supposons que 2 personnes jouent ensemble et celui qui obtient le 3e point, gagne le jeu.

Actuaire

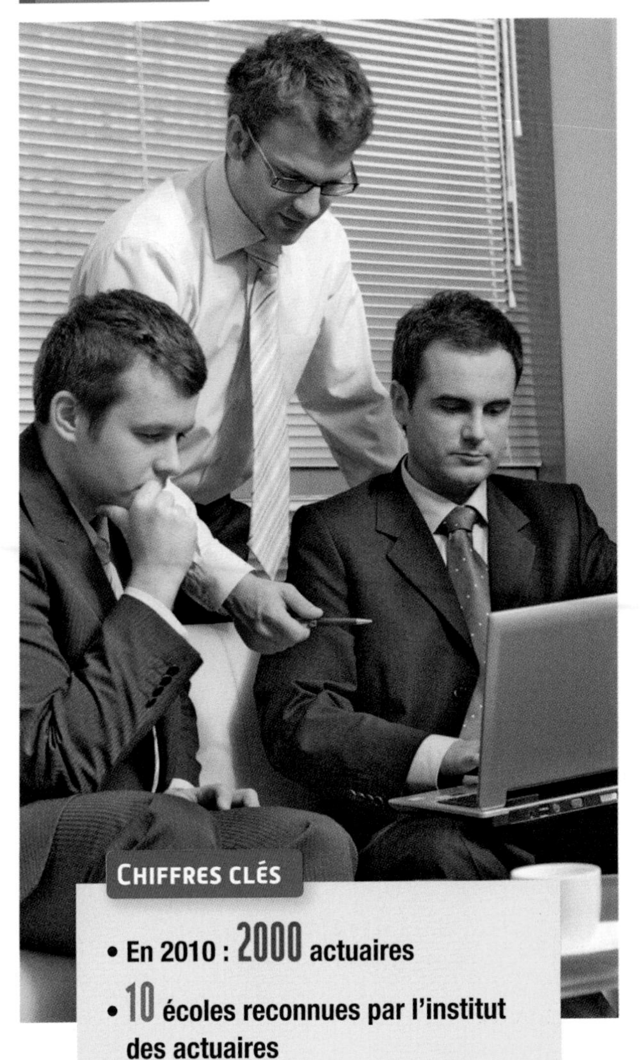

Chiffres clés

- **En 2010 : 2000 actuaires**
- **10 écoles reconnues par l'institut des actuaires**

Un actuaire est chargé d'évaluer les risques pour concevoir des produits financiers proposés par des sociétés d'assurance. Il doit chiffrer les risques.
Il travaille essentiellement sur la rentabilité.
À partir des analyses apportées par les commerciaux, les juristes ou les experts travaillant sur ces produits, il doit prévoir le coût des produits. Pour cela il utilise des tableurs et des logiciels informatiques sophistiqués.

Les compétences attendues

De formation scientifique (mathématiques, probabilités, statistiques, informatique), l'actuaire doit maîtriser non seulement l'environnement financier, mais aussi les aspects juridiques, comptables, fiscaux et commerciaux dans lesquels se situe son intervention.

La formation

Il existe deux types de filières pour devenir actuaire :
- *les troisièmes cycles spécialisés des universités ;*
- *les formations complémentaires d'étudiants ayant un solide bagage mathématique.*

***Dix filières de formation** d'actuaires sont reconnues par l'Institut des Actuaires, association qui regroupe l'ensemble des actuaires français. Ces filières, suivant les cas, recrutent des étudiants à l'issue des classes préparatoires aux grandes écoles ou en licence/maîtrise.*

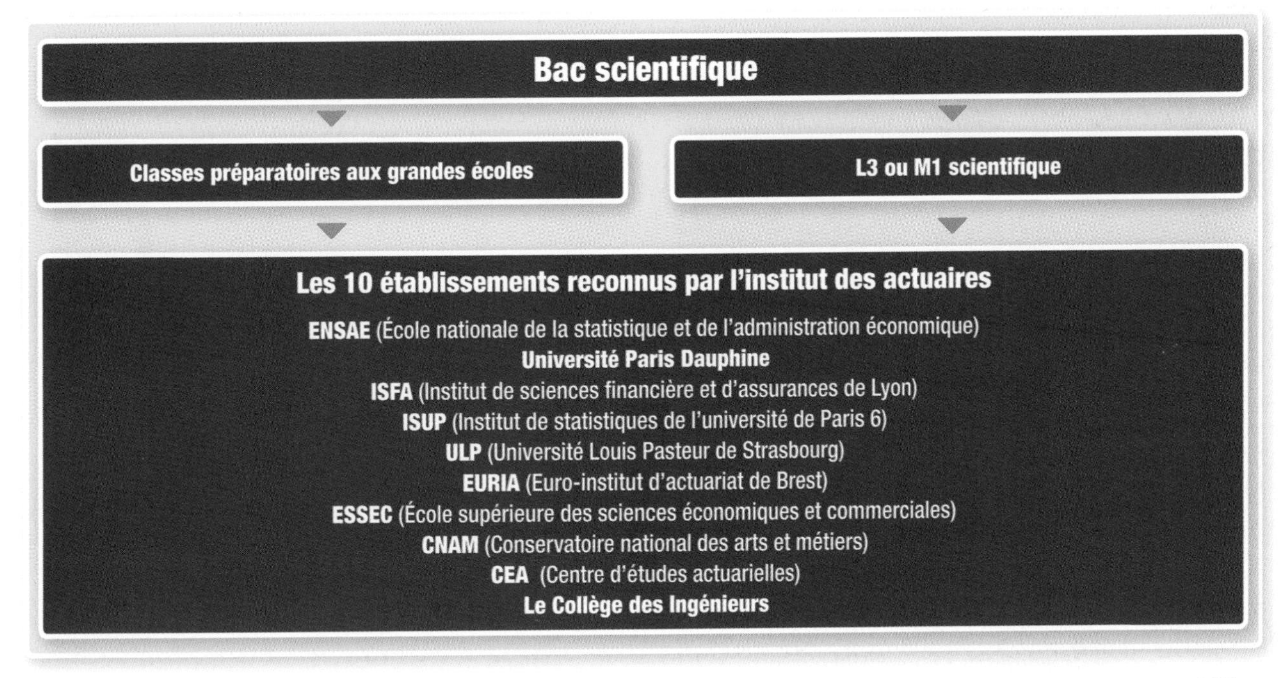

Prévoir les défaillances

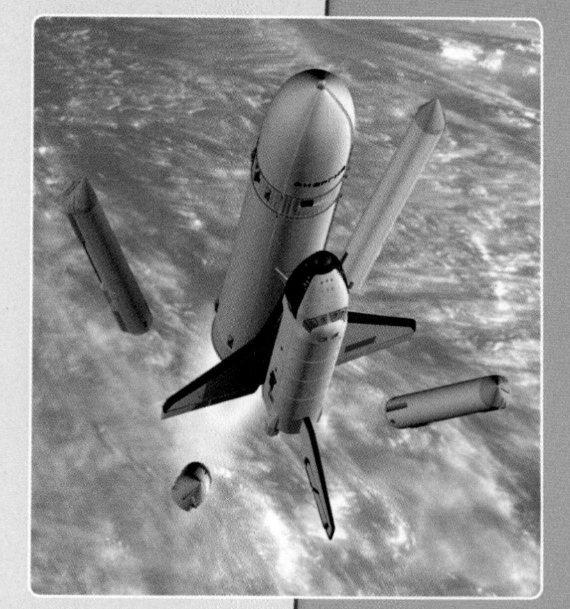

Tous les systèmes présents dans notre vie (des réseaux de communication sans fil aux avions, en passant par les logiciels et les puces électroniques) sont susceptibles de connaître une défaillance.
Des ingénieurs travaillent à repérer tous les scénarios possibles pour anticiper les risques éventuels. Ils ont fait l'observation que beaucoup de systèmes ont un comportement probabiliste ; il ne suffit donc pas de vérifier le fonctionnement du système.
Ils étudient par exemple le risque de panne d'une fusée, en calculant les probabilités de défaillance de chacun de ses composants. Leurs objectifs sont d'atteindre des probabilités de l'ordre de 10^{-6}.

Le coin des langues

Loi vient du latin *lex*, legis qui signifie *loi*, et désigne une règl impérative imposée à l'homme de l'extérieur. Ce mot est utilis en mathématiques pour définir une *loi de probabilité*.

Citation

« La **théorie**, c'est quand on sait tout et que rien ne fonctionne.
La **pratique**, c'est quand tout fonctionne et que personne ne sait pourquoi.
Ici, nous avons réuni théorie et pratique : Rien ne fonctionne… et personne ne sait pourquoi ! »

Albert Einstein

« Presque toute la vie humaine roule sur des probabilités »

Voltaire

« La probabilité qu'un événement se réalise est inversement proportionnelle à sa désirabilité »
Gumperson

« La probabilité de rencontrer une personne de ta connaissance augmente quand tu es avec quelqu'un avec qui tu ne veux pas être vu »
Ruby

6 Modélisation et échantillonnage

1. Modélisation d'une répétition d'expériences
2. Loi de Bernoulli
3. Loi binomiale
4. Loi binomiale et échantillonnage

Prérequis :

- Calculs de probabilités
- Variable aléatoire
- Espérance
- Écart type

1. Recherche d'espérance

On s'intéresse à l'expérience suivante : On lance un dé à six faces parfaitement équilibré ; on gagne si on obtient 5 ou 6, on perd sinon. On joue 120 fois de suite à ce jeu.

On note X la variable aléatoire représentant le nombre de fois où on gagne.

On cherche à déterminer la valeur de l'espérance de cette variable aléatoire, notée E(X).

1. Une simulation

Le programme ci-contre simule cette expérience et renvoie la valeur de X.

1. Entrer le programme dans la calculatrice.
2. Lancer le programme 10 fois et compléter le tableau ci-dessous.
3. Quelle est la valeur moyenne de X sur ces 10 simulations de 120 lancers ?

TI

Casio

```
======LANCE ==
0→X↵
For 1→I To 120↵
Ran(1,6)→A↵
If A≥5↵
Then X+1→X↵
IfEnd↵
Next↵
X◢
```

Numéro de la simulation	1	2	3	4	5	6	7	8	9	10
Valeur de x										

2. N simulations

Le programme ci-contre demande de saisir la valeur du nombre de simulations N et renvoie la moyenne des valeurs de X obtenues sur ces N simulations de 120 lancers.

1. Compléter correctement ce programme sur une calculatrice.
2. Que représente C ?
3. Lancer ce programme, noter la valeur obtenue et proposer une formule pour calculer E(X).

TI

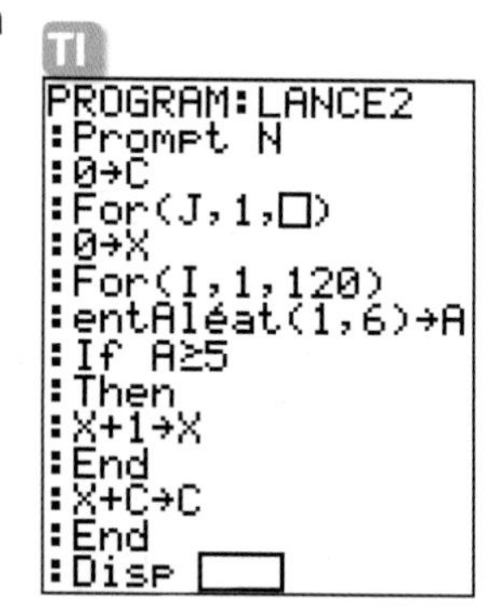

Casio

Histoire des sciences

Christiaan **Huygens** (1629-1695), grand scientifique hollandais, excellait en mathématiques, physiques et astronomie. Il est à l'origine de nombreuses avancées et découvertes dans chacun de ces domaines.

Dans *Systema Saturnium* il décrit sa découverte du cinquième satellite de Saturne, il est l'un des premiers à comprendre que la lumière est une onde

En 1657, il écrit l'un des premiers ouvrages sur les probabilités : *De ratiociniis in ludo aleae* qui signifie « À propos du calcul dans les jeux **de hasard ». Il y introduit, entre autres, la notion fondamentale d'***espérance mathématique**.

2. Dénombrer à l'aide d'un arbre

On considère une expérience aléatoire à 2 issues : succès (noté S) ou échec (noté E).
On répète n fois cette expérience.
On cherche à déterminer le nombre de chemins réalisant 2 succès.
On notera $\binom{n}{2}$ ce nombre.

Expérience 1 — Expérience 2

S → S
S → E
E → S
E → E

1. Cas $n = 2$: calcul de $\binom{2}{2}$

On a représenté, à l'aide de l'arbre ci-contre, tous les chemins possibles.
Déterminer le nombre de chemins réalisant 2 succès.
Ce nombre se note $\binom{2}{2}$.

2. Cas $n = 3$: calcul de $\binom{3}{2}$

1. Compléter cet arbre afin de simuler 3 expériences.
2. En déduire le nombre de chemin réalisant 2 succès.

Ce nombre se note $\binom{3}{2}$.

3. Cas $n = 4$: calcul de $\binom{4}{2}$

Compléter cet arbre pour représenter tous les résultats de 4 expériences, puis calculer $\binom{4}{2}$.

3. Conjecturer à l'aide du tableur

Comme dans l'exercice précédent, on considère une expérience aléatoire à 2 issues : succès (noté S) ou échec (noté E). On répète n fois cette expérience. On a dénombré le nombre de chemins réalisant 2 succès. Ce nombre est noté $\binom{n}{2}$. On a résumé les résultats dans le tableau ci-contre :

	A	B
1	Valeur de n	$\binom{n}{2}$
2	4	6
3	5	10
4	6	15
5	7	21
6	8	28
7	9	36
8	10	45
9	11	55
10	12	66

1. Recopier ce tableau dans la feuille d'un tableur.
2. Représenter graphiquement le nuage de points d'abscisses n et d'ordonnées $\binom{n}{2}$.
3. À quel type de courbe semble appartenir ce nuage de points ?
4. À l'aide de l'outil régression du tableur déterminer l'équation de cette courbe : faire un clic droit sur le nuage de points et choisir ***Ajouter une courbe de tendance*** ; ne pas oublier de cocher ***Afficher l'équation sur le graphique***.

En déduire la formule générale de $\binom{n}{2}$.

1. Modélisation d'une répétition d'expériences

1.1 Expériences indépendantes

définition

On dit que deux expériences aléatoires sont **indépendantes** lorsque les résultats de l'une n'influencent pas les probabilités des résultats de l'autre.

Exemple :

Une urne U contient trois boules rouges et trois boules vertes.
Expérience 1 : On tire une boule de l'urne U.
Expérience 2 : On tire une boule de l'urne U.

- **Si, après l'expérience 1, on remet la boule dans l'urne**, la probabilité de tirer une boule rouge (ou une boule verte) lors de l'expérience 2 sera toujours la même. **Les deux expériences sont indépendantes.**
- **Si, après l'expérience 1, on ne remet pas la boule dans l'urne**, la première expérience modifie le contenu de l'urne. Selon le résultat de l'expérience 1, la probabilité de tirer, par exemple, une boule rouge lors de l'expérience 2 ne sera pas la même. **Les deux expériences ne sont pas indépendantes.**

propriété

Lorsqu'on répète une même expérience aléatoire **dans les mêmes conditions initiales,** alors les expériences aléatoires sont des **expériences indépendantes**.

1.2 Répétition d'une même expérience

Dans un arbre pondéré, pour calculer la probabilité d'un événement correspondant à un chemin, on multiplie les probabilités inscrites sur chaque branche.

a. propriété

On répète n fois de suite une expérience E et dans les mêmes conditions initiales.
Si A_i est un événement de la i-ème expérience (avec i un entier naturel compris entre 1 et n), alors on a :
$p(A_1 \cap A_2 \cap ... \cap A_n)$
$= p(A_1) \times p(A_2) \times ... \times p(A_n)$.

b. lecture sur un arbre pondéré

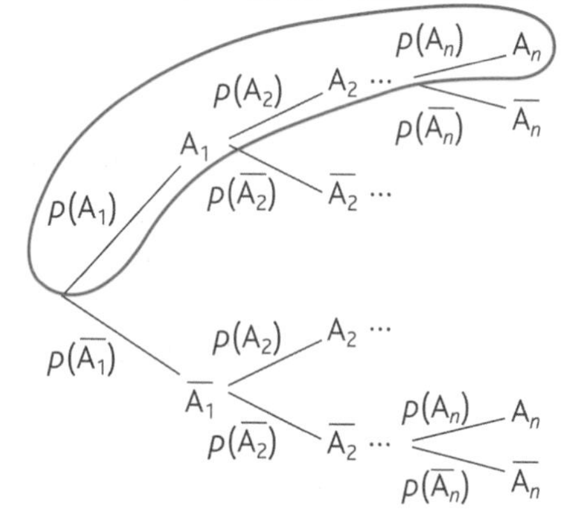

Parfois il n'est pas utile de remplir complètement l'arbre pondéré pour calculer une probabilité particulière.

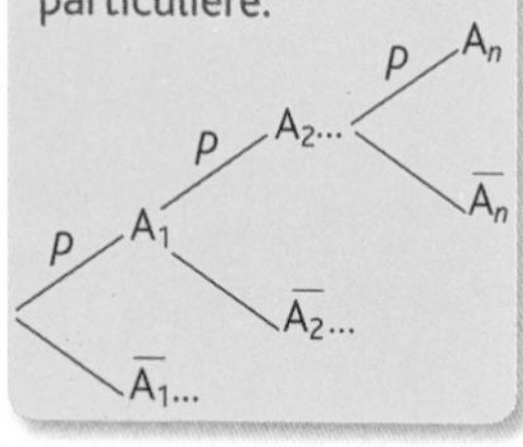

c. cas particulier

Si $A_1 = A_2 = ... = A_n$ on note $p = p(A_1)$, alors $p(A_1 \cap A_2 \cap ... \cap A_n) = p^n$.

Exemple : Si la probabilité de gagner à un jeu est de 0,7 et qu'on y joue trois fois de suite. Soit G_1, G_2 et G_3 les événements « gagner au jeu » respectivement lors des première, deuxième et troisième parties.
Dans ces conditions, la probabilité de gagner aux trois parties est :
$\boldsymbol{p(G_1 \cap G_2 \cap G_3) = p(G_1) \times p(G_2) \times p(G_3) = 0,7^3 = 0,343}$.

Étudier l'indépendance de deux expériences

→ Exercices 23 et 27

Dans chacun des cas suivants, déterminer si les expériences aléatoires sont indépendantes ou non.

a. **On lance deux fois de suite un dé à six faces parfaitement équilibré.**

b. **Un sac contient 4 bonbons au citron et 1 bonbon à la menthe. Jean prend au hasard un bonbon dans le sac, puis Claudie fait de même.**

→ solution

a. Après le premier lancer, le dé est toujours parfaitement équilibré et il contient toujours six faces. Les deux expériences sont indépendantes.

b. À partir du moment où Jean prend un bonbon, le contenu du sac change. Les choix possibles de Claudie et leurs probabilités vont dépendre du choix de Jean.
Les deux expériences aléatoires ne sont pas indépendantes.

Utiliser un arbre pour calculer une probabilité

→ Exercices 16 et 17

On tire une boule d'une urne, on note sa couleur, puis on la remet dans l'urne. On recommence une fois cette expérience.
Soit A_1 l'événement « Obtenir une boule blanche lors du premier tirage » et A_2 l'événement « Obtenir une boule blanche lors du second tirage ». $p(A_1)$ est donnée sur l'arbre.

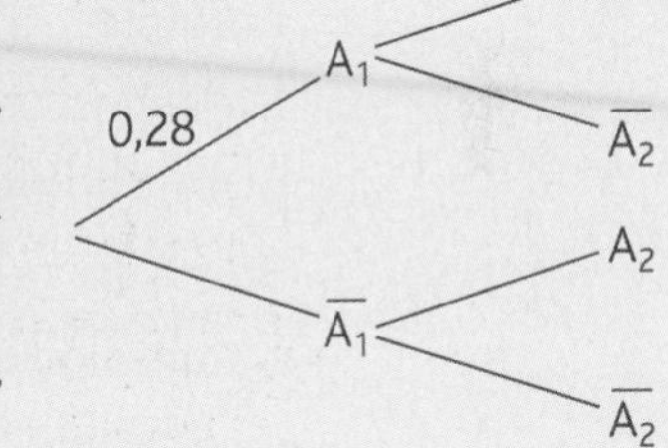

a. **Compléter l'arbre ci-contre en indiquant sur chaque branche la probabilité correspondante manquante.**

b. **A l'aide de l'arbre, donner la probabilité de l'événement B « Tirer deux boules blanches lors des deux tirages ».**

c. **On désigne par X le nombre de boules blanches obtenues à l'issue des deux tirages. Donner la loi de probabilité de X.**

→ solution

a. On sait que $p(A_1) = 0{,}28$, donc $p(\overline{A_1}) = 1 - p(A_1) = 1 - 0{,}28 = 0{,}72$.
D'autre part, lors du second tirage, le contenu de l'urne est toujours le même puisqu'on remet la boule précédemment tirée. Les deux expériences sont donc identiques et indépendantes.
On en déduit que :

$$\boldsymbol{p(A_2) = p(A_1) = 0{,}28} \text{ et } \boldsymbol{p(\overline{A_2}) = 0{,}72}.$$

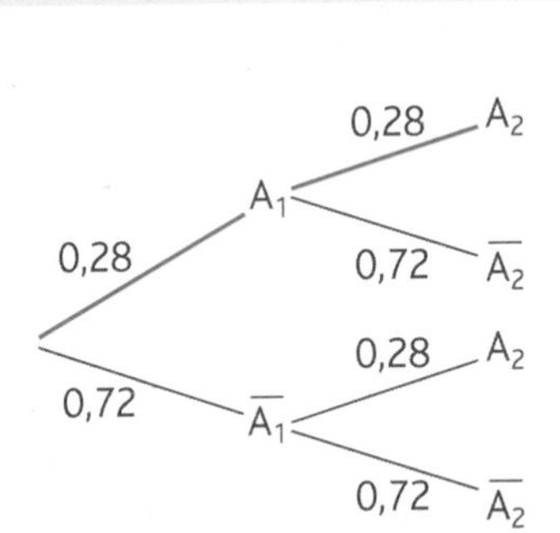

b. B est l'événement $A_1 \cap A_2$. Le contenu de l'urne est identique lors de chaque tirage. Le résultat du premier tirage n'a donc pas d'influence

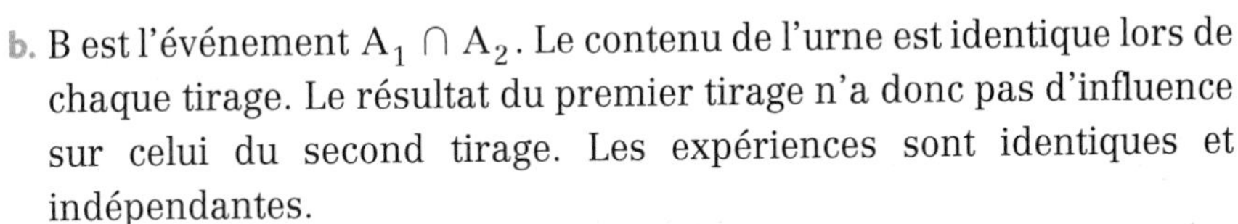

sur celui du second tirage. Les expériences sont identiques et indépendantes.

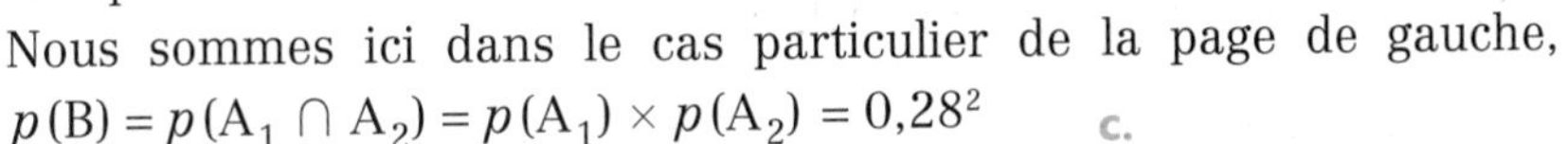

Nous sommes ici dans le cas particulier de la page de gauche,
$p(B) = p(A_1 \cap A_2) = p(A_1) \times p(A_2) = 0{,}28^2$
$p(B) = \mathbf{0{,}0784}$.

c.

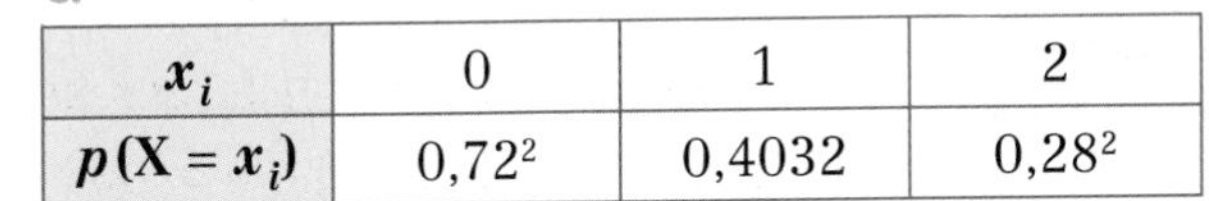

x_i	0	1	2
$p(X = x_i)$	$0{,}72^2$	0,4032	$0{,}28^2$

2. Loi de Bernoulli

Lorsqu'une expérience aléatoire possède 2 issues, on peut la modéliser avec une variable aléatoire qui suit une loi de Bernoulli.

→ définitions

On considère une expérience aléatoire à deux issues :

S (appelé succès) avec une probabilité p,

et $\overline{S}$ (appelé échec) avec une probabilité $1 - p$.

Cette situation constitue une **épreuve de Bernoulli**.

Soit X la variable aléatoire prenant la valeur 1 si S est réalisée et 0 sinon.

X est alors appelé **variable aléatoire de Bernoulli** de paramètre p.

La loi de probabilité de X est appelée **loi de Bernoulli**.

Représentation d'une loi de Bernoulli :

x	0	1
$p(X = x)$	$1 - p$	p

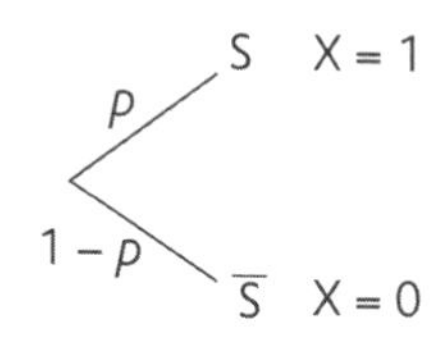

Exemple :

Dans une usine, la probabilité qu'un article fabriqué présente un défaut est 0,02.

Soit X la variable aléatoire qui vaut 1 si l'article présente un défaut et 0 sinon.

X suit alors une loi de Bernoulli de paramètre $p = 0{,}02$.

→ propriété

Soit X une variable aléatoire de Bernoulli de paramètre p.

L'**espérance** de X est $E(X) = p$,

la **variance** de X est $V(X) = p(1 - p)$,

et son **écart-type** est $\sigma(X) = \sqrt{p(1 - p)}$.

Exemple :

En reprenant l'exemple ci-dessus,

- l'espérance de la variable aléatoire X est $E(X) = 0{,}02$,
- la variance est $V(X) = 0{,}02 \times 0{,}98 = 0{,}0196$,
- et son écart-type est $\sigma(X) = \sqrt{0{,}0196} = 0{,}14$.

Histoire des sciences

Les ***Bernoulli*** étaient une grande famille de mathématiciens.
On doit à **Jacques** (1654-1705) les propriétés énoncées sur cette page.
Son frère **Jean**, écrivit l'équation de la courbe de la chainette (courbe formée par un collier).
Son fils **Daniel** est l'auteur d'équations très utilisées en mécanique des fluides.

Probabilités issues d'expériences indépendantes

→ Exercices 17 et 18

Un élève répond au hasard à un QCM de trois questions proposant chacune quatre réponses.
Chaque question n'a qu'une seule bonne réponse.
On note R_i l'événement « Répondre correctement à la question i ».

a. **Donner la valeur de $p(R_i)$ pour $1 \leqslant i \leqslant 3$.**
b. **Quelle est la probabilité de répondre correctement aux trois questions ?**
c. **Quelle est la probabilité de cocher une mauvaise réponse à chacune des trois questions ?**
d. **En déduire la probabilité d'avoir au moins une bonne réponse.**

solution

a. Pour chaque question, une seule réponse est correcte sur les quatre proposées.
Donc, pour tout entier i avec $1 \leqslant i \leqslant 3$, on a $p(R_i) = \frac{1}{4}$.

b. La probabilité de répondre correctement aux trois questions est $p(R_1 \cap R_2 \cap R_3)$.
L'élève répond au hasard donc les réponses n'ont pas d'influences les unes sur les autres.
Donc $p(R_1 \cap R_2 \cap R_3) = p(R_1) \times p(R_2) \times p(R_3) = \left(\frac{1}{4}\right)^3$.

c. La probabilité de cocher une mauvaise réponse à chacune des trois questions est :
$$p(\overline{R_1} \cap \overline{R_2} \cap \overline{R_3}) = p(\overline{R_1}) \times p(\overline{R_2}) \times p(\overline{R_3}) = \left(\frac{3}{4}\right)^3.$$

d. L'événement « Avoir au moins une bonne réponse » est l'événement contraire de l'événement « Avoir trois mauvaises réponses ». La probabilité recherchée est :
$$p(\overline{\overline{R_1} \cap \overline{R_2} \cap \overline{R_3}}) = 1 - p(\overline{R_1} \cap \overline{R_2} \cap \overline{R_3}) = 1 - \left(\frac{3}{4}\right)^3.$$

Loi d'une variable aléatoire

→ Exercices 39 à 44

On considère l'algorithme ci-contre.

a. **Programmer cet algorithme sur une calculatrice.**
b. **Lancer plusieurs fois ce programme. Quelles sont les valeurs que ce programme peut afficher ?**
c. **Soit X la variable aléatoire dont la valeur est celle affichée par l'algorithme.**
Quelle loi suit X ?
Donner le paramètre de cette loi.

Variables : A, un nombre réel.
Début
Affecter à A un nombre aléatoire réel compris entre 0 et 1.
Si A ⩽ 0,4
  alors afficher 1.
  Sinon afficher 0.
Fin Si
Fin

solution

a. Voir les écrans ci-contre.
b. Les valeurs affichées sont 0 ou 1.
c. À chaque exécution A désigne un nombre aléatoire réel de l'intervalle [0 ; 1].

Si A ⩽ 0,4, alors X = 1, sinon X = 0. X est donc une variable aléatoire de Bernoulli de paramètre $p = 0{,}4$.

TI

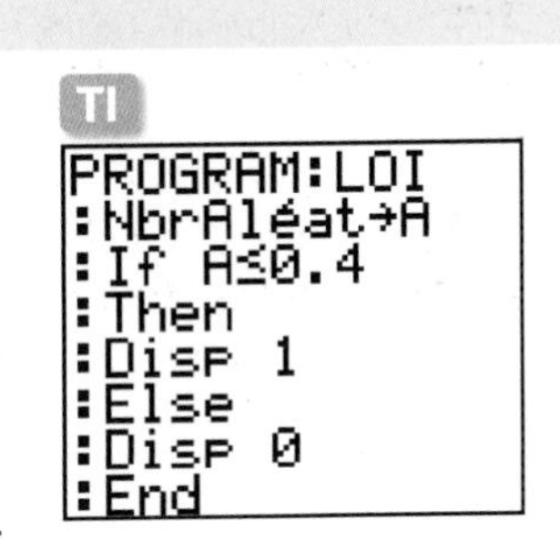

Casio

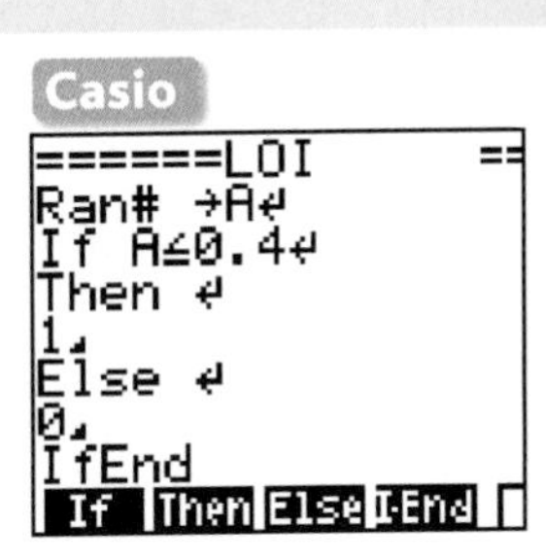

3. Loi binomiale

3.1 Coefficients binomiaux

> Lorsqu'on répète une même épreuve de Bernoulli n fois de façons indépendantes, on dit qu'on est en présence d'un **schéma de Bernoulli**.

définition

Soit n et k deux entiers naturel, avec $0 \leqslant k \leqslant n$. $\binom{n}{k}$ donne le nombre de chemins de l'arbre correspondant à k succès lors de n répétitions d'une épreuve de Bernoulli. $\binom{n}{k}$ est appelé **coefficient binomial**.

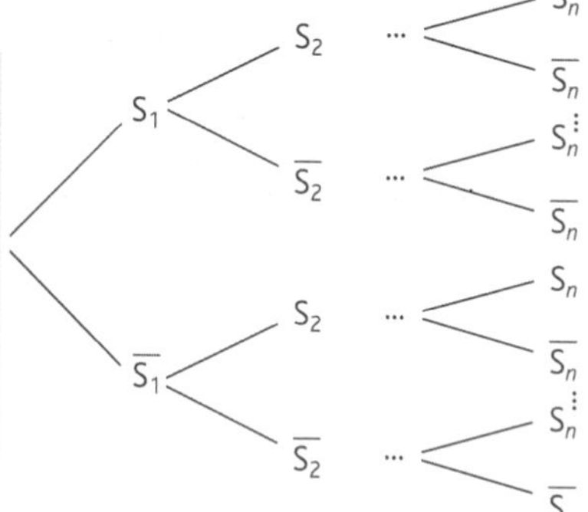

> $\binom{n}{k}$ se lit **« combinaison de k parmi n »**.
> Lorsque X suit une loi binomiale de paramètres n et p, on note **X ~ B(n, p)**.

Remarques : Pout tout entier n,

- $\binom{n}{n} = 1$, car il n'y a qu'un chemin représentant n succès lors de n répétitions.
- $\binom{n}{0} = 1$, car il n'y a qu'un chemin représentant n échecs lors de n répétitions.
- $\binom{n}{1} = n$, car lors de n répétitions il y a n façons d'obtenir exactement 1 succès (un succès lors de la 1re expérience suivi de $n - 1$ échecs, ou un succès lors de la 2e expérience et toutes les autres fois on a un échec, …, ou on obtient le succès seulement lors de la dernière expérience.
- De même on a $\binom{n}{n-1} = n$.

propriété

Soit n un entier naturel non nul, pour tout entier naturel k

(1) si $0 \leqslant k \leqslant n$, on a $\binom{n}{n-k} = \binom{n}{k}$; **(2)** si $0 \leqslant k \leqslant n-1$, on a $\binom{n}{k} + \binom{n}{k+1} = \binom{n+1}{k+1}$.

Conséquence : ***Triangle de Pascal***

	$k = 0$	$k = 1$	$k = 2$	$k = 3$
$n = 0$	$\binom{0}{0}$			
$n = 1$	$\binom{1}{0}$	$\binom{1}{1}$		
$n = 2$	$\binom{2}{0}$	$\binom{2}{1}$	$\binom{2}{2}$	
$n = 3$	$\binom{3}{0}$	$\binom{3}{1}$	$\binom{3}{2}$	$\binom{3}{3}$

après calculs :

1			
1	1		
1	2	1	
1	3	3	

Remarque :

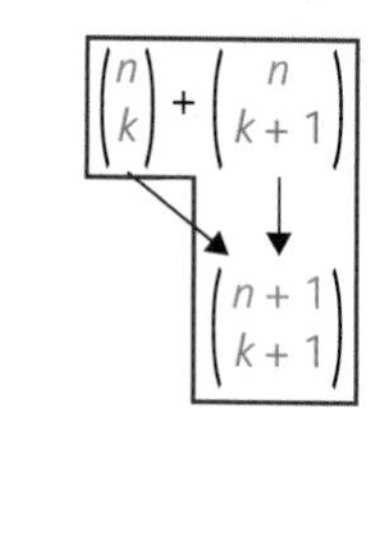

3.2 Définition de la loi binomiale

> Ne pas confondre :
> La **loi de Bernoulli** qui correspond à la loi modélisant l'obtention d'un succès lors d'**une expérience** à deux issues.
> La loi **binomiale** qui correspond à la loi du nombre de succès lors de la répétition de n **expériences** identiques à deux issues.

définition

On considère une expérience aléatoire à deux issues S ou $\overline{\text{S}}$, de probabilités respectives p et $1 - p$. On répète n fois de suite cette expérience de façons indépendantes. Soit X la variable aléatoire donnant le nombre de fois où S est réalisée lors de ces n expériences.
On dit que X suit une **loi binomiale** de paramètres n et p.

Exemple : Si on joue sept fois à un jeu dont la probabilité de gagner à chaque fois est 0,4, la variable aléatoire X, représentant le nombre de fois où l'on gagne, suit une loi binomiale de paramètres 7 et 0,4.

Calculer des coefficients binomiaux

→ Exercices 59 et 66

On lance un dé à six faces trois fois de suite. On note S_i l'événement : « Obtenir un six lors du *i*-ème lancer ».

a. **À l'aide de l'arbre ci-contre, calculer $\binom{3}{0}$, $\binom{3}{1}$, $\binom{3}{2}$ et $\binom{3}{3}$.**

b. **Vérifier ce calcul à l'aide de la calculatrice.**

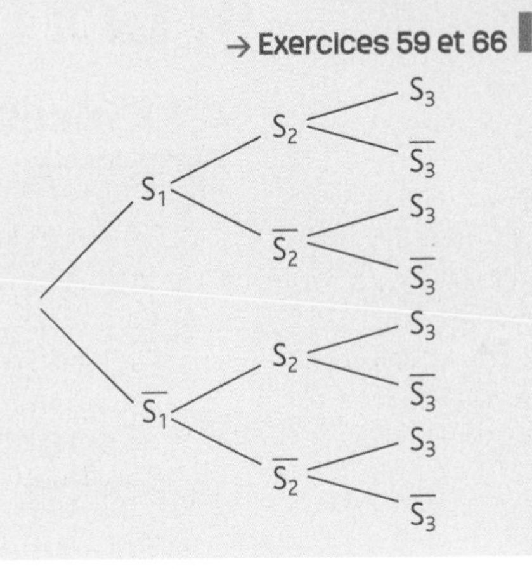

solution

a. $\binom{3}{0}$ correspond au nombre de chemins comportant 0 succès.

Il n'y a qu'un seul chemin (rouge) : $\overline{S_1}-\overline{S_2}-\overline{S_3}$.

$\binom{3}{1}$ correspond au nombre de chemins comportant 1 succès.

Il y en a trois (vert) : $S_1-\overline{S_2}-\overline{S_3}$; $\overline{S_1}-S_2-\overline{S_3}$; $\overline{S_1}-\overline{S_2}-S_3$.

$\binom{3}{2}$ correspond au nombre de chemins comportant 2 succès.

Il y en a trois : $S_1-S_2-\overline{S_3}$; $S_1-\overline{S_2}-S_3$; $\overline{S_1}-S_2-S_3$.

$\binom{3}{3}$ correspond au nombre de chemins comportant 3 fois le 6 (3 succès).

On en compte un seul : $S_1-S_2-S_3$.

b. Pour déterminer $\binom{3}{1}$ à l'aide d'une calculatrice :

On tape 3 Combinaison 1

Combinaison se trouve en appuyant sur math PRB

Casio

On tape 3 nCr 1

nCr se trouve en appuyant sur OPTN PROB

Construire un triangle de Pascal

→ Exercices 62 et 67

À l'aide du triangle de Pascal, déterminer la valeur de $\binom{3}{0}$, $\binom{3}{1}$, $\binom{3}{2}$ et $\binom{3}{3}$.

solution

On va construire le triangle de Pascal jusqu'à la ligne $n = 3$.

Étape 1 : On construit les deux segments du triangle constitués des 1.

Le 1 tout en haut correspond à $\binom{0}{0}$ et donc à la ligne $n = 0$.

Étape 2 : On complète le triangle en utilisant la propriété **(2)** du cours.

On obtient $\binom{3}{0} = 1$, $\binom{3}{1} = 3$, $\binom{3}{2} = 3$ et $\binom{3}{3} = 1$.

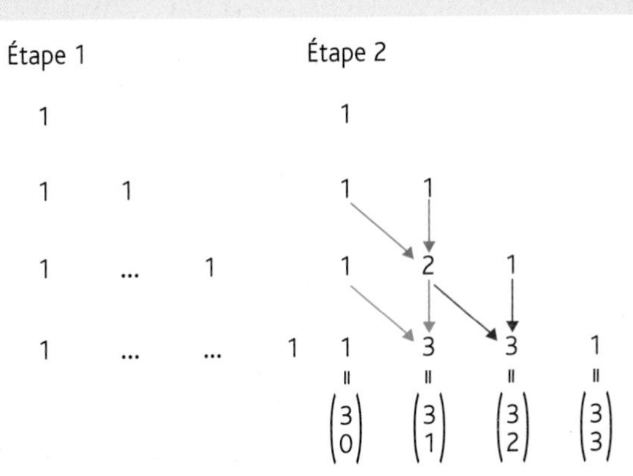

4. Loi binomiale et échantillonnage

4.1 Calcul de probabilité dans le cadre d'une loi binomiale

théorème

Soit $n \in \mathbb{N}^*$ et p un réel de l'intervalle $[0\ ;\ 1]$. Soit X une variable aléatoire qui suit une loi binomiale de paramètres n et p. Dans ces conditions, pour tout entier k tel que $0 \leqslant k \leqslant n$, on a $p(\mathrm{X} = k) = \binom{n}{k} p^k (1-p)^{n-k}$.

4.2 Espérance, variance et écart type d'une loi binomiale

propriété

Soit X une variable aléatoire suivant une loi binomiale de paramètres n et p.

L'**espérance** de X est $\mathrm{E(X)} = np$, la **variance** est $\mathrm{V(X)} = np(1-p)$,

et l'**écart type** $\sigma(\mathrm{X}) = \sqrt{np(1-p)}$.

4.3 Représentation graphique d'une loi binomiale

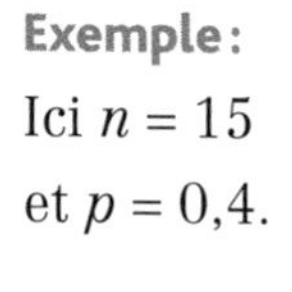

Exemple :

Ici $n = 15$

et $p = 0{,}4$.

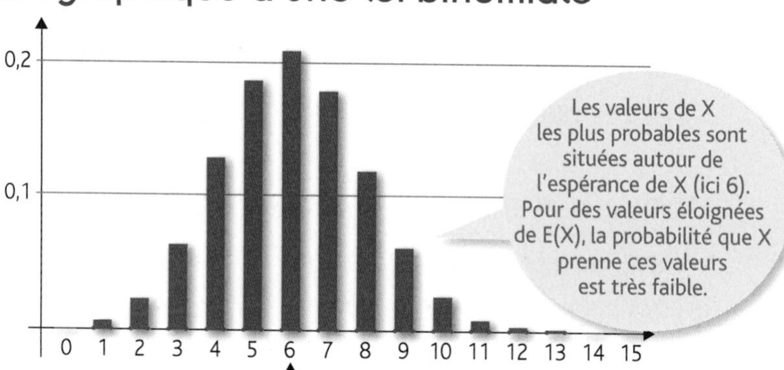

4.4 Échantillonnage et règle de décision

Exemple : On cherche à savoir si un dé est truqué. Pour cela, on se demande si la fréquence d'apparition du 6 est normale. On lance 90 fois ce dé. Soit X le nombre de fois où la face 6 apparait. **S'il n'est pas truqué,** alors X suit une loi binomiale de paramètres 90 et $\frac{1}{6}$ et dans ce cas $\mathrm{E(X)} = 90 \times \frac{1}{6} = 15$. La face 6 devrait apparaitre en moyenne 15 fois lors des 90 lancers.

D'après les calculs ci-contre, dans 95 % (environ) des cas, X appartient à l'intervalle $[8; 22]$ ce qui représente une fréquence d'apparition du 6 de $\left[\frac{8}{90}\ ;\ \frac{22}{90}\right]$.

Ici la taille de l'échantillon est $n = 90$.

définition

Soit $\mathrm{X} \sim \mathrm{B}(n, p)$, l'**intervalle de fluctuation** à 95 % d'une fréquence correspondant à la réalisation, sur un échantillon aléatoire de taille n de X est l'intervalle $\left[\frac{a}{n}, \frac{b}{n}\right]$ défini par :

- a est le plus petit entier tel que $P(\mathrm{X} \leqslant a) > 0{,}025$;
- b est le plus petit entier tel que $P(\mathrm{X} \leqslant b) \geqslant 0{,}975$.

Règle de décision : si la fréquence observée f appartient à l'intervalle de fluctuation à 95 % : $\left[\frac{a}{n}, \frac{b}{n}\right]$, on considère que l'hypothèse selon laquelle la proportion est p dans la population n'est pas remise en question et on l'accepte ; sinon, on rejette l'hypothèse selon laquelle cette proportion vaut p.

Reconnaître une loi binomiale

→ Exercices 46 et 49

On lance une pièce de monnaie parfaitement équilibrée 10 fois de suite.

Soit X la variable aléatoire représentant le nombre de fois où on a obtenu *pile*.

a. **Montrer que l'expérience satisfait aux conditions d'un schéma de Bernoulli.**

b. **Montrer que X suit une loi binomiale et déterminer ses paramètres.**

c. **Calculer E(X). À quoi correspond cette espérance ? Calculer $p(X = 6)$.**

solution

a. • On répète 10 fois la **même** expérience à **deux issues** : obtenir *pile* (succès) ou obtenir *face* (échec).

• Les expériences sont **indépendantes** les unes des autres, car le résultat d'un lancer n'a pas d'influence sur le résultat du suivant.

Conclusion : L'expérience satisfait donc aux conditions d'un **schéma de Bernoulli**.

b. X représente le nombre de fois où on a obtenu *pile* (succès) lors des 10 lancers. X suit donc une loi binomiale de **paramètres 10** (le nombre de lancers) **et** $\frac{1}{2}$ (la probabilité d'un succès, ici la probabilité d'obtenir *pile* est $\frac{1}{2}$).

c. $E(X) = n \times p = 10 \times \frac{1}{2} = \mathbf{5}$ donc on obtiendra **5 fois *pile* en moyenne**.

$p(X = 6) = \binom{10}{6}\left(\frac{1}{2}\right)^6\left(1 - \frac{1}{2}\right)^4 = \frac{105}{2^9} \approx \mathbf{0{,}2}$.

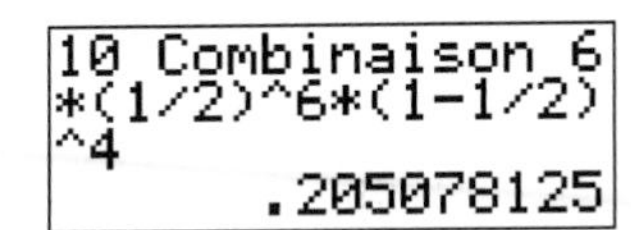

Déterminer si un dé est truqué

→ Exercices 62 et 67

Soit X une variable aléatoire qui suit une loi binomiale de paramètres 90 et $\frac{1}{6}$.

a. **Dans la colonne A entrer les valeurs k de 0 à 90, dans la colonne B entrer les valeurs de $p(X \leqslant k)$.**

b. **Déterminer le plus petit entier a tel que $P(X \leqslant a) > 0{,}025$; puis déterminer le plus petit entier b tel que $P(X \leqslant b) \geqslant 0{,}975$.**

c. **On se demande si un dé est truqué. on le lance 90 fois et on obtient une fréquence $f = \frac{29}{90}$ d'apparition de la face 6. Que devons-nous conclure ?**

solution

a. Dans la cellule **B2** on a entré =LOI.BINOMIALE(A2;90;1/6;1). **A2** correspond à la valeur de k, 90 représente la taille de l'échantillon, 1/6 est la valeur de p et le dernier argument 1 permet de calculer $p(X \leqslant k)$ (si on met 0 cela calcul $p(X = k)$).

	A	B
1	k	p(X<k)
2	0	7,48E-08
3	1	1,42E-06
4	2	1,34E-05
5	3	8,37E-05
6	4	3,89E-04
7	5	0,001
8	6	0,004
9	7	0,012
10	8	0,026
11	9	0,053

23	21	0,962
24	22	0,979
25	23	0,989
26	24	0,994
27	25	0,997
90	88	1,000
91	89	1,000
92	90	1,000

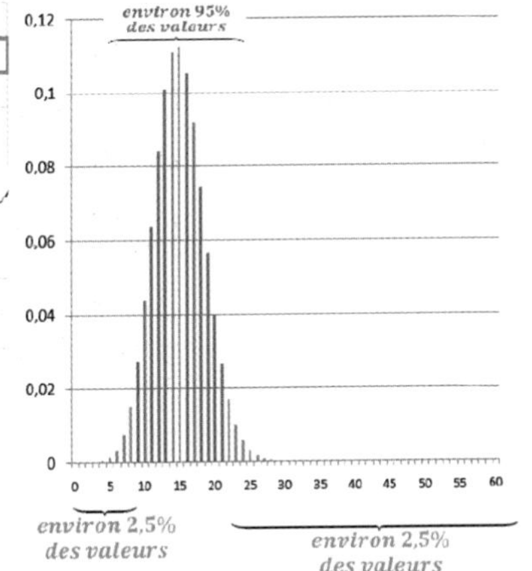

b. En lisant les résultats de la colonne **B**, on obtient : $a = 8$ et $b = 22$.

c. L'intervalle de fluctuation à 95 % est $\left[\frac{8}{90} ; \frac{22}{90}\right]$; f est à l'extérieur de cet intervalle. On va donc rejeter l'hypothèse « le dé n'est pas truqué ».

1. Inclusion et appartenance

Définitions et notations

• Appartenance

$e \in E$ se lit « e appartient à E » et signifie que l'élément e est un élément de l'ensemble E.
$e \notin E$ se lit « e n'appartient pas à E » et signifie que l'élément e n'est pas un élément de l'ensemble E.

• Inclusion

$A \subset E$ se lit « A est inclus dans E » et signifie que tous les éléments de l'ensemble A appartiennent à l'ensemble B.
$A \not\subset E$ se lit « A n'est pas inclus dans E » et signifie qu'il existe au moins un élément de l'ensemble A qui n'appartient pas à l'ensemble E.

Démontrer une inclusion

Il est plus facile de montrer la non-inclusion que l'inclusion. En effet, pour montrer la **non-inclusion** $A \not\subset E$, il suffit de trouver **un élément** de l'ensemble A qui n'appartient pas à l'ensemble E ; alors que pour montrer l'**inclusion** $A \subset E$, il faut montrer que **tous les éléments** de l'ensemble A appartiennent à l'ensemble E.

1. Recopier et compléter les expressions suivantes à l'aide des symboles $\in$; $\notin$; $\subset$ ou $\not\subset$.

$\mathbb{N} \ldots \mathbb{Z}$ $\quad -4 \ldots \mathbb{N}$ $\quad \mathbb{R} \ldots \mathbb{Q}$ $\quad \{-\sqrt{2}\} \ldots \mathbb{R}$ $\quad -2{,}45 \ldots \mathbb{R}$

$\sqrt{25} \ldots \mathbb{N}$ $\quad \pi \ldots \mathbb{Q}$ $\quad \frac{6}{5} \ldots \mathbb{D}$ $\quad \{-7 ; 0 ; \pi\} \ldots]-\infty ; 3]$

$]-1 ; 5[\ldots]-\infty ; 5[$ $\quad [1 ; 2] \ldots [2 ; +\infty[$ $\quad 0 \ldots \mathbb{Q}$ $\quad]-0{,}4 ; +\infty[\ldots]-1 ; +\infty[$

2. Intersection et réunion

• Intersection

$A \cap B$ se lit « A inter B » et est l'ensemble des éléments qui appartient à la fois à l'ensemble A **et** à l'ensemble B.
$e \in A \cap B$ signifie que $e \in A$ **et** $e \in B$.

• Réunion

$A \cup B$ se lit « A union B » et est l'ensemble des éléments qui appartiennent à l'ensemble A **ou** à l'ensemble B.
$e \in A \cup B$ signifie que $e \in A$ **ou** $e \in B$.

2. Dans un jeu télévisé, un candidat doit répondre à 5 questions. Pour chacune des questions l'animateur propose trois réponses dont une seule exacte. On admet que si le candidat ne connaît pas la réponse, il répond au hasard.

H_i : « Le candidat choisit au hasard la réponse à la question numéro i » ;

E_i : « Le candidat donne la réponse exacte à la question numéro i ».

Définir par une phrase les événements suivants : $E_1 \cap E_5$; $E_2 \cup H_3$; $E_2 \cap \overline{H_2}$; $E_4 \cup \overline{H_1}$; $\overline{E_2 \cap H_1}$.

3. On lance un dé équilibré, à six faces, dix fois de suite. On considère les événements suivants :

A : « On obtient au moins deux 6 » ;

B : « On obtient au plus deux 6 » ;

C : « On obtient exactement deux 6 ».

Recopier et compléter à l'aide des symboles = ; $\subset$ ou $\not\subset$.

$\overline{A} \ldots B$ $\quad A \cap C \ldots B$ $\quad A \ldots \overline{B} \cap C$

$B \cap C \ldots A$ $\quad C \ldots A \cup B$ $\quad A \cap B \ldots C$

Démonstration commentée

Propriété

Soit n un entier naturel non nul.

Pour tout entier naturel k tel que $0 \leqslant k \leqslant n-1$, on a $\binom{n}{k} + \binom{n}{k+1} = \binom{n+1}{k+1}$.

Pour tout entier naturel k tel que $0 \leqslant k \leqslant n$, on a $\binom{n}{k-1} = \binom{n}{k}$.

Démonstration

On montre que, pour tout entier naturel k tel que $0 \leqslant k \leqslant n-1$, on a $\binom{n}{k} + \binom{n}{k+1} = \binom{n+1}{k+1}$.

① Afin de se ramener au cas où il y a n répétitions, on va considérer 2 cas.

① $\binom{n+1}{k+1}$ est le nombre de chemins réalisant $k+1$ succès pour $n+1$ répétitions d'une épreuve de Bernoulli.
On partage ces chemins en deux catégories : ceux pour lesquels **le premier chemin est un succès** et ceux pour lesquels **le premier chemin est un échec.**

② Le chemin commence par un succès, sachant qu'il faut $k+1$ succès en tout, il reste à choisir l'emplacement des k succcès restants parmi les n épreuves restantes.

② **On dénombre les résultats réalisant $k+1$ succès pour $n+1$ répétitions et commençant par un succès :**
Le premier résultat étant déterminé (c'est un succès), il faut déterminer les n résultats suivants. Dans ces n résultats, il doit y avoir k succès (pour faire en tout $k+1$ succès en comptant le premier). Il y a donc $\binom{n}{k}$ chemins possibles dans ce cas.

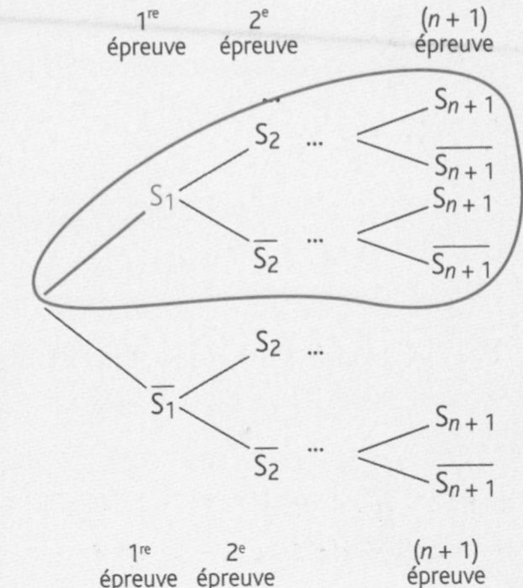

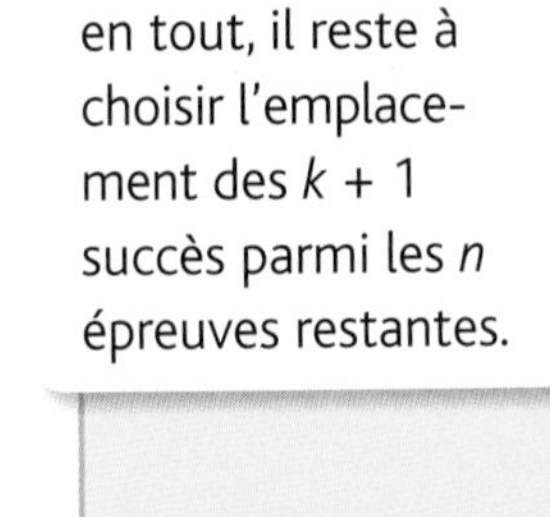

③ Le chemin commence par un échec, sachant qu'il faut $k+1$ succès en tout, il reste à choisir l'emplacement des $k+1$ succès parmi les n épreuves restantes.

③ **On dénombre les résultats réalisant $k+1$ succès pour $n+1$ répétitions et commençant par un échec :**
Le premier résultat étant déterminé (c'est un échec), il faut déterminer les n résultats suivants. Dans ces n résultats il doit y avoir $k+1$ succès. Il y a donc $\binom{n}{k+1}$ chemins possibles dans ce cas.
On a ainsi démontré que $\binom{n}{k} + \binom{n}{k+1} = \binom{n+1}{k+1}$.

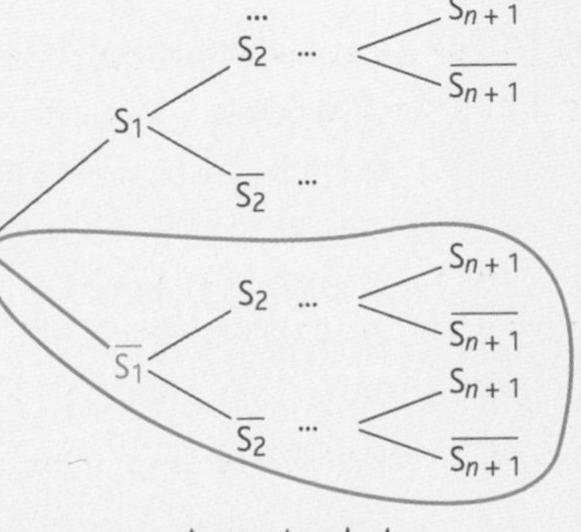

On montre que pour tout entier naturel k tel que $0 \leqslant k \leqslant n$, on a $\binom{n}{n-k} = \binom{n}{k}$.
$\binom{n}{k}$ correspond au nombre de chemins réalisant k succès pour n répétitions.
Or, à chaque chemin contenant k succès, on peut associer un chemin contenant k échecs (il suffit d'inverser les notations « échecs » et « succès »).
Par exemple au chemin $S_1 - S_2 - \overline{S_3} - S_4 - \overline{S_5}$ on associe le chemin $\overline{S_1} - \overline{S_2} - S_3 - \overline{S_4} - S_5$.
Il y a donc autant de chemins contenant k succès que de chemins contenant k échecs (soit $n-k$ succès). D'où $\binom{n}{k} = \binom{n}{n-k}$.

1. Calculer des probabilités à l'aide d'un arbre

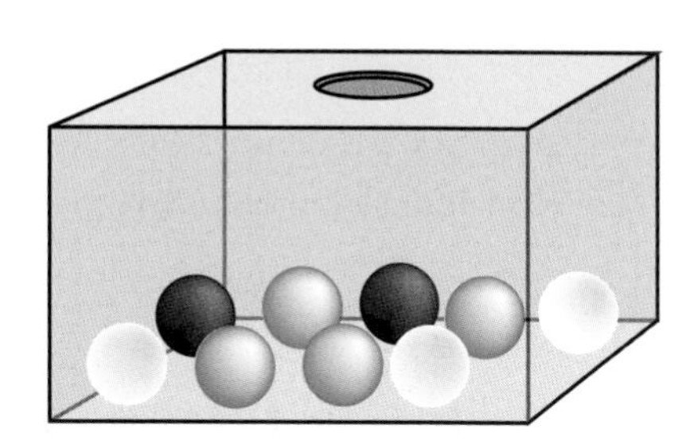

Une urne contient trois boules blanches, deux boules noires et quatre boules rouges, toutes indiscernables au toucher.
On tire au hasard une boule, on note sa couleur et on la remet dans l'urne. On recommence cette expérience deux fois de suite.
On note respectivement B_i, N_i et R_i les probabilités d'obtenir une boule blanche, une boule noire et une boule rouge lors du i-ème tirage (avec $1 \leqslant i \leqslant 2$)

1. a. **Indiquer la phrase de l'énoncé qui permet d'affirmer qu'on est dans une situation d'équiprobabilité, puis calculer $p(B_1)$ et $p(N_1)$.**

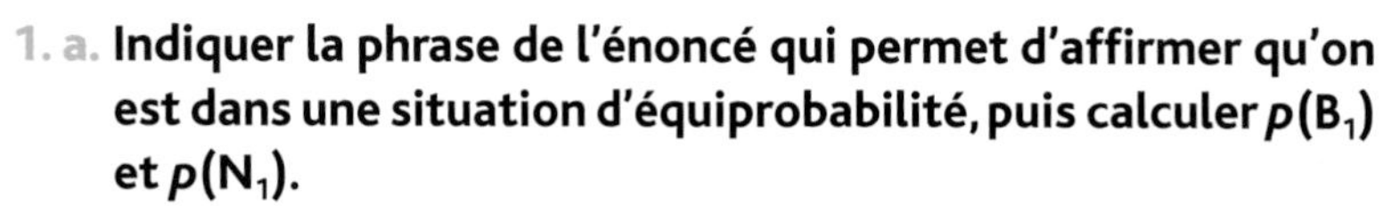

b. **Que représente l'événement $B_1 \cup N_1 \cup R_1$?**

c. **Montrer que les événements B_1, N_1 et R_1 sont deux à deux incompatibles.**
Déduire de ce résultat et des questions précédentes la valeur de $p(R_1)$.

> **MÉTHODE**
> Pour montrer que A, B et C sont des événements deux à deux incompatibles, on montre que $A \cap B = \varnothing$, $A \cap C = \varnothing$ et $B \cap C = \varnothing$.

2. **Représenter un arbre pondéré correspondant à cette expérience.**
3. **Déterminer la probabilité de tirer deux boules blanches lors de cette expérience.**
4. **Utiliser l'arbre pour déterminer la probabilité de l'événement C « Tirer deux boules de même couleur ».**

solution

1. a. D'après l'énoncé, on tire une boule au hasard et les boules sont indiscernables au toucher. Chaque boule a donc autant de chances d'être tirée. On peut alors affirmer qu'on est dans une situation d'équiprobabilité.
Dans l'urne, il y a 9 boules dont 3 blanches,
donc : $p(B_1) = \frac{3}{9} = \frac{1}{3}$;
il y a 2 boules noires, donc $p(N_1) = \frac{2}{9}$.

> **INFO**
> Lorsqu'on est dans une situation d'équiprobabilité, on a :
> $p(A) = \frac{\text{nombre de cas favorables à A}}{\text{nombre de cas total}}$

b. L'événement $B_1 \cup N_1 \cup R_1$ correspond à « Tirer une boule blanche **ou** noire **ou** rouge lors du premier tirage ».
Cet événement est toujours réalisé, car il n'y a aucune boule d'une autre couleur dans l'urne.
Donc $B_1 \cup N_1 \cup R_1$ est l'événement certain.

c. L'événement $B_1 \cap N_1$ correspond à « Tirer une boule blanche et une boule noire lors du premier tirage ». Ce n'est pas possible, car une boule n'a qu'une seule couleur.
Donc $B_1 \cap N_1 = \varnothing$.
Pour les mêmes raisons, $B_1 \cap N_1 = \varnothing$ et $N_1 \cap B_1 = \varnothing$.
Les événements B_1, N_1 et R_1 sont donc deux à deux incompatibles.
On en déduit que : $p(B_1 \cup N_1 \cup R_1) = p(B_1) + p(N_1) + p(R_1)$:

$$p(B_1 \cup N_1 \cup R_1) = \frac{1}{3} + \frac{2}{9} + p(R_1)$$
$$= \frac{5}{9} + p(R_1)$$

> **INFO**
> Lorsque A, B et C sont des événements deux à deux incompatibles, on a :
> $p(A \cup B \cup C) = p(A) + p(B) + p(C)$

Or $p(B_1 \cup N_1 \cup R_1) = 1$, car $B_1 \cup N_1 \cup R_1$ est l'événement certain d'après la réponse 1.b.
D'où $\frac{5}{9} + p(R_1) = 1$, soit $p(R_1) = 1 - \frac{5}{9} = \frac{4}{9}$.

solution

2. • Lors du premier tirage, il y a trois possibilités : B_1, N_1 ou R_1.
On représente ces trois possibilités par les trois premières branches de l'arbre, elles correspondent au premier tirage.
On indique sur les branches les probabilités correspondant à chacun de ces événements, calculées précédemment.
• Lors du second tirage, et pour chacune des trois premières branches, il y a trois possibilités : B_2, N_2 ou R_2.
Ainsi, au bout de chacune des trois premières branches on a trois nouvelles branches.

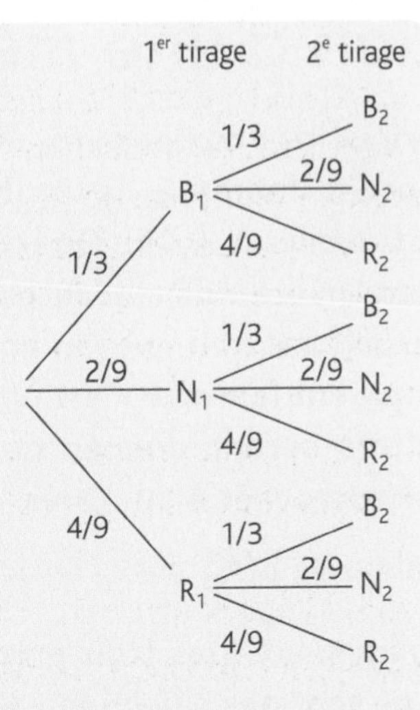

Le contenu de l'urne est le même que pour le premier tirage, les probabilités sont donc inchangées :

$$p(B_2) = \frac{1}{3},\ p(N_2) = \frac{2}{9} \text{ et } p(R_2) = \frac{4}{9}.$$

On indique ces valeurs sur les branches.

3. La probabilité de tirer deux boules blanches lors de cette expérience est $p(B_1 \cap B_2)$.
Or, d'après la question précédentes, les expériences sont indépendantes, donc :

$$p(B_1 \cap B_2) = p(B_1) \times p(B_2) = \frac{1}{3} \times \frac{1}{3}$$

$$\text{ainsi } p(B_1 \cap B_2) = \frac{1}{9}.$$

4. Tirer deux boules de même couleur correspond aux événements $B_1 \cap B_2$ (deux boules blanches) ou $N_1 \cap N_2$ (deux boules noires) ou $R_1 \cap R_2$ (deux boules rouges).
Ainsi, d'après l'arbre ci-dessus, on a :

$$p(C) = \frac{1}{3} \times \frac{1}{3} + \frac{2}{9} \times \frac{2}{9} + \frac{4}{9} \times \frac{4}{9}$$

$$\text{Donc } p(C) = \frac{29}{81}.$$

Entraînez-vous

L'urne contient cette fois trois boules blanches, deux boules noires et cinq boules rouges.

1. Calculer $p(B_1)$, $p(N_1)$ et $p(R_1)$.
2. Calculer la probabilité de tirer deux boules noires lors de cette expérience.
3. Utiliser l'arbre pour déterminer la probabilité de l'événement C : « Tirer deux boules de même couleur ».
4. En déduire la probabilité de l'événement D : « Tirer deux boules de couleurs différentes ».

→ On trouve

1. $p(B_1) = 0{,}3$.
$p(N_1) = 0{,}2$.
$p(R_1) = 0{,}5$.
2. $p(N_1 \cap N_2) = p(N_1) \times p(N_2) = 0{,}3^2 = 0{,}09$.
3. $p(C) = 0{,}09 + 0{,}04 + 0{,}25 = 0{,}38$.
4. $p(D) = p(\overline{C}) = 1 - p(C) = 1 - 0{,}38 = 0{,}62$.

2. Répétition d'une même expérience

Une usine fabrique des composants électroniques. Pour chaque composant fabriqué, la probabilité qu'il soit défectueux est égale à 0,03. On considère que ces expériences sont toutes indépendantes.
Soit i un entier naturel non nul. On note A_i l'événement « Le i-ème composant fabriqué n'est pas défectueux ».
Tous les résultats seront donnés de façon exacte et avec une valeur approchée à 10^{-2} près.

1. **Donner la valeur de $p(A_i)$, avec i entier naturel non nul.**

2. a. **Soit B l'événement « les trois premiers composants fabriqués ne sont pas défectueux ».**
Exprimer B en fonction de A_1, A_2 et A_3.
b. **Calculer $p(B)$.**
c. **Quelle est la probabilité qu'au moins un composant soit défectueux parmi les trois premiers composants fabriqués ?**

3. a. **Soit n un entier naturel non nul et C_n l'événement « Les n premiers composants fabriqués ne sont pas défectueux ». Exprimer C_n en fonction de $A_1, A_2, \dots, A_n$.**
b. **Calculer $p(C_n)$.**
c. **Soit D_n l'événement « au moins un composant n'est pas défectueux parmi les n premiers composants fabriqués ».**
Calculer $p(D_n)$.
d. **Déterminer, à l'aide d'un tableur, la plus petite valeur de n pour laquelle $p(D_n) \geqslant 0,99$.**

solution

1. D'après l'énoncé, la probabilité qu'un composant soit défectueux est 0,03. La probabilité pour qu'un composant ne soit pas défectueux est donc 1 – 0,03. Pour tout i entier naturel non nul, on a :

$$p(A_i) = 1 - 0,03 = 0,97.$$

2. a. L'événement B correspond à « Le premier composant n'est pas défectueux et le deuxième composant n'est pas défectueux et le troisième composant n'est pas défectueux ». On a donc :

$$B = A_1 \cap A_2 \cap A_3.$$

b. $p(B) = p(A_1 \cap A_2 \cap A_3) = p(A_1) \times p(A_2) \times p(A_3)$, car les expériences sont indépendantes. On a donc :

$$p(B) = 0,97^3 \approx 0,91.$$

c. L'événement dont on cherche la probabilité est l'événement contraire de B. Sa probabilité est donc :

$$p(\overline{B}) = 1 - p(B) = 1 - 0,97^3 \approx 0,09.$$

solution

3. a. L'événement C_n correspond à « le premier composant n'est pas défectueux et le deuxième composant n'est pas défectueux et ... et le n-ième composant n'est pas défectueux ».
Donc $C_n = A_1 \cap A_2 \cap \ldots \cap A_n$.

b. $p(C_n) = p(A_1 \cap A_2 \cap \ldots \cap A_n) = p(A_1) \times p(A_2) \times \ldots \times p(A_n)$, car les expériences sont indépendantes.
Ainsi $p(C_n) = 0{,}97^n$

c. $D_n = \overline{C_n}$, car le contraire de « tous les composants ne sont pas défectueux » est « au moins un composant est défecteux ».
Donc $p(D_n) = p(\overline{C_n}) = 1 - p(C_n) = 1 - 0{,}97^n$.

d. Il s'agit de trouver la plus petite valeur de n pour laquelle $1 - 0{,}97^n \geqslant 0{,}99$.
On entre dans la cellule **B2** la formule suivante : =1-0,97^A2
Puis on recopie cette formule dans les cellules situées dessous.

	A	B
1	valeurs de n	valeur de p(Dn)
2	1	=1-0,97^A2
3	2	
4	3	
5	4	
...	...	...
150	149	0,98930974
151	150	0,98963044
152	151	0,98994153
153	152	0,99024329
154	153	0,99053599

On repère la valeur de n qui répond à la question.

Remarque : On peut utiliser le tableau de valeurs de la calculatrice de la suite définie par $u_n = 1 - 0{,}97^n$ (ou de la fonction définie par $f(x) = 1 - 0{,}97^x$ avec un pas de 1) pour obtenir le tableau précédent.

Conclusion : La plus petite valeur de n pour laquelle $p(D_n) \geqslant 0{,}99$ est $n = 152$.

Entraînez-vous

Reprendre l'exercice avec 0,035 pour la probabilité qu'un composant soit défectueux.

1. Calculer $p(C_n)$.
2. Soit D_n l'événement « Au moins un composant est défectueux parmi les n premiers composants fabriqués ». Calculer $p(D_n)$.
3. Déterminer à l'aide d'un tableur la plus petite valeur de n pour laquelle :

$$p(D_n) \geqslant 0{,}9.$$

→ On trouve

1. $p(C_n) = 0{,}965^n$.
2. $p(D_n) = 1 - 0{,}965^n$.
3. La plus petite valeur de n pour laquelle $p(D_n) \geqslant 0{,}9$ est $n = 65$.

3. Utiliser une loi binomiale

Un commercial doit rendre visite à 6 clients. Il sait que la probabilité d'obtenir une commande est la même pour tous les clients et que sa valeur est $p = 0{,}38$. La décision de chaque client est indépendante des autres.
Soit X la variable aléatoire représentant le nombre de clients qui ont passé une commande.
Le résultat des probabilités sera donné à 10^{-2} près.

1. **Donner les valeurs que peut prendre la variable aléatoire X.**

2. a. **Montrer qu'on est dans un schéma de Bernoulli.**
   b. **Quelle loi suit X ? Indiquer ses paramètres.**
   c. **Donner l'expression de $p(X = k)$, avec k un entier naturel compris entre 0 et 6.**

3. a. **À l'aide d'une calculatrice, déterminer $\binom{6}{2}$.**
   b. **En déduire $\binom{6}{4}$.**

4. **Quelle est la probabilité que deux clients aient passé une commande ? Même question pour quatre clients ?**

5. **Combien le commercial peut-il espérer avoir de clients qui passent une commande en moyenne ? Si quatre clients ont passé une commande, doit-il être satisfait ?**

solution

1. Le commercial rend visite à 6 clients et X représente le nombre de clients qui passent une commande, donc X peut prendre les valeurs entières comprises entre 0 et 6.

2. a. Chaque expérience est aléatoire et possède deux issues contraires :
S (le client passe une commande) et E (le client ne passe pas de commande).
On répète six fois cette expérience de manières indépendantes.
À chaque visite, le client passe une commande ou ne passe pas de commande.
On est donc en présence d'un schéma de Bernoulli.

Rappel
Si on répète de façon indépendante n expériences identiques à deux issues (succès et échec), alors l'expérience est un schéma de Bernoulli.

b. X correspond au nombre de clients qui passent une commande (succès) lors des 6 visites.
D'après le cours, X suit une loi binomiale de paramètres 6 et 0,38.

Rappel
Dans un schéma de Bernoulli, si p est la probabilité du succès et X le nombre de succès lors des n expériences, alors X suit une loi binomiale de paramètres n et p.

c. D'après le cours :
$$p(X = k) = \binom{6}{k} 0{,}38^k 0{,}62^{6-k}$$
avec $k \in \mathbb{N}$ tel que $0 \leqslant k \leqslant 6$.

Rappel
Si X suit une loi binomiale de paramètres n et p, alors, pour tout tel que $0 \leqslant k \leqslant n$, on a :
$$p(X = k) = \binom{n}{k} p^k(1-p)^{n-k}.$$

solution

3. a. Combinaison est accessible en appuyant sur les touches suivantes :

TI

 PRB 3 : Combinaison

```
6 Combinaison 2
              15
```

TI*nspire*

 5: Probabilité 3: Combinaisons

```
1.1   *Non enregistré
nCr(6,2)          15
                1/99
```

Casio

```
6C2
            15
Ans C
x! nPr nCr Ran#
```

ClassPad

CALC nCr

```
nCr(6,2)
            15
```

On trouve ainsi $\binom{6}{2} = 15$.

b. $\binom{6}{4} = \binom{6}{6-4} = \binom{6}{2} = 15$, donc $\boldsymbol{\binom{6}{2} = 15}$.

> **INFO**
> Les coefficients binomiaux dans le triangle de Pascal sont symétriques.
> Cela se traduit par l'égalité :
> $$\binom{n}{k} = \binom{n}{n-k}$$
> avec $n \in \mathbb{N}$, $k \in \mathbb{N}$ et $0 \leqslant k \leqslant n$.

4. • « Deux clients ont passé une commande » correspond à X = 2 et on a :

$p(X=2) = \binom{6}{2} 0{,}38^2 \times 0{,}62^{6-2} = 15 \times 0{,}38^2 \times 0{,}62^4$, soit $p(X=2) \approx 0{,}32$.

• La probabilité que quatre clients passent une commande est $p(X = 4)$.

$p(X=4) = \binom{6}{4} 0{,}38^4 \times 0{,}62^{6-4} = 15 \times 0{,}38^4 \times 0{,}62^2$, soit $p(X=4) \approx 0{,}12$.

5. La valeur moyenne de X est $E(X) = 6 \times 0{,}38 = 2{,}28$

Si quatre clients passent une commande, cela est plus important que la moyenne, le commercial peut donc être satisfait !

> **INFO**
> Si X suit une loi binomiale de paramètres n et p, alors l'espérance de X (qui correspond à la valeur moyenne de X) est $E(X) = np$.

Entraînez-vous

Reprendre l'exercice avec $p = 0{,}27$.

→ On trouve

2. b. X suit une loi binomiale de paramètres 6 et 0,27.

2. c. $p(X=k) = \binom{6}{k} 0{,}27^k 0{,}73^{6-k}$.

4. $p(X=2) = 15 \times 0{,}27^2 \times 0{,}73^4 \approx 0{,}31$.
$p(X=4) = 15 \times 0{,}27^4 \times 0{,}73^2 \approx 0{,}04$.

5. $E(X) = 6 \times 0{,}27 = 1{,}62$.

4. Déterminer un intervalle de fluctuation

Une usine fabrique des ampoules. Lorsque la production fonctionne correctement, le pourcentage d'ampoules défectueuses est de 4%.
On fait régulièrement des contrôles de qualité qui consistent à dénombrer le nombre d'ampoules défectueuses dans un lot de 500.
Le but de cet exercice est de déterminer, à l'aide d'un intervalle de fluctuation, une valeur du nombre d'ampoules défectueuses dans le lot de 500 à partir de laquelle on devra signaler que la production ne fonctionne pas correctement.
Soit X la variable aléatoire qui correspond au nombre d'ampoules défectueuses sur le lot de 500. On considère que X suit une loi binomiale.

1. **Donner les paramètres de la loi binomiale suivie par X.**

2. a. **À l'aide d'un tableur, écrire dans la colonne A toutes les valeurs que peut prendre la variable aléatoire X et dans la colonne B les probabilités $p(X = k)$ correspondantes.**

	A	B
1	x	p(X=x)
2	0	
3	1	
4	2	
5	3	
6	4	

MÉTHODE
À savoir : Si on met 0 à la place de 1 dans le dernier argument, la fonction du tableur calcule $p(X = k)$.
Pour calculer $p(X \leqslant k)$, on pourra utiliser la fonction suivante du tableur :
LOI.BINOMIALE(valeur de k ; nombre d'expériences ; probabilité d'un succès ; 1).

b. **Représenter graphiquement ces données en utilisant un diagramme en bâtons.**

c. **On estime que la production ne fonctionne pas correctement lorsqu'il y a plus de l ampoules défectueuses, avec l le plus petit entier vérifiant $p(X \leqslant l) \geqslant 0{,}95$. Déterminer, à l'aide du tableur, la valeur de l.**

INFO
En sélectionnant des cellules du tableur, la valeur de la somme est indiquée en bas à droite de la feuille de calcul.
On peut aussi faire le calcul de $p(X \leqslant k)$ dans la colonne **C** du tableur.

3. **Lors d'un contrôle, un lot contient 26 ampoules défectueuses et un autre lot en contient 32.**
La production fonctionne-t-elle correctement ?

solution

1. X dénombre le nombre d'ampoules défectueuses. X correspond donc au nombre de succès dans le schéma de Bernoulli où le succès est « L'ampoule est défectueuse ».
D'après l'énoncé, sa probabilité est 0,04. Le lot contient 500 amploules.
Donc X suit une loi de binomiale de paramètres 500 et 0,04.

2. a. On saisit la formule suivante dans la cellule **B2** :

=LOI.BINOMIALE(A2;500;0,04;0)

A2 correspond à la valeur de X, la valeur 500 est le nombre de fois où on répète l'expérience et 0,04 la probabilité du « succès ».
Ne pas oublier de mettre le 0 comme indiqué dans la méthode.

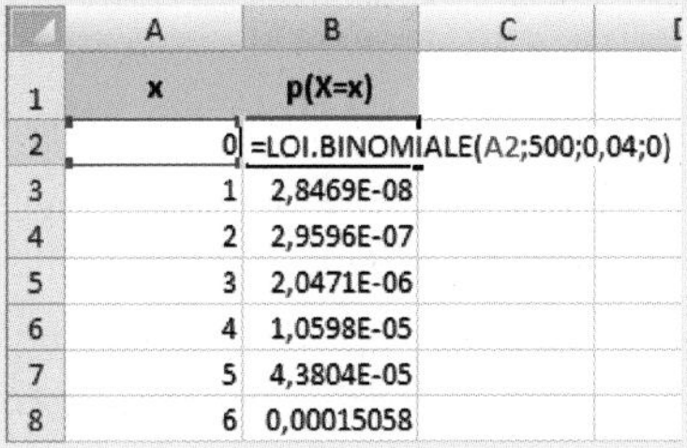

	A	B	C
1	x	p(X=x)	
2	0	=LOI.BINOMIALE(A2;500;0,04;0)	
3	1	2,8469E-08	
4	2	2,9596E-07	
5	3	2,0471E-06	
6	4	1,0598E-05	
7	5	4,3804E-05	
8	6	0,00015058	

b. On obtient la représentation graphique ci-contre.
On a coupé les valeurs de X comprises entre 60 et 500 car leurs probabilités étaient négligeables.
Bien vérifier en faisant un clic droit sur les bâtons, puis ***Sélectionner les données,*** les points suivants :
– dans ***Entrée de légende*** ne doit figurer que la série « $p(X = x)$ » ;
– dans ***Étiquette de l'axe horizontal*** ne doit figurer que la série « x ».

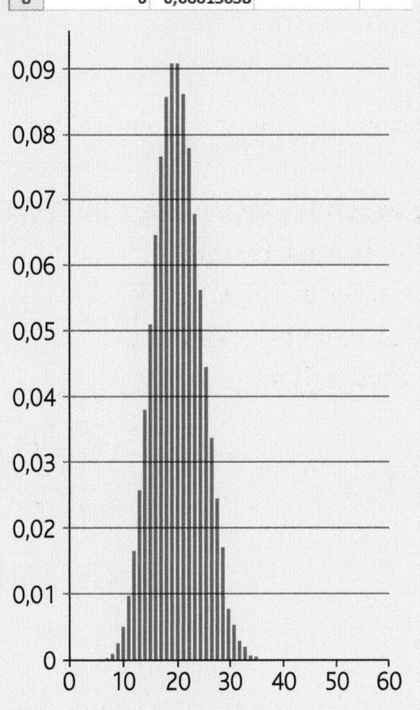

c. Dans la cellule **C2**, on a écrit :

=LOI.BINOMIALE(A2;500;0,04;1)

et on a recopié cette formule jusqu'en **C500**. Ainsi on obtient $l = 27$.

28	26	0,0339	0,9263
29	27	0,0248	0,9511
30	28	0,0175	0,9686

3. La valeur 26 est inférieure à $l = 27$ obtenue en 2. c. donc d'après le critère du 2. c., la production fonctionne correctement.
En revanche, 32 est supérieur à 27, d'après le critère du 2. c. la production ne fonctionne pas correctement (nombre anormalement élevé). Le responsable devra procéder au contrôle de ses machines.

Entraînez-vous

Reprendre l'exercice avec un lot de 400 ampoules et une probabilité de 0,075 qu'une ampoule soit défectueuse.

→ On trouve

1. Loi binomiale de paramètres 400 et 0,075.

2. c. $l = 39$.

3. Les deux lots répondent au critère d'une production « normale ».

5. Trouver un intervalle de fluctuation à l'aide d'un algorithme

L'algorithme ci-contre permet de déterminer la plus petite valeur de k telle que $p(X \leqslant k) > S$ avec X une variable aléatoire qui suit une loi binomiale de paramètres (n, p) et S un réel.

1. **Programmer cet algorithme sur une calculatrice.**
2. **Déterminer, pour un seuil de 0,95, les intervalles de fluctuation obtenus à l'aide du programme précédent d'une fréquence correspondant à la réalisation, sur un échantillon aléatoire de taille n, d'une variable aléatoire X de loi binomiale de paramètres :**

   $$n = 200 \text{ et } p = 0,3\,;$$

   De même pour :

   $$n = 300 \text{ et } p = 0,02.$$
3. **Comparer les résultats du 2. avec l'intervalle de fluctuation donné en seconde.**

Variables : S, P, R, trois nombres réels ; N, J deux entiers naturels.
Début
Saisir N, P, S.
$0 \to J$
$(1-P)^N \to R$
Répète
  $J + 1 \to J$
  $\text{Combinaison}(N,J) \times P^J(1-P)^{N-J} + R \to R$
  Tant que $R < S$
Afficher J
Fin

Rappel
L'intervalle de fluctuation au seuil de 0,95 donné en seconde était :
$\left[p - \frac{1}{\sqrt{n}}\,;\,p + \frac{1}{\sqrt{n}}\right]$ avec les conditions suivantes : $n \geqslant 20$ et $p \in [0,2\,;\,0,8]$.

solution

1. TI

Casio

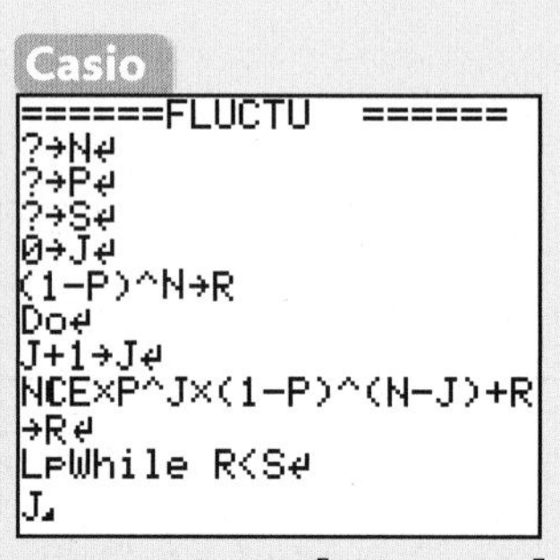

2. Au seuil de 0,95 : – pour $n = 200$ et $p = 0,3$ on trouve $\left[\frac{48}{200}\,;\,\frac{73}{200}\right]$ soit $[0,24\,;\,0,365]$;

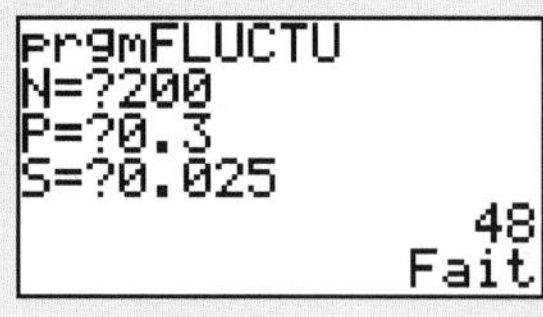

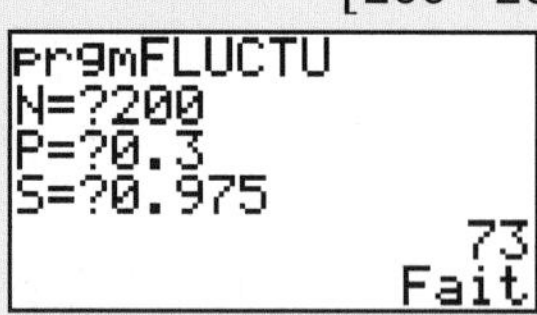

– pour $n = 400$ et $p = 0,02$, on trouve $\left[\frac{3}{400}\,;\,\frac{14}{200}\right]$ soit $[0,075\,;\,0,035]$.

```
PrgmFLUCTU
N=?400
P=?0.02
S=?0.025
                3
             Fait
```

```
PrgmFLUCTU
N=?400
P=?0.02
S=?0.975
               14
             Fait
```

3. Pour $n = 200$ et $p = 0,3$ on trouve $\left[0,3 - \frac{1}{\sqrt{200}}\,;\,0,3 + \frac{1}{\sqrt{200}}\right]$, soit environ $[0,229\,;\,0,371]$, ce qui est proche du résultat obtenu en 2.

Pour $n = 400$ et $p = 0,02$, les conditions d'applications ne sont pas remplies.

6. Les tirs au but : loi géométrique tronquée

Philippe, le joueur vedette de l'équipe de Gargenville, a une probabilité $p = 0,73$ de marquer un but lors de chacun de ses tirs. On considère les deux événements suivants :

A_n : « Philippe a marqué lors du n-ième tir » ;

B_n : « Philippe a marqué son premier but lors du n-ième tir ».

1. **Donner la valeur de $p(A_n)$.**
2. **Exprimer B_2 en fonction de A_1 et A_2, puis exprimer B_3 en fonction de A_1, A_2 et A_3.**
3. **À l'aide d'un arbre, calculer $p(B_1)$, $p(B_2)$ puis $p(B_3)$.**
4. **En déduire $p(B_n)$ pour $1 \leqslant n \leqslant 10$.**
5. **On considère que Philippe « gagne » dès qu'il marque un but. Il ne peut tirer au maximum que 10 fois de suite. Soit X la variable aléatoire correspondant au nombre de tirs qu'il a fallu à Philippe pour gagner.**
   a. **Exprimer l'événement $X = 0$ en fonction de $A_1, A_2 \dots A_{10}$, puis déterminer la valeur de $p(X = 0)$.**
   b. **Déterminer l'expression de $p(X = n)$ en fonction de n, pour $1 \leqslant n \leqslant 10$.**
   c. **À l'aide d'un logiciel de calcul formel, donner une valeur approchée à 10^{-2} près de E(X). Que représente E(X) ?**

solution

1. À chaque tir, Philippe a une probabilité $p = 0,73$ de marquer un but. Donc $p(A_n) = 0,73$.
2. B_2 correspond à l'événement « Ne pas marquer lors du premier tir et marquer lors du second tir », donc $B_2 = \overline{A_1} \cap A_2$.
   B_3 correspond à l'événement « Ne pas marquer lors du premier et du second tir et marquer lors du troisième tir », donc $B_3 = \overline{A_1} \cap \overline{A_2} \cap A_3$.
3. On lit sur l'arbre $p(B_2) = 0,27 \times 0,73$ et $p(B_3) = 0,27^2 \times 0,73$.
4. B_n est l'événement « Philippe a marqué son premier but lors du n-ième tir », c'est-à-dire « Philippe a manqué tous les tirs du premier au $(n-1)$-ième tir et il a marqué lors du n-ième tir », ainsi $B_n = \overline{A_1} \cap \overline{A_2} \cap \dots \cap \overline{A_{n-1}} \cap A_n$, donc $p(B_n) = 0,27^{n-1} \times 0,73$.
5. a. L'événement $X = 0$ correspond à l'événement « Ne pas marquer de but lors des 10 premiers tirs », ainsi $X = 0$ correspond à $\overline{A_1} \cap \overline{A_2} \cap \dots \cap \overline{A_{10}}$ d'où $p(X = 0) = 0,27^{10}$.
   b. L'événement $X = n$ correspond à B_n, ainsi $p(X = n) = 0,27^{n-1} \times 0,73$.
   c. $$E(X) = \sum_{n=0}^{10} n \times p(X = n) = 0 \times 0,27^{10} + \sum_{n=1}^{10} n \times 0,27^{n-1} \times 0,73 = \sum_{n=1}^{10} n \times 0,27^{n-1} \times 0,73.$$

En utilisant *Xcas* en ligne :

Xcas en ligne. Tapez une instruction dans cette console (assistant avec la bouée).

```
sum(n*0.27^(n-1)*0.73,n,1,10)
1.36983960416
```

$E(X)$ correspond au nombre de tirs qu'il faut en moyenne à Philippe pour « gagner ».

Entraînez-vous

Agnès a une probabilité $p = 0,35$ de marquer un but lors de chacun de ses tirs. Reprendre les questions précédentes.

→ On trouve

5.a. $p(X = 0) = 0,65^{10}$.
b. $p(X = n) = 0,65^{n-1} \times 0,35$.
c. $E(X) \approx 2,68$.

test

QCM

Corrigés en fin de manuel

Dans les questions suivantes, déterminer la (ou les) bonne(s) réponse(s).

1. On lance trois fois de suite une pièce de 1 € qu'on suppose parfaitement équilibrée.
La probabilité d'obtenir trois fois piles est :

a. $\frac{1}{2}$. b. $\frac{1}{4}$. c. $\frac{1}{6}$. d. $\frac{1}{8}$.

2. L'arbre ci-contre représente des événements lors d'expériences indépendantes.
$p(\overline{A} \cap B)$ est égal à :

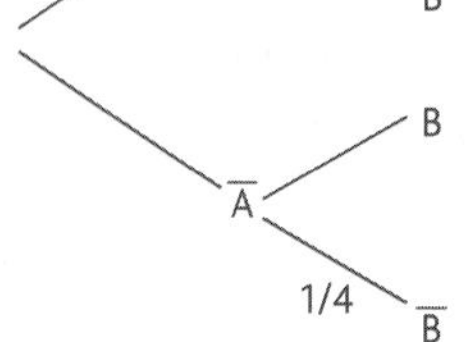

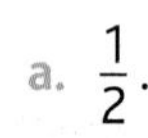

a. $\frac{1}{2}$. b. $\frac{17}{12}$.
c. $\frac{1}{12}$. d. $\frac{1}{4}$.

3. L'arbre ci-contre représente des événements lors d'expériences indépendantes.
$p(A \cap B \cap \overline{C})$ est égal à :

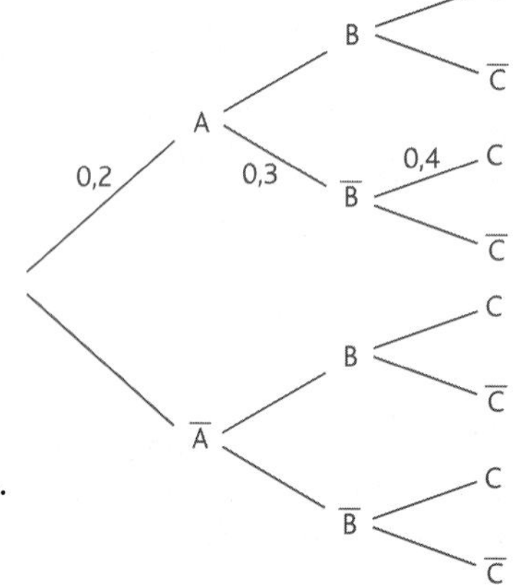

a. 1,5. b. 0,9.
c. 0,084. d. 0,024.

4. Dans un jeu, on a une probabilité $\frac{1}{3}$ de gagner à chaque partie. Les parties sont toutes indépendantes les unes des autres. On joue n fois de suite à ce jeu :

A. **La probabilité de perdre les n parties est :**

a. $\left(\frac{1}{3}\right)^n$. b. $\left(\frac{2}{3}\right)^n$. c. $1-\left(\frac{1}{3}\right)^n$. d. $1-\left(\frac{2}{3}\right)^n$.

B. **La probabilité de gagner les n parties est :**

a. $\left(\frac{1}{3}\right)^n$. b. $\left(\frac{2}{3}\right)^n$. c. $1-\left(\frac{1}{3}\right)^n$. d. $1-\left(\frac{2}{3}\right)^n$.

C. **La probabilité de perdre au moins une fois lors de ces n jeux est :**

a. $\left(\frac{1}{3}\right)^n$. b. $\left(\frac{2}{3}\right)^n$. c. $1-\left(\frac{1}{3}\right)^n$. d. $1-\left(\frac{2}{3}\right)^n$.

5. On considère l'algorithme suivant.

```
Variables : A et B, deux nombres entiers.
Début
Affecter à A la valeur ...
Affecter à B un nombre aléatoire entier compris
entre 0 et 9.
Si B > A
    alors afficher 1.
    Sinon afficher 0.
Fin Si
Fin
```

Quelle valeur faut-il affecter à A pour que cet algorithme simule une variable aléatoire de Bernoulli de paramètre 0,3 ?

a. 3. b. 4. c. 6. d. 7.

6. Soit p un entier naturel compris entre 0 et 14.
Si $a = \binom{15}{p}$ et $b = \binom{15}{p+1}$, alors :

a. $\binom{15}{15+p} = a$. b. $\binom{15}{15-p} = a$.

c. $a + b = \binom{16}{p+1}$. d. $a + b = \binom{16}{p}$.

7. Une machine trie des vis. À chaque vis, la probabilité de ne pas faire d'erreur est 0,966. Soit X la variable aléatoire correspondant au nombre d'erreurs faites par la machine sur un lot de 100 vis.
$p(X = 20)$ a pour valeur :

a. $\binom{100}{20} 0{,}966^{20} \times 0{,}034^{80}$.

b. $\binom{100}{80} 0{,}966^{20} \times 0{,}034^{80}$.

c. $\binom{100}{20} 0{,}034^{20} \times 0{,}966^{80}$.

d. $\binom{100}{80} 0{,}034^{20} \times 0{,}966^{80}$.

QCM

Corrigés en fin de manuel

8. **Soit X une variable aléatoire suivant une loi binomiale de paramètres n et p. À l'aide d'un tableur, on a saisi la formule suivante dans la cellule *B2* :**

=LOI.BINOMIALE(A2;25;0,4;1)

On a ensuite *copié-collé* cette formule jusqu'en *B27*. Voici le résultat obtenu :

	A	B		A	B
1	k	$p(X \leq k)$	1	k	$p(X \leq k)$
2	0	2,84303E-06	15	13	0,922198936
3	1	5,02268E-05	16	14	0,965608482
4	2	0,000429297	17	15	0,986830927
5	3	0,002366769	18	16	0,995673612
6	4	0,009470831	19	17	0,998794559
7	5	0,029362205	20	18	0,999719285
8	6	0,073565258	21	19	0,99994641
9	7	0,153551735	22	20	0,999991835
10	8	0,27353145	23	21	0,999999046
11	9	0,424617018	24	22	0,99999992
12	10	0,585774956	25	23	0,999999996
13	11	0,732282173	26	24	1
14	12	0,846232231	27	25	1

A. **Quelle est la valeur de n ?**

a. 27. b. 25.
c. On ne peut pas savoir. d. 1.

B. **Quelle est la valeur de p ?**

a. 0,4. b. 0,6.
c. 72. d. 34.

C. **Quelle est la valeur de $p(12 \leqslant X \leqslant 18)$ à 10^{-3} près ?**

a. 0,268. b. 0,153.
c. 1,846. d. 6,715.

9. **Lors d'un jeu, la probabilité de gagner est 0,6. On joue dix fois de suite et on note X la variable aléatoire correspondant au nombre de fois où l'on perd. On admet que X suit une loi binomiale. À chaque jeu, lorsqu'on gagne, on reçoit 3 € et, lorsqu'on perd, on paye 3 €.**
Soit Y la variable aléatoire correspondant au gain (ou perte) lors de ces dix jeux. Quelle est l'espérance de Y ?

a. 2. b. – 6.
c. 18. d. 6.

10. **Soit X une variable aléatoire suivant une loi binomiale de paramètres 70 et 0,3. On a obtenu ci-dessous, à l'aide d'un tableur, les valeurs de $p(21 - a \leqslant X \leqslant 21 + a)$ en fonction de a (a étant un entier compris entre 0 et 21).**

	A	B
1	a	$p(21 - a \leq X \leq 21 + a)$
2	0	0,103587312
3	1	0,303981677
4	2	0,485309918
5	3	0,63872955
6	4	0,760019275
7	5	0,849535676
8	6	0,911150361
9	7	0,950665133
10	8	0,974260792
11	9	0,987378048
12	10	0,994172145

Quel est l'intervalle, centré en 21 et de plus petite amplitude possible, auquel les valeurs de X appartiennent dans plus de 90 % des cas ?

a. [14 ; 28]. b. [15 ; 27].
c. [16 ; 26]. d. [17 ; 25].

vrai ou faux ?

Corrigés en fin de manuel

Indiquer si les propositions suivantes sont vraies ou fausses.

11. Soit X une variable aléatoire suivant une loi de Bernoulli, si $V(X) = \frac{6}{25}$ alors $p(X = 0) = \frac{2}{5}$.

12. Soit X une variable aléatoire suivant une loi de Bernoulli, si $V(X) = \frac{10}{49}$ alors $p(X = 0) = \frac{2}{7}$ ou $p(X = 0) = \frac{5}{7}$.

13. Soit X une variable aléatoire suivant une loi binomiale, si $E(X) = 2$ et $V(X) = 1$ alors $p(X = 0) = \frac{1}{16}$.

14. Soit X une variable aléatoire suivant une loi binomale, si $E(X) = 6$ et $V(X) = \frac{3}{2}$ alors $p(X = 0) = \left(\frac{1}{4}\right)^8$.

15. Pour tout $x \in [0,1]$ on a : $\sum_{k=0}^{n} \binom{n}{k} x^k (1 - x)^{n-k} = 1$.

exercices

1. Indépendances

pour s'échauffer

16. corrigé Compléter l'arbre suivant dont les événements sont issus d'expériences indépendantes.

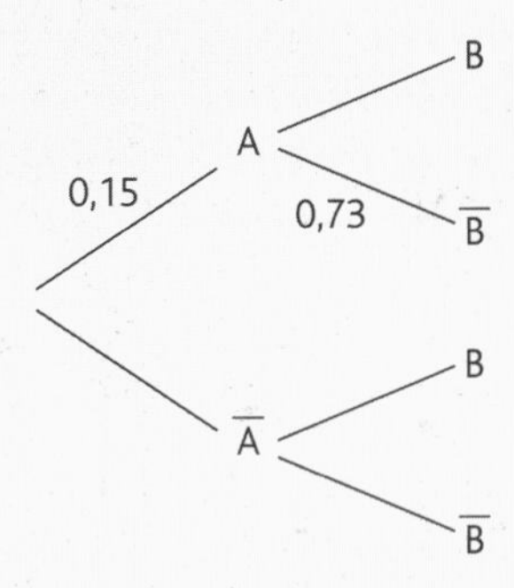

17. Un élève passe son baccalauréat et son permis de conduire au mois de juin.
Soit A l'événement : « Obtenir son baccalauréat » et B l'événement « Obtenir son permis de conduire ». On considère que la probabilité d'obtenir son bac est 0,8 et que la probabilité de rater son permis est 0,4.

1. Dessiner un arbre représentant la situation.

2. On considère que les événements A et B sont issus d'expériences indépendantes. Calculer la probabilité que l'élève obtienne son bac et son permis.

18. corrigé Soit A et B deux événements issus d'expériences indépendantes.
On sait que $p(A) = 0{,}4$ et $p(B) = 0{,}5$.
Calculer $p(\overline{A} \cap B)$.

19. Soit A et B deux événements issus d'expériences indépendantes. On sait que $p(A) = 0{,}3$ et $p(B) = 0{,}4$.

1. Calculer $p(A \cap B)$.

2. En déduire $p(A \cup B)$.

> **Rappel**
> Soit A et B deux événements. On a toujours :
> $$p(A \cup B) = p(A) + p(B) - p(A \cap B).$$

20. Dans un jeu de 52 cartes, on tire une carte au hasard. Soit A l'événement « Obtenir une dame » et B l'événement « Obtenir un cœur ».

1. Calculer $p(A)$ et $p(B)$.

2. À quoi correspond l'événement $A \cap B$?

3. En déduire $p(A \cap B)$.

21. corrigé Soit A et B deux événements issus d'expériences indépendantes. On sait que
$p(A) = \frac{1}{4}$ et $p(B) = \frac{1}{5}$.
Calculer $p(A \cap B)$.

22. Soit A et B deux événements issus d'expériences indépendantes. On sait que $p(A) = \frac{1}{3}$ et $p(B) = \frac{1}{4}$.

1. Calculer $p(A \cap B)$.

2. En déduire $p(A \cap B)$.

23. corrigé On lance deux fois de suite un dé à six faces parfaitement équilibré.
Soit A l'événement « Obtenir un nombre supérieur à 5 lors du premier lancer » et B l'événement « Obtenir un nombre pair lors du second lancer ».

1. Calculer $p(A)$ et $p(B)$.

2. Les deux lancers représentent-ils des expériences indépendantes ?

3. Calculer $p(A \cap B)$.

24. La probabilité de l'événement A « Le bus de Tony arrive à l'heure le matin » est 0,9 et la probabilité de l'événement B « Tony a toutes ses affaires » est 0,8. On suppose que les événements A et B sont issus d'expériences indépendantes.

1. Calculer la probabilité que le bus de Tony arrive à l'heure le matin et qu'il ait toutes ses affaires.

2. En déduire $p(A \cup B)$, puis $p(\overline{A \cup B})$.

3. Calculer $p(\overline{A})$ et $p(\overline{B})$.

4. Déduire la valeur de $p(\overline{A} \cap \overline{B})$ de deux façons différentes, à l'aide des questions **2** et **3**.

25. Soit A et B deux événements avec :
$$p(A) = 0{,}1 \text{ et } p(A \cup B) = 0{,}4.$$

1. On suppose dans cette question que A et B sont issus d'expériences indépendantes. Calculer $p(B)$.

2. On suppose dans cette question que $A \subset B$.
Calculer $p(B)$.

> **Rappel**
> On dit que deux événements A et B sont incompatibles lorsque $A \cap B = \varnothing$.

26. **Implication** Demo

Soit A et B deux événements incompatibles.
Montrer que, si A et B sont issus d'expériences identiques indépendantes, alors $p(A) = 0$ ou $p(B) = 0$.

27. On lance deux fois de suite une pièce parfaitement équilibrée.
Soit A l'événement « Obtenir face lors du premier lancer », B l'événement « Obtenir face lors du second lancer » et F l'événement « Obtenir face lors des deux premiers lancers ».

1. Calculer $p(\text{A})$ et $p(\text{B})$.

2. Les événements A et B sont-ils issus d'expériences identiques indépendantes ?

3. Exprimer F en fonction de A et B.

4. En déduire $p(\text{F})$.

28. Les événements A et B sont issus d'expériences identiques indépendantes.
On considère l'arbre ci-contre.

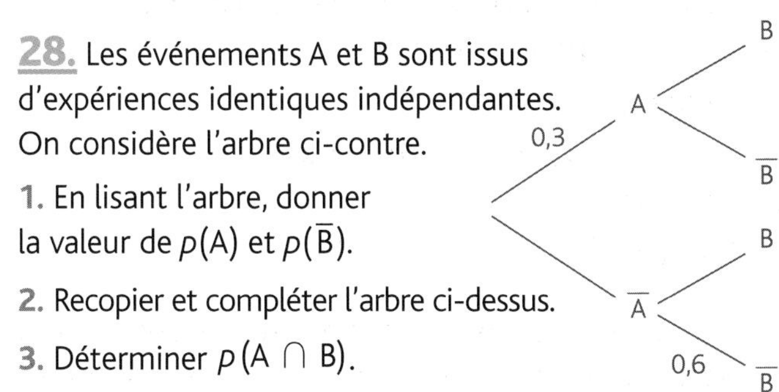

1. En lisant l'arbre, donner la valeur de $p(\text{A})$ et $p(\overline{\text{B}})$.

2. Recopier et compléter l'arbre ci-dessus.

3. Déterminer $p(\text{A} \cap \text{B})$.

4. Déterminer la probabilité que ni A ni B ne soient réalisés.

29. Les événements A et B sont issus d'expériences identiques indépendantes.
On sait que $p(\text{A} \cap \text{B}) = \dfrac{1}{6}$ et $p(\overline{\text{B}}) = \dfrac{2}{3}$.

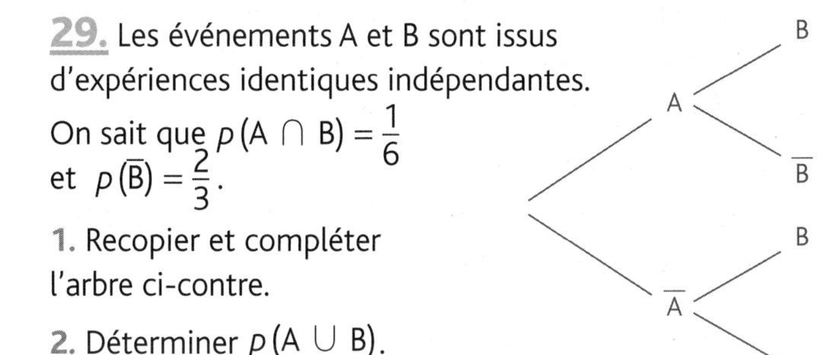

1. Recopier et compléter l'arbre ci-contre.

2. Déterminer $p(\text{A} \cup \text{B})$.

30. On dispose d'une pièce mal équilibrée.
La probabilité d'obtenir face est 0,4.
On lance deux fois de suite cette pièce.
Soit F_1 et F_2 les événements « Obtenir face lors du premier lancer » et « Obtenir face lors du second lancer ».

F
F_1
$\overline{\text{F}_2}$
F
$\overline{\text{F}_1}$
$\overline{\text{F}_2}$

1. Indiquer les probabilités sur les branches de l'arbre ci-contre.

2. Quelle est la probabilité d'obtenir pile et face lors des deux lancers (peu importe l'ordre) ?

31. La boule

On envoie une boule sur un plateau circulaire. La boule tombe au hasard sur une case correspondant à un numéro : **1**, 2, **3**, 4, 5, 6, **7**, 8 ou **9**.
Tous ces numéros ont la même probabilité d'être obtenus.

1. On joue une fois à ce jeu. Quelle est la probabilité d'obtenir la couleur rouge ? la couleur noire ?

2. On joue trois fois de suite.
Soit A_i l'événement « Obtenir la couleur rouge ou noire au i-ème tirage » et C_i l'événement « Obtenir le 5 au i-ème tirage ».

a. Calculer la probabilité d'obtenir la couleur rouge ou noire trois fois de suite.

b. Dessiner un arbre pondéré correspondant à ces trois jeux.

c. Quelle est la probabilité de l'événement B « obtenir au moins une fois 5 lors des trois tirages » ?

3. Soit X le nombre de fois où on obtient le chiffre 5 lors des trois lancers.

a. Quelles sont les valeurs possibles prises par X ?

b. Donner la loi de X.

32. **L'algorithme mystère** 

On considère un jeu représenté par l'algorithme suivant :

Variables : C, I, deux nombres entiers naturels ; A, un nombre entier naturel inférieur ou égal à 2.
Début
Afficher « Entrer un entier compris entre 0 et 2 »
Saisir A.
Si A $\neq$ 0 **ou** A $\neq$ 1 **ou** A $\neq$ 2
  alors afficher « nombre invalide ».
  Sinon affecter à B un nombre aléatoire entier compris entre 0 et 2.
  Si A = B
    alors afficher « gagné ».
    Sinon afficher « perdu ».
  Fin Si
Fin Si
Fin

1. Quelle est la probabilité de gagner lorsqu'on joue une fois à ce jeu ?

2. On joue trois fois de suite à ce jeu.
Quelle est la probabilité de gagner au moins une fois ?

33. Soit A et B deux événements issus d'expériences identiques indépendantes. 

Si $\left(p(\text{A}) = \frac{1}{2} \text{ et } p(\text{B}) = \frac{1}{3}\right)$ ou $\left(p(\text{A}) = \frac{1}{3} \text{ et } p(\text{B}) = \frac{1}{2}\right)$,
alors $p(\text{A} \cap \text{B}) = \frac{1}{2} \times \frac{1}{3}$.
La réciproque de cette proposition est-elle exacte ?

34. Au solitaire, la probabilité qu'un bon joueur gagne est $\frac{2}{3}$.

Cynthia est une bonne joueuse. Elle affirme que sur 5 jeux consécutifs (les jeux sont tous indépendants dans leur ensemble), elle a plus de 99 % de chance d'en gagner au moins un.
Soit G_i l'événement « gagner lors de la i-ème partie ».

1. Calculer $P(\overline{G_1} \cap \overline{G_2} \cap \overline{G_3} \cap \overline{G_4} \cap \overline{G_5})$.

2. Cynthia a-t-elle raison ?

35. **Paper Toss...** 

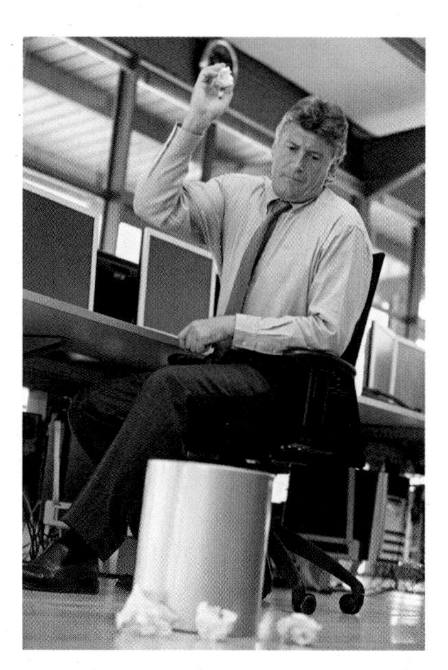

Le jeu *Paper Toss®* consiste à lancer une boulette de papier en visant la poubelle. En tenant compte de la vitesse du vent créé par un ventilateur, on estime qu'un bon joueur a 9 chances sur 10 de viser correctement dans la poubelle.
Les jeux sont tous indépendants dans leur ensemble.

1. Quelle est la probabilité pour qu'un bon joueur gagne deux fois de suite à ce jeu ?

2. Quelle est la probabilité pour qu'il gagne trois fois de suite à ce jeu ?

3. Quelle est la probabilité pour qu'il gagne n fois de suite à ce jeu ?

4. Recopier et compléter l'algorithme ci-dessous qui permettra de déterminer la plus petite valeur de l'entier naturel n tel que $0{,}9^n \leqslant 0{,}1$.

Variables : N un entier naturel
Début
1 → N.
Tant que $0{,}9^N$ $>$ 0,1
....
FinTantQue
Afficher..............................
Fin

5. Le programmer sur le logiciel de son choix.

6. Est-il exact de dire que la probabilité qu'il gagne 25 fois de suite est inférieure à 0,1 ?

36. Panne de voiture

Tableur

On estime qu'une voiture ayant plus de 7 ans d'ancienneté a 0,4 % de chance de tomber en panne à chaque trajet. Soit n et i deux entiers naturels non nul avec $1 \leqslant i \leqslant n$. Soit A_i l'événement « Ne pas tomber en panne lors du trajet i ». On suppose que les événements $A_1, A_2, \ldots, A_n$ sont issus d'expériences indépendantes.

1. Donner la valeur de $p(A_i)$.

2. Soit B_n l'événement « Tomber au moins une fois en panne lors des n premiers trajets ».
a. Exprimer B_n en fonction de $A_1, A_2, \ldots, A_n$.
b. En déduire $p(B_n)$ en fonction de n.

3. À l'aide d'un tableur, reproduire le tableau ci-dessous et compléter les cellules de la colonne **D**.

	A	B	C	D
1	Nombre de trajets n	$p(A_i)$	$p(A_1 \cap A_2 \cap \ldots \cap A_n)$	$p(B_i)$
2	1			
3	2			
4	3			
5	4			
6	5			

4. Quelle formule, à recopier vers le bas sur la plage **B3:B200**, peut-on écrire dans la cellule **B2** pour compléter la colonne **B** ?

5. Quelle formule, à recopier vers le bas sur la plage **C3:C200**, peut-on écrire dans la cellule **C2** pour compléter la colonne **C** ?

6. À partir de quelle valeur de n la probabilité de tomber au moins une fois en panne lors des n premiers trajets est-elle supérieure à 0,5 ?

2. Loi de Bernoulli

pour s'échauffer

37. corrigé Soit X une variable aléatoire qui suit une loi de Bernoulli de paramètre 0,3.

1. Quelle est l'espérance de X ?

2. Quel est l'écart type de X ?

38. Soit X une variable aléatoire qui suit une loi de Bernoulli de paramètre 0,57.

1. Quelles sont les valeurs que peut prendre X ?

2. Que vaut $p(X = 0)$?

39. On prend une carte au hasard dans un jeu de 32 cartes. Soit X la variable aléatoire prenant la valeur 0 si la carte est un cœur et 1 dans les autres cas.

1. Quelle loi suit X ?

2. Donner le paramètre de cette loi.

40. corrigé Soit X une variable aléatoire ne pouvant prendre que les valeurs 0 et 1.

1. Recopier et compléter l'arbre suivant :

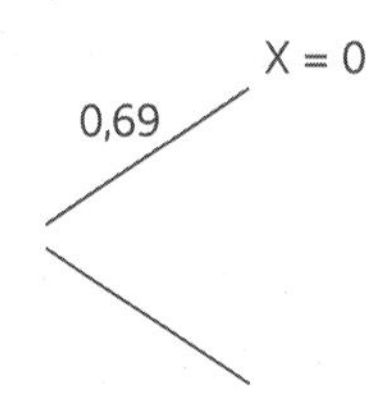

2. X suit une loi de Bernoulli, donner son paramètre.

41. Soit X une variable aléatoire qui suit une loi de Bernoulli de paramètre $\frac{1}{5}$.

1. Quelles sont les valeurs que peut prendre X ?

2. Donner la loi de probabilité de X.

42. Soit X une variable aléatoire qui suit une loi de Bernoulli de paramètre $\frac{6}{7}$.

Calculer $E(X)$, $V(X)$ et $\sigma(X)$.

43. Dans une urne contenant 4 boules rouges et 8 boules noires, toutes indiscernables au toucher, on tire au hasard une boule. Si la boule est rouge, le joueur gagne ; sinon, il perd.
Modéliser ce jeu à l'aide d'une variable aléatoire de Bernoulli.

44. Une entreprise fabrique des assiettes. On sait que 6 % des assiettes produites présentent un défaut. On choisit une assiette au hasard. Soit X la variable aléatoire prenant la valeur 1 si l'assiette ne présente pas de défaut et 0 sinon.

1. Quelle loi suit X ?
2. Donner le paramètre de cette loi.
3. Calculer E(X), V(X) et σ(X).

3. Loi binomiale : espérance et écart type

pour s'échauffer

45. corrigé Soit X une variable aléatoire qui suit une loi binomiale de paramètres 7 et 0,4.
Quelles sont les valeurs que peut prendre X ?

46. On lance 8 fois de suite un dé à six faces parfaitement équilibré. Soit X la variable aléatoire représentant le nombre de fois où on a obtenu un nombre supérieur ou égal à 5.

1. Quelle loi suit X ? Justifier votre réponse.
2. Donner les paramètres de cette loi.

47. corrigé Soit Y une variable aléatoire qui suit une loi binomiale de paramètres 9 et $\frac{1}{3}$.
Calculer l'espérance, la variance et l'écart type de Y.

48. Dans le métro, il y a 9 % des voyageurs qui fraudent. Chaque jour, à la station Alésia, on contrôle 200 personnes.
Soit X la variable aléatoire qui représente le nombre de fraudeurs sur ces 200 personnes. On admet que X suit une loi binomiale.

1. Déterminer les paramètres de la loi que suit X.
2. Combien de personnes, en moyenne, vont être signalées en fraude lors de ce contrôle ?
3. Si le prix du ticket est 1,70 €, quel doit être le prix de l'amende pour, qu'en moyenne, l'établissement régissant le métro ne perde pas d'argent avec les fraudeurs de la station Alésia, sachant qu'il y a 5 000 voyageurs chaque jour dans cette station.

49. Lorsqu'on plante une marguerite il y a 12 % de chance qu'elle fane au bout d'un mois. Un jardinier plante 250 marguerites.

Soit X la variable aléatoire représentant le nombre de marguerites qui n'ont pas fané au bout d'un mois.

1. Quelle loi suit X ?
2. Donner les paramètres de cette loi.

50. 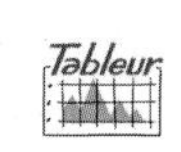

	A	B	C	D	E	F
1	rang du tirage	numéro obtenu	résultat		nombre de jeux	nombre de gains
2	1	4	gagné		11	4
3	2	3	gagné			
4	3	0	perdu			
5	4	4	gagné			
6	5	4	gagné			
7	6	1	perdu			
8	7	2	perdu			
9	8	0	perdu			
10	9	0	perdu			
11	10	1	perdu			
12	11	1	perdu			

Dans le tableur ci-dessus, on a saisi les formules suivantes.
Dans les cellules **B2:B12** :

=ALEA.ENTRE.BORNES(0;4)

Dans la cellule **C2** :

=SI(B2>2;«Gagné»;«Perdu»)

Puis on a *copié-collé* cette formule jusqu'en **C12**.
Dans la cellule **F2** :

=NB.SI(C2:C12;«Gagné»)

Soit X la variable aléatoire représentant le nombre de fois où on a gagné.

1. Que simule le tableur ?
2. Quelle loi suit X ?
3. Donner les paramètres de cette loi.
4. Combien de fois peut-on espérer gagner en moyenne ?

51. Soit X une variable aléatoire qui suit une loi binomiale de paramètres n et $\frac{2}{5}$.
Sachant que E(X) = 4, calculer l'écart type de X.

52. Soit X une variable aléatoire qui suit une loi binomiale de paramètres 16 et p avec $p \leqslant \frac{1}{2}$.
Sachant que $\sigma(X) = 1$ calculer p puis E(X).

AIDE
Revoir si besoin le chapitre 1 sur la résolution d'équation du second degré.

53. Soit X une variable aléatoire qui suit une loi binomiale de paramètres 10 et p avec $p > \frac{1}{2}$.
Sachant que V(X) = 2, calculer p, puis E(X).

54. On tire au hasard une carte dans un jeu de 32 cartes. On regarde sa couleur, puis on la remet dans le paquet. On recommence cette expérience 8 fois de suite.

Soit X la variable aléatoire correspondant au nombre de fois où on a tiré un cœur.

1. Quelle loi suit X ? Donner ses paramètres.

2. À chaque fois qu'on tire un cœur, on gagne 3 €. Dans les autres cas, on perd 1 €.
Soit Y la variable aléatoire représentant le gain total lors de ces huit tirages.
a. Exprimer Y en fonction de X
b. En déduire l'espérance de Y.
c. Est-il financièrement intéressant de jouer à ce jeu ?

55. Soit X une variable aléatoire qui suit une loi binomiale de paramètres n et p.
On a représenté graphiquement les différentes valeurs de $p(X = k)$ à l'aide d'un diagramme en bâtons pour toutes les valeurs de k possibles.

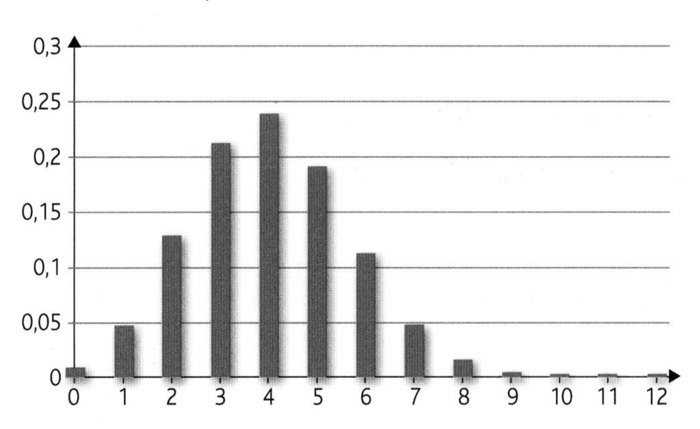

1. Quelle est la valeur de n ?

2. Quelle semble être la valeur moyenne de X ?

3. En déduire la valeur de p.

56. Variable aléatoire en algorithme

On considère l'algorithme suivant :

```
Variables : A, I, C, trois nombres entiers
naturels.
Début
0 → C
Pour I allant de 1 à 9 :
  A prend la valeur d'un nombre entier
  aléatoire entre 1 et 7
  Si A > 5
  | alors C + 1 → C
  FinSi
Fin Pour
Afficher C.
Fin
```

Soit X la variable aléatoire correspondant au nombre affiché par cet algorithme.

1. Quelle loi suit X ? Donner ses paramètres.

2. Que faut-il changer dans le programme pour que les paramètres de la loi suivie par X soient 10 et 0,2 ?

3. Programmer cet algorithme sur une calculatrice.

57. corrigé Lorsqu'un commercial contacte des clients potentiels par téléphone, il sait qu'il a 2 % de chance que la personne lui passe une commande.
Ce commercial appelle n personnes. Soit X la variable aléatoire correspondant au nombre de personnes qui a passé une commande.

1. Quelle loi suit X ? Donner ses paramètres.

2. Donner la valeur de E(X).

3. Quelle valeur de n faut-il prendre pour que E(X) = 5 ?

4. La phrase suivante est-elle vraie ou fausse ?
« Pour que le commercial soit sûr qu'on lui passe cinq commandes, il doit appeler 250 personnes. »
Justifier la réponse.

58. Un test comporte 10 questions. Chaque question contient 4 réponses possibles, dont une seule est exacte. Un candidat répond au hasard à toutes les questions.

1. Quelle est la probabilité que le candidat ait bien répondu à la première question ?

2. Soit X la variable aléatoire représentant le nombre de bonnes réponses du candidat à ce test.
Quelle loi suit X ?

3. Combien de bonnes réponses en moyenne obtient le candidat ?

4. À chaque bonne réponse, l'examinateur ajoute 2 points ; à chaque mauvaise réponse, il ne retire pas de points.
Soit Y la variable aléatoire représentant le nombre total de points lors de ce test.
a. Exprimer Y en fonction de X.
b. Calculer E(Y).
Le candidat a-t-il intérêt à répondre au hasard ?

5. L'examinateur change le barème.
À chaque bonne réponse il ajoute 2 points ;
à chaque mauvaise réponse, il retire 2 points.
Soit Z la variable aléatoire représentant le nombre total de points lors de ce test.
a. Exprimer Z en fonction de X.
b. Calculer E(Z).
Le candidat a-t-il intérêt à répondre au hasard ?

4. Coefficients binomiaux

pour s'échauffer

59. corrigé Donner, sans calculer, la valeur de coefficients binomiaux suivants :

$$\binom{6}{0} ; \binom{5}{5} ; \binom{4}{1} ; \binom{3}{0} \text{ et } \binom{2}{2}.$$

60. Donner, sans calculer, la valeur de coefficients binomiaux suivants :

$$\binom{12}{0} ; \binom{16}{15} ; \binom{785}{1} ; \binom{444}{0} \text{ et } \binom{849}{848}.$$

61. Sachant que $\binom{15}{6} = 5005$ et $\binom{15}{7} = 6435$,

calculer les coefficients binomiaux suivants :

$$\binom{15}{9} ; \binom{15}{8} ; \binom{16}{7} \text{ et } \binom{16}{9}.$$

62. Recopier et compléter cet extrait du triangle de Pascal :

1 7 21 35 35 21 7 1
1 8 28 56 70 56 28 8 1
1 9 .... 9 1

63. À l'aide de la calculatrice, donner la valeur des coefficients binomiaux suivants :

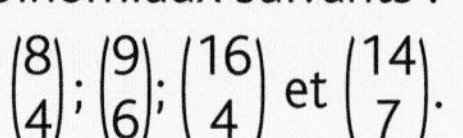

$$\binom{8}{4} ; \binom{9}{6} ; \binom{16}{4} \text{ et } \binom{14}{7}.$$

64.

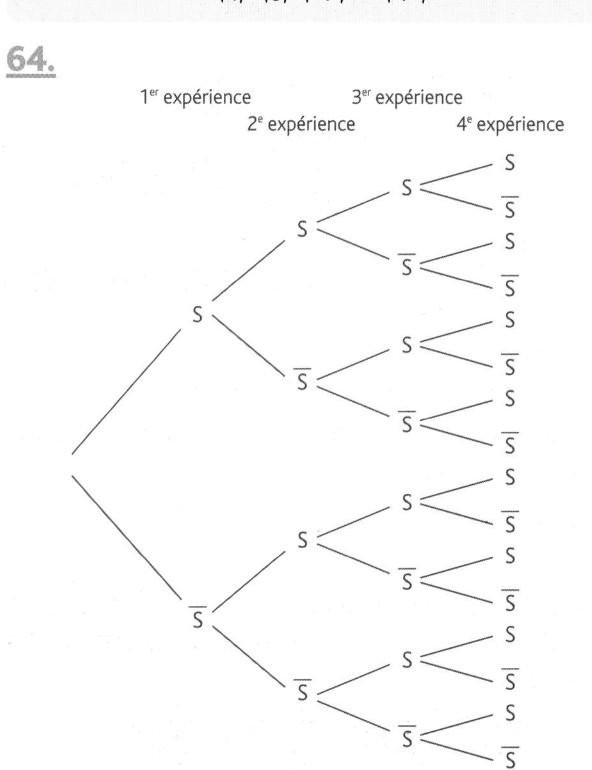

1. À l'aide de l'arbre ci-dessus calculer $\binom{4}{2}$.

2. Donner la valeur de $\binom{4}{0}$ et $\binom{4}{1}$.

3. Compléter alors le tableau ci-dessous.

$\binom{4}{0}$	$\binom{4}{1}$	$\binom{4}{2}$	$\binom{4}{3}$	$\binom{4}{4}$

65. corrigé Donner, sans calcul, la valeur des coefficients binomiaux suivants.

$\binom{12}{1}$; $\binom{17}{16}$ et $\binom{827}{1}$; $\binom{n}{0}$ et $\binom{n}{n}$ avec n un entier naturel.

66. Sachant que $\binom{101}{2} = 5050$, donner la valeur des coefficients binomiaux suivants sans utiliser la calculatrice.

$$\binom{101}{99} ; \binom{102}{2} \text{ et } \binom{102}{100}.$$

67. À l'aide du triangle de Pascal, déterminer à quelle combinaison chacun de ces nombres correspond :

6 ; 5 ; 15 ; 35 et 70.

Écrire le résultat sous la forme $\binom{n}{p}$ avec la plus petite valeur de n et p possible.

68. On a créé le programme suivant :

TI

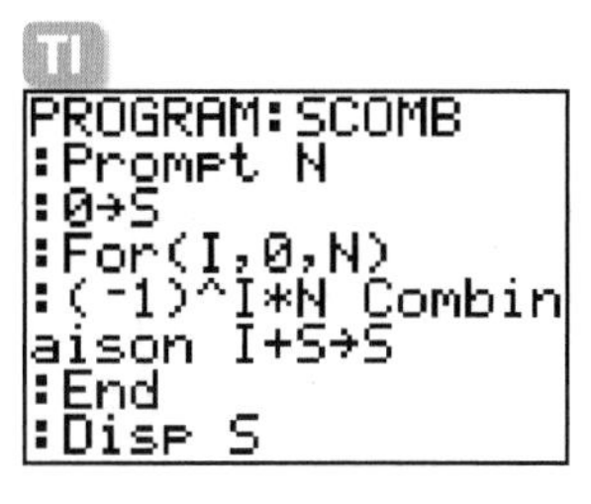

Casio

```
======SCOMB    ======
"N= ":?→N↵
0→S↵
For 0→I To N Step 1↵
((-1)^I)×(NCI)+S→S↵
Next↵
"S=":S◢
TOP BTM SRC MENU A⇔a CHAR
```

1. Que calcule ce programme ?
Écrire la réponse à l'aide du symbole $\sum$.

2. Entrer ce programme dans la calculatrice et le lancer pour plusieurs valeurs de N.

3. Que peut-on conjecturer ?

69. À l'aide de la calculatrice, d'un tableur ou d'un logiciel de calcul formel, calculer les sommes suivantes.

$$\sum_{i=0}^{2}\binom{2}{i} ; \sum_{i=0}^{3}\binom{3}{i} ; \sum_{i=0}^{4}\binom{4}{i} \text{ et } \sum_{i=0}^{5}\binom{5}{i}.$$

Émettre une conjecture généralisant ces résultats.

> **Aide**
> Si on utilise la calculatrice, on pourra faire un programme pour calculer ces sommes.

70. La fonction =COMBIN(N;K) du tableur calcule $\binom{N}{K}$, avec N et K deux entiers naturels tels que $K \leqslant N$.

Utiliser cette fonction pour construire le triangle de Pascal pour N compris entre 0 et 10.

On pourra utiliser la présentation ci-dessous :

	A	B	C	D	E
1	K \ N	0	1	2	3
2	0	1	1	1	1
3	1		1	2	3
4	2			1	3
5	3				1

71. L'algorithme ci-dessous permet de calculer $\binom{N}{K}$, avec N et K deux entiers naturels tels que $K \leqslant N$.

TI

Casio

1. Entrer le programme ci-dessus dans une calculatrice, puis calculer $\binom{8}{4}$; $\binom{11}{5}$ et $\binom{17}{4}$.

2. Quelle propriété sur les combinaisons cet algorithme utilise-t-il pour calculer $\binom{N}{K}$?

5. Calcul de probabilité dans le cadre d'une loi binomiale

pour s'échauffer

72. corrigé Soit Y une variable aléatoire qui suit une loi binomiale de paramètres 5 et $\frac{1}{3}$.
Donner, sous forme de fraction irréductible, l'expression de :

$$p(X=0), p(X=1) \text{ et } p(X=4).$$

73. Soit Y une variable aléatoire qui suit une loi binomiale de paramètres 8 et $\frac{1}{2}$.
1. Donner, sous forme de fraction irréductible, l'expression de $p(Y=0)$ et $p(Y=1)$.
2. Montrer que $p(Y=2)=p(Y=6)$.

74. Soit Z une variable aléatoire qui suit une loi binomiale de paramètres 9 et $\frac{2}{3}$. Donner une valeur approchée des résultats à 10^{-3} près.
Calculer $p(Z=3)$ et $p(Z=6)$.

75. corrigé Soit X une variable aléatoire qui suit une loi binomiale de paramètres 4 et 0,1.
Donner, sous forme de fraction irréductible, l'expression de $p(X=0)$, $p(X=1)$, $p(X=2)$, $p(X=3)$ et $p(X=4)$.

76. Soit X une variable aléatoire qui suit une loi binomiale de paramètres 6 et $\frac{3}{4}$.
1. Donner, sous forme de fraction irréductible, l'expression de $p(X=0)$, $p(X=1)$ et $p(X=2)$.
2. En déduire $p(X \geqslant 3)$.

77. Comprendre un algorithme algo
Soit X une variable aléatoire qui suit une loi binomiale de paramètres n et p.

1. Compléter cet algorithme incomplet qui permettra de calculer $p(X=k)$.

Variables : N, K, C, trois nombres entiers naturels ; P, A, deux nombres réels.
Début
Saisir N.
Saisir P.
Saisir K.
Combinaison de K parmi N → C.
A prend la valeur ....
Afficher A.
Fin

2. Écrire un algorithme qui permet de calculer $p(X \leqslant k)$.

MÉTHODE
On pourra utiliser une boucle Pour.

3. Soit X une variable aléatoire suivant une loi binomiale de paramètres 43 et 0,41. Calculer à 10^{-3} près $p(X \leqslant 20)$, $p(X \leqslant 28)$, $p(X \leqslant 13)$ et $p(X \geqslant 15)$.

78. Avec la calculatrice

La calculatrice permet de calculer $p(X=k)$ avec X une variable aléatoire qui suit une loi binomiale.

TI	Casio
Utiliser **binomFdp(** accessible en appuyant sur 2nde distrib var. (Dans l'onglet **Distrib**, choisir l'instruction **A.**)	Dans le **MENU**, choisir l'icône **STAT**, puis **DIST > BINM BPD**. **Numtrial** correspond au paramètre n.

Exemple : X suit une loi binomiale de paramètres 15 et 0,12. Pour calculer $p(X=11)$, on entre :

TI	Casio
UbinomFdp(15,0.12,11)	D.P. binomiale Data :Variable x :11 Numtrial:15 p :0.12

On obtient **6.082148877E-8**.

Application : Soit X une variable aléatoire qui suit une loi binomiale de paramètres 56 et 0,32.
Calculer, à 10^{-4} près, $p(X=23)$; $p(X=20)$; $p(X=10)$ et $p(X=30)$.

79. La calculatrice permet de calculer $p(X = k)$ avec X une variable aléatoire qui suit une loi Binomiale.

TI	Casio
Utiliser **binomFRép** accessible en appuyant sur 2nde distrib var. (Dans l'onglet **Distrib**, choisir l'instruction **B.**)	Dans le **MENU**, choisir l'icône **STAT**, puis **DIST > BINM BPD**. **Numtrial** correspond au paramètre n.

Exemple : X suit une loi binomiale de paramètres 15 et 0,12. Pour calculer $p(X \leqslant 12)$, on entre :

TI	Casio
binomFRép(15,0.12,4)	D.C. binomiale Data :Variable x :4 Numtrial:15 p :0.12

On obtient **0.973504149**.

Application : Soit X une variable aléatoire qui suit une loi binomiale de paramètres 74 et 0,41.

Calculer, à 10^{-4} près, $p(X \leqslant 40)$; $p(X < 37)$; $p(X > 30)$ et $p(X \geqslant 25)$.

80. Espérance et tableur

Soit X une variable aléatoire qui suit une loi binomiale de paramètres 14 et 0,31.

1. À l'aide d'un tableur, déterminer la loi de probabilité de X.

2. Comment peut-on, à l'aide des formules du tableur, calculer E(X) ?

81. Un fabricant vend des stylos par lot de 10. Soit X la variable aléatoire correspondant au nombre de stylos défectueux dans un lot. On admet que X suit une loi binomiale de paramètres 10 et 0,034.

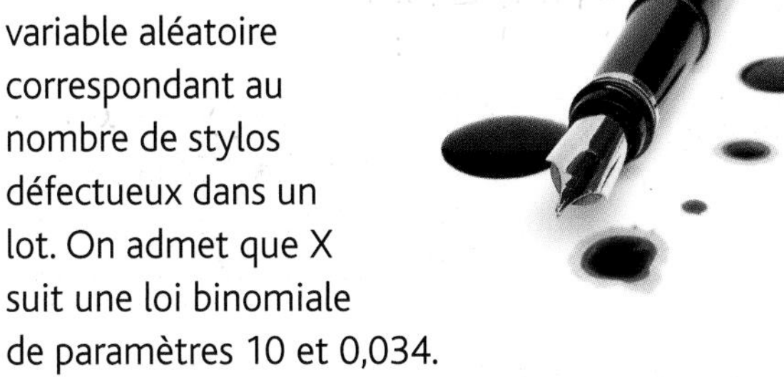

On donnera les résultats à 10^{-3} près.

1. Quelle est la probabilité que le lot contienne au moins un stylo défectueux ?

2. Quelle est la probabilité que le lot contienne au moins deux stylos défectueux ?

82. On lance simultanément deux dés à six faces parfaitement équilibrés.

1. Quelle est la probabilité de faire un double 6 ?

2. On lance 10 fois de suite cette paire de dés. Quelle est la probabilité de faire au moins trois doubles 6 lors de ces 10 parties ? On donnera le résultat à 10^{-4} près.

83. Loto Foot

Une grille de *Loto foot* comporte 15 matchs. Pour le match de l'équipe A contre l'équipe B, il y a trois choix possibles : l'équipe A gagne, l'équipe B gagne ou c'est un match nul. Le joueur doit faire des pronostics en cochant une case pour chaque match.

Un joueur remplit une grille au hasard.

Soit X la variable aléatoire représentant le nombre de bonnes réponses sur cette grille.

1. Quelles sont les valeurs que peut prendre X ?

2. Quelle loi suit X ? Donner ses paramètres.

3. Le plus gros lot est attribué au joueur ayant 15 bonnes réponses. Calculer $p(X = 15)$ à 10^{-10} près.

4. D'autres gains sont attribués à ceux qui ont obtenu 12, 13 ou 14 bonnes réponses. Calculer ces probabilités.

5. En déduire $p(X \geqslant 12)$ à 10^{-6} près.

6. Combien de bonnes réponses peut-on espérer avoir en remplissant une grille au hasard ?

84. On considère que dans une classe de Terminale contenant 24 élèves, chaque élève a 82 % de chance d'obtenir son bac.

1. On prend un élève au hasard. Soit X la variable aléatoire qui prend la valeur 0 si cet élève obtient son bac et 1 sinon.
a. Quelle loi suit X ?
b. Donner son paramètre.

2. Soit Y la variable aléatoire représentant le nombre d'élèves ayant obtenu son bac dans cette classe de 24 élèves.
a. Quelle loi suit Y ?
b. Donner ses paramètres.
c. Quelle est la probabilité que tous les élèves soient reçus ? On donnera un résultat approché à 10^{-3} près.

85.

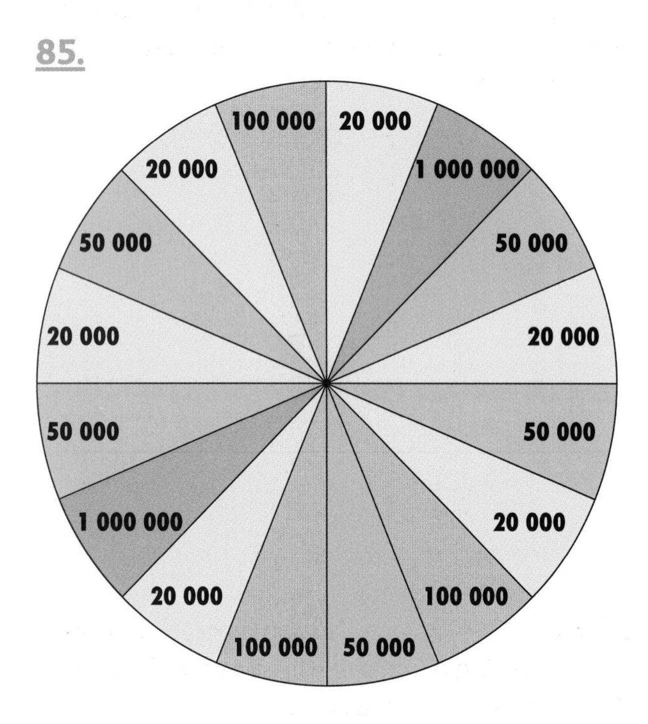

Au jeu du millionnaire, le candidat doit tourner une roue pour déterminer ses gains. On admet que les secteurs indiquant les gains sur la roue ci-dessus sont tous identiques. On est ainsi dans une situation d'équiprobabilité.

1. Quelle est la probabilité qu'un candidat devienne millionnaire en un lancer de roue ?

2. Lors d'une soirée, 10 candidats passent et chacun tourne la roue une fois pour découvrir son gain. Soit X la variable aléatoire représentant le nombre de candidats qui va devenir millionnaire parmi ces 10 candidats.
a. Quelle loi suit X ? Donner ses paramètres.
b. Calculer $p(X = 0)$ à 10^{-3} près.
En déduire la probabilité pour qu'il y ait au moins un millionnaire sur ces 10 candidats à 10^{-3} près..

86. Dans une loterie, à chaque jeu, on a 5 % de chance de gagner.

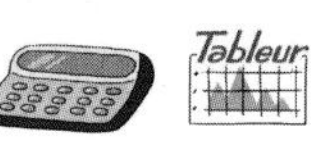

On décide de jouer *n* fois (avec *n* entier naturel non nul).
Chaque jeu est indépendant des autres.
Soit X la variable aléatoire déterminant le nombre de fois où on gagne à cette loterie lors des *n* jeux.

1. Quelle loi suit X ? Donner ses paramètres.

2. Montrer que $p(X > 0) = 1 - 0{,}95^n$.

3. À l'aide du tableur ou du tableau de valeurs de la calculatrice, déterminer la plus petite valeur de *n* pour laquelle $p(X > 0) \geqslant 0{,}5$.

4. En déduire le nombre de fois qu'il faut jouer pour avoir plus de 50 % de chance de gagner ?

87.

On joue à pile ou face cinq fois de suite. Soit X la variable aléatoire représentant le nombre de fois où on a obtenu face.

1. Quelle loi suit X ? Donner ses paramètres.

2. Pour jouer à ce jeu, il faut payer 3 €. On gagne 1 € à chaque fois qu'on obtient face lors des cinq lancers.
On note Y la variable aléatoire représentant le gain (ou la perte) totale lors de ce jeu.
a. Exprimer Y en fonction de X.
b. En déduire E(Y).
c. Ce jeu est-il financièrement intéressant ?
d. Quelle somme aurait-il fallu payer au départ pour que le jeu soit équitable ?

88. Soit X une variable aléatoire qui suit une loi binomiale de paramètres n et p. 

1. Recopier et compléter cet algorithme incomplet pour déterminer la plus grande valeur de k pour laquelle $p(X \geqslant k) \geqslant 0{,}5$.

```
Variables : N, K, C, I, quatre nombres entiers
naturels ; P, A, deux nombres réels
Début
Saisir N
Saisir P
0→A
N→I
Tant que A < 0,5 :
  | Combinaison de I parmi N → C
  | A + C × P^I × (1 – P)^(N–I) → A
  | I – 1 → I
Fin Tant que
Afficher.............................................
Fin
```

2. Programmer cet algorithme sur la calculatrice et trouver la valeur de k pour $n = 120$ et $p = 0{,}12$.

3. À l'aide de l'algorithme précédent, trouver un algorithme qui affiche la plus grande valeur de k pour laquelle $p(X < k) \leqslant 0{,}4$.

4. Programmer cet algorithme sur une calculatrice et montrer que la valeur de k cherchée est 17 pour $n = 130$ et $p = 0{,}14$.

89.

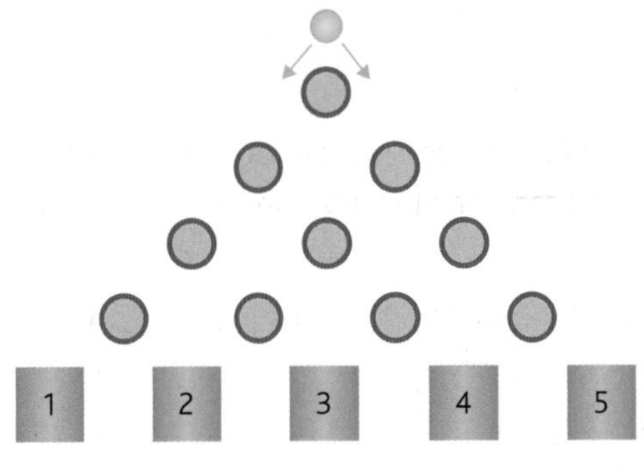

Une boule est lancée en haut d'une pyramide. À chaque obstacle, il y a une chance sur deux pour qu'elle se dirige à droite ou à gauche.

Soit X la variable aléatoire correspondant à la case où la boule tombe à la fin de son parcours.

Déterminer la loi de X.

6. Échantillonnage et loi binomiale

pour s'échauffer

90. Soit X une variable aléatoire qui suit une loi binomiale de paramètres 320 et 0,16.

On donne les résultats suivants à 10^{-3} près :

$p(X \leqslant 37) \approx 0{,}015$; $p(X \leqslant 38) \approx 0{,}023$;
$p(X \leqslant 39) \approx 0{,}034$; $p(X \leqslant 63) \approx 0{,}967$;
$p(X \leqslant 64) \approx 0{,}976$; $p(X \leqslant 65) \approx 0{,}983$;
$p(X \leqslant 66) \approx 0{,}988$.

Déterminer l'intervalle de fluctuation à 95 % d'une fréquence correspondant à la réalisation de X sur un échantillon aléatoire de taille 320.

91. **corrigé** Soit X une variable aléatoire qui suit une loi binomiale de paramètres 450 et 0,012.

On donne les résultats suivants :

	A	B
1	k	$p(X \leq k)$
2	0	0,004
3	1	0,028
4	2	0,093
5	3	0,212
6	4	0,372
7	5	0,546
8	6	0,702
9	7	0,823
10	8	0,904
11	9	0,952
12	10	0,978
13	11	0,991
14	12	0,996
15	13	0,999

Déterminer l'intervalle de fluctuation à 95 % d'une fréquence correspondant à la réalisation de X sur un échantillon aléatoire de taille 450.

92. Soit X une variable aléatoire qui suit une loi binomiale de paramètres 630 et 0,11.

L'intervalle de fluctuation à 95 % d'une fréquence correspondant à la réalisation de X sur un échantillon aléatoire de taille 630 est $\left[\frac{54}{630} ; \frac{85}{630}\right]$.

La fréquence observée est $f = \frac{56}{630}$.

Accepte-t-on l'hypothèse selon laquelle la proportion est 0,11 dans la population ?

Même question avec $f = \frac{88}{630}$.

93. corrigé L'algorithme suivant permet de calculer $p(X \geqslant k)$, avec X une variable aléatoire qui suit une loi binomiale de paramètres n et p.

> **Variables :** N, K, C, trois nombres entiers naturels ; P, A, J, trois nombres réels.
> Début
> Saisir N
> Saisir P
> Saisir K.
> $0 \rightarrow A$
> **Pour** J allant de K à N :
> | Combinaison de J parmi N → C
> | $C \times P^J \times (1-P)(1-P)^{N-J} + A \rightarrow A$
> **Fin Pour**
> Afficher A
> Fin

1. Entrer cet algorithme dans une calculatrice.

2. Soit X et Y deux variables aléatoires qui suivent des lois binomiales de paramètres respectifs 63 ; 0,17 et 48 ; 0,11.
Calculer les probabilités suivantes à 10^{-5} près.

$$p(X \geqslant 17) \text{ et } p(Y > 15).$$

3. Modifier cet algorithme afin de calculer les probabilités

$$p(20 \leqslant X \leqslant 24) \text{ et } p(5 \leqslant Y \leqslant 10).$$

94. Soit X une variable aléatoire qui suit une loi binomiale de paramètres 50 et $\frac{1}{3}$.

1. Donner l'expression de $p(X = k)$ avec k un entier naturel inférieur ou égal à 50.

2. Représenter graphiquement le nuage de points $(k\,; p(X = k))$, à l'aide de la calculatrice.

3. Pour quelle valeur de k la probabilité $p(X = k)$ est-elle la plus grande ?

95. Soit X une variable aléatoire qui suit une loi binomiale de paramètres 75 et $\frac{1}{8}$.

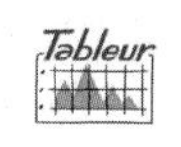

À l'aide d'un tableur, calculer les probabilités suivantes à 10^{-4} près.

$$p(X \leqslant 10)\,;\ p(X \geqslant 20)\,)\ \text{ et } p(5 \leqslant X \leqslant 12).$$

96. Des effets secondaires peuvent apparaître suite à l'absorption du médicament Daubitol. Des tests ont montré que la probabilité qu'un patient subisse des effets secondaires est $p = 0{,}014$.

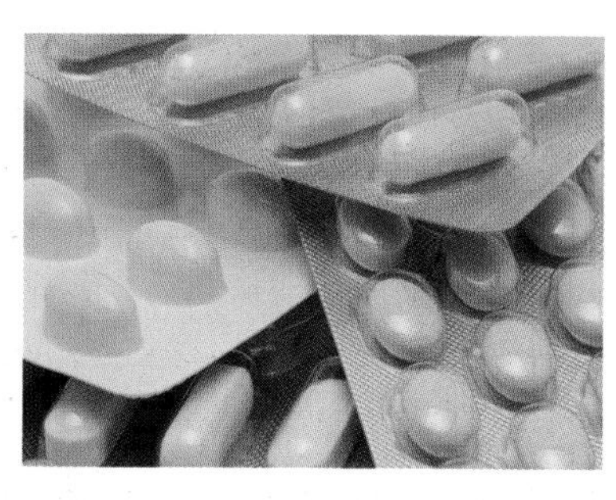

Soit X la variable aléatoire correspondant au nombre de patients subissant des effets secondaires sur un échantillon de 1 500 patients. On considère qu'il n'y a aucun lien entre les patients.

1. Quelle loi suit X ?

2. On considère un échantillon de 1 500 patients.
Calculer le nombre moyen m de patients subissant des effets secondaires sur cet échantillon.

3. Déterminer l'intervalle de fluctuation à 95 % d'une fréquence correspondant à la réalisation de X.

4. Sur les 1 500 patients, 32 ont subi des effets secondaires. Que peut-on en déduire ?

97. Une machine fabrique des processeurs. On sait que la probabilité d'obtenir un processeur défectueux est $p = 0{,}06$.

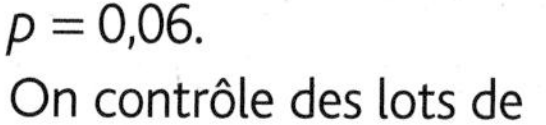

On contrôle des lots de 300 processeurs. Soit X la variable aléatoire représentant le nombre de processeurs défectueux sur ce lot.
On admet que X suit une loi binomiale de paramètres 300 et 0,06.

1. Déterminer la valeur du plus petit entier a tel que $p(X \leqslant a) > 0{,}025$.

2. Déterminer la valeur du plus petit entier b tel que $p(X \leqslant b) \geqslant 0{,}975$.

3. En déduire l'intervalle de fluctualion à 95 % d'une fréquence correspondant à la réalisation, sur un échantillon aléatoire de taille 300, de la variable aléatoire X.

4. Le contrôle de la machine A donne 23 processeurs défectueux ; le contrôle de la machine B donne 28 processeurs défectueux.
Que peut-on en conclure ?

98. Nuggets en péril

Dans un fast food, il y a en moyenne 4 % de nuggets invendables. Le gérant du fast food est étonné de voir que, sur 1 245 nuggets préparés, seuls 7 ont été déclarés invendables.
Soit X la variable aléatoire représentant le nombre de nuggets invendables dans un lot de 1 245.

1. On admet que X suit une loi binomiale.
Donner les paramètres de cette loi.

2. Calculer le nombre moyen m de nuggets invendables dans un lot de 1 245.

3. Représenter graphiquement sur la calculatrice la suite définie par :

$$u_n = p(\mathrm{X} \leqslant n) \text{ pour tout } n \in \mathbb{N}.$$

> **AIDE**
> Voir exercice 83 : la calculatrice permet de calculer $p(\mathrm{X} = k)$ pour une valeur de k donnée à l'aide de la fonction binomFRép ou BINM BPD.

Déterminer à l'aide de la calculatrice la valeur de n à partir de laquelle $u_n \geqslant 0{,}95$.

4. Est-il normal que seuls 7 nuggets aient été déclarés invendables ?

99.

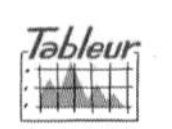

Fabrice est un bon joueur de Black jack.
Sa probabilité de gagner à chaque partie est $p = 0{,}48$.
On admettra que les parties sont toutes indépendantes les unes des autres.
Fabrice joue 214 parties de Black Jack. Soit X la variable aléatoire correspondant au nombre de parties qu'il gagne lors de ces 214 parties.

1. Quelle loi suit X ? Donner ses paramètres.

2. Combien de fois Fabrice peut-il espérer gagner en moyenne lors de ces 214 parties ?

3. a. Déterminer, à l'aide d'un tableur, le plus petit entier a tel que $p(\mathrm{X} \leqslant a) > 0{,}025$.

b. Déterminer, à l'aide d'un tableur, le plus petit entier b tel que $p(\mathrm{X} \leqslant b) \geqslant 0{,}975$.

4. En déduire l'intervalle de fluctuation à 95 % d'une fréquence correspondant à la réalisation, sur un échantillon aléatoire de taille 214, de la variable aléatoire X.

5. Fabrice a gagné 112 fois lors de ces 214 parties.

a. Calculer f la fréquence de gain de Fabrice sur ces 214 parties.

b. Le Casino dans lequel a joué Fabrice estime qu'il est possible que Fabrice ait triché. Le responsable du Casino décide d'appliquer la règle suivante :

> *Si la fréquence observée f appartient à l'intervalle de fluctuation à 95 %, on considère que le joueur n'a pas triché, sinon on considère qu'il a triché.*

Quelle décision va prendre le responsable du Casino ?

100.

L'entreprise Cheloup emploie 1980 personnes dont 935 femmes.
Plusieurs plaintes pour discrimination des femmes à l'embauche ont été faites contre cette entreprise. Son directeur M. Pascal affirme : « Employer au moins 935 femmes sur 1980 est tout-à-fait normal, c'est ce qui arrive dans plus de 99 % des cas, je respecte la parité *homme/femme* dans mon entreprise ».
Soit X la variable aléatoire correspondant au nombre de femmes dans une entreprise de 1980 personnes.
On admet que X suit une loi binomiale de paramètres 1980 et $\frac{1}{2}$.

1. À l'aide d'un tableur ou d'un logiciel de calcul formel, calculer $p(\mathrm{X} \geqslant 935)$.

2. Quels sont les éléments vrais et les éléments faux dans l'affirmation de M. Pascal.

3. La commission européenne souhaite mettre en place une norme :

a. Déterminer, à l'aide d'un tableur, le plus petit entier a tel que $p(\mathrm{X} \leqslant a) > 0{,}025$.

b. Déterminer, à l'aide d'un tableur, le plus petit entier b tel que $p(\mathrm{X} \leqslant b) \geqslant 0{,}975$.

c. En déduire l'intervalle de fluctuation à 95 % d'une fréquence correspondant à la réalisation, sur un échantillon aléatoire de taille 1980, de la variable aléatoire X.

d. Soit f la proportion de femme dans une entreprise de 1980 salariés. La commission décide d'appliquer la règle suivante :

> *Si f n'appartient pas à l'intervalle de fluctuation à 95 % précédent alors la société est en infraction.*

Calculer cette fréquence f pour l'entreprise Cheloup et conclure.

7. Problèmes

101.

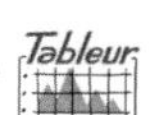

Une entreprise souhaite lancer une nouvelle crème hydratante sur le marché. Une étude de marché à montré que, sur les 10 000 clients potentiels situés près du magasin, la probabilité qu'un client achète ce produit est $p = 0{,}06$.
Soit X la variable aléatoire représentant le nombre de clients qui achète ce nouveau produit.
On suppose que X suit une loi binomiale de paramètres 10 000 et 0,06.

1. Combien de clients cette entreprise peut-elle espérer avoir pour ce nouveau produit ?

2. L'entreprise perd de l'argent si elle a moins de 550 clients, mais ses contraintes de production sont telles qu'elle ne doit pas avoir plus de 700 clients.
À l'aide d'un tableur, calculer à 10^{-4} près, la probabilité que le nombre de clients soit compris entre 550 et 700.

3. Le directeur décide de lancer ce produit seulement si le risque que le nombre de clients ne soit pas dans l'intervalle [550 ; 700] est inférieur à 2 %.
Quelle va être sa décision ?

102. Loi géométrique tronquée

Monsieur Djaubi contrôle la ponctualité des TGV. Il faut que le retard à l'arrivée soit supérieur à 30 minutes pour que le TGV soit dans la catégorie *en retard*. On admet que la probabilité qu'un train soit dans la catégorie *en retard* est $p = 0{,}15$.
M. Djaubi étudie un lot de 9 TGV. Soit X la variable aléatoire correspondant au nombre de trains dans la catégorie *en retard* sur ce lot.

1. Quelle loi suit X ? Donner ses paramètres.

2. Dans ce lot, combien de trains en moyenne seront dans la catégorie *en retard* ?

3. Soit R_i l'événement « le i-ème train est dans la catégorie *en retard* », avec $1 \leqslant i \leqslant 8$.
Soit Y la variable aléatoire correspondant au rang du premier train « en retard » dans ce lot.
a. Exprimer en fonction de R_1, R_2 et R_3 l'événement $Y = 3$.
b. En déduire $p(Y = 3)$.
c. Exprimer en fonction de R_1, R_2 et R_3 et R_4 l'événement $Y = 4$.
d. En déduire $p(Y = 4)$.
e. Généraliser les résultats précédents en déterminant $p(Y = k)$ avec k un entier tel que $1 \leqslant k \leqslant 8$.
f. L'événement $Y = 0$ correspond à « Aucun train n'est dans la catégorie *en retard* » (c'est-à-dire que tous les trains sont arrivés à l'heure ou avec moins de 30 minutes de retard).
Calculer $p(Y = 0)$.

> **INFO**
> On dit que Y suit une loi géométrique tronquée.

g. Calculer E(Y) et interpréter ce résultat.

103. Les sangs mélangés

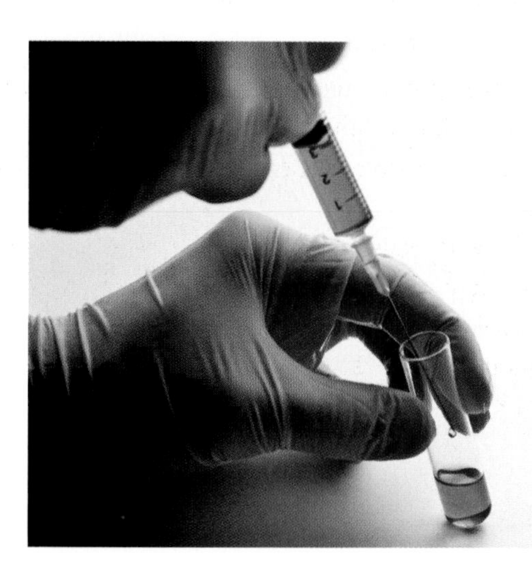

Un laboratoire pharmaceutique a mis au point un test sanguin de dépistage d'une maladie.
On sait que la probabilité qu'un individu soit atteint de cette maladie est p.
On considère un groupe de n individus testés pour cette maladie. Soit X la variable aléatoire correspondant au nombre de tests positifs.

1. Quelle loi suit X ? Donner ses paramètres.

2. Quelle est la valeur de $p(X \geqslant 1)$?

3. Afin de minimiser le coût des tests, le laboratoire fait un premier test en regroupant les n échantillons de sangs prélevés.
Si ce test est négatif, alors le laboratoire peut être sûr que les n individus testés ne sont pas atteints par la maladie. Le laboratoire a eu besoin d'un seul test pour connaître le résultat des n individus.
Dans le cas contraire, le laboratoire réalise un test sur chaque échantillon prélevé. Le laboratoire a alors réalisé en tout $n + 1$ tests.
Soit Y la variable aléatoire correspondant au nombre de tests réalisés par le laboratoire.
a. Donner les valeurs que peut prendre Y.
b. Quelle loi suit Y ?
c. Démontrer que $E(Y) = n + 1 - n(1 - p)^n$.

4. Soit Z la variable aléatoire correspondant au nombre de tests réalisés sur un seul échantillon de sang.
On admet $Z = \frac{Y}{n}$.
a. Donner les valeurs que peut prendre Z.
b. Quelle loi suit Z ?
c. Démontrer que $E(Z) = 1 - (1 - p)^n + \frac{1}{n}$.

5. On admet que $p = 0{,}009$.
Soit (u_n) la suite définie sur $\mathbb{N}^*$ par :

$$u_n = 1 - (1 - p)^n + \frac{1}{n}.$$

a. Représenter graphiquement les premiers termes de cette suite à l'aide de la calculatrice.
b. En déduire la valeur de n pour laquelle u_n admet la plus petite valeur.
c. En déduire la valeur de n pour laquelle le coût par individu est le moins important. Chaque test coute 10 € au laboratoire. En pratiquant cette méthode, quelle est l'économie réalisée par le laboratoire (en euros par individus) ?

104. Soit $(A ; \vec{i}, \vec{j})$ un repère du plan et B(2 ; 2).

Partie 1

On considère un trajet aléatoire de longueur 4 au départ du point A. Chaque trajet est constitué d'une succession de quatre vecteurs ($\vec{i}$ ou $\vec{j}$).
Par exemple, on a représenté ci-dessous le trajet $(\vec{i}, \vec{j}, \vec{j}, \vec{i})$, qui va de A à B.

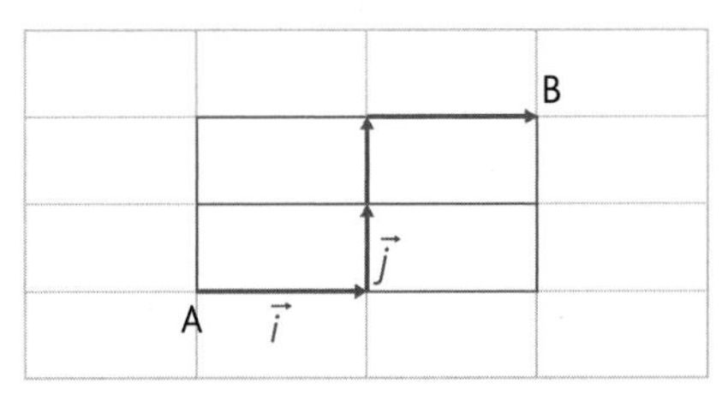

On modélise un trajet par une succession de quatre expériences identiques et indépendantes. Chaque expérience a deux issues possibles : vecteur $\vec{i}$ ou vecteur $\vec{j}$.
Soit X la variable aléatoire correspondant au nombre de vecteurs $\vec{i}$ contenus dans un trajet de longueur 4.

1. Quelle loi suit X ? Donner ses paramètres.

2. Quelle est la probabilité d'arriver au point B à la fin du trajet ?

Partie 2

Soit C(4 ; 5). On étudie les trajets aléatoires partant du point A et de longueur 9.
Soit Y la variable aléatoire correspondant au nombre de vecteurs $\vec{i}$ contenus dans un trajet de longueur 9.

1. Quelle loi suit Y ? Donner ses paramètres.

2. Quelle est la probabilité d'arriver au point C à la fin du trajet ?

3. Quelle est la probabilité d'arriver au point C et de passer par le point B ?

problèmes

105. Une urne contient des boules indiscernables au toucher.
20 % des boules portent le numéro 1 et sont rouges.
Les autres portent le numéro 2 et, parmi elles, 10 % sont rouges et les autres sont vertes.

1. On tire une boule au hasard.
Quelle est la probabilité qu'elle soit rouge ?

2. Soit n un entier naturel supérieur ou égal à 2.
On effectue n tirages successifs d'une boule avec remise (après chaque tirage, la boule est remise dans l'urne).

a. Exprimer en fonction de n la probabilité d'obtenir au moins une boule rouge portant le numéro 1 au cours des n tirages.

b. Déterminer l'entier n à partir duquel la probabilité d'obtenir au moins une boule rouge portant le numéro 1 au cours des n tirages est supérieure ou égale à 0,99.

D'après Bac S, Amérique du Nord, juin 2010

106. On dispose de deux dés cubiques dont les faces sont numérotées de 1 à 6. Ces dés sont en apparence identiques, mais l'un est bien équilibré et l'autre truqué.
Avec le dé truqué, la probabilité d'obtenir 6 lors d'un lancer est égale à $\frac{1}{3}$.

Les résultats seront donnés sous forme de fractions irréductibles.

1. On lance le dé bien équilibré trois fois de suite et on désigne par X la variable aléatoire donnant le nombre de 6 obtenus.

a. Quelle loi de probabilité suit la variable aléatoire X ?

b. Quelle est son espérance ?

c. Calculer $p(X = 2)$.

2. On lance le dé truqué trois fois de suite et on désigne par Y la variable aléatoire donnant le nombre de 6 obtenus.

a. Quelle loi de probabilité suit la variable aléatoire Y ?

b. Quelle est son espérance ?

c. Calculer $p(Y = 2)$.

D'après Bac

107. On considère un questionnaire comportant cinq questions.
Pour chacune des cinq questions posées, trois propositions de réponses sont faites (A, B et C), dont une seule est exacte.
Une candidate répond à toutes les questions posées en écrivant un mot de réponse de cinq lettres.
Par exemple, le mot « BBAAC » signifie que le candidat a répondu B aux première et deuxième questions, A aux troisième et quatrième questions et C à la cinquième question.

1. a. Combien y a-t-il de mots-réponses possibles à ce questionnaire ?

b. On suppose que le candidat répond au hasard à chacune des cinq questions de ce questionnaire.
Calculer la probabilité des événements suivants.
E : « Le candidat a exactement une réponse exacte »,
F : « Le candidat n'a aucune réponse exacte »,
G : « Le mot-réponse du candidat est un palindrome »
(On précise qu'un *palindrome* est un mot pouvant se lire indifféremment de gauche à droite ou de droite à gauche ; par exemple, « BACAB » est un palindrome.)

2. Un professeur décide de soumettre ce questionnaire à ses 28 élèves en leur demandant de répondre au hasard à chacune des cinq questions de questionnaire.
On désigne par X le nombre d'élèves dont le mot-réponse ne comporte aucun réponse exacte.

a. Justifier que la variable aléatoire X suit la loi binomiale de paramètres $n = 28$ et $p = \frac{32}{243}$.

b. Calculer la probabilité, arrondie à 10^{-2}, qu'au plus un élève n'ait fourni que des réponses fausses.

D'après bac. S, Amérique du Sud, novembre 2009

vrai ou faux ?

108. Une urne contient une boule blanche et deux boules noires. On effectue 10 tirages successifs d'une boule avec remise (on tire une boule au hasard, on note sa couleur, on la remet dans l'urne et on recommence).

La proposition suivante est-elle vraie ou fausse ?

« La probabilité de tirer exactement trois boules blanches est $3 \times \left(\frac{1}{3}\right)^3 \times \left(\frac{2}{3}\right)^7$. »

109. Un variable aléatoire X suit une loi binomiale de paramètres n et p, où n est égal à 4 et p appartient à $]0\,;1[$.

Les propositions suivantes sont-elles vraies ou fausses ?

a. Si $p(X=1)=8p(X=0)$, alors $p=\frac{2}{3}$.

b. Si $p=\frac{1}{5}$, alors $p(X=1)=p(X=0)$.

110. Sont A, B et C trois événements d'un même univers Ω muni d'une probabilité p.
On sait que tous ces événements sont issus d'expériences aléatoires indépendantes et on a $p(A)=\frac{2}{5}$; $p(A\cup B)=\frac{3}{4}$; $p(C)=\frac{1}{2}$; $p(A\cup C)=\frac{1}{10}$.

Ces égalités sont-elles exactes ou non ?

a. $p(B)=\frac{7}{12}$.

b. $p(\overline{A\cup C})=\frac{2}{5}$.

QCM

Dans les questions suivantes, déterminer la (ou les) bonne(s) réponse(s).

111. On tire au hasard une carte d'un jeu de 32 cartes. La probabilité de n'obtenir ni un as, ni un pique, est égale à :

a. $\frac{5}{8}$. b. $\frac{21}{32}$. c. $\frac{11}{32}$. d. $\frac{3}{8}$.

112. On teste 10 appareils identiques, de même garantie, fonctionnant indépendamment les uns des autres.
La probabilité pour chaque appareil de tomber en panne durant la période de garantie est égale à 0,15.
La probabilité pour qu'exactement 9 appareils soient en parfait état de marche à l'issue de la période de garantie est égale à :

a. 0,35 à 10^{-2} près. b. $0{,}85^9$.

c. $0{,}85^9 \times 0{,}15$. d. $0{,}85^9 \times 0{,}15 \times 10$.

113. Une urne contient 10 boules indiscernables au toucher : 7 sont blanches et 3 sont noires.
On tire une boule, on note sa couleur puis on la remet dans l'urne.
On procède ainsi à 5 tirages successifs avec remise.
La probabilité d'avoir obtenu 3 boules noires et 2 boules blanches est égale à :

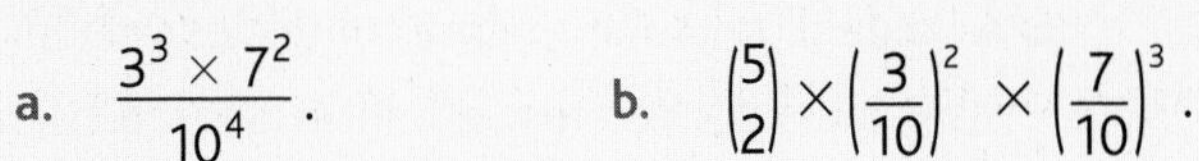

a. $\frac{3^3 \times 7^2}{10^4}$. b. $\binom{5}{2} \times \left(\frac{3}{10}\right)^2 \times \left(\frac{7}{10}\right)^3$.

c. $\binom{5}{2} \times \left(\frac{3}{10}\right)^3 \times \left(\frac{7}{10}\right)^2$.

restitution organisée des connaissances

114. Démontrer la propriété suivante :
Soit X une variable aléatoire de Bernoulli de paramètre p. L'espérance de X est $E(X)=p$, la variance de X est $V(X)=p(1-p)$ et son écart type est $\sigma(X)=\sqrt{p(1-p)}$.

TP INFO

1. Finance discrète

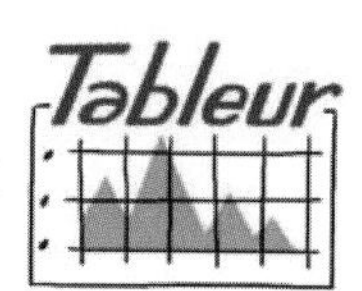

objectif

Étudier un modèle discret pour évaluer le prix d'une action dans un futur proche.

On suppose qu'une action cotée à la bourse de Paris coûte 50 € le 15 janvier 2011. Chaque jour, on considère que l'action a une probabilité $p = 0{,}53$ d'augmenter de 3,5 % et une probabilité $1 - p$ de baisser de 3,4 %.
On note $u = 1{,}035$ et $d = 0{,}966$ les coefficients multiplicateurs de hausse et de baisse de l'action. Les variations d'un jour à l'autre sont considérées comme indépendantes.
Le but de ce TP est de calculer la probabilité que l'action ait un cours supérieur à 60 € le 25 janvier 2011.

Partie 1 : Étude du cours sur 3 jours

1. Compléter l'arbre ci-contre (arrondir les valeurs au centime près).

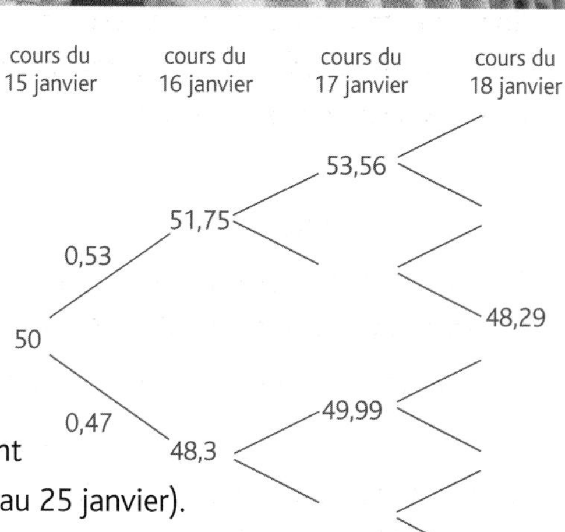

2. Soit A l'événement : « Le cours de l'action est supérieur à 54 € le 18 janvier 2011 ». Calculer $p(\text{A})$.

3. On achète une action à 50 € le 15 janvier 2011 et on la vend le 18 janvier 2011. Soit B le bénéfice réalisé. Calculer $p(\text{B} \geqslant 0)$.

Partie 2 : Étude du cours sur 10 jours

On se place le 25 janvier 2011. Soit X la variable aléatoire représentant le nombre de hausses de l'action pendant ces 10 jours (du 15 janvier au 25 janvier).

1. a. Quelle loi suit X ? Donner ses paramètres.

b. Donner l'expression de $p(\text{X} = k)$ avec k un entier tel que $0 \leqslant k \leqslant 10$.

2. Soit S le cours de l'action le 25 janvier 2011.

a. On suppose que l'action a augmenté k fois $(0 \leqslant k \leqslant 10)$ pendant ces 10 jours. Exprimer S en fonction de u, d et k.

b. En déduire $p(\text{S} = 50u^k d^{10-k})$.

c. À l'aide d'un tableur, écrire toutes les valeurs de k dans la colonne A, les valeurs de S correspondantes dans la colonne B et les probabilités correspondantes dans la colonne C.

d. En déduire, à l'aide du tableur $p(\text{S} \geqslant 60)$.

e. Écrire un programme sur une calculatrice qui demande de saisir la valeur de a et qui affiche la valeur de $p(\text{S} \geqslant a)$.
Vérifier que le programme fonctionne en calculant $p(\text{S} \geqslant 60)$.

AIDE
On pourra faire une boucle.

À vous de jouer

Reprendre cet exercice avec les valeurs de p, de u et de d suivantes : $p = 0{,}53$, $u = 1{,}04$ et $d = \frac{1}{u}$.

2. Coupure d'un brin d'ADN

objectif

Étudier à travers un exemple issu de la biologie la loi géométrique tronquée.

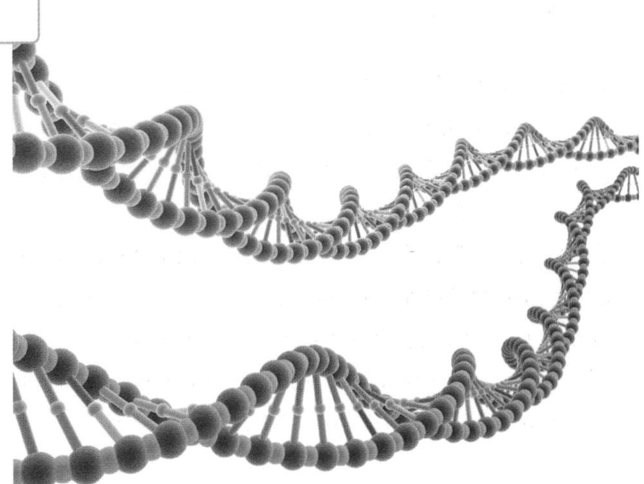

Un brin d'ADN est constitué de nucléotides. Il y a quatre sortes de nucléotides qu'on note A, T, C et G. On a modélisé un brin d'ADN par une chaîne de N nucléotides comprenant N – 1 liaisons (entre un nucléotide et le suivant).
Par exemple, dans le brin suivant, il y a 10 nucléotides et 9 liaisons : A—T—T—A—C—G—G—C—A—T

Lorsque ce brin est soumis à des radiations, chaque liaison a une même probabilité de coupure p.

Soit X la variable aléatoire représentant le nombre de coupures du brin d'ADN contenant N nucléotides après exposition des radiations.

Partie 1

1. Quelle loi vérifie X ?

2. Soit k un entier naturel compris entre 0 et N – 1.
Déterminer l'expression de $p(X = k)$ en fonction de N, k et p.

3. Combien y aura-t-il en moyenne de coupures dans ce brin d'ADN ?

Partie 2

On s'intéresse maintenant à l'endroit où va avoir lieu la première coupure du brin d'ADN. Soit Y la variable aléatoire correspondant à l'emplacement où a lieu la première coupure.

1. Étude d'un cas particulier

Convention : Y = 0 s'il n'y a pas eu de coupure.
Dans cette question on prendra N = 4 et $p = 0{,}18$.

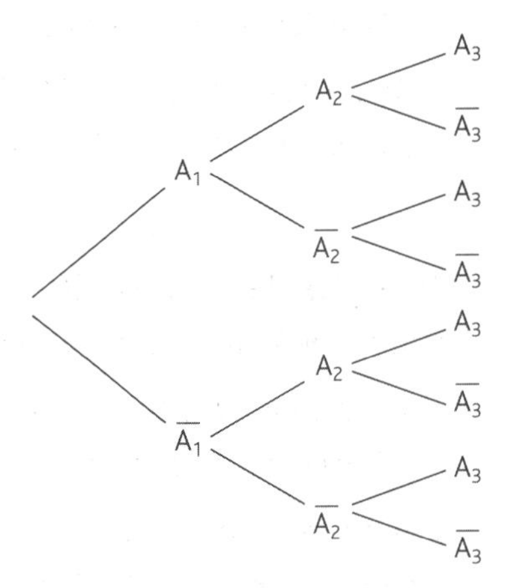

a. Soit A_i l'événement « la liaison i est rompue », avec $1 \leqslant i \leqslant 3$.
Compléter l'arbre ci-contre.

b. Exprimer l'événement Y = 0 et Y = 1 en fonction des événements A_1, A_2 et A_3.

c. Donner la loi de Y.

d. Calculer E(Y).

> **Remarque**
> Y suit une loi géométrique tronquée.

2. Étude du cas général

Soit k un entier naturel compris entre 0 et N.

a. Exprimer en fonction de N, p et k la valeur de $p(Y = k)$.

b. Compléter l'algorithme ci-contre qui affiche la valeur de $p(Y = k)$ après que l'on ait saisi les valeurs de k, N et p.

c. Vérifier cet algorithme en le programmant sur une calculatrice et en prenant les valeurs obtenues dans **1.c.**

d. En déduire un algorithme permettant de calculer E(Y).

e. Calculer E(Y) lorsque $p = 0{,}08$ et N = 75. Interpréter ce résultat.

Variables : A, un nombre réel.
Début
Saisir N, p, k.
B prend la valeur ....
Afficher B.
Fin

Lettre de Pascal à Fermat (1654)

Énoncé

Au XVIIe siècle, *Pascal* écrit une lettre à *Fermat* pour proposer une solution à un problème de pari.

Soit deux joueurs A et B qui misent chacun 32 pistoles. Les deux joueurs jouent aux dés plusieurs manches. À chaque manche le joueur A a une chance sur deux de gagner la manche (s'il perd la manche alors c'est le joueur B qui la gagne).
Le gagnant est le premier qui remporte 3 manches.

Afin d'analyser la situation, Pascal étudie plusieurs situations du jeu.

→ Problème

Situation 1 : Le joueur A gagne 2 parties et B une partie et les joueurs souhaitent s'arrêter. Comment doit-on répartir équitablement les 64 pistoles ?
Situation 2 : Le joueur A gagne 2 parties et B n'a pas gagner de partie et les joueurs souhaitent s'arrêter. Comment doit-on répartir équitablement les 64 pistoles ?

S'informer

Voici un extrait de la lettre de Pascal à Fermat pour chacune de ces situations :

Situation 1 :

Posons que le premier en ait deux et l'autre une ; ils jouent maintenant une partie, dont le sort est tel que, si le premier la gagne, il gagne tout l'argent qui est au jeu, savoir 64 pistoles ; si l'autre la gagne, ils sont deux parties à deux parties, et par conséquent, s'ils veulent se séparer, il faut qu'ils retirent chacun leur mise, savoir chacun 32 pistoles.
Considérez donc, Monsieur, que si le premier gagne, il lui appartient 64 : s'il perd, il lui appartient 32. Donc s'ils veulent ne point hasarder cette partie et se séparer sans la jouer, le premier doit dire : «Je suis sûr d'avoir 32 pistoles, car la perte même me les donne ; mais pour les 32 autres, peut-être je les aurai, peut-être vous les aurez, le hasard est égal ; partageons donc ces 32 pistoles par la moitié et me donnez, outre cela, mes 32 qui me sont sûres». Il aura donc 48 pistoles et l'autre 16.

Situation 2 :

Posons maintenant que le premier ait deux parties et l'autre point, et ils commencent à jouer une partie. Le sort de cette partie est tel que, si le premier gagne, il tire tout l'argent, 64 pistoles ; si l'autre la gagne, les voilà revenus au cas précédent auquel le premier aura deux parties et l'autre une.
Or, nous avons déjà montré qu'en ce cas il appartient à celui qui a les deux parties, 48 pistoles : donc, s'ils veulent ne point jouer cette partie, il doit dire ainsi : «Si je la gagne, je gagnerai tout, qui est 64 ; si je la perds, il m'appartiendra légitimement 48 : donc donnez-moi les 48 qui me sont certaines au cas même que je perde, et partageons les 16 autres par la moitié, puisqu'il y a autant de hasard que vous les gagniez comme moi». Ainsi il aura 48 et 8, qui sont 56 pistoles.

S'organiser, communiquer

On constitue plusieurs groupes qui vont commencer par étudier la situation 1 puis la situation 2.

Analyser, critiquer et conclure

Traduire le texte en utilisant le vocabulaire du chapitre (variable aléatoire, espérance...)

Rendre compte

Réécrire l'énoncé et la solution des deux situations à l'aide du vocabulaire du chapitre.

Pour aller plus loin...

Il reste encore une autre situation : A gagne 1 partie et B aucune.
Déterminer la répartition équitable à ce niveau du jeu si les joueurs souhaitent s'arrêter.

Assureur

Que veut dire assurance ?

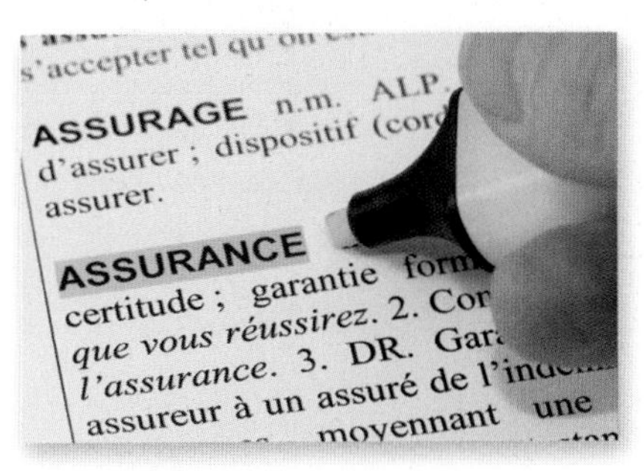

L'**assurance** est le ***service*** qui fournit une aide lors de la survenance d'un ***risque***. Cette aide (généralement financière) peut être destinée à une personne, une association ou une entreprise, en échange d'une ***cotisation*** ou d'une ***prime***.

L'assurance regroupe traditionnellement deux univers :

- les assurances Vie ;
- les assurances IARD (Incendie, Accidents, Risques Divers).

La formation

La loi a créé une école réservée aux métiers d'assureur (ENASS) qui dispense des formations de tous niveaux, mais le secteur de l'assurance recrute aussi à partir de bac + 2. Les formations spécialisées dans le commercial, type BTS, sont recommandées. Des études plus poussées, type diplôme d'écoles commerciales, permettent aussi un accès direct à la profession.

Que veut dire assureur ?

L'assureur propose aux particuliers ou aux entreprises, des contrats d'assurance afin de les protéger contre les aléas de la vie.

Par exemple, lors de l'achat d'une maison, un particulier investit beaucoup d'argent. Si un jour il arrive un accident (inondation, incendie, catastrophe naturelle,...) il lui est en général impossible de trouver les ressources financières pour reconstruire ou acheter une nouvelle maison. Certes, la probabilité d'un tel sinistre est très faible, mais elle est non nulle. C'est comme au loto, on n'a presque aucune chance de gagner et pourtant à chaque tirage il y a des gagnants ! À l'aide de tables statistiques et en fonction du prix de la maison, l'assureur calcule le montant de la cotisation mensuelle que doit lui verser l'assuré, en contre partie l'assuré sera remboursé des différents frais dus au sinistre.

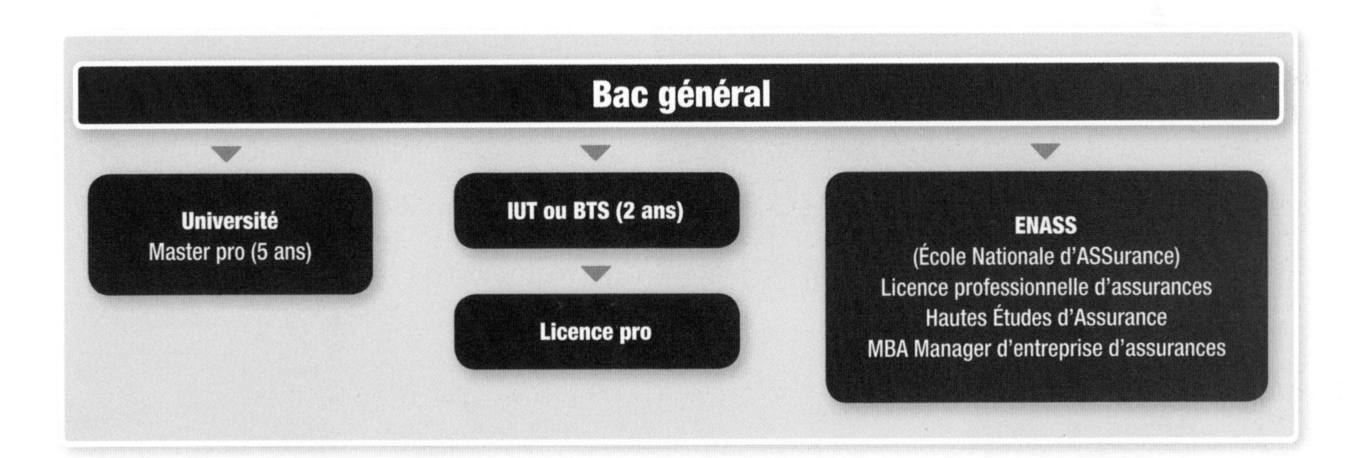

Données clés

L'activité dans l'assurance reste assez forte, et selon les différents cabinets de recrutement, les prévisions pour l'avenir sont assez optimistes.

Les profils commerciaux, ainsi que les actuaires, sont toujours très recherchés.

Le secteur de l'assurance recrute, en ce moment, en France entre 10 000 et 13 000 personnes par an.

Un nombre transcendant !

Parmi les nombres, on distingue :

- les *rationnels*, qui s'écrivent comme rapport (*ratio*) de 2 nombres entiers. Leur écriture est parfois formée d'une infinité de décimales mais reste prévisible puisque ces décimales suivent un cycle.
- les *irrationnels*, comme $\sqrt{2}$ ou π, dont il est impossible de prévoir l'écriture décimale.

Depuis la fin du XIVe siècle, on distingue 2 groupes parmi les irrationnels :

- les *irrationnels algébriques* comme $\sqrt{2}$ qui est solution d'une équation polynomiale à coefficients entiers ou rationnels : $\sqrt{2}$ est solution de l'équation $x^2 - 2 = 0$.
- π qui échappe à cette définition, puisque le mathématicien allemand Lindemann démontre en 1882 que π n'est solution d'aucune équation de ce type. Il est donc qualifié d'*irrationnel transcendant*.

Le coin des langues

Plusieurs mathématiciens du XVIIIe siècle utilisent comme abréviations du mot anglais ***periphery***, dont l'étymologie provient du gre ***periphereia*** ; terme utilisé par Euclide et Archimède pour désigner un cercle, ou un arc de cercle. Quant à ***circonférence***, il s'agit du mot d'origine latine ***circumferentia*** qui traduit le mot grec ***periphereia***.

Un pi-ème

Un ingénieur informatique originaire de Virginie, *Mike Keith*, a écrit une ode à π. Un poème, ou plutôt un « pi-ème » ! Les 4 000 mots de cette lettre d'amour ont la particularité de posséder chacun un nombre de lettres qui suit très exactement l'ordonnancement des décimales de π : le premier mot a trois lettres, le deuxième une seule, le troisième quatre lettres, et ainsi de suite. En théorie, il "suffit" donc d'apprendre ce poème par cœur pour retrouver les 4 000 premières décimales de π.

Record

Aujourd'hui, les japonais Alexander Yee et Shigeru Kondo détiennent le record : ils ont calculé 5 trillions de décimales de π.

7 Trigonométrie

1. Le cercle trigonométrique et le radian
2. Les angles de vecteurs et leurs propriétés
3. Cosinus et sinus
4. Formulaire et résolution d'équations

Prérequis :

- « Enroulement de la droite numérique » sur le cercle trigonométrique
- Définitions du sinus et du cosinus d'un nombre réel
- Trigonométrie du triangle rectangle vue au collège
- Les vecteurs : définition, relation de Chasles, multiplication d'un vecteur par un scalaire
- Racine carrée et valeur absolue pour le calcul d'un cosinus connaissant un sinus ou inversement

1. Le radian : Une unité de mesure angulaire « naturelle »

AVANT TOUTE CHOSE ...
- **Choisir une unité de longueur** ; on la notera1 *ul* (par exemple : 1 *ul* peut correspondre à 5 cm, selon son choix).
- **Se fixer un point O du plan** puis construire le cercle $\mathscr{C}$ de centre *O* et de rayon 1 *ul*.
- **Se fixer un point *I* sur le cercle** $\mathscr{C}$. Dans la suite de ce chapitre, on désignera *I* comme « l'origine du cercle $\mathscr{C}$ » et dans cette activité, on pourra envisager toutes les constructions géométriques d'arc, à partir de ce point *I*.

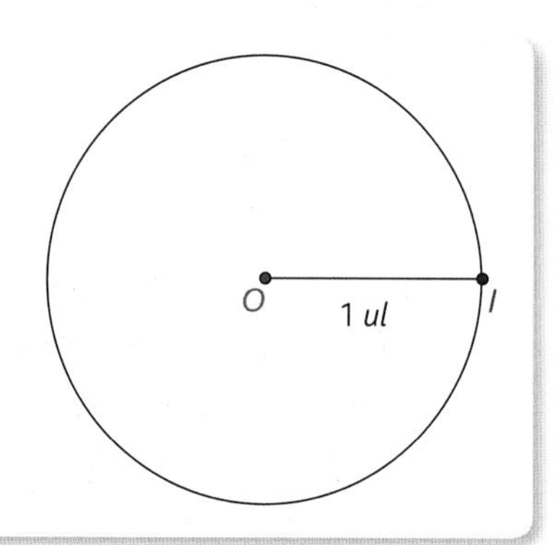

1. Calculer, en *ul*, la longueur d'arc du cercle $\mathscr{C}$ associée à un angle au centre de mesure 1°. Cette longueur d'arc vaut-elle 1 *ul* ?

2. a. Calculer, en degrés, *d* la mesure d'angle au centre associée à l'arc de cercle de longueur 1 *ul*.
   b. Dessiner une figure permettant d'illustrer et comprendre pourquoi cette mesure *d* est voisine de 60°, mais strictement inférieure à 60°.
   c. Décrire un procédé permettant de placer un point *M* sur le cercle $\mathscr{C}$ de sorte que la longueur de l'arc $\overset{\frown}{IM}$ soit de 1 *ul*.

On définit à présent **1 radian** comme la mesure de l'angle sous tendant un arc (du cercle $\mathscr{C}$) de longueur 1 *ul*. On note 1 radian : 1 rad. On remarque alors que :

1 rad d'angle correspond à 1 *ul* de longueur d'arc de cercle $\mathscr{C}$.

   d. À partir du point origine *I*, combien de reports entiers d'arc d'angle 1 rad, peut-on faire au maximum pour essayer de couvrir la circonférence du cercle $\mathscr{C}$?
   e. Combien de reports doit-on faire réellement ?
   f. Recopier et compléter la phrase suivante, notamment avec les mots suivants : « mesure, longueur, angle, centre, ... »
   Sur un cercle de rayon unité, la .... d'un arc, ainsi que la .... de .... au .... qui lui est associé, s'expriment par le .... nombre.

3. On choisit un sens de parcours du cercle $\mathscr{C}$ depuis le point *I*, celui **inverse des aiguilles d'une montre**, expliquer comment on peut représenter des angles au centre sur le cercle $\mathscr{C}$ dont les mesures en radians sont :
   a. 2,7 rad. 5,82 rad.
   29 rad. 100 rad.
   b. – 2,7 rad. – 5,82 rad.
   – 29 rad. – 100 rad.
   c. *x* rad, avec *x* un nombre réel quelconque.

2. Arrêt sur image : Les « pi-radians » !

Définition

On appelle **« pi-radian »** un nombre réel associé à une mesure en radians de la forme :

$$\frac{a\pi}{b}, \text{ qui se prononce : « } \frac{a}{b} \textit{ pi-radians} \text{ »},$$

avec $\frac{a}{b}$ un nombre rationnel, c'est-à-dire que a et b sont deux entiers, $b \neq 0$.

Soit O un point du plan, on désigne par $\mathscr{C}$ le cercle trigonométrique de centre O.

1. Est-il possible de construire, précisément, sur le cercle $\mathscr{C}$, un point associé à chacune des mesures en radians proposées ? Si oui, placer ces points.
   a. 0 ; 2π ; π ; $\frac{\pi}{2}$; $\frac{\pi}{4}$; $\frac{\pi}{3}$ et $\frac{\pi}{6}$.
   b. 0 ; $\frac{1}{4}$; $\frac{1}{3}$; $\frac{1}{2}$; 1 ; 2 ; 3 ; 4 ; 5 et 6.
2. Pourquoi retrouve-on davantage les nombres « pi-radians » en trigonométrie, plutôt que des réels plus usuels tels que, par exemple, les nombres entiers ?
3. Recopier et compléter ce tableau de correspondance entre mesure en degrés et en radians.

Mesure en degrés	30	40	60	100				
Mesure en radians					$\frac{5\pi}{12}$	$\frac{\pi}{9}$	$\frac{5\pi}{6}$	$\frac{14\pi}{9}$

3. Programme au menu

Sur deux calculatrices, on a programmé un même algorithme. Voici deux captures d'écran associées à ce programme :

TI

```
PROGRAM:CONVERS
:EffEcr
:Menu("CHOIX?","
D->R",A,"R->D",B
)
:Lbl A
:Prompt D
:Disp "SOIT: π*"
:Disp D/180▸Frac
:Stop
:Lbl B
:Prompt R
:Disp 180*R/π
:Stop
:
```

Casio

```
======CONVERS ======
Menu "Votre choix?","
D->R",1,"R->D",2↵
Lbl 1↵
"d=":?→D↵
Locate 4,5,"Soit: π×"
↵
Locate 12,5,D⌟180↵
Stop↵
Lbl 2↵
"r=":?→R↵
"Soit :":180×R÷π↵
Stop↵
TOP BTM SRC MENU A⇔a CHAR
```

1. Reproduire le programme qui convient sur sa calculatrice.
2. Expliquer, étape par étape, ce que fait cet algorithme.
3. Quelle relation algébrique lie les variables R et D ? Expliciter cette relation dans un langage mathématique lié au contexte de ce chapitre.
4. À quoi peut servir ce programme dans le cadre de ce chapitre ?

Aide

Dans ce programme un *« Si… alors… Sinon »* se cache. Il faut le trouver !

COURS

1. Le cercle trigonométrique et le radian

1.1 Rappels et notations

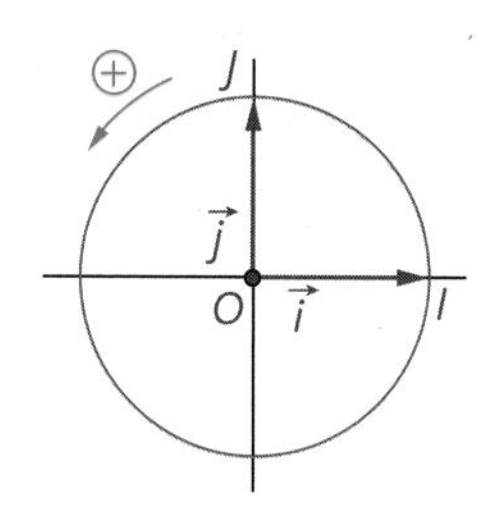

Le sens positif ou **sens trigonométrique** correspond au sens opposé à celui des aiguilles d'une montre.

Dans tout ce chapitre, $\mathscr{C}$ est le cercle trigonométrique de centre O, de rayon 1, d'origine I et orienté positivement.

Soit $(\mathscr{D})$ la tangente à $\mathscr{C}$ passant par le point I, munie du repère $(I, \vec{j})$. Alors, tout point N de la droite $(\mathscr{D})$ est repéré par un nombre réel x. Selon l'**algorithme** d'*«enroulement de la droite* $(\mathscr{D})$» décrit en classe de seconde, on associe à tout réel x un unique point $M(x)$ du cercle $\mathscr{C}$, et on dit que :

«x repère le point M» ou que **«x est une mesure de l'angle $\widehat{IOM}$ ».**

propriété

Pour tout réel x et tout entier k, les points $M(x)$ et $M(x + 2k\pi)$ sont confondus sur $\mathscr{C}$.

1.2 Mesure d'un angle en radian

définition

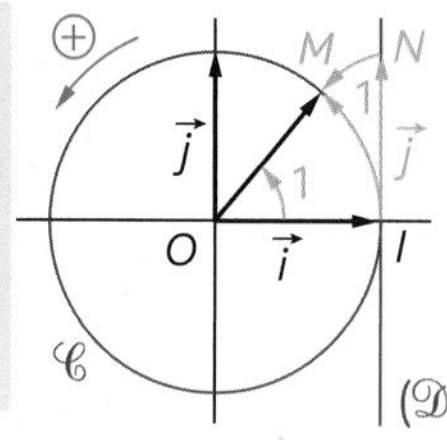

La longueur de l'arc $\widehat{IM}$ est égale à 1*ul*.

Soit N le point de $(\mathscr{D})$ d'abscisse 1 et M le point de $\mathscr{C}$ associé au réel 1 (en enroulant $(\mathscr{D})$ autour de $\mathscr{C}$).

On définit **1 radian** comme la mesure de l'angle $\widehat{IOM}$ ainsi construit.

1 radian est noté **1 rad**.

Remarque

La mesure en radian d'un angle $\widehat{IOM}$ correspond à la longueur de son arc associé $\widehat{IM}$.

propriété

Les mesures, en degrés et en radians, d'un angle géométrique, sont **proportionnelles**.

Méthode de conversion

Mesure en degrés	180	d
Mesure en radians	π	α

Ce tableau est un tableau de **proportionnalité**, donc, on a la relation :

$$\pi d = 180\alpha \quad \text{ou} \quad \frac{\alpha}{\pi} = \frac{d}{180}.$$

Tableau de conversions

x en radians	0	$\frac{\pi}{6}$	$\frac{\pi}{4}$	$\frac{\pi}{3}$	$\frac{\pi}{2}$	$\frac{2\pi}{3}$	$\frac{3\pi}{4}$	$\frac{5\pi}{6}$	π	2π
x en degrés	0	30	45	60	90	120	135	150	180	360

1.3 Mesure principale d'un angle

Un angle possède, en radians, une infinité de mesures. En effet, si α en est une, alors :

$\ldots, \alpha - 4\pi, \alpha - 2\pi, \alpha + 2\pi, \alpha + 4\pi, \ldots, \alpha + 2k\pi\,(k \in \mathbb{Z}), \ldots$ en sont d'autres.

Deux mesures en radians, d'un même angle sont au moins distantes de 2π, puisque le périmètre du cercle mesure 2π unités de longueur, d'où la définition :

définition

La **mesure principale d'un angle** est sa mesure en radians dans l'intervalle $]-\pi\,;\pi]$.

Repérer des points sur le cercle trigonométrique

→ Exercices 51 à 55

Sur le cercle trigonométrique de repère $(O\,;\,\overrightarrow{OI},\,\overrightarrow{OJ})$, les points indiqués sont repérés par les réels suivants : 0 ; $\frac{5\pi}{6}$; π ; $-\frac{2\pi}{3}$; $\frac{\pi}{2}$; $\frac{\pi}{4}$; $-\frac{\pi}{6}$.
Associer à chacun des points du cercle ci-contre, le réel qui le repère.

solution

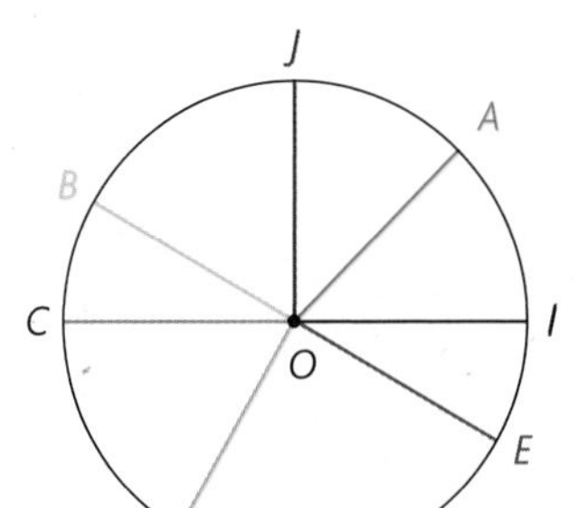

Remarque
Bien connaitre le cercle trigonométrique et ses valeurs remarquables est essentiel.

Les points ***I*, *J*, *A*, *B*, *C*, *D* et *E*** sont respectivement associés aux réels **0**, $\frac{\pi}{2}$, $\frac{\pi}{4}$, $\frac{5\pi}{6}$, π, $-\frac{2\pi}{3}$ et $-\frac{\pi}{6}$.

Convertir des degrés en radians et des radians en degrés

→ Exercices 38 à 41

1. **Exprimer, en radians, une mesure de 50°.**
2. **Exprimer, en degrés, une mesure de $\frac{7\pi}{16}$ rad.**

solution

1. Pour une mesure connue de 50°, on a $\frac{\alpha}{\pi} = \frac{50}{180} = \frac{5}{18}$.
Soit $\alpha = \frac{5\pi}{18}$.
Donc une mesure de 50° correspond à une mesure de $\frac{5\pi}{18}$ rad.
2. Pour une mesure connue de $\frac{7\pi}{16}$ rad, on a $\frac{d}{180} = \frac{\frac{7\pi}{16}}{\pi} = \frac{7}{16}$.
Soit $d = \frac{7 \times 180}{16} = 78{,}75$.
Donc une mesure de $\frac{7\pi}{16}$ correspond à une mesure de 78,75°.

Méthode
On utilise la relation de proportionnalité $\frac{\alpha}{\pi} = \frac{d}{180}$ du cours.

Déterminer la mesure principale d'un angle donné

→ Exercices 42 à 49

Déterminer la mesure principale des angles de mesures respectives $-\frac{19\pi}{3}$ et $\frac{59\pi}{8}$.

solution

- Comme $-7\pi < -\frac{19\pi}{3} < -6\pi$, on ajoute 6π à $-\frac{19\pi}{3}$, car on obtient $-\pi < -\frac{19\pi}{3} + 6\pi < 0$.

Conclusion : $-\frac{19\pi}{3} + 6\pi = -\frac{\pi}{3}$ est la mesure principale de $-\frac{19\pi}{3}$.

- Comme $7\pi < \frac{59\pi}{8} < 8\pi$, on soustrait 8π à $\frac{59\pi}{8}$, car on obtient $-\pi < \frac{59\pi}{8} - 8\pi < 0$.

Conclusion : $\frac{59\pi}{8} - 8\pi = -\frac{5\pi}{8}$ est la mesure principale de $\frac{59\pi}{8}$.

Méthode
Pour obtenir une mesure appartenant à l'intervalle $]-\pi\,;\,\pi]$, il faut retrancher ou ajouter un multiple entier suffisant de 2π.

2. Les angles de vecteurs et leurs propriétés

Dans toute cette partie du cours, $\vec{u}$ et $\vec{v}$ sont deux vecteurs non nuls, tous les deux.

2.1 Définition et mesure d'un angle de vecteurs

→ définition

Le couple $(\vec{u}, \vec{v})$ est appelé **angle orienté** de vecteurs.

Attention à ne pas confondre « grandeur » et « mesure ». Un angle n'a pas besoin de mesure pour être défini.

Soit M et N les points d'intersection de $\mathscr{C}$ avec les demi-droites d'origine O et dirigées par $\vec{u}$ et par $\vec{v}$, alors une mesure de l'angle $(\vec{u}\,;\vec{v})$ est aussi une mesure de l'angle $(\overrightarrow{OM}\,;\overrightarrow{ON})$.

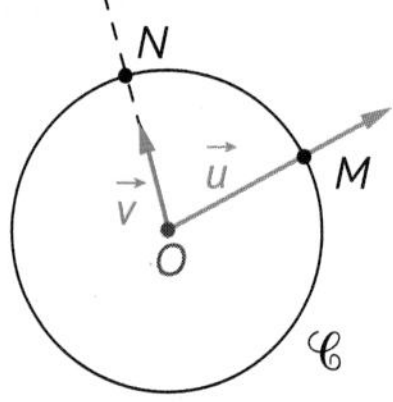

→ définition

Soit M et N deux points du cercle trigonométrique $\mathscr{C}$ où le point M est associé au réel x et le point N au réel y.
On appelle **mesure de l'angle orienté** $(\overrightarrow{OM}\,;\overrightarrow{ON})$ le réel $\boldsymbol{y - x}$.

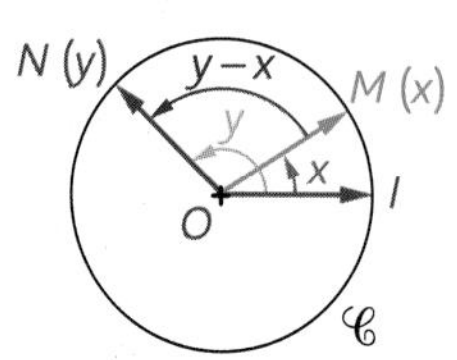

Notations

Si α est une mesure de l'angle orienté $(\vec{u}\,;\vec{v})$, alors pour tout entier k, le réel $\alpha + 2k\pi$ est une mesure de l'angle $(\vec{u}\,;\vec{v})$. On dit alors que l'angle orienté $(\vec{u}\,;\vec{v})$ a pour mesure α **modulo 2π**.

On écrit : $(\vec{u}\,;\vec{v}) = \alpha\,[2\pi]$.

On dit qu'une mesure d'angle est définie à **2π près** : deux mesures d'un même angle orienté sont distantes d'au moins 2π.

Conséquences

- Les mesures des angles $(\vec{u}\,;\vec{v})$ et $(\vec{v}\,;\vec{u})$ sont opposées : $(\vec{v}\,;\vec{u}) = -(\vec{u}\,;\vec{v})\,[2\pi]$.
- $(\vec{u}\,;\vec{u}) = 0\,[2\pi]$ (c'est l'**angle nul**) ;
- $(\vec{u}\,;-\vec{u}) = (-\vec{u}\,;\vec{u}) = \pi\,[2\pi]$ (c'est l'**angle plat**).
- Si $\vec{u}$ et $\vec{v}$ sont orthogonaux et non nuls alors $(\vec{u}\,;\vec{v}) = \dfrac{\pi}{2}\,[\pi]$ (c'est l'angle droit).
- La mesure de l'angle orienté $(\vec{u}\,;\vec{v})$ dans l'intervalle $]-\pi\,;\pi]$ est sa **mesure principale.**

$(\vec{u}, \vec{v}) = -\frac{\pi}{2}$ ou $\frac{\pi}{2}\,[2\pi]$ équivaut à : $(\vec{u}, \vec{v}) = \frac{\pi}{2}\,[\pi]$.

$(\vec{u}, \vec{v}) = 0$ ou $\pi\,[2\pi]$ équivaut à : $(\vec{u}, \vec{v}) = 0\,[\pi]$.

2.2 Propriétés des angles orientés

→ propriétés

k et k' sont deux réels ; $\vec{u}$, $\vec{v}$ et $\vec{w}$ sont trois vecteurs non nuls.

- $(\vec{u}\,;\vec{v}) = (\vec{u}\,;\vec{w}) + (\vec{w}\,;\vec{v})\,[2\pi]$ **(Relation de Chasles)**
- Si k et k' sont de mêmes signes alors $(k\vec{u}\,;k'\vec{v}) = (\vec{u}\,;\vec{v})\,[2\pi]$.
- Si k et k' sont de signes contraires alors $(k\vec{u}\,;k'\vec{v}) = \pi + (\vec{u}\,;\vec{v})\,[2\pi]$.
- $(\vec{u}\,;\vec{v}) = 0\,[\pi]$ si, et seulement si, les vecteurs $\vec{u}$ et $\vec{v}$ sont colinéaires.

Les deux premières propriétés sont démontrées page 277.

Cas particuliers

Angles opposés
$(\vec{u}\,;\vec{v}) = -(\vec{v}\,;\vec{u})$

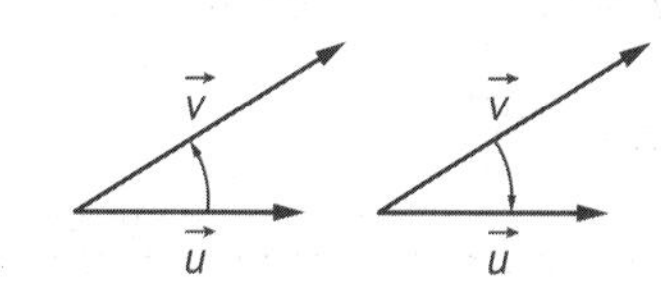

Angles égaux
$(-\vec{u}\,;-\vec{v}) = (\vec{u}\,;\vec{v})$

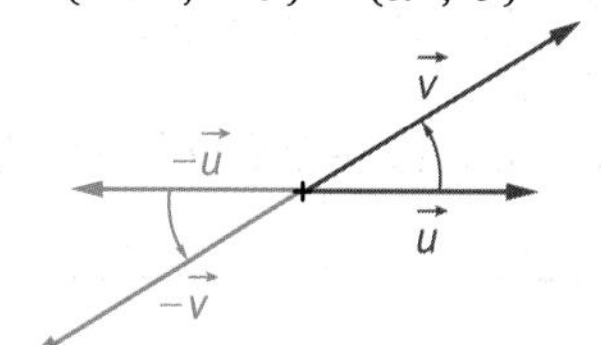

Angles supplémentaires
$(-\vec{u}\,;\vec{v}) = \pi + (\vec{u}\,;\vec{v})$

Déterminer les mesures principales d'un angle orienté

→ Exercices 56 à 66

Dans la figure ci-contre, *ABC* est un triangle équilatéral direct, *CBD*, *ACE* et *AFB* sont des triangles rectangles isocèles respectivement en *D*, *E* et *F*.
Déterminer la mesure principale des angles suivants :

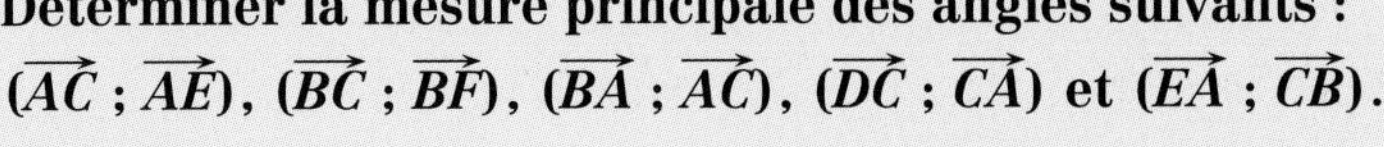

$(\overrightarrow{AC}\,;\overrightarrow{AE})$, $(\overrightarrow{BC}\,;\overrightarrow{BF})$, $(\overrightarrow{BA}\,;\overrightarrow{AC})$, $(\overrightarrow{DC}\,;\overrightarrow{CA})$ et $(\overrightarrow{EA}\,;\overrightarrow{CB})$.

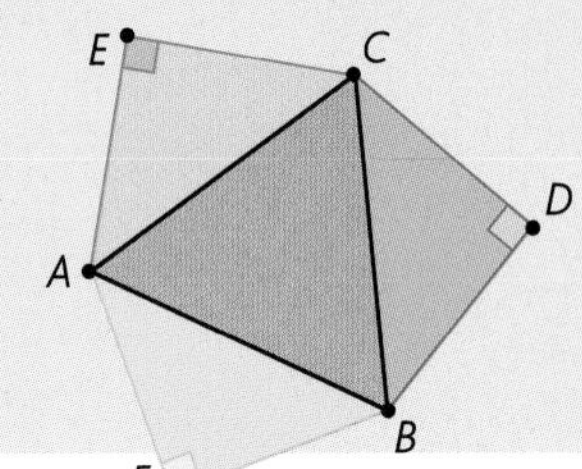

solution

- Le triangle ACE étant rectangle isocèle en E, les angles $\widehat{EAC}$ et $\widehat{ECA}$ sont égaux à $\frac{\pi}{4}$.
  De plus le triangle ACE est direct; d'où $(\overrightarrow{AC}\,;\overrightarrow{AE}) = \frac{\pi}{4}$.
  Et $\frac{\pi}{4} \in]-\pi;\pi]$ donc la mesure principale de l'angle $(\overrightarrow{AC}\,;\overrightarrow{AE})$ est $\frac{\pi}{4}$.
- $(\overrightarrow{BD}\,;\overrightarrow{BF}) = (\overrightarrow{BD}\,;\overrightarrow{BC}) + (\overrightarrow{BC}\,;\overrightarrow{BA}) + (\overrightarrow{BA}\,;\overrightarrow{BF})$, d'après la relation de Chasles.
  Donc $(\overrightarrow{BD}\,;\overrightarrow{BF}) = \frac{\pi}{4} + \frac{\pi}{3} + \frac{\pi}{4} = \frac{5\pi}{6}$.
  Et comme $\frac{5\pi}{6} \in]-\pi;\pi]$, alors la mesure principale de l'angle $(\overrightarrow{BD}\,;\overrightarrow{BF})$ est $\frac{5\pi}{6}$.
- $(\overrightarrow{BA}\,;\overrightarrow{AC}) = (\overrightarrow{AB}\,;\overrightarrow{AC}) + \pi = \pi + \frac{\pi}{3} = \frac{4\pi}{3}$. Mais $\pi < \frac{4\pi}{3} < 2\pi$ donc $-\pi < \frac{4\pi}{3} - 2\pi < 0$.
  Ainsi la mesure principale de l'angle $(\overrightarrow{BA}\,;\overrightarrow{AC})$ est $\frac{4\pi}{3} - 2\pi = -\frac{2\pi}{3}$.
- $(\overrightarrow{DC}\,;\overrightarrow{CA}) = (\overrightarrow{DC}\,;\overrightarrow{CB}) + (\overrightarrow{CB}\,;\overrightarrow{CA}) = (\overrightarrow{CD}\,;\overrightarrow{CB}) + \pi + (\overrightarrow{CB}\,;\overrightarrow{CA})$.
  On sait que $(\overrightarrow{CD}\,;\overrightarrow{CB}) = -\frac{\pi}{4}$; $(\overrightarrow{CB}\,;\overrightarrow{CA}) = -\frac{\pi}{3}$. D'où $(\overrightarrow{DC}\,;\overrightarrow{CA}) = -\frac{\pi}{4} + \pi - \frac{\pi}{3} = \frac{5\pi}{12}$.
  Et comme $\frac{5\pi}{12} \in]-\pi;\pi]$, la mesure principale de l'angle $(\overrightarrow{DC}\,;\overrightarrow{CA})$ est $\frac{5\pi}{12}$.
- $(\overrightarrow{EA}\,;\overrightarrow{CB}) = (\overrightarrow{EA}\,;\overrightarrow{EC}) + (\overrightarrow{EC}\,;\overrightarrow{CA}) + (\overrightarrow{CA}\,;\overrightarrow{CB}) = (\overrightarrow{EA}\,;\overrightarrow{EC}) + (\overrightarrow{CE}\,;\overrightarrow{CA}) + \pi + (\overrightarrow{CA}\,;\overrightarrow{CB})$.
  Avec $(\overrightarrow{EA}\,;\overrightarrow{EC}) = \frac{\pi}{2}$; $(\overrightarrow{CE}\,;\overrightarrow{CA}) = \frac{\pi}{4}$ et $(\overrightarrow{CA}\,;\overrightarrow{CB}) = \frac{\pi}{3}$. D'où $(\overrightarrow{EA}\,;\overrightarrow{CB}) = \frac{\pi}{2} + \frac{\pi}{4} + \pi + \frac{\pi}{3} = \frac{25\pi}{12}$.
  Mais, $2\pi < \frac{25\pi}{12} < 3\pi$, donc $0 < \frac{25\pi}{12} - 2\pi < \pi$.
  La mesure principale de l'angle $(\overrightarrow{EA}\,;\overrightarrow{CB})$ est donc $\frac{25\pi}{12} - 2\pi = \frac{\pi}{12}$.

Utiliser les propriétés sur les angles

→ Exercices 64 à 66

Soit $\vec{u}$ et $\vec{v}$ deux vecteurs non nuls tels que : $(\vec{u}\,;\vec{v}) = -\frac{\pi}{9}$ et $(\vec{u}\,;\vec{w}) = \frac{\pi}{4}$.
Déterminer la mesure principale des angles : $(\vec{v}\,;\vec{w})$; $(-\vec{u}\,;\vec{v})$ et $(-2\vec{u}\,;\vec{w})$.

solution

- $(\vec{v}\,;\vec{w}) = (\vec{v}\,;\vec{u}) + (\vec{u}\,;\vec{w}) = -(\vec{u}\,;\vec{v}) + (\vec{u}\,;\vec{w}) = -\left(-\frac{\pi}{9}\right) + \frac{\pi}{4} = \frac{13\pi}{36}$. Et $0 < \frac{13\pi}{36} < \pi$.
  La mesure principale de l'angle $(\vec{v}\,;\vec{w})$ est donc $\frac{13\pi}{36}$.
- $(-\vec{u}\,;\vec{v}) = (\vec{u}\,;\vec{v}) + \pi = -\frac{\pi}{9} + \pi = \frac{8\pi}{9}$. Et $0 < \frac{8\pi}{9} = \pi - \frac{\pi}{9} < \pi$.
  Une mesure principale de l'angle $(-\vec{u}\,;\vec{v})$ est donc $\frac{8\pi}{9}$.
- $(-2\vec{u}\,;\vec{w}) = (2\vec{u}\,;\vec{w}) + \pi = (\vec{u}\,;\vec{w}) + \pi = \frac{\pi}{4} + \pi = \frac{5\pi}{4}$. Or $\pi < \frac{5\pi}{4} < 2\pi$ donc $-\pi < \frac{5\pi}{4} - 2\pi < 0$.
  La mesure principale de l'angle $(-2\vec{u}\,;\vec{w})$ est $\frac{5\pi}{4} - 2\pi = -\frac{3\pi}{4}$.

3. Cosinus et sinus

3.1 Définitions et premières propriétés

Sachant que l'on a aussi nécessairement : $\|\vec{i}\| = \|\vec{j}\| = 1$.

définition

Un repère orthonormé $(O\ ;\ \vec{i}, \vec{j})$ du plan est dit :
direct lorsque $(\vec{i}\ ;\ \vec{j}) = +\frac{\pi}{2}$; **indirect** lorsque $(\vec{i}\ ;\ \vec{j}) = -\frac{\pi}{2}$.

Dans le repère $(O\ ;\ \vec{i}, \vec{j})$, le point M associé au réel x a pour coordonnées : $(\cos x ; \sin x)$.

définitions et notations

Soit x un réel, et M le point associé sur le cercle trigonométrique $\mathscr{C}$.
Le **cosinus de** $\boldsymbol{x}$, noté $\boldsymbol{\cos x}$, est l'abscisse du point M dans le repère $(O\ ;\ \vec{i}, \vec{j})$.
Le **sinus de** $\boldsymbol{x}$, noté $\boldsymbol{\sin x}$, est l'ordonnée du point M dans le repère $(O\ ;\ \vec{i}, \vec{j})$.

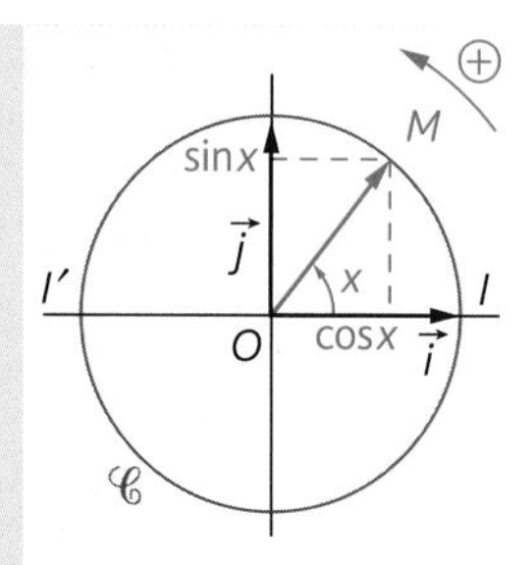

propriétés

Pour tout x réel,
$\cos^2 x + \sin^2 x = 1$; $\begin{cases} -1 \leqslant \cos x \leqslant 1 \\ -1 \leqslant \sin x \leqslant 1 \end{cases}$; $\begin{cases} \cos(x + 2k\pi) = \cos x \\ \sin(x + 2k\pi) = \sin x \end{cases}$ $(k \in \mathbb{Z})$.

3.2 Angles associés

Soit x un réel et M le point associé sur $\mathscr{C}$.
Des nombreuses propriétés de symétrie du cercle, il ressort que certains autres points du cercle $\mathscr{C}$ ont des coordonnées qui se déduisent de celles de $M(\cos x ; \sin x)$.
Sur le schéma ci-contre, ces points permettent de définir ce que l'on appelle des **angles associés**.

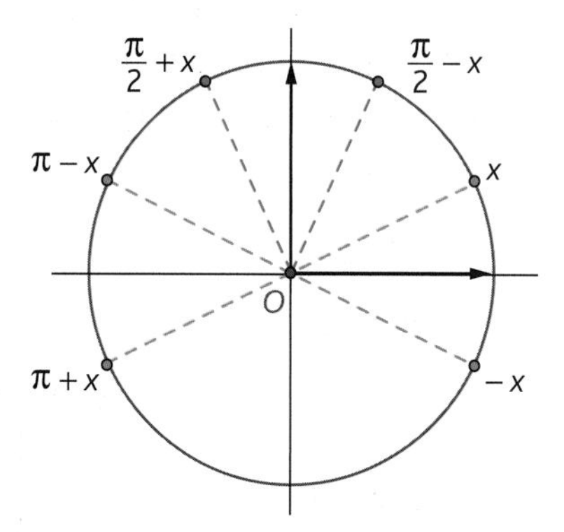

3.3 Cosinus et sinus d'angles associés

Soit x un réel donné :

propriétés des angles opposés

$$\begin{cases} \cos(-x) = \cos x \\ \sin(-x) = -\sin x \end{cases}$$

Ces propriétés sont démontrées page 278.

propriétés des angles supplémentaires

$$\begin{cases} \cos(\pi - x) = -\cos x \\ \sin(\pi - x) = \sin x \end{cases} \qquad \begin{cases} \cos(\pi + x) = -\cos x \\ \sin(\pi + x) = -\sin x \end{cases}$$

propriétés des angles complémentaires

$$\begin{cases} \cos\left(\frac{\pi}{2} - x\right) = \sin x \\ \sin\left(\frac{\pi}{2} - x\right) = \cos x \end{cases} \qquad \begin{cases} \cos\left(\frac{\pi}{2} + x\right) = -\sin x \\ \sin\left(\frac{\pi}{2} + x\right) = \cos x \end{cases}$$

Démontrer la relation $\cos\frac{\pi}{3} = \frac{1}{2}$

À partir de la définition du point associé au réel $\frac{\pi}{3}$, démontrer la relation $\cos\frac{\pi}{3} = \frac{1}{2}$.

solution

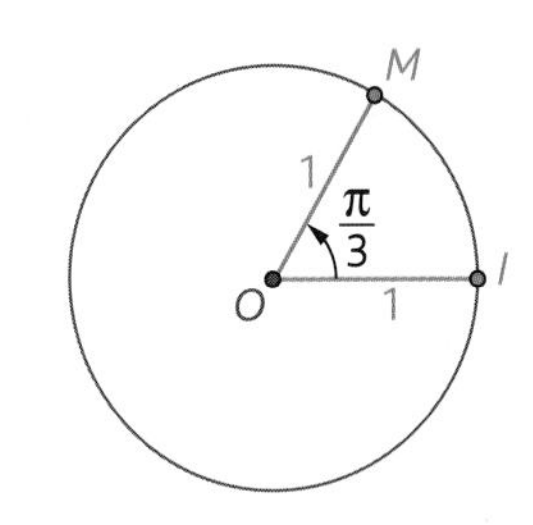

Soit M le point repérant le réel $\frac{\pi}{3}$ sur le cercle trigonométrique $\mathscr{C}$,

le triangle OIM est alors tel que $\begin{cases} OI = OM = 1 \\ (\overrightarrow{OI}\,;\overrightarrow{OM}) = \frac{\pi}{3}. \end{cases}$

Le triangle OIM est alors isocèle en O, avec $(\overrightarrow{OI}\,;\overrightarrow{OM}) = \frac{\pi}{3}$.

On a donc $(\overrightarrow{IM}\,;\overrightarrow{IO}) = (\overrightarrow{MO}\,;\overrightarrow{MI})$ et $\frac{\pi}{3} + (\overrightarrow{IM}\,;\overrightarrow{IO}) + (\overrightarrow{MO}\,;\overrightarrow{MI}) = \pi$.

D'où $(\overrightarrow{IM}\,;\overrightarrow{IO}) = (\overrightarrow{MO}\,;\overrightarrow{MI}) = \frac{\pi}{3}$.

Le triangle OIM est donc un **triangle équilatéral.**

$\cos\frac{\pi}{3}$ est l'abscisse du pied de la hauteur issue de M dans le triangle OIM. Or, hauteurs et médiatrices d'un triangle équilatéral sont confondues, donc, la hauteur issue de M coupe le segment $[OI]$ en son milieu. D'où $\cos\frac{\pi}{3} = \frac{1}{2}$.

Retrouver des valeurs remarquables de cosinus et sinus

→ Exercice 67

Expliquer comment retrouver simplement et rapidement les valeurs remarquables du tableau ci-contre.

x	0	$\frac{\pi}{6}$	$\frac{\pi}{4}$	$\frac{\pi}{3}$	$\frac{\pi}{2}$	π
cos x	1	$\frac{\sqrt{3}}{2}$	$\frac{\sqrt{2}}{2}$	$\frac{1}{2}$	0	-1
sin x	0	$\frac{1}{2}$	$\frac{\sqrt{2}}{2}$	$\frac{\sqrt{3}}{2}$	1	0

solution

On se place dans le repère $(O\,;\vec{i},\vec{j})$.

- Les points associés aux réels 0, $\frac{\pi}{2}$ et π ont pour coordonnées : $(1\,;0)$, $(0\,;1)$ et $(-1\,;0)$.

D'où : $\begin{cases}\cos 0 = 1 \\ \sin 0 = 0\end{cases}$ et, $\begin{cases}\cos\frac{\pi}{2} = 0 \\ \sin\frac{\pi}{2} = 1\end{cases}$ et $\begin{cases}\cos\pi = -1 \\ \sin\pi = 0\end{cases}$.

- Le point associé au réel $\frac{\pi}{4}$ a même abscisse et ordonnée. Donc $\cos\frac{\pi}{4} = \sin\frac{\pi}{4}$.

  On sait de plus que $\cos^2\frac{\pi}{4} + \sin^2\frac{\pi}{4} = 1$, soit $\cos^2\frac{\pi}{4} = \frac{1}{2}$.

  Il existe donc deux valeurs possibles : $\cos\frac{\pi}{4} = \sqrt{\frac{1}{2}}$ ou $\cos\frac{\pi}{4} = -\sqrt{\frac{1}{2}}$. Or, $0 < \frac{\pi}{4} < \frac{\pi}{2}$, donc $\cos\frac{\pi}{4} > 0$.

  Finalement $\cos\frac{\pi}{4} = \sqrt{\frac{1}{2}} = \frac{1}{\sqrt{2}} = \frac{\sqrt{2}}{2} = \sin\frac{\pi}{4}$.

- On sait que $\cos\frac{\pi}{3} = \frac{1}{2}$ et $\cos^2\frac{\pi}{2} + \sin^2\frac{\pi}{3} = 1$. Donc $\frac{1}{4} + \sin^2\frac{\pi}{3} = 1$. Soit $\sin^2\frac{\pi}{3} = \frac{3}{4}$.

  Il existe donc deux valeurs possibles $\sin\frac{\pi}{3} = \sqrt{\frac{3}{4}}$ ou $\sin\frac{\pi}{3} = -\sqrt{\frac{3}{4}}$. Or, $0 < \frac{\pi}{3} < \frac{\pi}{2}$, donc $\sin\frac{\pi}{3} > 0$.

  Finalement $\sin\frac{\pi}{3} = \sqrt{\frac{3}{4}} = \frac{\sqrt{3}}{2}$.

- On remarque que $\frac{\pi}{6} + \frac{\pi}{3} = \frac{\pi}{2}$. Donc $\frac{\pi}{6} = \frac{\pi}{2} - \frac{\pi}{3}$. Ainsi :

  $\cos\frac{\pi}{6} = \cos\left(\frac{\pi}{2} - \frac{\pi}{3}\right) = \sin\frac{\pi}{3} = \frac{\sqrt{3}}{2}$ et $\sin\frac{\pi}{6} = \sin\left(\frac{\pi}{2} - \frac{\pi}{3}\right) = \cos\frac{\pi}{3} = \frac{1}{2}$.

COURS

4. Formulaire et résolution d'équations

4.1 Formules de trigonométrie

Pour tous réels x et y, on a :

Ces formules sont démontrées page 279.

→ formules d'addition

- $\cos(x + y) = \cos x \cos y - \sin x \sin y$
- $\sin(x + y) = \sin x \cos y + \sin y \cos x$
- $\cos(x - y) = \cos x \cos y + \sin x \sin y$
- $\sin(x - y) = \sin x \cos y - \sin y \cos x$

→ formules de duplication

- $\cos 2x = \cos^2 x - \sin^2 x = 2\cos^2 x - 1 = 1 - 2\sin^2 x$
- $\sin 2x = 2 \sin x \cos x$

→ formules de linéarisation

- $\cos^2 x = \dfrac{1 + \cos 2x}{2}$
- $\sin^2 x = \dfrac{1 - \cos 2x}{2}$

4.2 Résoudre des équations du type cos x = cos a et sin x = sin a

Soit a un réel. On s'intéresse aux solutions réelles des équations d'inconnues x :

$$\cos x = \cos a \quad \text{et} \quad \sin x = \sin a.$$

On s'intéresse, modulo 2π, aux points repérant ces solutions sur le cercle $\mathscr{C}$. Or, dans le repère $(O\,;\vec{i},\vec{j})$ deux points, et deux seulement, ont même abscisse ou ordonnée :

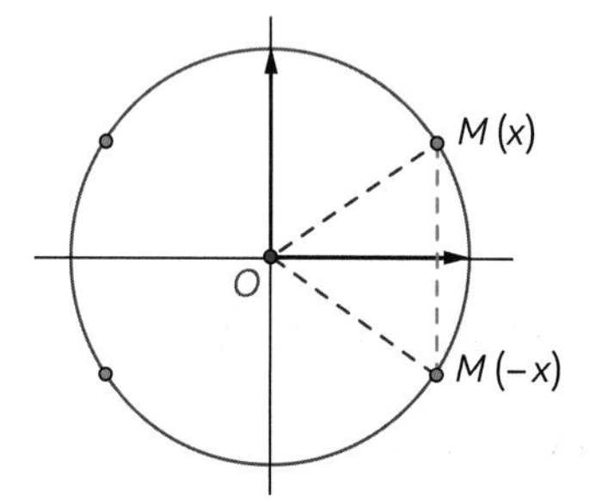

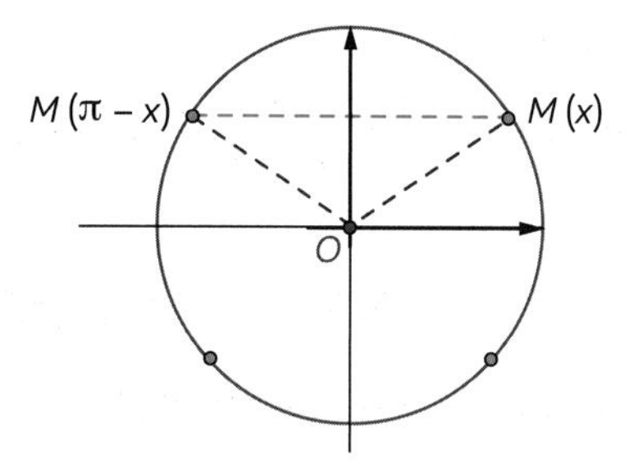

$M(x)$ *et* $M(-x)$ ont **même abscisse**
$\cos(x) = \cos(-x)$

$M(x)$ et $M(\pi - x)$ ont **même ordonnée**
$\sin(x) = \sin(\pi - x)$

L'équation « $\cos x = \cos a$ » **équivaut donc à** « $\cos x = \cos a$ » **ou** « $\cos(-x) = \cos a$ ».

L'équation « $\sin x = \sin a$ » **équivaut donc à** « $\sin x = \sin a$ » **ou** « $\sin(\pi - x) = \sin a$ ».

→ proposition

Soit a un réel, (C) et (S) les équations respectives d'inconnue x :

$$\mathbf{\cos x = \cos a \ \text{et} \ \sin x = \sin a}.$$

L'équation (C) équivaut à :
$$\begin{cases} x = a + 2k\pi \\ \text{ou } x = -a + 2l\pi \end{cases} \quad k, l \in \mathbb{Z}.$$
L'ensemble des solutions réelles de l'équation (C) est :
$$\{a + 2k\pi,\ k \in \mathbb{Z}\} \cup \{-a + 2\,l\pi,\ l \in \mathbb{Z}\}$$

L'équation (S) équivaut à :
$$\begin{cases} x = a + 2k\pi \\ \text{ou } x = \pi - a + 2l\pi \end{cases} \quad k, l \in \mathbb{Z}.$$
L'ensemble des solutions réelles de l'équation (S) est :
$$\{a + 2k\pi,\ k \in \mathbb{Z}\} \cup \{\pi - a + 2\,l\pi,\ l \in \mathbb{Z}\}$$

L'important est de bien comprendre que cette proposition donne une méthodologie. C'est cela qu'il faut retenir

Utiliser les formules d'addition

→ Exercices 89 à 111

Calculer la valeur exacte de $\cos\frac{\pi}{12}$ et $\sin\frac{\pi}{12}$.

solution

On remarque que $\frac{\pi}{12}=\frac{\pi}{3}-\frac{\pi}{4}$. Ainsi, des formules d'addition, on déduit que :

- $\cos\left(\frac{\pi}{12}\right)=\cos\left(\frac{\pi}{3}-\frac{\pi}{4}\right)=\cos\frac{\pi}{3}\cos\frac{\pi}{4}+\sin\frac{\pi}{3}\sin\frac{\pi}{4}$.

  Et donc $\mathbf{\cos\frac{\pi}{12}}=\frac{1}{2}\times\frac{\sqrt{2}}{2}+\frac{\sqrt{3}}{2}\times\frac{\sqrt{2}}{2}=\frac{\sqrt{2}+\sqrt{6}}{4}$.

- $\sin\left(\frac{\pi}{12}\right)=\sin\left(\frac{\pi}{3}-\frac{\pi}{4}\right)=\sin\frac{\pi}{3}\cos\frac{\pi}{4}-\sin\frac{\pi}{4}\cos\frac{\pi}{3}$.

  Et donc $\mathbf{\sin\frac{\pi}{12}}=\frac{\sqrt{3}}{2}\times\frac{\sqrt{2}}{2}-\frac{\sqrt{2}}{2}\times\frac{1}{2}=\frac{\sqrt{6}-\sqrt{2}}{4}$.

Utiliser les formules de duplication

→ Exercices 89 à 111

Calculer la valeur exacte de $\cos\frac{\pi}{8}$.

solution

On remarque que $2\times\frac{\pi}{8}=\frac{\pi}{4}$. Ainsi, des formules de duplication, on déduit que :

$$\cos^2\frac{\pi}{8}=\frac{1+\cos\frac{\pi}{4}}{2}=\frac{1+\frac{\sqrt{2}}{2}}{2}=\frac{2+\sqrt{2}}{4}.$$

On a donc deux valeurs possibles pour $\cos\frac{\pi}{8}$: $\sqrt{\frac{2+\sqrt{2}}{4}}$ ou $-\sqrt{\frac{2+\sqrt{2}}{4}}$.

Or, $0<\frac{\pi}{8}<\frac{\pi}{2}$,

donc $\cos\frac{\pi}{8}>0$.

On conclut : $\mathbf{\cos\frac{\pi}{8}}=\sqrt{\frac{2+\sqrt{2}}{4}}=\frac{\sqrt{2+\sqrt{2}}}{2}$.

Résoudre une équation trigonométrique

→ Exercices 112 à 125

Résoudre dans l'intervalle $[0;\,2\pi]$, l'équation $\cos x=\frac{\sqrt{3}}{2}$.

solution

On sait que $\cos\frac{\pi}{6}=\frac{\sqrt{3}}{2}$, donc l'équation devient $\cos x=\cos\frac{\pi}{6}$.

Cette équation équivaut, sur $\mathbb{R}$, à : $\begin{cases} x=\frac{\pi}{6}+2k\pi \\ \text{ou } x=-\frac{\pi}{6}+2l\pi \end{cases}$ $k,\,l\in\mathbb{Z}$. On cherche donc k et l entiers tels

que : $0\leqslant\frac{\pi}{6}+2k\pi\leqslant 2\pi$ et $0\leqslant-\frac{\pi}{6}+2l\pi\leqslant 2\pi$.

Ceci équivaut à $-\frac{1}{12}\leqslant k\leqslant\frac{11}{12}$ et $\frac{1}{12}\leqslant l\leqslant\frac{13}{12}$ $k,\,l\in\mathbb{Z}$.

Soit à : $k=0$ et $l=1$. D'où deux solutions : $\frac{\pi}{6}+2\times 0\times\pi=\frac{\pi}{6}$ et $-\frac{\pi}{6}+2\times 1\times\pi=\frac{11\pi}{6}$.

Conclusion : $\mathscr{S}=\left\{\frac{\pi}{6};\frac{11\pi}{6}\right\}$.

L'équivalence

• Définition et notations

Soient A et B deux propositions. Alors $A \Leftrightarrow B$ est une proposition.

• Cette **proposition est vraie** lorsque les propositions A et B ont même valeur de vérité (c'est-à-dire que les propositions A et B sont toutes les deux vraies ou bien toutes les deux fausses).

• Cette **proposition est fausse** dans les autres cas.

La proposition $A \Leftrightarrow B$ se lit : ***A* équivaut à *B***.

• Remarque : On reconnaît, dans la définition de l'équivalence, la définition du **« si et seulement si »**.

La proposition « $A \Leftrightarrow B$ » peut donc se lire aussi :

« les propositions *A* et *B* sont équivalentes » ou **« *A* si, et seulement si, *B* »**.

• Exemple

Voici deux propositions :

A : « Il pleut » et **B** : « Jean va au cinéma »

On dira « $A \Leftrightarrow B$ », dès lors que :

« Il pleut **et** Jean va au cinéma », ou bien « Il ne pleut pas **et** Jean ne va pas au cinéma ».

Ce qui revient à dire que :

« Jean va au cinéma **si, et seulement si,** il pleut. »

• Remarque : Dans la langue française, on sous-entend souvent, plus que ce qu'on dit :

On n'hésite pas à dire « s'il pleut on va au cinéma ».

Ceci sous-entend que, s'il ne pleut pas, on ne va pas au cinéma.

Autrement dit, même si la formulation est celle d'une implication :

Si « il fait beau » **alors** « on va à la plage » ;

il s'agit implicitement d'une équivalence.

On devrait dire dans cette situation :

« On va à la plage » **si, et seulement si,** « il fait beau ».

ou

« On va à la plage » **équivaut à** « il fait beau ».

• Démontrer une équivalence

L'équivalence « $A \Leftrightarrow B$ » se traduit par deux implications : « $A \Rightarrow B$ **et** $B \Leftarrow A$ », c'est pourquoi :

Pour démontrer « les propositions A et B sont équivalentes », on démontre que :

A implique B **et** B implique A

→ À vous de jouer

Dans chaque exercice on donne deux propositions A et B. A-t-on : $A \Rightarrow B$? $B \Rightarrow A$? $A \Leftrightarrow B$?

1. A : « Je bois » ; B : « J'ai soif ».

2. A : « Il fait beau » ; B : « On va à la plage ».

3. A : « $x \in \mathbb{R}$ *et* $x^2 > 36$ » ; B : « $x > 6$ ».

4. A : « $x \in [0\,;\,2\pi]$ et $\cos x = 1$ » ;
B : « $x \in \left\{\frac{\pi}{2}\,;\,\frac{3\pi}{2}\right\}$ ».

5. A : « $x \in \mathbb{R}$ et $\sin x \geqslant 0$ » ; B : « $x \in [0\,;\,\pi]$ ».

Démonstrations commentées

I Propriétés des angles orientés

Relation de Chasles : Pour tous vecteurs $\vec{u}$, $\vec{v}$ et $\vec{w}$ non nuls : $(\vec{u}\,;\vec{v}) = (\vec{u}\,;\vec{w}) + (\vec{w}\,;\vec{v})$.

Démonstration

① On se ramène à trois autres angles de vecteurs :
$(\vec{u'}\,;\vec{v'})$, $(\vec{u'}\,;\vec{w'})$ et $(\vec{w'}\,;\vec{v'})$
- égaux respectivement aux angles : $(\vec{u}\,;\vec{v})$, $(\vec{u}\,;\vec{w})$ et $(\vec{w}\,;\vec{v})$;
- définis à partir de points du cercle trigonométrique;

afin de se ramener à la définition de la mesure d'un angle orienté.

① Soit M, N et P trois points du cercle trigonométrique tels que : $\vec{u}=\overrightarrow{OM}$, $\vec{v}=\overrightarrow{ON}$ et $\vec{w}=\overrightarrow{OP}$. Soit :

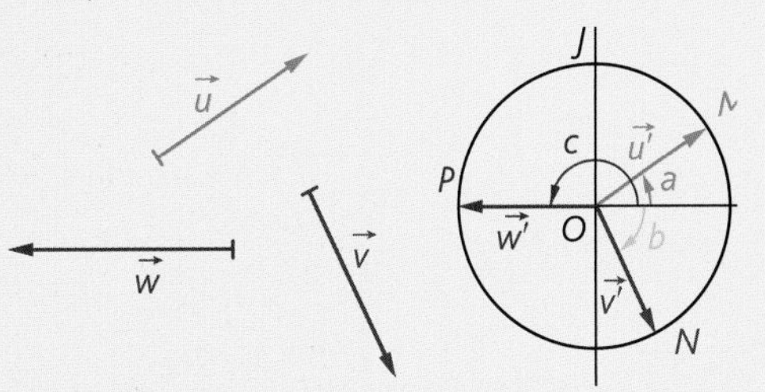

I étant l'origine du cercle trigonométrique $\mathscr{C}$, on note a, b et c les mesures respectives des angles orientés $(\overrightarrow{OI}\,;\vec{u})$, $(\overrightarrow{OI}\,;\vec{v})$ et $(\overrightarrow{OI}\,;\vec{w})$.

② Connaissant les réels qui repèrent les trois points M, N et P, on déduit du cours, les mesures des angles orientés $(\overrightarrow{OM}\,;\overrightarrow{ON})$, $(\overrightarrow{OM}\,;\overrightarrow{OP})$ et $(\overrightarrow{OP}\,;\overrightarrow{ON})$.
Ne pas oublier que :
$M(a)$ et $N(b) \Leftrightarrow (\overrightarrow{OM}\,;\overrightarrow{ON}) = b - a$.

② Ainsi, on a : $(\vec{u}\,;\vec{v}) = (\overrightarrow{OM}\,;\overrightarrow{ON}) = b - a$;
$(\vec{u}\,;\vec{w}) = (\overrightarrow{OM}\,;\overrightarrow{OP}) = c - a$;
$(\vec{w}\,;\vec{v}) = (\overrightarrow{OP}\,;\overrightarrow{ON}) = b - c$.
On a alors : $(\vec{u}\,;\vec{w}) + (\vec{w}\,;\vec{v}) = c - a + b - c = \mathbf{b - a}$.
Conclusion : $(\vec{u}\,;\vec{v}) = (\vec{u}\,;\vec{w}) + (\vec{w}\,;\vec{v})$.

Propriété : Soit k et k' deux réels non nuls et $\vec{u}$, $\vec{v}$ deux vecteurs non nuls.
Si k et k' sont de même signe, alors : $(k\vec{u}\,;k'\vec{v}) = (\vec{u}\,;\vec{v})$.

Démonstration

① On se ramène à des vecteurs unitaires tout comme dans la définition de la mesure d'un angle orienté.
On a $\left\|\frac{1}{\|\vec{u}\|}\vec{u}\right\| = \frac{\|\vec{u}\|}{\|\vec{u}\|} = 1$.

① On a $(k\vec{u}\,;k'\vec{v}) = \left(\frac{k}{\|k\vec{u}\|}\vec{u}\,;\frac{k'}{\|k'\vec{v}\|}\vec{v}\right)$.
Or, $\|k\vec{u}\| = |k| \times \|\vec{u}\|$ et $\|k'\vec{v}\| = |k'| \times \|\vec{v}\|$.
- **Si k et k' sont positifs,** alors $\|k\vec{u}\| = k \times \|\vec{u}\|$ et $\|k'\vec{v}\| = k' \times \|\vec{v}\|$. Par suite : $(k\vec{u}\,;k'\vec{v}) = \left(\frac{1}{\|\vec{u}\|}\vec{u}\,;\frac{1}{\|\vec{v}\|}\vec{v}\right) = (\vec{u}\,;\vec{v})$.
- **Si k et k' sont négatifs,** alors $\|k\vec{u}\| = -k \times \|\vec{u}\|$ et $\|k'\vec{v}\| = -k' \times \|\vec{v}\|$.

② Le fait que $(-\vec{u}\,;-\vec{v}) = (\vec{u}\,;\vec{v})$ est établi par la relation de Chasles (Se reporter à *À vous de jouer !*)

② Par suite : $(k\vec{u}\,;k'\vec{v}) = \left(\frac{-1}{\|\vec{u}\|}\vec{u}\,;\frac{-1}{\|\vec{v}\|}\vec{v}\right) = (-\vec{u}\,;-\vec{v}) = (\vec{u}\,;\vec{v})$.

À vous de jouer

1. Soit $\vec{u}$ et $\vec{v}$ deux vecteurs non nuls.
Montrer alors les deux propriétés :
a. $(\vec{u}\,;\vec{v}) = -(\vec{v}\,;\vec{u})$. b. $(-\vec{u}\,;\vec{v}) = (\vec{u}\,;\vec{v})$.

2. Soit $\vec{u}$ et $\vec{v}$ deux vecteurs non nuls. Montrer que les vecteurs $\vec{u}$ et $\vec{v}$ sont colinéaires si, et seulement si, $(\vec{u}\,;\vec{v}) = k\pi$, $k \in \mathbb{Z}$.

Démonstration commentée

I Propriétés du cercle trigonométrique

Angles supplémentaires : Pour tout réel x, on a :

$$\begin{cases}\cos(-x) = \cos x \\ \sin(-x) = -\sin x\end{cases} \qquad \begin{cases}\cos(\pi - x) = -\cos x \\ \sin(\pi - x) = \sin x\end{cases}$$

Démonstration

❶ Pour démontrer ces relations, on se ramène aux définitions de cos et sin. C'est-à-dire que l'on cherche les coordonnées des points repérés par les réels $-x$ et $\pi - x$.
On se place alors sur le cercle trigonométrique $\mathscr{C}$ et on y place les points A, B, C et D :

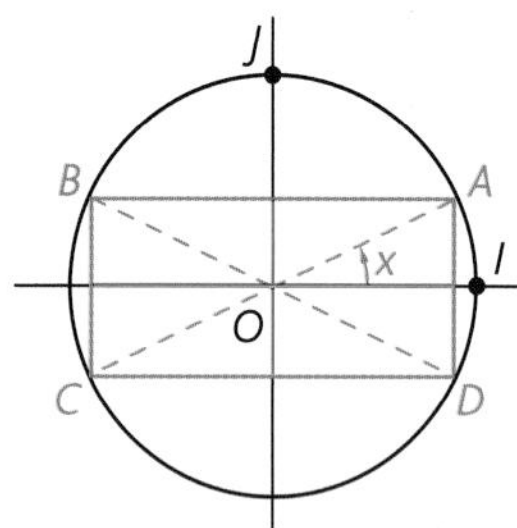

❷ Une fois que l'on a associé les mesures $-x$ et $\pi - x$ aux bons angles de vecteurs, il ne reste plus qu'à lire les coordonnées des points associés.

❶ Soit A le point du cercle trigonométrique $\mathscr{C}$ tel que :

$$(\overrightarrow{OI}\,;\overrightarrow{OA}) = x.$$

On considère alors les points B, C et D symétriques de A par rapport respectivement à la droite (OJ), au point O et à la droite (OI).
Par définition du cosinus et du sinus, on sait que le point A a pour coordonnées $(\cos x\,;\sin x)$.
On en déduit donc les coordonnées des points D et B :

- D s'écrit $D(\cos x\,;-\sin x)$;
- B s'écrit $B(-\cos x\,;\sin x)$;

Mais on sait aussi que :

$$(\overrightarrow{OI}\,;\overrightarrow{OD}) = -(\overrightarrow{OI}\,;\overrightarrow{OA}).$$

Ainsi $(\overrightarrow{OI}\,;\overrightarrow{OD})$ a pour mesure $(-x)$.

Et par suite : $\begin{cases}\cos(-x) = \cos x \\ \sin(-x) = -\sin x\end{cases}$.

De même, on sait que :

$$(\overrightarrow{OI}\,;\overrightarrow{OB}) = (\overrightarrow{OI}\,;\overrightarrow{OD}) + (\overrightarrow{OD}\,;\overrightarrow{OB}).$$

❷ Ainsi, $(\overrightarrow{OI}\,;\overrightarrow{OB})$ a pour mesure $-x + \pi = \pi - x$

Et par suite : $\begin{cases}\cos(\pi - x) = -\cos x \\ \sin(\pi - x) = \sin x\end{cases}$.

À vous de jouer

1. Démontrer que pour tout réel x :

$$\begin{cases}\cos(\pi + x) = -\cos x \\ \sin(\pi + x) = -\sin x\end{cases}.$$

Aide : de quel point n'avons-nous pas parlé dans cette dernière démonstration ?

2. A est le point du cercle trigonométrique $\mathscr{C}$ tel que : $(\overrightarrow{OI}\,;\overrightarrow{OA}) = x$.
On considère le point B symétrique du point A par rapport à la bissectrice de l'angle $\widehat{IOJ}$. On appelle A' et B' les projetés orthogonaux respectivement du point A sur la droite (OI) et du point B sur la droite (OJ).

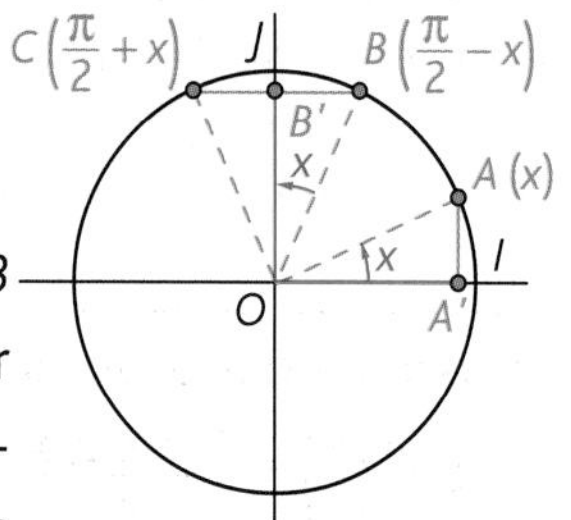

Expliquer alors pourquoi on a :

$$\begin{cases}\cos\left(\dfrac{\pi}{2} - x\right) = \sin x \\ \sin\left(\dfrac{\pi}{2} - x\right) = \cos x\end{cases}.$$

3. Démontrer finalement que pour tout x réel, on a :

$$\begin{cases}\cos\left(\dfrac{\pi}{2} + x\right) = -\sin x \\ \sin\left(\dfrac{\pi}{2} + x\right) = \cos x\end{cases}.$$

Aide : On s'appuiera sur la figure de l'exercice précédent ainsi que sur ses notations.

Démonstration

I Propriétés des angles orientés

Formules trigonométriques : Soit a et b deux réels. Alors :

$\cos(a+b) = \cos a \cos b - \sin a \sin b$ $\quad$ $\sin(a+b) = \sin a \cos b + \sin b \sin a$

$\cos(a-b) = \cos a \cos b + \sin a \sin b$ $\quad$ $\sin(a-b) = \sin a \cos b - \sin b \cos a$

Démonstration

Soit a et b deux réels, A et C les deux points du cercle trigonométrique repérant les réels a et $a+b$.
On pose alors $\vec{u} = \overrightarrow{OA}$ et $\vec{n}$ le vecteur tel que $(O\,;\vec{u}, \vec{n})$ soit un repère orthonormé direct.
Enfin, on note D l'unique point du cercle $\mathscr{C}$ tel que $\overrightarrow{OD} = \vec{n}$.

Dans le repère $(O\,;\vec{i}, \vec{j})$:

Le point C a pour coordonnées $(\cos(a+b)\,;\sin(a+b))$.

Donc, $\vec{v} = \overrightarrow{OC}$ a pour coordonnées $\begin{pmatrix}\cos(a+b)\\ \sin(a+b)\end{pmatrix}$.

Par suite, $\vec{v}$ s'écrit $\boldsymbol{\vec{v} = (\cos(a+b))\vec{i} + (\sin(a+b))\vec{j}}$

Dans le repère $(O\,;\vec{u}, \vec{n})$:

Le point C a pour coordonnées $(\cos b\,;\sin b)$. Donc, $\vec{v} = \overrightarrow{OC}$ a pour coordonnées $\begin{pmatrix}\cos b\\ \sin b\end{pmatrix}$.

Par suite, $\vec{v}$ s'écrit : $\boldsymbol{\vec{v} = (\cos b)\vec{u} + (\sin b)\vec{n}}$.

Or, dans le repère $(O\,;\vec{i}, \vec{j})$, le point A a pour coordonnées $(\cos a\,;\sin a)$.

Donc, $\vec{u} = \overrightarrow{OA}$ a pour coordonnées $\begin{pmatrix}\cos a\\ \sin a\end{pmatrix}$.

Par suite, $\vec{u}$ s'écrit $\vec{u} = (\cos a)\vec{i} + (\sin a)\vec{j}$.

D a pour coordonnées $\left(\cos\left(a+\frac{\pi}{2}\right);\sin\left(a+\frac{\pi}{2}\right)\right)$. Soit $(-\sin a\,;\cos a)$.

Par suite, $\vec{n} = \overrightarrow{OD}$ a pour coordonnées : $\begin{pmatrix}-\sin a\\ \cos a\end{pmatrix}$.

Et donc, $\vec{n}$ s'écrit : $\vec{n} = (-\sin a)\vec{i} + (\cos a)\vec{j}$.

On en déduit alors des expressions des vecteurs $\vec{u}$ et $\vec{n}$, en fonction de $\vec{i}$ et $\vec{j}$:

$$\vec{v} = (\cos b)\vec{u} + (\sin b)\vec{n}$$

Donc :
$$\vec{v} = (\cos b)((\cos a)\vec{i} + (\sin a)\vec{j}) + (\sin b)((-\sin a)\vec{i} + (\cos a)\vec{j})$$

Par suite :
$$\vec{v} = (\cos b \cos a - \sin b \sin a)\vec{i} + (\cos b \sin a - \sin b \cos a)\vec{j}$$

Et, sachant que :
$$\vec{v} = (\cos(a+b))\vec{i} + (\sin(a+b))\vec{j}$$

De plus, deux vecteurs sont égaux si, et seulement si, ils ont les mêmes coordonnées dans le même repère considéré, on conclut : $\boldsymbol{\cos(a+b) = \cos a \cos b - \sin a \sin b}$

$\boldsymbol{\sin(a+b) = \sin a \cos b + \sin b \cos a}$

Ensuite, ces deux formules étant vraies pour tout réel a et tout réel b, elles le sont encore pour a les réels et $-b$, donc $\cos(a-b) = \cos(a+(-b))$ et $\sin(a-b) = \sin(a+(-b))$; ce qui donne les formules de la propriété.

À vous de jouer

1. Démontrer que pour tout réel x : $\cos 2x = \cos^2 x - \sin^2 x$.
En déduire : $\cos 2x = 2\cos^2 x - 1 = 1 - 2\sin^2 x$.
Démontrer que pour tout réel x : $\sin 2x = 2\sin x \cos x$.

2. Démontrer que pour tout réel x :

$$\cos^2\left(\frac{x}{2}\right) = \frac{1+\cos x}{2} \text{ et } \sin^2\left(\frac{x}{2}\right) = \frac{1-\cos x}{2}.$$

exercices résolus

1. Repérer des points sur le cercle trigonométrique

Dans chacun des cas suivants, déterminer si les deux réels donnés repèrent le même point sur le cercle trigonométrique.

1. $\frac{3\pi}{2}$ et $-\frac{\pi}{2}$ 2. $-\frac{17\pi}{3}$ et $\frac{\pi}{3}$ 3. $\frac{13\pi}{4}$ et $-\frac{31\pi}{4}$ 4. $\frac{2\,011\pi}{6}$ et $\frac{4\,023\pi}{6}$

solution

1. $\frac{3\pi}{2}-\left(-\frac{\pi}{2}\right)=\frac{3\pi-(-\pi)}{2}=\frac{4\pi}{2}=2\pi$.
Donc les réels $\frac{3\pi}{2}$ et $-\frac{\pi}{2}$ repèrent le même point sur le cercle $\mathscr{C}$.
2. $-\frac{17\pi}{3}-\frac{\pi}{3}=\frac{18\pi}{3}=-6\pi=(-3)\times 2\pi$.
Donc les réels $-\frac{17\pi}{3}$ et $\frac{\pi}{3}$ repèrent le même point sur le cercle $\mathscr{C}$.
3. $\frac{13\pi}{4}-\left(-\frac{31\pi}{4}\right)=\frac{44\pi}{4}=11\pi=\pi+10\pi$.
11π n'est pas un multiple entier de 2π, sinon π et 2π repèreraient le même point sur $\mathscr{C}$.
Donc $\frac{13\pi}{4}$ et $-\frac{31\pi}{4}$ ne sont pas repérés par le même point sur le cercle $\mathscr{C}$.
4. $\frac{2011\pi}{6}-\frac{4023\pi}{6}=\frac{2011\pi-4023\pi}{6}=-\frac{2012\pi}{6}=-\frac{1006\pi}{3}$.
$-\frac{1006\pi}{3}$ n'est pas un multiple de 2π.
Donc, $\frac{2011\pi}{6}$ et $\frac{4023\pi}{6}$ ne sont pas repérés par le même point sur le cercle $\mathscr{C}$.

Propriété
Soit x, x' deux réels et $M(x)$, $M'(x')$, leurs points respectifs associés sur $\mathscr{C}$. Alors :
***M* et *M'* sont confondus sur** $\mathscr{C} \Leftrightarrow x-x'=k\times 2\pi\ (k\in\mathbb{Z})$

2. Déterminer des mesures principales d'angles

1. **Construire un triangle *ABC* tel que $(\overrightarrow{AB}\ ;\overrightarrow{AC})=\frac{\pi}{6}$ et $(\overrightarrow{BA}\ ;\overrightarrow{BC})=-\frac{\pi}{5}$.**
2. **Déterminer la mesure principale des angles orientés : $(\overrightarrow{BA}\ ;\overrightarrow{AC})$, $(\overrightarrow{CA}\ ;\overrightarrow{CB})$ et $(\overrightarrow{BC}\ ;\overrightarrow{AB})$.**

solution

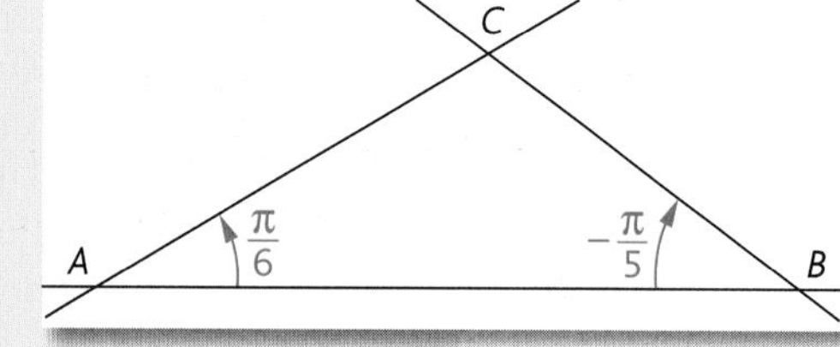

1. On construit arbitrairement un segment [*AB*], puis on construit les deux angles orientés demandés qui détermineront alors le point C. On obtient la figure ci-contre :
2. • $(\overrightarrow{BA}\ ;\overrightarrow{AC})=(-\overrightarrow{AB}\ ;\overrightarrow{AC})=(\overrightarrow{AB}\ ;\overrightarrow{AC})+\pi=\frac{\pi}{6}+\pi=\frac{7\pi}{6}$.
Mais $\frac{7\pi}{6}$ n'est pas une mesure principale.
On a : $\pi<\frac{7\pi}{6}<2\pi$, donc $\frac{7\pi}{6}-2\pi=-\frac{5\pi}{6}$ est la mesure principale de $\frac{7\pi}{6}$.
Conclusion : $-\frac{5\pi}{6}$ est la mesure principale de l'angle $(\overrightarrow{BA}\ ;\overrightarrow{AC})$.

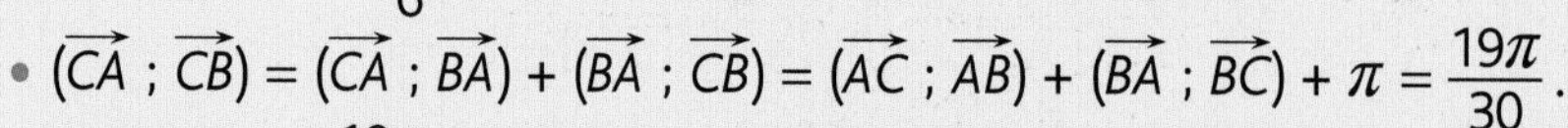

• $(\overrightarrow{CA}\ ;\overrightarrow{CB})=(\overrightarrow{CA}\ ;\overrightarrow{BA})+(\overrightarrow{BA}\ ;\overrightarrow{CB})=(\overrightarrow{AC}\ ;\overrightarrow{AB})+(\overrightarrow{BA}\ ;\overrightarrow{BC})+\pi=\frac{19\pi}{30}$.
Comme $0<\frac{19\pi}{30}<\pi$, on a directement la mesure principale de l'angle $(\overrightarrow{CA}\ ;\overrightarrow{CB})$.
Conclusion : $\frac{19\pi}{30}$ est la mesure principale de l'angle $(\overrightarrow{CA}\ ;\overrightarrow{CB})$.
• $(\overrightarrow{BC}\ ;\overrightarrow{AB})=(\overrightarrow{BC}\ ;\overrightarrow{BA})+(\overrightarrow{BA}\ ;\overrightarrow{AB})=-(\overrightarrow{BA}\ ;\overrightarrow{BC})+\pi+(\overrightarrow{BA}\ ;\overrightarrow{BA})=\frac{6\pi}{5}$.
Mais, $\pi<\frac{6\pi}{5}<2\pi$, donc $\frac{6\pi}{5}-2\pi=-\frac{4\pi}{5}$ est la mesure principale de $\frac{6\pi}{5}$.
Conclusion : $-\frac{4\pi}{5}$ est la mesure principale de l'angle $(\overrightarrow{BC}\ ;\overrightarrow{AB})$.

3. Calculer la mesure principale à l'aide d'un algorithme

1. Soit r un nombre rationnel, on pose $x = r\pi$.
Donner une méthode de calcul permettant de déterminer la mesure principale du réel x.

2. Écrire un algorithme associé à cette méthode.

3. Programmer cet algorithme.

solution

1. On sait que pour obtenir la mesure principale du nombre réel x, il faut ajouter ou retrancher un multiple entier suffisant de 2π. Plus précisément :

- **On demande la valeur de r.**
- **On encadre r entre deux entiers consécutifs, n et $n + 1$: $n \leqslant r < n + 1$.**
  Donc $n\pi \leqslant r\pi < (n + 1)\pi$, avec n pair ou $n + 1$ pair.
- **On retranche à r l'entier pair.**
  En retranchant un entier pair à r, on retranche bien un multiple entier de 2π à $r\pi$.
  Puisque, que l'on retranche n ou $n + 1$ à r, on aura :
  $$-1 \leqslant r - (n + 1) < 0 \textbf{ ou } 0 \leqslant r - n < 1.$$
  Et donc : $-\pi \leqslant r\pi - (n + 1)\pi < 0$ **ou** $0 \leqslant r\pi - n\pi < \pi$.
  Ce que l'on souhaite effectivement.
- On affiche la mesure principale du réel $r\pi$.

2. Voici un algorithme qui répond à cet enchainement d'étapes :

Variables
R, un nombre rationnel et N, un nombre entier.
Début
Saisir la valeur de R.
N prend la valeur $E(R)$.
Si *partie décimale* $\left(\frac{N}{2}\right) = 0$:
  Alors afficher sous forme irréductible $R - N$
  Sinon afficher sous forme irréductible $R - N - 1$
Fin Si
Fin

Remarque
- En mathématique, le plus grand entier relatif inférieur ou égal à un réel donné est appelé partie entière et est notée $\delta(x)$.
- La partie entière d'un réel est une fonction préprogrammée de la calculatrice :
  sur *TI* `ent(3.14)` → `3` et
  sur *Casio* `Int 3.14` → `3`.

3. Voici un programme associé à cet algorithme sur *TI-82 Stats.fr* et *Casio G35+*.

TI

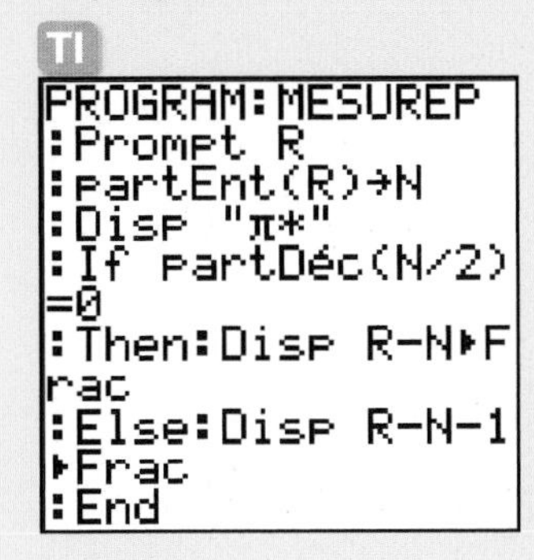

Casio

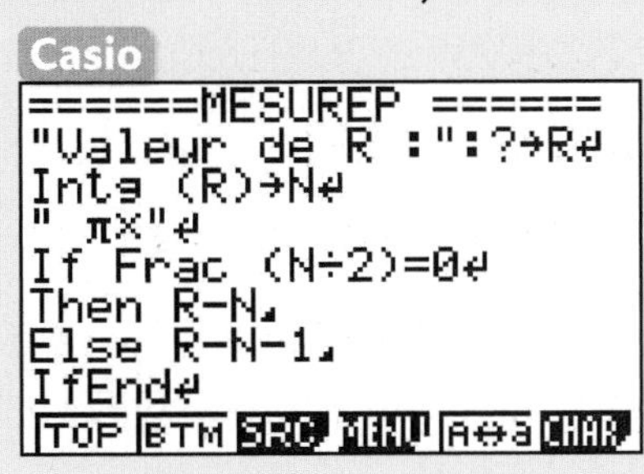

4. Utiliser les formules de trigonométrie

Sachant que $\cos\frac{2\pi}{5} = \frac{\sqrt{5}-1}{4}$;

1. **En déduire la valeur exacte de $\cos\frac{3\pi}{5}$;**
2. **Calculer la valeur exacte de $\sin\frac{2\pi}{5}$ et $\sin\frac{3\pi}{5}$;**
3. **Calculer de deux façons différentes la valeur exacte de $\cos\frac{\pi}{5}$.**

solution

1. On a $\frac{2\pi}{5} + \frac{3\pi}{5} = \pi$, donc $\frac{3\pi}{5} = \pi - \frac{2\pi}{5}$. Or, pour tout réel x, $\cos(\pi - x) = -\cos x$.

Donc : $$\cos\frac{3\pi}{5} = -\cos\frac{2\pi}{5} = -\frac{\sqrt{5}-1}{4} = \frac{1-\sqrt{5}}{4}.$$

2. On sait que, pour tout réel x, $\cos^2 x + \sin^2 x = 1$, en particulier :

$$\cos^2\left(\frac{2\pi}{5}\right) + \sin^2\left(\frac{2\pi}{5}\right) = 1 \quad \text{soit} \quad \left(\frac{\sqrt{5}-1}{4}\right)^2 + \sin^2\left(\frac{2\pi}{5}\right) = 1.$$

On a alors $\sin^2\left(\frac{2\pi}{5}\right) = 1 - \left(\frac{\sqrt{5}-1}{4}\right)^2 = 1 - \left(\frac{5 - 2\sqrt{5} + 1}{16}\right)$

$$= \frac{16 - 5 + 2\sqrt{5} - 1}{16} = \frac{10 + 2\sqrt{5}}{16}.$$

Or, $\frac{2\pi}{5} \in \left]0 ; \frac{\pi}{2}\right[$, donc $\frac{2\pi}{5} > 0$.

Et donc: $$\sin\left(\frac{2\pi}{5}\right) = \frac{\sqrt{10 + 2\sqrt{5}}}{4}.$$

Toujours du fait que, $\frac{3\pi}{5} = \pi - \frac{2\pi}{5}$ et que, pour tout $x \in \mathbb{R}$, $\sin(\pi - x) = \sin x$,

alors: $$\sin\left(\frac{3\pi}{5}\right) = \frac{\sqrt{10 + 2\sqrt{5}}}{4}.$$

3. Calculons $\cos\frac{\pi}{5}$ de deux façons différentes:

Méthode 1 : *Par linéarisation*

On a $2 \times \frac{\pi}{5} = \frac{2\pi}{5}$. De plus, pour tout $x \in \mathbb{R}$, $\cos^2 x = \frac{1 + \cos 2x}{2}$, donc, en particulier:

$$\cos^2\left(\frac{\pi}{5}\right) = \frac{1 + \cos\frac{2x}{5}}{2} = \frac{1 + \frac{\sqrt{5}-1}{4}}{2} = \frac{\frac{3+\sqrt{5}}{4}}{2} = \frac{3+\sqrt{5}}{8}.$$

Or, $\frac{\pi}{5} \in \left]0 ; \frac{\pi}{2}\right[$, donc $\cos\frac{\pi}{5} > 0$.

Et donc: $$\cos\frac{\pi}{5} = \sqrt{\frac{3+\sqrt{5}}{8}}.$$

Méthode 2 : *Par addition*

On a $\frac{\pi}{5} = \frac{3\pi}{5} - \frac{2\pi}{5}$. De plus, pour tout réel x et y,
$\cos(x - y) = \cos x \cos y + \sin x \sin y$. D'où :

$$\cos\frac{\pi}{5} = \cos\frac{3\pi}{5}\cos\frac{2\pi}{5} + \sin\frac{3\pi}{5}\sin\frac{2\pi}{5} = \left(\frac{1-\sqrt{5}}{4}\right)\times\left(\frac{\sqrt{5}-1}{4}\right) + \left(\frac{\sqrt{10+2\sqrt{5}}}{4}\right)^2$$

$$\cos\frac{\pi}{5} = \frac{2\sqrt{5}-6}{16} + \frac{10+2\sqrt{5}}{16} = \frac{4+4\sqrt{5}}{16} = \frac{1+\sqrt{5}}{4}.$$

Mais $\left(\sqrt{\frac{3+\sqrt{5}}{8}}\right)^2 = \frac{3+\sqrt{5}}{8}$ et $\left(\frac{1+\sqrt{5}}{4}\right)^2 = \frac{6+2\sqrt{5}}{16} = \frac{3+\sqrt{5}}{8}$.

Conclusion : $\sqrt{\frac{3+\sqrt{5}}{8}}$ et $\frac{1+\sqrt{5}}{4}$ sont deux nombres positifs ayant le même carré donc ils sont égaux.

5. Utiliser un logiciel de calcul formel en trigonométrie

1. Utiliser l'aide du logiciel *XCAS*, afin d'expliquer la fonction des commandes de l'onglet « Expression » :

2. Grâce à ces deux commandes, exprimer :

a. cos 3*x* en fonction des puissances de cos *x* ; b. sin 3*x* en fonction des puissances de sin *x*.

3. Démontrer ces formules, pour tout réel *x*.

solution

1. Après avoir interrogé le logiciel sur ces deux commandes, voici ce que l'on obtient :

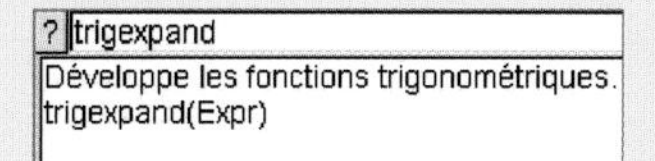

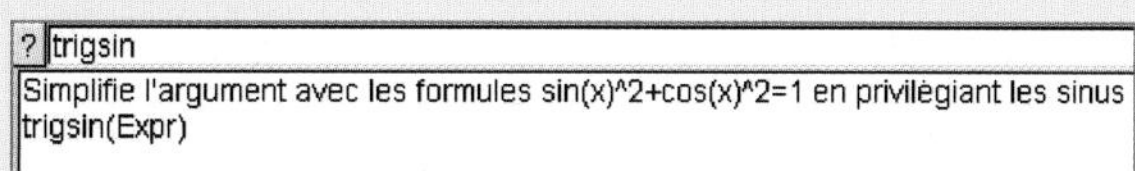

On pourra d'ailleurs observer que le logiciel fournit aussi un renseignement sur la syntaxe de la commande, ainsi que quelques exemples d'utilisation au choix (non représentés ici).

2. a. Commençons par développer « cos 3*x* ».
Voici ce que l'on obtient :
Ce qui correspond à ce que l'on demandait.

b. Développons ensuite « sin 3*x* » de la même façon.
Voici ce que l'on obtient :
Ce qui ne correspond pas tout à fait à ce que l'on voulait, car on retrouve « $\cos^2 x$ » dans ce résultat. On va donc utiliser la commande **trigsin** qui, va privilégier la formulation en fonction des termes en **« sin *x* »**, grâce à l'utilisation de la formule « $\cos^2 x + \sin^2 x = 1$ » :
Ce qui correspond cette fois à ce que l'on voulait.

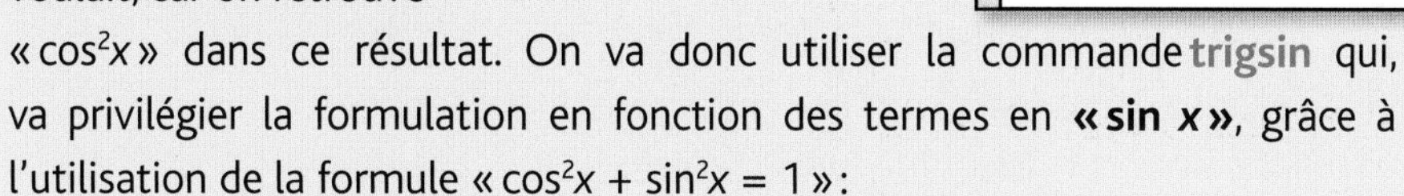

3. Soit x un réel. On utilise les formules d'addition, en décomposant $3x$ sous la forme $3x = 2x + x$.

Ainsi : $\cos 3x = \cos(2x + x) = \cos 2x \cos x - \sin 2x \sin x$

Or, $\cos 2x = 2\cos^2 x - 1$ et $\sin 2x = 2\sin x \cos x$. D'où :

$$\cos 3x = (2\cos^2 x - 1) \times \cos x - 2\sin x \times \cos x \times \sin x$$
$$= 2\cos^3 x - \cos x - 2\cos x \times \sin^2 x.$$

Mais $\sin^2 x = 1 - \cos^2 x$, donc :

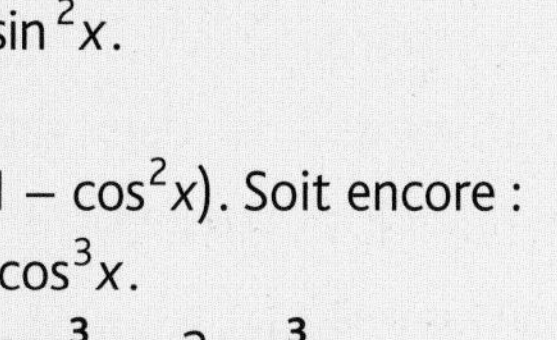

$$\cos 3x = 2\cos^3 x - \cos x - 2\cos x \times (1 - \cos^2 x).$$ Soit encore :
$$\cos 3x = 2\cos^3 x - \cos x - 2\cos x + 2\cos^3 x.$$

Ce qui donne bien finalement $\cos 3x = 4\cos^3 x - 3\cos^3 x$.

Entraînez-vous

Développer **sin 3*x*** en utilisant les mêmes astuces que pour **cos 3*x***.

→ **On trouve**

Vous connaissez la réponse !

6. Résoudre des équations trigonométriques

1. **Résoudre les équations suivantes :**

   a. **$\cos\left(2x + \frac{\pi}{4}\right) = \cos\left(x - \frac{\pi}{6}\right)$; dans $\mathbb{R}$, puis dans l'intervalle $]-\pi ; \pi]$.**

   b. **$\sin\left(3x + \frac{\pi}{2}\right) = \sin x$ dans $\mathbb{R}$, puis dans l'intervalle $[0 ; 2\pi]$.**

2. **Résoudre dans $\mathbb{R}$, puis dans l'intervalle $[0 ; 2\pi]$ l'équation : $\sin\left(x - \frac{\pi}{6}\right) = \cos\left(3x + \frac{\pi}{3}\right)$.**

solution

MÉTHODE

Pour ces trois cas de figures, on a sur $\mathbb{R}$:

$\cos a = \cos b$ équivaut à :	$\sin a = \sin b$ équivaut à :	$\cos a = \sin b$ équivaut à :
$\begin{cases} a = b + 2k\pi \\ \text{ou } a = -b + 2l\pi \end{cases} k, l \in \mathbb{Z}$	$\begin{cases} a = b + 2k\pi \\ \text{ou } a = \pi - b + 2l\pi \end{cases} k, l \in \mathbb{Z}$	$\cos a = \cos\left(\frac{\pi}{2} - b\right)$ ou $\sin\left(\frac{\pi}{2} - a\right) = \sin b$ On se ramène à l'un des deux autres cas.

1. a. Nous sommes ici dans le premier cas de figure. On a les équivalences sur $\mathbb{R}$:

$$\cos\left(2x + \frac{\pi}{4}\right) = \cos\left(x - \frac{\pi}{6}\right) \Leftrightarrow \begin{cases} 2x + \frac{\pi}{4} = x - \frac{\pi}{6} + 2k\pi \\ \text{ou } 2x + \frac{\pi}{4} = -\left(x - \frac{\pi}{6}\right) + 2l\pi \end{cases} \Leftrightarrow \begin{cases} 2x + \frac{\pi}{4} = x - \frac{\pi}{6} + 2k\pi \\ \text{ou } 2x + \frac{\pi}{4} = -x + \frac{\pi}{6} + 2l\pi \end{cases}$$

$$\Leftrightarrow \begin{cases} x = -\frac{\pi}{6} - \frac{\pi}{4} + 2k\pi \\ \text{ou } 3x = \frac{\pi}{6} - \frac{\pi}{4} + 2l\pi \end{cases} \Leftrightarrow \begin{cases} x = -\frac{5\pi}{12} + 2k\pi \\ \text{ou } 3x = -\frac{\pi}{12} + 2l\pi \end{cases} \Leftrightarrow \begin{cases} x = -\frac{5\pi}{12} + 2k\pi \\ \text{ou } x = -\frac{\pi}{36} + \frac{2l\pi}{3} \end{cases} k, l \in \mathbb{Z}.$$

Conclusion : Sur $\mathbb{R}$, les solutions de cette équation sont :

$$\mathcal{S} = \left\{-\frac{5\pi}{12} + 2k\pi, k \in \mathbb{Z}\right\} \cup \left\{-\frac{\pi}{36} + \frac{2l\pi}{3}, l \in \mathbb{Z}\right\}.$$

Géométriquement, sur l'axe des réels, voici comment sont disposées ces solutions :

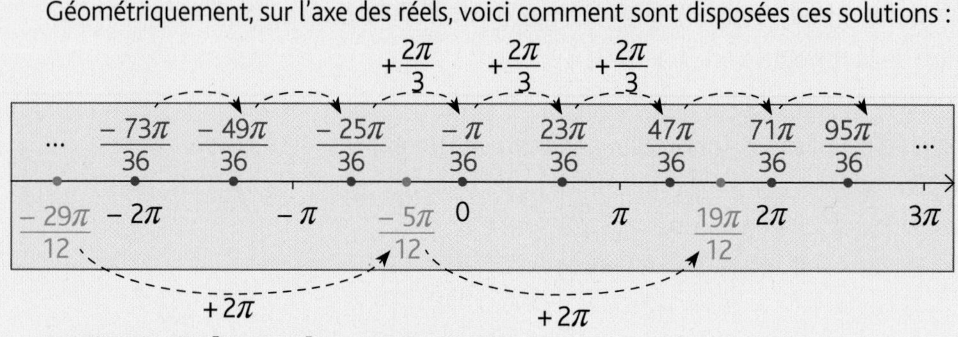

Sur l'intervalle $]-\pi ; \pi]$, on remarque que :

- Pour deux valeurs consécutives de k, les deux solutions sont distantes de 2π.
  Donc, dans l'intervalle $]-\pi ; \pi]$, on aura exactement une solution : $-\frac{5\pi}{12}$.
- Pour deux valeurs consécutives de l, les solutions sont distantes de $\frac{2\pi}{3}$.
  Donc, dans l'intervalle $]-\pi ; \pi]$, on aura exactement trois solutions :

$$-\frac{\pi}{36}, -\frac{\pi}{36} + \frac{2\pi}{6} = \frac{23\pi}{36} \quad \text{et} \quad -\frac{\pi}{36} - \frac{2\pi}{3} = -\frac{25\pi}{36}.$$

Donc, dans l'intervalle $]-\pi ; \pi]$, on aura exactement trois solutions :

$$-\frac{\pi}{36} ; -\frac{\pi}{36} + \frac{2\pi}{6} = \frac{23\pi}{36} \text{ et } -\frac{\pi}{36} - \frac{2\pi}{3} = -\frac{25\pi}{36}.$$

Conclusion : Sur l'intervalle $]-\pi ; \pi]$, les solutions sont :

$$-\frac{25\pi}{36}, -\frac{5\pi}{12}, -\frac{\pi}{36} \text{ et } \frac{23\pi}{36}.$$

Remarque
Sur l'intervalle $]-\pi\,;\,\pi]$, les solutions de l'équation repèrent sur le cercle trigonométrique quatre points distincts M_0, M_1, M_2 et M_3.
Mais, toute autre solution réelle de cette équation est justement repérée par l'un de ces quatre points, et pas un point de plus.

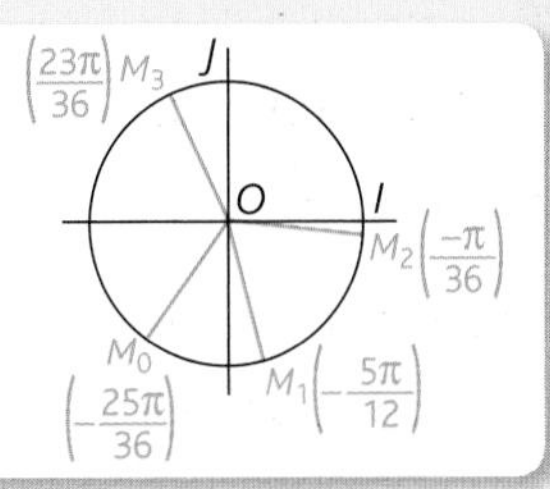

b. Nous sommes dans le deuxième cas de figure. Sur $\mathbb{R}$, on a les équivalences :

$$\sin\left(3x+\frac{\pi}{2}\right)=\sin x \Leftrightarrow \begin{cases} 3x+\frac{\pi}{2}=x+2k\pi \\ \text{ou } 3x+\frac{\pi}{2}=\pi-x+2l\pi \end{cases} \Leftrightarrow \begin{cases} 2x=-\frac{\pi}{2}+2k\pi \\ \text{ou } 4x=\frac{\pi}{2}+2l\pi \end{cases} \Leftrightarrow \begin{cases} x=-\frac{\pi}{4}+k\pi \\ \text{ou } x=\frac{\pi}{8}+\frac{l\pi}{2} \end{cases}$$

Conclusion : Sur $\mathbb{R}$, les solutions de cette équation sont :

$$\mathcal{S}\left\{-\frac{\pi}{4}+k\pi,\, l\in\mathbb{Z}\right\}\cup\left\{\frac{\pi}{8}+\frac{l\pi}{2},\, l\in\mathbb{Z}\right\}.$$

Sur l'intervalle $[0\,;\,2\pi]$, on cherche k et l, entiers relatifs tels que :

$$0\leqslant-\frac{\pi}{4}+k\pi\leqslant 2\pi \quad\text{et}\quad 0\leqslant\frac{\pi}{8}+\frac{l\pi}{2}\leqslant 2\pi.$$

Soit :

$$\frac{1}{4}\leqslant k\leqslant\frac{9}{4} \quad\text{et}\quad -\frac{1}{4}\leqslant l\leqslant\frac{15}{4}.$$

Finalement, puisque k et l sont entiers :

$$k\in\{1,2\} \quad\text{et}\quad l\in\{0,1,2,3\}.$$

On dénombre donc six solutions à cette équation.

- Pour $k=1$ $\quad -\frac{\pi}{4}+1\times\pi=-\frac{\pi}{4}+\pi=\frac{3\pi}{4}$
- Pour $k=2$ $\quad -\frac{\pi}{4}+2\times\pi=-\frac{\pi}{4}+2\pi=\frac{7\pi}{4}$
- Pour $l=0$ $\quad \frac{\pi}{8}+\frac{0\times\pi}{2}=\frac{\pi}{8}$
- Pour $l=1$ $\quad \frac{\pi}{8}+\frac{1\times\pi}{2}=\frac{\pi}{8}+\frac{\pi}{2}=\frac{\pi}{8}+\frac{4\pi}{8}=\frac{5\pi}{8}$
- Pour $l=2$ $\quad \frac{\pi}{8}+\frac{2\times\pi}{2}=\frac{\pi}{8}+\pi=\frac{\pi}{8}+\frac{8\pi}{8}=\frac{9\pi}{8}$
- Pour $l=3$ $\quad \frac{\pi}{8}+\frac{3\times\pi}{2}=\frac{\pi}{8}+\frac{3\pi}{2}=\frac{\pi}{8}+\frac{12\pi}{8}=\frac{13\pi}{8}$

Conclusion : Sur $[0;\,2\pi]$, les solutions de cette équation sont :

$$\left\{\frac{3\pi}{4};\frac{7\pi}{4};\frac{\pi}{8};\frac{5\pi}{8};\frac{9\pi}{8};\frac{13\pi}{8}\right\}.$$

2. Nous sommes dans le dernier cas de figure. On a alors les équivalences :

$$\sin\left(x-\frac{\pi}{6}\right)=\cos\left(3x+\frac{\pi}{3}\right)\Leftrightarrow\cos\left(\frac{\pi}{2}-x+\frac{\pi}{6}\right)=\cos\left(3x+\frac{\pi}{3}\right)\Leftrightarrow\cos\left(\frac{2\pi}{3}-x\right)=\cos\left(3x+\frac{\pi}{3}\right).$$

Entraînez-vous

1. Résoudre la dernière équation obtenue ci-dessus.
2. Reprendre le 2. en remplaçant les cos par des sin et retrouver les solutions ci-contre.

→ On trouve

$$\left\{\frac{\pi}{12};\frac{\pi}{2};\frac{7\pi}{12};\frac{13\pi}{12};\frac{3\pi}{2};\frac{19\pi}{12}\right\}.$$

test

vrai ou faux ? Corrigés en fin de manuel

Indiquer si les propositions suivantes sont vraies ou fausses.

1. Les réels $\frac{3\pi}{5}$ et $\frac{27\pi}{5}$ repèrent le même point sur le cercle trigonométrique.

2. Les réels $2\,011\pi$ et $2\,012\pi$ repèrent des points du cercle trigonométrique, symétriques par rapport à l'axe des abscisses.

3. La mesure en degrés d'un angle de 1 rad est strictement inférieure à 60°.

4. Tout cercle peut être partagé en 6,28 parts d'angle au centre de mesure 1 rad.

5. Pour convertir une mesure de radians à degrés, on doit multiplier par $\frac{\pi}{180}$.

6. La mesure principale du réel $\frac{35\pi}{11}$ est $\frac{2\pi}{11}$.

7. Soit α un réel. La mesure principale du réel $\alpha + \pi$ est α.

8. Soit α un réel. α et $-\alpha$ ont des mesures principales opposées.

9. Soit $\vec{u}$ un vecteur non nul. La mesure de l'angle de vecteurs $(\vec{u}\,;-\vec{u})$ est π modulo 2π.

10. Soit A, B et C trois points non alignés. Alors $(\overrightarrow{BA}\,;\overrightarrow{BC}) + (\overrightarrow{CB}\,;\overrightarrow{CA}) + (\overrightarrow{AC}\,;\overrightarrow{AB}) = \pi[2\pi]$.

11. Pour tout réel x, $\cos x \neq \sin x$.

12. Pour tout réel x, $\sin x \geqslant -2$.

13. Pour tout réel x, on a $\cos^2(\pi - x) + \sin^2(\pi + x) = 1$.

14. Quels que soient les réels x et y, $\cos(x+y) = \cos x + \cos y$.

15. Quels que soient les réels x et y, $\cos x \cos y = \frac{1}{2}(\cos(x-y) - \cos(x+y))$.

16. Quels que soient les réels x et y, $\cos x + \cos y = 2\cos\left(\frac{x+y}{2}\right)\cos\left(\frac{x-y}{2}\right)$.

17. Les solutions, sur l'intervalle $[0\,;2\pi]$, de l'équation $\cos x = 0$ sont $-\frac{\pi}{2}$ et $\frac{\pi}{2}$.

18. Sur $\mathbb{R}$, l'équation $\sin x = 0$ admet deux solutions : 0 et π.

19. Dans l'intervalle $]-\pi\,;\pi]$, l'équation $\cos(2\,011x) = 1$ admet 2011 solutions.

20. Dans l'intervalle $[0\,;2\pi[$, l'équation $\sin x = \cos x$ possède exactement deux solutions.

QCM Corrigés en fin de manuel

Dans les questions suivantes, déterminer la (ou les) bonne(s) réponse(s).

21. La mesure principale du réel $-\frac{57\pi}{5}$ est :

a. $\frac{7\pi}{5}$. b. $-\frac{3\pi}{5}$. c. $\frac{3\pi}{5}$. d. $\frac{2\pi}{5}$.

22. La mesure principale du réel $-\frac{109\pi}{4}$ est :

a. $\frac{\pi}{4}$. b. $-\frac{3\pi}{4}$. c. $\frac{3\pi}{4}$. d. $-\frac{\pi}{4}$.

23. La valeur exacte de $\sin\frac{5\pi}{6}$ est :

a. $-\frac{\sqrt{3}}{2}$. b. $-\frac{1}{2}$. c. $-\frac{\sqrt{2}}{2}$. d. $\frac{1}{2}$.

24. La valeur exacte de $\cos\frac{75\pi}{6}$ est :

a. $-\frac{\sqrt{3}}{2}$. b. $\frac{\sqrt{3}}{2}$. c. $-\frac{1}{2}$. d. 0.

QCM

Corrigés en fin de manuel

25. **La valeur exacte de $\cos\left(-\frac{37\pi}{4}\right)$ est :**

a. $-\frac{\sqrt{2}}{2}$. b. $\frac{\sqrt{3}}{2}$.

c. $-\frac{1}{\sqrt{2}}$. d. $\frac{-\sqrt{3}}{2}$.

26. **Lorsque $x \in \left[\frac{3\pi}{2} ; 2\pi\right]$:**

a. $\cos x \leqslant 0$ et $\sin x \geqslant 0$.

b. $\cos x \leqslant 0$ et $\sin x \leqslant 0$.

c. $\cos x \geqslant 0$ et $\sin x \geqslant 0$.

d. $\cos x \geqslant 0$ et $\sin x \leqslant 0$.

27. **Lorsque $x \in \left[2\,012\pi ; \frac{4\,025\pi}{2}\right]$:**

a. $\cos x \leqslant 0$ et $\sin x \geqslant 0$.

b. $\cos x \leqslant 0$ et $\sin x \leqslant 0$.

c. $\cos x \geqslant 0$ et $\sin x \geqslant 0$.

d. $\cos x \geqslant 0$ et $\sin x \leqslant 0$.

28. **Dans l'intervalle $]-\pi ; \pi]$, l'équation $\cos x = -\frac{1}{2}$:**

a. n'admet aucune solution.

b. admet exactement une solution.

c. admet exactement deux solutions.

d. admet une infinité de solutions.

29. **Sur $\mathbb{R}$, l'équation $\cos x = 0$ admet comme solution, l'ensemble :**

a. vide.

b. $\left\{-\frac{\pi}{2} ; \frac{\pi}{2}\right\}$.

c. $\left\{-\frac{\pi}{2} + 2k\pi, k \in \mathbb{Z}\right\} \cup \left\{\frac{\pi}{2} + 2l\pi, l \in \mathbb{Z}\right\}$.

d. $\left\{\frac{\pi}{2} + k\pi, k \in \mathbb{Z}\right\}$.

30. **Sur l'intervalle $]-\pi ; \pi]$, les solutions de l'inéquation $\sin x < \frac{1}{2}$ sont :**

a. $\left]-\pi ; \frac{\pi}{6}\right[\cup \left]\frac{5\pi}{6} ; \pi\right[$. b. $\left[\frac{\pi}{3} ; \frac{4\pi}{3}\right]$.

c. $\left[\frac{\pi}{6} ; \frac{5\pi}{6}\right]$. d. $\left]-\pi ; \frac{\pi}{6}\right[\cup \left]\frac{5\pi}{6} ; \pi\right]$.

31. **Soit *ABCD* un carré direct de centre *O* :**

a. $(\overrightarrow{AB} ; \overrightarrow{AC}) = \frac{\pi}{3}$. b. $(\overrightarrow{AB} ; \overrightarrow{AC}) = \frac{\pi}{4}$.

c. $(\overrightarrow{DA} ; \overrightarrow{DC}) = -\frac{\pi}{2}$. d. $(\overrightarrow{OA} ; \overrightarrow{OB}) = \frac{\pi}{2}$.

32. **Sur $\mathbb{R}$, l'équation $\sin x = 0$ admet comme solution, l'ensemble :**

a. vide.

b. $\{0 ; \pi\}$.

c. $\{2k\pi, k \in \mathbb{Z}\} \cup \{(2l+1)\pi, l \in \mathbb{Z}\}$.

d. $\{k\pi, k \in \mathbb{Z}\}$.

33. **Soit $x \in [\pi ; 2\pi]$ tel que $\cos x = -\frac{4}{5}$ alors on a :**

a. $\sin x \leqslant 0$. b. $\sin^2 x = \frac{1}{5}$.

c. $\sin x = 0{,}6$. d. $\sin x = -\frac{3}{5}$.

34. **Soit $x \in \left[\frac{\pi}{2} ; \frac{3\pi}{2}\right]$ tel que $\sin x = \frac{21}{29}$ alors on a :**

a. $\cos x \leqslant 0$.

b. $\cos x = \sqrt{1 - \sin^2 x}$.

c. $\cos x = -\frac{20}{29}$.

d. $\cos x = \frac{20}{29}$.

35. **Soit $x \in \left[\frac{\pi}{2} ; \frac{3\pi}{2}\right]$ tel que $\sin x = \frac{1}{4}$ alors on a :**

a. $\cos x \leqslant 0$.

b. $\cos x = \frac{3}{4}$.

c. $\cos x = -\frac{\sqrt{15}}{4}$.

d. $\cos x = \frac{\sqrt{15}}{4}$.

36. **Dans l'intervalle $]-\pi ; \pi]$, l'équation $2\sin^2 x - \sin x + 1 = 0$:**

a. n'admet aucune solution.

b. admet une unique solution.

c. admet deux solutions.

d. admet trois solutions.

37. **Sur l'intervalle $[0 ; 2\pi]$, les solutions de l'inéquation $\cos x \geqslant -\frac{1}{2}$ sont :**

a. $\left[-\frac{2\pi}{3} ; \frac{2\pi}{3}\right]$.

b. $\left[\frac{2\pi}{3} ; \frac{4\pi}{3}\right]$.

c. $\left[\frac{4\pi}{3} ; \frac{2\pi}{3}\right]$.

d. $\left[0 ; \frac{2\pi}{3}\frac{5}{2}\right] \cup \left[\frac{4\pi}{3} ; 2\pi\right]$.

1. Conversion entre radians et degrés

pour s'échauffer

38. corrigé Convertir, en radians, les mesures d'angles exprimées en degrés.

1. 60°, 150°, 10°, 12°, 198°, 15°.

2. 5°, 220°, 195°, 105°, 20°, 40°.

39. corrigé Placer sur le cercle trigonométrique les points *A*, B et C repérés respectivement par les réels :

$$\frac{15\pi}{28} ; -\frac{13\pi}{5} ; \frac{7\pi}{12}.$$

40. Recopier et compléter le tableau suivant :

Mesure en degrés	0	30			90	120	135		210	225			300	314
Mesure en radians			$\frac{\pi}{4}$	$\frac{\pi}{3}$				$\frac{3\pi}{7}$			$\frac{11\pi}{4}$	$\frac{5\pi}{6}$		

41. **1.** Convertir en radians les mesures d'angles exprimées en degrés : 72°, 105°, 50° et 44°.

2. Placer alors sur le cercle trigonométrique les points M, N, P et Q repérés respectivement par les réels :

$$\frac{7\pi}{24} ; -\frac{5\pi}{18} ; \frac{\pi}{9} ; -\frac{2\pi}{5}.$$

2. Cercle trigonométrique et mesure principale

pour s'échauffer

42. corrigé Dans chacun des cas suivants, donner **trois autres réels** repérant les points associés aux réels :

1. $-\pi$ **2.** $\frac{3\pi}{2}$ **3.** 10π **4.** $-\frac{\pi}{4}$

43. corrigé Même exercice avec les réels :

1. $-\frac{5\pi}{6}$ **2.** $\frac{17\pi}{3}$ **3.** 2013π **4.** $-\frac{78\pi}{5}$

44. corrigé **1.** Donner la mesure principale des mesures en radians ci-dessous :

a. $\frac{45\pi}{4}$ **b.** $\frac{13\pi}{6}$ **c.** $-\frac{10\pi}{3}$

2. Placer les points associés à ces réels sur le cercle trigonométrique.

45. Donner la mesure principale des angles dont les mesures en radians sont données ci-dessous :

$$-\frac{7\pi}{3} ; -\pi ; \frac{13\pi}{6} ; \frac{32\pi}{5} ; \frac{8\pi}{111} ; \frac{19\pi}{13} ; 35 ; 3{,}14.$$

46. Parmi les mesures suivantes, indiquer celles qui correspondent à une mesure principale égale à $-\frac{\pi}{12}$:

$$\frac{47\pi}{12} ; -\frac{49\pi}{12} ; \frac{11\pi}{12} ; -\frac{241\pi}{12} ; -\frac{37\pi}{12} ; -\frac{313\pi}{12}.$$

47. Soit $\mathscr{C}$ le cercle trigonométrique de centre O et d'origine I et M un point de $\mathscr{C}$. Déterminer dans chacun des cas la mesure principale en radians de l'angle orienté $(\overrightarrow{OI} ; \overrightarrow{OM})$, dont une mesure en radians est :

1. $(\overrightarrow{OI} ; \overrightarrow{OM}) = -\frac{47\pi}{5}$.

2. $(\overrightarrow{OI} ; \overrightarrow{OM}) = -\frac{157\pi}{6}$.

3. $(\overrightarrow{OI} ; \overrightarrow{OM}) = -\frac{2011\pi}{7}$.

4. $(\overrightarrow{OI} ; \overrightarrow{OM}) = -1000°$.

48. Déterminer la mesure principale des angles dont une mesure en radians, est :

$$\frac{23\pi}{4} ; -\frac{50\pi}{6} ; \frac{1975\pi}{8}.$$

49. corrigé Déterminer la mesure principale des angles dont une mesure, en radians, est :

$$-\frac{17\pi}{4} ; \frac{127\pi}{6} ; \frac{2011\pi}{8}.$$

50. Dans chacun des cas suivants, dire si x et y sont des mesures en radians d'un même angle orienté.

1. $x = \frac{\pi}{2} ; y = \frac{3\pi}{2}$.

2. $x = \frac{5\pi}{3} ; y = -\frac{21\pi}{4}$.

3. $x = \frac{29\pi}{3} ; y = -\frac{2\pi}{3}$.

4. $x = \frac{43\pi}{12} ; y = -\frac{5\pi}{12}$.

51. Sur le cercle trigonométrique ci-dessous, les points $A, B, C, D, E, F, G, H, I$ et J sont repérés par les réels :

$$0 ; \frac{11\pi}{6} ; -\frac{4\pi}{3} ; \pi ; -\frac{\pi}{2} ; \frac{19\pi}{3} ; -\frac{\pi}{4} ; \frac{\pi}{6} ; \frac{7\pi}{6} ; \frac{\pi}{2}.$$

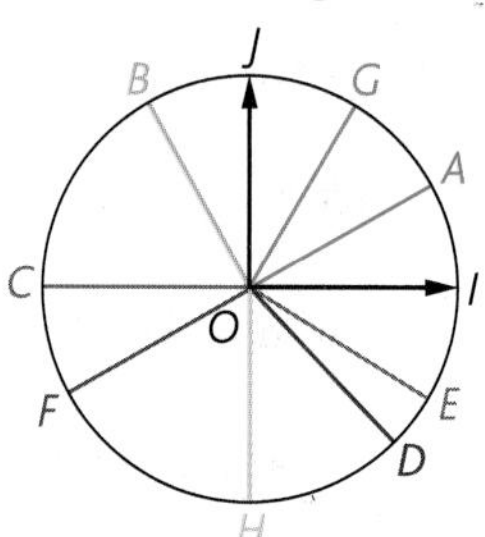

Associer à chacun de ces dix réels un (et un seul) point du cercle trigonométrique ci-dessus.

52. Déterminer et placer, en expliquant la construction, les points M du cercle trigonométrique, tels que :

1. $(\vec{i}\ ;\overrightarrow{OM}) = k\pi$.
2. $(\vec{i}\ ;\overrightarrow{OM}) = \pi + k\pi$.
3. $(\vec{i}\ ;\overrightarrow{OM}) = \frac{\pi}{2} + k\pi$.

Avec k un entier relatif quelconque.

53. Déterminer et placer, en expliquant la construction, les points M sur le cercle trigonométrique, tels que :

1. $(\vec{i}\ ;\overrightarrow{OM}) = \frac{\pi}{4} + k\pi$.
2. $(\vec{i}\ ;\overrightarrow{OM}) = \frac{\pi}{3} + \frac{k\pi}{2}$.
3. $(\vec{i}\ ;\overrightarrow{OM}) = -\frac{2\pi}{3} + \frac{k\pi}{4}$.

Avec k un entier relatif quelconque.

54. Placer sur le cercle trigonométrique les points M_1, M_2, M_3, M_4, M_5 et M_6 repérés par les réels :

$$\frac{2\pi}{3}\ ;\ \frac{3\pi}{4}\ ;\ -\frac{\pi}{6}\ ;\ \frac{7\pi}{6}\ ;\ -\frac{5\pi}{4}\ \text{et}\ -\frac{2\pi}{3}.$$

55. corrigé Donner quatre réels qui repèrent chacun des points C, M, N et P, en vous aidant du codage de la figure ci dessous :

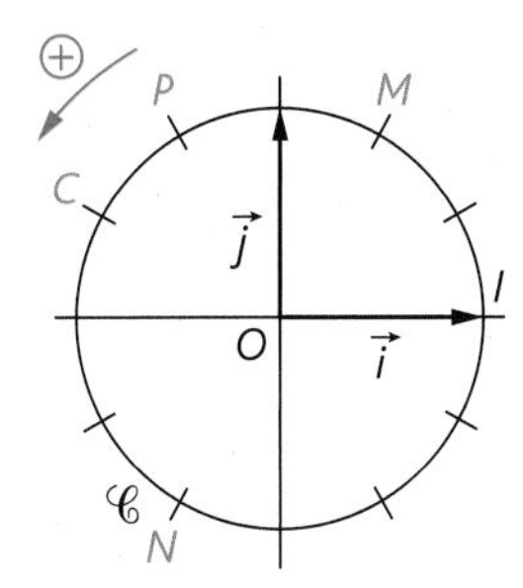

3. Angles orientés

pour s'échauffer

56. corrigé À l'aide du codage de la figure ci-dessous, donner une mesure des angles orientés :

1. $(\overrightarrow{OI}\ ;\overrightarrow{OM})\ ;\ (\overrightarrow{OI}\ ;\overrightarrow{ON})\ ;\ (\overrightarrow{OI}\ ;\overrightarrow{OP})$.
2. $(\overrightarrow{OJ}\ ;\overrightarrow{OM})\ ;\ (\overrightarrow{OM}\ ;\overrightarrow{ON})\ ;\ (\overrightarrow{OP}\ ;\overrightarrow{OM})$.

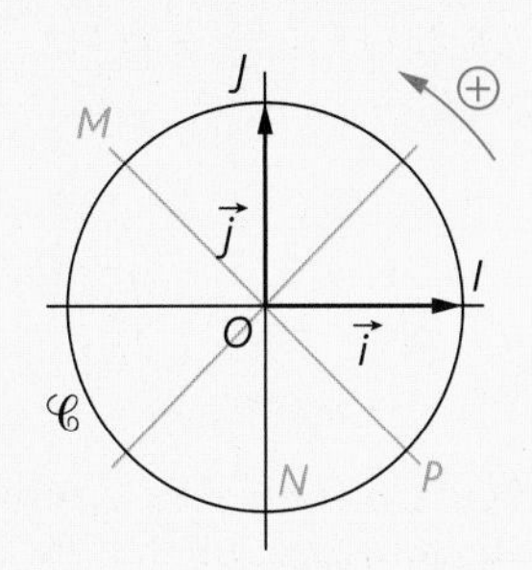

57. corrigé Soit M, N et P trois points du cercle trigonométrique, repérés respectivement par les réels :

$$-\frac{9\pi}{4}\ ;\ \frac{18\pi}{5}\ \text{et}\ -\frac{47\pi}{6}.$$

1. Donner la mesure principale des angles de vecteurs :
$(\overrightarrow{OI}\ ;\overrightarrow{OM})\ ;\ (\overrightarrow{OI}, \overrightarrow{ON})\ ;\ (\overrightarrow{OI}\ ;\overrightarrow{OP})$.
2. Déterminer la mesure principale des angles orientés :
$(\overrightarrow{OM}\ ;\overrightarrow{ON})\ ;\ (\overrightarrow{ON}, \overrightarrow{OP})\ ;\ (\overrightarrow{OM}, \overrightarrow{OP})$.

58. ABC est un triangle rectangle en A de sens direct tel que $BC = 2AC$.

1. Construire deux triangles équilatéraux de sens direct ACD et BAE.
2. Donner une mesure, en radians, de l'angle orienté $(\overrightarrow{CA}\ ;\overrightarrow{CB})$.
3. Donner une mesure en radians des angles : $(\overrightarrow{AD}\ ;\overrightarrow{AE})$, $(\overrightarrow{AD}\ ;\overrightarrow{CB})$, $(\overrightarrow{AE}\ ;\overrightarrow{CB})$

59. ABC est un triangle rectangle en A de sens direct, tel que $(\overrightarrow{BA}\ ;\overrightarrow{BC}) = -\frac{\pi}{6}$; et le triangle ACD est équilatéral de sens direct.

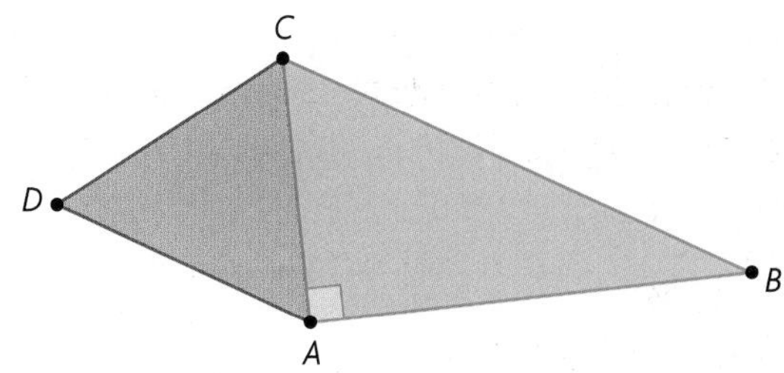

Donner, en justifiant, la mesure principale des angles orientés :

1. $(\overrightarrow{AD}\ ;\overrightarrow{AB})$.
2. $(\overrightarrow{DC}\ ;\overrightarrow{AC})$.
3. $(\overrightarrow{DC}\ ;\overrightarrow{BA})$.
4. $(\overrightarrow{CA}\ ;\overrightarrow{CB})$.

60. ABC est un triangle rectangle en A et de sens direct tel que $AB = 2AC$.
ACD est un triangle isocèle et rectangle en C de sens direct et BAE est un triangle équilatéral direct.

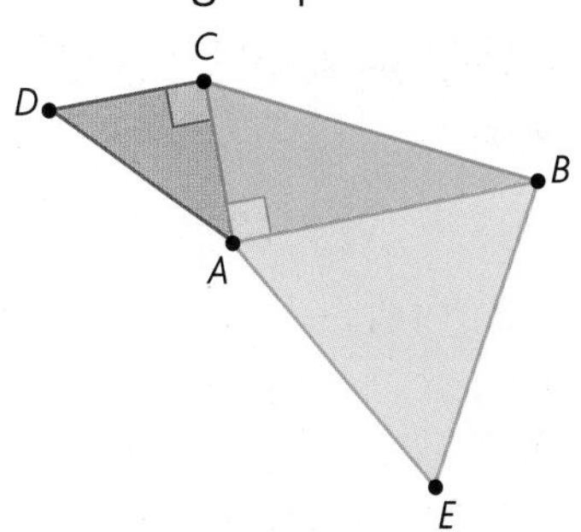

Donner, en justifiant, la mesure principale des angles orientés :

1. $(\overrightarrow{AD}\ ;\overrightarrow{AE})$.
2. $(\overrightarrow{CB}\ ;\overrightarrow{AD})$.
3. $(\overrightarrow{EA}\ ;\overrightarrow{BC})$.

61. Dans la figure ci-dessous ABC est un triangle équilatéral. On construit, extérieurement au triangle ABC, deux triangles ACD et CBE rectangles et isocèles respectivement en B et C, de sens direct.

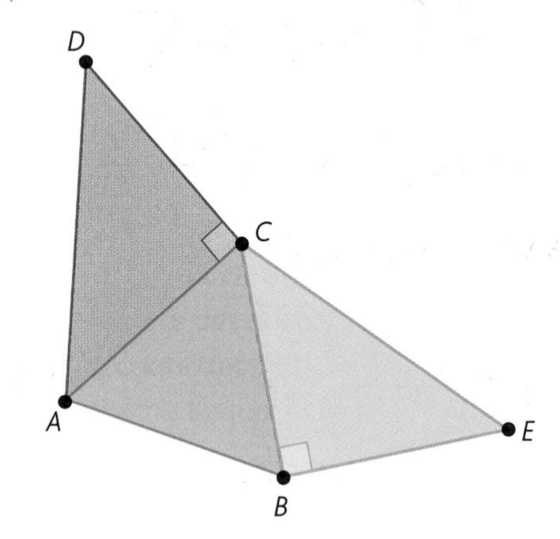

Donner en justifiant la mesure principale des angles suivants :

1. $(\overrightarrow{AC} ; \overrightarrow{AB})$. 2. $(\overrightarrow{BC} ; \overrightarrow{AB})$. 3. $(\overrightarrow{CD} ; \overrightarrow{CE})$.

62. On considère un hexagone régulier $ABCDEF$ de sens direct et de centre O.

1. Dessiner une figure.
2. Donner, en justifiant, les mesures principales des angles :

a. $(\overrightarrow{OF} ; \overrightarrow{OD})$. b. $(\overrightarrow{OE} ; \overrightarrow{OA})$. c. $(\overrightarrow{AB} ; \overrightarrow{AD})$.
d. $(\overrightarrow{EO} ; \overrightarrow{OB})$. e. $(\overrightarrow{CO} ; \overrightarrow{OA})$. f. $(\overrightarrow{DB} ; \overrightarrow{CD})$.

63. On considère un décagone régulier $ABCDEFGHIJ$ de sens direct et de centre O.

1. Dessiner une figure.
2. Donner, en justifiant, les mesures principales des angles :

a. $(\overrightarrow{OA} ; \overrightarrow{OJ})$. b. $(\overrightarrow{DC} ; \overrightarrow{DE})$. c. $(\overrightarrow{DO} ; \overrightarrow{OF})$.
d. $(\overrightarrow{FI} ; \overrightarrow{OC})$. e. $(\overrightarrow{AH} ; \overrightarrow{FC})$. f. $(\overrightarrow{GE} ; \overrightarrow{OA})$.

64. Sachant que : $(\vec{u} ; \vec{v}) = -\dfrac{3\pi}{4}$, déterminer la mesure principale de :

1. $(2\vec{u} ; \vec{v})$. 2. $(-\vec{v} ; 2\vec{u})$. 3. $(3\vec{v} ; -2\vec{u})$.

65. Sachant que : $(\vec{u} ; \vec{v}) = -\dfrac{\pi}{7}$ et $(\vec{u} ; \vec{w}) = -\dfrac{\pi}{4}$, déterminer la mesure principale de :

1. $(\vec{v} ; \vec{w})$. 2. $(-\vec{u} ; \vec{v})$. 3. $(-\vec{w} ; \vec{v})$.

66. A, B, C, D sont quatre points du plan. 
Démontrer l'égalité :

$(\overrightarrow{AB} ; \overrightarrow{AD}) + (\overrightarrow{DA} ; \overrightarrow{DC}) + (\overrightarrow{CD} ; \overrightarrow{CB}) + (\overrightarrow{BC} ; \overrightarrow{BA}) = 0[2\pi]$.

4. Cosinus et sinus

pour s'échauffer

67. corrigé À l'aide, entre autres, des valeurs remarquables de cosinus ou de sinus, donner un algorithme de construction d'un angle de mesure :

1. $\dfrac{\pi}{3} ; \dfrac{\pi}{6} ; \dfrac{\pi}{12} ; \dfrac{\pi}{8}$. 2. $\dfrac{2\pi}{24} ; \dfrac{5\pi}{24} ; \dfrac{14\pi}{24}$.

AIDE
Penser à faire des soustractions ou des additions dans le 2..

68. corrigé Donner le cosinus et le sinus des réels :

$$-\frac{\pi}{2} ; 2\pi ; \frac{3\pi}{4} ; -\frac{5\pi}{6} ; \frac{5\pi}{3}.$$

69. Soit n un entier relatif. Donner (éventuellement en fonction de n) le cosinus et le sinus des réels :

$$2n\pi ; (2n+1)\pi ; n\pi ; -\frac{\pi}{2} + (2n+1)\pi ; \frac{(4n+1)\pi}{2} ; \frac{n\pi}{2}.$$

70. Simplifier le plus possible les expressions suivantes :

$A = \cos 0 + \cos \dfrac{\pi}{2} + \cos \dfrac{\pi}{2} + \cos \dfrac{3\pi}{4} + \cos \pi$.

$B = \cos(-\pi) + \cos\left(-\dfrac{3\pi}{4}\right) + \cos\left(-\dfrac{\pi}{2}\right) + \cos\left(-\dfrac{\pi}{4}\right)$.

71. Même exercice avec :

$A = \sin \dfrac{\pi}{6} + \sin \dfrac{\pi}{3} + \sin \dfrac{\pi}{2} + \sin \dfrac{2\pi}{3} + \sin \dfrac{5\pi}{6} + \sin \pi$.

72. Exprimer en fonction de $\cos x$ ou de $\sin x$ les réels suivants :

1. $\cos\left(\dfrac{5\pi}{2} - x\right)$. 2. $\sin(x + 100\pi)$.
3. $\cos\left(\dfrac{2011\pi}{2} + x\right)$. 4. $\sin(x - 78\pi)$.

73. Exprimer en fonction de $\cos x$ ou de $\sin x$ les réels suivants :

$A(x) = \cos\left(\dfrac{\pi}{2} - x\right) + 4\sin\left(-x - \dfrac{\pi}{2}\right) - 5\sin(\pi + x)$.

$B(x) = \sin\left(x + \dfrac{\pi}{2}\right) - 2\cos(-x - \pi) + 5\sin(-x)$.

74. Simplifier l'expression :

$A(x) = \cos(x - \pi) - \sin(-\pi - x) + \cos(\pi + x) - \sin(-x)$.

75. corrigé À l'aide des propriétés sur les angles associés, calculer la valeur exacte de :

1. $\cos\left(\dfrac{8\pi}{3}\right)$. 2. $\sin\left(-\dfrac{18\pi}{4}\right)$.
3. $\cos\left(-\dfrac{5\pi}{6}\right)$. 4. $\sin\left(-\dfrac{35\pi}{4}\right)$.

76. Montrer les égalités suivantes :

1. $\cos\frac{\pi}{3}=\sin\frac{\pi}{6}$. 2. $\sin\frac{\pi}{3}=\cos\frac{\pi}{6}$.

3. $\sin\frac{2\pi}{5}=\sin\frac{3\pi}{5}$. 4. $\sin\frac{3\pi}{10}=\cos\frac{\pi}{5}$.

77. Calculer les nombres A et B :

$A=\cos\frac{3\pi}{4}+\cos\frac{5\pi}{4}+\cos\frac{7\pi}{4}+\cos\frac{9\pi}{4}+\cos\frac{11\pi}{4}$.

$B=\sin\frac{\pi}{8}+\sin\frac{3\pi}{8}+\sin\frac{7\pi}{4}+\sin\frac{11\pi}{8}+\sin\frac{15\pi}{8}$.

78. **1.** Placer au mieux sur le cercle trigonométrique les points repérés par les réels :

$$\frac{2\pi}{7}\,;\,\frac{4\pi}{7}\,;\,\frac{6\pi}{7}\,;\,\frac{8\pi}{7}\,;\,\frac{10\pi}{7}\,;\,\frac{12\pi}{7}.$$

2. On pose :

$$\mathcal{S}=\cos\frac{2\pi}{7}+\cos\frac{4\pi}{7}+\cos\frac{6\pi}{7}\,;$$

$$\mathcal{S}'=\cos\frac{8\pi}{7}+\cos\frac{10\pi}{7}+\cos\frac{12\pi}{7}\,;$$

$$\Sigma=\sin\frac{2\pi}{7}+\sin\frac{4\pi}{7}+\sin\frac{6\pi}{7}\,;$$

$$\Sigma'=\sin\frac{8\pi}{7}+\sin\frac{10\pi}{7}+\sin\frac{12\pi}{7}.$$

Comparer $\mathcal{S}$ et $\mathcal{S}'$, puis Σ et Σ'.

5. Formules de trigonométrie

pour s'échauffer

79. Sachant que x est un réel tel que :

$$\sin x=-0,1 \text{ et } \frac{\pi}{2}\leqslant x\leqslant\frac{5\pi}{2},$$

déterminer $\cos x$.

80. Sachant que x est un réel tel que :

$$\cos x=\frac{4}{7} \text{ et } 3\pi\leqslant x\leqslant 4\pi,$$

déterminer $\sin x$.

81. On sait d'un réel x que :

- $x\in\left[-\frac{\pi}{2}\,;\,\frac{\pi}{2}\right]$;
- $\sin x=\frac{\sqrt{2}-\sqrt{6}}{4}$.

1. Déterminer la valeur exacte de $\cos x$.

2. On sait que le réel x cherché est l'un des réels : $\left\{\frac{\pi}{12}\,;\,\frac{5\pi}{12}\,;\,-\frac{\pi}{12}\,;\,-\frac{5\pi}{12}\right\}$. Qui est x ? Justifier.

82. **1.** Sachant que $\cos\frac{9\pi}{5}=\frac{\sqrt{5}+1}{4}$, calculer la valeur exacte de $\sin\frac{9\pi}{5}$.

2. En déduire $\cos\frac{\pi}{5}$ et $\sin\frac{\pi}{5}$.

83. On donne $\sin\frac{\pi}{12}=\frac{\sqrt{6}-\sqrt{2}}{4}$.

1. Calculer la valeur exacte de $\cos\frac{\pi}{12}$.

2. En déduire les valeurs exactes de :

$$\cos\frac{5\pi}{12}\,;\,\cos\frac{7\pi}{12}\,;\,\cos\frac{11\pi}{12}.$$

84. On donne $\cos\frac{\pi}{10}=\frac{\sqrt{10+2\sqrt{5}}}{4}$.

Calculer la valeur exacte de $\sin\left(-\frac{9\pi}{10}\right)$.

85. Dans chacun des cas suivants, déterminer précisément $\cos x$.

1. Soit x un réel tel que : $\begin{cases}x\in\left[\frac{\pi}{2}\,;\,\pi\right]\\ \sin x=\frac{1}{4}\end{cases}$

2. Soit x un réel tel que : $\begin{cases}x\in\left[-\frac{\pi}{3}\,;\,\frac{\pi}{3}\right]\\ \sin x=-0,6\end{cases}$

3. Soit x un réel tel que : $\begin{cases}x\in\left[-\frac{\pi}{2}\,;\,0\right]\\ \sin x=-\frac{2}{3}\end{cases}$

86. corrigé Dans chacun des cas suivants, dire si on peut déterminer précisément $\sin x$.

- Si oui, donner cette valeur de $\sin x$.
- Si non, préciser ce que l'on sait au mieux.

1. Soit x un réel tel que : $\begin{cases}x\in[0\,;\,\pi]\\ \cos x=\frac{5}{9}\end{cases}$.

2. Soit x un réel tel que : $\begin{cases}x\in[-\pi\,;\,0]\\ \cos x=-0,3\end{cases}$.

3. Soit x un réel tel que : $\begin{cases}x\in[0\,;\,2\pi]\\ \cos x=\frac{3}{5}\end{cases}$.

87. Mêmes consignes avec :

1. $\begin{cases}x\in\left[\frac{\pi}{2}\,;\,\frac{3\pi}{2}\right]\\ \cos x=0,8\end{cases}$.

2. $\begin{cases}x\in\left[\frac{\pi}{4}\,;\,\frac{3\pi}{4}\right]\\ \cos x=-0,6\end{cases}$.

3. $\begin{cases}x\in\left[\frac{5\pi}{6}\,;\,\frac{13\pi}{6}\right]\\ \cos x=-0,9\end{cases}$.

exercices

88. On cherche à déterminer le cosinus et le sinus de tous les réels de la forme :

$$\frac{k\pi}{8} \text{ avec } k \in \{1\,;2\,;3\,;5\,;6\,;7\}.$$

1. Pourquoi les valeurs 0, 4 et 8 ne sont-elles pas envisagées pour k ?

2. Pourquoi les autres valeurs entières de k, différentes de 1, 2, ..., 7, ne sont-elles pas envisagées ?

3. Déterminer $\cos\frac{k\pi}{8}$, pour $k = 6$.

4. Justifier que pour tout x réel :

$$\cos^2\left(\frac{x}{2}\right) = \frac{1+\cos x}{2}.$$

5. En utilisant le fait que $\frac{\pi}{8} = \frac{1}{2} \times \frac{\pi}{4}$ établir que :

$$\cos\frac{\pi}{8} = \frac{\sqrt{2+\sqrt{2}}}{2}.$$

6. Calculer la valeur exacte de $\sin\frac{\pi}{8}$ puis en déduire la valeur exacte de $\cos\frac{3\pi}{8}$.

> **AIDE**
>
> Compléter $\frac{\pi}{8} + \frac{3\pi}{8} = \ldots$

7. En déduire les valeurs exactes de :

$$\cos\frac{5\pi}{8} \text{ et } \cos\frac{7\pi}{8}.$$

8. Expliquer comment obtenir alors les valeurs de $\cos\frac{k\pi}{8}$, pour $k \in \{9\,;10\,;11\,;13\,;14\,;15\}$.

89. On donne $\cos a = \frac{\sqrt{6}+\sqrt{2}}{4}$ et $a \in [0\,;\pi]$.

1. Calculer $\sin a$.

2. Calculer $\cos 2a$ et $\sin 2a$.

90. Montrer que pour tout x réel,

$$\sin 4x = 2\cos 2x \sin 2x.$$

91. Montrer pour tout x réel,

$$(\cos x + \sin x)^2 = 1 + \sin 2x.$$

92. Cette capture d'écran est réalisée sous le logiciel *XCAS* :

```
f(x):=(cos(x)+sin(x))^2+(cos(x)-sin(x))^2
                    x -> (cos(x)+sin(x))^2 +(cos(x)-sin(x))^2
trigexpand(f(x))
                         (cos(x)+sin(x))^2 +(cos(x)-sin(x))^2
factor(f(x))
                                   2*( sin(x)^2 + cos(x)^2)
```

1. Que définit-on dans la première commande ?

2. Pourquoi l'emploi de la commande **trigexpand** n'est-il pas concluant ?

3. L'emploi de la commande **factor**, est-il concluant ? Que déduit-on de plus alors ?

4. Parmi les commandes du menu ***Expression***, l'une d'elles permet de conclure. Laquelle ?

5. Conjecturer le résultat et le démontrer, pour tout nombre réel x.

93. **corrigé** Montrer que pour tout nombre réel x,

$$(\cos x + \sin x)^2 - (\cos x - \sin x)^2 = 2\sin 2x.$$

94. Montrer que pour tout nombre réel x,

$$(1+\cos x+\sin x)^2 = 2(1+\cos x)(1+\sin x).$$

95. *Les captures d'écrans suivantes ont été réalisées sous XCAS.*

1. Énoncer puis démontrer l'identité donnée dans la capture d'écran suivante :

```
factor(a^4-b^4)
                         (-b+a)*(b+a)*(b^2 +a^2)
```

2. Qu'ont de différent les commandes **trigcos** et **trigsin** ?

3. Quelle identité se dégage de la capture ci-dessous ?

```
trigcos((cos(x))^4-(sin(x))^4)
                                  -1+2* cos(x)^2
trigsin((cos(x))^4-(sin(x))^4)
                                   1-2* sin(x)^2
```

4. Énoncer et démontrer cette identité.

96. Démontrer que pour tout nombre réel x :

$$\cos^4 x + \sin^4 x = 1 - 2\cos^2 x \sin^2 x.$$

97. Démontrer les égalités suivantes :

1. Pour tout $x \in]0\,;\pi[$,

$$\frac{1-\cos x}{\sin x} = \frac{\sin x}{1+\cos x}.$$

2. Pour tout $x \in \left]-\frac{\pi}{2}\,;\frac{\pi}{2}\right[$,

$$\frac{1+\sin x}{\cos x} = \frac{\cos x}{1-\sin x}.$$

98. Cette capture d'écran est réalisée sous le logiciel *XCAS* :

```
trigexpand(cos(4*x))
8*cos(x)^4-8*cos(x)^2+1
```

1. Énoncer et démonter ce résultat.

2. Est-il vrai que l'on a aussi :

$$\cos(4x) = 8\sin^4 x - 8\sin x + 1\ ?$$

99. **1.** Énoncer le résultat que suggère la capture d'écran ci-dessous, réalisée avec le logiciel *XCAS* :

```
simplify((sin(x))^6+((cos(x))^6+3*((cos(x))^2)*((sin(x))^2)))
1
```

2. Soit A et B deux réels. Développer l'expression algébrique $(A + B)^3$.

3. En utilisant ce développement, démontrer le résultat énoncé à la question **1.**

> **AIDE**
> Penser à $A^6 = (A^2)^3$ ...

100. Exprimer $\cos(a + b + c)$ et $\sin(a + b + c)$ en fonction de $\cos a$; $\sin a$; $\cos b$; $\sin b$; $\cos c$; $\sin c$.

101. Même consigne pour $\cos(a + b - c)$ et $\sin(a - b + c)$.

102. À partir de $\cos\frac{\pi}{6}$, déterminer $\cos\frac{\pi}{12}$ et $\sin\frac{\pi}{12}$.

> **MÉTHODE**
> Si $x = \frac{\pi}{6}$, alors $\frac{\pi}{12} = \frac{x}{2}$ ...

103. **1.** À partir de $\cos\frac{\pi}{4} = \frac{\sqrt{2}}{2}$, déterminer la valeur exacte de $\cos\frac{\pi}{8}$ et $\sin\frac{\pi}{8}$.

2. En déduire que :

$$\begin{cases} \cos\dfrac{\pi}{16} = \dfrac{\sqrt{2 + \sqrt{2 + \sqrt{2}}}}{2} \\ \sin\dfrac{\pi}{16} = \dfrac{\sqrt{2 - \sqrt{2 + \sqrt{2}}}}{2} \end{cases}$$

104. **1.** À partir d'un logiciel de calcul formel simplifier l'expression :

$$3 - 4\cos 2x + \cos 4x.$$

2. Démontrer cette conjecture, pour tout réel x.

105. Pour x, un réel quelconque, on s'intéresse à l'expression :

$$f(x) = \cos^2 x + \cos^2\left(\frac{2\pi}{3} + x\right) + \cos^2\left(\frac{2\pi}{3} - x\right).$$

En programmant quelques valeurs de cette fonction sur une calculatrice, voici ce que l'on obtient, en éditant un tableau de valeurs de cette fonction :

```
Graph1 Graph2 Graph3
\Y1=(cos(X))²+(cos(2π/3+X))²+(cos(2π/3-X))²
\Y2=
```

```
DEFINIR TABLE
 DébTbl=-3.1415...
 Pas=.1
Valeurs:Auto Dem
Calculs:Auto Dem
```

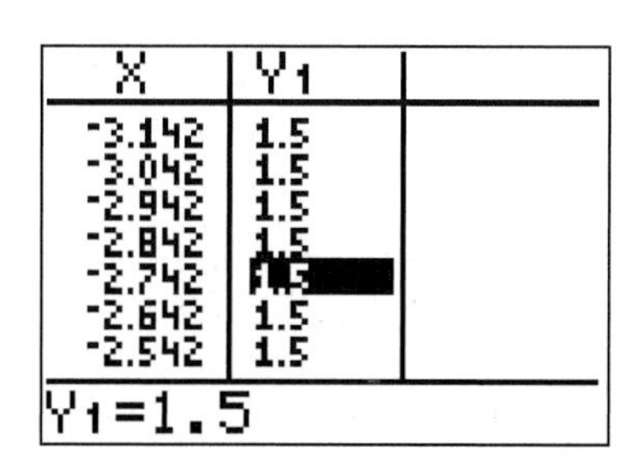

1. Expliquer ce qui a été fait sur la calculatrice, puis émettre une conjecture quant au résultat que semble donner $f(x)$.

2. Démontrer cette conjecture.

106. Soit a et b deux réels non nuls, tous les deux.

1. Montrer que :

$$-1 \leqslant \frac{a^2 - b^2}{a^2 + b^2} \leqslant 1.$$

> **MÉTHODE**
> On pourra raisonner par l'absurde.

2. À quoi peut-on alors associer le nombre réel :

$$r(a, b) = \frac{a^2 - b^2}{a^2 + b^2}\ ?$$

3. Soit $x \in [\pi\ ;\ 2\pi]$ tel que $\cos x = \dfrac{a^2 - b^2}{a^2 + b^2}$.

a. Déterminer $\sin x$.

b. Peut-on être plus précis, si l'on sait que $ab < 0$?

107. *a* et *b* sont deux réels quelconques.

1. Énoncer et démontrer le résultat associé à la capture d'écran ci-dessous, réalisée avec le logiciel *XCAS* :

```
simplify(trigexpand((sin(a+b))*(sin(a-b)))
                                        2         2
                                 cos(b)  - cos(a)
```

2. Peut-on exprimer ce résultat seulement avec des sinus ?
3. La capture suivante est incomplète :

```
simplify(trigexpand((cos(a+b))*(cos(a-b)))

```

Quelles sont les réponses possibles parmi :

a. 0. b. 1. c. $\sin^2 b - \sin^2 a$.
d. $1 - \sin^2 b - \sin^2 a$. e. $\cos^2 b - \cos^2 a$.
f. $\cos^2 b + \cos^2 a - 1$. g. $\cos^2 a - \cos^2 b$.

On prendra le soin de justifier tous les choix.

108. Cette capture d'écran est réalisée sous *XCAS* :

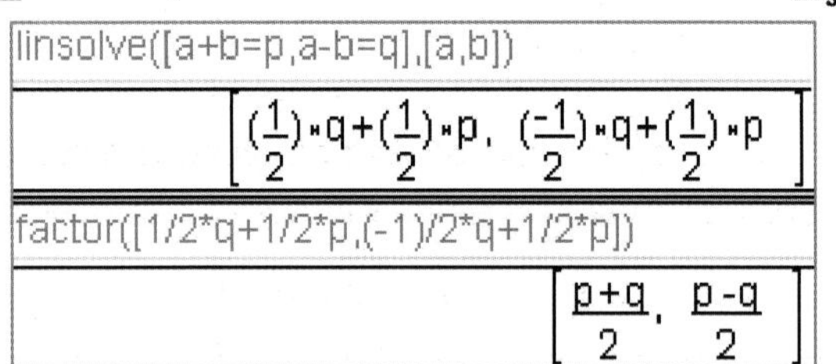

```
linsolve([a+b=p,a-b=q],[a,b])
[(1/2)*q+(1/2)*p, (-1/2)*q+(1/2)*p]
factor([1/2*q+1/2*p,(-1)/2*q+1/2*p])
[(p+q)/2, (p-q)/2]
```

1. Rechercher une description de la commande « linsolve », ainsi que de sa syntaxe.
2. Énoncer puis démontrer ce que suggère cet écran.
3. Soit *a* et *b* deux réels quelconques. À l'aide des *formules d'addition*, simplifier les sommes suivantes et préciser la nature algébrique des résultats obtenus.

a. $\sin(a+b) + \sin(a-b)$. b. $\sin(a+b) - \sin(a-b)$.
c. $\cos(a+b) + \cos(a-b)$. d. $\cos(a+b) - \cos(a-b)$.

4. En déduire les formules de trigonométrie suivantes :

$$\sin p + \sin q = 2\sin\left(\frac{p+q}{2}\right)\cos\left(\frac{p-q}{2}\right).$$

$$\sin p - \sin q = 2\cos\left(\frac{p+q}{2}\right)\sin\left(\frac{p-q}{2}\right).$$

$$\cos p + \cos q = 2\cos\left(\frac{p+q}{2}\right)\cos\left(\frac{p-q}{2}\right).$$

$$\cos p + \cos q = -2\sin\left(\frac{p+q}{2}\right)\sin\left(\frac{p-q}{2}\right).$$

Le saviez-vous ?

Cet exercice a pour but de déterminer ce que l'on appelle les « formules de transformations », qui, comme leur nom l'indique, permettent de transformer une somme en un produit et inversement. Ces formules réalisaient à l'époque les mêmes prouesses technologiques que nos calculatrices actuelles.

109. Application

Démontrer les identités suivantes :

1. $\sin 3x + \sin 5x = 2\cos x \sin 4x$.
2. $\cos 7x - \cos 2x = -2\sin\frac{9x}{2}\sin\frac{5x}{2}$.
3. $\sin 11x - \sin 17x = -2\sin 3x\cos 14x$.

110. corrigé Cas de $1 \pm \cos x$

Pour *x* réel et à l'aide des formules de duplication ou de transformation, factoriser les expressions.

1. $1 + \cos x$. 2. $1 - \cos x$.

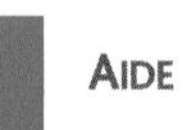

Aide

Compléter 1 = cos ...

111. « Cas de $1 \pm \sin x$ »

Pour *x* réel et à l'aide des formules de transformation, factoriser les expressions.

1. $1 + \sin x$. 2. $1 - \sin x$.

Aide

Compléter 1 = sin ...

6. Équations trigonométriques

112. corrigé À l'aide du cercle trigonométrique ci-dessous, résoudre dans l'intervalle $[-\pi ; 3\pi]$, l'équation trigonométrique :

$$\sin x = \frac{\sqrt{2}}{2}.$$

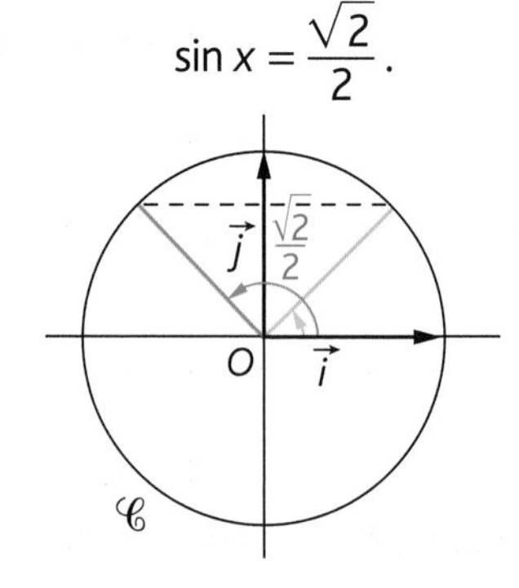

113. À l'aide d'un cercle trigonométrique, donner toutes les valeurs possibles de *x* vérifiant :

1. $\cos x = \frac{1}{2}$ et $\sin x = -\frac{\sqrt{3}}{2}$, $x \in [-\pi ; \pi]$.
2. $\cos x = \frac{\sqrt{2}}{2}$ et $\sin x = \frac{\sqrt{2}}{2}$, $x \in [-\pi ; \pi]$.
3. $\cos x = -\frac{\sqrt{3}}{2}$ et $\sin x = -\frac{1}{2}$, avec $x \in [-\pi ; 3\pi]$.
4. $\cos x = 0$ et $\sin x = -1$, avec $x \in [-2\pi ; 3\pi]$.

114. Résoudre les équations trigonométriques en s'aidant du cercle trigonométrique proposé :

1. $\cos x = \frac{1}{2}$, pour $x \in [0 ; 2\pi]$.

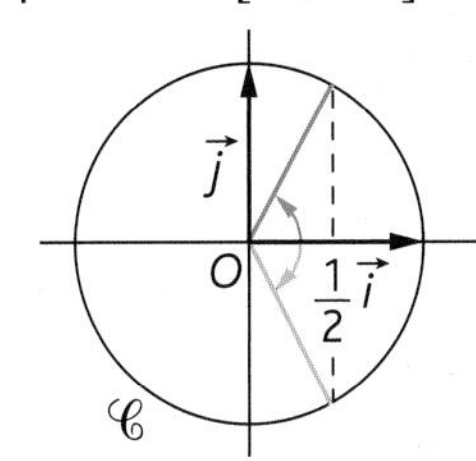

2. $\sin x = \frac{1}{2}$, pour $x \in [-\pi ; \pi]$.

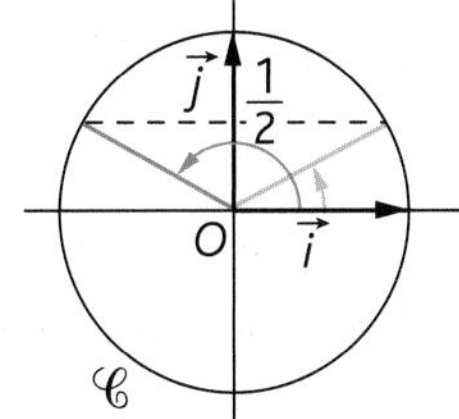

3. $\cos x = -\frac{\sqrt{3}}{2}$, pour $x \in [0 ; \pi]$.

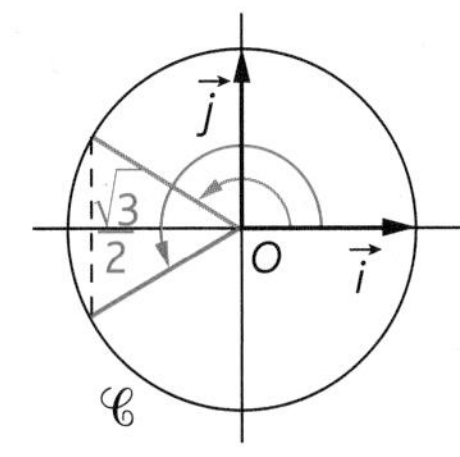

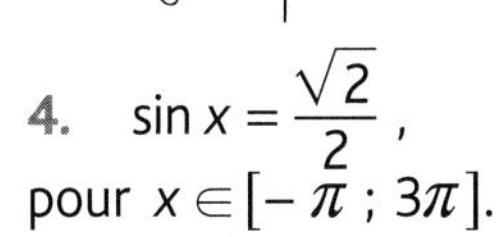

4. $\sin x = \frac{\sqrt{2}}{2}$, pour $x \in [-\pi ; 3\pi]$.

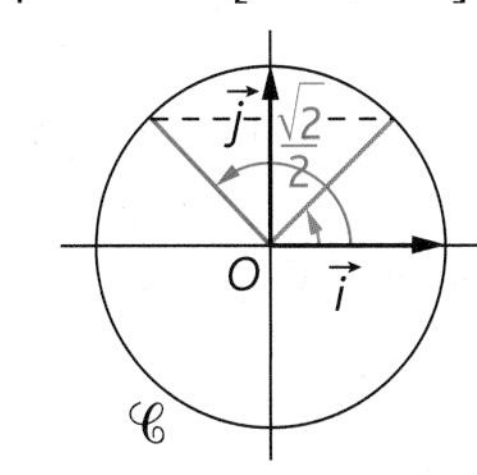

115. 1. Résoudre dans $\mathbb{R}$ l'équation trigonométrique :

$$3x = \frac{\pi}{2}[2\pi].$$

> **AIDE**
> Écrire $x = a[2\pi]$ signifie que $x = a + 2k\pi,\ k \in \mathbb{Z}$.

2. Placer sur le cercle trigonométrique les points repérés par ces solutions.

116. Placer, sur le cercle trigonométrique, les points repérés par les solutions des équations trigonométriques :

1. $2x = \frac{\pi}{2}[2\pi]$.
2. $4x = \frac{\pi}{2}[2\pi]$.
3. $3x = \frac{3\pi}{2}[2\pi]$ ou $3x = -\frac{3\pi}{2}[2\pi]$.

Pour les exercices 117 à 120, résoudre les équations trigonométriques.

117. 1. $\cos x = \frac{\sqrt{3}}{2}$, dans l'intervalle $[0 ; 2\pi]$.

2. $\sin x = -\frac{\sqrt{2}}{2}$, dans l'intervalle $[-\pi ; \pi]$.

On illustrera ces réponses à l'aide d'une figure utilisant le cercle trigonométrique.

118. 1. $\cos 2x = \cos \frac{8\pi}{2}$, dans l'intervalle $[\pi ; 5\pi]$.

2. $\sin\left(x - \frac{2\pi}{3}\right) = \sin\frac{\pi}{5}$, dans l'intervalle $[-2\pi ; 2\pi]$.

119. 1. $\cos 3x = -\cos x$, dans l'intervalle $[-2\pi ; \pi]$.

2. $\sin\left(2x + \frac{\pi}{4}\right) = -\sin x$, dans l'intervalle $[4\pi ; 6\pi]$.

120. 1. $\cos x = \sin x$, dans l'intervalle $[0 ; 2\pi]$.

2. $\sin 3x = \cos 2x$, dans l'intervalle $[-\pi ; \pi]$.

121. On s'intéresse aux solutions, dans l'intervalle $[-\pi ; 3\pi]$, de l'équation trigonométrique $\mathcal{E}$:

$$2\cos^2 x + \cos x - 1 = 0.$$

Partie 1 – À l'aide du logiciel *XCAS*

1. On a interrogé le logiciel *XCAS* sur cette équation trigonométrique, voici la réponse qu'il renvoie :

```
solve(2*(cos(x))^2+cos(x)-1=0,x)
[π, -π, π/3, -π/3]
```

Qu'en déduit-on, par rapport au problème posé ?

2. Dans la **configuration du *CAS* (Cfg)**, il est possible de cocher l'option **All_trig_sol** :

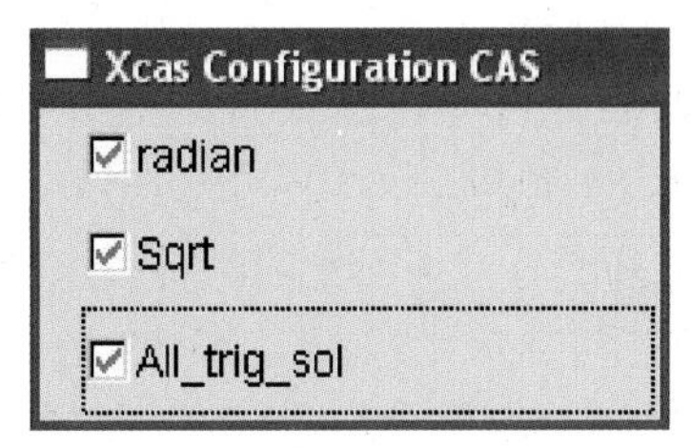

Une fois cette option cochée, réinterroger le logiciel sur les solutions de l'équation trigonométrique $\mathcal{E}$, et conclure.

Partie 2 – Sur une feuille

1. Factoriser sur $\mathbb{R}$ le trinôme $T(x) = 2x^2 + x - 1$.

2. Exprimer alors l'expression algébrique suivante en fonction du trinôme T :

$$f(x) = 2\cos^2 x + \cos x - 1.$$

3. En déduire que :

$$f(x) = \Leftrightarrow \cos x = \frac{1}{2} \text{ ou } \cos x = -1.$$

4. Résoudre, dans $\mathbb{R}$, puis dans l'intervalle $[-\pi ; 3\pi]$ les équations trigonométriques :

a. $\cos x = \frac{1}{2}$.
b. $\cos x = -1$.

5. Conclure.

122. **À vous de jouer !**

On s'intéresse aux solutions, dans l'intervalle $[0 ; 4\pi]$, de l'équation trigonométrique $\mathcal{E}$:

$$\sin x = 2\sin^3 x.$$

1. À l'aide d'un logiciel de calcul formel, conjecturer les solutions de cette équation trigonométrique.

2. Résoudre, dans $\mathbb{R}$, l'équation trigonométrique :

$$x = 2x^3.$$

3. Justifier que x est solution de l'équation trigonométrique $\mathcal{E}$ si, et seulement si :

$$\sin x = 0 \text{ ou } \sin x = \frac{\sqrt{2}}{2} \text{ ou } \sin x = -\frac{\sqrt{2}}{2}.$$

4. Conclure sur les solutions de $\mathcal{E}$.

123. Un petit dernier

En appliquant la méthode des deux exercices précédents, résoudre les équations trigonométriques.

1. $2\sin^2 x - 3\sin x - 2 = 0$, dans $[-2\pi\,;\,\pi]$.
2. $4\cos^2(2x) - 3 = 0$, dans $]\pi\,;\,4\pi]$.
3. $2\sin^2 x - 3\cos x - 2 = 0$, dans $]-3\pi\,;\,\pi]$.
4. $4\sin^2\left(2x + \frac{\pi}{3}\right) - 2 = 0$, dans $\left[-\frac{\pi}{2}\,;\,\frac{3\pi}{2}\right]$.

> **MÉTHODE**
> Il faut y voir des équations du second degré.

124. Résoudre, dans $\mathbb{R}$, les équations trigonométriques.

1. $2\cos^2 x + 9\cos x + 4 = 0$.
2. $4\sin^2 x - 2(1+\sqrt{3})\sin x + \sqrt{3} = 0$.

> **AIDE**
> Voici une capture qui rassure…

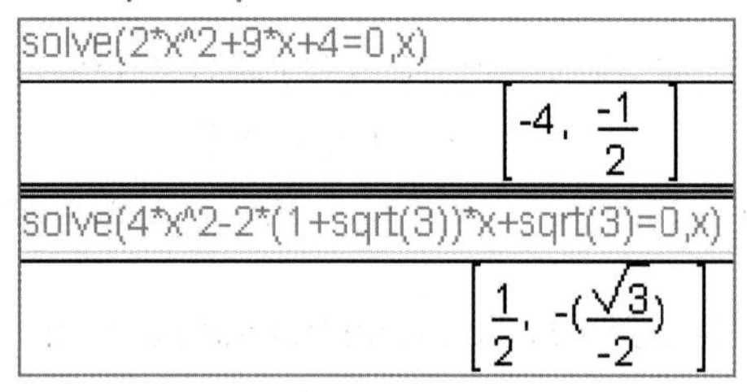

```
solve(2*x^2+9*x+4=0,x)
                    [-4, -1/2]
solve(4*x^2-2*(1+sqrt(3))*x+sqrt(3)=0,x)
                    [1/2, -(√3)/-2]
```

125. On considère, sur $\mathbb{R}$, l'équation trigonométrique $\sqrt{\cos x} + \sqrt{\sin x} = 0$.

Logiciel

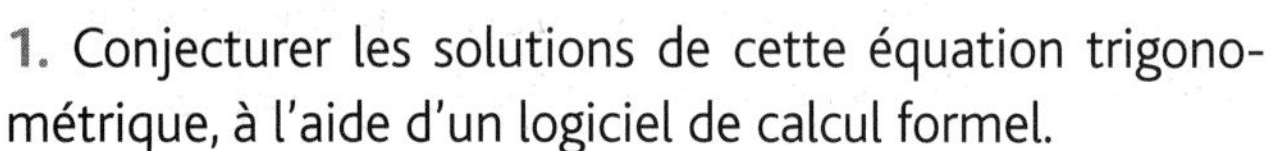

1. Conjecturer les solutions de cette équation trigonométrique, à l'aide d'un logiciel de calcul formel.
2. À l'aide d'un raisonnement par l'absurde, démontrer cette conjecture.

126. Cette capture d'écran est réalisée sous le logiciel *XCAS*.

Logiciel

```
solve(cos(x)+sin(x)=1,x)|((x>-pi) and (x<pi))
// Success
                    [0, π/2]
```

1. Sur cette capture :

a. Quel problème (noté $\mathcal{P}$) est posé au logiciel ?

b. Quelle réponse lui est apportée ?

2. On s'intéresse désormais à la résolution mathématique de $\mathcal{P}$.

```
tcollect(cos(x)+sin(x))
                    √2*cos(x-(1/4)*π)
```

a. Expliquer le rôle de la commande **tcollect** ?

b. Démontrer ce résultat, en utilisant les formules d'addition de trigonométrie.

c. En déduire les solutions du problème $\mathcal{P}$.

127. Soit $(\mathscr{E})$ l'équation trigonométrique :

$$\cos x - \sqrt{3}\sin x = 2.$$

1. Justifier l'équivalence :

$$(\mathscr{E}) \Leftrightarrow \frac{1}{2} \times \cos x - \frac{\sqrt{3}}{2} \times \sin x = 1.$$

2. Identifier l'expression $\frac{1}{2} \times \cos x - \frac{\sqrt{3}}{2} \times \sin x$ à l'expression d'un développement du type $\sin(x-a)$.

3. En déduire les solutions de l'équation trigonométrique $(\mathscr{E})$ sur $\mathbb{R}$, puis sur $]-\pi\,;\,\pi]$.

128. Remarquable

En utilisant le principe de factorisation de l'exercice précédent, recopier et compléter les transformations.

1. $\cos x + \sin x = \ldots \sin(x + \ldots)$.
2. $\cos x + \sin x = \ldots \cos(x + \ldots)$.
3. $\cos x + \sqrt{3}\sin x = \ldots \sin(x + \ldots)$.
4. $\cos x + \sqrt{3}\sin x = \ldots \cos(x + \ldots)$.
5. $\sqrt{3}\cos x - \sin x = \ldots \sin(x + \ldots)$.

129. Pour aller plus loin…

Soit α et β deux nombres réels.

1. À quelle(s) condition(s) sur ces deux nombres, sont-ils respectivement le cosinus et le sinus d'un angle θ ?

2. Soit a et b deux nombres réels. On munit le plan du repère orthonormé direct $(O\,;\,\vec{i}, \vec{j})$, on note $P(a\,;\,b)$ et $\mathscr{C}$ le cercle trigonométrique de centre O.

a. Que vaut $\|\overrightarrow{OP}\|$?

b. On note M le point d'intersection de la demi droite $[OP]$ et du cercle $\mathscr{C}$. Déterminer les coordonnées du point M.

c. Quelles propriétés numériques vérifient alors les coordonnées du point M ?

3. En déduire que α et β sont respectivement le cosinus et le sinus d'un angle θ si, et seulement si, il existe deux réels a et b tels que :

$$\alpha = \frac{a}{\sqrt{a^2+b^2}} \text{ et } \beta = \frac{b}{\sqrt{a^2+b^2}}.$$

> **COUP DE POUCE**
> Partie directe… Soit $M(\alpha\,;\,\beta)$ et $\vec{u}$ un vecteur directeur de la droite (OM) et de même sens que le vecteur $\overrightarrow{OM}$. Soit $\binom{a}{b}$ les coordonnées du vecteur $\vec{u}$ …

130. **Pour aller encore un peu plus loin**

> **BON À SAVOIR**
> Il est souhaitable de connaître le résultat de l'exercice précédent.

Soit a, b et c trois nombres réels. On considère l'équation trigonométrique $(\mathscr{E})$: $a\cos x + b\sin x = c$.

1. Justifier qu'il existe un unique réel θ_0 tel que :

$$\begin{cases} \theta_0 \in]-\pi\,;\pi] \\ \cos\theta_0 = \dfrac{a}{\sqrt{a^2+b^2}} \text{ et } \sin\theta_0 = \dfrac{b}{\sqrt{a^2+b^2}} \end{cases}.$$

2. En déduire l'équivalence :

$$(\mathscr{E}) \Leftrightarrow \cos(x-\theta_0) = \frac{c}{\sqrt{a^2+b^2}}.$$

3. Conclure de deux façons :

a. En donnant une **condition nécessaire et suffisante** pour que l'équation trigonométrique $(\mathscr{E})$ admette au moins une solution.

b. En prouvant que lorsque $(\mathscr{E})$ admet au moins une solution, elle admet soit une soit deux solutions dans un intervalle de longueur 2π.

7. Inéquations trigonométriques

131. corrigé Représenter sur un cercle trigonométrique, l'ensemble des points M du cercle associés aux réels vérifiant :

1. $0 \leqslant \cos x \leqslant 1$. **2.** $\cos x \in \left[\frac{1}{2}\,;1\right]$.

3. $-1 < \sin x < 0$. **4.** $-\frac{1}{2} \leqslant \sin x \leqslant 1$.

5. $\sin x \in \left[-\frac{\sqrt{2}}{2}\,;0\right[$. **6.** $\cos x \in \left[-\frac{1}{2}\,;\frac{\sqrt{3}}{2}\right]$.

132. À l'aide du cercle trigonométrique, résoudre les inéquations trigonométriques :

1. $\sin x < \frac{1}{2}$, dans $]-\pi\,;\pi]$. **2.** $\cos x \geqslant \frac{1}{2}$, dans $[0\,;2\pi]$.

133. Même consigne avec :

1. $\cos x > \frac{1}{\sqrt{2}}$, dans $[-\pi\,;3\pi]$.

2. $\sin x \leqslant \frac{\sqrt{3}}{2}$, dans $]-\pi\,;2\pi]$.

134. Soit $(\mathscr{E})$ l'inéquation trigonométrique :

$$\sqrt{2}\cos x + 1 > 0.$$

Le logiciel *XCAS*, affiche :

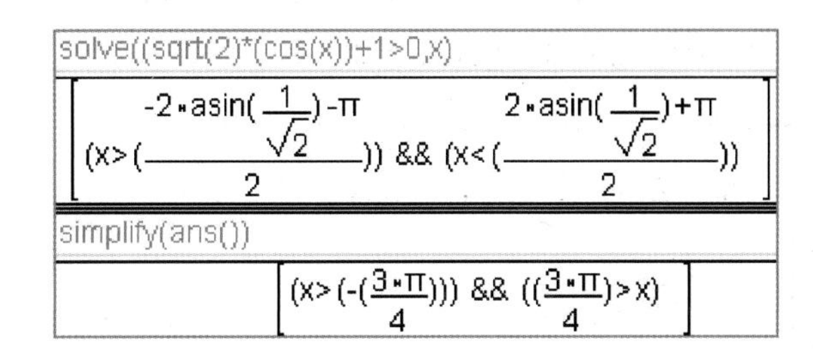

1. Quelle conjecture peut-on faire des solutions de l'inéquation $(\mathscr{E})$?

2. À l'aide du cercle trigonométrique, résoudre l'inéquation $(\mathscr{E})$:

a. Dans l'intervalle $]-\pi\,;\pi]$.

b. Dans l'intervalle $[0\,;2\pi]$.

135. Résoudre l'inéquation trigonométrique :

$$6 - 12\cos x > 0.$$

1. Dans $[0\,;2\pi]$. **2.** Dans $]-\pi\,;3\pi]$.

136. Résoudre l'inéquation trigonométrique :

$$2\cos x - \sqrt{3} \leqslant 0.$$

1. Dans $[0\,;2\pi]$. **2.** Dans $]-\pi\,;3\pi]$.

137. **1. a.** Déterminer les éventuelles racines réelles du trinôme t, défini par $t(x) = -4x^2 + (2\sqrt{3}-2)x + \sqrt{3}$.

b. Factoriser $t(x)$ sur $\mathbb{R}$.

2. Établir sur $[0\,;2\pi]$ le signe de :

a. $2\cos x + 1$. **b.** $-2\cos x + \sqrt{3}$.

3. En déduire le signe sur $[0\,;2\pi]$ de :

$$-4\cos^2 x + (2\sqrt{3}-2)\cos x + \sqrt{3}.$$

138. **1.** Résoudre, sur $\mathbb{R}$, l'inéquation trigonométrique :

$$\cos X < \frac{\sqrt{3}}{2}.$$

2. Soit l'inéquation trigonométrique :

$$\cos\left(2x - \frac{\pi}{2}\right) < \frac{\sqrt{3}}{2}.$$

a. Résoudre, dans $\mathbb{R}$, cette inéquation.

b. Représenter sur le cercle trigonométrique les points associés à ces solutions.

c. Donner les solutions de l'inéquation : dans $[0\,;\pi]$; dans $\left[-\frac{\pi}{2}\,;\frac{\pi}{2}\right]$; dans $[0\,;2\pi]$.

vrai ou faux

139. Indiquer si les affirmations suivantes sont vraies ou fausses. Justifier la réponse.

1. Le radian est une fonction linéaire du degré et réciproquement.

2. La somme du cosinus d'un angle et du sinus de ce même angle est un nombre compris entre – 1 et 1.

3. Il existe une infinité de réels dont le cosinus est nul.

4. Il existe une infinité de réels dont le sinus est nul.

5. Le cosinus de tout réel est inférieur ou égal à 2.

6. Pour tout réel x, $\cos x \neq \sin x$.

7. Quels que soient les réels x et y, $\cos(x + y) = \cos x + \cos y$.

8. Pour tout réel x, $\cos^2\left(\frac{\pi}{4} + x\right) + \sin^2\left(\frac{\pi}{2} - x\right) = 1$.

9. Pour tout réel x, $\cos\left(\frac{\pi}{4} + x\right) + \sin\left(\frac{\pi}{2} + x\right) = \sqrt{2}\cos x$.

10. L'équation trigonométrique $\cos^2 x + \cos x - 6 = 0$ n'admet aucune solution réelle.

QCM

140. La mesure principale du réel $-\frac{1\,246\pi}{3}$ est :

a. $\frac{\pi}{3}$. b. $-\frac{\pi}{3}$.

c. $\frac{2\pi}{3}$. d. $-\frac{2\pi}{3}$.

141. Les solutions réelles de $\cos x = \sin\frac{\pi}{5}$ sont :

a. $\left\{\frac{\pi}{5} + 2k\pi, k \in \mathbb{Z}\right\} \cup \left\{-\frac{\pi}{5} + 2k\pi, k \in \mathbb{Z}\right\}$.

b. $\left\{\frac{3\pi}{10} + 2k\pi, k \in \mathbb{Z}\right\} \cup \left\{-\frac{3\pi}{10} + 2k\pi, k \in \mathbb{Z}\right\}$.

c. $\left\{\frac{3\pi}{10} + 2k\pi, k \in \mathbb{Z}\right\} \cup \left\{\frac{7\pi}{10} + 2k\pi, k \in \mathbb{Z}\right\}$.

d. $\left\{\frac{3\pi}{10} + k\pi, k \in \mathbb{Z}\right\}$.

142. Dans l'intervalle $[0 ; 2\pi]$, l'équation $\cos 3x = \sin x$ admet exactement :

a. 5 solutions.

b. 6 solutions.

c. 7 solutions.

d. 8 solutions.

143. Sur le cercle trigonométrique, les points associés aux solutions de l'équation $4x = \frac{2\pi}{3}\,[2\pi]$, forment :

a. un triangle.

b. un rectangle.

c. un carré.

d. un pentagone.

144. Soit a un réel tel que $\cos a = \frac{1}{2}\sqrt{2 + \sqrt{3}}$ et $a \in [\pi ; 2\pi]$. Alors :

a. $\sin a = \frac{1}{2}\sqrt{2 - \sqrt{3}}$.

b. $\sin a = -\frac{1}{2}\sqrt{2 - \sqrt{3}}$.

c. $\sin(\pi - a) = \frac{1}{2}\sqrt{2 - \sqrt{3}}$.

d. $\sin(\pi - a) = -\frac{1}{2}\sqrt{2 - \sqrt{3}}$.

145. $-\frac{\sqrt{2 + \sqrt{2}}}{2}$ et $\frac{\sqrt{2 - \sqrt{2}}}{2}$ sont respectivement le cosinus et le sinus de l'angle :

a. $\frac{7\pi}{8}$. b. $-\frac{7\pi}{8}$. c. $-\frac{\pi}{8}$. d. $\frac{\pi}{8}$.

restitution organisée des connaissances

146. Soit ABC un triangle quelconque.

1. Évaluer la somme $(\overrightarrow{AB} ; \overrightarrow{AC}) + (\overrightarrow{BC} ; \overrightarrow{BA}) + (\overrightarrow{CA} ; \overrightarrow{CB})$.
Que vient-on de démontrer ?

2. Sachant que $(\overrightarrow{AB} ; \overrightarrow{AC}) = \frac{3\pi}{10}$ et $(\overrightarrow{BC} ; \overrightarrow{BA}) = \frac{\pi}{5}$, donner une mesure de l'angle $(\overrightarrow{CA} ; \overrightarrow{CB})$.

3. Qu'en déduit-on ?

147. À l'aide des formules d'addition du cosinus et du sinus, démontrer les propriétés :
- des angles associés ;
- des angles supplémentaires ;
- des angles complémentaires.

148. **1.** Résoudre, dans $\mathbb{R}$, l'équation $\cos x = 0$.

2. En déduire l'ensemble de définition, noté $\mathcal{D}_t$, de la fonction tan définie par $\tan x = \frac{\sin x}{\cos x}$.

3. En déduire la relation :

$$\forall x \in \mathcal{D}_t,\ \cos^2 x = \frac{1}{1 + \tan^2 x}.$$

Dans les exercices 149 à 151, on utilise la fonction tan définie à l'exercice 148.

149. Soit a et b deux réels, tels que : a, b et $a + b \in \mathcal{D}_t$, $a - b$ appartient aussi à $\mathcal{D}_t$.
Soit $x \in \mathcal{D}_t$.

1. Montrer que $-x \in \mathcal{D}_t$; $\pi - x \in \mathcal{D}_t$ et $\pi + x \in \mathcal{D}_t$.

2. Déterminer $\tan(x)$; $\tan(\pi - x)$ et $\tan(\pi + x)$.

3. Rappeler les développements de $\cos(a + b)$ et $\sin(a + b)$.

4. En déduire que $\tan(a + b) = \frac{\tan a + \tan b}{1 - \tan a \tan b}$.

5. En déduire alors $\tan(a - b)$.

150. Soit $x \in \mathcal{D}_t$.

1. Démontrer les formules de duplication du cosinus et du sinus à partir des formules d'addition du cosinus et du sinus.

2. En déduire que : $\tan 2x = \frac{2 \tan x}{1 - \tan^2 x}$.

3. Retrouver ce résultat à partir de la formule de l'exercice.

151. Soit x un nombre réel de l'intervalle $\left]0 ; \frac{\pi}{2}\right[$ et M son point associé sur le cercle trigonométrique $\mathscr{C}$.

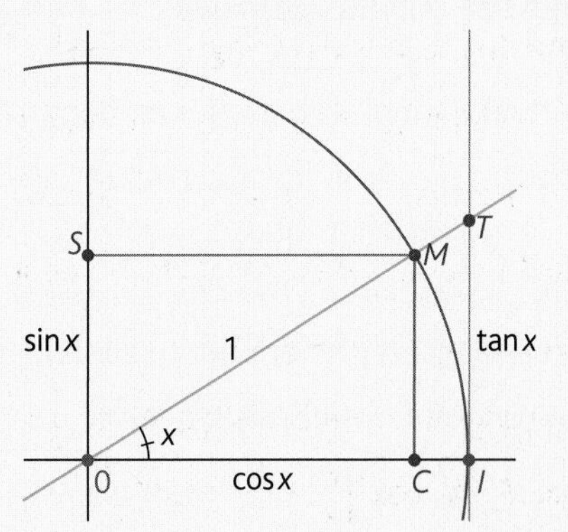

1. Expliquer pourquoi le point T, intersection des droites (OM) et $(I, \vec{j})$, a pour abscisse dans le repère $(I, \vec{j})$: $\tan x$.

> **AIDE**
> On pourra utiliser le théorème de Thalès puis justifier que l'on a l'égalité $\frac{TI}{OI} = \frac{MC}{OC}$.

2. Montrer que, si $x \in \left]0 ; \frac{\pi}{2}\right[$, alors $\tan x > 0$.
Par comparaison des aires des triangles OMC, OIM et celle du secteur angulaire $\overset{\frown}{OIM}$, justifier successivement que :

$\sin x \leqslant x \leqslant \tan x$;

$x \cos x \leqslant \sin x$;

$\cos x \leqslant \frac{\sin x}{x} \leqslant 1$.

3. Que dire de $\frac{\sin x}{x}$ pour x un réel non nul mais aussi proche de 0 que l'on veut ?

152. Soit $x \in \mathcal{D}_t$.

1. Montrer que $\frac{x}{2} \in \mathcal{D}_t \Leftrightarrow x \in \mathbb{R} - \{(2k + 1)\pi, k \in \mathbb{Z}\}$.

2. Soit $x \in \mathcal{D}_t$ tel que, pour tout entier relatif k, $x \neq (2k + 1)\pi$.
À partir des formules de duplications du cosinus et du sinus, démontrer les relations suivantes :
$\cos x = \frac{1 - t^2}{1 + t^2}$; $\sin x = \frac{2t}{1 + t^2}$ et $\tan x = \frac{2t}{1 - t^2}$, où $t = \tan\frac{x}{2}$.

3. Soit a, b, c trois réels et (E) l'équation :

$$a \cos x + b \sin x = c.$$

4. À l'aide des relations précédentes, montrer que cette inéquation admet des solutions pourvu que l'on ait la relation :

$$a^2 + b^2 > c^2.$$

TP INFO

1. Triangle inscrit dans un cercle

objectif

Utiliser le calcul formel pour déterminer le maximum d'une quantité trigonométrique.

Le plan est muni du repère orthonormé direct $(O\,;\vec{i},\vec{j})$. On note $I(1\,;\,0)$ et on considère un réel $\alpha \in [0\,;\pi]$ repérant le point M sur le cercle trigonométrique de centre O. On note M' le symétrique du point M par rapport à l'axe des abscisses.

<u>*But de ce TP :*</u> Déterminer pour quelle(s) éventuelle(s) valeur(s) de x, l'aire du triangle IMM', exprimée en unités d'aire est maximale.

ATTENTION
Dans les options du logiciel, préciser que l'unité d'angle est le radian.

Partie I : Conjectures

1. Munir une nouvelle feuille *Geogebra* de son repère orthonormé, y placer le point O de coordonnées (0, 0), ainsi que le cercle $\mathscr{C}$ de centre O et de rayon 1. Ne pas oublier le point I.
2. Comme sur la capture d'écran ci-contre, créer un curseur α qui soit une mesure d'angle exprimée en radian et comprise entre 0 et π.

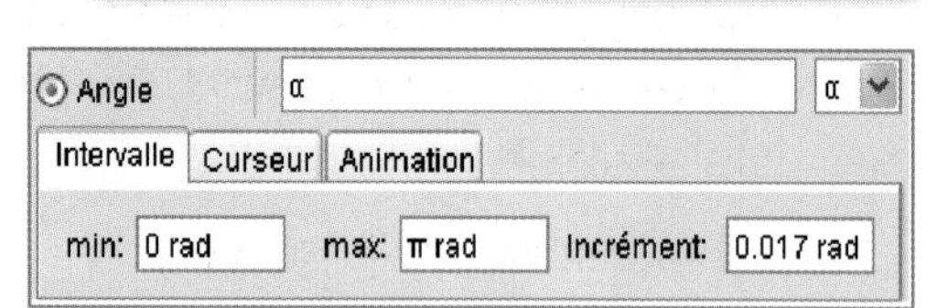

3. Entrer alors la commande suivante dans le champ de saisie :

Utiliser l'***aide*** de GeoGebra sur ***points et vecteurs*** afin d'expliquer ce que réalise cette commande.

4. Placer le point M' symétrique du point M par rapport à l'axe des abscisses, le triangle IMM', puis afficher l'aire de celui-ci, on pourra faire comme ci-contre.

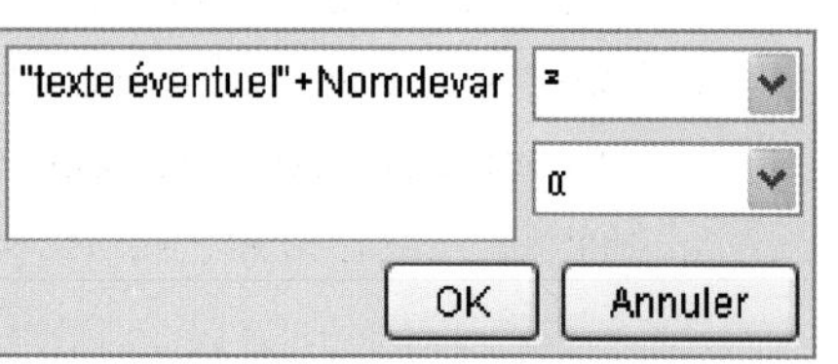

5. Dans le repère orthonormé $(O\,;\vec{i},\vec{j})$ de cette feuille *Geogebra*, quelles coordonnées doit-on attribuer au point P, si l'on souhaite qu'il soit sur la courbe d'équation $y = \mathscr{A}(\alpha)$, où $\mathscr{A}(\alpha)$ donne l'aire du triangle IMM' en fonction du réel α ?
Après avoir activé la trace de ce point P, conjecturer la valeur de α, pour laquelle $\mathscr{A}(\alpha)$ est maximale.

Partie 2 : Démonstration

6. Donner, en fonction de α, les coordonnées des points M et M', puis calculer les distances MM' et IH, où H est le milieu du segment $[MM']$.
7. En déduire, en fonction de α, $\mathscr{A}(\alpha)$, l'aire, en unités d'aires, du triangle IMM'.
8. À l'aide du logiciel *XCAS*, définir cette fonction, et, à l'aide des outils de l'onglet ***scolaire***, déterminer :
   - la fonction dérivée de la fonction $\mathscr{A}$;
   - les valeurs pour lesquelles cette dérivée s'annule.

9. On admet que, pour tout $\alpha \in [0\,;\pi]$, $\mathscr{A}'(\alpha) = -2\cos^2\alpha + \cos\alpha + 1$. Montrer que le nombre $\mathscr{A}(\alpha)$ admet un maximum sur l'intervalle $[0\,;\pi]$ que l'on déterminera.

À vous de jouer

Reprendre ce TP avec, comme paramètre, x l'abscisse du point H : $x \in [-1\,;\,1]$.

2. De jolies courbes !

objectif

Lier la trigonométrie à l'analyse, en passant du cercle trigonométrique aux courbes représentatives des fonctions trigonométriques.

Le plan est muni du repère orthonormé direct $(O\,;\vec{i},\vec{j})$. On considère un réel $\alpha \in [0\,;2\pi]$ repérant le point M sur le cercle trigonométrique de centre O, et le point I de coordonnées $(1, 0)$.

<u>But de ce TP :</u> Découvrir les variations de la fonction cosinus.

Partie I : Conjectures

1. Munir une nouvelle feuille *Geogebra* de son repère orthonormé, y placer le point $O(0, 0)$, le point $I(1, 0)$, ainsi que le cercle $\mathscr{C}$ de centre O et de rayon 1.

2. Créer un curseur α associé à la mesure d'un angle en radians, entre 0 et 2π.

3. Créer le point M repéré par le nombre α, sur le cercle trigonométrique.
Quelle(s) grandeur(s) ce nombre, permet-il de mesurer pour le point M ?

4. Afficher la longueur de l'arc $\overset{\frown}{IM}$ (il est judicieux de créer cet arc de cercle de centre O, et de lui attribuer une couleur différente pour mieux le visualiser).

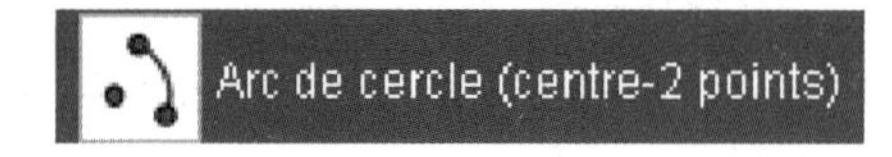

5. Les commandes **$x(P)$** et **$y(P)$** donnent respectivement l'abscisse et l'ordonnée d'un point P donné *a priori*.

a. Construire, à partir des coordonnées du point M, les projetés orthogonaux du point M sur chacun des axes du repère.

b. Construire le point C de coordonnées : $(\alpha, x(M))$.
Que définit ce point, lorsque α parcourt l'intervalle $[0\,;2\pi]$?

c. Animer α, et conjecturer les variations de la fonction cosinus sur l'intervalle $[0\,;2\pi]$.

Partie 2 : Démonstration

6. Justifier que pour tout réels a et b, $\cos(a-b)-\cos(a+b)=2\sin a \sin b$.

7. En déduire que, pour tout réel x et y : $\cos x - \cos y = -2\sin\left(\frac{x+y}{2}\right)\sin\left(\frac{x-y}{2}\right)$.

8. Soit $x, y \in [0\,;\pi]$ tels que $x < y$. Montrer que $0 \leqslant \frac{x+y}{2} \leqslant \pi$ et $-\pi \leqslant \frac{x-y}{2} \leqslant 0$.

9. En déduire que la fonction cos est décroissante sur l'intervalle $[0, \pi]$.

10. Faire un travail analogue sur l'intervalle $[\pi\,;2\pi]$.

11. Établir le tableau des variations de la fonction cos sur l'intervalle $[0\,;2\pi]$.

12. Vérifier ce résultat en représentant sur l'intervalle $[0\,;2\pi]$, à l'aide d'une calculatrice, la courbe d'équation $y = \cos x$..

13. Quelle propriété du cosinus pourrait permettre de déduire les variations de cette fonction, sur tout intervalle du type $[2k\pi\,;2(k+1)\pi]$, avec $k \in \mathbb{Z}$. Par quel procédé géométrique pourrait-on l'obtenir ?

À vous de jouer

Reprendre ce TP dans le but de faire un travail analogue sur la fonction sinus.

Multiplication à l'ancienne

Pour pouvoir effectuer des multiplications de grands nombres (au moins de l'ordre du millier) nous avons tous recours à notre calculatrice... Mais comment s'y prenait-on avant que les calculatrices modernes n'apparaissent ?
Dès le XVIe siècle, les astronomes, grands consommateurs de calculs, avaient besoin de connaitre de bonnes approximations d'un produit de grands nombres tel que :

$$A \times B = 5\,736\,210\,021 \times 2\,079\,621\,015.$$

Dans cette activité de recherche nous proposons de chercher une démarche pour déterminer une approximation de ce produit, notamment à l'aide des formules de trigonométrie...

Sinus et cosinus, en degrés.

Deg.	Sin.	d.t.	d.t.	Cos.	
0°	0,000			1,000	90°
		9	0		
0°30'	0,009			1,000	89°30'
		8	0		
1°	0,017			1,000	89°
		9	0		
1°30'	0,026			1,000	88°30'
		9	1		
2°	0,035			0,999	88°
		9	0		
2°30'	0,044			0,999	87°30'
		8	0		
3°	0,052			0,999	87°
		9	1		
3°30'	0,061			0,998	86°30'
		9	0		
4°	0,070			0,998	86°
		8	1		
4°30'	0,078			0,997	85°30'
		9	1		
5°	0,087			0,996	85°
		9	1		
5°30'	0,096			0,995	84°30'
		9	0		
6°	0,105			0,995	84°
		8	1		
6°30'	0,113			0,994	83°30'
		9	1		
7°	0,122			0,993	83°
		9	2		
7°30'	0,131			0,991	82°30'
		8	1		
8°	0,139			0,990	82°
		9	1		
8°30'	0,148			0,989	81°30'
		8	1		
9°	0,156			0,988	81°
		9	2		
9°30'	0,165			0,986	80°30'
		9	1		
10°	0,174			0,985	80°
		8	2		
10°30'	0,182			0,983	79°30'
		9	1		
11°	0,191			0,982	79°
		8	2		
11°30'	0,199			0,980	78°30'
		9	2		
12°	0,208			0,978	78°
		8	2		
12°30'	0,216			0,976	77°30'
		9	2		
13°	0,225			0,974	77°
		8	2		
13°30'	0,233			0,972	76°30'
		9	2		
14°	0,242			0,970	76°
		8	2		
14°30'	0,250			0,968	75°30'
		9	2		
15°	0,259			0,966	75°
		8	2		
15°30'	0,267			0,964	74°30'
		9	3		
16°	0,276			0,961	74°
		8	2		
16°30'	0,284			0,959	73°30'
		8	3		
17°	0,292			0,956	73°
		9	2		
17°30'	0,301			0,954	72°30'
		8	3		
18°	0,309			0,951	72°
		8	3		
18°30'	0,317			0,948	71°30'
		9	2		
19°	0,326			0,946	71°
		8	3		
19°30'	0,334			0,943	70°30'
		8	3		
20°	0,342			0,940	70°
		8	3		
20°30'	0,350			0,937	69°30'
		8	3		
21°	0,358			0,934	69°
		9	4		
21°30'	0,367			0,930	68°30'
		8	3		
22°	0,375			0,927	68°
		8	3		
22°30'	0,383			0,924	67°30'
	Cos.	d.t.	d.t.	Sin.	Deg.

Deg.	Sin.	d.t.	d.t.	Cos.	
22°30'	0,383			0,924	67°30'
		8	3		
23°	0,391			0,921	67°
		8	4		
23°30'	0,399			0,917	66°30'
		8	3		
24°	0,407			0,914	66°
		8	4		
24°30'	0,415			0,910	65°30'
		8	4		
25°	0,423			0,906	65°
		8	3		
25°30'	0,431			0,903	64°30'
		7	4		
26°	0,438			0,899	64°
		8	4		
26°30'	0,446			0,895	63°30'
		8	4		
27°	0,454			0,891	63°
		8	4		
27°30'	0,462			0,887	62°30'
		7	4		
28°	0,469			0,883	62°
		8	4		
28°30'	0,477			0,879	61°30'
		8	4		
29°	0,485			0,875	61°
		7	5		
29°30'	0,492			0,870	60°30'
		8	4		
30°	0,500			0,866	60°
		8	4		
30°30'	0,508			0,862	59°30'
		7	5		
31°	0,515			0,857	59°
		8	4		
31°30'	0,523			0,853	58°30'
		7	5		
32°	0,530			0,848	58°
		7	5		
32°30'	0,537			0,843	57°30'
		8	4		
33°	0,545			0,839	57°
		7	5		
33°30'	0,552			0,834	56°30'
		7	5		
34°	0,559			0,829	56°
		7	5		
34°30'	0,566			0,824	55°30'
		8	5		
35°	0,574			0,819	55°
		7	5		
35°30'	0,581			0,814	54°30'
		7	5		
36°	0,588			0,809	54°
		7	5		
36°30'	0,595			0,804	53°30'
		7	5		
37°	0,602			0,799	53°
		7	6		
37°30'	0,609			0,793	52°30'
		7	5		
38°	0,616			0,788	52°
		7	5		
38°30'	0,623			0,783	51°30'
		6	6		
39°	0,629			0,777	51°
		7	5		
39°30'	0,636			0,772	50°30'
		7	6		
40°	0,643			0,766	50°
		6	6		
40°30'	0,649			0,760	49°30'
		7	5		
41°	0,656			0,755	49°
		7	6		
41°30'	0,663			0,749	48°30'
		6	6		
42°	0,669			0,743	48°
		7	6		
42°30'	0,676			0,737	47°30'
		6	6		
43°	0,682			0,731	47°
		6	6		
43°30'	0,688			0,725	46°30'
		7	6		
44°	0,695			0,719	46°
		6	6		
44°30'	0,701			0,713	45°30
		6	6		
45°	0,707			0,707	45°
	Cos.	d.t.	d.t.	Sin.	Deg.

S'organiser, communiquer

Voici ci-contre un extrait de tables trigonométriques de 1953, qui donne, de demi-degré en demi-degré, une approximation du cosinus et du sinus d'un angle.

S'organiser, communiquer

Constituer des groupes de trois ou quatre élèves.

Analyser, comprendre, calculer

1. Déchiffrer cette table en précisant quelles sont les mesures d'angles dont on connaît une approximation du cosinus ou du sinus.

2. Donner la valeur, à 10^{-3} près, de :
$\sin 7°$, $\sin 41°30'$; $\sin 62°$; $\cos 38°$ et $\cos 78°$.

3. Expliquer comment on obtient la colonne « différence tabulaire (d.t) ».

4. Démontrer l'identité :

$$\cos a \times \sin b = \frac{1}{2}(\sin(a+b) - \sin(a-b)).$$

5. Chercher une bonne approximation des nombres $\frac{A}{10^{10}}$ et $\frac{B}{10^{10}}$ dans cette table, en relation avec l'identité précédente.

6. Expliquer comment on peut alors en déduire une bonne approximation du produit : **5 736 210 021** × **2 079 621 015** avec peu de calculs.

› Ingénieur géomètre

Deux spécialités d'ingénieurs géomètres

- Le **géomètre-topographe** s'appuie sur les plans et les relevés effectués sur le terrain par un *technicien géomètre*. À partir de ces données précises (altitude, présence de poteaux, d'arbres, de murs), il **imagine** des travaux d'aménagement nécessaires à la réalisation de son projet.
- Le **géomètre-expert** a une fonction officielle d'expertise juridique. Il est le seul professionnel à pouvoir **dresser les plans et les documents** topographiques qui délimitent les propriétés.

Un témoignage

« De nombreux métiers existent autour de la géométrie-topographique. Les fonctions et les niveaux de formation correspondant sont variés, mais le travailde chacun commence toujours par des relevés topographiques analysés puis cartographiés.(…)

Après un bac scientifique, je suis entrée sur dossier à l'INSA de Strasbourg où j'ai suivi le tronc commun pendant 2 ans puis la spécialisation en topographie qui dure 3 ans.

Après mes études, j'ai fait le choix de devenir membre de l'ordre des Géomètres experts.

Le Géomètre expert réalise des travaux topographiques afin de fixer les limites des biens fonciers ou de permettre des constructions dans le cadre de l'aménagement du territoire. Il collabore, par exemple, à l'établissement de plan d'occupation des sols (POS), à l'expertise de valeur d'une propriété agricole, aux règlements de copropriétés ou de gestion d'immeubles… »

Sandrine C.
Ingénieur géomètre-topographe

La formation

Bac Pro
▼
BTS
Géomètre-topographe
(2 ans)
▼
Technicien géomètre

Bac scientifique
▼
Écoles d'ingénieurs (5 ans) :
ESTP (École Spéciale des Travaux Publics, du bâtiment et de l'industrie) à Paris ;
L'INSA (Institut National des Sciences Appliquées) à Strasbourg ;
L'ESTG (École Supérieure des Géomètres et Topographes) au Mans…
▼
Ingénieur géomètre

▼
Examen d'État
DiPLômé par le **G**ouvernement
(DPLG)
▼
Ingénieur géomètre-expert
Membre de l'ordre des géomètres

Introduction

Dans ce chapitre, nous allons utiliser des **vecteurs**. Ce concept est aujourd'hui présent dans tous les domaines des mathématiques.
En effet, les résultats obtenus dans les espaces **vectoriels** (espaces **engendrés par les vecteurs**) s'appliquent dans beaucoup d'autres champs des mathématiques (espaces de fonctions, espaces de suites…).

Le mot « vecteur » vient du latin *vectŏr, -ōris* « celui qui transporte ». Ce mot a été introduit en mathématiques par l'Irlandais *Sir William Rowan Hamilton* (1805-1865).

Au-delà de son utilisation en mathématiques, le mot « vecteur » possède différents sens :
1. Armée : engin capable de transporter une bombe ;
2. Médecine : animal qui transmet un agent infectieux ;
3. Sens figuré : tout ce qui véhicule (qui transporte) quelque chose.

Charade

Mon premier peut être roulé sur un pull.
On dort dans **mon deuxième**.
Mon troisième sert à respirer.
Mon quatrième désigne la surface d'une figure.

Mon tout se dit de deux vecteurs qui ont la même direction.

Solution :
col-lit-nez-aire (colinéaires).

« Une droite, c'est une chose qui se comprend immédiatement. On embrouille l'esprit à chercher à la définir davantage. »
Blaise Pascal (1623-1662)

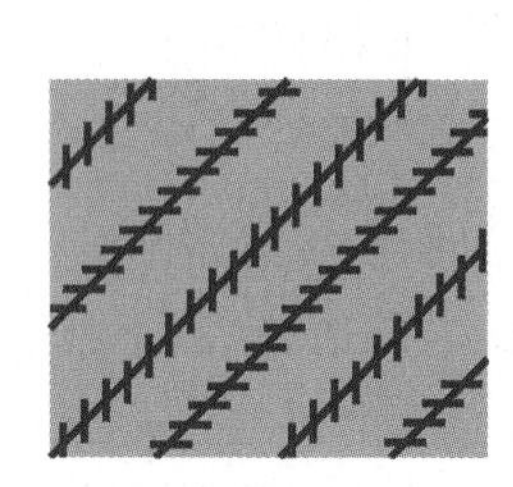
Les droites sont-elles parallèles ?

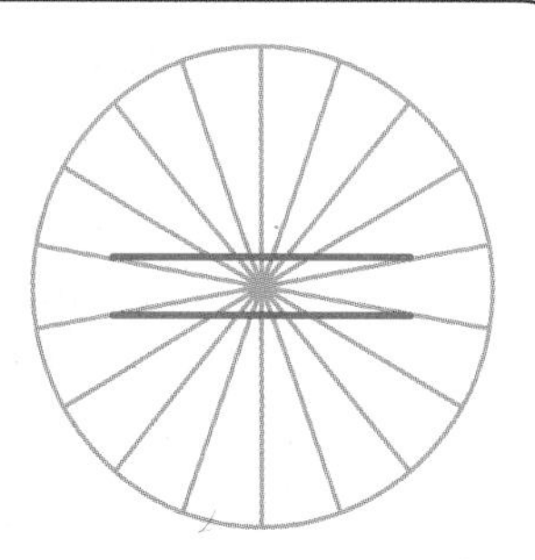
Les deux droites rouges sont-elles parallèles ?

8

Géométrie plane

1. Colinéarité de deux vecteurs
2. Vecteur directeur - Équation de droite
3. Lien entre vecteur directeur et équation

Prérequis :

- Définition et coordonnées d'un vecteur
- Distance entre deux points
- Équation réduite et coefficient directeur d'une droite
- Résolution d'un système de deux équations à deux inconnues

1. Aller dans la même direction

On se place dans un repère $(O ; \vec{i}, \vec{j})$.

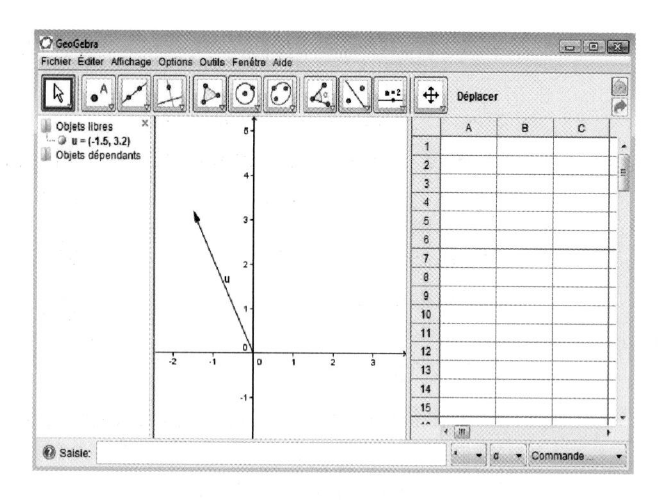

1. Construire des vecteurs

1. Avec le logiciel *Geogebra*, construire les vecteurs suivants :

$\vec{u}\begin{pmatrix}-1,5\\3,2\end{pmatrix}$, $\vec{v}\begin{pmatrix}-3\\6\end{pmatrix}$, $\vec{w}\begin{pmatrix}3\\-6,4\end{pmatrix}$ et $\vec{t}\begin{pmatrix}-4,5\\9,6\end{pmatrix}$.

2. Lesquels semblent colinéaires ?
Justifier en écrivant des égalités vérifiées par ces vecteurs.

MÉTHODE
Pour créer le vecteur $\vec{u}$, on peut taper dans la barre de saisie u = (– 1.5,3.2).
Attention, les deux coordonnées sont séparées par une virgule !

2. Découvrir une condition de colinéarité

1. Rentrer les coordonnées des vecteurs $\vec{u}$, $\vec{v}$, $\vec{w}$ et $\vec{t}$ dans le tableur de Geogebra, comme ci-dessous :

	A	B	C
1	vecteur	abscisse	ordonnée
2	u	-1,5	3,2
3	v	-3	6
4	w	3	-6,4
5	t	-4,5	9,6
6			

MÉTHODE
Dans le tableur de *Geogebra*, on peut rentrer les formules = x(u) **et** = y(u) pour les coordonnées du vecteur $\vec{u}$.

2. En notant $\begin{pmatrix}x\\y\end{pmatrix}$ et $\begin{pmatrix}x'\\y'\end{pmatrix}$ les coordonnées de deux de ces vecteurs, on va calculer $xy' - x'y$.
Pour les vecteurs $\vec{u}$ et $\vec{v}$, saisir dans la case **D3** la formule =B2*C3-B3*C2, puis copier cette formule dans les cases **D4** et **D5** pour obtenir le résultat correspondant aux vecteurs $\vec{u}$ et $\vec{w}$, puis aux vecteurs $\vec{u}$ et $\vec{t}$.
Faire un calcul analogue, dans les cases **E4** et **E5**, pour les vecteurs $\vec{v}$ et $\vec{w}$, puis pour les vecteurs $\vec{v}$ et $\vec{t}$, et enfin, dans la case **F5** pour les vecteurs $\vec{w}$ et $\vec{t}$.
3. Que remarque-t-on ?
4. Conjecturer une relation liant les coordonnées de vecteurs colinéaires.

Cette relation, appelée **condition de colinéarité**, permet de caractériser des vecteurs colinéaires. Elle sera démontrée à la page 315.

3. Applications

Utiliser la relation conjecturée pour déterminer si les vecteurs sont colinéaires dans chaque cas.

1. $\vec{u_1}\begin{pmatrix}4\\-9\end{pmatrix}$ et $\vec{v_1}\begin{pmatrix}3,5\\-7,8\end{pmatrix}$.
2. $\vec{u_2}\begin{pmatrix}6,4\\3,1\end{pmatrix}$ et $\vec{v_2}\begin{pmatrix}22,4\\10,85\end{pmatrix}$.
3. $\vec{u_3}\begin{pmatrix}\frac{1}{2}\\-6\end{pmatrix}$ et $\vec{v_3}\begin{pmatrix}-\frac{5}{3}\\20\end{pmatrix}$.

2. Être ou ne pas être une droite

On se place dans un repère $(O ; \vec{i}, \vec{j})$.

On considère les ensembles de points (E_1), (E_2), ..., (E_8) définis par les équations ci-dessous :

$(E_1) : (x-1)^2 + (y+2)^2 = 1$; $(E_2) : -3x + 2y - 5 = 0$; $(E_3) : x + 4 = 0$;

$(E_4) : 4x + 3y = -6$; $(E_5) : x^2 - 4x + y^2 - 6y + 12 = 0$; $(E_6) : y + 1 = 0$;

$(E_7) : y = \frac{3}{2}x - 7$; $(E_8) : x = 5$.

1. Conjecture

Parmi les équations ci-dessus, lesquelles semblent être des équations de droites ?

2. Démonstration

1. Rappeler les deux formes que peut avoir l'équation d'une droite.
2. Vérifier, pour chacune des équations ci-dessus, si elle peut être mise sous l'une de ces formes.
3. En déduire lesquels de ces ensembles sont des droites.

3. Un peu de mouvement

Cet extrait de *Observations sur la composition des mouvemens et sur le moyen de trouver les touchantes des lignes courbes,* écrit par *Roberval* en 1693, traduit la situation :

A, B et C sont trois points non alignés.

E est un point du segment $[AB]$ et F est un point du segment $[AC]$ tels que la droite (EF) est parallèle à la droite (BC).

G est le point défini par $\overrightarrow{AG} = \overrightarrow{AE} + \overrightarrow{AF}$.

Le point D est tel que $ABDC$ est un parallélogramme. Le but de cette activité est de démontrer que le point G décrit la diagonale $[AD]$ du parallélogramme $ABDC$.

THÉORÈME 1

Proposition première

Si un mobile est porté par deux divers mouvemens chacun droit & uniforme, le mouvement composé de ces deux sera un mouvement droit & uniforme différent de chacun d'eux, mais toutefois en mesme plan, en sorte que la ligne droite que décrira le mobile sera le diamétre d'un parallelogramme, les costez duquel seront entre eux comme des vîtesses de ces deux mouvemens ; & la vîtesse du composé sera à chacun des composans comme le diamétre à chacun des costez.

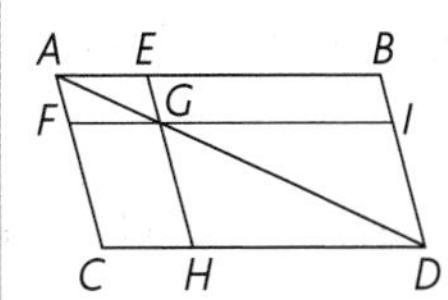

Soit le mobile *A* porté par deux divers mouvemens desquels les lignes de direction soient *AB*, *AC*, faisant l'angle *BAC*, & que les mouvemens droits & uniformes soient tels qu'en mesme temps que l'impression *AB* auroit porté le mobile en *B*, en mesme temps l'impression *AC* l'eust portée en *C*. Je dis que le mobile porté par le mouvement composé de ces deux, sera porté le long du diamétre *AD*, du parallelogramme *AD*, duquel les deux lignes *AB*, *AC*, sont les deux costez, & que le mouvement qu'il aura sur le diamétre *AD* sera uniforme.

1. Expliquer pourquoi il existe un réel k de $[0 ; 1]$ tel que $\overrightarrow{AE} = k\overrightarrow{AB}$ et $\overrightarrow{AF} = k\overrightarrow{AC}$.
2. En déduire que le point G appartient au segment $[AD]$.
3. Si M est un point de $[AD]$, démontrer que $\overrightarrow{AM} = \overrightarrow{AN} + \overrightarrow{AP}$ où N est un point du segment $[AB]$ et P est un point du segment $[AC]$ tels que la droite (NP) est parallèle à la droite (BC).
4. Conclure.

Le saviez-vous ?

Gilles Personne de Roberval **(1602-1675) était un savant français, membre de l'*****Académie Royale des Sciences de Paris*****.**
On lui doit la fameuse « balance de Roberval », inventée en 1669.

COURS

1. Colinéarité de deux vecteurs

1.1 Condition de colinéarité de deux vecteurs

Le **vecteur nul** est colinéaire à tous les vecteurs.

→ définition

Deux vecteurs non nuls sont **colinéaires** lorsqu'ils ont la même direction.

Exemple : Les droites (AB) et (CD) ci-contre sont parallèles.

Les vecteurs $\vec{u}$ et $\vec{v}$ sont colinéaires.

Attention au vocabulaire ! On parle de droites *parallèles* et de vecteurs *colinéaires*.

→ propriété

Deux vecteurs $\vec{u}$ et $\vec{v}$ non nuls sont colinéaires si et seulement s'il existe un réel k tel que $\boldsymbol{\vec{u} = k\vec{v}}$.

On se place dans un repère $(O\,;\vec{i},\vec{j})$.

Cette propriété est démontrée page 315.

→ propriété : « Condition de colinéarité »

Deux vecteurs $\vec{u}\begin{pmatrix}x\\y\end{pmatrix}$ et $\vec{v}\begin{pmatrix}x'\\y'\end{pmatrix}$ sont colinéaires si, et seulement si, $\boldsymbol{xy' - x'y = 0}$.

Avec cette propriété, il n'est pas nécessaire de calculer le réel k tel que $\vec{u} = k\vec{v}$, s'il existe.

Exemple : Les vecteurs $\vec{u}\begin{pmatrix}-4{,}2\\-7{,}4\end{pmatrix}$ et $\vec{v}\begin{pmatrix}10{,}5\\18{,}5\end{pmatrix}$ sont colinéaires, car :
$-4{,}2 \times 18{,}5 - (-7{,}4) \times 10{,}5 = -77{,}7 + 77{,}7 = 0$.

1.2 Décomposition de vecteurs avec des vecteurs non colinéaires

→ propriété

Soit $\vec{i}$ et $\vec{j}$ deux vecteurs non colinéaires.
Alors, pour tout vecteur $\vec{u}$ du plan, il existe des réels a et b tels que :

$$\boldsymbol{\vec{u} = a\vec{i} + b\vec{j}}.$$

Exemple : $\vec{u} = 2\vec{i} + 3\vec{j}$.

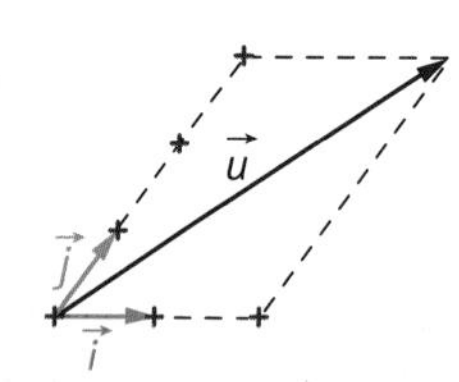

Rappel : Relation de Chasles

Pour tous points A, B et C, on a $\overrightarrow{AB} + \overrightarrow{BC} = \overrightarrow{AC}$.

Le saviez-vous ?

La célèbre « relation de Chasles », très utile dans les calculs vectoriels, porte le nom du mathématicien français *Michel Chasles* (1793-1880), dont le véritable prénom était Floréal. Son *Aperçu historique sur l'origine et le développement des méthodes en géométrie* (1837) est un des premiers grands panoramas historiques des mathématiques.

Reconnaître des vecteurs colinéaires

→ Exercices 21 à 23

Dans un repère $(O\,;\,\vec{i},\,\vec{j})$, on considère les vecteurs $\vec{u_1}\begin{pmatrix}-1{,}5\\4\end{pmatrix}$, $\vec{u_2}\begin{pmatrix}-3\\7\end{pmatrix}$ et $\vec{u_3}\begin{pmatrix}-\frac{5}{6}\\\frac{20}{9}\end{pmatrix}$.
Lesquels sont colinéaires ?

solution

- $\vec{u_1}$ et $\vec{u_2}$: on remarque que $x_{\vec{u_2}} = 2x_{\vec{u_1}}$ mais $y_{\vec{u_2}} \neq 2y_{\vec{u_1}}$.
  Donc $\vec{u_1}$ et $\vec{u_2}$ ne sont pas colinéaires.
- Testons la condition de colinéarité pour les vecteurs $\vec{u_1}$ et $\vec{u_3}$:
  $x_{\vec{u_1}} \times y_{\vec{u_3}} - y_{\vec{u_1}} \times x_{\vec{u_3}} = -1{,}5 \times \frac{20}{9} - 4 \times \left(-\frac{5}{6}\right) = -\frac{10}{3} + \frac{10}{3} = 0$.
  $\vec{u_1}$ et $\vec{u_3}$ sont donc colinéaires.
- $\vec{u_1}$ est colinéaire à $\vec{u_3}$ mais pas à $\vec{u_2}$; ainsi $\vec{u_2}$ et $\vec{u_3}$ ne sont pas colinéaires.

Méthode
Si on trouve facilement un réel k tel que $x_{\vec{u}} = kx_{\vec{v}}$ (resp. $y_{\vec{u}} = ky_{\vec{v}}$), alors on peut vérifier si on a aussi $y_{\vec{u}} = ky_{\vec{v}}$ (resp. $x_{\vec{u}} = kx_{\vec{v}}$).

Déterminer une coordonnée d'un vecteur

→ Exercice 24

On se place dans un repère $(O\,;\,\vec{i},\,\vec{j})$.
Calculer le réel k pour que les vecteurs $\vec{u}\begin{pmatrix}-3\\7\end{pmatrix}$ et $\vec{v}\begin{pmatrix}k\\-5\end{pmatrix}$ soient colinéaires.

solution

$\vec{u}$ et $\vec{v}$ sont colinéaires si et seulement si la condition de colinéarité est vérifiée, c'est-à-dire si $(-3) \times (-5) - 7 \times k = 0$, ce qui équivaut à $k = \frac{15}{7}$. Ainsi $\vec{u}$ et $\vec{v}$ sont colinéaires lorsque $k = \frac{15}{7}$.

Trouver une égalité vectorielle

→ Exercices 71 et 84

Soit *ABCD* un parallélogramme de centre *O*.
Exprimer $\overrightarrow{AO}$ en fonction de $\overrightarrow{AB}$ et $\overrightarrow{AD}$.

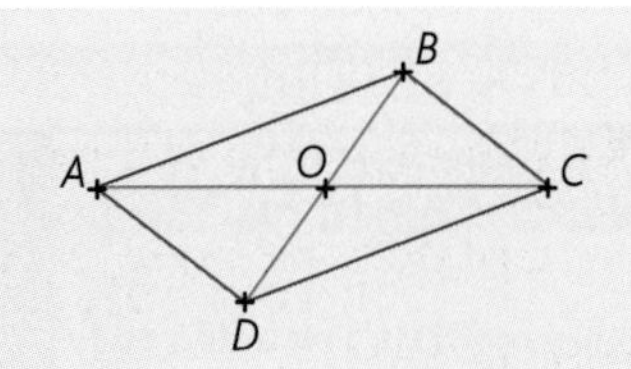

solution

D'après la règle du parallélogramme, $\overrightarrow{AC} = \overrightarrow{AB} + \overrightarrow{AD}$.
O est le centre du parallélogramme $ABCD$, donc O est le milieu de $[AC]$. D'où $\overrightarrow{AO} = \frac{1}{2}\overrightarrow{AC}$.
Par conséquent, $\overrightarrow{AO} = \frac{1}{2}(\overrightarrow{AB} + \overrightarrow{AD})$.

Rappel : *Règle du parallélogramme*
Soit *A*, *B*, *C* et *D* quatre points distincts ; *ABCD* est un parallélogramme si et seulement si $\overrightarrow{AB} + \overrightarrow{AD} = \overrightarrow{AC}$.

Démontrer que trois points sont alignés

→ Exercices 73 et 74

Soit *ABCD* un parallélogramme. *I* est le point tel que $\overrightarrow{AD} = 3\overrightarrow{AI}$ et *J* le point tel que $\overrightarrow{AJ} = \frac{1}{3}\overrightarrow{AB}$.
***K* est le point tel que *AIKJ* est un parallélogramme. Démontrer que les points *A*, *K* et *C* sont alignés.**

solution

ABCD et *AIJK* sont des parallélogrammes, donc d'après la règle du parallélogramme, $\overrightarrow{AC} = \overrightarrow{AD} + \overrightarrow{AB}$ (1) et $\overrightarrow{AK} = \overrightarrow{AI} + \overrightarrow{AJ}$ (2).
Or, par hypothèse, $\overrightarrow{AD} = 3\overrightarrow{AI}$ et $\overrightarrow{AB} = 3\overrightarrow{AJ}$, donc en remplaçant dans (1) : $\overrightarrow{AC} = 3\overrightarrow{AI} + 3\overrightarrow{AJ} = 3(\overrightarrow{AI} + \overrightarrow{AJ})$.
D'où $\overrightarrow{AC} = 3\overrightarrow{AK}$ d'après (2).
Ainsi, les vecteurs $\overrightarrow{AC}$ et $\overrightarrow{AK}$ sont colinéaires.
Par conséquent, les points A, K et C sont alignés.

Méthode
Pour montrer que les points *A*, *K* et *C* sont alignés, on peut montrer que les vecteurs $\overrightarrow{AK}$ et $\overrightarrow{AC}$ sont colinéaires.

2. Vecteur directeur Équation de droite

2.1 Vecteur directeur d'une droite

définition

Un vecteur est appelé **vecteur directeur d'une droite** lorsqu'il a la même direction que cette droite.

Exemple : les vecteurs $\vec{u}$ et $\overrightarrow{AB}$ sont colinéaires, donc le vecteur $\vec{u}$ a la même direction que la droite (AB), d'où $\vec{u}$ est un vecteur directeur de (AB).

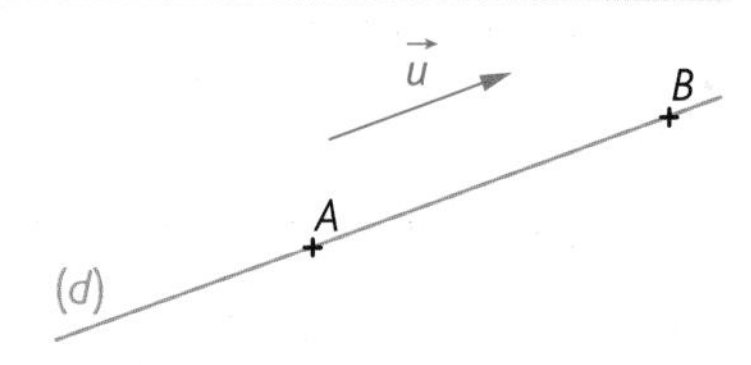

Le vecteur nul ne peut pas être un vecteur directeur de droite, car il n'a pas de direction.

propriété

Une droite a une infinité de vecteurs directeurs.

Conséquence : Tout vecteur non nul colinéaire à un vecteur $\overrightarrow{AB}$ est un vecteur directeur de la droite (AB).

Exemple : Les points A, B et C sont alignés.
La droite (AB) admet donc $\overrightarrow{AB}$ pour vecteur directeur, mais aussi n'importe quel vecteur non nul colinéaire à $\overrightarrow{AB}$, par exemple $\overrightarrow{BC}$, $\overrightarrow{BA}$, $3\overrightarrow{AB}$, $2\overrightarrow{CA}$...

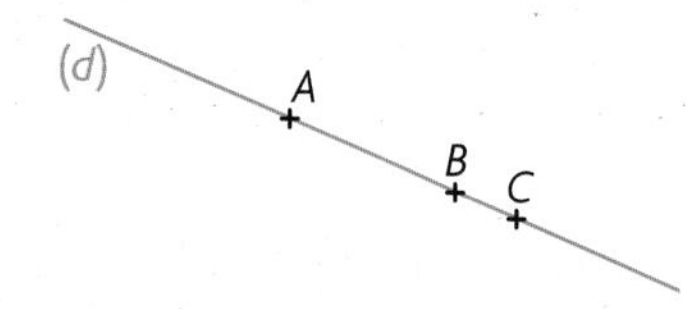

2.2 Équation cartésienne d'une droite

On se place dans un repère $(O\,;\,\vec{i},\,\vec{j})$ pour la suite du cours.

Rappel : Une équation de droite est une égalité vérifiée par les coordonnées x et y de tous les points de cette droite.

Conséquence : Pour vérifier qu'un point appartient à une droite, on s'assure que ses coordonnées vérifient l'équation de la droite.

Exemple : $A(3\,;\,-2)$ appartient à la droite d'équation $x + 4y + 5 = 0$, car :
$3 + 4 \times (-2) + 5 = 3 - 8 + 5 = 0$.

théorème

1. Toute droite du plan admet une équation de la forme $ax + by + c = 0$ où a, b et c sont des réels tels que $a \neq 0$ ou $b \neq 0$.
2. Toute relation de la forme $ax + by + c = 0$ (où a, b et c sont des réels tels que $a \neq 0$ ou $b \neq 0$) est une équation de droite.

Ce théorème est démontré page 316.

définition

Une équation de la forme $ax + by + c = 0$ (où a, b et c sont des réels fixés avec $a \neq 0$ ou $b \neq 0$) est appelée **équation cartésienne** de droite.

Reconnaître un vecteur directeur d'une droite

→ Exercices 25 et 31

Dans un repère $(O ; \vec{i}, \vec{j})$, on considère les points $A(5 ; -6)$ et $B(2 ; -1)$.

1. **Calculer les coordonnées du vecteur $\overrightarrow{AB}$.**
2. **Parmi les vecteurs suivants, lesquels sont vecteurs directeurs de la droite (AB) ?**

$$\vec{u_1}\begin{pmatrix} -1 \\ \frac{5}{3} \end{pmatrix} ; \quad \vec{u_2}\begin{pmatrix} -2 \\ 3{,}3 \end{pmatrix} ; \quad \vec{u_3}\begin{pmatrix} -13{,}5 \\ 22{,}5 \end{pmatrix}.$$

solution

1. On sait que $\overrightarrow{AB}\begin{pmatrix} x_B - x_A \\ y_B - y_A \end{pmatrix}$, d'où $\overrightarrow{AB}\begin{pmatrix} 2-5 \\ -1-(-6) \end{pmatrix}$. Ainsi $\overrightarrow{AB}$ a pour coordonnées $\begin{pmatrix} -3 \\ 5 \end{pmatrix}$.

2. • Pour les vecteurs $\vec{u_1}$ et $\overrightarrow{AB}$, $\begin{cases} -1 = \frac{1}{3} \times (-3) \\ \frac{5}{3} = \frac{1}{3} \times 5 \end{cases}$, donc $\vec{u_1} = \frac{1}{3}\overrightarrow{AB}$.
Ainsi $\vec{u_1}$ et $\overrightarrow{AB}$ sont colinéaires, $\vec{u_1}$ est un vecteur directeur de (AB).

> **Méthode**
> Vérifier si chacun des vecteurs $\vec{u_1}$, $\vec{u_2}$ et $\vec{u_3}$ est colinéaire au vecteur $\overrightarrow{AB}$.

• Pour les vecteurs $\vec{u_2}$ et $\overrightarrow{AB}$, on vérifie si la condition de colinéarité est remplie. $-2 \times 5 - (-3) \times 3{,}3 = -10 + 9{,}9 = -0{,}1$. La condition n'est pas remplie.
Ainsi, les vecteurs $\vec{u_2}$ et $\overrightarrow{AB}$ ne sont pas colinéaires, d'où $\vec{u_2}$ n'est pas un vecteur directeur de (AB).

• Pour les vecteurs $\vec{u_3}$ et $\overrightarrow{AB}$, on procède de même : $-13{,}5 \times 5 - (-3) \times 22{,}5 = -67{,}5 + 67{,}5 = 0$.
La condition de colinéarité est remplie.
Ainsi, les vecteurs $\vec{u_3}$ et $\overrightarrow{AB}$ sont colinéaires, d'où $\vec{u_3}$ est un vecteur directeur de (AB).

Démontrer l'appartenance d'un point à une droite

→ Exercices 66 et 67

Dans un repère $(O ; \vec{i}, \vec{j})$, on considère les points $A(4 ; -3)$, $B(2 ; 1)$, $C(-2 ; 6)$ et $D(3 ; -1)$.

1. **Donner une équation cartésienne de la droite (AB).**
2. **Les points C et D appartiennent-ils à la droite (AB) ?**
3. **Déterminer l'abscisse du point E d'ordonnée 3 qui appartient à la droite (AB).**

solution

1. Calculons les coordonnées du vecteur $\overrightarrow{AB}$ qui est un vecteur directeur de la droite (AB) :
$\overrightarrow{AB}\begin{pmatrix} x_B - x_A \\ y_B - y_A \end{pmatrix}$, soit $\overrightarrow{AB}\begin{pmatrix} 2-4 \\ 1-(-3) \end{pmatrix}$; ainsi $\overrightarrow{AB}\begin{pmatrix} -2 \\ 4 \end{pmatrix}$.
$M(x ; y)$ est un point de (AB) si et seulement si les vecteurs $\overrightarrow{AM}$ et $\overrightarrow{AB}$ sont colinéaires.

> **Rappel**
> Le point $M(x ; y)$ est un point de la droite (AB) si et seulement si les vecteurs $\overrightarrow{AM}$ et $\overrightarrow{AB}$ sont colinéaires.

$M(x ; y) \in (AB) \Leftrightarrow (x - x_A) \times y_{\overrightarrow{AB}} - x_{\overrightarrow{AB}} \times (y - y_A) = 0 \Leftrightarrow 4(x-4) + 2(y-(-3)) = 0 \Leftrightarrow 4x + 2y - 10 = 0.$
Ainsi, une équation cartésienne de la droite (AB) est $2x + y - 5 = 0$.

2. D'après le rappel de la page de cours ci-contre, le point C appartient à la droite (AB) si et seulement si ses coordonnées vérifient l'équation de la droite $2x_c + y_c - 5 = 2 \times (-2) + 6 - 5 = -3$.
$2x_c + y_c - 5 \neq 0$, donc C n'appartient pas à la droite (AB).
De même, pour le point D : $2x_D + y_D - 5 = 2 \times 3 + (-1) - 5 = 6 - 1 - 5 = 0$.
Les coordonnées de D vérifient l'équation de la droite (AB). Ainsi D appartient à la droite (AB).

3. Par hypothèse, le point E appartient à la droite (AB), donc ses coordonnées vérifient :
$2x_E + y_E - 5 = 0$, soit $2x_E + 3 - 5 = 0$, d'où $x_E = 1$. Ainsi l'abscisse du point E est 1.

COURS

3. Lien entre vecteur directeur et équation

3.1 Du vecteur directeur à l'équation de droite

proposition

Lorsqu'on connaît les coordonnées d'un point et d'un vecteur directeur d'une droite, on peut déterminer une équation cartésienne de cette droite.

Démonstration : Soit (d) une droite, $A(x_A\,;\,y_A)$ un point de (d) et $\vec{u}\begin{pmatrix}\alpha\\\beta\end{pmatrix}$ un de ses vecteurs directeurs.
Cherchons une équation cartésienne de la droite (d).
$M(x\,;\,y)$ est un point de (d) si, et seulement si, les vecteurs $\overrightarrow{AM}$ et $\vec{u}$ sont colinéaires :
$M(x\,;\,y) \in (d) \Leftrightarrow (x - x_A) \times \beta - \alpha \times (y - y_A) = 0$
$\Leftrightarrow \beta x - \alpha y + (\alpha y_A - \beta x_A) = 0.$
Une équation de la droite (d) est donc :

$$ax + by + c = 0 \text{ avec } a = \beta\,;\ b = -\alpha \text{ et } c = \alpha y_A - \beta x_A.$$

3.2 De l'équation de droite au vecteur directeur

Cette propriété est démontrée page 317.

propriété

Soit m un nombre réel. Le vecteur de coordonnées $\begin{pmatrix}1\\m\end{pmatrix}$ est un vecteur directeur de toute droite d'équation $y = mx + p$ où p est un nombre réel.
Tout vecteur de coordonnées $\begin{pmatrix}0\\\lambda\end{pmatrix}$, où λ est un réel, est un vecteur directeur de la droite d'équation $x = k$ où k est un nombre réel.

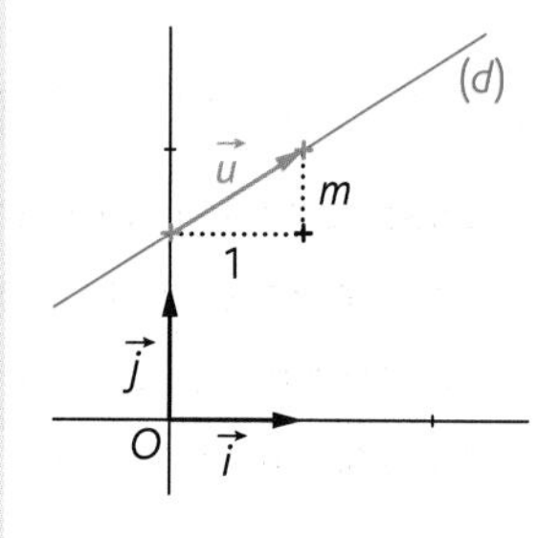

Lorsqu'on connaît le coefficient directeur m d'une droite, on connaît les coordonnées d'un vecteur directeur de cette droite : $\begin{pmatrix}1\\m\end{pmatrix}$.

conséquence

Le vecteur de coordonnées $\begin{pmatrix}-b\\a\end{pmatrix}$ est un vecteur directeur de toute droite d'équation $ax + by + c = 0$ où a, b et c sont des nombres réels avec $a \neq 0$ ou $b \neq 0$.

Tout vecteur non nul dont les coordonnées sont proportionnelles à $\begin{pmatrix}1\\m\end{pmatrix}$ est un vecteur directeur d'une droite d'équation $y = mx + p$.

Exemples :

- Un vecteur directeur de la droite d'équation $y = -3x + 4$ est le vecteur de coordonnées $\begin{pmatrix}1\\-3\end{pmatrix}$. Tout vecteur non nul dont les cordonnées sont proportionnelles à $\begin{pmatrix}1\\-3\end{pmatrix}$ est un vecteur directeur de cette droite ; par exemple $\begin{pmatrix}-2\\6\end{pmatrix}$.
- La droite d'équation $5x - 2y + 3 = 0$ a pour vecteur directeur le vecteur de coordonnées $\begin{pmatrix}2\\5\end{pmatrix}$.

De même, le vecteur de coordonnées $\begin{pmatrix}6\\15\end{pmatrix}$ est un vecteur directeur de cette droite.

Trouver une équation cartésienne de droite

→ Exercices 45 et 46

Donner une équation cartésienne de la droite (*d*) passant par le point *A* de coordonnées (5 ; 2), de vecteur directeur $\vec{u}\begin{pmatrix}-3\\4\end{pmatrix}$.

solution

Première méthode (paragraphe 3.1 ci-contre)

Un point $M(x\,;\,y)$ appartient à la droite (*d*) si, et seulement si, les vecteurs $\overrightarrow{AM}$ et $\vec{u}$ sont colinéaires.

Or $\overrightarrow{AM}$ a pour coordonnées $\begin{pmatrix}x-5\\y-2\end{pmatrix}$.

Donc $M(x\,;\,y) \in (d) \Leftrightarrow 4(x-5)-(-3)(y-2)=0$

$\Leftrightarrow 4x-20+3y-6=0$.

Ainsi, une équation cartésienne de la droite (*d*) est $4x+3y-26=0$.

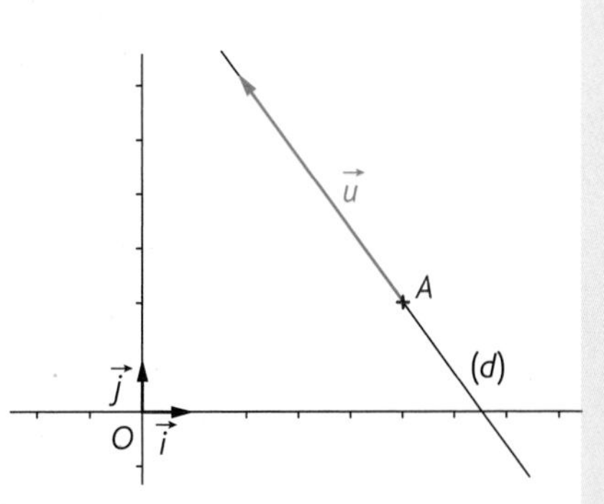

Seconde méthode (conséquence du paragraphe 3.2 ci-contre)

$\vec{u}\begin{pmatrix}-3\\4\end{pmatrix}$ est un vecteur directeur de la droite (*d*), donc une équation de la droite (*d*) est de la forme $4x+3y+c=0$ avec c un réel.

Or, le point A appartient à la droite (*d*), donc ses coordonnées vérifient l'équation de la droite (*d*).

D'où $4\times 5+3\times 2+c=0$, ainsi $c=-26$.

Donc la droite (*d*) a pour équation cartésienne $4x+3y-26=0$.

Reconnaître des droites parallèles

→ Exercices 31, 66 et 67

1. **Dans un plan muni d'un repère $(O\,;\,\vec{i},\vec{j})$, tracer la droite (*d*) d'équation $6x-3y+1=0$ et la droite (*d'*) d'équation $y=2x-3$.**
2. **Comment semblent être ces droites l'une par rapport à l'autre ?**
3. **Le démontrer.**

solution

1.

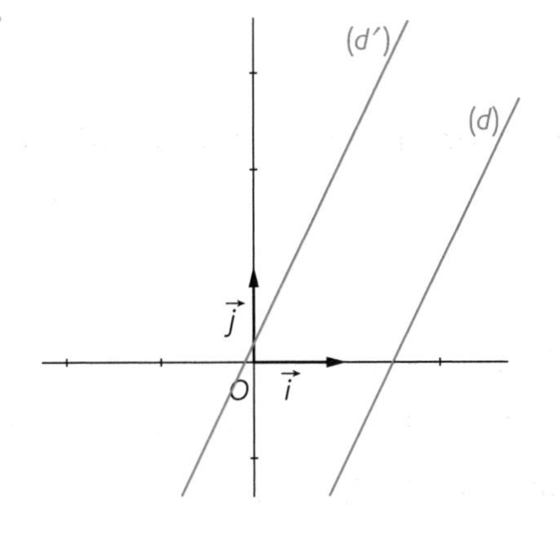

Indice

Deux droites sont parallèles si, et seulement si, leurs vecteurs directeurs sont colinéaires.

2. Les droites (*d*) et (*d'*) semblent parallèles.
3. Puisque la droite (*d*) a pour équation $6x-3y+1=0$, un vecteur directeur de la droite (*d*) est le vecteur $\vec{u}\begin{pmatrix}3\\6\end{pmatrix}$.

   Puisque (*d'*) a pour équation $y=2x-3$, un vecteur directeur de la droite (*d'*) est le vecteur $\vec{v}\begin{pmatrix}1\\2\end{pmatrix}$.

   Or $\vec{u}=3\vec{v}$, ce qui signifie que les vecteurs $\vec{u}$ et $\vec{v}$ sont colinéaires.

   Par conséquent, les droites (*d*) et (*d'*) sont parallèles.

1. Négation

• Définition

La **négation** d'une proposition $\mathcal{P}$ signifie que cette proposition n'est pas vérifiée. Elle est notée **« non $\mathcal{P}$ »**.

• Négation des quantificateurs $\forall$ et $\exists$ (voir page 18)

En mathématiques, la négation n'est pas forcément obtenue en ajoutant « ne pas ». Il faut changer le quantificateur. En effet, si une proposition n'est pas vraie **pour tout** objet mathématique, c'est qu'il **existe** des objets mathématiques pour lesquels elle n'est pas vraie.

Par exemple : $\mathcal{P}$: « $\forall\ \alpha \in \mathbb{R}$, $\vec{u}\begin{pmatrix}\alpha\\-1\end{pmatrix}$ est un vecteur directeur de la droite (d). »

non $\mathcal{P}$: « $\exists\ \alpha \in \mathbb{R}$ tel que $\vec{u}\begin{pmatrix}\alpha\\-1\end{pmatrix}$ **n'est pas** un vecteur directeur de la droite (d). ».

De même, **s'il n'existe pas** d'objet mathématique pour lequel une proposition est vraie, c'est que **pour tout** objet mathématique, elle est fausse.

Par exemple : $\mathcal{P}$: « $\exists\, x \in \mathbb{R}$ tel que $\vec{u}\begin{pmatrix}3\\x\end{pmatrix}$ est colinéaire à $\vec{v}$. »

non $\mathcal{P}$: « $\forall\, x \in \mathbb{R}$, $\vec{u}\begin{pmatrix}3\\x\end{pmatrix}$ **n'est pas** colinéaire à $\vec{v}$. ».

• Négation de « et », négation de « ou »

Considérons deux propositions $\mathcal{P}$ et $\mathcal{Q}$.

• Non « $\mathcal{P}$ et $\mathcal{Q}$ » est « non $\mathcal{P}$ ou non $\mathcal{Q}$ ».

Par exemple :

La négation de « La droite (d_1) n'est pas parallèle à la droite (d_2) **et** n'est pas parallèle à la droite (d_3). »
est : « La droite (d_1) est parallèle à la droite (d_2) **ou** est parallèle à la droite (d_3). ».

• Non « $\mathcal{P}$ ou $\mathcal{Q}$ » est « non $\mathcal{P}$ et non $\mathcal{Q}$ ».

Par exemple :

La négation de « L'équation de $\mathcal{C}$ est de la forme $y = ax + b$ **ou** $x = c$. ».
est : « L'équation de $\mathcal{C}$ **n'est pas** de la forme $y = ax + b$ **et** n'est pas de la forme $x = c$. ».

2. Contraposée

L'implication « $\mathcal{H} \Rightarrow \mathcal{C}$ » indique que si l'hypothèse $\mathcal{H}$ est vraie, alors la conclusion $\mathcal{C}$ est vraie (voir page 62).

• Définition

On appelle **proposition contraposée** de l'implication « $\mathcal{H} \Rightarrow \mathcal{C}$ » l'implication « non $\mathcal{C}$ » $\Rightarrow$ « non $\mathcal{H}$ ».

• Propriété

Une implication et sa contraposée sont équivalentes, c'est-à-dire lorsque l'une des deux est vraie, l'autre l'est aussi.

Par exemple : La contraposée de « Si un élève est malade, alors il ne va pas en cours. »
est : « Si un élève va en cours, alors il n'est pas malade. ».

• Application : Pour démontrer qu'une implication est vraie, on peut démontrer que sa contraposée est vraie.

À vous de jouer

1 Donner la négation des phrases suivantes.

1. Alexandre prend le bus n° 3 ou le bus n° 10.
2. $\forall\, x \in \mathbb{R}$, $f(x) \geqslant 3$.
3. Il existe un point de la droite (AB) d'ordonnée 4.

2 Donner la contraposée des implications.

1. Si un quadrilatère est un rectangle, alors il a deux côtés perpendiculaires.
2. Si un point I est le milieu d'un segment [AB], alors il appartient à la médiatrice du segment [AB].

3 Le point C appartient au segment [AB].
$AC = 2$ cm ; $AB = 8$ cm et $AD = 6$ cm.

Démontrer que si $AE = 1{,}6$ cm, alors les points A, E et D ne sont pas alignés.

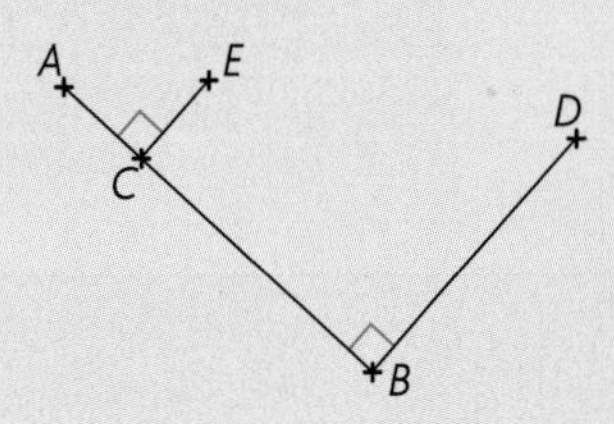

INDICE

On peut démontrer que si les points A, E et D sont alignés, alors $AE \neq 1{,}6$ cm.

Démonstration commentée

Propriété

On considère deux vecteurs $\vec{u}\begin{pmatrix} x \\ y \end{pmatrix}$ et $\vec{v}\begin{pmatrix} x' \\ y' \end{pmatrix}$.

$\vec{u}$ et $\vec{v}$ sont colinéaires, si et seulement si, $xy' - x'y = 0$.

Démonstration

Soit $\vec{u}$ et $\vec{v}$ deux vecteurs non nuls.

① On démontre d'abord la première implication (voir page 276).

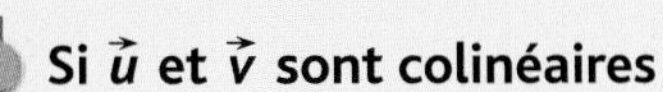

① Si $\vec{u}$ et $\vec{v}$ sont colinéaires

Il existe un réel k tel que $\vec{u} = k\vec{v}$.

Donc $x = kx'$ (1) et $y = ky'$ (2).

En multipliant les deux membres de (1) par y', on obtient :

$$xy' = kx'y'.$$

En multipliant les deux membres de (2) par x', on obtient :

$$x'y = kx'y'.$$

D'où $xy' - x'y = kx'y' - kx'y'$.

Par conséquent $xy' - x'y = 0$.

② On démontre ensuite la réciproque (voir page 276).

② Si $xy' - x'y = 0$

Puisque $\vec{v}$ est non nul, l'une au moins de ses coordonnées est non nulle.

On suppose $x' \neq 0$ et on pose $k = \frac{x}{x'}$.

On obtient $\boldsymbol{x = kx'}$.

D'où, en multipliant chaque membre par y', on obtient $x'y = kx'y'$.

Par hypothèse $xy' - x'y = 0$, donc $kx'y' - x'y = 0$, c'est-à-dire :

$$x'(ky' - y) = 0.$$

Or $x' \neq 0$, donc $\boldsymbol{y = ky'}$.

Par suite $\vec{u} = k\vec{v}$.

Ceci signifie que $\vec{u}$ et $\vec{v}$ sont colinéaires.

Remarque

Si $\vec{u} = \vec{0}$ ou $\vec{v} = \vec{0}$, alors l'équivalence est évidente.

En effet, le vecteur nul est colinéaire à tout vecteur.

Le saviez-vous ?

Le nombre $xy' - x'y$ est appelé déterminant des vecteurs $\vec{u}\begin{pmatrix} x \\ y \end{pmatrix}$ et $\vec{v}\begin{pmatrix} x' \\ y' \end{pmatrix}$.

On le note $\det(\vec{u}, \vec{v})$, ou $\begin{vmatrix} x & x' \\ y & y' \end{vmatrix}$.

Démonstration commentée

Propriété

a. Toute droite du plan admet une équation de la forme $ax + by + c = 0$ où a, b et c sont des réels tels que $a \neq 0$ ou $b \neq 0$.

b. Toute relation de la forme $ax + by + c = 0$ (où a, b et c sont des réels tels que $a \neq 0$ ou $b \neq 0$) est une équation de droite.

Démonstration

a. On a vu en classe de Seconde qu'une droite admet une équation de la forme :

- $x = k$ si elle est parallèle à l'axe des ordonnées ;
- $y = mx + p$ pour les autres cas (où k, m et p sont des réels).

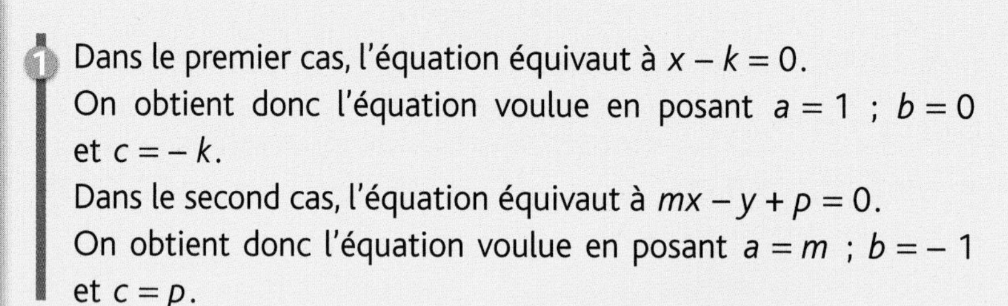

① Dans le premier cas, l'équation équivaut à $x - k = 0$.
On obtient donc l'équation voulue en posant $a = 1$; $b = 0$ et $c = -k$.
Dans le second cas, l'équation équivaut à $mx - y + p = 0$.
On obtient donc l'équation voulue en posant $a = m$; $b = -1$ et $c = p$.

> ① On fait ici une démonstration par disjonction de cas (voir page 360).
> En effet, les équations réduites de droites ont des formes différentes lorsque les droites sont parallèles à l'axe des ordonnées ou non.

b. Réciproquement, considérons la relation $ax + by + c = 0$ où a, b et c sont des réels tels que $a \neq 0$ ou $b \neq 0$.

② • Si $b \neq 0$, alors cette équation équivaut à $y = -\frac{a}{b}x - \frac{c}{b}$.
Ce résultat est l'équation réduite de la droite de coefficient directeur $-\frac{a}{b}$ et d'ordonnée à l'origine $-\frac{c}{b}$.
• Si $b = 0$, alors $a \neq 0$ et l'équation $ax + by + c = 0$ s'écrit $ax + c = 0$, c'est-à-dire $x = -\frac{c}{a}$.
Ce résultat est l'équation réduite d'une droite parallèle à l'axe des abscisses.

> ② On fait de nouveau une démonstration par disjonction de cas.
> En effet, on doit diviser par b pour obtenir l'équation réduite, mais b doit être non nul.
> On doit donc aussi vérifier que la propriété est vraie lorsque $b = 0$.

À vous de jouer

1. Mettre chacune de ces équations sous la forme $ax + by + c = 0$ où a, b et c sont des nombres entiers à déterminer.

1. $y = -\frac{3}{5}x + 2$; 2. $x = -\frac{1}{4}$; 3. $y = \frac{2}{3}$.

2. Mettre chacune de ces équations sous la forme réduite $y = mx + p$ où m et p sont des réels à déterminer.

1. $4x - 5y + 2 = 0$; 2. $x - 2y + 6 = 0$; 3. $4y - 1 = 0$.

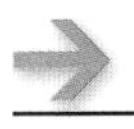

Démonstration

Propriété

- Soit m un nombre réel. Le vecteur de coordonnées $\begin{pmatrix}1\\m\end{pmatrix}$ est un vecteur directeur de toute droite d'équation $y = mx + p$ où p est un nombre réel.
- Tout vecteur de coordonnées $\begin{pmatrix}0\\\lambda\end{pmatrix}$, avec λ réel, est un vecteur directeur de la droite d'équation $x = k$.

Démonstration

- Soit (d) la droite d'équation $y = mx + p$ où m et p sont deux réels fixés.
Alors les points $A(0\,;p)$ et $B(1\,;m+p)$ appartiennent à la droite (d), puisque leurs coordonnées vérifient l'équation de la droite (d).
Or $\overrightarrow{AB}$, qui est un vecteur directeur de la droite (d), a pour coordonnées $\begin{pmatrix}1\\m\end{pmatrix}$.
- Une droite d'équation $x = k$ est parallèle à l'axe des ordonnées, donc ses vecteurs directeurs ont une abscisse nulle.

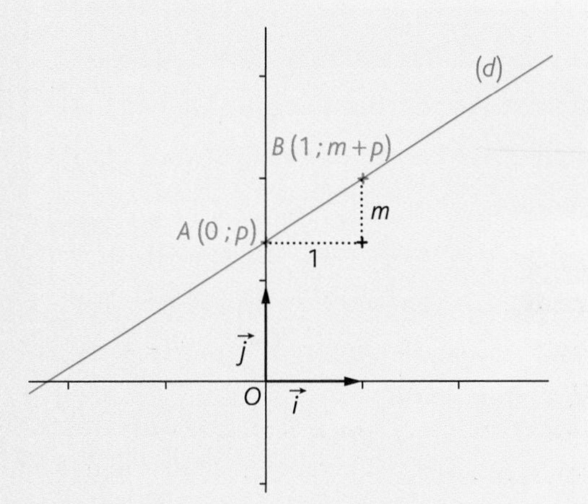

Conséquence

Le vecteur de coordonnées $\begin{pmatrix}-b\\a\end{pmatrix}$ est un vecteur directeur de toute droite d'équation $ax+by+c=0$ où a, b et c sont des nombres réels avec $a \neq 0$ ou $b \neq 0$.

Démonstration

Si une droite a pour équation $ax + by + c = 0$, alors :
- si $b = 0$, son équation s'écrit $ax + c = 0$; elle est donc de la forme $x = k$. Ainsi, d'après la propriété, le vecteur de coordonnées $\begin{pmatrix}0\\a\end{pmatrix}$ est un vecteur directeur de cette droite.
- si $b \neq 0$, l'équation de la droite s'écrit $y = -\frac{a}{b}x - \frac{c}{b}$. Ainsi, d'après la propriété, le vecteur de coordonnées $\vec{u}\begin{pmatrix}1\\-\frac{a}{b}\end{pmatrix}$ est un vecteur directeur de cette droite, donc $-b\vec{u}\begin{pmatrix}-b\\a\end{pmatrix}$ est un vecteur directeur de cette droite.

À vous de jouer

Démontrer que deux droites (d) et (d') d'équations cartésiennes respectives $ax + by + c = 0$ et $a'x + b'y + c' = 0$ sont parallèles si et seulement si $ab' - a'b = 0$.

1. Démontrer un parallélisme de droites

Soit A, B et C trois points non alignés.

Soit D et E les points tels que $\overrightarrow{BD} = \frac{4}{3}\overrightarrow{BC}$ et $\overrightarrow{DE} = \frac{1}{4}\overrightarrow{DA}$.

Le but de l'exercice est de démontrer que la droite (AB) est parallèle à la droite (CE).

1. **Construire une figure.**
2. Première méthode : calcul vectoriel
   a. **Exprimer le vecteur $\overrightarrow{AB}$ en fonction des vecteurs $\overrightarrow{BC}$ et $\overrightarrow{AD}$.**
   b. **Exprimer le vecteur $\overrightarrow{CE}$ en fonction des vecteurs $\overrightarrow{BC}$ et $\overrightarrow{AD}$.**
   c. **En déduire que les droites (AB) et (CE) sont parallèles.**
3. Deuxième méthode : avec des coordonnées
   On se place dans le repère $(B\ ;\overrightarrow{BC}, \overrightarrow{BA})$.
   a. **Calculer les coordonnées des points C et E dans ce repère.**
   b. **Calculer les coordonnées des vecteurs $\overrightarrow{BA}$ et $\overrightarrow{CE}$.**
   c. **Conclure.**
4. Troisième méthode : avec des configurations
   a. **Exprimer DC en fonction de DB, puis DE en fonction de DA.**
   b. **Comparer les quotients $\frac{DC}{DB}$ et $\frac{DE}{DA}$, puis conclure.**

solution

1.

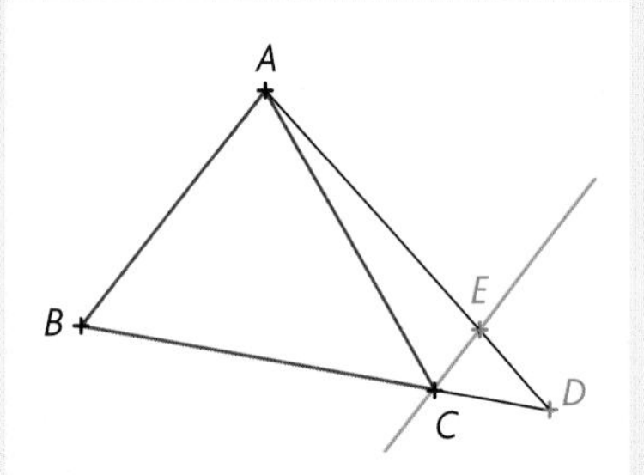

2. Première méthode

a. D'après la relation de Chasles : $\overrightarrow{AB} = \overrightarrow{AD} + \overrightarrow{DB}$.
Or $\overrightarrow{BD} = \frac{4}{3}\overrightarrow{BC}$, donc $\boldsymbol{\overrightarrow{AB} = \overrightarrow{AD} - \frac{4}{3}\overrightarrow{BC}}$.

b. D'après la relation de Chasles : $\overrightarrow{CE} = \overrightarrow{CB} + \overrightarrow{BD} + \overrightarrow{DE}$.
Or $\overrightarrow{BD} = \frac{4}{3}\overrightarrow{BC}$ et $\overrightarrow{DE} = \frac{1}{4}\overrightarrow{DA}$, donc $\overrightarrow{CE} = -\overrightarrow{BC} + \frac{4}{3}\overrightarrow{BC} + \frac{1}{4}\overrightarrow{DA}$.
D'où $\boldsymbol{\overrightarrow{CE} = \frac{1}{3}\overrightarrow{BC} - \frac{1}{4}\overrightarrow{AD}}$.

c. On obtient donc $\boldsymbol{\overrightarrow{CE} = -\frac{1}{4}\overrightarrow{AB}}$. Ainsi, les vecteurs $\overrightarrow{CE}$ et $\overrightarrow{AB}$ sont colinéaires.
Par conséquent, les droites (CE) et (AB) sont parallèles.

> **Méthode**
> Pour démontrer un parallélisme de droites, on peut trouver des vecteurs colinéaires.

3. Deuxième méthode

a. Dans le repère $(B\ ;\overrightarrow{BC}, \overrightarrow{BA})$, le point C a pour coordonnées $(1\ ;0)$.
On a aussi $B(0\ ;0)$ et $A(0\ ;1)$.
Par hypothèse $\overrightarrow{BD} = \frac{4}{3}\overrightarrow{BC}$:

$$\text{soit } \begin{cases} x_D - x_B = \frac{4}{3}(x_C - x_B) \\ y_D - y_B = \frac{4}{3}(y_C - y_B) \end{cases}, \text{ d'où } D\left(\frac{4}{3}\ ;0\right).$$

De même $\overrightarrow{DE} = \frac{1}{4}\overrightarrow{DA}$:

$$\text{donc } \begin{cases} x_E - x_D = \frac{1}{4}(x_A - x_D) \\ y_E - y_D = \frac{1}{4}(y_A - y_D) \end{cases}, \text{ d'où } \begin{cases} x_E - \frac{4}{3} = \frac{1}{4}\left(-\frac{4}{3}\right). \\ y_E = \frac{1}{4} \times 1 \end{cases}$$

Ainsi, le point E a pour coordonnées $\left(1 \,;\, \frac{1}{4}\right)$.

b. $\overrightarrow{BA}\begin{pmatrix}0\\1\end{pmatrix}$.

$\overrightarrow{CE}\begin{pmatrix}x_E - x_C\\ y_E - y_C\end{pmatrix}$, d'où $\overrightarrow{CE}\begin{pmatrix}0\\ \frac{1}{4}\end{pmatrix}$.

c. On remarque que $\overrightarrow{CE} = \frac{1}{4}\overrightarrow{BA}$, donc les vecteurs $\overrightarrow{CE}$ et $\overrightarrow{BA}$ sont colinéaires.

Par conséquent, les droites (CE) et (AB) sont parallèles.

4. Troisième méthode

a. • $\overrightarrow{BD} = \frac{4}{3}\overrightarrow{BC}$, donc, d'après la relation de Chasles, on a $\overrightarrow{BD} = \frac{4}{3}(\overrightarrow{BD} + \overrightarrow{DC})$.

On isole alors $\overrightarrow{DC}$; on a $\frac{4}{3}\overrightarrow{DC} = -\frac{1}{3}\overrightarrow{BD}$, ainsi $\overrightarrow{DC} = -\frac{1}{4}\overrightarrow{BD}$.

Donc $DC = \frac{1}{4}BD$.

• $\overrightarrow{DE} = \frac{1}{4}\overrightarrow{DA}$, donc $DE = \frac{1}{4}DA$.

b. On a donc $\frac{DC}{DB} = \frac{1}{4}$ et $\frac{DE}{DA} = \frac{1}{4}$.

Ainsi dans le triangle ABD :

- les points D, E et A sont alignés dans cet ordre ;
- les points D, C et B sont alignés dans cet ordre ;
- $\frac{DC}{DB} = \frac{DE}{DA}$.

Donc, d'après la réciproque du théorème de Thalès, les droites (CE) et (AB) sont parallèles.

Entraînez-vous

1\. 1. Construire un triangle MNP et placer les points R et S tels que :

$$\overrightarrow{MR} = \frac{5}{3}\overrightarrow{MP} \text{ et } \overrightarrow{NS} = \frac{2}{5}\overrightarrow{NM}.$$

2\. Démontrer que les droites (SP) et (NR) sont parallèles.

2\. Sur la figure ci-contre, ABC est un triangle. E, F et G sont les points définis par :

$\overrightarrow{AE} = -\frac{2}{3}\overrightarrow{AB}$;

$\overrightarrow{AF} = -\frac{1}{2}\overrightarrow{AC}$;

$\overrightarrow{AG} = \frac{3}{4}\overrightarrow{AC}$.

Démontrer que les droites (FE) et (BG) sont parallèles.

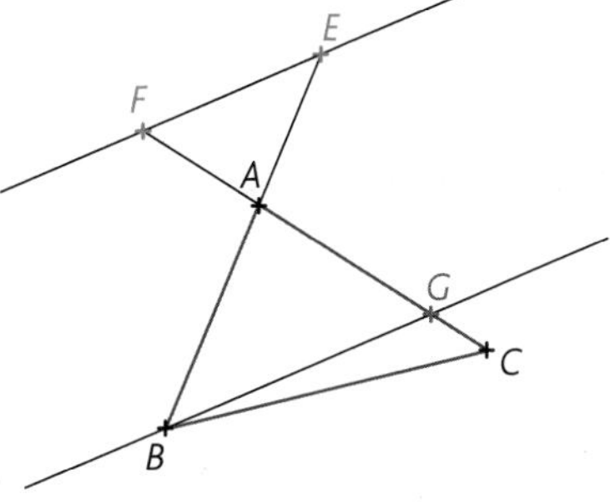

→ Indice

1\. On peut exprimer les vecteurs $\overrightarrow{SP}$ et $\overrightarrow{NR}$ en fonction des vecteurs $\overrightarrow{NM}$ et $\overrightarrow{MP}$.

2\. On peut :
- exprimer chacun des vecteurs $\overrightarrow{FE}$ et $\overrightarrow{BG}$ en fonction des vecteurs $\overrightarrow{AB}$ et $\overrightarrow{AC}$;
- chercher les coordonnées des points F, E, B et G dans le repère $(A \,;\, \overrightarrow{AB}, \overrightarrow{AC})$;
- comparer les quotients $\frac{AF}{AG}$ et $\frac{AE}{AB}$.

2. Démontrer un alignement de points

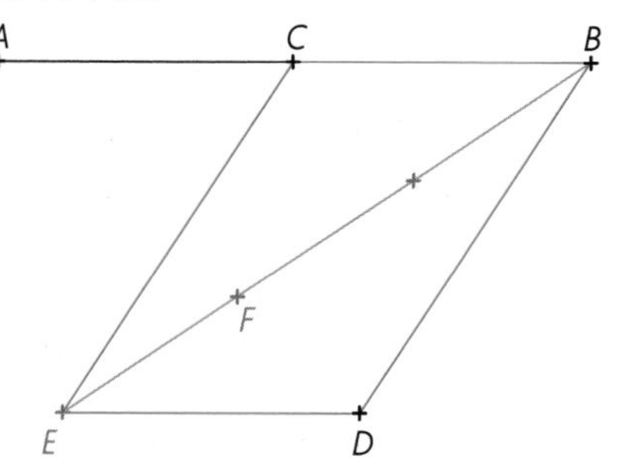

$[AB]$ est un segment de milieu C.

D et E sont deux points tels que $CBDE$ est un parallélogramme.

F est le point tel que $\overrightarrow{EF} = \frac{1}{3}\overrightarrow{EB}$.

Le <u>but de l'exercice</u> est de démontrer que les points A, F et D sont alignés.

1. Première méthode : calcul vectoriel

a. **Exprimer le vecteur $\overrightarrow{AF}$, puis le vecteur $\overrightarrow{FD}$ en fonction des vecteurs $\overrightarrow{ED}$ et $\overrightarrow{BE}$.**

b. **En déduire une expression du vecteur $\overrightarrow{AF}$ en fonction du vecteur $\overrightarrow{FD}$ et conclure.**

2. Seconde méthode : avec des coordonnées

On se place dans le repère $(E\ ;\ \overrightarrow{ED}, \overrightarrow{EC})$.

a. **Donner les coordonnées des points D, A et F dans ce repère.**

b. **En déduire les coordonnées des vecteurs $\overrightarrow{DA}$ et $\overrightarrow{DF}$.**

c. **Conclure.**

solution

1. Première méthode

a. • Exprimons le vecteur $\overrightarrow{AF}$ en fonction des vecteurs $\overrightarrow{ED}$ et $\overrightarrow{BE}$.

D'après la relation de Chasles, $\overrightarrow{AF} = \overrightarrow{AB} + \overrightarrow{BE} + \overrightarrow{EF}$.

Par hypothèse :

- C est le milieu de $[AB]$, donc $\overrightarrow{AB} = 2\overrightarrow{CB}$;
- $CBDE$ est un parallélogramme, donc $\overrightarrow{CB} = \overrightarrow{ED}$, d'où $\overrightarrow{AB} = 2\overrightarrow{ED}$;
- $\overrightarrow{EF} = \frac{1}{3}\overrightarrow{EB}$.

Finalement $\overrightarrow{AF} = 2\overrightarrow{ED} + \overrightarrow{BE} + \frac{1}{3}\overrightarrow{EB}$, soit $\boldsymbol{\overrightarrow{AF} = 2\overrightarrow{ED} + \frac{2}{3}\overrightarrow{BE}}$.

• Exprimons le vecteur $\overrightarrow{FD}$ en fonction des vecteurs $\overrightarrow{ED}$ et $\overrightarrow{BE}$.

D'après la relation de Chasles, $\overrightarrow{FD} = \overrightarrow{FE} + \overrightarrow{ED}$. Donc $\boldsymbol{\overrightarrow{FD} = \frac{1}{3}\overrightarrow{BE} + \overrightarrow{ED}}$.

b. On remarque que $\boldsymbol{\overrightarrow{AF} = 2\overrightarrow{FD}}$.

Par conséquent, les vecteurs $\overrightarrow{AF}$ et $\overrightarrow{FD}$ sont colinéaires, ce qui signifie que

les points A, D et F sont alignés.

> **MÉTHODE**
> Pour démontrer un alignement de points, on peut démontrer que des vecteurs, correctement choisis, sont colinéaires.

2. Seconde méthode

a. • Dans le repère $(E\ ;\ \overrightarrow{ED}, \overrightarrow{EC})$, D a pour coordonnées $(1\ ;0)$.

• Pour déterminer les coordonnées du point A dans le repère $(E\ ;\ \overrightarrow{ED}, \overrightarrow{EC})$, on cherche à exprimer le vecteur $\overrightarrow{EA}$ en fonction des vecteurs $\overrightarrow{ED}$ et $\overrightarrow{EC}$.

D'après la relation de Chasles : $\overrightarrow{EA} = \overrightarrow{EC} + \overrightarrow{CA}$.

Par hypothèse C est le milieu du segment $[AB]$, donc $\overrightarrow{CA} = -\overrightarrow{CB}$;

$CBDE$ est un parallélogramme, donc $\overrightarrow{CB} = \overrightarrow{ED}$.

Finalement $\overrightarrow{EA} = -\overrightarrow{ED} + \overrightarrow{EC}$.

Ainsi A a pour coordonnées $(-1\ ;1)$.

- De même, pour le point F, on cherche à exprimer le vecteur $\overrightarrow{EF}$ en fonction des vecteurs $\overrightarrow{ED}$ et $\overrightarrow{EC}$.
  Par hypothèse $\overrightarrow{EF} = \frac{1}{3}\overrightarrow{EB}$.
  D'après la règle du parallélogramme : $\overrightarrow{EB} = \overrightarrow{ED} + \overrightarrow{EC}$.
  Finalement : $\overrightarrow{EF} = \frac{1}{3}(\overrightarrow{ED} + \overrightarrow{EC}) = \frac{1}{3}\overrightarrow{ED} + \frac{1}{3}\overrightarrow{EC}$.
  Ainsi F a pour coordonnées $\left(\frac{1}{3} ; \frac{1}{3}\right)$.

b. $\overrightarrow{DA}$ a pour coordonnées $\begin{pmatrix} x_A - x_D \\ y_A - y_D \end{pmatrix}$, soit $\begin{pmatrix} -2 \\ 1 \end{pmatrix}$.

$\overrightarrow{DF}$ a pour coordonnées $\begin{pmatrix} x_F - x_D \\ y_F - y_D \end{pmatrix}$, soit $\begin{pmatrix} -\frac{2}{3} \\ \frac{1}{3} \end{pmatrix}$.

c. D'après les résultats de la question précédente, $\overrightarrow{DA} = 3\overrightarrow{DF}$.
Les vecteurs $\overrightarrow{DA}$ et $\overrightarrow{DF}$ sont donc colinéaires, ce qui signifie que **les points A, D et F sont alignés.**

Remarque
Ces deux méthodes sont identiques aux deux premières méthodes utilisées pour démonter un parallélisme de droites (voir exercice résolu 1 à la page 318).

Entraînez-vous

1. Soit $MNPQ$ un parallélogramme. Le point R est le symétrique du point Q par rapport au point N. Les points S et T sont définis par :
   $\overrightarrow{MS} = -4\overrightarrow{MP}$ et $\overrightarrow{MT} = 4\overrightarrow{MN}$.
   Démontrer que les points T, R et S sont alignés.

2. Sur la figure ci-dessous, ABC est un triangle. E, F et G sont les points définis par :
   $\overrightarrow{AE} = -\frac{1}{3}\overrightarrow{AB}$;
   $\overrightarrow{AF} = \frac{1}{4}\overrightarrow{AC} + \frac{1}{3}\overrightarrow{AB}$;
   $\overrightarrow{BG} = \frac{1}{2}\overrightarrow{AC}$.
   Démontrer que les points E, F et G sont alignés.

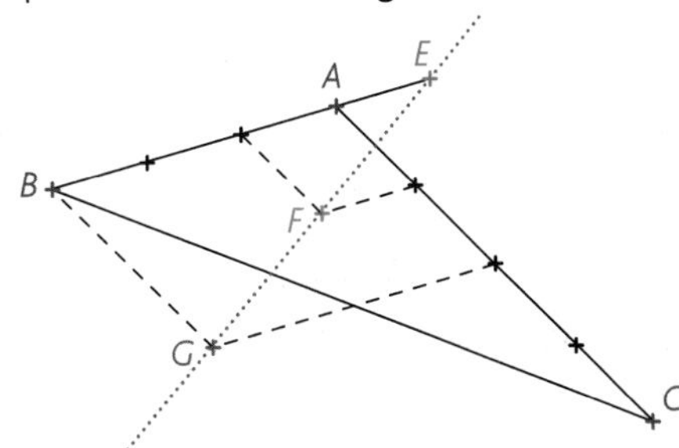

3. $ABCD$ est un trapèze tel que $\overrightarrow{BC} = 3\overrightarrow{AD}$.
   Le point E est le milieu du segment $[AB]$. F est le point défini par $\overrightarrow{AF} = \frac{3}{2}\overrightarrow{AB} - \frac{2}{3}\overrightarrow{BC}$.
   Démontrer que les points D, E et F sont alignés.

→ **Indice**

1. On peut exprimer les vecteurs $\overrightarrow{TR}$ et $\overrightarrow{TS}$ en fonction des vecteurs $\overrightarrow{MN}$ et $\overrightarrow{PN}$.

2. On peut exprimer chacun des vecteurs $\overrightarrow{EF}$ et $\overrightarrow{EG}$ en fonction des vecteurs $\overrightarrow{AB}$ et $\overrightarrow{AC}$.
   On peut aussi chercher les coordonnées des points E, F et G dans le repère $(A ; \overrightarrow{AB}, \overrightarrow{AC})$.

3. On peut exprimer chacun des vecteurs $\overrightarrow{DE}$ et $\overrightarrow{DF}$ en fonction des vecteurs $\overrightarrow{DA}$ et $\overrightarrow{AB}$.
   On peut aussi chercher les coordonnées des points D, E et F dans le repère $(B ; \overrightarrow{BC}, \overrightarrow{BA})$.

3. Choisir une décomposition

$ABCD$ est un parallélogramme.

E, F et G sont les points définis par :

$\overrightarrow{AD} = \overrightarrow{DE}$, $\overrightarrow{DF} = \frac{1}{4}\overrightarrow{CD}$ et $3\overrightarrow{GD} + \overrightarrow{GC} = \vec{0}$.

Démontrer que les droites (EF) et (AG) sont parallèles.

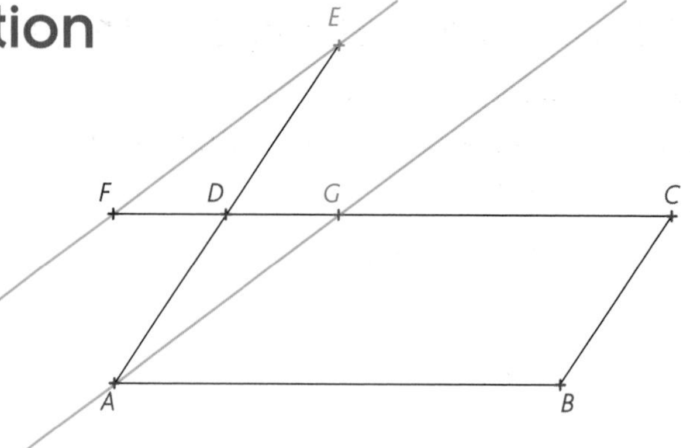

solution

Pour démontrer que les droites (EF) et (AG) sont parallèles, cherchons à exprimer les vecteurs $\overrightarrow{AG}$ et $\overrightarrow{EF}$ en fonction de deux vecteurs non colinéaires entre eux.

- D'après la relation de Chasles, $\overrightarrow{AG} = \overrightarrow{AD} + \overrightarrow{DG}$.
  Par hypothèse $3\overrightarrow{GD} + \overrightarrow{GC} = \vec{0}$, soit, toujours d'après la relation de Chasles, $3\overrightarrow{GD} + \overrightarrow{GD} + \overrightarrow{DC} = \vec{0}$ d'où $4\overrightarrow{GD} + \overrightarrow{DC} = \vec{0}$,
  ainsi $\overrightarrow{DG} = \frac{1}{4}\overrightarrow{DC}$.
  Donc $\overrightarrow{AG} = \overrightarrow{AD} + \frac{1}{4}\overrightarrow{DC}$.
- Exprimons aussi $\overrightarrow{EF}$ en fonction des vecteurs $\overrightarrow{AD}$ et $\overrightarrow{DC}$.
  D'après la relation de Chasles, $\overrightarrow{EF} = \overrightarrow{ED} + \overrightarrow{DF}$.
  Par hypothèse $\overrightarrow{AD} = \overrightarrow{DE}$, soit $\overrightarrow{ED} = -\overrightarrow{AD}$.
  Toujours par hypothèse, $\overrightarrow{DF} = \frac{1}{4}\overrightarrow{CD}$.
  Donc $\overrightarrow{EF} = -\overrightarrow{AD} + \frac{1}{4}\overrightarrow{CD}$, c'est-à-dire $\overrightarrow{EF} = -\overrightarrow{AD} - \frac{1}{4}\overrightarrow{DC}$.
  Finalement, on peut exprimer le vecteur $\overrightarrow{EF}$ en fonction du vecteur $\overrightarrow{AG}$:
  $$\overrightarrow{EF} = -\overrightarrow{AG}.$$
  Ainsi, les vecteurs $\overrightarrow{EF}$ et $\overrightarrow{AG}$ sont colinéaires ; donc les droites (EF) et (AG) sont parallèles.

Méthode
Pour démontrer que deux vecteurs sont colinéaires, on peut exprimer chacun de ces deux vecteurs en fonction des deux mêmes vecteurs non colinéaires entre eux.

Remarque
Le choix des vecteurs utilisés n'est pas unique. Ici, on peut aussi exprimer les vecteurs $\overrightarrow{EF}$ et $\overrightarrow{AG}$ en fonction des vecteurs $\overrightarrow{DE}$ et $\overrightarrow{DF}$, par exemple.

Entraînez-vous

ABC est un triangle. D est un point du segment $[AB]$.

E et F sont les points définis par $\overrightarrow{DE} = 2\overrightarrow{AB} + \frac{1}{2}\overrightarrow{AC}$ et $\overrightarrow{AF} = \overrightarrow{AB} + \frac{5}{4}\overrightarrow{AC}$.

Démontrer que les droites (DE) et (CF) sont parallèles.

→ Indice

Le vecteur $\overrightarrow{DE}$ est déjà donné sous forme de somme de deux vecteurs non colinéaires.
Il suffit d'exprimer le vecteur $\overrightarrow{CF}$ en fonction de ces vecteurs.

4. Trouver un vecteur directeur d'une droite

On se place dans un repère $(O\,;\,\vec{i},\,\vec{j})$.

1. **Donner un vecteur directeur de chacune des droites ci-dessous :**

$(d_1) : 3x - 5y + 2 = 0$;

$(d_2) : -6x + 10y + 5 = 0$;

$(d_3) : y = \frac{3}{5}$;

$(d_4) : y = -\frac{3}{5}x + 1$;

$(d_5) : x = \frac{3}{5}$.

2. **Parmi ces droites, lesquelles sont parallèles entre elles ?**

solution

1. $(d_1) : 3x - 5y + 2 = 0$ a pour vecteur directeur $\overrightarrow{u_1}\begin{pmatrix}5\\3\end{pmatrix}$.

$(d_2) : -6x + 10y + 5 = 0$ a pour vecteur directeur $\overrightarrow{u_2}\begin{pmatrix}-10\\-6\end{pmatrix}$.

$(d_3) : y = \frac{3}{5}$ a pour vecteur directeur $\overrightarrow{u_3}\begin{pmatrix}1\\0\end{pmatrix}$, car (d_3) est parallèle à l'axe des abscisses.

$(d_4) : y = -\frac{3}{5}x + 1$ a pour vecteur directeur $\overrightarrow{u_4}\begin{pmatrix}1\\-\frac{3}{5}\end{pmatrix}$.

$(d_5) : x = \frac{3}{5}$ a pour vecteur directeur $\overrightarrow{u_5}\begin{pmatrix}0\\1\end{pmatrix}$, car (d_5) est parallèle à l'axe des ordonnées.

2. La droite (d_3) est parallèle à l'axe des abscisses, donc la droite (d_3) n'est parallèle à aucune des autres droites.
De même, la droite (d_5) est parallèle à l'axe des ordonnées ; donc la droite (d_5) n'est parallèle à aucune des autres droites.
   - (d_1) et (d_2) : $\overrightarrow{u_2} = -2\overrightarrow{u_1}$, donc les droites (d_1) et (d_2) sont parallèles.
   - (d_1) et (d_4) : il n'y a pas de relation évidente entre les coordonnées de $\overrightarrow{u_1}$ et $\overrightarrow{u_4}$.
   Étudions alors la condition de colinéarité :
   $5 \times \left(-\frac{3}{5}\right) - 3 \times 1 = -3 - 3 = -6$, donc $5 \times \left(-\frac{3}{5}\right) - 3 \times 1 \neq 0$.
   Ainsi $\overrightarrow{u_1}$ et $\overrightarrow{u_4}$ ne sont pas colinéaires. La droite (d_4) n'est donc pas parallèle à la droite (d_1).
   - (d_2) et (d_4) : (d_4) n'est pas parallèle à (d_1) qui est parallèle à (d_2), donc (d_4) n'est pas parallèle à (d_2).

RAPPEL
- Le vecteur $\begin{pmatrix}1\\m\end{pmatrix}$, où m est un réel, est un vecteur directeur de toute droite d'équation $y = mx + p$ où p est un nombre réel.
- Tout vecteur $\begin{pmatrix}0\\\lambda\end{pmatrix}$, où λ est un réel, est un vecteur directeur de la droite d'équation $x = k$.
- Le vecteur de coordonnées $\begin{pmatrix}-b\\a\end{pmatrix}$, avec a et b deux réels, est un vecteur directeur de toute droite d'équation $ax + by + c = 0$ où c est un nombre réel.

Entraînez-vous

1. Donner un vecteur directeur de chacune des droites :
$(d_1) : 2x + 3y - 1 = 0$; $(d_2) : 3x + 2y - 7 = 0$;
$(d_3) : x + \frac{3}{2}y - 4 = 0$; $(d_4) : y = -\frac{3}{2}x + \frac{5}{2}$.
2. Parmi ces droites, lesquelles sont parallèles ?

→ **On trouve**

1. $\overrightarrow{u_1}\begin{pmatrix}-3\\2\end{pmatrix}$; $\overrightarrow{u_2}\begin{pmatrix}-2\\3\end{pmatrix}$; $\overrightarrow{u_3}\begin{pmatrix}-\frac{3}{2}\\1\end{pmatrix}$; $\overrightarrow{u_4}\begin{pmatrix}1\\-\frac{3}{2}\end{pmatrix}$.
2. $(d_1) // (d_3)$ et $(d_4) // (d_2)$.

5. Équation d'une droite parallèle à une autre

Dans un repère $(O ; \vec{i}, \vec{j})$, on considère les points $A(1 ; 2)$, $B(3 ; 3)$ et $C(-3 ; 4)$.

1. Placer ces points sur une figure à compléter au fur et à mesure de l'exercice.

2. Donner une équation cartésienne de la droite (Δ), parallèle à la droite (AB) et passant par le point C.

3. Déterminer la valeur de α pour laquelle le point $D(\alpha ; 3)$ appartient à la droite (Δ).

4. Quelle est alors la nature du quadrilatère $ABCD$?

5. Le point $E\left(-\frac{3}{2} ; \frac{9}{2}\right)$ appartient-il à la droite (Δ) ?

solution

1. et 2.

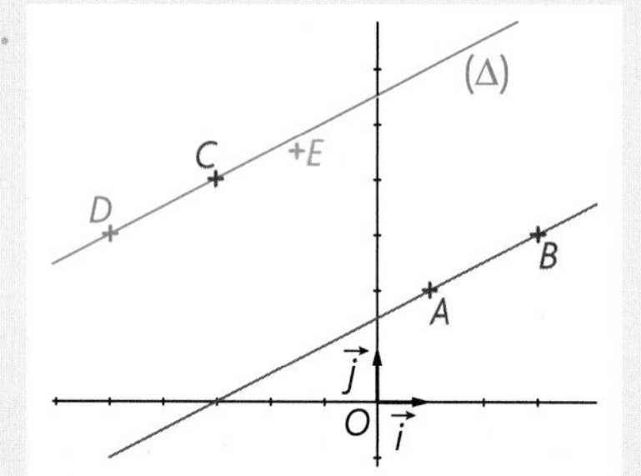

Rappel
On peut déterminer une équation de droite, à partir des coordonnées d'un des points et d'un des vecteurs directeurs de cette droite.

La droite (Δ) est parallèle à la droite (AB), donc le vecteur $\overrightarrow{AB}$ est un vecteur directeur de la droite (Δ).

Le vecteur $\overrightarrow{AB}$ a pour coordonnées $\begin{pmatrix} x_B - x_A \\ y_B - y_A \end{pmatrix}$, c'est-à-dire $\begin{pmatrix} 3-1 \\ 3-2 \end{pmatrix}$, soit $\begin{pmatrix} 2 \\ 1 \end{pmatrix}$.

Un point M de coordonnées $(x ; y)$ appartient à la droite (Δ) si, et seulement si, $\overrightarrow{CM}\begin{pmatrix} x+3 \\ y-4 \end{pmatrix}$ et $\overrightarrow{AB}\begin{pmatrix} 2 \\ 1 \end{pmatrix}$ sont colinéaires, c'est-à-dire si, et seulement si, la condition de colinéarité est remplie : $(x+3) - 2(y-4) = 0$, ce qui équivaut à $x - 2y + 11 = 0$. Par conséquent, la droite (Δ) a pour équation $x - 2y + 11 = 0$.

3. Le point $D(\alpha ; 3)$ appartient à la droite (Δ) si, et seulement si, ses coordonnées vérifient l'équation de (Δ). D'où $\alpha - 2 \times 3 + 11 = 0$, soit $\alpha = -5$.

4. On conjecture, d'après la figure, que le quadrilatère $ABCD$ est un parallélogramme. Calculons les coordonnées du vecteur $\overrightarrow{DC}$ pour vérifier une égalité vectorielle qui permettrait de confirmer cette conjecture.
Le vecteur $\overrightarrow{DC}$ a pour coordonnées $\begin{pmatrix} x_C - x_D \\ y_C - y_D \end{pmatrix}$, c'est-à-dire $\begin{pmatrix} -3-(-5) \\ 4-3 \end{pmatrix}$, soit $\begin{pmatrix} 2 \\ 1 \end{pmatrix}$.
Ainsi $\overrightarrow{AB} = \overrightarrow{DC}$. Donc le quadrilatère $ABCD$ est un parallélogramme.

5. Pour savoir si le point E appartient à la droite (Δ), on cherche si ses coordonnées vérifient l'équation de (Δ).
$x_E - 2y_E + 11 = \left(-\frac{3}{2}\right) - 2 \times \frac{9}{2} + 11$, d'où $x_E - 2y_E + 11 = \frac{1}{2}$.
$x_E - 2y_E + 11 \neq 0$ donc le point E n'appartient pas à la droite (Δ).

Entraînez-vous

Dans un repère $(O ; \vec{i}, \vec{j})$, on considère les points : $A(-1 ; 4)$, $B(2 ; -2)$ et $C(-3 ; 3)$.

1. Donner une équation cartésienne de la droite (Δ), parallèle à la droite (AB) et passant par le point C.
2. Déterminer la valeur de α pour laquelle le point $D(-2 ; \alpha)$ appartient à la droite (Δ).
3. Le point $E\left(-\frac{1}{2} ; \frac{3}{2}\right)$ appartient-il à la droite (Δ) ?

→ **On trouve**
1. $(\Delta) : 2x + y + 3 = 0$.
2. $\alpha = 1$.
3. $E \notin (\Delta)$.

6. Intersection de deux droites

Dans un repère $(O\,;\vec{i},\vec{j})$, les droites (d) et (d') ont pour équations respectives :

$$2x - y + 3 = 0 \quad \text{et} \quad 3x + 2y - 4 = 0.$$

1. **Vérifier que les droites (d) et (d') ne sont pas parallèles.**
2. **Calculer les coordonnées du point d'intersection I des droites (d) et (d').**
3. **Démontrer que le point I appartient aussi à la droite (d'') d'équation $14x + 7y - 13 = 0$.**
4. **Que peut-on en déduire pour les droites (d), (d') et (d'') ?**

solution

1. Une équation cartésienne de la droite (d) est $2x - y + 3 = 0$,
donc $\vec{u}\begin{pmatrix}1\\2\end{pmatrix}$ est un vecteur directeur de la droite (d).
Une équation cartésienne de la droite (d') est $3x + 2y - 4 = 0$,
donc $\vec{v}\begin{pmatrix}-2\\3\end{pmatrix}$ est un vecteur directeur de la droite (d').
On calcule : $1 \times 3 - 2 \times (-2) = 3 + 4 = 7$, Or $7 \neq 0$ donc les vecteurs $\vec{u}$ et $\vec{v}$ ne sont pas colinéaires.
Par conséquent, les droites (d) et (d') ne sont pas parallèles.
2. Notons $I(x\,;y)$.
On obtient alors le système : $\begin{cases}2x - y + 3 = 0\\3x + 2y - 4 = 0\end{cases}$
qui équivaut successivement à :
$\begin{cases}y = 2x + 3\\3x + 2(2x + 3) - 4 = 0\end{cases}$; $\begin{cases}y = 2x + 3\\7x + 2 = 0\end{cases}$; $\begin{cases}x = -\frac{2}{7}\\y = 2\left(-\frac{2}{7}\right) + 3\end{cases}$; $\begin{cases}x = -\frac{2}{7}\\y : \frac{17}{7}\end{cases}$
Ainsi le point d'intersection I des droites (d) et (d') a pour coordonnées $\left(-\frac{2}{7}\,;\frac{17}{7}\right)$.
3. Vérifions que les coordonnées du point I vérifient l'équation de la droite (d'') :
$14 \times \left(-\frac{2}{7}\right) + 7 \times \frac{17}{7} - 13 = -4 + 17 - 13 = 0$. Donc $I \in (d'')$.
4. D'après les questions précédentes, les droites (d), (d') et (d'') sont concourantes en I.

Méthode
On détermine un vecteur directeur de chacune des deux droites et on vérifie que la condition de colinéarité n'est pas remplie pour ces deux vecteurs.

Rappel
Les coordonnées du point d'intersection de deux droites doivent vérifier les équations de ces deux droites.

Entraînez-vous

1. Dans un repère $(O\,;\vec{i},\vec{j})$, les droites (d) et (d') ont pour équations respectives :

$$-x + 4y + 1 = 0 \quad \text{et} \quad 5x + 2y - 5 = 0.$$

1. Vérifier que les droites (d) et (d') ne sont pas parallèles.
2. Calculer les coordonnées du point d'intersection des droites (d) et (d').

2. Dans un repère $(O\,;\vec{i},\vec{j})$, les droites (d), (d') et (d'') ont pour équations respectives $x - 4y + 6 = 0$; $x + 2y - 12 = 0$ et $-5x + 8y + 6 = 0$.

1. Vérifier que les droites (d) et (d') ne sont pas parallèles.
2. Calculer les coordonnées du point d'intersection A des droites (d) et (d').
3. Vérifier que A est aussi un point de (d'').
4. Que peut-on en déduire pour les droites (d), (d') et (d'') ?

→ On trouve

1. Le point d'intersection des droites (d) et (d') a pour coordonnées $(1\,;0)$.

2. Le point d'intersection des droites (d) et (d') a pour coordonnées $(6\,;3)$.

QCM

Corrigés en fin de manuel

Dans les questions suivantes, déterminer la (ou les) bonne(s) réponse(s).

On se place dans un repère $(O\ ;\ \vec{i}, \vec{j})$.

1. Soit les vecteurs $\vec{u}\begin{pmatrix}-2\\7\end{pmatrix}$ et $\vec{v}\begin{pmatrix}5,2\\-18,2\end{pmatrix}$; on a :

a. les vecteurs $\vec{u}$ et $\vec{v}$ sont colinéaires.

b. les vecteurs $\vec{u}$ et $\vec{v}$ ne sont pas colinéaires.

c. $\vec{v} = 2,6\vec{u}$.

2. Si $\vec{u}\begin{pmatrix}\alpha\\-4\end{pmatrix}$ et $\vec{u}\begin{pmatrix}-5\\14\end{pmatrix}$, alors les vecteurs $\vec{u}$ et $\vec{v}$ sont colinéaires lorsque :

a. $\alpha = 1,42$.

b. $\alpha = -\frac{10}{7}$.

c. $\alpha = \frac{10}{7}$.

d. $\alpha = 11,2$.

3. Si (d) est la droite d'équation $y = -4x + 1$, alors un vecteur directeur de (d) a pour coordonnées :

a. $\begin{pmatrix}-4\\1\end{pmatrix}$.

b. $\begin{pmatrix}1\\1\end{pmatrix}$.

c. $\begin{pmatrix}1\\-4\end{pmatrix}$.

d. $\begin{pmatrix}-\frac{1}{4}\\1\end{pmatrix}$.

4. Si (d) est la droite d'équation $3x - 2y + 5 = 0$, alors un vecteur directeur de (d) a pour coordonnées :

a. $\begin{pmatrix}3\\-2\end{pmatrix}$.

b. $\begin{pmatrix}1\\1,5\end{pmatrix}$.

c. $\begin{pmatrix}-2\\-3\end{pmatrix}$.

d. $\begin{pmatrix}1\\3\end{pmatrix}$.

5. Si (d) est la droite d'équation $7x + y - 6 = 0$ et (d') la droite d'équation $7x - by + 3 = 0$, alors les droites (d) et (d') sont parallèles pour :

a. n'importe quelle valeur de b.

b. $b = \frac{1}{2}$.

c. $b = -1$.

6. Si (d) est la droite d'équation $5x + 2y - 1 = 0$ et (d') la droite d'équation $ax + by + c = 0$, alors les droites (d) et (d') sont parallèles lorsque :

a. $a = 12,5$ et $b = 5$.

b. $a = 2$ et $b = 5$.

c. $a = 1$ et $b = -2,5$.

***Pour les exercices 7 à 10**, on considère un parallélogramme ABCD de centre O où le point I est le milieu du segment [AB].*

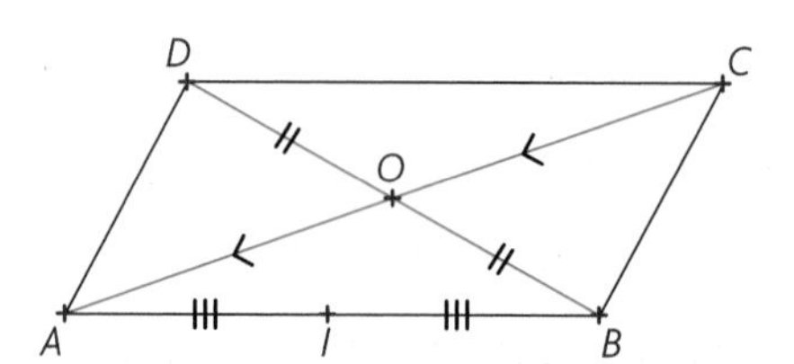

7. Dans le parallélogramme *ABCD* ci-dessus :

a. $\overrightarrow{AO} = \frac{1}{2}\overrightarrow{AB} + \frac{1}{2}\overrightarrow{AD}$.

b. $\overrightarrow{OA} + \overrightarrow{OB} = \overrightarrow{OI}$.

c. $\overrightarrow{OA} + \overrightarrow{OD} = \overrightarrow{OB} + \overrightarrow{OC}$.

d. $\overrightarrow{DC} + \overrightarrow{BC} = \overrightarrow{AC}$.

8. Dans le repère $(A\ ;\ \overrightarrow{AB}, \overrightarrow{AD})$:

a. le point I a pour coordonnées $\left(\frac{1}{2}\ ;\ 0\right)$.

b. le point A a pour coordonnées $(1\ ;\ 1)$.

c. le point O a pour coordonnées $\left(\frac{1}{2}\ ;\ \frac{1}{2}\right)$.

d. le point B a pour coordonnées $(1\ ;\ 1)$.

9. Dans le repère $(A\ ;\ \overrightarrow{AB}, \overrightarrow{AD})$:

a. le vecteur $\overrightarrow{OC}$ a pour coordonnées $(1\ ;\ 1)$.

b. le vecteur $\overrightarrow{BD}$ a pour coordonnées $(-1\ ;\ 1)$.

c. le vecteur $\overrightarrow{IO}$ a pour coordonnées $\left(0\ ;\ \frac{1}{2}\right)$.

d. le vecteur $\overrightarrow{BI}$ a pour coordonnées $\left(-\frac{1}{2}\ ;\ 0\right)$.

10. Dans le repère $(A\ ;\ \overrightarrow{AB}, \overrightarrow{AC})$:

a. le vecteur $\overrightarrow{OC}$ a pour coordonnées $\left(0\ ;\ \frac{1}{2}\right)$.

b. le vecteur $\overrightarrow{AD}$ a pour coordonnées $(-1\ ;\ 1)$.

c. le vecteur $\overrightarrow{AO}$ a pour coordonnées $\left(\frac{1}{2}\ ;\ \frac{1}{2}\right)$.

d. le vecteur $\overrightarrow{OB}$ a pour coordonnées $\left(1\ ;\ -\frac{1}{2}\right)$.

vrai ou faux ? Corrigés en fin de manuel

Indiquer si les propositions suivantes sont vraies ou fausses.

On se place dans un repère $(O\,;\,\vec{i},\,\vec{j})$.

11. Les vecteurs $\vec{u}\begin{pmatrix}-4\\5,4\end{pmatrix}$ et $\vec{v}\begin{pmatrix}6,2\\-8,37\end{pmatrix}$ sont colinéaires.

12. Soit les cinq points $A(-1\,;\,5)$, $B(-3\,;\,8)$, $C(4\,;\,-2)$, $D(8\,;\,-8)$ et $E\left(0\,;\,\frac{7}{2}\right)$, on a :

a. les droites (AB) et (CD) sont parallèles.

b. le point E appartient à la droite (CD).

c. le point C appartient à la droite (AB).

d. le point E appartient à la droite (AB).

e. $\overrightarrow{BA} + \overrightarrow{BC} = \overrightarrow{BD}$.

f. une équation de la droite (AB) est $3x - 2y + 13 = 0$.

13. Les droites (d) et (d') d'équations respectives $4x - y + 5 = 0$ et $-2x + y - 10 = 0$ sont parallèles.

14. Les droites (d) et (d') d'équations respectives $6x - 2y + 1 = 0$ et $y = 3x + 2$ sont parallèles.

15. On considère la droite (d) d'équation $-4x + 5y - 2 = 0$.

a. Le point $A(-4\,;\,5)$ appartient à la droite (d).

b. Le point $B\left(1\,;\,\frac{2}{5}\right)$ appartient à la droite (d).

c. Le point $C\left(\frac{3}{4}\,;\,1\right)$ appartient à la droite (d).

d. Le point $D\left(-\frac{1}{2}\,;\,0\right)$ appartient à la droite (d).

16. La droite (d) d'équation $4x - y + 5 = 0$ a pour vecteur directeur :

a. le vecteur $\vec{u}\begin{pmatrix}-1\\4\end{pmatrix}$. b. le vecteur $\vec{v}\begin{pmatrix}1\\4\end{pmatrix}$. c. le vecteur $\vec{w}\begin{pmatrix}-1\\-4\end{pmatrix}$.

17. Si le point A a pour coordonnées $(-2\,;\,3)$ et le point B a pour coordonnées $(4\,;\,-7)$, alors :

a. un vecteur directeur de la droite (AB) a pour coordonnées $\begin{pmatrix}-3\\5\end{pmatrix}$.

b. une équation cartésienne de la droite (AB) est $10x + 6y + 2 = 0$.

18. Si A, B, C et D sont quatre points tels que $\overrightarrow{AB} = -2\overrightarrow{DC} + 2\overrightarrow{BC}$, alors :

a. les points A, B et D sont alignés.

b. le point B est le milieu du segment $[AD]$.

19 Si A, B, C et D sont quatre points tels que D est le milieu du segment $[BC]$, alors $\overrightarrow{AD} = \frac{1}{2}(\overrightarrow{AB} + \overrightarrow{AC})$.

20. Si A, B, C, D et E sont cinq points tels que $\overrightarrow{AB} + \overrightarrow{AC} = \overrightarrow{AD} + \overrightarrow{AE}$, alors on sait que :

a. les points B et D sont confondus et les points C et E sont confondus ;

b. $\overrightarrow{BC} = \overrightarrow{ED}$.

c. $\overrightarrow{EC} = \overrightarrow{BD}$.

d. les droites (EC) et (BD) sont parallèles.

1. Vecteurs colinéaires et coordonnées

Dans toute cette partie, on se place dans un repère $(O ; \vec{i}, \vec{j})$.

pour s'échauffer

***Dans les exercices 21 à 23**, déterminer si les vecteurs $\vec{u}$ et $\vec{v}$ sont colinéaires.*

21. 1. $\vec{u}\begin{pmatrix}-4\\7\end{pmatrix}$ et $\vec{v}\begin{pmatrix}-16\\28\end{pmatrix}$.

2. $\vec{u}\begin{pmatrix}-35\\40\end{pmatrix}$ et $\vec{v}\begin{pmatrix}7\\8\end{pmatrix}$.

22. corrigé 1. $\vec{u}\begin{pmatrix}3\\2\\5\end{pmatrix}$ et $\vec{v}\begin{pmatrix}6\\5\\4\end{pmatrix}$.

2. $\vec{u}\begin{pmatrix}\frac{4}{3}\\-\frac{6}{7}\end{pmatrix}$ et $\vec{v}\begin{pmatrix}\frac{1}{9}\\-\frac{5}{14}\end{pmatrix}$.

23. 1. $\vec{u}\begin{pmatrix}\frac{4\sqrt{2}}{5}\\-\frac{\sqrt{2}}{3}\end{pmatrix}$ et $\vec{v}\begin{pmatrix}-\frac{15}{2}\\\frac{25}{4}\end{pmatrix}$.

2. $\vec{u}\begin{pmatrix}\sqrt{3}\\2\end{pmatrix}$ et $\vec{v}\begin{pmatrix}2\sqrt{6}\\4\sqrt{2}\end{pmatrix}$.

24. Déterminer dans chaque cas le nombre α pour lequel les vecteurs $\vec{u}$ et $\vec{v}$ sont colinéaires.

1. $\vec{u}\begin{pmatrix}5\\-2\end{pmatrix}$ et $\vec{v}\begin{pmatrix}\alpha\\6\end{pmatrix}$.
2. $\vec{u}\begin{pmatrix}21\\3\end{pmatrix}$ et $\vec{v}\begin{pmatrix}7\\\alpha\end{pmatrix}$.
3. $\vec{u}\begin{pmatrix}1\\-1\end{pmatrix}$ et $\vec{v}\begin{pmatrix}\alpha\\\alpha+1\end{pmatrix}$.
4. $\vec{u}\begin{pmatrix}2\alpha\\4\end{pmatrix}$ et $\vec{v}\begin{pmatrix}1\\5\end{pmatrix}$.
5. $\vec{u}\begin{pmatrix}0\\6\end{pmatrix}$ et $\vec{v}\begin{pmatrix}5\alpha\\8\end{pmatrix}$.

25. On donne les points $A(3 ; 5)$, $B(-2 ; 1)$ et $C(4 ; 2)$.

1. a. Les vecteurs $\overrightarrow{AB}$ et $\overrightarrow{BC}$ sont-ils colinéaires ?
b. Que peut-on en déduire pour les points A, B et C ?

2. Calculer les coordonnées du point D tel que $ABCD$ est un parallélogramme.

26. corrigé Les points $A(-2 ; 5)$, $B(1 ; -3)$ et $C(-1 ; 2)$ sont-ils alignés ? Justifier.

Rappel
Les points A, B et C sont alignés si et seulement si les vecteurs $\overrightarrow{AB}$ et $\overrightarrow{AC}$ sont colinéaires.

27. Les points $A\left(\frac{13}{3} ; 1\right)$, $B\left(2 ; \frac{7}{4}\right)$ et $C\left(-\frac{10}{3} ; \frac{13}{4}\right)$ sont-ils alignés ? Justifier.

28. On donne les points $A(2 ; 1)$, $B(x ; 4)$ et $C(x + 2 ; 3)$. Pour quelle(s) valeur(s) de x les points A, B et C sont-ils alignés ?

29. On considère les points $D(3 ; 5)$, $E(x ; 1)$ et $F(7 ; 2x)$. Existe-t-il une ou des valeurs(s) de x pour laquelle (lesquelles) les points D, E et F sont alignés ?

30. On donne les points $A(-2 ; 3)$, $B(2 ; 5)$, $C(3 ; 3)$ et $D(-3 ; 0)$.

1. Construire une figure.
2. Quelle semble être la nature du quadrilatère $ABCD$? Démontrer cette conjecture par le calcul.

31. On donne les points $A\left(-\frac{1}{3} ; 3\right)$, $B\left(\frac{5}{3} ; 5\right)$, $C\left(4 ; \frac{1}{2}\right)$ et $D\left(1 ; -\frac{5}{2}\right)$.

1. Les droites (AB) et (CD) sont-elles parallèles ?
2. Les droites (AD) et (BC) sont-elles parallèles ?
3. Que peut-on en déduire pour le quadrilatère $ABCD$?

Rappel
Les droites (AB) et (CD) sont parallèles si, et seulement si, les vecteurs $\overrightarrow{AB}$ et $\overrightarrow{CD}$ sont colinéaires.

32. On considère les points $R(-4 ; 2)$, $I(1 ; 4)$, $V(-2 ; 0)$ et $E(x ; -4)$.

1. Pour quelle(s) valeur(s) de x les vecteurs $\overrightarrow{RI}$ et $\overrightarrow{EV}$ sont-ils colinéaires ?
2. Pour quelle(s) valeur(s) de x les vecteurs $\overrightarrow{VR}$ et $\overrightarrow{EI}$ sont-ils colinéaires ?
3. Le quadrilatère $RIVE$ peut-il être un parallélogramme ?

33. On considère les points $M(x ; 5)$, $A(2 ; 4)$, $R(3 ; x - 1)$ et $E(2 ; 1)$.
Pour quelle(s) valeur(s) de x les droites (MA) et (RE) sont-elles parallèles ?

34. On considère les points $A(2x ; 3)$, $B(x ; 4)$, $C(-1 ; x)$ et $D(1 ; 2)$.
Pour quelle(s) valeur(s) de x les droites (AB) et (CD) sont-elles parallèles ?

35. On considère les points $A(-2 ; 5)$, $B(-1 ; 3)$, $C(5 ; -2)$ et $D\left(-2 ; -\frac{13}{3}\right)$.
E est le point tel que $\overrightarrow{AE} = 4\overrightarrow{AB}$.

1. Calculer les coordonnées du point E.
2. Démontrer que les points C, D et E sont alignés.

36. Dans un repère orthonormé $(O ; \vec{i}, \vec{j})$, on considère les points $A(-1 ; 2)$, $B(1 ; 3)$, $C(4 ; 2)$ et $D(-2 ; -1)$.
Démontrer que le quadrilatère $ABCD$ est un trapèze isocèle.

> MÉTHODE
> **On peut dessiner une figure pour savoir quels côtés sont parallèles.**

37. Dans un repère orthonormé $(O ; \vec{i}, \vec{j})$, on considère les points $A(-1 ; -3)$, $B(-3 ; 3)$, $C(4 ; 2)$ et $D(5 ; -1)$.
Démontrer que le quadrilatère $ABCD$ est un trapèze rectangle.

38. Dans un repère orthonormé $(O ; \vec{i}, \vec{j})$, on considère les points $A(-2 ; 4)$, $B(0 ; 5)$, $C(6 ; 4)$ et $D\left(-\frac{2}{5} ; \frac{4}{5}\right)$. **Logiciel**

Le but de l'exercice est de trouver la nature du quadrilatère ABCD.

1. ***Conjecture***
   a. Construire la figure sous *Geogebra*.
   b. Quelle semble être la nature du quadrilatère $ABCD$?
2. ***Démonstration***
   a. Calculer les coordonnées des vecteurs $\overrightarrow{AB}$ et $\overrightarrow{CD}$.
   b. Démontrer que ces vecteurs sont colinéaires.
   c. Calculer les carrés des distances AC, CD et AD.
   d. Conclure en donnant la nature exacte du quadrilatère $ABCD$.

39. Écrire un algorithme permettant de savoir si deux vecteurs sont colinéaires lorsqu'on connaît leurs coordonnées. **algo**

40. On donne l'algorithme ci-dessous. 

```
▼ VARIABLES
  ├ xu EST_DU_TYPE NOMBRE
  ├ yu EST_DU_TYPE NOMBRE
  ├ xv EST_DU_TYPE NOMBRE
  └ yv EST_DU_TYPE NOMBRE
▼ DEBUT_ALGORITHME
  ├ LIRE xu
  ├ LIRE yu
  ├ LIRE xv
  ▼ SI (xu!=0) ALORS
    ├ DEBUT_SI
    ├ yv PREND_LA_VALEUR xv*yu/xu
    ├ AFFICHER yv
    ├ FIN_SI
    ▼ SINON
      ├ DEBUT_SINON
      ▼ SI (xv*yu==0) ALORS
        ├ DEBUT_SI
        ├ AFFICHER "Ces deux vecteurs sont colinéaires quelle que soit l'ordonnée de v."
        ├ FIN_SI
        ▼ SINON
          ├ DEBUT_SINON
          ├ AFFICHER "Ces deux vecteurs ne peuvent pas être colinéaires."
          └ FIN_SINON
      └ FIN_SINON
└ FIN_ALGORITHME
```

1. Qu'exécute cet algorithme ?
2. Écrire un algorithme permettant de calculer l'une des coordonnées d'un vecteur $\vec{v}$ lorsqu'on connaît l'autre coordonnée du vecteur $\vec{v}$ et les coordonnées d'un vecteur $\vec{u}$ colinéaire au vecteur $\vec{v}$.

> MÉTHODE
> **On va d'abord trouver un moyen de demander à l'utilisateur si la coordonnée du vecteur $\vec{v}$ qu'il donne est l'abscisse ou l'ordonnée ; par exemple, en lui demandant de rentrer 0 s'il a l'abscisse et 1 s'il a l'ordonnée.**

41. Écrire un programme sur une calculatrice permettant de déterminer si deux vecteurs sont colinéaires lorsqu'on connaît leurs coordonnées.

Le saviez-vous ?

Lady Ada Lovelace **(1815-1852) est principalement connue pour avoir écrit des programmes de calcul décrivant la « machine analytique » (ancêtre de l'ordinateur) de son contemporain britannique Charles Babbage. Aujourd'hui, un langage de programmation informatique porte son nom : le langage ADA.**

2. Équations de droites

Dans toute cette partie, on se place dans un repère $(O\,;\,\vec{i},\,\vec{j})$.

pour s'échauffer

42. corrigé Donner les coordonnées d'un vecteur directeur de chacune de ces cinq droites :
1. (d_1) a pour équation $y = -3x + 5$;
2. (d_2) a pour équation $x = 7$;
3. (d_3) a pour équation $4x - y - 6 = 0$;
4. (d_4) a pour équation $y = 2$;
5. (d_5) a pour équation $4x - 1 = 0$.

43. Donner les coordonnées de **deux** vecteurs directeurs de chacune de ces cinq droites :
1. (d_1) a pour équation $y = \frac{5}{4}x - 1$;
2. (d_2) a pour équation $x + \sqrt{3} = 0$;
3. (d_3) a pour équation $\sqrt{2}x - 5y + 3 = 0$;
4. (d_4) a pour équation $3y - 7 = 0$;
5 (d_5) a pour équation $-\frac{3}{4}x + \frac{1}{2}y - 1 = 0$.

44. Donner une équation cartésienne de la droite (d) passant par le point A et de coefficient directeur m dans chacun de ces trois cas :
1. $A(1\,;-2)$ et $m = -3$;
2. $A(-2\,;4)$ et $m = \frac{1}{2}$;
3. $A(\sqrt{3}\,;-3)$ et $m = \sqrt{3}$.

45. Donner une équation cartésienne de la droite (d) passant par le point A et dont $\vec{u}$ est un vecteur directeur dans chacun de ces trois cas :
1. $A(2\,;-7)$ et $\vec{u}\begin{pmatrix}0\\-2\end{pmatrix}$;
2. $A(4\,;-1)$ et $\vec{u}\begin{pmatrix}5\\0\end{pmatrix}$;
3. $A(0\,;0)$ et $\vec{u}\begin{pmatrix}3\\-2\end{pmatrix}$.

46. Reprendre la consigne de l'exercice 43.
1. $A\left(\frac{1}{2}\,;4\right)$ et $\vec{u}\begin{pmatrix}0\\\frac{1}{4}\end{pmatrix}$;
2. $A\left(\frac{1}{3}\,;-\frac{3}{5}\right)$ et $\vec{u}\begin{pmatrix}-1\\0\end{pmatrix}$;
3. $A(0\,;0)$ et $\vec{u}\begin{pmatrix}\sqrt{6}\\2\sqrt{3}\end{pmatrix}$.

47. corrigé Donner une équation cartésienne de la droite (d) passant par les points A et B dans chacun de ces trois cas :
1. $A(-1\,;5)$ et $B(2\,;3)$;
2. $A(-3\,;-2)$ et $B(5\,;-2)$;
3. $A(-3\,;4)$ et $B(2\,;-1)$.

48. Donner une équation cartésienne de la droite (d) passant par les points A et B dans chacun de ces trois cas :
1. $A\left(-3\,;\frac{3}{2}\right)$ et $B\left(\frac{1}{2}\,;-\frac{3}{2}\right)$;
2. $A(\sqrt{2}\,;0)$ et $B(1\,;4)$;
3. $A\left(\frac{1}{5}\,;-\frac{3}{4}\right)$ et $B\left(-\frac{2}{3}\,;-2\right)$.

49. corrigé On considère la droite (d) d'équation :

$$3x - 4y + 5 = 0.$$

1. Donner les coordonnées de trois points de la droite (d).
2. Donner l'ordonnée d'un vecteur directeur de la droite (d) d'abscisse 1.
3. Donner l'abscisse d'un vecteur directeur de la droite (d) d'ordonnée 1.

50. On considère la droite (d) d'équation :

$$2x + 3y - 7 = 0.$$

1. Donner les coordonnées de trois points de la droite (d).
2. Donner l'ordonnée d'un vecteur directeur de la droite (d) d'abscisse 1.
3. Donner l'abscisse d'un vecteur directeur de la droite (d) d'ordonnée 1.
4. Le vecteur de coordonnées $\begin{pmatrix}\frac{1}{2}\\-\frac{1}{3}\end{pmatrix}$ est-il un vecteur directeur de la droite (d) ?
5. Représenter graphiquement la droite (d).

51. On considère la droite (d) représentée ci-contre.
1. Lire graphiquement le coefficient directeur de la droite (d).
2. En déduire les coordonnées d'un vecteur directeur de la droite (d).

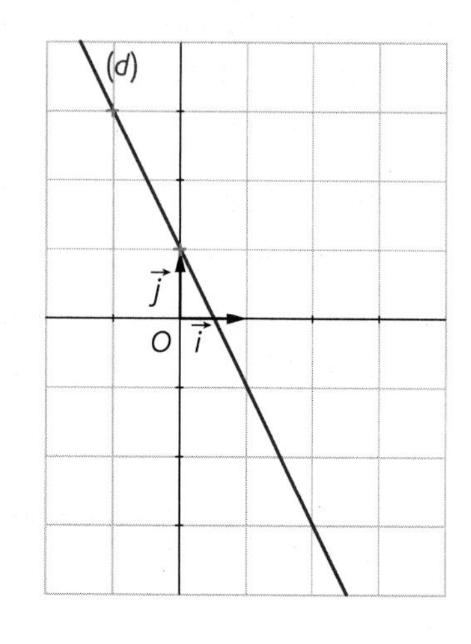

***Pour les exercices** 52 **à** 55, donner une équation cartésienne de la droite passant par le point A et de vecteur directeur $\vec{u}$.*

52. $A(-3\,;7)$ et $\vec{u}\begin{pmatrix}4\\-5\end{pmatrix}$.

53. $A\left(-\frac{3}{2}\,;-1\right)$ et $\vec{u}\begin{pmatrix}2\\-3\end{pmatrix}$.

54. $A\left(\frac{1}{2}\,;\frac{2}{3}\right)$ et $\vec{u}\begin{pmatrix}1\\\frac{4}{2}\end{pmatrix}$.

55. $A(\sqrt{3}\,;-\sqrt{5})$ et $\vec{u}\begin{pmatrix}-2\\\sqrt{3}\end{pmatrix}$.

56. **corrigé** E est le point de coordonnées $(1\,;3)$ et A est le point de coordonnées $(4\,;1)$.
Calculer les coordonnées du point d'intersection U de la droite (EA) avec l'axe des abscisses.

57. M est le point de coordonnées $(-2\,;-3)$ et E est le point de coordonnées $(4\,;2)$.
Calculer les coordonnées du point d'intersection I de la droite (ME) avec l'axe des ordonnées.

58. **corrigé**
Équation d'une médiane
On considère les points :
$A(1\,;5)$, $B(-2\,;3)$ et $C(-1\,;-2)$.

1. Calculer les coordonnées du milieu I du segment $[BC]$.

2. En déduire une équation cartésienne de la médiane issue du point A du triangle ABC.

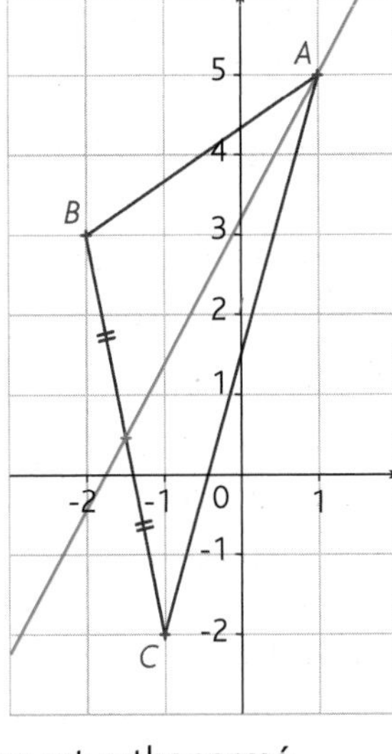

59.
Équation d'une médiatrice
Le repère utilisé dans cet exercice est orthonormé.
On considère les points :
$A(-2\,;4)$, $B(6\,;5)$ et $C(2\,;-3)$.

1. Démontrer que le triangle ABC est isocèle en A.

2. Calculer les coordonnées du milieu I du segment $[BC]$.

3. En déduire une équation cartésienne de la médiatrice du segment $[BC]$.

> **MÉTHODE**
> **Penser au lien entre les droites remarquables d'un triangle isocèle.**

60. Équation d'une tangente à un cercle
Le repère utilisé dans cet exercice est orthonormé.
On considère les points $A(2\,;0)$, $B(1\,;3)$ et $C(7\,;5)$.

1. Déterminer la nature du triangle ABC. On pourra s'aider d'une figure pour conjecturer.

2. On note $\mathscr{C}$ le cercle de centre A et de rayon AB.
Donner une équation de la tangente à $\mathscr{C}$ au point B.

61. $(O\,;\vec{i},\vec{j})$ est un repère orthonormal.
On considère les points $P(1\,;5)$, $A(-1\,;3)$, $I(-3\,;5)$ et $N(2\,;0)$.

1. Démontrer que le point A appartient à la droite (IN).

2. Démontrer que le triangle PAN est rectangle.

3. Déterminer l'équation de la hauteur issue du point P du triangle PIN.

62. (d) est une droite de coefficient directeur (-3).

1. Donner les coordonnées d'un vecteur directeur de la droite (d).

2. Donner une équation cartésienne de la parallèle à la droite (d) passant par le point $A(-4\,;2)$.

Le saviez-vous ?

La forme $ax + by + c = 0$ est appelée *équation cartésienne* d'une droite en référence à *Descartes* qui, au XVIIe siècle, posa les bases de la géométrie et introduisit la notion de coordonnées.

63. (d) est une droite de coefficient directeur $\frac{4}{5}$.
A est le point de coordonnées $(-7\,;-3)$ et B le point de coordonnées $(4\,;6)$.

1. Donner les coordonnées d'un vecteur directeur de la droite (d) dont l'abscisse est 1.

2. En déduire les coordonnées d'un vecteur directeur de la droite (d) dont les coordonnées sont des entiers.

3. Les droites (d) et (AB) sont-elles parallèles ?

4. Donner une équation cartésienne de la droite (d) passant par l'origine du repère.

5. Donner une équation cartésienne de la droite (d) passant par le point A.

64. (d) est la droite d'équation :

$$4x - y + 3 = 0.$$

1. Donner les coordonnées d'un vecteur directeur de la droite (d).

2. Donner une équation cartésienne de la parallèle à la droite (d) passant par le point $A(2\,;-2)$.

65. $A(-4\,;3)$, $B(2\,;-5)$ et $C(-2\,;3)$ sont trois points.

1. Donner une équation cartésienne de la droite (d) parallèle à la droite (AB) et passant par le point C.

2. Donner une équation cartésienne de la droite (d') parallèle à la droite (BC) et passant par le point A.

3. Les droites (d) et (d') se coupent au point D.
Calculer les coordonnées du point D.

4. Quelle est la nature du quadrilatère $ABCD$?
Justifier la réponse.

66. (d) est la droite d'équation $-5x + 3y - 8 = 0$.
$A\left(-4\,;\dfrac{1}{2}\right)$ et $B\left(-\dfrac{5}{2}\,;3\right)$ sont deux points du plan.

1. Les points A et B appartiennent-ils à la droite (d) ?

2. Les droites (AB) et (d) sont-elles sécantes ?
Si oui, calculer les coordonnées de leur point d'intersection.

67. (d) est la droite d'équation $3x - y + 5 = 0$.
$A(-2\,;3)$ et $B(-5\,;8)$ sont deux points du plan.

1. Les points A et B appartiennent-ils à la droite (d) ?

2. Les droites (AB) et (d) sont-elles sécantes ?
Si oui, calculer les coordonnées de leur point d'intersection.

68. (d) et (d') sont deux droites d'équations respectives

$$x + ay + b = 0 \quad \text{et} \quad x + by + a = 0$$

où a et b sont des réels.

1. À quelle condition les droites (d) et (d') sont-elles sécantes ?

2. Quelles sont alors les coordonnées de leur point d'intersection ?

> **Rappel**
> **Les droites (d) et (d') sont sécantes si, et seulement si, leurs vecteurs directeurs ne sont pas colinéaires.**

69. On considère les points $A(-3\,;5)$, $B(2\,;3)$, $C(10\,;3)$, $D(1\,;-3)$, $E(8\,;3)$ et $F(9\,;5)$.
Démontrer que les droites (AB), (CD) et (EF) sont concourantes en un point dont on précisera les coordonnées.

70. Cet algorithme permet de déterminer une équation cartésienne de droite lorsqu'on donne les coordonnées d'un de ses points et d'un de ses vecteurs directeurs. ALGO

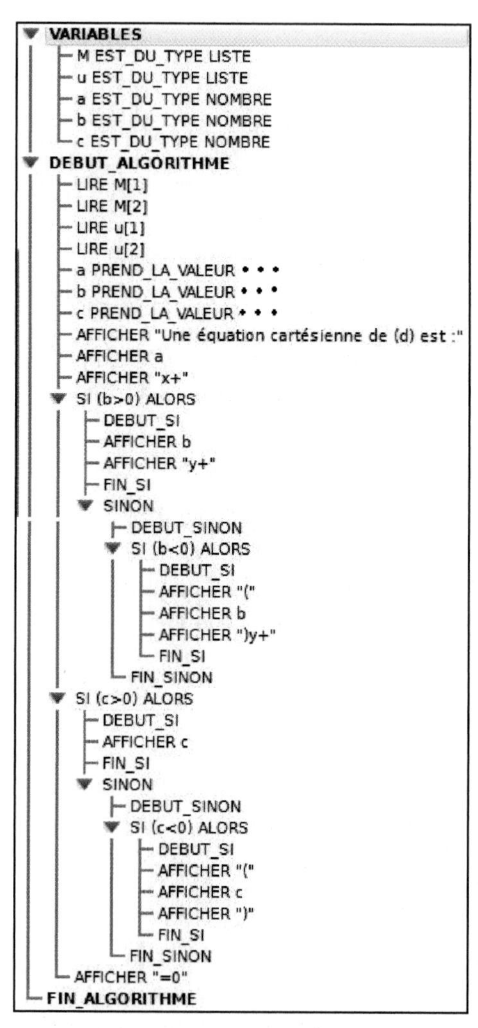
```
VARIABLES
  M EST_DU_TYPE LISTE
  u EST_DU_TYPE LISTE
  a EST_DU_TYPE NOMBRE
  b EST_DU_TYPE NOMBRE
  c EST_DU_TYPE NOMBRE
DEBUT_ALGORITHME
  LIRE M[1]
  LIRE M[2]
  LIRE u[1]
  LIRE u[2]
  a PREND_LA_VALEUR • • •
  b PREND_LA_VALEUR • • •
  c PREND_LA_VALEUR • • •
  AFFICHER "Une équation cartésienne de (d) est :"
  AFFICHER a
  AFFICHER "x+"
  SI (b>0) ALORS
    DEBUT_SI
    AFFICHER b
    AFFICHER "y+"
    FIN_SI
    SINON
      DEBUT_SINON
      SI (b<0) ALORS
        DEBUT_SI
        AFFICHER "("
        AFFICHER b
        AFFICHER ")y+"
        FIN_SI
      FIN_SINON
  SI (c>0) ALORS
    DEBUT_SI
    AFFICHER c
    FIN_SI
    SINON
      DEBUT_SINON
      SI (c<0) ALORS
        DEBUT_SI
        AFFICHER "("
        AFFICHER c
        AFFICHER ")"
        FIN_SI
      FIN_SINON
  AFFICHER "=0"
FIN_ALGORITHME
```

1. Expliquer ce que représente chacune des variables utilisées.

2. Compléter cet algorithme en affectant aux nombres a, b et c leurs valeurs en fonction des autres variables.

3. Utiliser cet algorithme pour trouver une équation de la droite (d) passant par le point M et de vecteur directeur $\vec{u}$ dans chacun des cas suivants :

a. $M(-3\,;4)$ et $\vec{u}\begin{pmatrix}2\\5\end{pmatrix}$;

b. $M\left(\dfrac{3}{2}\,;5\right)$ et $\vec{u}\begin{pmatrix}-3\\2\end{pmatrix}$.

3. Points alignés

pour s'échauffer

71. corrigé ABC est un triangle.
D est le point tel que $\overrightarrow{AD} = -3\overrightarrow{AB} + 4\overrightarrow{AC}$.

1. Exprimer le vecteur $\overrightarrow{BD}$ en fonction du vecteur $\overrightarrow{BC}$.
2. En déduire que les points B, C et D sont alignés.

72. A, B, C et D sont quatre points tels que :

$$\overrightarrow{BD} = -\frac{2}{3}\overrightarrow{AB} + \frac{1}{3}\overrightarrow{BC}.$$

1. Exprimer le vecteur $\overrightarrow{DC}$ en fonction du vecteur $\overrightarrow{AC}$.
2. En déduire que les points A, C et D sont alignés.

73. C, O, L et I sont quatre points tels que :

$$3\overrightarrow{CI} = -\overrightarrow{OI} - 4\overrightarrow{IL}.$$

Démontrer que les points C, O et L sont alignés.

74. ABC est un triangle et D est le point défini par :

$$\overrightarrow{AD} = \frac{3}{2}\overrightarrow{BA} - \frac{3}{2}\overrightarrow{BC}.$$

Démontrer que les points A, C et D sont alignés.

75. corrigé $ABCD$ est un parallélogramme.
E et F sont les points tels que $\overrightarrow{BE} = \frac{1}{4}\overrightarrow{BC}$ et $\overrightarrow{CF} = \frac{3}{4}\overrightarrow{CD}$.
G est le milieu du segment $[EF]$.
Démontrer que les points A, G et C sont alignés.

> MÉTHODE
> **On peut penser à la règle du parallélogramme ou utiliser un repère bien choisi.**

76. ABC est un triangle.
D, E et F sont trois points définis par :

$$\overrightarrow{AD} = -\frac{1}{2}\overrightarrow{AC}, \quad \overrightarrow{AE} = \frac{1}{3}\overrightarrow{AB} \quad \text{et} \quad 3\overrightarrow{BF} = 2\overrightarrow{FC}.$$

1. Construire une figure.
2. a. Exprimer le vecteur $\overrightarrow{ED}$ en fonction des vecteurs $\overrightarrow{BA}$ et $\overrightarrow{CA}$.
b. Exprimer le vecteur $\overrightarrow{FD}$ en fonction des vecteurs $\overrightarrow{BA}$ et $\overrightarrow{CA}$.
3. Que peut-on dire des vecteurs $\overrightarrow{ED}$ et $\overrightarrow{FD}$?
4. Que peut-on en déduire pour les points D, E et F ?

77. ABC est un triangle. D et E sont les points tels que :

$$\overrightarrow{AD} = 3\overrightarrow{AB} \quad \text{et} \quad 2\overrightarrow{EA} + \overrightarrow{EC} = \vec{0}.$$

I et J sont les milieux respectifs des segments $[EB]$ et $[CD]$.
Démontrer que les points A, I et J sont alignés.

78. Ballade sur le Nil

TRI est un triangle. A et N sont les milieux respectifs des segments $[TI]$ et $[RA]$. E est le point défini par $\overrightarrow{IE} = -\frac{1}{2}\overrightarrow{IT}$.
G est le symétrique du point R par rapport au point I.
L est le milieu du segment $[GE]$.

1. Construire une figure.
2. Exprimer le vecteur $\overrightarrow{IN}$ en fonction des vecteurs $\overrightarrow{IA}$ et $\overrightarrow{IR}$.
3. a. Exprimer le vecteur $\overrightarrow{IL}$ en fonction des vecteurs $\overrightarrow{IE}$ et $\overrightarrow{IG}$.
b. En déduire l'expression du vecteur $\overrightarrow{IL}$ en fonction des vecteurs $\overrightarrow{IA}$ et $\overrightarrow{IR}$.
4. Que peut-on conclure pour les points N, I, L ?

79. Écrire un algorithme qui indique si trois points sont alignés ou non lorsqu'on donne les coordonnées de ces points. algo

80. Écrire un programme sur une calculatrice qui indique si trois points sont alignés ou non lorsqu'on donne les coordonnées de ces points.

81. ABC est un triangle. Le point D est le symétrique du point A par rapport au point B.
E et F sont les points définis par :

$$\overrightarrow{BE} = 2\overrightarrow{BC} + \overrightarrow{AC} \quad \text{et} \quad \overrightarrow{BF} = \overrightarrow{AC}.$$

1. Construire une figure.
2. a. Exprimer le vecteur $\overrightarrow{EF}$ en fonction du vecteur $\overrightarrow{CB}$.
b. Exprimer le vecteur $\overrightarrow{FD}$ en fonction du vecteur $\overrightarrow{CB}$.
3. Que peut-on en déduire pour les points E, F et D ?

82. On considère les points $A\left(-\frac{5}{2} ; \frac{7}{2}\right)$, $B(1 ; 2)$, $C\left(\frac{7}{2} ; 1\right)$, $D\left(\frac{17}{3} ; 0\right)$ et $E(-6 ; 5)$.
Le but de l'exercice est de trouver lesquels de ces points sont alignés.

A. Première méthode

1. Calculer les coordonnées des vecteurs $\overrightarrow{AB}$, $\overrightarrow{AC}$, $\overrightarrow{AD}$ et $\overrightarrow{AE}$.
2. Conclure.

B. Seconde méthode

1. Calculer une équation cartésienne de la droite (AB).
2. Vérifier l'appartenance de chacun des points C, D et E à cette droite.

83. Théorème du trapèze

ABCD est un trapèze de bases [*AD*] et [*BC*] dont les diagonales se coupent au point *O*.
Le point *I* est le milieu du côté [*AD*].
Le point *J* est le milieu du côté [*BC*].
Les droites (*AB*) et (*DC*) se coupent au point *E*.

1. Observation et conjecture

a. Tracer une figure avec *Geogebra*.
b. Comment semblent être les points *J*, *O*, *I*, *E* ?
c. Déplacer les sommets du trapèze pour savoir si ce résultat semble toujours vrai.

2. Démonstration

a. Démontrer qu'il existe un réel *k* tel que :
$$\overrightarrow{OA} = k\overrightarrow{OC} \quad \text{et} \quad \overrightarrow{OD} = k\overrightarrow{OB}.$$
b. Démontrer qu'on a alors $\overrightarrow{OI} = k\overrightarrow{OJ}$.
c. Que peut-on en déduire pour les points *J*, *O* et *I* ?
d. Démontrer de la même façon que les points *J*, *I* et *E* sont alignés.
e. Conclure.

Le saviez-vous ?

On a démontré, dans cet exercice, le théorème du trapèze : *Dans tout trapèze, la droite joignant les milieux des bases passe par le point d'intersection des diagonales et par le point d'intersection des côtés opposés non parallèles.*

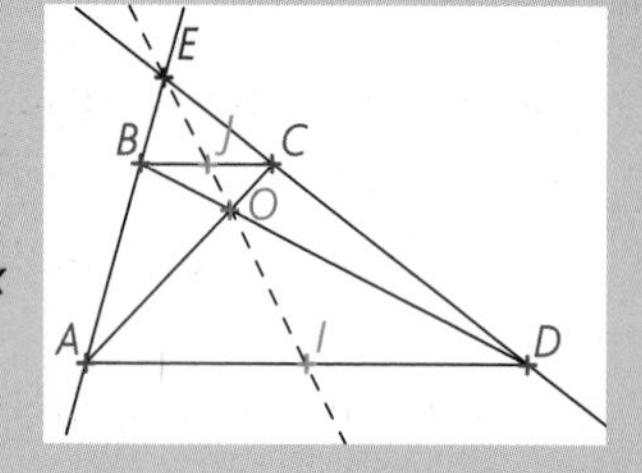

85. corrigé *ABCD* est un parallélogramme.

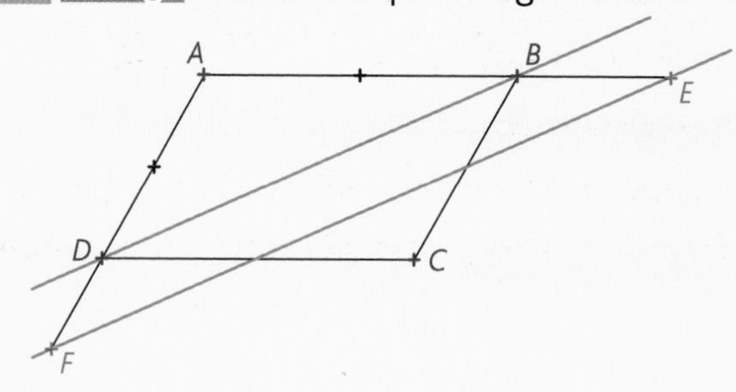

E et *F* sont les points tels que :
$$\overrightarrow{AE} = \frac{3}{2}\overrightarrow{AB} \quad \text{et} \quad \overrightarrow{DF} = -\frac{1}{2}\overrightarrow{DA}.$$
1. Exprimer le vecteur $\overrightarrow{EF}$ en fonction du vecteur $\overrightarrow{BD}$.
2. Démontrer que les droites (*EF*) et (*BD*) sont parallèles.

86. *A*, *B*, *C* et *D* sont quatre points tels que :
$$\overrightarrow{CB} = 4\overrightarrow{CA} + 3\overrightarrow{AD}.$$
1. Exprimer le vecteur $\overrightarrow{AB}$ en fonction du vecteur $\overrightarrow{CD}$.
2. Démontrer que les droites (*AB*) et (*CD*) sont parallèles.

87. *ABC* est un triangle. *D* est le point tel que :
$$\overrightarrow{AD} + \overrightarrow{BD} = \overrightarrow{AB} + \overrightarrow{AC} + \overrightarrow{BC}.$$
Démontrer que les droites (*AB*) et (*CD*) sont parallèles.

MÉTHODE
Utiliser la relation de Chasles pour faire apparaître le vecteur $\overrightarrow{AB}$ dans cette égalité.

88. *A*, *B* et *C* sont trois points non alignés. Les points *D* et *E* sont définis par : $\overrightarrow{AD} = \frac{1}{4}\overrightarrow{BC}$; $\overrightarrow{CE} = -\frac{1}{4}\overrightarrow{AB}$.

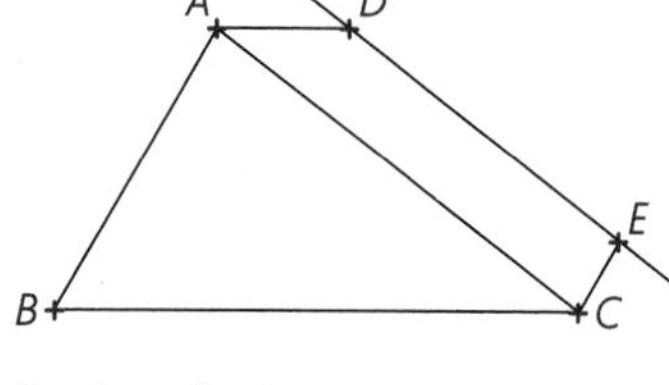

Démontrer que les droites (*AC*) et (*DE*) sont parallèles.

89. *ABCD* est un parallélogramme.
E, *F*, *G* et *H* sont les points définis par :
$\overrightarrow{AE} = \frac{1}{4}\overrightarrow{AB}$; $\overrightarrow{AF} = \overrightarrow{AB} + \frac{1}{4}\overrightarrow{BC}$;
$3\overrightarrow{GC} = \overrightarrow{BG}$; $\overrightarrow{DH} = \frac{7}{12}\overrightarrow{DA}$.

Logiciel

1. Construire une figure avec *Geogebra*.
2. Comment semblent être les droites (*EF*) et (*GH*) ?
3. Démontrer cette conjecture.

4. Droites parallèles

pour s'échauffer

84. *ABC* est un triangle.
Le point *I* est le milieu du segment [*AB*] et le point *J* est le symétrique du point *A* par rapport au point *C*.
1. Exprimer le vecteur $\overrightarrow{BJ}$ en fonction du vecteur $\overrightarrow{IC}$.
2. Démontrer que les droites (*CI*) et (*BJ*) sont parallèles.

90. *ABC* est un triangle.

Les points *D*, *E*, *F* et *G* sont définis par :

$\overrightarrow{CD} = \frac{4}{3}\overrightarrow{AB}$; $\overrightarrow{AE} = \frac{1}{4}\overrightarrow{AC}$; $\overrightarrow{AF} = 4\overrightarrow{AB}$; $\overrightarrow{FG} = \frac{1}{3}\overrightarrow{AC}$.

1. Construire une figure.
2. Démontrer que les droites (*BE*) et (*CF*) sont parallèles.
3. Démontrer que les droites (*BE*) et (*DG*) sont parallèles.

> **Méthode**
> **Pour la troisième question, on peut exprimer les vecteurs $\overrightarrow{BE}$ et $\overrightarrow{DG}$ en fonction de deux vecteurs non colinéaires entre eux, par exemple $\overrightarrow{AB}$ et $\overrightarrow{AC}$.**

91. Soit *ABCD* un quadrilatère quelconque.

Les points *E*, *F* et *G* sont les milieux respectifs des segments [*AB*], [*BC*] et [*AC*].

I est l'image du point *D* par la translation de vecteur $\overrightarrow{CE}$.

J est le point tel que par $\overrightarrow{DJ} = -\overrightarrow{BG}$.

1. Démontrer que les droites (*IJ*) et (*AF*) sont parallèles.
2. Soit *M* le milieu de [*IJ*].
Démontrer qu'il existe un réel *k* tel que $\overrightarrow{DM} = k\overrightarrow{BC}$.
Que peut-on dire des droites (*DM*) et (*BC*) ?

92. *ABCD* est un parallélogramme. 

Les points *E* et *F* sont tels que $\overrightarrow{AB} = 4\overrightarrow{AE}$ et $\overrightarrow{DF} = 3\overrightarrow{AD}$.

Le but de l'exercice est de démontrer que les droites (DE) et (BF) sont parallèles.

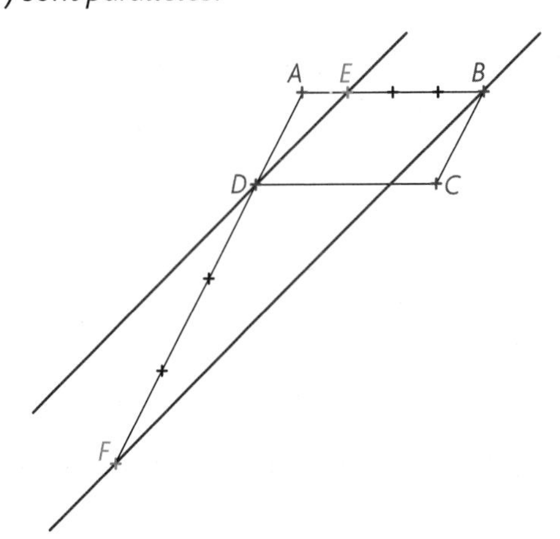

A. Première méthode : calcul vectoriel

1. Exprimer le vecteur $\overrightarrow{FB}$ en fonction du vecteur $\overrightarrow{DE}$.
2. Conclure.

B. Deuxième méthode : dans un repère choisi

1. Dans le repère $(A\ ;\ \overrightarrow{AB}, \overrightarrow{AD})$, donner les coordonnées des points *B*, *E*, *D* et *F*, puis des vecteurs $\overrightarrow{FB}$ et $\overrightarrow{DE}$.
2. Conclure.

C. Troisième méthode : avec des configurations

1. Calculer les quotients $\frac{AD}{AF}$ et $\frac{AE}{AB}$.
2. Conclure.

93. Soit *POL* un triangle et les points *Y* et *G* tels que $\overrightarrow{OY} = 2\overrightarrow{PL}$ et $\overrightarrow{OG} = 2\overrightarrow{OL} - 2\overrightarrow{LP}$.

Démontrer que les droites (*LO*) et (*GY*) sont parallèles.

94. Soit *ABC* un triangle. Le point *D* est défini par $\overrightarrow{BD} = 4\overrightarrow{AB} - 2\overrightarrow{AC}$ et le point *E* est le symétrique du point *A* par rapport au point *B*.

Démontrer que les droites (*BD*) et (*CE*) sont parallèles.

95. Soit *ABC* un triangle. Le point *D* est défini par :

$$\overrightarrow{BD} = 2\overrightarrow{BC} + \overrightarrow{AC}.$$

Le point *E* vérifie $\overrightarrow{BE} = 2\overrightarrow{BA} + k\overrightarrow{AC}$ où *k* est un réel.

Pour quelle valeur de *k*, la droite (*BD*) est-elle parallèle à la droite (*AE*) ?

> **Méthode**
> **Exprimer le vecteur $\overrightarrow{AE}$ en fonction des vecteurs $\overrightarrow{BC}$, $\overrightarrow{AC}$ et *k*, puis écrire une égalité vectorielle que doivent vérifier les vecteurs $\overrightarrow{AE}$ et $\overrightarrow{BD}$.**

96. *ABCD* est un parallélogramme.

E est le point défini par $\overrightarrow{AE} = -3\overrightarrow{AB} + k\overrightarrow{BC}$ où *k* est un réel.

1. Pour quelle valeur de *k*, la droite (*BE*) est-elle parallèle à la droite (*BC*) ?
2. Pour quelle valeur de *k*, la droite (*BE*) est-elle parallèle à la droite (*BD*) ?

97. On donne l'algorithme ci-dessous. 

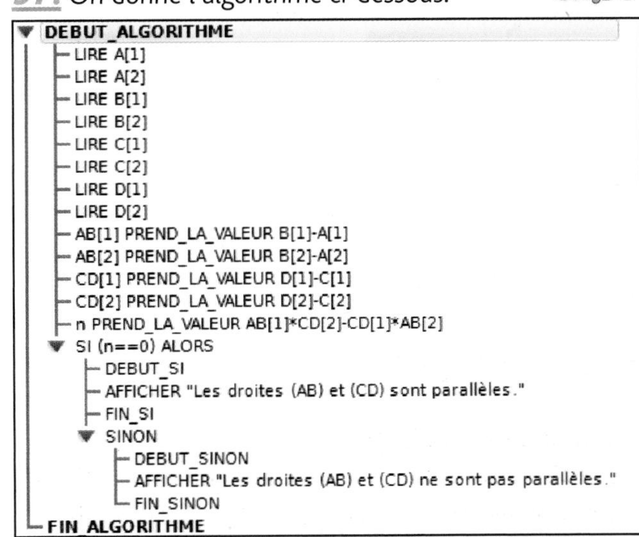

```
▼ DEBUT_ALGORITHME
    LIRE A[1]
    LIRE A[2]
    LIRE B[1]
    LIRE B[2]
    LIRE C[1]
    LIRE C[2]
    LIRE D[1]
    LIRE D[2]
    AB[1] PREND_LA_VALEUR B[1]-A[1]
    AB[2] PREND_LA_VALEUR B[2]-A[2]
    CD[1] PREND_LA_VALEUR D[1]-C[1]
    CD[2] PREND_LA_VALEUR D[2]-C[2]
    n PREND_LA_VALEUR AB[1]*CD[2]-CD[1]*AB[2]
  ▼ SI (n==0) ALORS
        DEBUT_SI
        AFFICHER "Les droites (AB) et (CD) sont parallèles."
        FIN_SI
      ▼ SINON
          DEBUT_SINON
          AFFICHER "Les droites (AB) et (CD) ne sont pas parallèles."
          FIN_SINON
FIN_ALGORITHME
```

1. La déclaration des variables n'est pas visible.
   a. Quelles sont les variables utilisées ?
   b. Que représentent ces variables ?
2. Que calcule cet algorithme et dans quel but ?

98. Écrire un algorithme qui indique si deux droites sont strictement parallèles, confondues ou sécantes lorsqu'on rentre les coordonnées de deux points de chacune de ces droites.

99. Écrire un programme sur une calculatrice, qui indique si deux droites sont parallèles ou non lorsqu'on rentre les coordonnées de deux points de chacune de ces droites.

5. Problèmes

100. Aux États-Unis, l'unité de mesure des températures est le degré Fahrenheit (noté °F).

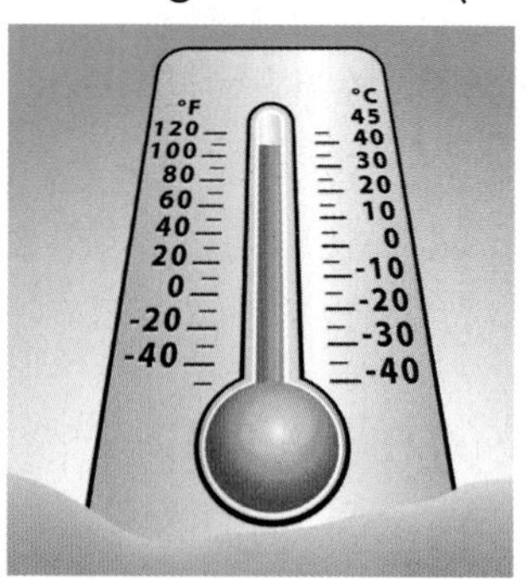

L'eau gèle à 0 °C et à 32 °F.
Elle bout à 100 °C, ce qui correspond à 212 °F.
Dans un repère, on souhaite représenter par une droite la fonction qui, à une température en °C associe une température en °F.

1. Donner les coordonnées d'un vecteur directeur de cette droite.

2. En déduire une équation cartésienne de cette droite.

3. a. Brad est à Paris aujourd'hui et il fait 17 °C. Calculer cette température en °F.
b. Marie est en vacances aux États-Unis et elle ne sent pas bien. Elle prend sa température et obtient 103 °F. A-t-elle de la fièvre ?

101. Dans un repère $(O\ ;\ \vec{i}, \vec{j})$, on considère les points $A(-2\ ;5)$, $B(-1\ ;3)$, $C(4\ ;1)$ et $D(-2\ ;-3)$.
(d_m) est la droite d'équation $mx - y + 4 = 0$ où m est un réel de l'intervalle $[-5\ ;5]$.
Le but de l'exercice est de trouver les valeurs de m pour lesquelles (d_m) vérifient des conditions données.

1. Conjecture

a. Construire une figure avec *Geogebra*.
b. Pour quelle valeur de m la droite (d_m) semble-t-elle passer par le point A ? par le point B ?
c. Pour quelle valeur de m la droite (d_m) semble-t-elle parallèle à la droite (AB) ?
d. Pour quelle valeur de m les droites (AB), (CD) et (d_m) semblent-elles concourantes ?

2. Démonstration

a. Calculer la valeur de m pour laquelle le point A appartient à la droite (d_m) et la valeur de m pour laquelle le point B appartient à la droite (d_m).
b. Calculer la valeur de m pour laquelle la droite (d_m) est parallèle à la droite (AB).
c. Calculer la valeur de m pour laquelle les droites (AB), (CD) et (d_m) sont concourantes.
Donner les coordonnées de leur point de concours.

102. Carte au trésor

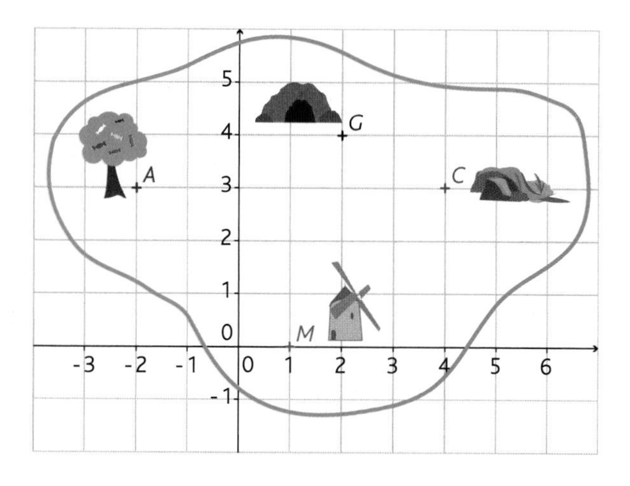

Simon et Zoé trouvent une carte au trésor un peu particulière.
Voici le texte qui est écrit dessus :

> *Le trésor est aligné avec l'arbre aux bonbons et la grotte de l'ours.*
> *De plus, le trésor appartient à la droite qui passe par la cascade et le moulin rose.*

Sachant que la carte est munie d'un repère dans lequel l'arbre aux bonbons (le point A), la grotte de l'ours (le point G), la cascade (le point C) et le moulin rose (le point M) ont pour coordonnées respectives $(-2\ ;3)$, $(2\ ;4)$, $(4\ ;3)$ et $(1\ ;0)$, trouver les coordonnées du trésor T.

103. ACE est un triangle. S et R sont les points Demo
tels que : $\overrightarrow{SC} = -3\overrightarrow{SE}$ et $\overrightarrow{AR} = \frac{1}{4}\overrightarrow{AC}$.
Le point B est le milieu du segment $[AE]$.
En utilisant le repère $(A ; \overrightarrow{AE}, \overrightarrow{AC})$, démontrer que les droites (AS), (RE) et (CB) sont concourantes.

104. On considère un carré $ABCD$ de côté 1.

E, F, G et H sont les points tels que : $\overrightarrow{AE} = \frac{1}{6}\overrightarrow{AB}$;
$2\overrightarrow{BF} = \overrightarrow{FC}$; $\overrightarrow{DG} = \frac{2}{3}\overrightarrow{AB} + \frac{1}{6}\overrightarrow{DC}$; $\overrightarrow{AH} = \overrightarrow{AD} + \frac{1}{4}\overrightarrow{AB}$.
On note I le point d'intersection des droites (EH) et (GF).

1. Conjecture

a. Tracer une figure avec *Geogebra*.
b. Comment semblent les droites (GH) et (EF) ?
c. Que semblent représenter les points H et G pour les côtés du triangle IEF ?
d. Comment semble être le triangle IEF ?

2. Démonstration

En choisissant un repère adapté, démontrer ces conjectures.

105. Orthocentre et centre du cercle circonscrit à un triangle Logiciel

Le plan est muni d'un repère orthonormé $(O ; \vec{i}, \vec{j})$.
On considère les points $A(-3 ; 3)$, $B(6 ; 3)$ et $C(2 ; -1)$.
Les points D et E sont les milieux respectifs des segments $[AB]$ et $[BC]$.
F est le point de coordonnées $\left(\frac{3}{2} ; -\frac{3}{2}\right)$.
I est le point défini par $\overrightarrow{AI} = \frac{5}{9}\overrightarrow{AB}$.
Le but de l'exercice est de calculer les coordonnées de l'orthocentre et du centre du cercle circonscrit au triangle ABC.

A. Conjecture

1. Construire une figure avec *Geogebra*.
2. a. Que semblent représenter les droites (AF) et (CI) pour le triangle ABC ?
b. Quelles sont les coordonnées de leur point d'intersection H ?
3. a. Tracer les médiatrices des côtés $[AB]$ et $[BC]$ du triangle ABC.
b. Quelles sont les coordonnées de leur point d'intersection J ?

B. Démonstration

1. a. Calculer les coordonnées du point I.
b. Démontrer que le triangle AIC est un triangle rectangle.
c. Que représente donc la droite (CI) pour le triangle ABC ?
d. Calculer une équation cartésienne de la droite (CI).
e. Que représente la droite (AF) pour le triangle ABC ?
f. Calculer une équation cartésienne de la droite (AF).
g. En déduire les coordonnées du point d'intersection H des droites (AF) et (CI).
h. Que représente ce point pour le triangle ABC ?

2. a. Calculer les coordonnées des points D et E.
b. En déduire, à l'aide des questions 1. d. et 1. f., les équations cartésiennes des médiatrices des côtés $[AB]$ et $[BC]$ du triangle ABC.
c. Calculer les coordonnées de leur point d'intersection J.
d. Que représente ce point pour le triangle ABC ?

106. Le plan est muni d'un repère $(O ; \vec{i}, \vec{j})$. Demo
On considère les points $A(-2 ; 5)$, $B(1 ; 4)$, $C(-2 ; -5)$, $D(7 ; 7)$, $E(-4 ; -1)$ et $F(0 ; 1)$.
1. Démontrer que les points B, C et F sont alignés.
2. Démontrer que les droites (AE) et (BC) sont parallèles.
3. Calculer les équations des droites (AB), (CD) et (EF).
4. Démontrer que les droites (AB), (CD) et (EF) sont concourantes et donner les coordonnées de leur point de concours I.
5. Démontrer que le point B est le milieu du segment $[AI]$.

107. Coordonnées d'un centre de gravité

Le plan est muni d'un repère $(O ; \vec{i}, \vec{j})$.
On considère les points $A(1 ; 3)$, $B(6 ; 4)$ et $C(-1 ; -1)$.
Le but de l'exercice est de calculer les coordonnées du centre de gravité G du triangle ABC.

A. Première méthode : avec les équations de deux médianes

1. Calculer les coordonnées des milieux respectifs I et J des segments $[BC]$ et $[AC]$.
2. En déduire des équations cartésiennes des médianes issues de A et de B du triangle ABC.
3. Calculer les coordonnées du centre de gravité G du triangle ABC.

B. Deuxième méthode : avec des égalités vectorielles

1. Exprimer le vecteur $\overrightarrow{AG}$ en fonction du vecteur $\overrightarrow{AI}$ où I est le milieu du segment $[BC]$.
2. En déduire une expression du vecteur $\overrightarrow{AG}$ en fonction des vecteurs $\overrightarrow{AB}$ et $\overrightarrow{AC}$.
3. Utiliser cette égalité pour calculer les coordonnées du point G.

108. Barycentre

A. Première partie

Léa fabrique un mobile comme ci-dessous.

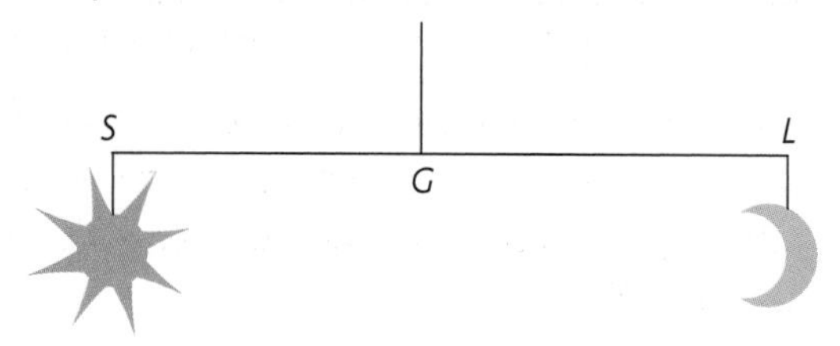

La masse de la tige est négligeable. La lune L a pour masse m_L et le soleil S a pour masse m_S. Ces deux masses sont non nulles.
Léa veut savoir en quel point, noté G, accrocher le fil pour que son mobile reste en équilibre.
D'après la loi d'Archimède, il y a équilibre lorsque :

$$m_S \times GS = m_L \times GL.$$

1. Que peut-on dire des directions et des sens des vecteurs $\overrightarrow{GS}$ et $\overrightarrow{GL}$?

2. En déduire que $m_S\overrightarrow{GS} + m_L\overrightarrow{GL} = \vec{0}$.

3. Exprimer le vecteur $\overrightarrow{SG}$ en fonction du vecteur $\overrightarrow{SL}$ et en déduire qu'il existe une unique position de G pour laquelle l'équilibre est assuré.

4. a. Si $m_S = m_L$, où est situé le point G ?

b. Si $m_S = 30$ g et $m_L = 10$ g, où est situé le point G ?

Le saviez-vous ?

Le point G est appelé barycentre des points pondérés (S, m_S) et (L, m_L). Le mot barycentre vient du grec $\beta\alpha\rho\upsilon$ ς (barus) qui signifie « lourd ».
La notion de barycentre peut être utilisée pour démontrer des alignements de points (G, S et L sont alignés).

B. Deuxième partie

Léa souhaite rajouter une étoile E afin d'obtenir le mobile suivant :

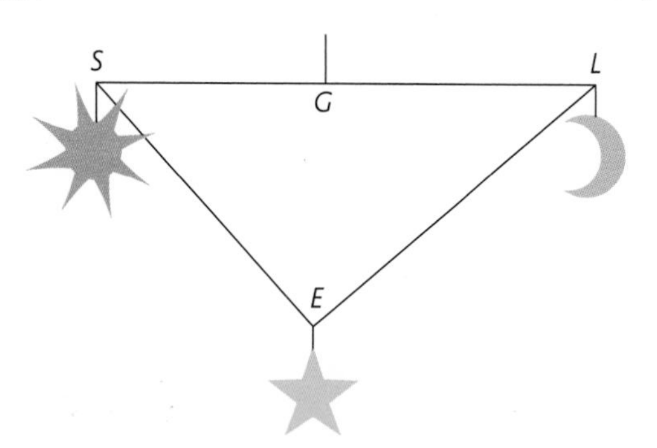

On note m_E la masse de l'étoile.
On admet que le point d'équilibre G vérifie :

$$m_E\overrightarrow{GE} + m_S\overrightarrow{GS} + m_L\overrightarrow{GL} = \vec{0}. \ (1)$$

1. Exprimer le vecteur $\overrightarrow{GE}$ en fonction des vecteurs $\overrightarrow{ES}$ et $\overrightarrow{EL}$ et en déduire qu'il existe une unique position du point G pour laquelle l'équilibre est assuré.

2. Cas particulier : si $m_S = m_L = m_E$
a. Comment s'écrit alors l'égalité (1) ?
b. Notons I le milieu du segment $[SL]$.
Exprimer le vecteur $\overrightarrow{EG}$ en fonction du vecteur $\overrightarrow{EI}$.
c. Que représente le point G pour le triangle SEL ?

Le saviez-vous ?

Lorsque les coefficients de pondérations d'un barycentre sont égaux, on parle d'isobarycentre.
L'isobarycentre des sommets d'un triangle est le centre de gravité de ce triangle

109. Droite d'Euler

Soit ABC un triangle quelconque.
Soit A', B' et C' les milieux respectifs des côtés $[BC]$, $[AC]$ et $[AB]$.
On note O le centre du cercle circonscrit au triangle ABC, G son centre de gravité et H le point tel que :

$$\overrightarrow{OH} = \overrightarrow{OA} + \overrightarrow{OB} + \overrightarrow{OC}.$$

Le but de cet exercice est de démontrer que les points O, G et H sont alignés.

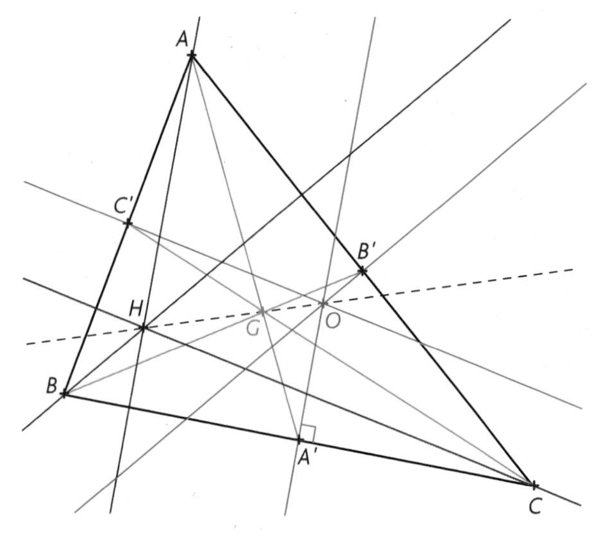

1. a. Démontrer que $\overrightarrow{OB} + \overrightarrow{OC} = 2\overrightarrow{OA'}$.
b. En déduire l'expression du vecteur $\overrightarrow{AH}$ en fonction du vecteur $\overrightarrow{OA'}$.
c. Que peut-on conclure pour les droites (AH) et (BC) ?

d. Démontrer de même que la droite (BH) est perpendiculaire à la droite (AC).

e. Que représente le point H pour le triangle ABC ?

2. a. Sachant que $\overrightarrow{AG} = \frac{2}{3}\overrightarrow{AA'}$, démontrer que :

$$\overrightarrow{GA} + \overrightarrow{GB} + \overrightarrow{GC} = \vec{0}.$$

b. Démontrer que $\overrightarrow{OH} = 3\overrightarrow{OG}$.

c. Que peut-on en déduire pour les points O, H et G ?

Le saviez-vous ?

Dans un triangle non équilatéral, le centre de gravité, l'orthocentre et le centre du cercle circonscrit sont alignés sur une droite appelée *« droite d'Euler »*.

110. A et B sont deux points distincts fixés.

1. G est le point tel que $3\overrightarrow{GA} + 2\overrightarrow{GB} = \vec{0}$.

Exprimer le vecteur $\overrightarrow{AG}$ en fonction du vecteur $\overrightarrow{AB}$, puis construire le point G.

2. Démontrer que, pour tout point M du plan :

$$3\overrightarrow{MA} + 2\overrightarrow{MB} = 5\overrightarrow{MG}.$$

3. Quel est l'ensemble des points M tels que $\overrightarrow{AB}$ et $3\overrightarrow{MA} + 2\overrightarrow{MB}$ sont colinéaires ?

4. a. Quel est l'ensemble des points M tels que :

$$\| 3\overrightarrow{MA} + 2\overrightarrow{MB} \| = 2AB \text{ ?}$$

b. Tracer cet ensemble.

c. Par quel point de la figure passe-t-il ? Justifier.

5. a. Quel est l'ensemble des points M tels que :

$$\| 3\overrightarrow{MA} + 2\overrightarrow{MB} \| = 5MA \text{ ?}$$

b. Tracer cet ensemble.

111. Le plan est muni d'un repère $(O ; \vec{i}, \vec{j})$.
On considère les points $A(1 ; 2)$, $B(-1 ; 3)$ et $C(4 ; -1)$.

1. Construire une figure qui sera complétée au fur et à mesure de l'exercice.

2. Calculer les coordonnées des vecteurs $\overrightarrow{AB}$ et $\overrightarrow{AC}$.

3. Donner une équation cartésienne de la droite (d) passant par le point A et dont un vecteur directeur est le vecteur $\vec{u} = 2\overrightarrow{AB} + \overrightarrow{AC}$.

4. Calculer l'ordonnée du point E appartenant à la droite (d) et d'abscisse $\frac{1}{2}$.

5. a. Calculer les coordonnées du vecteur $\overrightarrow{BE}$.

b. Que peut-on dire des droites (BE) et (AC) ? Justifier.

6. a. Donner une équation cartésienne de la droite (AB).

b. Donner une équation cartésienne de la droite (CE).

c. Calculer les coordonnées du point d'intersection F des droites (AB) et (CE).

7. a. Démontrer que le point B est le milieu du segment $[AF]$.

b. Que peut-on en déduire pour le point E ?

112. Soit m un réel et soit (d_m) la droite d'équation :

$$(m + 1)x - my + 2 = 0.$$

1. Pour quelle valeur de m, la droite (d_m) passe-t-elle par le point $A(3 ; 4)$?

2. Pour quelle valeur de m, le vecteur $\vec{u}\begin{pmatrix}-2\\1\end{pmatrix}$ est-il un vecteur directeur de la droite (d_m) ?

3. Pour quelle valeur de m, la droite (d_m) est-elle parallèle à la droite (Δ) d'équation $-2x + 3y + 1 = 0$?

113. Soit m un réel et soit (d_m) la droite d'équation :

$$m^2x - (m - 1)y - 1 = 0.$$

1. Pour quelles valeurs de m, la droite (d_m) passe-t-elle par le point $A(-1 ; 1)$? Donner les équations de droites obtenues avec ces valeurs.

2. Pour quelle valeur de m, le vecteur $\vec{u}\begin{pmatrix}1\\4\end{pmatrix}$ est-il un vecteur directeur de la droite (d_m) ?

3. La droite (d_m) peut-elle être parallèle à la droite (D) d'équation $5x - 3y + 4 = 0$?

MÉTHODE
Penser aux différentes façons de factoriser un polynôme du second degré : facteur commun, identités remarquables ou calcul du discriminant.

QCM

Dans les questions suivantes, déterminer la (ou les) bonne(s) réponse(s).

114. Dans un repère $(O ; \vec{i}, \vec{j})$, on donne les points $A(3 ; 5)$, $B(2 ; 4)$, $C(-2 ; 3)$, $D(11 ; 7)$ et $E(11 ; 4)$.
On note $\vec{u} = 2\overrightarrow{AB} - 3\overrightarrow{AC}$.

a. $ACBD$ est un trapèze.

b. Le vecteur $\vec{u}$ est un vecteur directeur de la droite (d) d'équation $-4x + 13y + 8 = 0$.

c. Le point D appartient à la droite (d') passant par le point C et dont un vecteur directeur est $\vec{u}$.

d. La droite (AB) et la parallèle à la droite (CD) passant par le point E se coupent sur l'axe des abscisses.

e. La droite (CD) est une médiane du triangle ABC.

f. Le milieu du segment $[AE]$ appartient à la droite (BC).

115. Dans un repère $(O; \vec{i}, \vec{j})$, on donne les points $A(m ; 3)$, $B(2 ; m)$, $C(2m ; 5)$ et $D(4 ; -1)$ où m est un réel.

a. Les vecteurs $\overrightarrow{AB}$ et $\overrightarrow{CD}$ ne peuvent pas être colinéaires.

b. Il existe une seule valeur de m pour laquelle les droites (AB) et (CD) sont parallèles.

c. Les points A, B et C ne peuvent pas être alignés.

d. Il existe une seule valeur de m pour laquelle les points A, C et D sont alignés.

116. Soit $ABCD$ un parallélogramme :
E est le point défini par $\overrightarrow{AE} = \frac{1}{4}\overrightarrow{AB}$;
F est le point tel que $2\overrightarrow{FA} + \overrightarrow{FD} = \vec{0}$;
le point G vérifie l'égalité $\overrightarrow{GC} = \frac{3}{4}\overrightarrow{DC}$.

a. Les droites (EF) et (BG) sont parallèles.

b. $EFGB$ est un parallélogramme.

c. La droite (AC) passe par le milieu du segment $[EF]$.

d. Les droites (FG) et (AC) sont parallèles.

e. Les droites (FB), (GE) et (AC) sont concourantes.

117. Soit ABC un triangle.
Le point D est l'image du point C par la translation de vecteur $\overrightarrow{BC}$;
E est le point défini par $\overrightarrow{EA} + \overrightarrow{EB} = \vec{0}$;
F est le point tel que $\overrightarrow{CF} = -\frac{1}{4}\overrightarrow{AB}$.

a. La droite (EF) est parallèle à la droite (BC).

b. Les points D, E et F sont alignés.

c. $\overrightarrow{FA} + \overrightarrow{FB} = \overrightarrow{DE}$.

restitution organisée de connaissances

118. On se place dans un repère $(O ; \vec{i}, \vec{j})$.
Soit λ un réel.
(d) est la droite d'équation $y = -\lambda x + 2$ et (d') est la droite d'équation $y = (\lambda + 1)x - 1$.

1. a. Démontrer la propriété du cours qui permet de connaître les coordonnées d'un vecteur directeur d'une droite à partir de l'équation réduite de cette droite.

b. Donner les coordonnées du vecteur directeur $\vec{u}$ d'abscisse 1 de la droite (d).

c. Donner les coordonnées du vecteur directeur $\vec{v}$ d'abscisse 1 de la droite (d').

2. Pour quelle(s) valeur(s) de λ, les droites (d) et (d') sont-elles parallèles ?

3. Existe-t-il une ou des valeur(s) de λ pour laquelle (ou lesquelles) les droites (d) et (d') sont sécantes au point $A(-1 ; 3)$?

4. Existe-t-il une ou des valeur(s) de λ pour laquelle (ou lesquelles) les droites (d) et (d') sont sécantes au point $B\left(-\frac{3}{7} ; \frac{2}{7}\right)$?

5. Pour quelle(s) valeur(s) de λ, le vecteur $\overrightarrow{AB}$ est-il un vecteur directeur de la droite (d') ?

6. On considère la droite (d'') d'équation $x = 2\lambda$.
Pour quelles valeurs de λ, les points d'intersection de (d') et (d'') ont-ils une ordonnée positive ?

119. On se place dans un repère $(O ; \vec{i}, \vec{j})$.

On considère les points $A(-5 ; 6)$, $B(-2 ; 1)$, $C(-7 ; 2)$, $D(-2 ; -6)$ et $E(-4 ; 1)$.

1. Soit x et y deux réels.

Démontrer sans utiliser la condition analytique de colinéarité qu'un vecteur $\vec{u}\begin{pmatrix}x\\y\end{pmatrix}$ est un vecteur directeur de la droite (AB) si et seulement si $5x + 3y = 0$.

2. Ce vecteur peut-il aussi être vecteur directeur de la droite (CD) ? Justifier.

3. F est le point de coordonnées $(\alpha ; \beta)$, où α et β sont des réels.

a. Si $\alpha = \beta = -2$, les droites (EF) et (AB) sont-elles parallèles ? Si non, quelles sont les coordonnées de leur point d'intersection ?

b. Si $\alpha = -\frac{17}{5}$ et $\beta = 0$, les droites (EF) et (AB) sont-elles parallèles ? Si non, quelles sont les coordonnées de leur point d'intersection ?

c. Quelle égalité doit vérifier le couple $(\alpha ; \beta)$ pour que les droites (EF) et (AB) soient parallèles ?

120. On se place dans un repère $(O ; \vec{i}, \vec{j})$.

1. a, b et c sont trois réels.

Donner les coordonnées d'un vecteur directeur de la droite d'équation $ax + by + c = 0$ en démontrant cette propriété du cours.

2. (d) est une droite d'équation $ax + by + 4 = 0$.

a. Quelle égalité doivent vérifier les réels a et b pour que la droite (d) passe par le point $A(-2 ; 2)$?

b. Quelle égalité doivent vérifier les réels a et b pour que la droite (d) ait pour vecteur directeur le vecteur $\vec{u}\begin{pmatrix}-3\\2\end{pmatrix}$?

c. Existe-t-il des valeurs de a et b pour lesquelles les deux conditions précédentes sont réalisées ? Si oui, lesquelles ?

d. On considère les points $B(-2 ; 3)$ et $C(1 ; -3)$.

Quelle égalité doivent vérifier les réels a et b pour que la droite (d) soit parallèle à la droite (BC) ?

vrai ou faux ?

121. . Dans un repère orthonormé $(O ; \vec{i}, \vec{j})$, on donne les points :

$A(-3 ; 2)$, $B(1 ; 3)$, $C(-4 ; -1)$, $D(-1 ; -3)$, $E(-2 ; -1)$, $F(8 ; -5)$ et $G\left(-4 ; \frac{7}{4}\right)$.

Les propositions suivantes sont-elles vraies ou fausses ?

1. Le quadrilatère $ABCD$ est un trapèze.

2. Les droites (AE) et (BF) sont parallèles.

3. Les points A, B et G sont alignés.

4. Le point A appartient à la droite (DE).

5. Le triangle ACD est rectangle en C.

6. Les droites (AB), (CD) et (EF) sont concourantes.

7. Une équation cartésienne de la médiane issue du point A du triangle ABD est $2x + 3y = 0$.

8. La hauteur issue du point A du triangle ACE est parallèle à l'axe des ordonnées.

9. Le triangle GCE est rectangle en C.

10. Une équation cartésienne de la parallèle à la droite (AB) passant par le point D est $-\frac{1}{4}x + y + \frac{11}{4} = 0$.

122. $ABCD$ est un parallélogramme.

I est le milieu du segment $[AD]$, J le milieu du segment $[CD]$ et K est le milieu du segment $[AB]$.

Les points E, F, G, H sont définis par :

$\overrightarrow{CE} = -\frac{5}{4}\overrightarrow{AB}$; $\overrightarrow{BF} = \frac{1}{3}\overrightarrow{BC}$; $3\overrightarrow{GD} + \overrightarrow{GA} = \vec{0}$; $\overrightarrow{AB} = -4\overrightarrow{BH}$.

E D J C G I F A K H B

Les propositions suivantes sont-elles vraies ou fausses ?

1. Les droites (EK) et (JF) sont parallèles.

2. G est le point d'intersection des droites (EH) et (AD).

3. Les droites (IJ) et (KF) sont parallèles.

4. $\overrightarrow{IC} = 2\overrightarrow{GJ}$.

5. Dans le repère $(A ; \overrightarrow{AB}, \overrightarrow{AD})$:

a. Le vecteur $\overrightarrow{GF}$ a pour coordonnées $\begin{pmatrix}1\\-\frac{5}{12}\end{pmatrix}$;

b. Le vecteur $\overrightarrow{EH}$ a pour coordonnées $\begin{pmatrix}1\\-1\end{pmatrix}$;

c. Le vecteur $\overrightarrow{DF}$ a pour coordonnées $\begin{pmatrix}1\\\frac{2}{3}\end{pmatrix}$.

1. Théorème de Pascal : Hexagramme mystique

objectif

Démontrer un alignement de points.

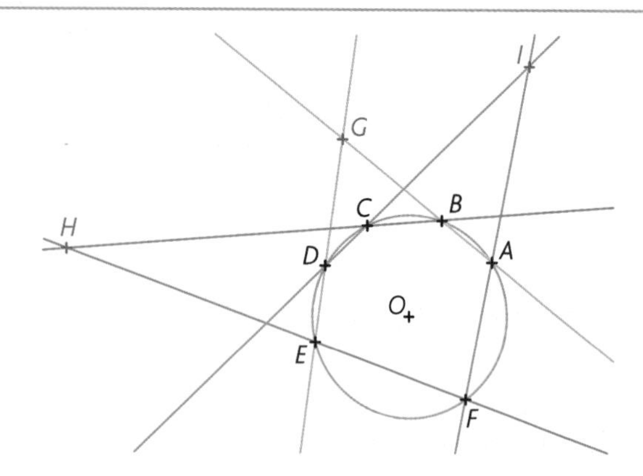

Figure construite avec Geogebra

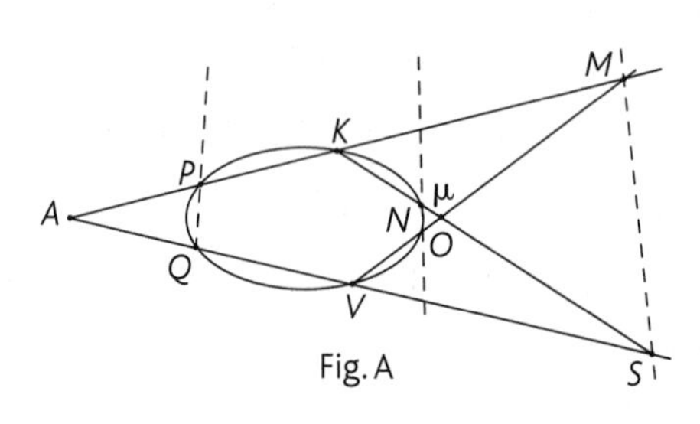

Illustration faite par Blaise Pascal au XVIIe siècle

1. Construction d'une figure

a. Ouvrir une figure *Geogebra*.

b. Construire un cercle, puis un hexagone quelconque $ABCDEF$ inscrit dans ce cercle.

c. Construire le point d'intersection G des droites (AB) et (DE), le point d'intersection H des droites (BC) et (EF) et le point d'intersection I des droites (CD) et (AF). Déplacer les points A, B, C, D, E ou F si nécessaire pour que les points G, H et I existent.

MÉTHODE
- Pour construire le cercle, on utilise l'icône **cercle(centre-point)** puis on clique sur deux points quelconques de la feuille de travail.
- Pour construire l'hexagone, on peut utiliser l'icône **polygone** puis cliquer sur six points du cercle.
- Pour construire, les points G, H et I, on utilise l'icône **intersection entre deux objets.**

2. Observation

a. Tracer la droite (GH).

b. Que peut-on constater ?

c. Faire varier les différents points de la figure pour voir si cela semble rester vrai.

3. Démonstration dans un cas particulier

On se place dans un repère orthonormé $(O; \vec{i}, \vec{j})$.

Démontrons cette conjecture avec les points $A(1\ ;\ 0)$, $B(0\ ;\ 1)$, $C\left(-\frac{1}{2}; \frac{\sqrt{3}}{2}\right)$, $D(-1\ ; 0)$, $E\left(-\frac{1}{2}; -\frac{\sqrt{3}}{2}\right)$ et $F(0\ ; -1)$.

a. Calculer les longueurs OA, OB, OC, OD, OE et OF.

b. À quel cercle appartiennent les points A, B, C, D, E et F ?

c. Donner des équations cartésiennes des droites (AB), (BC), (CD), (DE), (EF) et (FA).

d. En déduire les coordonnées des points G, H et I.

e. Conclure.

Le saviez-vous ?

Blaise Pascal **(1623-1662) a démontré l'alignement des intersections des côtés opposés d'un hexagone inscrit dans une conique (cercle, parabole, hyperbole, ellipse...) dans son *Essay pour les coniques* en 1640. Cet ouvrage était très peu connu car il a été publié en très peu d'exemplaires.**

2. Courbes de Bézier

objectif

Tracer des courbes à l'aide de vecteurs. Observer une propriété du point dont la courbe est le lieu.

1. Mise en place

a. Ouvrir une figure *Geogebra*.

b. Construire un triangle ABC.

c. Créer un curseur t variant de 0 à 1 avec un incrément de 0,001.

2. Construction de la courbe

Les points M, N et P sont définis par $t\overrightarrow{MA} + (1-t)\overrightarrow{MC} = \vec{0}$; $t\overrightarrow{NC} + (1-t)\overrightarrow{NB} = \vec{0}$; $t\overrightarrow{PM} + (1-t)\overrightarrow{PN} = \vec{0}$ où t est un réel.

On dit que M est le **barycentre des points A et C affectés des coefficients respectifs t et $(1-t)$**, c'est-à-dire le « point d'équilibre » entre A et C lorsque l'on affecte à A le poids t et à C le poids $(1-t)$. Voir page 338.

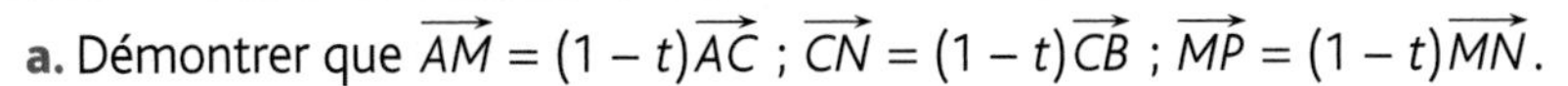

a. Démontrer que $\overrightarrow{AM} = (1-t)\overrightarrow{AC}$; $\overrightarrow{CN} = (1-t)\overrightarrow{CB}$; $\overrightarrow{MP} = (1-t)\overrightarrow{MN}$.

b. Construire les points M, N et P.

c. Activer la trace de P et faire varier t.

d. Que semble décrire le point P lorsque t décrit l'intervalle $[0 ; 1]$?

e. Tracer la droite (MN), puis activer sa trace.

f. Comment semblent être les droites (MN) pour la courbe représentant le lieu du point P ?

g. Refaire la même manipulation après avoir déplacé les points A, B ou C.

Méthode
- Pour construire le point M, on peut taper dans la barre de saisie : $M = A + (1-t)$vecteur[A,C]
- Pour activer la trace de P, on fait un clic droit sur P, puis on clique sur « trace activée ».

La courbe décrite par P s'appelle **courbe de Bézier** de degré 2 à trois points de contrôle : les points A, B et C.

3. Égalité vectorielle vérifiée par le point P

On se place dans le repère $(A ; \overrightarrow{AB}, \overrightarrow{AC})$.

a. Donner les coordonnées des points M, N et P dans ce repère.

b. En déduire l'expression du vecteur $\overrightarrow{AP}$ en fonction des vecteurs $\overrightarrow{AB}$ et $\overrightarrow{AC}$.

c. Démontrer que $t^2\overrightarrow{PA} + (1-t)^2\overrightarrow{PB} + 2t(1-t)\overrightarrow{PC} = \vec{0}$.

Info
Les courbes de Bézier ont été créées par Pierre Bézier (1910-1999) pour lisser les courbes tracées par les dessinateurs industriels.
Elles permettent, entre autre, de gommer les effets de pixellisation lors d'un zoom sur une image.

Le point P est alors le barycentre des points A, B et C affectés des coefficients respectifs t^2, $(1-t)^2$ et $2t(1-t)$.

À vous de jouer

Construire une courbe de Bézier de degré 3 (cubique) en utilisant un quadrilatère $ABCD$, puis le point P tel que :

$$(1-t)^3\overrightarrow{PA} + 3t(1-t)^2\overrightarrow{PB} + 3t^2(1-t)\overrightarrow{PC} + t^3\overrightarrow{PD} = \vec{0}.$$

Indice : *Pour construire le point P, commencer par exprimer le vecteur $\overrightarrow{AP}$ en fonction des vecteurs $\overrightarrow{AB}$, $\overrightarrow{AC}$ et $\overrightarrow{AD}$.*

Triangle de Curry

Énoncé

On décompose la *figure 1* ci-dessous, puis on réorganise ses pièces de façon à obtenir la *figure 2*.
Ces deux figures devraient donc être identiques.
Pourtant, la deuxième a une pièce supplémentaire.

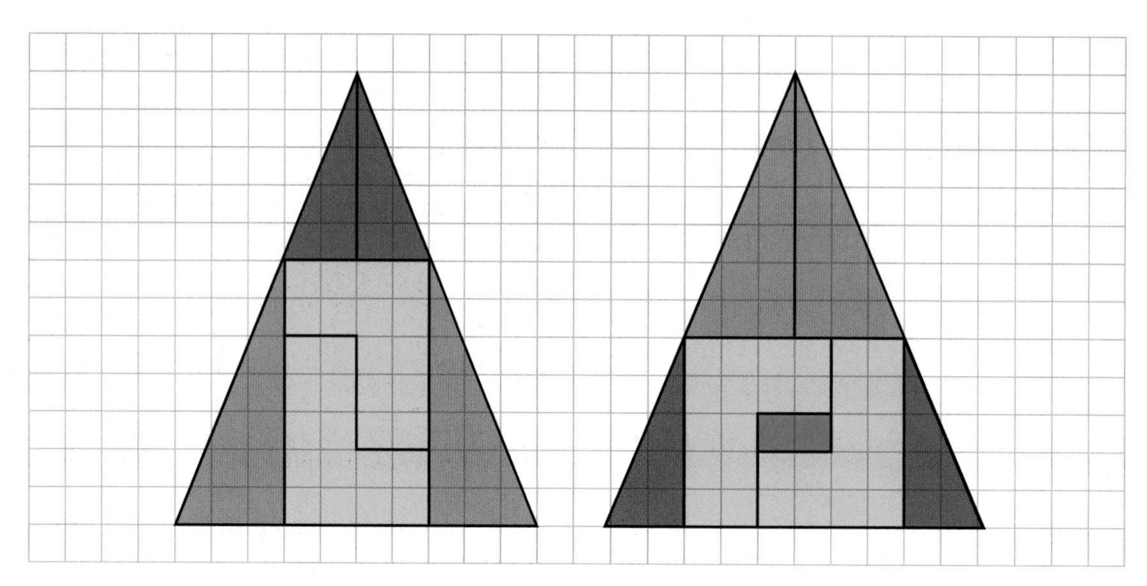

Figure 1 Figure 2

→ Problème

Comment deux figures qui semblent identiques, peuvent-elles avoir des aires différentes ?

S'organiser, communiquer

- Former des groupes.
- Se répartir les constructions en représentant pièce par pièce ces figures sur *Geogebra* (certains groupes font la figure 1, d'autres la figure 2).

Analyser, critiquer

- Observer attentivement ces constructions.
- Zoomer si nécessaire.

Émettre une conjecture

Quelle semble être la nature des ***figures 1*** et ***2*** ?

Rendre compte et conclure

- Discuter de vos observations avec les autres groupes.
- Démontrer la conjecture.

Pour aller plus loin...

Calculer l'aire de chacune de ces figures lorsqu'un petit carreau a un côté de 1 cm.

› Enseignant-chercheur en histoire des sciences

Un parcours

Olivier est enseignant-chercheur en histoire des mathématiques.

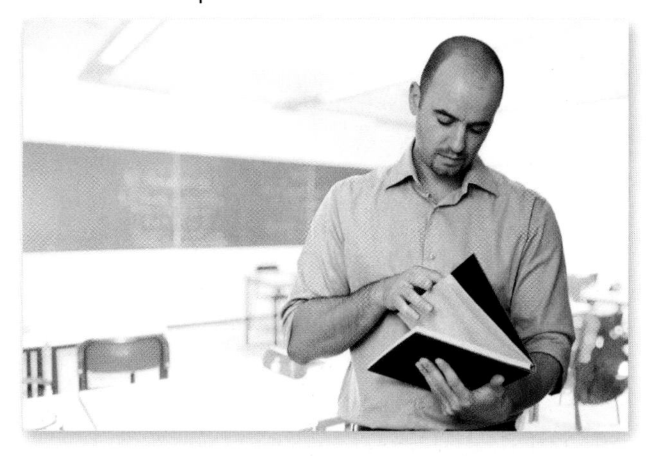

Après un bac scientifique, il est entré en classes préparatoires aux grandes écoles (math sup-math spé).
Puis, ne souhaitant pas devenir ingénieur, il a changé de voie en s'inscrivant à la fac de sciences en licence de mathématiques (actuellement L3). Après une maitrise de mathématiques puis un DEA en histoire des sciences (actuellement master d'histoire des sciences), il a préparé une thèse en histoire des mathématiques.

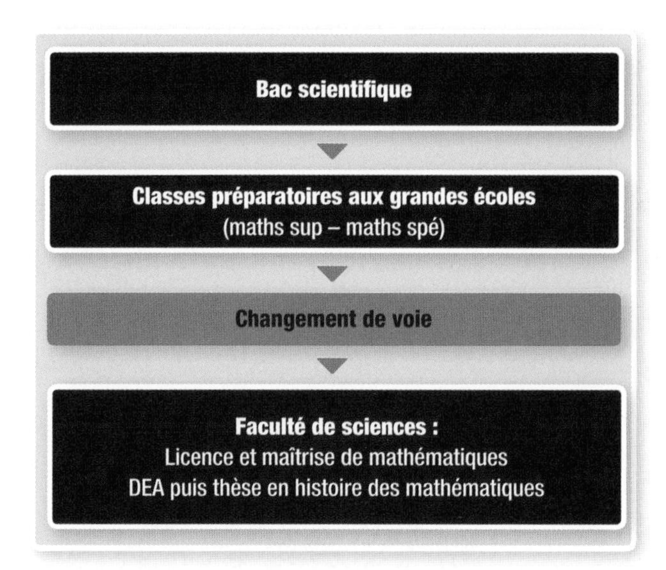

Olivier donne des enseignements en IUT, en fac de sciences, en fac de philo, en écoles d'ingénieurs, classes préparatoires. Il enseigne les mathématiques, l'histoire et l'épistémologie des sciences[1].
Pour ses recherches, il travaille actuellement sur l'édition de la correspondance du mathématicien français Henri Poincaré (1854-1912).

1. Regard philosophique sur le sens des sciences

La formation

La formation spécifique à l'histoire des sciences n'intervient qu'à partir du master.

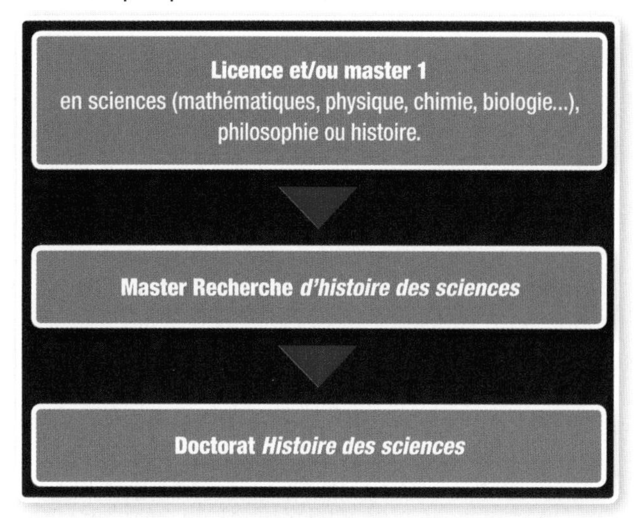

Une fois docteur, on peut postuler pour être maître de conférences en université, en école d'ingénieur ou chercheur au CNRS.

CHIFFRES CLÉS

Environ 60 nouveaux docteurs chaque année

D'AUTRES MÉTIERS AUTOUR DE L'HISTOIRE DES SCIENCES :

- **Journalisme scientifique**
- **Conseiller scientifique dans les musées**
- **Édition scientifique**

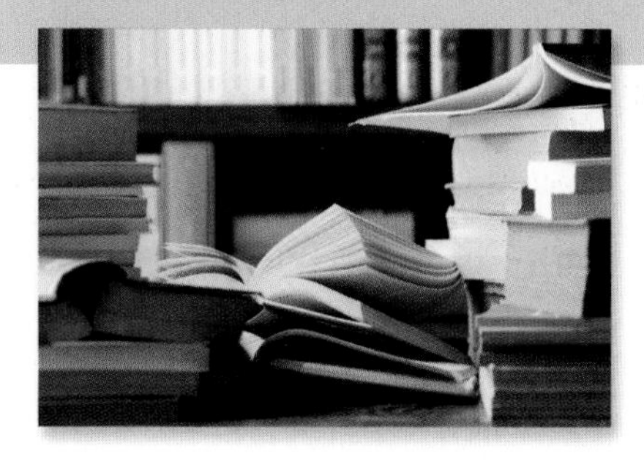

Des longueurs inaccessibles

Les topographes, cartographes, astronomes et autres navigateurs le savent depuis très longtemps : estimer des longueurs inaccessibles à une mesure directe, fait appel à des mathématiques assez poussées. Souvent, ces calculs de longueur nécessitent des mesures d'angles.
De nombreux appareils ont été conçus pour cela : alidades, quart-de-cercle, sextant, théodolite…
Le produit scalaire, d'invention relativement récente, constitue une bonne entrée pour comprendre des techniques mathématiques de calculs de grandeurs qui ont été utilisées et éprouvées depuis plusieurs siècles.

Le coin des langues

L'adjectif **scalaire** (du latin *scalaris*, qui ressemble à *une échelle*) est apparu en mathématiques il y a peu de temps. Introduit par sir William Rowan Hamilton au milieu du XIXe siècle, ce mot qualifie une grandeur entièrement définie par un nombre qui est sa mesure (comme une masse ou une longueur), par opposition à une grandeur vectorielle (comme une force ou une vitesse).

Le nom **produit** désigne, en mathématiques, le résultat d'une multiplication.

« The question I ask our puzzlists is to determine how many acres there would be in that triangular lake, surrounded as shown by square plots of 370, 116 and 74 acres. »

Samuel Loyd, créateur d'énigmes (puzzles) mathématiques à la fin du XIXe siècle

« La géométrie est pour ainsi dire la mesure la plus précise de notre esprit, de son degré d'étendue, de sagacité, de profondeur, de justesse. »

Jean Le Rond d'Alembert, dans son « *Éloge de Bernoulli* »

9

Produit scalaire et applications

Prérequis :

- **Vecteurs : calcul vectoriel dans un repère du plan, relation de Chasles, caractérisation du milieu d'un segment**
- **Équation cartésienne d'une droite**
- **Trigonométrie : cosinus et sinus d'un angle géométrique, angle de vecteurs, trigonométrie dans le triangle rectangle**

Dans tout ce qui suit, on notera $a = BC$, $b = AC$ et $c = AB$ les longueurs des trois côtés du triangle ABC, et $\widehat{A}$ la mesure de l'angle $\widehat{BAC}$.

1. Un nombre intéressant

1. À la main

a. Tracer trois triangles ABC : le premier avec l'angle $\widehat{A}$ aigu, le second avec l'angle $\widehat{A}$ droit et le troisième avec l'angle $\widehat{A}$ obtus.

En mesurant les longueurs le plus précisément possible, calculer, dans chaque cas, le nombre :

$$p = \frac{1}{2}(b^2 + c^2 - a^2).$$

b. Mettre en commun les résultats de la classe. Dans quel cas a-t-on $p = 0$?

Peut-on établir une relation entre le signe du nombre p et la nature de l'angle $\widehat{A}$?

2. Avec *Geogebra*

Logiciel

a. Ouvrir une nouvelle figure et construire un triangle ABC grâce à l'outil Polygone.

Créer le nombre p en écrivant :

$$p = \frac{1}{2} * (b^2 + c^2 - a^2)$$

dans la zone de saisie : la valeur de p s'affiche dans la fenêtre Algèbre.

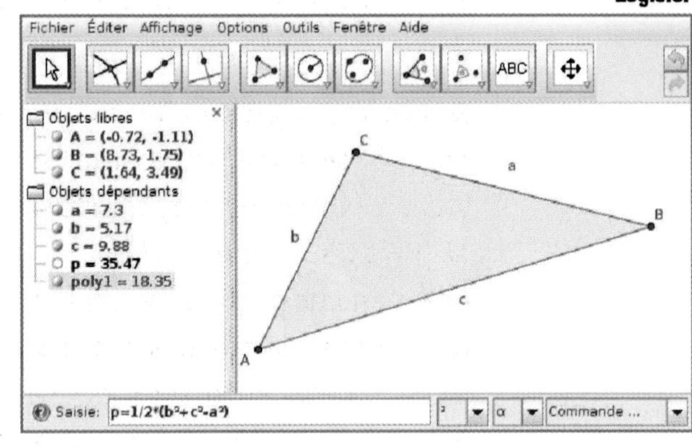

> **AIDE**
> Voir le formulaire sur *Geogebra* à la fin du manuel.

b. Faire varier la position du point C : dans quel cas a-t-on $p = 0$?

Quelle est la relation entre la nature de l'angle $\widehat{A}$ et le signe de p ?

2. Dans un repère orthonormé

1. À la main

a. Dans un repère orthonormé, placer trois points A, B et C à coordonnées entières. Calculer les valeurs exactes de a^2, b^2 et c^2, puis calculer la valeur de $p = \frac{1}{2}(a^2 + b^2 - c^2)$.

b. On pose $\vec{u} = \overrightarrow{AB}$ et $\vec{v} = \overrightarrow{AC}$. Calculer les coordonnées des vecteurs $\vec{u}$ et $\vec{v}$, puis la valeur du nombre $p_1 = x_{\vec{u}}x_{\vec{v}} + y_{\vec{u}}y_{\vec{v}}$. Enfin comparer les valeurs de p et p_1.

2. Avec *Geogebra*

Logiciel

Reprendre la figure du **1.** et afficher les axes (clic droit sur la fenêtre de dessin).

Créer les vecteurs $\vec{u} = \overrightarrow{AB}$ et $\vec{v} = \overrightarrow{AC}$ puis créer le nombre : $p_1 = x(u) * x(v) + y(u) * y(v)$ et comparer p_1 et p en déplaçant les points sur le plan.

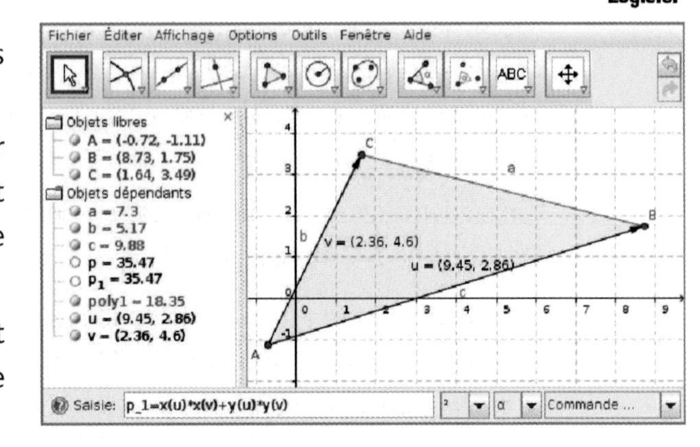

3. En déduire une nouvelle expression permettant de calculer le nombre p dans un repère orthonormé.

3. Avec un projeté orthogonal

1. À la main : voici trois triangles, dont les sommets sont situés sur des nœuds du quadrillage.

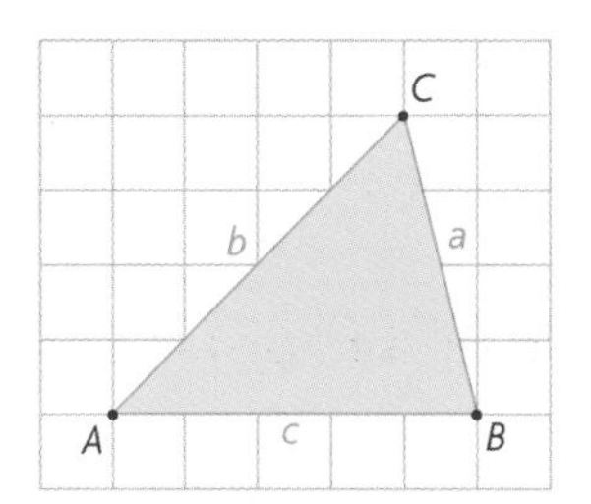

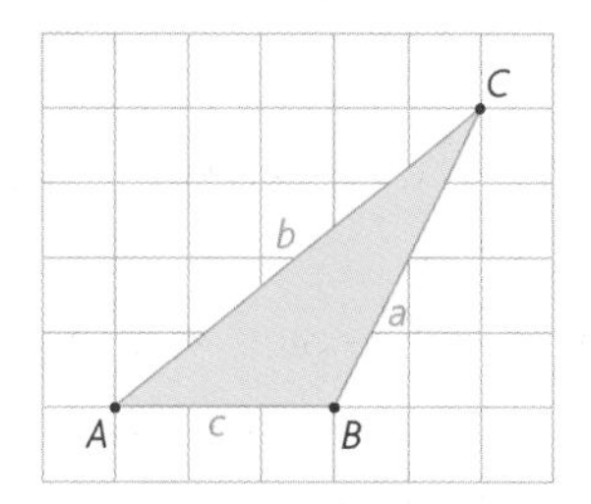

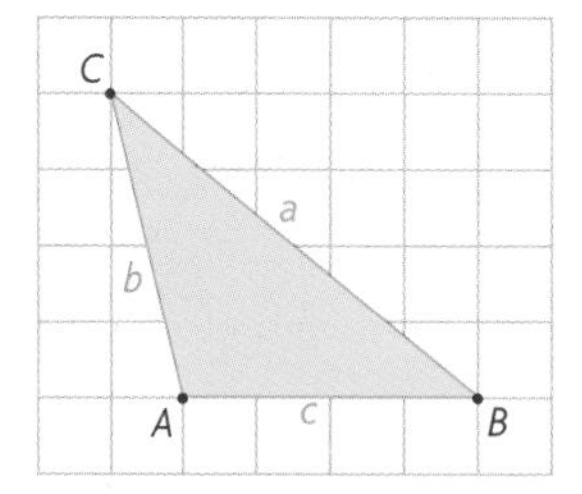

Dans chaque cas, reproduire la figure sur un quadrillage et calculer les valeurs exactes de a^2, b^2, c^2 et $p = \frac{1}{2}(b^2 + c^2 - a^2)$. Placer le point H projeté orthogonal du point C sur la droite (AB) et calculer $p_2 = AH \times AB$. Comparer p_2 et p.

2. Avec *Geogebra*

Logiciel

Reprendre la figure du 2. (en supprimant l'affichage des axes, de la grille et des deux vecteurs) et créer la droite (AB) ainsi que le point H projeté orthogonal du point C sur la droite (AB).

Créer le nombre p_2 = Distance[AB]*Distance[A, H] dans la zone de saisie, puis comparer les valeurs de p_2 et de p, en faisant varier les positions des différents points. Examiner notamment le cas où l'angle $\widehat{A}$ est obtus.

3. En déduire une nouvelle expression du nombre p en fonction des distances AH et AB, en distinguant les cas où l'angle $\widehat{A}$ est aigu de celui où il est obtus.

4. Lien avec l'angle $\widehat{BAC}$

Logiciel

Reprendre la figure du 3. ; choisir pour unité d'angle le radian (dans le menu ***Options***), afficher l'angle $\widehat{BAC}$ ainsi que sa mesure (clic droit sur l'angle, choisir ***Propriétés***, puis dans ***Etiquette*** sélectionner **Nom et valeur** ; décocher **Autoriser les angles rentrants**).

Créer le nombre $t = p/(b * c)$ dans la zone de saisie.

Est-il possible de trouver une relation simple entre le nombre t et la mesure de l'angle $\widehat{BAC}$?

En déduire une nouvelle expression du nombre p en fonction de b, c et de l'angle $\widehat{A}$.

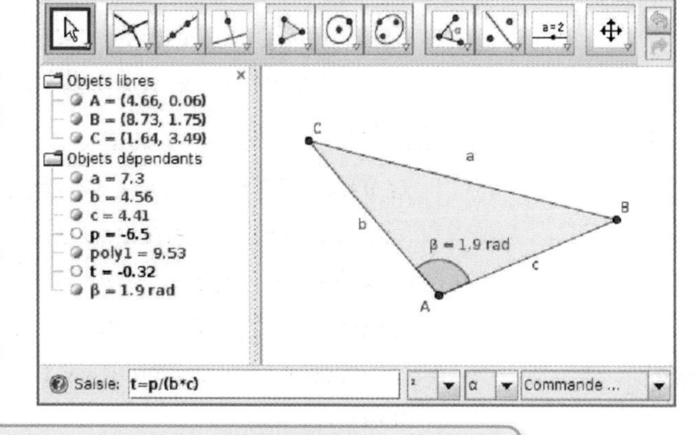

Ce nombre p, qui peut être calculé grâce à différentes expressions selon le contexte, est appelé **produit scalaire** des vecteurs $\overrightarrow{AB}$ et $\overrightarrow{AC}$. Nous verrons que c'est un outil particulièrement efficace pour les problèmes d'orthogonalité et les calculs de grandeurs.

COURS

1. Définitions

1.1 Norme d'un vecteur

définition

Soit $\vec{u}$ un vecteur du plan, et soit A et B deux points du plan tels que $\vec{u} = \overrightarrow{AB}$.
La **norme** du vecteur $\vec{u}$, notée $\|\vec{u}\|$, est la longueur du segment $[AB]$; on a :

$$\|\vec{u}\| = \|\overrightarrow{AB}\| = AB.$$

Remarque : Dans un repère orthonormé, si $\vec{u}$ a pour coordonnées $\begin{pmatrix} x \\ y \end{pmatrix}$, alors :

$$\|\vec{u}\| = \sqrt{x^2 + y^2}.$$

propriétés

Soit $\vec{u}$ et $\vec{v}$ deux vecteurs du plan.

- Pour tout nombre réel k, on a $\|k\vec{u}\| = |k| \times \|\vec{u}\|$ (notamment, $\|-\vec{u}\| = \|\vec{u}\|$) ;
- $\|\vec{u} + \vec{v}\| \leqslant \|\vec{u}\| + \|\vec{v}\|$ (inégalité triangulaire) ;
- $\|\vec{u}\| = 0 \Leftrightarrow \vec{u} = \vec{0}$.

Ces propriétés sont admises.

1.2 Produit scalaire de deux vecteurs

définition

Soit $\vec{u}$ et $\vec{v}$ deux vecteurs du plan.
On appelle **produit scalaire** de $\vec{u}$ et de $\vec{v}$, noté $\vec{u} \cdot \vec{v}$, le nombre réel défini par :

$$\vec{u} \cdot \vec{v} = \frac{1}{2}\left(\|\vec{u}\|^2 + \|\vec{v}\|^2 - \|\vec{u} - \vec{v}\|^2\right).$$

À retenir : le produit scalaire de deux vecteurs est un **nombre.**

Remarque : Soit A, B, C trois points du plan tels que $\vec{u} = \overrightarrow{AB}$ et $\vec{v} = \overrightarrow{AC}$, on a :

$$\vec{u} \cdot \vec{v} = \overrightarrow{AB} \cdot \overrightarrow{AC} = \frac{1}{2}\left(AB^2 + AC^2 - BC^2\right).$$

théorème : expression dans un repère orthonormé

Le plan est muni d'un repère orthonormé $(O; \vec{i}, \vec{j})$.
Soit $\vec{u}\begin{pmatrix} x \\ y \end{pmatrix}$ et $\vec{v}\begin{pmatrix} x' \\ y' \end{pmatrix}$ deux vecteurs du plan. On a alors :

$$\vec{u} \cdot \vec{v} = xx' + yy'.$$

Cette forme est **l'expression analytique** du produit scalaire.

Ce théorème est démontré page 362.

propriété

Pour tout vecteur $\vec{u}$ du plan, on a $\vec{u} \cdot \vec{u} = \|\vec{u}\|^2$.

Démonstration : $\vec{u} \cdot \vec{u} = \frac{1}{2}\left(\|\vec{u}\|^2 + \|\vec{u}\|^2 - \|\vec{u} - \vec{u}\|^2\right) = \frac{1}{2}\left(2\|\vec{u}\|^2 - \|\vec{0}\|^2\right) = \frac{1}{2}\left(2\|\vec{u}\|^2\right) = \|\vec{u}\|^2$.

définition

Le produit scalaire du vecteur $\vec{u}$ par lui-même, noté $\vec{u}^{\,2}$, est appelé **carré scalaire** de $\vec{u}$.

Calculer une norme dans un repère orthonormé

Soit $A(2\,;-2)$ et $B(-1\,;4)$ deux points dans un repère orthonormé $(O\,;\vec{i},\vec{j})$.
Soit $\vec{u}$ le vecteur dont un représentant est le vecteur $\overrightarrow{AB}$.
Calculer les normes des vecteurs $\vec{u}$, $-\vec{u}$ et $3\vec{u}$.

solution

On a $\vec{u}=\overrightarrow{AB}\begin{pmatrix}-1-2\\4-(-2)\end{pmatrix}$; donc les coordonnées du vecteur $\vec{u}$ sont $\begin{pmatrix}-3\\6\end{pmatrix}$.

On utilise la formule du cours $\|\vec{u}\|=\sqrt{x^2+y^2}=\sqrt{(-3)^2+6^2}=\sqrt{9+36}=\sqrt{45}=3\sqrt{5}$.

De plus, pour tout réel k, on a $\|k\vec{u}\|=|k|\times\|\vec{u}\|$.

Par conséquent, $\|-\vec{u}\|=|-1|\times\|\vec{u}\|=\|\vec{u}\|=3\sqrt{5}$ et $\|3\vec{u}\|=3\times\|\vec{u}\|=9\sqrt{5}$.

Calculer un produit scalaire à partir de la définition

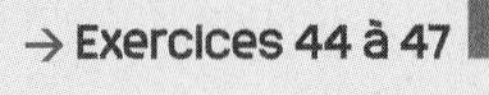
→ Exercices 44 à 47

Soit ABC un triangle tel que $AB=3$, $AC=5$ et $BC=6$.
Calculer le produit scalaire $\overrightarrow{AB}\cdot\overrightarrow{AC}$ et le carré scalaire du vecteur $\overrightarrow{BC}$.

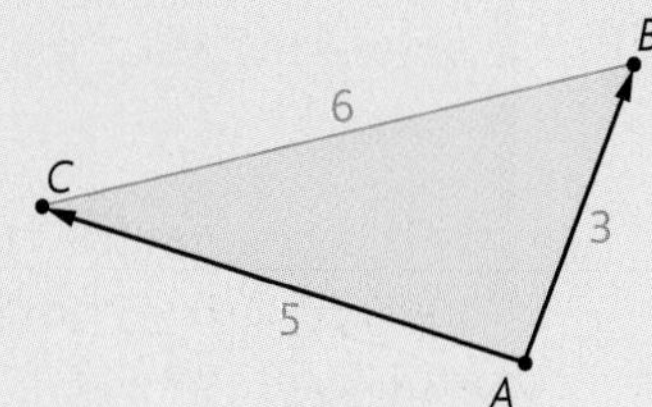

solution

D'après la définition du cours : $\overrightarrow{AB}\cdot\overrightarrow{AC}=\frac{1}{2}\left(\|\overrightarrow{AB}\|^2+\|\overrightarrow{AC}\|^2-\|\overrightarrow{AB}-\overrightarrow{AC}\|^2\right)=\frac{1}{2}\left(\|\overrightarrow{AB}\|^2+\|\overrightarrow{AC}\|^2-\|\overrightarrow{BC}\|^2\right)$.

Ainsi, $\overrightarrow{AB}\cdot\overrightarrow{AC}=\frac{1}{2}(AB^2+AC^2-BC^2)=\frac{1}{2}(3^2+5^2-6^2)=\frac{1}{2}(9+25-36)=\frac{1}{2}\times(-2)=-1$.

De plus, $\overrightarrow{BC}^2=\overrightarrow{BC}\cdot\overrightarrow{BC}=\|\overrightarrow{BC}\|^2=BC^2=6^2=36$.

Calculer un produit scalaire dans un repère orthonormé

→ Exercices 48 à 50

Soit $A(-4\,;0)$, $B(2\,;3)$ et $C(3\,;-1)$ trois points donnés dans un repère orthonormé $(O\,;\vec{i},\vec{j})$.
On pose $\vec{u}=\overrightarrow{AB}$ et $\vec{v}=\overrightarrow{AC}$.
Calculer le produit scalaire $\vec{u}\cdot\vec{v}$.

solution

On calcule les coordonnées des vecteurs $\vec{u}$ et $\vec{v}$:

$\vec{u}=\overrightarrow{AB}\begin{pmatrix}2-(-4)\\3-0\end{pmatrix}$, donc $\vec{u}\begin{pmatrix}6\\3\end{pmatrix}$;

$\vec{v}=\overrightarrow{AC}\begin{pmatrix}3-(-4)\\-1-0\end{pmatrix}$, donc $\vec{v}\begin{pmatrix}7\\-1\end{pmatrix}$.

Puis on applique la formule : $\vec{u}\cdot\vec{v}=xx'+yy'$

$\vec{u}\cdot\vec{v}=6\times7+3\times(-1)$

$=42-3=39$.

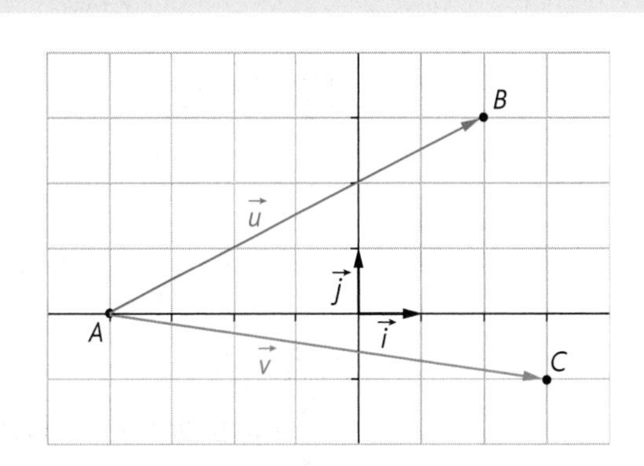

2. Propriétés du produit scalaire

2.1 Symétrie et bilinéarité

propriétés

- Le produit scalaire de deux vecteurs est **symétrique** :
pour tous vecteurs $\vec{u}$ et $\vec{v}$, on a $\vec{u} \cdot \vec{v} = \vec{v} \cdot \vec{u}$.
- Le produit scalaire de deux vecteurs est **bilinéaire**, c'est-à-dire que :
pour tous vecteurs $\vec{u}$, $\vec{v}$ et $\vec{w}$ et pour tout réel λ, on a :
$(\lambda\vec{u}) \cdot \vec{v} = \lambda \times (\vec{u} \cdot \vec{v})$ et $\vec{u} \cdot (\lambda\vec{v}) = \lambda \times (\vec{u} \cdot \vec{v})$
$\vec{u} \cdot (\vec{v} + \vec{w}) = \vec{u} \cdot \vec{v} + \vec{u} \cdot \vec{w}$ et $(\vec{u} + \vec{v}) \cdot \vec{w} = \vec{u} \cdot \vec{w} + \vec{v} \cdot \vec{w}$.

Les propriétés sont démontrées page 362.

Ces propriétés nous permettent d'établir les *égalités remarquables* suivantes concernant le produit scalaire de deux vecteurs.

égalités remarquables

Pour tous vecteurs $\vec{u}$, $\vec{v}$ et $\vec{w}$ du plan, on a :
- $(\vec{u} + \vec{v})^2 = \vec{u}^2 + 2\vec{u} \cdot \vec{v} + \vec{v}^2$ soit $\|\vec{u} + \vec{v}\|^2 = \|\vec{u}\|^2 + \|\vec{v}\|^2 + 2\vec{u} \cdot \vec{v}$.
- $(\vec{u} - \vec{v})^2 = \vec{u}^2 - 2\vec{u} \cdot \vec{v} + \vec{v}^2$ soit $\|\vec{u} - \vec{v}\|^2 = \|\vec{u}\|^2 + \|\vec{v}\|^2 - 2\vec{u} \cdot \vec{v}$.
- $(\vec{u} + \vec{v}) \cdot (\vec{u} - \vec{v}) = \vec{u}^2 - \vec{v}^2$ soit $(\vec{u} + \vec{v}) \cdot (\vec{u} - \vec{v}) = \|\vec{u}\|^2 - \|\vec{v}\|^2$.

Ces égalités sont démontrées page 362.

La seconde égalité redonne l'expression vue page 350.

Remarque : La première égalité nous donne une nouvelle expression du produit scalaire en fonction des normes : $\vec{u} \cdot \vec{v} = \frac{1}{2}(\|\vec{u} + \vec{v}\|^2 - \|\vec{u}\|^2 - \|\vec{v}\|^2)$.

2.2 Produit scalaire et orthogonalité

définition

Soit $\vec{u}$ et $\vec{v}$ deux vecteurs non nuls du plan, et soit A, B, C et D quatre points tels que $\vec{u} = \overrightarrow{AB}$ et $\vec{v} = \overrightarrow{CD}$.
Les vecteurs $\vec{u}$ et $\vec{v}$ sont dits **orthogonaux** lorsque les droites (AB) et (CD) sont perpendiculaires.

théorème

Soit $\vec{u}$ et $\vec{v}$ deux vecteurs non nuls du plan.
Les vecteurs $\vec{u}$ et $\vec{v}$ sont orthogonaux si, et seulement si, leur produit scalaire est nul.

On écrit $\boldsymbol{\vec{u} \perp \vec{v} \Leftrightarrow \vec{u} \cdot \vec{v} = 0}$.

Ce théorème est démontré page 363.

Nous conviendrons dans tout ce qui suit que le vecteur nul est orthogonal à tout vecteur du plan.

conséquence

Le plan est muni d'un repère orthonormé $(O\,;\vec{i},\vec{j})$.
Les vecteurs $\vec{u}\begin{pmatrix}x\\y\end{pmatrix}$ et $\vec{v}\begin{pmatrix}x'\\y'\end{pmatrix}$ sont orthogonaux si, et seulement si :

$$\boldsymbol{xx' + yy' = 0}.$$

Utiliser les propriétés du produit scalaire

→ Exercices 70 à 72

Soit $\vec{u}$ et $\vec{v}$ deux vecteurs du plan tels que $\|\vec{u}\| = 2$, $\|\vec{v}\| = 3$ et $\vec{u}\cdot\vec{v} = 1$. Calculer $\vec{u}\cdot(2\vec{v} - \vec{u})$ et $\|\vec{u} + \vec{v}\|$.

solution

- Par linéarité du produit scalaire, on a $\vec{u}\cdot(2\vec{v} - \vec{u}) = \vec{u}\cdot 2\vec{v} - \vec{u}\cdot\vec{u} = 2\vec{u}\cdot\vec{v} - \vec{u}^2$.
  Or $\vec{u}^2 = \|\vec{u}\|^2 = 2^2 = 4$ et $2\vec{u}\cdot\vec{v} = 2\times 1 = 2$. On peut donc écrire $\vec{u}\cdot(2\vec{v} - \vec{u}) = 2 - 4 = -2$.
- $\|\vec{u} + \vec{v}\|^2 = (\vec{u} + \vec{v})^2 = (\vec{u} + \vec{v})\cdot(\vec{u} + \vec{v}) = \vec{u}^2 + \vec{u}\cdot\vec{v} + \vec{v}\cdot\vec{u} + \vec{v}^2 = \vec{u}^2 + 2\vec{u}\cdot\vec{v} + \vec{v}^2$ par symétrie du produit scalaire.
  Or $\vec{u}^2 = \|\vec{u}\|^2 = 2^2 = 4$, $2\vec{u}\cdot\vec{v} = 2\times 1 = 2$ et $\vec{v}^2 = \|\vec{v}\|^2 = 3^2 = 9$.
  On peut donc écrire $\|\vec{u} + \vec{v}\|^2 = 4 + 2 + 9 = 15$. De $\|\vec{u} + \vec{v}\| \geqslant 0$, on déduit que $\|\vec{u} + \vec{v}\| = \sqrt{15}$.

Démontrer que deux vecteurs sont orthogonaux

→ Exercice 93

Soit $\vec{u}$ et $\vec{v}$ deux vecteurs non nuls du plan, tels que $\|\vec{u}\| = \|\vec{v}\|$. Démontrer que les vecteurs $\vec{u} + \vec{v}$ et $\vec{u} - \vec{v}$ sont orthogonaux.

AIDE
On traitera à part le cas où $\vec{u}$ et $\vec{v}$ sont égaux ou opposés.

solution

- Supposons que les vecteurs $\vec{u}$ et $\vec{v}$ ne sont ni égaux ni opposés, et donc qu'aucun des vecteurs $\vec{u} + \vec{v}$ et $\vec{u} - \vec{v}$ n'est égal au vecteur nul; il s'agit de démontrer que le produit scalaire $(\vec{u} + \vec{v})\cdot(\vec{u} - \vec{v})$ est nul.
  On a $(\vec{u} + \vec{v})\cdot(\vec{u} - \vec{v}) = \|\vec{u}\|^2 - \|\vec{v}\|^2$.
  Par hypothèse, on sait que $\|\vec{u}\| = \|\vec{v}\|$.
  Par conséquent, $\|\vec{u}\|^2 = \|\vec{v}\|^2$, $\|\vec{u}\|^2 - \|\vec{v}\|^2 = 0$
  et donc $(\vec{u} + \vec{v})\cdot(\vec{u} - \vec{v}) = 0$.
  Autrement dit, les vecteurs $\vec{u} + \vec{v}$ et $\vec{u} - \vec{v}$ sont orthogonaux.

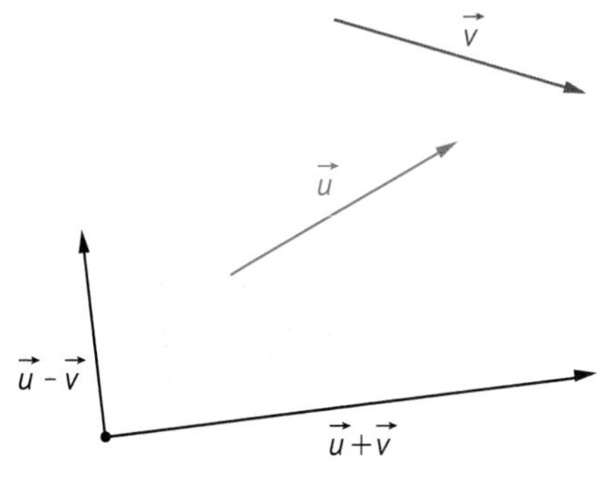

- Si on a $\vec{u} = \vec{v}$ ou $\vec{u} = -\vec{v}$, alors l'un des deux vecteurs $\vec{u} + \vec{v}$ ou $\vec{u} - \vec{v}$ est nul. Or, par convention, le vecteur nul est orthogonal à tout vecteur du plan : on peut donc affirmer que $\vec{u} + \vec{v}$ et $\vec{u} - \vec{v}$ sont orthogonaux.

Démontrer qu'un triangle est rectangle

→ Exercice 87

Dans un repère orthonormé, on donne les points $A(-3\,;0)$, $B(0\,;-2)$ et $C(4\,;4)$. Démontrer que le triangle ABC est rectangle, et préciser en quel sommet.

solution

On calcule les coordonnées des vecteurs $\overrightarrow{AB}$, $\overrightarrow{BC}$ et $\overrightarrow{AC}$.
On a $\overrightarrow{AB}\begin{pmatrix}0-(-3)\\-2-0\end{pmatrix}$, c'est-à-dire $\overrightarrow{AB}\begin{pmatrix}3\\-2\end{pmatrix}$. De même, on trouve $\overrightarrow{BC}\begin{pmatrix}4\\6\end{pmatrix}$ et $\overrightarrow{AC}\begin{pmatrix}7\\4\end{pmatrix}$.
On calcule les produits scalaires suivants en utilisant l'expression analytique :
$\overrightarrow{AB}\cdot\overrightarrow{AC} = 3\times 7 + (-2)\times 4 = 21 - 8 = 13$; $\overrightarrow{AB}\cdot\overrightarrow{BC} = 3\times 4 + (-2)\times 6 = 12 - 12 = 0$;
$\overrightarrow{BC}\cdot\overrightarrow{AC} = 4\times 7 + 6\times 4 = 28 + 24 = 52$.
Les vecteurs $\overrightarrow{AB}$ et $\overrightarrow{BC}$ sont orthogonaux puisque leur produit scalaire est nul : le triangle ABC est donc rectangle en B.

Remarque : On aurait également pu calculer les carrés scalaires des vecteurs $\overrightarrow{AB}$, $\overrightarrow{AC}$ et $\overrightarrow{BC}$, et utiliser le théorème de Pythagore.

Dans toute cette partie, le plan est muni d'un repère orthonormé $(O ; \vec{i}, \vec{j})$.

3. Applications en géométrie analytique

3.1 Équation d'une droite de vecteur normal $\vec{n}$

définition

Soit (d) une droite de vecteur directeur $\vec{u}$.
Un **vecteur normal** à la droite (d) est un vecteur non nul orthogonal au vecteur $\vec{u}$.

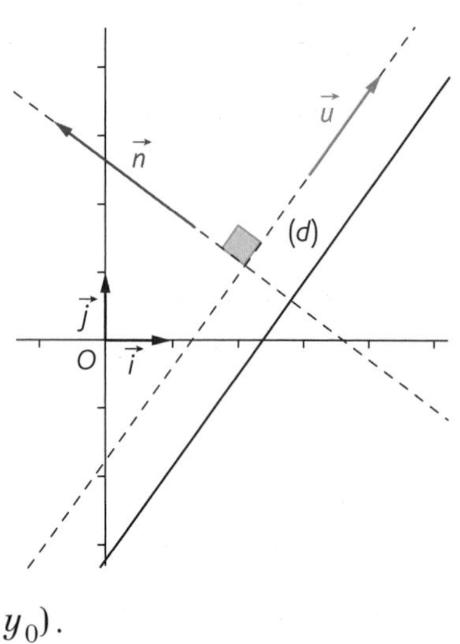

Soit (d) une droite de vecteur normal $\vec{n}\begin{pmatrix}a\\b\end{pmatrix}$ et $A(x_0 ; y_0)$ un point de (d).

Un point $M(x ; y)$ du plan appartient à la droite (d) si, et seulement si, les vecteurs $\overrightarrow{AM}$ et $\vec{n}$ sont orthogonaux, autrement dit si, et seulement si, $\overrightarrow{AM} \cdot \vec{n} = 0$.
Or les coordonnées du vecteur $\overrightarrow{AM}$ sont $\begin{pmatrix}x - x_0\\y - y_0\end{pmatrix}$; le produit scalaire $\overrightarrow{AM} \cdot \vec{n}$ vaut donc $a(x - x_0) + b(y - y_0)$.
On en déduit le théorème suivant :

Une droite peut donc être complètement définie par la donnée d'un point et d'un vecteur normal.

théorème

Soit a et b deux nombres réels non nuls tous les deux ($(a ; b) \neq (0 ; 0)$).
La droite (d) admet le vecteur $\vec{n}\begin{pmatrix}a\\b\end{pmatrix}$ pour vecteur normal si, et seulement si, elle admet une équation cartésienne de la forme $ax + by + c = 0$, où $c \in \mathbb{R}$.

3.2 Équation d'un cercle

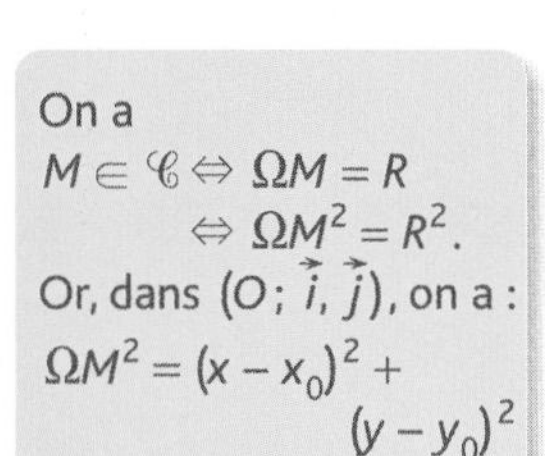
On a
$M \in \mathscr{C} \Leftrightarrow \Omega M = R$
$\Leftrightarrow \Omega M^2 = R^2$.
Or, dans $(O ; \vec{i}, \vec{j})$, on a :
$\Omega M^2 = (x - x_0)^2 + (y - y_0)^2$
d'où le résultat.

propriété

Soit $\mathscr{C}$ un cercle de centre $\Omega(x_0 ; y_0)$ et de rayon R.
Un point $M(x ; y)$ appartient au cercle $\mathscr{C}$ si, et seulement si :

$$(x - x_0)^2 + (y - y_0)^2 = R^2.$$

Cette équation est une équation cartésienne du cercle $\mathscr{C}$.

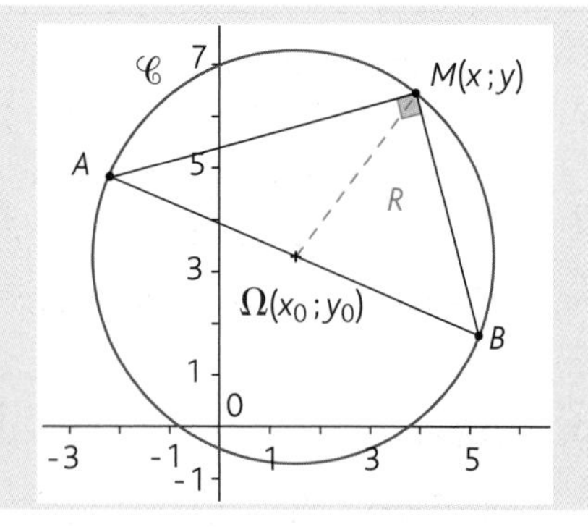

propriété

Soit $\mathscr{C}$ un cercle de diamètre $[AB]$.
Un point M appartient au cercle $\mathscr{C}$ si, et seulement si, $\overrightarrow{MA} \cdot \overrightarrow{MB} = 0$.

- Si M est distinct de A et de B :
$\overrightarrow{MA} \cdot \overrightarrow{MB} = 0 \Leftrightarrow$ les droites (MA) et (MB) sont orthogonales ;
$\Leftrightarrow$ le triangle AMB est rectangle en M
$\Leftrightarrow M$ appartient au cercle de diamètre $[AB]$.
- Si $M = A$ ou $M = B$, alors le point M appartient évidemment au cercle de diamètre $[AB]$, et le produit scalaire $\overrightarrow{MA} \cdot \overrightarrow{MB}$ est nul (car $\overrightarrow{MA} = \vec{0}$ ou $\overrightarrow{MB} = \vec{0}$).

Déterminer une équation de droite connaissant un point et un vecteur normal

→ Exercices 103 et 104

Déterminer une équation de la droite (*d*) passant par le point $A(3\,;-1)$ et de vecteur normal $\vec{n}\begin{pmatrix}-1\\5\end{pmatrix}$.

solution

Soit $M(x\,;y)$ un point du plan ; on a $M(x\,;y)\in(d)\Leftrightarrow\overrightarrow{AM}\cdot\vec{n}=0$.

Or les coordonnées du vecteur $\overrightarrow{AM}$ sont $\begin{pmatrix}x-3\\y-(-1)\end{pmatrix}$, c'est-à-dire $\begin{pmatrix}x-3\\y+1\end{pmatrix}$.

On a donc $\overrightarrow{AM}\cdot\vec{n}=(x-3)\times(-1)+(y+1)\times5$ et :

$M(x\,;y)\in(d)\Leftrightarrow(x-3)\times(-1)+(y+1)\times5=0\Leftrightarrow-x+5y+8=0$.

Une équation de la droite (*d*) est donc $-x+5y+8=0$.

MÉTHODE
Il était également possible d'écrire directement que la droite (*d*) admet une équation du type $-x+5y+c=0$, et de calculer la valeur de c en remplaçant x et y par les coordonnées de A.

Déterminer une équation d'un cercle défini par son centre et son rayon

→ Exercices 108 et 110

Soit $\mathscr{C}$ le cercle de centre $\Omega(1\,;-2)$ et de rayon 3. Déterminer une équation cartésienne du cercle $\mathscr{C}$ et déterminer les coordonnées de ses éventuels points d'intersection avec l'axe des abscisses.

solution

Soit $M(x\,;y)$ un point du plan.

On a $M(x\,;y)\in\mathscr{C}\Leftrightarrow\Omega M=3\Leftrightarrow\Omega M^2=9\Leftrightarrow(x-1)^2+(y+2)^2=9$.

Une équation de $\mathscr{C}$ est donc donnée par $(x-1)^2+(y+2)^2=9$ ou sous sa forme développée $x^2+y^2-2x+4y-4=0$.

Pour déterminer les abscisses des éventuels points d'intersection du cercle $\mathscr{C}$ avec l'axe des abscisses, on remplace y par 0 dans l'équation du cercle $\mathscr{C}$ et on résout l'équation ainsi obtenue :

$x^2+0^2-2x+4\times0-4=0$ qui équivaut à $x^2-2x-4=0$.

Le discriminant du trinôme x^2-2x-4 vaut :

$\Delta=(-2)^2-4\times1\times(-4)=4+16=20$ qui est positif.

Cette équation a donc deux solutions distinctes :

$$x_1=\frac{2-\sqrt{20}}{2}=1-\sqrt{5}\quad\text{et}\quad x_2=\frac{2+\sqrt{20}}{2}=1+\sqrt{5}.$$

Le cercle $\mathscr{C}$ coupe donc l'axe des abscisses en deux points de coordonnées $(1-\sqrt{5}\,;0)$ et $(1+\sqrt{5}\,;0)$.

Déterminer une équation d'un cercle défini par un diamètre

→ Exercices 108 et 112

Déterminer une équation cartésienne du cercle $\mathscr{C}$ de diamètre $[AB]$ où $A(-2\,;-1)$ et $B(3\,;0)$.

solution

Le cercle $\mathscr{C}$ est l'ensemble des points M du plan tels que $\overrightarrow{MA}\cdot\overrightarrow{MB}=0$.

Soit $M(x\,;y)$ un point du plan. On a $M(x\,;y)\in\mathscr{C}\Leftrightarrow\overrightarrow{MA}\cdot\overrightarrow{MB}=0$.

Or les coordonnées du vecteur $\overrightarrow{MA}$ sont $\begin{pmatrix}-2-x\\-1-y\end{pmatrix}$ et celles du vecteur $\overrightarrow{MB}$ sont $\begin{pmatrix}3-x\\-y\end{pmatrix}$.

Ainsi $\overrightarrow{MA}\cdot\overrightarrow{MB}=(-2-x)(3-x)+(-1-y)(-y)=x^2+y^2-x+y-6$.

Et donc $M(x\,;y)\in\mathscr{C}\Leftrightarrow x^2+y^2-x+y-6=0$.

Une équation cartésienne du cercle $\mathscr{C}$ est donnée par $x^2+y^2-x+y-6=0$.

4. Autres expressions du produit scalaire

Cette formule peut-être très utile pour calculer une mesure de l'angle de vecteurs $(\vec{u}; \vec{v})$:
$\cos\theta = \dfrac{\vec{u}\cdot\vec{v}}{\|\vec{u}\|\times\|\vec{v}\|}$.

4.1 Formule du cosinus

théorème

Soit $\vec{u}$ et $\vec{v}$ deux vecteurs non nuls, et θ une mesure de l'angle de vecteurs $(\vec{u}\,;\vec{v})$.
Alors $\vec{u}\cdot\vec{v} = \|\vec{u}\|\times\|\vec{v}\|\times\cos\theta$.

Démonstration

Pour tout réel x, on a : $\cos(-x) = \cos(x)$; on peut donc utiliser des angles géométriques.

Soit O un point du plan.

On pose $\vec{i} = \dfrac{1}{\|\vec{u}\|}\vec{u}$ et $\vec{j}$ le vecteur tel que

$$(\vec{i}; \vec{j}) = \frac{\pi}{2}[2\pi] \text{ et } \|\vec{j}\| = 1.$$

Le repère $(O\,; \vec{i}, \vec{j})$ est un repère orthonormé, dans lequel on a :

$$\vec{u}\begin{pmatrix}\|\vec{u}\|\\ 0\end{pmatrix} \quad \text{et} \quad \vec{v}\begin{pmatrix}\|\vec{v}\|\cos\theta\\ \|\vec{v}\|\sin\theta\end{pmatrix}.$$

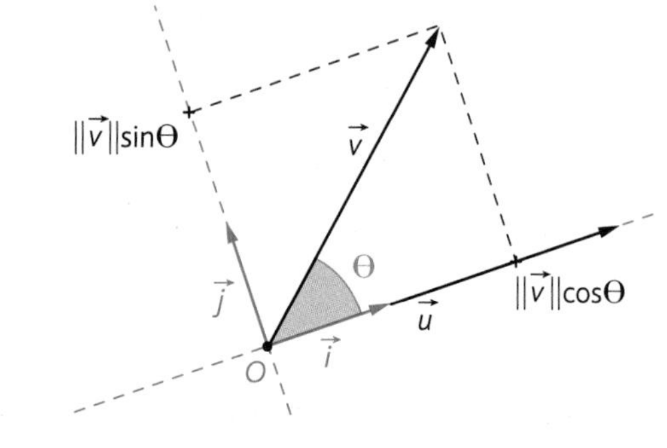

On a donc $\vec{u}\cdot\vec{v} = \|\vec{u}\|\times\|\vec{v}\|\cos\theta + 0\times\|\vec{v}\|\sin\theta$, d'où le résultat annoncé.

- Si $\vec{u}$ et $\vec{v}$ sont de même sens, alors $\theta = 0[2\pi]$, donc $\cos\theta = 1$.
- Si $\vec{u}$ et $\vec{v}$ sont de sens contraires, alors $\theta = \pi[2\pi]$, donc $\cos\theta = -1$.

conséquence : cas de deux vecteurs colinéaires

Si $\vec{u}$ et $\vec{v}$ sont colinéaires et de même sens, alors $\vec{u}\cdot\vec{v} = \|\vec{u}\|\times\|\vec{v}\|$.
Si $\vec{u}$ et $\vec{v}$ sont colinéaires et de sens contraires, alors $\vec{u}\cdot\vec{v} = -\|\vec{u}\|\times\|\vec{v}\|$.

4.2 Formule des projetés orthogonaux

Le **projeté orthogonal** d'un point M sur une droite (d) est le point d'intersection de la droite (d) et de la droite perpendiculaire à (d) passant par le point M.

théorème

Soit A, B, C et D quatre points du plan (avec A et B distincts) ;
soit H et K les projetés orthogonaux respectifs de C et D sur la droite (AB).
Alors :

$$\overrightarrow{AB}\cdot\overrightarrow{CD} = \overrightarrow{AB}\cdot\overrightarrow{HK} = \begin{cases} AB\times HK & \text{si } \overrightarrow{AB} \text{ et } \overrightarrow{HK} \text{ sont de même sens ;}\\ -AB\times HK & \text{si } \overrightarrow{AB} \text{ et } \overrightarrow{HK} \text{ sont de sens contraires.}\end{cases}$$

Démonstration

On utilise la relation de Chasles : $\overrightarrow{CD} = \overrightarrow{CH} + \overrightarrow{HK} + \overrightarrow{KD}$.

On a $\overrightarrow{AB}\cdot\overrightarrow{CD} = \overrightarrow{AB}\cdot(\overrightarrow{CH} + \overrightarrow{HK} + \overrightarrow{KD})$
$= \overrightarrow{AB}\cdot\overrightarrow{CH} + \overrightarrow{AB}\cdot\overrightarrow{HK} + \overrightarrow{AB}\cdot\overrightarrow{KD}$.

Or les droites (AB) et (HC) sont, par définition, orthogonales ; il en est donc de même pour les vecteurs $\overrightarrow{AB}$ et $\overrightarrow{HC}$, dont le produit scalaire est nul.
De la même manière, on a $\overrightarrow{AB}\cdot\overrightarrow{KD} = 0$.
Par conséquent, on a $\vec{u}\cdot\vec{v} = \overrightarrow{AB}\cdot\overrightarrow{HK}$.
Or les vecteurs $\overrightarrow{AB}$ et $\overrightarrow{HK}$ sont colinéaires ; on peut donc conclure en utilisant le résultat donné au paragraphe 4.1.

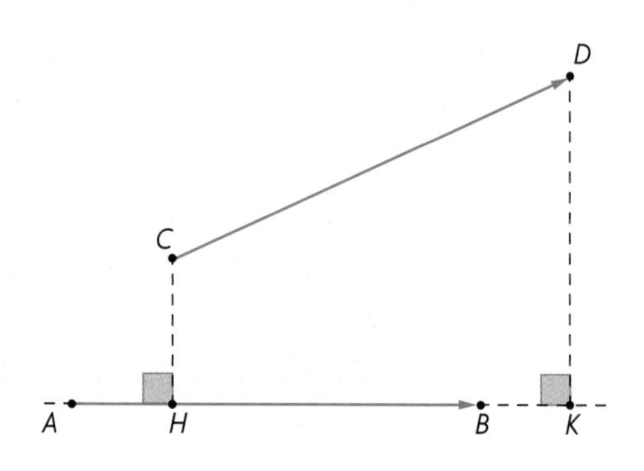

Calculer un produit scalaire avec la formule du cosinus

→ Exercices 54 à 56

Soit $ABCD$ un carré de centre O et de côté 1. Calculer le produit scalaire $\overrightarrow{AB} \cdot \overrightarrow{AO}$.

solution

$ABCD$ est un carré de centre O, donc le triangle OAB est isocèle et rectangle en O ; on a donc $\widehat{OAB} = \frac{\pi}{4}$ radians.
De plus, on sait que la diagonale d'un carré de côté 1 a une longueur de $\sqrt{2}$; ainsi $AO = \frac{1}{2}AC = \frac{\sqrt{2}}{2}$.

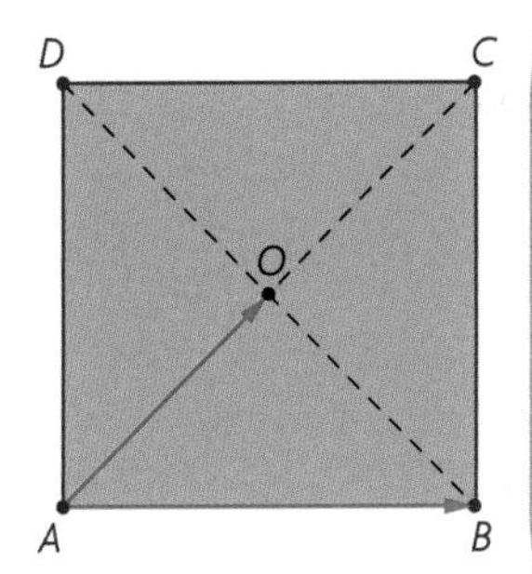

Rappel
Ici, on utilise :
- le triangle OAB est isocèle en O, donc on déduit $\widehat{OAB} = \widehat{ABO}$;
- le triangle OAB est rectangle en O, donc $\widehat{AOB} = \frac{\pi}{2}$;
- la somme des mesures des angles d'un triangle est égale π radians.

On en conclut que :

$$\overrightarrow{AB} \cdot \overrightarrow{AO} = AB \times AO \times \cos(\widehat{OAB}) = 1 \times \frac{\sqrt{2}}{2} \times \cos\frac{\pi}{4} = 1 \times \frac{\sqrt{2}}{2} \times \frac{\sqrt{2}}{2} = \frac{1}{2}.$$

Calculer la mesure d'un angle

→ Exercices 122 et 124

Dans un repère orthonormé, on donne les points $A(-3\,;0)$, $B(1\,;2)$ et $C(3\,;1)$.
Calculer la mesure de l'angle $\widehat{ABC}$ au centième de radian près, puis au degré près.

solution

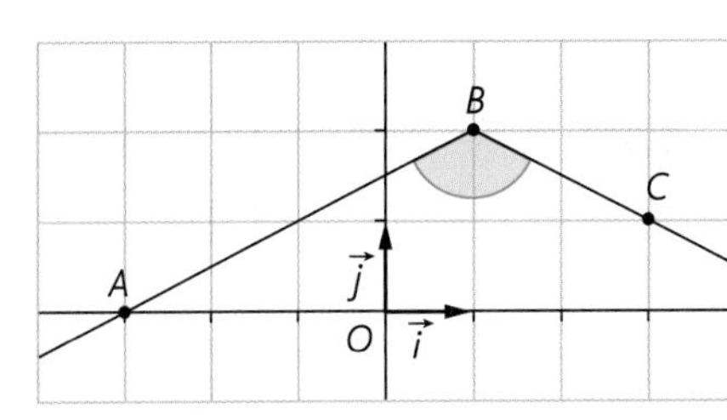

On a $\cos\widehat{ABC} = \frac{\overrightarrow{BA} \cdot \overrightarrow{BC}}{BA \times BC}$.

- D'une part $\overrightarrow{BA}\begin{pmatrix}-4\\-2\end{pmatrix}$ et $\overrightarrow{BC}\begin{pmatrix}2\\-1\end{pmatrix}$;
donc $\overrightarrow{BA} \cdot \overrightarrow{BC} = (-4) \times 2 + (-2) \times (-1) = -8 + 2 = -6$.
- D'autre part $BA = \sqrt{(-4)^2 + (-2)^2} = \sqrt{20} = 2\sqrt{5}$
et $BC = \sqrt{2^2 + (-1)^2} = \sqrt{5}$.

En conclusion : $\cos\widehat{ABC} = \frac{\overrightarrow{BA} \cdot \overrightarrow{BC}}{BA \times BC} = \frac{-6}{2\sqrt{5} \times \sqrt{5}} = -0,6$

Une calculatrice donne $\widehat{ABC} \approx 2,21$ radians, soit environ 127°.

Calculer un produit scalaire avec la formule des projetés orthogonaux

→ Exercices 59 et 61

Soit $ABCD$ un rectangle tel que $AB = 4$ et $AD = 3$. Soit I le milieu du segment $[AB]$.
Calculer les produits scalaires $\overrightarrow{AB} \cdot \overrightarrow{AC}$, $\overrightarrow{AD} \cdot \overrightarrow{CI}$ et $\overrightarrow{BD} \cdot \overrightarrow{AI}$.

solution

- Les points A et B sont les projetés orthogonaux respectifs des points A et C sur la droite (AB) ; on a donc $\overrightarrow{AB} \cdot \overrightarrow{AC} = AB \times AB = AB^2 = 4^2 = 16$.
- Les points D et A sont les projetés orthogonaux respectifs des points C et I sur la droite (AD) ; comme $\overrightarrow{AD}$ et $\overrightarrow{DA}$ sont de sens opposés, on a :
$$\overrightarrow{AD} \cdot \overrightarrow{CI} = \overrightarrow{AD} \cdot \overrightarrow{DA} = -AD \times AD = -AD^2 = -3^2 = -9.$$
- Les points B et A sont les projetés orthogonaux respectifs des points B et D sur la droite (AI) ; comme $\overrightarrow{AI}$ et $\overrightarrow{BA}$ sont de sens opposés, on a :
$$\overrightarrow{BD} \cdot \overrightarrow{AI} = \overrightarrow{AI} \cdot \overrightarrow{BD} = \overrightarrow{AI} \cdot \overrightarrow{BA} = -AI \times BA = -2 \times 4 = -8.$$

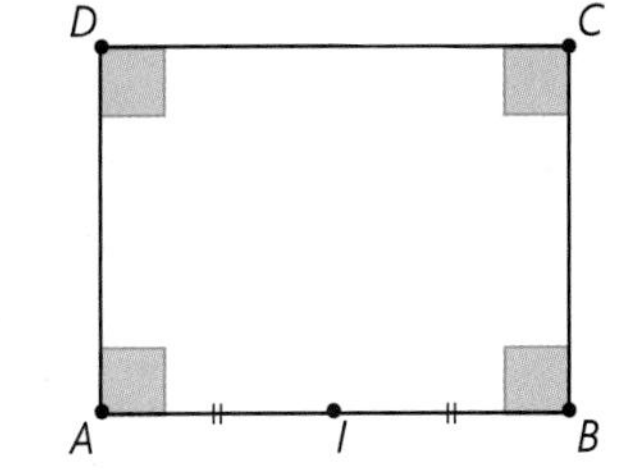

5. Applications au triangle et en trigonométrie

5.1 Relations dans le triangle

Ces formules sont démontrées page 363.

formules de la médiane

Soit A et B deux points du plan, et I le milieu du segment $[AB]$.

Pour tout point M du plan :

- $MA^2 + MB^2 = 2MI^2 + \dfrac{AB^2}{2}$;
- $MA^2 - MB^2 = 2\overrightarrow{IM} \cdot \overrightarrow{AB}$;
- $\overrightarrow{MA} \cdot \overrightarrow{MB} = MI^2 - \dfrac{AB^2}{4}$.

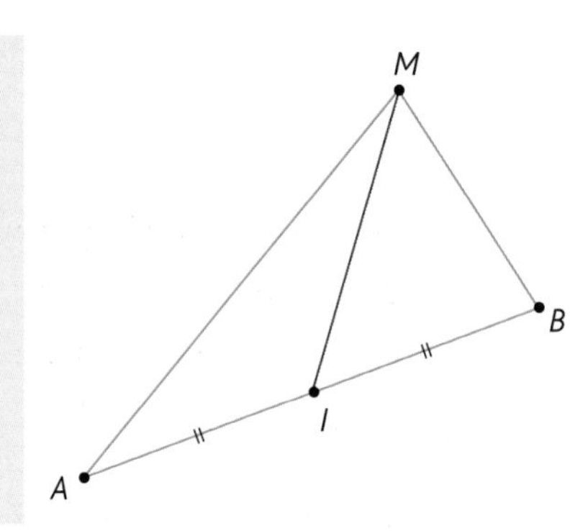

Dans un triangle ABC, on notera :

$$a = BC,\ b = AC,\ c = AB,\ \widehat{A} = \widehat{BAC},\ \widehat{B} = \widehat{ABC} \text{ et } \widehat{C} = \widehat{ACB}.$$

Ce théorème, démontré page 363, est une généralisation du théorème de Pythagore.

formules d'Al-Kashi

Pour tout triangle ABC, on a :

$a^2 = b^2 + c^2 - 2bc \cos \widehat{A}$;

$b^2 = a^2 + c^2 - 2ac \cos \widehat{B}$;

$c^2 = a^2 + b^2 - 2ab \cos \widehat{C}$.

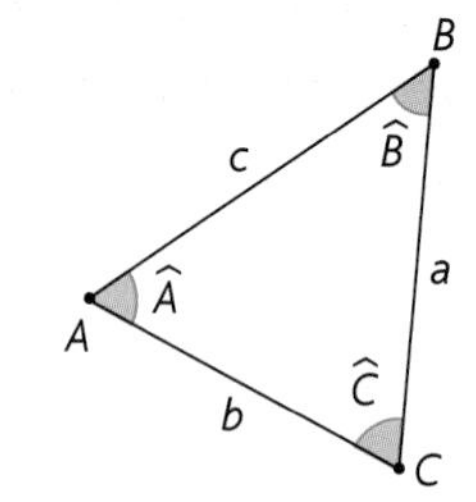

Ces formules sont démontrées page 360.

formule des aires

Pour tout triangle ABC non aplati, si on note $\mathcal{S}$ l'aire du triangle ABC, on a :

$$\mathcal{S} = \frac{1}{2} bc \sin \widehat{A} = \frac{1}{2} ac \sin \widehat{B} = \frac{1}{2} ab \sin \widehat{C}.$$

formule des sinus

Pour tout triangle ABC non aplati, on a $\dfrac{a}{\sin \widehat{A}} = \dfrac{b}{\sin \widehat{B}} = \dfrac{c}{\sin \widehat{C}}$.

5.2 Trigonométrie

Ces formules sont démontrées page 361.

formules d'addition

Pour tous réels a et b, on a :

- $\cos(a + b) = \cos a \cos b - \sin a \sin b$
- $\cos(a - b) = \cos a \cos b + \sin a \sin b$
- $\sin(a + b) = \sin a \cos b + \sin b \cos a$
- $\sin(a - b) = \sin a \cos b - \sin b \cos a$

On applique les formules donnant $\cos(a + b)$ et $\sin(a + b)$ en prenant $a = b$ et en utilisant la relation : $\cos^2 a + \sin^2 a = 1$.

formules de duplication

Pour tous réel a, on a :

- $\cos 2a = 2 \cos^2 a - 1 = 1 - 2 \sin^2 a = \cos^2 a - \sin^2 a$;
- $\sin 2a = 2 \sin a \cos a$.

Utiliser les formules de la médiane

→ Exercice 127

Soit $ABCD$ un parallélogramme de centre O tel que $AB = 5$ cm, $AD = 4$ cm et $BD = 7$ cm.

Calculer la longueur de la diagonale $[AC]$ (arrondir la valeur au millimètre).

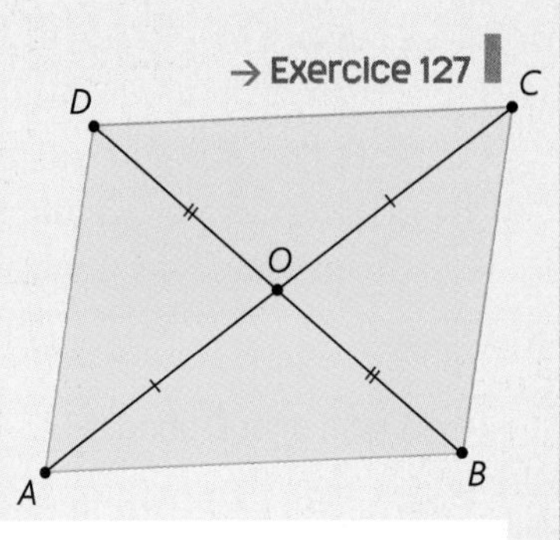

solution

$ABCD$ est un parallélogramme de centre O : le point O est donc le milieu commun des segments $[AC]$ et $[BD]$. En particulier, on a $AC = 2AO$. Ainsi la droite (AO) est la médiane issue de A du triangle ABD.

D'après la première formule de la médiane, on a :

$AB^2 + AD^2 = 2AO^2 + \dfrac{BD^2}{2}$ d'où $AO^2 = \dfrac{1}{2}AB^2 + \dfrac{1}{2}AD^2 - \dfrac{1}{4}BD^2 = \dfrac{1}{2} \times 5^2 + \dfrac{1}{2} \times 4^2 - \dfrac{1}{4} \times 7^2 = \dfrac{33}{4}$.

Par conséquent, $AO = \sqrt{\dfrac{33}{4}} = \dfrac{\sqrt{33}}{2}$ et $AC = 2AO = \sqrt{33} \approx 5{,}7$ cm.

Utiliser les formules d'Al-Kashi

→ Exercices 128 à 132

Soit IJK un triangle tel que $IJ = 5$ cm, $JK = 6$ cm et $IK = 8$ cm.

Calculer une valeur arrondie au dixième de degré des mesures des angles du triangle IJK.

solution

Méthode

Les données de l'exercice (les longueurs des trois côtés) incitent à utiliser la formule d'Al-Kashi.

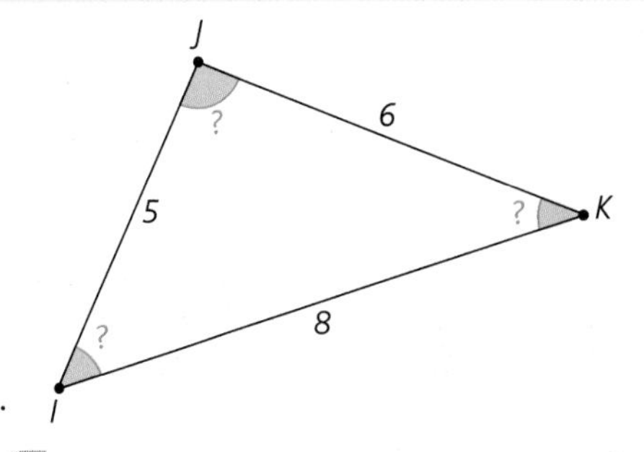

Dans le triangle IJK, on a $JK^2 = IJ^2 + IK^2 - 2 \times IJ \times IK \times \cos\widehat{I}$

$\cos\widehat{I} = \dfrac{IJ^2 + IK^2 - JK^2}{2 \times IJ \times IK} = \dfrac{5^2 + 8^2 - 6^2}{2 \times 5 \times 8} = \dfrac{53}{80}$ et $\widehat{I} \approx 48{,}5$ degrés.

De la même manière, $IK^2 = JI^2 + JK^2 - 2 \times JI \times JK \times \cos\widehat{J}$

d'où $\cos\widehat{J} = \dfrac{JI^2 + JK^2 - IK^2}{2 \times JI \times JK} = \dfrac{5^2 + 6^2 - 8^2}{2 \times 5 \times 6} = \dfrac{-3}{60} = -\dfrac{1}{20}$.

On en déduit que $\widehat{J} \approx 92{,}9$ degrés.

Enfin $\widehat{K} = 180 - \widehat{I} - \widehat{J} = 180 - 48{,}5 - 92{,}9 = 38{,}6$ degrés.

Remarque

Pour calculer la mesure du troisième angle, on utilise le fait que la somme des mesures des angles d'un triangle vaut 180°.

Utiliser la formule des sinus

→ Exercices 133 à 136

Soit ABC un triangle tel que $c = AB = 5$ cm, $\widehat{A} = \dfrac{\pi}{3}$ radians et $\widehat{B} = \dfrac{\pi}{4}$ radians.

Calculer les valeurs arrondies au millimètre des longueurs $a = BC$ et $b = AC$.

solution

Tout d'abord : $\widehat{C} = \pi - \dfrac{\pi}{3} - \dfrac{\pi}{4} = \dfrac{5\pi}{12}$.

Ensuite $\dfrac{a}{\sin\widehat{A}} = \dfrac{b}{\sin\widehat{B}} = \dfrac{c}{\sin\widehat{C}}$, soit $\dfrac{a}{\sin\frac{\pi}{5}} = \dfrac{b}{\sin\frac{\pi}{4}} = \dfrac{5}{\sin\frac{5\pi}{12}}$.

Par conséquent $BC = 5 \times \dfrac{\sin\frac{\pi}{5}}{\sin\frac{5\pi}{12}} \approx 4{,}5$ cm et $AC = 5 \times \dfrac{\sin\frac{\pi}{4}}{\sin\frac{5\pi}{12}} \approx 3{,}7$ cm.

Méthode

Les données de l'exercice (un côté et les deux angles adjacents) incitent à utiliser la formule des sinus.

Raisonnement par disjonction des cas

Lorsque l'on ne peut pas démontrer rigoureusement tous les cas de figure en même temps, on procède à une démonstration par **disjonction des cas.**
Si l'hypothèse H est équivalente à « H_1 ou H_2 ou ... ou H_n », alors démontrer « que pour tout i compris entre 1 et n on a $H_i \Rightarrow C$ » revient à démontrer que « $H \Rightarrow C$ ».

Exemple : La formule des aires
Pour tout triangle ABC non aplati, si on note $\mathcal{S}$ l'aire du triangle ABC, on a :

$$\mathcal{S} = \frac{1}{2}bc\sin\widehat{A} = \frac{1}{2}ac\sin\widehat{B} = \frac{1}{2}ab\sin\widehat{C}.$$

Démonstration : Appelons H le pied de la hauteur issue de C dans le triangle ABC. Trois cas sont à envisager :

Cas 1 : $\widehat{A}$ est aigu

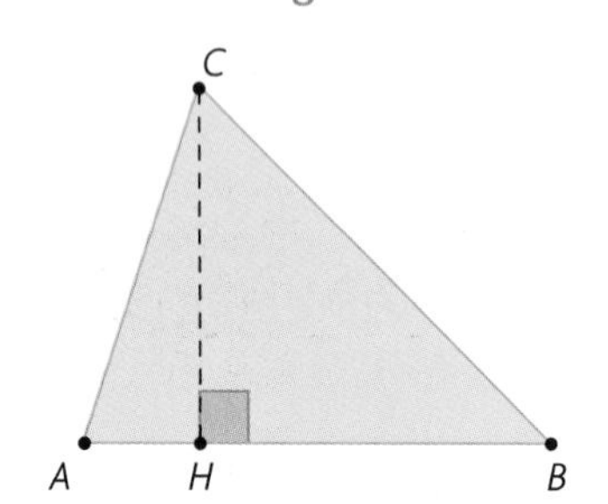

Cas 2 : $\widehat{A}$ est droit

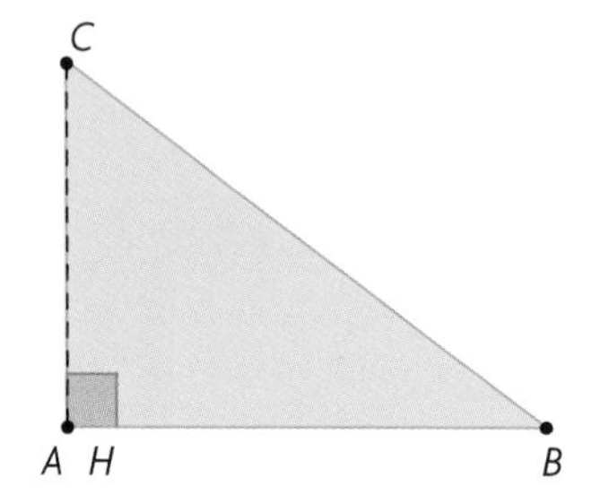

Cas 3 : $\widehat{A}$ est obtus

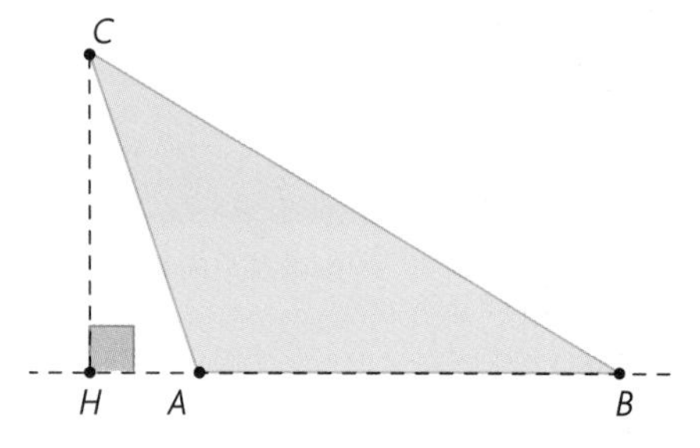

Cas 1 : On a $\widehat{HAC} = \widehat{BAC} = \widehat{A}$.
Dans le triangle AHC rectangle en H, on a $\sin\widehat{HAC} = \frac{HC}{AC}$, c'est-à-dire $\sin\widehat{A} = \frac{HC}{AC}$;
ce que l'on peut encore écrire $\boldsymbol{HC = b\sin\widehat{A}}$.

Cas 2 : H et A sont confondus ; on a donc $HC = AC = b$.
Dans ce cas, on a $\widehat{A} = \frac{\pi}{2}$, donc $\sin\widehat{A} = 1$; on peut alors écrire $\boldsymbol{HC = b = b \times 1 = b\sin\widehat{A}}$.

Cas 3 : $\widehat{HAC}$ et $\widehat{BAC} = \widehat{A}$ sont supplémentaires ; ils ont donc le même sinus : $\sin\widehat{HAC} = \sin\widehat{A}$.
Dans le triangle AHC rectangle en H, on a $\sin\widehat{HAC} = \frac{HC}{AC}$, c'est-à-dire $\sin\widehat{A} = \frac{HC}{b}$;
ce que l'on peut encore écrire $\boldsymbol{HC = b\sin\widehat{A}}$.

Dans tous les cas, on peut donc écrire $\boldsymbol{HC = b\sin\widehat{A}}$.
On peut donc exprimer l'aire $\mathcal{S}$ du triangle ABC : $\mathcal{S} = \frac{1}{2}AB \times HC = \frac{1}{2}c \times b\sin\widehat{A}$;
ce qui s'écrit également $\mathcal{S} = \frac{1}{2}bc\sin\widehat{A}$.

Les deux autres formules se démontrent de la même manière.

Application directe : La formule des sinus

Pour tout triangle ABC non aplati, on a $\frac{a}{\sin\widehat{A}} = \frac{b}{\sin\widehat{B}} = \frac{c}{\sin\widehat{C}}$.

Démonstration : On divise chaque membre des égalités suivantes par le produit abc :
$2\mathcal{S} = bc\sin\widehat{A} = ac\sin\widehat{B} = ab\sin\widehat{C}$;

ce qui donne $\frac{2\mathcal{S}}{abc} = \frac{\sin\widehat{A}}{a} = \frac{\sin\widehat{B}}{b} = \frac{\sin\widehat{C}}{c}$ ou encore $\frac{a}{\sin\widehat{A}} = \frac{b}{\sin\widehat{B}} = \frac{c}{\sin\widehat{C}} = \frac{abc}{2\mathcal{S}}$.

Démonstration commentée

Propriété

Pour tous réels a et b, on a :

$\cos(a-b) = \cos a \cos b + \sin a \sin b$; $\cos(a+b) = \cos a \cos b - \sin a \sin b$;

$\sin(a-b) = \sin a \cos b + \sin b \cos a$; $\sin(a+b) = \sin a \cos b + \sin b \cos a$.

Démonstration commentée

Soit a et b deux réels. On munit le plan d'un repère orthonormé $(O ; \vec{i}, \vec{j})$.

① On commence par introduire deux vecteurs $\vec{u}$ et $\vec{v}$ qui conviennent : puisque l'on veut calculer $\cos(a-b)$ en utilisant un produit scalaire, il faut deux vecteurs $\vec{u}$ et $\vec{v}$ tels que $(\vec{u} ; \vec{v}) = a - b$.

1 On définit les vecteurs $\vec{u}$ et $\vec{v}$ de la façon suivante :
- $\|\vec{u}\| = \|\vec{v}\| = 1$;
- $(\vec{i} ; \vec{u}) = b\,(2\pi)$ et $(\vec{i} ; \vec{v}) = a\,(2\pi)$.

② On utilise la relation de Chasles pour les angles de vecteurs.

2 On peut écrire :

$(\vec{u} ; \vec{v}) = (\vec{u} ; \vec{i}) + (\vec{i} ; \vec{v})$

$= -(\vec{i} ; \vec{u}) + (\vec{i} ; \vec{v})$

$= -b + a = a - b\,(2\pi)$.

③ Ces coordonnées se retrouvent facilement : il suffit de voir que, si $\vec{u}\begin{pmatrix} x_{\vec{u}} \\ y_{\vec{u}} \end{pmatrix}$, alors :
- $\vec{u} \cdot \vec{i} = x_{\vec{u}} \times 1 + y_{\vec{u}} \times 0 = x_{\vec{u}}$ d'une part ;
- $\vec{u} \cdot \vec{i} = \|\vec{u}\| \times \|\vec{i}\| \times \cos b$ d'autre part.

D'où $x_{\vec{u}} = \cos b$ (on montre de même que $y_{\vec{u}} = \sin b$).

3 De plus, les coordonnées des vecteurs $\vec{u}$ et $\vec{v}$ sont données par $\vec{u}\begin{pmatrix} \cos b \\ \sin b \end{pmatrix}$ et $\vec{v}\begin{pmatrix} \cos a \\ \sin a \end{pmatrix}$.

④ On exprime le produit scalaire $\vec{u} \cdot \vec{v}$ de deux manières différentes.

4 D'une part, on a :

$\vec{u} \cdot \vec{v} = \cos a \cos b + \sin a \sin b$;

d'autre part, on a :

$\vec{u} \cdot \vec{v} = \|\vec{u}\| \times \|\vec{v}\| \times \cos(\vec{u} ; \vec{v}) = 1 \times 1 \times \cos(a-b)$.

On en déduit $\cos(a-b) = \cos a \cos b + \sin a \sin b$.

⑤ On part de la formule donnant $\cos(a-b)$ et on utilise le fait que, pour tout réel x, $\cos(-x) = \cos x$.

5 Puis, en remplaçant b par $-b$, on obtient :

$\cos(a+b) = \cos a \cos b - \sin a \sin b$.

⑥ On utilise l'égalité $\sin x = \cos\left(\frac{\pi}{2} - x\right)$ pour tout x réel, avec $x = a - b$.

6 Enfin on a :

$\sin(a-b) = \cos\left(\frac{\pi}{2} - (a-b)\right) = \cos\left(\left(\frac{\pi}{2} + b\right) - a\right)$.

En appliquant la formule précédente il vient :

$\sin(a-b) = \cos\left(\frac{\pi}{2} + b\right)\cos a + \sin\left(\frac{\pi}{2} + b\right)\sin a$;

$\sin(a-b) = -\sin b \cos a + \cos b \sin a$;

$\sin(a-b) = \sin a \cos b - \sin b \cos a$;

qui correspond bien à la formule de l'énoncé.

⑦ On utilise le fait que, pour tout réel x, $\sin(-x) = -\sin x$.

7 Puis, en remplaçant b par $-b$, on obtient :

$\sin(a+b) = \sin a \cos b + \sin b \cos a$.

Remarques : une autre démonstration de ces formules est donnée page 279.

Démonstrations

Théorème

Soit $\vec{u}$ et $\vec{v}$ deux vecteurs du plan muni d'un repère orthonormé.
Si $\vec{u}$ a pour coordonnées $\begin{pmatrix} x \\ y \end{pmatrix}$ et $\vec{v}$ a pour coordonnées $\begin{pmatrix} x' \\ y' \end{pmatrix}$, alors $\vec{u} \cdot \vec{v} = xx' + yy'$.

 Démonstration

$\|\vec{u}\|^2 = x^2 + y^2$, $\|\vec{v}\|^2 = x'^2 + y'^2$ et $\|\vec{u} - \vec{v}\|^2 = (x - x')^2 + (y - y')^2$.

Ainsi $\vec{u} \cdot \vec{v} = \frac{1}{2}(\|\vec{u}\|^2 + \|\vec{v}\|^2 - \|\vec{u} - \vec{v}\|^2) = \frac{1}{2}[(x^2 + y^2) + (x'^2 + y'^2) - ((x - x')^2 + (y - y')^2)]$.

En développant le membre de droite, il vient :

$\vec{u} \cdot \vec{v} = \frac{1}{2}(x^2 + y^2 + x'^2 + y'^2 - x^2 + 2xx' - x'^2 - y^2 + 2yy' - y'^2) = \frac{1}{2}(2xx' + 2yy') = xx' + yy'$;

Propriété

- Le produit scalaire de deux vecteurs est symétrique :

  pour tous vecteurs $\vec{u}$ et $\vec{v}$, on a $\vec{u} \cdot \vec{v} = \vec{v} \cdot \vec{u}$.
- Le produit scalaire de deux vecteurs est bilinéaire, c'est-à-dire que pour tous vecteurs $\vec{u}$, $\vec{v}$ et $\vec{w}$ et pour tout réel λ, on a :

  $(\lambda\vec{u}) \cdot \vec{v} = \lambda \times (\vec{u} \cdot \vec{v})$ et $\vec{u} \cdot (\vec{v} + \vec{w}) = \vec{u} \cdot \vec{v} + \vec{u} \cdot \vec{w}$.

 Démonstration

On munit le plan d'un repère orthonormé.

Soit $\vec{u}\begin{pmatrix} x \\ y \end{pmatrix}$, $\vec{v}\begin{pmatrix} x' \\ y' \end{pmatrix}$ et $\vec{w}\begin{pmatrix} x'' \\ y'' \end{pmatrix}$ trois vecteurs du plan et λ un nombre réel.

On utilise l'expression analytique du produit scalaire et les propriétés de la multiplication des nombres réels (commutativité et distributivité) :

- Symétrie : $\vec{u} \cdot \vec{v} = xx' + yy' = x'x + y'y = \vec{v} \cdot \vec{u}$
- Bilinéarité : $(\lambda\vec{u}) \cdot \vec{v} = (\lambda x)x' + (\lambda y)y' = \lambda xx' + \lambda yy' = \lambda \times (xx' + yy') = \lambda \times (\vec{u} \cdot \vec{v})$;

$$\vec{u} \cdot (\vec{v} + \vec{w}) = x(x' + x'') + y(y' + y'') = xx' + xx'' + yy' + yy''$$
$$= (xx' + yy') + (xx'' + yy'') = \vec{u} \cdot \vec{v} + \vec{u} \cdot \vec{w}.$$

Propriété

Pour tous vecteurs $\vec{u}$ et $\vec{v}$, on a $(\vec{u} + \vec{v})^2 = \vec{u}^2 + 2\vec{u} \cdot \vec{v} + \vec{v}^2$.

 Démonstration

On utilise les propriétés de symétrie et de bilinéarité du produit scalaire :

$$(\vec{u} + \vec{v})^2 = (\vec{u} + \vec{v}) \cdot (\vec{u} + \vec{v}) = \vec{u} \cdot \vec{u} + \vec{u} \cdot \vec{v} + \vec{v} \cdot \vec{u} + \vec{v} \cdot \vec{v}$$
$$= \vec{u}^2 + \vec{u} \cdot \vec{v} + \vec{u} \cdot \vec{v} + \vec{v}^2$$
$$= \vec{u}^2 + 2\vec{u} \cdot \vec{v} + \vec{v}^2.$$

Démonstrations

Théorème

Soit $\vec{u}$ et $\vec{v}$ deux vecteurs non nuls du plan.

$\vec{u}$ et $\vec{v}$ sont orthogonaux si, et seulement si, $\vec{u}\cdot\vec{v}=0$.

Démonstration

Soit A, B et C trois points du plan distincts deux à deux tels que $\vec{u}=\overrightarrow{AB}$ et $\vec{v}=\overrightarrow{AC}$.

On a $\vec{u}\cdot\vec{v}=0 \Leftrightarrow \frac{1}{2}(\|\vec{u}\|^2+\|\vec{v}\|^2-\|\vec{u}-\vec{v}\|^2)=0 \Leftrightarrow \|\vec{u}\|^2+\|\vec{v}\|^2=\|\vec{u}-\vec{v}\|^2$.

Or $\|\vec{u}\|^2=\|\overrightarrow{AB}\|^2=AB^2$, $\|\vec{v}\|^2=\|\overrightarrow{AC}\|^2=AC^2$ et $\|\vec{u}-\vec{v}\|^2=\|\overrightarrow{AB}-\overrightarrow{AC}\|^2=\|\overrightarrow{CB}\|^2=BC^2$.

Ainsi $\vec{u}\cdot\vec{v}=0 \Leftrightarrow AB^2+AC^2=BC^2 \Leftrightarrow ABC$ est rectangle en A (théorème de Pythagore).

On conclut $\vec{u}\cdot\vec{v}=0 \Leftrightarrow \vec{u}$ et $\vec{v}$ sont orthogonaux.

Formules de la médiane

Soit A et B deux points du plan, et soit I le milieu du segment $[AB]$.

Pour tout point M du plan, on a $MA^2+MB^2=2MI^2+\frac{AB^2}{2}$.

Démonstration

Pour tout point M du plan, on a $MA^2+MB^2=\overrightarrow{MA}^2+\overrightarrow{MB}^2=(\overrightarrow{MI}+\overrightarrow{IA})^2+(\overrightarrow{MI}+\overrightarrow{IB})^2$.

Ainsi, $MA^2+MB^2=\overrightarrow{MI}^2+2\overrightarrow{MI}\cdot\overrightarrow{IA}+\overrightarrow{IA}^2+\overrightarrow{MI}^2+2\overrightarrow{MI}\cdot\overrightarrow{IB}+\overrightarrow{IB}^2$

qui s'écrit encore : $MA^2+MB^2=2MI^2+2\overrightarrow{MI}\cdot\overrightarrow{IA}+2\overrightarrow{MI}\cdot\overrightarrow{IB}+\overrightarrow{IA}^2+\overrightarrow{IB}^2$

$=2MI^2+2\overrightarrow{MI}\cdot(\overrightarrow{IA}+\overrightarrow{IB})+\overrightarrow{IA}^2+\overrightarrow{IB}^2$

Or I est le milieu de $[AB]$; on a donc $\overrightarrow{IA}+\overrightarrow{IB}=\vec{0}$ et $IA^2=IB^2=\left(\frac{1}{2}AB\right)^2=\frac{AB^2}{4}$.

On peut donc écrire $MA^2+MB^2=2MI^2+2\overrightarrow{MI}\cdot\vec{0}+\frac{AB^2}{4}+\frac{AB^2}{4}=2MI^2+\frac{AB^2}{2}$.

Formules d'Al-Kashi

Dans un triangle ABC, si on note $a=BC$, $b=AC$, $c=AB$ et $\widehat{A}=\widehat{BAC}$, on a :

$$a^2=b^2+c^2-2bc\cos\widehat{A}.$$

Démonstration

$a^2=BC^2=\overrightarrow{BC}^2=(\overrightarrow{BA}+\overrightarrow{AC})^2=\overrightarrow{BA}^2+2\overrightarrow{BA}\cdot\overrightarrow{AC}+\overrightarrow{AC}^2=BA^2+AC^2-2\overrightarrow{AB}\cdot\overrightarrow{AC}$.

Or $\overrightarrow{AB}\cdot\overrightarrow{AC}=AB\times AC\times\cos\widehat{A}$ qui est l'égalité recherchée.

À vous de jouer

1. Démontrer que l'on a, pour tous vecteurs $\vec{u}$, $\vec{v}$, $\vec{w}$ du plan et pour tout réel λ :
$\vec{u}\cdot(\lambda\vec{v})=\lambda(\vec{u}\cdot\vec{v})$ et $(\vec{u}+\vec{v})\cdot\vec{w}=\vec{u}\cdot\vec{w}+\vec{v}\cdot\vec{w}$.

2. Démontrer que l'on a, pour tous vecteurs $\vec{u}$ et $\vec{v}$ du plan :
$(\vec{u}-\vec{v})^2=\vec{u}^2-2\vec{u}\cdot\vec{v}+\vec{v}^2$ et $(\vec{u}+\vec{v})\cdot(\vec{u}-\vec{v})=\vec{u}^2-\vec{v}^2$.

3. Démontrer que l'on a, pour tout point M du plan : $MA^2-MB^2=2\overrightarrow{IM}\cdot\overrightarrow{AB}$ et $\overrightarrow{MA}\cdot\overrightarrow{MB}=MI^2-\frac{AB^2}{4}$.

1. Choisir l'expression adéquate pour calculer un produit scalaire

Dans chacun des cas suivants, calculer $\overrightarrow{AB} \cdot \overrightarrow{AC}$.

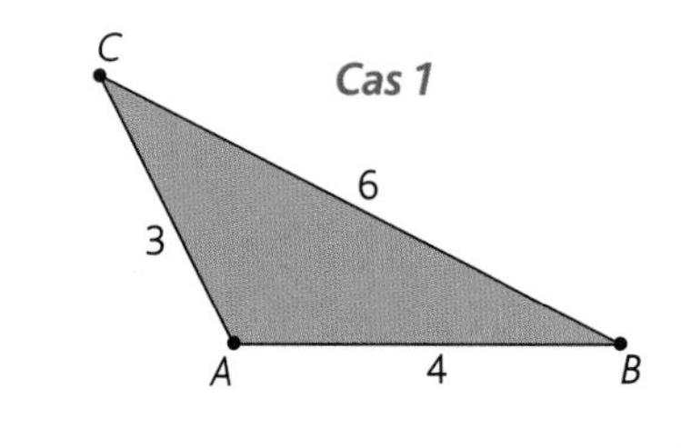

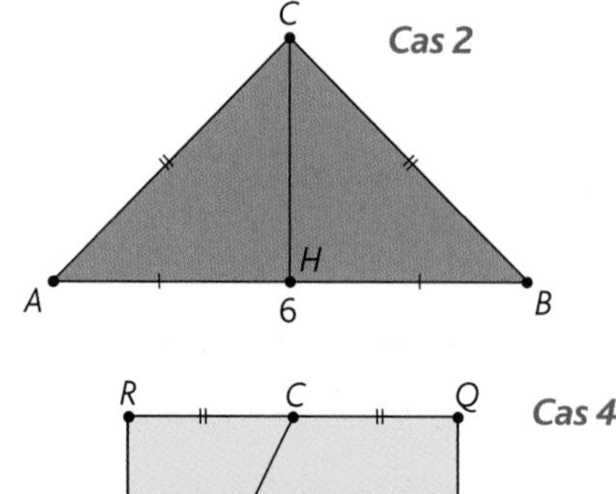

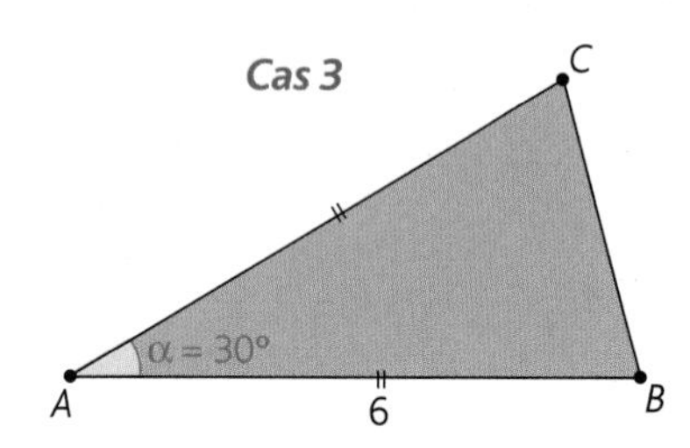

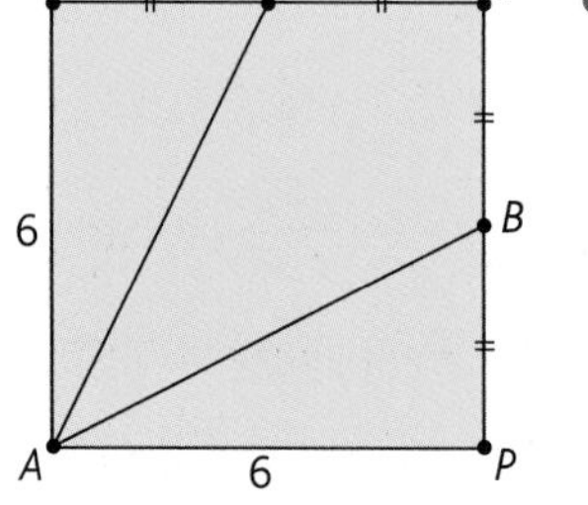

solution

- Dans le *cas 1*, on connaît **les longueurs des trois côtés** du triangle ABC, donc on utilise **la définition** : $\overrightarrow{AB} \cdot \overrightarrow{AC} = \frac{1}{2}(AB^2 + AC^2 - BC^2)$.
  Ici $\overrightarrow{AB} \cdot \overrightarrow{AC} = \frac{1}{2}(4^2 + 3^2 - 6^2) = \frac{1}{2}(16 + 9 - 36) = -\frac{11}{2}$.
- Dans le *cas 2*, on a un **projeté orthogonal**, donc on utilise **la formule avec le projeté orthogonal**.
  Le triangle ABC est isocèle en A et H est le milieu du segment $[AB]$: la droite (AH) est à la fois la médiane et la hauteur issue de A de ce triangle.
  Autrement dit, H est le projeté orthogonal du point C sur le segment $[AB]$ et on a :
  $\overrightarrow{AB} \cdot \overrightarrow{AC} = \overrightarrow{AB} \cdot \overrightarrow{AH} = AB \times AH$, car les vecteurs $\overrightarrow{AB}$ et $\overrightarrow{AH}$ sont de même sens.
  Donc $\overrightarrow{AB} \cdot \overrightarrow{AC} = 6 \times 3 = 18$.
- Dans le *cas 3*, on connaît **les normes de deux vecteurs et la mesure de l'angle qu'ils forment**, donc on utilise **la formule avec le cosinus**.
  Le triangle ABC est isocèle en A ; on a donc $AC = AB = 6$. De plus, on connaît $\widehat{BAC} = 30°$.
  Donc $\overrightarrow{AB} \cdot \overrightarrow{AC} = AB \times AC \times \cos\widehat{BAC} = 6 \times 6 \times \cos 30 = 36 \times \frac{\sqrt{3}}{2} = 18\sqrt{3}$.
- Dans le *cas 4*, on peut **munir le plan d'un repère orthonormé** dans lequel les coordonnées des points sont aisément calculables, donc on utilise **l'expression analytique**.
  $APQR$ est un carré ; on se place dans le repère orthonormé $(A ; \frac{1}{6}\overrightarrow{AP}, \frac{1}{6}\overrightarrow{AR})$.
  Dans ce repère, on a $A(0 ; 0)$, $B(6 ; 3)$ et $C(3 ; 6)$.
  On en déduit les coordonnées des vecteurs $\overrightarrow{AB}$ et $\overrightarrow{AC}$: $\overrightarrow{AB}\begin{pmatrix}6\\3\end{pmatrix}$ et $\overrightarrow{AC}\begin{pmatrix}3\\6\end{pmatrix}$.
  On en déduit $\overrightarrow{AB} \cdot \overrightarrow{AC} = 6 \times 3 + 3 \times 6 = 18 + 18 = 36$.

2. Démontrer l'orthogonalité de deux droites

Soit *ABCD* un carré de côté 1.
Soit *I* le milieu du segment [*AB*] et *J* celui du segment [*BC*].
Démontrer que les droites (*DI*) et (*AJ*) sont orthogonales.

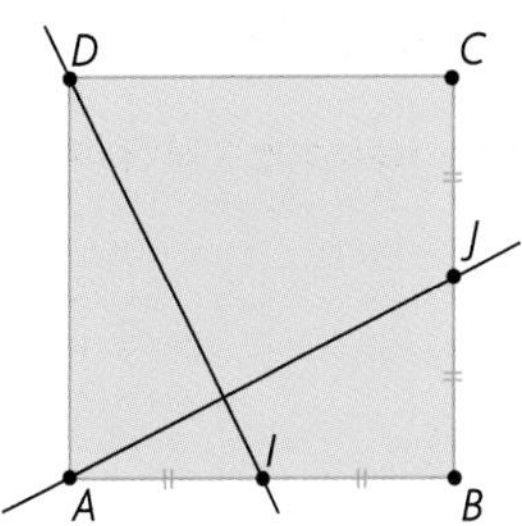

solution

Méthode 1 - En utilisant le calcul vectoriel et les propriétés du produit scalaire :

On veut montrer que $\overrightarrow{AJ} \cdot \overrightarrow{DI} = 0$.

En utilisant la relation de Chasles et la caractérisation vectorielle du milieu d'un segment, on peut écrire :

$$\overrightarrow{AJ} = \overrightarrow{AB} + \overrightarrow{BJ} = \overrightarrow{AB} + \frac{1}{2}\overrightarrow{BC} \quad \text{et} \quad \overrightarrow{DI} = \overrightarrow{DA} + \overrightarrow{AI} = \overrightarrow{DA} + \frac{1}{2}\overrightarrow{AB}.$$

En utilisant les propriétés de bilinéarité du produit scalaire, on a :

$$\overrightarrow{AJ} \cdot \overrightarrow{DI} = (\overrightarrow{AB} + \frac{1}{2}\overrightarrow{BC}) \cdot (\overrightarrow{DA} + \frac{1}{2}\overrightarrow{AB})$$
$$= \overrightarrow{AB} \cdot \overrightarrow{DA} + \frac{1}{2}\overrightarrow{AB} \cdot \overrightarrow{AB} + \frac{1}{2}\overrightarrow{BC} \cdot \overrightarrow{DA} + \frac{1}{4}\overrightarrow{BC} \cdot \overrightarrow{AB}.$$

Comme *ABCD* est un carré, les droites (*AB*) et (*DA*) sont orthogonales, ainsi que les droites (*AB*) et (*BC*). On a donc $\overrightarrow{AB} \cdot \overrightarrow{DA} = 0$ et $\overrightarrow{BC} \cdot \overrightarrow{AB} = 0$.

Il reste donc $\overrightarrow{AJ} \cdot \overrightarrow{DI} = \frac{1}{2}\overrightarrow{AB} \cdot \overrightarrow{AB} + \frac{1}{2}\overrightarrow{BC} \cdot \overrightarrow{DA}$.

Comme *ABCD* est un carré, on a $\overrightarrow{DA} = -\overrightarrow{BC}$; par conséquent :

$$\frac{1}{2}\overrightarrow{BC} \cdot \overrightarrow{DA} = -\frac{1}{2}\overrightarrow{BC} \cdot \overrightarrow{BC}.$$

$$\overrightarrow{AJ} \cdot \overrightarrow{DI} = \frac{1}{2}\overrightarrow{AB} \cdot \overrightarrow{AB} - \frac{1}{2}\overrightarrow{BC} \cdot \overrightarrow{BC} = \frac{1}{2}AB^2 - \frac{1}{2}BC^2 = \frac{1}{2} \times 1 - \frac{1}{2} \times 1 = 0.$$

Le produit scalaire $\overrightarrow{AJ} \cdot \overrightarrow{DI}$ est nul, donc les droites (*AJ*) et (*DI*) sont orthogonales.

Méthode 2 - En utilisant un repère orthonormé :

Dans le repère orthonormé $(A ; \overrightarrow{AB}, \overrightarrow{AC})$, on calcule les coordonnées des différents points de la figure : $A(0 ; 0)$, $B(1 ; 0)$, $C(1 ; 1)$, $D(0 ; 1)$, $I\left(\frac{1}{2} ; 0\right)$ et $J\left(1 ; \frac{1}{2}\right)$.

On calcule les coordonnées des vecteurs $\overrightarrow{AJ}$ et $\overrightarrow{DI}$:

$$\overrightarrow{AJ}\begin{pmatrix} 1-0 \\ \frac{1}{2}-0 \end{pmatrix} = \begin{pmatrix} 1 \\ \frac{1}{2} \end{pmatrix} \quad \text{et} \quad \overrightarrow{DI}\begin{pmatrix} \frac{1}{2}-0 \\ 0-1 \end{pmatrix} = \begin{pmatrix} \frac{1}{2} \\ -1 \end{pmatrix}.$$

Enfin, on calcule le produit scalaire $\overrightarrow{AJ} \cdot \overrightarrow{DI}$:

$$\overrightarrow{AJ} \cdot \overrightarrow{DI} = 1 \times \frac{1}{2} + \frac{1}{2} \times (-1) = \frac{1}{2} - \frac{1}{2} = 0.$$

Le produit scalaire $\overrightarrow{AJ} \cdot \overrightarrow{DI}$ est nul, donc les droites (*AJ*) et (*DI*) sont orthogonales.

Méthode
Pour démontrer que deux droites sont orthogonales, on peut démontrer que le produit scalaire de deux vecteurs directeurs de ces droites est nul.

Entraînez-vous

Soit *ABCD* un carré de côté 1, et soit *M* un point de la diagonale [*AC*]. On note *H* et *K* les projetés orthogonaux respectifs du point *M* sur les segments [*AD*] et [*DC*]. Démontrer que les droites (*PQ*) et (*BM*) sont orthogonales.

→ Indice

On note $(x ; y)$ les coordonnées du point *M* dans le repère orthonormé $(A ; \overrightarrow{AB}, \overrightarrow{AD})$.

3. Déterminer une équation cartésienne d'un cercle, d'une droite

Dans un repère orthonormé, on donne les points $A(1\,;-3)$ et $B(-4\,;0)$. Soit $\mathscr{C}$ le cercle de diamètre $[AB]$.

1. **Déterminer une équation cartésienne du cercle $\mathscr{C}$. On en donnera le centre et le rayon.**
2. **Démontrer que le point $E(1\,;0)$ appartient à ce cercle.**
3. **Déterminer une équation de la tangente (T) au cercle $\mathscr{C}$ au point E.**

solution

1. Soit $M(x;y)$ un point du plan. On a $\overrightarrow{MA}\begin{pmatrix}1-x\\-3-y\end{pmatrix}$ et $\overrightarrow{MB}\begin{pmatrix}-4-x\\-y\end{pmatrix}$.

Ainsi $M \in \mathscr{C} \Leftrightarrow \overrightarrow{MA}\cdot\overrightarrow{MB}=0$

$\Leftrightarrow (1-x)(-4-x)+(-3-y)(-y)=0 \Leftrightarrow x^2+y^2+3x+3y-4=0.$

Une équation cartésienne du cercle $\mathscr{C}$ est donc $x^2+y^2+3x+3y-4=0$.

Le centre Ω du cercle $\mathscr{C}$ est le milieu du segment $[AB]$: $\Omega\left(\frac{1-4}{2};\frac{-3+0}{2}\right)$, c'est-à-dire $\Omega\left(-\frac{3}{2};-\frac{3}{2}\right)$.

Le rayon du cercle $\mathscr{C}$ est $R=\Omega A=\sqrt{\left(1+\frac{3}{2}\right)^2+\left(-3+\frac{3}{2}\right)^2}$

$=\sqrt{\frac{25}{4}+\frac{9}{4}}=\frac{\sqrt{34}}{2}.$

AIDE
Voir l'exercice appliqué 3, page 355.

2. Remplaçons x et y par les coordonnées du point E dans l'équation du cercle $\mathscr{C}$:

$x_E^2+y_E^2+3x_E+3y_E-4=1^2+0^2+3\times1+3\times0-4=1+0+3+0-4=0$.

Les coordonnées du point E vérifient l'équation cartésienne du cercle $\mathscr{C}$; on a donc $E\in\mathscr{C}$.

3. On sait que la tangente (T) au cercle $\mathscr{C}$ au point E est perpendiculaire au rayon $[\Omega E]$. Le vecteur $\overrightarrow{\Omega E}$ est donc un vecteur normal à la droite (T).

Or $\overrightarrow{\Omega E}\begin{pmatrix}1+\frac{3}{2}\\0+\frac{3}{2}\end{pmatrix}$, soit $\overrightarrow{\Omega E}\begin{pmatrix}\frac{5}{2}\\\frac{3}{2}\end{pmatrix}$; la droite (T) admet donc une équation de la forme

$\frac{5}{2}x+\frac{3}{2}y+c=0$, où $c\in\mathbb{R}$.

On sait que $E\in(T)$; on peut donc déterminer le nombre c en remplaçant x et y par les coordonnées du point E :

$\frac{5}{2}x_E+\frac{3}{2}y_E+c=0 \Leftrightarrow \frac{5}{2}\times1+\frac{3}{2}\times0+c=0 \Leftrightarrow c=-\frac{5}{2}.$

AIDE
Voir l'exercice appliqué 1, page 355 pour déterminer une équation d'une droite définie par un point et un vecteur normal.

La tangente (T) a donc pour équation cartésienne $\frac{5}{2}x+\frac{3}{2}y-\frac{5}{2}=0$ soit, sous sa forme réduite, $y=-\frac{5}{3}x+\frac{5}{3}$.

Entraînez-vous

Dans un repère orthonormé, on donne les points $A(-2;0)$, $B(0;4)$ et $C(4;0)$.

1. Déterminer les équations des médiatrices des segments $[AB]$ et $[AC]$.
2. En déduire les coordonnées du point Ω, centre du cercle circonscrit au triangle ABC.
3. Déterminer une équation de ce cercle.

→ On trouve

1. $x+2y=3$ et $x=1$.
2. $\Omega(1;1)$.
3. $(x-1)^2+(y-1)^2=10$.

4. Reconnaître une équation de cercle

Le plan est muni d'un repère orthonormé.

1. **On considère l'ensemble des points $M(x ; y)$ du plan vérifiant l'équation $x^2 + y^2 - 2x + 4y - 4 = 0$. Déterminer la nature et les éléments caractéristiques de cet ensemble.**
2. **Quel est l'ensemble des points $M(x ; y)$ du plan, vérifiant l'équation $x^2 + y^2 - 4x + 8 = 0$?**
3. **Vérifier les résultats précédents avec *Geogebra*.**

solution

1. On met les trinômes $x^2 - 2x$ et $y^2 + 4y$ sous forme canonique :
$x^2 - 2x = (x - 1)^2 - 1$ et $y^2 + 4y = (y + 2)^2 - 4$.
On a donc $x^2 + y^2 - 2x + 4y - 4 = 0 \Leftrightarrow [(x - 1)^2 - 1] + [(y + 2)^2 - 4] - 4 = 0$
$\Leftrightarrow (x - 1)^2 + (y + 2)^2 = 9$.
Ceci est l'équation d'un cercle de centre $A(1 ; -2)$ et de rayon $R = \sqrt{9} = 3$.

> **MÉTHODE**
> On regroupe les termes en x d'un côté, les termes en y de l'autre, et on met les trinômes ainsi obtenus sous forme canonique.
> Pour la mise sous forme canonique d'un trinôme, voir page 10.

2. L'équation $x^2 + y^2 - 4x + 8 = 0$ équivaut, après mise sous forme canonique du trinôme $x^2 - 4x$, à :
$[(x - 2)^2 - 4] + y^2 + 8 = 0$ c'est-à-dire à :
$(x - 2)^2 + y^2 = -12$.
Or, pour tout réels x et y, on a $(x - 2)^2 + y^2 \geqslant 0$ (car la somme des deux carrés est positive ou nulle).
L'équation $x^2 + y^2 - 4x + 8 = 0$ n'admet donc aucun couple solution ; on en déduit que l'ensemble recherché est réduit à l'ensemble vide.

3. Ouvrir une nouvelle figure *Geogebra*. Dans le champ de saisie, écrire les équations des deux ensembles de points recherchés :
$c1 : x^2 + y^2 - 2x + 4y - 4 = 0$;
$c2 : x^2 + y^2 - 4x + 8 = 0$.
Par un clic droit sur ***Objets*** dans la fenêtre ***Algèbre***, il est possible de modifier la forme des équations.

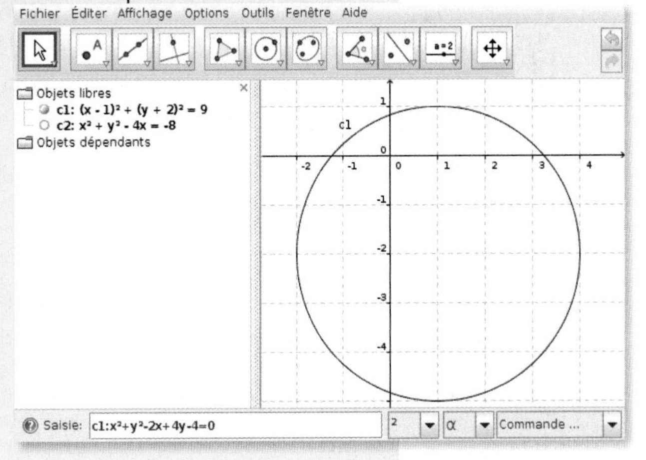

Entraînez-vous

Déterminer la nature et les éléments caractéristiques de l'ensemble des points $M(x ; y)$ du plan, vérifiant l'équation $x^2 + y^2 - 4x + 3y = 0$.

→ On trouve

C'est un cercle de rayon $\Omega\left(2 ; -\frac{3}{2}\right)$ et de rayon $\frac{5}{2}$.

5. Utiliser les formules de la médiane pour déterminer la nature d'un ensemble de points

Soit A et B deux points du plan tels que $AB = 2$.

Déterminer et représenter l'ensemble $\mathscr{E}$ des points M du plan tels que $MA^2 - MB^2 = 8$.

solution

À Savoir

Appelons f l'application du plan dans $\mathbb{R}$ qui, à chaque point M du plan, associe le nombre réel $MA^2 - MB^2$.

On appelle **ligne de niveau k de l'application f** l'ensemble des points M du plan tels que $f(M) = k$, c'est-à-dire tels que $MA^2 - MB^2 = k$.

Pour déterminer la ligne de niveau k de l'application f, il est utile de s'aider des formules de la médiane.

Soit I le milieu du segment $[AB]$; d'après la seconde formule de la médiane, on a :

$$MA^2 - MB^2 = 2\overrightarrow{IM} \cdot \overrightarrow{AB}.$$

Ainsi, $M \in \mathscr{E} \Leftrightarrow MA^2 - MB^2 = 8 \Leftrightarrow 2\overrightarrow{IM} \cdot \overrightarrow{AB} = 8 \Leftrightarrow \overrightarrow{IM} \cdot \overrightarrow{AB} = 4 \Leftrightarrow \overrightarrow{AB} \cdot \overrightarrow{IM} = 4$.

Nommons H le projeté orthogonal du point M sur la droite (AB).

Comme $I \in (AB)$. I est son propre projeté orthogonal sur la droite (AB). En utilisant la formule des projetés orthogonaux, il vient $\overrightarrow{AB} \cdot \overrightarrow{IM} = \overrightarrow{AB} \cdot \overrightarrow{IH}$.

Ainsi, $M \in \mathscr{E} \Leftrightarrow \overrightarrow{IH} \cdot \overrightarrow{AB} = 4$.

Les vecteurs $\overrightarrow{IH}$ et $\overrightarrow{AB}$ sont, par construction, colinéaires ; leur produit scalaire est positif, on peut en déduire que ces deux vecteurs sont de même sens.

On a alors :

$\overrightarrow{AB} \cdot \overrightarrow{IH} = AB \times IH$ et $\overrightarrow{AB} \cdot \overrightarrow{IH} = 4 \Leftrightarrow AB \times IH = 4$.

On sait que $AB = 2$; on a donc $M \in \mathscr{E} \Leftrightarrow IH = 2$.

Le point H est nécessairement situé sur la droite (AB), à deux unités du point I, tels que $\overrightarrow{IH}$ et $\overrightarrow{AB}$ sont de même sens.

On en conclut que l'ensemble $\mathscr{E}$ recherché est la droite perpendiculaire à la droite (AB) passant par H.

Cet ensemble est représenté en rouge sur la figure ci-contre.

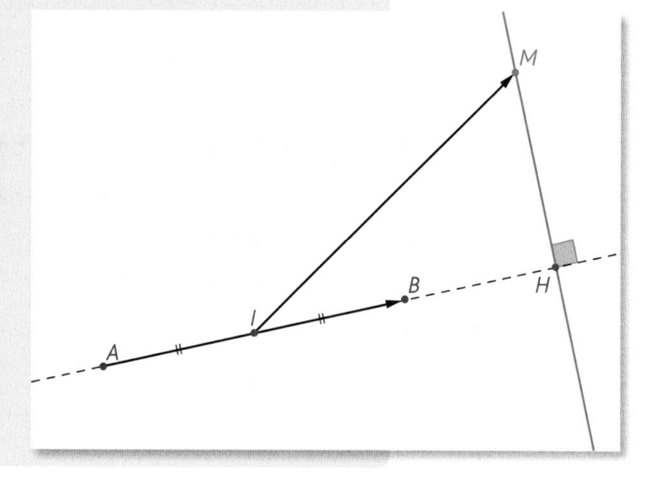

Entraînez-vous

Sous les mêmes conditions, déterminer et représenter :

- l'ensemble $\mathscr{F}$ des points M du plan tels que $MA^2 + MB^2 = 6$;
- l'ensemble $\mathscr{G}$ des points M du plan tels que $\overrightarrow{MA} \cdot \overrightarrow{MB} = 8$.

→ On trouve

- L'ensemble $\mathscr{F}$ est le cercle de centre I et de rayon $\sqrt{2}$.
- L'ensemble $\mathscr{G}$ est le cercle de centre I et de rayon 3.

6. Calculer la mesure d'un angle

Dans un repère orthonormé, on donne les points $A(0\,;2)$, $B(-1\,;-1)$ et $C(4\,;0)$.
Calculer, au centième de radian près, la mesure de l'angle $\widehat{BAC}$.

solution

MÉTHODE
Pour calculer la mesure d'une longueur ou d'un angle on peut penser à :
- exprimer le produit scalaire de deux vecteurs bien choisis de deux manières différentes et exploiter l'égalité des deux expressions ;
- utiliser les formules d'Al-Kashi ou la formule des sinus.

Méthode 1 - On exprime le produit scalaire $\overrightarrow{AB} \cdot \overrightarrow{AC}$ de deux manières différentes :

On commence par calculer les coordonnées et les normes des vecteurs $\overrightarrow{AB}$ et $\overrightarrow{AC}$.

Le vecteur $\overrightarrow{AB}$ a pour coordonnées $\begin{pmatrix}-1-0\\-1-2\end{pmatrix}=\begin{pmatrix}-1\\-3\end{pmatrix}$

et le vecteur $\overrightarrow{AC}$ a pour coordonnées $\begin{pmatrix}4-0\\0-2\end{pmatrix}=\begin{pmatrix}4\\-2\end{pmatrix}$.

$AB=\sqrt{(-1)^2+(-3)^2}=\sqrt{10}$ et $AC=\sqrt{4^2+(-2)^2}=\sqrt{20}=2\sqrt{5}$.

- D'une part, on calcule $\overrightarrow{AB} \cdot \overrightarrow{AC}$ en utilisant l'expression analytique du produit scalaire : $\overrightarrow{AB} \cdot \overrightarrow{AC}=(-1)\times 4\,(-3)\times(-2)=-4+6=2$.
- D'autre part, on exprime $\overrightarrow{AB} \cdot \overrightarrow{AC}$ en fonction du cosinus de l'angle $\widehat{BAC}$:

$$\overrightarrow{AB} \cdot \overrightarrow{AC}=AB\times AC\times\cos\widehat{BAC}=\sqrt{10}\times 2\sqrt{5}\times\cos\widehat{BAC}=2\sqrt{50}\times\cos\widehat{BAC}$$
$$=10\sqrt{2}\times\cos\widehat{BAC}.$$

On en déduit l'égalité suivante : $10\sqrt{2}\times\cos\widehat{BAC}=2$, d'où :

$$\cos\widehat{BAC}=\frac{2}{10\sqrt{2}}=\frac{\sqrt{2}}{10},$$

ce qui permet de déterminer, à l'aide d'une calculatrice, une valeur arrondie de la mesure de l'angle $\widehat{BAC}$, d'où $\widehat{BAC}\approx 1{,}43$ radians.

Méthode 2 - En utilisant les formules d'Al-Kashi :

Pour calculer la mesure de l'angle $\widehat{BAC}$, il faut connaître les longueurs des trois côtés. On a calculé précédemment $AB=\sqrt{10}$ et $AC=2\sqrt{5}$;

on calcule $BC=\sqrt{(4-(-1))^2+(0-(-1))^2}=\sqrt{25+1}=\sqrt{26}$.

La formule d'Al-Kashi permet d'écrire :

$$BC^2=AC^2+AB^2-2AC\times AB\times\cos\widehat{BAC}.$$

On a ainsi $26=20+10-2\times 2\sqrt{5}\times\sqrt{10}\times\cos\widehat{BAC}$, d'où :

$$\cos\widehat{BAC}=\frac{20+10-26}{2\times 2\sqrt{5}\times 10}=\frac{4}{20\sqrt{2}}=\frac{\sqrt{2}}{10}.$$

On retrouve, à la calculatrice une valeur, arrondie au centième de radian, de la mesure de l'angle $\widehat{BAC}$, d'où $\widehat{BAC}\approx 1{,}43$ radians.

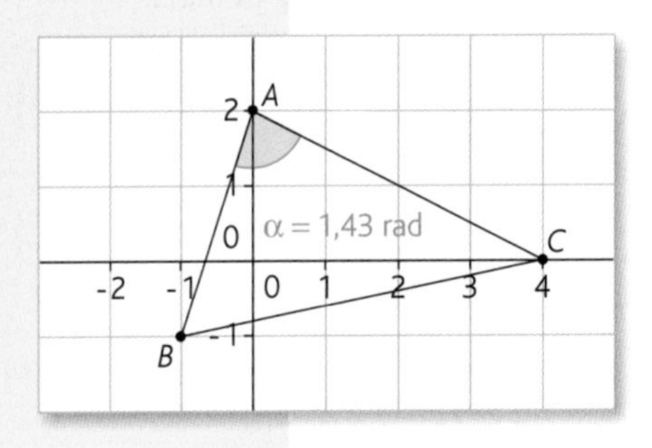

Entraînez-vous

Calculer, de la même manière, des valeurs arrondies au centième de radian des mesures des angles $\widehat{ABC}$ et $\widehat{ABC}$.

→ On trouve
$\widehat{ABC}\approx 1{,}05$ radians.
$\widehat{ACB}\approx 0{,}66$ radians.

test

QCM

Corrigés en fin de manuel

Dans les questions suivantes, déterminez la (ou les) bonnes(s) réponse(s). Plusieurs bonnes réponses sont possibles.

1. **Soit ABC un triangle tel que $AB = 5$, $AC = 6$ et $BC = 9$. Quelle est la valeur de $\overrightarrow{BA} \cdot \overrightarrow{BC}$?**

a. 0. b. 10. c. 35. d. 46.

2. **On munit le plan d'un repère orthonormé. On donne les points $A(1\,;0)$, $B(0\,;-2)$ et $C(4\,;4)$. Quelle est la valeur de $\overrightarrow{CA} \cdot \overrightarrow{CB}$?**

a. 24. b. 36. c. -36. d. -24.

3. **Pour quelle(s) valeur(s) du réel m les vecteurs $\vec{u}\begin{pmatrix} m \\ 3 \end{pmatrix}$ et $\vec{v}\begin{pmatrix} 3m \\ -4 \end{pmatrix}$ sont-ils orthogonaux ?**

a. -2. b. -1. c. 2. d. 3.

4. **Une équation de la droite de vecteur normal $\vec{n}\begin{pmatrix} -4 \\ 2 \end{pmatrix}$ passant par l'origine du repère est :**

a. $-4x + 2y + 5 = 0$. b. $4x - 2y = 0$.
c. $y = 2x$. d. $y = -2x + 1$.

5. **On donne les points $A(-1\,;-1)$, $B(1\,;3)$ et $C(3\,;0)$. La droite perpendiculaire à la droite (AB) passant par le point C admet pour équation :**

a. $x + 2y - 3 = 0$. b. $y = -\frac{1}{2}x + \frac{3}{2}$.
c. $2x + 4y = 7$. d. $y = -2x + 3$.

6. **Un vecteur normal à la droite d'équation $y = -2x + 3$ est :**

a. $\vec{n}\begin{pmatrix} 2 \\ 1 \end{pmatrix}$. b. $\vec{n}\begin{pmatrix} 2 \\ -1 \end{pmatrix}$.
c. $\vec{n}\begin{pmatrix} -2 \\ 1 \end{pmatrix}$. d. $\vec{n}\begin{pmatrix} -2 \\ -1 \end{pmatrix}$.

7. **Une équation du cercle de centre $\Omega(2\,;-1)$ et de rayon 3 est :**

a. $x^2 + y^2 - 4x + 2y - 4 = 0$.
b. $(x + 2)^2 + (y - 1)^2 = 9$.
c. $x^2 + y^2 + 4x - 2y - 4 = 0$.
d. $(x - 2)^2 + (y + 1)^2 = 9$.

8. **L'ensemble des points M du plan vérifiant la relation $x^2 + y^2 - 2x - 3 = 0$ est :**

a. un cercle de centre $\Omega(1\,;2)$ et de rayon 2.
b. un cercle de centre $\Omega(1\,;0)$ et de rayon 2.
c. une droite.
d. l'ensemble vide.

9. **Soit ABC un triangle équilatéral de côté 2. Quelle est la valeur de $\overrightarrow{AB} \cdot \overrightarrow{AC}$?**

a. 1. b. $\sqrt{3}$. c. 2. d. $2\sqrt{3}$.

10. **Soit $ABCD$ un rectangle de longueur $AB = 4$ et de largeur $AD = 3$. Le produit scalaire $\overrightarrow{BA} \cdot \overrightarrow{AC}$ vaut :**

a. 0. b. -12. c. -16. d. -9.

11. **Soit $ABCD$ un carré de centre O de côté 2. Quelle est la valeur de $\overrightarrow{AB} \cdot \overrightarrow{CO}$?**

a. -4. b. -2. c. 0. d. 1.

12. **Soit $\vec{u}$ et $\vec{v}$ deux vecteurs tels que $\|\vec{u}\| = 1$, $\|\vec{v}\| = 2$ et $\vec{u} \cdot \vec{v} = -1$. Une mesure de l'angle de vecteurs $(\vec{u}\,;\vec{v})$ peut être :**

a. $\frac{2\pi}{3}$. b. $\frac{-2\pi}{3}$. c. $\frac{-4\pi}{3}$. d. $\frac{\pi}{3}$.

13. **Soit ABC un triangle isocèle en A tel que $AB = 7$ et $BC = 4$.**
La longueur de la médiane issue de B est :

a. 3,5. b. 4. c. 4,5. d. 5.

14. **Soit A et B deux points du plan tels que $AB = 3$. L'ensemble des points M du plan vérifiant $MA^2 + MB^2 = 1$ est :**

a. une droite. b. un cercle.
c. un point. d. l'ensemble vide.

15. **Soit A et B deux points du plan tels que $AB = 3$. L'ensemble des points M du plan vérifiant $\overrightarrow{MA} \cdot \overrightarrow{MB} = 0$ est :**

a. une droite. b. un cercle.
c. un point. d. l'ensemble vide.

16. **Soit A et B deux points du plan tels que $AB = 3$. L'ensemble des points M du plan vérifiant $\overrightarrow{AB} \cdot \overrightarrow{AM} = 1$ est :**

a. une droite. b. un cercle.
c. un point. d. l'ensemble vide.

vrai ou faux ? Corrigés en fin de manuel

Indiquer si les propositions suivantes sont vraies ou fausses.

17. Le produit scalaire de deux vecteurs est un vecteur.

18. Le carré scalaire d'un vecteur est toujours positif ou nul.

19. Le produit scalaire de deux vecteurs est nul si, et seulement si, un des deux vecteurs est nul.

20. Le produit scalaire de deux vecteurs orthogonaux est le vecteur nul.

***Dans les questions 21 à 26**, ABCD est un carré de centre O et de côté 1. Le point I est le milieu du segment [AB].*

21. Le produit scalaire $\overrightarrow{AB} \cdot \overrightarrow{AC}$ est égal à 1.

22. Le produit scalaire $\overrightarrow{IO} \cdot \overrightarrow{CB}$ est égal à $\frac{1}{2}$.

23. Le produit scalaire $\overrightarrow{IO} \cdot \overrightarrow{DC}$ est égal à 0.

24. Le produit scalaire $\overrightarrow{OA} \cdot \overrightarrow{OC}$ est égal à -1.

25. Le produit scalaire $\overrightarrow{OB} \cdot \overrightarrow{DA}$ est égal à $\frac{1}{2}$.

26. Le produit scalaire $\overrightarrow{IA} \cdot \overrightarrow{IC}$ est égal à $\frac{1}{4}$.

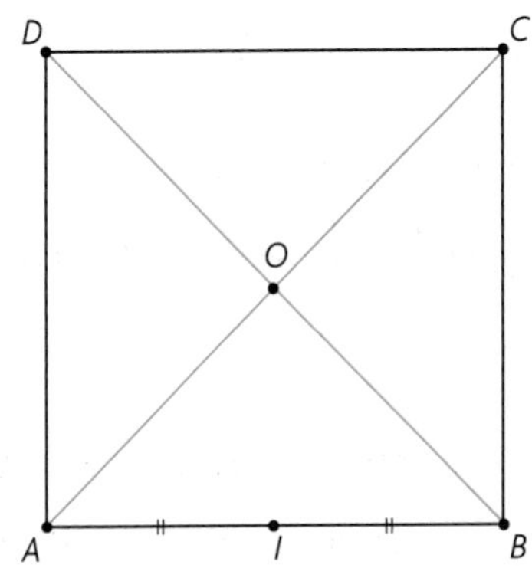

***Dans les questions 27 à 32**, le plan est muni d'un repère orthonormé. On donne les points $A(-2\ ;\ 3)$, $B(6\ ;-1)$, $C(-1\ ;-4)$ et $D(-2\ ;-1)$.*

27. Le point C appartient à la médiatrice du segment $[AB]$.

28. Le point D appartient au cercle de diamètre $[AB]$.

29. Un vecteur normal à la droite (BC) est le vecteur $\vec{n}\begin{pmatrix}1\\-2\end{pmatrix}$.

30. La perpendiculaire à la droite (AB) passant par le point D a pour équation $y = 2x + 3$.

31. La droite (CD) est tangente au cercle de diamètre $[AB]$.

32. L'angle $\widehat{BAD}$ a pour mesure $\frac{\pi}{3}$ radians.

***Dans les questions 33 à 38**, ABC est un triangle isocèle en A tel que $AB = 5$ et $BC = 6$. Soit I le milieu de [AB].*

33. Le produit scalaire $\overrightarrow{BC} \cdot \overrightarrow{BA}$ est égal à -18.

34. Le produit scalaire $\overrightarrow{BC} \cdot \overrightarrow{BI}$ est égal à 9.

35. Le produit scalaire $\overrightarrow{AB} \cdot \overrightarrow{AC}$ est égal à 7.

36. Le cosinus de l'angle $\widehat{BAC}$ vaut 0,3.

37. La longueur de la médiane $[CI]$ vaut $CI = 5$.

38. L'ensemble des points M du plan tels que $MA^2 + MB^2 = 8$ est un cercle de centre I.

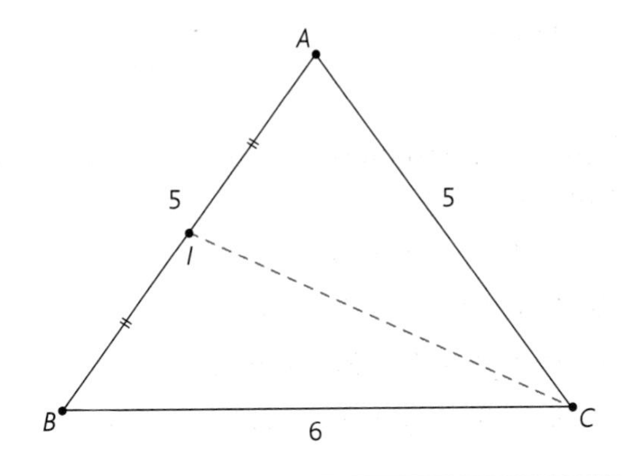

exercices

1. Calculer un produit scalaire

pour s'échauffer

***Pour les exercices** 39 **à** 41, calculer les produits scalaires* $\overrightarrow{AB} \cdot \overrightarrow{AC}$ *et* $\overrightarrow{BA} \cdot \overrightarrow{BC}$ *dans chacun des deux cas.*

39. corrigé

1. **2.**

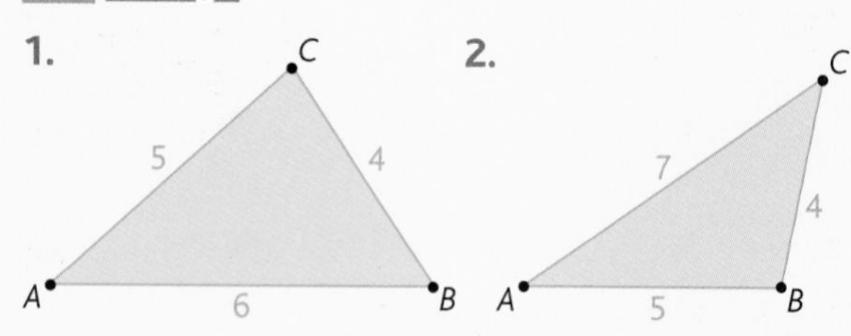

40.

1.

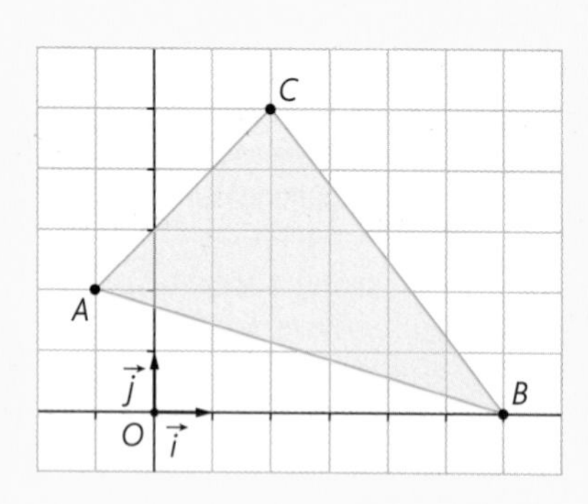

2.

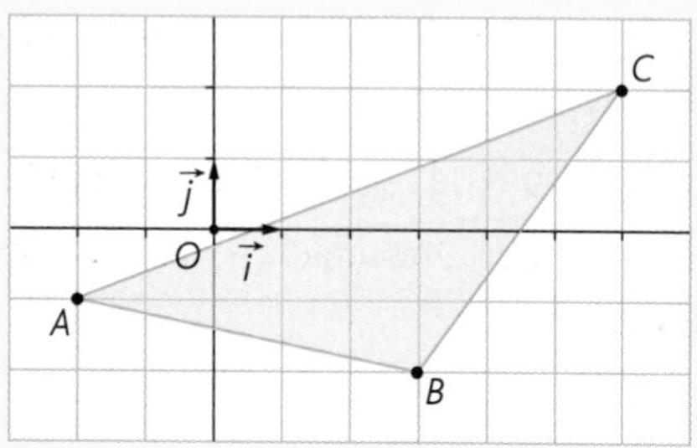

41. corrigé

1.

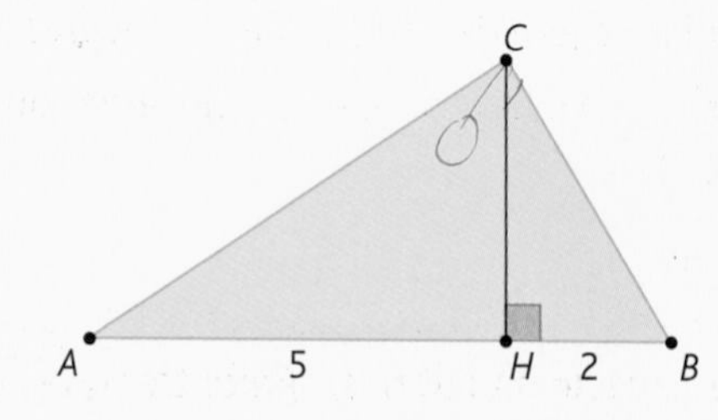

2.

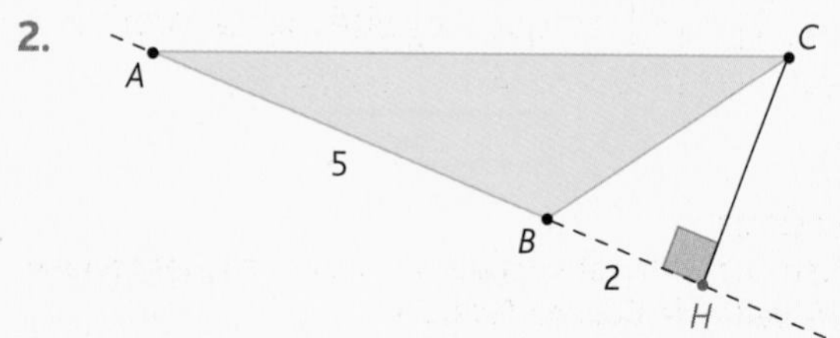

42.

Dans chaque cas, calculer le produit scalaire $\vec{u} \cdot \vec{v}$:

1. $\vec{u}\begin{pmatrix} 3 \\ -2 \end{pmatrix}$ et $\vec{v}\begin{pmatrix} -5 \\ 1 \end{pmatrix}$.

2. $\vec{u}\begin{pmatrix} -1 \\ -1 \end{pmatrix}$ et $\vec{v}\begin{pmatrix} 7 \\ 0 \end{pmatrix}$.

3. $\vec{u}\begin{pmatrix} 5 \\ -3 \end{pmatrix}$ et $\vec{v}\begin{pmatrix} -6 \\ -10 \end{pmatrix}$.

43. corrigé

Calculer la valeur exacte du produit scalaire $\overrightarrow{AB} \cdot \overrightarrow{AC}$ dans chacun des deux cas suivants :

1.

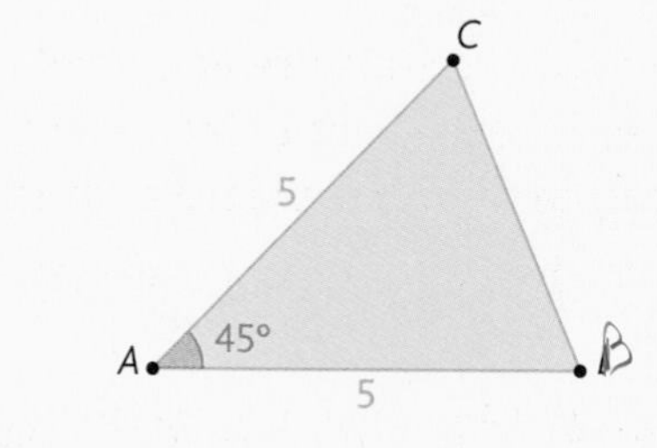

2.

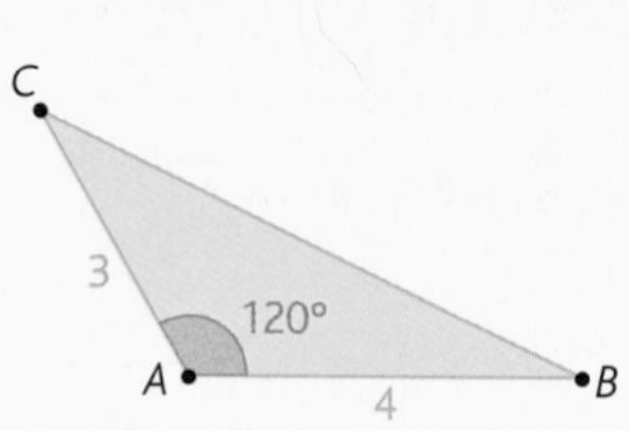

44. Soit ABC un triangle tel que $AB = 4$, $AC = 9$ et $BC = 6$. Calculer les produits scalaires $\overrightarrow{AB} \cdot \overrightarrow{AC}$, $\overrightarrow{BA} \cdot \overrightarrow{BC}$ et $\overrightarrow{CA} \cdot \overrightarrow{CB}$.

Aide

Utiliser la définition du cours.

45. Soit ABC un triangle isocèle en B tel que $AB = 4$ et $AC = 7$.

Calculer les produits scalaires $\overrightarrow{AB} \cdot \overrightarrow{AC}$, $\overrightarrow{BA} \cdot \overrightarrow{BC}$ et $\overrightarrow{CA} \cdot \overrightarrow{CB}$.

46. Soit ABC un triangle rectangle en B tel que $AB = 4$ et $AC = 7$.

1. Calculer la valeur exacte de la longueur BC.

2. Calculer les produits scalaires $\overrightarrow{AB} \cdot \overrightarrow{AC}$, $\overrightarrow{BA} \cdot \overrightarrow{BC}$ et $\overrightarrow{CA} \cdot \overrightarrow{CB}$.

47. Soit ABC un triangle équilatéral de côté a. Exprimer le produit scalaire $\overrightarrow{AB} \cdot \overrightarrow{AC}$ en fonction de a.

Dans les exercices 48 à 50, le plan est muni d'un repère orthonormé $(O\,;\vec{i},\vec{j})$.

48. Calculer le produit scalaire $\vec{u}\cdot\vec{v}$ dans chacun des cas suivants :

1. $\vec{u}\begin{pmatrix}2\\-3\end{pmatrix}$ et $\vec{v}\begin{pmatrix}-4\\-1\end{pmatrix}$.

2. $\vec{u}\begin{pmatrix}\frac{1}{3}\\6\end{pmatrix}$ et $\vec{v}\begin{pmatrix}\frac{3}{2}\\-\frac{1}{4}\end{pmatrix}$.

3. $\vec{u}\begin{pmatrix}\sqrt{2}\\-\sqrt{3}\end{pmatrix}$ et $\vec{v}\begin{pmatrix}2\sqrt{6}\\1\end{pmatrix}$.

4. $\vec{u}\begin{pmatrix}3-\sqrt{2}\\-\sqrt{3}\end{pmatrix}$ et $\vec{v}\begin{pmatrix}2\sqrt{2}-3\\-3\sqrt{6}\end{pmatrix}$.

49. **1.** Écrire sur une calculatrice un algorithme permettant, après avoir entré les coordonnées des vecteurs $\vec{u}$ et $\vec{v}$, de calculer le produit scalaire $\vec{u}\cdot\vec{v}$.

2. Exécuter ce programme pour calculer le produit scalaire $\vec{u}\cdot\vec{v}$:

a. $\vec{u}\begin{pmatrix}-5\\2\end{pmatrix}$ et $\vec{v}\begin{pmatrix}-3\\-4\end{pmatrix}$.

b. $\vec{u}\begin{pmatrix}\frac{5}{2}\\-2\end{pmatrix}$ et $\vec{v}\begin{pmatrix}\frac{4}{3}\\\frac{5}{6}\end{pmatrix}$.

50. Calculer le produit scalaire $\overrightarrow{AB}\cdot\overrightarrow{AC}$ dans chacun des cas suivants :

1. $A(2\,;-1)$, $B(0\,;-5)$ et $C(7\,;-3)$.

2. $A(3\,;-3)$, $B(7\,;-5)$ et $C(4\,;-1)$.

3. $A\left(\frac{1}{3}\,;\frac{3}{4}\right)$, $B\left(2\,;-\frac{5}{4}\right)$ et $C\left(-1\,;\frac{7}{4}\right)$.

4. $A(\sqrt{2}\,;-1)$, $B(-1\,;\sqrt{2}\,;\sqrt{3})$ et $C(-1\,;2+\sqrt{3})$.

51. **corrigé** Soit ABC un triangle rectangle isocèle en A tel que $AB = AC = 1$. Soit I le milieu du segment $[BC]$ et J le point du plan défini par $\overrightarrow{BJ} = 2\overrightarrow{BC}$.

Calculer les produits scalaires suivants :

1. $\overrightarrow{AI}\cdot\overrightarrow{AC}$. **2.** $\overrightarrow{IB}\cdot\overrightarrow{BA}$.

3. $\overrightarrow{AJ}\cdot\overrightarrow{BC}$. **4.** $\overrightarrow{IJ}\cdot\overrightarrow{AC}$.

> **Méthode**
> Dessiner une figure et se placer dans le repère orthonormé $(A\,;\overrightarrow{AB},\overrightarrow{AC})$.

52. Soit $ABCD$ un carré de centre O et de côté 1 ; on appelle I le milieu du segment $[AB]$, J celui du segment $[BC]$ et K le point défini par $\overrightarrow{DK} = -\frac{1}{3}\overrightarrow{DC}$.

Calculer les produits scalaires suivants :

1. $\overrightarrow{AJ}\cdot\overrightarrow{AD}$. **2.** $\overrightarrow{OC}\cdot\overrightarrow{AK}$. **3.** $\overrightarrow{IJ}\cdot\overrightarrow{OD}$.

4. $\overrightarrow{ID}\cdot\overrightarrow{AB}$. **5.** $\overrightarrow{BK}\cdot\overrightarrow{DO}$. **6.** $\overrightarrow{CK}\cdot\overrightarrow{AI}$.

53. Soit $ABCD$ un rectangle de centre O de longueur $AB = 6$ et de largeur $AD = 4$; on appelle I le milieu du segment $[BC]$ et J le point défini par $\overrightarrow{AJ} = -\frac{1}{2}\overrightarrow{AB} + \frac{3}{2}\overrightarrow{AC}$.

Calculer les produits scalaires suivants :

1. $\overrightarrow{AO}\cdot\overrightarrow{BD}$. **2.** $\overrightarrow{OI}\cdot\overrightarrow{BC}$. **3.** $\overrightarrow{OA}\cdot\overrightarrow{OC}$.

4. $\overrightarrow{AJ}\cdot\overrightarrow{BO}$. **5.** $\overrightarrow{IA}\cdot\overrightarrow{AD}$. **6.** $\overrightarrow{CJ}\cdot\overrightarrow{DI}$.

> **Méthode**
> Se placer dans le repère orthonormé $\left(A\,;\frac{1}{6}\overrightarrow{AB},\frac{1}{4}\overrightarrow{AC}\right)$.

54. **corrigé** Dans chaque cas, calculer la valeur exacte du produit scalaire $\overrightarrow{AB}\cdot\overrightarrow{AC}$:

1. $AB = 5$, $AC = 2$ et $\widehat{BAC} = 30°$.

2. $AB = \frac{4}{3}$, $AC = 6$ et $\widehat{BAC} = 135°$.

3. $AB = \sqrt{2}$, $AC = 3\sqrt{2}$ et $\widehat{BAC} = \frac{2\pi}{3}$ radians.

4. $AB = 2\sqrt{3}$, $AC = 5$ et $\widehat{BAC} = \frac{\pi}{4}$ radians.

> **Méthode**
> Utiliser la formule du cosinus.

55. Soit ABC un triangle isocèle en tel A que $AB = 4$ et $\widehat{ABC} = 70°$.

1. Calculer la mesure de l'angle $\widehat{BAC}$ en degrés.

2. Calculer la valeur arrondie au dixième du produit scalaire $\overrightarrow{AB}\cdot\overrightarrow{AC}$.

56. Soit $ABCD$ un parallélogramme tel que $AB = 4$, $AD = 5$ et $\widehat{ABC} = 55°$.

1. Calculer la mesure de l'angle $\widehat{BAD}$ en degrés.

2. Calculer la valeur arrondie au dixième du produit scalaire $\overrightarrow{AB}\cdot\overrightarrow{AD}$.

57. Soit $\vec{u}$ et $\vec{v}$ deux vecteurs non nuls du plan. En utilisant la formule du cosinus, démontrer que l'on a : $|\vec{u}\cdot\vec{v}| \leqslant \|\vec{u}\|\times\|\vec{v}\|$ et que l'égalité ne se produit que lorsque les vecteurs $\vec{u}$ et $\vec{v}$ sont colinéaires.

> **À retenir**
> Cette inégalité est connue en mathématiques comme l'inégalité de *Cauchy-Schwarz*.

58. Calculer de tête le produit scalaire $\overrightarrow{AB} \cdot \overrightarrow{AC}$ dans chacun des cas suivants :

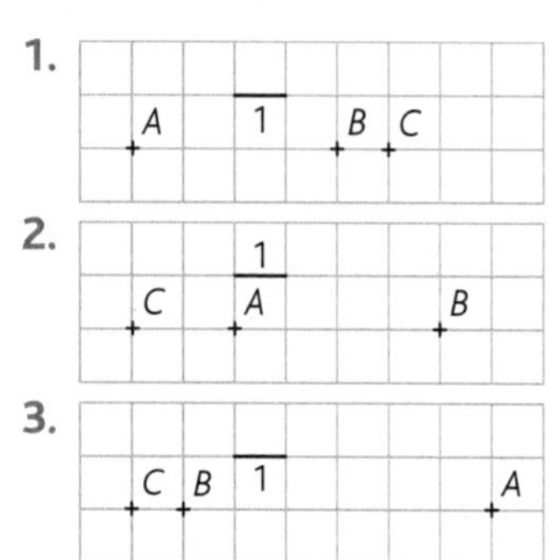

59. Calculer le produit scalaire $\overrightarrow{AB} \cdot \overrightarrow{AC}$ dans chacun des cas suivants :

1.

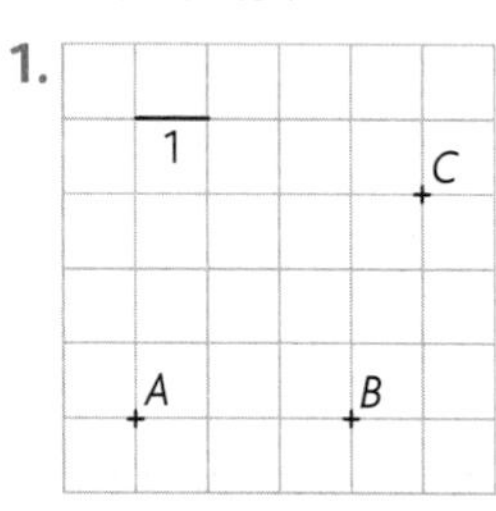

2.

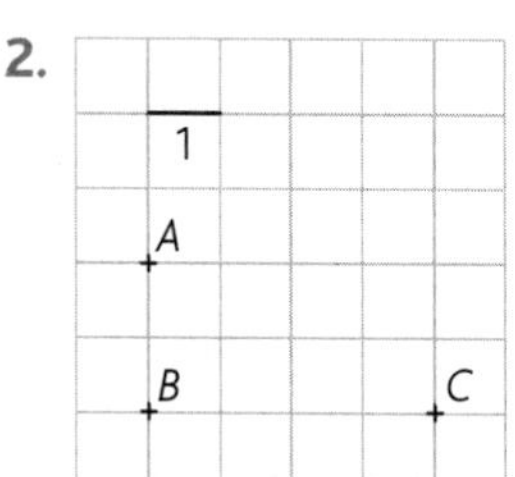

3.

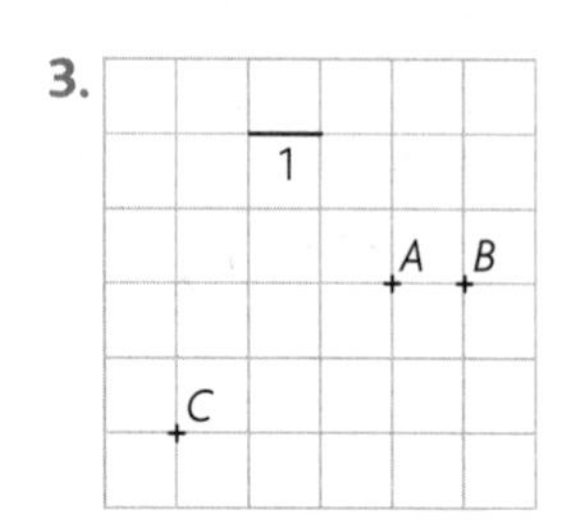

4.

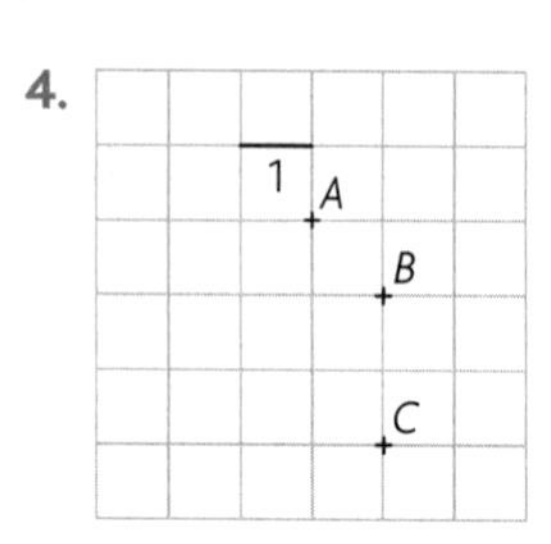

Méthode
Utiliser la formule avec les projetés orthogonaux.

Point histoire : le produit scalaire

Les géomètres du XIXe siècle, conscients des limites de la géométrie des coordonnées, inventée deux siècles plus tôt par ***Descartes***, se penchent sur des objets et des méthodes leur permettant d'aborder la géométrie d'une autre façon.
Parmi les routes qu'ils ont empruntées se trouve celle du calcul vectoriel. ***Hamilton*** en Irlande (voir ci-dessus), ***Grassmann*** en Allemagne, ***Gibbs*** aux États-Unis ou *Peano* en Italie construisent lentement la notion d'espace vectoriel et plus particulièrement celle de *produit scalaire* de deux vecteurs, qui est donc une *notion très récente* dans l'histoire des mathématiques.

60. Calculer de tête le produit scalaire $\overrightarrow{AB} \cdot \overrightarrow{CD}$ dans chacun des cas suivants :

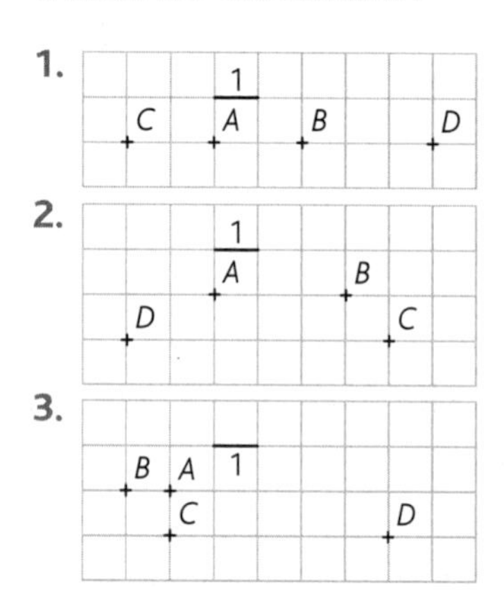

61. Calculer le produit scalaire $\overrightarrow{AB} \cdot \overrightarrow{CD}$ dans chacun des cas suivants :

1.

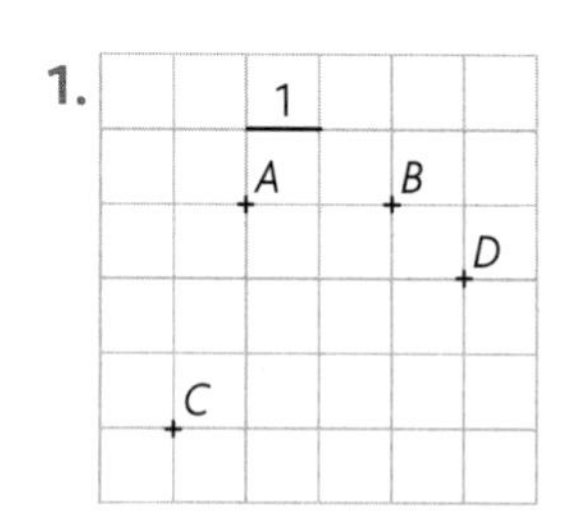

2.

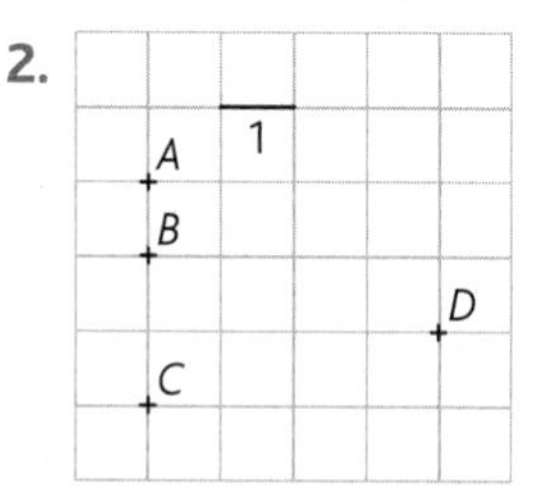

3.

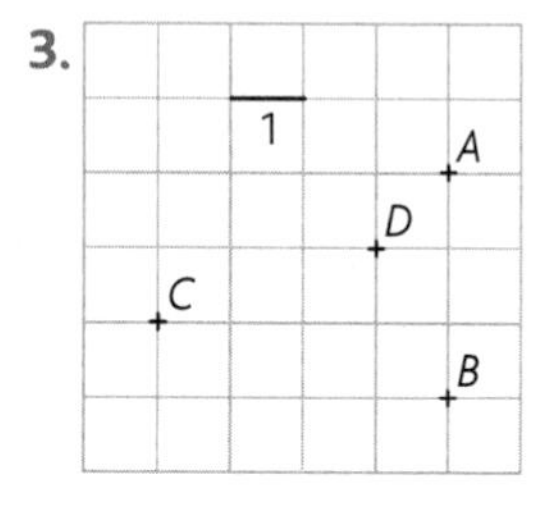

4.

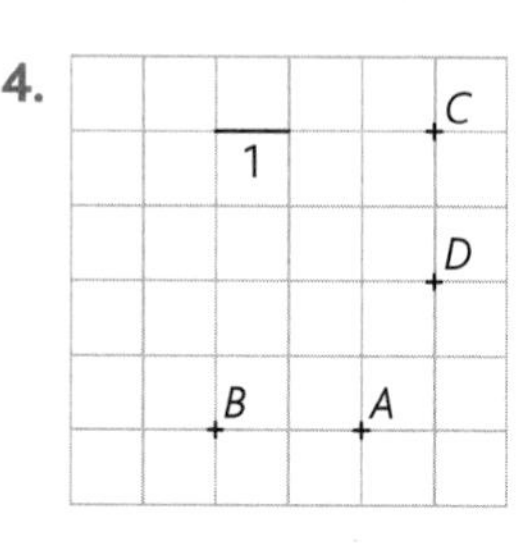

62. Soit *ABCD* un carré de centre *O* et de côté *a*.

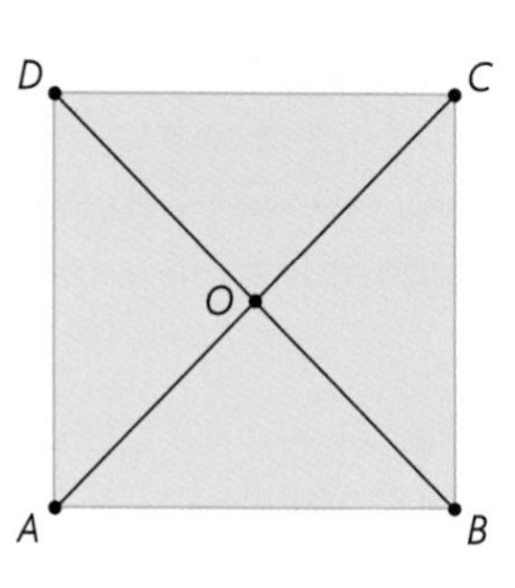

En utilisant la méthode la plus adaptée, exprimer en fonction de *a* les produits scalaires suivants :

1. $\overrightarrow{AB} \cdot \overrightarrow{AC}$. **2.** $\overrightarrow{BO} \cdot \overrightarrow{BA}$. **3.** $\overrightarrow{OB} \cdot \overrightarrow{OD}$.

4. $\overrightarrow{CB} \cdot \overrightarrow{DA}$. **5.** $\overrightarrow{CA} \cdot \overrightarrow{BC}$. **6.** $\overrightarrow{OB} \cdot \overrightarrow{DA}$.

63. Soit $ABCD$ un losange de centre O et de côté a tel que $\widehat{BAD} = 60°$.

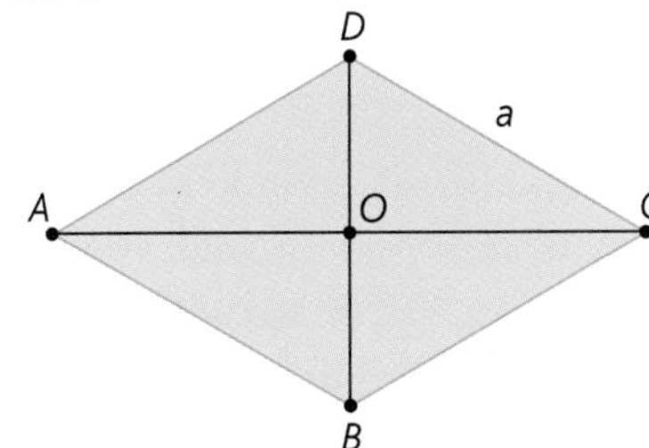

En utilisant la méthode la plus adaptée, exprimer en fonction de a les produits scalaires suivants :

1. $\overrightarrow{AB} \cdot \overrightarrow{AD}$. **2.** $\overrightarrow{BC} \cdot \overrightarrow{BA}$. **3.** $\overrightarrow{AB} \cdot \overrightarrow{AC}$.

4. $\overrightarrow{OB} \cdot \overrightarrow{OA}$. **5.** $\overrightarrow{DA} \cdot \overrightarrow{DB}$. **6.** $\overrightarrow{OA} \cdot \overrightarrow{CB}$.

> **AIDE**
> La hauteur d'un triangle équilatéral de côté a est $\frac{a\sqrt{3}}{2}$.

64. Dans chaque cas, calculer le produit scalaire $\overrightarrow{AB} \cdot \overrightarrow{AC}$ en choisissant la méthode la plus adaptée.

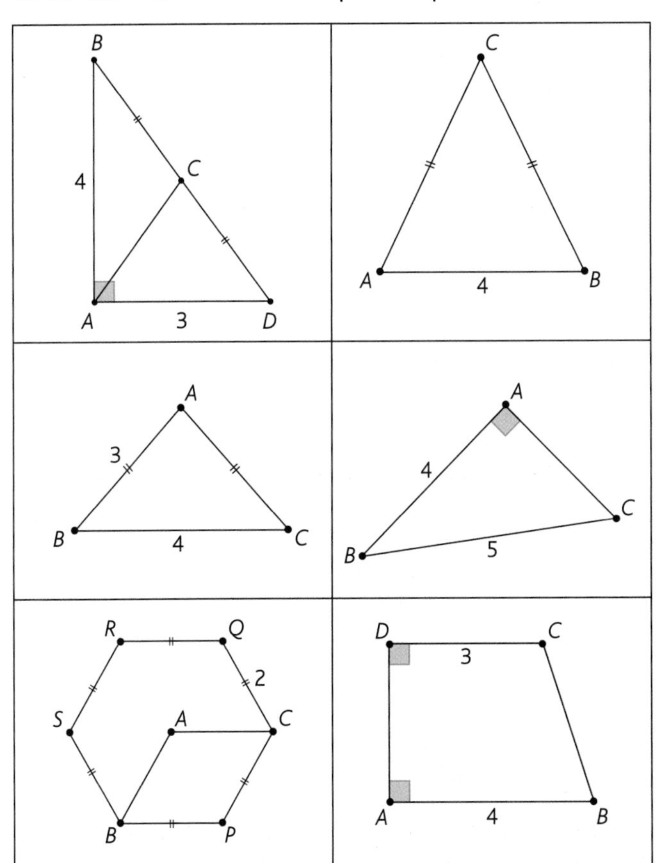

> **AIDE**
> On peut se reporter à l'exercice résolu 1, page 364.

2. Symétrie et bilinéarité

pour s'échauffer

Dans les exercices 65 à 69, $\vec{u}$ et $\vec{v}$ sont deux vecteurs du plan tels que $\|\vec{u}\| = 3$, $\|\vec{v}\| = 2$ et $\vec{u} \cdot \vec{v} = 1$.

65. corrigé Le produit scalaire $\vec{u}^2 = \vec{u} \cdot \vec{u}$ est égal à :

1. -9. **2.** 6. **3.** 0. **4.** 9.

66. Le produit scalaire $\vec{u} \cdot (-3\vec{v})$ est égal à :

1. -2. **2.** -3. **3.** -1. **4.** 1.

67. corrigé
Le produit scalaire $(-2\vec{v}) \cdot (4\vec{u})$ est égal à :

1. 8. **2.** -5. **3.** 0. **4.** -8.

68. Le produit scalaire $(\vec{u} + \vec{v}) \cdot (\vec{u} - \vec{v})$ est égal à :

1. 5. **2.** -5. **3.** 1. **4.** -1.

69. Le produit scalaire $(\vec{u} + \vec{v})^2$ est égal à :

1. 15. **2.** 13. **3.** 5. **4.** $\sqrt{15}$.

70. On considère deux vecteurs $\vec{u}$ et $\vec{v}$ du plan tels que $\|\vec{u}\| = 5$, $\|\vec{v}\| = 4$ et $\vec{u} \cdot \vec{v} = -8$. Calculer :

1. $2\vec{u} \cdot (-5\vec{v})$. **2.** $\vec{v} \cdot (\vec{u} - 2\vec{v})$.

3. $\|\vec{u} + \vec{v}\|$. **4.** $\|-\vec{u} + 5\vec{v}\|$.

71. On considère deux vecteurs $\vec{u}$ et $\vec{v}$ du plan tels que $\|\vec{u}\| = 3$, $\|\vec{v}\| = 4$ et $\|\vec{u} - \vec{v}\| = 3$. Calculer :

1. $\vec{u} \cdot \vec{v}$. **2.** $(\vec{v} - 2\vec{u})^2$.

3. $\|\vec{u} + \vec{v}\|$. **4.** $\|3\vec{v} - 2\vec{u}\|$.

72. On considère deux vecteurs $\vec{u}$ et $\vec{v}$ du plan tels que $\|\vec{u}\| = 5$, $\|\vec{v}\| = 2$ et $(\vec{u}\,;\vec{v}) = \frac{\pi}{6}$ radians.
Calculer les produits scalaires suivants :

1. $\vec{u} \cdot (-3\vec{v})$.

2. $\|\vec{u} + \vec{v}\|$.

3. $(\vec{v} - \vec{u}) \cdot (-3\vec{v})$.

73. $ABCD$ est un parallélogramme tel que $AB = 4$, $AD = 3$ et $\widehat{BAD} = 120°$.

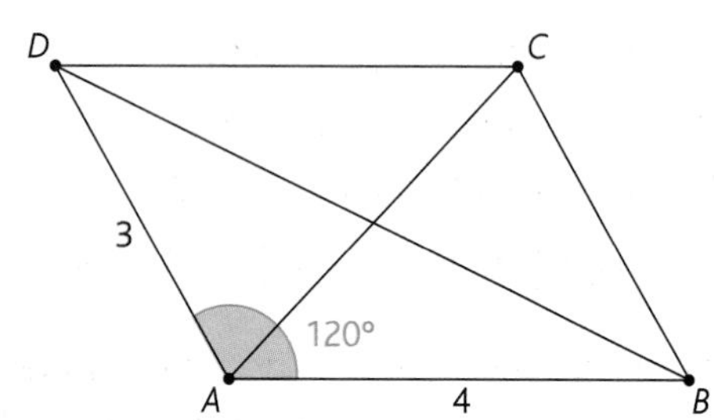

1. Calculer $\overrightarrow{AB} \cdot \overrightarrow{AD}$.

2. Calculer les longueurs des diagonales $[AC]$ et $[BD]$.

> **AIDE**
> Poser $\vec{u} = \overrightarrow{AB}$ et $\vec{v} = \overrightarrow{AD}$, et considérer les vecteurs $\vec{u} + \vec{v}$ et $\vec{u} - \vec{v}$.

74. Un solide est soumis à deux forces $\vec{F_1}$ et $\vec{F_2}$ d'intensités respectives de 200 et 300 Newtons.
L'angle entre les deux vecteurs représentant ces forces mesure 45°.

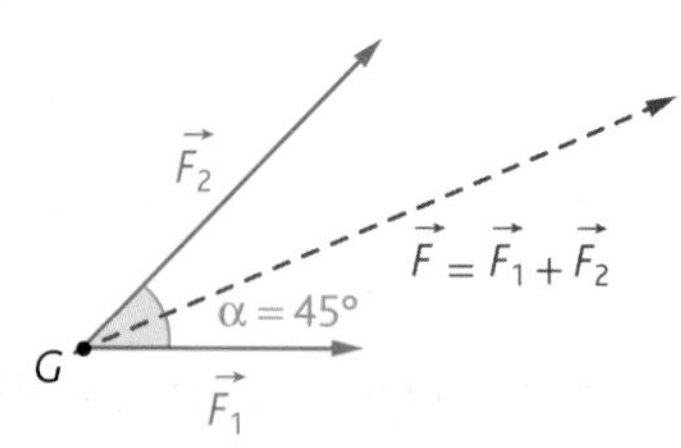

Calculer l'intensité de la force résultante $\vec{F} = \vec{F_1} + \vec{F_2}$.

75. Le plan est muni d'un repère orthonormé.
On considère les vecteurs $\vec{u}\begin{pmatrix}-2\\3\end{pmatrix}$ et $\vec{v}\begin{pmatrix}0\\4\end{pmatrix}$ du plan.

1. Calculer les normes $\|\vec{u}\|$, $\|\vec{v}\|$ et le produit scalaire $\vec{u} \cdot \vec{v}$.

2. Calculer la norme $\|\vec{u} + \vec{v}\|$ de deux manières différentes.

76. On considère deux vecteurs $\vec{u}$ et $\vec{v}$ du plan tels que $\|\vec{u}\| = 2$, $\|\vec{v}\| = 3$. Soit a un nombre réel.

1. Exprimer $(\vec{u} + a\vec{v})^2$ en fonction de a.

2. Pour quelle valeur de a, autre que 0, a-t-on : $\|\vec{u} + a\vec{v}\| = 2$?

77. Soit $\vec{u}$ et $\vec{v}$ deux vecteurs du plan tels que :

$$\|\vec{u}\| = \|\vec{v}\| = 2 \text{ et } \vec{u} \cdot \vec{v} = -1.$$

Pour quelle(s) valeur(s) de a a-t-on $\|\vec{u} + a\vec{v}\| = 4$?

78. Soit $\vec{u}$ et $\vec{v}$ deux vecteurs du plan tels que :

$$\|\vec{u}\| = \|\vec{v}\|.$$

Démontrer que $\|\vec{u} + 2\vec{v}\| = \|2\vec{u} + \vec{v}\|$.

3. Orthogonalité

pour s'échauffer

79. Soit $ABCD$ un carré de centre O.

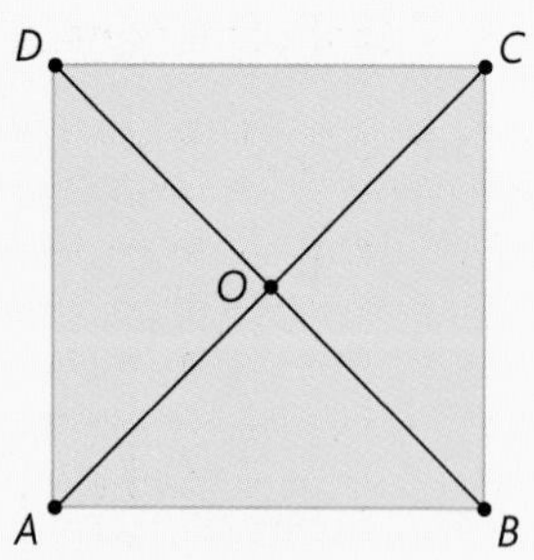

Citer cinq couples de vecteurs orthogonaux.

80. On munit le plan d'un repère orthonormé. Dans chaque cas, dire si les vecteurs $\vec{u}$ et $\vec{v}$ sont orthogonaux :

1. $\vec{u}\begin{pmatrix}-2\\1\end{pmatrix}$ et $\vec{v}\begin{pmatrix}0\\-1\end{pmatrix}$.

2. $\vec{u}\begin{pmatrix}3\\4\end{pmatrix}$ et $\vec{v}\begin{pmatrix}-4\\3\end{pmatrix}$.

3. $\vec{u}\begin{pmatrix}5\\-2\end{pmatrix}$ et $\vec{v}\begin{pmatrix}4\\10\end{pmatrix}$.

4. $\vec{u}\begin{pmatrix}-3\\2\end{pmatrix}$ et $\vec{v}\begin{pmatrix}-4\\6\end{pmatrix}$.

81. corrigé

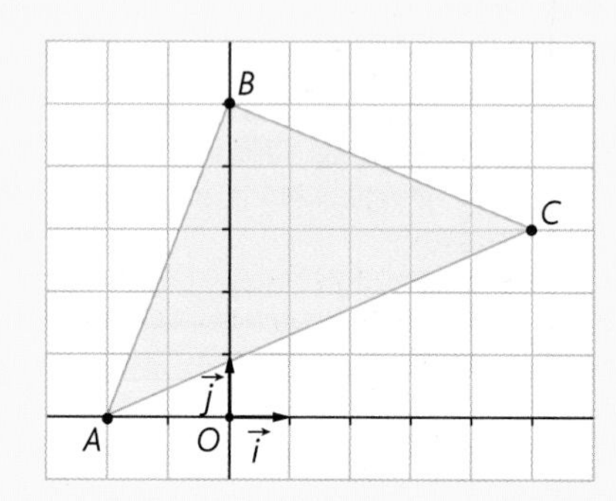

Lire les coordonnées des vecteurs $\overrightarrow{AB}$, $\overrightarrow{AC}$ et $\overrightarrow{BC}$.
Quelle est la nature du triangle ABC ?

82. Soit $\vec{u}$ et $\vec{v}$ deux vecteurs orthogonaux du plan tels que $\|\vec{u}\| = 2$ et $\|\vec{v}\| = 3$.

1. Calculer le produit scalaire $(\vec{u} + \vec{v}) \cdot (2\vec{u})$.

2. Calculer le produit scalaire $(2\vec{u} - \vec{v}) \cdot (\vec{u} - 3\vec{v})$.

3. Calculer la norme $\|\vec{u} + 2\vec{v}\|$.

4. Calculer la norme $\|3\vec{u} - 2\vec{v}\|$.

83. **1.** Soit $\vec{u}$ et $\vec{v}$ deux vecteurs non nuls orthogonaux du plan. Démontrer que $\|\vec{u} + \vec{v}\| = \|\vec{u} - \vec{v}\|$.

2. Retrouver, à partir du résultat précédent, une propriété bien connue des rectangles.

***Dans les exercices** 84 **à** 90, le plan est muni d'un repère orthonormé* $(O\,;\,\vec{i},\vec{j})$.

84. Dans chacun des cas suivants, dire si les vecteurs $\vec{u}$ et $\vec{v}$ sont orthogonaux :

1. $\vec{u}\begin{pmatrix}5\\-7\end{pmatrix}$ et $\vec{v}\begin{pmatrix}10\\7\end{pmatrix}$.

2. $\vec{u}\begin{pmatrix}\frac{3}{2}\\-1\end{pmatrix}$ et $\vec{v}\begin{pmatrix}\frac{4}{5}\\1\end{pmatrix}$.

3. $\vec{u}\begin{pmatrix}\sqrt{5}\\5\sqrt{2}\end{pmatrix}$ et $\vec{v}\begin{pmatrix}-\sqrt{10}\\1\end{pmatrix}$.

4. $\vec{u}\begin{pmatrix}1-2\sqrt{2}\\1+\sqrt{2}\end{pmatrix}$ et $\vec{v}\begin{pmatrix}\sqrt{2}-1\\-11+8\sqrt{2}\end{pmatrix}$.

85. **1.** Expliquer l'objectif de cet algorithme réalisé avec le logiciel *Algobox*.

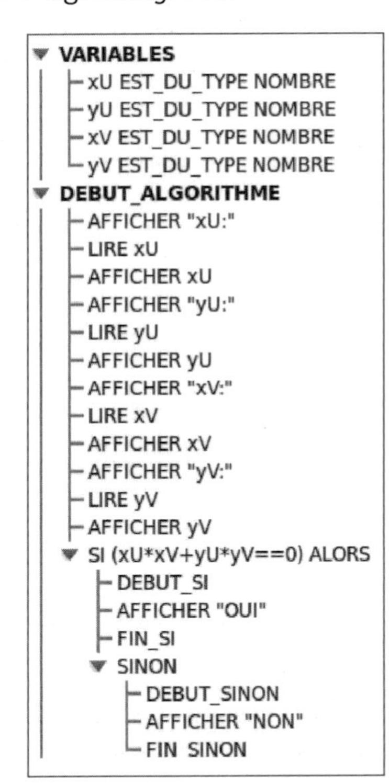

```
▼ VARIABLES
  ├ xU EST_DU_TYPE NOMBRE
  ├ yU EST_DU_TYPE NOMBRE
  ├ xV EST_DU_TYPE NOMBRE
  └ yV EST_DU_TYPE NOMBRE
▼ DEBUT_ALGORITHME
  ├ AFFICHER "xU:"
  ├ LIRE xU
  ├ AFFICHER xU
  ├ AFFICHER "yU:"
  ├ LIRE yU
  ├ AFFICHER yU
  ├ AFFICHER "xV:"
  ├ LIRE xV
  ├ AFFICHER xV
  ├ AFFICHER "yV:"
  ├ LIRE yV
  ├ AFFICHER yV
  ▼ SI (xU*xV+yU*yV==0) ALORS
     ├ DEBUT_SI
     ├ AFFICHER "OUI"
     ├ FIN_SI
     ▼ SINON
        ├ DEBUT_SINON
        ├ AFFICHER "NON"
        └ FIN_SINON
```

2. Reproduire cet algorithme sur *Algobox* ou écrire le programme correspondant sur une calculatrice, puis exécuter ce programme pour les vecteurs suivants :

• $\vec{u}\begin{pmatrix}\sqrt{5}\\-3\end{pmatrix}$ et $\vec{v}\begin{pmatrix}3-6\sqrt{5}\\\sqrt{5}-10\end{pmatrix}$.

• $\vec{u}\begin{pmatrix}15\,43\,687\,942\\-2\,105\,106\,217\end{pmatrix}$ et $\vec{v}\begin{pmatrix}256\,874\,135\\188\,367\,457\end{pmatrix}$.

Que penser du résultat donné par la calculatrice ou *Algobox* dans le second cas ?

86. Dans chacun des cas suivants, déterminer si les droites (AB) et (CD) sont orthogonales :

1. $A(3\,;-1)$, $B(-2\,;1)$, $C(0\,;5)$ et $D(2\,;10)$.

2. $A(\sqrt{3}\,;3)$, $B(-1\,;2\sqrt{3})$, $C(0\,;0)$ et $D(2\,;1)$.

87. Dans chacun des cas suivants, déterminer si le triangle ABC est rectangle :

1. $A(4\,;1)$, $B(-2\,;0)$ et $C(-1\,;-6)$.

2. $A(1\,;4)$, $B(5\,;-2)$ et $C(-1\,;-1)$.

3. $A(2\sqrt{2}\,;2)$, $B(0\,;4)$ et $C(-\sqrt{2}\,;0)$.

4. $A(\sqrt{3}\,;-1)$, $B(2\sqrt{3}\,;5)$ et $C(-4\sqrt{3}\,;8)$.

88. Dans chacun des cas suivants, déterminer la (les) valeur(s) du réel m, s'il en existe, pour la(les)quelle(s) les vecteurs $\vec{u}$ et $\vec{v}$ sont orthogonaux.

1. $\vec{u}\begin{pmatrix}m\\-1\end{pmatrix}$ et $\vec{v}\begin{pmatrix}-2\\3\end{pmatrix}$.

2. $\vec{u}\begin{pmatrix}3\\-1\end{pmatrix}$ et $\vec{v}\begin{pmatrix}m\\-2m+1\end{pmatrix}$.

3. $\vec{u}\begin{pmatrix}m\\6\end{pmatrix}$ et $\vec{v}\begin{pmatrix}2m\\3\end{pmatrix}$.

4. $\vec{u}\begin{pmatrix}m\\2\end{pmatrix}$ et $\vec{v}\begin{pmatrix}m-1\\-6\end{pmatrix}$.

89. Soit $\vec{u}\begin{pmatrix}a\\b\end{pmatrix}$ un vecteur non nul du plan.

Démontrer qu'un vecteur orthogonal à $\vec{u}$ et de même norme est donné par $\vec{v}\begin{pmatrix}-b\\a\end{pmatrix}$.

90. Déterminer les vecteurs unitaires orthogonaux au vecteur $\vec{u}\begin{pmatrix}-4\\3\end{pmatrix}$.

Rappel

Un vecteur unitaire est un vecteur de norme 1.

91. Soit $ABCD$ un rectangle de longueur $AB = 10$ et de largeur $AD = 3$.

Soit M un point du segment $[AB]$ tel que $AM = x$ avec $0 < x < 10$.

1. Démontrer que l'on a $\overrightarrow{DM}\cdot\overrightarrow{AC} = 10x - 9$.

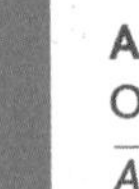

Aide

On pourra décomposer $\overrightarrow{DM}$ en $\overrightarrow{DA}+\overrightarrow{AM}$ et $\overrightarrow{AC}$ en $\overrightarrow{AB}+\overrightarrow{BC}$.

2. Pour quelle valeur de x les droites (DM) et (AC) sont-elles orthogonales ?

3. Démontrer que $\overrightarrow{MD}\cdot\overrightarrow{MC} = x^2 - 10x + 9$.

4. Pour quelle(s) valeur(s) de x, le triangle DMC est-il rectangle en M ?

92. Soit ABC un triangle.

1. Démontrer que, pour tout point M du plan, on a :

$$\overrightarrow{AM}\cdot\overrightarrow{BC}+\overrightarrow{BM}\cdot\overrightarrow{CA}+\overrightarrow{CM}\cdot\overrightarrow{AB} = 0.$$

2. Soit H le point d'intersection des hauteurs du triangle ABC issues de A et de B.

Démontrer à l'aide de la formule du **1.** que la troisième hauteur passe aussi par le point H.

93. Relations métriques dans le triangle rectangle

Soit ABC un triangle et soit H le projeté orthogonal du point A sur la droite (BC).

1. Démontrer que le triangle ABC est rectangle en A si, et seulement si, $\overrightarrow{BA} = \overrightarrow{BH} \cdot \overrightarrow{BC}$. Demo

> **AIDE**
> Il s'agit ici de démontrer une équivalence, on peut se reporter page 276.

2. Démontrer que le triangle ABC est rectangle en A si, et seulement si, $AH^2 = -\overrightarrow{HB} \cdot \overrightarrow{HC}$.

94. Soit ABC un triangle rectangle en A, soit H le projeté orthogonal du point A sur la droite (BC) et soit I le milieu du segment $[BC]$. Soit K et L les projetés orthogonaux du point H sur les droites (AB) et (AC) respectivement.

1. Dessiner une figure.

2. Démontrer que :

$$\overrightarrow{AB} \cdot \overrightarrow{AK} = \overrightarrow{AB} \cdot \overrightarrow{AH} \quad \text{et} \quad \overrightarrow{AC} \cdot \overrightarrow{AL} = \overrightarrow{AC} \cdot \overrightarrow{AH}.$$

3. Exprimer le vecteur $\overrightarrow{AI}$ en fonction de $\overrightarrow{AB}$ et de $\overrightarrow{AC}$.

4. Démontrer que les droites (AI) et (KL) sont orthogonales.

95. Soit ABC un triangle quelconque, ADB et ACE deux triangles rectangles isocèles en A construits à l'extérieur du triangle ABC. Logiciel

Partie 1 : Avec *Geogebra*

1. Réaliser la figure avec *Geogebra*.

> **AIDE**
> Utiliser l'outil *Rotation* pour construire D et E.

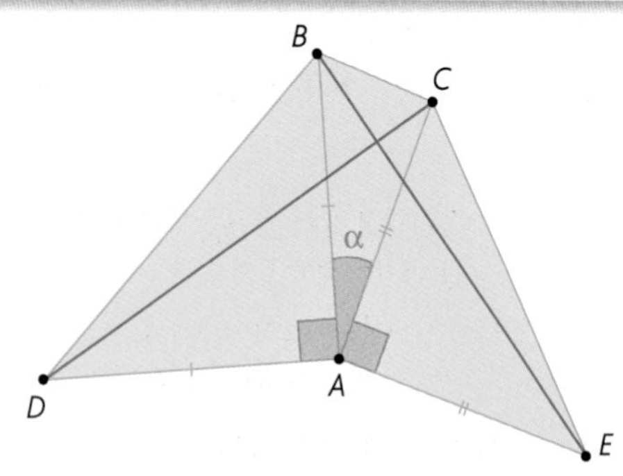

2. Faire varier la position des points A, B et C. Que peut-on dire des segments $[CD]$ et $[BE]$?

Partie 2 : Sur une feuille

1. Démontrer que $\overrightarrow{AE} \cdot \overrightarrow{AB} = \overrightarrow{AC} \cdot \overrightarrow{AD}$.

2. En déduire que $CD = BE$.

3. Démontrer que $\overrightarrow{AB} \cdot \overrightarrow{AC} = -\overrightarrow{AD} \cdot \overrightarrow{AE}$.

4. En déduire que les droites (CD) et (BE) sont orthogonales.

4. Géométrie analytique

pour s'échauffer

96. Sans aucun calcul, déterminer les coordonnées d'un vecteur normal à chacune des droites tracées dans le repère orthonormé ci-dessous :

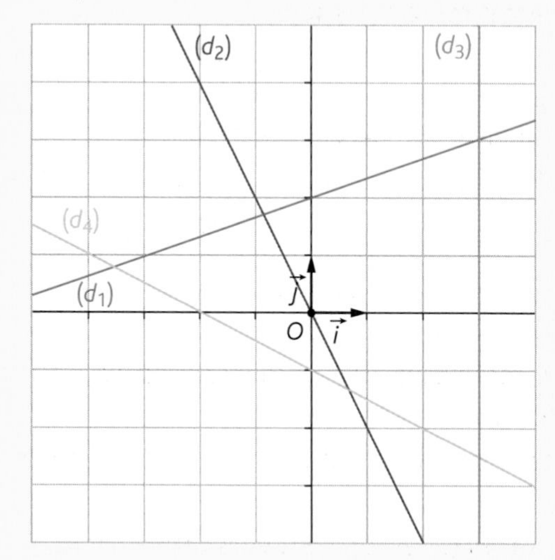

97. corrigé Déterminer l'équation cartésienne de chacun des cercles ci-dessous sous la forme :

$$(x - a)^2 + (y - b)^2 = R^2.$$

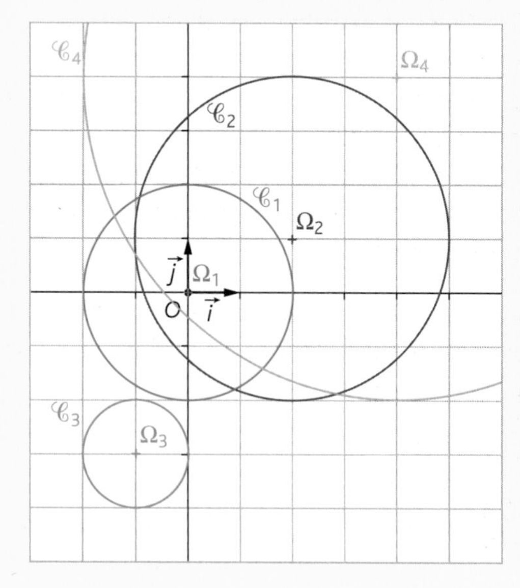

98. 1. Déterminer trois vecteurs distincts et normaux à la droite (d_1) d'équation $x + 3y - 5 = 0$.

2. Déterminer trois vecteurs distincts et normaux à la (d_2) d'équation $y = -2x + 1$.

99. Soit (d) la droite d'équation $2x - 5y + 1 = 0$ et (d') la droite d'équation $8x + 3y = 0$.

1. Tracer ces deux droites dans un repère orthonormé d'unité 1 cm.

2. Déterminer un vecteur normal à chacune de ces deux droites.

3. Les droites (d) et (d') sont-elles orthogonales ?

100. Soit (d) et (d') deux droites dont les équations cartésiennes respectives sont :

$$ax + by + c = 0 \quad \text{et} \quad a'x + b'y + c' = 0.$$

1. Démontrer que les droites (d) et (d') sont orthogonales si, et seulement si, $aa' + bb' = 0$.

2. ***Application :*** Les droites d'équations $2x - 3y = 0$ et $4x + 3y - 1 = 0$ sont-elles orthogonales ?

101. Soit (d) la droite d'équation $y = -4x + 2$ et (d') la droite d'équation $y = 0{,}25x$.

1. Tracer ces deux droites dans un repère orthonormé d'unité 1 cm.

2. Déterminer un vecteur normal à chacune de ces deux droites.

3. Les droites (d) et (d') sont-elles orthogonales ?

102. Soit (d) et (d') deux droites non parallèles aux axes de coordonnées. On note $y = mx + p$ l'équation de la droite (d) et $y = m'x + p'$ celle de la droite (d').

1. Déterminer les coordonnées d'un vecteur normal à chacune de ces deux droites.

2. Démontrer que les droites (d) et (d') sont orthogonales si, et seulement si, $mm' = -1$.

3. ***Application :*** Déterminer l'équation réduite de la droite perpendiculaire à la droite (d) d'équation $y = \frac{1}{3}x - 5$ et passant par le point $A(-1\,;2)$.

103. **corrigé** Dans chacun des cas suivants déterminer une équation cartésienne de la droite (d) de vecteur normal $\vec{n}$ passant par le point A :

1. $\vec{n}\begin{pmatrix}2\\3\end{pmatrix}$ et $A(-1\,;2)$.

2. $\vec{n}\begin{pmatrix}-1\\5\end{pmatrix}$ et $A(-3\,;0)$.

3. $\vec{n}\begin{pmatrix}0\\-1\end{pmatrix}$ et $A(4\,;9)$.

4. $\vec{n}\begin{pmatrix}\frac{2}{3}\\-\frac{1}{3}\end{pmatrix}$ et $A(3\,;-4)$.

104. Dans chacun des cas suivants, déterminer une équation cartésienne de la droite perpendiculaire à la droite (AB) passant par le point C :

1. $A(2\,;-1)$, $B(0\,;-5)$ et $C(3\,;3)$.

2. $A(3\,;7)$, $B(1\,;4)$ et $C(-3\,;-2)$.

3. $A(5\,;-2)$, $B(-7\,;0)$ et $C(-1\,;-1)$.

105. *Le but de l'exercice est de déterminer une équation cartésienne de la médiatrice d'un segment par deux méthodes différentes.*

Méthode 1 : à partir d'un point et d'un vecteur normal ;

Méthode 2 : grâce à la caractérisation $MA = MB$.

On donne les points $A(2\,;-4)$ et $B(5\,;0)$.

On note (m) la médiatrice du segment $[AB]$.

A. Méthode 1

1. Déterminer les coordonnées du point I milieu du segment $[AB]$.

2. Déterminer un vecteur normal à la droite (m).

3. En déduire une équation cartésienne de la droite (m).

B. Méthode 2

1. Démontrer l'équivalence : **Demo**

$$M(x\,;y) \in (m) \Leftrightarrow MA^2 = MB^2.$$

2. En déduire une équation cartésienne de la droite (m).

106. On donne $A(5\,;2)$, $B(-7\,;-1)$ et $C(0\,;-2)$.

1. Déterminer une équation cartésienne de la droite perpendiculaire à la droite (AB) passant par le point A.

2. Déterminer une équation cartésienne de la hauteur issue de A dans le triangle ABC.

3. Calculer les coordonnées du point I milieu du segment $[AC]$, puis déterminer une équation cartésienne de la médiatrice du segment $[AC]$.

107. On donne les points $A(3\,;3)$, $B(3\,;-1)$ et $C(-1\,;5)$.

1. Donner une équation cartésienne de la hauteur du triangle ABC issue du point A.

2. Donner une équation cartésienne de la hauteur du triangle ABC issue du point B.

3. En déduire les coordonnées de l'orthocentre H du triangle ABC.

108. **1.** Déterminer une équation cartésienne du cercle $\mathscr{C}_1$ de centre $\Omega_1(-1\,;3)$ et de rayon $\sqrt{2}$.

2. Déterminer une équation cartésienne du cercle $\mathscr{C}_2$ de centre $\Omega_2(2\,;-3)$ passant par le point $A(0\,;2)$.

3. Déterminer une équation cartésienne du cercle $\mathscr{C}_3$ de diamètre $[CD]$, avec $C(4\,;4)$ et $D(-1\,;-2)$.

4. Déterminer une équation cartésienne du cercle $\mathscr{C}_4$ de diamètre $[EF]$, avec $E(0\,;-1)$ et $F(4\,;0)$.

109. On donne les points $A(-5\,;2)$, $B(-3\,;-1)$ et $C(1\,;6)$.

1. Démontrer que le triangle ABC est rectangle en A.

2. Déterminer une équation cartésienne du cercle circonscrit au triangle ABC.

110. On donne les points $A(-1 ; 0)$, $B(3 ; -4)$ et $C(4 ; 8)$.

1. Déterminer une équation cartésienne de la médiatrice (m_1) du segment $[AB]$.

2. Déterminer une équation cartésienne de la médiatrice (m_2) du segment $[BC]$.

3. Déduire de **1.** et de **2.** les coordonnées du centre du cercle $\mathscr{C}$ circonscrit au cercle ABC, et calculer le rayon de ce cercle.

4. Déterminer une équation cartésienne du cercle $\mathscr{C}$.

111. Soit les points $A(5 ; 7)$ et $B(-3 ; 1)$.

1. Déterminer une équation cartésienne du cercle de centre A passant par le point B.

2. Déterminer une équation cartésienne de la tangente à ce cercle au point B.

112. 1. Déterminer une équation cartésienne du cercle $\mathscr{C}$ de diamètre $[AB]$, avec $A(0 ; -1)$ et $B(4 ; 3)$.

2. Démontrer que le point $E(0 ; 3)$ appartient à ce cercle.

3. Déterminer une équation de la tangente au cercle $\mathscr{C}$ au point E.

113. 1. Démontrer que l'ensemble des points $M(x ; y)$ du plan dont les coordonnées vérifient l'équation $x^2 + y^2 - 2x + 4y - 4 = 0$ est un cercle, dont on donnera les éléments caractéristiques.

2. Déterminer la nature et les éléments caractéristiques de l'ensemble des points $M(x ; y)$ du plan dont les coordonnées vérifient l'équation :

$$x^2 + y^2 + x - 6y + \frac{1}{4} = 0.$$

> **Aide**
> On peut se reporter à l'exercice résolu 4, page 367.

114. 1. Déterminer l'ensemble des points $M(x ; y)$ du plan dont les coordonnées vérifient l'équation :

$$x^2 + y^2 - 8x + 4y + 25 = 0.$$

2. Déterminer l'ensemble des points $M(x ; y)$ du plan dont les coordonnées vérifient l'équation :

$$x^2 + y^2 - 4x + 4 = 0.$$

115. *Logiciel* **1.** Ouvrir une nouvelle feuille de travail *Geogebra*, en affichant les axes et la grille, et en ouvrant la fenêtre ***Algèbre***.

2. Définir trois curseurs a, b et c de type *nombre* compris entre -5 et 5.

3. Dans la zone de saisie écrire `E :x²+y²+a*x+b*y+c=0`.

4. En donnant les valeurs adéquates aux curseurs a, b et c, et à l'aide de la fenêtre ***Algèbre***, déterminer la nature et (le cas échéant) les éléments caractéristiques de l'ensemble E dans les cas suivants :

- $a = -2$, $b = 3$, $c = 0$.
- $a = 2$, $b = 0$, $c = 1$.
- $a = 3$, $b = -1$, $c = -5$.

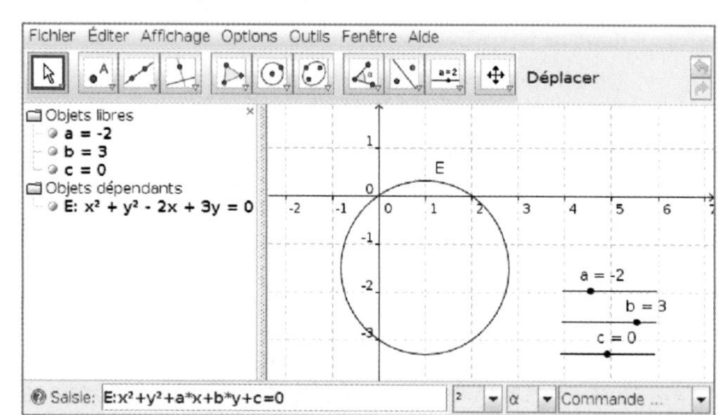

116. *Logiciel* Soit a, b et c trois réels, soit $\mathcal{E}$ l'ensemble des points $M(x ; y)$ du plan dont les coordonnées vérifient l'équation :

$$x^2 + y^2 + ax + by + c = 0.$$

1. À quelle condition sur les réels a, b et c peut-on affirmer que l'ensemble $\mathcal{E}$ est un cercle ?

2. Écrire avec *Algobox* un algorithme qui, après saisie des trois nombres a, b et c, affiche la nature et les éléments caractéristiques de l'ensemble $\mathcal{E}$.

> **Attention**
> Trois cas sont à envisager. On pourra utiliser deux boucles Si... alors... Sinon imbriquées.

3. Tester cet algorithme avec les valeurs suivantes : $a = 2$, $b = -10$ et $c = 22$ puis $a = -6$, $b = 0$ et $c = 12$.

117. Dans chaque cas, déterminer les éventuels points d'intersection du cercle $\mathscr{C}$ avec les axes de coordonnées.

1. Le cercle $\mathscr{C}$ a pour équation $(x - 3)^2 + (y + 2)^2 = 5$.

2. $\mathscr{C}$ est le cercle de centre $A(1 ; -1)$ et passant par le point $B(5 ; 0)$.

3. $\mathscr{C}$ est le cercle de diamètre $[AB]$ avec $A(-10 ; 8)$ et $B(-2 ; 2)$.

118. **Intersection d'une droite et d'un cercle**

1. Déterminer une équation cartésienne du cercle $\mathscr{C}$ de centre $\Omega(0\ ;\ 3)$ et de rayon $\sqrt{10}$.

2. Déterminer une équation cartésienne de la droite (AB), avec $A(0\ ;8)$ et $B(4\ ;0)$.

3. Résoudre le système suivant : $\begin{cases} x^2 + y^2 - 6y - 1 = 0 \\ 2x + y - 8 = 0 \end{cases}$.

MÉTHODE
Voici les étapes de la résolution algébrique de ce système :
1. Dans la seconde équation, on exprime une des inconnues en fonction de l'autre (par exemple y en fonction de x) ;
2. On remplace y par son expression en fonction de x dans la première équation ;
3. On obtient une équation du second degré d'inconnue x, que l'on résout ;
4. On en déduit les valeurs possibles de x et les valeurs de y correspondantes (en utilisant l'expression de y en fonction de x) ;
5. On vérifie que les couples $(x\ ;y)$ ainsi déterminés sont bien solution du système, avant de conclure.

4. Déduire de la question précédente les coordonnées des points d'intersection éventuels de la droite (AB) et du cercle $\mathscr{C}$.

119. **Intersection de deux cercles**

1. Déterminer une équation cartésienne du cercle $\mathscr{C}_1$ de centre $\Omega_1(1\ ;-1)$ et de rayon 5.

2. Déterminer une équation cartésienne du cercle $\mathscr{C}_2$ de centre $\Omega_2(-2\ ;\ 0)$ et de rayon 3.

3. Résoudre le système suivant :

$$\begin{cases} x^2 + y^2 - 2x + 2y - 23 = 0 \\ x^2 + y^2 + 4x - 5 = 0 \end{cases}.$$

MÉTHODE
Pour résoudre algébriquement ce système :
1. Former la différence membre à membre des deux équations : on trouve une égalité du type $ax + by + c = 0$, c'est-à-dire une équation de droite ;
2. On considère le système formé par l'équation de l'un des deux cercles et l'équation de droite ;
3. À partir de cette étape, on reprend la méthode de résolution vue à l'exercice précédent.

4. Déduire de la question précédente les coordonnées des points d'intersection des cercles $\mathscr{C}_1$ et $\mathscr{C}_2$.

À savoir

Pour déterminer l'intersection de deux cercles, ou d'un cercle et d'une droite, on peut utiliser le logiciel de calcul formel *XCAS*.
Par exemple, pour déterminer les coordonnées exactes des points d'intersection :
- **du cercle $\mathscr{C}_1$ d'équation $x^2 + y^2 - 16 = 0$;**
- **de la droite (d) d'équation $x - 2y + 4 = 0$;**

on saisit (attention à la syntaxe) :

```
1 solve([x²+y²-16=0,x-2y+4=0],[x,y])
```

$$\begin{bmatrix} -4, & 0 \\ \frac{12}{5}, & \frac{16}{5} \end{bmatrix}$$

La droite (d) coupe le cercle $\mathscr{C}$ en deux points dont les coordonnées sont $(-4\ ;0)$ et $\left(\frac{12}{5}\ ;\frac{16}{5}\right)$.

120. En utilisant un logiciel de calcul formel, déterminer les coordonnées exactes des points d'intersection, lorsqu'ils existent : **Logiciel**

1. Du cercle de centre $A(1\ ;1)$ et de rayon 2, et de la droite d'équation $x - y + 1 = 0$.
2. Du cercle de diamètre $[EF]$ (avec $E(0\ ;2)$ et $F(3\ ;-1)$) et du cercle de centre $I(-1\ ;-1)$ et de rayon 5.

5. Calculs de grandeurs

121. Dans chacun des cas suivants, dire si le triangle ABC est constructible. Dans l'affirmative, calculer la valeur exacte de la longueur du côté $[BC]$; dans la négative, justifier votre réponse.

1. $AB = 4$, $AC = 9$ et $\overrightarrow{AB} \cdot \overrightarrow{AC} = -6$.
2. $AB = 4$, $AC = 6$ et $\overrightarrow{BA} \cdot \overrightarrow{BC} = -3$.
3. $AB = 6$, $AC = 2$ et $\overrightarrow{CA} \cdot \overrightarrow{CB} = 12$.
4. $AB = 5$, $AC = 6$ et $\overrightarrow{BA} \cdot \overrightarrow{BC} = 0$.

122. **corrigé** Dans chacun des cas suivants, déterminer une valeur arrondie au degré de la mesure de l'angle $\widehat{BAC}$:

1. $AB = 4$, $AC = 7$ et $\overrightarrow{AB} \cdot \overrightarrow{AC} = 4$.
2. $AB = 6$, $AC = 6$ et $\overrightarrow{AB} \cdot \overrightarrow{AC} = -1$.
3. $AB = \sqrt{5}$, $AC = 3\sqrt{10}$ et $\overrightarrow{AB} \cdot \overrightarrow{AC} = -8$.

123. ABC est un triangle tel que :

$$AB = 5,\ AC = 7 \text{ et } \overrightarrow{AB} \cdot \overrightarrow{AC} = 25.$$

1. Démontrer que le triangle ABC est rectangle et préciser en quel sommet.
2. Calculer la mesure (arrondie au dixième de degré) de chacun des angles du triangle ABC.

124. On se place dans un repère orthonormé du plan. Dans chaque cas, calculer le produit scalaire $\overrightarrow{AB} \cdot \overrightarrow{AC}$, les distances AB et AC puis une valeur arrondie au degré de la mesure de l'angle $\widehat{BAC}$.

1. $A(-5 ; 0)$, $B(1 ; -2)$ et $C(5 ; 4)$.

2. $A(-5 ; 0)$, $B(1 ; 0)$ et $C(12 ; 1)$.

3. $A(3 ; -2)$, $B(-5 ; -1)$ et $C(6 ; 2)$.

125. Soit ABC un triangle isocèle en A tel que $AB = AC = 8$ et $\widehat{BAC} = \frac{\pi}{6}$ rad.

Soit H le projeté orthogonal du point B sur le segment $[AC]$ et K le projeté orthogonal du point H sur le segment $[AB]$.

1. Calculer la valeur exacte de la longueur AH.

> **AIDE**
> On pourra calculer le produit scalaire $\overrightarrow{AB} \cdot \overrightarrow{AC}$ de deux manières différentes.

2. Calculer la valeur exacte de la longueur AK. En déduire la longueur HK.

126. Soit $ABCD$ un rectangle de longueur $AB = L$ et de largeur $AD = l$. Soit H et K les projetés orthogonaux respectifs des points D et B sur le segment $[AC]$.

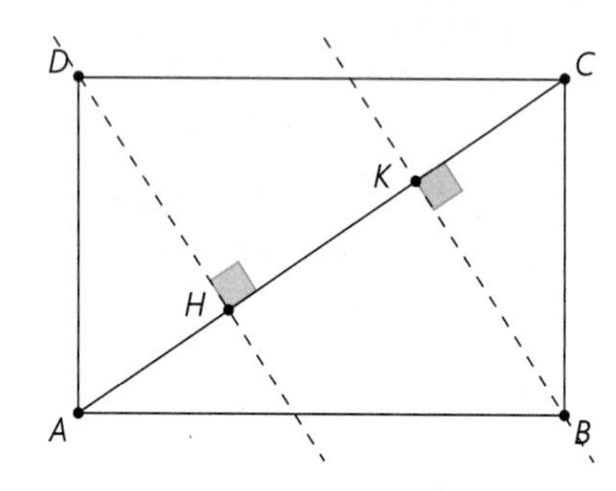

1. Démontrer que $\overrightarrow{AC} \cdot \overrightarrow{DB} = L^2 - l^2$.

2. En déduire que $HK = \dfrac{L^2 - l^2}{\sqrt{L^2 + l^2}}$.

3. À quelle condition portant sur L et l aura-t-on : $HK = \frac{1}{3}AC$?

127. Dans chacun des cas suivants, calculer la longueur de la médiane issue du point B dans le triangle ABC.

1. ABC est un triangle isocèle en A tel que $AB = AC = 7$ et $BC = 5$.

2. ABC est un triangle tel que $AB = 6$, $AC = 7$ et $BC = 11$.

3. ABC est un triangle rectangle isocèle en A tel que $AB = 4$.

128. corrigé Soit ABC un triangle. On donne $AB = 10$, $AC = 7$ et $\widehat{BAC} = 20°$. Calculer une valeur arrondie au dixième de la longueur BC.

129. Soit ABC un triangle.
On donne $AB = \sqrt{5}$, $AC = 2\sqrt{3}$ et $\widehat{BAC} = 120°$.
Calculer la valeur exacte de la longueur BC.

130. Soit ABC un triangle isocèle en B.
On donne $AB = 4$ et $\widehat{ABC} = \frac{5\pi}{6}$ radians.
Calculer la valeur exacte de la longueur AC.

131. Soit ABC un triangle.
On donne $AB = 5$, $AC = 8$ et $BC = 11$.
Calculer des valeurs arrondies au dixième de degré de chacun des angles du triangle ABC.

132. Soit ABC un triangle.
On donne $AB = 5\sqrt{2}$, $AC = 8$ et $BC = 2\sqrt{10}$.
Calculer des valeurs arrondies au centième de radian de chacun des angles du triangle ABC.

Point histoire

Al-Kashi est un astronome et mathématicien perse du début du XIVe siècle.
Il dirige l'observatoire de Samarcande, ville située dans l'actuel Ouzbékistan, qui était un des plus grands centres culturels et scientifiques de l'époque.
Il est notamment connu pour son utilisation des fractions décimales, et pour son calcul de valeurs approchées extrêmement précises de π et de sin 1°.
Il écrit la formule qui porte aujourd'hui son nom dans son ouvrage *Miftah al Hisab (La Clé de l'Arithmétique)*.

133. corrigé Soit ABC un triangle.
On donne $AB = 8$, $\widehat{ABC} = 35°$ et $\widehat{BAC} = 80°$.
Calculer une valeur arrondie au dixième des longueurs BC et AC.

134. Soit ABC un triangle.
On donne $BC = 11$, $\widehat{ACB} = 60°$ et $\widehat{ABC} = 25°$.
Calculer une valeur arrondie au dixième des longueurs AB et AC.

135. Soit ABC un triangle.

On donne $AC = 12$, $\widehat{ACB} = 60°$ et $\widehat{ABC} = 45°$.
Calculer une valeur arrondie au dixième des longueurs AB et BC.

136. Soit ABC un triangle. On donne $BC = 7\sqrt{2}$, $\widehat{ACB} = \frac{\pi}{6}$ radians et $\widehat{BAC} = \frac{3\pi}{4}$ radians.
Calculer une valeur arrondie au dixième des longueurs AB et AC.

137. Soit ABC un triangle. On donne $AB = 9$, $AC = 8$ et $\widehat{ABC} = 45°$.

1. Démontrer que $\sin\widehat{ACB} = \frac{9\sqrt{2}}{16}$.

2. Quelles sont les deux mesures possibles à 0,1° près, pour $\widehat{ACB}$?

3. Pour chacune de ces deux mesures, calculer une valeur approchée au dixième de l'angle $\widehat{CAB}$ et de la longueur BC.

> **ATTENTION**
> L'équation $\sin x = a$ avec $a \in [-1 ; 1]$ admet, en général, deux solutions dans $[0 : \pi]$ (ou dans $[0 ; 180]$ si on parle en degrés).

138. Soit ABC un triangle. On donne $AB = 5$, $AC = 6$ et $\widehat{ABC} = 95°$.

1. Calculer une valeur approchée à 10^{-6} de $\sin\widehat{ACB}$.

2. Expliquer pourquoi seule une mesure de l'angle $\widehat{ACB}$ convient ici, et donner une valeur approchée au dixième de cette mesure.

3. Calculer une valeur approchée au dixième de l'angle $\widehat{CAB}$ et de la longueur BC.

139. Soit ABC un triangle. Calculer son aire $\mathcal{S}$ (arrondie au dixième) dans chacun des cas suivants :

1. $b = 5$, $c = 7$ et $\widehat{A} = 55°$.

2. $a = 11$, $b = 5\sqrt{3}$ et $\widehat{C} = \frac{5\pi}{6}$ radians.

3. $a = 6\sqrt{2}$, $c = 5$ et $\widehat{B} = \frac{\pi}{4}$ radians.

140. **1.** Calculer l'aire exacte d'un parallélogramme $ABCD$ tel que $AB = 8$, $AD = 5$ et $\widehat{BAD} = 60°$.

2. Calculer l'aire d'un parallélogramme $ABCD$ de centre O tel que $AC = 12$, $BD = 10$ et $\widehat{AOD} = 45°$.

141. Soit $ABCD$ un quadrilatère convexe dont les diagonales se coupent en O, et soit α la mesure de l'angle $\widehat{AOB}$.

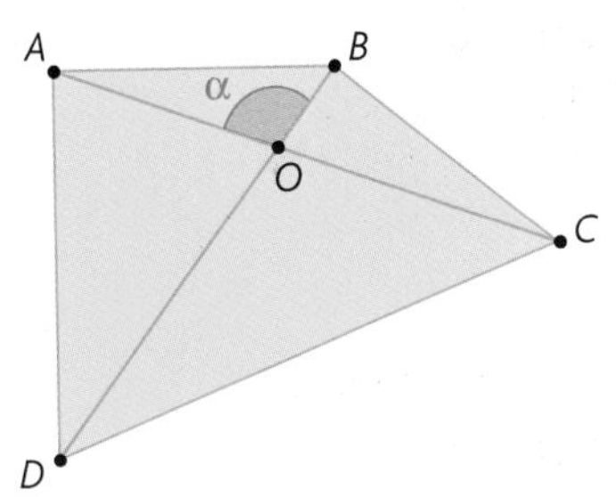

Démontrer que l'aire de ce quadrilatère est égale à :

$$\mathcal{S} = \frac{1}{2}AC \times BD \times \sin\alpha.$$

142. Soit ABC un triangle. Calculer son aire $\mathcal{S}$ (arrondie au dixième) dans chacun des cas suivants :

1. $a = 5$, $\widehat{B} = 60°$ et $\widehat{C} = 37°$.

2. $a = 6$, $b = 8$ et $c = 5$.

143. Soit ABC un triangle d'aire 12.
Quelle peut être la longueur du côté $[BC]$ sachant que $AB = 7$ et $AC = 4$?

144. **Triangulation (1)**

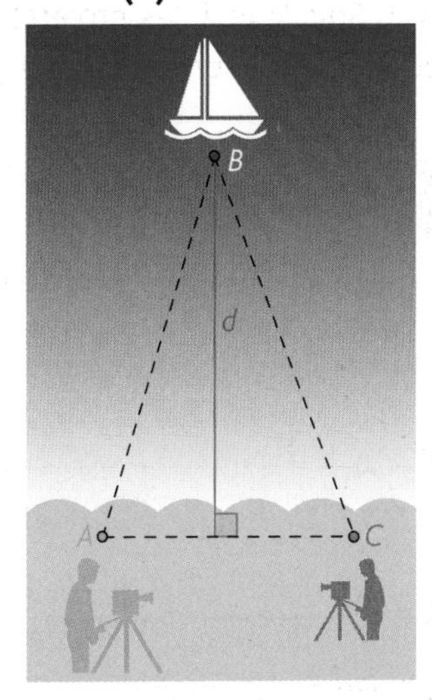

Un observateur (un peu géomètre...) placé en A cherche à mesurer la distance d qui sépare un bateau ancré au large (dont l'emplacement est signalé par le point B) du bord de la plage. Il lui est malheureusement impossible de mesurer directement cette distance.
Un assistant se place au point C, de telle manière que la distance AC soit égale à 200 mètres.
L'observateur mesure l'angle $\widehat{A}$: il trouve 73°. Son assistant mesure l'angle $\widehat{C}$: il trouve 69°.
Grâce à ces données, déterminer la distance AB, puis la distance d.

145. **Triangulation (2)**

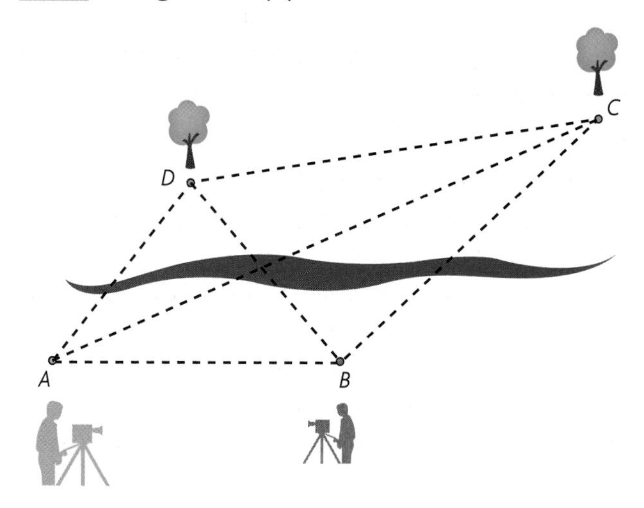

Un observateur (placé en A) cherche à mesurer la distance entre deux arbres (dont les emplacements sont marqués par les points C et D) situés de l'autre côté d'une rivière infranchissable.

Son assistant se place au point B de telle manière que la distance AB soit égale à 100 mètres. L'observateur mesure les angles $\widehat{BAC}$ et $\widehat{DAC}$: il trouve respectivement 52° et 29°.

Son assistant mesure les angles $\widehat{ABD}$ et $\widehat{DBC}$: il trouve respectivement 40° et 43°.

Grâce à ces données, déterminer la distance CD.

> **Conseil**
> On pourra commencer par calculer AD, puis AC.

Le saviez-vous ?

Pour mesurer des angles on utilisait de nombreux dispositifs plus ou moins sophistiqués pour les besoins de la navigation, de l'astronomie ou du relevé de plans : sextants, alidades, goniomètres, cercle répétiteur, etc.

Aujourd'hui, les topographes (entre autres) utilisent pour cela un **théodolite** lors de leurs mesures géodésiques*. Cet appareil permet essentiellement de mesurer des angles dans un plan vertical ou horizontal, à l'aide d'une lunette de visée.

*La géodésie est la science qui étudie les dimensions et la forme de la planète Terre.

146. **Aire d'un polygone régulier**

Soit $\mathscr{C}$ un cercle de centre O et de rayon 1.

On inscrit dans ce cercle un polygone régulier $\mathscr{P}_n$ à n côtés (avec $n \geqslant 4$).

1. Soit A et B deux sommets consécutifs du polygone. Exprimer la mesure en radians de l'angle $\widehat{AOB}$ en fonction de n.

2. Démontrer que l'aire du triangle $\widehat{AOB}$ est égale à $\frac{1}{2}\sin\left(\frac{2\pi}{n}\right)$; en déduire l'aire du polygone $\mathscr{P}_n$ en fonction de n.

c. Donner une valeur approchée à 10^{-6} près de l'aire de $\mathscr{P}_6$, de celle de $\mathscr{P}_{32}$, de celle de $\mathscr{P}_{2000}$. Que constatez-vous ?

147. Soit ABC un triangle. La bissectrice intérieure issue du point A coupe le côté $[BC]$ en un point I.

On cherche à déterminer la position du point I sur le segment $[BC]$.

1. Dessiner une figure

2. Démontrer que l'on a $\frac{IB}{IC} = \frac{\sin \widehat{C}}{\sin \widehat{B}}$.

> **Méthode**
> Utiliser la formule des sinus dans les triangles AIB et AIC.

3. En déduire que l'on a $\frac{IB}{IC} = \frac{c}{b}$.

4. Démontrer que $\overrightarrow{BI} = \frac{c}{b+c}\overrightarrow{BC}$.

148. **Rayon du cercle circonscrit**

Soit ABC un triangle. On appelle $\mathscr{C}$ son cercle circonscrit, O son centre et R son rayon.

1. Dessiner une figure.

2. Soit B' le point diamétralement opposé au point B sur le cercle $\mathscr{C}$. Démontrer que $\widehat{BB'C} = \frac{a}{2R}$.

3. Démontrer que l'on a $\sin \widehat{BB'C} = \sin \widehat{BAC}$.

> **Aide**
> Penser au théorème de l'angle inscrit ; attention au cas où l'angle $\widehat{A}$ est obtus !

4. En déduire que l'aire du triangle ABC peut s'exprimer par $\mathscr{S} = \frac{abc}{4R}$.

Application : Soit ABC un triangle tel que $a = 5$, $b = 8$ et $c = 10$. Calculer l'aire du triangle ABC, puis le rayon de son cercle circonscrit (arrondi au dixième).

6. Ensembles de points

149. Soit A et B deux points du plan tels que $AB = 6$.
On cherche à déterminer l'ensemble $\mathscr{E}$ des points M du plan tels que $MA^2 + MB^2 = 26$.
1. On note I le milieu de $[AB]$. Démontrer que l'on a $M \in \mathscr{E} \Leftrightarrow MI^2 = 4$.
2. En déduire la nature et les éléments caractéristiques de l'ensemble $\mathscr{E}$, et représenter cet ensemble sur un schéma.

150. Soit A et B deux points du plan tels que $AB = 4$.
Déterminer l'ensemble $\mathscr{E}_k$ des points M du plan tels que $MA^2 + MB^2 = k$ dans les cas suivants :
1. $k = 11$. **2.** $k = 8$. **3.** $k = 5$.

151. Soit A et B deux points du plan tels que $AB = 8$.
Pour quelle(s) valeur(s) de k l'ensemble $\mathscr{E}_k$ des points M du plan tels que $MA^2 + MB^2 = k$ est-il un cercle de rayon 3 ?

152. Soit PQR un triangle équilatéral de côté a et soit I le milieu du segment $[PQ]$.
Démontrer que l'ensemble $\mathscr{E}$ des points M du plan vérifiant $MP^2 + MQ^2 = 2a^2$ est le cercle de centre I passant par le point R.

153. Soit A et B deux points du plan tels que $AB = 5$.
On cherche à déterminer l'ensemble $\mathscr{E}$ des points M du plan tels que $\overrightarrow{AB} \cdot \overrightarrow{AM} = 10$.
1. Soit H le projeté orthogonal du point M sur la droite (AB). Démontrer les équivalences :
$$M \in \mathscr{E} \Leftrightarrow \overrightarrow{AB} \cdot \overrightarrow{AM} = 10 \Leftrightarrow AH = 2.$$
2. Démontrer que l'ensemble $\mathscr{E}$ est une droite que l'on représentera sur un schéma.

154. Soit A et B deux points du plan tels que $AB = 6$.
Déterminer et représenter l'ensemble $\mathscr{E}_k$ des points M du plan tels que $\overrightarrow{AB} \cdot \overrightarrow{AM} = k$ dans les cas suivants :
1. $k = 30$. **2.** $k = 0$. **3.** $k = -15$.

155. Soit A et B deux points du plan tels que $AB = 4$.
Pour quelle(s) valeur(s) de k l'ensemble $\mathscr{E}_k$ des points M du plan tels que $\overrightarrow{AB} \cdot \overrightarrow{AM} = k$ est-il :
1. la médiatrice du segment $[AB]$?
2. la droite perpendiculaire en B à la droite (AB) ?

156. Soit ABC un triangle tel que $AB = 4$, $AC = 5$ et $BC = 7$.
1. Calculer le produit scalaire $\overrightarrow{AB} \cdot \overrightarrow{AC}$.
2. Pour quelle(s) valeur(s) du nombre k l'ensemble $\mathscr{E}_k$ des points M du plan tels que $\overrightarrow{AB} \cdot \overrightarrow{AM} = k$ est-il la hauteur issue de C dans le triangle ABC ?

157. Soit A et B deux points du plan tels que $AB = 5$.
On cherche à déterminer l'ensemble $\mathscr{E}$ des points M du plan tels que $MA^2 - MB^2 = 10$.
1. On note I le milieu du segment $[AB]$. Démontrer que l'on a $M \in \mathscr{E} \Leftrightarrow \overrightarrow{AB} \cdot \overrightarrow{IM} = 5$.
2. Soit H le projeté orthogonal du point M sur la droite (AB). Démontrer l'équivalence $M \in \mathscr{E} \Leftrightarrow IH = 1$.
3. En déduire la nature de l'ensemble $\mathscr{E}$ et représenter cet ensemble sur un schéma.

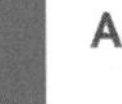

Aide
On peut se reporter à l'exercice résolu 5, page 368.

158. Soit E et F deux points du plan tels que $EF = 4$.
Déterminer l'ensemble $\mathscr{E}_k$ des points M du plan tels que $ME^2 + MF^2 = k$ dans les cas suivants :
1. $k = 24$. **2.** $k = 8$. **3.** $k = 0$.

159. Soit ABC un triangle tel que $AB = 5$, $AC = 7$ et $BC = 9$.
Démontrer que l'ensemble des points M vérifiant $MB^2 - MC^2 = -24$ est la hauteur du triangle ABC issue de A.

160. Soit A et B deux points du plan tels que $AB = 3$.
On cherche à déterminer l'ensemble $\mathscr{E}$ des points M du plan tels que $\overrightarrow{MA} \cdot \overrightarrow{MB} = 4$.
1. On note I le milieu du segment $[AB]$. Démontrer que l'on a $M \in \mathscr{E} \Leftrightarrow MI^2 = \dfrac{25}{4}$.
2. En déduire la nature de l'ensemble $\mathscr{E}$ et représenter cet ensemble sur un schéma.

161. Soit A et B deux points du plan tels que $AB = 4$.
Déterminer l'ensemble $\mathscr{E}_k$ des points M du plan tels que $\overrightarrow{MA} \cdot \overrightarrow{MB} = k$ dans les cas suivants :
1. $k = -6$. **2.** $k = -4$. **3.** $k = 5$.

162. On se place dans un repère orthonormé $(O~;~\vec{i}, \vec{j})$.
On donne les points $A(-3~;0)$ et $B(5~;6)$.
Soit $\mathscr{E}$ l'ensemble des points M du plan tels que :
$$\overrightarrow{MA} \cdot \overrightarrow{MB} = -15.$$
1. Démontrer l'équivalence :
$$M(x~;y) \in \mathscr{E} \Leftrightarrow x^2 + y^2 - 2x - 6y = 0.$$
2. En déduire que l'ensemble $\mathscr{E}$ est un cercle passant par le point O dont on donnera le centre et le rayon.
3. Retrouver géométriquement ce résultat.

exercices

7. Problèmes

163. Travail d'une force

Un skieur de masse m est tiré par la perche d'un remonte-pente suivant un mouvement rectiligne et uniforme, entre un point A et un point B. Il est soumis à son poids $\vec{P}$, à la force de réaction de la piste $\vec{R}$ (dont la direction est perpendiculaire à la piste) et à la force de traction de la perche $\vec{T}$. On suppose les forces de frottement négligeables.
Les données numériques sont les suivantes :
- masse du skieur $m = 75$ kg ;
- accélération de la pesanteur $g = 9{,}8 \text{ m} \cdot \text{s}^{-2}$;
- angle de la pente avec l'horizontale $\alpha = 25°$;
- angle de la perche avec la pente $\beta = 45°$;
- $AB = 500$ m.

> **À SAVOIR**
> Le **travail** d'une force $\vec{F}$ dont le point d'application se déplace entre deux points A et B, est égal à $W_{AB}(\vec{F}) = \vec{F} \cdot \overrightarrow{AB}$ et s'exprime en Joules (J).

1. Démontrer que l'on a $W_{AB}(\vec{P}) = -mg \times AB \times \sin\alpha$.
2. Combien vaut $W_{AB}(\vec{R})$?
3. Exprimer $W_{AB}(\vec{T})$ en fonction de T, intensité de la force de traction de la perche.
4. D'après le principe d'inertie, que peut-on dire de la somme vectorielle $\vec{P} + \vec{R} + \vec{T}$?

> **RAPPEL : PRINCIPE D'INERTIE**
> Dans un référentiel Galiléen, si un solide est au repos ou animé d'un mouvement rectiligne uniforme, alors la somme des forces extérieures s'exerçant sur le solide est nulle, et réciproquement.

Quelle propriété du produit scalaire permet d'affirmer que le travail de la résultante de ces trois forces est égal à la somme des travaux de ces forces ?
5. En déduire l'égalité $W_{AB}(\vec{T}) = -W_{AB}(\vec{P})$ puis calculer l'intensité (arrondi au Newton) de la force T.

164. Essai transformé

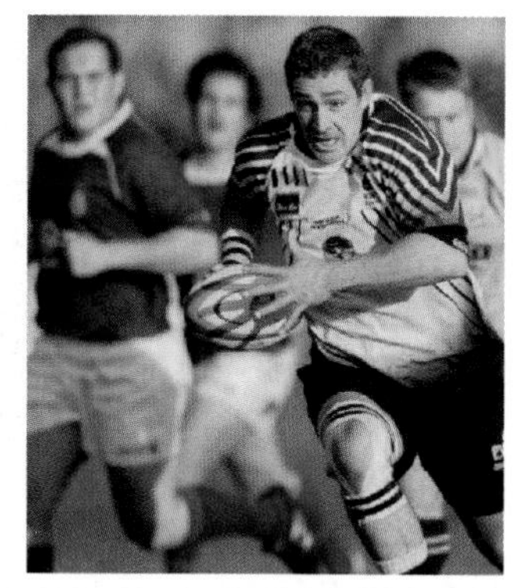

Au rugby, un *essai* est l'action de jeu consistant à aplatir le ballon dans l'en-but adverse. Cette action permet de marquer 5 points, et de tenter une *transformation*, valant 2 points supplémentaires. La tentative de transformation doit avoir lieu en plaçant le ballon sur une droite perpendiculaire à la ligne d'en-but, passant par le point où le ballon a été aplati :

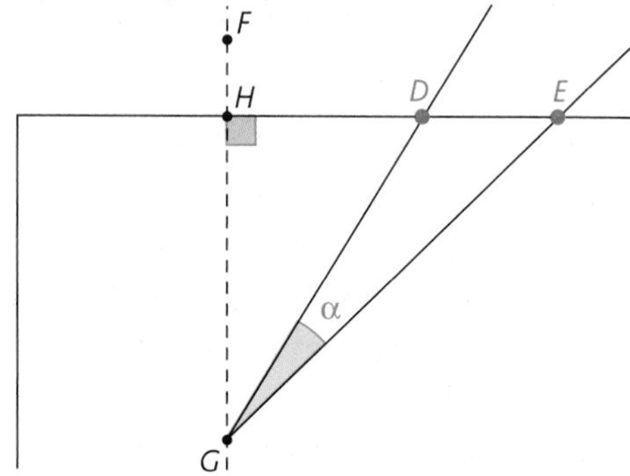

Les points D et E représentent les deux poteaux entre lesquels le ballon doit passer pour que l'essai soit transformé. Le point F représente l'endroit où le ballon a été aplati lors de l'essai, et le point G l'endroit où le tireur se place pour tenter sa transformation.
On sait que $DE = 5{,}6$ m et $HD = 20$ m. On pose $GH = x$ avec $x \in [0 ; 50]$.
Le but de l'exercice est de déterminer la valeur de x pour laquelle l'angle α est maximal, offrant ainsi les plus grandes chances de réussite au tireur.
1. Exprimer les longueurs GD et GE en fonction de x.
2. Démontrer que $\overrightarrow{GD} \cdot \overrightarrow{GE} = x^2 + 512$.

> **AIDE**
> Utiliser la relation de Chasles.

3. En déduire que l'on a, pour tout $x \in [0 ; 50]$:
$$\cos\alpha = \frac{x^2 + 512}{\sqrt{(x^2 + 400)(x^2 + 655{,}36)}}.$$
4. Soit f la fonction définie sur $[0 ; 50]$ par :
$$f(x) = \frac{x^2 + 512}{\sqrt{(x^2 + 400)(x^2 + 655{,}36)}}.$$
Entrer cette fonction dans une calculatrice et, à l'aide de tableaux des valeurs de cette fonction, déterminer à 0,1 m près, le minimum de la fonction f sur l'intervalle $[0 ; 50]$.
5. On admet que la mesure de l'angle α est maximale lorsque $\cos\alpha$ est minimal. À quelle distance de la ligne d'en-but le tireur doit-il se placer pour avoir le plus de chances de réaliser sa transformation ?

165. Tangentes à un cercle passant par un point donné

On se place dans un repère orthonormé du plan.

Soit $\mathscr{C}$ le cercle de centre $A(-5; 2)$ de rayon 5.

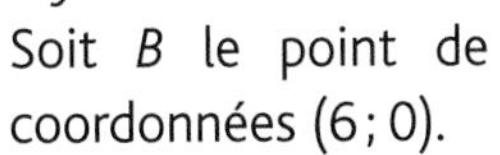

Soit B le point de coordonnées $(6; 0)$.

Le but de l'exercice est de construire avec précision les deux tangentes au cercle $\mathscr{C}$ passant par le point B et d'évaluer sous quel angle est le cercle $\mathscr{C}$ depuis le point B.

1. Dessiner une figure (unité 1 cm).
2. Déterminer une équation cartésienne du cercle $\mathscr{C}$.
3. On suppose que le problème a une solution, et on nomme E et F les points du cercle $\mathscr{C}$ tels que les droites (BE) et (BF) sont tangentes à ce cercle. Démontrer que, nécessairement, les points E et F sont situés sur le cercle $\mathscr{C}'$ de diamètre $[AB]$.
4. Tracer le cercle $\mathscr{C}'$. Déterminer par le calcul les coordonnées des deux points E et F intersections des cercles $\mathscr{C}$ et $\mathscr{C}'$, et vérifier par un simple calcul de produit scalaire que les droites (BE) et (BF) sont bien les tangentes recherchées.

> **Aide**
> Pour déterminer les coordonnées des points d'intersection de deux cercles, se reporter à l'exercice 119.

5. Calculer les distances BE et BF, puis le produit scalaire $\overrightarrow{BE} \cdot \overrightarrow{BF}$.
En déduire la réponse à la question suivante : sous quel angle (au dixième de degré près) voit-on le cercle $\mathscr{C}$ depuis le point B ?

6. **Vérification avec *Geogebra* :**

Réaliser la figure avec *Geogebra*, en traçant les tangentes grâce au bouton [bouton] (cliquer sur ce bouton, puis sur le point B, et enfin sur le cercle). Vérifier les coordonnées des points E et F ainsi que les équations cartésiennes des cercles dans la fenêtre ***Algèbre***, et faire afficher la mesure de l'angle $\widehat{EBF}$.

166. Orthocentre et hyperbole

On se place dans un repère orthonormé du plan.

Pour $k \neq 0$ on note $\mathscr{H}_k$ l'hyperbole d'équation $y = \frac{k}{x}$.

Soit A, B et C trois points distincts deux à deux situés sur cette hyperbole, et soit H l'orthocentre du triangle ABC.

1. Avec *Geogebra*

1. Ouvrir une nouvelle feuille *Geogebra*, avec affichage des axes et de la grille.
2. Créer un curseur k de type nombre, puis l'hyperbole d'équation $y = \frac{k}{x}$.
3. Placer trois points A, B et C sur cette hyperbole (les trois points sur une même branche, ou deux points sur une branche et un troisième sur une autre), puis tracer le triangle ABC.
4. Tracer deux hauteurs du triangle ABC et appeler H leur intersection.

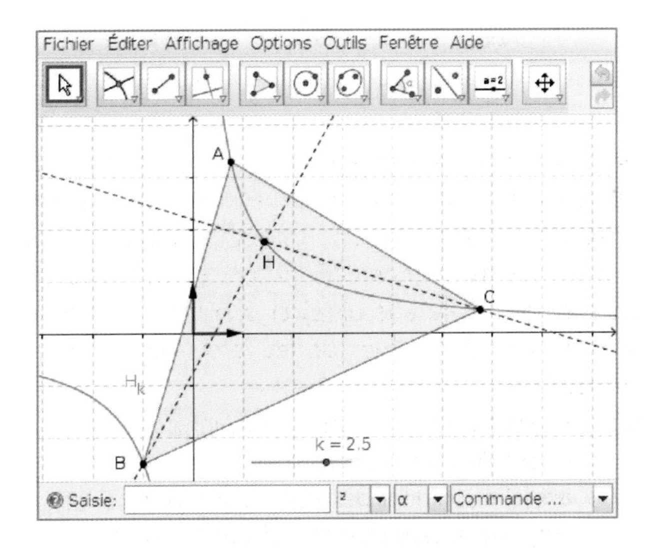

5. Que constate-t-on ? (Ne pas oublier de faire varier les positions des points A, B et C et la valeur de k.)

2. Démonstration avec l'aide du logiciel *XCAS*

1. On note a, b et c les abscisses respectives des points A, B et C. Quelles sont les ordonnées de ces trois points ?
2. Démontrer que le vecteur $\vec{n}\begin{pmatrix} k \\ ab \end{pmatrix}$ est orthogonal au vecteur $\overrightarrow{AB}$. En déduire une équation cartésienne de la hauteur issue de C dans le triangle ABC.
3. De la même manière, exprimer à l'aide de a, b, c et k une équation cartésienne de la hauteur issue de B dans le triangle ABC.
4. Ouvrir une nouvelle session *XCAS*, puis résoudre le système formé par les équations des deux hauteurs pour déterminer les coordonnées de l'orthocentre H du triangle ABC en fonction de a, b, c et k. On utilisera la commande `linsolve([equation1,equation2],[x,y])` .

e. Démontrer que le point H appartient bien à l'hyperbole $\mathscr{H}_k$.

> **Méthode**
> Il suffit de vérifier que le produit des coordonnées de H est égal à k.

167. Distance Terre-Lune

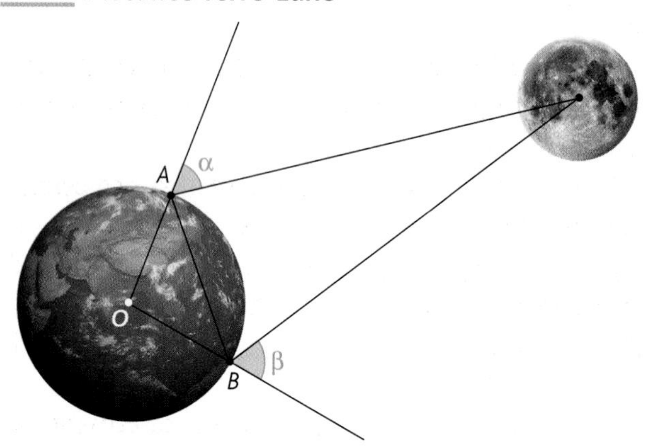

Deux astronomes veulent effectuer une mesure précise de la distance Terre-Lune.

Le premier se place à Berlin en Allemagne (au point A), le second au Cap de Bonne-Espérance en Afrique du Sud (au point B). Chacun de leur côté, ils mesurent, au même moment, l'angle entre la direction du zénith (le point à la verticale de leur position) et celle de la Lune, et trouvent les mesures α et β.

On donne :

- Rayon terrestre : $R = 6\,378$ km ;
- Latitude de Berlin : 52°30′ N ;
- Latitude du Cap : 33°55′ S (on supposera que les deux villes sont situées sur un même méridien) ;
- $\alpha = 53{,}3°$ et $\beta = 34{,}5°$.

1. Calculer la mesure de l'angle $\widehat{AOB}$ en degrés décimaux (arrondie au dixième de degré).

> **Rappel**
> 1 minute d'arc = 1/60 degré.

2. Calculer la distance AB (arrondie au km).

3. Calculer les mesures des angles du triangle ALB arrondies au degré.

4. Calculer les distances LA et LB (arrondies au km).

Le saviez-vous ?

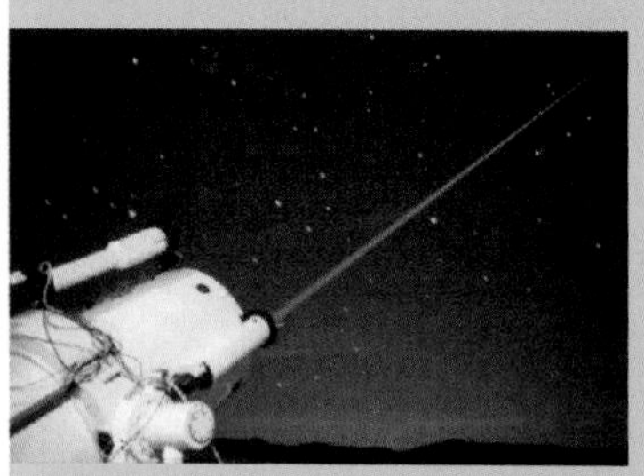

Cet exercice reprend, en la simplifiant, la méthode utilisée en 1751 par Lalande et La Caille, deux éminents astronomes. Les méthodes modernes comme la télémétrie laser donnent une distance moyenne *Terre-Lune* (l'orbite de la Lune autour de la Terre étant elliptique) à environ 384 400 km.

168. Formule de Héron

Soit ABC un triangle. On note $a = BC$, $b = AC$, $c = AB$ et $\widehat{A}$ la mesure de l'angle $\widehat{BAC}$.

Le but de cet exercice est de démontrer une formule donnant l'aire $\mathscr{A}$ du triangle ABC uniquement en fonction des longueurs a, b et c.

1. Grâce aux formules d'Al-Kashi, exprimer $\cos \widehat{A}$ puis $\cos^2 \widehat{A}$ en fonction de a, b et c.

2. En déduire que l'on a :

$$\sin^2 \widehat{A} = \frac{4b^2c^2 - (b^2 + c^2 - a^2)^2}{4b^2c^2}.$$

3. On note p le demi-périmètre du triangle ABC, on a donc $p = \frac{1}{2}(a + b + c)$.

Démontrer que le numérateur du membre de droite de l'égalité trouvée ci-dessus peut se factoriser de la manière suivante :

$$4b^2c^2 - (b^2 + c^2 - a^2)^2$$
$$= (a - b + c)(a + b - c)(-a + b + c)(a + b + c)$$
$$= 16p(p - a)(p - b)(p - c)$$

4. Établir l'égalité suivante :

$$\sin \widehat{A} = \frac{2\sqrt{p(p-a)(p-b)(p-c)}}{bc}.$$

5. En déduire, en utilisant la formule des aires, que :

$$\mathscr{A} = \sqrt{p(p-a)(p-b)(p-c)}.$$

6. ***Application :*** Déterminer la valeur exacte de l'aire d'un triangle dont les côtés mesurent 7, 10 et 12 cm.

170. Puissance d'un point par rapport à un cercle

On se donne un cercle $\mathscr{C}$ de centre O et de rayon R, un point M du plan, ainsi qu'une droite (d) passant par le point M. Lorsque la droite (d) coupe le cercle $\mathscr{C}$ en deux points A et B, on considère le nombre p défini comme le produit scalaire des vecteurs $\overrightarrow{MA}$ et $\overrightarrow{MB}$.

Partie 1 : Conjecturer avec *Geogebra* (Logiciel)

1. Dessiner une figure avec *Geogebra* (pour la droite (d) on créera une droite passant par M et par un second point N libre dans plan).

2. Créer les vecteurs $\vec{u} = \overrightarrow{MA}$ et $\vec{v} = \overrightarrow{MB}$ en écrivant `u=Vecteur[M,A]` puis `v=Vecteur[M,B]` dans la zone de saisie.

3. Écrire `p=u*v` dans la zone de saisie afin de définir le nombre p comme le produit scalaire des vecteurs $\vec{u}$ et $\vec{v}$.

4. Bouger le point N à la souris de telle manière que la droite (MN) coupe toujours le cercle en deux points, et regarder dans la fenêtre ***Algèbre*** le comportement du nombre p. Que peut-on conjecturer à propos de p ?

Partie 2 : Démontrer

a. Soit A' le point diamétralement opposé au point A sur le cercle $\mathscr{C}$. Démontrer que l'on a :

$$\overrightarrow{MA} \cdot \overrightarrow{MB} = \overrightarrow{MA} \cdot \overrightarrow{MA'} = MO^2 - R^2.$$

b. En déduire que le nombre $\overrightarrow{MA} \cdot \overrightarrow{MB}$ est indépendant de la corde $[AB]$ choisie.

> **DÉFINITION**
> Le produit scalaire $\overrightarrow{MA} \cdot \overrightarrow{MB}$, qui ne dépend que du point M et du cercle $\mathscr{C}$, est appelé **puissance du point M par rapport au cercle** $\mathscr{C}$. Ce nombre est positif lorsque M est extérieur au cercle, nul lorsque M est sur le cercle et négatif lorsque M est intérieur au cercle.

171. Une application

Soit $\mathscr{C}$ un cercle. $[AB]$ et $[CD]$ sont deux cordes orthogonales de ce cercle, se coupant en un point M.

Soit I le milieu de $[AC]$; on se propose de démontrer que les droites (IM) et (BD) sont orthogonales.

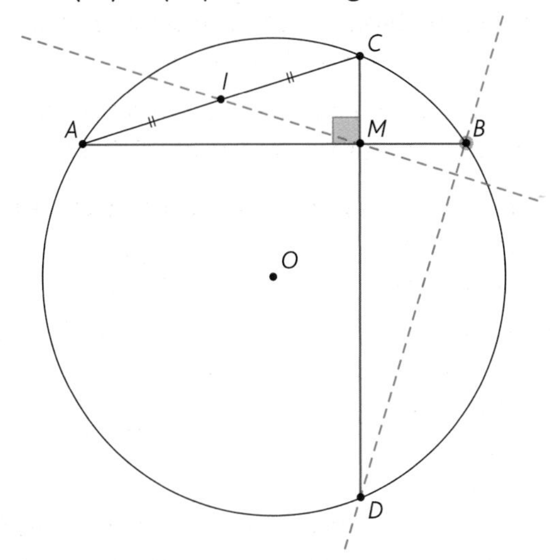

1. Démontrer que l'on a $\overrightarrow{MA} \cdot \overrightarrow{MB} = \overrightarrow{MC} \cdot \overrightarrow{MD}$
2. Exprimer $\overrightarrow{MI}$ en fonction de $\overrightarrow{MA}$ et $\overrightarrow{MC}$.
3. Calculer le produit scalaire $\overrightarrow{MI} \cdot \overrightarrow{BD}$. Conclure.

172. Axe radical de deux cercles

On se donne deux points du plan O_1 et O_2 tels que $O_1O_2 = 6$. Soit $\mathscr{C}_1$ le cercle de centre O_1 de rayon 5 et $\mathscr{C}_2$ le cercle de centre O_2 de rayon 3. Soit I le milieu du segment $[O_1O_2]$.

1. Dessiner une figure.

Soit M un point du plan ; on note $p_1(M)$ la puissance du point M par rapport au cercle $\mathscr{C}_1$ et $p_2(M)$ la puissance du point M par rapport au cercle $\mathscr{C}_2$ (voir l'exer-cice 170).

On cherche à déterminer l'ensemble des points M du plan ayant la même puissance par rapport aux deux cercles, c'est-à-dire tels que $p_1(M) = p_2(M)$.

2. Soit A et B les deux points d'intersection des cercles $\mathscr{C}_1$ et $\mathscr{C}_2$. Démontrer que l'on a $p_1(A) = p_2(A)$ et que $p_1(B) = p_2(B)$. En déduire que les points A et B appartiennent à l'ensemble recherché.
3. Démontrer que $p_1(M) = p_2(M)$ si, et seulement si, $MO_1^2 - MO_2^2 = 16$.
En déduire que $p_1(M) = p_2(M)$ si, et seulement si, $\overrightarrow{IM} \cdot \overrightarrow{O_1O_2} = 8$.
4. Quel est l'ensemble des points du plan pour lesquels on a $p_1(M) = p_2(M)$? Construire cet ensemble.
5. Reprendre cet exercice (à l'exception de la question **2.**) en prenant successivement $O_1O_2 = 8$ (les deux cercles sont tangents en un point) puis $O_1O_2 = 10$ (les deux cercles ne se coupent pas).

> **DÉFINITION**
> La droite constituée des points ayant la même puissance par rapport aux deux cercles, est appelée **axe radical** des cercles $\mathscr{C}_1$ et $\mathscr{C}_2$.

173.

Soit A et B deux points du plan tels que $AB = 3$. On cherche à déterminer l'ensemble $\mathscr{E}$ des points du plan vérifiant $\dfrac{MA}{MB} = 2$.

A. Méthode analytique

1. On se place dans le repère orthonormé direct $(A ; \vec{i}, \vec{j})$ où $\vec{i} = \dfrac{1}{3}\overrightarrow{AB}$. Déterminer les coordonnées des points A et B dans ce repère.
2. Démontrer l'équivalence $M \in \mathscr{E} \Leftrightarrow MA^2 = 4MB^2$.
3. En déduire que $M(x ; y) \in \mathscr{E} \Leftrightarrow x^2 + y^2 - 8x + 12 = 0$.
4. Déterminer la nature et les éléments caractéristiques de l'ensemble $\mathscr{E}$, puis représenter cet ensemble.

B. Méthode vectorielle

1. Dessiner une figure, et placer les points I et J définis respectivement par $\overrightarrow{IA} - 2\overrightarrow{IB} = \vec{0}$ et $\overrightarrow{JA} + 2\overrightarrow{JB} = \vec{0}$.
2. Démontrer que, pour tout point M du plan, on a :
$$\overrightarrow{MA} - 2\overrightarrow{MB} = -\overrightarrow{MI} \text{ et } \overrightarrow{MA} + 2\overrightarrow{MB} = 3\overrightarrow{MJ}.$$
3. Démontrer que $M \in \mathscr{E} \Leftrightarrow MA^2 = 4MB^2$, puis que $M \in \mathscr{E} \Leftrightarrow \overrightarrow{MI} \cdot \overrightarrow{MJ} = 0$.

> **AIDE**
> $MA^2 - 4MB^2 = \overrightarrow{MA}^2 - 4\overrightarrow{MB}^2 = (\overrightarrow{\ldots} - 2\overrightarrow{\ldots})(\overrightarrow{\ldots} + 2\overrightarrow{\ldots})$.

4. En déduire la nature de l'ensemble, et représenter cet ensemble.

QCM

Dans les questions suivantes, déterminez la (ou les) bonne(s) réponse(s). Plusieurs bonnes réponses sont possibles.

174. **Soit ABC un triangle isocèle en A tel que $AB = AC = 2a$ et $BC = a$ (où a est un réel positif).**
Une valeur arrondie au degré de la mesure de l'angle $\widehat{A}$ est :

a. 30°.
b. 29°.
c. 32°.
d. 75°.

175. **Le plan est muni d'un repère orthonormé. On donne les points $A(-5\,;6)$ et $B(-1\,;-2)$. Une équation cartésienne de la médiatrice du segment $[AB]$ est :**

a. $2x - 4y + 14 = 0$.
b. $2x - 3y + 8 = 0$.
c. $y = \dfrac{x+7}{2}$.
d. $4x - 8y + 11 = 0$.

176. **Le plan est muni d'un repère orthonormé. On donne les points $A(-5\,;6)$, $B(-1\,;-2)$ et $C(3\,;0)$. L'aire du triangle ABC est égale à :**

a. 4,5
b. 0.
c. $\dfrac{8}{\sqrt{3}}$.
d. $2\sqrt{5}$.

177. **Soit A et B deux points du plan tels que $AB = 3$. L'ensemble des points M du plan tels que $\overrightarrow{MA} \cdot \overrightarrow{MB} = -2$ est :**

a. l'ensemble vide.
b. réduit à un point.
c. une droite.
d. un cercle.

178. **Le plan est muni d'un repère orthonormé. On donne les points $A(8\,;-1)$, $B(10\,;3)$ et $C(-4\,;5)$.**
Le cercle circonscrit au triangle ABC a pour équation cartésienne :

a. $x^2 + y^2 - 10x - 6y - 25 = 0$.
b. $(x-3)^2 + (y-4)^2 = 50$.
c. $(x-5)^2 + (y-3)^2 = 25$.
d. $x^2 + y^2 - 6x - 8y - 25 = 0$.

179. **Soit ABC un triangle tel que $AB = 3$, $AC = 5$ et $\widehat{A} = \dfrac{2\pi}{3}$ radians. La valeur exacte de $\sin \widehat{C}$ est :**

a. $-\dfrac{\sqrt{3}}{3}$.
b. $\dfrac{3\sqrt{3}}{14}$.
c. $\dfrac{3\sqrt{5}}{16}$.
d. $\dfrac{\sqrt{3}}{2}$.

vrai ou faux ?

Pour chaque exercice, indiquer si la proposition est vraie ou fausse, et justifier votre choix

180. Soit $ABCD$ un losange de côté a tel que $\widehat{BAC} = 60°$.
On a $\overrightarrow{AB} \cdot \overrightarrow{AC} = \dfrac{3a^2}{2}$.

181. Dans un repère orthonormé, on donne les points $A(7\,;3)$, $B(4\,;2)$, $C(10\,;0)$ et $H(8\,;6)$. Le point H est l'orthocentre du triangle ABC.

182. Soit ABC un triangle et A', B', C' les milieux respectifs des segments $[BC]$, $[AC]$ et $[AB]$.
On a $\overrightarrow{A'B'} \cdot \overrightarrow{A'C'} = \dfrac{1}{2}\,\overrightarrow{AB} \cdot \overrightarrow{AC}$.

183. Les cercles $\mathscr{C}$ et $\mathscr{C}'$ d'équations respectives :
$x^2 + y^2 - 4x + 2y = 0$ et $(x-2)^2 + (y+1)^2 = 9$
n'ont aucun point commun.

184. Dans un repère orthonormé, on donne les points $A(5\,;1)$ et $B(-1\,;-1)$. La droite d'équation :
$y = -3x + 4$ est la médiatrice du segment $[AB]$.

185. ABC est un triangle tel que $AB = 11$, $AC = 7$ et $BC = 13$. L'angle $\widehat{A}$ est obtus.

restitution organisée des connaissances

186.

Partie I – Distance d'un point à une droite

On se place dans un repère orthonormé du plan.

Soit (d) une droite d'équation $ax + by + c = 0$ (avec $(a\,;b) \neq (0\,;0)$) de vecteur normal $\vec{n}\begin{pmatrix} a \\ b \end{pmatrix}$, et soit $A(x_A\,;y_A)$ un point du plan.

Enfin, soit $H(x_H\,;y_H)$ le projeté orthogonal de A sur la droite (d).

On définit **la distance du point A à la droite (d)** comme étant la distance AH.

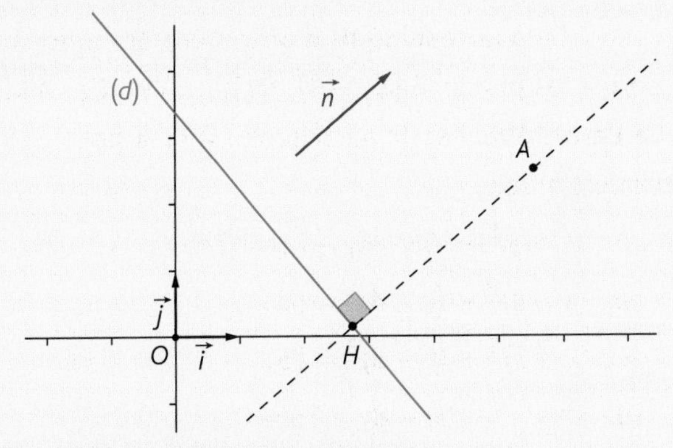

1. Justifier que les vecteurs $\vec{n}$ et $\overrightarrow{AH}$ sont colinéaires.

2. En déduire que $|\vec{n} \cdot \overrightarrow{AH}| = \|\vec{n}\| \times AH$.

> **Remarque**
> **L'utilisation de la valeur absolue permet d'éviter de distinguer les cas « les vecteurs sont de même sens » et « les vecteurs sont de sens opposés ».**

3. Justifier que $\vec{n} \cdot \overrightarrow{AH} = -ax_A - by_A - c$.

En déduire que $AH = \dfrac{|ax_A + by_A + c|}{\sqrt{a^2 + b^2}}$.

Partie II – Applications

Les deux questions ci-dessous sont indépendantes.

1. On donne les trois points $A(1\,;2)$, $B(-3\,;-4)$ et $C(6\,;1)$.

a. Démontrer qu'une équation cartésienne de la droite (AB) est donnée par $3x - 2y + 1 = 0$.

b. Déterminer la distance du point C à la droite (AB).

c. En déduire l'aire du triangle ABC.

2. Soit (d) la droite d'équation $2x + 4y - 5 = 0$, et Ω le point de coordonnées $(-4\,;1)$.

a. Calculer la distance du point Ω à la droite (d).

b. En déduire une équation cartésienne du cercle de centre Ω tangent à la droite (d).

187.

Partie I

Soit A et B deux points du plan, et soit I le milieu du segment $[AB]$.

Démontrer que l'on a, pour tout point M du plan :

$$MA^2 + MB^2 = 2MI^2 + \frac{AB^2}{2}.$$

Partie II – Une égalité remarquable

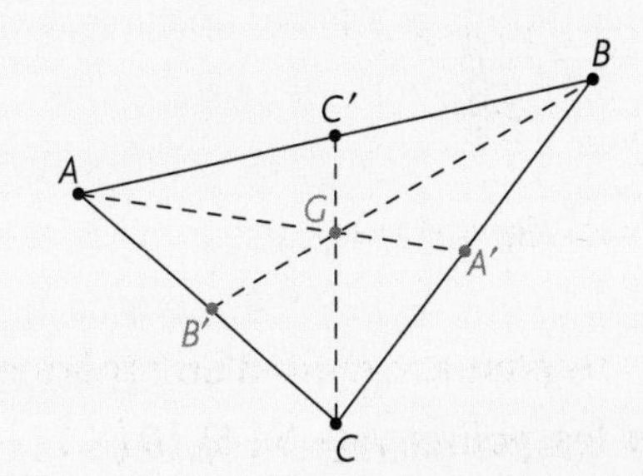

Soit ABC un triangle de centre de gravité G. On note A', B' et C' les milieux respectifs des segments $[BC]$, $[AC]$ et $[AB]$, et on note $a = BC$, $b = AC$ et $c = AB$.

<u>Le but de cette partie</u> est d'exprimer la somme : $GA^2 + GB^2 + GC^2$ en fonction de a, b et c.

1. Démontrer que $AA'^2 = \frac{1}{2}AB^2 + \frac{1}{2}AC^2 - \frac{1}{4}BC^2$.

2. En déduire que $GA^2 = \frac{2}{9}c^2 + \frac{2}{9}b^2 - \frac{1}{9}a^2$.

3. Exprimer de la même manière GB^2 et GC^2 en fonction de a, b et c. Conclure.

Partie III – Identité du parallélogramme

<u>*Question à prise d'initiative :*</u> dans cette question, toute trace d'argumentation, même incomplète, ou d'initiative, même non fructueuse, sera prise en compte dans l'évaluation. Soit $ABCD$ un parallélogramme.

Démontrer que l'on a $AC^2 + BD^2 = 2(AB^2 + AD^2)$.

Partie IV – Propriété remarquable du rectangle

Soit $ABCD$ un rectangle.

Démontrer que, pour tout point M du plan, on a :

$$MA^2 + MC^2 = MB^2 + MD^2.$$

1. Famille de cercles

→ objectif

Étudier une famille de cercles dépendant d'un paramètre *m*.

Soit m un nombre réel. On considère l'ensemble $\mathscr{C}_m$ des points $M(x\,;y)$ du plan dont les coordonnées vérifient l'équation :

$$x^2 + y^2 - 2mx + 4my + 5m^2 - 9 = 0.$$

On cherche à déterminer la nature de l'ensemble $\mathscr{C}_m$, ses éléments caractéristiques, et à discuter selon les valeurs de m du nombre de points d'intersection de $\mathscr{C}_m$ avec les axes de coordonnées.

Partie 1 – Mise en place

Ouvrir une nouvelle figure *Geogebra*. Afficher les axes et la grille si ce n'est pas le cas, et ouvrir la fenêtre ***Algèbre***.

Partie 2 – Étude de l'ensemble $\mathscr{C}_m$

a. Définir et afficher un curseur m compris entre – 5 et 5.

> **MÉTHODE**
> Utiliser l'icône [a=2] et cliquer sur la feuille de travail.

b. Dans la zone de saisie, écrire :

`C_m:x²+y²-2m*x+4m*y+5m²-9=0`

c. Faire varier le curseur m. Quelle est, pour tout m, la nature de l'ensemble $\mathscr{C}_m$?

d. Définir le point A_m comme le centre du cercle $\mathscr{C}_m$ en écrivant `A_m=MilieuCentre[C_m]` dans la zone de saisie, puis activer sa trace.
Quel ensemble semble décrire le point A_m ?

> **MÉTHODE**
> Faire un clic droit sur le point A_m et cocher ***Trace activée.***

e. En vous aidant de la fenêtre ***Algèbre*** et de la trace du point A_m, donner les coordonnées du point A_m en fonction de m et déterminer le rayon du cercle C_m.

> **MÉTHODE**
> Dans la fenêtre ***Algèbre***, faire un clic droit sur l'équation de C_m permet d'alterner entre les différentes formes d'équations cartésiennes.

f. Sur une feuille, démontrer ces résultats en modifiant l'expression $x^2 + y^2 - 2mx + 4my + 5m^2 - 9 = 0$ de façon à la mettre sous la forme $(x - \alpha)^2 + (y - \beta)^2 = k$.

Partie 3 – Intersections avec les axes de coordonnées

a. Faire varier la valeur du curseur m afin de déterminer pour quelles valeurs de m :

- $\mathscr{C}_m$ coupe l'axe des abscisses en deux points distincts ;
- $\mathscr{C}_m$ est tangent en un point à l'axe des abscisses ;
- $\mathscr{C}_m$ ne coupe pas l'axe des abscisses.

> **MÉTHODE**
> Définir les éventuels points d'intersection entre le cercle C_m et l'axe des abscisses en écrivant dans la zone de saisie : `Intersection[C_m,axeX]`

b. Répéter cette opération pour les intersections de C_m avec l'axe des ordonnées.

c. Sur une feuille, démontrer les résultats obtenus en discutant du nombre de solutions des équations $x^2 - 2mx + 5m^2 - 9 = 0$ et $y^2 + 4my + 5m^2 - 9 = 0$ selon les valeurs du réel m.

→ À vous de jouer

De la même manière, étudier la nature et les éléments caractéristiques de l'ensemble des points $M(x\,;y)$ du plan dont les coordonnées vérifient l'équation $x^2 + y^2 - 2mx - 4my + 6m^2 - 9 = 0$.

2. Médiane de l'un et hauteur de l'autre

objectif

Démontrer l'orthogonalité de deux droites dans une configuration.

Dans le plan orienté, soit ABC un triangle direct quelconque, et soit I le milieu du segment $[BC]$.
On construit, extérieurement au triangle, deux carrés directs $BADE$ et $ACFG$ basés sur les côtés $[AB]$ et $[AC]$ du triangle.
On cherche à déterminer la position relative des droites (AI) et (DG).

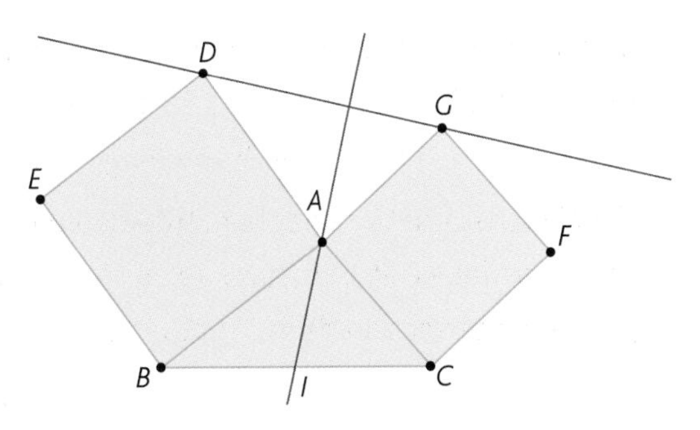

Partie 1 – Construction de la figure

a. Ouvrir une nouvelle feuille de travail *GeoGebra*, sans axes ni grille, et ouvrir la fenêtre Algèbre.

b. Construire un triangle direct ABC et le milieu I du segment $[BC]$.

c. Grâce à l'outil ***Polygone régulier***, construire le carré $BADE$ (en cliquant sur l'icône, puis les points B et A dans cet ordre, et en demandant un polygone à 4 côtés).

> **MÉTHODE**
> Pour créer le carré *BADE*, on peut aussi écrire : Polygone[B,A,4] dans la zone de saisie.

d. Procéder de même pour le carré $ACFG$.

e. Pour terminer, tracer les droites (AI) et (GD), et utiliser l'outil ***Relation entre deux objets*** a ≟ b pour conjecturer la position relative de ces deux droites.

> **MÉTHODE**
> Ne pas oublier de faire varier à la souris les positions des points *A*, *B* et *C*.

Partie 2 – Quelques calculs de produits scalaires

a. Faire calculer le produit scalaire des vecteurs $\overrightarrow{AI}$ et $\overrightarrow{GD}$, et observer le résultat dans la fenêtre ***Algèbre.***

b. De la même manière, afficher dans la fenêtre ***Algèbre*** les valeurs des produits scalaires $p_1 = \overrightarrow{AB} \cdot \overrightarrow{GA}$ et $p_2 = \overrightarrow{AC} \cdot \overrightarrow{AD}$. Que constate-t-on ?

> **MÉTHODE**
> Écrire p=Vecteur[A,I]*Vecteur[G,D] dans la zone de saisie.

Partie 3 – Démontrer

a. Justifier que les produits scalaires $p_1 = \overrightarrow{AB} \cdot \overrightarrow{GA}$ et $p_2 = \overrightarrow{AC} \cdot \overrightarrow{AD}$ sont opposés, comme cela semble être le cas dans la question **2b**.

b. Calculer le produit scalaire $\overrightarrow{AI} \cdot \overrightarrow{GD}$ et conclure (sans oublier d'expliquer le titre du TP !).

> **MÉTHODE**
> On exprimera $\overrightarrow{AI}$ en fonction de $\overrightarrow{AB}$ et $\overrightarrow{AC}$, et on décomposera $\overrightarrow{GD}$ en $\overrightarrow{GA} + \overrightarrow{AD}$.

À vous de jouer

Soit $ABCD$ un carré de côté 4, et soit P et Q deux points situés sur les côtés $[AB]$ et $[AD]$ respectivement, tels que $AP = AQ$. Soit I le milieu du segment $[DP]$.
Démontrer que les droites (AI) et (BQ) sont orthogonales.

> **MÉTHODE**
> Dans *Geogebra*, utiliser le repère pour construire la figure. Créer un curseur t compris entre 0 et 4 pour placer les points *P* et *Q*.

activité de recherche Rechercher, discuter

La mesure du méridien terrestre

En 1791 le **mètre** est créé, et défini par décret comme *« la dix-millionième partie du quart de méridien terrestre »*.
Deux astronomes de l'**Académie des Sciences**, Delambre et Méchain, parcourent le pays sept ans durant avec leurs instruments pour mesurer la partie de méridien qui s'étend de Dunkerque à Barcelone, dans le but de construire un **étalon** de cette nouvelle unité de mesure.
Pour cela, la méthode retenue, déjà très utilisée en **géodésie**, est la méthode de **triangulation** : il s'agit pour les deux hommes de mesurer sur le terrain des angles entre différents points de repère distants et visibles de loin (clochers, tours, sommets) constituant les sommets d'une chaîne de 115 triangles. Une fois ces angles mesurés, la connaissance de la longueur d'un côté d'un seul de ces triangles (appelé base de la triangulation) permet, avec l'aide de formules bien connues des mathématiciens – et de vous également ! –, de mesurer toutes les autres distances. La base choisie fut la distance entre les villes de Melun et de Lieursaint, mesurée avec une très grande précision à 6 075,90 toises. Voici des résultats partiels, tirés d'un ouvrage de Delambre, des mesures d'angles effectuées par les deux astronomes (se reporter au schéma ci-dessus) :

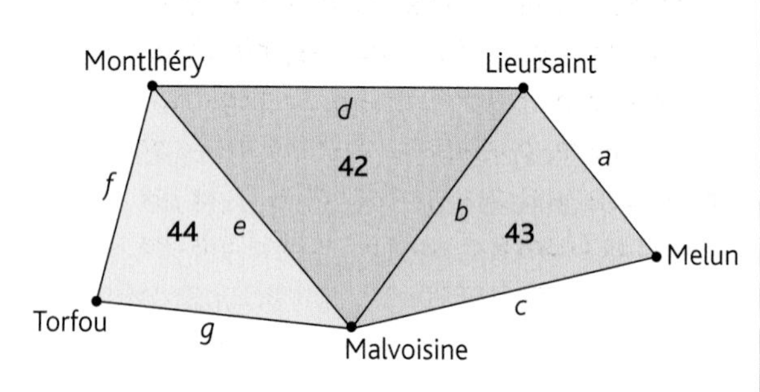

Triangle n°	Sommets	Mesures des trois angles	Côté opposé (en toises)
42	Montlhéry Malvoisine Lieursaint	49°34′22″ 76°47′43″ 53°37′55″	b d e
43	Malvoisine Lieursaint Melun	40°36′57″ 75°39′29″ 63°43′34″	$a = 6\,075{,}90$ c b
44	Montlhéry Malvoisine Torfou	55°10′01″ 43°52′03″ 80°57′56″	g f e

→ Problème

À partir des données de Delambre, compléter avec précision la dernière colonne du tableau puis calculer, en toises, la distance séparant les villes de Melun et de Torfou.

Rechercher, s'informer

- Définir précisément les mots suivants : mètre, méridien, étalon, géodésie, triangulation.
- Définir le rôle de l'Académie des Sciences aujourd'hui et à l'époque.
- D'autres tentatives de mesure des dimensions de la Terre avaient-elles déjà eu lieu ?
- Quelles étaient les unités de mesure utilisées avant l'invention du mètre ? Dans quel but a-t-on créé une nouvelle unité de mesure, basée sur la mesure de la Terre, et donc universelle ?

S'organiser, communiquer

Former plusieurs groupes et choisir un rapporteur dans chaque groupe. Chaque groupe doit choisir l'une des quatre questions ci-dessus, réunir des éléments de réponse à cette question, et se pencher sur la résolution mathématique du problème posé.

Rendre compte, analyser

Mettre en commun, commenter et analyser les résultats trouvés, en faisant exposer oralement par le rapporteur de chaque groupe les moyens mis en œuvre pour résoudre le problème, les résultats obtenus et les éléments de réponse aux questions de la première rubrique.

> Officier de la marine marchande

Mathématiques et navigation

• Se repérer en mer, « faire le point », tracer une route sur une carte marine : ces actions sont à la base de la navigation maritime et demandent de fortes notions en mathématiques.

• Les progrès de la navigation maritime sont historiquement très liés à ceux de la **trigonométrie** : les outils mathématiques développés au fil des siècles ont permis la conception d'instruments de navigation de plus en plus sophistiqués, jusqu'aux technologies de pointe en usage aujourd'hui.

• En 1681 Colbert, alors secrétaire d'État de la Marine du roi Louis XIV, décide d'ouvrir des **écoles d'hydrographie** dans les principales villes maritimes de France ; on y dispense un enseignement sur les techniques de navigation de grande qualité, et des traités sont écrits à destination des étudiants par des mathématiciens de grand renom (Bouguer, Bézout).

• Aujourd'hui, quatre **Écoles de la Marine Marchande** (EMM), situées à Saint-Malo, Nantes, Marseille et Le Havre, offrent une formation à fort contenu scientifique à destination des futurs officiers qui encadreront les équipages sur les navires de commerce.

Témoignage

« Après avoir obtenu mon bac S, j'ai suivi une année de biologie à l'Université. Comme ça ne m'intéressait pas vraiment, j'ai préparé le concours d'officier de 1re classe de la marine marchande sur les conseils de mon oncle, et j'ai intégré l'école de Marseille l'année suivante. J'y ai suivi un cursus très complet, alternant des périodes d'école et de navigation. On pouvait même utiliser des simulateurs de navigation ou de manœuvre ! Cela fait deux ans maintenant que je navigue comme second capitaine sur des chimiquiers ou des porte-conteneurs : je pars souvent plusieurs semaines d'affilée, laissant ma famille et mes amis à terre, mais les longues périodes de repos qui suivent sont appréciables. Mes missions à bord sont variées : navigation, sécurité du navire, opérations d'embarquement et de débarquement des marchandises... et j'ai vraiment de la chance d'avoir un métier qui me permette de voyager autant ! »

Yoann J.

Chiffres clés

En 2011 : 180 places d'élèves officiers de première classe de la marine marchande.

La formation

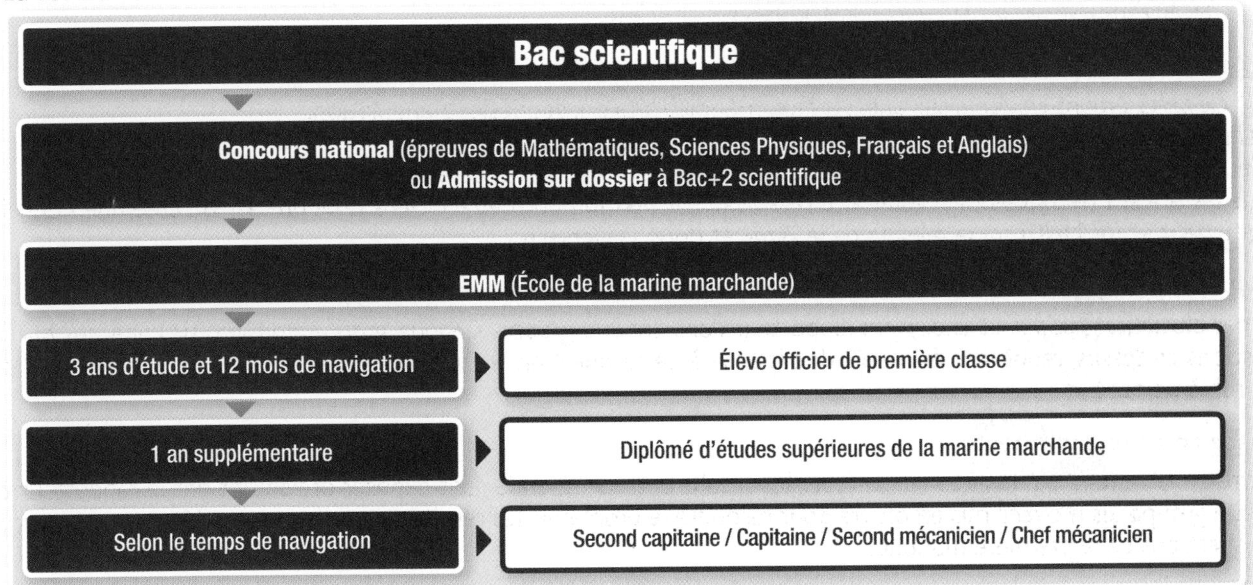

corrigés

Chap. 1 : Les fonctions de référence

test

1. $4 = a \times (-1)^2 + b \times (-1) + c$.

2. Racines carrées.

3. extremum ; $-\dfrac{b}{2a}$.

4. Paraboles ; vertical.

5. discriminant ; $b^2 - 4ac$.

6. $\sqrt{\dfrac{3}{2}}$; $-\sqrt{\dfrac{3}{2}}$.

7. (2 ; 5).

8. constant.

9. identiques.

10. contraires ; 1 ;1.

11. $<$.

12. décroissante.

13. F ; **14.** F ; **15.** V ; **16.** F ;
17. F ; **18.** V ; **19.** F ; **20.** F ; **21.** F ; **22.** V ;
23. V ; **24.** F ; **25.** F ;

26. b ; **27.** d ; **28.** b ; **29.** b ; **30.** c ; **31.** c ; **32.** a ;
33. a ; **34.** a ; **35.** c ; **36.** b, c et d.

exercices

37. 1. -8 ; 2. -11 ; 3. -44.

39. 1. 48 ; 2. 64 ; 3. -4.

41. 1. $a > 0$ et $\Delta > 0$;
2. $a > 0$ et $\Delta = 0$;
3. $a < 0$ et $\Delta < 0$;
4. $a < 0$ et $\Delta > 0$.

47. 1. $\{1 - \sqrt{5} ; 1 + \sqrt{5}\}$;
2. $\{-2 - \sqrt{5} ; -2 + \sqrt{5}\}$;
3. $\varnothing$;
4. $\{-1 - 2\sqrt{2} ; -1 + 2\sqrt{2}\}$;
5. $\varnothing$;
6. $\left\{\dfrac{8}{5}\right\}$.

51. f : $\mathscr{C}_f$; c. ; A. ; iv. ; IV.
g : $\mathscr{C}_g$; a. ; D. ; iv. ; III.
h : $\mathscr{C}_h$; d. ; C. ; i. ; I.
k : $\mathscr{C}_k$; b. ; B. ; iii. ; II.

53. 1. Max. 1 en 2 ;
2. Min. 5 en -2 ;
3. Max.10 en $-\dfrac{3}{4}$;
4. Max. -4 atteint en $\dfrac{5}{2}$.

57. 1. $f(x) = a(x-3)^2 - 1$, avec $f(0) = 5$;
2. $f(x) = \dfrac{2}{3}(x-3)^2 - 1$.

63. 1. Min. -4 en 0 ;
2. Max. 19 en 3 ;
3. Max 40,5 en $-\dfrac{1}{2}$;
4. Max.19 en 3.

67. 1. $\varnothing$;
2. $\left\{\dfrac{-1+\sqrt{3}}{2}\right\}$;
3. $\{1 + 2\sqrt{2} ; 1 - 2\sqrt{2}\}$.

72. 1. + sur $]-\infty ; -3] \cup [3 ; +\infty[$; − sinon ;
2. + sur $\mathbb{R}$, nul en 3 ;
3. − sur $]-\infty ; -9] \cup [0 ; +\infty[$; + sinon ;
4. − sur $]-\infty ; -3] \cup [7 ; +\infty[$; + sinon ;
5. + sur $]-\infty ; -2] \cup [5 ; +\infty[$; − sinon.

73. $f_1 \mapsto$ *tableau* ***b*** ;
$f_2 \mapsto$ *tableau* ***d*** ;
$f_3 \mapsto$ *tableau* ***c*** ;
$f_4 \mapsto$ *tableau* ***a***.

76. + sur $]-\infty ; -3] \cup [2 ; +\infty[$;
− sur $[-2 ; 3]$.
$\mathscr{C}_f$ au dessus de $\mathscr{C}_g$ sur $]-\infty ; -3] \cup [2 ; +\infty[$;
$\mathscr{C}_f$ en dessous de $\mathscr{C}_g$ sur $[-2 ; 3]$.

84. 1. décroissante ; 2.-3.-4. croissantes.

76.

x	-4		-2		2		5		6
$f'(x)$		$-$	0	$+$	0	$-$	0	$+$	

100. 2. Thalès dans le triangle AHC donne $CH = \dfrac{\sqrt{3}}{2}$, $MQ = 2x$, $MN = \sqrt{3}(0{,}5 - x)$;

3. $\mathscr{A}(x) = MQ \times MN = \sqrt{3}\,x(1 - 2x)$;
$\mathscr{A}'(x) = \sqrt{3}(4 - 4x)$;

x	0		$0{,}25$		$0{,}5$
$f'(x)$		$+$	0	$-$	
$f(x)$	0	↗	$f(0{,}25)$	↘	0

4. Max : $\mathscr{A}(0{,}25) = \sqrt{3} \times 0{,}25 \times (1 - 2 \times 0{,}25)$
Max $\approx 0{,}22$.

Chap. 2 : Dérivation

test

1. c ; **2.** a ; **3.** a ; **4.** c ; **5.** b ; **6.** c ;
7. b ; **8.** b ; **9.** b et c ; **10.** c ; **11.** b et d ;
12. b, c et d ; **13.** b et c ; **14.** d ; **15.** d ;

16. V ; **17.** F ; **18.** F ; **19.** V ; **20.** F ; **21.** V ;
22. F ; **23.** F ; **24.** F ; **25.** F ; **26.** V ; **27.** V ;
28. F ; **29.** V ; **30.** F ; **31.** V ; **32.** F.

exercices

33. 1. 3 ;
2. -1 ;
3. pas de limite finie ;
4. 3.

34. 1. 0 ; 2. pas de limite finie ;
3. -2 ;
4. $\dfrac{1}{2}$.

35. (d_1) : $-\dfrac{1}{4}$; (d_2) : 4 ; (d_3) : $-\dfrac{4}{3}$.

37. Pour $h \neq 0$:
1. $t(h) = 3$ et $f'(1) = 3$;
2. $t(h) = -5h - 10$ et $f'(1) = -10$;
3. $t(h) = \dfrac{3}{1+h}$ et $f'(1) = 3$;
4. $t(h) = 2h^2 + 6h + 6$ et $f'(1) = 6$.

41. $f(0) = 0$; $f'(0) = \dfrac{3}{2}$; $f(4) = 2$ et $f'(4) = -\dfrac{1}{2}$.

75. a. et B. ;
b. et A. ;
c. et D. ;
d. et C.

Chap. 3 : Les suites

test

1. b et d ; **2.** b et c ; **3.** a et d ;
4. b ; **5.** a ; **6.** c et e ; **7.** d ; **8.** d ;
9. a ; **10.** c ; **11.** b et d ; **12.** a, c et d ;
13. a, d et f ; **14.** b, c et d ; **15.** b et d ;

16. V ; **17.** F ; **18.** V ; **19.** V ; **20.** F ; **21.** F ;
22. V ; **23.** F ; **24.** F ; **25.** V.

exercices

26. $u_0 = -3$; $u_1 = -6$; $u_2 = -7$; $u_3 = -6$.

27. $u_1 = 3$; $u_2 = -1$; $u_3 = -5$; $u_4 = -9$.

40. 1. $u_{n+1} = -3n + 1$;
2. $u_{n+1} = u_n - 3$.

45. $u_1 = 7$; $u_2 = 10$; $u_3 = 13$; $u_4 = 16$; $u_{30} = 94$.

47. $u_7 = u_3 + 4r$; donc $r = 3$; $u_0 = u_3 - 3r = -2$.

64. 1. $u_1 = 3$; $u_2 = 6$; $u_3 = 12$;
2. $u_1 = 4$; $u_2 = \dfrac{4}{3}$; $u_3 = \dfrac{4}{9}$;
3. $u_1 = -3$; $u_2 = \dfrac{3}{2}$; $u_3 = -\dfrac{3}{4}$.

67. 1. $v_6 = q^2 v_4$ soit $q^2 = 4$ or $q > 0$ donc $q = 2$;
2. $v_7 = 2v_6 = 96$; $v_4 = v_0 2^4$; $v_0 = \dfrac{12}{16} = \dfrac{3}{4}$.

87. $\displaystyle\sum_{i=3}^{16} i = 133$;

$\displaystyle\sum_{j=0}^{18} 2j = 342$;

$\displaystyle\sum_{k=0}^{26} (2k+1) = 729$.

103. (u_n) arithmétique, $r = -4$; $u_0 = 3$;
(v_n) géométrique, $q = \frac{1}{2}$; $v_0 = 3$.

107. (u_n) géométrique, $q = .$; $u_0 = \frac{1}{12}$;
(v_n) arithmétique, $r = 7$; $v_0 = 3$.

120. $\lim_{n \to \infty} u_n = +\infty$.

Chap. 4 : Statistiques

test

1. 1. d; 2. b; 3. b et d; 4. c; **2.** 1. b; 2. d; 3. b; 4. b;
3. 1. c; 2. a; **4.** 1.b; 2. c; 3. a; 4. a; 5. c; 6. d;
5. 1. a; 2. c; **6.** 1.c; 2. b; 3. a; 4. a;
7. 1. d; 2. b; 3. b; 4.a et c;

8. F; **9.** F; **10.** V; **11.** V; **12.** F.

exercices

16. $\bar{x} = 30$;
$\sigma = \sqrt{\frac{50}{30}}$.

17. 1. 4;
2. 5;
3.; 3,39.

35. 1. $\bar{x} \approx 3{,}41$;
$\sigma = 1{,}25$;
2. L'intervalle est environ [0,918 ; 5,9].
$\frac{1 - (\bar{x} - 2\sigma)}{1 - 0} \times 326 \approx 26{,}7$
donc 27 machines environ ont une durée de vie dans $[\bar{x} - 2\sigma ; 1]$;
il y en a 13 178 dans [1 ; 5] ;
$\frac{\bar{x} + (2\sigma - 5)}{7 - 5} \times 481 \approx 216{,}4$ donc 216 machines environ ont une durée de vie dans $[5 ; \bar{x} + 2\sigma]$.
Conclusion :
13 421 machines environ ont une durée de vie dans $[\bar{x} - 2\sigma ; \bar{x} + 2\sigma]$.
3. 13 421 sur 14 244 représente 94,2 %, la production est stable.

50. 1. 7,5 ;
2. 9.

53. $Q_1 = 41$;
Me = 44,5 ;
$Q_3 = 50$.

54. 1. Me = 9
intervalle interquartile : [6 ; 13] ;
2. Me = 18
intervalle interquartile : [10 ; 19] ;
3. Me = 13
intervalle interquartile : [7 ; 17] ;
4. Me = 13
intervalle interquartile : [11 ; 16].

Chap. 5 : Probabilités

test

1. c; **2.** 1. d; 2. c ; **3.** b; **4.** c; **5.** c;
6. a; **7.** c; **8.** 1. c; 2. c.

9. V, V; **10.** F, V, F; **11.** F, F, F; **12.** V; **13.** F;
14. F; **15.** V; **16.** F; **17.** F; **18.** F, F, V.

exercices

20. 1. $p(A) = \frac{7}{24}$;
$p(B) = \frac{13}{24}$;
2. *p(l'enfant tire un jeton rouge de numéro impair)* $= \frac{1}{6}$;
p(l'enfant tire un jeton rouge de numéro impair) $= \frac{2}{3}$.

31. 0, 1, 2 ou 3.

38.

X	1	2	3	4	5	6	7	8	9
p	$\frac{1}{5}$	$\frac{8}{45}$	$\frac{7}{45}$	$\frac{2}{15}$	$\frac{1}{9}$	$\frac{4}{45}$	$\frac{1}{15}$	$\frac{2}{45}$	$\frac{1}{45}$

47. 1. 5 ;
2. 103.84.

49. E(**jeu 1**) = 1 000 000 ;
E(**jeu 2**) = 1 140 000 ;
on choisit le **2**.

65.
1.

X	$-x$	x	$2x$
p	$\frac{1}{16}$	$\frac{9}{16}$	$\frac{6}{16}$

2.

Y	$-x$	$9x$
p	$\frac{15}{16}$	$\frac{1}{16}$

3. $E(X) = \frac{5}{4}x$;
$E(Y) = -\frac{3}{8}x$.

76. E(4 – X) = 1 ;
V(3X – 4) = 36.

78. E(2X – 5) = – 5 ;
$V(2X = 5) = \frac{16}{9}$.

Chap. 6 : Modélisation et échantillonnage

test

1. d; **2.** a; **3.** c; **4.** A-b; B-a; C-c; **5.** c; **6.** b et c;
7. c et d; **8.** A-b; B-a; C-a; **9.** d; **10.** b;

11. F; **12.** V; **13.** V; **14.** V; **15.** V.

exercices

16.

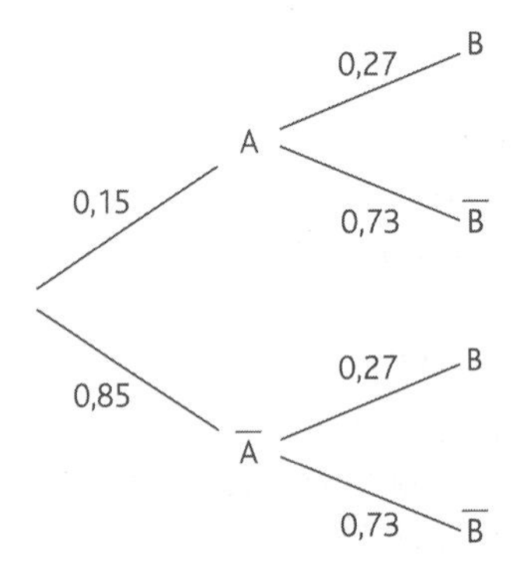

18. $p(\overline{A} \cap B) = 0{,}3$.

21. $p(A \cap B) = \frac{1}{20}$.

23. 1. $p(A) = \frac{1}{3}$;
$p(B) = \frac{1}{2}$;
2. oui ;
3. $p(A \cap B) = \frac{1}{6}$.

37. E(X) = 0,3 ;
$\sigma(X) \approx 0{,}458$.

40. 2. paramètre 0,31.

45. Les valeurs comprises entre 0 et 7.

47. E(Y) = 3 ;
V(Y) = 2 ;
$\sigma(Y) = \sqrt{2}$.

57. 1. (n ; 0.02) ;
2. E(X) = 0.02n ;
3. $n = 250$;
4. Fausse. 250 est une moyenne.

59. 1 ; 1 ; 4 ; 1 ; 1.

65. 12 ; 17 ; 827 ; 1 ; 1.

72. $\left(\frac{2}{3}\right)^5$; $\frac{80}{243}$; $\frac{10}{243}$.

75. $\frac{6\,561}{10\,000}$; $\frac{729}{2\,500}$; $\frac{243}{5\,000}$; $\frac{9}{2\,500}$; $\frac{1}{10\,000}$.

Chap. 7 : Trigonométrie

test

1. F; **2** F; **3.** V; **4.** F; **5.** F; **6.** F; **7.** F; **8.** F; **9.** V; **10.** V; **11.** F; **12.** V; **13.** V; **14.** F; **15.** F; **16.** V; **17.** F; **18.** F; **19.** V; **20.** V.

21. c; **22.** c; **23.** d; **24.** d; **25.** a et c; **26.** d; **27.** c; **28.** c; **29.** c et d; **30.** d; **31.** b et d; **32.** c et d; **33.** a et d; **34.** a et c; **35.** a et c; **36.** a; **37.** d.

exercices

38. Soit d une mesure en degrés.
Sa mesure en radians correspondante est $\frac{d\pi}{180}$.

39.

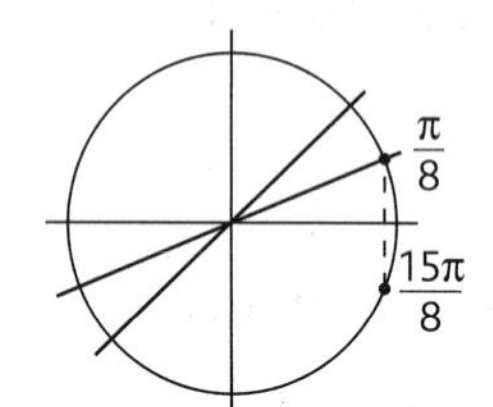

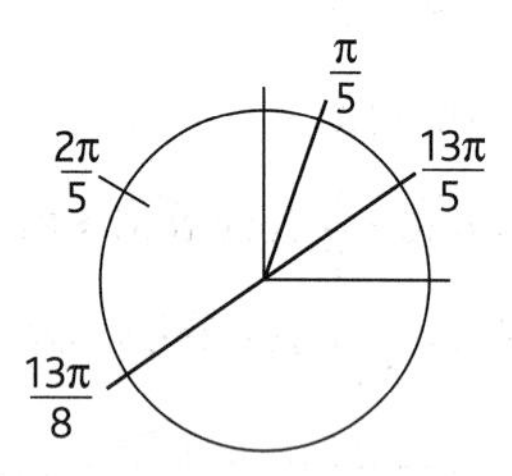

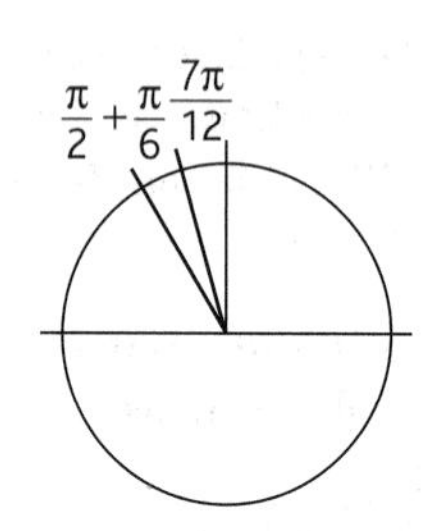

42. 1. $-5\pi, -3\pi, \pi$;

2. $-\frac{\pi}{2}, -\frac{5\pi}{2}, \frac{7\pi}{2}$;

3. $-2\pi, 0, 2\pi$;

4. $\frac{7\pi}{4}, \frac{15\pi}{4}, -\frac{9\pi}{4}$.

43. 1. $\frac{7\pi}{6}, \frac{19\pi}{6}, \frac{28\pi}{6}$:

2. $\frac{11\pi}{3}, \frac{5\pi}{3}, -\frac{\pi}{3}$;

3. $\pi, -\pi, 3\pi$;

4. $-\frac{68\pi}{5}, -\frac{58\pi}{5}$; $\frac{2\pi}{5}$.

44. 1. $-\frac{3\pi}{4}$; $\frac{\pi}{6}$; $\frac{2\pi}{3}$.

2.

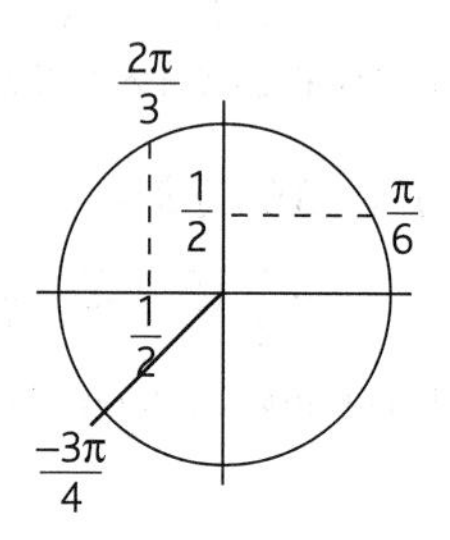

49. $-\frac{\pi}{4}$; $-\frac{5\pi}{6}$; $-\frac{2\pi}{3}$.

55. $\frac{5\pi}{6}$; $\frac{\pi}{3}$; $-\frac{2\pi}{3}$; $\frac{2\pi}{3}$.

56. 1. $\frac{3\pi}{4}$; $-\frac{\pi}{2}$; $-\frac{\pi}{4}$;

2. $\frac{\pi}{4}$; $\frac{3\pi}{4}$; $-\frac{\pi}{4}$.

57. 1. $-\frac{\pi}{4}$; $-\frac{2\pi}{5}$; $-\frac{\pi}{6}$.

2. $-\frac{3\pi}{20}$; $\frac{17\pi}{30}$; $\frac{5\pi}{12}$.

67. a. $\frac{\pi}{3}$ et $\frac{\pi}{6}$ voir le cours ; $\frac{\pi}{12}$ et $\frac{\pi}{8}$ on utilise une bissectrice.
b. $\frac{2\pi}{24} = \frac{\pi}{12}$, que l'on sait construire à partir de $\frac{\pi}{6}$. Puis, $\frac{5\pi}{24} = \frac{\pi}{12} + \frac{\pi}{8}$.
Et, $\frac{14\pi}{24} = \frac{\pi}{12} + 2 \times \frac{5\pi}{24}$.

68. 0 ; 1 ; $-\frac{\sqrt{2}}{2}$; $-\frac{\sqrt{3}}{2}$; $\frac{1}{2}$.

75. $-\frac{1}{2}$; $\sin\left(-\frac{18}{\pi}\right) = 0$; $-\frac{\sqrt{3}}{2}$; $-\frac{\sqrt{2}}{2}$.

86. $\sin x = \frac{\sqrt{56}}{9}$; $\sin x = -\sqrt{0{,}91}$; $\sin x = -\frac{4}{5}$ ou $\sin x = \frac{4}{5}$.

93. $(\cos x + \sin x)^2 - (\cos x - \sin)^2 =$
$\cos^2 x + \sin^2 x + 2\cos x \sin x - (\cos^2 x + \sin^2 x)$
$+ 2\cos x \sin x = 2\sin 2x$.

110. $1 + \cos x = \cos 0 + \cos x$
$= 2\cos\left(\frac{x}{2}\right)\cos\left(-\frac{x}{2}\right) = 2\cos^2\left(\frac{x}{2}\right)$;
$1 - \cos x = \cos 0 - \cos x$
$= -2\sin\left(\frac{x}{2}\right)\sin\left(-\frac{x}{2}\right) = 2\sin^2\left(\frac{x}{2}\right)$
Ce qui peut directement se trouver par les formules de duplications.

112. Sur $\mathbb{R}$,
$S = \left\{\frac{\pi}{4} + 2k\pi \ (k \in \mathbb{Z}), \frac{3\pi}{4} + 2l\pi \ (l \in \mathbb{Z})\right\}$,
dans $[-\pi ; 3\pi]$ $S = \left\{\frac{\pi}{4}, \frac{9\pi}{4}, \frac{3\pi}{4}, \frac{11\pi}{4}\right\}$.

131.

a.

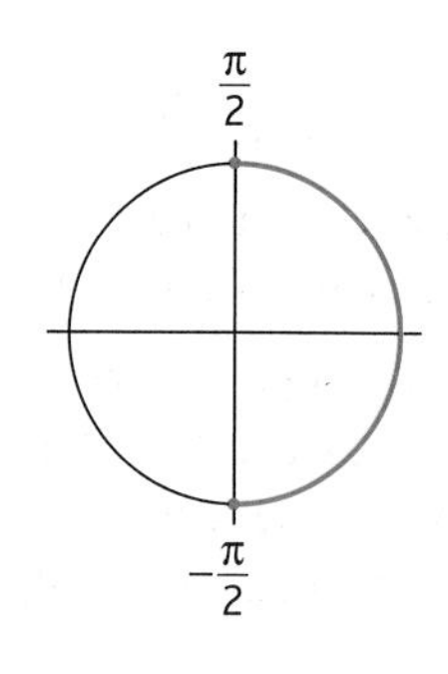

b.

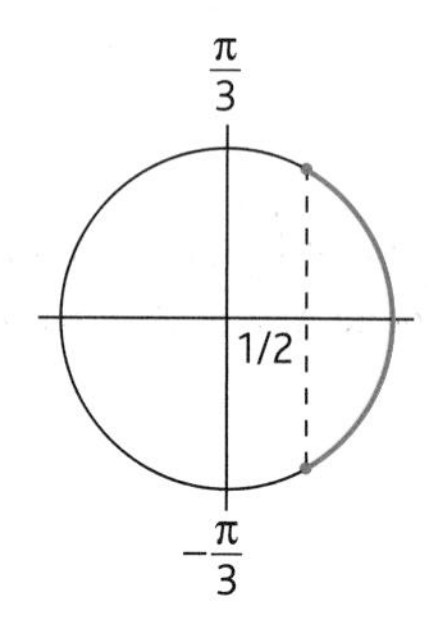

c.

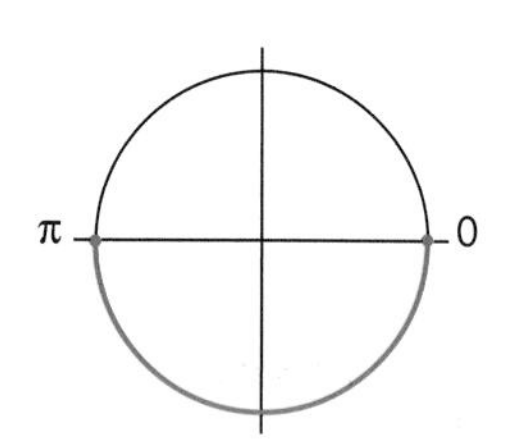

d.

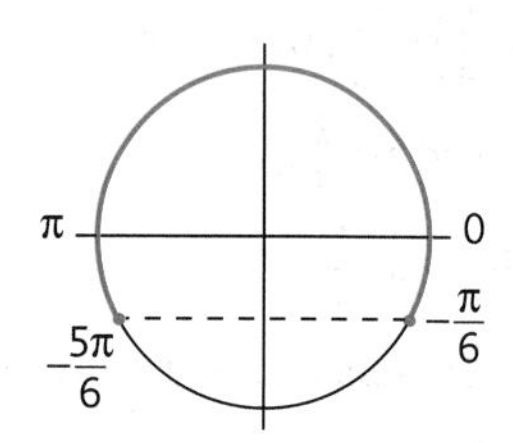

e.

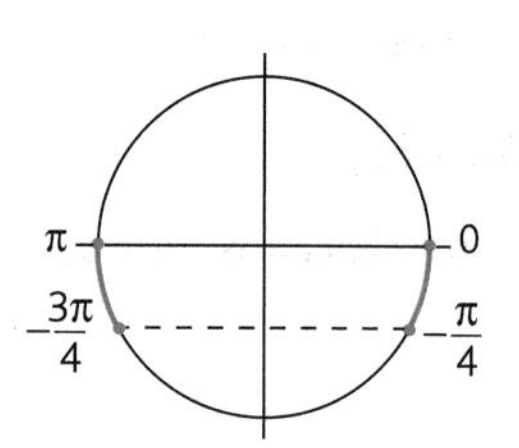

f.

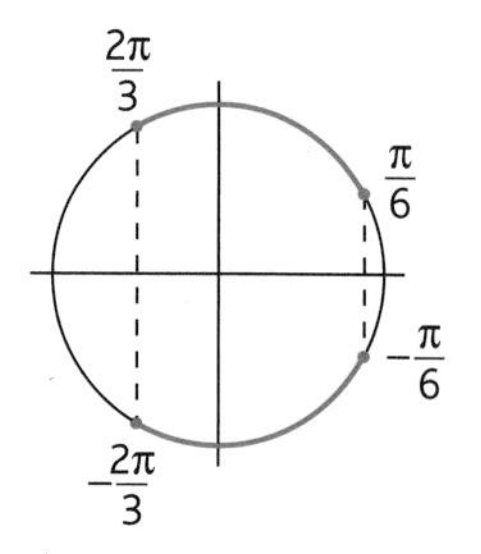

Chap. 8 : Géométrie plane

test

1. a ; **2.** c ; **3.** c et d ; **4.** b et c ; **5.** c ; **6.** a ;
7. a et d ; **8.** a et c ; **9.** b, c et d ; **10.** a, b et d ;

11. V ; **12.** a. V ; b. F ; c. F ; d. V ; e. F ; f. F ;
13. F ; **14.** V ; **15.** a. F ; b. F ; c. V ; d. V ;
16. a. F ; b. V ; c. V ; **17.** a. V ; b. V ;
18. a. V ; b. F ; **19.** V ; **20.** a. F ; b. F ; c. V ; d. V.

exercices

22. 1. Oui ;
2. Non.

26. $\overrightarrow{AB}\begin{pmatrix}3\\-8\end{pmatrix}$ et $\overrightarrow{AC}\begin{pmatrix}1\\-3\end{pmatrix}$ ne sont pas colinéaires donc A, B et C ne sont pas alignés.

42. 1. $\begin{pmatrix}1\\-3\end{pmatrix}$;
2. $\begin{pmatrix}0\\1\end{pmatrix}$;
3. $\begin{pmatrix}1\\4\end{pmatrix}$;
4. $\begin{pmatrix}1\\0\end{pmatrix}$.
5. $\begin{pmatrix}0\\1\end{pmatrix}$.

47. 1. $2x + 3y - 13 = 0$;
2. $y + 2 = 0$;
3. $x + y - 1 = 0$.

49. 1. $\left(0 ; \frac{5}{4}\right)$; $\left(\frac{5}{3} ; 0\right)$; $(1 ; 2)$;
2. L'ordonnée est $\frac{3}{4}$;
3. L'abscisse est $\frac{4}{3}$.

56. (EA) : $2x + 3y - 13 = 0$ donc $U\left(\frac{11}{2} ; 0\right)$.

58. 1. $I\left(-\frac{3}{2} ; \frac{1}{2}\right)$;
2. (AI) : $9x - 5y + 16 = 0$.

71. 1. $\overrightarrow{BD} = 4\overrightarrow{BC}$;
2. $\overrightarrow{BD}$ et $\overrightarrow{BC}$ colinéaires donc B, C et D alignés.

75.
$\overrightarrow{CG} = \frac{1}{2}(\overrightarrow{CE} + \overrightarrow{CF}) = \frac{1}{2}\left(\frac{1}{3}\overrightarrow{CD} + \frac{3}{4}\overrightarrow{CD}\right) = \frac{3}{8}\overrightarrow{CA}$;
$\overrightarrow{CG}$ et $\overrightarrow{CA}$ colinéaires donc A, C et G alignés.

85. 1. $\overrightarrow{EF} = \overrightarrow{EA} + \overrightarrow{AD} + \overrightarrow{DF} =$
$-\frac{3}{2}\overrightarrow{AB} + \overrightarrow{AD} - \frac{1}{2}\overrightarrow{AD} = \frac{3}{2}\overrightarrow{BD}$;
2. $\overrightarrow{EF}$ et $\overrightarrow{BD}$ colinéaires donc (EF) et (BD) parallèles.

Chap. 9 : Produit scalaire et applications

test

1. c ; **2.** b ; **3.** a et c ; **4.** b et c ; **5.** a et b ;
6. a et d ; **7.** a et d ; **8.** b ; **9.** c ; **10.** c **11.** b ;
12. a b et c ; **13.** c ; **14.** d ; **15.** b ; **16.** a ;

17. F ; **18.** V ; **19.** F ; **20.** F ; **21.** V ; **22.** F ;
23. V ; **24.** F ; **25.** V ; **26.** F ; **27.** F ; **28.** V ;
29. F ; **30.** V ; **31.** F ; **32.** F ; **33.** F ; **34.** V ;
35. V ; **36.** F ; **37.** F ; **38.** F.

exercices

39. 1. $\overrightarrow{AB} \cdot \overrightarrow{AC} = 22{,}5$
et $\overrightarrow{BA} \cdot \overrightarrow{BC} = 13{,}5$;
2. $\overrightarrow{AB} \cdot \overrightarrow{AC} = 29$
et $\overrightarrow{BA} \cdot \overrightarrow{BC} = -4$.

41. 1. $\overrightarrow{AB} \cdot \overrightarrow{AC} = 35$
et $\overrightarrow{BA} \cdot \overrightarrow{BC} = 14$;
2. $\overrightarrow{AB} \cdot \overrightarrow{AC} = 35$
et $\overrightarrow{BA} \cdot \overrightarrow{BC} = -10$.

43. 1. $\overrightarrow{AB} \cdot \overrightarrow{AC} = \frac{25\sqrt{2}}{2}$;
2. $\overrightarrow{AB} \cdot \overrightarrow{AC} = -6$.

51. Dans le repère $(A ; \overrightarrow{AB}, \overrightarrow{AC})$ on a :
$A(0, 0)$,
$B(1, 0)$,
$C(0, 1)$,
$I\left(\frac{1}{2} ; \frac{1}{2}\right)$
et $J(-1 ; 2)$.
1. $\overrightarrow{AI} \cdot \overrightarrow{AC} = \frac{1}{2}$;
2. $\overrightarrow{IB} \cdot \overrightarrow{BA} = -1/2$;
3. $\overrightarrow{AJ} \cdot \overrightarrow{BC} = 3$;
4. $\overrightarrow{IJ} \cdot \overrightarrow{AC} = 3/2$.

54. 1. $\overrightarrow{AB} \cdot \overrightarrow{AC} = 53$;
2. $\overrightarrow{AB} \cdot \overrightarrow{AC} = -4\sqrt{2}$;
3. $\overrightarrow{AB} \cdot \overrightarrow{AC} = -3$;
4. $\overrightarrow{AB} \cdot \overrightarrow{AC} = 5\sqrt{6}$.

65. $\vec{u}^2 = \vec{u} \cdot \vec{u} = \|\vec{u}\|^2 = 9$.

67. $(-2\vec{v}) \cdot (4\vec{u}) = -8\vec{u} \cdot \vec{v} = -8$.

81. $\overrightarrow{AB}\begin{pmatrix}2\\5\end{pmatrix}$, $\overrightarrow{AC}\begin{pmatrix}7\\3\end{pmatrix}$ et $\overrightarrow{BC}\begin{pmatrix}5\\-2\end{pmatrix}$.
$\overrightarrow{AB} \cdot \overrightarrow{BC} = 0$,
donc ABC est rectangle en B ;
$AB = BC = \sqrt{29}$
donc ABC est isocèle en B.

97. $C_1 : x^2 + y^2 = 4$;
$C_2 : (x-2)^2 + (y-1)^2 = 9$;
$C_3 : (x+1)^2 + (y+3)^2 = 1$;
$C_4 : (x-4)^2 + (y-4)^2 = 36$.

103. 1. $2x + 3y - 4 = 0$;
2. $-x + 5y - 3 = 0$;
3. $y = 9$;
4. $2x - y - 10 = 10$.

122. 1. $\cos\widehat{BAC} = \frac{1}{7}$ donc $\widehat{BAC} \approx 82$;
2. $\cos\widehat{BAC} = -\frac{1}{36}$ donc $\widehat{BAC} \approx 92°$;
3. $\cos\widehat{BAC} = \frac{-8}{15\sqrt{2}}$ donc $\widehat{BAC} \approx 112°$.

128. D'après la formule d'Al Kashi :
$BC^2 = AB^2 + AC^2 - 2AB \times AC \times cosy$;
$BC^2 = 100 + 49 - 140 \times \cos 20° \approx 17{,}44$
d'où $BC \approx 4{,}2$.

133. $\widehat{C} = 180 - (\widehat{A} + \widehat{B}) = 180 - 115 = 65$;
d'après la formule des sinus :
$\frac{BC}{\sin 80} = \frac{AC}{\sin 35} = \frac{8}{\sin 65}$;
d'où $BC = \frac{8 \times \sin 80}{\sin 65} \approx 8{,}7$ et
$AC = \frac{8 \times \sin 35}{\sin 65} \approx 5{,}1$.

index

A

B

C

D

E

F

I

L

M

N

P

Q

R

S

T

V

Achevé d'imprimer en Italie par L.E.G.O S.p.A. - Dépôt légal : 08/2011 - Collection n° 65 - Édition n° 02 - **13/5536/1**

TI Nspire – Classpad : mode d'emploi

TI Nspire (Texas Instruments)

Exemples de fonctionnalités de base du logiciel de calcul formel

Développer ou factoriser une expression

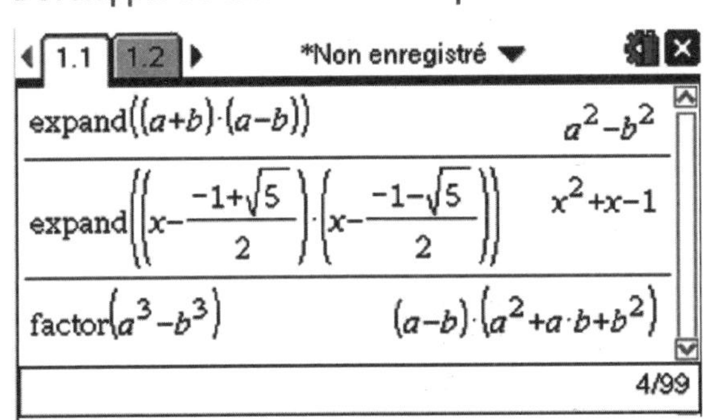

Résoudre une équation ou inéquation

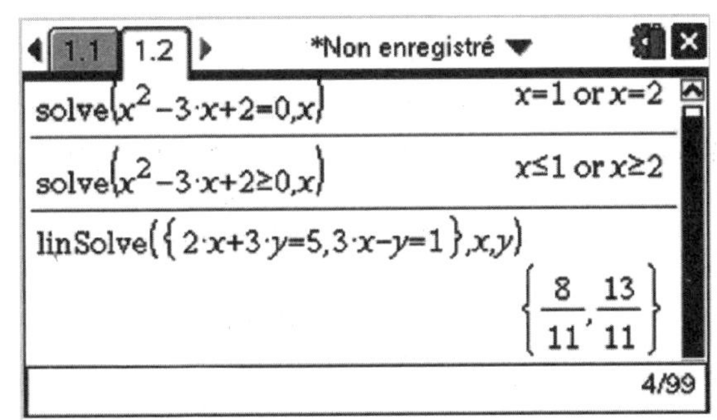

Définir une fonction / Calculer une image

1.1 1.2 *Non enregistré

$f(x):=x+\frac{1}{x}$	*Terminé*
$f\left(\frac{2}{3}\right)$	$\frac{13}{6}$
$f(\sqrt{2})$	$\frac{3\cdot\sqrt{2}}{2}$

3/99

Définir une dérivée et la factoriser

1.1 1.2 *Non enregistré

$g(x):=\frac{d}{dx}(f(x))$	*Terminé*
$g(x)$	$1-\frac{1}{x^2}$
factor$(g(x))$	$\frac{(x-1)\cdot(x+1)}{x^2}$

3/99

ClassPad 330 (Casio)

Exemples de fonctionnalités de base du logiciel de calcul formel

Collecter / Développer / Factoriser et résoudre une équation ou inéquation

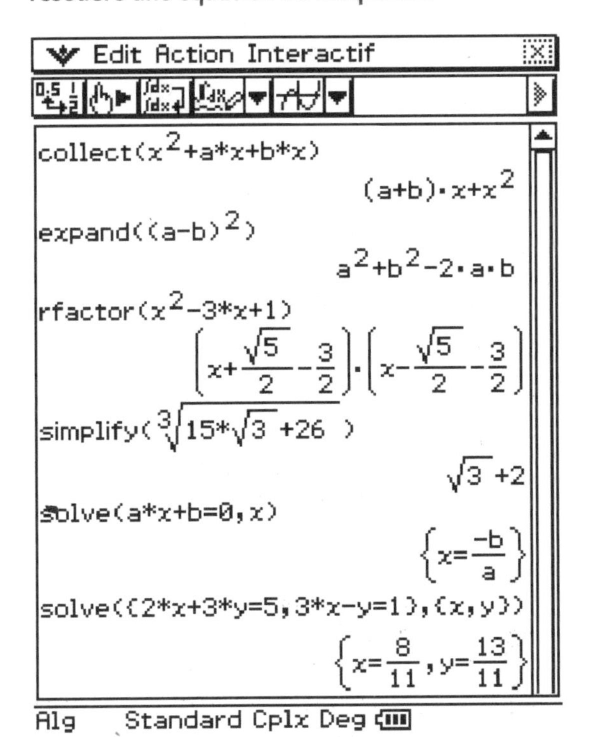

Résoudre une équation ou inéquation

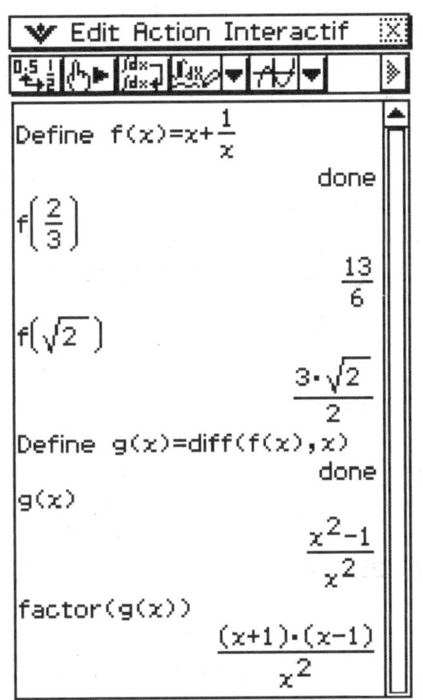

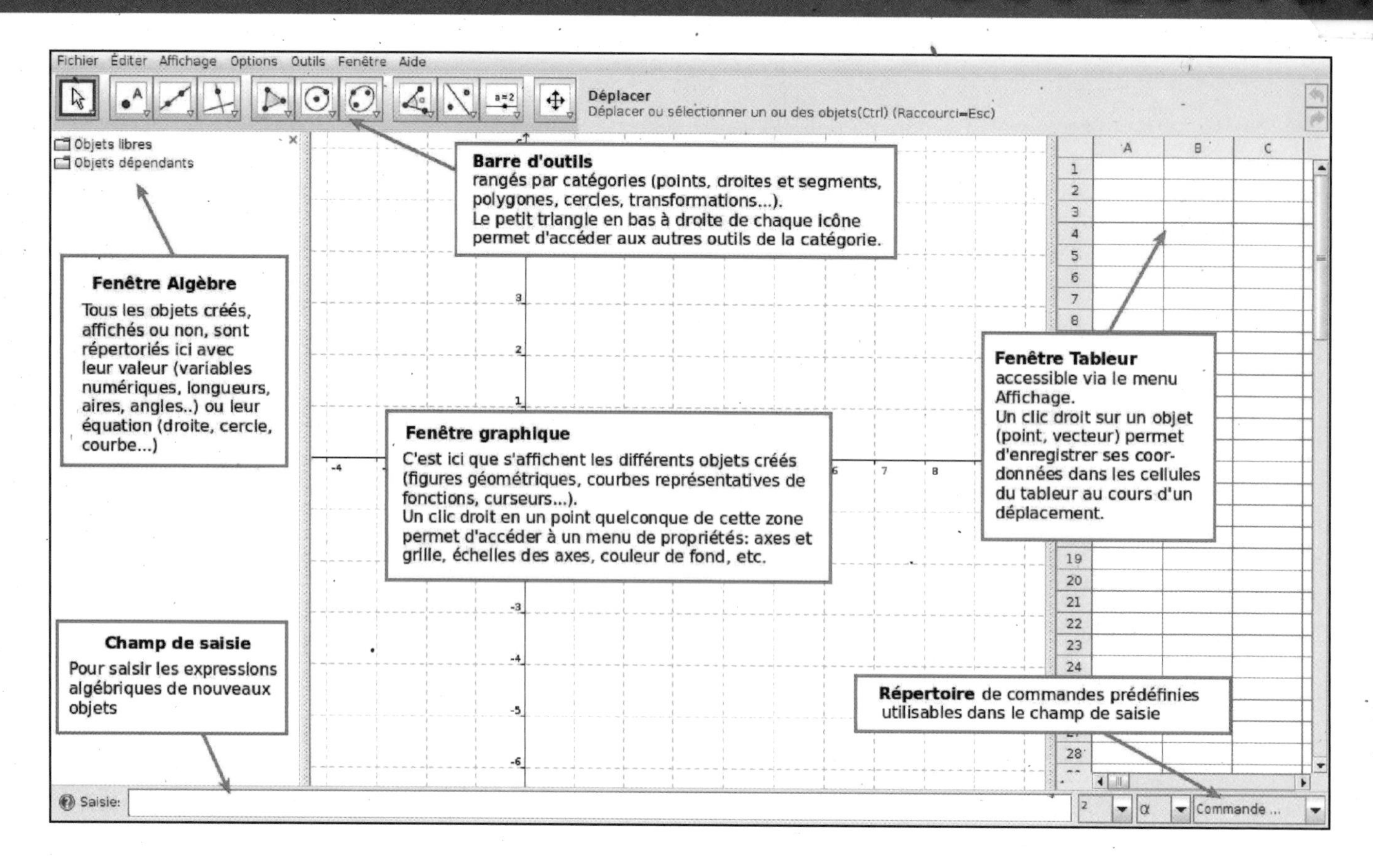

Création de points

• **Menu**

Selon la situation, on utilise les icônes suivantes :

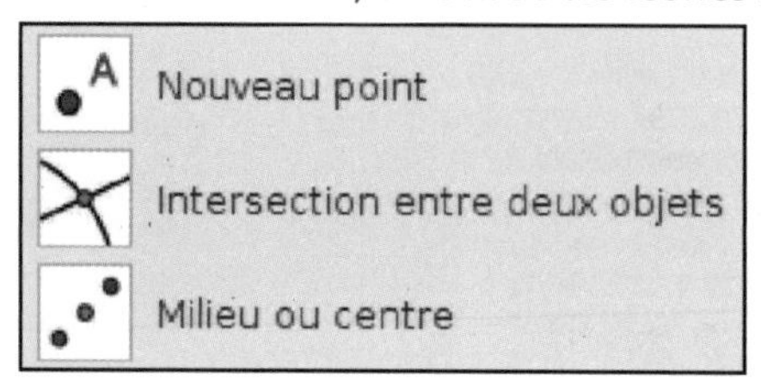

Le nom du point est alors choisi par le logiciel.

• **Champ de saisie**

Lorsqu'un point est défini par ses coordonnées, on utilise le champ de saisie. Par exemple :

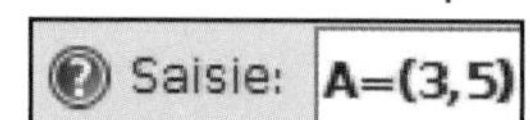

Astuce - Un **clic-droit** de la souris sur un objet permet d'accéder à ses propriétés et ainsi :
– de modifier son **nom**, son **style**, sa **couleur** ;
– de coder l'objet (angle, segment)
– d'afficher ou de masquer son **étiquette** (nom et/ou valeur)
– d'activer la **trace** de l'objet
– de modifier la forme de son **équation** (droite, cercle), etc.
Tout ceci permet de rendre la figure plus lisible.

Création de droites et de segments

• **Menu**

Selon la situation, on utilise les icônes suivantes :

Droite passant par deux points
Segment entre deux points
Segment créé par un point et une longueur
Demi-droite passant par deux points
Droite perpendiculaire
Droite parallèle
Médiatrice
Bissectrice
Tangentes

• **Champ de saisie**

Pour tracer une droite définie par son équation :

On peut utiliser la commande **Pente[d]** pour obtenir le coefficient directeur de la droite *d*.